UTB 8265

Eine Arbeitsgemeinschaft der Verlage

Beltz Verlag Weinheim · Basel
Böhlau Verlag Köln · Weimar · Wien
Wilhelm Fink Verlag München
A. Francke Verlag Tübingen und Basel
Haupt Verlag Bern · Stuttgart · Wien
Verlag Leske + Budrich Opladen
Lucius & Lucius Verlagsgesellschaft Stuttgart
Mohr Siebeck Tübingen
C. F. Müller Verlag Heidelberg
Ernst Reinhardt Verlag München und Basel
Ferdinand Schöningh Verlag Paderborn · München · Wien · Zürich
Eugen Ulmer Verlag Stuttgart
UVK Verlagsgesellschaft Konstanz
Vandenhoeck & Ruprecht Göttingen
Verlag Recht und Wirtschaft Heidelberg
WUV Facultas Wien

Walter A. S. Koch
Christian Czogalla

Grundlagen der Wirtschaftspolitik

2., vollständig überarbeitete Auflage

Lucius & Lucius

Anschrift der Autoren:

Prof. Dr. Walter A. S. Koch
Emil-Abderhalden-Str. 47
06108 Halle/Saale

Prof. Dr. Christian Czogalla
Fachhochschule Flensburg
Hochschule für Technik und Wirtschaft
Kanzleistr. 91-93
24943 Flensburg

Bibliografische Information der Deutschen Bibliothek

Die Deutsche Bibliothek verzeichnet diese Publikation in der Deutschen
Nationalbibliografie; detaillierte bibliografische Daten sind im Internet über
http://dnb.ddb.de abrufbar

Die erste Auflage dieses Buches erschien 1999 im Wirtschaftsverlag Bachem, Köln

ISBN 3-8282-0265-9 (Lucius & Lucius)
© Lucius & Lucius Verlagsgesellschaft mbH Stuttgart 2004
   Gerokstr. 51, D-70184 Stuttgart
   www.luciusverlag.com

Druck und Einband: Druckhaus Thomas Müntzer, Bad Langensalza

Printed in Germany

UTB-Bestellnummer: 3-8252-8265-1

Vorwort zur 2. Auflage

Wir leben in einer Zeit, die immer stärker von wirtschaftlichen und finanziellen Zwängen geprägt ist. Die Kassen der staatlichen Gebietskörperschaften sind leer. Die sozialen Sicherungssysteme müssen umgebaut werden, der Einzelne wird stärker in die Pflicht genommen. Das ökonomische Grundproblem der Knappheit wird allenthalben spürbar. Perfekte Antworten auf die anstehenden Fragen gibt es nicht.

Die 2. Auflage des unter dem früheren Titel "Grundlagen und Probleme der Wirtschaftspolitik" erschienenen Lehrbuchs möchte dem Leser eine Orientierung über wichtige Teilbereiche und Probleme der Wirtschaftspolitik geben. Nach einem einleitenden Kapitel über die Theorie der Wirtschaftspolitik folgen insgesamt neun weitere zu wichtigen Politikfeldern. Der Leser wird sich auf Grund der stets gleichen Gliederungsstruktur nicht nur leichter zurechtfinden, sondern auch Bewertungsmaßstäbe für die praktische Wirtschaftspolitik gewinnen.

Nach der **Einleitung** mit definitorischer Klärung wird ausführlich die wirtschaftliche **Ausgangslage** analysiert, wobei Indikatoren zur Messung spezifischer Situationen eine besondere Rolle spielen. Es folgt - weil es um **"praxisorientierte"** Wirtschaftspolitik geht - eine knapp gehaltene **theoretische Fundierung**. Handlungsbedarf resultiert im allgemeinen aus einem Soll-Ist-Unterschied. Folglich sind auch die jeweiligen **Ziele** darzustellen, wobei ein Schwerpunkt dem Problem der Zielkonflikte gilt. Mit ihnen wird die praktische Wirtschaftspolitik ständig konfrontiert. Dies gilt z.B. für das Spannungsverhältnis zwischen Allokationseffizienz auf der einen und Verteilungsgerechtigkeit auf der anderen Seite. Die Autoren orientieren sich bewusst nicht nur an ersterer, sondern versuchen nachzuweisen, dass für eine positive und nachhaltige sozioökonomische Entwicklung ein Mindestmaß an Verteilungsgerechtigkeit unabdingbar ist. Es schließt sich eine Analyse der **Träger** der Wirtschaftspolitik an: Damit wird auch die institutionelle Seite einbezogen, die in wirtschaftswissenschaftlichen Lehrbüchern nicht selten vernachlässigt wird: Wirtschaftspolitik findet nicht in einem institutionenfreien Raum statt. Ein weiterer Schwerpunkt gilt dem **Instrumenteneinsatz**. Jedes Kapitel wird mit einer Erörterung von **Problemen und Grenzen** in dem betreffenden Politikbereich abgeschlossen.

In der wirtschaftspolitischen Praxis zeigt sich, dass sich immer mehr Vorgaben, Rahmenbedingungen oder Handlungszwänge aus dem europäischen Integrationsprozess ergeben. Da dies für nahezu alle Bereiche der Wirtschaftspolitik gilt, sind diese Aspekte in die jeweiligen Kapitel integriert worden: Umweltpolitik ist heute genauso wenig ohne Berücksichtigung der Europäischen Union zu betreiben wie beispielsweise Wettbewerbspolitik, Geldpolitik, Arbeitsmarktpolitik und Finanzpolitik. Einflüsse, die durch den Prozess der Globalisierung auf die nationale Wirtschaftspolitik ausgeübt werden, gehen ebenfalls in die einzelnen Politikbereiche ein. Nach Jahren des "Reformstaus" waren die letzten Monate des Jahres 2003 von "Reformeifer" geprägt. Beispielhaft seien die Hartz-Gesetze zur Reform der Arbeitsmarktpolitik genannt, die in die zweite Auflage ebenso eingearbeitet wurden wie die neue Handwerksordnung und die Änderungen bei der Einkommensbesteuerung.

Das Buch richtet sich an Studierende der Volks- und Betriebswirtschaftslehre an Universitäten, Fachhochschulen und Berufsakademien. Aber auch Studierende mit Wirtschaftswissenschaften als Nebenfach (Juristen, Soziologen, Pädagogen, Techniker) sind angesprochen. Nicht zuletzt gehören wirtschaftspolitisch Interessierte zur Zielgruppe.

Auf den sonst in den Wirtschaftswissenschaften eingesetzten mathematischen Apparat wird weitgehend verzichtet. Er ist im wirtschaftspolitischen Alltag nur bedingt vorzufinden. Der Bundeswirtschaftsminister mag sich zwar eines makroökonomischen Prognosemodells bedienen, seine Entscheidungen sind jedoch nicht nur von den Ergebnissen der Modellrechnungen abhängig, sondern werden durch vielfältige Faktoren beeinflusst.

Um Missverständnissen vorzubeugen: Begriffe wie "Konsumenten, Steuerzahler, Unternehmer oder Leser" bitten wir genderneutral zu verstehen.

Verbliebene Fehler gehen zu Lasten der Verfasser.

Der besondere Dank der Autoren gilt den Verlegern, Dr. Wulf D. von Lucius und Rainer Lange, für die Aufnahme des Buches in die von ihnen herausgegebene Lehrbuchreihe.

Verbliebene Fehler gehen zu Lasten der Verfasser.

Auf Anregungen und Kritik freuen sich die Autoren

Christian Czogalla   czogalla@wi.fh-flensburg.de
Walter A.S. Koch   koch@wi.fh-flensburg.de

Flensburg, im Januar 2004

Inhaltsverzeichnis

Vorwort

1. Kapitel: Theorie der Wirtschaftspolitik **1**

1.	Einleitung..	1
2.	Begriffliche Abgrenzung und Gegenstand von Wirtschaftspolitik..............	2
2.1	Theorie der Wirtschaftspolitik und praktische Wirtschaftspolitik................	2
2.2	Allgemeine und spezielle Wirtschaftspolitik...	3
2.3.	Gliederung nach Zielen der Wirtschaftspolitik......................................	3
2.4	Ordnungspolitik, Prozesspolitik und Strukturpolitik................................	3
2.5	Gegenstand der Wirtschaftspolitik..	6
2.5.1	Arbeitshypothetischer Ausgangspunkt...	6
2.5.2	Rationale Wirtschaftspolitik...	6
2.5.3	Grundfragen und Aufgaben der Wirtschaftspolitik.................................	7
3.	Teilbereiche der Wirtschaftspolitik..	8
3.1.	Positive Ökonomik - Situationsanalyse..	8
3.1.1	Diagnose...	9
3.1.1.1	Beschreibung der wirtschaftlichen Lage...	9
3.1.1.2	Erklärung der wirtschaftlichen Lage...	10
3.1.2	Prognose...	12
3.1.2.1	Arten von Prognosen...	12
3.1.2.2	Prognoseprobleme...	13
3.1.2.3	Beispiel: Prognose der Inflationsrate...	13
3.1.3	Entscheidung über Handlungsbedarf...	14
3.2	Normative Ökonomik und Kunstlehre..	15
3.2.1	Normative Ökonomik..	15
3.2.1.1	Zielsystem...	15
3.2.1.2	Zielbeziehungen...	17
3.2.1.2.1	Horizontale Zielbeziehungen (Ziel-Ziel-Beziehungen)............................	18
3.2.1.2.2	Vertikale Zielbeziehungen (Ziel-Mittel-Beziehungen).............................	21
3.2.2	Kunstlehre...	22
3.2.3	Operationalisierung von Zielen..	24
4.	Instrumente der Wirtschaftspolitik...	25
4.1	Begriffsbestimmung...	25
4.2	Systematisierung wirtschaftspolitischer Instrumente..............................	26
5.	Träger der Wirtschaftspolitik..	26
6.	Probleme und Grenzen der Wirtschaftspolitik.....................................	28

Arbeitsaufgaben 30

2. Kapitel: Ordnungspolitik **31**

1.	Einleitung - Problemstellung und Begriffsklärung.................................	31
2.	Situationsanalyse..	34
2.1	Beschreibung der Ausgangslage..	34
2.2	Konstituierende Elemente der Wirtschaftsordnung...............................	34
2.3	Beispiele für „Verschiebungen" von Grenzen zwischen privatem und öffentlichem Bereich.. .	37
2.4	Besonderheiten der Produktion bzw. Bereitstellung von Gütern und Dienstleistungen durch den Staat	38
2.5	Wirkungen einer ineffizienten Ordnungspolitik....................................	40

2.5.1	Schattenwirtschaft...	40
2.5.2	Standortfrage	43
3.	Theoretische Fundierung..	44
3.1	Die ordnungspolitische Grundfrage	44
3.2	Ausgangshypothesen für die Wirtschaftsordnung	47
3.2.1	Staatsversagen - Hypothesen für die liberale Marktkonzeption............	48
3.2.2	Marktversagen - Hypothesen für die interventionistische Staatskonzeption	48
3.3	Beschreibung alternativer Konzeptionen	49
4.	Ziele	50
5.	Träger der Ordnungspolitik	51
6.	Instrumente	52
7.	Probleme und Grenzen	55

Arbeitsaufgaben 57

3. Kapitel: Wettbewerbspolitik **59**

1.	Einleitung	59
2.	Situationsanalyse	61
2.1	Beschreibung und Ausgangslage	61
2.1.1	Kartelle und Kooperationen	61
2.1.2	Fusionen	62
2.1.3	Unternehmenskonzentration	62
2.1.4	Marktbeherrschung	64
2.2	Wettbewerbspolitische Indikatoren	65
2.2.1	Wettbewerbsintensität, Innovationen, Preisänderungen	65
2.2.2	Unternehmenskonzentration	67
3.	Theoretische Fundierung	69
3.1	Wettbewerbspolitisches Leitbild	69
3.2	Wettbewerbspolitische Konzepte	69
3.2.1	Funktionsfähiger (arbeitsfähiger) Wettbewerb	70
3.2.2	Konzept der weiten Oligopole	70
3.2.3	Freier Wettbewerb	71
3.2.4	Das Konzept der Chicago School	71
3.3	Würdigung und Schlussfolgerungen für die Wettbewerbspolitik............	72
4.	Ziele	73
4.1	Allgemeine Ziele	73
4.2	Zielhierarchie	73
4.3	Zielkonflikte	74
5.	Träger der Wettbewerbspolitik	76
5.1	Nationale Träger	76
5.1.1	Das Bundeskartellamt	76
5.1.2	Der Bundesminister für Wirtschaft und Arbeit	76
5.2	Europäische Union	77
6.	Instrumente	77
6.1	Nationale Instrumente	77
6.1.1	Instrumente des Gesetzes gegen Wettbewerbsbeschränkungen (GWB)	78
6.1.1.1	Allgemeines Kartellverbot	79
6.1.1.2	Fusionskontrolle	81
6.1.1.3	Missbrauchsaufsicht über marktbeherrschende Unternehmen.............	83
6.1.1.4	Sonstige Instrumente nach dem GWB	85
6.1.1.5	Geltungsbereich und Sanktionsmöglichkeiten	87

6.1.2	Sonstige wettbewerbspolitisch relevante Instrumente	88
6.1.2.1	Gesetz gegen den unlauteren Wettbewerb (UWG)	88
6.1.2.2	Sonstige Instrumente	89
6.2	Instrumente nach EU-Recht	89
6.2.1	Kartellverbot	90
6.2.2	Missbrauchsaufsicht über marktbeherrschende Unternehmen	91
6.2.3	Fusionskontrolle	92
6.2.4	Beihilfen (Subventionen)	94
6.2.5	Verfahren	95
7.	Probleme und Grenzen	95
Arbeitsaufgaben		**97**

4. Kapitel:	**Finanzpolitik**	**99**
1.	Einführung	99
1.1	Bereiche der öffentlichen Finanzwirtschaft und rechtliche Grundlagen	99
1.2	Begriffsklärung	100
2.	Situationsanalyse	101
2.1	Der Staatshaushalt	101
2.1.1	Definition	101
2.1.2	Haushaltspolitische Indikatoren	102
2.2	Staatseinnahmen (Steuern)	103
2.2.1	Entwicklung und aktueller Stand	103
2.2.2	Steuerpolitische Indikatoren	106
2.3	Staatsausgaben	108
2.3.1	Entwicklung der Staatsausgaben	108
2.3.2	Indikatoren	109
2.3.3	Subventionen	111
2.4	Staatsverschuldung	112
2.4.1	Entwicklung der öffentlichen Verschuldung	112
2.4.2	Indikatoren zur Staatsverschuldung	115
2.5	Haushalt der Europäischen Union	117
2.5.1	Die Eigenmittel	117
2.5.2	Die Ausgaben	119
3.	Theoretische Fundierung	121
3.1	Einführung - Die Theorie des multiplen Budgets	121
3.2	Bestimmung des optimalen Budgets	122
3.3	Steuertheorie	123
3.4	Theorie der Staatsausgaben	126
3.5	Theorie der Staatsverschuldung	128
3.6	Aktive oder reaktive Finanzpolitik?	130
4.	Ziele und Strategien der Finanzpolitik	130
4.1	Ziele	130
4.1.1	Haushaltspolitische Ziele	130
4.1.2	Steuerpolitische Ziele	130
4.1.3	Ausgabenpolitische Ziele	132
4.1.4	Schuldenpolitische Ziele	132
4.1.5	Zielhierarchie und Zielkonflikte in der Finanzpolitik	133
4.1.5.1	Zielhierarchie	133
4.1.5.2	Zielkonflikte	133
4.2	Strategien	134
4.2.1	Die mittelfristige Finanzplanung	134

4.2.2 Koordination der Finanz- und Haushaltspolitik im Rahmen der
       europäischen Integration 135
5.   Träger der Finanzpolitik... 136
5.1   Träger auf Bundesebene 136
5.2   Träger auf Landes- und kommunaler Ebene 137
5.3   Internationale Träger der Finanzpolitik 137
5.4   Abstimmungsmechanismen in der Finanzpolitik 138
6.   Instrumente der Finanzpolitik 139
6.1   Haushaltspolitische Instrumente 139
6.2   Steuerpolitische Instrumente 141
6.2.1 Steuerpolische Aktionsparameter 141
6.2.2 Wirkungen der Steuerpolitik 142
6.3   Ausgabenpolitische Instrumente 144
6.4   Schuldenpolitische Instrumente 145
6.5   Finanzausgleichspolitische Instrumente 147
6.6   Instrumente der wirtschaftspolitischen Koordinierung in der EU........... 149
7.   Probleme und Grenzen 150
7.1   Allgemeine Probleme und Grenzen 150
7.2   Probleme und Grenzen der Steuerpolitik 151
7.3   Probleme und Grenzen der Ausgabenpolitik 151
7.4   Probleme und Grenzen der Schuldenpolitik 152

Arbeitsaufgaben 154

5. Kapitel: Geldpolitik **155**

1.   Einleitung 155
2.   Situationsanalyse 156
2.1   Allgemeine Entwicklung 156
2.1.1 Märkte des Geldbereichs 156
2.1.2 Internationale Finanz-/Kapitalmärkte (Fremdwährungsmärkte)............. 157
2.1.3 Internationaler Zinszusammenhang 158
2.1.4 Neuere Entwicklungen im Zahlungsverkehr 159
2.2   Geldpolitische Zwischenziele und Indikatoren 160
2.2.1 Monetäre Indikatoren und Liquidität 161
2.2.2 Zinspolitische Indikatoren 163
2.3   Kreditaggregate 165
3.   Theoretische Fundierung.. 165
3.1   Inflationstheorien (Inflationsursachen) 166
3.1.1 Nichtmonetäre Theorien 166
3.1.2 Monetäre Nachfragetheorie 168
3.1.3 Geldpolitische Konsequenzen der Inflationstheorie 168
3.2   Die Geldangebots- und Geldnachfragetheorie 169
3.2.1 Darstellung der Quantitätstheorie 169
3.2.2 Theorie des Geldangebots 170
3.2.3 Theorie der Geldnachfrage 171
4.   Ziele der Geldpolitik 172
4.1   Das Ziel der Preisniveaustabilität 172
4.2   Andere gesamtwirtschaftliche Ziele 173
4.3   Geldmengenpolitische und zinspolitische (Zwischen-)Ziele 173
4.4   Zielhierarchie 175
4.5   Zielkonflikte 175
5.   Träger der Geldpolitik 177

5.1	Das Europäische System der Zentralbanken und das Eurosystem	178
5.2	Die Rolle der nationalen Zentralbanken	183
5.3	Weitere Institutionen	184
5.3.1	Der Wirtschafts- und Finanzausschuss (WFA)	184
5.3.2	Bankenaufsicht	184
6	Instrumente der Geldpolitik	185
6.1	Allgemeine Regelungen	186
6.1.1	Zulassungskriterien	186
6.1.2	Refinanzierungsfähige Sicherheiten	187
6.2	Einzelne Instrumente	188
6.2.1	Die Offenmarktpolitik im Eurosystem	188
6.2.1.1	Techniken der Offenmarktpolitik des Eurosystems	189
6.2.1.2	Verfahren	191
6.2.1.3	Gruppierung der Offenmarktgeschäfte	193
6.2.2	Das Instrument der ständigen Fazilitäten	195
6.2.3	Die Mindestreservepolitik	196
7.	Probleme und Grenzen	198
Arbeitsaufgaben		201

6. Kapitel: Einkommenspolitik – Sozialpolitik **203**

1.	Einleitung	203
2.	Situationsanalyse	204
2.1	Allgemeine Entwicklung	204
2.2	Verteilungspolitische Indikatoren	209
3.	Theoretische Fundierung	217
3.1	Theorien zur funktionellen Einkommensverteilung	217
3.1.1	Grenzproduktivitätstheorie	218
3.1.2	Weitere Theorien	219
3.2	Theorien zur personellen Einkommensverteilung	219
4.	Ziele der Verteilungspolitik	220
4.1	Ziele der Einkommens- und Sozialpolitik	221
4.1.1	Einkommens- und vermögenspolitische Ziele	222
4.1.2	Sozialpolitische Ziele	224
4.1.3	Zielhierarchie und Zielbeziehungen	226
4.2	Ziele und Probleme der Sozialpolitik innerhalb der Europäischen Union	226
5.	Träger der Verteilungspolitik	230
5.1	Die Tarifvertragsparteien als Träger der Einkommenspolitik	230
5.1.1	Gewerkschaften	230
5.1.2	Arbeitgeberverbände	232
5.1.3	Die Rolle des Staates	233
5.2	Der Staat als Träger der Umverteilungs- und Sozialpolitik................	234
5.2.1	Bundesministerium für Arbeit und Sozialordnung	234
5.2.2	Sozialversicherungsträger	234
6.	Instrumente der Verteilungspolitik (Einkommens- und Sozialpolitik)	236
6.1	Übersicht	236
6.2	Instrumente der Primärverteilung	236
6.2.1	Direkte Instrumente der autonomen Tarifpartner (Tarifvertrag, Tarif- vertragsverhandlungen, Arbeitskampf)	236
6.2.2	Indirekte staatliche Instrumente	239
6.3	Instrumente der Sekundärverteilung	240

6.3.1	Der verteilungspolitische Aspekt von Steuern und Transferzahlungen ...	240
6.3.2	Instrumente der Sozialpolitik - Systeme der sozialen Sicherung	242
6.3.3	Realtransfer (Bereitstellung öffentlicher Güter)	243
6.4	Vermögensbildungspolitische Instrumente	243
6.4.1	Staatliche Förderung von vermögenswirksamen Leistungen	244
6.4.2	Investivlohn und Modelle der Ertrags- oder Gewinnbeteiligung	244
7.	Probleme und Grenzen	245
Arbeitsaufgaben		248

7. Kapitel: Arbeitsmarkt- und Beschäftigungspolitik 249

1.	Einleitung	249
2.	Situationsanalyse	250
2.1	Allgemeine Entwicklung	250
2.2	Arbeitsmarktpolitische Indikatoren	253
2.3	Beschäftigungspolitische Indikatoren	258
3.	Theoretische Fundierung	259
3.1	Funktionsweise des Arbeitsmarktes im neoklassischen Modell	259
3.2	Ursachen für Arbeitslosigkeit	261
3.2.1	Marktunvollkommenheiten	261
3.2.2	Der Matching-Prozess	264
3.2.3	Mindestlohnregelungen	265
3.2.4	Abhängigkeit des Arbeitsmarktes vom Gütermarkt	265
3.2.5	Technischer Fortschritt, Investitionen und Kapitalmangel	265
3.3	Konjunkturtheorien	266
3.3.1	Exogene Konjunkturtheorien..	266
3.3.2	Endogene Konjunkturtheorien	266
4.	Ziele der Arbeitsmarkt- und Beschäftigungspolitik	269
4.1	Zielhierarchie	269
4.2	Zielkonflikte	270
5.	Träger der Arbeitsmarkt- und Beschäftigungspolitik	271
5.1	Die staatlichen Träger	271
5.1.1	Bund, Länder und Gemeinden	271
5.1.2	Die Bundesagentur für Arbeit	272
5.2	Die privaten Träger: Gewerkschaften und Arbeitgeberverbände	272
5.3	Koordination zwischen staatlichen und privaten Trägern	273
5.4	Internationale Träger	274
5.4.1	Die Europäische Kommission	274
5.4.2	Die Internationale Arbeitsorganisation (ILO)	274
6.	Instrumente	274
6.1	Übersicht	274
6.2	Ansatzpunkte und Strategien	276
6.3	Beschäftigungspolitische Instrumente	278
6.4	Arbeitsmarktpolitische Instrumente	278
6.4.1	Aktive Arbeitsmarktpolitik	278
6.4.2	Passive Arbeitsmarktpolitik	281
6.5	Ordnungspolitische Instrumente	282
6.6	Sonstige Instrumente	284
6.7	Europäische Arbeitsmarktpolitik	285
7.	Probleme und Grenzen	286
Arbeitsaufgaben		289

8. Kapitel: Außenwirtschaftspolitik **291**

1.	Einleitung	291
2.	Situationsanalyse	295
2.1	Allgemeine Entwicklung	295
2.1.1	Organisationen der Weltwirtschaftsordnung	295
2.1.2	Internationale Liquidität	297
2.1.3	Währungsreserven im Euroraum und Währungsreserven der Bundesbank	299
2.1.4	Außenwirtschaftliche Verflechtungen	300
2.2	Außenwirtschaftliche Indikatoren	303
3.	Außenwirtschaftstheorie	307
3.1	Reale Außenwirtschaftstheorie	307
3.1.1	Bestimmungsgründe des internationalen Handels	307
3.1.2	Zolltheorie und Theorie der Zollunion	312
3.2	Monetäre Außenwirtschaftstheorie	315
3.3	Formen der währungspolitischen Zusammenarbeit	317
4.	Ziele der Außenwirtschaftspolitik	321
4.1	Allgemeine Ziele	321
4.2	Ziele von regionalen Integrationen	323
4.3	Zielhierarchie und mögliche Zielkonflikte	326
5.	Träger der Außenwirtschaftspolitik	327
5.1	Nationale Träger	327
5.2	Internationale Träger	328
5.2.1	Träger der EU-Außenwirtschaftspolitik	328
5.2.2	Welthandelsorganisation (WTO)	329
5.2.3	Internationaler Währungsfonds	331
5.3	Internationale Einflussträger	334
6.	Instrumente der Außenwirtschaftspolitik	334
6.1	Übersicht	334
6.2	Instrumente zur Beeinflussung des internationalen Handels..............	336
6.2.1	Tarifäre Instrumente (Zölle)	336
6.2.2	Nicht-tarifäre Instrumente	337
6.2.3	Handelsverträge	337
6.3	Instrumente zur Beeinflussung des internationalen Kapitalverkehrs	338
6.4	Wechselkurspolitik	340
6.5	Internationale Schuldenpolitik	343
7.	Probleme und Grenzen der Außenwirtschaftspolitik	344

Arbeitsaufgaben 346

9. Kapitel: Umweltpolitik **347**

1.	Einleitung	347
2.	Situationsanalyse	349
2.1	Allgemeine Entwicklung	349
2.2	Umweltpolitische Indikatoren	351
2.2.1	Grenzwerte	353
2.2.2	Umweltgesamtrechnung	354
2.3	Kosten der Umweltbelastungen	355
3.	Theoretische Fundierung	356
3.1	Ursachen für Umweltbelastungen	356
3.1.1	Zu den entwicklungsbedingten Ursachen	356

3.1.2	Zu den sozioökonomischen Ursachen	357
3.2	Umweltprobleme: Marktversagen (Fehlallokation), Politikversagen oder Moraldefizit?	359
4.	Umweltpolitische Ziele und Prinzipien	360
4.1	Ziele der Umweltpolitik	360
4.1.1	Ziele einer globalen Umweltpolitik	361
4.1.2	Nationale Ziele der Umweltpolitik	362
4.1.3	Umweltpolitische Ziele der Europäischen Union	364
4.2	Zielhierarchie	366
4.3	Zielkonflikte	366
4.4	Prinzipien der Umweltpolitik	368
5.	Träger der Umweltpolitik	370
5.1	Nationale Träger der Umweltpolitik	370
5.1.1	Aufgabenteilung und Zuständigkeiten	370
5.1.2	Das Ministerium für Umwelt, Naturschutz und Reaktorsicherheit	371
5.1.3	Nachgeordnete Bundesbehörden	373
5.2	Träger der EU-Umweltpolitik	374
5.2.1	Die Europäische Kommission, der EU-Ministerrat und das Europäische Parlament	374
5.2.2	Weitere europäische Institutionen	374
5.3	Sonstige internationale Organisationen	375
6.	Umweltpolitische Instrumente	375
6.1	Überblick	375
6.2	Ordnungsrechtliche Instrumente	377
6.3	Ökonomische bzw. marktwirtschaftliche (marktbezogene) Instrumente	379
6.4	Sonstige Instrumente	382
7.	Probleme und Grenzen	384
	Arbeitsaufgaben	386

10. Kapitel: Entwicklungspolitik 387

1.	Einleitung	387
2.	Situationsanalyse	387
2.1	Beschreibung der Ausgangslage	387
2.2	Indikatoren zur Messung von Unterentwicklung	389
2.2.1	Das Bruttoinlandsprodukt pro Kopf als allgemeiner Indikator	389
2.2.2	International verwendete Indizes	389
2.3	Klassifikationen von Entwicklungsländern	390
2.4	Die Terms of Trade	391
2.5	Das Schuldenproblem	391
3.	Theoretische Fundierung	392
3.1	Die Teufelskreise der Armut: Das Grundproblem	393
3.2	Externe Ursachen	394
3.3	Interne Ursachen	395
3.4	Sonstige Entwicklungstheorien	396
4.	Ziele und Strategien der Entwicklungspolitik	397
4.1	Ziele	397
4.1.1	Allgemeine Ziele	397
4.1.2	Ziele der Entwicklungsländer	398
4.1.3	Ziele der Industrieländer	399
4.2	Strategien	401
4.2.1	Allgemeine Strategien	401

4.2.2	Strategien zur Entwicklung der Landwirtschaft	403
5.	Träger der Entwicklungspolitik	404
5.1	Interne Träger der Entwicklungspolitik	404
5.2	Externe Träger der Entwicklungspolitik	405
6.	Instrumente der Entwicklungspolitik	405
6.1	Einführung und Übersicht	406
6.2	Entwicklungszusammenarbeit - EZ (Überblick)	407
6.3	Projekte und Programme	409
6.3.1	Projektplanung	409
6.3.1.1	Nutzen-Kosten-Analyse	410
6.3.1.2	Auswahl der Investitionsprojekte	413
6.3.2	Projektdurchführung und Monitoring	413
6.3.3	Evaluierung	414
6.4	Übersicht über die internationale EZ	414
6.5	Stabilisierung der Exporterlöse	414
6.6	Strukturanpassungspolitik	416
6.7	Zur Lösung des Schuldenproblems	417
7.	Probleme und Grenzen	419
Arbeitsaufgaben		421
Literatur		423
Sachregister		435

Umrechnungskurs: 1 € = 1,95583 DM

Kapitel 1: Theorie der Wirtschaftspolitik

1. Einleitung

Zur Einführung in das Thema erscheint es zweckmäßig, zwei Ausgangspunkte voranzustellen. **Erstens** geht es darum, die Beziehungen zwischen Wirtschaftspolitik und allgemeiner Politik kurz zu charakterisieren. **Zweitens** wird auf die Vielfalt der in der Literatur verwendeten Begriffe hingewiesen. Das Ziel eines solchen Überblicks, der Aussagen zum Verhältnis zwischen praktischer und theoretischer Wirtschaftspolitik einschließen muss, kann nicht darin bestehen, alle existierenden Abgrenzungsprobleme lösen zu wollen. Vielmehr gilt es eine Grundlage zu schaffen, auf der Aussagen zum Gegenstand (Erkenntnisobjekt) der Wirtschaftspolitik verständlich werden.

Wirtschaftspolitik umfaßt sowohl das Handeln der politischen Entscheidungsträger als auch die wissenschaftlichen (theoretischen) Grundlagen dieses Handelns. Sie beruht auf komplexen Erkenntnissen anderer Disziplinen wie Wirtschaftstheorie, Politikwissenschaft, Soziologie, Staats- und Verwaltungsrecht usw.

Die Analyse Gegenstandes der Wirtschaftspolitik hat immer zwei Aspekte zu berücksichtigen. Sie muss **einerseits** die wissenschaftlichen Grundlagen (Theorie der Wirtschaftspolitik) untersuchen, **andererseits** sich mit der praktischen Umsetzung wissenschaftlicher Erkenntnisse (praktische Wirtschaftspolitik) auseinandersetzen. Demnach ist Wirtschaftspolitik als Einheit von Wissenschaft und Praxis zu verstehen. In diesem Sinne besteht unsere Aufgabe in diesem Kapitel auch nicht darin, die Wirtschaftspolitik in der Bundesrepublik Deutschland zu analysieren. Sie bildet jedoch das Erfahrungsobjekt für die Beispiele, mit deren Hilfe dem Leser die wissenschaftlichen Grundlagen anschaulich gemacht werden sollen.

Wirtschaftspolitik ist ein Teilbereich der allgemeinen Politik. Beide sind untrennbar miteinander verbunden. Wirtschaftspolitische Entscheidungen werden durch politische Ziele und Interessen wesentlich beeinflusst. So ist beispielsweise die Schaffung der EUROPÄISCHEN WÄHRUNGSUNION mit der Einführung des Euro als Einheitswährung ein Schritt von weitreichender ökonomischer Bedeutung, der jedoch ohne den festen Willen zur Vertiefung der politischen Integration schwerlich realisierbar gewesen wäre. Ökonomische Bedingungen ihrerseits haben Rückwirkungen auf die politische Lage. Die Verhinderung und Bekämpfung von wirtschaftlicher Machtkonzentration durch die Förderung des Wettbewerbs im Rahmen der Wettbewerbspolitik ist nicht ausschließlich von ökonomischer Relevanz (Funktionsfähigkeit des Marktes), sondern möglicherweise eine existentielle Voraussetzung unserer Demokratie.

Für Entscheidungen in beiden Bereichen gilt, dass in ihrem Mittelpunkt die verbindliche Regulierung von Konflikten (Ausgleich gesellschaftlicher Interessen) steht. Während die allgemeine Politik die Aufgabe zu lösen hat, die unterschiedlichen Interessen in allen Bereichen des gesellschaftlichen Lebens auszugleichen und die dafür erforderlichen **Rahmenbedingungen** (Staatsaufbau, Regierungssystem, Parteiensystem) und Institutionen (Gerichtsbarkeit, öffentliche Verwaltung usw.) zu schaffen, ist die Wirtschaftspolitik derjenige Politikbereich, der auf ökonomische Entscheidungsprozesse gerichtet ist und somit letztlich die Versorgung der Wirtschaftssubjekte mit Gütern beeinflusst. Das schließt Entscheidungen ein, die sowohl den Rahmen für wirtschaftliches Handeln festlegen als auch den **Ablauf der wirtschaftlichen Aktivitäten** selbst regulieren. Die Gestaltung der Wirtschaftsordnung (Lösung des Koordinationsproblems und Festlegung der Eigentumsordnung) nimmt dabei eine zentrale Stellung ein.

Wirtschaftspolitisches Handeln als praktizierte Wirtschaftspolitik lässt sich nur erklären und verstehen, wenn die komplexen Wirkungszusammenhänge zu anderen Bereichen der allgemeinen Politik beachtet werden. Wirtschaftspolitik in diesem Sinne wird nur erfolgreich sein, wenn sie sich auf Erkenntnisse der Theorie der Wirtschaftspolitik stützt. Das Verhältnis zwischen theoretischer Analyse und praktischer Umsetzung ist dabei keinesfalls spannungsfrei. Nicht zwangsläufig führen Erkenntnisse aus der Theorie der Wirtschaftspolitik auch zu entsprechenden Maßnahmen in den Bereichen der Geld-, Finanz-, Konjunktur- oder Umweltpolitik. Zwischen wissenschaftlichen Empfehlungen zur Lösung wirtschaftspolitischer Probleme und den tatsächlich ergriffenen Maßnahmen können vielmehr zum Teil erhebliche Abweichungen auftreten. Dafür können vielfältige Gründe verantwortlich sein. Denn als Teilgebiet der allgemeinen Politik unterliegt die praktische Wirtschaftspolitik unterschiedlichsten Einflüssen und Zwängen, die bei wirtschaftspolitischen Empfehlungen nicht selten unzureichend berücksichtigt werden.

So kann die Realisierung eines wirtschaftspolitischen Ziels gefährdet werden (z.B. Verringerung der Arbeitslosigkeit), weil es im Konflikt zu anderen ökonomischen oder politischen Zielsetzungen (z.B. Geldwertstabilität, Konsolidierung des Staatshaushaltes) steht. Ziele können sich im Zeitablauf verändern (z.B. könnte an die Stelle der Verringerung der Arbeitslosigkeit das Primat der Geldwertstabilität treten). Die Knappheit an materiellen und finanziellen Ressourcen zwingt zu Kompromissen. Der Einfluss von Gruppeninteressen und -verhalten auf die wirtschaftspolitische Willensbildung erschwert die Umsetzung wissenschaftlicher Empfehlungen. Das gilt keinesfalls nur für die Interessen von Wirtschaftsverbänden, Gewerkschaften und Organisationen, sondern schließt nicht zuletzt das Eigeninteresse von Politikern als Träger der Wirtschaftspolitik ein. Rücksicht auf bestimmte Wählergruppen aus Sorge um eine Wiederwahl führt häufig zu wirtschaftspolitischen Entscheidungen, die die unmittelbare Wirkung von Maßnahmen überbetont und die mit zeitlicher Verzögerung (time lags) eintretenden Wirkungen vernachlässigt. Besonders das Problem der unterschiedlichen Gruppeninteressen wurde lange vernachlässigt, indem wirtschaftspolitische Entscheidungsprozesse ausschließlich unter dem Aspekt eines - wie auch immer definierten - Gesamtinteresses (Gemeinwohl, öffentliche Wohlfahrt) betrachtet wurden.

2. Begriffliche Abgrenzung und Gegenstand von Wirtschaftspolitik

Es gibt verschiedene Ansichten darüber, welche Gliederung im Bereich der Wirtschaftspolitik als zweckmäßig anzusehen ist. So finden wir neben der auf WALTER EUCKEN[1] (1891-1950) zurückgehenden Zweiteilung zwischen Ordnungs- und Prozesspolitik, die am zu beeinflussenden Phänomen ansetzt, eine Unterteilung in qualitative und quantitative Wirtschaftspolitik (JAN TINBERGEN)[2]. Andere Gliederungen gehen auf solche Merkmale wie Wirkungsbereiche oder Ziele der Wirtschaftspolitik zurück. Gleichzeitig herrscht eine Vielfalt von Begriffen, die dem Leser die Orientierung nicht immer leicht macht. Allein für die Theorie der Wirtschaftspolitik werden Begriffe wie Wissenschaftliche Wirtschaftspolitik, Grundlagen der Wirtschaftspolitik oder theoretische Wirtschaftspolitik verwendet. Deshalb erscheint es sinnvoll, eine Gliederung und Abgrenzung der Begriffe voranzustellen. Wir lassen uns dabei methodologisch von der Überlegung leiten, dass Probleme der Abgrenzung unter dem Gesichtspunkt der Zweckmäßigkeit gelöst werden sollten.

2.1 Theorie der Wirtschaftspolitik und praktische Wirtschaftspolitik

Die Theorie der Wirtschaftspolitik (wissenschaftliche Wirtschaftspolitik) beschäftigt sich mit der Beschreibung und Erklärung der wirtschaftlichen Lage, untersucht Motive, Erscheinungsformen und Konsequenzen wirtschaftspolitischen Handelns, analysiert Ziele und Ziel-

---

[1] Vgl. W. EUCKEN, Grundsätze der Wirtschaftspolitik, UTB 1572, 6. Aufl., Tübingen 1990.
[2] Vgl. J. TINBERGEN, On the Theory of Economic Policy, Amsterdam 1952.

beziehungen und erstellt nicht zuletzt Prognosen über die Wirkung geplanter oder unterlassener Maßnahmen.

Ihre Aufgabe besteht einerseits darin, auf dieser Grundlage geeignete Maßnahmen vorzuschlagen und solche Mittel (Instrumente der Wirtschaftspolitik) zu entwickeln, die bei der Umsetzung der Ziele der praktischen Wirtschaftspolitik helfen. Es wäre jedoch zu eng definiert, ihre Aufgaben darauf zu beschränken. Vielmehr geht es andererseits auch darum, theoretische Erkenntnisfortschritte zu erzielen, die sich nicht unmittelbar nach dem Kriterium eines praktischen Nutzens bewerten lassen.

Praktische Wirtschaftspolitik als Teilbereich der staatlichen Gesamtpolitik beschäftigt sich mit konkreten wirtschaftspolitischen Maßnahmen und ihren institutionellen Voraussetzungen. Sie geht von der Wünschbarkeit und der Möglichkeit wirtschaftspolitischer Einflussnahme auf das Wirtschaftsgeschehen durch die Träger der Wirtschaftspolitik aus.

Praktische Wirtschaftspolitik basiert auf dem Vergleich der gegebenen wirtschaftlichen Lage mit den angestrebten Zielen. Die diagnostizierten Abweichungen beeinflussen Umfang und Intensität der anzuwendenden Maßnahmen. Das setzt komplexe Informationen und Erkenntnisse zur Lage und möglichen Entwicklungstendenzen der Volkswirtschaft sowie über bestehende Wirkungszusammenhänge und erwartete Wirkungen von Maßnahmen voraus. Politikberatung, die Fortschritte in der praktischen Wirtschaftspolitik bewirken will, hat sich diesen Anforderungen zu stellen. Dabei stützt sie sich im Wesentlichen auf die Ergebnisse der Analyse der theoretischen Grundlagen der Wirtschaftspolitik.

2.2 Allgemeine und spezielle Wirtschaftspolitik

Die (Theorie der) Wirtschaftspolitik gliedert sich in die zwei großen Teilbereiche: allgemeine Wirtschaftspolitik und spezielle Wirtschaftspolitiken. Den Untersuchungsgegenstand der **allgemeinen Wirtschaftspolitik** bilden die Grundlagen der Wirtschaftspolitik, die für alle Bereiche der Volkswirtschaft Bedeutung haben. Zu diesen allgemeinen Grundlagen gehören unter anderem das gesellschaftliche Zielsystem, die Ziel-Mittel-Problematik oder die Auswahl ursachenadäquater wirtschaftspolitischer Maßnahmen.

Demgegenüber konzentrieren sich die **speziellen Wirtschaftspolitiken** auf Fragestellungen, die nur einzelne Sektoren (sektorale Wirtschaftspolitik) oder Regionen (Regionalpolitik) der Volkswirtschaft betreffen. Die sektorale Wirtschaftspolitik orientiert sich dabei vor allem an den ökonomischen und technologischen Besonderheiten einzelner Wirtschaftszweige (z.B. Industrie-, und Agrarpolitik, Handelspolitik, Energie- und Verkehrspolitik). Mit den Auswirkungen von sektoralen und regionalen Entwicklungen auf die Volkswirtschaft beschäftigt sich die **Strukturpolitik**.

2.3 Gliederung nach den Zielen der Wirtschaftspolitik

Allgemein bekannt ist die Gliederung der Wirtschaftspolitik nach **finalen Gesichtspunkten**. Sie leitet sich unmittelbar aus den angestrebten Zielen der Wirtschaftspolitik ab. Als Beispiele seien Geld- und Finanzpolitik, Konjunktur- und Beschäftigungspolitik, Einkommens- und Verteilungspolitik, Außenwirtschafts- und Entwicklungspolitik sowie Umweltpolitik angeführt. Eine solche Gliederung, der wir uns weitgehend anschließen, ermöglicht eine ursachenadäquate Auseinandersetzung mit den Fragestellungen der Wirtschaftspolitik.

2.4 Ordnungspolitik, Prozesspolitik und Strukturpolitik

In der deutschsprachigen Literatur nimmt die Zweiteilung zwischen Ordnungspolitik und Prozesspolitik (Ablaufpolitik) eine besondere Stellung ein. Von besonderer Bedeutung für die Ordnungspolitik in Deutschland sind bis heute die „konstituierenden Prinzipien" einer

Wettbewerbsordnung nach EUCKEN (vgl. Kapitel 2). Neben Ordnungs- und Ablaufpolitik hat sich die Strukturpolitik zu einem selbständigen Bereich entwickelt, der allerdings untrennbar mit diesen Politikbereichen verbunden ist.

Das Ziel der **Wirtschaftsordnungspolitik** besteht in der Gestaltung von qualitativen Rahmenbedingungen. Sie beschäftigt sich mit der Gesamtheit von Faktoren, die Aufbau und Ablauf einer Volkswirtschaft beeinflussen. Auf der Grundlage von Entscheidungen

- zum Koordinationsmechanismus (dezentral über den Markt oder zentral verwaltet),
- zur Eigentumsordnung (privates oder gesellschaftliches Eigentum an Produktionsmitteln),
- zum Rechtssystem (z.B. Grundsätze der staatlichen Finanzpolitik im Grundgesetz, Geldwesen, Wettbewerbsrecht zur Durchsetzung marktwirtschaftlichen Verhaltens, Tarifrecht, Steuerrecht, Bilanzierungsvorschriften oder die Regelung der betrieblichen Mitbestimmung von Arbeitnehmern),
- zur Schaffung von Institutionen (vor allem Träger von Wirtschaftspolitik) und Festlegung ihrer Befugnisse

regelt die Ordnungspolitik die Beziehungen, die die privaten Wirtschaftssubjekte untereinander betreffen. Sie soll auch die Aufgabenteilung zwischen Staat und privaten Wirtschaftssubjekten festlegen.

Dahinter verbirgt sich die Frage, welches Wirtschaftssubjekt welche Aufgaben mit seinen Mitteln am effizientesten lösen kann. Die Antwort darauf wird vom gesellschaftlichen Zielsystem beeinflusst und ist keinesfalls immer widerspruchsfrei. So steht die im Interesse einer optimalen Allokation der Ressourcen erhobene Forderung nach dem „schlanken Staat" nicht selten im Konflikt zur Verwirklichung von mehr Verteilungsgerechtigkeit, die zur Ausdehnung staatlicher Aufgaben und Ausgaben führen kann (Gesetz der wachsenden Staatsausgaben von WAGNER).

Ordnungspolitische Entscheidungen üben einen bestimmenden Einfluss auf Ziele und Mittel (Instrumente) der Wirtschaftspolitik aus. So hat beispielsweise die Entscheidung für den dezentralen Koordinationsmechanismus „Markt" Auswirkungen auf das Verhältnis sowohl der privaten Wirtschaftssubjekte untereinander (z.B. Wettbewerb zwischen den Unternehmen, Streben nach höchstmöglichem Gewinn, Autonomie von Arbeitgebern und Arbeitnehmern bei Tarifverhandlungen) als auch zwischen privaten Wirtschaftssubjekten und Staat (z.B. erfolgt der Einsatz von Instrumenten der Fiskalpolitik situationsbezogen bei Störungen des gesamtwirtschaftlichen Gleichgewichts grundsätzlich marktkonform).

Das Ziel der **Prozesspolitik (Ablaufpolitik)** besteht darin, innerhalb des vorgegebenen ordnungspolitischen Rahmens mit Hilfe kurzfristiger staatlicher Eingriffe auf das Marktgeschehen zielgerichtet einzuwirken. Sie beschränken sich meist auf eine makroökonomische Steuerung volkswirtschaftlicher Größen, während die Steuerung der mikroökonomischen Größen dem Marktmechanismus überlassen bleibt (ordnungskonforme Wirtschaftspolitik). In diesem Sinne ist das GESETZ ZUR FÖRDERUNG DER STABILITÄT UND DES WACHSTUMS DER WIRTSCHAFT (BGBl. I, S. 582ff.) von 1967 zu verstehen, das den Trägern der Wirtschaftspolitik in bestimmten konjunkturellen Situationen die Möglichkeit zu **diskretionären Maßnahmen** (fallweiser und situationsbezogener Mitteleinsatz) gibt. Dies geschieht vor allem mit den Instrumenten der Fiskalpolitik im Rahmen einer **Globalsteuerung**. In anderen Politikbereichen wie z.B. der Geldpolitik können zins- oder geldmengenpolitische Instrumente ablaufpolitisch eingesetzt werden.

Ordnungs- und Prozesspolitik bilden eine **Einheit**, bei der die Ordnungspolitik jedoch Priorität besitzt. Zwischen beiden Politikbereichen können Überschneidungen auftreten. Offensichtlich ist, dass ordnungspolitische Maßnahmen zu prozesspolitischen Konsequenzen führen. So stellte die Verlängerung der Öffnungszeiten nach dem neuen Ladenschlussgesetz eine ordnungspolitische Maßnahme dar, die über eine Veränderung von Käuferverhalten und Käuferströmen eine Reihe ablaufpolitischer Konsequenzen nach sich zieht: z.B.

individuelle Arbeitszeitregelungen, möglicherweise Veränderung in der Struktur der Arbeitsplätze (Verhältnis von Vollzeit- zu Teilzeitarbeitsplätzen).

Und umgekehrt: Maßnahmen im Bereich der Prozesspolitik können ordnungspolitische Wirkungen auslösen. Wir wollen dies an einem Importzoll verdeutlichen, der von den Anbietern zu zahlen ist. Zur Vereinfachung wird ein spezifischer Zoll (Mengenzoll, bei dem pro Mengeneinheit immer der gleiche Zollbetrag erhoben wird) zugrunde gelegt. Bei einer Erhöhung des Zollsatzes ergibt sich dann - wenn das Modell der vollständigen Konkurrenz vorausgesetzt wird - eine Parallelverschiebung der Angebotskurve nach oben (vgl. Abb. 1.1).

Wird der Zoll - z.B. aus fiskalischen Gründen - immer weiter erhöht, dann kann sich ein Preis ergeben, bei dem die nachgefragte Menge Null beträgt. Das ist bei A^{III} gegeben, die Angebotskurve schneidet die Ordinate im Höchstpreis P_H. Für dieses Produkt würde folglich kein Import mehr stattfinden. Der Zoll wirkt dann also de facto wie ein Einfuhrverbot (ordnungspolitische Wirkung).

Die **Strukturpolitik** stellt den dritten wesentlichen Bereich staatlicher Einflussnahme auf das Wirtschaftsgeschehen dar. Ihr Ziel ist es, mit Hilfe verschiedener sowohl ordnungspolitischer als auch prozesspolitischer Instrumente notwendige regionale oder sektorale Anpassungsprozesse zu ermöglichen oder durchzusetzen. Im Vordergrund sollte dabei eine Politik stehen, die es den Sektoren (bzw. Regionen) innerhalb eines adäquat gestalteten ordnungspolitischen Rahmens ermöglicht, sich unter Einfluss der Marktkräfte zu verändern. Dieser indirekten Beeinflussung durch die Stärkung marktwirtschaftlicher Kräfte steht eine direkte Beeinflussung durch politische Entscheidungsträger (interventionistische Eingriffe) gegenüber. Dabei werden strukturpolitische Maßnahmen getroffen, z.B. Zahlung von Subventionen (vgl. Kapitel 4, Abschnitte 2.3.3 und 4.1.3), die eine Anpassung an die veränderten wirtschaftlichen Bedingungen erleichtern sollen. Es besteht allerdings die Gefahr, dass der überwiegende Teil der eingesetzten Finanzmittel mehr zur Erhaltung veralteter Strukturen als zur Erneuerung und Anpassung an neue Entwicklungen verwendet wird.

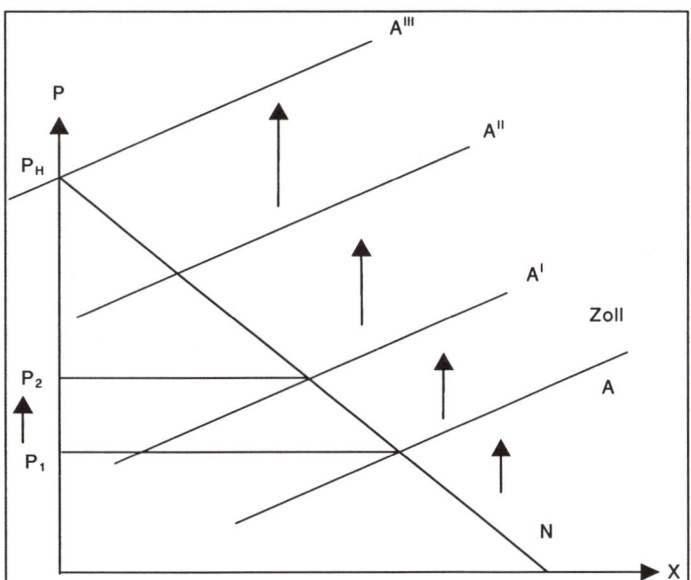

Abb. 1.1: Wirkung von Prohibitivzöllen

2.5 Gegenstand der Wirtschaftspolitik

2.5.1 Arbeitshypothetischer Ausgangspunkt

Das Erkenntnisobjekt der Theorie der Wirtschaftspolitik ist die praktische Wirtschaftspolitik. Im Mittelpunkt steht dabei das Handeln der Träger von Wirtschaftspolitik, die Einfluss auf das ökonomische Geschehen und seine Rahmenbedingungen nehmen. Wir beschränken uns weitgehend auf die Aspekte der staatlichen Wirtschaftspolitik. Natürlich versuchen nichtstaatliche (private) Organisationen und Verbände zur Durchsetzung ihrer Gruppeninteressen, Einfluss auf die Wirtschaftspolitik des Staates zu nehmen. Die Regierung ist zwar der oberste Träger von Wirtschaftspolitik, aber sie verfügt nicht über die Entscheidungsfreiheit eines absolutistischen Herrschers. In diesem Sinne ist

Wirtschaftspolitik die Gesamtheit aller Bestrebungen, Handlungen und Maßnahmen von öffentlichen (staatlichen) Institutionen, die mit der Absicht ergriffen werden, zur Durchsetzung wirtschaftspolitischer Ziele in einem Gebiet oder Bereich den Ablauf des Wirtschaftsgeschehens zu beeinflussen oder dessen Rahmenbedingungen festzulegen bzw. anzupassen[3].

Aus dieser arbeitshypothetischen Umschreibung des Gegenstandes der Wirtschaftspolitik lassen sich bereits wesentliche Aufgaben ableiten, mit denen sich die Theorie der Wirtschaftspolitik auseinander zusetzen hat:

- Die Theorie der Wirtschaftspolitik befasst sich mit der Gesamtheit aller ökonomischen Aktivitäten, die auf die Beeinflussung volkswirtschaftlicher Prozesse gerichtet sind (auch das Unterlassen von Maßnahmen kann Wirtschaftspolitik sein, wenn das Nicht-Handeln bewusst geschieht). Das setzt die Kenntnis von Wirkungszusammenhängen, Mitteln (Instrumenten) und Motiven voraus.
- Wirtschaftspolitik ist auf die Durchsetzung von Zielen gerichtet. Die Theorie der Wirtschaftspolitik muss sich mit diesen Zielen auseinandersetzen und klären, welche Mittel zur Erreichung dieser Ziele geeignet sind.
- Wirtschaftspolitik kann auf die Beeinflussung der gesamten Volkswirtschaft, eines Sektors (z.B. Agrarpolitik, Energiepolitik, Verkehrspolitik) bzw. einer Region (z.B. ehemals die Berlin-Förderung, Förderung der wirtschaftlichen Entwicklung in den neuen Bundesländern "Aufbau Ost") gerichtet sein. Zunehmend an Bedeutung gewinnen internationale Aspekte der Wirtschaftspolitik z.B. innerhalb der EUROPÄISCHEN UNION oder im Zuge der Globalisierung.
- Ordnungs- und ablaufpolitische Fragestellungen bilden einen zentralen Untersuchungsgegenstand der Theorie der Wirtschaftspolitik.

Solche allgemeinen Anforderungen erlauben indes noch keine Aussagen über Erfolg oder Misserfolg von Wirtschaftspolitik. Es drängt sich also die Frage auf, welche Ansprüche an eine erfolgreiche Wirtschaftspolitik gestellt werden müssen.

2.5.2 Rationale Wirtschaftspolitik

Rational ist eine Wirtschaftspolitik, die planmäßig auf die Verwirklichung eines umfassenden, wohldurchdachten und in sich ausgewogenen Zielsystems gerichtet ist und dabei die größtmögliche Annäherung an das gesellschaftliche Ideal erreicht, die unter Beachtung der konkreten sozioökonomischen Situation möglich ist[4].

---

[3] Vgl. H. GIERSCH, Allgemeine Wirtschaftspolitik - Grundlagen, Wiesbaden 1991 (unveränderter Nachdruck der Ausgabe von 1961), S. 17 und H. LUCKENBACH, Theoretische Grundlagen der Wirtschaftspolitik, München 1986, S. 1.
[4] Vgl. GIERSCH, a.a.O., S. 22.

Erfolgreiche Wirtschaftspolitik muss also **planmäßig** einem gesellschaftlichen Zielsystem verpflichtet sein. Dieses Zielsystem soll **umfassend** sein und darf den unterschiedlichen Charakter von Zielbeziehungen nicht vernachlässigen. Nur so kann sichergestellt werden, dass vordergründige Aufgaben nicht zulasten von Zielen vernachlässigt werden, die aufgrund politischer Opportunität außer Acht gelassen werden. Ein solches Zielsystem kann nur auf der Grundlage eines gesellschaftlichen **Wertekonsenses** aufbauen. Ein Zielsystem ist also immer auch „ein Wertsystem, und Werteinbußen an anderer Stelle sind Kosten. Wer sie nicht vollständig berücksichtigt, rechnet sich Scheinerfolge aus"[5]. Darüber hinaus muss das Zielsystem **wohldurchdacht** und **in sich ausgewogen** sein. Zwischen den Einzelzielen, aus denen sich ein gesellschaftliches (sozioökonomisches) Zielsystem zusammensetzt, kann es zu einer Konkurrenz kommen. Dieser mögliche Konflikt ist nur auf der Grundlage von Kompromissen lösbar. Einzelne Ziele sind demnach nur soweit zu realisieren, wie der zusätzliche Nutzen (Grenznutzen), der durch eine weitere Annäherung an das Ziel entsteht, nicht durch die marginalen Nachteile in Bezug auf **konkurrierende** Ziele (Alternativkosten) aufgehoben wird. Ungeklärt ist dabei allerdings, wie dieser Nutzen zu messen ist. Probleme können sich auch aus der **konkreten sozioökonomischen Situation** ergeben. Ist es tatsächlich unmöglich, ein höheres Ziel zu verwirklichen oder ist dieses Ziel gar nicht gewollt?

Der Leser mag denken, dass es illusorisch ist, rationale Wirtschaftspolitik zu betreiben. Wir teilen diese Einschätzung. Dennoch ist die Vorstellung von einer „rationalen" Wirtschaftspolitik sinnvoll. Wir brauchen ein **Referenzsystem**, an dem wir die tatsächliche Wirtschaftspolitik messen können. So wie z.B. für die Ordnungspolitik die Wettbewerbsordnung maßgeblich sein sollte oder sich die Geldpolitik an einer theoretischen Konzeption orientiert.

Der Anspruch an eine rationale Wirtschaftspolitik ist sehr hoch und in seiner Komplexität kaum zu erfüllen. Die Bestimmung eines gesellschaftlichen Zielsystems geschieht eben nicht nur über rationale Einflussfaktoren. Es fließen immer auch **Werturteile** seine Bestimmung mit ein. Das macht es so schwer, wirtschaftspolitische Entscheidungen gerecht zu bewerten.

2.5.3 Grundfragen und Aufgaben der Wirtschaftspolitik

Die Wirtschaftspolitik als Wissenschaft hat auf **drei Grundfragen** einzugehen und sich dabei mit einer Vielzahl von Einzelfragen auseinander zu setzen:

(1) Was tut der Staat als Träger von Wirtschaftspolitik?

> Wie ist die aktuelle wirtschaftliche Lage?
> Welche Entwicklungen zeichnen sich ab?
> Welche Entscheidungen trifft der Staat und warum?

(2) Welche Ziele verfolgt staatliche Wirtschaftspolitik?

> Welche Ziele und Motive liegen dem wirtschaftspolitischen Handeln zugrunde?
> Welche Vorstellungen existieren über die erwünschte Lage?
> Welche Entwicklung ist überhaupt gewollt?

(3) Welche Mittel/Instrumente setzt der Staat zur Zielrealisierung ein?

> Welche Mittel/Instrumente stehen der Wirtschaftspolitik zur Verfügung?
> Welche Auswirkungen haben die geplanten Maßnahmen bzw. welches Ergebnis tritt ein, wenn nichts geschieht?
> Gibt es das optimale Ziel-Mittel-Verhältnis?
> Wann sind welche Mittel in welchem Umfang anzuwenden (Timing , Dosierung)?

Zur Beantwortung dieser und anderer Fragen leistet die Theorie der Wirtschaftspolitik ihren Beitrag, indem die folgenden **Aufgaben** erfüllt werden:

---

[5] Ebenda.

(1) Beschreibung und Erklärung der **Ist-Situation**
einschließlich der **Voraussage (Status-quo-Prognose)** über die Entwicklung der aktuellen Situation, falls keine Maßnahmen durchgeführt werden.

(2) Beschreibung der **Soll-Situation**
Die Grundlage müssen klare Vorstellungen darüber bilden, welche Situation (Ziele) ange-strebt werden soll. In der Wirtschaftspolitik werden nach vorherrschender Auffassung die aus Werturteilen abgeleiteten Ziele als Tatsache genommen und nicht begründet. Ihre Aufgabe besteht vielmehr darin, **Zielinhalte** und **Zieldimensionen** genau zu definieren bzw. zu interpretieren und das **Zielsystem** hinsichtlich möglicher **Zielkonflikte (Konsistenz von Zielen)** zu überprüfen. Rationale Wirtschaftspolitik setzt also voraus, dass Ziele quali-tativ und quantitativ eindeutig bestimmt werden (**Operationalität** von Zielen) und unter dem Gesichtspunkt der Durchsetzbarkeit miteinander vereinbar sind.

(3) Bestimmung des Einsatzes geeigneter Mittel (Mitteleinsatz),
um die Ist-Situation der Soll-Situation anzugleichen. Dazu gehört auch eine **Wirkungs-prognose (Zielprojektion)**, bei der die voraussichtlichen Wirkungen des Mitteleinsatzes eingeschätzt werden.

(4) Kontrolle und Evaluation des Mitteleinsatzes zur Gewinnung von Erkenntnissen für „Verbesserungen".

Dieser Aufgabenstellung entsprechen weitgehend die folgenden Teilbereiche der Wirt-schaftspolitik[6], die wir jetzt erörtern wollen, da sie Richtschnur für die nachfolgenden Kapitel sind.

3. Teilbereiche der Wirtschaftspolitik

Für die Abgrenzung der Teilbereiche der Wirtschaftspolitik ist die Frage von entscheidender Bedeutung, welche Rolle **Werturteile** in den Wirtschaftswissenschaften einnehmen sollten (Werturteilsdebatte). Während MAX WEBER (1864 - 1920) Werturteilen keinen Platz in den Wirtschaftswissenschaften als empirischen Wissenschaften einräumte (rigorose Trennung von Sachaussagen und Werturteilen), gingen GUSTAV SCHMOLLER (1838 - 1917) und andere Vertreter der Historischen Schule davon aus, dass jede wirtschaftliche Aktivität, die letztlich das Ergebnis individuellen Handelns ist, notwendigerweise Wertungen vielfältiger Art ein-schließt. Deshalb forderten sie die Berücksichtigung von Werturteilen bei der Theoriebil-dung.[7]

Daraus abgeleitet teilt sich die Wirtschaftspolitik in folgende Teilbereiche: Liegt der Schwerpunkt auf der empirischen Analyse und dem, was ist, also auf der faktischen Seite des Problems, so sprechen wir von der **„positiven" Ökonomik**. Steht demgegenüber das Setzen von Normen oder die Analyse dessen, was sein soll, im Vordergrund, sprechen wir von **„normativer" Ökonomik**.

3.1 Positive Ökonomik - Situationsanalyse

Die positive Ökonomik beschäftigt sich mit der empirischen Analyse und der Erklärung des-sen, was ist (Diagnose). Zu ihren Aufgaben gehört darüber hinaus die Vorhersage dessen, was sein wird (Prognose). Das schließt die Aufdeckung sozioökonomischer Zusammen-hänge im allgemeinen und empirischer Gesetzmäßigkeiten im besonderen ein.[8]

---

[6] Vgl. J.M. KEYNES, The Scope and Method of Political Economy, 4. Aufl., New York 1955, Chapt. II.
[7] Interessierten Lesern empfehlen wir: G. SCHMOLLER, Volkswirtschaft, Volkswirtschaftslehre und -me-thoden, Handwörterbuch der Staatswissenschaft, Band VIII, 3. Aufl., 1911, insbes. S. 490ff. und M. WEBER, Diskussionsreden auf den Tagungen des Vereins für Socialpolitik (1905, 1907, 1909, 1911), in: Gesammelte Aufsätze zur Soziologie und Sozialpolitik, Tübingen 1924.
[8] Vgl. auch GIERSCH, a.a.O., S.26

Die zentrale Aufgabe der positiven Ökonomik besteht also in der Analyse der tatsächlichen Situation (**Lageanalyse**). Die Lageanalyse besteht (1) aus der **Diagnose** (Beschreibung des Ist-Zustandes und seiner Erklärung [Theoriebildung]) sowie (2) aus der Vorhersage der künftigen Entwicklung (**Prognose**). Sie wird (3) mit der Entscheidung über einen eventuell bestehenden Handlungsbedarf abgeschlossen.

3.1.1 Diagnose

Die Diagnose hat die Aufgabe, die zu einem bestimmtem Zeitpunkt herrschende wirtschaftliche Lage zu beschreiben und zu erklären („Ortsbestimmung der Gegenwartssituation").

In diesem Sinne erfüllt die Diagnose - wie auch Prognosen - **zwei Funktionen**: Zum einen bildet sie die Grundlage, auf der Wirtschaftspolitik aufbaut. Zum anderen dient sie der Bildung und Überprüfung von wirtschaftswissenschaftlichen Theorien.

3.1.1.1 Beschreibung der wirtschaftlichen Lage

Der Aussagegehalt von Diagnosen hängt im Wesentlichen von der Qualität der zur Verfügung stehenden Informationen (Daten) ab. In der Bundesrepublik Deutschland kann dabei auf umfangreiche **Ergebnisse fortlaufender Wirtschaftsbeobachtungen** zurückgegriffen werden. Als relevante Informationsquellen sind vor allem die Wirtschafts- und Sozialstatistiken, deren Kern die Volkswirtschaftliche Gesamtrechnung bildet, aber auch regelmäßige Lageberichte der entsprechenden Fachministerien, der Sozialversicherungsträger, der BUNDESAGENTUR FÜR ARBEIT, der DEUTSCHEN BUNDESBANK, der internationalen Institutionen (z.B. OECD, EUROPÄISCHE ZENTRALBANK, INTERNATIONALER WÄHRUNGSFONDS und WELTBANK) sowie Veröffentlichungen öffentlicher und privater Forschungsinstitute einschließlich wissenschaftlicher Beiräte und Sachverständigenräte (Kommissionsberichte, Memoranden, Gutachten) sowie von privaten Unternehmen und Verbänden zu nennen.

Diese Aufzählung deutet auf eine breite Informationsbasis hin. Trotzdem müssen wir auf einige Probleme im Zusammenhang mit der Beschaffung und Verarbeitung von Informationen hinweisen[9]:

1. Das Beschaffen und Verarbeiten von Informationen ist **kosten- und zeitintensiv**. Der Aufwand zur Erstellung einer Diagnose wird deshalb häufig stark beschränkt (Kostengründe). Das führt zwangsläufig dazu, dass die Entscheidungsträger unvollkommen über die Situation informiert sind und ihre Entscheidungen auf einer teilweise unsicheren Grundlage treffen müssen.

2. Die verfügbaren Daten können **fehler- und lückenhaft** sein. Zu welchen Fehleinschätzungen derartige Daten führen können, beweist beispielsweise der 1. Bericht („Grenzen des Wachstums") des CLUB OF ROME. Wiederholt mussten seine Aussagen korrigiert werden. Um wie viel dramatischer sind die Auswirkungen erst, wenn auf der Grundlage solcher Daten praktische Wirtschaftspolitik betrieben wird.

3. **Auswahl** und **Objektivität** der genutzten Daten werden nicht selten durch das Eigeninteresse des Informanten geprägt (bewusste Politikbeeinflussung). Das kann bis zu Verschleierung oder Verfälschung von Informationen führen, wovor manchmal selbst politische Entscheidungsträger nicht zurückschrecken.

4. Die **Aussagefähigkeit** einzelner Daten (Indikatoren) ist umstritten. Es ist keinesfalls sicher, ob sie immer eine exakte Widerspiegelung der Realität ermöglichen. So wird z.B. der Stand der Arbeitslosigkeit über die Arbeitslosenquote ermittelt. Diese Quote erfasst

---

[9] Vgl. H. BERG, D. CASSEL, K-H. HARTWIG, Theorie der Wirtschaftspolitik, in: Vahlens Kompendium der Wirtschaftstheorie und Wirtschaftspolitik, Band 2, 8., überarb. Aufl., München 2003, S. 257 - 258.

in Deutschland aber nach der angewandten amtlichen Statistik nur die Arbeitslosen, die auf dem Arbeitsamt registriert sind. Nach Schätzungen des Nürnberger INSTITUTS FÜR ARBEITSMARKT- UND BERUFSFORSCHUNG müssen zu diesen etwa ein Drittel nicht registrierte Arbeitslose („versteckte" Arbeitslosigkeit) hinzugezählt werden, um die Situation auf dem Arbeitsmarkt realitätsnah darzustellen.

Indikatoren sind von zentraler Bedeutung bei der Erstellung von Diagnosen. Sie liefern Erkenntnisse über **Intensität** und **Richtung** einer bestimmten ökonomischen Variablen. Die Auswahl der Indikatoren richtet sich nach dem konkreten Untersuchungsgegenstand. So wird sich eine Analyse der konjunkturellen Situation auf andere Indikatoren (z.B. Wachstum des Bruttoinlandsprodukts, Auslastungsgrad des Produktionspotenzials, Entwicklung von Beschäftigtenzahlen) stützen, als beispielsweise die Analyse des Geldmarktes (z.B. Höhe der Zinssätze).

Für die Diagnose der gesamtwirtschaftlichen Situation werden in Deutschland in der Regel vier Zielindikatoren (vgl. Tab. 1.1) genutzt, die sich aus den Zielsetzungen des STABILITÄTS-GESETZES (stetiges und angemessenes Wirtschaftswachstum, Stabilität des Preisniveaus, hoher Beschäftigungsstand, außenwirtschaftliches Gleichgewicht) ableiten.

3.1.1.2 Erklärung der wirtschaftlichen Lage

Einer derartigen Bestandsaufnahme folgt die Analyse der Gründe, die zur beschriebenen wirtschaftlichen Lage geführt haben (**Ursachenanalyse** bzw. **Erklärung der wirtschaftlichen Lage**). Es ist also die Frage nach den „Warum" zu beantworten. Das geschieht über die Aufdeckung **sozioökonomischer Zusammenhänge** im allgemeinen (z.B. der Kreislaufzusammenhang) und **empirischer Gesetzmäßigkeiten** im Besonderen (z.B. Gesetz vom abnehmenden Ertragszuwachses, GOSSENsche Gesetze).

An einem Beispiel wollen wir versuchen, die **Vorgehensweise** (Theoriebildung) grob zu skizzieren. Die Entwicklung der Arbeitslosenquote (vgl. Tab. 1.1) macht sichtbar, dass die Arbeitslosigkeit in Deutschland seit Jahren stark angestiegen ist. Wie lässt sich dieser Anstieg erklären?

Der **erste Schritt** besteht in der **Formulierung des Problems**. Das erfordert eine sinnvolle und treffende Fragestellung, in unserem Beispiel also die Frage nach den Gründen für die Entwicklung auf dem Arbeitsmarkt: Warum hat die Arbeitslosigkeit zugenommen? Im **nächsten Schritt** werden mögliche **Hypothesen** (vermutete Erklärungszusammenhänge, an deren Wahrheitsgehalt wir uns nur approximativ herantasten können) zur Erklärung des Phänomens zusammengestellt. Dabei sollte systematisch und vorurteilsfrei vorgegangen werden, d.h. kein vermuteter Erklärungszusammenhang darf von vornherein ausgeklammert werden. Aus der Vielzahl denkbarer Ursachen für die Zunahme der Arbeitslosigkeit wollen wir einige herausgreifen: Rückgang der konsumtiven Nachfrage, wachsende Belastung durch steigende Lohnnebenkosten (Sozialabgaben), Verlangsamung der Investitionstätigkeit, verfehlte Steuerpolitik, Verlust von Arbeitsplätzen z.B. durch technischen Fortschritt (Rationalisierung) oder durch die Privatisierung staatlicher Unternehmen, zunehmender Druck der ausländischen Konkurrenz, Überbewertung der einheimischen Währung. Diese Ursachen sind wiederum erklärungsbedürftig. Der Rückgang der Konsumgüternachfrage seinerseits kann ebenfalls eine Vielzahl von Gründen haben: z.B. das verfügbare Realeinkommen ist infolge der zunehmenden Belastung durch Steuern und Sozialabgaben

Tab. 1.1: Konjunkturpolitische Zielindikatoren in der Bundesrepublik Deutschland (Jahresprojektion der Bundesregierung und tatsächliche Entwicklung)

Ziele	Angemessenes Wirtschafts-wachstum		Preisniveau-stabilität		Hoher Beschäfti-gungsgrad		Außen-wirtschaftliches Gleichgewicht	
Ziel-indikatoren	Prozentuale Veränderung des realen BSP/BIP gegenüber dem Vorjahr[1]		Prozentuale jährliche Änderungs-rate des Preisindex des privaten Verbrauchs		Arbeitslosen-quote[2]		Prozentualer Anteil des Außenbeitrags am nominalen BSP/BIP[3]	
Jahr	Projektion	Ist	Projektion	Ist	Projektion	Ist	Projektion	Ist
1968	4,0	6,5	2,5	1,9	1,4	1,4	2,7	3,3
1970	4,0-5,0	5,9	3,0	3,5	1,0	0,7	1,5-2,0	2,1
1975	2,0	-1,8	6,0	6,2	3,0	4,7	3,0-3,5	2,8
1980	2,5	1,9	4,5	5,5	3,5-4,0	3,8	0,0	-0,2
1985	2,5	2,5	2,0	2,0	<9,0	9,3	2,5-3,0	3,9
1990	3,0	4,7	2,5	2,5	8,0	7,2	4,0	3,9
1991	2,5-3,0	3,2	3,5	3,6	5,5	5,7	4,0	3,5
1992	1,5-2,0	1,5	3,5	4,1	6,0	5,9	3,0	3,0
1995	3,0	1,9	2,0	2,0	9,0	9,4	-0,5	-0,3
2000	2,5	2,9	1,0 – 1,5	1,5	10,0	9,7	1,0	0,4
2002	0,75	0,2	1,5	1,4	9,5	9,7	1,5	4,0

[1] Bis 1979: reales Bruttosozialprodukt; Ist-Werte in Preisen von 1976; ab 1992: Bruttoinlandsprodukt. 1995 BIP in Preisen von 1995.
[2] Prozentualer Anteil der Arbeitslosen an der Gesamtzahl der abhängigen Erwerbspersonen. Ab 199 prozentualer Anteil der Arbeitslosen an der Gesamtzahl aller Erwerbspersonen.
[3] Bis 1986: Außenbeitrag: = Saldo des Waren- und Dienstleistungsverkehrs mit dem Ausland einschl lich der DDR; ab 1992: Bruttoinlandsprodukt.

Quelle: JAHRESWIRTSCHAFTSBERICHTE DER BUNDESREGIERUNG, laufende Jahrgänge.

zurückgegangen; die Sparneigung der privaten Haushalte ist wegen pessimistischer Zukunftserwartungen und Angst vor dem Verlust des Arbeitsplatzes gestiegen usw. Im einem **dritten Schritt** muss die **Überprüfung des Wahrheitsgehalts** der Hypothesen mittels Statistik und Empirie erfolgen. Dabei kommen häufig ökonometrische Methoden zum Einsatz. Die empirische Prüfung von Hypothesen und die Schätzung der voraussichtlichen Entwicklung ihrer Parameter (Prognose) geschieht in der Regel mit Hilfe **ökonometrischer Modelle** (mathematische Gleichungssysteme, die mittels statistischen Materials getestet werden). Auf diese Weise wird die jeweilige Hypothese mit möglichst vielen statistischen Tatbeständen und empirischen Beobachtungen konfrontiert, um so ihre Widerlegbarkeit zu demonstrieren (**Falsifizierung**) oder sie als wissenschaftliche Aussage für die volkswirtschaftliche Theoriebildung anzuerkennen (**Verifizierung**). Da keine letztendliche Verifizierung von Hypothesen möglich ist, müssen sie der Falsifizierung unterworfen werden.[10] Solange jedoch eine Hypothese nicht widerlegt ist, kann weiter mit ihr gearbeitet werden. In unserem Beispiel stoßen wir dabei auf eine außerordentliche Fülle möglicher Ursachen und gegenseitiger Abhängigkeiten, auf die wir an dieser Stelle nicht weiter eingehen können. Eine vollständige Erklärung macht sogar die Einbeziehung anderer Wissenschaften (z.B. Psychologie, Soziologie, Politologie) notwendig.

Unser Beispiel zeigt, wie schwierig und komplex die Erklärung eines wirtschaftlichen Phänomens sein kann. Erschwerend können zusätzlich eine Reihe von **Problemen bei der Ursachenanalyse** auftreten, die hier nur kurz angerissen werden sollen[11]:

1. In einigen Bereichen (z.B. Wohlfahrts-, Wettbewerbs- und Wachstumstheorie) fehlen empirisch gehaltvolle Theorien. An ihre Stelle treten definitorische oder normative Aussagesysteme.

2. In anderen Bereichen (Demographie - z.B. Migration, Konsumverhalten - z.B. Werbung) dagegen existiert zwar eine empirisch gehaltvolle Basis, aber es mangelt an einer bewährten Theorie. Die Verwendung von Hypothesen, deren Wahrheitsgehalt unbestimmt ist, macht die exakte Klärung nicht leichter.

3. Zusätzlich rivalisieren in einigen Bereichen unterschiedliche Theorien (Hypothesenmodelle) miteinander (z.B. in der Konjunktur- und Inflationstheorie).

3.1.2 Prognosen

3.1.2.1 Arten von Prognosen

Während durch eine Diagnose die gegebene wirtschaftliche Situation beschrieben wird, soll die Prognose ihre weitere Entwicklung in der Zukunft abbilden.

Die Prognose ist eine Vorhersage der Zukunft, die auf Grundlage der gegebenen Lage getroffen wird. Sie liefert Informationen über die zu erwartende Entwicklung, die unter bestimmten Voraussetzungen (z.B. Gültigkeit der verwendeten Hypothesen, Einhaltung der formulierten Rahmenbedingungen) mit einer gewissen Wahrscheinlichkeit eintreten wird.

Die beste Grundlage für Prognosen wären empirisch überprüfte Theorien. Da solche abgesicherten Theorien jedoch nicht für alle Teilbereiche der Wirtschaftswissenschaften zur Verfügung stehen, basieren Prognosen vielfach weitgehend auf Beobachtung und Erfahrung. Sie werden aus Hypothesen und bestimmten Rahmenbedingungen (z.B. Raum-Zeit-Aspekt) **deduktiv** abgeleitet. In Abhängigkeit von ihrer Zielsetzung werden Prognosen in zwei Gruppen unterteilt.

Eine **Status-quo-Prognose** liefert Informationen darüber, wie sich die gegebene Lage voraussichtlich entwickeln wird, wenn keine wirtschaftspolitischen Maßnahmen durchgeführt werden.

Mit ihrer Hilfe wird festgestellt, ob ein **Handlungsbedarf** seitens der wirtschaftspolitischen Entscheidungsträger besteht. Im Ergebnis einer solchen Prognose zeigt sich, ob sich ein wirtschaftliches Problem von selbst lösen oder das Eingreifen der Wirtschaftspolitik erforderlich wird.

---

[10] Vgl. A. WOLL (Hrsg.), Wirtschaftslexikon, 3., vollständig überarbeitete und erweiterte Aufl., München 1988, S. 203 und 737/738.
[11] Eine ausführlichere Darstellung findet der interessierte Leser in: H. BERG, D. CASSEL, K-H. HARTWIG, a.a.O., S. 259 - 260.

Eine **Wirkungsprognose** untersucht im Gegensatz dazu, den Einfluss bestimmter wirtschaftspolitischer Maßnahmen (Anwendung wirtschaftspolitischer Instrumente) auf die Entwicklung der Lage.

Bei Wirkungsprognosen wird bereits von einen bestehenden Handlungsbedarf ausgegangen. Ihre Aufgabe besteht darin, die zu erwartenden Wirkungen wirtschaftspolitischer Eingriffe vorherzusagen. Hierfür werden häufig **Simulationsmodelle** (ökonometrische Modelle) genutzt. Sie werden auch verwendet, um die voraussichtlichen Wirkungen alternativer Instrumente zu ermitteln.

3.1.2.2 Prognoseprobleme

Da Prognosen auf den diagnostischen Ergebnissen aufbauen, können bei ihnen vergleichbare Probleme auftreten. Der Leser ist auf einige dieser Probleme bereits im Zusammenhang mit der Beschaffung und Verarbeitung von Informationen (Informationsprobleme) sowie der Ursachenanalyse gestoßen. Wir wollen sie an dieser Stelle durch spezifische Prognoseaspekte ergänzen:

– Existenz von **Informations-** (Probleme bei der Beschaffung/Verarbeitung von Informationen, teilweise unzureichende und zeitverzögerte Verfügbarkeit von Daten) und **Theoriedefiziten** (Unsicherheit hinsichtlich bestimmter wirtschaftspolitischer Zusammenhänge);
– **Prognoseverfahren** und **-methoden** selbst können unzulänglich sein;
– Prognosen sind **zeit- und kostenaufwendig**, was ihre Anwendung bei akutem Handlungsbedarf geradezu ausschließt;
– die **Unsicherheit** des Eintretens der vorhergesagten Entwicklung wächst mit dem Zeithorizont von Prognosen;
– **konkurrierende Theorieansätze** erschweren die Wahl geeigneter Prognoseverfahren und führen zu unterschiedlichen Ergebnissen;
– Prognosen können das **Verhalten von Wirtschaftssubjekten** in eine Richtung lenken, die sie ohne deren Kenntnis nicht eingeschlagen hätten (Selbsterfüllung bzw. Selbstzerstörung von Prognosen);
– die Bestimmung und Spezifizierung der **Rahmenbedingungen** kann niemals vollständig sein (Modellrestriktionen) und **externe Störfaktoren** sind nicht oder schwer antizipierbar.

3.1.2.3 Beispiel: Prognose der Inflationsrate

Einige dieser Prognoseprobleme wollen wir dem Leser mit Hilfe eines vereinfachten Beispiels ein wenig näher bringen. An Hand der theoretischen Grundlagen für die Erstellung einer Prognose der Inflationsrate (**Bestimmung der Einflussfaktoren**) soll verdeutlicht werden, wie vielfältig und komplex die Zusammenhänge sind, die bei einer Voraussage der künftigen Entwicklung wirtschaftlicher Tatbestände beachtet werden müssen.

Inflationäre Tendenzen können von einer Vielzahl monetärer und nichtmonetärer Einflussfaktoren (vgl. Kapitel 5, Abschn. 3.1) ausgelöst werden. Betrachten wir zunächst, welche **monetären Faktoren** die Entwicklung der Inflationsrate beeinflussen und stellen dabei die Entwicklung des Zinsniveaus (Marktzinssatz i) in den Mittelpunkt unserer Überlegungen. Sie wird v.a. durch Angebot und Nachfrage auf den Geld- und Kapitalmärkten, die Geldpolitik (z.B. Volumen der liquiditätsbereitstellenden bzw. -abschöpfenden Offenmarktgeschäfte der EZB) und außenwirtschaftliche Faktoren (z.B. wertmäßige Entwicklung von Export und Import) bestimmt. Aus dem **nichtmonetären Sektor** müssen Informationen über die voraussichtliche Entwicklung des gesamtwirtschaftliche Angebots (wie Kostenentwicklung durch wachsende Lohnnebenkosten oder Steuerbelastung; Preisentwicklung für Importgüter, Einfluss zunehmender Marktkonzentration auf die Preisbildung) und über die gesamt-wirtschaftliche Nachfrageentwicklung (Nachfrageverschiebungen, Einkommensentwicklung) in die Prognose einfließen. Auch die Kenntnis des **finanzpolitischen Verhaltens des Staates** (Ausgabenpolitik, Staatsverschuldung, Steuerpolitik) ist für die Voraussage des künftigen gesamtwirtschaftlichen Preisniveaus unverzichtbar.

Der Leser wird problemlos weitere Faktoren hinzufügen können und bereits an dieser Stelle erkennen, wie vielfältig und komplex die Zusammenhänge sind. In einem ökonometrischen Modell können deshalb nicht alle Einflussfaktoren erfasst werden. Vielmehr muss die wirtschaftliche Wirklichkeit in einem solchen Prognosemodell auf eine überschaubare Anzahl der wesentlichen Zusammenhänge reduziert werden. Prognosen können keine absolute Sicherheit hinsichtlich des tatsächlichen Eintretens vorausgesagter Entwicklungen bieten. Trotzdem sind sie wichtige Entscheidungshilfen und für die Wirtschaftspolitik unverzichtbar.

3.1.3 Entscheidung über Handlungsbedarf

Die Lageanalyse liefert den Trägern wirtschaftspolitischer Entscheidungen wichtige Informationen über die gegenwärtige Situation sowie deren Ursachen und konfrontiert sie mit den in Zukunft zu erwartenden Entwicklungen. Gestützt auf die Ergebnisse einer Status-quo-Prognose wird entschieden, inwieweit überhaupt die Notwendigkeit zur Durchführung wirtschaftspolitischer Maßnahmen (Handlungsbedarf) besteht. Das setzt allerdings voraus, dass die wirtschaftspolitischen Entscheidungsträger zumindest über grobe Vorstellungen hinsichtlich der Ziele ihrer Wirtschaftspolitik verfügen. Ein **erster Vergleich** zwischen diesen Zielen und der gegenwärtigen Lage beantwortet die Frage nach dem **Handlungsbedarf**. Eine bejahende Antwort muss jedoch keinesfalls automatisch zu wirtschaftspolitischen Maßnahmen führen.

Wie sonst wäre zu erklären, dass die spätestens seit Beginn der 90er Jahre erkennbaren Probleme auf dem Arbeitsmarkt und in den verschiedenen Bereichen des Systems der Sozialen Sicherung durch die jeweiligen Bundesregierungen nicht konsequenter in Angriff genommen wurden? Interessante Erklärungsversuche für dieses Phänomen liefert die **Ökonomische Theorie der Politik**.[12] Sie führt - vereinfacht dargestellt - das Unterlassen oder halbherzige Umsetzen von als ökonomisch notwendigen erkannten Maßnahmen auf ein **Politikversagen** zurück, dessen Ursachen im politischen System (insbesondere dem Wahlzyklus) liegen. Dabei wird unterstellt, dass das Verhalten von Politikern häufig stark durch eigennützige Interessen wie Macht, Status und Einkommen determiniert wird. In diesem Fall dient ein Wahlsieg nicht dazu, um am Gemeinwohl ausgerichtete Parteiprogramme umzusetzen. Vielmehr werden diese Programme so gefasst, um Wahlen zu gewinnen (DOWNS, S. 28).

Inzwischen haben die Probleme jedoch eine derartige Dimension erreicht, dass Politiker dem wachsenden Reformdruck nicht mehr ausweichen können. Offen bleibt dabei die Frage, ob bei einem zeitigeren Handeln die notwendigen Reformen „billiger" zu haben gewesen wären. Deutlich wird allerdings, dass selbst bei sichtbarer **Zielabweichung** nicht zwangsläufig ein Handlungsbedarf erkannt bzw. ein erkannter Handlungsbedarf auch tatsächlich in wirtschaftspolitische Maßnahmen umgesetzt wird. Ein definitorischer Wert, bei welchem Niveau der Zielabweichung wirtschaftspolitische Instrumente zur Anwendung kommen müssen, existiert demnach nicht. Die Entscheidung darüber wird vielmehr erst im Zusammenhang mit gesellschaftspolitischen Zielen, Grundwerten und Verhaltensmotiven verständlich.

---

[12] Vgl. u.a. A. DOWNS, An Economic Theory of Democracy, New York 1957.

3.2 Normative Ökonomik und Kunstlehre

Im folgenden Abschnitt werden wir aus Gründen einer übersichtlicheren Darstellung normative Ökonomik und Kunstlehre getrennt behandeln. Das bedeutet aber nicht, dass sich die Grenzen in der Realität so eindeutig ziehen lassen. Allgemeine wirtschaftspolitische Konzeptionen lassen sich eben nicht in einem wirtschaftspolitischem Programm konkretisieren, ohne dabei wertende Urteile und Entscheidungen zwischen den alternativen Möglichkeiten zu treffen. Auch die Darstellung der Phasen des wirtschaftlichen Entscheidungsprozesses ist in diesem Kontext nicht problemlos.

3.2.1 Normative Ökonomik

Sobald wertende Überlegungen eine Rolle spielen, sind die Grenzen der positiven Ökonomik erreicht. Die Art der Fragestellung verändert sich. Der Schwerpunkt der Untersuchungen verlagert sich von der Beschreibung und Erklärung der Ist-Situation auf die Ziele von Wirtschaftspolitik.

Die **normative Ökonomik** beschäftigt sich mit dem, was sein soll. Sie ist auf das Wirtschaftsleben angewandte Ethik. Durch Verknüpfung mit Aussagen der positiven Ökonomik wird aus ethischen Grundsätzen ein konsistentes System mehr oder weniger konkreter Ziele: eine wirtschaftspolitische Konzeption.

Eine **wirtschaftspolitische Konzeption** ist ein genereller Orientierungsrahmen, von dem sich die Träger wirtschaftspolitischer Entscheidungen im laufenden Entscheidungsprozess leiten lassen. Sie stellt einen Katalog grundsätzlicher und dauerhaft angestrebter Ziele dar und setzt somit zielkonforme Ordnungsprinzipien zur Bestimmung einzelwirtschaftlicher Entscheidungs- und Handlungsspielräume (Kapitel 2).

Die Analyse der Ziele, genauer des Systems von Zielen einer Gesellschaft bildet den Mittelpunkt der normativen Ökonomik. Diese Aufgabenstellung wirft zwangsläufig die Frage nach der Rolle von **Werturteilen** in den Wirtschaftswissenschaften auf. So müssen auch Aussagen, die im allgemeinen dem Bereich der positiven Ökonomik zugerechnet werden, auf die ihnen möglicherweise zugrunde liegenden versteckten Werturteile hin untersucht werden. Da solche Werturteile aber bei allen ökonomischen Aussagen (insbesondere bei der Ursachenanalyse) anzutreffen sind, ist eine eindeutige Abgrenzung häufig unmöglich. Im Gegensatz zu Sachurteilen beziehen sich Werturteile auf **Normen** und somit auf das, was sein soll. Sie beruhen im Wesentlichen auf ethischen Grundsätzen. Die Frage, inwieweit Werturteile in den Wirtschaftswissenschaften zugelassen werden sollen, wird bis heute kontrovers diskutiert. Die Autoren können sich der Auffassung von GIERSCH (vgl. H. GIERSCH, a.a.O., S. 46 ff.) anschließen, der normative Aussagen unter der Bedingung den Wissenschaften zurechnet, dass ihr normativer Gehalt erkennbar zum Ausdruck kommt.

3.2.1.1 Zielsystem

Die Bestimmung wirtschaftspolitischer Ziele kann nur auf der Grundlage eines gesellschaftlichen Zielsystems erfolgen. Bisher sind alle Versuche, aus rein ökonomischen Überlegungen heraus ein einheitliches Ziel der Wirtschaftspolitik abzuleiten, gescheitert. Dieses Versagen gilt auch für die Wohlfahrtsökonomie, die versucht, ein oberstes Ziel der praktischen Wirtschaftspolitik zu formulieren und zu quantifizieren. Es ist ihr nicht gelungen, das Ziel der „**Maximierung der gesellschaftlichen Wohlfahrt**" inhaltlich exakt zu bestimmen und mögliche Annäherungen an dieses Ziel aufzuzeigen. Eine eindeutige soziale Wohlfahrtsfunktion, die als Maßstab der Wirtschaftspolitik dienen könnte, liegt nicht vor. Stattdessen wird von einer **Pluralität von Zielen** der praktischen Wirtschaftspolitik ausgegangen, die sich aus den gesellschaftlichen Grundwerten (wie Freiheit, Sicherheit, u.a.) ableitet.

Abbildung 1.2 spiegelt ein **System gesellschaftlicher Grundwerte** wider, das entscheidenden Einfluss auf die Ableitung von wirtschaftspolitischen Zielen ausübt. Das System ist hierarchisch aufgebaut. Ein höheres Ziel kann demnach erst dann erreicht werden, wenn die ihm nachgeordneten Ziele erfüllt worden sind. Freiheit, Sicherheit, Gerechtigkeit und Fortschritt u.a. basieren auf ökonomischem Wohlstand. Diese Grundwerte sind keineswegs naturgegeben, sondern bilden sich infolge eines oft konfliktreichen demokratischen Prozesses heraus. Um wie viel größer aber sind die Probleme erst, wenn es um die Festlegung von konkreten Inhalten geht. Aus aktuellem Anlass wollen wir uns mit dem Grundwert „Gerechtigkeit" auseinandersetzen und das wirtschaftspolitische **Verteilungsziel** näher beleuchten (vgl. Kapitel 6, Abschnitt 4). Einerseits geht es um eine leistungsgerechte Verteilung von Einkommen und Vermögen. Diesem Ziel steht andererseits die Forderung nach deren sozial gerechter Verteilung gegenüber. Über das Ausmaß sozialer Verteilungsgerechtigkeit, das entscheidend durch staatliche Maßnahmen (z.B. im Rahmen der Steuerpolitik über die Einteilung der Lohnsteuerklassen, Steuertarife, Steuerfreibetragsregelung, Höhe der Kinderfreibeträge oder Abschreibungsmodalitäten) gesteuert wird, ist in den letzten Jahren eine kontroverse Auseinandersetzung entbrannt. Viele Redner aus Politik, von Unternehmensverbänden oder Gewerkschaften klagen eine größere Verteilungsgerechtigkeit ein. Aber wie unterschiedlich deuten sie dieses Postulat! Der ökonomische Bezug ist offensichtlich. Vor dem Hintergrund der Verschärfung des internationalen Wettbewerbs (Globalisierung) und leerer Staatskassen stehen weniger Mittel zur Verteilung bereit. Der **Verteilungskampf** hat an Schärfe gewonnen. Was bedeutet das konkret? Die Eingriffe ins das Netz der Sozialen Sicherung haben zugenommen. Der soziale Konsens, eine wesentliche Säule unserer Sozialen Marktwirtschaft, ist brüchig geworden. Die Absicht der Väter des GRUNDGESETZES, die sich mit breiter Mehrheit für den Sozialstaat entschieden und dadurch bewusst ein Gegengewicht zu den ausgeprägten freiheitlichen Ordnungsprinzipien der Verfassung gesetzt haben, scheint gefährdet.

Die Formulierung von gesellschaftlichen Grundwerten trägt zunächst allgemeinen Charakter. Zur Umsetzung in wirtschaftspolitisch verbindliches Handeln (z.B. in der Steuer- und Sozialpolitik) müssen sie konkretisiert und präzisiert werden.

Wirtschaftspolitische Ziele sind zwar eng mit den gesellschaftlichen Grundwerten verbunden, lassen sich aber nicht zwangsläufig in verbindlicher Form aus ihnen ableiten. Wie unser Beispiel zeigt, wird unter dem Schlagwort von der „Anpassung der Sozialen Sicherungssysteme an die veränderten Wachstumsmöglichkeiten" (Reform der Sozialen Sicherung) der Inhalt des Begriffs (soziale) Gerechtigkeit heute anders interpretiert als in früheren Jahren. Die Auswirkungen solcher Entwicklungen auf Entscheidungen der praktischen Wirtschaftspolitik sind für jeden spürbar: Es wird mehr Eigenverantwortlichkeit gefordert.

Die Beziehungen zwischen gesellschaftlichen Grundwerten und wirtschaftlichen Zielen lässt sich am besten mit Hilfe der **Ziel-Mittel-Problematik** erklären. Die gesellschaftlichen Grundwerte können nur auf der Grundlage einer hohen wirtschaftlichen Leistungsfähigkeit (Maximierung der ökonomischen Wohlfahrt) umfassend verwirklicht werden. Ökonomische Wohlfahrt ihrerseits hängt von der Verwirklichung einer Vielzahl wirtschaftspolitischer Ziele (wie Stabilität, Wachstum, Verteilungsgerechtigkeit) ab. Diese besitzen gegenüber dem übergeordneten Ziel der Maximierung der ökonomischen Wohlfahrt Mittelcharakter. Der wirtschaftliche Wohlstand wiederum ist Mittel zur Erreichung der gesellschaftlichen Grundwerte. Auf diese Weise entsteht ein System von Zielen, das bestimmte **Zielhierarchien** und Zielbeziehungen (Rangfolge der Ziele) zum Ausdruck bringt.

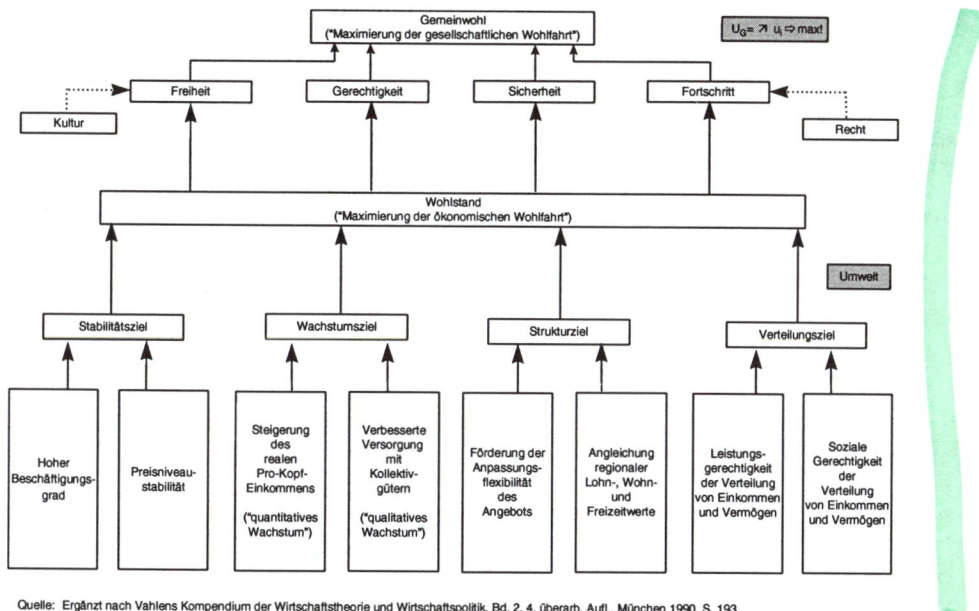

Quelle: Ergänzt nach Vahlens Kompendium der Wirtschaftstheorie und Wirtschaftspolitik, Bd. 2, 4. überarb. Aufl., München 1990, S. 193

Abb. 1.2: Gesellschaftliche Grundwerte und wirtschaftspolitische Ziele

Mit diesen Zielen und Zielbeziehungen hat sich die Theorie der Wirtschaftspolitik auseinander zusetzen. Ihre Aufgabe besteht jedoch nicht darin, diese selbst zu entwickeln. Vielmehr werden die Ziele und ihre wechselseitigen Beziehungen als vorgegeben betrachtet. Bei dieser Vorgehensweise werden die bereits kurz skizzierten Probleme und Konflikte bei der Ableitung eines sozialen Zielsystems vermieden. Allerdings ist es oft unumgänglich, dass die Ziele erst wissenschaftlich exakt definiert und interpretiert werden müssen. Nur auf der Grundlage exakter Ziele lassen sich die Mittel (Instrumente der Wirtschaftspolitik) herausfinden, die zu ihrer Realisierung zu ergreifen sind. Die Aufgabe der Theorie der Wirtschaftspolitik besteht nun darin, die vorgegebenen Ziele und Zielbeziehungen nach Systemkonformität, Realisierbarkeit, Konsistenz (Widerspruchsfreiheit) und Verträglichkeit mit anderen Zielen zu untersuchen und die Wirksamkeit möglicher wirtschaftspolitischer Mittel zu analysieren. Es wäre falsch anzunehmen, dass das Problem der optimalen Mittelkombination wertneutral sei. Ziele lassen sich von den Mitteln nicht isoliert betrachten. Sie sind Bestandteile einer gemeinsamen **Werthierarchie**. Einerseits sind viele Ziele nur Mittel zur Erreichung höherer Ziele, andererseits werden nicht selten Mittel zu absoluten Zielen erhoben. Wettbewerb ist beispielsweise nicht vorrangig Ziel einer freien Marktwirtschaft, sondern Mittel zur Durchsetzung effektiven wirtschaftlichen Handelns von Wirtschaftssubjekten.

3.2.1.2 Zielbeziehungen

Praktische Wirtschaftspolitik hat eine Vielzahl von ökonomischen Zielen zu verwirklichen. Rational wird eine Wirtschaftspolitik dabei nur unter der Bedingung sein, dass die Wirtschaftspolitiker die möglichen Aus- und Nebenwirkungen ihrer Einzelzielentscheidungen auf andere Ziele berücksichtigen. Das setzt die Kenntnis über die Art von Zielbeziehungen voraus. Aus den bisherigen Ausführungen sollte deutlich geworden sein, dass Ziele nicht auf der gleichen Ebene und/oder isoliert nebeneinander stehen. Zwischen ihnen bestehen vielmehr **kausale**, **zeitliche** und **hierarchische Abhängigkeiten**. Unter Betonung des hierarchischen Aspekts können zwei allgemeine Beziehungsgruppen abgeleitet werden: horizontale und vertikale Zielbeziehungen.

3.2.1.2.1 Horizontale Zielbeziehungen (Ziel-Ziel-Beziehungen)

Horizontale Zielbeziehungen bestehen zwischen Zielen, die als **gleichrangig** angesehen werden. Diese Ziele liegen auf derselben Zielebene. In der Theorie der Wirtschaftspolitik wird häufig nach fünf horizontalen Zielbeziehungen (Identität, Harmonie, Neutralität, Konflikt, Kontradiktion) unterschieden, deren Merkmale auch für die Ziel-Mittel-Beziehungen (vertikale Zielbeziehungen) gelten. Wir wollen uns auf die wesentlichen drei Beziehungen beschränken, da sie für die praktische Wirtschaftspolitik von besonderer Bedeutung sind:

(1) **Zielneutralität** drückt aus, dass die Verwirklichung eines Ziels weder zur Begünstigung noch zur Behinderung anderer Ziele führt. Die Erreichung des Ziels hat also keine Auswirkungen auf andere Ziele; sie stehen in keinerlei Beziehung zueinander. Zielneutralität kommt in der Wirtschaftspraxis allerdings nur in Bezug auf zwei isoliert betrachtete Ziele vor. In einem komlexen Zielsystem wird es kaum ein Ziel geben, das nicht in Beziehung zu anderen Zielen steht.

(2) Bei **Zielharmonie** (Zielkomplementarität) wirkt sich die Erreichung eines Ziels positiv auf andere Ziele aus. Sie begünstigt also (bis zu einem gewissen Grade) auch die Verwirklichung anderer Ziele. Bei einer Ziel-Mittel-Beziehung folgt daraus, dass ein als Unterziel definiertes Mittel zur Verwirklichung eines übergeordneten Ziels geeignet ist.

(3) Ein **Zielkonflikt** (Konkurrenz von Zielen) liegt vor, wenn die Verwirklichung eines Ziels nur auf Kosten eines oder mehrerer anderer Ziele möglich ist. Die Lösung dieses Konflikts wird häufig nur durch wirtschaftspolitische Kompromisse möglich. Wir wollen die Problematik mit Hilfe eines einfachen Modells veranschaulichen. In einer Volkswirtschaft, deren Produktionskapazität begrenzt ist, werden nur zwei Güter - ein Konsumgut A und ein Investitionsgut B - hergestellt. Würden nun die Produktionsfaktoren ausschließlich für die Herstellung von Gut A genutzt, könnte Gut B überhaupt nicht hergestellt werden. Die Produktion von Gut B kann nur erfolgen, wenn weniger vom Gut A produziert wird. Es ist demnach unmöglich, von beiden Gütern die maximal produzierbare Menge herzustellen (Zielkonflikt). Sollen aber beide Güter produziert werden, muss eine Entscheidung über mögliche Mengenkombinationen getroffen werden. Eine geringere Produktion von Gut A ist der "Preis" für das Mehr bei Gut B (Alternativkosten oder opportunity costs). Diese Konkurrenzbeziehung lässt sich mittels der Transformationskurve oder Kurve der volkswirtschaftlichen Produktionsmöglichkeiten auch grafisch darstellen. Dabei ist die Mehrproduktion von einem Gut immer nur auf Kosten des anderen Gutes möglich. Über die unter den jeweils gegebenen Bedingungen optimale Güterproduktion wird auf der Grundlage eines wirtschaftspolitischen Kompromisses zu entscheiden sein.

Ein anschauliches **Beispiel für horizontale Zielbeziehungen** stellt das **„magische" Polygon** dar. Dabei gehen wird zunächst von den vier gesamtwirtschaftlichen Ziele, die im STABILITÄTSGESETZ von 1967 verankert wurden, aus. Stabiles Preisniveau, hoher Beschäftigungsgrad, außenwirtschaftliches Gleichgewicht sowie stetiges und angemessenes Wirtschaftswachstum (vgl. Abschn. 3.1.1.1) stehen als Ziele der Wirtschaftspolitik **gleichberechtigt** nebeneinander. Dieses „magische" Viereck lässt sich durch das Hinzufügen weiterer gleichrangiger Ziele zum „magischen" Polygon erweitern (Abb. 1.3). Wir haben bereits wiederholt auf das wirtschaftspolitische Ziel der Verteilungsgerechtigkeit hingewiesen. Die Ergänzung des traditionellen Zielkatalogs um weitere Ziele, wie Erhaltung der natürlichen Umwelt, unterstreicht die historische Perspektive von Zielen und Zielsystemen. Die Beziehungen, die zwischen den Zielen dieses Vielecks bestehen, sind vielfältiger und teilweise widersprüchlicher Art.

So konnten Wirtschaftswachstum und hoher Beschäftigungsgrad früher als **harmonische Ziele** charakterisiert werden. Wirtschaftliches Wachstum führte in seiner Folge auch immer zu einer Verringerung der Arbeitslosigkeit. Dieser zwangsläufige Zusammenhang besteht heute anscheinend nicht mehr. Bei geringem wirtschaftlichen Wachstum ist die Arbeitslosigkeit nicht zurückgegangen. Sie stieg im Gegenteil weiter an. Offensichtlich sind für den Rückgang von Arbeitslosigkeit höhere Wachstumsraten erforderlich.

Ein stabiles Preisniveau trägt fraglos dazu bei, dem Verteilungsziel näher zu kommen. Denken wir in diesem Zusammenhang an die unerwünschten Verteilungseffekte, die infolge von Inflation (Verstoß gegen das Ziel der Preisstabilität) auftreten können.

Häufiger als Zielharmonien treten jedoch **Zielkonflikte** auf. Bleiben wir zunächst beim Ziel der Preisstabilität. Beispielhaft wird häufig der Zielkonflikt zwischen Vollbeschäftigung und Preisniveaustabilität herausgestellt, der durch die **Phillips-Kurve** beschrieben wird. Es handelt sich dabei um eine empirisch ermittelte Beziehung zwischen der Preissteigerungsrate und der Arbeitslosenquote. ALBAN WILLIAM PHILLIPS fand 1958 heraus, dass mit zunehmender Preissteigerungsrate eine abnehmende Arbeitslosenquote einhergeht. Daraus wurde der Schluß gezogen, dass es dauerhaft (zeitlich invariant) eine Wahlmöglichkeit zwischen Arbeitslosigkeit und Inflationsrate gibt. Auf der Grundlage neuerer Untersuchungen stellten MILTON FRIEDMAN und andere fest, dass eine einmalige Erhöhung der Inflationsrate nur kurzfristig zur Zunahme von Beschäftigung führt, mittel- und langfristig jedoch wirkungslos bleibt.

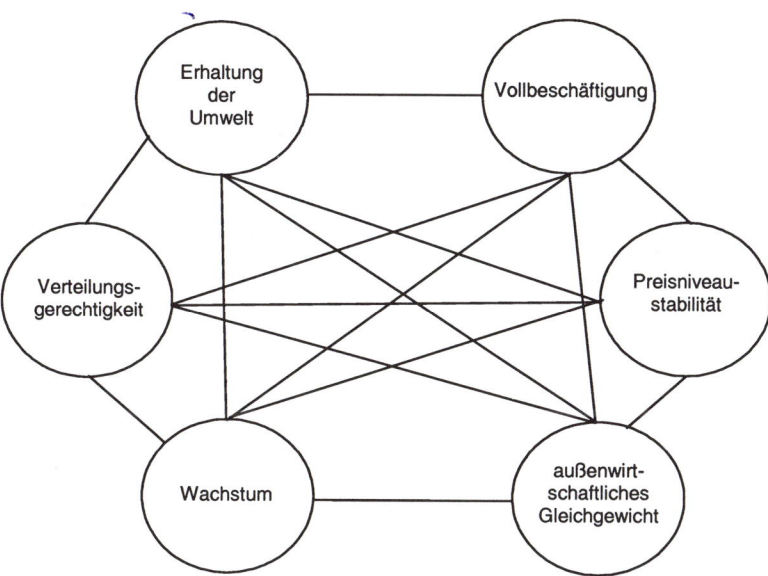

Abb. 1.3: Das „magische" Polygon

Konflikte können ebenfalls zwischen den Zielen Erhaltung der natürlichen Umwelt, Umweltschutz und Wirtschaftswachstum oder zwischen den Zielen außenwirtschaftliches Gleichgewicht, Beschäftigungsgrad und Preisstabilität auftreten. So würden bei einem Nachfrageüberschuss nach Devisen (Zahlungsbilanzdefizit bei festen Wechselkursen) und gleichzeitiger hoher interner Arbeitslosigkeit die notwendigen Maßnahmen einer kontraktiven Wirtschaftspolitik zur Verschärfung der Probleme auf dem Arbeitsmarkt führen. Das Festhalten an festen Wechselkursparitäten ruft bei einem Angebotsüberschuss an Devisen (über die Erhöhung der inländischen Geldmenge) einem Konflikt zwischen den Zielen außenwirtschaftliches Gleichgewicht und Preisstabilität hervor. Die Reihe der Beispiele ließe sich fortsetzen. Der Leser möge sie selbst ergänzen.

Die Frage, welcher Art Beziehungen zwischen den Zielen des „magischen" Polygons sind, kann indes nur unter Berücksichtigung der **wirtschaftlichen Ausgangslage** beantwortet werden. Es können dabei sowohl Zielkonflikte als auch Zielharmonien auftreten. Betrachten wir im Folgenden ausgewählte Zielbeziehungen genauer, um diese Feststellung zu fundieren:

Im Beispiel 1 wählen wir die Zielsetzungen Vollbeschäftigung und Preisstabilität. Die wirtschaftlichen Bedingungen, unter denen beide Ziele erreicht werden sollen, sind unterschiedlich. Im Fall A wird die Ausgangslage durch eine hohe Arbeitslosigkeit und Preisstabilität und im Fall B von hoher Arbeitslosigkeit und Deflation[13] charakterisiert. Zur Beseitigung der Arbeitslosigkeit werden die Mittel einer expansiven Geld- und Fiskalpolitik (wie Erhöhung der Geldmenge, Senkung des Zinsniveaus, Erhöhung der Staatsausgaben, Steuersenkungen) eingesetzt. Die expansiven Impulse führen zur Erhöhung von Beschäftigung und sind gleichzeitig im Fall A mit einer Erhöhung des gesamtwirtschaftlichen Preisniveaus (Zielkonflikt) und im Fall B mit einer Senkung bzw. Verringerung der Deflation (Zielharmonie) verbunden.

Beispiel 1

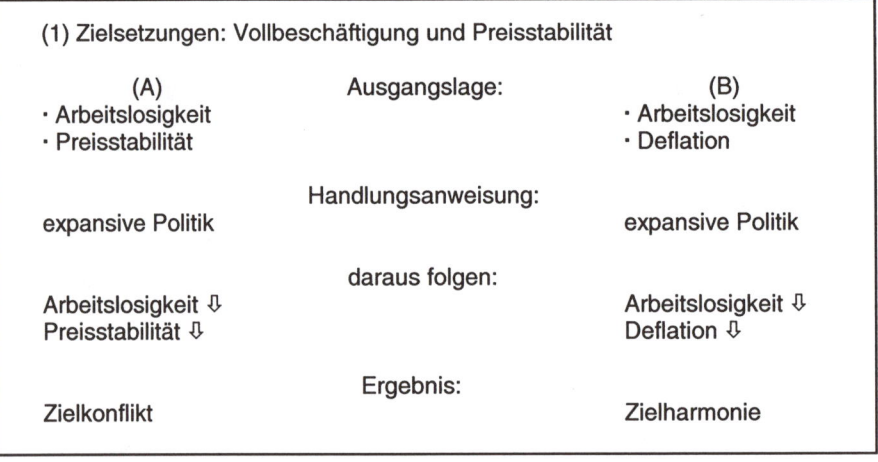

Im unserem nächsten Beispiel (2) ergänzen wir die Zielsetzungen um die Sicherung des außenwirtschaftlichen Gleichgewichts. Auch die Ausgangsbedingungen haben sich verändert. Im Fall C herrscht ein Defizit in der Zahlungsbilanz (auf dem Devisenmarkt) bei gleichzeitiger hoher Arbeitslosigkeit und im Fall D tritt das Defizit in Verbindung mit einer hohen internen Inflationsrate auf. Das Diktat der Zahlungsbilanz (Primat des Ausgleichs der Zahlungsbilanz gegenüber binnenwirtschaftlichen Zielen) zwingt zum Einsatz von kontraktiven Mitteln der Geld- und Fiskalpolitik (Verringerung der Geldmenge, Erhöhung des Zinsniveaus, Senkung der Staatsausgaben, Steuererhöhungen). Diese Maßnahmen führen zwar zu einem Abbau des Zahlungsbilanzdefizits, bewirken aber im Fall C gleichzeitig eine Erhöhung der Arbeitslosigkeit (Zielkonflikt). Im Fall D dagegen wirken die kontraktiven Maßnahmen inflationshemmend (Zielharmonie).

---

[13] Eine **Deflation** ist eine anhaltende Zunahme des Geldwertes bzw. ein Rückgang des Preisniveaus auf den Güter- und Faktormärkten. Dies ist in der Regel mit einem Angebotsüberhang (deflatorische Lücke) verbunden. Bei niedrigem bzw. sinkendem Preisniveau kann das volkswirtschaftliche Gesamtangebot auf Grund einer zu geringen monetären Nachfrage nicht abgesetzt werden. Ohne wirtschaftspolitische Korrekturen würde das Angebot verringert und folglich die Arbeitslosigkeit weiter ansteigen.

Beispiel 2

(2) Zielsetzungen: Außenwirtschaftliches Gleichgewicht (Ausgleich der
Zahlungsbilanz), hoher Beschäftigungsgrad und Preisstabilität

	Ausgangslage:	
(C)		(D)
· Defizit in der Zahlungsbilanz (feste Wechselkurse) · Arbeitslosigkeit		· Defizit in der Zahlungsbilanz (feste WK) · Inflation

Handlungsanweisung:

Kontraktive Politik   Kontraktive Politik

daraus folgen:

Arbeitslosigkeit ⇧   Beitrag zur Preis-
                                                  stabilität

Defizit in der   Defizit in der
Zahlungsbilanz ⇩   Zahlungsbilanz ⇩

                        Ergebnis:

Zielkonflikt   Zielharmonie

3.2.1.2.2 Vertikale Zielbeziehungen (Ziel-Mittel-Beziehung)

Bei vertikalen Zielbeziehungen liegen die Ziele nicht auf der gleichen Ebene. Sie sind nicht gleichrangig. Die Beziehungen weisen vielmehr hierarchischen Charakter auf (**Zielhierarchie**). Unter- bzw. nachgeordnete Ziele nehmen in Bezug auf höhere Ziele Mittelcharakter an. Demzufolge erscheint es korrekter, die vertikalen Zielbeziehungen als Ziel-Mittel-Beziehungen zu bezeichnen. Erst wenn die untergeordneten Ziele (Unter- und/oder Zwischenziele) erfüllt sind, ist auch das höhere Ziel (Oberziel) erreicht. Diesen Zusammenhang, der in Abb. 1.4 schematisch dargestellt ist, wollen wir mit Hilfe eines **Beispiels** erläutern.

Die Erhöhung des ökonomischen Wohlstands bilde unser Oberziel. Dieser Wohlstand ist nur erreichbar, wenn vorher eine Reihe weiterer Ziele (Zwischenziele) verwirklicht wird. Zu ihnen gehören neben anderen auch eine Erhöhung des Realeinkommens pro Kopf der Bevölkerung. Die Realeinkommenssteigerung wiederum setzt u.a. eine Erhöhung des Beschäftigungsgrads und/oder Steuersenkungen (untere Zwischenziele) voraus; usw. Die Reihe ließe sich fortsetzen. Wenn sich also Ziele - wie in diesem Beispiel - komplementär zueinander verhalten, so können höhere Ziele als Oberziele und nachgeordnete Ziele als Zwischen- bzw. Unterziele oder Mittel betrachtet werden: Die Verringerung der Arbeitslosigkeit ist nicht nur unter dem Aspekt der Erhöhung des Realeinkommens wünschenswert. Ein hoher Beschäftigungsgrad sichert gleichfalls den sozialen Frieden und führt zu mehr Gerechtigkeit. Das Mittel der Erhöhung des Beschäftigungsgrades hat demnach erwünschte Nebenwirkungen auf andere (Ober)Ziele.

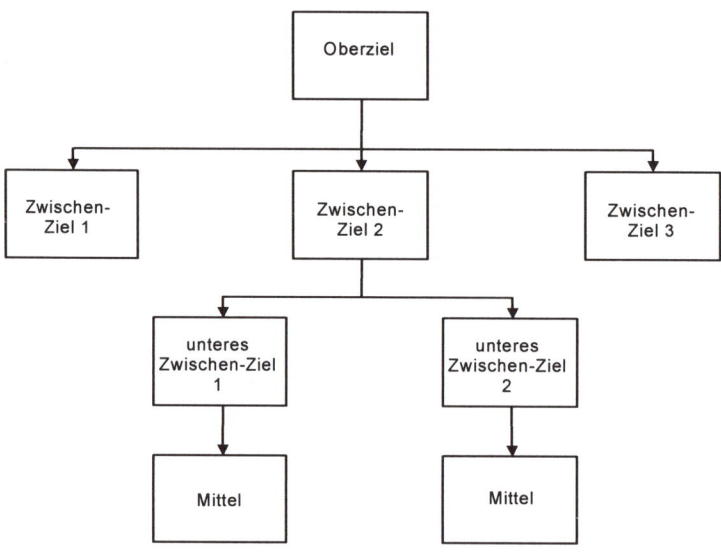

Abb. 1.4: Vertikale Zielbeziehungen (Zielhierarchie)

3.2.2 Kunstlehre

Die Theorie der Wirtschaftspolitik beschäftigt sich nicht nur mit der Beschreibung und Erklärung der wirtschaftlichen Lage. Als Kunstlehre verstanden, muss sie sich ebenfalls mit den Zielen und Mitteln der praktischen Wirtschaftspolitik auseinandersetzen. Dem Ideal einer **wertfreien** Kunstlehre entspräche ein System von Aussagen, das alle denkbaren Ziel-Mittel-Beziehungen berücksichtigt und für jede Alternative ein wirtschaftspolitisches Rezept bereithält (vgl. GIERSCH, a.a.O., S. 46). Wir haben jedoch bereits auf die Schwierigkeiten hingewiesen, die bei der Konkretisierung einer wirtschaftspolitischen Konzeption auftreten können. Wertende Entscheidungen zwischen alternativen Zielen oder Mitteln sind kaum zu vermeiden.

Die Kunstlehre versucht, die Frage nach dem optimalen Mitteleinsatz (**Ziel-Mittel-Kombination**) zu beantworten. Dabei geht es erstens um die Mittel, die zur Überwindung der Diskrepanz zwischen gegebener und gewünschter Lage (Ziele der Wirtschaftspolitik) zur Verfügung stehen und zweitens um die Effizienz des Mitteleinsatzes.

Auf der Grundlage des Vergleichs zwischen gegebener und gewünschter Lage (**Soll-Ist-Vergleich**) entsteht ein **wirtschaftspolitisches Programm**, das im Unterschied zur wirtschaftspolitischen Konzeption einen konkreten Handlungsplan darstellt. Dieser Plan enthält die für einen angegebenen Zeitraum angestrebten Ziele und die Mittel, mit deren Hilfe diese Ziele erreicht werden sollen. Um den Ansprüchen einer rationalen Wirtschaftspolitik zu entsprechen, sollte ein wirtschaftspolitisches Programm zumindest drei Kriterien erfüllen. Zum einen muss es (situationsbezogen) mit der jeweiligen wirtschaftspolitischen Konzeption übereinstimmen (**Konzeptionskonformität**). Zum anderen ist die **Zielkonformität** der Maßnahmen zu sichern und drittens müssen die Ziele operationalisiert werden (**Operationalisierung von Zielen**).

Bevor jedoch ein wirtschaftspolitisches Programm aufgestellt werden kann, muss eine Analyse der alternativen Ziel-Mittel-Kombinationen (**Wirkungsanalyse**) erfolgen. Lageanalyse und Status-quo-Prognose liefern Informationen über die gegenwärtige Situation und die zu erwartende Entwicklung (bei Handlungsverzicht). Ein Vergleich mit den angestrebten Zielen entscheidet über den notwendigen Handlungsbedarf. Wird im Ergebnis dieses Soll-Ist-Vergleichs ein potenzieller Handlungsbedarf festgestellt, sollten im Interesse einer rationalen Wirtschaftspolitik die Wirkungen alternativer Mittel (Wirkungsprognose) genauer untersucht werden. Bei der **Auswahl der Mittel** (Instrumente der Wirtschaftspolitik) müssen mögliche Restriktionen, die infolge von Zielkonflikten auftreten können, berücksichtigt werden. Auftretende Neben- und Folgewirkungen sind in die Bewertung der auszuwählenden Mittel einzubeziehen. Diese Mittel müssen auf ihre Zielkonformität hin überprüft werden. Weiterhin sind Fragen nach der Dosierung des Mitteleinsatzes, dem richtigen Zeitpunkt ("timing") und möglichen Wirkungsverzögerungen („time lags") zu stellen.

Häufig wird der Versuch unternommen, die möglichen Ziel-Mittel-Kombinationen mit Hilfe **ökonometrischer Modelle** zu analysieren. Hierbei muss der Wirtschaftspolitiker seine Ziele auf der Grundlage von Präferenzen quantitativ genau bestimmen. Im Ergebnis eines „Programmierungsmodells" lassen sich dann Art, Zeitpunkt und Dosierung jener Instrumente bestimmen, die eine optimale Zielverwirklichung sichern. Im Gegensatz dazu werden bei einer Wirkungsprognose, deren Aufgaben bereits charakterisiert wurden, die Auswirkungen vorgegebener quantifizierter Instrumente auf bestimmte wirtschaftspolitische Ziele abgeleitet. Programmierungs- und Prognosemodelle können eine wichtige Hilfe bei wirtschaftspolitischen Entscheidungen leisten. Ihr praktischer Wert wird allerdings - wie bereits dargestellt - durch eine Reihe von Problemen eingeschränkt.

Aufbauend auf den Ergebnissen der Wirkungsanalyse wird in der Phase der **Programmformulierung** das wirtschaftspolitische Programm aufgestellt. Diese Aufgabe gehört nicht mehr zur Theorie der Wirtschaftspolitik, sondern fällt bereits in den Bereich der praktischen Politik. Dabei muss der Wirtschaftspolitiker zwischen den verschiedenen Handlungsalternativen wählen und sich für einen konkreten **Maßnahmenkatalog** entscheiden, in dem Ziele und Mitteleinsatz **(Therapie)** definitiv festgelegt werden. Häufig bewirken in dieser Phase auftretende Widerstände und Hemmnisse (Kritik von Interessenverbänden, Ablehnung der Maßnahmen durch ausländische Partner, wechselnde Mehrheiten in Bundestag und Bundesrat, fehlende gesetzliche Grundlage usw.), dass nur selten das Programm mit der größten Konzeptions- und Zielkonformität auch tatsächlich umgesetzt wird. Wirtschaftspolitische Programme müssen sich die Frage nach ihrer politischen und praktischen Realisierbarkeit gefallen lassen.

Sobald das wirtschaftspolitische Programm allen Problemen zum Trotz (möglicherweise in Form eines Kompromisses) verabschiedet ist, beginnt der Maßnahmenvollzug **(Programmrealisierung)**. Auch in dieser Phase können Widerstände und Hemmnisse auftreten. Wir wollen uns dabei auf ein Phänomen beschränken. In Erwartung bestimmter wirtschaftspolitischer Maßnahmen tun (oder unterlassen) die potenziell betroffenen Wirtschaftssubjekte schnell noch das, was eigentlich verhindert (oder erreicht) werden sollte (**Ankündigungseffekt**). Als Beispiele sollen genannt werden:

– Aufschub von geplanten Investitionsvorhaben in Erwartung künftiger Investitionsförderungsmaßnahmen;
– Devisenspekulationen in Erwartung von Änderungen des Wechselkurses;
– Kapitalflucht in Erwartung einer Steuerreform.

Neben diesen negativen Ankündigungseffekten können aber auch positive Effekte auftreten, wie

– Verringerung des Schadstoffausstoßes in Erwartung einer Senkung der Emissionsgrenzwerte;

- Erhöhte Bereitstellung von Lehrstellen in Erwartung der möglichen Erhebung einer Berufsbildungsabgabe bei unzureichendem Lehrstellenangebot;
- Verbessertes Wettbewerbsverhalten durch die Androhung eines Missbrauchsverfahrens gemäß § 22 GWB durch das BUNDESKARTELLAMT.

Der Erfolg von wirtschaftspolitischen Maßnahmen kann nicht nur durch negative Ankündigungseffekte gefährdet werden. Weitere Realisierungshemmnisse sind meist „technischer" Art und deuten auf Versäumnisse in der Vorbereitung von Maßnahmen hin, z.B. Mängel im Verwaltungsapparat, der Vollzug kann durch Normenkontrollverfahren gehemmt werden, die zeitliche Streckung oder der Abbruch von Maßnahmen aus fiskalischen Gründen, fehlende Verordnungen oder Durchführungsbestimmungen, Kompetenzstreitigkeiten der betroffenen Ressorts, Widerstand von Interessenverbänden.

Bereits in der Phase der Programmrealisierung sollte auch die **Ergebniskontrolle** einsetzen. Sie umfasst im Wesentlichen zwei Aspekte: Dabei es erstens um die **Erfolgsmessung,** d.h. der Grad der Zielverwirklichung sollte bestimmt werden. Erst so kann letztlich über Erfolg oder Misserfolg einer wirtschaftspolitischen Maßnahme geurteilt werden. Diesem Urteil müssen sich die Träger der Wirtschaftspolitik stellen. Zweitens ermöglicht die frühzeitige Ergebniskontrolle das rechtzeitige **Erkennen von Fehlentwicklungen** (Abweichungsanzeige). Ihr Ziel besteht darin, mögliche Abweichungen vom erwarteten Wirkungsverlauf der eingesetzten wirtschaftspolitischen Instrumente rechtzeitig zu erkennen und zu korrigieren (**Programmrevision**) sowie unerwartete Neben- und Folgewirkungen einzudämmen. Im Falle von Zielabweichungen müssten die Ursachen der Fehlentwicklung (**Abweichungsanalyse**) ermittelt werden.

3.2.3 Operationalisierung von Zielen

Diesen Aufgaben kann eine Ergebniskontrolle allerdings nur entsprechen, wenn die Ziele eines wirtschaftspolitischen Programms klar formuliert werden. Die Angabe einer allgemeinen Zielrichtung der gewünschten Entwicklung (z.B. Verringerung der Arbeitslosigkeit, Beschleunigung des volkswirtschaftlichen Wachstumstempos) reicht nicht aus. Die wirtschaftlichen Ziele müssen messbar sein. Das bedeutet, dass Inhalt, Umfang (Dosierung) und zeitlicher Bezug (u.U. regionaler Bezug) exakt definiert werden müssen. Eine solche Konkretisierung von Zielen wird als **Operationalisierung** (vgl. Abb. 1.5) bezeichnet.

Als **Beispiel** wählen wir die Operationalisierung des Beschäftigungsziels, das im STABILITÄTSGESETZ aufgeführt ist. Die Formulierung eines „hohen Beschäftigungsgrades" bedarf einer Konkretisierung. Sie sollte drei Aspekte berücksichtigen:

- die **qualitative** Operationalisierung, d.h. die Zuordnung aussagefähiger Indikatoren zur inhaltlichen Bestimmung des Ziels;
- die **quantitative** Operationalisierung, d.h. die Angabe quantifizierter Zielwerte;
- die **zeitliche** Operationalisierung, d.h. die Festlegung des Zeitraumes, in dem die Ziele realisiert werden sollen.

Zur inhaltlichen Zielbestimmung des Beschäftigungsziels wird häufig der Indikator Arbeitslosenquote herangezogen. Zu seiner Ermittlung kann nach zwei Vorgehensweisen unterschieden werden. Der Anteil der registrierten Arbeitslosen kann zum einen auf die Gesamtzahl der Erwerbspersonen oder zum anderen auf die abhängig Beschäftigten bezogen werden. Bei gleicher Anzahl der registrierten Arbeitslosen, verringert sich mit erweiterter Bezugsbasis die Arbeitslosenquote (vgl. in Tab. 1.1). Aus Gründen der besseren Vergleichbarkeit setzt sich zunehmend die erweiterte Definition der Arbeitslosenquote durch. Die gewählten Indikatoren müssen anschließend quantifiziert (z.B. Halbierung der bestehenden Arbeitslosenquote von 9,7% im Jahre 2002) und in einen zeitlichen Bezug (z.B. bis zum Jahr 2010) gebracht werden.

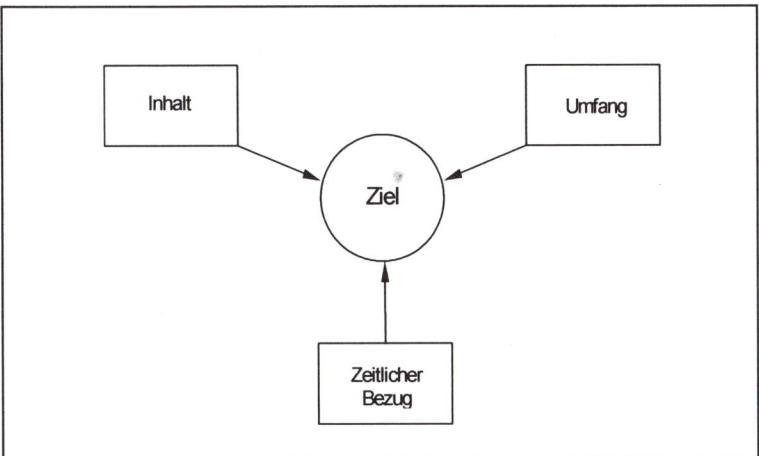

Abb. 1.5: Operationalisierung von Zielen

Politiker scheuen meistens die Angabe operationalisierter Ziele, da durch sie die Ergebnisse ihrer Wirtschaftspolitik kontrollierbar werden. Aber nur auf der Grundlage messbarer Ziele ist es möglich, den Grad der Zielerreichung bzw. Zielabweichung zu bestimmen und gegebenenfalls rechtzeitig erforderliche Korrekturen durchzuführen.

4. Instrumente der Wirtschaftspolitik

4.1 Begriffbestimmung

Instrumente der Wirtschaftspolitik sind die „**Aktionsparameter**" der Träger der Wirtschaftspolitik. In der Literatur werden Begriffe wie Mittel, Maßnahme, Intervention meist gleichbedeutend benutzt. Häufig wird jedoch auch das Instrument im generellen Sinne verstanden, das bei Anwendung zur Maßnahme wird.[14] Danach wäre z.B. der Zinssatz für die Hauptrefinanzierungsgeschäfte innerhalb der Offenmarktpolitik das wirtschaftspolitische Instrument und seine Variation die situationsbezogene Maßnahme. Wirtschaftspolitische Maßnahmen schließen Wertentscheidungen ein und stehen in einer Ziel-Mittel-Beziehung. Der Leser wird sich erinnern, dass wir auf dieses Problem bereits eingegangen sind. Deshalb soll an dieser Stelle eine kurze Zusammenfassung ausreichen.

Die Auswahl und die Intensität eines wirtschaftspolitischen Instruments werden zum einen von den Zielen (Soll-Situation) und deren wechselseitigen Beziehungen (Zielkonflikt oder Zielharmonie) sowie zum anderen von der Ist-Situation und der antizipierten Wirkung des Instrumenteneinsatzes (Diagnose und Prognose) bestimmt. Dieser Zusammenhang ließe sich auf folgende Fragestellungen fokussieren:

– Mit welchem Instrument ist bei gegebener Ausgangslage die wirtschaftspolitische Zielsetzung zu verwirklichen (**Konsistenz von Zielen und Mitteln**)?
– Welche Wirkung lässt sich mit dem Instrument erreichen und inwieweit stimmt sie mit dem angestrebten Ziel überein (**Wirkungsanalyse der Instrumente**)?

---

[14] Vgl. E. TUCHTFELDT, Grundlagen der Wirtschaftspolitik, in: Allgemeine Wirtschaftspolitik, Hrsg. O. ISSING, WiStTaschenbücher, 3., überarb. Aufl., München 1993, S.13.

4.2 Systematisierung wirtschaftspolitischer Instrumente

Zur Systematisierung von wirtschaftspolitischen Instrumenten finden sich in der Literatur verschiedene Ansätze. Die **formalen Klassifikationen** beziehen sich auf die Eigenschaften der einzelnen Instrumente. Als wichtigste Kriterien werden der Bestimmtheitsgrad der Instrumente (qualitative und quantitative), ihre Ansatzbereiche (Ordnungs-, Ablauf- und Strukturpolitik bzw. Mikro- und Makropolitik) und die Intensität ihres Einsatzes (indikative[15] oder imperative Maßnahme, Dosierung) herausgearbeitet. Die **materialen Klassifikationen** beruhen auf dem sachlichen Zusammenhang, der zwischen den Instrumenten besteht. Neben einer sektoralen finden wir eine Gliederung, bei der die Instrumente den Bereichen wie Finanzpolitik, Geld- und Kreditpolitik oder Währungs- bzw. Wechselkurspolitik funktional zugeordnet werden (TUCHTFELDT, a.a.O., S. 13-14). Die Autoren werden in den folgenden Kapiteln das Schwergewicht auf den material-funktionalen Aspekt legen, ohne jedoch den formalen Aspekt außer acht zu lassen.

5. Träger der Wirtschaftspolitik

Eine Einführung in die Grundlagen der Wirtschaftspolitik wäre unvollständig, ohne auf die Träger dieser Politik einzugehen. Wir haben uns dafür entschieden, diesen Aspekt in die einzelnen Kapitel zu integrieren. Trotzdem kann an dieser Stelle auf einen kurzen allgemeinen Überblick nicht verzichtet werden.

Träger der Wirtschaftspolitik sind alle staatlichen (oder staatlich beauftragten) Personen und Institutionen, die auf der Grundlage der ihnen von der Gesellschaft (i.d.R. von den Wählern) zuerkannten Befugnisse (**Kompetenz**) verantwortlich wirtschaftspolitische Entscheidungen treffen und die gleichzeitig über die legitimierte staatliche Zwangsgewalt (**Macht**) zur Durchsetzung dieser Entscheidungen verfügen (**Entscheidungsträger**).

Die Wirtschaftspolitik wird durch eine **Trägervielfalt** gekennzeichnet (Übersicht 1.1). Der Staat (Regierung, Parlament, staatliche Verwaltung) ist der Träger der Wirtschaftspolitik mit Ausnahme der Geld- und Kreditpolitik, für die die EUROPÄISCHE ZENTRALBANK (früher die DEUTSCHE BUNDESBANK) die Verantwortung trägt. Sie ist in ihren Entscheidungen autonom, d.h. nicht von der EUROPÄISCHEN KOMMISSION oder nationalen staatlichen Stellen abhängig. Für einen föderativen Staatsaufbau ist charakteristisch, dass eine Trägerschaft nach drei Ebenen (Bund, Länder, Gemeinden) zu unterscheiden ist. Die Aufteilung der legislativen Kompetenzen wird im GRUNDGESETZ geregelt. Die Regierungen auf Bundes- und Länderebene (**Exekutive**) schlagen den Parlamenten die entsprechenden wirtschaftspolitischen Maßnahmen vor und sind für deren Ausgestaltung und Durchführung verantwortlich. Die Parlamente (**Legislative**) beschließen die Gesetze und legen damit die langfristigen Rahmenbedingungen der wirtschaftlichen Entwicklung fest. Die staatlichen Verwaltungen sind der Regierung nachgeordnet und unterstützen sie bei der Durchführung wirtschaftspolitischer Maßnahmen. Auch die Rechtsprechung (**Judikative**) ist in ihrer Funktion als Kontrollorgan Träger der Wirtschaftspolitik.

Daneben versuchen weitere Wirtschaftssubjekte, die nicht über das staatliche Machtmonopol verfügen, durch Beeinflussung der Entscheidungsträger die Wirtschaftspolitik zumindest mittelbar mitzugestalten (**Einflussträger**). Hierzu gehören Parteien, Organisationen und Interessenverbände.

---

[15] Ein Instrument mit indikativem Charakter ist die so genannte „Moral Suasion". Dabei wird versucht, mittels Aufklärung, moralischer Appelle und Empfehlungen wirtschaftspolitische Gruppen zum gewünschten Verhalten zu bewegen. Dieses Instrument kann allein oder begleitend zur Erhöhung der Wirksamkeit eines direkt regulierenden Eingriffs eingesetzt werden. Der ehemalige Bundeskanzler LUDWIG ERHARD galt als Meister der „Moral Suasion".

Träger internationaler Wirtschaftspolitik		
EU	Legislative	Europäisches Parlament
	Exekutive	Europäische Kommission
	Judikative	Europäischer Gerichtshof
	Autonome Träger	z.B. Europäische Zentralbank
UNO, IWF, WTO	können streng genommen nicht als Träger internationaler Wirtschaftspolitik bezeichnet werden, da ihnen z.T. die Macht zur Durchsetzung ihrer Beschlüsse fehlt bzw. deren Durchsetzung auf dem Wohlwollen einzelner Regierungen beruht	
Träger nationaler Wirtschaftspolitik		
Staatlicher Sektor	Legislative	Bundestag, Bundesrat, Landtage, Kommunalparlamente
	Exekutive	Bundesregierung, Landesregierungen, Kommunalbehörden
	Judikative	Oberste Gerichte, z.B. Bundesverfassungsgericht, Arbeits- und Sozialgerichte
	Autonome Träger	Bundesversicherungsanstalten
Privater Sektor	Gewerkschaften	nur im Bereich der Einkommenspolitik werden beide als autonome Träger von Wirtschaftspolitik aktiv (Tarifautonomie);
	Arbeitgeberverbände	in anderen Bereichen agieren sie lediglich als Einflussträger.

Übersicht 1.1: Träger von Wirtschaftspolitik

Während der Erfolg von **Parteien** bei der Durchsetzung ihrer wirtschaftspolitischen Ziele nur auf der Grundlage eines stabilen Wählerwillens möglich ist, versuchen die **Verbände**, über die Beeinflussung der wirtschaftspolitischen Entscheidungsträger ihre Gruppeninteressen durchzusetzen. Verbände mit öffentlich-rechtlichem Charakter sind z.B. die Industrie- und Handelskammern. Zwar nehmen sie gewisse behördliche Funktionen wahr, können aber dennoch nicht als ausführende Staatsorgane betrachtet werden. Der Staat übt lediglich die Rechtsaufsicht aus. Neben den öffentlich-rechtlichen Verbänden existieren die privatrechtlich organisierten Verbände. Sie werden durch den freiwilligen Zusammenschluss privater Wirtschaftssubjekte gebildet und konzentrieren sich auf die Vertretung der wirtschaftspolitischen Interessen ihrer Mitglieder (GEWERKSCHAFTEN, ARBEITGEBERVERBÄNDE, BUNDESVERBAND DER DEUTSCHEN INDUSTRIE, DEUTSCHER BAUERNVERBAND, BUND DER STEUERZAHLER, ARBEITSGEMEINSCHAFT DER VERBRAUCHERVERBÄNDE, HAUPTGEMEINSCHAFT DES DEUTSCHEN EINZELHANDELS usw.). Diese Verbände verfügen generell nicht über öffentlich-rechtliche Befugnisse. Alleinige Ausnahmen bilden Gewerkschaften und Arbeitgeberverbänden, denen im Rahmen der **Tarifautonomie** vergleichbare Rechte im Bereich der Einkommenspolitik eingeräumt werden. Aber nur in diesem Bereich werden sie als autonome Träger von Wirtschaftspolitik aktiv (Übersicht 1.1).

Die Wirtschaftspolitik eines Landes wird jedoch nicht nur durch die inländischen Träger von Wirtschaftspolitik gestaltet (bzw. beeinflusst). Im Zuge der wirtschaftlichen und politischen Integration gewinnen internationale/supranationale Institutionen zunehmend an Bedeutung.

Besonders deutlich spiegelt sich dies im Prozess der europäischen Integration wider. Hier verzichten die Mitgliedstaaten der EUROPÄISCHEN UNION (EU) auf bestimmte nationale Rechte und übertragen sie auf supranationale Organe (z.B. EUROPÄISCHER MINISTERRAT, EUROPÄISCHE ZENTRALBANK). Allerdings gilt das nur für ausgewählte Politikbereiche und in sehr unterschiedlichem Ausmaße. Zunächst war die Zuständigkeit auf die Kohle- und Stahlindustrie beschränkt. Später erfolgte mit dem EWG-VERTRAG von 1957 eine Ausweitung auf Teilbereiche der Handels-, Agrar-, Verkehrs- und Wettbewerbspolitik. In geringerem Umfang galt das auch für die Struktur- und Sozialpolitik. Mit der EINHEITLICHEN EUROPÄISCHE AKTE (1986) wurde die Schaffung eines gemeinsamen Binnenmarktes bis 1992 beschlossen. Um weiterhin bestehende Verzerrungen abzubauen, bedarf es v.a. weiterer Bemühungen zur Angleichung der nationalen Wettbewerbs- und Rechtspolitik sowie einer Harmonisierung der Steuerpolitik. Der VERTRAG VON MAASTRICHT (1992) erweiterte die Zuständigkeit der EU vorrangig um eine einheitliche Geld- und Währungspolitik. Die 1979 mit der Gründung des EUROPÄISCHEN WÄHRUNGSSYSTEMS (EWS) begonnene währungspolitische Kooperation wurde mit der Schaffung des EUROPÄISCHEN SYSTEMS DER ZENTRALBANKEN (ESZB) vollendet. Daneben erhöhten sich die Kompetenzen der EU in weiteren Bereichen (Umwelt, Gesundheits- und Verbraucherschutz, Regionalentwicklung, Kulturpolitik Forschungs- und Technologiepolitik sowie Struktur- und Industriepolitik). Der VERTRAG VON AMSTERDAM setzt sich mit der beschäftigungspolitischen Verantwortung der EU auseinander.

Im Zusammenhang mit der Reform der „EUROPÄISCHEN VERFASSUNG" wird über eine Neuaufteilung der Zuständigkeiten zwischen der EUROPÄISCHEN UNION und ihren Mitgliedstaaten diskutiert. So fordert beispielsweise der Regionalausschuss des EUROPÄISCHEN PARLAMENTS, dass sich die EU im Bereich der Regionalpolitik auf die Rahmenkompetenz beschränkt und die Klärung von Details sowie die Verwendung der bereitgestellten Fördermittel den Mitgliedstaaten überlässt. Es bleibt abzuwarten, ob und wie diese und andere Forderungen berücksichtigt werden und welche neuen Impulse daraus für den europäischen Integrationsprozess erwachsen.

6. Probleme und Grenzen der Wirtschaftspolitik

Praktische Politik ist der Pluralität von **wirtschaftspolitischen Zielen** verpflichtet. Die Erreichbarkeit einzelner Ziele ist aufgrund kaum beeinflussbarer Faktoren in Frage gestellt. So steht beispielsweise dem Ziel der gerechteren Einkommens- und Vermögensverteilung eine ungleiche Verteilung der Tatbestände (Intelligenz, Geschicklichkeit, Durchsetzungsvermögen u.ä.) in der Bevölkerung entgegen, die auf der Grundlage des Leistungsprinzips letztlich erst zu Einkommens- und Vermögenserwerb führen. Auch können **Zielkonflikte** dazu führen, dass sich die Ziele nicht alle umfassend und gleichzeitig realisieren lassen. Folglich müssen **Prioritäten** innerhalb des Zielsystems gesetzt werden. Aber auf welcher Grundlage sollte dies geschehen? Wünschenswert wäre zweifellos ein breiter gesellschaftlicher Konsens, auf dessen Grundlage sich eine Rangfolge wirtschaftspolitischer Ziele zur Nutzenmaximierung ableiten ließe. Zwar kann jeder einzelne für sich entscheiden, welches Ziel er am dringlichsten verwirklicht sehen möchte. Aber ein interpersoneller Nutzenvergleich ist nicht durchführbar, da jedes Wirtschaftssubjekt über eine individuelle/subjektive Präferenzstruktur verfügt. Die Summe aus dem individuellen Nutzen muss nicht zwangsläufig zu einem Maximum an gesellschaftlichem Nutzen führen. Es erscheint also fraglich, ob ein breiter gesellschaftlicher Konsens herbeigeführt werden kann.

Die Aufmerksamkeit der (Wirtschafts-)Politiker gilt häufig vor allem den Zielen, bei denen Fehlentwicklungen (Abweichung der Ist-Situation von der gewünschten Situation) am stärksten spürbar sind. Eine solche weitgehend an akuten Erfordernissen orientierte Politik **vernachlässigt zwangsläufig den konzeptionellen Aspekt.** Zusätzlich wird durch Parteien und gesellschaftliche Interessengruppen starker Einfluss ausgeübt. Dadurch besteht die Gefahr, dass **politischer Opportunismus** („Politik der Wahlgeschenke") gegenüber rationaler Wirtschaftspolitik dominiert.

Daneben stößt Politik auch beim Einsatz der **wirtschaftspolitischen Instrumente** an Grenzen. Nicht immer sind die theoretischen Zusammenhänge ausreichend geklärt **(Theoriedefizite).** Oft fehlt die Anpassung an neue Entwicklungen. So müssen manche Entscheidungen auf der Grundlage unsicherer Erkenntnisse getroffen werden. Die **Eignung wirtschaftspolitischer Instrumente** ist teilweise umstritten (z.B. Ablehnung der fiskalpolitischen Instrumente durch die Monetaristen). Wirtschaftspolitische Maßnahmen können irreversibel sein. Erfolgt der Einsatz der Instrumente nicht in der richtigen Dosierung und zum richtigen Zeitpunkt kann ihre Wirksamkeit beeinträchtigt werden (time lags). Die Wirksamkeit einzelner Instrumente kann umgangen werden. So kann beispielsweise eine weitere Steuererhöhung bei bestehender hoher Steuerbelastung zur Ausdehnung der Schattenwirtschaft führen. Einige Instrumente wirken nur indirekt. Für die Wirkung dieser wirtschaftspolitischen Maßnahmen ist letztlich die Reaktion des privaten Sektors von entscheidender Bedeutung. Sie kann durch den Widerstand der Betroffenen umgangen werden. So ist es z.B. bei einer Steuersenkung denkbar, dass die in Unternehmen und Haushalten zusätzlich verfügbaren Einkommen nicht zu einer Erhöhung der Investitions- und Konsumgüternachfrage verwendet, sondern zur Rückzahlung von Krediten oder zur Bildung finanzieller Reserven eingesetzt werden.

Auch die **Internationalisierung der Wirtschaftsbeziehungen** hat Auswirkungen auf die nationale Wirtschaftspolitik, die zunehmend an Grenzen stößt. Im Rahmen der Europäischen Integration wird der **Handlungsspielraum der nationalen Entscheidungsträger eingeschränkt.** In vielen Politikbereichen (Agrarpolitik, Fischereipolitik, Kohle und Stahl, Außenhandelspolitik) wird bereits heute zumindest auf Teilgebieten eine **gemeinsame europäische Wirtschaftspolitik** betrieben. Innerhalb des Euroraumes haben die Mitgliedstaaten ihre nationale Kompetenz für die Geldpolitik der EUROPÄISCHEN ZENTRALBANK übertragen. Neben diesen supranationalen Einflüssen unterliegt die Wirtschaftspolitik zusätzlich internationalen Auflagen (Verpflichtungen innerhalb des INTERNATIONALEN WÄHRUNGSFONDS, der WELTHANDELSORGANISATION usw.) und Zwängen, die aus der **Globalisierung** erwachsen.

Auch kann die Autonomie der EUROPÄISCHEN ZENTRALBANK, deren Hauptaufgabe primär in der Sicherung der Geldwertstabilität besteht, zu Konflikten mit der Bundesregierung führen, die der Verwirklichung aller Stabilitätsziele verpflichtet ist. Die Wirtschaftspolitik stößt also teilweise an **rechtliche Grenzen.** Als weiteres Beispiel kann die grundgesetzlich festgelegte Tarifautonomie von Arbeitgebern und Gewerkschaften genannt werden.

Weitere Probleme haben ihre Ursache im föderalistischen Staatsaufbau der Bundesrepublik Deutschland. Zwischen den Trägern von Wirtschaftspolitik auf den verschiedenen Ebenen (Bund, Länder, Gemeinden) können **Interessenkonflikte** auftreten. So müssen beispielsweise Vorhaben des Bundes nicht automatisch mit den Interessen der Bundesländer übereinstimmen.

Große Probleme können ebenfalls aus **finanziellen Restriktionen** entstehen, wenn beispielsweise bei einer hohen Staatsverschuldung der Umfang der Zins- und Tilgungszahlungen (Schuldendienst) die Budgetgestaltung und damit den Handlungsspielraum der Regierung begrenzt.

Abschließend sei festgestellt, dass nicht zuletzt die Schwerfälligkeit des Staatsapparates und mögliche **Eigeninteressen der staatlichen Bürokratie** (z.B. aktiver oder passiver Widerstand, weil Verwaltungen und Behörden durch Maßnahmen zusätzlich belastet werden) die Wirksamkeit der Wirtschaftspolitik beeinträchtigen. Die Eignung der staatlichen Administration zur effizienten Realisierung wirtschaftspolitischer Maßnahmen muss teilweise in Frage gestellt werden.

Arbeitsaufgaben

1) *Charakterisieren Sie die Aufgaben der Theorie der Wirtschaftspolitik.*

2) *Was verstehen Sie unter rationaler Wirtschaftspolitik?*

3) *Arbeiten Sie die wesentlichen Unterschiede zwischen positiver und normativer Ökonomik heraus!*

4) *Was verstehen Sie unter einer Lageanalyse und aus welchen Bestandteilen setzt sie sich zusammen?*

5) *Welche Prognosearten sind Ihnen bekannt? Gehen Sie auf mögliche Probleme bei der Erstellung von Prognosen ein!*

6) *Welche Rolle spielen Werturteile bei der Bestimmung von wirtschaftspolitischen Zielen?*

7) *Welche Arten von Zielbeziehungen sind Ihnen bekannt?*

8) *Erörtern Sie anhand eines Beispieles einen möglichen Zielkonflikt zwischen wirtschaftspolitischen Zielen!*

9) *Welche Bedeutung hat die Operationalisierung von Zielen?*

10) *Erörtern Sie Grenzen der Wirtschaftspolitik!*

2. Kapitel: Ordnungspolitik

1. Einleitung - Problemstellung und Begriffsklärung

In marktwirtschaftlichen Systemen stellen Millionen von privaten Wirtschaftseinheiten aufgrund eigener Zielvorstellungen und der ihnen vorgegebenen Rahmendaten (technische Gegebenheiten, Steuergesetze, Kreditmöglichkeiten, staatliche Vorschriften u.a.) ihre Produktions-, Konsumtions-, Investitions-, Finanzierungs- und sonstigen Wirtschaftspläne auf. Ändern sich die Rahmenbedingungen, passen sich die Wirtschaftssubjekte der neuen Situation an.

Eine klare Festlegung bzw. Verbesserung der **Rahmenbedingungen** wird immer wieder von Seiten der Politiker und der Wirtschaft gefordert. Dabei wird jedoch ihr genauer Inhalt oft nicht klar. Es bleibt unbefriedigend, wenn allgemein die Abgabenbelastung von Unternehmen und privaten Haushalten als zu hoch beklagt, eine Deregulierung, d.h. ein Abbau staatlicher Vorschriften gefordert, oder eine Anpassung des Systems der Sozialen Sicherung ("Umbau" oder "Abbau" des Sozialstaates) verlangt werden. Im Einzelfall wäre zu klären, inwieweit es sich dabei nur um die Verbesserung der Interessenlage einzelner Gruppen oder um wichtige Bedingungen für die Entwicklung der ganzen Wirtschaftsgesellschaft handelt. Letzteres ist die zentrale Aufgabe der Ordnungspolitik.

Aufgabe der Wirtschaftsordnungspolitik ist es, den Rahmen für privatwirtschaftliche und staatliche Aktivitäten festzulegen und an sozioökonomische und technologische Entwicklungen anzupassen. Sie wird auch als qualitative Politik bezeichnet.

Jede Wirtschaftsordnung basiert auf einer Reihe von wichtigen Elementen: Dazu gehören die Festlegung der Ziele bzw. des **Zielsystems** ebenso wie die Bestimmung einer Reihe von **rechtlichen Grundlagen** und wichtigen **Institutionen**. Auf diese Weise wird die angestrebte Wirtschaftsordnung in allgemeiner Form geregelt. Wir erinnern uns an die in Kapitel 1 bereits genannten, besonders wichtigen Elemente einer Wirtschaftsordnung: den Koordinationsmechanismus und die Eigentumsordnung (Eigentum an den Produktionsmitteln). Da hier eine Reihe von Zwischenformen möglich ist, bedarf es für die Wirtschaftsordnungspolitik eines **Referenzrahmens**. In einer Marktwirtschaft sind - grob - die freie Marktwirtschaft von der Sozialen Marktwirtschaft, wie sie beispielsweise der Wirtschaftsordnung der Bundesrepublik Deutschland zugrunde gelegt ist, zu unterscheiden. Grundsätzlich ist unsere Wirtschaftsordnung also marktwirtschaftlich ausgerichtet, sie basiert auf dem Wettbewerbsprinzip, wobei das Attribut "sozial" darauf hinweist, dass u.U. die Marktergebnisse entsprechend der sozialen Komponente des gesellschaftlichen Zielsystems korrigiert werden müssen. Eine Konkretisierung erfolgt im Rahmen der verfolgten **wirtschaftspolitischen Konzeption**.

Bei einer wirtschaftspolitischen Konzeption - gelegentlich spricht man auch von einem **ordnungspolitischen Leitbild** - handelt es sich um einen generellen Orientierungsrahmen, von dem sich die wirtschaftspolitischen Entscheidungsträger im laufenden Entscheidungsprozeß leiten lassen. Dabei müssen wenigstens folgende Elemente bestimmt werden:

- ein Katalog grundsätzlich und dauerhaft angestrebter Ziele,
- zielkonforme Ordnungsprinzipien zur Bestimmung einzelwirtschaftlicher Entscheidungs- und Handlungsspielräume und
- ziel- und ordnungskonforme Prinzipien und Methoden wirtschaftlichen und wirtschaftspolitischen Handelns des Staates.

Es geht also im Wesentlichen um drei Aspekte. Auf das **Zielsystem** haben wir bereits hingewiesen. Ordnungspolitisch ist von Bedeutung, welches gesellschaftspolitische Wertesystem den ökonomischen Zielen zugrunde liegt und - sehr weit gefasst - wie der gesellschaftliche Konsens überhaupt zustande kommt. Um sie zu erreichen, müssen zunächst für die privaten Wirtschaftssubjekte **Handlungsspielräume** festgelegt werden. **Wenn eine markt-wirtschaftliche Ordnung (Wettbewerbsordnung) besteht, dürfen Aktivitäten von Unterneh-men nicht dazu führen, das konstituierende Element des Wettbewerbs außer Kraft zu set-zen.** Deswegen ist beispielsweise im GESETZ GEGEN WETTBEWERBSBESCHRÄNKUNGEN (GWB) ein allgemeines Kartellverbot verankert. Die Vertragsfreiheit wird dadurch eingeschränkt. Wirtschaftspolitische Konzeptionen sind längerfristig angelegt und enthalten keine Detailre-gelungen. Aus mehreren Handlungsalternativen wird eine theoretisch begründbare Vor-auswahl getroffen. Sie sollte so festgelegt sein, dass Anpassungen auch an neue theoreti-sche Erkenntnisse oder bisher nicht bekannte Probleme möglich sind.

In marktwirtschaftlich orientierten Volkswirtschaften sind die privaten Haushalte und Unter-nehmen nicht die einzigen Akteure. Bekanntlich greift der Staat insbesondere zwecks Ver-wirklichung gesamtgesellschaftlicher Ziel- und Wertvorstellungen in den Marktprozess ein. Neben die Ziele der einzelnen Wirtschaftseinheiten treten damit die **gesamtgesellschaftli-chen Ziele** wie Gerechtigkeit, Sicherheit, Freiheit usw., zu deren Verwirklichung u.a. die makroökonomischen Ziele - das magische Vieleck (Polygon) - beitragen sollen. Aber auch der Staat hat den Ordnungsrahmen zu respektieren. Dirigistische Maßnahmen (z.B. Preis-stopp, Lohnstopp usw.) sind ordnungsinkonforme Mittel und folglich zu unterlassen.

Unsere Volkswirtschaft ist nicht homogen. Wenn wir in Modellbetrachtungen von nur weni-gen gesamtwirtschaftlich relevanten Aggregaten und Sektoren (private Haushalte, Unter-nehmen, Staat, Ausland) ausgehen, so ist dies für ordnungspolitische Betrachtungen nicht ausreichend. Vielmehr sind Differenzierungen notwendig, die dem Aufbau und der Struktur der Wirtschaftsgesellschaft in private Gruppen (private Haushalte, Branchen, Interessenver-tretungen, soziale Einrichtungen usw.) und staatlichen Institutionen entsprechen, um die spezifische Bedeutung von Rahmenbedingungen ableiten zu können.

Beginnen wir mit dem **Staat**. Er ist in Deutschland föderal gegliedert. Daraus ergibt sich, dass die Rahmenbedingungen für das Handeln staatlicher Institutionen und Organe auf verschiedenen Niveaus liegen. Ausgangspunkt für unsere Wirtschaftsverfassung und unse-re Wirtschaftsordnung ist das GRUNDGESETZ. Gesetze, die vom Bundestag (ggf. unter Mit-wirkung des Bundesrates) erlassen werden, stellen weitere wichtige Elemente dar. Zuneh-mend übt auch die EUROPÄISCHE UNION (EU) Einfluss auf den Ordnungsrahmen aus. Für die Kommunen kommen dann noch die Gesetze hinzu, die von den Länderparlamenten be-schlossen werden und die den Handlungsrahmen auf der untersten staatlichen Ebene mit-bestimmen.

Ähnliches gilt für die **Unternehmen**. Sie unterliegen zum einen der staatlichen Gesetzge-bung (Arbeitsrecht, Wettbewerbsrecht, Wirtschaftsrecht [HGB] usw.), es kommen dann aber noch andere Rahmenbedingungen hinzu, die sich aus dem Arbeitsrecht und dem Tarifvertragsrecht ergeben. Unternehmen bestimmter Branchen sind einer besonderen staatlichen Aufsicht unterworfen (Banken, Versicherungen, Finanzdienstleistungsinstitute der Aufsicht durch die BUNDESANSTALT FÜR FINANZDIENSTLEISTUNGSAUFSICHT BAFIN, FINANZ-DIENSTLEISTUNGSAUFSICHTSGESETZ, 2002). Handwerksunternehmen unterliegen der HAND-WERKSORDNUNG. Dieser Rahmen kann sich für einzelne Unternehmen, aber auch sektoral stark unterscheiden.

Für **öffentliche Körperschaften** (z.B. Hochschulen) oder **soziale Einrichtungen** (z.B. Diakonie) sind wiederum andere Vorschriften maßgebend. Für die Hochschulen gelten das HOCHSCHULRAHMENGESETZ, Länderhochschulgesetze, budgetrechtliche, tarifvertragliche und personalrechtliche Vorschriften, die z.T. noch in Rechtsverordnungen oder Erlassen präzi-siert sind. **Vereine** sind dem Vereinsrecht, im Falle der Gemeinnützigkeit besonderen steu-errechtlichen Vorschriften unterworfen.

Private Haushalte unterliegen ebenfalls einem für sie verfassungsrechtlich gültigen Ordnungsrahmen. Auch für sie werden Rahmenbedingungen durch die gesetzgebenden Organe erlassen. Die Beitragssätze in den einzelnen Bereichen der Sozialen Sicherung sind für Arbeitnehmer (und auch Arbeitgeber) eine gegebene Größe. Für die Regierung ist die Festlegung von sozialversicherungsrechtlichen Normen dagegen ein Aktionsparameter. Die Festlegung kommunaler Gebührensatzungen ist für die Gemeinden ein Aktionsparameter, während sie für die privaten Haushalte eine Rahmenbedingung darstellen. Mit der Änderung des Insolvenzrechts ab 1999 ist es privaten Haushalten möglich, ein gerichtliches Verfahren wegen Zahlungsunfähigkeit zu beantragen (Verbraucherinsolvenzverfahren) und eine Restschuldbefreiung zu erreichen: Für viele hochverschuldete private Haushalte bedeutet dies eine wichtige neue Rahmenbedingung.

Aus diesen Darlegungen folgt: Wer effiziente Ordnungspolitik betreiben will, muss die **schichtenspezifischen Rahmenbedingungen** für die jeweils betroffenen Wirtschaftssubjekte kennen. Was für eine nachgeordnete Schicht eine Rahmenbedingung darstellt, ist für die höhere "hierarchische" Ebene möglicherweise ein **Aktionsparameter**. Beispiel: Die Tarifvertragsparteien verständigen sich über neue Bestimmungen (Aktionsparameter). Für die Unternehmen und die Arbeitnehmer wird damit jedoch der Handlungsspielraum festgelegt (Rahmenbedingung).

In der Wirtschaftsgeschichte haben sich sehr unterschiedliche **ordnungspolitische Modelle** („Varieties of Capitalism") herausgebildet: Der angelsächsischen Laissez faire-Ökonomie steht z.B. die stärkere soziale Ausrichtung der Wirtschaftsordnung im Sinne von flexibel koordinierten Marktwirtschaften auf dem europäischen Kontinent gegenüber (z.B. die Soziale Markwirtschaft in der Bundesrepublik, das schwedische Modell usw.). Jedes Land hat seine historisch gewachsene Kultur und seine eigenen gesellschaftlichen Werte. Das aus Traditionen entstandene Wertesystem eines Landes oder Kulturkreises lässt sich nicht einfach auf andere Volkswirtschaften anwenden.

Wirtschaftsordnungspolitik läuft also auch darauf hinaus, eine möglichst große Kongruenz zwischen dem gesellschaftlichen Wertesystem und der Gestaltung von wirtschaftlichen Rahmenbedingungen und Prozessen zu schaffen.

Damit wird deutlich, dass die Ordnungspolitik instrumentellen Charakter in Bezug auf die Erreichung gesellschaftspolitischer Oberziele besitzt, die sich zwischen den Wirtschaftsgesellschaften durchaus unterscheiden können.

Unsere Einleitung wäre unvollständig, wenn wir nicht einen Blick auf "den Staat" werfen würden. Dieser Begriff wird im allgemeinen undifferenziert verwendet, wobei - oft stark verkürzt - damit die staatliche Administration (die Exekutive) gemeint ist. Es gibt viele Definitionen für "den Staat". Schon die griechischen Philosophen PLATO und ARISTOTELES sahen die Aufgabe des Staates darin, das Zusammenleben der Menschen in einer Gemeinschaft bestmöglich zu ordnen. THOMAS VON AQUIN wies dem Staat die Aufgabe zu, die gegensätzlichen individuellen Interessen auszugleichen und dem Gemeinwohl unterzuordnen. KARL MARX hat ihn als das Machtinstrument der herrschenden Klasse bezeichnet. Nach MAX WEBER ist der Staat eine gesellschaftliche Institution, die das Monopol legitimen Zwanges innehat. Weitere Staatstheorien könnten hinzugefügt werden.

Wir wollen hier keine staatstheoretische und staatspolitische Debatte führen. Es muss aber festgestellt werden, dass der Staat, d.h. die staatlichen Organe und Institutionen **keinen Selbstzweck** haben, sondern in einer Wirtschaftsgesellschaft unverzichtbare Instrumente sind, wenn das Zusammenleben einigermaßen konfliktfrei möglich sein soll. Die Legitimation staatlicher Institutionen geht in der Demokratie letztlich immer auf das Volk, den eigentlichen Souverän, zurück.[1]

2. Situationsanalyse

2.1 Beschreibung der Ausgangslage

Anders als in den meisten wirtschaftspolitischen Bereichen, ist es in der Ordnungspolitik ungleich schwieriger, eine **Situationsanalyse** durchzuführen. Klare Indikatoren, wie z.B. in der Arbeitsmarktpolitik durch Beschäftigtenzahlen und Arbeitslosenquoten oder in der Geldpolitik durch Geldmengengrößen bzw. Zinssätze, gibt es hier nicht. Ein Indikator, der jedoch nicht erhoben wird, könnte der Grad an Zufriedenheit mit den Rahmenbedingungen sein, die für die befragten Wirtschaftssubjekte gemäß unserer schichtenspezifischen Betrachtung relevant sind.

Wir müssen deshalb anders vorgehen. Erstens wollen wir nach wichtigen konstituierenden Elementen für die Wirtschaftsordnung fragen. Zweitens sollen Grenzverschiebungen zwischen dem staatlichen und dem privaten Bereich analysiert werden, wobei drittens auch ein Blick auf das Spezifische der öffentlichen Güter zu werfen ist. Schließlich können wir Wirkungen einer ineffizienten Ordnungspolitik bzw. aus bestehenden Rahmenbedingungen aufzeigen.

2.2 Konstituierende Elemente der Wirtschaftsordnung

Wichtige Teile unserer **Wirtschaftsverfassung** im Sinne eines staatlich festgelegten rechtlichen und institutionellen Rahmens sind:
- die Wettbewerbsordnung und das Wettbewerbsrecht (z.B. das GESETZ GEGEN WETTBEWERBSBESCHRÄNKUNGEN und das BUNDESKARTELLAMT)
- die Finanzverfassung (z.B. das Steuerrecht und das BUNDESMINISTERIUM DER FINANZEN sowie die Finanzverwaltung)
- die Geldverfassung (der VERTRAG VON MAASTRICHT [EG-VERTRAG] und die EUROPÄISCHE ZENTRALBANK [EZB], das BUNDESBANKGESETZ und die DEUTSCHE BUNDESBANK)
- die Tarifautonomie und das Arbeitsrecht (Tarifvertrags-, Mitbestimmungsrecht)
- das Unternehmens- und Wirtschaftsrecht (HGB, AKTIEN-, GMBH-GESETZ usw.).
- Schließlich gehört im institutionellen Sinne zu jedem Bereich auch noch die entsprechende Gerichtsbarkeit, die die Gesetzmäßigkeit bei der Anwendung bestehenden Rechts gewährleisten soll.

Von großer Bedeutung für die Ordnungspolitik in der Bundesrepublik Deutschland sind bis heute die **"konstituierenden Prinzipien"** einer Wettbewerbsordnung nach WALTER EUCKEN (1891 - 1950). Im Rahmen seines Buches "Grundsätze der Wirtschaftspolitik" (1. Aufl. 1952) hat er versucht - basierend auf den wirtschaftspolitischen Erfahrungen im Naziregime - einen Ordnungsrahmen für die Volkswirtschaft in Deutschland in der Nachkriegszeit aufzuzeigen. Er gehörte, wie FRANZ BÖHM und HANS GROßMANN-DOERTH zur so genannten **"Freiburger Schule"**, einer Denkrichtung, die sich insbesondere mit der Wirtschaftsordnung und ihrer Bedeutung für die sozioökonomische Entwicklung befasst hat. Die Vertreter diese Schule werden daher auch die **"Ordo-Liberalen"** genannt.

---

[1] Mit diesen Feststellungen gewinnt auch die Diskussion um den "schlanken" Staat einen anderen Stellenwert. Es steht außer Frage, dass wir einen effizienten Staat brauchen. Das bedeutet aber nicht zugleich, dass staatliche Leistungen immer "besser" und preisgünstiger (ressourcensparender) von Privaten erbracht werden können. Eine Prüfung ist für jeden Einzelfall erforderlich, wobei gewährleistet sein muss, dass die angestrebten Ziele erfüllt werden und die betroffenen Wirtschaftssubjekte einbezogen werden sollten. Eine Orientierung ausschließlich an staatsfinanziellen Kriterien erscheint uns bedenklich.

Wir wollen die konstituierenden Prinzipien nach EUCKEN kurz darstellen:

1. **Das Grundprinzip**: Das wirtschaftsverfassungsrechtliche Grundprinzip sah EUCKEN in der Herstellung eines funktionsfähigen Preissystems vollständiger Konkurrenz. Es sollte zum Bewertungsmaßstab für jede wirtschaftspolitische Maßnahme gemacht werden. Das Preissystem sollte nicht behindert oder außer Kraft gesetzt werden (wie etwa im Falle einer Devisenbewirtschaftung, bei Preis- und Lohnstopps usw.). Aber auch der Konzentrationsprozess in der Volkswirtschaft - z.B. durch steuerliche Maßnahmen begünstigt - sollte unterbunden werden. Wir wissen heute, dass die vollständige Konkurrenz, die uns modelltheoretisch wichtige Erkenntnisse gebracht hat, für die tatsächlichen Wirtschaftsprozesse weder realisierbar, noch immer wünschbar ist. Es darf nicht übersehen werden, dass die Marktform des Oligopols vorherrscht. Nur im Geld- und Finanzbereich gibt es einige annähernd vollkommene Märkte mit homogenen Gütern. Wenn man das Wettbewerbsprinzip als solches bejaht, müssen Vorkehrungen getroffen werden, einen möglichst funktionsfähigen Wettbewerb zu gewährleisten (vgl. dazu Kapitel 3).

2. **Primat der Währungspolitik - der währungspolitische Stabilisator**: Im Zentrum der Wettbewerbsordnung müsse die Sicherung eines stabilen Geldwertes stehen. Diese Forderung war insbesondere durch die wirtschaftshistorischen Erfahrungen in Deutschland begründet: Die große Inflation, die im Ersten Weltkrieg ihren Anfang nahm und in der Hyperinflation 1923 kulminierte sowie der aufgestauten Inflation nach dem Zweiten Weltkrieg, die erst durch die Einführung der DM im Juni 1948 beendet wurde. Allerdings begnügte sich EUCKEN nicht mit der Forderung nach Geldwertstabilität. Er forderte einen Automatismus, der die Geldversorgung unabhängig von Interessengruppen, politischer Einflussnahme usw. gewährleisten sollte. Möglicherweise hat er dabei an die Goldwährung gedacht, bei der die Zentralbank die umlaufende Geldmenge an den Goldzuflüssen bzw. -abflüssen orientierte, ein Mechanismus, wie er im Außenhandel in der Zeit von 1870 bis 1914 funktionierte. Die von der DEUTSCHEN BUNDESBANK von 1974 bis 1998 und seit 1999 auch von der EZB angewendete potentialorientierte Geldmengenpolitik, die das Wachstum der Geldmenge vorrangig an der Entwicklung des realen Inlandsproduktes orientiert (vgl. dazu Kapitel 5, Abschnitt 4), kannte er noch nicht. Sie entspricht prinzipiell seiner Forderung. Dies gilt auch für die in den letzten Jahren in Europa im Zuge der Einführung des Euro immer wieder betonte Bedeutung der Stabilität des Geldwertes für die sozioökonomische Entwicklung der Mitgliedsländer der Währungsunion.

3. **Offene Märkte**: Zur Gewährleistung von Wettbewerb ist es erforderlich, den Marktzutritt offen zu halten. Dies ist die beste Methode, um Konzentrationstendenzen zu unterbinden. Die Schließung von Angebot und Nachfrage würde die Monopolbildung begünstigen. Jegliche Art von Behinderungswettbewerb, Investitionsverbote, Zulassungssperren usw. sind zu verbieten. Sicherlich ist auch dieses Kriterium grundsätzlich zu befürworten. Indes hat die Wettbewerbstheorie nachgewiesen, dass die Offenheit von Märkten noch keine hinreichende Bedingung für Wettbewerb ist. Märkte müssen vielmehr bestreitbar sein, was bedeutet, dass potentielle Wettbewerber auch über entsprechendes Kapital, technisches Wissen usw. verfügen müssen, um gegen etablierte Anbieter antreten zu können. Die Liberalisierung des Telekommunikationsmarktes in Deutschland Mitte der 90er Jahre bietet dafür sehr viel Anschauungsmaterial. Neu auf diesen Markt sind vor allem starke Unternehmen gekommen, wobei die Telekom AG immer wieder Verhaltensweisen zeigte, die stark an die frühere Monopolsituation erinnerten (z.B. die Festlegung der Zugangsgebühren zum Netz, die Gebühren bei dauerhaftem Wechsel zu anderen Anbietern usw.). Wir wollen noch ergänzen, dass es auch das Credo der EU ist, offene Märkte zu gewährleisten (vgl. Art. 4 und 98 EG-VERTRAG: „Grundsatz einer offenen Marktwirtschaft mit freiem Wettbewerb"). Indes gilt dies im Wesentlichen nur für europäische Anbieter, für Unternehmen aus Drittstaaten und aus Entwicklungsländern ist der Zugang zum Europäischen Binnenmarkt noch immer erschwert.

4. **Privateigentum:** EUCKEN spricht sich für das Privateigentum an den Produktionsmitteln aus, ihre Vergesellschaftung würde soziale Probleme hervorrufen und nicht lösen. Allerdings würde das Privateigentum allein noch keine Garantie für die Durchführung einer Wettbewerbsordnung darstellen. Je nachdem, welche Marktform vorherrschend ist, sei auch die Funktion des Privateigentums unterschiedlich zu bewerten. Bei monopolistischen Strukturen würden Machtpositionen entstehen, die es verhinderten, dass Privateigentum zu einem ökonomisch und sozial brauchbaren Instrument des Ordnungsaufbaus werden könnte. Insofern sind vollständige Konkurrenz mit sehr vielen, relativ kleinen Anbietern und Privateigentum an den Produktionsmitteln in Bezug auf die gewünschte Wirtschaftsordnung komplementär. Was EUCKEN nicht gesehen hat, ist die Tatsache, dass der vollständige Wettbewerb weder realisierbar noch in allen Fällen wünschbar ist. Wir teilen aber seine Sorge in Bezug auf die Machtausübung von oligopolistischen und monopolistischen Unternehmen, die sich in neuerer Zeit im Zuge der Globalisierung zunehmend nationalstaatlicher Kontrolle – und damit auch dem Postulat der Sozialpflichtigkeit des Privateigentums gemäß Art. 14 II GG entziehen.

5. **Vertragsfreiheit:** Die Vertragsfreiheit ist offensichtlich eine Voraussetzung für das Zustandekommen von Konkurrenz. Es geht um das individuelle Recht, selbst wählen und entscheiden zu können. Dabei kann es aber auch zu einem Missbrauch der Vertragsfreiheit kommen, etwa wenn Kartellverträge geschlossen werden. Er ist zu unterbinden, weil er der wirtschaftsverfassungsrechtlichen Grundentscheidung zuwiderläuft. Bemerkenswert ist, dass EUCKEN bereits an eine staatliche Überwachungsbehörde, ein Monopolamt, gedacht hat, das später - mit breiterer Aufgabenstellung - in Form des BUNDESKARTELLAMTES geschaffen wurde (Kapitel 3, Abschnitt 5).

6. **Haftung:** "Wer den Nutzen hat, muss auch den Schaden tragen". Dieser Satz EUCKENS macht seine Position deutlich. Das Prinzip der Haftung trägt zu vorsichtigen ökonomischen Dispositionen bei. Dabei ist wiederum die Vorstellung der polypolistischen Marktform maßgebend, wobei davon ausgegangen wird, dass der Unternehmer auch der Eigentümer ist und damit auch die Haftung greift. Das sieht in der Volkswirtschaft von heute anders aus, in der - bei Kapitalgesellschaften - die Trennung von Eigentum und Disposition vollzogen worden ist und damit dem Prinzip der persönlichen Haftung nur noch bedingt entsprochen wird.

7. **Konstanz der Wirtschaftspolitik:** Für die Investitionstätigkeit von Unternehmen ist die langfristige Festlegung von Steuern, Handelsverträgen, Währungseinheiten usw. von entscheidender Bedeutung. Es geht hier um wirtschaftspolitische Verlässlichkeit. Für die Unternehmen müssen die für sie relevanten Rahmenbedingungen - wegen der langfristigen Bindung durch Investitionen - antizipierbar sein. Wirtschaftspolitik, die von einem schnellen Wechsel gekennzeichnet ist, begünstigt die Konzentration. In der Bundesrepublik Deutschland ist in der Mitte der 90er Jahre eine große Unsicherheit zu verzeichnen gewesen, die unter dem Begriff "Reformstau" bekannt geworden ist. Der Reformbedarf war groß und allgemein anerkannt. Dennoch wurden Reformen nur rudimentär umgesetzt. Die Investoren haben auf die ungewisse Wirtschaftspolitik mit Attentismus reagiert. Unklare sind schlechter als harte, aber feststehende Rahmenbedingungen, weil dann Dispositionen und Entscheidungen möglich werden.

8. **Die Zusammengehörigkeit der konstituierenden Prinzipien:** Schließlich wird für die erörterten Prinzipien festgestellt, dass sie nur zusammen genommen wirtschaftsordnungspolitisch Sinn machen. Aus ihrem komplementären Charakter folgt die ordnungspolitische Gesamtentscheidung für die Wettbewerbsordnung.

Über einen Teil dieser Prinzipien wird heute nicht mehr diskutiert, weil sie für selbstverständlich gehalten werden. Dennoch gibt es immer wieder Auseinandersetzungen über den richtigen Weg der Wirtschaftspolitik. Der SACHVERSTÄNDIGENRAT ZUR BEGUTACHTUNG DER GESAMTWIRTSCHAFTLICHEN ENTWICKLUNG hat sich in seinem Jahresgutachten 1997/98 auf die Bedeutung der Rahmenbedingungen hingewiesen.

"Die Erwartung von Investoren, dass unter Wettbewerbsbedingungen die zu tragenden Risiken durch Chancen aufgewogen werden, ist nur dann begründet, wenn die Rahmenbedingungen gut und verlässlich sind; das heißt, wenn die Märkte offen sind und Regulierungen sich auf das gebotene Maß beschränken, wenn seitens des Staates auf diskriminierende interventionistische Eingriffe verzichtet wird, wenn eine moderne Infrastruktur zur Verfügung steht. Zu solchermaßen wichtigen Angebotsbedingungen gehören ebenso im engeren Sinne mikroökonomische Investitionsbedingungen, wie sie durch den Staat über Steuer- und Abgabenpolitik, durch die Tarifvertragsparteien über die Fixierung der Löhne und Lohnstruktur und die Geldpolitik über die Zinsen ... gesetzt werden."[2]

2.3 Beispiele für "Verschiebungen" von Grenzen zwischen privatem und öffentlichem Bereich

Es gibt eine Reihe von Beispielen aus den letzten Jahren, durch die die intensive Diskussion über Eigenverantwortlichkeit der Bürger versus Sozialstaat und gesellschaftlicher Solidarität sowie die Rolle des Staates in der Wirtschaft belegt werden kann. Dabei geht es um viele sozioökonomische Felder: Die Soziale Sicherung, die Arbeitsmarktentwicklung, die Bereitstellung von Gütern und Dienstleistungen durch den Staat. Ein Teil dieser Diskussion ist aufgrund fiskalischer Zwänge entstanden. Weitere wichtige Anstöße sind durch den europäischen Integrationsprozess gegeben worden (z.B. die Privatisierung staatlicher Monopolunternehmen [Post- und Telekommunikationssektor, Bahn] und die Liberalisierung im Bereich der Finanzdienstleistungen, der Energiewirtschaft, im Luftverkehr usw.). Der Zwang, die Konvergenzkriterien nach dem VERTRAG VON MAASTRICHT (Art. 121 EG-VERTRAG) einhalten zu müssen, hat ebenfalls zu dieser Diskussion beigetragen. Sie sind ein Beleg dafür, dass in Europa eine wirtschaftspolitische Konzeption angestrebt wird, in der nationale staatliche Interventionen in den Wirtschaftsprozess zu unterbinden sind, weil sie zu Verzerrungen im zwischenstaatlichen Wettbewerb führen.

Recht klar ist die Einführung der **Gesetzlichen Pflegeversicherung** im Jahre 1995 ordnungspolitisch zu bewerten. Es hat in der langjährigen Diskussion hinreichend viele Stimmen für eine private Organisation der Pflegeversicherung gegeben. Schließlich hat sich der Gesetzgeber grundsätzlich doch für eine staatliche Zwangsversicherung entschieden, wobei im Gesetz aber zum Ausdruck kommt, dass sie nicht als Vollversicherung konzipiert wurde. In der **Gesetzlichen Krankenversicherung** könnten steigende private Zuzahlungen auch ordnungspolitisch verstanden werden. Indes handelt es sich hier eher um Maßnahmen, die aufgrund finanzieller Probleme notwendig wurden. Im Bereich der **Gesetzlichen Rentenversicherung**, für die weitere Reformen insbesondere aufgrund demographischer Faktoren notwendig sind, ist im Jahre 2002 die so genannte „Riester-Rente" als private Zusatzversicherung eingeführt worden. Im **Bildungswesen** bestehen neben den staatlichen Einrichtungen eine Reihe von privaten Institutionen, deren Besuch einen Preis kostet. Studiengebühren - inzwischen in einigen Bundesländern für Langzeitstudierende eingeführt - verschieben die Grenze ein Stück in Richtung auf private Bedürfnisbefriedigung. Man könnte dies damit rechtfertigen, dass durch die erworbene Bildung letztlich auch private Bedürfnisse befriedigt werden und sich die Möglichkeiten, ein Einkommen zu erzielen, verbessern. Als weiterer Punkt soll die private Finanzierung von Teilen der **materiellen Infrastruktur** (z.B. Autobahnen) erwähnt werden. Sie erfolgte bisher fast ausschließlich aus öffentlichen Haushalten. Erst im Jahre 1997 wurde im Saarland ein Autobahnteilstück freigegeben, das privat vorfinanziert worden ist. Die Rückzahlung der Kredite ist für eine Laufzeit von 15 Jahren vorgesehen, wodurch die öffentlichen Haushalte zeitversetzt belastet werden. Andere Beispiele sind der Herrentunnel unter der Trave in Lübeck und der Warnowtunnel in Rostock, deren Benutzung eine Gebühr kostet bzw. kosten wird. Bedeutsam

---

[2] Wachstum, Beschäftigung, Währungsunion - Orientierungen für die Zukunft, Jahresgutachten 1997/98, S. 6. Sicherlich bietet auch die Position des SACHVERSTÄNDIGENRATES Anlass zu Kritik, z.B. dann, wenn er von "guten" Rahmenbedingungen spricht, oder wenn interventionistische Eingriffe ohne Zögern als "diskriminierend" bewertet werden.

ist schließlich auch die **Privatisierung** staatlicher Monopolunternehmen. Die Bundesbahn wurde zur Bahn AG[3] umgewandelt, wobei die Länder die Kompetenz für den Regionalverkehr übernommen haben (Art. 74 Abs. 1, Ziff. 23, Art. 87e, Art. 106a und Art. 143a GG). Die Bedienung vieler Strecken ist bereits in privater Hand (2003 gab es rund 280 Eisenbahnverkehrsunternehmen in Deutschland). Auch die frühere Bundespost wurde dem Prozess der "Entstaatlichung" unterworfen. Sie wurde in drei Unternehmen (Post AG, Telekom und Postbank) aufgeteilt. Der Markt für Brief- und Paketpost ist ebenso wie der Telekombereich weitgehend für private Anbieter geöffnet. Das letzte Monopol, die Beförderung von Briefen bis 100 g, soll 2006 fallen. Seit der Liberalisierung des Telekommunikationsmarktes ist es zu einem dynamischen Wettbewerb in diesem Sektor gekommen. Ähnliche Privatisierungen gibt es auch auf den Ebenen der Länder und der Kommunen.

Insgesamt lässt sich feststellen, dass in den letzten Jahren eine Reihe von Maßnahmen ergriffen wurde, die die private Verantwortlichkeit gestärkt haben. Indes war dabei nicht immer ein klares ordnungspolitisches Konzept erkennbar.

2.4 Besonderheiten der Produktion bzw. Bereitstellung von Gütern und Dienstleistungen durch den Staat

Wie wir aus der Volkswirtschaftlichen Gesamtrechnung wissen, produziert neben den Unternehmen und den privaten Haushalten auch der Sektor Staat Güter und Dienstleistungen. Dabei muss zwischen verschiedenen Kategorien unterschieden werden.

Zum einen handelt es sich um die Produktion durch **staatliche Unternehmen**, deren Güter und Dienstleistungen zu Marktpreisen verkauft werden. Ordnungspolitisch taucht hier die Frage auf, ob es in Bezug auf die Erfüllung gesellschaftlicher Ziele gerechtfertigt ist, dass der Staat die Funktion der Güterproduktion anstelle von privaten Unternehmen übernimmt. Wenn bisher in staatlichen Unternehmen Güter hergestellt wurden, geht es um die Frage der Privatisierung dieser Unternehmen. Insbesondere im kommunalen Bereich ist eine Fülle von Modellen entwickelt worden, die die Privaten stärker einbinden. So soll zu einer Entlastung kommunaler Haushalte beigetragen, aber dennoch die Verantwortlichkeit der Gemeinden als unterster staatlicher Instanz nicht aufgehoben werden.

Die "Gelbe Post" hatte die Verpflichtung, auch die Fläche zu angemessenen Gebühren zu bedienen. (Wie hoch wären bei privatwirtschaftlicher Postzustellung die Kosten für den Transport eines Briefes auf das Nebelhorn oder die Hallig Hooge?) Es kommt hinzu, dass der Staat auch das Grundrecht des Briefgeheimnisses gemäß Art. 10 Abs. 1 GG ("Das Briefgeheimnis sowie das Post- und Fernmeldegeheimnis sind unverletzlich.") zu gewährleisten hat.[4] Der Postkunde in ländlichen Räumen musste sich inzwischen daran gewöh-

---

[9] Die Bahn AG, in der Rechtsform der privatwirtschaftlichen Aktiengesellschaft ist eine Holding geworden, die nach wie vor zu 100% dem Bund gehört. Die einzelnen Gesellschaften sind die DB Reise und Touristik AG (früher Geschäftsbereich Fernverkehr), die DB Regio AG (früher Geschäftsbereich Nahverkehr), die DB Cargo AG (früher Geschäftsbereich Ladungsverkehr), die DB Netz AG (früher Geschäftsbereich Netz) und die DB Station & Service (ehemals Geschäftsbereich Personenbahnhöfe). Dies ist der unternehmerische Bereich, dessen Tätigkeit vom EISENBAHNBUNDESAMT (mit hoheitlichen Aufgaben betraut) überwacht wird. Ausgegliedert und in ein Sondervermögen eingestellt wurden die früheren Schulden der Deutschen Bahn, die sich Ende 1998 auf gut 77 Mrd. DM beliefen.

[4] Dies wird in Art. 87f GG näher ausgeführt:
"(1) Nach Maßgabe eines Bundesgesetzes, das der Zustimmung des Bundesrates bedarf, gewährleistet der Bund im Bereich des Postwesens und der Telekommunikation flächendeckend angemessene und ausreichende Dienstleistungen.
(2) Dienstleistungen im Sinne des Absatzes 1 werden als privatwirtschaftliche Tätigkeiten durch die aus dem Sondervermögen Deutsche Bundespost hervorgegangenen Unternehmen und durch andere private Anbieter erbracht. Hoheitsaufgaben im Bereich des Postwesens und der Telekommunikation werden in bundeseigener Verwaltung ausgeführt."

nen, dass er nicht mehr am Postschalter, sondern in einem Lebensmittelladen bedient wird. Immerhin haben die Bemühungen der Post AG dazu geführt, dass keine Defizite mehr zu verzeichnen und damit letztlich auch die Steuerzahler entlastet worden sind.

Zum anderen stellt der Staat **öffentliche** oder **Kollektivgüter** wie öffentliche Sicherheit (nach innen und außen), Nutzung der Verkehrswege, Ausbildungsmöglichkeiten usw. bereit. Diese Güter werden vom Staat mit Hilfe seiner Arbeitskräfte (Beamte, Arbeiter und Angestellte), seiner Gebäude und sonstigen Anlagen (Straßen, Wasserwege, Schulen, Hochschulen) sowie der von ihm eingekauften Vorleistungen (Büromaterial, Energiekosten usw.) produziert und der Öffentlichkeit normalerweise ohne direktes Entgelt zur Verfügung gestellt.[5] Zwar zahlt der Bürger Steuern für diese staatlichen Leistungen, jedoch lässt sich hier keine unmittelbare Zuordnung zwischen Steuern und Inanspruchnahme der öffentlichen Güter herstellen. Es bedarf einer besonderen Rechtfertigung für die Produktion bzw. das Angebot öffentlicher Güter. Ginge es nur um Allokationseffizienz und Rentabilitätskriterien, würde man vermutlich die private Produktion vorziehen. Indes spielen bei der Festlegung des vom Staat bereitzustellenden Güterbündels auch soziale bzw. verteilungspolitische Gründe eine Rolle. Dazu zwei Beispiele:

Durch die **Gebührenfreiheit an Hochschulen** soll das Prinzip der Startchancengleichheit erfüllt werden. Studierende, die aus Haushalten mit niedrigem Einkommen stammen, könnten sich sonst ein Hochschulstudium nicht leisten. Es kommt hinzu, dass die ressourcenarme Bundesrepublik, die im Wesentlichen ihre wirtschaftliche Leistungsfähigkeit auf dem Faktor Humankapital aufgebaut hat, gerade diesen Produktionsfaktor fördern muss. Über das gebührenfreie Studium werden auch Ressourcen aus Haushalten mit niedrigem Einkommen erschlossen, was für die zukünftige Entwicklung unserer Wirtschaftsgesellschaft unverzichtbar ist.

Das Gut **materielle Infrastruktur** (z.B. Straßen) wird den Benutzern ebenfalls gebührenfrei zur Verfügung gestellt. Wegen der Nichtanwendbarkeit des Äquivalenzprinzips (vgl. dazu Kapitel 4, Abschnitt 3) können die Kraftfahrzeugsteuer und die Mineralölsteuer nicht als "Preis" für die Inanspruchnahme von Straßennutzung angesehen werden. Für Integrations- und Entwicklungsprozesse in unserer Volkswirtschaft ist eine gut ausgebaute Infrastruktur unerlässlich, wie sich nicht zuletzt in den neuen Bundesländern gezeigt hat. Dies wird im übrigen auch durch die EU bestätigt, die eine Reihe von Infrastrukturmaßnahmen in den Mitgliedsländern finanziell unterstützt ("Transeuropäische Netze - TEN"). Wenn es dennoch immer wieder zu Diskussionen über die Einführung einer Autobahngebühr kommt, so liegt der Grund zum einen in der Finanznot des Staates, zum anderen in der Verkehrspolitik unserer Nachbarstaaten, die Instrumente der privaten Finanzierung der materiellen Infrastruktur über Gebühren und Mauten (Österreich) bzw. Péages (Frankreich) eingesetzt haben. In Deutschland soll eine Maut für LKW im Jahr 2004 eingeführt werden.

Ein weiteres Güterbündel, das vom Staat bereitgestellt wird bzw. auf dessen Konsum der Staat Einfluss nimmt, sind die so genannten **meritorischen Güter**, die auch als Mischgüter bezeichnet werden. Sie liegen vor, wenn die Nachfrage der Privaten nicht den gesellschaftlich gewünschten Umfang erreicht.[6] Zwar könnten solche Güter grundsätzlich auch über

---

[5] Wir erinnern an den Charakter spezifisch öffentlicher Güter. Sie liegen dann vor, wenn Nichttrivalität im Konsum (z.B. bei innerer und äußerer Sicherheit) vorliegt und die Anwendbarkeit des Marktausschlussprinzips nicht möglich (bei innerer und äußerer Sicherheit) oder zwecks Erreichung anderer Zielsetzungen nicht gewollt ist (Bildung).

[6] Umgekehrt kann es auch **demeritorische** Güter geben, wenn der Konsum der betreffenden Güter eingeschränkt werden soll. Dies ist z.B. beim Konsum von Alkohol oder Tabak der Fall. Das vom EUROPÄISCHEN PARLAMENT 1998 beschlossene Verbot der Tabakwerbung ab 2005 - bezogen auf ein privates Gut - ist in diesem Zusammenhang zu sehen. Als „Mischgüter" oder „begrenzte" öffentliche Güter werden gelegentlich auch die so genannten **Clubgüter** bezeichnet. Sie weisen nur bis zu einer

den Markt angeboten werden, es ist aber nicht sichergestellt, dass der private Konsum als ausreichend angesehen wird, so dass staatliche Eingriffe in die Präferenzen der Konsumenten erforderlich sind. Das klassische Beispiel ist der Impfschutz gegen ansteckende Krankheiten. Grundsätzlich kann man sich selbst gegen Erkrankung schützen, indem man sich gegen eine Gebühr impfen lässt. Dadurch hat man nicht nur einen privaten Nutzen, sondern mit der Zahl der Geimpften steigt auch der gesellschaftliche Nutzen, weil die Gefahr von Epidemien verringert wird. Es entsteht also ein positiver externer Effekt. Wenn dagegen das Risiko, sich anzustecken, als gering eingeschätzt wird, kann es im Extremfall zu hohen sozialen Kosten kommen, falls sich die Epidemie ausbreitet. Insofern scheint es angezeigt, dass der Staat einen Impfzwang erlässt.

2.5 Wirkungen einer ineffizienten Ordnungspolitik

2.5.1 Schattenwirtschaft

Wenn der Ordnungsrahmen Lücken aufweist, die vorhandenen Rahmenbedingungen als unbefriedigend empfunden werden oder der Staat privatwirtschaftlichen Aktivitäten nicht den gewünschten Freiraum lässt, kann es zur so genannten **Schattenwirtschaft** (underground economy, informeller Sektor, Schwarzarbeit) kommen.

Dabei handelt sich um Aktivitäten, die keiner Besteuerung und Reglementierung durch den staatlichen Sektor unterliegen. Obwohl sie zum Bruttoinlandsprodukt (BIP) gerechnet werden müßten, werden sie - aus welchen Gründen auch immer - nicht im offiziellen BIP ausgewiesen.

Dem "Inlandsprodukt der Schattenwirtschaft" werden zugerechnet:

- legale Aktivitäten, die legal ausgeführt werden, die aber der Erfassung
- durch Steuern entzogen werden (Steuerhinterziehung),
- legale Aktivitäten, die illegal ausgeführt werden (Schwarzarbeit),
- illegale Aktivitäten (Drogenhandel),
- Einkommen aus legaler Eigenproduktion und direktem Tausch.

In Bezug auf den Umfang der Schattenwirtschaft lassen sich einige **Hypothesen** formulieren, die ihre ordnungspolitische Bedeutung erkennen lassen: Die Schattenwirtschaft ist in einem Land und zu einem Zeitpunkt um so größer, je

- höher die Belastung mit Steuern und Sozialversicherungsabgaben,
- schlechter die Steuermoral,
- höher die Belastung durch staatliche Reglementierungen,
- rascher die Zunahme und die Wahrnehmung der Abgabenbelastung,
- geringer das real verfügbare Pro-Kopf-Einkommen (d.h. es gibt eine ökonomische Notwendigkeit für "Nebentätigkeiten"),
- geringer die Opportunitätskosten der Zeit, d.h. je geringer die offizielle altersbereinigte Erwerbsquote und die Arbeitszeit und je höher die Arbeitslosenquote sind (wenn Arbeitszeit und Freizeit miteinander auf ihre Nützlichkeit verglichen werden, wird man feststellen, dass mit zunehmender Arbeitszeit die "Freizeit" wertvoller [und umgekehrt] wird),
- geringer die Kosten der Beschäftigung in der Schattenwirtschaft, d.h. je geringer das erwartete Strafmaß und die Aufdeckungswahrscheinlichkeit einer inoffiziellen Betätigung sind.

---

bestimmten Anzahl von Nutzern das Merkmal der Nichtrivalität im Konsum auf. Wird diese Anzahl überschritten kommt es zu Stauungskosten. Ausschließbarkeit ist grundsätzlich gegeben (Schwimmbad, Brücke).

Es versteht sich von selbst, dass sich die aufgeführten Faktoren in ihrer Wirkung gegenseitig verstärken können.

Exkurs: Zur Messung der Größe der Schattenwirtschaft

Grundsätzlich können direkte Erfassungsmethoden (Befragungen – aus verständlichen Gründen kaum einsetzbar) von indirekten Methoden, bei denen über "Indizien" auf den Umfang der Schattenwirtschaft geschlossen wird, unterschieden werden.

Veränderungen der Erwerbsquote

Bei diesem Ansatz wird die Erwerbsquote im Zeitablauf betrachtet. Eine abnehmende offizielle Erwerbsquote lässt Aufschlüsse über Größe und Entwicklung der Schattenwirtschaft dann zu, wenn unterstellt wird, dass aus der formellen Wirtschaft endgültig abgewanderte - und damit statistisch nicht mehr erfasste - Erwerbstätige im Schattensektor tätig sind. Außerdem wird angenommen, dass in einer Referenzperiode (z.B. beim Höchststand der Erwerbsquote) keine Schattenwirtschaft vorhanden war. Dieses Konzept besitzt allerdings, allein aufgrund der Voraussetzungen, schwerwiegende Mängel. Denn viele Schwarzarbeiter geben ihren Arbeitsplatz in der offiziellen Wirtschaft nicht auf. Zweifelhaft ist auch die Annahme der Nichtexistenz schattenwirtschaftlicher Aktivitäten zu irgendeinem Zeitpunkt. Dies würde die Negation der als Ursachen für die Schattenwirtschaft bezeichneten Einflussfaktoren "Abgabenbelastung" und "Regulierungsdruck" in der Referenzperiode bedeuten. Ein weiterer Nachteil besteht darin, dass andere den Arbeitsmarkt beeinflussende Faktoren (demographische Entwicklungen, Migration, Vorruhestandsregelungen usw.) nicht berücksichtigt werden. Die notwendige Trennung zwischen Schattenwirtschaft und Eigenwirtschaft erfolgt hier nicht.

Diskrepanz zwischen Einkommen und Ausgaben

Bei der Berechnung des offiziellen Inlandsproduktes werden bekanntlich zwei verschiedene Verfahren angewendet. Auf der Verwendungsseite wird die Summe aller Ausgaben für Güter und Dienste erfasst, während für die Entstehungsseite die Summe aller Einkommen geschätzt wird. Dabei zeigt sich, dass das durch Aggregation der Verwendungen berechnete Inlandsprodukt über dem Wert liegt, der von der Entstehungsseite her ermittelt wird. Aus der Diskrepanz wird auf verheimlichtes Einkommen geschlossen. Allerdings ist auch dieses Verfahren unzuverlässig, weil es Messfehler aufweist, mit denen allein schon die Inlandsproduktsberechnung behaftet ist. Hinzu kommt, dass Ausgaben auch durch Kredite oder aus der Auflösung von Ersparnissen finanziert werden können.

Methode des Bargeldumlaufs

Auch mit Hilfe monetärer Größen ist der Umfang der Schattenwirtschaft geschätzt worden. Dabei geht man von der plausiblen Annahme aus, dass die Transaktionen in der Schattenwirtschaft ausschließlich mit Bargeld abgewickelt werden, um das Aufdecken illegaler Handlungen zu verschleiern. Bei diesen Ansätzen wird versucht, über die Geldmenge oder deren Veränderungen den Umfang der Schattenwirtschaft zu ermitteln. Dazu wird ein Basiszeitraum festgelegt, für den die Nichtexistenz von Schattenwirtschaft postuliert wird. Die in dieser Situation vorhandene Geldmenge bzw. das Verhältnis von Bargeld zu Sichteinlagen wird als "normal" angenommen. Das Ausmaß des Transaktionsvolumens der Schattenwirtschaft wird dann dadurch errechnet, dass das den Bedarf der formellen Wirtschaft übersteigende Bargeldvolumen als Ausdruck für die Geldmenge der Schattenwirtschaft angesehen wird. Multipliziert man diese Größe mit der Umlaufgeschwindigkeit des Geldes (da man die des informellen Sektors nicht kennt, behilft man sich mit der des formellen Bereichs), ist eine Schätzung des Umfangs der Schattenwirtschaft möglich. Ein Nachteil dieser Methode besteht darin, dass die auf Naturaltausch basierenden Aktivitäten, die ein beträchtliches Ausmaß erreichen können, nicht erfasst werden. Auch die Annahme einer gleichen Geldumlaufgeschwindigkeit im offiziellen und informellen Sektor ist problematisch. Bereits geringe Variationen der Geldumlaufgeschwindigkeit können zu stark divergierenden Resultaten über die Größe der Schattenwirtschaft führen. In einer Reihe von geldwirtschaftlichen Schätzansätzen wird davon ausgegangen, dass die Bargeldnachfrage durch die Höhe der Steuerbelastung induziert ist (Steuerhinterziehung). Indes gibt es noch andere Einflussgrößen, die als Ursachen für schattenwirtschaftliche Aktivitäten angesehen werden können. Die Entwicklung der Schattenwirtschaft lässt sich nur im Zusammenwirken aller Determinanten ermitteln. Annahmen über das Ausmaß der Schattenwirtschaft in der Referenzperiode führen zu weiteren Verzerrungen.

Nach neueren Schätzungen machte die Schattenwirtschaft 2003 in der Bundesrepublik etwa 17% des Bruttoinlandsproduktes (BIP) aus, während sie sich für das Jahr 1975 auf 6%

belief. Wenig tröstlich ist, dass die Schattenwirtschaft in anderen Ländern noch größere Anteile (Italien: 26%, Spanien und Portugal 22%) aufzuweisen scheint.[7] Bei der Interpretation aller Zahlen über den Umfang der Schattenwirtschaft sollte beachtet werden, dass die Messverfahren sehr ungenau sind. Außerdem besteht die Gefahr, dass aus interessenpolitischen Gründen schattenwirtschaftliche Aktivitäten überschätzt werden: Der Gesetzgeber soll zu härteren Sanktionen gezwungen werden. Auch verbreitete Formen der Wirtschaftskriminalität (um nur einige zu nennen: Versicherungsbetrug, Computerkriminalität, Insolvenzdelikte, Produktpiraterie, Subventionsbetrug, Korruption, organisierte Kriminalität usw.) sind der Schattenwirtschaft zuzurechnen. Schätzungen über die Größenordnung der Wirtschaftskriminalität belaufen sich auf ungefähr 10% des BIP, wobei aber zu beachten ist, dass die Dunkelziffer extrem hoch ist.[8]

Aus der Schattenwirtschaft ergeben sich einige wichtige **Konsequenzen** für die Wirtschafts- und Gesellschaftspolitik:

Die unerwünschteste Wirkung für die öffentliche Hand besteht in **Einnahmeverlusten** durch Hinterziehung von Steuern und Sozialabgaben. Wenn diese Einnahmen sinken, entsteht - bei gleichem Leistungsumfang - ein höherer Finanzierungsanteil bei denen, die ordnungsgemäß zahlen. Steuern und Sozialabgaben müssten steigen. Möglicherweise geraten die Finanzpolitik und die Sozialpolitik in einen Teufelskreis: Je höher die Abgabenquote ist, desto stärker ist auch der Anreiz für schattenwirtschaftliche Aktivitäten, was wiederum zur Erosion der Bemessungsgrundlage für Abgaben führt, so dass die Abgabesätze weiter erhöht werden müssen usw.

Darüber hinaus ist mit einer **Beeinträchtigung des gesamtwirtschaftlichen Informationssystems** als Entscheidungsgrundlage bei Nichtberücksichtigung des Schattensektors zu rechnen. Ein Vergleich zeigt, dass es Abweichungen zwischen den effektiven (inklusive Schattenwirtschaft) und den statistisch ermittelten Größen gibt:

BIP	effektiv > statistisch (Nichterfassung der schattenwirtschaftlichen Wertschöpfung)
Arbeitslosenquote	effektiv < statistisch (Schwarzarbeit)
Inflationsrate	effektiv < statistisch (Kosteneinsparungen)
Erwerbsquote	effektiv > statistisch (Schwarzarbeit)

Die Nachfrage aus der Schattenwirtschaft kann indes auch positive Wirkungen auf die Wachstumsdynamik der Volkswirtschaft haben. Manche Leistungen könnten zu Preisen der offiziellen Wirtschaft nicht erbracht werden. Im Zuge von do-it-yourself sind viele Baumärkte entstanden, Nachbarschaftshilfe, auch wenn sie nicht immer klar abgegrenzt werden kann, ist gerade in der Bauwirtschaft weit verbreitet. Außerdem wird der Schattenwirtschaft ein Mehr an Selbstentfaltungsmöglichkeiten, Arbeitszufriedenheit, sozialer Kommunikation zugesprochen. Dies könnte ein weiterer ordnungspolitischer Indikator sein.

Fassen wir die Überlegungen zur Schattenwirtschaft noch einmal zusammen:

(1) Ihre ordnungspolitische Bedeutung liegt darin, dass Veränderungen im Umfang der Schattenwirtschaft einen Indikator für die Beurteilung des optimalen Anteils staatlicher Aktivitäten an der gesamtwirtschaftlichen Wertschöpfung darstellen können. Nimmt die Schattenwirtschaft zu, könnte der Einfluss des Staates als zu intensiv angesehen werden.

---

[7] Vgl. F. SCHNEIDER, D. ENSTE, Schattenwirtschaft und Schwarzarbeit. Umfang, Ursachen, Wirkungen und wirtschaftspolitische Empfehlungen, München, Wien 2000, S. 30ff. und Institut für angewandte Wirtschaftsforschung, Tübingen 2003.
[8] Vgl. R. HOFMANN, Erscheinungsformen und Abwehr von Straftaten im Bereich der Wirtschafts- und Unternehmenskriminalität, in: das wirtschaftsstudium - wisu, H. 11, 1995, S. 923ff.

(2) Weiterhin kann gefragt werden, ob es einen Wandel in der Staatsauffassung gibt. Auch hier könnte eine Zunahme der schattenwirtschaftlichen Aktivitäten bedeuten, dass von Seiten der privaten Wirtschaftssubjekte weniger Staat gewünscht wird.

Einem Vorurteil soll abschließend entgegengetreten werden. Schattenwirtschaft ist nicht identisch mit Schwarzarbeit. Sie beschränkt sich auch nicht auf die Bezieher niedriger Einkommen. Und: Nicht jeder Arbeitslose ist gleichzeitig ein Schwarzarbeiter.

2.5.2 Standortfrage

Andere Wirkungen einer ineffizienten Ordnungspolitik, die allerdings nur im Rahmen eines internationalen Vergleichs verstanden werden können, sind Standortwirkungen bzw. Standortverlagerungen. Die nähere Analyse in der Bundesrepublik ergibt, dass von Seiten der privaten Unternehmen und deren Interessenvertretungen zunehmend die mangelhaften **Standortbedingungen** kritisiert werden. Dabei werden im allgemeinen "harte" und "weiche" Standortfaktoren unterschieden. Zu ersteren gehören u.a. die Steuerbelastung, Lohn- und Lohnnebenkosten, Arbeitszeitregelungen, die Regulierungsdichte. Zur zweiten Gruppe werden das soziale Klima, die Rechtssicherheit, die politische Stabilität usw. gerechnet.

Insbesondere für **Direktinvestitionen** sind die Rahmenbedingungen von Bedeutung. „Als Direktinvestitionen werden Kapitalanlagen von Gebietsansässigen in fremden Wirtschaftsgebieten bezeichnet, die das Ziel verfolgen, dauerhafte Wirtschaftsverbindungen zu einem Auslandsunternehmen einzugehen, insbesondere durch die Bereitstellung von Technologie, Kapital, Marketingkonzepten und Managementwissen. Dazu zählen im Sinne des Außenwirtschaftsrechts

- die Errichtung von Unternehmen, Niederlassungen und Betriebsstätten,
- der Kauf von Unternehmen, Niederlassungen und Betriebsstätten,
- der Erwerb von Unternehmensbeteiligungen (mindestens 20%),
- die Kreditgewährung an Unternehmen des Gebietsansässigen bzw. an Unternehmen, an denen er beteiligt ist und
- die Ausstattung der Unternehmen mit Anlagegütern." (F.-U. JAHRMANN, Außenhandel, 9., überarb. u. erw. Aufl., Ludwigshafen 1998, S. 63.)

Ein über mehrere Jahre negativer Saldo der Direktinvestitionen könnte auf "ungünstige" Rahmenbedingungen schließen lassen. Indes bleibt auch hier die summarische Bezeichnung „Rahmenbedingungen" unbefriedigend. Das INSTITUT FOR MANAGEMENT DEVELOPMENT - IMD (Schweiz) schließt in die Untersuchungen zur internationalen Wettbewerbsfähigkeit von Volkswirtschaften 321 Indikatoren ein (vgl. IMD, The World Competitiveness Report 2003.). Weiterhin darf nicht übersehen werden, dass es auch andere Motive für Auslandsinvestitionen gibt, die den Saldo der Direktinvestitionen als verlässlichen Indikator für die Standortqualität eines Landes infrage stellen. Im Zuge sich weiter öffnender Märkte wird es für Unternehmen wichtig, neue Produktions- und Verkaufsstrategien zu verfolgen. Will man beispielsweise auf dem asiatischen Markt verkaufen, reicht es nicht aus, sich durch Handelsvertreter oder Agenturen repräsentieren zu lassen, sondern man muss durch eine eigene Niederlassung (z.B. im Rahmen eines joint venture mit einem ausländischen Partner) vor Ort präsent sein. Dadurch wird der Zugang zu ausländischen Märkten, der auch von soziokulturellen Faktoren sowie deren Kenntnis und spezifischen administrativ-rechtlichen Vorschriften abhängt, maßgeblich erleichtert. Untersuchungen zeigen, dass ein deutlicher statistischer Zusammenhang zwischen den deutschen Direktinvestitionen im Ausland und den deutschen Exporten besteht. Branchen mit hoher Exportintensität weisen meist einen hohen Bestand an Direktinvestitionen im Ausland auf. Dies gilt im übrigen auch für die Regionalstruktur, für die ebenfalls ein Zusammenhang zwischen Export- und Direktinvestitionsaktivitäten nachweisbar ist.

3. Theoretische Fundierung

Bevor wir auf die ökonomischen Inhalte eingehen, ist die fundamentale Frage zu stellen, welche Normen in einer Wirtschaftsgesellschaft gelten oder gelten sollen. Unsere marktwirtschaftliche Ordnung ist eindeutig durch den **Individualismus** charakterisiert. In einer solchen Ordnung ist das Individuum in das Zentrum - auch der ökonomischen - Analysen gestellt. Dies ist durchaus als Wertbekenntnis zu verstehen: Der einzelne Mensch ist als Individuum die Autorität, die allein oder im Zusammenwirken mit anderen entscheidet, was gewollt ist oder nicht, jeder legt das für ihn Wünschenswerte fest und versucht, es auch durchzusetzen.[9] Dies schließt aber eine komplementäre **soziale Orientierung** nicht aus, sondern macht sie sogar unabdingbar für eine individualistische Wertordnung. Sie wird erst möglich, wenn sich die Individuen aus eigener Einsicht einer übergeordneten gesellschaftlichen Autorität "unterwerfen". Insofern entspricht die demokratische Staatsordnung, in der die Legitimation staatlicher Einrichtungen durch die Individuen erfolgt, auch der marktwirtschaftlichen Wirtschaftsordnung, in der der Einzelne als für sich selbst verantwortlicher Akteur am Marktgeschehen teilnimmt.

Jede Wirtschaftsordnung und Wirtschaftsverfassung braucht eine klare Orientierung an dem gesellschaftlichen Werte- und Zielsystem.

3.1 Die ordnungspolitische Grundfrage

Heute ist keine Wirtschaftsgesellschaft ohne die Existenz staatlicher Institutionen möglich. Zunächst ist zu klären, welche Aufgaben der Staat in einer Wirtschaftsgesellschaft wahrnehmen soll. Um die ihm zugeordneten Aufgaben erfüllen zu können, braucht der Staat Ressourcen. Damit sind wir bei der für die Ordnungspolitik wichtigen **Grundfrage**:

Gibt es ein ökonomisches Optimum für die Aufteilung der in der Volkswirtschaft verfügbaren Ressourcen zwischen privatem und öffentlichem Bereich? Oder: Nach welchen Kriterien soll der Umfang der vom Staat zu beanspruchenden Ressourcen festgelegt werden?

Antworten werden sowohl in der normativen wie in der positiven Ökonomik gesucht. Im Rahmen der **normativen Ökonomik** (Wohlfahrtstheorie) wird versucht, die optimalen Produktions- und Verteilungsbedingungen in einer Wirtschaftsgesellschaft abzuleiten: **Im privatwirtschaftlichen Sektor** ergibt sich die optimal zu produzierende Gütermenge (bei Gewinnmaximierung der Unternehmen und Nutzenmaximierung auf Seiten der privaten Haushalte) durch den Preismechanismus auf vollkommenen Märkten. Es lässt sich eindeutig eine gesamtwirtschaftliche Situation ermitteln, die das Wohlfahrtsoptimum[10] gewährleistet. Diese Situation wird auch als **Pareto-Optimum** bezeichnet: Es liegt vor, wenn kein Mitglied einer Gruppe oder der Gesellschaft besser gestellt werden kann, ohne dass gleichzeitig ein anderes schlechter gestellt wird. Was für das Mitglied "besser" oder "schlechter" ist, wird von dessen Präferenzen bestimmt. Das Pareto-Optimum ist dann gegeben, wenn eine Reihe von theoretischen Bedingungen erfüllt ist, zu denen insbesondere gehören:

1. **Handels- bzw. Tauschoptimum**: Die individuellen Austauschverhältnisse (Grenzraten der Gütersubstitution) für die einzelnen Güter sind bei allen Haushalten gleich. Bei den

---

[9] Diese Position wird heute von der Neuen Politischen Ökonomie vertreten, der wir uns im Grundsatz anschließen. Vgl. dazu ausführlich G. KIRSCH, Neue Politische Ökonomie, 4., überarb. u. erw. Aufl., Düsseldorf 1997, hier S. 17ff.

[10] Man spricht im allgemeinen vom Wohlfahrtsoptimum und nicht vom Wohlfahrtsmaximum, um auszudrücken, dass die Wohlfahrt von vielen Faktoren abhängt, zu denen insbesondere auch die Versorgung mit Gütern rechnet. In der Realität sind Wohlfahrtssteigerungen mit Wohlfahrtsminderungen eng verbunden. Die Ausweitung der Produktion eines Gutes (z.B. Bildung) ist bei Vollbeschäftigung nur zu Lasten der Produktion anderer Güter möglich, so dass Nutzensteigerungen und Nutzeneinbußen gegeneinander aufgerechnet werden müssten.

üblichen Annahmen über die Präferenzfunktionen von Haushalten ist diese Bedingung erfüllt, wenn für alle Haushalte die gleichen Preisrelationen gelten. Die individuellen Austauschverhältnisse geben an, um wie viele Einheiten das Gut A mehr konsumiert werden muss, um gerade den Nutzenentgang zu kompensieren, der durch den verringerten Konsum des Gutes B entstanden ist. Solange die individuellen Austauschverhältnisse nicht übereinstimmen, kann die Wohlfahrt einer Reihe von Wirtschaftssubjekten erhöht werden, ohne dass gleichzeitig andere Wirtschaftssubjekte schlechter gestellt werden.

2. **Produktionsoptimum:** Die Faktoraustauschverhältnisse (Grenzraten der Faktorsubstitution) sind in allen Unternehmen gleich. Die Faktoraustauschverhältnisse geben an, wie viele Einheiten eines Faktors (z.B. Arbeit) mehr eingesetzt werden müssen, um den Produktionsrückgang auszugleichen, der durch den geringeren Einsatz eines anderen Faktors (z.B. Kapital) entstanden ist. Durch Faktorwanderung zwischen den Unternehmen - sie erfolgt solange, bis die Faktoraustauschverhältnisse gleich sind - kann die Produktion und damit die Wohlfahrt erhöht werden (der Gesamtfaktoreinsatz bleibt gleich).

3. Die **individuellen Güteraustauschverhältnisse** (Grenzraten der Transformation) müssen den **kollektiven Austauschverhältnissen** (kollektiven Grenzraten der Gütersubstitution) gleich sein. Erstere geben an, wie viele Einheiten des Gutes G vermehrt hergestellt werden können, wenn von einem anderen Gut K eine Einheit weniger produziert wird. Dabei wird unterstellt, dass die Produktionsfaktoren vollbeschäftigt sind und dass sich keine Veränderungen des technischen Wissens ergeben. Dagegen wird durch die kollektiven Grenzraten der Gütersubstitution ausgedrückt, wie viele Einheiten von G zusätzlich zur Verfügung stehen müssen, um den Rückgang an Gesamtwohlfahrt zu kompensieren, der durch das geringere Angebot an K entstanden ist.

Die Voraussetzungen und die Aussagen haben zu deutlicher Kritik am Pareto-Modell geführt: Sie sind in der Realität nicht erfüllt. Das Modell der vollständigen Konkurrenz ist weder machbar noch wünschbar (vgl. dazu die Ausführungen zum Marktversagen in Abschnitt 3.2.2 und zu möglichen wettbewerbspolitischen Konzepten in Kapitel 3). In der Realität herrscht die oligopolistische Marktform vor, bei der aber nicht mehr die Wirkungen des Preismechanismus der vollständigen Konkurrenz eintreten. Außerdem dürfte es unmöglich sein, die kollektiven Austauschverhältnisse zu ermitteln, von den Problemen der Nutzenmessung und interpersoneller Nutzenvergleiche ganz zu schweigen. Eine Orientierung der praktischen Wirtschaftspolitik an diesen theoretischen Erkenntnissen ist nicht möglich.

Erschwerend kommt folgendes hinzu: Im **staatlichen Bereich** kann der Preismechanismus für die optimale Allokation nicht angewendet werden. Die Staatsbürger sind nicht gezwungen, ihre Präferenzen für **spezifisch öffentliche Güter** offenzulegen. Es bleibt unbekannt, wie viel öffentliche Leistungen sie wünschen und welche Preise sie dafür zu zahlen bereit sind. Es gibt keine (steigenden oder fallenden) Marktpreise, die dem Staat anzeigen, wie viel Güter und Dienstleistungen er anbieten soll. Gerade dieses Phänomen macht es so schwierig, die optimale Grenze zwischen staatlicher und privater Bedarfsbefriedigung festzulegen.

Die Schlussfolgerungen aus diesen Überlegungen für die Ordnungspolitik sind klar. Die Wohlfahrtstheorie liefert keine brauchbaren Grundlagen für eine Orientierung der praktischen Wirtschaftspolitik. Dennoch hat die theoretische Analyse der vollkommenen Konkurrenz den Vorteil, einen klaren Referenzrahmen für die Wettbewerbswirtschaft abzugeben. Da uns der wohlfahrtstheoretische Ansatz nicht weiterhilft, soll nun geprüft werden, ob sich aus der positiven Ökonomik Hinweise für den "optimalen" Umfang staatlicher Aktivitäten ableiten lassen.

Im Bereich von Lösungsansätzen gemäß der **positiven Ökonomik** wird versucht, den Staatsanteil in seiner historischen Entwicklung und im Vergleich zwischen Volkswirtschaften zu messen. Diese Frage spielt eine große Rolle in der Untersuchung verschiedener Wirtschaftsordnungen. Nach dem Zusammenbruch der meisten zentralverwaltungswirtschaftlichen Systeme sozialistischer Prägung, ist die Möglichkeit für einen Systemvergleich weitgehend entfallen. Mit ihm gibt es auch keinen Referenzrahmen mehr für den Nachweis der Überlegenheit der marktwirtschaftlichen Ordnung. Es kann daher nicht überraschen, dass sich der ökonomische Liberalismus und die Ausrichtung auf eine individualistische Gestaltung der Wirtschaftsordnungen (wie sie z.B. in der langwierigen Transformation der Volkswirtschaften in Osteuropa, aber auch in afrikanischen Entwicklungsländern stattgefunden hat) als generelles Paradigma durchgesetzt haben. Die Kernfrage, wie viel Staat wir eigentlich brauchen, bleibt damit aber weiterhin unbeantwortet.

Aufgrund vorgegebener Zielsetzungen könnte der Umfang der Staatsausgaben pragmatisch festgelegt werden. Damit kann indes kein Anspruch auf Optimalität erhoben werden. Zu diesen Ansätzen zählen Versuche, aus historischen Entwicklungstendenzen Informationen für die Bestimmung des Umfangs der Staatstätigkeit zu gewinnen.

Am bekanntesten dürfte das so genannte WAGNERsche Gesetz der wachsenden Staatstätigkeit sein, aus dem dann das Gesetz der wachsenden Staatsausgaben abgeleitet wurde.[11] Gewisse Indizien sprechen auch heute noch für dieses "Entwicklungsgesetz": Man denke an den Umweltschutz, an zusätzliche Ausgaben im Zusammenhang mit der europäischen Integration und auch Verpflichtungen, die die Bundesrepublik aus internationalen Verträgen zu erfüllen hat.

Von den beiden britischen Wirtschaftswissenschaftlern ALAN T. PEACOCK und JACK WISEMAN ist der so genannte Niveauverschiebungseffekt (**displacement effect**) beobachtet worden. Insbesondere in Kriegs- und Krisenzeiten steigen die Staatsausgaben sprunghaft an, weil der Steuerwiderstand, der sich in normalen Zeiten gegen eine höhere steuerliche Belastung regen würde, nun nationaler Solidarität weicht. Wenn der Krieg bzw. die Krise beendet ist, sinken die Staatsausgaben wieder, allerdings nicht auf das Niveau, das sich ergeben hätte, wenn die ursprüngliche Entwicklung fortgeschrieben worden wäre. Dafür ist eine Reihe von Faktoren maßgeblich: Die Bevölkerung hat sich an die höheren Abgaben gewöhnt, möglicherweise besteht auch ein verstärktes Sicherheitsbedürfnis und Kriegsfolgelasten müssen getragen werden. Was für Großbritannien nach beiden Weltkriegen festgestellt wurde, kann auch für Deutschland gelten, wobei auch im Zuge der Wiedervereinigung ein starker Anstieg der Staatsausgaben zu verzeichnen war, der jedoch in der Anfangsphase über Kredite und erst später - partiell - über Steuern finanziert wurde.

Es gibt eine Reihe weiterer Faktoren, die das Wachstum der Staatsausgaben mit beeinflusst haben dürften. Zu ihnen rechnen[12]:

- Die **Einkommenselastizität der Nachfrage**: Mit steigendem Einkommen der Bevölkerung nimmt die Nachfrage nach staatlichen Leistungen stärker zu als die nach privaten Gütern. Dies ist eine Folge aus der mit zunehmendem Einkommen erfolgten Bedürfnisbefriedigung, bei der an erster Stelle die Grundbedürfnisse stehen, gefolgt von Sicherheits- und sozialen Bedürfnissen usw., wenn man die Bedürfnispyramide von MASLOW zugrunde legt. Beispielsweise trägt der Staat zum Bedürfnis nach Sicherheit maßgeblich bei. Schließlich erkennen wir auch in unserer Gesellschaft Tendenzen nach mehr Teilhabe der Bürger an politischen Willensbildungsprozessen (Bürgerentscheide, Volksabstimmungen), was dem Wunsch nach Selbstverwirklichung entspricht. Die ge-

---

[11] Benannt nach ADOLF WAGNER (1835 - 1917), einem deutschen Nationalökonomen, der am Ende des 19. Jahrhunderts die Entwicklung der Staatsausgaben untersucht hat.
[12] Vgl. dazu auch H. ZIMMERMANN, u. K.-D. HENKE, Finanzwissenschaft. Eine Einführung in die Lehre von der öffentlichen Finanzwirtschaft, 8., völlig überarb. Aufl., München 2001, S. 38ff.

nerelle Tendenz zur Dienstleistungsgesellschaft wird auch vom Staat durch entsprechende Angebote (materielle und soziale Infrastruktur) unterstützt.

- Auf das Wachstum der Staatsausgaben haben auch Tendenzen zur **Bevölkerungskonzentration** einen Einfluss. Möglicherweise nehmen die Infrastrukturkosten und auch die Kosten für innere Sicherheit mit der Zunahme der Bevölkerungsdichte überproportional zu.
- Schließlich dürfte die **Produktivität staatlicher Leistungserstellung** hinter der des privaten Sektors herhinken (zu denken ist etwa an Bildungseinrichtungen, Leistungen im Pflege- und Krankenhausbereich usw.). Hierzu trägt die oft wenig effiziente Leistungserstellung der staatlichen Administration selbst bei, die von bürokratischen Eigeninteressen geleitet wird. Auch die Ausgabefreudigkeit von Parlamenten kann zum Wachstum der Staatsausgaben beitragen, wenn der politische Wille zur Ausgabenbeschränkung fehlt oder Staatsausgaben als Mittel zum Zweck des Machterhalts vor Wahlen eingesetzt werden. Nach gewonnenen Wahlen werden die Budgetansätze nicht nach unten korrigiert, sondern folgen ihrer eigenen Wachstumsdynamik.

Dies sind einige **Hypothesen** für das Wachstum der Staatsausgaben, die jedoch kein konsistentes Erklärungsmuster liefern. Auch für die positive Ökonomik müssen wir somit feststellen, dass zwar interessante historische Entwicklungen zutreffend analysiert worden sind, woraus aber keinesfalls endgültige Schlussfolgerungen für die Beantwortung unserer Grundfrage gezogen werden können. Es bleibt die Erkenntnis, dass die tatsächliche Inanspruchnahme von Ressourcen durch den Staat im Zeitablauf und in verschiedenen Wirtschaftsgesellschaften sehr unterschiedlich sein kann. Die Grenze, die es zu finden gilt, dürfte letztlich nur von politischer Seite gezogen werden können. Dafür bedarf es aber eines klaren politischen Willens und - in einem demokratischen System - der erforderlichen Mehrheiten in den staatlichen Organen.

In der **wirtschaftspolitischen Praxis** ist dieses fundamentale Problem entschärft, da wir immer von einer gerade **bestehenden Aufgabenteilung** zwischen dem privaten und dem öffentlichen Sektor ausgehen können, und deshalb nur gefragt werden muss, ob die "Grenze" verschoben werden soll. Offen bleibt indes, an welchen **Kriterien** sich "Grenzverschiebungen" orientieren sollen. Dafür kommen in Betracht:

- die Erfüllung (oder bescheidener: bessere Beiträge zur Erfüllung) des gesamtwirtschaftlichen Zielsystems;
- theoretische (gelegentlich auch ideologische[13]) Begründungen, die von der "Überlegenheit des Marktes" an sich ausgehen;
- finanzielle Schranken im Sinne von Budgetrestriktionen beim Staat. Es kann beispielsweise nicht immer zweifelsfrei geklärt werden, ob die Privatisierung staatlicher Unternehmen ordnungspolitisch motiviert ist ("Beschränkung des Staates auf seine Kernaufgaben"), oder ob sie aus finanzieller Not heraus entstanden ist, so dass der Staat temporär seine Einnahmesituation durch den Verkauf rentabler Staatsunternehmen verbessert;
- rechtliche Schranken (vgl. z.B. die Aussetzung der Erhebung der Vermögensteuer ab 1996 infolge eines Urteils des BUNDESVERFASSUNGSGERICHTS oder zunehmend von der EUROPÄISCHEN UNION gesetzte Normen).

3.2 Ausgangshypothesen für die Wirtschaftsordnung

Für die Festlegung einer Wirtschaftsordnung sind bestimmte **Ausgangshypothesen** von entscheidender Bedeutung. Für marktwirtschaftliche Ordnungen stehen sich zwei grundle-

---

[13] Unter einer Ideologie werden allgemein Anschauungen über die Gesellschaft verstanden. Von einer ideologischen Ausrichtung wird dann ausgegangen, wenn Wissenschaftler (bewusst oder unbewusst) eine Rechtfertigung für gesellschaftliche Zustände und der für sie charakteristischen Machtstrukturen vertreten.

gende Aussagen gegenüber: Einerseits die **liberale Marktkonzeption**, die von der Überlegenheit des marktwirtschaftlichen Koordinationsmechanismus ausgeht. Andererseits die **interventionistische Staatskonzeption**, bei der Eingriffe in den Marktprozess selbst und eine Korrektur der Marktergebnisse für erforderlich gehalten werden.

3.2.1 Staatsversagen – Hypothesen für die liberale Marktkonzeption

Ist die Funktionsfähigkeit der Märkte gewährleistet, und werden die dem Wettbewerb zugesprochenen Funktionen (Informationsfunktion, Allokationsfunktion, Gleichgewichtsfunktion, Sanktionsfunktion usw.) erfüllt, dann wird gewissermaßen von selbst und automatisch das gesellschaftliche Zielsystem erfüllt. Da auf Märkten Knappheiten über den Preismechanismus schnell angezeigt werden (**Informationsvorsprung**), liegt hier eine klare Überlegenheit gegenüber der schwerfälligen Bürokratie vor. Dem Staat kommt in dieser Konzeption im Wesentlichen die Rolle zu, einen leistungsfähigen Ordnungsrahmen für privatwirtschaftliche Aktivitäten zu schaffen und zu erhalten. Mehr soll und braucht der Staat nicht zu tun. Im Gegenteil: Versucht er, in den Marktprozess einzugreifen, wirkt sich das nur schädlich aus (vgl. zum Beispiel die oft kritisierte „stop and go-Politik" oder Faktorpreisverzerrungen als Folge von Subventionen). Dies ist die Destabilisierungshypothese. Denn ohne Staatseingriffe verläuft der Marktprozess stabil und tendiert von selbst zum Gleichgewicht (**Stabilitätshypothese**) Hinzu kommt die Hypothese vom **Staatsversagen**.

Dies ist der Untersuchungsgegenstand der **Theorie des Public Choice**, die sich mit der Erfassung politischer und bürokratischer Entscheidungsprozesse unter Verwendung mikroökonomischer Instrumente beschäftigt. Damit soll eine rationale Basis für die Wahl gesellschaftlicher Institutionen geschaffen werden. Im Rahmen dieser Theorie wird die Vorstellung der Wirtschaftspolitik kritisiert, dass der Staat als Vertreter des öffentlichen Interesses und des Gemeinwohls auftritt. Untersucht man den Staat erfahrungswissenschaftlich, kommt man zu dem Ergebnis, dass die Handlungsträger durchaus auch eigene Interessen verfolgen: Dem Politiker geht es um die Maximierung der Wählerstimmen zwecks Wiederwahl, dem Beamten um **Eigeninteresse**, das sich auf Einkommenserzielung und Machterhalt richtet, sich aber nicht an der Erfüllung der gesellschaftlichen Wohlfahrtsfunktion orientiert. Derartige bürokratische Interessen drücken sich z.B. in einer ständigen Ausweitung der Budgets aus. Außerdem sei die staatliche Bürokratie zu schwerfällig. Damit wird von der Public Choice-Lehre ein Staatsversagen festgestellt.

3.2.2 Marktversagen – Hypothesen für die interventionistische Staatskonzeption

Anders dagegen die interventionistische Staatskonzeption, die auf der Hypothese eines **Marktversagens** basiert. Grundsätzlich wird der marktwirtschaftliche Koordinationsmechanismus akzeptiert. Es kann aber sein, dass der Markt nur unvollkommen funktioniert oder dass er nicht die Ergebnisse gewährleistet, die als wünschenswert angesehen werden, d.h., dass wichtige Ziele verfehlt werden. Ein solches Marktversagen kann sich in verschiedenen Aspekten zeigen:

- **Problem öffentlicher Güter**: Die Produktion bestimmter Güter und Dienstleistungen sind in einer Wirtschaftsgesellschaft erwünscht, selbst dann, wenn ihre Produktion keine einzelwirtschaftliche Rentabilität verspricht, sie aber gesellschaftspolitisch und für die Entwicklung der Volkswirtschaft von Bedeutung sind. In diesen Fällen wird die Bereitstellung der Güter dem Staat übertragen (vgl. Abschnitt 2.4).
- **Problem externer Effekte**: Die Produktion und der Konsum von Gütern rufen externe Effekte hervor, die besonders dann problematisch sind, wenn es sich um externe Kosten handelt. In solchen Fällen kommt es zu Kosten, die nicht im Rechnungswesen der Verursacher erscheinen, die aber dennoch als Kosten von der Volkswirtschaft zu tragen sind. Ob alle diese Kosten internalisiert werden können, ist fraglich (vgl. dazu ausführ-

lich Kapitel 9). Da eine freiwillige Internalisierung nicht zu erwarten ist (Kostengründe, internationale Wettbewerbsfähigkeit), ist der Staat zu Interventionen verpflichtet.

- **Unvollkommenheiten des Marktes**: Märkte können aufgrund von Machtpositionen bei monopolistischen oder oligopolistischen Marktformen unvollkommen sein. Sie bedeuten, dass Marktstarke ihre Wohlfahrtsposition auf Kosten Marktschwacher verbessern können. Unvollkommenheiten zeigen sich auch in mangelnder Markttransparenz (z.B. auf Arbeitsmärkten - vgl. Kapitel 7, Abschnitt 3.2.1) und **Informationsdefiziten**. Hinzu kommt, dass durch Marktpreise Knappheiten in kurzfristiger Sicht angezeigt werden. Geht es um die längerfristige Bewertung von Knappheiten, versagt der Preismechanismus (Beispiel: die Bewertung der erschöpfbaren Ressource Erdöl).

Eine weitere Ausgangshypothese besteht hier darin, dass dem Staat eine **Gemeinwohlorientierung** und **Stabilisierungsmöglichkeiten** zugesprochen werden - er verfügt über eine Reihe von gesamtwirtschaftlich durchaus wirksamen Instrumenten, um die Erreichung der Ziele zu gewährleisten -, während das Marktsystem zu **Instabilitäten** neigt, was das Phänomen von Konjunkturen, Beschäftigungsschwankungen usw. immer wieder hinreichend belegt.

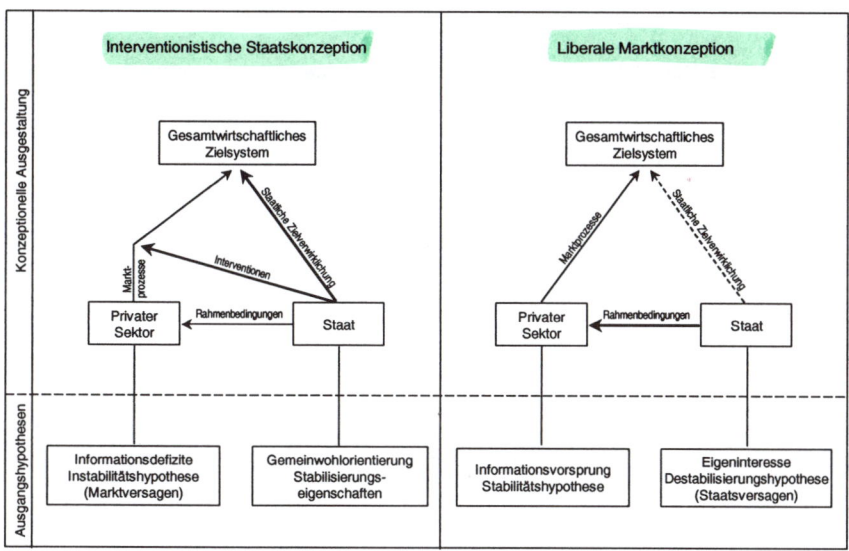

Abb. 2.1: Systematisierung wirtschaftspolitischer Konzeptionen kapitalistischer Marktwirtschaften

Quelle: H.J. Thieme, R. Steinbring, Wirtschaftspolitische Konzeptionen kapitalistischer Marktwirtschaften, in: D. Cassel, (Hrsg.), Wirtschaftspolitik im Systemvergleich, München 1994, S. 48.

3.3 Beschreibung alternativer Konzeptionen

Folgt man einer Gruppe von Ausgangshypothesen, kann die konkrete wirtschaftspolitische Konzeption abgeleitet werden. Es kommt dabei auch auf eigene Standpunkte (Werturteile) an. In beiden Fällen sind Rahmenbedingungen festzulegen, die jedoch für die liberale Marktkonzeption eine wesentlich größere Bedeutung haben (deshalb ist der entsprechende Pfeil in Abb. 2.1 auch dicker gezeichnet). Werden in dieser Variante die gesellschaftlichen Ziele im Wesentlichen durch das freie marktliche Geschehen quasi von selbst erreicht, geht man in der interventionistischen Staatskonzeption davon aus, dass es staatlicher Korrekturen und Eingriffe in die Märkte bedarf, um zur Verwirklichung des gesellschaftlichen Zielsystems zu gelangen. Die Unterschiede sind eher gradueller als grundsätzlicher Natur. Der Leser möge selbst prüfen, wo z.B. die amerikanische und englische und wo die deutsche Wirtschaftsordnung zu platzieren wären.

4. Ziele

Im Vordergrund der Ordnungspolitik einer Marktwirtschaft steht die **Schaffung einer funktionsfähigen Wettbewerbsordnung** (vgl. Kapitel 3). Wenn mit der Ordnungspolitik Ziele verfolgt werden, so geht es um das gesellschaftliche bzw. gesellschaftspolitische Zielbündel. Es ist daher besonders schwierig, ordnungspolitische Ziele zu operationalisieren. Eine Orientierung an internationalen Vergleichen ist grundsätzlich möglich, bleibt aber unbefriedigend (z.B. an US-amerikanischen Steuersätzen, an britischen Sozialstandards usw.), weil die gesellschaftlichen Wertesysteme unterschiedlich sind.

In Abb. 2.2 wird eine **Zielhierarchie** für die Ordnungspolitik präsentiert. Sie stellt einen Ausschnitt aus dem gesellschaftlichen Zielbündel dar. Das Erreichen des Ziels "Sicherheit" beinhaltet einerseits Rechtssicherheit (z.B. unabhängige Gerichte, Schutz vor Willkür durch die Polizei), aber auch materielle Sicherheit (z.B. durch das System der Sozialen Sicherung). Zum Ziel "Freiheit" tragen die Tarifautonomie und die Wettbewerbsordnung bei, während die Stabilität durch die Geldverfassung und durch die Wettbewerbsordnung gewährleistet werden soll. Die Beispiele auf der untersten Ebene haben weitgehend den Charakter von Instrumenten.

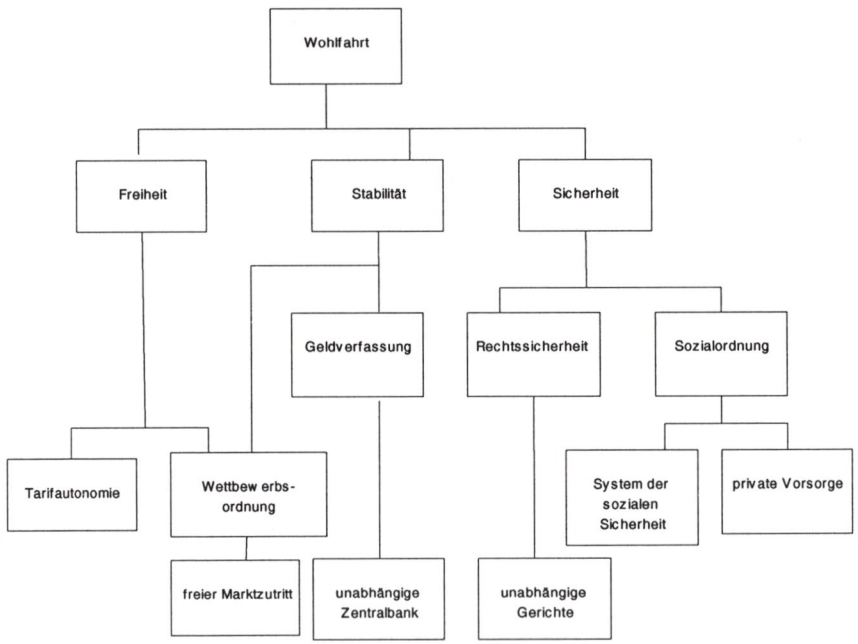

Abb. 2.2: Ordnungspolitische Zielhierarchie (Ausschnitt)

In der Abbildung werden auch **Zielkonflikte** evident: Sie bestehen z.B. zwischen der Sozial- und der Wettbewerbsordnung: Letztere orientiert sich am Leistungsprinzip, während die Sozialordnung an Bedarfskriterien ausgerichtet ist, die wenigstens teilweise dem Leistungsprinzip widersprechen (Kapitel 6). Die Beziehung zwischen der Tarifautonomie und der Wettbewerbsordnung (vgl. Kapitel 3) ist ebenfalls widersprüchlich: Die Tarifautonomie hat zu einem bilateralen Monopol (Gewerkschaften - Arbeitgeberverbände) geführt, so dass der Preismechanismus auf dem Arbeitsmarkt teilweise außer Kraft gesetzt ist. Tarifvertraglich vereinbarte Mindestlöhne schützen zwar diejenigen, die einen Arbeitsplatz haben, sie stellen jedoch für Arbeitslose einen Mangel an Sicherheit dar, weil sie - z.B. aufgrund niedriger Produktivität - keine Beschäftigungschancen auf dem ersten Arbeitsmarkt haben. Die Zielkonflikte auf der Ebene der gesellschaftspolitischen Ziele setzen sich auf der nachgeordneten Ebene fort. Es ist keine leichte Aufgabe für die Träger der Ordnungspolitik, Lösungen zu erarbeiten. Die Einschränkung der Tarifautonomie beispielsweise würde sich zu Lasten der Beschäftigten und zugunsten der Arbeitslosen auswirken können. Allerdings wäre dann mit schwerwiegenden sozialen Folgen zu rechnen, wenn die These akzeptiert wird, dass die Tarifautonomie zur sozialen Stabilität in der Bundesrepublik beigetragen hat. Es muss darauf ankommen, für derartige Maßnahmen einen gesellschaftlichen Grundkonsens herzustellen.

5. Träger der Ordnungspolitik

Träger der Ordnungspolitik sind in Deutschland die **verfassunggebenden Organe** (BUNDESTAG, BUNDESRAT). Dies gilt für die Festlegung der wichtigsten Rahmenbedingungen wie die Schaffung der Wettbewerbsordnung, der Geldordnung, der Finanzverfassung, des Tarifvertragsrechts usw. Die BUNDESREGIERUNG zeichnet als Exekutive für die Durchführung der gesetzlichen Grundlagen verantwortlich. Von nicht zu unterschätzender Bedeutung ist auch die Rechtsprechung, insbesondere das BUNDESVERFASSUNGSGERICHT, das in einer Reihe von Urteilen die Verfassungskonformität von Gesetzen bzw. rechtlichen Bestimmungen oder ihre Nichtvereinbarkeit mit verfassungsrechtlichen Normen festgestellt hat. Neben dem gesetzlichen Rahmen, der für das Verhalten des Staates und privater Wirtschaftssubjekte normierend ist, sind die Träger auch für die Schaffung und den Einsatz von Instrumenten der Ordnungspolitik zuständig.

Insbesondere für die Einhaltung der Wettbewerbsordnung ist das BUNDESKARTELLAMT zuständig. Es handelt sich um eine oberste Bundesbehörde, die der Dienstaufsicht durch den BUNDESMINISTER FÜR WIRTSCHAFT UND ARBEIT unterstellt ist (Kapitel 3). Für die Stabilität des Geldwerts ist im Rahmen der europäischen Geldordnung die EZB verantwortlich (Kapitel 5).

Im Zuge der europäischen Integration müssen zunehmend auch die Organe der EUROPÄISCHEN UNION (EU) genannt werden: Der EUROPÄISCHE RAT (Art. 4 EU-VERTRAG - Staats- und Regierungschefs), der MINISTERRAT (Art. 203 EG-VERTRAG), die EU-KOMMISSION (Art. 221 EG-VERTRAG) und der EUROPÄISCHE GERICHTSHOF (Art. 220 EG-VERTRAG). Sie sind für die nationale Ordnungspolitik in einer Reihe von Handlungsfeldern von Bedeutung: Beispiele sind etwa die Harmonisierung der indirekten Steuern, die Landwirtschaftspolitik und andere Politikfelder, insbesondere dort, wo heute schon eine **gemeinsame Politik** (Handelspolitik, Fischereipolitik, Agrarpolitik, Verkehrspolitik) vereinbart worden ist, die sich dadurch auszeichnet, dass wirtschaftspolitische Beschlüsse nur noch gemeinsam durch die Mitgliedstaaten der EU gefasst werden können. Sie sind für die Mitgliedstaaten verbindlich und lassen keine nationalen Handlungsspielräume mehr zu. **Verordnungen**, die von der EU erlassen werden, haben allgemeine Geltung, sie sind in allen Teilen verbindlich und gelten in jedem Mitgliedstaat unmittelbar. Die Mitgliedstaaten sind nicht befugt, Gemeinschaftsrechtsbestimmungen aufzuheben, auszusetzen oder inhaltlich abzuändern. **Richtlinien** sind dagegen in jedem Mitgliedstaat nur hinsichtlich des zu erreichenden Zieles verbindlich. Die Wahl der Form und der Mittel, um Richtlinien in nationales Recht umzusetzen, ist den Ländern selbst überlassen. Dabei wird im allgemeinen eine Umsetzungsfrist vorgegeben. Wenn sie nicht eingehalten wird, kann es zu Sanktionen (Geldbußen) gegen das betreffende Mitglied kommen. **Entscheidungen** bilden den Rechtsakt, mit dem die Gemeinschaftsorgane (Rat und Kommission) ihre Exekutivfunktionen wahrnehmen. Sie können von einem

Mitgliedstaat, aber auch von einem Unternehmen oder Gemeinschafts-bürger ein Handeln oder Unterlassen verlangen, haben also unmittelbare Rechtswirkungen.

Im Zuge der **Globalisierung** ist insbesondere auch die WORLD TRADE ORGANISATION (WTO) zu nennen, die infolge der Beschlüsse der Uruguay-Runde des GATT 1995 mit Sitz in Genf geschaffen wurde (vgl. dazu ausführlich Kapitel 8). Sie hat die Aufgabe der Überwachung und Weiterentwicklung des internationalen Handels sowie der Entwicklung multilateraler Regeln für den freien Dienstleistungsverkehr, zum Schutz geistigen Eigentums und für handelsbezogene Direktinvestitionen. Da es eine gemeinsame Handelspolitik auf EU-Niveau gibt, sind Anpassungsmaßnahmen auf nationaler Ebene in diesem Politikbereich nicht mehr möglich.

6. Instrumente

Zunächst ein Überblick über mögliche ordnungspolitische Instrumente (Abb. 2.3):

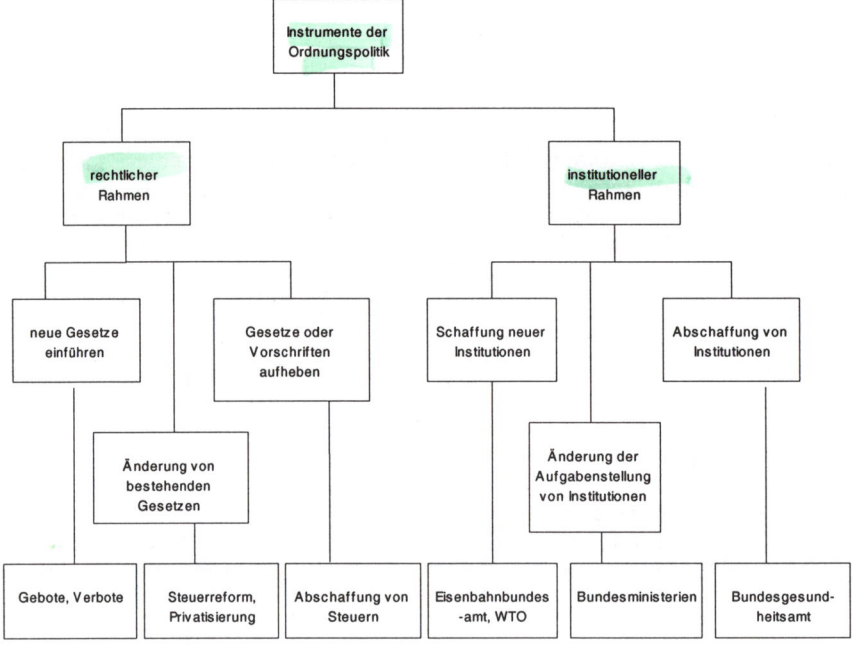

Abb. 2.3: Ordnungspolitische Instrumente

Ausgangspunkt für den Einsatz ordnungspolitischer Instrumente ist die real vorhandene Wirtschaftsordnung. Wegen der bereits von W. EUCKEN geforderten Konstanz der Wirtschaftspolitik (vgl. Abschnitt 2.1) ist für ordnungspolitische Instrumente charakteristisch, dass sie nicht häufig eingesetzt werden: Relativ selten sind völlig neue Gesetze (vgl. z.B. die Einführung der Gesetzlichen Pflegeversicherung 1995) oder neue Institutionen (EISENBAHNBUNDESAMT 1994, REGULIERUNGSBEHÖRDE 1996).

Das Schwergewicht der Ordnungspolitik liegt vielmehr in der Änderung bestehender Vorschriften, wobei im politischen Bereich auch sehr oft von **"Reformen"** gesprochen wird (Steuerreform, Rentenreform, Reform der Gesetzlichen Krankenversicherung, Reform der Finanzverfassung, Hochschulreform usw.). Sie betreffen rechtliche und institutionelle Grundlagen.

Ein wichtiges Instrument ist die **Deregulierung**. Darunter wird allgemein die Abschaffung oder Vereinfachung staatlicher Vorschriften verstanden, um privatwirtschaftlicher Initiative mehr Raum zu geben. Ein "markantes" Beispiel stellt die mehrfache Änderung des Laden- schlussgesetzes (1996, 2003) in Deutschland dar. Hier könnte man sich fragen, warum es nicht völlig abgeschafft worden ist. Im Jahre 1991 hatte die von der Bundesregierung beauf- tragte "Deregulierungskommission" eine Fülle von Vorschlägen unterbreitet, Sondervor- schriften, die sehr häufig mit den Gefahren des Marktversagens begründet werden, abzu- schaffen. Ab 1994 wurden Empfehlungen zur Beschleunigung von Planungs- und Geneh- migungsverfahren umgesetzt. Im Frühjahr 2003 startete eine neue Initiative, die Mitte 2003 mit einem Strategiekonzept zum Bürokratieabbau fortgesetzt wurde. Seine Realisierung soll die Wettbewerbsfähigkeit des Standortes Deutschland stärken und zu einer Entlastung der Bürger beigetragen. Ein Teil der Maßnahmen zielt auf eGoverment. Die Deregulierung wird trotz dieser Initiativen nur zögerlich in Angriff genommen. Dafür können mehrere Ursachen maßgeblich sein: Die Einflussnahme von oder Rücksichtnahme auf Interessengruppen, das Eigeninteresse der staatlichen Bürokratie (weniger Vorschriften können auch weniger Kom- petenzen bedeuten), mangelnder politischer Wille oder fehlende Durchsetzungsfähigkeit. Eine Reihe von Gesetzen, die vom Bund verabschiedet werden, bedürfen noch der Anpas- sung und Umsetzung durch landesrechtliche Vorschriften. Dadurch können Verzögerungen entstehen. Es kommt hinzu, dass Wirkungen von Deregulierungsmaßnahmen meist nicht unmittelbar gemessen werden können.

Ein weiteres Beispiel stellt die HANDWERKSORDNUNG dar. Seit Jahren wird in Deutschland die mangelnde Bereitschaft zur Existenzgründung beklagt. Sofern es sich um einen Hand- werksberuf handelt, ist dafür aber der Meisterbrief Voraussetzung. Ohne die Meisterprüfung kann kein Handwerksbetrieb gegründet werden - mit möglicherweise negativen Auswirkun- gen auf die Höhe der Beschäftigung. Einen ersten Schritt unternahm die Bundesregierung mit der Novellierung der HANDWERKSORDNUNG (1998), um die Struktur der Handwerksberufe (Reduzierung von bisher 127 Handwerken auf 94) zu verbessern, deren Flexibilität am Markt zu erhöhen und die Attraktivität handwerklicher Existenzgründungen zu steigern. 2003 wurde die HANDWERKSORDNUNG weitergehend geändert. Der Meisterbrief als „großer Befähigungsnachweis" ist nur noch für 41 statt bisher 94 Handwerksgewerke erforderlich. Gesellen mit 6 Jahren Berufserfahrung dürfen sich auch ohne Meisterbrief selbständig machen, wenn sie mindestens 4 Jahre in leitender Stellung tätig waren. Ob die Neurege- lung EU-Recht auf Dauer standhalten wird, bleibt abzuwarten.

Als Instrument kommt auch die **Privatisierung** öffentlicher Unternehmen in Betracht, eine Politik, wie sie in den letzten Jahren nicht nur in der Bundesrepublik Deutschland forciert betrieben wurde. Aber auch sie sollte ordnungspolitisch nicht blind erfolgen. Ein Teil der betriebenen Privatisierungsmaßnahmen wurde aufgrund von Vorgaben im Rahmen des europäischen Integrationsprozesses (Telekommunikation, Energiewirtschaft) notwendig. Hinzu kommt, dass die Privatisierung staatlicher Unternehmen zwar einen ordnungspoliti- schen Hintergrund haben kann, dass aber oft das konkrete Motiv die Erzielung von Ein- nahmen war. Dabei sollte nicht übersehen werden, dass der Verkauf von Staatsunterneh- men bilanztechnisch für den Staat einen Aktivtausch darstellt. Er verfügt über mehr Liquidi- tät. Angesichts der chronischen Einnahmeschwäche staatlicher Haushalte führt die ganze Operation zu einer Bilanzverkürzung beim Staat. Die Intensivierung des Wettbewerbs ist vor allem im Bereich der Telekommunikation deutlich geworden. Für die Verbraucher hat sich dies in sinkenden Preisen vorteilhaft ausgewirkt. In der Stromwirtschaft[14] waren die gleichen Effekte nur in der Anfangsphase, später jedoch nicht mehr zu beobachten.

---

[14] Im Zuge der Liberalisierung des Strommarktes wurde 2002 die EUROPEAN ENERGY EXCHANGE (EEX) in Leipzig geschaffen. Strom, Gas und andere Energieträger werden auf einem Spotmarkt und einem Terminmarkt gehandelt.

Die Ordnungspolitik wird zunehmend durch **Vorgaben der EU** bestimmt. Durch die Einführung des Binnenmarktes, der grundsätzlich von weitgehender Liberalisierung und Deregulierung ausgeht, sind nationale Handlungszwänge entstanden. Sie folgen aus der im Binnenmarkt zu respektierenden Niederlassungs- und Dienstleistungsfreiheit sowie dem Prinzip des innergemeinschaftlichen Wettbewerbs. Beispielsweise hat bei der Öffnung der Eisenbahnnetze die "EU-RICHTLINIE 91/440 ZUR ENTWICKLUNG DER EISENBAHNUNTERNEHMEN DER GEMEINSCHAFT" vom 29.7.1991 zentrale Bedeutung. Mit ihr sollte die Anpassung der Eisenbahnunternehmen der Gemeinschaft an die Erfordernisse des Binnenmarktes erleichtert und ihre Leistungsfähigkeit erhöht werden. Indes ist festzustellen, dass die einzelnen Mitgliedstaaten europäische Vorgaben in unterschiedlichem Tempo in nationales Recht umgesetzt haben. Die Bundesrepublik Deutschland gehört unter diesem Blickwinkel nicht zu den europäischen "Musterknaben".[15]

Sofern die EU bei ordnungspolitischen Regelungen nicht tätig wird, ist - bei Gewährleistung des freien Verkehrs von Waren, Personen, Dienstleistungen und Kapital (die "vier Freiheiten" zur Verwirklichung des Binnenmarktes gemäß Art. 14 EG-VERTRAG) - damit zu rechnen, dass es zu einem **Wettbewerb der Rechtssysteme** kommt. Wir können davon ausgehen, dass sich die "besten" Systeme langfristig durchsetzen werden. Dies lässt sich damit begründen, dass nicht nur im Güteraustausch, sondern auch bei rechtlichen Normen das **Ursprungslandprinzip**[16] angewendet wird. Wegweisend für dieses "Verfahren" war das **Crème de Cassis-Urteil** des EUROPÄISCHEN GERICHTSHOFS vom 20.2.1979 als Ausgangspunkt für die grundsätzliche Geltung nationaler Normen auch in anderen Mitgliedstaaten der Union, selbst wenn dort abweichende Standards angewendet werden. Die Mitgliedstaaten treten damit in einen Wettbewerb um die besten rechtlichen Normen ein. Die ordnungspolitische Bedeutung liegt auf der Hand: Es wird Länder geben, die sich einem solchen Anpassungszwang nicht entziehen können.

Ordnungspolitische Bedeutung haben auch Instrumente, die im **internationalen Bereich** anzusiedeln sind. Die Mitgliedschaft in internationalen Organisationen, Doppelbesteuerungs- und Handelsabkommen, Abkommen im Rahmen der Entwicklungszusammenarbeit, internationale Kooperationen usw. Neben solchen Verträgen spielt die Schaffung neuer Institutionen eine Rolle. Beispiele: Die 1989 errichtete MULTILATERALE INVESTITIONS-GARANTIE-AGENTUR (MIGA), die zur Weltbankgruppe gehört und deren Aufgabe darin besteht, privatwirtschaftliche Direktinvestitionen in weniger entwickelten Ländern durch Garantien gegen nichtkommerzielle Risiken (z.B. Transferbeschränkungen, Vertragsbruch, Enteignung) abzusichern[17] sowie die 1995 gegründete WORLD TRADE ORGANISATION (vgl. Kapitel 8, Abschnitt 5).

Dies bedeutet, dass in einer sich globalisierenden Welt die ordnungspolitischen Inhalte und Erfordernisse unserer Volkswirtschaft zunehmend "extern" bestimmt werden. Allerdings mehren sich die Stimmen, die das neoliberale Dogma des freien Marktes gerade für den internationalen Bereich infrage stellen. Wenn nationale Handlungsspielräume enger wer-

---

[15] Die EU KOMMISSION legt regelmäßig ihren Jahresbericht über die Kontrolle der Anwendung des Gemeinschaftsrechts vor. Ende 2001 liefen beim EuGH 28 Klagen gegen die Bundesrepublik. Für Dänemark waren es nur vier. „Spitzenreiter" war mit 57 anhängigen Verfahren Italien. Vgl. EU KOMMISSION, 19. Jahresbericht über die Kontrolle der Anwendung des Gemeinschaftsrechts - 2001, v. 28.6.2003, S. 15.

[16] Für die Besteuerung des internationalen Handels bedeutet die Anwendung des Ursprungslandprinzips die Besteuerung der Güter und Dienstleistungen im Land der Herstellung, unabhängig davon, wo die Güter letztlich verwendet werden. Im Unterschied dazu steht das **Bestimmungslandprinzip**, nach dem die Güter im Land ihrer Verwendung besteuert werden. Dieses Verfahren macht eine Entlastung von Exporten von der Mehrwertsteuer und deren Belastung im Importland mit der dort geltenden Mehrwertsteuer erforderlich. Steuergrenzen bleiben also bestehen.

[17] Bis Ende 2002 garantierte MIGA in insgesamt 597 Fällen Investitionen für Projekte mit Gesamtkosten von etwa 46 Mrd. US $. Vgl. Journalisten-Handbuch Entwicklungspolitik 2002, Bonn 2002, S. 280.

den, besteht die Gefahr, dass internationale Entwicklungen einfach als gegeben hingenommen werden, wobei nicht mehr kritisch hinterfragt wird, wem die Globalisierung eigentlich nützt und wie die Wohlstandsgewinne verteilt werden. Für die Weltwirtschaftsordnung
können daraus Gefahren erwachsen, wenn z.B. Länder der Dritten Welt nicht mehr bereit
sind, "mitzuspielen", weil sie zu den Volkswirtschaften gehören, deren Nutzen aus dem
Prozess der Globalisierung gering ist. Die Folge kann auch sein, dass eigene, durchaus
noch vorhandene ordnungs- und ablaufpolitische Gestaltungsspielräume nicht mehr ausge-
lotet werden.

7. Probleme und Grenzen

Neben allgemeinen Grenzen der Wirtschaftspolitik (Kapitel 1) sind im Bereich der Ordnungspolitik weitere spezifische Grenzen zu erkennen. In einem **föderalistischen Staat**
wie der Bundesrepublik Deutschland ist der politische Willensbildungsprozess recht kompliziert. An der Gesetzgebung wirken nicht nur der Bund, sondern auch - wenn sie betroffen
sind - die Länder über den BUNDESRAT mit. In der Vergangenheit ist es immer wieder zu
einer so genannten "Blockadepolitik" des BUNDESRATES gekommen, wenn Reformvorhaben
von Seiten des Bundes geplant wurden, der BUNDESRAT aber seine Zustimmung versagte.
Ob dies aus parteipolitischer Motivation oder aus dem spezifischen Interesse der Bundesländer heraus erfolgte, ist hier unerheblich. Ob die im Herbst 2003 eingesetzte „Föderalis-
muskommission" akzeptable und umsetzbare Vorschläge vorlegt, wird sich zeigen.

Eine weitere Grenze ergibt sich daraus, dass Rahmenbedingungen immer stärker durch die
Europäische Union gesetzt werden. Beispiele: Geldverfassung durch die Schaffung der
EUROPÄISCHEN ZENTRALBANK und der europäischen Währung Euro, durch die im Zuge der
Schaffung des Europäischen Binnenmarktes verbindlichen Vorgaben bei der Abschaffung
staatlicher Monopolbetriebe (Telekom, Post, Bahn, usw.) und Liberalisierung bisher regle-
mentierter Märkte (Energiesektor, Telekommunikation, Verkehrssektor), die europaweite
Ausschreibung öffentlicher Aufträge, sofern bestimmte Mindestsummen überschritten wer-
den usw. Da die Umsetzung der von der EU erlassenen Richtlinien in nationales Recht
regelmäßig überprüft wird, und es im Falle der Nichtumsetzung zu einer Klage vor dem
EUROPÄISCHEN GERICHTSHOF kommen kann, werden nationale Handlungszwänge durch den
Integrationsprozess determiniert.

Internationale Wirtschaftsprozesse sind insbesondere seit dem Zusammenbruch des kom-
munistischen Ostblocks immer stärker liberalisiert worden. Dies hat zum Prozess der **Globalisierung** nicht unmaßgeblich beigetragen. Sie beinhaltet zunehmend Risiken. Der Ordnungsrahmen einer einzelnen Volkswirtschaft kann brüchig und ineffizient werden, wenn es
nicht zu einer internationalen Koordination kommt. Ein Beispiel ist die Wettbewerbspolitik:
Multinationale Unternehmen entziehen sich der nationalen Rechtsprechung und der Aufsicht durch die nationale Kartellbehörde. Sie werden gegen nationale Wettbewerbsvor-
schriften immun. Oder anders: Die nationalen Kartellbehörden werden zunehmend ineffizient. Ein international gültiger Ordnungsrahmen ist nicht in Sicht. Hinzu kommt, dass es
hier keine Sanktionsmöglichkeiten gibt. Ähnliches gilt für den internationalen Kapitalverkehr, dessen Wertsumme heute ein Vielfaches des Umfangs des Welthandels darstellt und
der sich weitgehend losgelöst vom Welthandel entwickelt. Eine Aufsichtsbehörde gibt es
nicht. Sanktionen können nur dann erwartet werden, wenn ein Land in Zahlungsschwierig-
keiten gerät (Kapitel 8 und 10) und um internationale Hilfe bitten muss. Diese kann dann an
Auflagen geknüpft werden, die auch ordnungspolitische Inhalte aufweisen: Privatisierung
und Restrukturierung des Bankensektors in Südostasien, die Transformation in Marktwirtschaften in den Nachfolgestaaten der früheren Sowjetunion und in zentralverwaltungswirtschaftlich orientierten Entwicklungsländern.

Ein weiteres Problem stellt der **Mitteleinsatz** dar. Die Wirkungen der ordnungspolitischen
Mittel sind nur schwer zu antizipieren und zu quantifizieren. Sie sind zudem oft ideologisch

oder interessenpolitisch motiviert. Hinzu kommt, dass auch von ordnungspolitischen Mitteln ablaufpolitische Wirkungen ausgehen können und umgekehrt (Kapitel 1, Abschnitt 1.2.4).

Besondere Probleme für die Ordnungspolitik ergeben sich immer dann, wenn von Seiten des Staates ein **diffuses Zielbündel** verfolgt wird. Im Rahmen der marktwirtschaftlichen Ordnung steht dabei zunächst der Allokationsaspekt, d.h. die optimale Allokation der Ressourcen im Vordergrund. Gesellschaftliche Entwicklung ist darauf allein aber nicht aufzubauen. Soll den Zielen der Sicherheit und der Gerechtigkeit entsprochen werden, kann der Staat die Verteilungs- oder Umverteilungspolitik nicht ausklammern (Kapitel 6). Damit sind jedoch Zielkonflikte vorprogrammiert, deren Lösung sich nicht durchweg an einer klaren ordnungspolitischen Konzeption orientiert, sondern die immer wieder durch interessenpolitische Einflussnahme und eine Politik des Machterhalts bestimmt wird.

Die **Grenze zwischen privater und staatlicher Bedarfsbefriedigung** kann wissenschaftlich nicht begründet werden. Sie hängt von einer Reihe von Faktoren ab, von denen die Verfügbarkeit über Ressourcen beim Staat ebenso von Bedeutung ist wie die Klärung des gesamtwirtschaftlichen Zielbündels. Im Rahmen der Betonung einer liberalen Marktkonzeption geht es vornehmlich um die auf individualistischen Vorstellungen basierende dezentrale Koordination. Die dabei entstehende Verteilung wird als quasi-optimal akzeptiert. Wenn dagegen dem verteilungspolitischen Ziel Gleichrangigkeit zugeordnet wird, gewinnen staatliche Interventionen in den Wirtschaftsprozess - etwa zum Zweck der Umverteilung oder der Anpassung der Lebensverhältnisse bei starken regionalen Unterschieden - an Bedeutung. Es ist bemerkenswert, dass inzwischen sogar die WELTBANK, die lange Jahre das neoliberale Credo in den Ländern durchzusetzen versuchte, die von ihr Unterstützung erbaten, inzwischen eine differenziertere Position zur Rolle des Staates einnimmt. Unbestritten ist, dass der Staat seine Aufgaben effizient im Sinne einer "good governance" durchzuführen hat, wobei sicherlich die Rechtsordnung und die Gewährleistung von Rechtssicherheit im Vordergrund stehen.

Schließlich muss die Frage nach der **Teilhabe der Bürger an der politischen Willensbildung** aufgeworfen werden, weil davon auch die Akzeptanz wirtschaftsordnungspolitischer Entscheidungen abhängt. Es gibt eine Reihe von Indizien, dass die Bevölkerung in Deutschland mehr direkte Demokratie will. Dies zeigt sich auf kommunaler Ebene in der Einführung von Bürgerbegehren (1. Stufe) und Bürgerentscheiden (2. Stufe); auf Landesebene in Volksbegehren (1. Stufe nach erfolgreicher Zulassung) sowie Volksentscheiden (2. Stufe). Indes sind Vorstöße auf Bundesebene bisher nicht erfolgreich gewesen.[18]

---

[18] Der Fachverband „Mehr Demokratie e.V.", Berlin veröffentlicht jährlich seinen Volksbegehrensbericht zu den Instrumenten der direkten Demokratie und ihre Anwendung auf den verschiedenen staatlichen Ebenen. Im Herbst 2003 wurde die „KOMMISSION ZUR MODERNISIERUNG DER BUNDESSTAATLICHEN ORDNUNG" mit je 16 Mitgliedern von Bundestag und Bundesrat eingesetzt, um Vorschläge zur Reform des föderalen Systems auszuarbeiten. Welche ordnungspolitischen Neuerungen vorgeschlagen und gegebenenfalls umgesetzt werden, bleibt abzuwarten.

Arbeitsaufgaben

1) *Worin sehen Sie die Hauptaufgaben der Wirtschaftsordnungspolitik?*

2) *Was versteht man unter einer wirtschaftspolitischen Konzeption und einem ordnungspolitischen Leitbild?*

3) *Erörtern Sie Verschiebungen von Grenzen zwischen staatlicher und privater Leistungserstellung. Woran orientieren sie sich?*

4) *Welche der konstituierenden Prinzipien einer Wirtschaftsordnung nach W. EUCKEN sind heute noch aktuell?*

5) *An welchen Entwicklungen kann man erkennen, dass die geltende Wirtschaftsordnung unzureichend ist? Begründen Sie Ihre Antwort.*

6) *Erörtern Sie die ordnungspolitische Zielhierarchie und mögliche Zielkonflikte.*

7) *Warum ist es schwierig, ordnungspolitische Ziele zu operationalisieren?*

8) *Stellen Sie die liberale Marktkonzeption der interventionistischen Staatskonzeption gegenüber. Erörtern Sie die dabei zugrunde gelegten Ausgangshypothesen.*

9) *Warum ist der Handlungsspielraum für nationale Ordnungspolitik enger geworden?*

10)) *Wo sehen Sie Grenzen für die Wirtschaftsordnungspolitik?*

3. Kapitel: Wettbewerbspolitik

1. Einleitung

Der Versuch einer unfreundlichen (feindlichen) Übernahme der Thyssen AG durch die Krupp AG hat 1997 großes Aufsehen erregt. Er wurde abgewehrt, dennoch kam es 1998 zu einem Zusammenschluss. Der Fusion der beiden US-amerikanischen Flugzeughersteller Boeing und McDonnell im Jahre 1997 musste die EU-KOMMISSION zustimmen. Wie kommt es zu einer solchen Zustimmungsbedürftigkeit? Auch in anderen Branchen hat es eine Reihe spektakulärer Zusammenschlüsse gegeben. Anfang 1998 belegte die EU-KOMMISSION die Volkswagen AG mit einer sehr hohen Geldbuße von über 200 Millionen DM wegen fortgesetzter Verstöße gegen europäisches Wettbewerbsrecht: Italienische Autohändler wurden seit vielen Jahren unter Druck gesetzt, Autos an Deutsche und Österreicher nicht zu dem in Italien wesentlich niedrigeren Preis zu verkaufen; sonst würden die Exklusivverträge gekündigt. Im Jahre 2003 bestätigte der EUROPÄISCHE GERICHTSHOF die verhängte Strafe. 2001 verhängte die EU-KOMMISSION Geldbußen gegen acht Unternehmen der Pharmabranche wegen Preisabsprachen in Höhe von 855 Mio. Euro. Die Wettbewerbspolitik scheint ein sehr „dynamisches" Politikfeld zu sein.

Unter Wettbewerb versteht man das vielfältige Verhalten voneinander unabhängiger Wirtschaftssubjekte auf einem Markt, die eigenen Ziele zu Lasten der Konkurrenten durchzusetzen. Er beinhaltet eine **Rivalität** und ein **gegenseitiges Abhängigkeitsverhältnis** zwischen den Wettbewerbern.

Üblicherweise werden dem Wettbewerb eine Reihe von wichtigen **Funktionen** zugesprochen:

(1) Wettbewerb lenkt die knappen Produktionsfaktoren der Volkswirtschaft in die von den Nachfragern gewünschte Verwendung (Angebotszusammensetzung nach den **Präferenzen der Konsumenten**) und sorgt dafür, dass die Produktionsfaktoren in den Unternehmen möglichst effizient verwendet werden (**Allokationsfunktion**). Dies wird dadurch erreicht, dass die sich ändernden Preise für Produkte und Produktionsfaktoren Signale für andere Marktteilnehmer über Knappheiten der Güter und damit Gewinnmöglichkeiten darstellen (**Informationsfunktion**) und Reaktionen hervorrufen. Dabei kommt es im allgemeinen zu einem Ausgleich von Angebot und Nachfrage (**Marktausgleichsfunktion**). Diese Funktionen werden auch als **statische** Wettbewerbsfunktionen bezeichnet.

(2) Wettbewerb trägt zur Einführung kostengünstigerer Produktionsverfahren und zur Entwicklung neuer Produkte und besserer Qualitäten (Prozess- und Produktinnovationen) bei (**Innovationsfunktion**). Zu einem solchen Verhalten werden die Unternehmer durch den Wettbewerb gezwungen: Kostenvorteile verschaffen ihnen höhere Gewinne gegenüber weniger fortschrittlichen Konkurrenten, denn der Verkauf neuer und verbesserter Produkte erlaubt es, höhere Preise zu verlangen. Bei offenem Wettbewerb sind solche Sondergewinne der „Pionierunternehmer" (SCHUMPETER) indes nur kurzfristig: Nachahmung (**Imitation**) führt zu ihrem Abbau. Die Kostenvorteile müssen infolge des Konkurrenzdrucks (steigendes Angebot der Imitatoren) in sinkenden Preisen an die Nachfrager weitergegeben werden. Wettbewerb ist demnach durch eine Abfolge von Inventionen (Erfindungen), Innovationen (Neuerungen im Sinne von realisierten Inventionen) und Imitationen (Nachahmungen) gekennzeichnet. Er soll auch eine höhere Anpassungseffizienz an gesamtwirtschaftliche Datenänderungen, an Änderungen der Rechts- und Sozialordnung gewährleisten (**Anpassungsfunktion**). Dies sind die **dynamischen** Wettbewerbsfunktionen.

(3) Wettbewerb sorgt dafür, dass wirtschaftliche Machtpositionen nicht dauerhaft möglich sind (**Funktion der Beschränkung wirtschaftlicher Macht**), denn gute Gewinnaussichten

locken neue Anbieter an. Dies wird auch als **klassisch-politische** Wettbewerbsfunktion bezeichnet.

(4) Außerdem besitzt der Wettbewerb eine **Sanktionsfunktion**. Der Tüchtige wird durch Gewinne belohnt, derjenige, der Marktentwicklungen nicht rechtzeitig erkennt oder Managementfehler begeht, wird durch Verluste, im Extremfall durch den Konkurs, bestraft.

(5) Schließlich wird dem Wettbewerb auch die Eigenschaft zugesprochen, für eine leistungsgerechte Einkommensverteilung auf den Faktormärkten zu sorgen (**Verteilungsfunktion**).

Geht man von den bekannten **Marktformen** Polypol, Oligopol und Monopol aus, bei denen die Zahl der Anbieter Zuordnungskriterium ist, wird klar, dass es im Monopol ex definitione keinen Wettbewerb geben kann. Von Bedeutung kann hier bestenfalls die so genannte **latente Konkurrenz** sein, d.h. es gibt potenzielle Anbieter, die auf den Markt drängen könnten. Im Rahmen der Wettbewerbspolitik richtet sich das Interesse deshalb zunächst auf die Marktformen des Polypols und des Oligopols, weil hier auf jeden Fall eine **notwendige** Bedingung für Wettbewerb erfüllt ist. Ob indes auch hinreichende Bedingungen gegeben sind, so dass es tatsächlich zu Wettbewerb kommt oder nicht, ist eine weitere Frage.

Damit sich Wettbewerb entfalten oder er funktionsfähig bleiben kann, muss eine Reihe weiterer Voraussetzungen erfüllt sein. Der **Marktzutritt** muss offen sein (vgl. Kapitel 2, Abschnitt 2.2). Dies kann zunächst eine rechtliche Kategorie sein, wenn der Staat bestehende administrative oder rechtliche Schranken abbaut. Selbst bei grundsätzlich freiem Marktzutritt kann es außerordentlich schwer sein, tatsächlich auf einem Markt als Anbieter aufzutreten. In manchen Sektoren ist dafür ein hoher Kapitalbedarf erforderlich (Energiesektor, Stahlbranche usw.), der von einem Einzelnen nicht ohne weiteres aufgebracht werden kann. Selbst in Bereichen, in denen nur ein geringer Kapitalbedarf notwendig ist, kann beispielsweise durch die Weigerung seitens der Banken, Existenzgründern die erbetenen Kredite zu gewähren, ein Marktzutrittshindernis entstehen. In anderen Sektoren kann der Patentschutz einen Marktzutritt für längere Zeit verhindern. In vielen Gewerken des Handwerks ist für die Betriebsgründung die Meisterprüfung erforderlich. Oder auf dem Markt etablierten Unternehmen ist es gelungen, durch bestimmtes Verhalten den Zutritt neuer Wettbewerber zu erschweren oder ganz zu unterbinden. Wirkungsvoller Wettbewerb setzt daher voraus, dass auch faktisch der Marktzutritt möglich sein muss: Die Märkte müssen **bestreitbar** sein.

Wettbewerbspolitik hängt nicht nur von der Marktstruktur (Marktformen) ab, sie bezieht auch das **Marktergebnis** (Innovationsleistungen, Anpassungsflexibilität, Produktivitätsfortschritt) mit ein. Ein wettbewerbliches Marktverhalten soll geschützt werden. Sie ist auch dort gefordert, wo durch Machtausübung von Unternehmen Einschränkungen des Wettbewerbs zu erwarten sind. Eine solche Missbrauchsaufsicht ist ein neutralisierender Ansatz in der Wettbewerbspolitik, denn die bestehende Marktstruktur darf aus Gründen des Eigentumsschutzes nicht verändert werden. Wenn die als positiv angesehenen Funktionen des Wettbewerbs erfüllbar sein sollen, der Wettbewerb selbst aber - weil er für den einzelnen „unangenehm" ist - selbstzerstörerische Elemente aufweist, bedarf es staatlicher Wettbewerbspolitik.

Die Wettbewerbspolitik zielt darauf ab, durch die Schaffung eines Ordnungsrahmens und Überwachung seiner Einhaltung, effizienten Wettbewerb durch **Wettbewerbsförderung** (in Monopolbereichen oder verfestigten Oligopolen), **Wettbewerbsschutz** (wo der Wettbewerb in seinen Funktionen gefährdet sein kann, also im Polypol und im kompetitiven Oligopol) und **Missbrauchsaufsicht** (als Kontrollfunktion für marktbeherrschende Unternehmen oder Monopole) zu erreichen.

2. Situationsanalyse

2.1 Beschreibung der Ausgangslage

In der Bundesrepublik Deutschland gibt es ungefähr 2,9 Millionen steuerpflichtige Unternehmen. Von allen Unternehmen entfallen über 2 Millionen auf die Rechtsform des Einzelunternehmens sowie 360.000 auf Personengesellschaften (BGB-Gesellschaften, OHG, KG, GmbH & Co KG), denen als Kapitalgesellschaften die GmbH (440.000) und die Aktiengesellschaft (über 2250) gegenüberstehen. Sonstige (Genossenschaften, öffentliche Betriebe usw.) machen noch einmal 50.000 Unternehmen aus. Knapp 39 Millionen private Haushalte fragen Konsumgüter nach. Wir erwähnen diese Zahlen, um eine Vorstellung von der Größenordnung der am Wirschaftsprozess teilnehmenden Akteure zu vermitteln.

Durch Wettbewerb wird ein permanenter Druck auf die Unternehmen erzeugt. Es kann daher nicht verwundern, dass immer wieder versucht wird, diesem Druck auszuweichen und den Wettbewerb zu beschränken. Im Folgenden wollen wir uns mit einigen der zahlreichen Formen auseinandersetzen, mit denen Unternehmen versuchen, auf den Wettbewerb Einfluss zu nehmen. Da deutsche Unternehmen sehr stark exportorientiert sind und im Zuge der europäischen Integration wesentliche Freiheiten für den Waren-, Kapital- und Dienstleistungsverkehr durchgesetzt wurden, lässt sich diese Analyse nicht mehr nur auf den nationalen Bereich beschränken.

2.1.1 Kartelle und Kooperationen

Zu den wichtigsten und ältesten Wettbewerbsbeschränkungen rechnen die **Kartelle**. Dabei handelt es sich um Verträge bzw. Absprachen zwischen Unternehmen der gleichen Wirtschaftsstufe, mit dem Ziel, den Wettbewerb zu beschränken. Das Kartell ist demnach eine **horizontale** Wettbewerbsbeschränkung. Je nachdem, welcher ökonomische Aktionsparameter Gegenstand der Kartellabsprache ist, spricht man vom Preiskartell, Gebietskartell, Quotenkartell, Konditionenkartell usw. Wird der Absatz mehrerer Unternehmen zentral durch eine Verkaufsgesellschaft durchgeführt, liegt ein Syndikat vor. Nach dem GESETZ GEGEN WETTBEWERBSBESCHRÄNKUNGEN (GWB) von 1957 sind Kartelle grundsätzlich verboten (vgl. Abschnitt 6.1.1.1). Eine Reihe von Kartellen ist - nach Anmeldung - dennoch erlaubt: Kooperationserleichterungen für kleine und mittlere Unternehmen (Mittelstandskartelle), Konditionenkartelle und Rationalisierungskartelle. Insgesamt waren Ende 2002 über 310 Kartelle beim BUNDESKARTELLAMT angemeldet oder beantragt, davon sind knapp 190 den Mittelstandskartellen gemäß § 4 GWB und dem früheren § 5b GBW zuzuordnen. Hinzu kommen etwa 370 **Konditionenempfehlungen** (Allgemeine Geschäfts-, Liefer-, Verkaufs-, verbands- und ähnliche Bedingungen) aus allen Branchen, die nach § 22 Abs. 2 Nr. 3 und dem früheren § 38 Abs. 2, Ziff. 3 angemeldet wurden.[1]

Die Neigung zur Kartellbildung dürfte dann besonders hoch sein, wenn (1) die Zahl der Anbieter klein ist (man kann sich leichter organisieren), wenn (2) die Produkte recht homogen sind (eine gemeinsame Preispolitik wird dadurch erleichtert), wenn (3) die Marktzutrittsschranken hoch sind (bei niedrigen Markteintrittsbarrieren werden andere Anbieter durch die hohen Kartellpreise angelockt) und wenn (4) die direkte Preiselastizität der Nachfrage niedrig ist (der höhere Kartellpreis verspricht zusätzliche Gewinne, wenn die Nachfrage wenig elastisch reagiert). Andererseits besteht die Gefahr, dass von besonders leistungsfähigen Kartellmitgliedern die vereinbarten Preise "heimlich" unterboten werden. Um dem vorzubeugen, werden innerhalb des Kartells Sanktionen vereinbart. Außerdem werden - um

---

[1] Vgl. BERICHT DES BUNDESKARTELLAMTES über seine Tätigkeit in den Jahren 2001/2002 sowie über die Lage und Entwicklung auf seinem Arbeitsgebiet, DEUTSCHER BUNDESTAG, Drucksache 15/1226 v. 27.6.2003, S. 278ff.

die Preisabsprache wirksam werden zu lassen - oft auch Mengenabsprachen getroffen. Dies zeigt z.B. das internationale Kartell der ORGANISATION OF PETROL EXPORTING COUNTRIES (OPEC).

Unter einer **Kooperation** wird allgemein die Zusammenarbeit von Personen, Institutionen oder Unternehmen verstanden. In unserem Zusammenhang sind zwei Formen von Bedeutung:

Zum einen kann es um die **Koordination von betrieblichen Funktionen** von oder deren Ausgliederung aus mindestens zwei rechtlich und wirtschaftlich selbständigen Unternehmen gehen. Zum anderen wird darunter insbesondere die **Zusammenarbeit** zwischen mittelständischen oder kleineren Unternehmen verstanden. Wenn damit eine Leistungssteigerung einhergeht, wird eine solche Kooperation wettbewerbspolitisch als erwünscht angesehen, weil damit strukturelle Nachteile, die im Vergleich mit Großunternehmen bestehen können, ausgeglichen werden können.

2.1.2 Fusionen

Zusammenschlüsse liegen als Fusion **im engeren Sinn** vor, wenn zwei oder mehr Unternehmen unter Aufgabe ihrer bisherigen rechtlichen Selbständigkeit eine neue rechtliche und wirtschaftliche Einheit bilden. Die Gründe für Fusionen sind mannigfaltig. Im allgemeinen geht es darum, die Marktstellung zu verbessern, Kostensenkungspotenziale (z.B. als 'economies of scale') besser ausschöpfen zu können usw.

Der Begriff „Zusammenschluss" ist indes nicht nur auf die rechtliche Kategorie beschränkt. Er bezieht auch Formen ein, die direkt oder indirekt zur Bildung einer wirtschaftlichen und machtmäßigen Einheit führen. Drei Fälle sind zu unterscheiden:

Ein **Konzern** liegt vor, wenn sich mehrere, rechtlich selbständige und selbständig bleibende Unternehmungen - oft mit kapitalmäßiger Verflechtung - zu einer wirtschaftlichen Einheit unter einheitlicher Leitung zusammengeschlossen haben.

Daneben gibt es eine kaum übersehbare Zahl von **Beteiligungen** zwischen Unternehmungen, die unter 50% liegen und im allgemeinen eine Abhängigkeit begründen. Beteiligung heißt, ein Unternehmen besitzt einen bestimmten Anteil des Eigenkapitals eines anderen Unternehmens.

Der dritte Fall betrifft das **Gemeinschaftsunternehmen** (joint venture). Es entsteht, wenn mehrere Unternehmen gemeinsam ein bestehendes Unternehmen erwerben oder ein neues Unternehmen gründen - z.B. durch Ausgliederung von vorhandenen Kapazitäten, die in das neue Unternehmen überführt werden. Ziele der Zusammenarbeit sind u.a. Sicherung der Rohstoffbasis, Erschließung neuer Märkte sowie Kostenersparnisse (z.B. durch Ausgliederung von Einkauf oder Vertrieb).

2.1.3 Unternehmenskonzentration

Von **Unternehmenskonzentration** spricht man, wenn einige wenige Unternehmen eines Wirtschaftszweiges (oder einer Wirtschaftsgruppe) einen relativ hohen Anteil am Gesamtumsatz (des Kapitals oder der Beschäftigten) des betreffenden Wirtschaftszweiges (der Wirtschaftsgruppe) aufweisen oder er ohnehin nur aus wenigen Unternehmen besteht. Zur Unternehmenskonzentration kann es durch **internes** Wachstum eines Unternehmens kommen, wenn es besonders "tüchtig" am Markt operiert und dadurch seine Marktanteile erhöht oder durch Zusammenschlüsse (**externes** Wachstum - vgl. Abschnitt 2.1.2). Der Begriff Konzentration kann demnach sowohl als Zustand wie auch als Prozess verstanden werden. Die Unternehmenskonzentration wird in Deutschland seit 1973 regelmäßig von der MONOPOLKOMMISSION untersucht. Sie wird unter wettbewerbspolitischen Gesichtspunkten

beurteilt und in Bezug auf die Anwendung der Vorschriften über das Verbot der missbräuchlichen Ausübung von Marktmacht und die Fusionskontrolle gewürdigt.

Konzentration ist in verschiedener Form möglich. **Horizontal** bezieht sich auf Unternehmen
des gleichen Marktes (ein Stromerzeugungsunternehmen erwirbt ein anderes); eine **vertikale** Verbindung findet zwischen vor- und nachgelagerten Produktionsstufen statt (ein
Stromerzeugungsunternehmen erwirbt ein Unternehmen der Stromverteilung), während der
Begriff **diagonal** (oder **konglomerat**) auf eine Konzentration von Unternehmen unterschiedlicher Wirtschaftszweige (ein Stahlunternehmen erwirbt einen Touristikkonzern) hinweist. Laut BUNDESKARTELLAMT hat es im Zeitraum von 1973 bis 2002 insgesamt 30.893
angezeigte Zusammenschlüsse gegeben (vgl. BERICHT DES BUNDESKARTELLAMTES über seine
Tätigkeit in den Jahren 2001/2002, a.a.O., S. 257).

Eine konzentrationsfördernde Wirkung erzeugen in der Praxis auch **Kreditverflechtungen**
zwischen Unternehmen (insbesondere zwischen Banken und Produktionsunternehmen)
sowie **Kooperationsverträge**. In neuerer Zeit werden - z.B. im Bereich der Luftfahrtunter-
nehmen und der Telekommunikation - **strategische Allianzen** über die nationalen Grenzen
hinweg geschlossen. Dabei werden Dienstleistungsbereiche gegenseitig genutzt, Rabatt-
systeme sind auch bei den anderen Fluggesellschaften anrechenbar ("miles and more"),
technisches Know-how wird den Partnern zur Verfügung gestellt usw.

Von Bedeutung können auch **personelle Verflechtungen** sein. Sie ermöglichen eine Abstimmung zwischen wirtschaftlich und rechtlich selbständigen Unternehmen und sind inso-
fern geeignet, wettbewerbsbeschränkende Wirkungen zu entfalten. Wissen, das bei einem
Unternehmen erworben wurde, kann bei einem anderen Unternehmen eingesetzt werden.
Zu personellen Verflechtungen kommt es, wenn ein Mitglied der Geschäftsführung eines
Unternehmens A dem Kontrollorgan (Aufsichtsrat) eines Unternehmens B angehört, oder
wenn ein Aufsichtsratsmitglied eines Unternehmens C im Aufsichtsrat eines Unternehmens
D vertreten ist.

Vorteile der Unternehmenskonzentration - ähnlich wie auch bei Fusionen - bestehen in der
Ausnutzung der Fixkostendegression durch die **economies of scale**, einem Steigen der
Entwicklungspotenziale, einem möglichen Ausgleich von Beschäftigungs-/Auslastungs-
schwankungen sowie allgemein einer Erhöhung der (internationalen) Konkurrenzfähigkeit.
Außerdem kann durch ein breiteres Produktionsprogramm das Unternehmenswachstum
verstetigt und das Risiko durch Streuung von Aktivitäten verringert werden. Solche Vorteile
werden als **"economies of scope"** bezeichnet. Wenn man auch nicht generell sagen kann,
dass Großunternehmen immer effizienter produzieren als kleine Firmen, so bieten sie doch
in der Regel Vorteile, die den Verbrauchern in Form niedrigerer Preise zugute kommen.

Neben diesen Vorteilen, die als Ursachen für Konzentrationsvorgänge betrachtet werden
können, mögen Absichten eine Rolle spielen, über wettbewerbsbeschränkende Verhaltensweisen eine Monopolisierung eines Marktes zu erreichen. Auch das Gegenteil kann
beobachtet werden: Konzentrationsvorgänge finden statt, um Wettbewerbsbeschränkungen
durch andere Marktteilnehmer besser begegnen zu können **(Konzept der Gegenmacht)**.
Schließlich können auch staatliche Instrumente die Konzentration begünstigen. Die bis
1957 angewendete Bruttoallphasenumsatzsteuer wirkte konzentrationsfördernd. Im Bereich
von Forschung und Entwicklung können Großunternehmen staatliche Stellen leichter von
der Förderungswürdigkeit überzeugen können als Klein- und Mittelunternehmen.

2.1.4 Marktbeherrschung

Unternehmenskonzentration ist heute ein nahezu normaler Vorgang. Im Zuge integrierter Märkte und dem Prozess der Globalisierung folgend könnte sogar die Hypothese vertreten werden, dass Unternehmen zur Sicherung der internationalen Konkurrenzfähigkeit "groß" sein müssen. Damit ist aber die Gefahr verbunden, dass es einen "qualitativen" Sprung geben kann und Unternehmen eine marktbeherrschende Stellung erreichen. **Marktbeherrschung** kann zur Begrenzung des Wettbewerbs führen; die Marktstellung kann missbräuchlich ausgenutzt werden. Durch dieses mögliche Verhalten besteht die Gefahr, dass der Marktzugang nicht mehr unbeschränkt möglich ist. Um festzustellen, ob solche Verhaltensweisen vorliegen, müssen die Märkte abgegrenzt werden. Dabei versucht man, den so genannten **relevanten Markt** zu bestimmen. Dies ist sowohl theoretisch als auch praktisch äußerst schwierig. Allgemein ist der relevante Markt der Bereich wirksamer Konkurrenz. Drei Aspekte sind zu unterscheiden: der relevante Markt in zeitlicher, sachlicher und räumlicher Sicht. Vergleichsweise einfach ist es, den relevanten Markt in seiner **zeitlichen** Dimension zu ermitteln: Hat z.B. ein Anbieter seinen Marktanteil in relativ kurzer Zeit maßgeblich (z.B. von 50 auf 70%) erhöhen können? Für das BUNDESKARTELLAMT ist der **räumlich** relevante Markt das gesamte Staatsgebiet der Bundesrepublik oder ein Teil davon, wobei aber auch grenzüberschreitende Markteinflüsse in die Beurteilung einbezogen werden. Tatsächlich kann der räumlich relevante Markt über Deutschland hinausgehen (europäischer Binnenmarkt, Weltmarkt). Dem hat der Gesetzgeber mit der Einführung des Kriteriums „Berücksichtigung des tatsächlichen oder potenziellen Wettbewerbs durch innerhalb und außerhalb des Geltungsbereichs dieses Gesetzes ansässige Unternehmen" in § 19 Abs. 2 Satz 1 Nr. 2 GWB seit 1999 Rechnung getragen.

Der **sachlich** relevante Markt wird durch alle Produkte bestimmt, die aus der Sicht der Nachfrager kurzfristig substituierbar sind. Dies könnte durch die **Kreuzpreiselastizität** gemessen werden. Darunter versteht man die relative Änderung der nachgefragten Menge eines Gutes in Bezug auf die sie bewirkende relative Änderung des Preises eines anderen Gutes. Bei Substitutionsgütern ist die Kreuzpreiselastizität positiv. Ist sie hinreichend groß, ist sie ein Indiz für bestehende Konkurrenz zwischen den Gütern besteht: sie gehören zum relevanten Markt. Dabei ist zu beachten, dass Markenbindungen die Substituierbarkeit erheblich einschränken können. In der Praxis sind Kreuzpreiselastizitäten nicht ohne Schwierigkeiten zu ermitteln. Daher bedient man sich einer vergleichenden Analyse der Produkteigenschaften und Verwendungszwecke, um die **funktionale Austauschbarkeit** zu beurteilen. So kann man z.B. vermuten, dass Bier, Wein und Mineralwasser auf dem Getränkemarkt miteinander konkurrieren. Trotz unübersehbarer Schwierigkeiten greifen das BUNDESKARTELLAMT und die Rechtsprechung auf dieses Konzept zurück. Bessere Lösungen hat die Wettbewerbstheorie bisher nicht anzubieten.

Ein Beispiel soll die Problematik der Abgrenzung des relevanten Marktes noch einmal verdeutlichen:

"Das Bundeskartellamt hat das Vorhaben von Hochtief untersagt, seine Beteiligung an dem größten deutschen Bauunternehmen, Philipp Holzmann, von 20% auf 35% zu erhöhen. Der Zusammenschluss hätte auf dem Markt für Baugroßprojekte, der als eigener sachlich relevanter Markt anzusehen ist, zu einer marktbeherrschenden Stellung geführt. In Branchen wie der Bauwirtschaft, in denen das Produkt jeweils aus dem Erbringen einer ganz spezifischen Leistung besteht, ist das Bedarfsmarktkonzept zur Abgrenzung sachlich relevanter Märkte nur eingeschränkt geeignet. Es ist daher um den Gesichtspunkt der Angebotsflexibilität zu erweitern. ... Für die Beurteilung der Marktverhältnisse ist immer zu fragen, welche Anbieter aufgrund ihrer Leistungsprofile in der Lage sind, bestimmte Aufträge ... durchzuführen. ... Für Großprojekte [kommt] nur eine eng begrenzte Zahl von Anbietern in Betracht., da sie aus der Sicht des Bauherrn ein bestimmtes Leistungs- und Anforderungsprofil erfüllen müssen ... [personelle und technische Kapazitäten, Management- und Logistikkapazitäten, Ausstattung an finanziellen Ressourcen für die Erfüllung von Gewährleistungsansprüchen, Konventionalstrafen]. Das beschriebene Profil hatte zur Folge, dass im Bereich der Großprojekte die Marktzutrittsschranken erheblich sind und sich die Zahl der in Betracht kommenden Auftragnehmer mit zunehmender Größe der Projekte weiter verringert" (BERICHT DES BUNDESKARTELLAMTES über seine Tätigkeit in den Jahren 1995/96, S. 18).

Weiterhin ist es schwierig, die **Marktmacht** zu bestimmen. Wann hat ein Anbieter eine "überragende Marktstellung"? Wie das gerade zitierte Beispiel zeigt, geht es dabei in der Praxis insbesondere um die Feststellung des Marktanteils. Aber auch andere Kriterien (Marktzutrittsschranken) können bei der Analyse herangezogen werden. Sofern der relevante Markt abgegrenzt und die Existenz von Marktmacht bestimmt sind, stellt sich die Frage nach dem Vorliegen eines **Missbrauchs**.

Früher wurde gefordert, zu diesem Zweck die Simulation einer **Als-Ob-Konkurrenz** durchzuführen. Sollten sich bei einem Vergleich der tatsächlich geforderten Preise mit denen aus der Simulation starke Unterschiede ergeben, läge der Verdacht des Preismissbrauchs nahe. Indes lässt sich der komplexe Wettbewerb nicht so einfach simulieren, Verlauf und Ergebnisse des Wettbewerbsprozesses sind nicht vorhersehbar. Da dieses Verfahren nicht praktikabel war, hat das BUNDESKARTELLAMT das so genannte **Vergleichsmarktkonzept** entwickelt. Dem "Missbrauchsverdächtigen" Preis wird ein anderer Preis gegenübergestellt, der auf einem vergleichbaren Markt mit höherer Wettbewerbsintensität verlangt wird (vgl. Abschnitt 6.1.1.3).

Auch in der **europäischen Wettbewerbspolitik** ist die Abgrenzung des relevanten Marktes von Bedeutung. Die EU-KOMMISSION hat im Hinblick auf eine größere Transparenz ihrer Wettbewerbspolitik eine Bekanntmachung über die Definition des relevanten Marktes angenommen (vgl. EUROPÄISCHE KOMMISSION, XXVII. Bericht über die Wettbewerbspolitik 1997, Luxemburg 1998, S. 23). Damit soll systematisch in sachlicher und räumlicher Sicht ermittelt werden, welche Konkurrenten der betroffenen Unternehmen tatsächlich in der Lage sind, dem Verhalten dieser Unternehmen Schranken zu setzen und sie daran zu hindern, in einem wirksamen Wettbewerb frei von Beschränkungen aufzutreten. Die Kommission stützt ihre Untersuchung in der Regel auf die Substituierbarkeit der Nachfrage. Der relevante Markt besteht demnach aus Waren und Dienstleistungen, die der Verbraucher in einem räumlichen Gebiet insbesondere hinsichtlich des Verwendungszwecks und des Preises für austauschbar erachtet. Bei der Abgrenzung des räumlich relevanten Marktes werden u.a. die Reaktionen auf Preisänderungen, soziokulturelle Merkmale der Nachfrage, das Verhalten der Abnehmer und Wettbewerber, die Handelsströme und die verschiedenen Zutrittsschranken wie Transportkosten einbezogen. Es geht also nicht um eine bloße Addition von Markanteilen, vielmehr ist die Marktdefinition Ausgangspunkt für die Untersuchung der Marktdynamik in einer Branche (EU-KOMMISSION, XXXI. Bericht über die Wettbewerbspolitik 2001, S. 90). Dieser Ansatz unterscheidet sich von der Vorgehensweise des BUNDESKARTELLAMTES grundsätzlich nicht.

2.2 Wettbewerbspolitische Indikatoren

2.2.1 Wettbewerbsintensität, Innovationen, Preisänderungen

Eine erste wichtige Messgröße könnte die **Wettbewerbsintensität** sein. Nach KANTZENBACH ist sie durch die Geschwindigkeit gekennzeichnet, mit der Vorsprungsgewinne (z.B. durch Innovationen) durch erfolgreichen nachfolgenden Wettbewerb (durch Imitationen, aber nicht nur im technologischen Sinn) wieder abgebaut werden. Dies ist abhängig von der Stärke des Zwangs zur Reaktion, dem sich die - zunächst noch passiven - Unternehmen ausgesetzt sehen. Der Zwang ist abhängig von den möglichen Konsequenzen für das eigene Unternehmen: Bei Existenzbedrohung (Konkurs) ist er sehr groß. Die Absatzeinbußen, mit denen die Unternehmen rechnen müssen, hängen vor allem von der **Reaktionsverbundenheit** zwischen den Unternehmen ab. Sie gibt an, wie stark der eigene Absatz durch wettbewerbsrelevante Aktionen anderer beeinflusst wird. Nach KANTZENBACH wird dadurch die **potenzielle** Wettbewerbsintensität ausgedrückt. Sie ist dann besonders groß und entspricht nahezu der **effektiven** Wettbewerbsintensität, wenn es keine Wettbewerbsbeschränkungen gibt. Je mehr indes der Wettbewerb beschränkt wird, desto weniger kann die potenzielle Wettbewerbsintensität wirksam werden. Ein wesentlicher Nachteil dieses Ansatzes besteht in seiner mangelnden empirischen Relevanz: Es gibt keine eindeutigen Messgrößen und insoweit fehlt die Operationalität.

Auch mit anderen Hilfsgrößen zur Messung des Wettbewerbs gibt es Probleme. Die **Innovationsfähigkeit** könnte anhand der Zahl der Patentanmeldungen beurteilt werden. Dabei sind aber das Verhalten der Patentanmelder und die jeweiligen patentrechtlichen Vorschriften (einschließlich der Kosten) zu beachten. Das gilt insbesondere, wenn internationale Vergleiche angestellt werden sollen: Wird ein Patent erst nach Fertigstellung der Erfindung oder werden auch einzelne Arbeitsergebnisse angemeldet? Oder: Könnte die **Häufigkeit von Preisänderungen** als Indikator für die Wettbewerbsintensität infrage kommen? Hier muss man mit einem klaren Nein antworten: Ein Markt, der durch häufige Preisänderungen gekennzeichnet ist, kann ein wettbewerblicher Markt sein. Dies schließt aber nicht aus, dass die Preisänderungen "parallel" von allen Unternehmen aufgrund von Kostenänderungen (die alle Unternehmen gleichmäßig treffen) notwendig waren und dass ein Markt, auf dem längere Zeit keine Preisänderungen beobachtet wurden, durchaus eine hohe Wettbewerbsintensität aufweisen kann. Der Wettbewerb kann sich über andere, wettbewerbspolitisch relevante Parameter (z.B. Produktqualität, Sortiment usw.) vollziehen.

In der Wettbewerbspolitik werden zum Zwecke des Feststellens von funktionsfähigem oder wirksamem Wettbewerb so genannte **Wettbewerbstests** vorgeschlagen. Dabei können sich die Tests auf das Marktergebnis, das Marktverhalten (den Marktprozess) oder die Wettbewerbsvoraussetzungen im Sinne von Wettbewerbsdeterminanten (wie z.B. die Marktstruktur bzw. Marktform) beziehen.[2] Alle diese Versuche weisen eine Reihe von Schwächen auf.

Marktergebnistests liegen dann vor, wenn die Ergebnisse des Marktes untersucht und bewertet werden, um dabei auch zu einer Aussage über seine Funktionsfähigkeit zu gelangen. Da objektive Kriterien fehlen, werden oft subjektive Wertungen eingesetzt. Das ist unbefriedigend. Wann sind Gewinne "angemessen", wann müssen sie als "überhöht" eingestuft werden? Wird "übermäßig viel" Werbung betrieben, ist die Innovationskraft "zufriedenstellend", sind die Kosten "hinreichend" gesenkt worden, weisen die Märkte eine "gute" Dynamik auf? Eine eindeutige theoretische Fundierung für derartige Aussagen gibt es nicht. Ein "hoher" Gewinn kann das Ergebnis monopolistischen Verhaltens bei geringem Wettbewerbsdruck sein. Er könnte aber auch als Ausdruck für Innovationsgewinne erfolgreicher Pionierunternehmen interpretiert werden.

Bei **Marktverhaltenstests** bezieht man vor allem das Verhalten der Marktteilnehmer in die Analysen ein. Dabei wird angenommen, dass aus "typischem" Verhalten Rückschlüsse auf den Wettbewerb und seine Funktionsfähigkeit möglich sind. Der Wettbewerbsprozess wird häufig als eine Abfolge von "Vorstößen" (z.B. bei kreativem Marktverhalten) und "Verfolgungen" (die Reaktion der Imitatoren) gekennzeichnet. Indes lässt ein solcher Prozess, selbst wenn er beobachtet werden könnte, letztlich keine Aussagen über die Funktionsfähigkeit des Wettbewerbs zu: Unlautere Praktiken wie irreführende Werbung, Absprachen usw. könnten vorliegen, um das Ziel der Marktteilnehmer zu erreichen. Preissenkungen können das Ziel verfolgen, unliebsame Wettbewerber zu verdrängen. Man kann sie aber auch als eine Strategie erfolgreicher Innovatoren interpretieren, die nun kostengünstige Produktionsverfahren einsetzen. Ähnliches gilt bei der Beurteilung intensiver Werbung: Entweder ist sie Ausdruck für neue Anbieter, die ihr Produkt überhaupt erst am Markt plat-

---

[2] Mit solchen Tests hat sich ausführlich K. HERDZINA, Wettbewerbspolitik, 5., vollst. überarb. Aufl., Stuttgart 1999, S. 47ff., beschäftigt.

zieren möchten, oder sie soll z.B. bei etablierten Anbietern dazu dienen, potenzieller Konkurrenz den Eintritt in den Markt zu erschweren. Die Schwächen dieses Verfahrens sind evident.

Werfen wir noch einen Blick auf die Problematik von **Marktstrukturtests**. Eine bestimmte Marktform ist eine notwendige, keinesfalls aber eine hinreichende Bedingung für Wettbewerb. Zusätzlich zur Anzahl der Anbieter müssen noch weitere Parameter in die Analyse einbezogen werden: Der Grad der Offenheit des Marktes, der Grad der Produktdifferenzierung, der Konzentrationsgrad usw. Der Leser erkennt, dass sich alle diese Parameter nur schwer für eine abschließende Beurteilung bündeln lassen und kaum Aussagen über die Funktionsfähigkeit des Wettbewerbs erlauben.

Auch aus **Fusionen** kann nicht unmittelbar auf die Intensität des Wettbewerbs geschlossen werden: Es kann sein, dass im Zuge einer Fusion ein bisher unliebsamer Wettbewerber vom Markt verschwindet. Ebenso gut ist aber auch möglich, dass durch die Fusion die eigene Marktposition so gestärkt wird, dass nun erst intensiverer Wettbewerb gegenüber anderen Marktteilnehmern entsteht. Dies gilt zunehmend für internationale Zusammenschlüsse in Märkten, die durch den Abbau von Handelshemmnissen liberalisiert werden mit der Folge einer Intensivierung des Wettbewerbs in einem größeren Raum.

Das Ergebnis der Bemühungen, wettbewerbspolitische Indikatoren zu identifizieren, ist letztlich enttäuschend. In der Wettbewerbstheorie und -politik wurden viele Versuche unternommen, die bisher aber nicht zu einem überzeugenden, einheitlichen Messkonzept geführt haben.

2.2.2 Unternehmenskonzentration

Leichter als die Wettbewerbsintensität ist die horizontale Unternehmenskonzentration zu messen. Dabei muss aber davor gewarnt werden, von einer hohen Konzentration auf eine geringe Wettbewerbsintensität zu schließen (und umgekehrt). Die **absolute Konzentration** erfasst die Zahl der Unternehmen des Marktes, unabhängig von ihrer relativen Größe. Die übliche Messgröße ist die so genannte **Konzentrationsrate** (concentration ratio [CR]). Gemessen wird hier der Marktanteil der jeweils größten 3 (CR-3), der größten 6 (CR-6) oder der größten 10 (CR-10) Unternehmen eines Marktes. CR-10 = 70 bedeutet, dass die 10 größten Unternehmen des Marktes einen Umsatzanteil von 70% haben.

Die **relative Konzentration** misst die Ungleichverteilung von Marktanteilen. Messgrößen (**Disparität**). Gäbe es z. B. sechs gleich große Firmen im Markt, würde dies eine große absolute, aber gar keine relative Konzentration bedeuten. Die relative Konzentration wird mit der Lorenzkurve - auch als Konzentrationskurve bezeichnet - veranschaulicht.

Die **Lorenzkurve** zeigt, welcher prozentuale Anteil am Gesamtumsatz des Marktes auf den jeweils zugehörigen prozentualen Anteil der (nach Umsatzgrößenklassen gegliederten) Unternehmen entfällt. In der grafischen Darstellung werden die prozentualen Anteile kumuliert nach Größenklassen abgebildet (z.B. auf der Ordinate der Umsatz, auf der Abszisse die Zahl der Unternehmen). Die Kurve beginnt bei Null Prozent und endet bei Hundert Prozent (Abb. 3.1).

Die Diagonale (**Kurve der Gleichverteilung**) zeigt eine Gleichverteilung der Umsätze (10% der Unternehmen haben 10% der Umsätze, 20% der Unternehmen haben 20% der Umsätze usw.). Je mehr die Lorenzkurve unterhalb dieser Diagonalen verläuft, desto ungleichmäßiger ist die Umsatzverteilung und um so größer die Konzentration. Durch die prozentuale Einteilung der Skalen des Lorenzdiagramms geht jedoch die Information über die absoluten Werte verloren. Aussagen über die Intensität des Wettbewerbs sind anhand dieser Kurve nicht möglich.

Auch die Fläche zwischen der Lorenzkurve und der Kurve der Gleichverteilung kann als Maß für die Konzentration dienen. Um es unabhängig von dem zufällig gewählten Maßstab zu machen, berechnet man nicht den absoluten Wert des Flächeninhaltes, sondern das Verhältnis dieser Fläche zur Fläche zwischen der Diagonalen und den Achsen des Koordinatensystems. Da dieses Dreieck immer größer ist als die zwischen der Lorenzkurve und der Diagonalen liegenden Fläche, ist diese Maßzahl, der **Gini-Koeffizient**, immer kleiner als 1. Je mehr er sich 1 annähert, desto größer ist die Konzentration.

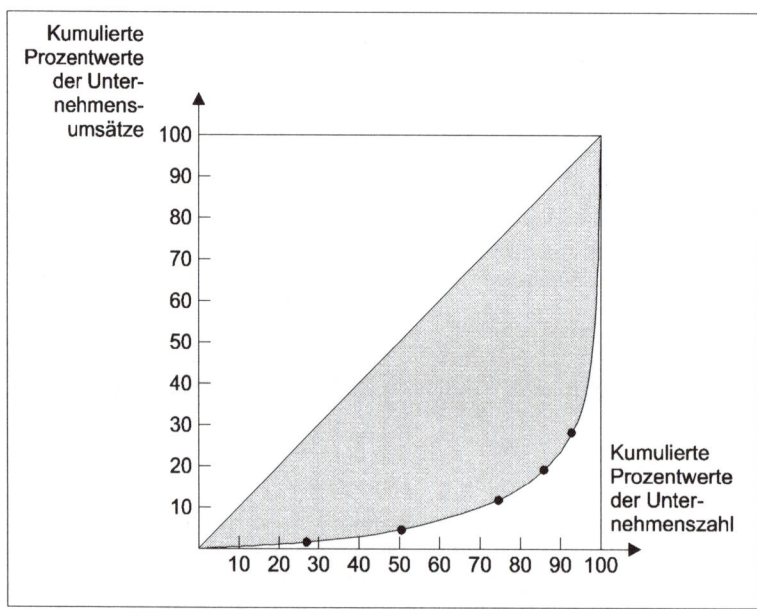

Abb. 3.1: Lorenzkurve

Der **Herfindahl-Index**, ein weiteres absolutes Konzentrationsmaß[3], ist das arithmetische Mittel der mit sich selbst gewogenen Marktanteile. Sie werden quadriert und summiert. Dies führt zu dem Ergebnis, dass die Marktanteile der größeren Anbieter ein stärkeres Gewicht erhalten. Oft werden die so ermittelten Werte mit 10.000 multipliziert, da sich sonst bei stark besetzten Märkten durchweg sehr kleine Werte ergäben. Je höher dieser Index ist, desto größer ist die Konzentration (im Extremfall liegt der Index bei 10.000). Der Vorteil dieses Konzentrationsmaßes liegt darin, dass es die Verteilung des Umsatzes über den gesamten Markt berücksichtigt und somit auch kleinste Unternehmen einschließt.

Anhand von drei konstruierten **Beispielen** wollen wir die Bedeutung der einzelnen Konzentrationsmaße kurz darstellen (Tab. 3.1). Beispiel 1: Der Umsatz einer Branche in Höhe von 1 Mio. Geldeinheiten (GE) verteilt sich auf 10 Unternehmen gleicher Größe. Während der Gini-Koeffizient den Wert Null (keine Konzentration) aufweist, ist beim Herfindahl-Index Konzentration erkennbar. Die CR-3 beträgt 30. Beispiel 2: Der Branchenumsatz wird von 100 Unternehmen gleicher Größe erzielt. Mittelwert, CR-3 und Herfindahl-Index verringern sich, der Gini-Koeffizient bleibt bei Null. Beispiel 3: Der unveränderte Branchenumsatz wird von 8 großen Unternehmen (Umsatz jeweils 100.000 GE) und von 200 kleinen Unternehmen (Umsatz jeweils 1.000 GE) erwirtschaftet. Erst hier wird eine Konzentration nach dem

---

[3] Auf die Darstellung anderer in der Statistik üblicher Konzentrationsmaße wie den Linda-Index, den Rosenbluth-Koeffizienten und den Variationskoeffizienten wollen wir hier nicht eingehen.

Gini-Koeffizienten erkennbar, der Herfindahl-Index steigt gegenüber Beispiel 2 an (bleibt aber unter dem Wert aus Beispiel 1), während sich CR-3 wieder bei 30 einstellt (wie in Beispiel 1).

Tab. 3.1: Die Ausprägung verschiedener Konzentrationsmaße

Bei-spiel	Anzahl der Unternehmen	Mittelwert (GE)	Konzen-trationsrate CR3	Herfindahl-Koeffizient	Gini-Koeffizient
1	10	100.000	30,0	100,00	0,00
2	100	10.000	3,0	10,00	0,00
3	208	4.808	30,0	80,20	0,76

Quelle: STATISTISCHES BUNDESAMT, Konzentrationsstatistische Daten für den Bergbau und das Verarbeitende Gewerbe 1954 bis 1982, Fachserie 4, Reihe S.9, Stuttgart, Mainz 1985, S. 12f.

3. Theoretische Fundierung

3.1 Wettbewerbspolitisches Leitbild

Die Vorstellungen darüber, wie der Wettbewerb die von ihm erwarteten Funktionen am besten erfüllen kann, sind keineswegs einheitlich. Früher war die **vollständige Konkurrenz** wettbewerbspolitisches Leitbild. Analog zum ordnungspolitischen Leitbild (vgl. Kapitel 2, Abschnitt 1) wird darunter die Architektur des Wettbewerbs verstanden, die für eine Volkswirtschaft zu optimalen Allokations- und Verteilungsergebnissen führt. An ihm sollten sich folglich die Maßnahmen der Wettbewerbspolitik orientieren. Auch EUCKEN hat im Rahmen seiner konstituierenden Prinzipien einer Wettbewerbsordnung noch das Grundprinzip der vollständigen Konkurrenz angestrebt (vgl. Kapitel 2, Abschnitt 2.2). Ideal wäre ein Zustand, bei dem sehr viele Anbieter und Nachfrager auf einem Markt ein homogenes Gut bei möglichst vollkommener Markttransparenz tauschen. Sind die Voraussetzungen des Modells erfüllt, führt vollständige Konkurrenz zu einer Optimalsituation ("first best"). Je mehr Marktteilnehmer es auf einem Markt gibt, desto intensiver müsste der Wettbewerb sein. Von dieser Vorstellung ist man auch bei der Beschlussfassung über das GWB im Jahre 1957 ausgegangen.

3.2 Wettbewerbspolitische Konzepte

Da in den Volkswirtschaften von heute Oligopole vorherrschen, sind solche Vorstellungen wirklichkeitsfremd. Die vollständige Konkurrenz ist weder realistisch (realisierbar) noch durchweg wünschbar. Besonders deutlich wird dies in Bezug auf die **Innovationsfunktion** des Wettbewerbs und ihre produktive Effizienz: Wegen der vollständigen Transparenz und der - theoretisch - unendlich schnellen Anpassungsgeschwindigkeit der Konkurrenten, lohnt es sich für den polypolistischen Anbieter nicht, innovativ zu sein. Die Schaffung neuer Produkte lässt gerade neue Märkte entstehen, auf denen, zumindest zeitweise, nur ein oder wenige Anbieter auftreten. Sehr kleine Anbieter haben zwar auch Möglichkeiten, innovativ zu sein, indes gibt es hier immer wieder Schranken (finanzielle, patentrechtliche usw.), die Innovationen durchzusetzen. Daher ist es nicht verwunderlich, dass sich die Auffassungen von den Bedingungen für einen **wirksamen Wettbewerb** inzwischen deutlich geändert haben. Man hält nicht mehr an der Verwirklichung des "first best" der vollkommenen Konkurrenz fest, sondern sucht nach brauchbaren Lösungen eines "second best". Die Unvollkommenheiten des Marktes werden akzeptiert.

Daraus ergibt sich für die Wettbewerbspolitik folgende Quintessenz: Man versucht nicht mehr, ein wettbewerbspolitisches Leitbild durchzusetzen, sondern orientiert sich an Konzepten, die eine engere Bindung zur Realität und auch eine größere Nähe zu anwendbaren Instrumenten der Wettbewerbspolitik besitzen.

3.2.1 Funktionsfähiger (arbeitsfähiger) Wettbewerb

In der Bundesrepublik wird daher etwa seit Mitte der 60er Jahre das Konzept des so genannten **funktionsfähigen (arbeitsfähigen) Wettbewerbs** vertreten. Es geht auf Untersuchungen von J.M. CLARK aus dem Jahr 1940 zurück, der den Begriff der **workable competition** geprägt hat. Mit diesem Konzept wird versucht, (1) die Merkmale der Marktstruktur zu bestimmen, die ein wettbewerbliches Verhalten begünstigen, (2) die Verhaltensweisen herauszufinden, die als wettbewerblich angesehen werden können und (3) die Kriterien festzustellen, die zur Bewertung des Marktergebnisses geeignet sind.

Bei der Untersuchung der **Marktstruktur** werden alle Größen erfasst, die das Marktverhalten der Anbieter bestimmen können. Dazu rechnen neben der Zahl der Marktteilnehmer auch Faktoren rechnen, die von den einzelnen Unternehmen selbst nicht fühlbar beeinflusst werden können (z.B. rechtliche Rahmenbedingungen). Einbezogen werden auch Informationen über den Umfang der Unternehmenskonzentration. Über deren Ursachen lassen sich dann z.B. Rückschlüsse auf die Bedeutung der **economies of scale** und auch auf die durch sie bewirkte Existenz von Marktzutrittsschranken ziehen. Economies of scale besitzen eine solche Eigenschaft, wenn es für neue Anbieter nicht ohne weiteres möglich ist, mit der gleichen Effizienz zu produzieren wie die bereits etablierten Unternehmen. Sie könnten den "Angriff" der "Newcomer" mit einer Preissenkungsstrategie durchkreuzen. Die Zu- oder Abnahme der **Zahl der Wettbewerber** kann in diesem Konzept nicht ohne weiteres als Zu- oder Abnahme des Wettbewerbs interpretiert werden (vgl. Abschnitt 2.2.1).

In das Konzept des funktionsfähigen Wettbewerbs werden Marktformen einbezogen, von denen erwartet wird, dass sie zur Realisierung der Wettbewerbsfunktionen beitragen. Dies gilt etwa für die **weiten** Oligopole (vgl. dazu den folgenden Abschnitt), während bei **engen** Oligopolen die Gefahr besteht, dass es zu Wettbewerbsbeschränkungen kommt. Wenn hier der Markteintritt neuer Wettbewerber unterbleibt, kann im Laufe der Zeit die Zahl der Anbieter abnehmen, so dass der Konzentrationsgrad ansteigt. Die in einem solchen Markt zu beobachtende hohe **Reaktionsverbundenheit** der Anbieter führt oft zu passiven Verhaltensweisen: Aggressive Vorstöße (z.B. Preiskämpfe) unterbleiben, statt dessen wird die Rolle des Branchenführers oder des Preisführers akzeptiert. Dessen Wettbewerbsverhalten wird nachgeahmt, aber nicht herausgefordert.

Die Leistungsfähigkeit dieses Konzepts darf dennoch nicht überschätzt werden. Aussagen darüber, welches Marktverhalten aus welcher Marktstruktur resultiert und welches Marktergebnis bei verschiedenen Marktsituationen erwartet werden kann und ob dies der optimalen Versorgung der Konsumenten dient, können nur mit Vorbehalten gemacht werden. Dies gilt auch deswegen, weil die drei Kriterien (Marktstruktur, Marktverhalten, Marktergebnis) interdependent sind, sie sich also gegenseitig beeinflussen.

3.2.2 Konzept der weiten Oligopole

Nach KANTZENBACH wird von einem funktionsfähigen Wettbewerb vor allem die Erfüllung der **dynamischen** Wettbewerbsfunktionen, also der Innovationsfunktion und eine hohe Anpassungseffizienz an Datenänderungen erwartet (vgl. Abschnitt 1.1). Eine wichtige Rolle spielt dabei die Geschwindigkeit, mit der Vorsprungsgewinne durch Imitatoren wieder abgebaut werden. Damit wird der instrumentale Charakter des Wettbewerbs in den Vordergrund gestellt. Zu untersuchen ist demnach, wann solche günstigen Wettbewerbsvoraussetzungen vorliegen. Sie werden insbesondere auf Märkten vermutet, die als **weite Oligopole** bezeichnet werden. Im Vordergrund dieser Marktform steht die **Reaktionsverbundenheit** der Unternehmen. Wie wir gerade gesehen haben, ist sie bei engen Oligopolen mit starkem Konzentrationsgrad sehr hoch, so dass es auf solchen Märkten kaum zu dynamischen Entwicklungen kommt. Im Polypol ist sie dagegen äußerst schwach ausgeprägt. Folglich sind - nach KANTZENBACH - die Voraussetzungen am besten im weiten Oligopol mit **mäßiger Produktdifferenzierung** erfüllt. Hier ist die Reaktionsverbundenheit zwar vorhanden, aber nicht so hoch, um potenzielle Imitatoren durch ein zu schnelles Reagieren der Konkurrenten zu entmutigen. Auch zu - das Existenzrisiko ausschließenden - Verhaltensabstimmungen dürfte es kaum kommen. Wettbewerbsvorstöße erscheinen gerade in dieser Marktform als besonders lohnend. Hinzu kommt, dass die Zahl der Anbieter hinreichend groß ist, und dass die Unternehmen stark genug sind, um die Vorteile der Massenproduktion ausschöpfen und Innovationen und Anpassungsmaßnahmen finanzieren zu können.

3.2.3 Freier Wettbewerb

Im Konzept des **Freien Wettbewerbs** nach HOPPMANN wird davon ausgegangen, dass der Wettbewerb einen Wert an sich besitzt: Die Freiheitsfunktion des Wettbewerbs wird in den Vordergrund gestellt. Durch Wettbewerb werden den Marktbeteiligten Freiheitsspielräume eröffnet, die stets zu guten Marktergebnissen führen. Die Freiheit für wettbewerbliches Verhalten ist eine notwendige, aber noch keine hinreichende Bedingung für Wettbewerb. Die gebotenen Chancen müssen auch genutzt werden, wofür der Wille und die Fähigkeit zum Wettbewerb erforderlich sind. Ein Mehr an Wettbewerbsfreiheit bringt auch immer zusätzliche wirtschaftliche Vorteile für den Einzelnen. Wenn dagegen die Wettbewerbsfreiheit eingeschränkt wird, verschlechtern sich die erzielbaren **Marktergebnisse**. Dann kann Marktmacht entstehen, die zur Einschränkung der Freiheitsspielräume Dritter missbraucht werden kann. Das Konzept erinnert an den klassischen Liberalismus, der Wettbewerb als dynamischen Prozess verstanden hat, in dem sich wirtschaftliche Freiheit manifestiert und die optimale Konsumentenversorgung gewährleistet wird.

3.2.4 Das Konzept der Chicago School

Aufgrund der als unbefriedigend empfundenen Anwendung des Marktstruktur-, Marktverhaltens- und Marktergebnisparadigmas[4], das lange Jahre die US-amerikanische Antitrustpolitik beherrschte, wurde von der **Chicago School** Anfang der 80er Jahre ein eigenes Konzept entwickelt. Der Wettbewerb wird als dynamischer Prozess betrachtet, der - weil er sich selbst überlassen ist - zur laufenden Anpassung zwingt und somit die Tendenz zu einem Gleichgewicht aufweist (auch wenn es nie erreicht wird). Als Ziel wird die Konsumentenwohlfahrt in den Vordergrund gestellt. **Effizienz** wird als wichtigster Indikator betrachtet. Sie weist zwei Aspekte auf: **Produktive** Effizienz, die durch die Nutzung von Kosteneinsparungen, die mit wachsenden Unternehmensgrößen einhergehen, zu charakterisieren ist. Und **allokative** Effizienz, die zu einer bestmöglichen Entsprechung zwischen Güterangebot und Konsumentenpräferenzen sowie zu Preisen führt, die sich an die langfristigen Grenzkosten annähern. "So verbindet die Repräsentanten der Chicago School die Überzeugung, dass der Wettbewerb als Prozess des 'survival of the fittest' langfristig ... wirksam ist. Auch Oligopolisten stehen annahmegemäß unter Wettbewerbsdruck. Zeigen sie Leistungsschwächen oder versuchen sie, Preise durchzusetzen, die über den Grenzkosten liegen, dann wird durch Markteintritte potenzielle Konkurrenz wirksam, die die Preise wieder auf das Niveau der Grenzkosten herabdrückt. Markteintrittsbarrieren bestehen nämlich annahmegemäß nur dort, wo sie durch staatliche Protektion geschaffen wurden. In diesem Fall sind Deregulierung oder eine liberale Außenwirtschaftspolitik zu fordern, nicht dagegen wettbe-

---

[4] Unter einem Paradigma versteht man ein festumrissenes, umfassendes Programm, an dessen Verdeutlichung viele Vertreter eines Faches arbeiten.

werbspolitische Interventionen. Dort, wo der Staat den Marktzugang nicht im Interesse der etablierten Hersteller behindert oder gar versperrt, werden auch große und vermeintlich marktstarke Unternehmen rasch unter Wettbewerbsdruck geraten, wenn sie Leistungsschwächen zeigen" (H. BERG, Wettbewerbspolitik, in: Vahlens Kompendium der Wirtschaftstheorie und Wirtschaftspolitik, Bd. 2, 6., überarb. Aufl., München 1995, S. 258f.). Dies kann aber nur insoweit gelten, als Marktzutrittsschranken nicht schon aus erreichter Marktmacht heraus entstanden sind. Zu kritisieren ist auch das - implizite - Festhalten an der vollständigen Konkurrenz als Referenzmodell.

3.3 Würdigung und Schlussfolgerungen für die Wettbewerbspolitik

Jedes der hier vorgestellten Konzepte weist Schwächen auf, die vor allem in unbestimmten Begriffen und nicht messbaren wettbewerblichen Sachverhalten liegen. Auch die theoretische Fundierung der Konzepte bleibt unbefriedigend. Orientierungshilfen für die Wettbewerbspolitik sind aus den Konzepten nur sehr bedingt abzuleiten.

Die Handlungsanweisungen, die für die Wettbewerbspolitik aus dem Konzept des **funktionsfähigen Wettbewerbs** resultieren, lassen sich wie folgt zusammenfassen: Es kommt darauf an, die Marktrealität möglichst genau durch die Marktstruktur-, Marktverhaltens- und Marktergebnistests zu erfassen. Dabei stehen erstere im Vordergrund, während letztere - wegen der impliziten Bewertungsproblematik - nur bedingt herangezogen werden. Kommen die Tests in Kombination zur Anwendung, lassen sich wettbewerbliche Problemfälle recht gut behandeln.

Im Konzept der **weiten Oligopole** kommt der Wettbewerbspolitik die Aufgabe zu, polypolistisch strukturierte Märkte durch Kooperationsvereinbarungen und möglicherweise auch Fusionen in die gewünschte Marktform der weiten Oligopole zu überführen. Für diese Marktform selbst muss eine Zusammenschlusskontrolle gewährleisten, dass sich durch Konzentration keine engen Oligopole bilden. Sofern enge Oligopole bestehen, sind sie entweder zu entflechten oder einer Missbrauchsaufsicht zu unterwerfen.

Die Aufgabe der Wettbewerbspolitik besteht im Konzept des **Freien Wettbewerbs** darin, Wettbewerbsbeschränkungen zu beseitigen. Dies ist dann möglich, wenn es sich um künstliche Beschränkungen des Wettbewerbs handelt, die z.B. aus Strategien von Marktteilnehmern resultieren können. Nur bei natürlichen Wettbewerbshemmnissen (z.B. im Falle nicht teilbarer Produktionsanlagen) sind Ausnahmebereiche gegeben, die nicht durch freien Leistungswettbewerb, sondern andere Ordnungsprinzipien (z.B. staatliche Aufsicht) zu steuern sind.

Aus dem **Konzept der Chicago School** ist auf wettbewerbspolitische Behutsamkeit zu schließen. Eingriffe in das Marktgeschehen sind möglichst zu unterlassen, weil sie die "Selbstheilungskräfte des Marktes" nur beeinträchtigen; sie sind insofern ineffizient. Das Instrument der Fusionskontrolle sollte nur dort angewendet werden, wo der bereits erreichte Konzentrationsgrad hoch ist.

Die internationale Diskussion ist nicht ohne Bezug zu den jeweiligen **ordnungspolitischen Grundeinstellungen** zu verstehen. Bemerkenswert ist, dass die Chicago School ein wettbewerbspolitisches Konzept entworfen hat, das sehr stark auf der individuellen Freiheit basiert und damit der US-amerikanischen Werthaltung recht gut entspricht. In den verschiedenen Ausprägungen des Konzepts des funktionsfähigen Wettbewerbs wird dagegen versucht, in differenzierterer Weise spezifische Marktsituationen - und damit auch ein breiteres Zielbündel - zu berücksichtigen. Wir finden damit in der Wettbewerbspolitik die Bestätigung für die Orientierung der Wirtschaftspolitik am gesellschaftlichen Wertesystem (vgl. Kapitel 1, Abschnitt 3.2.1.1).

Wettbewerb ist die **zentrale Ordnungsregel** der Marktwirtschaft und bedarf des Schutzes durch den Staat. Sonst bleiben die Wettbewerbsfunktionen unerfüllt und Wohlfahrtsverluste würden eintreten. (vgl. Abschnitt 1). Dies ist eine schwierige Aufgabe, da die Zahl der in der Praxis vorfindbaren Wettbewerbsbeschränkungen groß ist und dem Erfindungsreichtum der Marktteilnehmer, die dem permanenten Druck des Wettbewerbs ausweichen wollen, kaum Grenzen gesetzt sind.

4. Ziele

4.1 Allgemeine Ziele

Mit der Wettbewerbspolitik soll allgemein zur Erhaltung der wirtschaftlichen **Freiheit** beigetragen werden: Freiheit unternehmerischer Tätigkeit, Freiheit der Berufs- und Arbeitsplatzwahl, Freiheit der Konsumgüterwahl usw. Wettbewerbsfreiheit ist ein Ausdruck für **individuelle Freiheitsrechte** und hat insofern auch einen individuellen Nutzen, der sich z.B. in der freien Entfaltung der Persönlichkeit zeigt. Dabei kann aber - wie die Analyse verschiedener wettbewerbspolitischer Konzepte gezeigt hat - die Betonung der Freiheit unterschiedliches Gewicht haben.

Wenn Wettbewerb zu einem ökonomischen Optimum und Wachstum führt, versteht es sich von selbst, dass in einer marktwirtschaftlichen Ordnung alles für den **Wettbewerbsschutz** getan werden muss, und zwar überall dort, wo der Wettbewerb in der Erfüllung seiner Funktionen gefährdet ist (Abschnitt 1.1). Da es in jeder Wirtschaftsgesellschaft auch Wirtschaftszweige (Branchen) gibt, in denen es keinen oder nur unzureichenden Wettbewerb gibt, kommt als zweites Ziel die **Wettbewerbsförderung** (z.B. bei der Existenz von Monopolen) hinzu. Wenn es nicht gelingen kann, bestehende Unternehmen einem intensiveren Wettbewerb zu unterwerfen, muss als drittes Ziel der Wettbewerbspolitik eine **Missbrauchsaufsicht** über marktbeherrschende Unternehmen und wettbewerbsfeindliche Verhaltensweisen verfolgt werden. Damit soll auch der Umsetzung ökonomischer Macht in politische Einflussnahme vorgebeugt werden.

Ähnlich sind die Ziele im Zuge des europäischen Integrationsprozesses. Die Wettbewerbspolitik soll auf den Märkten die zur Entfaltung des Unternehmergeistes und der Innovationsfähigkeit erforderliche Flexibilität herstellen und eine wirksame und dynamische Allokation der Ressourcen ermöglichen. Damit soll zur Verwirklichung der in Art. 2 des EG-VERTRAGES niedergelegten **Gemeinschaftsziele**, nämlich (1) einer harmonischen und ausgewogenen Entwicklung des Wirtschaftslebens, (2) eines beständigen, nicht inflationären und umweltverträglichen Wirtschaftswachstums, (3) eines hohen Beschäftigungsniveaus, (4) eines hohen Maßes an sozialem Schutz und (5) der Hebung der Lebenshaltung und der Lebensqualität beigetragen werden. Damit zielt die Wettbewerbspolitik wie alle anderen Gemeinschaftspolitiken auch - letztlich im Sinne eines Oberziels - darauf ab, den wirtschaftlichen Wohlstand der Union und das Wohlergehen aller europäischen Bürger zu erhöhen (vgl. EUROPÄISCHE KOMMISSION, XXVI. Bericht über die Wettbewerbspolitik, Brüssel, Luxemburg 1997, S. 1).

4.2 Zielhierarchie

Wettbewerb hat keinen Selbstzweck, sondern ist ein Mittel zur Erreichung übergeordneter Ziele. Freiheit und Wachstum tragen zur gesamtgesellschaftlichen Wohlfahrt bei. Die werden dann bestmöglich erreicht, wenn die Wettbewerbsfunktionen erfüllt werden, die wir - auszugsweise - auf der zweiten Zielebene angeordnet haben. Die Realisierung dieser Funktionen setzt Erfolge in den drei wesentlichen Bereichen der Wettbewerbspolitik (Wettbewerbsschutz, Wettbewerbsförderung und Missbrauchsaufsicht) voraus. Auf der untersten Ebene der Zielhierarchie in Abb. 3.2 werden einige Instrumente erwähnt. Dagegen sind die Politikbereiche nicht aufgeführt, die ebenfalls von wettbewerbspolitischer Bedeutung sein können (Außenhandelspolitik, Steuer- und Subventionspolitik usw.). Wir können somit die in Abb. 3.2 widergegebene Zielhierarchie (Ausschnitt) ableiten.

Grundsätzlich gelten die gleichen Ziele auch für die **Wettbewerbspolitik der EU**. Indes ist - bedingt durch den Integrationsprozess - die Zielbestimmung der EU noch weiter zu fassen. Sie beeinflusst die europäische Wirtschaft in ihren Strukturen, trägt zur Entfaltung von Innovationen bei und ermöglicht eine dynamische Allokation der Ressourcen im Binnenmarkt ohne Grenzen. Eine solche strukturbezogene Orientierung der Wettbewerbspolitik führt auch zu Wechselwirkungen mit anderen Politikbereichen wie dem der Vertiefung des Binnenmarktes, der Förderung der Beschäftigung und des Wachstums, der Forschungs- und Entwicklungspolitik sowie der Umwelt- und Verbraucherpolitik. Schließlich richtet sich die Wettbewerbspolitik der EU auch an Erfordernissen aus, die durch den weltweiten Prozess der Globalisierung entstanden sind. Die Kommission will die Konkurrenzfähigkeit der EU in diesem Prozess langfristig sicherstellen.

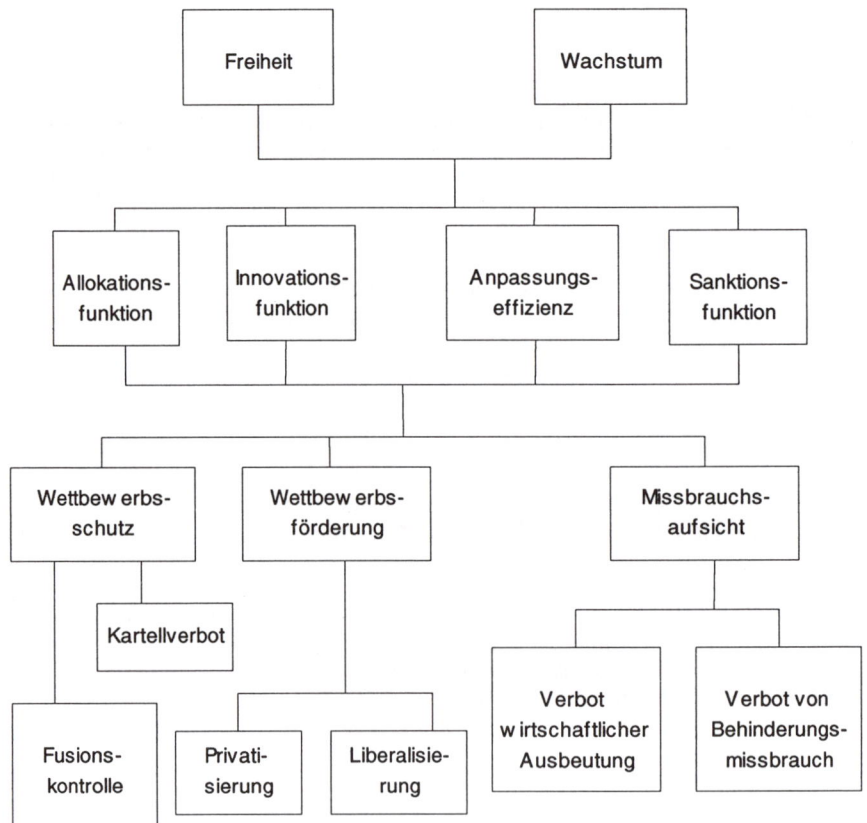

Abb. 3.2: Wettbewerbspolitische Zielhierarchie (Ausschnitt)

4.3 Zielkonflikte

Auch im Rahmen der Wettbewerbspolitik kann es zu **Zielkonflikten** auf verschiedenen Ebenen der Zielhierarchie kommen. Dies gilt zunächst für Fälle, in denen nicht nur wettbewerbspolitische Ziele, sondern auch - z.B. industriepolitische, standortpolitische oder arbeitsmarktpolitische Ziele - verfolgt werden. Fasst man die Problematik enger und beschränkt sich auf die Funktionen des Wettbewerbs, können weitere Konfliktfelder identifiziert werden:[5]

- Wenn das Marktgeschehen für maximalen Anpassungsdruck sorgt und damit die optimale Faktorallokation gewährleistet, können die Handlungsspielräume der Marktteilnehmer im Sinne der Freiheitsfunktion eingeschränkt sein.
- Das Marktgeschehen sollte technischen Fortschritt fördern. Dazu sind möglicherweise hohe Gewinne notwendig, die mit der Forderung nach Verteilungsgerechtigkeit kollidieren.
- Ein hoher Konzentrationsgrad in einem Wirtschaftszweig mag zwar Größenvorteile mit sich bringen, die zu einer besseren Versorgung mit Gütern führen, ihm steht aber möglicherweise ein geringerer Grad an wirtschaftlicher Freiheit auf der anderen Marktseite gegenüber.
- Im Rahmen der so genannten Neo-Schumpeter-Hypothesen wird ein positiver Zusammenhang zwischen der absoluten Unternehmensgröße und innovatorischen Aktivitäten angenommen (Hypothese I). Weiterhin wird ein Zusammenhang zwischen Marktmacht (hohe Konzentration) und Innovationen postuliert (Hypothese II). Die empirischen Untersuchungen zu diesen Fragen lassen indes keine eindeutigen Schlussfolgerungen zu.

Die **Ministererlaubnis** für Kartelle und Fusionen, die deren Genehmigung jeweils gestattet, wenn überwiegende Gründe der Gesamtwirtschaft und des Gemeinwohls vorliegen, stellt ebenfalls einen Konfliktfall dar. Es handelt sich um **Ermessensentscheidungen**, die zwischen gegensätzlichen Interessenlagen abzuwägen haben. Da das GWB für diese Fälle Generalklauseln enthält, ist es im allgemeinen nicht schwer, für die Ministererlaubnis eine stichhaltige Begründung zu finden. Bei der Bewertung ist zu beachten, dass im Zuge der europäischen und der weltweiten Liberalisierung die Märkte größer werden. Dies hat Auswirkungen auf die Abgrenzung des relevanten Marktes, dessen Ausdehnung nun weiter zu fassen ist. An der grundsätzlichen Aussage über die Existenz von Zielkonflikten ändert das jedoch nichts.

Konflikte waren auch wegen unterschiedlicher nationaler Rechtsnormen und deren zum Teil fortbestehender Divergenz zum europäischen Wettbewerbsrechts denkbar. Beispielsweise wurde bezogen auf die auslösenden Umsatzschwellen die Fusionskontrolle in Deutschland insgesamt restriktiver gehandhabt als die der EU. Diese Probleme sind mit der 7. Novelle zum GWB (Inkrafttreten: Mai 2004), in der eine Anpassung an das „modernisierte" europäische Wettbewerbsrecht vorgenommen wurde, weitgehend ausgeräumt. Gemäß der EU-KARTELLRECHTSVERFAHRENSORDNUNG (VO 01/2003) gilt der „Vorrang des europäischen Wettbewerbsrechts (Art. 3) für alle Bereiche mit zwischenstaatlichen Auswirkungen. Art. 81 EG-VERTRAG schließt sowohl milderes als auch schärferes nationales Recht aus, so dass keine Abweichungen des nationalen Rechts von dem vorrangigen EU-Recht mehr möglich sind" (Bericht des BUNDESKARTELLAMTES über seine Tätigkeit in den Jahren 2001/02, a.a.O., S. II).

Auf der Ebene der drei genannten wettbewerbspolitischen Ziele überwiegt die **Zielkomplementarität**. Die Förderung und der Schutz des Wettbewerbs wirken sich positiv auf die Erreichung des Ziels der Verhinderung des Missbrauchs wirtschaftlicher Macht aus.

Die **Operationalisierung** wettbewerbspolitischer Ziele ist schwierig. Dies ist bereits in der Diskussion der Indikatoren deutlich geworden. Man könnte beispielsweise einen Konzentra-

---

[5] Vgl. dazu K. HERDZINA, Wettbewerbspolitik, a.a.O., S. 37ff., wo diese Erörterungen unter die Überschrift "Dilemmathese versus Harmoniethese" gestellt werden. Weitere Zielkonflikte werden von I. SCHMIDT, Wettbewerbspolitik und Kartellrecht, 7., neu bearb. Aufl., Stuttgart 2001, S. 81ff. erörtert.

tionsgrad vorgeben, der nicht überschritten werden darf. Dem stehen dann aber wieder Argumente gegenüber, die sich auf die Vorteile der Unternehmenskonzentration (economies of scale und economies of scope) berufen. Die Aussagen zur optimalen Wettbewerbsintensität bleiben in allen wettbewerbspolitischen Untersuchungen vage.

5. Träger der Wettbewerbspolitik

5.1 Nationale Träger

5.1.1 Das Bundeskartellamt

Das BUNDESKARTELLAMT ist eine selbständige **Bundesoberbehörde** im Geschäftsbereich des Bundeswirtschaftsministeriums, mit Sitz in Bonn. Das BUNDESKARTELLAMT verfolgt alle Wettbewerbsbeschränkungen, die sich in der Bundesrepublik Deutschland auswirken. Dazu gehören vor allem

- die Durchsetzung des Kartellverbots,
- die Durchführung der Fusionskontrolle und
- die Ausübung der Missbrauchsaufsicht.

Für die **Durchsetzung des Kartellverbots** und der **Missbrauchsaufsicht** ist das Kartellamt allerdings nur insoweit zuständig, als die wettbewerbsbeschränkende Wirkung über ein Bundesland hinausreicht. Bleibt die Wirkung auf ein Bundesland begrenzt, verfolgen die jeweiligen Landeskartellbehörden die Wettbewerbsverstöße. Für die **Durchführung der Fusionskontrolle** hat das BUNDESKARTELLAMT die ausschließliche Zuständigkeit. Darüber hinaus nimmt es als zuständige Behörde alle Aufgaben wahr, die den Mitgliedstaaten durch die **Wettbewerbsregeln des EG-Vertrages** übertragen sind. Mit etwa 270 Mitarbeitern ist das BUNDESKARTELLAMT angesichts seiner Aufgabenstellung eine sehr kleine Behörde.

Das Kartellamt hat nach §§ 57ff. GWB weitreichende Ermittlungsbefugnisse. Es kann von den Unternehmen Auskünfte verlangen, Geschäftsunterlagen einsehen und nach richterlicher Anordnung Unternehmen durchsuchen und Beweismittel beschlagnahmen. Gegen Entscheidungen des BUNDESKARTELLAMTES ist Beschwerde beim OBERLANDESGERICHT DÜSSELDORF möglich. Gegen dessen Beschlüsse kann Rechtsbeschwerde beim BUNDESGERICHTSHOF (BGH) eingelegt werden.

In der Aufbauorganisation des BUNDESKARTELLAMTES gibt es insgesamt 5 Referate (außer den Referaten für Verwaltung und Information und zwei Vergabekammern, die mit der Neufassung des GWB 1999 eingerichtet wurden, um die Vergabe öffentlicher Aufträge gemäß Teil 4 GWB - Art. 97ff. zu überprüfen) zu den verschiedensten wettbewerbsrechtlichen und -politischen Fragen unter Einschluss der europäischen Dimension gibt. Weiterhin bestehen 11 Beschlussabteilungen, die eine allgemeine Zuständigkeit nach Branchen besitzen und einige zusätzlich für bestimmte Fragen branchenübergreifend tätig sind.

5.1.2 Der Bundesminister für Wirtschaft und Arbeit

Der BUNDESMINISTER FÜR WIRTSCHAFT UND ARBEIT übt die **Organaufsicht** (Verwaltungsaufsicht und Fachaufsicht) über das BUNDESKARTELLAMT aus.[6] Sie wird von den Staatssekretären des Ministeriums wahrgenommen. Die Fachaufsicht ist im Wesentlichen der Abteilung I

---

[6] Zum Geschäftsbereich des BUNDESMINISTERS FÜR WIRTSCHAFT UND ARBEIT gehören mehrere Bundesoberbehörden, darunter 3 technisch-wissenschaftliche Bundesanstalten, eine Verwaltungsbehörde (BUNDESAMT FÜR WIRTSCHAFT UND AUSFUHRKONTROLLE) sowie mehrere Bundesoberbehörden mit Sonderaufgaben (BUNDESAGENTUR FÜR ARBEIT, BUNDESKARTELLAMT, BUNDESAGENTUR FÜR AUSSENWIRTSCHAFT und die Anfang 1998 geschaffene REGULIERUNGSBEHÖRDE FÜR POST UND TELEKOMMUNIKATION).

(Wirtschaftspolitik) des Ministeriums (und hier vor allem der Unterabteilung I B: Wettbe-
werbs- und Preispolitik; Grundsatzfragen der Strukturpolitik) zugeordnet. In Ausnahmefällen
agiert das Ministerium selbst als Kartellbehörde. Es kann Sonderkartelle (§ 8 GWB) und
Zusammenschlüsse (§ 42) erlauben.

5.2 Europäische Union

Während in Deutschland die Einhaltung des Wettbewerbsrechts durch eine selbständige
Behörde überwacht wird, entscheidet in Brüssel die EU-KOMMISSION. Sie ist als politisches
Organ auch für andere wirtschaftliche und politische Entscheidungen zuständig. In die
Kompetenz der EU-KOMMISSION fällt die Beurteilung aller Wettbewerbsbeschränkungen, die
den Handel zwischen den Mitgliedstaaten beeinträchtigen. Innerhalb der Kommission ist die
Generaldirektion für Wettbewerb beauftragt. Die nationalen Kartellbehörden können ebenfalls die Wettbewerbsregeln des EG-VERTRAGES anwenden, solange die Kommission noch
kein Verfahren eingeleitet hat. Exklusiv ist sie für die Anwendung der europäischen Fusionskontrolle zuständig, die für alle Zusammenschlüsse von gemeinschaftsweiter Bedeutung gilt (vgl. Abschnitt 6.2.2). Außerdem ist die EU-KOMMISSION für die Überwachung staatlicher Beihilfen (Subventionen) zuständig. Schließlich sind ihr Kompetenzen im Rahmen der
internationalen Handelspolitik übertragen worden, falls sich - z.B. aus Konzentrationsvor-
gängen - Wettbewerbseinschränkungen ergeben, die sich auf dem Binnenmarkt auswirken
können.

Das Wettbewerbsrecht auf EU-Ebene wird seit einigen Jahren modernisiert. In diesem
Zusammenhang ist auch ein Netzwerk zur verbesserten Zusammenarbeit zwischen der EU-
KOMMISSION und den nationalen Behörden geschaffen worden (EUROPEAN COMPETITION
NETWORK - ECN). Es ist erforderlich geworden, weil in Zukunft die nationalen Wettbewerbs-
behörden in verstärktem Maße an der Bearbeitung von EU-Fällen beteiligt sein werden.
Außerdem ist das Forum EUROPEAN COMPETITION AUTHORITIES - ECA eingerichtet worden,
um die Wettbewerbspolitik zwischen der EU, dem EUROPÄISCHEN WIRTSCHAFTSRAUM und der
EFTA-Überwachungsbehörde besser aufeinander abzustimmen.

Wenn die Unternehmen mit Entscheidungen der EU-KOMMISSION nicht einverstanden sind,
steht es ihnen frei, vor dem EUROPÄISCHEN GERICHTSHOF (EuGH - gemäß Art. 220 - 245 EG-
VERTRAG) zu klagen. Er besteht aus 15 Richtern und 9 Generalanwälten, deren Amtszeit 6
Jahre beträgt. Sie sind unabhängig und in der Regel nicht absetzbar. Sie werden von den
nationalen Regierungen im gegenseitigen Einvernehmen ernannt. Dem Gerichtshof ist ein
Gericht erster Instanz beigeordnet, das für eine Reihe von Klagen im ersten Rechtszug
zuständig ist. Dazu gehören auch wettbewerbspolitische Streitfragen. Sofern Rechtsfragen
strittig sind, kann beim EuGH Rechtsmittel eingelegt werden. Aufgrund dieses Mitwirkungs-
rechts kann der EuGH - wenn auch nur mit begrenzter Kompetenz - als Träger der Wettbewerbspolitik bezeichnet werden. Im Laufe seines Bestehens hat der EuGH ein recht um-
fangreiches Fallrecht bzw. Richterrecht geschaffen, das seine wettbewerbspolitische Rolle
unterstreicht.

6. Instrumente

6.1 Nationale Instrumente

Wir können mit der Übersicht über die wettbewerbspolitischen Instrumente an der Zielhierarchie (Abb. 3.2) anknüpfen. Im Vordergrund des Erreichens von funktionsfähigem oder
wirksamem Wettbewerb stehen die Instrumente des GWB. Es sollte aber nicht übersehen
werden, dass sich auch aus der Anwendung des GESETZES GEGEN DEN UNLAUTEREN
WETTBEWERB (UWG) wettbewerbspolitische Wirkungen ergeben. Dies gilt gleichermaßen
für die ordnungspolitischen Instrumente der Privatisierung, der Liberalisierung (im Sinne der

Abschaffung oder Herabsetzung von Marktzutrittsschranken) und der staatlichen Deregulierung (z.B. durch Erleichterung der Existenzgründung). Schließlich gehören zur Kategorie der sonstigen Instrumente die Steuerpolitik (Reform der Unternehmensbesteuerung), aber auch die Infrastrukturpolitik im Sinne der Verbesserung der Standortbedingungen. In Abb. 3.3 sind einige dieser Instrumente zusammengefasst.

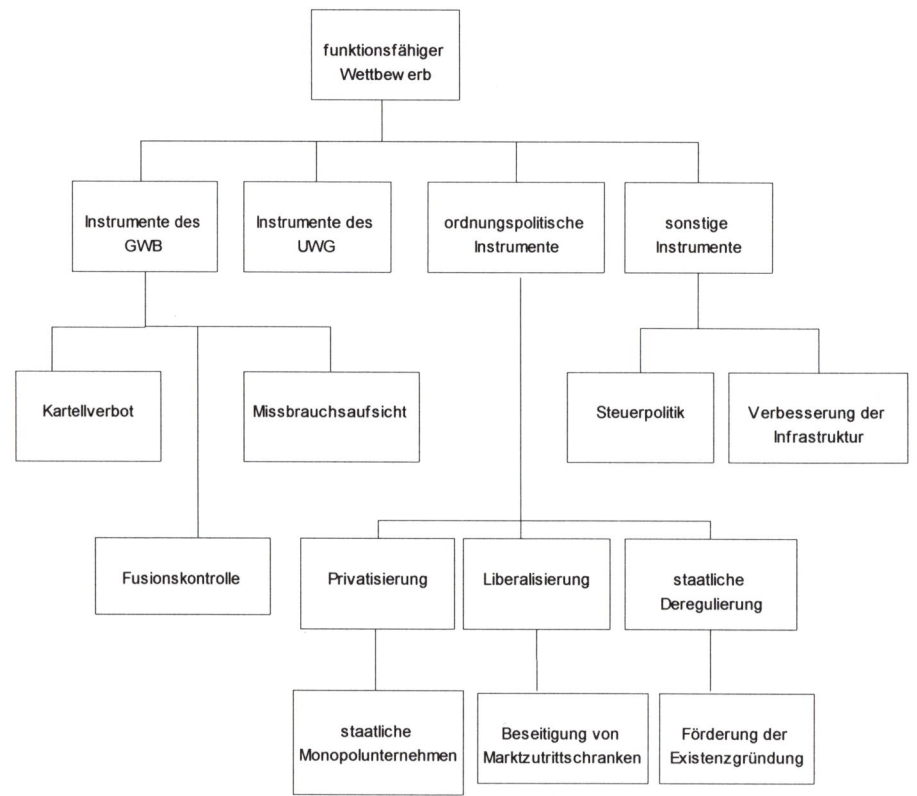

Abb. 3.3: Übersicht über wettbewerbspolitische Instrumente

6.1.1 Instrumente des Gesetzes gegen Wettbewerbsbeschränkungen (GWB)

Das GWB ist am 1. Januar 1958 in Kraft getreten. Es ist durch die ordnungspolitischen Vorstellungen des Neoliberalismus geprägt, aber auch durch das US-amerikanische Antitrustrecht. Man bezeichnet es auch als **„Grundgesetz der Wirtschaftsordnung"**. Mit der 6. Kartellrechtsnovelle von 1998 wollte die Bundesregierung das Wettbewerbsprinzip im Hinblick auf neue Anforderungen stärken, die sich insbesondere aus der zunehmenden Globalisierung der Märkte ergeben. Gleichzeitig sollten das deutsche Recht stärker auf das EG-Recht abgestimmt und obsolet gewordene Vorschriften aufgehoben werden. Das GWB unterscheidet mehrere **Tatbestandsgruppen**:

- Kartellvereinbarungen, Kartellbeschlüsse, abgestimmtes Verhalten (§§ 1 - 13);
- Vertikalvereinbarungen (Verbot von Vereinbarungen über Preisgestaltung oder Geschäftsbedingungen, Preisbindung, Missbrauchsaufsicht über Ausschließlichkeitsbindungen, Lizenzverträge) (§§ 14 - 18);
- Marktbeherrschung, wettbewerbsbeschränkendes Verhalten (§§ 19 - 23);

- Wettbewerbsregeln (§§ 24 - 27) und
- Fusionskontrolle (§§ 35 - 43).

Das GWB betrifft alle Wettbewerbsbeschränkungen, die sich im Inland auswirken (vgl. Abschnitt 5.1.1). Bedeutsamen internationalen Wettbewerbsregeln wollen wir gesondert nachgehen (vgl. Abschnitt 6.2).

6.1.1.1 Allgemeines Kartellverbot

§ 1 GWB lautet:

„Vereinbarungen zwischen miteinander im Wettbewerb stehenden Unternehmen, Beschlüsse von Unternehmensvereinigungen und aufeinander abgestimmte Verhaltensweisen, die eine Verhinderung, Einschränkung oder Verfälschung des Wettbewerbs bezwecken oder bewirken, sind verboten."

In dieser neu gefassten Vorschrift wird das **Verbot** eines Kartellvertrags festgestellt, während früher nur dessen Unwirksamkeit normiert war. Auch Empfehlungen, die zur Umgehung des Kartellverbots ausgesprochen werden, sind durch das GWB verboten. Kartellverträge genießen keinen Rechtsschutz. Weiterhin wird das Kartellverbot durch ein Verbot des **aufeinander abgestimmten Verhaltens** ergänzt. Dabei kommt es zu einer formlosen Verständigung, das eigene Verhalten an das der Konkurrenten so anzupassen, dass die Risiken des Wettbewerbs, insbesondere die Unsicherheiten über das wechselseitige Verhalten, ausgeschaltet werden. Es kann nicht verwundern, dass ein solches Verhalten besonders in engen Oligopolen (vgl. Abschnitt 3.2.1) vermutet werden kann, die bereits lange Lernprozesse am Markt hinter sich gebracht haben. Für die Kartellbehörde ist der Nachweis aufeinander abgestimmter Verhaltensweisen außerordentlich schwierig. Dies zeigt sich auch darin, dass in den Berichtszeiträumen seit 1996 kein einziges neues Verfahren eingeleitet wurde. Hilfreich bei der Aufdeckung von Kartellen ist die seit dem Jahr 2000 (Bekanntmachung Nr. 68/2000) eingeführte „**Bonusregelung**", die sich an der seit 1996 auf EU-Ebene bestehenden Regelung des „Leniency" orientiert. Danach kann der Aufklärungsbeitrag eines Kartellbeteiligten bei der Bußgeldbemessung berücksichtigt werden (völliger oder teilweiser Erlass der Geldbuße). Als hilfreich hat sich auch die 2002 geschaffene **Sonderkommission Kartellbekämpfung** (SKK) erwiesen, die aussteigewilligen Kartellanten als Ansprechpartner zur Verfügung steht und die aufgrund ihrer spezifischen Ausstattung mit sachlichen und personellen Ressourcen (auch auf dem Gebiet der Informationstechnologie) für eine erfolgreiche Vorbereitung und Durchführung der Ermittlungen vor Ort sorgen kann.

Im Gegensatz zu aufeinander abgestimmten Verhaltensweisen ist ein bloßes **Parallelverhalten** nicht verboten. Es liegt vor, wenn Konkurrenten ihre Wettbewerbsparameter (z.B. die Preise) gleichzeitig in nahezu gleichem Umfang und gleicher Richtung verändern. Ein solches Parallelverhalten kann die Folge einer formlosen Abstimmung sein, sich aber genauso gut aus einer starken wechselseitigen Abhängigkeit der Anbieter ergeben. Man wird aus der Marktsituation heraus zu einem Parallelverhalten „gezwungen", einer Absprache bedarf es nicht (Veränderungen des Wechselkurses des US $ sowie Kostensteigerungen bei Rohöl betreffen alle Mineralölfirmen gleichermaßen). Es ist von außen nicht zu beurteilen, ob z. B. die gleichgerichteten Preisänderungen bei Benzin nur Parallelverhalten oder Ergebnis eines aufeinander abgestimmten Verhaltens sind.

Setzen sich die Beteiligten über das Verbot hinweg, so begehen sie eine **Ordnungswidrigkeit**, die mit einer Geldbuße geahndet werden kann (§ 81 GWB). Die hohe Sozialschädlichkeit von Kartellen liegt darin, dass sie sich grundsätzlich für die Nachfrager (Verbraucher) preistreibend auswirken. Wie verbreitet Kartelle immer noch sind, zeigen die Zahlen aus dem BERICHT DES BUNDESKARTELLAMTES 2001/2002, S. 274f.: Ende 2002 (2001) waren 56

(56) Verfahren beim Bundeskartellamt anhängig, zu denen noch 126 (116) Verfahren bei den Landeskartellbehörden hinzukamen.

Vom allgemeinen Kartellverbot des GWB sind zahlreiche im Gesetz aufgeführte Absprachen ausgenommen. Sie können durch Anmeldung (§§ 2 - 4) oder Freistellung (§§ 5 - 8) legalisiert werden.

- Normen- und Typenkartelle (§ 2 Abs. 1), Konditionenkartelle (§ 2 Abs. 2),
- Spezialisierungskartelle (§ 3),
- Mittelstandskartelle (§ 4),
- Rationalisierungskartelle (§ 5)
- Strukturkrisenkartelle (§ 6),
- Sonstige Kartelle (§ 7).

Freigestellt werden können auch Kartelle, die zwar Beschränkungen des Wettbewerbs bewirken, aber aus Gründen der Gesamtwirtschaft und des Gemeinwohls notwendig sind, ohne dass eine Legalisierung nach §§ 2 - 7 möglich ist. Dies sind die bereits erwähnten **Sonderkartelle**, für deren Erlaubnis der BUNDESMINISTER FÜR WIRTSCHAFT UND ARBEIT zuständig ist (§ 8).

Um kleineren und mittleren Unternehmen (KMU) einen Ausgleich für ihre strukturellen (größenbedingten) Nachteile im Wettbewerb zu gewähren, lässt das GWB für sie Absprachen zu. Danach sind zum Zweck der Rationalisierung nahezu alle Formen der zwischenbetrieblichen Zusammenarbeit erlaubt, soweit sie zur Stärkung der Leistungsfähigkeit der KMU geeignet sind und den Wettbewerb nicht wesentlich beeinträchtigen. Wegen dieser Möglichkeiten kann man auf eine gewisse "Mittelstandsfreundlichkeit" des GWB schließen.

Ein besonderes Problem stellen seit langem die so genannten **Submissionskartelle** dar, bei denen Unternehmen eine Absprache dann treffen, wenn es um öffentliche Ausschreibungen geht. Das BUNDESKARTELLAMT deckt solche und andere Kartelle immer wieder auf. Dennoch ist davon auszugehen, dass die bekannt gewordenen Absprachen nur die Spitze des Eisbergs darstellen. Problematisch ist hier folgendes: Zwar können einerseits seit Verabschiedung des GESETZES ZUR BEKÄMPFUNG DER KORRUPTION im Jahre 1997 Verstöße gegen das Kartellrecht mit **Bußgeldern** (früher ausschließlich als Ordnungswidrigkeiten geahndet) belegt werden. Die Hochstufung von Ordnungswidrigkeiten zu Straftaten findet dann keine Anwendung, wenn die Verstöße vor der Gesetzesänderung erfolgten. Andererseits besteht die Möglichkeit, dass die von den Strafverfolgungsbehörden verhängten Bußgelder wesentlich niedriger ausfallen als die Geldbußen der Kartellbehörde und dass die Gefahr der Verjährung besteht, durch die die Täter straffrei ausgehen würden. Ein älteres, aber prägnantes Beispiel:

"Das 1992 eingeleitete Kartellverfahren gegen Hersteller von Feuerwehraufbauten ist hinsichtlich der angefochtenen Bußgeldbescheide von 3,8 Mio. DM von der Staatsanwaltschaft übernommen worden. ... Die Taten drohen zu verjähren. ... So ist in [diesem Verfahren] ein Täter durch den Übergang zum Strafverfahren der vom Bundeskartellamt verhängten Geldbuße in Höhe von 300.000 DM entgangen. Das Strafverfahren wurde gegen Zahlung von 75.000 DM an eine gemeinnützige Organisation eingestellt, so dass der Täter unter Umständen noch die Vorteile der steuerlichen Absetzbarkeit als Spende nutzen kann." (BERICHT DES BUNDESKARTELLAMTES über seine Tätigkeit in den Jahren 1995/96, DEUTSCHER BUNDESTAG, Drucksache 13/7900 v. 19.6.1997, S. 30f.)

Das BUNDESKARTELLAMT hat sich auch mit **Selbstbeschränkungsabkommen** in der Wirtschaft auseinander zu setzen. Solche Abkommen scheinen von wirtschaftspolitischer Seite her den Vorteil zu besitzen, dass regulierende staatliche Rechtsakte überflüssig werden. Freiwillige Maßnahmen belassen den betroffenen Wirtschaftskreisen größere Gestaltungsspielräume, wobei man davon ausgeht, dass die größere Sachnähe zu effizienteren Lösungen führt. Beispiele dafür sind das für die Vergabe des Grünen Punktes geschaffene flächendeckende Duale System Deutschland und andere ökologisch orientierte Selbstbeschränkungsabkommen. Das BUNDESKARTELLAMT spricht sich aus ordnungspolitischer Sicht grundsätzlich gegen Selbstverpflichtungen aus. "Gegen Selbstbeschränkungsabkommen spricht, dass Unternehmen ihren eigenen Ordnungsrahmen setzen und insoweit Kompetenzen in Anspruch nehmen, die ausschließlich dem Staat zustehen. Ein durch die Wirtschaft eigenständig und einseitig gesetztes Recht wäre somit der parlamentarischen Kontrolle entzogen." (BERICHT DES BUNDESKARTELLAMTES über seine Tätigkeit 1995/96, S. 39). Diesen Bedenken können wir uns anschließen.

Die Problematik der Kartelle ist nach wie vor ungelöst. Wie viele wettbewerbsbeschränkende Absprachen tatsächlich getroffen werden, ist unbekannt. Die vielen Ausnahmen vom Kartellverbot haben zu dem Vorwurf geführt, der Gesetzgeber sei beim Wettbewerbsschutz nicht konsequent genug gewesen.

6.1.1.2 Fusionskontrolle

Die mit Fusionen verbundenen Wettbewerbsbeschränkungen werden dann deutlich, wenn man an den Extremfall denkt, dass sich alle Konkurrenten eines Marktes zusammenschließen und damit eine Monopolstellung erlangen. Externe Unternehmenskonzentration kann den Wettbewerb ebenso beschränken wie Kartellbildung. Da Unternehmenszusammenschlüsse auf Dauer angelegt sind, besitzen sie sogar ein noch größeres wettbewerbliches Gefährdungspotenzial. Ein Kartell „platzt" dagegen in der Regel, wenn ein Mitglied glaubt, ohne Kartell Vorteile zu haben.

Grundsätzlich sind Fusionen nach dem GWB erlaubt. Erst beim Überschreiten bestimmter Umsatzgrenzen greift die Kontrolle ein (§ 35 Abs. 1): Wenn im letzten Geschäftsjahr vor dem Zusammenschluss die beteiligten Unternehmen insgesamt weltweit Umsatzerlöse von mehr als 500 Mio. € **und** mindestens ein beteiligtes Unternehmen im Inland Umsatzerlöse von mehr als 25 Mio. € erzielt haben (**Aufgreifkriterien**).[7] Fusionen sind **vor dem Vollzug** beim Kartellamt anzumelden. Das BUNDESKARTELLAMT prüft gemäß § 36, ob durch den Zusammenschluss eine marktbeherrschende Stellung entsteht oder verstärkt wird. Ist dies der Fall, wird der Zusammenschluss untersagt. Es sei denn, die Unternehmen weisen nach (Umkehr der Beweislast), dass durch den Zusammenschluss auch Verbesserungen der Wettbewerbsbedingungen eintreten und dass sie die Nachteile der Marktbeherrschung (zu diesem Tatbestandsmerkmal vgl. Abschnitt 6.1.1.3) überwiegen (**Eingriffkriterium**). Ohne vorherige Anmeldung ist ein Zusammenschluss nichtig. Der Vollzug des Zusammenschlusses ist dem BUNDESKARTELLAMT unverzüglich **anzuzeigen**.

Der im GWB weit gefasste Begriff des **Zusammenschlusses** schließt nach § 37 Abs. 1 Ziff. 1 - 4 folgende Fälle ein:

– der Erwerb des Vermögens eines anderen Unternehmens ganz oder zu einem wesentlichen Teil;
– Erwerb der unmittelbaren oder mittelbaren Kontrolle durch ein oder mehrere Unternehmen über die Gesamtheit oder Teile eines oder mehrerer anderer Unternehmen. Die Kontrolle wird durch Rechte, Verträge oder andere Mittel begründet, die die Möglichkeit gewähren, einen bestimmenden Einfluss auf die Tätigkeit eines Unternehmens auszuüben, insbesondere durch
a) Eigentums- oder Nutzungsrechte an einer Gesamtheit oder an Teilen des Vermögens des Unternehmens,
b) Rechte und Verträge, die einen bestimmenden Einfluss auf die Zusammensetzung, die Beratungen oder Beschlüsse der Organe des Unternehmens gewähren;

---

[7] Die Zusammenschlusskontrolle ist nach § 35 Abs. 2 nicht anzuwenden, wenn sich ein Unternehmen, das nicht abhängig ist und das im letzten Geschäftsjahr weltweit Umsatzerlöse von weniger als 10 Mio. € erzielt hat, mit einem anderen Unternehmen zusammenschließt oder wenn ein Markt betroffen ist, auf dem seit mindestens fünf Jahren Waren oder gewerbliche Leistungen angeboten wurden und auf dem im letzten Kalenderjahr weniger als 15 Mio. € umgesetzt wurden (**Bagatellklausel**).

- der Erwerb von Anteilen an einem anderen Unternehmen, wenn die Anteile allein oder zusammen mit sonstigen, dem Erwerber bereits gehörenden Anteilen 25% oder 50% des Kapitals oder der Stimmrechte des anderen Unternehmens erreichen;
- jede sonstige Verbindung von Unternehmen, aufgrund derer ein oder mehrere Unternehmen unmittelbar oder mittelbar einen wettbewerblich erheblichen Einfluss auf ein anderes Unternehmen ausüben können.

Wenn die **Anmeldung** eines Zusammenschlussvorhabens beim Kartellamt eingegangen ist, hat die zuständige Beschlussabteilung maximal vier Monate Zeit, um über das Vorhaben zu entscheiden. Diese Frist steht ihr aber nur dann zur Verfügung, wenn sie innerhalb eines Monats nach Eingang der Anmeldung den so genannten **"Monatsbrief"** schreibt, d.h. den beteiligten Unternehmen mitteilt, dass sie in die Prüfung des Falles eingetreten ist. Für bereits vollzogene Fusionen, die dem Kartellamt nur anzuzeigen sind, gilt statt der Viermonatsfrist eine Jahresfrist für die Entscheidung. Bevor ein Zusammenschluss untersagt wird, werden die Unternehmen von der Beschlussabteilung über die Gründe für die Untersagung informiert. Damit wird das Vorbringen von Gegenargumenten ermöglicht. Gegen Untersagungen können die Unternehmen Rechtsmittel einlegen (vgl. Abschnitt 5.1.1). Für die Gerichte sind - ebenso wie für das BUNDESKARTELLAMT - ausschließlich wettbewerbliche Gesichtspunkte als Prüfkriterien maßgebend. Beim BUNDESMINISTER FÜR WIRTSCHAFT UND ARBEIT können die Unternehmen ebenfalls eine Erlaubnis für die Fusion beantragen. Er kann sie erteilen, wenn die Wettbewerbsbeschränkung von gesamtwirtschaftlichen Vorteilen des Zusammenschlusses aufgewogen wird oder er durch ein überragendes Interesse der Allgemeinheit gerechtfertigt ist (§ 42 Abs. 1). Dabei ist auch die Wettbewerbsfähigkeit der beteiligten Unternehmen auf Märkten außerhalb des Geltungsbereichs des GWB zu berücksichtigen. Die Erlaubnis darf nur erteilt werden, wenn durch das Ausmaß der Wettbewerbsbeschränkung die marktwirtschaftliche Ordnung nicht gefährdet wird. Nach Meinung des Kartellamtes haben sich diese Zweistufigkeit und der Ausnahmecharakter der **Ministererlaubnis** bewährt. Von 1973 bis Ende 2002 gab es 18 Anträge, wobei nur in 7 Fällen die Ministererlaubnis erteilt wurde.

Beispiel 1: Anfang 1997 hat das BUNDESKARTELLAMT den Erwerb einer Mehrheitsbeteiligung an der zu BASF gehörenden Kali und Salz Beteiligungs-AG durch die kanadische Potash Corporation of Saskatchewan (PCS) untersagt. PCS ist der weltweit größte Hersteller von Kalidüngern. Kali und Salz hält auf dem deutschen Markt für Kalidünger einen Marktanteil von über 80 %. Die Verbindung des einzigen deutschen Anbieters mit der auf dem Weltmarkt führenden PCS hätte die marktbeherrschende Stellung von Kali und Salz langfristig abgesichert. Weltweit besteht ein relativ enges Oligopol weniger Kalianbieter. Dabei trägt PCS über die Drosselung der eigenen Kapazitätsauslastung maßgeblich zur Aufrechterhaltung des Weltmarktpreises bei. Auf diesen wichtigsten potenziellen Kunden hätte Kali und Salz nach dem Zusammenschluss keine Rücksicht mehr nehmen müssen. Nach der Untersagung durch das Kartellamt haben die Unternehmen eine Ministererlaubnis beantragt. Dies wurde jedoch abgelehnt.

Beispiel 2: Im April 1997 hat das BUNDESKARTELLAMT die Übernahme von Eduscho durch Tchibo freigegeben. Der Zusammenschluss betraf im Wesentlichen den Markt für Röstkaffee in Haushaltspackungen. Durch die Fusion halten die Marktführer Kraft Jacobs Suchard und Tchibo/Eduscho annähernd gleich hohe Marktanteile in Höhe von jeweils etwa 30 %. Beim Kaffeevertrieb über Bäckereien erlangen die Beteiligten durch den Zusammenschluss sogar eine Alleinstellung. Gleichwohl hat das Kartellamt festgestellt, dass durch den Zusammenschluss keine marktbeherrschende Stellung auf dem Kaffeemarkt entsteht. Maßgeblich dafür ist, dass vor allem durch den Anbieter Aldi auch künftig wesentlicher Wettbewerb strukturell gesichert bleibt, weil für diesen Anbieter preisgünstiger Kaffee unverzichtbar für seine Werbung ist.

Unternehmen, die durch internes Wachstum eine marktbeherrschende Stellung erreicht haben, können nicht entflochten werden. Die Möglichkeit der Missbrauchsaufsicht (vgl. Abschnitt 6.1.1.3) bleibt bestehen. Wenn die Untersagung eines bereits vollzogenen Zusammenschlusses rechtskräftig geworden ist, kann das BUNDESKARTELLAMT jedoch Maßnahmen zur Entflechtung der Fusion anordnen (§ 41 Abs. 3). In der Zeit seit Einführung der Fusionskontrolle bis Ende 2002 hat es 139 Untersagungen gegeben. Zusammenschlüsse, die offensichtlich zu marktbeherrschenden Stellungen führen würden, werden oft gar nicht mehr an das Kartellamt herangetragen. In Zweifelsfällen suchen die Unternehmen das Gespräch mit dem Kartellamt schon im Vorfeld des Zusammenschlusses. Viele wettbewerblich problematische Vorhaben werden bereits in dieser Phase aufgegeben, wenn den Unternehmen signalisiert wird, dass mit der Untersagung gerechnet werden muss. Dies sind die **Vorfeldfälle** des BUNDESKARTELLAMTES.

6.1.1.3 Missbrauchsaufsicht über marktbeherrschende Unternehmen

Wettbewerbsbeschränkungen können sich auch daraus ergeben, dass ein Unternehmen oder eine Gruppe von Unternehmen den Markt beherrscht. Das GWB unterwirft das Verhalten marktbeherrschender Unternehmen strengeren Anforderungen als das anderer Marktteilnehmer.

Missbrauchsaufsicht ist das staatliche Regulativ für fehlenden wesentlichen Wettbewerb. Die Existenz starker Marktstellungen wird aus eigentumsrechtlichen Gründen hingenommen. Aber marktbeherrschenden Unternehmen kann die Kartellbehörde grundsätzlich alle Verhaltensweisen untersagen, die die Wettbewerbsmöglichkeiten anderer Marktteilnehmer (Konkurrenten, Abnehmer oder Lieferanten) oder der Verbraucher über Gebühr beeinträchtigen.

Entscheidend für die Eingriffsmöglichkeit des Kartellamtes sind die Tatbestandsmerkmale (1) Marktbeherrschung und (2) Missbrauch der Marktmacht.

Die **Marktbeherrschung** ist in § 19 definiert:
"(1) Ein Unternehmen ist marktbeherrschend im Sinne dieses Gesetzes, soweit es als Anbieter oder Nachfrager einer bestimmten Art von Waren oder gewerblichen Leistungen
1. ohne Wettbewerber ist oder keinem wesentlichen Wettbewerb ausgesetzt ist oder
2. eine im Verhältnis zu seinen Wettbewerbern überragende Marktstellung hat; hierbei sind insbesondere sein Marktanteil, seine Finanzkraft, sein Zugang zu den Beschaffungs- oder Absatzmärkten, Verflechtungen mit anderen Unternehmen, rechtliche oder tatsächliche Schranken für den Marktzutritt anderer Unternehmen, die Fähigkeit, sein Angebot oder seine Nachfrage auf andere Waren oder gewerbliche Leistungen umzustellen, sowie die Möglichkeit der Marktgegenseite, auf andere Unternehmen auszuweichen, zu berücksichtigen.
(2) Als marktbeherrschend gelten auch zwei oder mehr Unternehmen, soweit zwischen ihnen für eine bestimmte Art von Waren oder gewerblichen Leistungen allgemein oder auf bestimmten Märkten aus tatsächlichen Gründen ein wesentlicher Wettbewerb nicht besteht und soweit sie in ihrer Gesamtheit die Voraussetzungen des Absatzes 1 erfüllen."

Über das Vorliegen einer marktbeherrschenden Stellung eines oder mehrerer Unternehmen (**oligopolistische Marktbeherrschung**) hat der Gesetzgeber eine Reihe von **Vermutungen** aufgestellt. Die Marktmacht wird dabei an der Marktstruktur - insbesondere am Marktanteil - und am Marktverhalten gemessen. Die **Marktanteile**, die die Vermutung einer marktbeherrschenden Stellung begründen, sind gemäß § 19 Abs. 3:
- für ein Unternehmen ein Marktanteil von mindestens einem Drittel,
- für eine Gesamtheit von 3 oder weniger Unternehmen ein Marktanteil von 50 Prozent,
- für eine Gesamtheit von 5 oder weniger Unternehmen ein Marktanteil von zwei Dritteln.

Dies gilt dann nicht, wenn die Unternehmen nachweisen, dass die Wettbewerbsbedingungen zwischen ihnen wesentlichen Wettbewerb erwarten lassen oder die Gesamtheit der Unternehmen im Verhältnis zu den übrigen Wettbewerbern keine überragende Marktstellung hat. Es leuchtet unmittelbar ein, dass bei der Feststellung der Marktanteile die Abgrenzung des **relevanten Marktes** erneut von großer Bedeutung ist (Abschnitt 2.1.4).

Neben der Marktbeherrschung muss **Missbrauch** der Marktmacht vorliegen, damit das Kartellamt einschreiten kann. Er ist in § 19 Abs. 4 beschrieben. Ein Missbrauch ist insbesondere gegeben, wenn ein marktbeherrschendes Unternehmen als Anbieter oder Nachfrager

1. die Wettbewerbsmöglichkeiten anderer Unternehmen in einer für den Wettbewerb erheblichen Weise ohne sachlich gerechtfertigten Grund beeinträchtigt;
2. Entgelte oder sonstige Geschäftsbedingungen fordert, die von denjenigen abweichen, die sich bei wirksamem Wettbewerb mit hoher Wahrscheinlichkeit ergeben würden (wobei insbesondere Verhaltensweisen von Unternehmen auf vergleichbaren Märkten mit wirksamem Wettbewerb zu berücksichtigen sind);
3. ungünstigere Entgelte oder sonstige Geschäftsbedingungen fordert, als sie das marktbeherrschende Unternehmen selbst auf vergleichbaren Märkten von gleichartigen Abnehmern fordert (es sei denn, dass der Unterschied sachlich gerechtfertigt ist);
4. sich weigert, einem anderen Unternehmen gegen angemessenes Entgelt Zugang zu den eigenen Netzen oder anderen Infrastruktureinrichtungen zu gewähren, wenn es dem anderen Unternehmen aus rechtlichen oder tatsächlichen Gründen ohne die Mitbenutzung nicht möglich ist, auf dem vor- oder nachgelagerten Markt als Wettbewerber des marktbeherrschenden Unternehmen.

Bei der missbräuchlichen Ausübung von Marktmacht werden der Behinderungsmissbrauch (er entspricht weitgehend § 19 Abs. 4 Ziff. 1 und 4) und der Ausbeutungsmissbrauch (§ 19 Abs. 2 und 3) unterschieden.

Die **Behinderungsfälle** betreffen Verhaltensweisen, mit denen marktbeherrschende Unternehmen ihre Stellung gegenüber Konkurrenten durch missbräuchliches Verhalten behaupten, weiter ausbauen oder ihren Einfluss auf vor- oder nachgelagerte Wirtschaftsstufen oder auf Drittmärkte ausdehnen. Solche Praktiken werden dann als Missbrauch der wirtschaftlichen Machtstellung angesehen, wenn sie nicht auf einer besonderen Leistung beruhen und konkret geeignet sind, die Wettbewerbsmöglichkeiten der übrigen Unternehmen spürbar zu verschlechtern.

Ein Beispiel: Das BUNDESKARTELLAMT hat im Mai 2002 der Fuchs Gewürze GmbH & Co. untersagt, beim Abschluss von Verträgen mit Lebensmitteleinzelhändlern zur Belieferung mit haushaltsüblich abgepackten Trockengewürzen durch die Verwendung von Exklusivklauseln in Verknüpfung mit Einmalzahlungen (so genannte Werbekostenzuschüsse) die Wettbewerberin Hartkorn Gewürzmühle GmbH unbillig zu behindern und aus ihren bestehenden oder sich anbahnenden Lieferbeziehungen zu Einzelhändlern zu verdrängen. Fuchs hat mit 75% Marktanteil in Deutschland eine marktbeherrschende Stellung.

Wenn Unternehmen aufgrund von Marktmacht überhöhte Preise und/oder unangemessene Konditionen fordern, liegt **Ausbeutungsmissbrauch** vor. Missbrauchsmaßstab ist dabei das so genannte **Vergleichsmarktkonzept**: Die vermeintlich höheren Preise werden mit Preisen verglichen, die sich auf wettbewerblichen Märkten gebildet haben.

Ein Beispiel: Anfang 1997 hat das BUNDESKARTELLAMT der Lufthansa untersagt, auf der Strecke Berlin - Frankfurt/M. Preise zu fordern, die um mehr als 10,- DM je einfacher Strecke über den Preisen liegen, die die Lufthansa selber auf der Strecke Berlin - München verlangt. Zum Zeitpunkt der Untersagung war die Lufthansa die einzige Fluggesellschaft, die die Strecke Berlin - Frankfurt/M. bediente. Die im Vergleich zu anderen innerdeutschen Strecken deutlich höheren Preise auf dieser Monopolstrecke stellten nach Auffassung des BUNDESKARTELLAMTES einen **Ausbeutungsmissbrauch** (missbräuchliche Preisspaltung) dar. Inzwischen Hat die Germania Fluggesellschaft mbH auf der Strecke Berlin - Frankfurt zu niedrigen Preisen aufgenommen. Die Deutsche BA befliegt die Vergleichsstrecke Berlin - München als low-cost-carrier. Auf diese wettbewerbliche Herausforderung hat die Lufthansa reagiert und eine neues Tarifsystem eingeführt. Der Abstand zulasten der Flugkunden macht nur noch 9 - 11 % (vorher: 25 - 31 %) aus. Bei einer Preisspaltung in dieser Größenordnung kann nicht mehr von einem Missbrauch ausgegangen werden.

Das Vergleichsmarktkonzept kann in drei Ausprägungen eingesetzt werden. Beim **räumlichen** Vergleichsmarktkonzept wird das Marktergebnis des untersuchten Marktes mit dem eines räumlich getrennten - z.B. ausländischen - Marktes verglichen, auf dem die gleichen Güter angeboten werden. Allerdings ist es oft schwierig, vergleichbare Konstellationen zu identifizieren. Die Märkte können sich durch viele Faktoren (Technologien, Absatzmöglichkeiten, Faktorausstattungen) unterscheiden.

Beim **zeitlichen** Vergleichsmarktkonzept werden die Marktergebnisse desselben Marktes zu zwei Zeitpunkten bzw. während zweier Perioden unterschiedlicher Wettbewerbsintensität miteinander verglichen. Auch dieses Verfahren ist nicht unproblematisch, weil für die Vergleichbarkeit der Marktergebnisse gewährleistet sein muss, dass die Marktstrukturfaktoren gleich sein müssen. Unterschiede liegen dann vor, wenn zwischen den beiden Betrachtungszeitpunkten oder -räumen technischer Fortschritt oder externe Schocks an den Faktor- oder Gütermärkten zu verzeichnen waren. Die Marktergebnisse wären dann nicht mehr auf das Verhalten, sondern auf solche Einflussgrößen zurückzuführen.

Beim **sachlichen** Vergleichsmarktkonzept werden die Marktergebnisse eines Unternehmens auf mindestens zwei sachlich getrennten Märkten mit unterschiedlicher Wettbewerbsintensität untersucht. Die Marktergebnisse können auch mit denen eines Unternehmens verglichen werden, das ähnliche Güter unter wettbewerblichen Bedingungen anbietet. Die bereits skizzierten Probleme ändern sich indes nicht: In beiden Fällen müssen gleiche oder vergleichbare Marktstrukturfaktoren identifiziert werden. Hinzu kommt, dass die ebenfalls gemachte Voraussetzung der funktionalen Vergleichbarkeit der Güter aus der Sicht des Verbrauchers erfüllt sein muss. Sie ist in der Realität nur schwer zu bestimmen.

Die Missbrauchsaufsicht über marktbeherrschende Unternehmen hat in der leitungsgebundenen Energiewirtschaft (Strom, Gas) an Bedeutung gewonnen. Die Durchleitung ist das wesentliche Element zur Schaffung von Wettbewerbs auf den Energiemärkten. Vom BUNDESKARTELLAMT wurde wiederholt die mit der 6. KARTELLRECHTSNOVELLE geschaffene Norm angewendet, die die Verweigerung des Zugangs zu so genannten „wesentlichen Einrichtungen" ausdrücklich als Missbrauch einer marktbeherrschenden Stellung nennt (§ 19 Abs. 4 Nr. 4). Ein neues Feld der Missbrauchsaufsicht ist dadurch entstanden, dass in den Katalog missbräuchlichen Verhaltens der Verkauf unter Einstandspreis aufgenommen wurde (§ 20 Abs. 4 Satz 2).

Ein Beispiel: Im September 2000 hat das BUNDESKARTELLAMT den Unternehmen Wal-Mart, Aldi Nord und Lidl untersagt, bestimmte Grundnahrungsmittel unter ihren Einstandspreisen zu verkaufen (Bericht des BUNDESKARTELLAMTES 1999/2000, S. 42f.).

6.1.1.4 Sonstige Instrumente nach dem GWB

Vertikale Vertriebsbindungen

Eine vertikale, **vertragliche Preisbindung** („der zweiten Hand") liegt vor, wenn ein Hersteller den Abnehmer seines Produktes verpflichtet, es nur zu einem bestimmten Preis zu verkaufen. Sie ist nach § 14 GWB grundsätzlich verboten, da der Preiswettbewerb auf der Handelsstufe entfällt. Hier liegt eine Wettbewerbsbeschränkung vor. Eine Ausnahme besteht gemäß § 15 nur bei Verlagserzeugnissen (z. B. Zeitschriften und Zeitungen). Für Bücher, Musiknoten und kartografische Erzeugnisse gilt ab Oktober 2002 gemäß BUCHPREISBINDUNGSGESETZ eine **gesetzliche Pflicht** zur Preisbindung. Sie ist für alle Händler verbindlich. 18 Monate nach Herstellung kann sie beendet werden. Hintergrund war, dass das bis dahin praktizierte Verfahren zur Durchsetzung der Buchpreisbindung von der EU-KOMMISSION nach Art. 81 EG-VERTRAG bei grenzüberschreitenden Verkäufen beanstandet wurde. Bemerkenswert ist, dass mit der deutschen Neuregelung die nationale Buchpreisbindung dem Anwendungsbereich von Art. 81 EG-VERTRAG entzogen wird. Preiswettbewerb ist damit ausgeschlossen.

Dagegen sind unverbindliche **Preisempfehlungen** für Produkte, die mit gleichartigen Waren im Wettbewerb stehen, erlaubt. Der Hersteller darf jedoch zu ihrer Einhaltung keinen

Druck ausüben. Preisempfehlungen unterliegen der Missbrauchsaufsicht durch die Kartellbehörde. Liegt ein Missbrauch vor, kann die Behörde die Empfehlung für unzulässig erklären und eine gleichartige Empfehlung für dieses Produkt für die Zukunft untersagen. Nach den Erfahrungen des BUNDESKARTELLAMTES werden unverbindliche Preisempfehlungen häufig als Preisbindungsersatz angesehen. Vor allem in straff geführten Vertriebssystemen versuchen einzelne Hersteller von Markenwaren, für ihre Produkte einheitliche Endabnehmerpreise am Markt durchzusetzen. Einzelhändler werden z.B. über die Androhung von Liefersperren zur Einhaltung der als unverbindlich zu kennzeichnenden Preisempfehlungen veranlasst.

Ein Beispiel: Das BUNDESKARTELLAMT hat im Jahr 2000 eine Geldbuße von 500.000 DM gegen die „NUR HIER"-Großbäckerei verhängt. Das im Großraum Hamburg tätige Unternehmen hatte eine Politik einheitlicher Verkaufspreise in allen Verkaufsstellen verfolgt und dazu den unternehmerisch selbständigen Pächtern die Verkaufspreise vorgegeben. Es hat die Einhaltung des einheitlichen Preisniveaus überwachen und durchsetzen lassen und auf Pächter, die zur Einhaltung der Preisvorgaben nicht bereit waren, Druck ausgeübt.

Abschlussbindungen

In § 16 werden vier verschiedene Sachverhalte von **Abschlussbindungen** zusammengefasst. Bei der **Ausschließlichkeitsbindung** (§ 16 Ziff. 2) handelt es sich um eine vertraglich festgelegte vertikale Wettbewerbsbeschränkung: Ein Abnehmer verpflichtet sich zum ausschließlichen Bezug eines Gutes nur von seinem Lieferanten. Damit wird der Handlungsspielraum des Gebundenen eingeengt. Auf der Stufe des Bindenden kann es zu einem erschwerten Marktzutritt kommen, wenn alle Marktteilnehmer solche Bindungen einsetzen. Bekannte Beispiele sind der Bier-, Benzin- und Kfz-Bezug durch Gaststätten, Tankstellen und Autohändler. Bei **Vertriebsbindungen** (§ 16 Ziff. 3) verpflichten sich die Abnehmer von Gütern, diese nur an bestimmte Kundenkreise (z.B. an den Fachhandel, den Einzelhandel usw.) oder nur in bestimmten Absatzgebieten (z.B. im Ausland) zu verkaufen. Dies wirkt wie eine Ausschließlichkeitsbindung: Es wird ein selektives Vertriebssystem zugunsten der Gebundenen geschaffen. Die Ausgeschlossenen werden möglicherweise vom Markt verdrängt, der Marktzutritt wird erschwert. Aktuelle oder potenzielle Kunden werden auch durch **Verwendungsbeschränkungen** (§ 16 Ziff. 1) blockiert. Solche Verträge verpflichten den Käufer von Investitionsgütern, beim Gerätebetrieb nur bestimmte Zusatzgeräte und Materialien einzusetzen, die der Verkäufer selbst anbietet. Ähnlich gelagert sind die so genannten **Koppelungsverträge** (§ 16 Ziff. 4), bei denen die Käufer (Mieter) von Gütern verpflichtet werden, sachlich oder handelsüblich nicht zugehörige Güter abzunehmen. Es muss sich dabei nicht notwendigerweise um Komplementärgüter handeln. Die sich bindenden Unternehmen können auf diese Weise den Absatz für weitere Güter sichern und Marktschranken für Konkurrenten errichten.

Nach dem GWB sind Abschlussbindungen zulässig, unterliegen aber einer **Missbrauchsaufsicht**. Nur bei Vorliegen bestimmter Voraussetzungen ist ein Eingreifen der Kartellbehörde möglich.

Lizenzverträge

Nach § 17 sind Verträge über Veräußerung oder Lizenzierung von erteilten oder angemeldeten Patenten oder Gebrauchsmustern verboten, soweit sie dem Erwerber oder Lizenznehmer Beschränkungen im Geschäftsverkehr auferlegen, die über den Inhalt des gewerblichen Schutzrechts hinausgehen.

Diskriminierung und Boykott

Das **Diskriminierungsverbot** (§ 20) soll ebenso wie die Missbrauchsaufsicht verhindern, dass durch marktmächtige Unternehmen die wirtschaftliche Betätigungs- und Entscheidungsfreiheit anderer Unternehmen eingeschränkt wird. Das Diskriminierungsverbot gilt generell für marktbeherrschende Unternehmen (Abs. 1), aber auch für marktstarke Unternehmen, von denen kleine und mittlere Anbieter oder Nachfrager in der Weise abhängig sind, dass ausreichende und zumutbare Möglichkeiten, auf andere Unternehmen auszuweichen, nicht gegeben sind (Abs. 2). In aller Regel sind nur diese Unternehmen in der Lage, den Wettbewerb durch Diskriminierung und Behinderung anderer Unternehmen zu beeinträchtigen. Während das Behinderungsverbot vornehmlich die Wettbewerber des diskriminierenden Unternehmens schützt, stellt das Verbot unterschiedlicher Behandlung den Schutz von Abnehmern und Lieferanten vor einer ungerechtfertigten Benachteiligung im Vergleich zu ihren Konkurrenten sicher. Nach § 21 ist auch der **Boykott** verboten. Unternehmen dürfen andere Unternehmen nicht zu Liefer- oder Bezugssperren veranlassen, um bestimmte Unternehmen unbillig zu beeinträchtigen. Darüber hinaus dürfen Unternehmen anderen Unternehmen keine Nachteile androhen oder zufügen und keine Vorteile versprechen oder gewähren, um sie zu einem Verhalten zu veranlassen, das nach dem GWB nicht zum Gegenstand einer vertraglichen Bindung gemacht werden darf.

6.1.1.5 Geltungsbereich und Sanktionsmöglichkeiten

Geltungsbereich

Nicht alle Wirtschaftsbereiche fallen unter die Regelungen des GWB. Vom GWB völlig ausgenommen (**totale Ausnahmebereiche**) sind:

DEUTSCHE BUNDESBANK und KREDITANSTALT FÜR WIEDERAUFBAU.

Partielle Ausnahmebereiche sind

- Unternehmen des Personenverkehrs und Eisenbahnverkehrsunternehmen (in Bezug auf § 1 und § 22 Abs. 1);
- Landwirtschaft (in Bezug auf §§ 1 und 14);
- Kreditinstitute und Versicherungsunternehmen können vom Verbot der §§ 14 und 22 Abs. 1 Satz 1 freigestellt werden;
- Urheberrechtsgesellschaften (in Bezug auf § 1 und 14);
- Energieversorgungsunternehmen kann auf Antrag die Erlaubnis zu wettbewerbsbeschränkendem Verhalten (§§ 1, 14, 22 Abs. 1) erteilt werden, wenn die Energieversorgung gefährdet oder gestört ist.
- § 1 findet keine Anwendung auf die zentrale Vermarktung von Rechten an der Fernsehübertragung von sportlichen Wettbewerben durch Sportverbände.

Einige dieser Ausnahmen wurden mit Rationalisierungsvorteilen begründet, andere im Hinblick auf die Versorgungssicherheit mit Gütern des Grundbedarfs gerechtfertigt. In der Energiewirtschaft beispielsweise wurde aufgrund der Leitungsgebundenheit von Strom, der hohen Kapitalintensität und der begrenzten Möglichkeiten zur Speicherung von Strom eine wettbewerbliche Ordnung früher für unmöglich oder für volkswirtschaftlich ineffizient gehalten. Für einige Ausnahmebereiche gelten jeweils gesonderte gesetzliche Grundlagen (wie z. B. das KREDITWESENGESETZ, BUNDESBANKGESETZ, LANDWIRTSCHAFTSGESETZ usw.). Außerdem unterliegen die partiellen Ausnahmebereiche der Missbrauchsaufsicht.

Monopole, die früher in einigen Sektoren für unumgänglich gehalten wurden, werden jetzt differenzierter gesehen. Man weiß heute - auch aufgrund von Erfahrungen im Ausland -, dass die Versorgungssicherheit von Strom und Gas nicht gefährdet ist, wenn sie wettbewerblich angeboten werden. Außerdem sind bestimmte Ausnahmebereiche gar nicht mehr durchzusetzen, da die Wettbewerbsregeln der EU auf sie angewendet werden müssen. Beispiel Strom: Im Februar 1997 trat eine Stromrichtlinie der EU in Kraft, die bis spätestens Februar 1999 in nationales Recht umgesetzt werden musste. Darin wird die Einführung von Durchleitungsrechten bei bestehenden Netzen, die Liberalisierung des Baus von Anlagen für die Erzeugung und Übertragung von Strom sowie ein erster Ansatz zur Entflechtung von integrierten Versorgungsunternehmen vorgeschrieben.

Sanktionsmöglichkeiten

In der Bundesrepublik gelten die Verstöße gegen die Verbote des GWB nicht als Straftaten und damit nicht als kriminelles Unrecht, sondern nur als Ordnungswidrigkeiten (§ 81 GWB). Diese **Ordnungswidrigkeiten** werden mit Geldbußen bestraft. Der Bußgeldrahmen beläuft sich auf 0,5 Mio. € und darüber hinaus auf das Dreifache des durch die Zuwiderhandlung erzielten Mehrerlöses. Seit einigen Jahren zeichnete sich jedoch eine Änderung in der Rechtsprechung ab. Kartellverfahren wurden auch auf ihre strafrechtliche Relevanz hin untersucht. Das BUNDESKARTELLAMT kann Verfahren an die Staatsanwaltschaft abgeben, wenn eine Straftat vorliegt oder vorsätzlich oder fahrlässig eine Ordnungswidrigkeit begangen wurde (vgl. Abschnitt 6.1.1.1). Dies ist seit 1997 im **Korruptionsbekämpfungsgesetz** verankert, nachdem unabhängig von der täterbezogenen Strafverfolgung durch die Staatsanwaltschaft die Kartellbehörde Geldbußen gegen Unternehmen und Personen bei Kartellabsprachen verhängen kann. Damit dürfte die Zeit der "Kavaliersdelikte" in diesem Bereich vorbei sein.

Die Kartellbehörden können unter bestimmten Voraussetzungen verlangen, dass Unternehmen den durch missbräuchliche Ausnutzung ihrer marktbeherrschenden Stellung erlangten Mehrerlös abführen (§ 34). Die Missbrauchsaufsicht zielt heute vor allem auf den Erhalt offener Märkte ohne Zugangsschranken, denn bestehende marktbeherrschende Positionen werden meist schneller und wirksamer durch neue Wettbewerber, als durch langwierige Rechtsverfahren abgebaut. Das BUNDESKARTELLAMT kann die Behinderung bzw. Setzung überhöhter Preise untersagen. Es kann aber selbst keine Preise festsetzen, bestenfalls Obergrenzen bestimmen, deren Überschreitung wiederum als Missbrauch angesehen würde.

6.1.2 Sonstige wettbewerbspolitisch relevante Instrumente

6.1.2.1 Gesetz gegen den unlauteren Wettbewerb (UWG)

Schon im Jahre 1896 wurde das erste GESETZ GEGEN DEN UNLAUTEREN WETTBEWERB erlassen. Das zweite Gesetz v. 7.6.1909, das noch heute die gesetzliche Grundlage bildet, stellte an den Anfang die berühmte Generalklausel in § 1[8]:

"Wer im geschäftlichen Verkehr zu Zwecken des Wettbewerbs Handlungen vornimmt, die gegen die guten Sitten verstoßen, kann auf Unterlassung und Schadenersatz in Anspruch genommen werden."

Damit werden im Interesse der Allgemeinheit und der Mitbewerber durch das Wettbewerbsrecht die unlauteren Wettbewerbshandlungen, die dem Leistungswettbewerb widersprechen, untersagt. Zur Feststellung eines Wettbewerbsverstoßes sind danach mehrere Voraussetzungen zu prüfen und zwar (1) das Handeln im geschäftlichen Verkehr, (2) zu Zwecken des Wettbewerbs und (3) die Sittenwidrigkeit. Der letzte Aspekt ist besonders schwer zu fassen, denn was lauter oder unlauter ist, unterliegt Wandlungen, es lässt sich letztlich erst aus dem konkreten Fall ableiten. Für Juristen liegt hier eine 'elastische' Generalklausel vor, die es gestattet hat, einige Verhaltensnormen herauszuarbeiten, die eine berechenbare

---

[8] UWG v. 7.9.1909, zuletzt geändert durch Gesetz v. 23.7.2002 (BGBl I, S. 2850). Dieses Gesetz dient der Umsetzung der Richtlinie 97/55/EG des EUROPÄISCHEN PARLAMENTS und des Rates v. 6.10.1997 über irreführende Werbung zwecks Einbeziehung der vergleichenden Werbung (ABl. EG Nr. L 290 S. 18 v. 23.10.1997).

Beurteilung ermöglichen. Im juristischen Schrifttum haben sich einige Fallgruppen herausgebildet, die die Vielfalt unlauterer Wettbewerbshandlungen widerspiegeln:[9]

- Kundenfang (Beeinflussung der Kunden durch Irreführung, Zwang, Nötigung, Belästigung usw.);
- Behinderung (unlautere Mittel werden gegenüber Mitbewerbern in Form von Absatz-, Werbe- und Bezugsbehinderung eingesetzt. Dazu zählen auch Formen des Boykotts und der Diskriminierung);
- Ausbeutung (z.B. durch Übernahme fremder Arbeitsergebnisse, Nachahmung fremder Leistungen);
- Rechtsbruch (durch Verletzung gesetzlicher oder vertraglicher Bindungen);
- Marktstörung (als unlautere Gefährdung des Wettbewerbs auf bestimmten Märkten z.B. durch Marktmacht).

Durch eine Gesetzesänderung im Juli 2002 ist die vergleichende Werbung - einer Richtlinie der EU folgend - unter bestimmten Voraussetzungen zugelassen (§ 2 UWG). Das BUNDESKABINETT hat im Mai 2003 den Entwurf einer Neufassung des UWG verabschiedet. Das deutsche Lauterkeitsrecht ist nicht mehr zeitgemäß und im internationalen Vergleich in einzelnen Bereichen sehr restriktiv. Das neue Gesetz bedeutet eine grundlegende „Modernisierung". Es enthält folgende Schwerpunkte: (1) Die Verbraucher werden als Schutzsubjekte erstmals ausdrücklich im Gesetz erwähnt. (2) Die Generalklausel als bisheriges Kernstück des UWG bleibt als § 3 erhalten. Sie wird durch einen nicht abschließenden Katalog von Beispielen ergänzt. (3) Die Reglementierung von Sonderveranstaltungen wird ersatzlos gestrichen, Bestimmungen über Schlussverkäufe, Jubiläumsverkäufe usw. (§§ 7, 8) fallen weg. Sie unterliegen jedoch dem in § 5 geregelten Verbot der irreführenden Werbung.

6.1.2.2 Sonstige Instrumente

Wir wollen nur kurz darauf hinweisen, dass es eine Fülle von Instrumenten gibt, die wettbewerbspolitische Wirkungen haben aber in anderen Politikbereichen angesiedelt sind. Von besonderer Bedeutung sind ordnungspolitische Maßnahmen, die zum Beispiel die Liberalisierung von Märkten und die Privatisierung von staatlichen Unternehmen betreffen. Der Einfluss staatlicher Deregulierung auf die wettbewerbliche Situation und Entwicklung in verschiedenen Märkten kann erheblich sein. Wichtig ist dabei immer die Mehrdimensionalität des Zielbündels. Der Staat hat nicht nur Wettbewerb, sondern auch die Erfüllung anderer gesellschaftspolitischer Ziele zu gewährleisten. Daher sind Einschränkungen des Wettbewerbs nicht nur unter dem Blickwinkel wettbewerbspolitischer Effizienz, sondern auch nach anderen Zielen zu beurteilen. Im übrigen macht gerade dieser Aspekt eine internationale Harmonisierung und Koordination besonders schwierig.

6.2 Instrumente nach EU-Recht

Bereits mit dem Inkrafttreten der RÖMISCHEN VERTRÄGE am 1.1.1958 sind für die damalige EUROPÄISCHE WIRTSCHAFTSGEMEINSCHAFT wichtige Verbote wettbewerbsbeschränkender Verhaltensweisen erlassen worden. Dies gilt insbesondere für das Kartellverbot und den Missbrauch einer marktbeherrschenden Stellung. Die Fusionskontrolle, die in Deutschland 1973 eingeführt wurde, fand erst 1990 durch die FUSIONSKONTROLLVERORDNUNG 4064/89 Eingang in das europäische Wettbewerbsrecht. Grundsätzlich sind damit die gleichen wettbewerbspolitisch relevanten Tatbestände in Deutschland und der EU normiert. Abweichungen ergeben sich dennoch dadurch, dass die EU für die Einhaltung des Wettbewerbsrechts zwischen allen Mitgliedstaaten zuständig ist, so dass national durchaus unterschiedliche Normen auf den gleichen europäischen Nenner gebracht werden müssen. Das ist in der

---

[9] Vgl. dazu B. STECKLER, Kompendium Wirtschaftsrecht, 6. Aufl., Ludwigshafen 2003, S. 385f.

Realität oft der kleinste gemeinsame Nenner. Da die Geschwindigkeit der Veränderungen von Märkten in den letzten Jahren zugenommen hat, ist die Kommission einerseits bemüht, die Zusammenarbeit mit den nationalen Wettbewerbsbehörden zu verbessern, andererseits sollen auch die internationale Kooperation intensiviert und weltweite Mindestregeln vereinbart werden. Da die Vorschriften des EG-VERTRAGES weite Interpretationen zulassen, präzisiert die Kommission ihr Verfahren sowie Anwendungskriterien - auch um für die Unternehmen Rechtssicherheit zu schaffen - in so genannten **Bekanntmachungen**.

6.2.1 Kartellverbot

Nach Art. 81 Abs. 1 EG-VERTRAG gilt für die EU ein allgemeines **Kartellverbot** und ein Verbot aufeinander abgestimmter Verhaltensweisen:

"Mit dem Gemeinsamen Markt unvereinbar und verboten sind alle Vereinbarungen zwischen Unternehmen, Beschlüsse von Unternehmensvereinigungen und aufeinander abgestimmte Verhaltensweisen, welche den Handel zwischen Mitgliedstaaten zu beeinträchtigen geeignet sind und eine Verhinderung, Einschränkung oder Verfälschung des Wettbewerbs innerhalb des Gemeinsamen Marktes bezwecken oder bewirken."

Dies gilt insbesondere dann, wenn Gegenstand der Vereinbarung folgende Sachverhalte sind:

a) die unmittelbare oder mittelbare Festsetzung der An- oder Verkaufspreise oder sonstiger Geschäftsbedingungen;

b) die Einschränkung oder Kontrolle der Erzeugung, des Absatzes, der technischen Entwicklung oder der Investitionen;

c) die Aufteilung der Märkte oder Versorgungsquellen;

d) die Anwendung unterschiedlicher Bedingungen bei gleichwertigen Leistungen gegenüber Handelspartnern, wodurch diese im Wettbewerb benachteiligt werden;

e) die an den Abschluss von Verträgen geknüpften Bedingungen, dass die Vertragspartner zusätzliche Leistungen annehmen, die weder sachlich noch nach Handelsbrauch in Beziehung zum Vertragsgegenstand stehen.

Die Bestimmungen von Absatz 1 können gemäß Absatz 3 für nicht anwendbar erklärt werden, wenn es um Vereinbarungen oder Gruppen von Vereinbarungen zwischen Unternehmen/Unternehmensvereinigungen oder um aufeinander abgestimmte Verhaltensweisen geht, die unter angemessener Beteiligung der Verbraucher an dem entstehenden Gewinn zur Verbesserung der Warenerzeugung oder -verteilung oder zur Förderung des technischen oder wirtschaftlichen Fortschritts beitragen. Gemäß der neuen DURCHFÜHRUNGSVERORDNUNG Nr. 1/03 (ab Mai 2004) wird das bisher im Rahmen von Art. 81 angewendete Anmelde- und Genehmigungsverfahren durch das System der so genannten **Legalausnahme** ersetzt. Sofern die Vereinbarungen und Verhaltensweisen von Unternehmen den Tatbestand von Art. 81 Abs. 1 erfüllen und die Voraussetzungen von Art. 81 Abs. 3 gegeben sind, sind sie automatisch freigestellt. Der Entscheidung einer Kartellbehörde bedarf es nicht. Mit dieser Neuregelung ist ein Verlust an Transparenz über wettbewerbsbeschränkende Absprachen für die Kartellbehörden ebenso verbunden wie für die Unternehmen eine Einbuße an Rechtssicherheit. Ein obligatorisches Informationssystem wurde nicht eingeführt. Der Systemwechsel hin zu Legalausnahme bedeutet die Aufgabe des Freistellungsmonopols der EU-KOMMISSION. Nur sie konnte bisher Vereinbarungen, Beschlüsse und abgestimmte Verhaltensweisen nach Art. 81 Abs. 3 freistellen und eine Dezentralisierung der Anwendung dieses Artikels. Künftig sind die Kartellbehörden der Mitgliedstaaten und die nationalen Gerichte zur Anwendung von Art. 81 befugt. Das nationale Recht bleibt parallel anwendbar.

Zusätzlich gibt es eine **Bagatellklausel** - im europäischen Sprachgebrauch **de minimis-Regel** genannt. Nach einer Bekanntmachung von Dezember 2001 sind Vereinbarungen zwischen Unternehmen, die den Wettbewerb gemäß Art. 81 nicht spürbar beschränken, statthaft. Dabei wird zwischen horizontalen und vertikalen Vereinbarungen unterschieden. Die **Marktanteilsschwelle** beträgt für horizontale Vereinbarungen 10%, für vertikale Vereinbarungen 15%. Letztere wird damit begründet, dass sich ein wettbewerbswidriges Verhalten in einer vertikalen Beziehung weniger schwer auf die Märkte auswirkt als dies bei horizontalen Vereinbarungen zu erwarten ist. Diese Erleichterungen finden dort keine Anwendung, wo die Vereinbarungen zu Wettbewerbsbeschränkungen führen, die mit den Zielen des EG-VERTRAGES nicht kompatibel sind. Gemeint sind Vereinbarungen über die Festsetzung von Preisen, Produktionsquoten, die Aufteilung der Märkte oder der Versorgungsquellen. Die Kommission wird tätig, wenn dies aufgrund des Gemeinschaftsinteresses erforderlich ist, oder wenn Beeinträchtigungen des Binnenmarktes erwartet werden können.

Die Kommission kann durch **Negativatteste** feststellen, dass ein Verhalten nicht in den Anwendungsbereich von Art. 81 fällt. Sie bedeuten die Zulassung einer Vereinbarung, wenn die beteiligten Unternehmen beanstandete wettbewerbsbeschränkende Vertragsklauseln aufgeben.

Als **Sanktionsmöglichkeit** bei Verstößen gegen das Kartellverbot steht der Kommission die Verhängung von Bußgeldern zur Verfügung. Bei **Bußgeldentscheidungen** hat sie einen hohen Ermessensspielraum. Die bisher höchste Einzelgeldbuße wurde in folgendem Fall verhängt:

Im Dezember 2001 beschloss die EU-KOMMISSION gegen 10 Produzenten von Selbstdurchschreibepapier die Verhängung von Geldbußen von 313 Mio. Euro. Es konnte nachgewiesen werden, dass die betroffenen Produzenten zwischen 1992 und 1995 an einer geheimen Absprache von europäischer Reichweite beteiligt waren. Ziel war es, die Rentabilität der Kartellanten durch kollektive Preisanhebungen zu steigern. Diese Absprache stellte einen besonders schweren Verstoß gegen Art. 81 EG-VERTRAG und Art. 53 EWR-ABKOMMEN dar. Gegen das Unternehmen Arjo Wiggins Appleton, den größten Produzenten und Anstifter des Kartells wurden 184 Mio. Euro verhängt. Das Unternehmen Sappi, das am Kartell teilgenommen hatte, kam in den Genuss völliger Immunität (Leniency), da es die erste Firma war, die mit der Kommission zusammenarbeitete und entscheidende Beweise für die Absprache lieferte (EU-KOMMISSION, XXXI. Gesamtbericht über die Wettbewerbspolitik 2001, Brüssel 2002, S. 38).

6.2.2 Missbrauchsaufsicht über marktbeherrschende Unternehmen

In der Berichterstattung der EU-KOMMISSION wird die Missbrauchsaufsicht über marktbeherrschende Unternehmen in enger Symbiose mit der Kartellrechtspraxis gesehen. Wie dort ist eine missbräuchliche Ausnutzung von Marktmacht dann verboten, wenn es zu einer Beeinträchtigung des Handels zwischen den Mitgliedstaaten kommt. Dies ist in Art. 82 EG-VERTRAG normiert:

"Mit dem Gemeinsamen Markt unvereinbar und verboten ist eine mißbräuchliche Ausnutzung einer beherrschenden Stellung auf dem Gemeinsamen Markt oder auf einem wesentlichen Teil desselben durch ein oder mehrere Unternehmen, soweit dies dazu führen kann, den Handel zwischen Mitgliedstaaten zu beeinträchtigen."

Dieser Missbrauch kann insbesondere bestehen in:

a) der unmittelbaren oder mittelbaren Erzwingung von unangemessenen Einkaufs- oder Verkaufspreisen oder sonstigen Geschäftsbedingungen;
b) der Einschränkung der Erzeugung, des Absatzes oder der technischen Entwicklung zum Schaden der Verbraucher;
c) der Anwendung unterschiedlicher Bedingungen bei gleichwertigen Leistungen gegenüber Handelspartnern, wodurch diese im Wettbewerb benachteiligt werden;

d) der an den Abschluss von Verträgen geknüpften Bedingung, dass die Vertragspartner zusätzliche Leistungen annehmen, die weder sachlich noch nach Handelsbrauch in Beziehung zum Vertragsgegenstand stehen.

Für die Beurteilung der missbräuchlichen Ausnutzung von Marktmacht ist genauso vorzugehen wie im deutschen Wettbewerbsrecht. Neben der Abgrenzung des **relevanten Marktes** (vgl. Abschnitte 2.1.4 und 6.1.1.2) muss der **Missbrauch der Marktmacht** festgestellt werden. Für die europäische Wettbewerbspolitik sind solche Fälle deswegen besonders bedeutsam, weil sie sich negativ auf den Integrationsprozess auswirken. Zur Illustration ein Beispiel aus dem Jahr 2001:

Die Deutsche Post AG wurde mit einem Bußgeld in Höhe von 24 Mio. Euro belegt, weil sie ihre beherrschende Stellung auf dem Markt für Paketdienste für den Versandhandel durch die Gewährung von Treuerabatten missbrauchte. Außerdem wurde die marktbeherrschende Stellung dadurch missbraucht, dass sie Paketdienste für den Versandhandel zu Preisen unterhalb der so genannten leistungsspezifischen Zusatzkosten (incremental costs) angeboten hatte. Damit griff die EU-KOMMISSION den Vorwurf der „Quersubventionierung" auf. Preise unterhalb der spezifischen Zusatzkosten seien - Marktbeherrschung vorausgesetzt - immer auf Verdrängung ausgerichtet und damit missbräuchliche Preise (Bericht des BUNDESKARTELLAMTES 2000/2001, S. 79f.).

Im Gegensatz zu Art. 81 genießt Art. 82 keinen absoluten Vorrang vor nationalem Recht (vgl. Abschnitt 4.3). Er legt vielmehr nur den Mindeststandard fest und lässt strengere nationale Handhabung zu.

6.2.3 Fusionskontrolle

Die Fusionskontrolle ist nicht im EG-VERTRAG, sondern durch die Verordnung (EWG) Nr. 4064/89 über die Kontrolle von Unternehmenszusammenschlüssen (FKVO - seit dem 1.1.1990; geändert durch seit dem 1.3.1998 anzuwendende Verordnung 1310/97) geregelt..

Die EU-KOMMISSION greift im Falle von Fusionen dann ein, wenn folgende **Umsatzkriterien** bei einem Zusammenschluss erfüllt werden:
- Alle am Zusammenschluss beteiligten Unternehmen haben zusammen einen weltweiten Gesamtumsatz von mehr als 5 Mrd. € **und** von mindestens zwei der beteiligten Unternehmen wird ein gemeinschaftsweiter Umsatz von jeweils mehr als 250 Mio. € erzielt (1. Variante).
- Alle am Zusammenschluss beteiligten Unternehmen haben zusammen einen weltweiten Gesamtumsatz von mehr als 2,5 Mrd. € **und** von mindestens zwei der beteiligten Unternehmen wird ein gemeinschaftsweiter Umsatz von jeweils mehr als 100 Mio. € erzielt **und** alle am Zusammenschluss beteiligten Unternehmen zusammen erzielen in mindestens drei Mitgliedstaaten einen Gesamtumsatz von mehr als 100 Mio. € **und** von mindestens zwei der beteiligten Unternehmen wird in jedem dieser drei Mitgliedstaaten ein Umsatz von jeweils mehr als 25 Mio. € erzielt (2. Variante).

Die Umsatzschwellen der ersten Variante sollen in erster Linie sicherstellen, dass Zusammenschlüsse von Unternehmen mit hohen Umsätzen unter die europäische Fusionskontrolle fallen. Die Umsatzschwellen der zweiten Variante dienen der Entlastung der Unternehmen: Zusammenschlüsse, die sich in drei oder mehr Mitgliedstaaten auswirken und dort u.U. jeweils eigene Fusionsverfahren auslösen würden, sollen zentral in Brüssel (**"one stop shop"**) geprüft werden.

Die Kommission muss nach dieser Verordnung Zusammenschlüsse untersuchen, wenn die beteiligten Unternehmen mehr als 5 Milliarden € Umsatz machen oder innerhalb der EU jährlich für mehr als 250 Mio. € verkauft werden. Die geografische Herkunft der Fusionskandidaten ist dabei unerheblich. Die „extraterritoriale" Fusionskontrolle wird international akzeptiert. Regelmäßig erhält die Kommission Anträge von fusionswilligen Unternehmen. Beispielsweise wurde 1996 von der EU-KOMMISSION der Fusion der beiden Schweizer Pharmahersteller Sandoz und Ciba-Geigy zum Novartis-Konzern zugestimmt.

Die meisten der durch Zusagen oder Untersagung abgeschlossenen Fälle betrafen Produktmärkte, die in **räumlicher** Hinsicht von der Kommission **national** oder **regional** abgegrenzt wurden. Ein Beispiel:

Die Kommission hat den Erwerb von Metsä Tissue, ein finnischer Tissue-Hersteller, durch seinen schwedischen Konkurrenten SCA Mölnycke untersagt, da es durch den Zusammenschluss auf insgesamt 26 Märkten für Tissue-Hygieneprodukte zur Entstehung oder Verstärkung marktbeherrschender Stellungen gekommen wäre. Nach Ansicht der Kommission reichte die Nachfragemacht der Supermärkte nicht aus, um die Marktbeherrschung der beteiligten Unternehmen zu begrenzen. Markteintritte waren nicht zu erwarten (Bericht des BUNDESKARTELLAMTES 2000/2001, S. 87).

Aufgrund der **Globalisierung** kann sich eine wachsende Zahl von Zusammenschlüssen sehr großer, auf den Weltmärkten tätiger Unternehmen spürbar im Gemeinsamen Markt auswirken. Gerade bei solchen Fällen, die auf globalen Märkten mit hohen Zutrittsschranken stattfinden, besteht das Risiko der Begründung oder Verstärkung einer beherrschenden Stellung. Abgesehen von der Verpflichtung zu einer Anmeldung, wenn die Umsatzschwellenwerte erreicht sind, kann eine Zuständigkeit der Kommission auch dann vorliegen, wenn der räumliche Referenzmarkt der weltweite Markt ist, da die EUROPÄISCHE UNION einen wesentlichen Teil dieses Marktes bildet. Denn durch das Vorhaben können die Wettbewerbsbedingungen im Gemeinsamen Markt beeinträchtigt werden. Aufgrund dieser Überlegungen wurde im Fall der Fusion von Boeing / McDonnell Douglas eine Untersuchung eingeleitet. Das aus dem Zusammenschluss hervorgegangene Unternehmen verfügte über einen Anteil von 60% am Gesamtmarkt der großen düsengetriebenen Verkehrsflugzeuge mit über 100 Sitzen. Nach der Fusion blieb als einziger Konkurrent Airbus übrig. Im Hinblick auf das Fehlen eines potenziellen Markteintrittskandidaten hat Boeing sich verpflichtet, Exklusivverträge aufzulösen, die McDonnell Douglas-Tätigkeiten im Verkehrsflugzeugsektor getrennt fortzuführen und Dritten den Zugang zu Patenten einzuräumen. Unter diesen Auflagen hat die Kommission den Zusammenschluss genehmigt. Während des gesamten Verfahrens gab es zahlreiche Kontakte zwischen der Kommission und der amerikanischen FEDERAL TRADE COMMISSION, die aufgrund des bestehenden bilateralen Kooperationsabkommens zwischen den USA und der EU stattfanden. Trotz divergierender Interessen zwischen den beiden Seiten wurde schließlich Einvernehmen über das Verfahren und die Auflagen erzielt.

Bei der EU-KOMMISSION wurden von 1995 bis 2001 insgesamt 1620 Zusammenschlussvorhaben angemeldet, wovon insgesamt 1569 endgültig entschieden wurden (EU-KOMMISSION, Die Wettbewerbspolitik der Europäischen Gemeinschaft, XXXI. Bericht, 2001, S. 110). Es kann beobachtet werden, dass die Zahl der Anmeldungen in den letzten Jahren deutlich zugenommen hat, wobei dies als Ausdruck für eine größere Dynamik im Binnenmarkt und als Antwort auf die Herausforderungen der Globalisierung angesehen werden kann.

Eine neue **Fusionskontrollverordnung** wird 2004 in Kraft treten. Änderungen an den Umsatzschwellen wird es nicht geben. Außerdem wird das Prüfkriterium „Marktbeherrschung" beibehalten. Der angelsächsische Prüfungsmaßstab „erhebliche Beeinträchtigung des Wettbewerbs" (substantial lessening of competition) wird nicht übernommen. Auch die Kooperation mit den nationalen Wettbewerbsbehörden wird verbessert. Verweisungsregime sollen gewährleisten, dass die Behörde das Vorhaben prüft, das über die größte Sachnähe verfügt.

6.2.4 Beihilfen (Subventionen)

Unbestritten ist, dass auch von der Gewährung staatlicher Beihilfen Wettbewerbsverzerrungen ausgehen können, die gerade in einem Binnenmarkt unerwünscht sind. Die entsprechende Vorschrift findet sich in Artikel 87 Abs. 1 EG-VERTRAG:

"Soweit in diesem Vertrag nicht etwas anderes bestimmt ist, sind staatliche oder aus staatlichen Mitteln gewährte Beihilfen gleich welcher Art, die durch die Begünstigung bestimmter Unternehmen oder Produktionszweige den Wettbewerb verfälschen oder zu verfälschen drohen, mit dem Gemeinsamen Markt unvereinbar, soweit sie den Handeln zwischen Mitgliedstaaten beeinträchtigen."

Mit dem Gemeinsamen Markt **sind vereinbar** (Art. 87 Abs. 2):

a) Beihilfen sozialer Art an einzelne Verbraucher, wenn sie ohne Diskriminierung nach der Herkunft der Waren gewährt werden;
b) Beihilfen zur Beseitigung von Schäden, die durch Naturkatastrophen oder sonstige außergewöhnliche Ereignisse entstanden sind;
c) Beihilfen für die Wirtschaft bestimmter, durch die Teilung Deutschlands betroffener Gebiete der Bundesrepublik Deutschland, soweit sie zum Ausgleich der durch die Teilung verursachten wirtschaftlichen Nachteile erforderlich sind.

Als mit dem Gemeinsamen Markt vereinbar **können** - nach ihrer Notifizierung bei der Kommission - angesehen werden (Art. 87 Abs. 3) Beihilfen zur Förderung der wirtschaftlichen Entwicklung in Gebieten mit niedriger Lebenshaltung und hoher Unterbeschäftigung, der Entwicklung von bestimmten Wirtschaftszweigen oder Gebieten, der Förderung der Kultur usw. Wichtig ist dabei immer, dass die Beihilfen die Handels- und Wettbewerbsbedingungen in der Gemeinschaft nicht in einem Maße beeinträchtigen, das den gemeinsamen Interessen zuwiderläuft.

Die EU-KOMMISSION überprüft fortlaufend in Zusammenarbeit mit den Mitgliedstaaten bestehende Beihilferegelungen. Wenn sie feststellt, dass eine von einem Staat oder aus staatlichen Mitteln gewährte Beihilfe mit dem Gemeinsamen Markt nach Art. 87 unvereinbar ist oder sie missbräuchlich angewandt wird, muss die Subvention binnen einer von der Kommission bestimmten Frist aufgehoben oder umgestaltet werden. Kommt der betreffende Staat dieser Entscheidung innerhalb der festgesetzten Frist nicht nach, kann die Kommission oder jeder betroffene Staat in Abweichung von den Artikeln 226 und 227 den Gerichtshof unmittelbar anrufen. Nur bei außergewöhnlichen Umständen kann der RAT einstimmig auf Antrag eines Mitgliedstaats entscheiden, dass eine von diesem Staat gewährte oder geplante Beihilfe mit dem Gemeinsamen Markt vereinbar ist.

Die EU-KOMMISSION wird von jeder beabsichtigten Einführung oder Umgestaltung von Beihilfen so rechtzeitig unterrichtet, dass sie sich dazu äußern kann. Ist sie der Auffassung, dass ein derartiges Vorhaben nach Art. 87 mit dem Gemeinsamen Markt unvereinbar ist, so leitet sie unverzüglich das dafür vorgesehene Verfahren gemäß Art. 88 Abs. 2 ein. Der betreffende Mitgliedstaat darf die beabsichtigte Maßnahme nicht durchführen, bevor die Kommission eine abschließende Entscheidung erlässt.

Es leuchtet unmittelbar ein, dass der **Subventionsbegriff** von entscheidender Bedeutung für die Anwendung des Gemeinschaftsrechts ist. Denn die Mitgliedstaaten müssen nur diejenigen Maßnahmen an die EU-KOMMISSION melden, die unter die Definition des Art. 87 Abs. 1 fallen. Letztlich geht es um **vier Kriterien**, deren gemeinsames Zutreffen den Tatbestand der Beihilfegewährung erfüllt:

– Staatliche Beihilfen liegen dann vor, wenn von der öffentlichen Hand **Vorteile** gewährt werden, die die normalerweise von einem Unternehmen zu tragende finanzielle Belastung verringern.

– Nur **staatliche oder aus staatlichen Mitteln** gewährte Beihilfen gleich welcher Art fallen unter den Begriff, wobei in einigen Fällen der Subventionscharakter eindeutig ist (Zuschüsse, Kapitalzuführungen, zinsgünstige Darlehen). In anderen Fällen muss die Zurechenbarkeit erst geprüft werden.

– Besonders schwierig ist das **Spezifizitätskriterium** zu beurteilen. Denn es muss gewährleistet sein, dass die Maßnahmen unter die Art. 87ff. EG-VERTRAG fallen und nicht etwa z.B. dem Bereich der Harmonisierung zuzurechnen sind. Das Kriterium ist dann erfüllt, wenn durch steuerliche oder sozialversicherungsrechtliche Maßnahmen eine **Ungleichbehandlung** zugunsten eines oder mehrerer Wirtschaftszweige entsteht, die nicht aufgrund der Art oder der Wirtschaftlichkeit des Abgabensystems gerechtfertigt ist.

– Beihilfen, die sich nicht auf den **Handel zwischen den Mitgliedstaaten** auswirken, fallen nicht unter die grundsätzliche Unvereinbarkeit mit dem Gemeinsamen Markt.

Die Zahl der Beihilfefälle, die die Kommission zu bearbeiten hatte, lag 2001 bei über 450. Davon (ohne die Sektoren Landwirtschaft, Fischerei, Verkehr und Kohlebergbau) waren 130 durch Deutschland verursacht. Mit weitem Abstand folgte Spanien (73), während für Luxemburg (3) und Schweden (2) die wenigsten Entscheidungen notwendig waren (EU-KOMMISSION, XXXI. Bericht über die Wettbewerbspolitik 2001, S. 153) .

6.2.5 Verfahren

Wie auch das BUNDESKARTELLAMT kann die EU-KOMMISSION die Verhängung von Bußgeldern anordnen. Darauf und auf andere Verfahrensmerkmale sind wir bei den einzelnen Tatbeständen bereits eingegangen.

7. Probleme und Grenzen

Das GWB hat die ordnungspolitische Aufgabe, den Wettbewerb in unserer Volkswirtschaft zu sichern. Auch in seiner heutigen Fassung hat das GWB starken **Kompromisscharakter**. So geht es zwar grundsätzlich vom Kartellverbot aus, kennt aber eine Reihe wichtiger Ausnahmen. Faktisch wird nur die "Spitze des Eisbergs" im Kartellbereich aufgedeckt. Die 1999 in Kraft getretene sechste Gesetzesänderung brachte zwar einige Verbesserungen, dennoch bleibt die Reform des GWB unbefriedigend. Das Ziel der „Stärkung des Wettbewerbsprinzips" wird nur begrenzt erreicht. Einigen Wirtschaftsbereichen ist die Durchsetzung sachlich nicht gerechtfertigter Sonderregelungen gelungen. Die damit verbundene Sektoralisierung des GWB schwächt das Wettbewerbsprinzip ab. Die Streichung einzelner Ausnahmen vom Kartellverbot beschränkt sich auf weitgehend bedeutungslose Tatbestände (Rabattkartell, Importkartell). Die MONOPOLKOMMISSION sieht in einigen Neuerungen weniger eine Stärkung als eine Gefährdung des Wettbewerbs. "Die Übernahme *weiter Beurteilungsspielräume* aus dem europäischen Recht schwächt Klarheit und Sicherheit nationaler Vorschriften" (MONOPOLKOMMISSION, 12. HAUPTGUTACHTEN 1996/97, BT-DRUCKSACHE 13/11291 v. 17.7.1998, S. 18. Hervorhebung im Original).

Wir können zwar theoretisch feststellen, was Wettbewerb ist, aber es gibt Probleme bei der Ermittlung der tatsächlichen **Wettbewerbsintensität**. Keine Einigkeit besteht darüber, ob das Vorhandensein von Wettbewerb an der Marktstruktur, dem Marktverhalten und/oder dem Marktergebnis abgelesen werden soll. Das Dilemma besteht darin, dass zwar eine Reihe von wettbewerbspolitischen Konzepten entwickelt wurde, aus denen jedoch nicht in allen Fällen klare **Handlungsanweisungen** für die praktische Wettbewerbspolitik resultieren. Das Konzept der vollständigen Konkurrenz musste aufgegeben werden. Die nachfolgenden Modelle versuchen zwar, Anpassungen der wettbewerbspolitischen Konzeptionen an die Realität vorzunehmen (das "second best"), Probleme mit der Greifbarkeit bzw. der Konkretisierung der einzelnen Aussagen bleiben aber bestehen. Daraus folgen Probleme der **Umsetzbarkeit** wettbewerbspolitischer Konzepte. Es kann nicht verwundern, dass die Wettbewerbspolitik heute eher als reaktiv einzuschätzen ist. Hinzu kommt, dass wettbewerbspolitisch relevante Rahmendaten nicht mehr nur national gesetzt werden. Dies hat sich sehr deutlich an den Schwierigkeiten gezeigt, den **relevanten Markt** abzugrenzen.

Durch die Verlagerung von Verstößen gegen das Wettbewerbsrecht in den Bereich des Strafrechts wird zwar einerseits der Charakter von Verstößen gegen das Kartellverbot als "Kavaliersdelikte" grundlegend geändert (man riskiert jetzt, vorbestraft zu sein). Andererseits scheint die **Rechtspraxis** zu belegen, dass die zuständigen Staatsanwaltschaften überfordert sind und die Urteile der Gerichte deutlich milder ausfallen als die von der Kartellbehörde verhängten Sanktionen. Die Fülle von Verstößen gegen das Wettbewerbsrecht ist auch Ausdruck für Schwächen des wettbewerblichen Ordnungsrahmens.

Ein Problem stellt auch die **Beweislast** dar. Sofern das BUNDESKARTELLAMT - wie im Fall von Kartellen oder bei Ausbeutungs- und Behinderungsmissbrauch - die Beweislast trägt, werden Verstöße gegen das Wettbewerbsrecht nur schwer nachzuweisen sein. Eine gewisse Erleichterung stellte daher die Ergänzung des GWB durch § 36 dar, nach dem für die Zusammenschlusskontrolle vermutet wird, dass eine marktbeherrschende Stellung entsteht oder sich verstärken wird, wenn bestimmte Größenkriterien (Umsatzerlöse) erreicht oder überschritten werden. Generell können Änderungen des Gesetzestextes die grundsätzlichen Schwierigkeiten des BUNDESKARTELLAMTES nicht beseitigen.

Auch wenn davon in der Vergangenheit wenig Gebrauch gemacht worden ist, stellt die **Ministererlaubnis** nach § 8 für Kartelle und nach § 42 für Zusammenschlüsse ein weiteres Problem dar. Zwar erlauben die in diesen Vorschriften enthaltenen Generalklauseln eine flexible Rechtsprechung und damit auch Anpassungen an neue Entwicklungen, aber klare rechtliche Normen resultieren daraus nicht. In der Vergangenheit ist nicht immer ersichtlich gewesen, dass das BUNDESKARTELLAMT ein eindeutiges politisches Backing durch das BUNDESMINISTERIUM FÜR WIRTSCHAFT UND ARBEIT erhalten hat. Hinzu kommt, dass das Kartellamt mit nur 270 Mitarbeitern eine an ihrer Aufgabenstellung gemessen sehr kleine Behörde ist.

Zwar gibt es Regelungen über die Zuständigkeit von wettbewerbspolitischen Kompetenzen zwischen den nationalen Behörden und der auf EU-Ebene zuständigen Kommission. Dennoch hat sich das EU-Wettbewerbsrecht noch nicht vollständig entwickelt: Die Fusionskontrolle ist erst 1990 eingeführt worden, die Erfahrungen sind beschränkt und die **Wettbewerbspolitik der EU** muss heute insgesamt 15 Mitgliedstaaten (in Zukunft 27 Mitgliedstaaten) mit sehr unterschiedlichen wettbewerbspolitischen Biographien Rechnung tragen. Hinzu kommt, dass die ordnungs- und wettbewerbspolitischen Vorstellungen der nationalen Behörden nicht völlig mit denen der EU-KOMMISSION übereinstimmen müssen.

Gerade der Blickwinkel auf die EU hilft, eine weitere Grenze für die Wettbewerbspolitik zu identifizieren. Sie besteht in einer **unzureichenden Abstimmung** mit anderen sie beeinflussenden Politikbereichen. Wenn etwa an die Vergabepolitik öffentlicher Aufträge, an die Außenhandelspolitik, den Schutz bestimmter Wirtschaftszweige durch Subventionsgewährung usw. gedacht wird, dann wird deutlich, dass hier noch Defizite bestehen.

Durch den Integrationsprozess in der EU und weltweit durch das Entstehen regionaler Märkte und Freihandelszonen (vgl. Kapitel 8, Abschnitt 2) sowie die zunehmende **Globalisierung** wird die nationale Wettbewerbspolitik weiter erschwert. Mit der Liberalisierung ist es international agierenden Unternehmen erleichtert worden, sich dem Zugriff der nationalen Aufsichtsbehörden zu entziehen. Und ein "Weltkartellamt" ist nicht in Sicht. "Für die zunehmend globalen Aktivitäten der Unternehmen fehlt bislang ein multilateraler Ordnungs-rahmen. Da der Zugang zu einem Markt durch wettbewerbsbeschränkende Praktiken eben-so erschwert werden kann wie durch eine protektionistische staatliche Handelspolitik, ist neben der verstärkten internationalen Zusammenarbeit der Kartellbehörden langfristig die Erarbeitung eines multilateralen Rahmens von Wettbewerbsregeln erforderlich. ... Mit zunehmender Globalisierung werden .. auch Defizite bei dem Zusammenspiel von Handels- und Wettbewerbspolitik zum Problem. Zwischen beiden Bereichen gibt es Interdependen-zen, und es wird immer dringlicher, sie in einem einheitlichen Ordnungsrahmen für die international tätigen Unternehmen zusammenzuführen. Was die Handelspolitik anbelangt, so ist mit der Welthandelsorganisation (WTO) und den ihr zur Verfügung stehenden Instru-menten ein festes, ausbaufähiges Fundament geschaffen worden. Ein Pendant in Form einer internationalen Wettbewerbsordnung ist jedoch bislang nicht in Sicht. Hier behilft man sich einstweilen mit bilateralen Abkommen, ... die jedoch einen multilateralen Rahmen von Regeln zur Bekämpfung privater Wettbewerbsbeschränkungen nicht zu ersetzen vermö-gen" (BERICHT DES BUNDESKARTELLAMTES 1995/96, S. IX und 7).

Arbeitsaufgaben

1) *Begründen Sie die Notwendigkeit für eine staatliche Wettbewerbspolitik in einer markt-wirtschaftlichen Ordnung.*

2) *Welche Analyseschritte müssen unternommen werden, um zu einem Urteil über ein missbräuchliches Verhalten eines marktbeherrschenden Unternehmens zu gelangen?*

3) *Diskutieren Sie die Bedeutung des Modells der vollständigen Konkurrenz als wettbe-werbspolitischem Leitbild für die Wettbewerbspolitik von heute.*

4) *Erläutern Sie Ihnen bekannte wettbewerbspolitische Konzepte und zeigen Sie Schwä-chen auf.*

5) *Warum ist es schwierig, die Wettbewerbsintensität zu messen?*

6) *Welche Regelungen sieht das Instrument der Fusionskontrolle vor?*

7) *Welche Ziele werden mit der Wettbewerbspolitik verfolgt und wo liegen mögliche Ziel-konflikte?*

8) *Geben Sie einen kurzen Überblick über die wettbewerbspolitischen Instrumente des GWB.*

9) *Wie werden Kartelle im Rahmen der Wettbewerbspolitik der EU behandelt?*

10) *Wo sehen Sie Probleme und Grenzen der Wettbewerbspolitik?*

4. Kapitel: Finanzpolitik

1. Einführung

Der Staat hat bei der Gestaltung des Ordnungsrahmens und der Steuerung des Wirtschaftsprozesses viele Aufgaben zu erfüllen. Zum Sektor Staat gehören

- die **Gebietskörperschaften** (Bund, Länder, Gemeinden, Gemeindeverbände)
- bestimmte **Fonds** und **Sondervermögen** des Bundes wie das ERP-Sondervermögen[1], das Bundeseisenbahnvermögen usw. und
- die **Sozialversicherung** (insbesondere Renten-, Kranken-, Unfall-, Pflege- und Arbeitslosenversicherung).

1.1 Bereiche der öffentlichen Finanzwirtschaft und rechtliche Grundlagen

Die öffentliche Finanzwirtschaft ist sehr komplex. Neben der öffentlichen Haushaltspolitik, in die insbesondere die Steuerpolitik, die maßgeblich die Einnahmeseite bestimmt, und die Ausgabenpolitik eingehen, sind auch die vielfältigen finanziellen Verflechtungen zwischen den öffentlichen Haushalten zu beachten. Sofern die Einnahmen nicht ausreichen, um alle geplanten Ausgaben zu finanzieren, ist die Aufnahme von Krediten unumgänglich. Die damit zusammenhängenden Aspekte werden im Rahmen der Schuldenpolitik zusammengefasst.

Grundlage für die öffentliche Finanzwirtschaft ist die **Finanzverfassung** (Abschnitt X und andere Vorschriften des GRUNDGESETZES - GG[2]). Sie stellt den Ordnungsrahmen für die staatliche Finanzpolitik dar.

Im föderalistischen Staat ist der **Finanzausgleich** von besonderer Bedeutung. Darunter wird die Gesamtheit der finanzwirtschaftlichen Beziehungen zwischen allen staatlichen Körperschaften verstanden. Zunächst müssen die Aufgaben des Staates (vgl. Kapitel 2, Abschnitt 1.2) bestimmt und auf die verschiedenen staatlichen Ebenen verteilt werden. Dies wird als **passiver** Finanzausgleich bezeichnet. Aus der Verantwortung für die Erfüllung staatlicher Aufgaben entstehen meist (aber nicht notwendigerweise) auch Ausgaben. Aus der Verteilung der Aufgaben ergibt sich die Verteilung der Ausgaben nach Art. 104a GG:

---

[1] ERP steht für **European Recovery Program**, wie die Marshall-Plan-Hilfe nach dem 2. Weltkrieg zur Unterstützung des Wiederaufbaus der europäischen Wirtschaft bezeichnet wurde. In der Bundesrepublik wurden die Gegenwertmittel, die nicht zurückgezahlt wurden, in einen revolvierenden Fonds eingebracht, aus dem bis heute zinsgünstige Darlehen für unterschiedliche Zwecke (Förderung kleiner und mittlerer Unternehmen, Umweltschutzinvestitionen, Unterstützung des "Aufbaus Ost" usw.) gewährt werden können.
[2] Art. 104 a - 109 regeln die finanzwirtschaftlichen Beziehungen zwischen Bund und Ländern:
Art. 104 a: Aufgabenverteilung, Finanzhilfen
Art. 105: Gesetzgebungskompetenzen
Art. 106: Verteilung der Steuern
Art. 106a: Bundeszuschuss für den öffentlichen Personennahverkehr
Art. 107: Finanzausgleich
Art. 108: Finanzverwaltung
Art. 109: Haushaltstrennung in Bund und Ländern; Grundsätze der Haushaltswirtschaft
Art. 110 - 115 mit Bestimmungen für das finanzwirtschaftliche Verhalten der Bundesorgane:
Art. 110: Haushaltsplan des Bundes
Art. 111: Ausgaben vor Genehmigung des Etats
Art. 112: Haushaltsüberschreitung
Art. 113: Ausgabenerhöhung; Einnahmeminderung
Art. 114: Rechnungslegung; Bundesrechnungshof
Art. 115: Kreditbeschaffung

(1) Der Bund und die Länder tragen gesondert die Ausgaben, die sich aus der Wahrnehmung ihrer Aufgaben ergeben, soweit dieses Grundgesetz nichts anderes bestimmt.
(2) Handeln die Länder im Auftrage des Bundes, trägt der Bund die sich daraus ergebenden Ausgaben.

Zur Finanzierung der Ausgaben brauchen alle staatlichen Ebenen Einnahmen. Die Festlegung der Einnahmenhoheit (welche Einnahmen stehen welchen staatlichen Gebietskörperschaften zu?) wird als **aktiver** Finanzausgleich bezeichnet.

Bei der Aufteilung der staatlichen Aufgaben (Ausgaben) und Einnahmen auf Bund, Länder und Gemeinden spricht man vom **vertikalen** Finanzausgleich. Die Finanzkraft der einzelnen Bundesländer ist allerdings sehr unterschiedlich. Um dem grundgesetzlichen Auftrag nach der Einheitlichkeit der Lebensverhältnisse (Art. 106 Abs. 4, S. 3) zu entsprechen, gibt es zusätzlich den **horizontalen Länderfinanzausgleich**. Ausgleichspflichtige Länder haben Zahlungen an ausgleichsberechtigte Länder zu leisten. Dieses Finanzausgleichssystem ist immer wieder in die Kritik - vor allem von Seiten der zu Ausgleichszahlungen verpflichteten Länder - gekommen, weil sie sich nach Durchführung des Finanzausgleichs in einer relativ schlechteren Position wiederfinden. Das System des Finanzausgleichs wird auf der untersten staatlichen Ebene durch den **kommunalen** Finanzausgleich komplettiert. Für ihn liegt die Regelungskompetenz bei den Ländern.

Unser Finanzausgleich ist ein **Mischsystem**. Dies gilt für die Aufgaben- und auch die Einnahmenzuordnung. Es enthält Elemente des **Trennsystems**, bei dem jede staatliche Ebene für die Erfüllung bestimmter Aufgaben ausschließlich zuständig ist und sich die dafür notwendigen Einnahmen selbst beschafft, und des **Verbundsystems** mit einer gemeinsamen Zuständigkeit von Bund und Ländern für gewisse Aufgaben. Letzteres wird auf der Einnahmenseite als **Steuerverbund** (Gemeinschaftsteuern) bezeichnet: die Ertragskompetenz liegt **gleichzeitig** bei mehreren staatlichen Ebenen (Bund und Länder).

Gemäß Art. 30 GG ist die Erfüllung der staatlichen Aufgaben grundsätzlich Sache der Länder. In bestimmten Fällen wirkt der Bund bei der Erfüllung von Aufgaben der Länder mit, wenn diese Aufgaben für die Gesamtheit bedeutsam sind und die Mitwirkung des Bundes zur Verbesserung der Lebensverhältnisse erforderlich ist. Solche Vorhaben nennt man **Gemeinschaftsaufgaben**. Zu ihnen gehören der Ausbau und Neubau wissenschaftlicher Hochschulen, die Verbesserung der regionalen Wirtschaftsstruktur sowie die Verbesserung der Agrarstruktur und des Küstenschutzes (Art. 91a GG). Der Bund kann über die Gemeinschaftsaufgaben und Finanzhilfen[3] Höhe und Struktur der Ausgaben der nachgeordneten Gebietskörperschaften z.T. nicht unwesentlich mitbestimmen.

1.2 Begriffsklärung

Teilbereiche der Finanzpolitik sind die Steuerpolitik, die Ausgabenpolitik, die Subventionspolitik und die Schuldenpolitik.

Die **Finanzpolitik** umfasst alle Maßnahmen des Staates, die sich auf die Gestaltung und Erhebung öffentlicher Einnahmen (Steuern, Gebühren und Beiträge, Kredite), die Art und Höhe der öffentlichen Ausgaben sowie den Finanzausgleich richten, um allgemeine oder spezielle gesellschaftspolitische Ziele zu erreichen und wirtschaftspolitische Entwicklungen zu beeinflussen.

---

[3] Nach Art. 104a, Abs. 4 GG: "Der Bund kann den Ländern Finanzhilfen für besonders bedeutsame Investitionen der Länder und Gemeinden .. gewähren, die zur Abwehr einer Störung des gesamtwirtschaftlichen Gleichgewichts oder zum Ausgleich unterschiedlicher Wirtschaftskraft im Bundesgebiet oder zur Förderung des wirtschaftlichen Wachstums erforderlich sind."

Zur Finanzpolitik gehört auf der Einnahmenseite insbesondere die Steuerpolitik.

Die **Steuerpolitik** beinhaltet alle Bestrebungen und Maßnahmen, die darauf gerichtet sind, mittels der Erhebung von Zwangsabgaben ohne spezielle Gegenleistung finanzwirtschaftliche sowie wirtschafts- und gesellschaftspolitische Ziele zu erreichen.

Mit staatlichen Ausgaben soll ebenfalls die wirtschaftliche und soziale Entwicklung einer Volkswirtschaft beeinflusst werden. Sie sind wie die staatlichen Einnahmen im Haushaltsplan zu veranschlagen.

Die **Ausgabenpolitik** umfasst die Festlegung, Variation und Tätigung der im Haushaltsplan veranschlagten Staatsausgaben, um zur Realisierung gesamtwirtschaftlicher, strukturpolitischer und/oder gesellschaftspolitischer Ziele beizutragen.

Eine wichtige Ausgabekategorie stellen die Subventionen dar. Dabei ist aber zu beachten, dass Subventionen nicht nur in Form von Finanzleistungen ohne spezielle Gegenleistung gewährt werden, sondern auch dadurch, dass bei genau definierten Tatbeständen Steuervergünstigungen eingeräumt werden. Insofern können Teile der Subventionspolitik auch der Steuerpolitik zugerechnet werden.

Als **Subventionspolitik** wird die Gewährung von Finanzhilfen oder Steuervergünstigungen bezeichnet, die mit dem Ziel eingesetzt werden, den Strukturwandel zu erleichtern, gleichwertige Lebensverhältnisse herzustellen und regionale Disparitäten abzubauen.

Die Staatsschulden resultieren daraus, dass die Einnahmen des Staates nicht ausreichen, um die geplanten Staatsausgaben zu finanzieren. Deckungslücken müssen dann über Kreditaufnahme abgedeckt werden. Die Schuldenpolitik kann sich auf spezifische eigene Ziele richten und eigene Instrumente einsetzen.

Unter Schuldenpolitik (**Debt Management**) werden die Entscheidungen, Handlungen und Maßnahmen des Staates verstanden, durch Kreditaufnahme oder Tilgungen sowie durch Umschuldungen (Strukturveränderungen) zur Realisierung finanzwirtschaftlicher und/oder gesamtwirtschaftlicher Ziele beizutragen. Sofern beim Einsatz schuldenpolitischer Instrumente der Schuldenstand unverändert bleibt (gleichzeitige Kreditaufnahme und Tilgung in gleicher Höhe), spricht man vom Debt Management im engeren Sinne.

Es gibt keinen Zweifel daran, dass der Staat mit seiner öffentlichen Finanzwirtschaft einen erheblichen **Einfluss auf den Wirtschaftsprozess** ausübt. Im Rahmen der folgenden Situationsanalyse soll es zunächst darum gehen, die quantitative Bedeutung staatsfinanzieller Aktivitäten für unsere Volkswirtschaft darzustellen. Dazu wollen wir eine Reihe von Indikatoren erörtern. Sie sind auch für internationale Vergleiche von Bedeutung, wobei aber im Einzelfall immer geprüft werden muss, welche Erfassungs- und Berechnungsverfahren angewendet werden. Sind diese sehr unterschiedlich, ist die Vergleichbarkeit eingeschränkt.

2. Situationsanalyse

2.1 Der Staatshaushalt

2.1.1 Definition

Der Haushalt ist das zentrale Instrument für die Wirtschafts- und Finanzpolitik eines Staates. Damit wird maßgeblich die sozioökonomische Entwicklung mitgestaltet. Die geplanten (erwarteten) Einnahmen sowie die geplanten Ausgaben werden im **Staatshaushaltsplan** (Staatsbudget) gegenübergestellt. Die nachträglich ermittelten Ist-Zahlen nach Ablauf der Haushaltsperiode (in der Regel ein Jahr, möglich sind aber auch zwei Jahre) werden in der **Haushaltsrechnung** der jeweiligen Gebietskörperschaft zusammengefasst. Üblicherweise wird der Haushalt in einen Verwaltungshaushalt (**Betriebsbudget**) und einen Finanzhaushalt (**Investitionsbudget**) gegliedert.

2.1.2 Haushaltspolitische Indikatoren

Eine erste Schlüsselgröße ist der **Finanzierungssaldo**. Darunter versteht man allgemein die Forderungen einschließlich Geld abzüglich der Verbindlichkeiten eines Wirtschaftssubjekts. Bemerkenswert ist, dass der Öffentliche Gesamthaushalt nur im Jahr 1969 einen positiven Finanzierungssaldo (Finanzierungsüberschuss) aufwies, mit dem der Schuldenstand um etwa 2,5 Mrd. DM abgebaut werden konnte. Insbesondere nach der deutschen Wiedervereinigung stieg das Finanzierungsdefizit beträchtlich an, so dass es - bezogen auf das BIP - in mehreren Jahren über 4% betrug. Zu einem großen Teil sind die Wiedervereinigungskosten kreditfinanziert worden. Ab 2002 wird das **Defizitkriterium** von 3% (Nettoneuverschuldung bezogen auf das BIP) nach dem VERTRAG VON MAASTRICHT wieder überschritten (Tab. 4.1).

Tab. 4.1: Nominelles Bruttoinlandsprodukt (BIP) und Öffentlicher Gesamthaushalt von 1995 - 2002 (in Mrd. DM, ab 1999 in Mrd. €)

Jahr	BIP	Ausgaben	Einnahmen	Finanzierungssaldo	Defizitkriterium
1995	3.523,0	1.764,9	1.647,8	-117,1	-3,3
1996	3.586,5	1.826,6	1.704,0	-122,7	-3,4
1997	3.660,5	1.826,5	1.726,8	-99,7	-2,7
1998	3.773,6	1.859,6	1.775,9	-83,7	-2,2
1999	1.978,6	972,6	943,2	-29,4	-1,5
2000	2.030,0	989,5	965,5	-24,0	-1,2
2001	2.073,7	1.009,9	951,0	-58,9	- 2,8
2002	2.110,4	1.028,4	954,1	-74,3	- 3,5

Quelle: Finanzbericht 1998, S. 102; Finanzbericht 2004, S. 134. Monatsberichte der Deutschen Bundesbank, lfd.

Neben dem Defizitkriterium spielt die **Kreditfinanzierungsquote** eine Rolle. Mit ihr wird der Anteil der Ausgaben berechnet, der nicht durch laufende oder einmalige Einnahmen, sondern Kreditaufnahme finanziert wird. Nach dem VERTRAG VON MAASTRICHT hat auch die Quote Bedeutung, die den gesamtstaatlichen Schuldenstand in Beziehung zum Bruttoinlandsprodukt setzt (**Schuldenstandsquote**). Von Interesse ist weiterhin die **Sachinvestitionsquote**, durch die der Anteil der Investitionsausgaben an den Gesamtausgaben berechnet wird (Tab. 4.2).

Tab. 4.2: Staatshaushaltsquoten für die Bundesrepublik (1991 – 2002)

Jahr	Kreditfinanzierungsquote	Sachinvestitionsquote	Schuldenstandsquote
1991	12,6	9,1	41,5
1992	10,9	9,6	44,0
1993	12,3	8,8	47,1
1994	10,0	8,2	49,4
1995	9,2	7,6	57,1
1996	10,1	7,3	59,8
1997	9,1	7,0	60,9
1998	5,9	6,8	60,7
1999	5,9	6,7	61,1
2000	2,0	6,7	60,3
2001	2,1	6,5	59,8
2002	9,1	6,3	60,8

Quelle: Finanzberichte u. eigene Berechnungen

Es zeigt sich, dass die Kreditfinanzierungsquote insgesamt recht hoch ist. Im Jahr 1997 ist sie gesunken: Die Investitionen des Staates wurden verringert, um das Defizitkriterium zu erfüllen. Dies kommt auch in der Sachinvestitionsquote zum Ausdruck. Sie verharrt seitdem auf dem niedrigen Niveau von etwas über 6%. Der Erlös aus dem Verkauf der UMTS-Lizenzen in Höhe von 51 Mrd. € wurde in den Jahren 2000 und 2001 zur Schuldentilgung verwendet. Dadurch sank die Schuldenstandsquote 2001 auf unter 60%. 2002 ist die Kreditfinanzierungsquote wieder beträchtlich angestiegen. In den Vorjahren konnten dagegen noch beträchtliche Privatisierungserlöse zur Haushaltsfinanzierung eingesetzt werden.

2.2 Staatseinnahmen (Steuern)

Jede staatliche Ebene verfügt über eigene **Einnahmen**: Steuern, Kredite, Gebühren und Beiträge, Erwerbseinkünfte und sonstige Einnahmen (z.B. Münzeinnahmen, Strafgelder)[4].

2.2.1 Entwicklung und aktueller Stand

Steuern sind gemäß der Abgabenordnung (AO)[5] Zwangseinnahmen des Staates ohne spezielle Gegenleistung. Diese wird den Staatsbürgern vielmehr in allgemeiner Form gewährt, ohne dass eine genaue Zurechnung auf den einzelnen Steuerzahler möglich ist.

Wegen der Vielzahl von Steuern und ihrer oft komplizierten Gestaltung spricht man gelegentlich nicht zu Unrecht von einem "Steuerdschungel". Gewisse **Gliederungen**, die an bestimmten Merkmalen der einzelnen Steuern ansetzen, ermöglichen dennoch eine erste Übersicht. Deren Kenntnis ist für die von Steuern ausgehenden Wirkungen von Bedeutung. Damit ist auch die Frage nach der Eignung steuerpolitischer Instrumente für das Erreichen finanzpolitischer Ziele angesprochen.

(1) **Berücksichtigung persönlicher Merkmale** (subjektive [Personalsteuern] und objektive Steuern [Realsteuern])

Bei Einkommensteuern ist das Einkommen **Steuergegenstand** (also der steuerrechtliche Tatbestand, der Anlass zur Besteuerung gibt). Berücksichtigt wird die persönliche Leistungsfähigkeit des Besteuerten (Familienstand, Kinder, Alter, usw.). Das unterscheidet sie von Ertragsteuern (z.B. Grundsteuer), bei denen persönliche Umstände unbeachtlich sind.

(2) **Überwälzbarkeit** (direkte und indirekte Steuern)

Die Verkehrsteuern, die an Waren- und Dienstleistungskäufen bzw. -verkäufen anknüpfen, werden im Allgemeinen für überwälzbar gehalten. Es gelingt den Steuerschuldnern, die ihnen auferlegten Steuern im Preisbildungsprozess an andere Marktteilnehmer weiterzugeben. Die wichtigsten Verkehrsteuern sind die Mehrwert- und die Grunderwerbsteuer. Zu den indirekten Steuern gehören auch die Verbrauchsteuern, bei denen Steuergegen-

---

[4] Die anderen Einnahmen der staatlichen Ebenen haben im Vergleich zu den Steuern insgesamt nur eine geringe Bedeutung. **Erwerbseinkünfte** sind Einnahmen des Staates, die er durch eigene wirtschaftliche Tätigkeit erzielt. Seine Funktion als Hoheitsträger ist dabei unbedeutend. Sie sind marktabhängige Einnahmen. Dagegen haben **Gebühren** und **Beiträge** Zwangscharakter. Sie unterscheiden sich aber von den Steuern dadurch, dass der Staat eine spezielle Gegenleistung gewährt. Gebühren werden bei der Ausstellung eines Reisepasses oder bei der Eheschließung erhoben; Beispiel für Beiträge: Straßenanliegerbeiträge. Während man sich der Zahlung von Gebühren durch Nichtinanspruchnahme der staatlichen Leistung „entziehen" kann, ist dies bei den Beiträgen nicht möglich. Sie spielen auf kommunaler Ebene eine Rolle, wobei die Gemeinden angesichts chronischer Deckungslücken in ihren Haushalten immer wieder versuchen, über Gebühren- und Beitragserhöhungen zu Mehreinnahmen zu gelangen.

[5] § 3, Abs. 1 AO lautet: "Steuern sind Geldleistungen, die nicht eine Gegenleistung für eine besondere Leistung darstellen und von einem öffentlich-rechtlichen Gemeinwesen zur Erzielung von Einnahmen allen auferlegt werden, bei denen der Tatbestand zutrifft, an den das Gesetz die Leistungspflicht knüpft; die Erzielung von Einnahmen kann Nebenzweck sein."

stand die Herstellung von Gütern ist. Bei den direkten Steuern geht man dagegen grundsätzlich - jedenfalls bei kurzfristiger Betrachtung - von der Nichtüberwälzbarkeit aus. Beispiele sind die Einkommen- und die Erbschaftsteuer.

(3) Ertragshoheit (Finanzausgleich)

Eine besonders wichtige Frage ist die Zuordnung der einzelnen Steuern auf die verschiedenen staatlichen Ebenen: Wer hat die Ertragshoheit? Dies ist in Art. 106 GG geregelt. Übersicht 4.1 zeigt die Ertragskompetenz der wichtigsten Steuern in Deutschland.[6]

Die Einkommen- und Körperschaftsteuer sowie die Mehrwertsteuer sind **Gemeinschaftsteuern.** Sie stehen - mit Ausnahme eines 15%igen Anteils der Gemeinden an der Lohn- und Einkommensteuer (und eines 12%igen Anteils an der Zinsabschlagsteuer) - dem Bund und den Ländern gemeinsam zu. Am Aufkommen der Einkommen- (nach Abzug des Gemeindeanteils) und der Körperschaftsteuer sind der Bund und die Länder je zur Hälfte beteiligt, wobei die Verteilung auf die Länder grundsätzlich nach dem örtlichen Aufkommen (welches Finanzamt ist gemäß dem Wohnsitz oder dem Firmensitz zuständig?[7]) erfolgt. Die Anteile von Bund und Ländern an der Umsatzsteuer werden durch ein Bundesgesetz, das der Zustimmung des BUNDESRATES bedarf, festgelegt. Derzeit gilt folgende Regelung: Vom Gesamtaufkommen erhält der Bund ab 1999 5,63% als Ausgleich für seine Belastungen aufgrund eines zusätzlichen Bundeszuschusses an die Rentenversicherung der Arbeiter und Angestellten. Vom verbleibenden Aufkommen erhalten die Gemeinden ab 1998 einen Anteil von 2,2% als Kompensation für den Wegfall der Gewerbekapitalsteuer. Der Rest auf den Bund (49,4%) und die Länder (50,4%) aufgeteilt. Für die Verteilung zwischen den Ländern ist als Schlüssel die Einwohnerzahl vorgesehen, wodurch sich eine horizontale Ausgleichswirkung zwischen finanzstärkeren und finanzschwächeren Ländern ergibt. Eine Gemeinschaftsteuer ist faktisch auch die Gewerbesteuer, die zwar nach dem Grundgesetz den Gemeinden zusteht, von der jedoch als Gewerbesteuerumlage etwa 20% an den Bund und die Länder gehen, während 80% den Gemeinden zufließen. Im Zuge der Steuerreform ab 2004 wird die Gewerbesteuerumlage von 28% auf 20% (etwa 2,5 Mrd. €) zugunsten der Gemeinden gesenkt.

Art der Steuer	Beispiele	Ertragshoheit
Einkommensteuern	Einkommensteuer natürlicher Personen (Lohnsteuer, veranlagte Einkommensteuer), Körperschaftsteuer	Bund und Länder (Beteiligung der Gemeinden an der Einkommensteuer und Kapitalertragsteuer)
Verkehrsteuern	Mehrwertsteuer Grunderwerbsteuer Versicherungssteuer	Bund, Länder und Gemeinden Länder Bund
Verbrauchsteuern	Biersteuer Branntweinsteuer Kraftfahrzeugsteuer Tabaksteuer Mineralölsteuer	Länder Bund Länder Bund Bund
Ertragsteuern	Gewerbesteuer Grundsteuer	Gemeinden (Bund und Länder) Gemeinden
Erbschaftsteuer	Erbschaftsteuer	Länder
Zölle	Importzölle	EU

Übersicht 4.1: Steuerarten und Ertragskompetenz in der Bundesrepublik

---

[6] **Zölle** besitzen als nationale Einnahmequelle praktisch keine Bedeutung mehr, da sie vollständig an die EUROPÄISCHE UNION fließen.

[7] Aufgrund des Wohnsitz- (bei Berufspendlern) bzw. Firmensitzprinzips (bei Kapitalgesellschaften) bei der Abführung der Lohn- bzw. Körperschaftsteuer, ergibt sich eine „ungerechte" Verteilung des Steueraufkommens zwischen den betroffenen Bundesländern. Hier regeln so genannte **Zerlegungsgesetze** die Beteiligung der sonst benachteiligten Bundesländer am jeweiligen Steueraufkommen.

Der Finanzverbund zwischen den verschiedenen Ebenen unseres föderalistischen Staates wird enger, aber auch immer komplizierter und undurchsichtiger. Bei einer grundsätzlich politisch gewollten Finanzautonomie auf jeder Ebene der drei Gebietskörperschaften ist dies als recht problematisch zu bewerten. Der Abstimmungsprozess zwischen den staatlichen Ebenen ist nicht immer an der bestmöglichen Lösung von Sachfragen orientiert.

Tab. 4.3: Das Steueraufkommen der Bundesrepublik (1960 - 2002; ab 2000 in Mrd. €)

	1960	1970	1980	1990	2000[3]	2002
	in Mrd. DM / €					
Steuern vom Einkommen	24,4	61,8	173,8	255,0	192,4	165,1
davon:						
Lohnsteuer	8,1	35,0	111,5	177,5	135,7	132,2
Einkommensteuer	8,9	16,0	36,7	36,5	12,2	7,5
Körperschaftsteuer	6,5	8,7	21,3	30,0	23,6	2,9
Kapitalertragsteuer	0,8	2,0	4,1	10,8	20,9	22,5
Umsatzsteuer	14,8	26,7	52,8	78,0	107,1	105,5
Einfuhrumsatzsteuer	1,3	11,3	40,5	69,5	33,7	32,7
Gewerbesteuer	6,7	10,7	27,0	38,7	27,0	23,5
Mineralölsteuer	2,6	11,5	21,3	34,6	37,8	42,2
Tabaksteuer	3,5	6,5	11,2	17,4	11,4	13,8
Kraftfahrzeugsteuer	1,4	3,8	6,5	8,3	7,0	7,6
Grundsteuer	1,6	2,6	5,8	8,7	8,8	9,3
Vermögensteuer[1]	1,1	2,8	4,6	6,3	0,4	0,2
Zölle	2,7	2,8	4,6	7,1	3,4	2,9
Branntweinmonopol	1,0	2,2	3,8	4,2	2,2	2,1
Biersteuer	0,7	1,1	1,2	1,3	0,8	0,8
Sonstige	6,8	10,3	11,8	20,5	0	0
insgesamt[2]	68,6	154,1	364,9	549,6	432,0	405,7
	in % des Steueraufkommens					
Steuern vom Einkommen	35,6	40,1	47,6	46,4	44,5	40,7
davon:						
Lohnsteuer	11,8	22,8	31,2	32,3	31,4	32,6
Einkommensteuer	13,1	10,4	0,7	6,6	2,8	1,8
Körperschaftsteuer	9,5	5,7	4,2	5,5	5,5	0,7
Kapitalertragsteuer	1,2	1,3	3,2	2,0	4,8	5,5
Umsatzsteuer	21,6	17,4	25,1	14,2	24,8	26,0
Einfuhrumsatzsteuer	1,9	7,4	5,1	12,6	7,8	8,1
Gewerbesteuer	9,9	7,0	6,1	7,0	6,3	5,8
Mineralölsteuer	3,9	7,5	8,3	6,3	8,8	10,4
Tabaksteuer	5,2	4,2	2,7	3,2	2,6	3,4
Kraftfahrzeugsteuer	2,1	2,5	1,8	1,5	1,6	1,9
Grundsteuer	2,4	1,8	1,9	1,6	2,0	2,3
Vermögensteuer[1]	1,6	1,9	0,2	1,2	0,1	<0,1
Zölle	4,1	1,9	0,9	1,3	0,8	0,7
Branntweinmonopol	1,5	1,4	0,6	0,8	0,5	0,5
Biersteuer	1,0	0,8	0,2	0,2	0,2	0,2
Sonstige	9,9	6,9	3,2	3,7	0	0
insgesamt[2]	100	100	100	100	100	100

1) Die Erhebung der Vermögensteuer ist seit dem 1.1.1997 ausgesetzt worden.
2) Die Differenz zu 100% wird durch das Aufkommen zwischenzeitlich abgeschaffter Steuern (Wechselsteuer, Kapitalverkehrsteuern, Zuckersteuer, Kaffeesteuer usw.) geschlossen.
3) Ab 2000 einschließlich der neuen Bundesländer.
Quelle: Finanzberichte lfd.; Monatsberichte der Bundesbank lfd.

Die Steuern vom Einkommen weisen den größten Anteil an den Gesamtsteuereinnahmen sämtlicher Gebietskörperschaften auf, gefolgt von der Mehrwertsteuer (Tab. 4.3). In der zeitlichen Entwicklung zeigt sich, dass die Bedeutung der Einkommensteuern bis 1980 ständig zugenommen, danach vor allem aufgrund von Steuerreformen zurückgegangen ist. Das Sinken einiger „großer" Steuern (Einkommen-, Umsatz- und Gewerbesteuer) im Jahr 2002 ist Ausdruck der allgemeinen konjunkturellen Schwäche. Bei der Einkommensteuer ragt die Lohnsteuer, die die Einkommen aus nichtselbständiger Arbeit belastet, heraus. Der Anteil der veranlagten Einkommensteuer ist - bei erheblichen jährlichen Schwankungen - deutlich zurückgegangen (1960: 13,1%; 2002: 1,8%), während der Anteil der Lohnsteuer von 11,8% (1960) auf 32,6% (2002) angestiegen ist. Dieses Ergebnis stimmt nachdenklich, so dass nach Ursachen für diese Entwicklung gesucht werden muss. Für die veranlagte Einkommensteuer kann auf die vielen Gestaltungsmöglichkeiten hingewiesen werden, über die Bezieher hoher Einkommen verfügen. Bezieher von Lohneinkommen besitzen sie nur sehr bedingt. Sie sind der so genannten **kalten Progression** unterworfen: Wenn die Nominaleinkommen steigen, wachsen sie quasi automatisch in höhere Progressionsstufen des Einkommensteuertarifs hinein. Die Abzugswirkung nimmt zu, ohne dass die Leistungsfähigkeit gestiegen wäre. Aus diesem Grund ist es erforderlich, wenigstens aperiodisch den Steuertarif zu senken.

Bemerkenswert ist auch die Veränderung des Körperschaftsteueraufkommens, das in den letzten Jahren relativ abgenommen hat. Aufgrund der Senkung der Körperschaftsteuersätze im Jahre 2001 auf einheitlich 25% für einbehaltene und ausgeschüttete Gewinne kam es zu einem starken Aufkommensrückgang. 2003 wurden sogar per Saldo Körperschaftsteuern an die Unternehmen erstattet. Außerdem besitzen die Kapitalgesellschaften steuerrechtliche Gestaltungsmöglichkeiten, die es ihnen gestatten, Gewinne in andere Länder zu transferieren. Auch kann es Sondereinflüsse geben: Die Schuldenkrise in Südostasien im Winter 1997/98 hatte ein sinkendes Körperschaftsteueraufkommen zur Folge. Die Banken waren gehalten, notleidende Forderungen abzuschreiben - sie hatten sich an der Finanzierung einer Reihe von Projekten in der Krisenregion beteiligt -, die ausgewiesenen Gewinne sanken und führten zu geringeren Einnahmen aus der Körperschaftsteuer. Das Risiko ihres Engagements wird somit vom deutschen Steuerzahler mitgetragen!

Von allen Steuereinnahmen entfielen im Jahre 2002 auf den Bund 43,5 %, auf die Länder 40,4% und auf die Gemeinden 11,9%. Die restlichen 4,2% des Gesamtsteueraufkommens flossen der EU als eigene Einnahmen zu.

2.2.2 Steuerpolitische Indikatoren

Das Ausmaß der fiskalischen Belastung wird mit der gesamtwirtschaftlichen **Steuerquote** und der gesamtwirtschaftlichen **Abgabenquote** (Belastung durch Steuern und Sozialabgaben) gemessen. Hier zeigt sich (Tab. 4.4), dass die Belastung mit staatlichen Abgaben in Prozent des Bruttoinlandsproduktes in den meisten skandinavischen Ländern 2001 am höchsten, in Japan, Irland und den USA am geringsten war, während die Bundesrepublik einen Mittelplatz einnahm. Doch bleiben solche Vergleiche wegen unterschiedlicher Berechnungsmethoden und der verschiedenen Steuer- und Sozialversicherungssysteme problematisch. Eine ähnlich vorsichtige Interpretation ist für die Steuerquote angezeigt. Für Dänemark fällt hier ein hoher Prozentsatz auf: Die meisten Sozialleistungen werden aus Steuereinnahmen finanziert. Bei der Bewertung solcher Anteilswerte sollte man sich klar machen, dass ein Prozentpunkt in absoluten Größen Milliardenbeträge bedeutet, also durchaus erheblich ist.

Als Beurteilungsmaßstab bei Steuern - insbesondere für internationale Vergleiche - sind die **Steuertarife** heranzuziehen. Besonders gut eignet sich dafür die **tarifliche (nominelle) Belastung**, vor allem die **Spitzensteuersätze**. Man sollte aber nicht übersehen, dass zwischen der tariflichen und der **effektiven** Steuerbelastung ein beträchtlicher Unterschied bestehen kann, der von den steuerrechtlich zulässigen Gestaltungsmöglichkeiten (Abschreibungsregelungen, Werbungskosten, Sonderausgaben usw.) abhängt.

Tab. 4.4: Abgaben- und Steuerquote im internationalen Vergleich - Steuern und Sozialabgaben (1) sowie Steuern (2) in v.H. des BIP[1]

Land	1970 (1)	1970 (2)	1980 (1)	1980 (2)	1990 (1)	1990 (2)	2000 (1)	2000 (2)	2001 (1)	2001 (2)
Deutschland [2]	32,3	22,9	37,5	25,1	35,7	22,9	37,9	23,1	36,4	21,7
Belgien	35,7	24,9	44,4	30,9	44,4	29,4	45,6	31,5	45,3	31,1
Dänemark	40,4	38,8	45,5	44,7	48,7	47,2	48,8	46,5	49,0	46,8
Finnland	32,5	29,6	36,9	29,8	45,4	35,5	46,9	34,9	46,3	33,9
Frankreich	35,1	22,3	41,7	23,9	43,7	24,4	45,3	29,0	45,4	28,9
Griechenland	25,3	17,7	29,4	19,7	36,5	25,1	37,8	26,4	40,8	29,4
Großbritannien	36,9	31,8	35,3	29,4	36,4	30,2	37,4	31,2	37,4	31,0
Irland	31,0	28,5	33,8	29,7	34,8	29,6	31,1	26,8	29,2	24,9
Italien	26,1	16,3	30,4	18,8	39,2	26,3	42,0	30,0	41,8	29,6
Japan	19,7	15,3	25,4	18,0	31,3	22,2	27,1	17,2	-	-
Luxemburg	28,0	20,0	42,0	29,8	43,4	31,5	41,7	31,0	42,4	30,8
Niederlande	37,1	24,0	45,2	28,0	44,6	27,9	41,4	25,3	39,9	25,6
Norwegen	34,9	29,3	42,7	33,7	41,8	30,8	40,3	31,2	44,9	35,7
Österreich	35,7	26,6	40,3	27,8	41,0	27,5	43,7	28,8	45,7	30,7
Portugal	20,2	15,4	25,2	17,8	31,0	22,6	34,5	25,6	-	-
Schweden	39,8	33,8	48,8	34,8	55,6	40,5	54,2	39,0	53,2	37,3
Schweiz	23,8	18,2	30,8	21,3	31,5	21,1	35,7	23,7	34,5	22,6
Spanien	16,9	10,6	24,1	12,4	34,4	22,2	35,2	22,8	35,2	22,6
USA	27,4	23,0	26,9	21,0	26,7	19,8	29,6	22,7	-	-

1) Nach den Abgrenzungsmerkmalen der OECD
2) Ab 1991 einschließlich der neuen Länder
Quelle: Finanzberichte lfde. Jahrgänge.

Im Rahmen der europäischen Integration ist die Unterscheidung zwischen direkten und indirekten Steuern von Bedeutung. Bereits ab 1968 wurde eine Harmonisierung bei der Umsatzsteuer für die damaligen Mitgliedstaaten der EWG realisiert (Übergang zur Nettoallphasenumsatzsteuer mit Vorsteuerabzug, in Deutschland besser als Mehrwertsteuer bekannt), um Verzerrungen der Wettbewerbsfähigkeit durch unterschiedliche Belastungen des Außenhandels durch indirekte Steuern zu beseitigen. Wegen des immer noch bestehenden **Bestimmungslandprinzips** (die Exporte werden der steuerlichen Belastung des Landes der endgültigen Verwendung der Güter unterworfen), ist ein Steuerausgleich an der "Grenze" (Entlastung von Mehrwertsteuer im exportierenden Land, Belastung mit Mehrwertsteuer im importierenden Land) erforderlich. Der Übergang zum **Ursprungslandprinzip** (die Güter werden unabhängig von dem Ort ihrer Verwendung mit den Steuern des Landes belastet, in dem sie hergestellt wurden) steht noch aus. Zu einer umfassenden Harmonisierung bei den direkten Steuern ist es bisher nicht gekommen.

Von Bedeutung, insbesondere bei den Steuerschätzungen und für die Beurteilung von Umverteilungswirkungen von Steuern, können **Steueraufkommenselastizitäten** sein. Darunter wird die relative Änderung des Steueraufkommens in Bezug auf die relative Änderung der Bemessungsgrundlage (z.B. des BIP) verstanden. Bei der Ermittlung dieser Elastizitäten muss zunächst **mikroökonomisch** vorgegangen werden, denn eine direkte (kausale) Beziehung zwischen dem Steueraufkommen und dem BIP existiert nicht. Bei der Berechnung spielt insbesondere die Tarifelastizität (Verhältnis der relativen Änderung des Steuerbetrages zur relativen Änderung der Bemessungsgrundlage [z.B. des zu versteuernden Einkommens]) eine Rolle. Es ist immer zu beachten, dass sich die Aufkommenselastizitäten einzelner Steuern wegen unterschiedlicher Ausgestaltung (z.B. Progression, Abzugsmöglichkeiten), aber auch wegen Steuerrechtsänderungen nicht ohne Probleme berechnen lassen. Die Gesamtaufkommenselastizität einer Einzelsteuer ergibt sich aus der Summe der gewichteten mikroökonomischen Elastizitäten. Damit wird die Verteilung der Steuerpflichtigen über die verschiedenen Einkommensklassen berücksichtigt. Die **makroökonomischen** Steuerschuldelastizitäten der Einzelsteuern gehen in die Aufkommenselastizität des gesamten Steuersystems ein, indem sie mit ihren Anteilen am gesamten Steueraufkommen gewichtet werden. Wegen der erheblichen systematischen Probleme bei ihrer Berechnung, liegen neuere Untersuchungen zur Aufkommenselastizität des gesamten Steuersystems nicht vor.

Weiterhin kann der **Progressionsgrad** des gesamten Steuersystems, der das Ausmaß der Abweichung von der Proportionalität ausdrückt, von Bedeutung sein. Er ist ein Maßstab für das politisch gewollte Maß an Umverteilung.

Wichtige Informationen für die staatliche Finanzpolitik liefern die regelmäßig im Frühjahr und Herbst eines jeden Jahres durchgeführten **Steuerschätzungen** des Arbeitskreises 'Steuerschätzungen', eines Beirats beim BUNDESMINISTERIUM DER FINANZEN. Fachleute aus diesem Ministerium (Vorsitz), dem Bundeswirtschaftsministerium, den Länderfinanzministerien, der Kommunalen Spitzenverbände, der Bundesbank, des SACHVERSTÄNDIGENRATES, des STATISTISCHEN BUNDESAMTES und der führenden wirtschaftswissenschaftlichen Forschungsinstitute erstellen eine Prognose der zukünftigen Entwicklung der Steuereinnahmen für einen Zeitraum von fünf Jahren. Dazu ist kritisch anzumerken, dass die für die Steuerschätzung wichtige Größe des voraussichtlichen Wachstums des Bruttoinlandsproduktes und andere gesamtwirtschaftliche Grundannahmen vom BUNDESMINISTERIUM FÜR WIRTSCHAFT UND ARBEIT vorgegeben werden. Steuerrechtsänderungen, die zwar beschlossen, aber noch nicht in Kraft getreten sind, werden nicht durchweg berücksichtigt. Von daher kann es nicht verwundern, dass die Prognosen nicht immer eine hohe Treffsicherheit aufweisen.

2.3 Staatsausgaben

2.3.1 Entwicklung der Staatsausgaben

Bei der Betrachtung der Staatsausgaben ist zunächst danach zu fragen, für welche staatlichen Körperschaften sie angefallen sind. Im Vordergrund steht meist der Bund; man kann sie aber auch für den Gesamtstaat (Bund, Länder und Gemeinden) oder für jede Gebietskörperschaft allein analysieren. Die Staatsausgaben lassen sich nach verschiedenen Kriterien gliedern.

(1) Geht man von **Aufgabenbereichen** aus, so ist die Unterscheidung nach Ausgaben für öffentliche Sicherheit, Bildung und Wissenschaft, Wirtschaftsförderung usw. möglich. Hier

werden üblicherweise auch die stark gestiegenen Ausgaben für Zinsen auf Staatschulden ausgewiesen.

(2) Wird dagegen nach **volkswirtschaftlichen Funktionen** gefragt, geht es um Analysen der Entwicklung von Personalkosten, Sachkosten usw.

(3) Bei der Antwort auf die Frage, ob Staatsausgaben **volkswirtschaftlich produktiv** sind, wird zwischen Ausgaben für Güter und Dienste sowie Transferausgaben unterschieden. Die **Ausgaben für Güter und Dienste** umfassen den **Staatsverbrauch**, d.h. laufende Sach- und Personalausgaben sowie Ausgaben für militärische Zwecke. Ihnen wird - nicht immer zu Recht - kein besonderer Produktivitätsbeitrag zugesprochen. Außerdem gehören zu dieser Kategorie **Investitionen** zum Zwecke der Sachkapitalbildung (materielle Infrastruktur), Ausgaben zum Aufbau und zur Erhaltung immateriellen Kapitals (personelle Infrastruktur, Bildungsbereich) und für die institutionelle Infrastruktur (Beispiel: Ausgaben für das Rechtswesen). Sie sind für gesamtwirtschaftliche Produktivitätssteigerungen bedeutsam. Zu den **Transferausgaben** zählen Sozialtransfers, Zinszahlungen für öffentliche Schulden, Subventionen und schließlich Finanzinvestitionen (Kapitalbeteiligung bei öffentlichen Unternehmen). Auch von diesen Ausgaben wird kein unmittelbarer Produktivitätsbeitrag erwartet.

Problematisch ist diese Zuordnung, weil das Ausmaß der „Produktivität" staatlicher Ausgaben nicht ohne weiteres bestimmbar ist. Es käme auf einen in der Praxis nicht durchführbaren Vergleich mit dem gesellschaftlichen Wert alternativer (privater) Güterverwendung an. Nach vorherrschender Meinung besitzen Konsumausgaben im Vergleich zu Investitionsausgaben des Staates eine geringere Wertigkeit. Selbst wenn man davon ausgeht, dass staatliche Konsumausgaben volkswirtschaftlich nicht immer sinnvoll sind, ist offenkundig, dass Investitionen für ihre volle Nutzung konsumtive Ausgaben (**Folgekosten**) nach sich ziehen. Je höher der staatliche Kapitalstock ist, umso höher müssen auch die laufenden Ausgaben (Konsumausgaben) veranschlagt werden.[8] Schließlich ist umstritten, welche Ausgaben des Staates investiven Charakter haben. Aus politischen Gründen ist man bemüht, den Investitionsbegriff sehr eng zu fassen. Dadurch soll die staatliche Kreditaufnahme begrenzt werden, die nach Art. 115 GG grundsätzlich die Summe der im Haushaltsplan veranschlagten Ausgaben für Investitionen nicht überschreiten darf. Insbesondere im Bildungsbereich führt dies zu unbefriedigenden Ergebnissen, da zwar Schul- und Hochschulbauten Investitionen darstellen, die Lehrer- und Professorengehälter dagegen als staatlicher Konsum klassifiziert werden. Von der Tätigkeit von Lehrern und Professoren dürfte jedoch im Allgemeinen eine investive Wirkung - in Humankapital - ausgehen.

2.3.2 Indikatoren

Von großer Bedeutung in der öffentlichen Diskussion ist die **Staatsquote**, die den Anteil der Staatsausgaben in Bezug auf das BIP veranschaulicht. Indes ist die Aussagekraft der Staatsquote genau zu hinterfragen: Welche Größen werden zu den staatlichen Ausgaben gerechnet? Bezieht man beispielsweise die gesamten Sozialausgaben mit in die Berechnung ein, kommt eine höhere Quote heraus, als wenn man sich auf die Transformationsausgaben (Ausgaben des Staates für Güter und Dienste, oder: die Summe aus staatlichem Konsum und staatlichen Investitionen) beschränkt. Welche der Staatsquoten in Analysen und Argumentationen verwendet wird, ist oft durch ordnungspolitische (oder auch interessenpolitische) Vorstellungen geprägt. Will man den Staatseinfluss begrenzen ("Der Staat soll sich auf seine Kernaufgaben beschränken"), wird eine Staatsquote verwendet, in die auch die Sozialleistungen einbezogen werden, die aber im Wesentlichen nur eine Umverteilung bedeuten: Abhängig Beschäftigte zahlen z.B. Beiträge zur Gesetzlichen Rentenversi-

---

[8] Der SACHVERSTÄNDIGENRAT ZUR BEGUTACHTUNG DER GESAMTWIRTSCHAFTLICHEN ENTWICKLUNG plädiert in seinem Jahresgutachten 2002/03, für eine Erhöhung der öffentlichen Investitionen, übersieht dabei aber den Folgkosteneffekt in zukünftigen Haushalten (S. 18).

cherung und zur Arbeitslosenversicherung; sie werden in der gleichen Periode an Rentner bzw. Arbeitslose als Sozialleistung gezahlt.

In Tabelle 4.5 sind die **Staatsquote** und die **Staatsausgaben pro Kopf der Bevölkerung** berechnet worden. Die Ausgaben werden in laufenden Preisen ermittelt. In den Zahlen sind also Verzerrungen infolge von Preissteigerungen enthalten. Außerdem kann es Änderungen in der Statistik geben (z.B. die Einbeziehung der Sozialversicherung in die Staatsausgaben), die zu einer eingeschränkten intertemporalen und internationalen Vergleichbarkeit führen. Im Einzelfall muss daher immer geprüft werden, welche Daten in die Staatsquote eingehen.

Tab. 4.5: Staatsausgabenindikatoren für die Bundesrepublik Deutschland (1961 - 2002)

Rechnungsjahr	1961	1970	1980	1991	2000	2002
Staatsausgaben pro Kopf (in DM /€)	1.696	3.194	12.042	17.830	12.030	12.459
Bruttoinlandsprodukt (in Mrd. DM/€)	332,6	675,7	1.485,2	2.882,0	2.030,0	2.110,4
Staatsquote = Anteil der Staatsausgaben am BIP	31,3%	29,1%	49,9%	50,1%	48,8%	48,6%

Quelle: Statistisches Jahrbuch, verschiedene Jahrgänge u. eigene Berechnungen. Ab 2000 in €.

Tab. 4.6 enthält die Staatsquoten im internationalen Vergleich. Dabei zeigt sich, dass die skandinavischen Länder Dänemark und Schweden die höchsten Anteile, die USA dagegen den niedrigsten Wert aufweisen. Es fällt weiterhin auf, dass von 1995 bis 1997 in mehreren Ländern die Staatsquote signifikant gesunken ist. Dies kann mit dem Bemühen - auch im Zusammenhang mit der Einführung des Euro - erklärt werden, die Staatsausgaben zu senken und die Staatshaushalte zu konsolidieren.

Tab. 4.6: Staatsquote im internationalen Vergleich von 1980 - 2003

Land	Staatsausgaben in % des BIP					
	1980	1985	1990	1995	2000	2003
Deutschland[1]	49,0	48,0	46,1	50,6	48,8	49,9
Belgien	57,8	61,0	53,6	53,8	52,2	49,7
Dänemark	56,2	59,3	54,5	56,3	54,4	54,4
Finnland	38,1	43,8	45,4	57,9	54,2	49,5
Frankreich	46,1	52,2	49,8	54,3	54,1	54,1
Griechenland	30,4	42,9	48,2	47,4	41,8	47,1
Großbritannien	43,0	44,0	39,9	43,0	39,7	41,9
Irland	48,2	51,0	39,0	38,0	36,1	34,0
Italien	42,1	51,2	53,6	52,7	50,6	47,4
Japan	32,0	31,6	31,3	35,6	35,2	40,2
Luxemburg	50,4	46,2	-	41,3	45,9	46,3
Niederlande	55,8	57,1	54,1	51,4	49,1	47,5
Norwegen	43,8	41,5	49,7	47,6	44,7	47,1
Österreich	48,1	50,3	48,6	52,5	50,7	52,1
Portugal	23,6	40,9	41,9	46,0	45,9	47,0
Schweden	60,1	63,3	59,1	65,6	62,3	59,1
Spanien	32,2	41,2	42,0	44,8	42,2	39,8
USA	31,4	32,9	32,8	32,9	32,0	35,7

1) ab 1991 Gebietsstand nach dem 03.10.1990.

Quellen: OECD Economic Outlook Nr. 60, Juni 1998; EU-KOMMISSION: Wirtschaftliche Voraussätzungen 1998 - 1999, Frühjahr 1998; für Deutschland: Finanzberichte, lfd.

2.3.3 Subventionen

Was Subventionen sind, haben wir bereits in Abschnitt 1.1 kurz angesprochen. Gemäß § 12 Abs. 2 STABILITÄTSGESETZ ist zwischen Erhaltungs-, Anpassungs- und Produktivitätshilfen zu unterscheiden.

Als **Erhaltungshilfen** an Betriebe oder Wirtschaftszweige werden Subventionen angesehen, die nicht ausdrücklich an strukturverändernde Umstellungen gekoppelt sind. Solche Hilfen kommen insbesondere aus verteilungspolitischen und versorgungssichernden Gründen der Landwirtschaft und dem Bergbau zugute. **Anpassungshilfen** sollen im Wesentlichen zur Änderung bestehender Strukturen von Betrieben und Wirtschaftszweigen dienen und sich dadurch selbst entbehrlich machen. **Produktivitätshilfen** dienen der Förderung des Produktivitätsfortschritts und des Wachstums von Betrieben und Wirtschaftszweigen, insbesondere durch Entwicklung neuer Produktionsmethoden und -richtungen.

Darüber hinaus werden als **sonstige Hilfen** vor allem Subventionen ausgewiesen, die nicht in erster Linie an Betriebe oder Wirtschaftszweige gehen, sondern in wichtigen Bereichen des volkswirtschaftlichen Marktprozesses bestimmte Güter und Leistungen für private Haushalte verbilligen. Dies trifft insbesondere für die Wohnungsbauförderung zu, die breiteren Bevölkerungsschichten den Erwerb von Wohnraum erleichtern soll und gleichzeitig die Baunachfrage in erheblichem Umfang beeinflusst.

Die öffentliche Diskussion über die Höhe und Notwendigkeit von Subventionen wird durch verschiedene **Abgrenzungen des Subventionsbegriffs** in Wissenschaft und Praxis erschwert, die neben dem hier verwendeten Subventionsbegriff existieren. Die wirtschaftswissenschaftlichen Forschungsinstitute haben sich 1988 auf einen einheitlichen Begriffsinhalt im Rahmen der Strukturberichterstattung geeinigt. Sie erfassen dabei alle Gebietskörperschaften, während im SUBVENTIONSBERICHT des Bundes die Finanzhilfen und Steuervergünstigungen der Länder, die ERP-Finanzhilfen und die Marktordnungsausgaben der EU nur nachrichtlich dargestellt werden.

Die unterschiedlichen Abgrenzungen der Subventionsdefinitionen sind zweckorientiert. So verfolgen die Wirtschaftsforschungsinstitute das Ziel, den **Subventionsgrad** der deutschen Wirtschaft zu ermitteln, um die Subventionswirkungen ableiten und mögliche wirtschaftliche Fehlentwicklungen analysieren zu können. Der SUBVENTIONSBERICHT geht vom Haushalt des Bundes aus und hat vor allem die Aufgabe, die aus Bundesmitteln gewährten Finanzhilfen und Steuervergünstigungen im jeweiligen Haushaltsjahr darzustellen, ihre Zielsetzungen zu erläutern und in ihrer Gesamtentwicklung zu analysieren. Dabei konzentriert er sich vor allem auf Maßnahmen zur Förderung der privaten Wirtschaft.

Trotz immer wieder geäußerter politischer Absichten, scheint es außerordentlich schwierig zu sein, Subventionen abzubauen. Nach den SUBVENTIONSBERICHTEN haben sie sich wie in Tabelle 4.7 dargestellt entwickelt. Bemerkenswert ist, dass Subventionen heute grundsätzlich nur noch mit Zustimmung der EU gewährt werden dürfen. Dafür sind wettbewerbspolitische Motive maßgebend: Es soll verhindert werden, dass ein Mitgliedsland seiner Wirtschaft durch ihre Gewährung Wettbewerbsvorteile verschafft (vgl. Kapitel 3, Abschnitt 6.2.4). Das Gesamtvolumen der Subventionen (Finanzhilfen und Steuervergünstigungen) ist bis zum Jahr 2003 auf knapp 58,7 Mrd. € angewachsen.

Die Subventionen des Jahres 2003 machten 88% des im gleichen Jahr entstandenen Gesamthaushaltsdefizits (67 Mrd. €) aus. Wir erwähnen dies, um deutlich zu machen, dass es für die Verringerung der Staatsschulden auch andere Alternativen gäbe, als Einschnitte in die Soziale Sicherung vorzunehmen. Wo Kürzungen vorgenommen werden, ist letztlich eine Frage des gesellschaftspolitischen Zielbündels und der darin gesetzten Prioritäten sowie des Erfolgs von Einflussträgern.

Tab. 4.7: Gesamtvolumen der Subventionen von Bund, Ländern und Gemeinden, ERP, EU[1] (von 1970 - 2003, in Mrd. DM, ab 2003 in €)

	1970	1975	1980	1985	1990	1995	2000	2003
I. Finanzhilfen								
Bund (gesamt)	7,8	10,1	12,5	11,9	14,2	18,4	23,3	7,7
Alte Länder	7,8	10,1	12,5	11,9	14,2	10,2	16,0	·
Neue Länder	-	-	-	-	-	8,2	7,3	·
Länder (gesamt)	5,8	7,3	12,1	12,1	14,1	20,9	22,9	11,3
Alte Länder	5,8	7,3	12,1	12,1	14,1	14,2	14,7	·
Neue Länder	-	-	-	-	-	6,7	8,2	·
Gemeinden	1,0	1,0	1,0	1,0	2,1	3,0	3,3	1,6
II. Steuervergünstigungen								
Bund (gesamt)	6,2	9,7	11,9	15,6	15,4	17,8	16,9	15,1
Alte Länder	6,2	9,7	11,9	15,6	15,4	11,1	10,9	·
Neue Länder	-	-	-	-	-	6,7	6,0	·
Länder, Gemeinden (gesamt)	6,6	11,5	14,0	18,2	18,0	25,3	23,5	11,1
Alte Länder	6,6	11,5	14,0	18,2	18,0	14,6	14,1	·
Neue Länder	-	-	-	-	-	10,7	9,4	·
III. ERP-Finanzhilfen	1,1	1,3	2,7	2,9	5,6	11,5	13,0	5,0
Alte Länder	1,1	1,3	2,7	2,9	5,6	4,6	5,3	·
Neue Länder	-	-	-	-	-	6,9	7,7	·
IV. Marktordnungsausgaben der EG	2,9	2,2	6,2	8,0	9,5	11,4	12,3	6,8
Gesamtvolumen (Summe I.-IV.)	31,4	43,0	60,4	69,7	78,9	108,3	115,2	58,7
Alte Länder	31,4	43,0	60,4	69,7	78,9	69,1	76,7	·
Neue Länder	-	-	-	-	-	39,2	38,6	·

1) 1970 bis 1990 altes Bundesgebiet; ab 1991 Bundesgebiet einschließlich der Neuen Länder. (Abweichungen zwischen Einzel- und Gesamtsummen sind wegen Rundung möglich.)

Quelle: 19. SUBVENTIONSBERICHT, Bundestagsdrucksache 15/1635 v. 1.10.2003, S. 27.

2.4 Staatsverschuldung

2.4.1 Entwicklung der öffentlichen Verschuldung

Auch die **Kredite** gehören zu den staatlichen Einnahmen. Sie werden an den Geld- und Kapitalmärkten - in Konkurrenz zu privater Nachfrage nach Liquidität - aufgenommen, um den Haushalt auszugleichen. Insofern handelt es sich um marktwirtschaftliche Einnahmen, die am Ende der Laufzeit des Kreditvertrages oder gemäß der vereinbarten Tilgung zurückgezahlt werden müssen. Hinzu kommen die laufenden Zinszahlungen. Tilgung und Verzinsung zusammen werden auch als **Schuldendienst** bezeichnet.

Bei der staatlichen Verschuldung sind zwei Aspekte deutlich zu trennen: Zum einen geht es um die **Nettokreditaufnahme**. Sie lässt sich ermitteln, wenn von der Bruttokreditaufnahme die in der gleichen Haushaltsperiode fälligen Tilgungen abgezogen werden. Hier handelt es sich um Strömungsgrößen. Dagegen ist der zu jedem Zeitpunkt ermittelbare **Schuldenstand**, der sich aus den Nettokreditaufnahmen der Vergangenheit abzüglich der Tilgungen früherer Kredite ergibt, eine Bestandsgröße.

Für jeden Kredit, den der Staat aufnehmen möchte (**Passivkredit**[9]), ist eine **gesetzliche** Ermächtigung erforderlich, die in der Regel im Haushaltsplan (Haushaltsgesetz) enthalten ist und die auf Art. 115 GG beruht:

„Die Aufnahme von Krediten sowie die Übernahme von Bürgschaften ..., die zu Ausgaben in künftigen Rechnungsjahren führen können, bedürfen einer ... Ermächtigung durch Bundesgesetz. Die Einnahmen aus Krediten dürfen die Summe der im Haushaltsplan veranschlagten Ausgaben für Investitionen nicht überschreiten; Ausnahmen sind nur zulässig zur Abwehr einer Störung des gesamtwirtschaftlichen Gleichgewichts."

Grundsätzlich darf demnach die jährliche Nettokreditaufnahme nicht höher sein als die Ausgaben für investive Zwecke (**objektbezogener Verschuldungsgrundsatz**). Dies lässt sich damit begründen, dass in Folge von staatlichen Investitionen - wenn auch nur mittelbar - wieder Einnahmen über eine größere Wertschöpfung der Privaten erzielt werden. Ausnahmsweise kann die Neuverschuldung aus konjunkturpolitischen Erfordernissen auch höher sein (**situationsbezogene Verschuldung**).

Tab. 4.8 zeigt die Entwicklung der Höhe der Staatsverschuldung der verschiedenen staatlichen Ebenen in Deutschland von 1950 - 2002. Dabei werden einige bemerkenswerte Tendenzen deutlich:

- Die öffentliche Verschuldung ist im gesamten Zeitraum von 1950 bis 2002 gestiegen. Besonders stark war der Zuwachs in den letzten sieben Jahren: Von 1995 auf 2002 hat die Gesamtverschuldung um 125% zugenommen.
- Seit der Wiedervereinigung ist der Anteil des Bundes an der Gesamtverschuldung auf knapp 60% angestiegen, wenn man ihm die Schulden seiner Sondervermögen zurechnet.
- Die jährliche Nettokreditaufnahme des Bundes wird durch die dem Bund seit 1981 zugeflossenen Bundesbankgewinne "verfälscht". Folgende Gewinnanteile wurden an den Bund abgeführt: Von 1981 bis 1998 insgesamt 196,9 Mrd. DM; von 1999 bis 2002 28,9 Mrd. €.[10]

Für die Verschuldungsplanung und Wirkungsanalysen im Rahmen des Einsatzes schuldenpolitischer Instrumente sind neben der Zuordnung nach Schuldnern auch andere **Strukturmerkmale** (Schuldarten, Gläubiger u.a.) von Bedeutung.

Bei den **Schuldarten** geht es um bestimmte Schuldformen, derer sich der Staat bei seiner Kreditaufnahme bedient. Sie können sich nach einer Reihe von Merkmalen wie Laufzeit, Art der Verzinsung, Stückelung, Grad der Marktfähigkeit unterscheiden.

Von großer Bedeutung sind **Anleihen** (Schuldverschreibungen) mit Laufzeiten zwischen acht und zehn Jahren bei fester Nominalverzinsung, kleiner Stückelung und Börsenfähigkeit (Anteil an der Gesamtverschuldung Ende 2002: 35,7%). Daneben wird von **Schuldscheindarlehen** (Direktausleihungen), die mittel- bis langfristig sind und bei denen aufgrund des individuellen Kreditvertrags mit Kreditinstituten und Kapitalsammelstellen die Marktfähigkeit stark eingeschränkt ist, stark Gebrauch gemacht (Ende 2002: 31%). Vor allem die Gemeinden und die Länder bedienen sich dieser Schuldform. Bundesobligationen, Kassenobligationen und Bundesschatzbriefe gehören zu den mittelfristigen Krediten (drei bis acht Jahre).

---

[9] Als **Aktivkredit** bezeichnet man dagegen vom Staat gewährte Kredite (z.B. ERP-Kredite, Kredite an Entwicklungsländer usw.). Darauf wollen wir hier nicht eingehen.

[10] In den vergangenen Jahren wurden vom Bundesbankgewinn jeweils 3,5 Mrd. € in den Bundeshaushalt eingestellt, der Rest ist für die Tilgung von Schulden des Erblastentilgungsfonds verwendet worden. Die hohen Zuflüsse haben weitergehende Konsolidierungsbemühungen des Bundes abgeschwächt.

Tab. 4.8: Verschuldung der Gebietskörperschaften in Deutschland (Stand am Jahresende in Mrd. DM, ab 2000 in Mrd. € und in % der Gesamtverschuldung)

Jahr	Gesamt	Bund 1)	Länder	Gemeinden	Bundesbahn, ERP-Sondervermögen 2)	Fonds Deutsche Einheit, Entschädigungsfonds	Erblastentilgungsfonds
1950	20,6	7,3	12,8	0,5	-	-	-
1955	40,9	17,9	15,5	4,7	2,8	-	-
1960	51,2	22,6	14,7	11,2	3,7	-	-
1965	82,5	33,0	17,0	25,8	6,7	-	-
1970	125,9	47,3	27,9	40,3	10,4	-	-
1975	250,8	108,5	67,0	68,8	6,5	-	-
1980	469,1	232,3	137,3	96,2	3,3	-	-
1985	760,2	390,8	247,4	113,7	8,3	-	-
1990	1.052,5	542,2	328,5	124,9	9,5	19,8	27,6
1995	1.995,9	756,8	511,7	196,6	114,8	87,1	328,9
2000	1.211,4	715,8	338,1	98,5	18,4	40,6	-
2002	1.277,6	725,4	392,2	100,8	19,4	39,8	-
1950	100	35,3	62,3	2,4	-	-	-
1955	100	43,6	37,9	11,4	7,1	-	-
1960	100	43,3	28,2	21,4	7,1	-	-
1965	100	39,8	21,0	31,1	8,1	-	-
1970	100	37,6	22,1	32,0	8,3	-	-
1975	100	43,3	26,7	27,4	2,6	-	-
1980	100	49,5	29,3	20,5	0,7	-	-
1985	100	51,4	32,5	15,0	1,1	-	-
1990	100	51,5	31,2	11,9	0,9	1,9	2,6
1995	100	37,9	25,6	9,8	5,8	4,4	16,5
2000	100	59,1	27,9	8,1	1,5	3,4	-
2002	100	56,8	30,7	7,9	1,5	3,1	-

1) Ab Juli 1999 wurden das „Bundeseisenbahnvermögen" (39,2 Mrd. €), der „Erblastentilgungsfonds" (151,1 Mrd. €) und der „Ausgleichsfonds Steinkohleeinsatz" (2,3 Mrd. €) vom Bund übernommen. Bei der Umwandlung der Deutschen Bundesbahn und Reichsbahn in die Deutsche Bahn AG wurde das nicht rechtsfähige **Bundeseisenbahnvermögen** geschaffen. Es verwaltet die ihm übertragenen Schulden der ehemaligen Bahnen und ist formaljuristisch Dienstherr der für die Bahn AG tätigen Beamten. Im **Erblastentilgungsfonds** waren ab 1995 folgende Schulden, die im Zusammenhang mit der Wiedervereinigung entstanden sind, zusammengefasst: Kreditabwicklungsfonds, Treuhandanstalt, Wohnungsbau-Altverbindlichkeiten usw.
2) Darin eingeschlossen waren bis Juni 1999 auch der "Ausgleichsfonds Steinkohleneinsatz" (seit 1974) und der "Entschädigungsfonds" (seit 1995).
Ab 1990 einschließlich der ostdeutschen Länder und Gemeinden.

Quelle: Monatsberichte der Deutschen Bundesbank, lfd.

Zu den **Gläubigern** des Staates gehören die Kreditinstitute (Anteil: 41,7% der Gesamtverschuldung Ende 2002), Unternehmen und private Haushalte (18%), Sozialversicherungen (0,02%) sowie das Ausland (40%). Bei der Bundesbank ist der Bund mit 4,4 Mrd. € (0,3%) verschuldet: Es handelt sich um Schulden, die anlässlich der Währungsreform 1948 als Ausgleichsforderungen entstanden sind und die von der Bundesbank zum Zwecke der früheren Offenmarktpolitik aufgekauft wurden. Die Zahlen beruhen zum Teil auf Schätzungen. Die genaue Gläubigerstruktur ist nicht bekannt: Der weit überwiegende Teil der Kreditmarktverschuldung wird in Form von Wertpapieren aufgenommen, die weitgehend als Buchforderungen in der Weise emittiert werden, dass zugunsten der WERTPAPIERSAMMELBANK DEUTSCHE BÖRSE CLEARING AG eine Sammelschuldbuchforderung in das von der BUNDESWERTPAPIERVERWALTUNG (bis 2001: BUNDESSCHULDENVERWALTUNG) elektronisch geführte Bundesschuldbuch eingetragen wird. Die Gläubiger, die möglicherweise über mehrere Verwahrstufen Anteile an dieser Sammelschuldbuchforderung besitzen (Banken, institutionelle und private Anleger mit Bankdepot, ausländische Investoren) sind nicht bekannt.

Während Kredite im Inland im Allgemeinen in Euro aufgenommen werden, können bei Auslandsschulden die Verträge auf inländische oder auf ausländische Währung lauten. In letzten Fall ist das **Wechselkursrisiko** auf den Schuldner verlagert, während der Gläubiger das Wechselkursrisiko trägt, wenn die Schulden auf inländische Währung lauten. Zur Erläuterung diene das folgende Beispiel:

Das Königreich Marokko (Kreditnehmer) hat bei der Bundesrepublik (Kreditgeber) einen Kredit aufgenommen. Wenn der Kredit auf 5 Mio. € lautet, und die marokkanische Währung abgewertet wird (von bisher 1 € = 10 Dirham auf 1 € = 12 Dirham), muss Marokko in inländischer Währung gerechnet nicht 50 Mio. Dirham, sondern 60 Mio. Dirham zurückzahlen.

Ein weiteres wichtiges Schuldformmerkmal ist die **Fristigkeit** (Laufzeit): Sie gibt Auskunft darüber, für welchen Zeitraum dem Staat der Kredit gewährt worden ist. Dabei wird zwischen kurz-, mittel- und langfristigen Laufzeiten unterschieden. Anleihen sind im Allgemeinen langfristig, Schatzwechsel dagegen kurzfristig. Von besonderer Bedeutung ist dabei die **Restlaufzeit**, denn eine langfristig begebene Anleihe kann bereits kurz vor der Fälligkeit stehen, sie hat dann **"near-money-Charakter"** (vgl. Kapitel 5, Abschnitt 1). Dies kann die Dispositionen der Gläubiger dieser Anleihe beeinflussen. Die durchschnittliche Restlaufzeit sagt etwas aus über die Frequenz, mit der fällig werdende Schulden vom Staat umgeschuldet werden müssen. Sie betrug für die Kreditmarktmittel des Bundes Ende 2001 knapp sechs Jahre (BUNDESSCHULDENVERWALTUNG, Jahresbericht 2001, Bad Homburg v.d. Höhe 2002, S. 8).

Als letztes Merkmal wollen wir den **Finanzierungszweck** erwähnen. **Kassen(verstärkungs-)kredite** dienen zur Überbrückung von kurzfristigen Liquiditätsschwierigkeiten. **Haushaltskredite** sind zur Finanzierung von Deckungslücken im Haushalt vorgesehen. Für beide Typen sind Kreditermächtigungen im jährlichen Haushaltsgesetz erforderlich.

2.4.2 Indikatoren zur Staatsverschuldung

Auch zur Staatsverschuldung können wir wieder eine Reihe von Kennzahlen bzw. Indikatoren berechnen. Sofern keine Dimension angegeben ist, handelt es sich um Prozentwerte. Bei der Zins-Ausgabenquote wird der Anteil der Zinszahlungen an den staatlichen Ausgaben berechnet:

Zins-Ausgabenquote: Zinsen : Staatsausgaben

Mit der Zins-Steuerquote wird ermittelt, wie viel Prozent der Steuereinnahmen aufgewendet werden müssen, um die Zinsen auf die Staatsschulden zu bezahlen. Bei der Interpretation der Zins-Steuerquote wie auch der Zins-Ausgabenquote ist das jeweilige Zinsniveau zu beachten. Bei einem Schuldenstand von 1300 Mrd. € bedeutet der dauerhafte Anstieg des Zinsniveaus um 1%-Punkt eine potentielle Mehrbelastung von 13 Mrd. €, die dann realisiert wird, wenn die gesamte Staatsverschuldung einmal umgeschuldet wird.

Zins-Steuerquote: Zinsen : Steuereinnahmen

Eine Größe, die oft zur Veranschaulichung des Schuldenproblems herangezogen wird, ist die Pro-Kopf-Verschuldung in € je Einwohner :

Pro-Kopf-Verschuldung: Schuldenstand : Bevölkerung

Neben der Kreditfinanzierungsquote (vgl. Abschnitt 2.1.2) spielt auch die Schuldenstandsquote nach dem VERTRAG VON MAASTRICHT eine Rolle. Sie soll 60% des Bruttoinlandsproduktes nicht übersteigen.

Schuldenstandsquote: Schuldenstand : Bruttoinlandsprodukt

Dagegen wird mit der Quote der Auslandsverschuldung der Anteil der von ausländischen Gläubigern gewährten Kredite an den Staat ausgedrückt. Sie ist auch ein Indikator für die (finanzielle) Abhängigkeit vom Ausland.

Quote der Auslandsverschuldung: Auslandsschulden : Schuldenstand

Einige der Schuldenquoten sind in Tab. 4.9 berechnet worden. In Tab. 4.10 geben wir eine Übersicht über die Schuldenstandsquoten im internationalen Vergleich. Bei ihrer Interpretation ist wegen des Wechselkursproblems Vorsicht geboten.

Aus der laufenden Kreditaufnahme und dem Schuldenstand ist auch die Inanspruchnahme des Kapitalmarktes durch den Staat zu erkennen. Man kann es auch anders ausdrücken: Wie viel wird vom privaten Ressourcenverzicht (Ersparnis der privaten Haushalte) vom Staat für seine Zwecke beansprucht?

Tab.: 4.9: Schuldenquoten für die Bundesrepublik Deutschland

Jahr	Zins-Ausgabenquote	Zins-Steuerquote	Schulden-standsquote	Quote der Auslandsverschuldung	Pro-Kopf-Verschuldung
1980	6,0	8,4	31,5	8,9	7.623 DM
1985	9,5	13,3	41,5	16,1	12.467 DM
1990	8,7	12,3	43,2	20,9	16.639 DM
1995	11,1	16,0	57,1	28,4	24.441 DM
2000	11,3	14,4	60,3	36,4	14.729 €
2002	10,8	14,9	60,8	40,0	15.479 €

Quelle: Finanzberichte u. eigene Berechnungen

Tab. 4.10: Schuldenstandsquoten im internationalen Vergleich (1980 – 2002)

Land	Bruttoschulden des Staates in % des BIP					
	1980	1985	1990	1995	2000	2002
Deutschland[1]	31,5	41,5	43,2	57,1	60,3	60,8
Belgien	78,2	120,7	124,7	134,0	110,9	105,3
Dänemark	44,7	74,9	57,7	69,3	47,3	45,2
Finnland	14,1	16,5	14,3	56,6	44,0	42,7
Frankreich	30,9	38,6	34,8	51,9	58,0	59,1
Griechenland	22,9	47,8	89,0	108,7	103,9	104,9
Großbritannien	54,0	58,9	35,0	52,0	42,9	38,4
Irland	72,7	104,6	92,6	80,8	39,1	33,3
Italien	58,1	82,3	97,3	123,2	110,2	106,7
Japan	51,2	65,3	61,5	76,2	122,9	141,8
Luxemburg	12,5	13,0	4,5	5,6	5,3	5,3
Niederlande	46,9	71,5	75,6	75,5	56,3	52,6
Norwegen	47,6	37,4	32,5	43,0	-	23,5
Österreich	37,3	49,8	56,8	68,0	62,8	68,7
Portugal	32,8	58,0	64,2	64,7	53,8	58,1
Schweden	44,3	66,7	42,1	76,6	55,6	52,6
Spanien	18,3	50,8	43,2	63,2	60,6	54,0
USA	37,0	49,5	66,6	74,5	58,8	61,0

1) Ab 1991 Gebietsstand nach dem 03.10.1990, Abgrenzung der Finanzstatistik; Bruttoschulden nach Maastricht-Kriterien ab 1990.

Quellen: Finanzberichte, lfd.

2.5 Haushalt der Europäischen Union

Der Haushalt der EUROPÄISCHEN UNION ist in verschiedener Weise mit den nationalen Finanzwirtschaften verknüpft. Wie für jeden nationalen Haushalt stellt sich auch für das Budget der EU die Frage, wer die Finanzmittel für die Aufgabenerfüllung aufbringt. Die EUROPÄISCHE UNION wird aus Einnahmen finanziert, die nach bestimmten Kriterien auf die Mitgliedstaaten verteilt werden.

2.5.1 Die Eigenmittel

Das Finanzierungssystem der EU ist seit 1970 sukzessive bis 1988 in ein **Eigenmittelsystem** mit folgenden Einnahmen umgewandelt worden:
* Agrarabschöpfungen[11] und Zuckerabgaben
* Zölle
* Mehrwertsteuer (MWSt)- Eigenmittel
* Bruttonationaleinkommen(BNE)-Eigenmittel

Eigene Einnahmen stehen völkerrechtlich der EU zu, sie können nicht - wie früher die **Finanzbeiträge** - von den Mitgliedstaaten zurückgehalten werden.

Agrarabschöpfungen und Zölle

Sie werden bei Importen aus Drittstaaten an den Außengrenzen der EU erhoben. Innerhalb der EU gibt es im Prinzip weder Agrarabschöpfungen noch Zölle. Dies ist das wesentliche Charakteristikum einer **Zollunion** (vgl. Kapitel 8, Abschnitt 3.1.2). Zur pauschalen Deckung der bei den Mitgliedstaaten anfallenden Kosten für ihre Erhebung und Abführung behalten die Mitgliedstaaten ab 2001 25% des Aufkommens ein. Es liegt nahe, Agrarabschöpfungen und Zölle an die EU abzuführen, wenn man bedenkt, dass es sich um Eingangsabgaben für einen Binnenmarkt handelt, in dem der Mitgliedstaat, der diese Abgaben erhebt, nicht unbedingt auch der Staat ist, in dem die Güter verbraucht oder investiert werden.

Nach dem 1994 unterzeichneten Übereinkommen zur Errichtung der WELTHANDELSORGANISATION (WORLD TRADE ORGANISATION - WTO, vgl. Kapitel 8, Abschnitt 5.2.2), hatte sich die EU verpflichtet, ab 1. Juli 1995 - bzw. zu Beginn der jeweiligen Wirtschaftsjahre der Marktorganisationen die variablen Agrarabschöpfungen in **feste Tarifäquivalente** (Agrarzölle) umzuwandeln und bis zum Jahre 2001 um 36 % abzubauen. Diese Tarifierung gilt allerdings nicht für die wichtigsten Getreidearten, für Reis und für den Obst- und Gemüsesektor. Dort werden - vergleichbar dem bisherigen Abschöpfungssystem - in Abständen Einfuhrpreise festgelegt, die im Grundsatz den Schwankungen der Weltmarktpreise folgen.

Mehrwertsteuer (MWSt)-Eigenmittel

Alle Mitgliedstaaten der EU erheben in ihrem Hoheitsgebiet eine gleichartige Mehrwertsteuer. Die **MWSt-Eigenmittel** ergeben sich dadurch, dass ein bestimmter Prozentsatz auf die harmonisierten MWSt-Bemessungsgrundlagen der Mitgliedstaaten angewendet wird. Bemessungsgrundlagen sind die Summen der steuerpflichtigen Umsätze (Warenlieferungen, Dienstleistungen, Einfuhren) auf der Stufe des Endverbrauchers. Der Prozentsatz, der auf diese Bemessungsgrundlagen angewandt wird, ist für alle Mitgliedstaaten gleich und wird im Haushaltsverfahren der EU festgelegt. Er darf einen vorgegebenen **Höchstwert** nicht

---

[11] Bei **Agrarabschöpfungen** handelt es sich um "variable Zölle": Dadurch sollen bei Agrarimporten die Preise für die Güter vom niedrigeren Weltmarktpreisniveau auf das - zum Schutz der Landwirtschaft - in der EU vereinbarte höhere Preisniveau heraufgeschleust werden. Da die Weltmarktpreise ständig schwanken, müssen auch die Abschöpfungen in kurzen Zeitabständen angepasst werden.

überschreiten. 1970 wurde dieser Höchstwert auf 1,0% festgelegt, 1985 auf 1,4%. Ab Januar 1995 wurde der Satz bis zum Jahre 1999 schrittweise wieder auf 1,0% zurückgeführt und soll ab 2004 auf 0,5% sinken. Die Mitgliedstaaten zahlen aus ihren nationalen Haushaltseinnahmen den so ermittelten Betrag als Mehrwertsteuer-Eigenmittel an die EU. Wegen sehr unterschiedlicher Mehrwertsteuersätze (Dänemark und Schweden: 25%; Luxemburg: 15%) konnten die an die EU abzuführenden MWSt-Eigenmittel nicht am Mehrwertsteueraufkommen ansetzen.

Bruttonationaleinkommen (BNE)-Eigenmittel

Als sinnvoller Maßstab der Leistungsfähigkeit einer Volkswirtschaft gilt das Bruttonationaleinkommen (BNE), früher das Bruttosozialprodukt. Es drückt die gesamte von Inländern erbrachte wirtschaftliche Wertschöpfung aus. Mittlerweile wurde bei den Methoden, mit denen das BNE in den einzelnen Mitgliedstaaten der EU berechnet wird, eine weitgehende Vergleichbarkeit erreicht. Daher wurde auf dieser Grundlage die vierte Einnahmeart der EU geschaffen, die **BNE-Eigenmittel**. Sie ergeben sich, indem das BNE jedes Mitgliedslandes mit einem EU-einheitlichen Eigenmittelsatz multipliziert wird. Sie dienten der **Restfinanzierung**: Nur dann, wenn die Ausgaben durch die anderen Einnahmearten nicht gedeckt werden konnten, waren BNE-Eigenmittel abzuführen. Die BNE-Eigenmittel gehen zulasten der nationalen Steueraufkommen der Mitgliedstaaten. Zur Finanzierung des EU-Haushalts 2002 mit einem Volumen von 94 Mrd. € tragen die Agrarzölle gut 2%, die übrigen Zölle knapp 14%, die MWSt-Eigenmittel 24% bei, während die restlichen Mittel (außer 11% sonstige Einnahmen einschließlich Überschüsse aus vorherigen Haushaltsjahren) in Höhe etwa 49% durch die BNE-Eigenmittel aufgebracht werden.

Tab. 4.11: Die Einnahmen und Ausgaben des EU-Haushalts (Soll) von 1997 - 2002 (in Mrd. € und in v.H. der Gesamteinnahmen bzw. -ausgaben)

	1997		1999		2002	
Einnahmen:	Mrd. €	%	Mrd. €	%	Mrd. €	%
1. Agrarzölle und Zuckerabgaben	2,0	2,4	1,9	2,2	2,0	2,1
2. Zölle	12,2	14,8	11,9	13,8	12,9	13,7
3. Mehrwertsteuer- Eigenmittel	34,6	42,0	30,4	35,2	22,7	24,1
4. BNE-Eigenmittel	33,0	40,1	41,5	48,1	45,9	48,7
5. Sonstige Einnahmen 1)	0,6	0,7	0,6	0,7	10,8	11,4
Gesamt	82,4	100	86,3	100	94,3	100
Ausgaben:	Mrd. €	%	Mrd. €	%	Mrd. €	%
1. Gemeinsame Agrarpolitik	40,8	49,5	40,4	46,8	44,2	46,9
2. Strukturpolitische Maßnahmen	26,3	31,9	30,9	35,9	32,1	34,0
3. Interne Politikbereiche	5,1	6,2	5,1	5,9	6,1	6,5
4. Externe Politikbereiche	4,5	5,5	4,3	4,9	4,6	4,9
5. Verwaltungsausgaben	4,3	5,2	4,4	5,1	3,4	3,6
6. Reserven, Ausgleichszahlungen	1,4	1,7	1,2	1,4	1,3	1,4
7. Heranführungsstrategie 2)	-	-	-	-	2,6	2,7
Gesamt	82,4	100	86,3	100	94,3	100

1) Überschüsse aus vorangegangenen Haushaltsjahren; Steuern auf die Einkommen der EU-Bediensteten, abzüglich der Erstattungen für Erhebungskosten usw.
2) Im Wesentlichen Ausgaben im Zuge der Erweiterung der EU.
Quelle: Finanzberichte 1999, 2004 und EU-KOMMISSION, Gesamtberichte über die Tätigkeit der EU, lfd.

Die der EUROPÄISCHEN UNION zur Finanzierung des Haushalts zugewiesenen Finanzmittel sind begrenzt. Insgesamt dürfen die Eigenmittel nicht mehr als 1,24% des Bruttonationaleinkommens der Gemeinschaft betragen. Eine Kreditaufnahme zur Finanzierung des Haushalts ist bei der EU nicht möglich.

Die Netto-Lastenverteilung

Bei einer Gegenüberstellung von Zahlungen an und Rückflüssen aus dem EU-Haushalt gibt es unterschiedliche Salden für die Mitgliedstaaten: Übersteigen die Zahlungen die Rückflüsse, ist dieser Mitgliedstaat **Nettozahler**, im umgekehrten Falle **Nettoempfänger**. Bei einer Untersuchung der Lastenverteilung in der Union stellt man fest, dass in der Vergangenheit hauptsächlich Deutschland und Großbritannien, in letzter Zeit aber auch Frankreich, Italien und die Niederlande Nettozahler sind, während die übrigen Mitgliedstaaten zum Teil hohe Nettoempfängerpositionen aufweisen. Die Finanzierungsanteile Deutschlands betrugen 1997 28,7%, 1998 27,3% und 1999 26,6%. Aufgrund der Eigenmittelbeschlüsse von 1999 sank er inzwischen bis 2002 auf 23,3% (FINANZBERICHT 2004, S. 86).

Diese Situation ist nicht unproblematisch. Unter dem Aspekt einer gerechten oder "fairen" Lastenverteilung ist sicherlich nicht zu beanstanden, wenn vergleichsweise wohlhabende Mitgliedstaaten Nettozahler sind. Problematisch ist jedoch die Tatsache, dass letztlich nur ein Mitgliedstaat (Deutschland) etwa ein Viertel des Finanztransfers über den EU-Haushalt aufbringt, während andere wohlhabende Mitgliedstaaten (z. B. Frankreich und Dänemark) vergleichsweise geringe Lasten tragen oder gar Nettoempfänger sind.

Bei der Gesamtbewertung der EU-Mitgliedschaft dürfen aber auch die gesamtwirtschaftlichen Vorteile (z.B. verbesserte Exportmöglichkeiten) und politischen Chancen der europäischen Integration nicht außer Betracht bleiben. Verschärft wird die Haushaltssituation der EU durch den Beitritt mehrerer süd- und osteuropäischer Länder im Jahre 2004. Sie sind durchweg Nettoempfängerländer.

2.5.2 Die Ausgaben

Der Haushalt der EU hatte für das Jahr 2002 ein Gesamtvolumen an Zahlungsermächtigungen[12] von 94,3 Mrd. € oder 1,02% des in der EU erwirtschafteten Bruttonationaleinkommens (zum Vergleich: der deutsche Bundeshaushalt hatte 2002 ein Volumen von 249,9 Mrd. €). Bei den Ausgaben bilden nach wie vor die Agrarausgaben den größten Block mit knapp 47% der Gesamtausgaben, mit stagnierender Tendenz (Tab. 4.11).[13] Der weitaus größte Teil der Agrarausgaben entfällt auf den EUROPÄISCHEN AUSRICHTUNGS- UND GARANTIEFONDS FÜR DIE LANDWIRTSCHAFT (EAGFL), Abteilung Garantie. Aus dieser Abteilung werden die gemeinsamen Marktordnungen im Bereich der Landwirtschaft finanziert. Dabei geht es um die Stützung pflanzlicher (Getreide, Ölsaaten, Zucker) und tierischer Produkte (Rindfleisch, Milcherzeugnisse). Aus der Abteilung Ausrichtung werden agrarstrukturpolitische Maßnahmen finanziert. Die Marktordnungsausgaben gehören zu den **obligatorischen** Ausgaben. Ihre Höhe ist nicht unmittelbar durch den EU-Haushalt beeinflussbar, weil sie nicht nur von den Marktordnungen abhängen, sondern auch von der Ernte, den Weltmarktpreisen, den Dollarkursen usw. Von großer Bedeutung sind auch die jährlichen Agrarpreisverhandlungen, in denen die **Richtpreise** (Interventionspreise) festgelegt werden. Sie stellen für die Landwirte letztlich eine Preis- und Absatzgarantie dar. Wegen der nicht mehr finanzierbaren Agrarpolitik wurde dieser gemeinsame Politikbereich ab 1992 reformiert. Die

---

[12] Die Zahlungsermächtigungen entsprechen im deutschen Haushaltsrecht den Baransätzen. Daneben werden auch im EU-Haushalt Verpflichtungsermächtigungen aufgeführt, die zu Zahlungsverpflichtungen in zukünftigen Rechnungsjahren und im Allgemeinen zu höheren Budgetvolumina führen.

[13] Im März 1999 wurde beschlossen, die Gesamtausgaben bis zum Jahr 2006 auf durchschnittlich 40,5 Mrd. Euro pro Jahr zu begrenzen. Die Garantiepreise für Getreide wurden bis zum Wirtschaftsjahr 2001/2002 um insgesamt 15% gesenkt. Für die Jahre bis 2006 ist eine Flächenstillegung von 10% vorgesehen. Die Reform des Milchmarktes wurde auf das Jahr 2005/2006 verschoben.

bisherige Preisstützung durch staatliche Ankaufsgarantien, Prämien oder Erzeugerbeihilfen wurde schrittweise reduziert und durch direkte Einkommensbeihilfen ersetzt. Dieser Einkommensausgleich ist an die Teilnahme von Maßnahmen zur Produktionsbegrenzung (z.B. durch Flächenstilllegungen) gebunden.

Die Strukturpolitik

Wachsende Bedeutung haben die Ausgaben für Strukturpolitik. Ihr Ziel ist es, den wirtschaftlichen und sozialen Zusammenhalt der Union zu stärken. Der Abstand zwischen den verschiedenen Regionen soll verringert werden. Die zentralen Instrumente der gemeinschaftlichen Strukturpolitik sind die **Strukturfonds**. Sie dienen der regionalen Umschichtung wirtschaftlicher und finanzieller Ressourcen über den EU-Haushalt:

- EUROPÄISCHER FONDS FÜR REGIONALE ENTWICKLUNG (EFRE)
- EUROPÄISCHER SOZIALFONDS (ESF)
- EUROPÄISCHER AUSRICHTUNGS- UND GARANTIEFONDS FÜR DIE LANDWIRTSCHAFT (EAGFL), ABTEILUNG AUSRICHTUNG
- FINANZIERUNGSINSTRUMENT ZUR AUSRICHTUNG DER FISCHEREI (FIAF).

Aufgabe des EFRE (Art. 160 EG-VERTRAG) ist es, durch Beteiligung an der Entwicklung und an der strukturellen Anpassung rückständiger Gebiete zum Ausgleich der wichtigsten regionalen Ungleichgewichte in der Union beizutragen. Hierzu gehört auch die Umstellung von Industriegebieten mit rückläufiger Entwicklung. Der ESF (Art. 146 EG-VERTRAG) hat die Aufgabe, die Verbesserung der Beschäftigungsmöglichkeiten der Arbeitskräfte innerhalb der Union, die berufliche Verwendbarkeit und die örtliche und berufliche Freizügigkeit der Arbeitskräfte zu fördern. Mit dem EAGFL, Abteilung Ausrichtung (Art. 34 EG-VERTRAG), soll die Anpassung der Agrarstrukturen im Sinne der Reform der gemeinsamen Agrarpolitik beschleunigt und zur Entwicklung der ländlichen Gebiete beigetragen werden. Das FIAF hat die Aufgabe, Maßnahmen im Bereich der Fischerei, der Aquakultur sowie der Verarbeitung und Vermarktung der entsprechenden Erzeugnisse zu unterstützen. Im Vertrag über die EUROPÄISCHE UNION ist eine enge Koordinierung dieser Fonds vorgesehen, um ihre Aufgaben zu rationalisieren und effiziente Ergebnisse zu erzielen.

Als weiteres Instrument wollen wir kurz auf den KOHÄSIONSFONDS hinweisen. Im Zeitraum 1993-2002 erhielten die vier weniger wohlhabenden Mitgliedstaaten Spanien, Portugal, Griechenland und Irland rd. 23 Mrd. Euro aus diesem Fonds. Die Mittel der Union sind für Umweltvorhaben und Verkehrsinfrastrukturvorhaben von gemeinsamem Interesse vorgesehen, z. B. die Finanzierung von Eisenbahnstrecken.

Die internen Politiken

Zu den internen Politiken gehören die Bereiche Bildung, Jugend, Kultur und Soziales. Dafür sind mehrere Aktionsprogramme wie z.B. zur Durchführung einer Berufsbildungspolitik (LEONARDO) und der allgemeinen Bildungspolitik (SOKRATES) aufgelegt worden. Gefördert werden im kulturellen Bereich z. B. die Erhaltung des europäischen kulturellen Erbes und im audiovisuellen Bereich z.B. die Produktion und Umstellung von Programmen auf das Format 16:9. Neben dem EUROPÄISCHEN SOZIALFONDS stehen Mittel für Sozialmaß-nahmen bereit (u. a. Zuschuss zum EUROPÄISCHEN GEWERKSCHAFTSINSTITUT, Maßnahmen zur Bekämpfung der Armut usw.).

Die externen Politiken

Zu den externen Politikbereichen gehört z.B. die Zusammenarbeit der EU mit Entwicklungsländern. Hier stehen zwei Finanzierungsquellen zur Verfügung. Einerseits werden Mittel direkt aus dem EU-Haushalt bereitgestellt, andererseits ist der EUROPÄISCHE ENTWICKLUNGS-

FONDS (EEF) geschaffen worden, um die Zusammenarbeit der Gemeinschaft mit den AKP-Staaten (assoziierte Länder Afrikas, der Karibik und des Pazifik) zu unterstützen. Der EEF wird durch Beiträge der Mitgliedstaaten finanziert, ist also nicht in den EU-Haushalt eingestellt. Die aus dem Haushalt stammenden Mittel werden insbesondere für Nahrungsmittel- und humanitäre Hilfe, im Rahmen des PHARE-Progamms zwecks Unterstützung der Transformationsländer in Mittel- und Osteuropa sowie für die Europa-Mittelmeer-Partnerschaft (MEDA) eingesetzt.

Aufgrund einer im Jahre 1993 geschlossenen Vereinbarung zwischen den drei europäischen Organen RAT, EUROPÄISCHEM PARLAMENT (EP) und EU-KOMMISSION (sog. **Interinstitutionelle Vereinbarung**) wird regelmäßig eine finanzielle Vorausschau als mittelfristige Planung der EU-Ausgaben erstellt. Abänderungen sind nur auf Vorschlag der Kommission mit Zustimmung des Parlaments und des Rates möglich. Das jedoch nur dann, wenn zwingende politische Gründe vorliegen, die unvorhergesehene Ausgaben zur Folge haben. Sie unterteilt die EU-Ausgaben in sieben Kategorien und legt für jede Kategorie Höchstbeträge fest. Da die finanzielle Vorausschau auf Preisen von 2003 basiert, wird sie jährlich angepasst (Umrechnung in laufende Preise, Anpassung an die Entwicklung des Bruttonationaleinkommens). Auch die Höchstbeträge können bei Bedarf auf Vorschlag der Kommission im Einvernehmen zwischen Parlament und Rat verändert werden.

3. Theoretische Fundierung

3.1 Einführung - Die Theorie des multiplen Budgets

Durch die Situationsanalyse ist deutlich geworden, dass der Bereich der Finanzpolitik sehr umfassend ist. Es ist deshalb nicht leicht, eine einheitliche, in sich konsistente theoretische Fundierung zu geben. In der finanzwissenschaftlichen Literatur wird folglich oft versucht, nach Teilbereichen vorzugehen.

Ein wichtiger Beitrag zur **Finanztheorie** ist von RICHARD A. MUSGRAVE geliefert worden.[14] In seinem grundlegenden - im Wesentlichen normativ ausgerichteten - Werk wird von drei Funktionen des Budgets ausgegangen, die entsprechenden imaginären Abteilungen zugeordnet werden: Der Allokations-, der Distributions- und der Stabilisierungsabteilung. In der **Allokationsabteilung** wird bestimmt, welche Regulierungen der Allokation notwendig sind, wer die daraus resultierenden Kosten zu tragen hat und welche einnahme- und ausgabepolitischen Maßnahmen erforderlich sind, um die gewünschten Ziele zu erreichen. Dabei geht es zum einen um die Befriedigung der Wünsche nach öffentlichen Gütern, aber auch um die Korrektur der durch den Markt bewirkten Allokation der Ressourcen (z.B. bei monopolistischer Marktbeherrschung, im Falle der Ballung von Produktivfaktoren, aber auch dann, wenn externe Effekte auftreten). Die grundlegende Aufgabe der Allokationsabteilung besteht in der Entscheidung über die alternative Verwendung der Ressourcen (Opportunitätskosten). Denn wenn Produktivkräfte für die Befriedigung öffentlicher Bedürfnisse eingesetzt werden, stehen sie für eine private Verwendung nicht zur Verfügung. Dabei wird eine Vollbeschäftigungssituation vorausgesetzt.

Mit Hilfe der **Distributionsabteilung** ist zu bestimmen, wie die gewünschte oder "gerechte" Einkommensverteilung erreicht werden soll. In einer Marktwirtschaft hängt die Verteilung von Einkommen und Vermögen von einer Vielzahl von Faktoren ab (Erbrecht, Erbanlagen, Ausbildungsmöglichkeiten, soziale Mobilität usw.). Auch wenn in einer Gesellschaft unterschiedliche Vorstellungen über eine akzeptable Verteilung bestehen mögen (sie sind von Werturteilen geprägt), oft dürfte es Situationen und Entwicklungen geben, die einen Eingriff in die Verteilung erforderlich machen. Dies ist insbesondere von dem von uns immer wieder

---

[14] R. A. MUSGRAVE, Finanztheorie, Tübingen 1966 (Titel der amerikanischen Originalausgabe: The Theory of Public Finance, 1959).

erwähnten gesellschaftspolitischen Zielbündel abhängig. Es muss daher ein Mechanismus geschaffen werden, der Korrekturen der Verteilung erlaubt. Dabei kann als Nebenbedingung gefordert werden, dass solche Eingriffe so zu erfolgen haben, dass sie das Funktionieren des Marktprozesses möglichst wenig beeinträchtigen. Durch Steuer- und Transferzahlungen werden Ansprüche an das Inlandsprodukt aus der Verfügungsmacht von Wirtschaftssubjekten auf andere übertragen.

Die Funktion der **Stabilisierungsabteilung** unterscheidet sich grundlegend von der der beiden anderen Abteilungen. Ihre Aufgabe liegt nicht in der Zuteilung von Produktivkräften zur Befriedigung öffentlicher oder privater Bedürfnisse, sondern in der Erhaltung eines hohen Nutzungsgrades der volkswirtschaftlichen Produktivkräfte (Vollbeschäftigung) und eines stabilen Geldwertes. Wenn MUSGRAVE in diesem Zusammenhang von **kompensatorischer Finanz** spricht[15], wird klar, dass es sich um **keynesianische** Vorstellungen handelt. Einleuchtend ist, dass das Budget der Stabilisierungsabteilung - wenn kein gesamtwirtschaftliches Gleichgewicht vorliegt - entweder ein Defizit oder einen Überschuss aufweist. Indes sind finanzpolitische Mittel nicht die einzigen Möglichkeiten, mit deren Hilfe eine gesamtwirtschaftliche Stabilisierung erreicht werden kann. Wir verweisen insbesondere auf die Geldpolitik (vgl. Kapitel 5), die als maßgeblich für die Stabilität des Geldwertes angesehen wird. Sofern es um den Budgetsaldo geht (Defizite und Überschüsse), spielt auch die öffentliche Schuldenpolitik eine Rolle. Sie ist nicht auf Entscheidungen über die Höhe des Forderungsvolumens beschränkt, sondern richtet sich auch auf Änderungen der Schuldformen bei gegebenem Schuldenstand. Eine scharfe Trennung zwischen fiskalischen und monetären Stabilisierungsmaßnahmen ist nicht möglich. Schließlich sind bei derartigen Maßnahmen auch mögliche Nebenwirkungen zu berücksichtigen, die entweder die Effizienz der genutzten Produktivkräfte, die Wachstumschancen, aber auch die Verteilung beeinflussen können. Die Festlegung einer "optimalen" Politik wird damit zu einer äußerst schwierigen Aufgabe. Mit dieser kurzen Darstellung der **Theorie des multiplen Budgets** sollte verdeutlicht werden, dass die wichtigen ökonomischen Ziele mit der öffentlichen Finanzwirtschaft verfolgt werden können und sollen.

Die Erklärung finanzpolitischer Entwicklungen und deren praktische Beeinflussung ist untrennbar mit der jeweils verfolgten wirtschaftspolitischen Konzeption verbunden. Aus ihr sollte auch der Stellenwert der finanzpolitischen Instrumente erkennbar sein. Da die Rolle des Staates in unserer Wirtschaftsgesellschaft recht umstritten ist (vgl. Kapitel 2), fällt es schwer, einzelne Maßnahmen theoretisch einwandfrei zuzuordnen. Hinzu kommt, dass die Finanzpolitik sehr stark interessenpolitisch ausgerichtet ist, was ihre Beurteilung unter dem Erfordernis rationaler Kriterien nicht unmaßgeblich erschwert.

3.2 Bestimmung des optimalen Budgets

Wir haben bereits mehrfach festgestellt, dass der optimale Staatsumfang nicht ohne weiteres bestimmt werden kann. Wir wollen dennoch einen weiteren Versuch unternehmen und überprüfen, ob die Untersuchungen zum so genannten **optimalen Budget** eine Lösung darstellen können. Ohne Berücksichtigung von Unterschieden bei individuellen oder gruppenbezogenen Präferenzen kann gefragt werden, wo die gewünschte Höhe des Budgets (und damit auch die der Staatsquote) liegt. Man hätte dann zwischen den Vorteilen, die den Staatsbürgern aus den öffentlichen Ausgaben erwachsen und den Nachteilen, die ihnen durch die Besteuerung entstehen, abzuwägen. Wohlfahrtstheoretisch lässt sich dies so ausdrücken: Die gesellschaftliche Wohlfahrt wäre bei dem Budgetumfang maximiert, bei der der zusätzliche gesellschaftliche Nutzen aus einer weiteren Ausgabeneinheit gerade

---

[15] Bei unfreiwilliger Arbeitslosigkeit muss die gesamtwirtschaftliche Nachfrage angehoben werden; bei Inflation infolge einer gesamtwirtschaftlichen Angebotslücke ist die Nachfrage zu senken; herrschen gleichzeitig Vollbeschäftigung und Preisstabilität muss die Höhe der monetären Gesamtausgaben gleich bleiben, um Unterbeschäftigung und Inflation zu vermeiden

der Nutzeneinbuße entspricht, die entsteht, wenn die zusätzliche Ausgabe durch Steuern finanziert wird. Damit ergibt sich eine Begrenzung des Budgetvolumens durch die Bereitschaft der Steuerzahler, auf Teile ihres Einkommens und damit private Bedürfnisbefriedigungsmöglichkeiten zu verzichten. Geht man von fallendem Grenznutzen bei zusätzlichen Ausgaben und steigendem negativen Grenznutzen bei zusätzlichen Steuern aus, kann aus der Differenz der Punkt abgeleitet werden, bei dem der Gesamtnutzen am größten ist: Dies ist dort der Fall, wo der marginale Nettonutzen gleich Null ist.

Diese Überlegungen sind von der **Neuen Politischen Ökonomie** eingesetzt worden, um zur Bestimmung des **stimmenmaximalen Budgets** zu gelangen. Dabei geht man davon aus, dass die in Parteien organisierten Politiker nicht gemäß einer fiktiven Wohlfahrtsfunktion handeln, sondern aus ihrem Berufsinteresse, sie streben nach Einkommen und Macht. Die politischen Ziele werden nicht vom Wähler, sondern von den politischen Parteien festgelegt, um damit Interessengruppen zu dienen und die Regierungsmacht zu behalten oder übernehmen zu können. Ihre wahlpolitische Zielsetzung besteht in der Maximierung der Wählerstimmen.

Überträgt man diesen Ansatz auf die Haushaltspolitik, so lautet die Maxime: Die Ausgaben werden solange gesteigert, bis der durch die letzte ausgegebene Geldeinheit erreichte Stimmengewinn dem Stimmenverlust gleich ist, der durch die letzte, aus den staatlichen Finanzquellen entnommenen Geldeinheit verursacht wird. Um dies zu erreichen empfehlen sich bei den Ausgaben merkliche Posten (z.B. Sozialausgaben), bei der Finanzierung hingegen unmerkliche Posten (z.B. Verbrauchsteuern oder Kredite). Für diese Theorie sprechen die von politischen Parteien gemachten Wahlgeschenke oder - falls man sich in der Opposition befindet - Wahlversprechen.

3.3 Steuertheorie

Die Erhebung von Steuern - da es sich um Zwangseinnahmen handelt - bedarf in Form und Umfang einer besonderen Rechtfertigung. Ein **rationales Steuersystem** setzt voraus, dass es eine Reihe von Anforderungen erfüllt. Dazu gehören

- möglichst geringe Verwaltungskosten und möglichst geringe Entrichtungskosten auf Seiten der Steuerzahler, deren Privatsphäre zu achten ist;
- die Leistungsbereitschaft der Steuerzahler sollte nicht beeinträchtigt werden;
- die optimale Allokation der Ressourcen sollte nicht gestört werden;
- die Korrektur einer als ungerecht empfundenen Einkommens- und Vermögensverteilung sollte möglich sein;
- das Steuersystem sollte stabilitätspolitischen Erfordernissen genügen und schließlich dürfen zwischen diesen Forderungen keine Zielkonflikte auftreten.

Allein schon jede der Anforderungen für sich ist praktisch nicht zu erfüllen. Umso weniger dürfte es möglich sein, alle Voraussetzungen gleichzeitig zu erreichen. Außerdem unterliegen die Anforderungen einem historischen Wandel. Trotz dieser Einschränkungen bietet die Steuertheorie mit solchen Überlegungen Prüfsteine für die praktische Steuerpolitik an.

In der Steuertheorie wird auch untersucht, nach welchen Kriterien die Last der Steuern auf die Staatsbürger verteilt werden soll. Diese normative Frage lässt sich nur beantworten, wenn sie in den Zusammenhang mit einer bestimmten Staatsauffassung gebracht wird.

Die Erhebung von Steuern kann nach dem **Äquivalenzprinzip** erfolgen. Dabei werden sie als Einnahmen verstanden, die ein direktes Entgelt für vom Staat erbrachte Leistungen darstellen. Hintergrund ist eine individualistische Staatsauffassung, wobei der Staat ein zweckgerichteter Zusammenschluss seiner Bürger ist und folglich "bezahlt" wird, wenn er für sie Leistungen erbringt. Insofern hätten Steuern den Charakter von Preisen. Eine

Gleichbehandlung von Personen wäre immer dann geboten, wenn sie den gleichen Nutzen aus den staatlichen Leistungen zögen. Für den Begriff der Äquivalenz sind zwei Interpretationen möglich. Zum einen kann man von **marktwirtschaftlicher** Äquivalenz sprechen, wenn die Leistungen des Staates sich an den Präferenzen der Bürger orientieren, also danach gezahlt wird, was ihnen die Leistungen wert sind. Der Leser wird erkennen, dass ein solcher Ansatz nicht operational ist. Gerade die Theorie der öffentlichen Güter zeigt, dass für bestimmte vom Staat angebotene Leistungen Präferenzen nicht offenbart werden müssen (bei Nichtrivalität im Konsum und bei technisch nicht möglichem oder sozialpolitisch nicht gewolltem Marktausschluss). Dies gilt sowohl für eine Gesamtbetrachtung, in die alle Steuern einbezogen werden (als Äquivalent für alle vom Staat empfangenen Leistungen), aber auch für einzelne staatliche Leistungen, durch die Staatsbürger einen Sondernutzen erhalten. Beispielsweise könnten die Kfz-Steuer und die Mineralölsteuer als Gegenleistung für die Straßennutzung betrachtet werden. Damit wird zwar die Inanspruchnahme staatlicher Leistungen deutlich, eine Zurechnung ist aber dennoch nicht möglich. Hinzu kommt, dass ein Widerspruch zum Haushaltsgrundsatz der Nonaffektation (Nichtzweckbindung) entstehen kann, nach dem die Einnahmen grundsätzlich ohne Bindung an einen spezifischen Ausgabezweck in den Haushalt eingestellt werden müssen. Zum anderen wird auch von **kostenmäßiger** Äquivalenz gesprochen, wenn versucht würde, die Kosten der Staatsleistungen den Bürgern zum Beispiel dann, wenn sie von ihnen freiwillig in Anspruch genommen (Leistungen der zivilen Rechtsprechung) oder von ihnen provoziert werden (Strafrechtsverfahren), zuzurechnen. Es wird deutlich, dass hier der Übergang zu anderen staatlichen Einnahmeformen fließend ist.

Größeres aktuelles Interesse hat das **Leistungsfähigkeitsprinzip**. Hier ist es ohne Bedeutung, welche Leistungen der Staat zur Verfügung stellt und wer die Leistungen in Anspruch nimmt. Jeder soll nach seiner Leistungsfähigkeit zum Steueraufkommen beitragen. Dabei ist eine Staatsauffassung impliziert, die davon ausgeht, dass der Staat ein geschichtlich gegebener Tatbestand ist, der als Voraussetzung für gesellschaftliches und individuelles Leben überhaupt angesehen wird. Die Individuen sind Mitglieder eines "Ganzen", zu dessen Funktionsfähigkeit sie beizutragen haben.

Steuerpflichtige mit gleicher steuerlicher Leistungsfähigkeit sollen gleich (**horizontale Gerechtigkeit**), solche mit divergierender Leistungsfähigkeit dagegen unterschiedlich belastet werden (**vertikale Gerechtigkeit**). Problematisch ist an diesem Prinzip die Messung der Leistungsfähigkeit. Ein wissenschaftlich begründetes Verfahren für die Messung der Leistungsfähigkeit gibt es nicht. Deshalb muss man sich an Hilfsgrößen (Indikatoren) orientieren. In Frage kommen vor allem das Einkommen, das Vermögen oder der Konsum. Nach allgemeiner Auffassung gilt das **Einkommen** als die wichtigste Größe. Dazu rechnen alle Bestandteile, die im wirtschaftlichen Sinn Einkommen sind, insbesondere also die Faktoreinkommen (Erwerbs- und Vermögenseinkommen). Strittig kann es sein, die Transfereinkommen in die Einkommensbesteuerung einzubeziehen, weil damit möglicherweise eine Doppelbelastung gegeben ist (sollen z.B. Renten, und wenn ja, welche Rentenbestandteile oder das Arbeitslosengeld der Besteuerung unterworfen werden?). Nicht belastet werden dagegen Einkommensteile, die keine Leistungsfähigkeit beinhalten: Sie müssten in Form von Freibeträgen (z.B. Existenzminimum) oder Abzugsmöglichkeiten (außergewöhnliche Belastungen) von der Besteuerung ausgenommen werden. In der praktischen Steuerpolitik wird an dieser Stelle von Einflussträgern eingewirkt, um Einkommensbestandteile von der Besteuerung auszunehmen. Für die Höhe der Steuersätze bzw. des Steuertarifs ist von Bedeutung, inwieweit solche Versuche gelingen. Das Ergebnis zeigt sich in der Bemessungsgrundlage (was wird als steuerbares Einkommen angesehen?). Damit werden auch steuerreformpolitische Absichten deutlich: Wenn es gelingt, die Bemessungsgrundlage zu verbreitern, können die Steuersätze aufkommensneutral gesenkt werden.

In der Steuertheorie gibt es auch eine Reihe von Vorschlägen, mit der Belastung nicht am Einkommen (also dem Ort der Einkommensentstehung), sondern an der **Einkommens-verwendung** anzuknüpfen. Dann wird für eine **Ausgabensteuer** (Konsumsteuer) plädiert. Der steuerliche Zugriff erfolgt direkt beim Konsumenten, dessen persönliche Verhältnisse (wie Familienstand, Kinderzahl usw.) berücksichtigt werden sollen. Dabei kann durchaus ein progressiver Tarif zur Anwendung kommen. Mit dieser Besteuerungsform werden nicht nur die Ausgaben für spezielle Konsumgüter, sondern für das gesamte beanspruchte Konsumgüterbündel erfasst. Die Vorteile der Ausgabensteuer werden vor allem darin gesehen, dass sie lediglich den Konsum, nicht aber das Sparen belastet. Im Gegensatz dazu führt die Belastung von Zinserträgen aus Ersparnissen im Rahmen der Einkommensteuer zu einer Doppelbesteuerung. Folglich kann die Ausgabensteuer zu einer erhöhten Ersparnis, zu einer höheren Risikobereitschaft der Investoren und somit schließlich zu einem größeren Arbeitsangebot und mehr Wachstum führen. Ob diese Wirkungen indes eintreten, hängt von den Reaktionen der Besteuerten ab. Probleme werden insbesondere bei der praktischen Handhabung dieser Abgabe gesehen. Bei der Ermittlung der Bemessungsgrundlage ergeben sich ebenso technische und administrative Probleme wie bei der Lösung von Sonderfragen wie dem Splitting. In Volkswirtschaften mit historisch gewachsenem Steuersystem scheint die Einführung einer solche Steuer ausgeschlossen.[16]

Hat man sich für eine Messgröße entschieden, und sind damit die Zensiten in eine Rangfolge der steuerlichen Leistungsfähigkeit gebracht, ist über die vertikale Differenzierung der Steuerbelastung zu entscheiden. Hierzu sind - im Sinne der neoklassischen Grenznutzenschule - die so genannten **Opfertheorien** entwickelt worden. Eine "gerechte" Steuerverteilung liegt dann vor, wenn die Steuerzahlung bei jedem Zensiten das gleiche Opfer im Sinne einer gleichen Einbuße an Wohlfahrt bedeutet. Bei der Theorie des gleichen **absoluten** Opfers ist der Tarif so zu gestalten, dass allen Bürgern der gleiche absolute Nutzenentgang auferlegt wird. Dabei ergibt sich ein proportionaler Tarif, wenn sich der Grenznutzen des Geldes umgekehrt proportional zum Einkommen verhält bzw. eine progressive Belastung, wenn der Grenznutzen stärker fällt als in umgekehrter Proportion zum Einkommen. Dagegen plädiert man in der Theorie des gleichen **relativen** Opfers dafür, dass bei allen Steuerpflichtigen die durch die Besteuerung bewirkte Last im Verhältnis zum Gesamtnutzen des Einkommens gleich sei, der den Zensiten nach der Besteuerung noch verbleibt. Da der Nutzen bei Einkommensstarken trotz der Besteuerung höher ist als bei Einkommensschwachen, wird bei Anwendung dieses Prinzips ein progressiver Tarif abgeleitet werden können. Denn wenn z.B. bei gegebener Grenznutzenkurve - beim Prinzip des gleichen absoluten Opfers - ein proportionaler Tarif abgeleitet wird, würde unter den gleichen nutzentheoretischen Voraussetzungen jetzt ein progressiver Tarif adäquat sein. Schließlich wollen wir noch auf die Theorie des gleichen **marginalen** Opfers hinweisen. Durch die Besteuerung soll der marginale Nutzenentgang bei allen Steuerzahlern gleich sein, was darauf hinausläuft, dass der Nutzenentgang aller Zensiten ein Minimum erreicht, das kollektive Gesamtopfer würde minimiert. Dies würde bedeuten, dass alle eine bestimmte Grenze überschreitenden Einkommen weggesteuert werden müssten. Auch hier käme ein progressiver Tarif heraus, der wegen des Grenzsteuersatzes von 100% Anreizprobleme aufwirft. Wegen der diesen Theorien zugrunde liegenden Voraussetzungen (Probleme der Messbarkeit des Nutzens, der fraglichen Annahme abnehmenden Grenznutzens, identische Nutzenfunktionen bei den Steuerpflichtigen?) fehlt auch hier die Operationalität. Es zeigt sich, dass ein wissenschaftlich begründeter Steuertarif nicht abgeleitet werden kann. Letztlich muss über die Steuertarife, wenn sie dem Prinzip der Belastung nach der persönlichen Leistungsfähigkeit folgen sollen, politisch entschieden werden.

---

[16] Experimente mit der Ausgabensteuer gab es von 1958 - 1962 in Indien und in Sri Lanka (1959 - 1962 und 1976 - 1978). Zur theoretischen Begründung der Ausgabensteuer vgl. N. KALDOR, An Expenditure Tax, London 1955 sowie R. PEFFEKOVEN, Art. Persönliche allgemeine Ausgabensteuer, in: Handbuch der Finanzwissenschaft, 2. Bd., 3 Aufl., Tübingen 1980, S. 418ff.

Diese Schlussfolgerungen gelten auch für Untersuchungen zur **optimalen Besteuerung**. Das Äquivalenzprinzip bzw. das Leistungsfähigkeitsprinzip sollen zu einer "gerechten" Verteilung der mit der Besteuerung verbundenen Belastung der Zensiten führen. Fokussiert man dagegen die Besteuerung auf allokationspolitische Aspekte, sind weitere Überlegungen anzustellen. Wir haben bereits gesagt, dass durch jede Steuerzahlung Ressourcen vom privaten auf den öffentlichen Bereich übertragen werden. Durch diesen Entzugseffekt (Einkommenseffekt) kommt es zu Wohlstandseinbußen bei den privaten Wirtschaftssubjekten. Wenn außerdem noch Mehrbelastungen (**excess burden**) dadurch verursacht werden, dass infolge der Besteuerung die Allokation der Ressourcen im privaten Sektor gestört wird (z.B. wenn Substitutionsprozesse einsetzen zwischen Arbeitszeit und Freizeit, zwischen Konsum und Sparen usw.), kommt es zu größeren Wohlstandsverlusten, als es nach den alleinigen Entzugseffekten erforderlich wäre. Dies gilt für alle Steuerarten mit Ausnahme der Kopfsteuer, deren Einführung sich aber aus verteilungspolitischen Gründen verbietet. Steuerpolitisch sollte wenigstens versucht werden, solche Mehrbelastungen zu verringern. Anhand konkreter Steuern kann untersucht werden, in welchen Fällen die Mehrbelastung minimiert werden kann. Dazu sind Modelle entwickelt worden, die entweder nur die Einkommensteuern (optimal income taxation) oder die Konsumbesteuerung (optimal commodity taxation) behandeln, wobei Voraussetzungen in Bezug auf die Höhe des Steueraufkommens (vorgegebenes oder angestrebtes Steueraufkommen?) und auch die Verwendung der Steuereinnahmen gemacht werden (Bereitstellung von öffentlichen Gütern im bisherigen Umfang? Finanzierung von Transfers an private Wirtschaftssubjekte?). Die Theorie der optimalen Besteuerung hat aber bisher keine praktikablen Lösungsansätze erarbeiten können.

Für eine **rationale Steuerpolitik** ist weiterhin die Berücksichtigung möglicher Steuerwirkungen von Bedeutung. Hier wird zwischen folgenden Phasen unterschieden: (1) Die Informations- und Wahrnehmungsphase, in der bereits mit bestimmten Abwehrreaktionen der Steuerzahler, die versuchen werden, die ihnen auferlegte steuerliche Belastung zu verringern (Steuerabwehrwirkungen), zu rechnen ist. Dies wird in der (2) Zahlungsphase besonders deutlich, wenn es beispielsweise zur Steuerüberwälzung kommt. Schließlich führt eine veränderte steuerliche Belastung zu (3) Einkommenswirkungen, weil sich durch jede Steuer die Einkommensverteilung verändert. Dies wird auch als **Steuerinzidenz** bezeichnet.

3.4 Theorie der Staatsausgaben

Theoretische Untersuchungen zur Entwicklung der Staatsausgaben lassen sich in mehrere Gruppen einteilen. Zum einen wird versucht, das Wachstum der Staatsausgaben durch historische Entwicklungen oder bestimmte Hypothesen zu erklären, zu anderen kann auch im Rahmen der normativen Theorie erforscht werden, ob es einen optimalen Staatsanteil gibt (vgl. Kapitel 2, Abschnitt 3). Weiterhin können auch die Wirkungen, die von Änderungen des Umfangs der Staatsausgaben (positiver oder negativer Budgetsaldo) oder ihrer Struktur ausgehen, untersucht werden.

Die Beschäftigungswirkungen von Staatsausgaben können im Rahmen einer **Multiplikatoranalyse** näher untersucht werden. Wir gehen von folgendem einfachen **Modell** einer offenen Volkswirtschaft mit ökonomischer Aktivität des Staates aus, in dem der Staat eine Kopfsteuer (T_d) erhebt, Transferzahlungen (T_r) gewährt und selbst Ausgaben für Güter und Dienste in Höhe von (Ast) tätigt. Der private Konsum hängt vom verfügbaren Einkommen (Y^{verf}) ab. Die Importe sind ebenfalls volkseinkommensabhängig [Im(Y)]. Die Staatsausgaben, die privaten Investitionen (I) und die Exporte (Ex) werden als konstant angenommen. Damit lässt sich folgendes Gleichungsmodell[17] formulieren:

---

[17] Gleichung (1) ist eine **Definitionsgleichung**, während (2) und (7) **Verhaltensgleichungen** darstellen. Wenn nun versucht wird, ein solches Modell auf eine konkrete Volkswirtschaft anzuwenden, müssen die Parameter in den mathematischen Gleichungen geschätzt werden. Dies gilt z.B. für die margi-

$$
\begin{array}{lll}
(1) & Y & = C(Y^{verf}) + I + Ast + Ex - Im(Y) \\
(2) & C & = C_a + b \cdot Y^{verf} \\
(3) & Y^{verf} & = Y - T_d + T_r \\
(4) & Ast & = Ast_k \\
(5) & I & = I_k \\
(6) & Ex & = Ex_k \\
(7) & Im & = Im_a + m \cdot Y
\end{array}
$$

Durch Einsetzen der Gleichung (3) in (2) und der Gleichungen (2) sowie (4) bis (7) in (1) lässt sich das Gleichgewichtsinlandsprodukt berechnen.

$$
\begin{array}{lll}
(8) & Y & = C_a + b \cdot (Y - T_d + T_r) + I_k + Ast_k + Ex_k - (Im_a + m \cdot Y) \\
& Y & = C_a + b \cdot Y - b \cdot T_d + b \cdot T_r + I_k + Ast_k + Ex_k - Im_a - m \cdot Y \\
& Y - b \cdot Y + m \cdot Y & = C_a - b \cdot T_d + b \cdot T_r + I_k + Ast_k + Ex_k - Im_a \\
& Y(1 - b + m) & = C_a - b \cdot T_d + b \cdot T_r + I_k + Ast_k + Ex_k - Im_a \\
(9) & Y & = [1/(1 - b + m)] \cdot (C_a - b \cdot T_d + b \cdot T_r + I_k + Ast_k + Ex_k - Im_a)
\end{array}
$$

Symbole:

Y	= Inlandsprodukt	Ast	= Staatsausgaben
Y^{verf}	= verfügbares Einkommen	I	= Investitionen
C	= privater Konsum	Im	= Importe
b	= marginale Konsumquote	m	= marginale Importquote
C_a	= autonomer Konsum	Im_a	= autonomer Import
T_d	= direkte Steuern	Ex	= Exporte
T_r	= Transferzahlungen	k	= konstant

Der erste Term auf der rechten Seite von Gleichung (9) stellt den Multiplikator in allgemeiner Form dar. Wenn nun beispielsweise c.p. die Staatsausgaben um den Betrag dAst variiert werden, kann die Multiplikatorwirkung auf das Inlandsprodukt (dY) berechnet werden.

$$
(10) \quad dY = [1 / (1 - b + m)] \cdot (dAst)
$$

Für die Werte b = 0,8 und m = 0,2 ergäbe sich ein Multiplikator von 2,5. Läge eine geschlossene Volkswirtschaft vor, würde in (10) die marginale Importquote nicht erscheinen, was zu einem Multiplikator von 5 führen würde. Wir erkennen, dass sich die expansive Wirkung dann ausschließlich im Inland ergeben würde, während bei einer offenen Volkswirtschaft mit "Versickerungseffekten" in das Ausland zu rechnen ist.

Wenn die Staatsausgaben in ihrer Höhe variiert werden und von einer Kreditfinanzierung ausgegangen wird, wären dem abgeleiteten expansiven Effekt eventuelle Einschränkungen der privaten Investitionsgüternachfrage infolge von Zinswirkungen entgegenzustellen. Dies ist in unserem Modell nicht berücksichtigt, es müsste um eine entsprechende Investitionsfunktion [I(i)], in der i den Zinssatz darstellt, erweitert werden. Geht man dagegen von einer Steuerfinanzierung (dT_d) in gleicher Höhe aus, würde das Budgetvolumen unverändert bleiben: dAst = dT_d. Auch hier lässt sich feststellen, ob expansive Effekte eintreten.

$$
(11) \quad dY = [1 / (1 - b + m)] \cdot (dAst - b \cdot dT_d)
$$

Für die offene Volkswirtschaft lässt sich eine schwache positive Wirkung auf Y ableiten. Wenn wir wieder die Werte b = 0,8 und m = 0,2 einsetzen, würde der Multiplikator 0,5 betragen. Für die geschlossene Volkswirtschaft ergibt sich dagegen ein Multiplikator von

nale Konsumquote, die marginale Importquote usw. Bei der Schätzung werden statistische Zeitreihen und andere statistische Aussagen benötigt. Man spricht dann von **ökonometrischen Modellen** (vgl. Kap. 1, Abschnitt 3.1.1.2). Sie werden oft als **Simulationsmodelle** eingesetzt, um z.B. die Wirkungen von Instrumenten besser abschätzen zu können: Wie wirkt sich die Veränderung von Steuersätzen auf die Beschäftigung oder die Inflationsrate aus? Welche Wirkungen auf die Inflationsrate sowie die außenwirtschaftliche Position sind von einer Abwertung der eigenen Währung zu erwarten?

eins. Selbst eine steuerfinanzierte Erhöhung der Staatsausgaben hätte noch einen expansiven Effekt auf das Inlandsprodukt. Diese Erkenntnis wird auch als das **Haavelmo-Theorem** bezeichnet.

In einem **zweiten Modell** wollen wir nur die Steuerfunktion verändern. Wir gehen jetzt nicht mehr von dem unrealistischen Fall einer Kopfsteuer aus, sondern nehmen eine mit dem Einkommen proportional variierende Steuer an. In der Gleichung des verfügbaren Einkommens (3) wird dies durch den Steuersatz t ausgedrückt.

(1) $\quad Y \quad = C(Y^{verf}) + I_k + Ast_k + Ex_k - Im(Y)$

(2) $\quad C \quad = C_a + b \cdot Y^{verf}$

(3) $\quad Y^{verf} \quad = Y - (t \cdot Y)$

(4) - (7) siehe Modell 1.

Wir wollen wieder das Gleichgewichtsinlandsprodukt berechnen.

(8) $\quad Y \qquad\qquad = C_a + b(Y - t \cdot Y) + I_k + Ast_k + Ex_k - Im_a + m \cdot Y$

$\quad\qquad Y - b(Y - t \cdot Y) + m \cdot Y \quad = C_a + I_k + Ast_k + Ex_k - Im_a$

$\quad\qquad Y \cdot [1 - b(1 - t) + m] \quad = C_a + I_k + Ast_k + Ex_k - Im_a$

(9) $\quad Y \qquad\qquad = 1 / [1 - b \cdot (1 - t) + m] \cdot C_a + I_k + Ast_k + Ex_k - Im_a$

(10) $\quad dY \qquad\qquad = [1 / (1 - b \cdot (1 - t) + m)] \cdot (dAst)$

Der Leser wird unschwer erkennen, dass Änderungen staatsfinanzieller Aktionsparameter jetzt zu anderen Ergebnissen bei Y führen. Die multiplikative Wirkung ist gegenüber dem ersten Modell durchweg geringer. Dies liegt daran, dass nun von jeder Einkommenssteigerung bei den privaten Haushalten ein dem proportionalen Steuersatz entsprechender Betrag abgezogen wird, der für konsumtive Zwecke nicht mehr zur Verfügung steht. Gehen wir wieder von b = 0,8, m = 0,2 und t = 0,3 aus, würde sich ein Staatsausgabenmultiplikator von 1,56 ergeben.

Von der staatlichen Nachfrage nach Gütern und Diensten können auch **Preiswirkungen** ausgehen. Sofern sie in Sektoren ausgeübt wird, in denen eine gute Beschäftigungssituation herrscht, kann tendenziell mit Preissteigerungen gerechnet werden. Zur Vermeidung von binnenwirtschaftlichen Preiswirkungen kann - in bestimmten Fällen - die staatliche Nachfrage auch im Ausland getätigt werden. Dies wird sich im übrigen immer dann anbieten, wenn die Auslandspreise niedriger sind. Um überhöhte Preise möglichst zu vermeiden, werden öffentliche Aufträge im Allgemeinen ausgeschrieben.

3.5 Theorie der Staatsverschuldung

Wenn die Zwangseinnahmen und sonstigen Einnahmen des Staates nicht ausreichen, um geplante Ausgaben tätigen zu können, müssen Kredite aufgenommen werden. Dies gilt auch, wenn die Einnahmen hinter den Plansätzen zurückbleiben. Im Sinne unserer theoretischen Fundierung kann danach gefragt werden, wie der Staat seine Kreditbedarfe befriedigt, welche mikro- und makroökonomischen Wirkungen davon zu erwarten sind usw..

Wirkungsanalysen, die untersuchen, ob sich durch die Aufnahme öffentlicher Kredite die gesellschaftlichen (Opportunitäts-)Kosten staatlicher Ausgaben in die Zukunft verschieben lassen, werden unter dem Begriff der **Lastenverschiebungshypothese** zusammengefasst. Eine Verschiebung wurde seit der klassischen Nationalökonomie mit der Begründung verneint, dass der mit der Kreditfinanzierung staatlicher Ausgaben verbundene Entzug von Ressourcen aus dem privaten Bereich jeweils in vollem Umfang in der Gegenwart anfalle. Bei interner Verschuldung werden durch die Kreditaufnahme keine größeren Ressourcen für die Volkswirtschaft geschaffen. Das ist bei externer Kreditaufnahme anders: Im Ausland aufgenommene Kredite können - temporär - die im Inland verfügbare Gütermenge vergrößern. Für weitere Überlegungen ist es wichtig, den **Begriff der Last** klar zu fassen. Man kann die Last nicht nur gesamtwirtschaftlich im Sinne der Inanspruchnahme von Ressourcen verstehen, sondern auch mikroökonomisch als individuelle Nutzeneinbuße. Im Gegensatz zur Steuerfinanzierung (mit zwangsweiser Verringerung des privaten Einkommens) erfolgt die Übernahme staatlicher Schuldtitel **freiwillig** und ist insofern nicht mit einer Nutzeneinbuße (im Sinne eines Verlustes an individueller Wohlfahrt) verbunden. Davon können wir heute ausgehen, denn Zwangsanleihen hat es nur zu Kriegszeiten gegeben. Insofern liegt hier keine "Last" vor, die Forderungen an den Staat bleiben bestehen, sie werden an die nächste Generation vererbt. Die Last entsteht erst in der Zukunft mit der Zahlung von Steuern für den Schuldendienst. Eine solche Sichtweise würde zu dem Ergebnis führen können, dass sich die Last der Staatsverschuldung auf zukünftige Generationen übertragen lässt. Der Leser wird erkennen, dass diese Überlegungen durch die bekannte Kritik am Nutzenkonzept in Frage gestellt werden.

Aber auch hier ist das Lastkonzept fragwürdig. Die Verzinsung und Tilgung werden aus dem allgemeinen Steueraufkommen geleistet. Für die Beantwortung unserer Frage nach einer möglichen Belastung zukünftiger Generationen ist die Kenntnis zweier Sachverhalte notwendig: (1) Wie progressiv ist das gesamte Steuersystem, oder ist die Belastung insgesamt proportional? (2) Wie ist die Gläubigerstruktur des Staatskredits, wie sind die staatlichen Schuldtitel über die Einkommensklassen der privaten Haushalte letztlich verteilt?

Es ist statistisch unmöglich, eine genaue Zuordnung der Verteilung des Besitzes staatlicher Schuldtitel auf die privaten Haushalte (gegliedert nach Einkommensklassen) vorzunehmen. Man kann aber vermuten, dass die Bezieher höherer Einkommen aufgrund ihrer größeren Ersparnis mehr Staatspapiere erwerben als die Bezieher niedriger Einkommen, deren Konsumquote bekanntlich sehr hoch ist. Von den staatlichen Zinszahlungen werden also insbesondere die Bezieher hoher Einkommen profitieren. Im Ergebnis käme es nun auf einen Vergleich der Progressivität des Steuersystems mit der Verteilung der steuerfinanzierten Zinserträge über die Einkommensklassen an. Hier liegt die Schlussfolgerung nahe, dass die Bezieher niedriger Einkommen über ihre Steuern die Zinserträge der Einkommensreichen mitfinanzieren. Insofern stellt die hohe Staatsverschuldung eine Belastung für die zukünftige Generation dar, aber nicht generell, sondern infolge der **unsozialen Verteilungswirkung** der steuerfinanzierten Zinszahlungen.

Ein anderes Konzept stellt der **Wachstumsansatz** dar. Dabei ist entscheidend, bei welcher Finanzierungsalternative (Steuern oder Kredite?) die für das Wachstum bedeutsamen privaten Investitionen stärker verdrängt werden. Hier wird der Begriff der Last als differentieller Wachstumseffekt verstanden. Werden bei Steuerfinanzierung eher der Konsum, bei Kreditfinanzierung jedoch eher die Investitionen getroffen, wäre der im zweiten Fall für die nächste Generation vorhandene Kapitalstock niedriger als im ersten Fall. Die Last besteht dann in einer Verringerung zukünftigen Realeinkommens. Von Bedeutung für eine endgültige Beurteilung sind in diesem Konzept die jeweils zu Grunde gelegten Konsum- und Investitionsfunktionen. Außerdem müsste untersucht werden, ob nicht durch die Kreditfinanzierung der volkswirtschaftliche Kapitalstock vergrößert wird (z.B. in Form materieller Infrastruktur), wodurch private Investitionen begünstigt werden.

Nach beiden Konzepten wäre somit grundsätzlich möglich, durch Kreditfinanzierung die sozialen Opportunitätskosten öffentlicher Ausgaben in die Zukunft zu verlagern. Damit würde dem **pay-as-you-use-Prinzip** entsprochen. Es verlangt, dass den Staatsbürgern Ausgaben für langfristig nutzbare öffentliche Einrichtungen (z.B. in der Infrastruktur und im Bildungsbereich) entsprechend der Nutzung angelastet werden. Spätere Generationen, die derartige Einrichtungen in Anspruch nehmen, müssten also auch zur Finanzierung herangezogen werden. Ein Weg dazu wird in der Kreditfinanzierung der betreffenden Ausgaben gesehen, deren Verzinsung und Tilgung aus Steuereinnahmen während der späteren Nutzungszeit erfolgen kann. Eine **Lastenverschiebung** in die Zukunft läge nur dann vor, wenn mit den staatlichen Krediten Ausgaben finanziert wurden, von denen die zukünftige Generation keinen Nutzen hat, sie aber dennoch für den Schuldendienst (über Steuern) aufkommen muss.

Die neoklassische Position stellt dagegen auf den Aspekt der **Neutralität** der Staatsverschuldung ab. Möglichst sollte sich der Staat überhaupt nicht verschulden. Wenn dies aber unumgänglich ist, sollte die Inanspruchnahme der Finanzmärkte möglichst neutral erfolgen, um die Dispositionen der privaten Wirtschaftssubjekte nicht zu beeinträchtigen.

3.6 Aktive oder reaktive Finanzpolitik?

In der finanzpolitischen Realität wird es kaum gelingen, eine klare Orientierung der Finanzpolitik an einer bestimmten Theorie auszumachen. Dafür ist das Feld der Finanzpolitik zu komplex und zu anfällig für interessenpolitische Einflussnahme. Es kommt hinzu, dass der Einsatz finanzpolitischer Instrumente auch wahltaktisch und machtpolitisch begründet sein kann. Die Möglichkeiten zu einer aktiv gestaltenden, an einem mittelfristig verlässlichen Rahmen ausgerichteten Finanzpolitik werden nicht genutzt, sondern zugunsten einer reaktiven Finanzpolitik aufgegeben. Erst wenn Haushaltslöcher entstanden sind, werden Gegenmaßnahmen ergriffen. Wenn der Schuldenstand hohe Zinszahlungen mit sich bringt, wird die Haushaltskonsolidierung begonnen. Erst wenn verfassungsgerichtliche Urteile gesprochen sind, werden steuerrechtliche Vorschriften angepasst.

4. Ziele und Strategien der Finanzpolitik

4.1 Ziele

4.1.1 Haushaltspolitische Ziele

Das Ziel des **Haushaltsausgleichs** - als formal-juristisches Ziel - ist in Art. 110 Abs. 1, Satz 2 GG vorgegeben: "Der Haushaltsplan ist in Einnahme und Ausgabe auszugleichen." Die praktische Haushaltspolitik ist an einer Reihe von **Budgetgrundsätzen** auszurichten, auf die wir im Zusammenhang mit dem Instrumenteneinsatz (Abschnitt 6.2) eingehen wollen.

Wegen der großen Bedeutung des Haushalts des Staates für die gesamtwirtschaftliche Entwicklung sind Konzepte (z.B. der **konjunkturneutrale Haushalt**) entwickelt worden, die den Haushalt als ein mittelfristig wirkendes Instrument mit dem Ziel der Konjunkturstabilisierung einsetzen wollen. Eine Schlüsselgröße ist dabei der **Budgetsaldo**, der in konjunkturell schwachen Zeiten durchaus negativ sein darf (oder sogar sein soll), und der in Boomphasen möglichst einen positiven Wert annehmen soll. Wie die finanzpolitische Praxis in der Vergangenheit gezeigt hat, ist zwar die Bereitschaft zur Verschuldung in rezessiven Phasen (**deficit spending**) groß, aber aufgrund des Verhaltens von Politikern kommt es kaum zur Bildung von Budgetüberschüssen (**surplus saving**) in Hochkonjunkturphasen. Mit dem europäischen Stabilitäts- und Wachstumspakt ist diese haushaltspolitische Möglichkeit stark eingeschränkt worden. Weitere haushaltspolitische Ziele konkretisieren sich durch die Steuer- und Ausgabenpolitik.

4.1.2 Steuerpolitische Ziele

Hauptzweck der Steuererhebung durch den Staat ist nach § 3 AO in der Regel die **Einnahmeerzielung**. Es können aber auch andere Ziele in den Vordergrund rücken, so dass die Einnahmeerzielung nur Nebenzweck ist. Beispielsweise kann die Steuerpolitik in den Dienst der konjunkturpolitischen Stabilisierung gestellt werden, oder man versucht, durch steuerliche Maßnahmen zur Einkommens- und Vermögensumverteilung beizutragen (vgl. Kapitel 6). Ein anderes Ziel wird verfolgt, wenn über die Gewährung steuerlicher Abschreibungsmöglichkeiten Einfluss auf die Investitionstätigkeit ausgeübt werden soll. Der Zweck der Einnahmeerzielung kann ganz in den Hintergrund treten, wenn der Staat durch hohe Steuersätze wie etwa bei Alkoholsteuern versucht, gesundheitspolitische Ziele zu erreichen: je geringer die Einnahmen, desto mehr wird die angestrebte Zielsetzung verwirklicht (Prohibitionssteuern).

Ein materiell wichtiges Ziel der Steuerpolitik dürfte das Streben nach **Steuergerechtigkeit** sein. Nach den theoretischen Erörterungen lässt sich diese Norm nicht konkret bestimmen. Sie steht auch im Konflikt der anderen Prinzipien, die sich an einer Besteuerung nach der Leistungsfähigkeit oder an sozialen Kriterien orientieren.

In der politischen Auseinandersetzung ist der höchste **Grenzsteuersatz**, die so genannte Spitzenbelastung, seit jeher stark umstritten. Eine hohe Grenzbelastung steht für eine umverteilungspolitische Zielsetzung. Dagegen können niedrigere Grenzsteuersätze als Impulse (Incentives) für mehr Leistung und damit auch mehr Wirtschaftswachstum vertreten werden. Seit 1990 hat es immer wieder intensive Diskussionen über die Notwendigkeit und Ausgestaltung einer Einkommensteuerreform gegeben. Sie mündeten in das Anfang 1999 beschlossene Steuerentlastungsgesetz 1999 - 2002: Senkung des Spitzensteuersatzes für Privateinkünfte auf 51% (48,5%) ab dem Jahr 2000 (2002). Der Höchststeuersatz für gewerbliche Einkünfte wurde von 47% auf 45% ab 1999 (43% ab 2000) gesenkt. Im Rahmen der vorgezogenen Einkommensteuerreform Ende 2003 wurde der Spitzensteuersatz auf 45% ab 2004 und ab 2005 auf 42% festgesetzt. Der Körperschaftsteuersatz wurde 2001 von 40% auf einheitlich 25% für einbehaltene und ausgeschüttete Gewinne verringert.

Umstritten ist die Spitzenbelastung vor allem deswegen, weil es Grenzen der steuerlichen **Belastbarkeit** geben kann. Würde man sie überschreiten, müsste man mit einer Einschränkung der Leistungsbereitschaft bei den Betroffenen rechnen. Bei einem Grenzsteuersatz von z.B. 100%, würde es sich allein aus finanziellen Gründen nicht mehr lohnen, mehr Einkommen zu erzielen, da jeder zusätzlich verdiente Euro an den Staat abzuführen wäre. Dabei ist indes zu beachten, dass bei hohem Einkommen durchaus **nicht-finanzielle Leistungsmotive** (Macht, Prestige) in den Vordergrund treten können, die die negativen Leistungsanreize infolge hoher Grenzsteuersätze signifikant abschwächen können.

Die steuerliche Belastung muss aber auch **sozialpolitischen Zielen** genügen. Einige Beispiele: Aufgrund eines Urteils des BUNDESVERFASSUNGSGERICHTS aus dem Jahre 1992 musste der Grundfreibetrag bei der Einkommensteuer auf das Existenzminimum erhöht werden. Dies hat der Gesetzgeber ab 1996 berücksichtigt und ihn sukzessive erhöht. Die Grundfreibeträge für Ledige wurden in den letzten Jahren wie folgt festgesetzt: 2000: 6.902 €; 2001: 7.206 €; 2002: 7.235 €; 2003: 7.426 € und im Rahmen der vorgezogenen Steuerreform Ende 2003 für die Zeit ab 2004: 7.664 €. Für Verheiratete verdoppeln sich diese Beträge. Sozialpolitische Bedeutung hat auch die Senkung des Eingangssteuersatzes, der von 25,9% (1998) auf 23,9% (1999), 22,9% (2000), 19,9% (2002) und schließlich im Zuge der Steuerreform Ende 2003 auf 16% ab 2004 bzw. 15% ab 2005 gesenkt wurde. Anfang 1999 hat das BUNDESVERFASSUNGSGERICHT ein spektakuläres Urteil zur Familienbesteuerung gefällt: Der steuerliche Freibetrag musste für Verheiratete mit einem Kind ab dem Jahr 2000 um mehr als 9.500 DM erhöht werden. Bis 1999 hatten nur unverheiratete oder dauernd getrennt lebende Eltern diesen Steuervorteil. Diese Ungleichbehandlung wurde für verfassungswidrig erklärt. Der Gesetzgeber musste die Entscheidung in zwei Schritten bis zum Jahre 2002 umsetzen. Nicht aus sozialpolitischen Gründen, sondern wegen teilweiser Verfassungswidrigkeit ist die Erhebung der Vermögensteuer ab 1997 ausgesetzt worden: Im Juni 1995 entschied das BUNDESVERFASSUNGSGERICHT, dass die Besteuerung von Häusern und Grundstücken nach den niedrigen Einheitswerten von 1964, die nur 3 - 30% des Verkehrswertes erreichten, eine erhebliche Besserstellung bedeutete als die Belastung anderer Vermögenswerte (Aktien, Geld, Kunstsammlungen usw.), so dass der Gleichheitsgrundsatz nach Art. 3 GG verletzt sei.

4.1.3 Ausgabenpolitische Ziele

Mit den staatlichen Ausgaben kann eine **Fülle von spezifischen Zielen** verfolgt werden. Die Höhe von Verteidigungsausgaben lässt Rückschlüsse auf sicherheitspolitische Ziele zu, während Ausgaben für den Bildungsbereich etwas über bildungspolitische Ziele aussagen. Investitionsausgaben des Staates tragen zur Schaffung einer leistungsfähigen Infrastruktur bei. Im Staatshaushalt konkurrieren diese Ziele miteinander: Jede verfügbare Geldeinheit kann nur einmal ausgegeben werden. Daher sind bei der Aufstellung des Haushalts entsprechende Prioritäten für die verfolgten Ziele festzulegen. Sollen die Ausgaben für innere oder äußere Sicherheit, für Investitionen in Humankapital oder für Infrastruktur erhöht werden? Zinsen auf Staatsschulden müssen sogar vorrangig gezahlt werden, weil sonst das Vertrauen in den Staat verloren ginge und keine neuen Gläubiger gefunden würden.

Eine besondere Kategorie staatlicher Ausgaben (oder im Falle von Steuervergünstigungen der Verzicht auf Steuereinnahmen) stellen die **Subventionen** dar. In der Sozialen Marktwirtschaft sollen sie grundsätzlich nur als Hilfe zur Selbsthilfe gewährt werden. Zeitlich befristete und degressiv ausgestaltete Hilfen können in bestimmten Fällen dazu beitragen, den Strukturwandel zu erleichtern und unzumutbare Härten vorübergehend abzufedern. Um gleichwertige Lebensverhältnisse in der Bundesrepublik Deutschland herzustellen, sollen darüber hinaus auch regionale Disparitäten abgebaut werden. In den Neuen Bundesländern wurden deshalb verstärkt Finanzhilfen und Steuervergünstigungen eingesetzt, um den wirtschaftlichen Anpassungsprozess zu beschleunigen.

Bei der Gewährung von Subventionen sind allerdings von Bund und Ländern festgelegte Grundsätze zu beachten. Daneben gelten auch in der EU und im GATT vereinbarte **Subventionskodizes**. Nach den Grundsätzen sowohl des Bundes als auch der Länder sind Subventionen der Gebietskörperschaften nach Zweck, Umfang und Bedingungen so aufeinander abzustimmen, dass sie sich bei möglichst geringem Aufwand nicht widersprechen. Eine alle Aufgaben und Programmbereiche einbeziehende Aufwands- und Erfolgskontrolle ist allerdings in vielen Fällen schwer durchführbar. Oft wird es auch der politischen Bewertung überlassen bleiben, ob die Zielvorstellungen erreicht worden sind.

4.1.4 Schuldenpolitische Ziele

Die staatliche Kreditaufnahme soll grundsätzlich der **Deckung von Einnahmelücken** im Haushalt dienen. Dabei sollte die Verschuldung so erfolgen, dass die aus ihr später zu zahlenden Zinskosten minimiert werden. In Art. 115 GG ist für den Fall einer rezessiven gesamtwirtschaftlichen Entwicklung eine Kreditaufnahme zugelassen, die über die Summe der im Haushaltsplan veranschlagten Ausgaben für Investitionen hinausgeht (**situationsbezogene** Verschuldung). Die Staatsverschuldung kann damit auch in den Dienst der Konjunktur- und Beschäftigungspolitik gestellt werden. Diese Ziele gelten für die Schuldenpolitik allgemein, aber auch für das Debt Management im engeren Sinne, bei dem Schuldenstrukturveränderungen durchgeführt werden, um zur Zinskostenminimierung oder zur Unterstützung von konsolidierungspolitischen Maßnahmen beizutragen. Schuldenpolitische Ziele können auch darin bestehen, den Kapitalmarkt, auf dem die Kredite aufgenommen werden, möglichst nicht zu stören, weil sich sonst negative Wirkungen für die privaten Kapitalanleger und -nachfrager ergeben könnten. Aus diesem Grunde findet regelmäßig eine Abstimmung zwischen den staatlichen Gebietskörperschaften statt, wann und in welcher Reihenfolge ("Gänsemarschprinzip") sie auf dem Kapitalmarkt Kredite aufnehmen.

4.1.5 Zielhierarchie und Zielkonflikte in der Finanzpolitik

4.1.5.1 Zielhierarchie

Wir wollen diese Überlegungen in einer **Zielhierarchie** zusammenfassen. Auf der obersten Zielebene finden wir - auszugsweise - die gesellschaftlichen Ziele wieder. Damit soll hervorgehoben werden, dass die Finanzpolitik in Bezug auf diese Ebene Mittelcharakter aufweist.

Für die Finanzpolitik spielen insbesondere allokative (z.B. Wachstum) und distributive (z.B. Einheitlichkeit der Lebensverhältnisse) Ziele eine Rolle. Es versteht sich von selbst, dass der Staat im Rahmen seiner finanzpolitischen Ziele auch zur Gewährleistung von Sicherheit beizutragen hat (Bereitstellung entsprechender Budgetmittel für innere und äußere Sicherheit). Die Haushaltspolitik hat den Strukturwandel zu fördern. Schließlich hängt die Erfüllung haushaltspolitischer Ziele von der Einnahmenerzielung überhaupt, aber auch von hinreichender Budgetflexibilität ab, die ihrerseits u.a. von der Erreichung des schuldenpolitischen Ziels der Zinskostenminimierung beeinflusst wird.

Die **Operationalisierung** finanzpolitischer Ziele ist möglich, aber in der Diskussion deswegen umstritten, weil darin interessenpolitische Vorstellungen einfließen können. Dies zeigt sich z.B. in der Festlegung einer bestimmten Staatsquote oder Steuerquote: Sollen sie gesenkt werden, bedeutet dies eine Verringerung der Möglichkeiten wirtschaftspolitischer Einflussnahme auf die gesellschaftliche Entwicklung einerseits, stärkt aber die Entfaltungsmöglichkeiten privater Wirtschaftssubjekte andererseits. Auch schuldenpolitische Ziele lassen sich ohne Schwierigkeiten operational festlegen: die Begrenzung der jährlichen Nettoneuverschuldung auf einen bestimmten Betrag oder ihre Rückführung in einem bestimmten Umfang in einem festgelegten Zeitraum. Ein bemerkenswertes Beispiel sind die schuldenbezogenen Kriterien nach dem VERTRAG VON MAASTRICHT. Sie beruhen auf politischen Überlegungen und finanzpolitischen Erfahrungen. Eine wissenschaftliche Begründung für die operational formulierten Kriterien gibt es indes nicht.

4.1.5.2 Zielkonflikte

Zielkonflikte liegen auf verschiedenen Ebenen. Zahlreiche Beispiele gibt es zwischen Steuerpolitik und Ausgabenpolitik: Bei Steuersenkungen oder der Abschaffung von Steuern können weniger Ausgaben getätigt werden (wenn die entstehenden Lücken nicht durch Kreditaufnahme gefüllt werden sollen). Damit lassen sich möglicherweise bestimmte allokative Zielsetzungen nicht mehr verfolgen. Außerdem führen sie zu Verteilungswirkungen, die ungewollt sein können. Beispielsweise war die Aussetzung der Vermögensteuer ab 1997 - auch wenn sie verfassungsrechtlich in der damaligen Form und aus Gründen der Steuerharmonisierung in der EU geboten schien - verteilungspolitisch bedenklich. Die Gewährung von Subventionen mag zwar zur Sicherung von Beschäftigung beitragen, sie bedeutet aber immer eine Verzerrung der Faktorpreise und trägt somit zu einer suboptimalen Allokation bei. Kreditfinanzierte Ausgaben mögen aus guten - z.B. beschäftigungspolitischen - Gründen erforderlich sein, sie stellen aber dann ein Konfliktpotenzial dar, wenn aufgrund hoher Zinsbelastungen der Handlungsspielraum des Staates eingeschränkt wird. Die Orientierung der Besteuerung an der Leistungsfähigkeit ist im Allgemeinen nicht mit dem Prinzip der Bedarfsgerechtigkeit kompatibel.

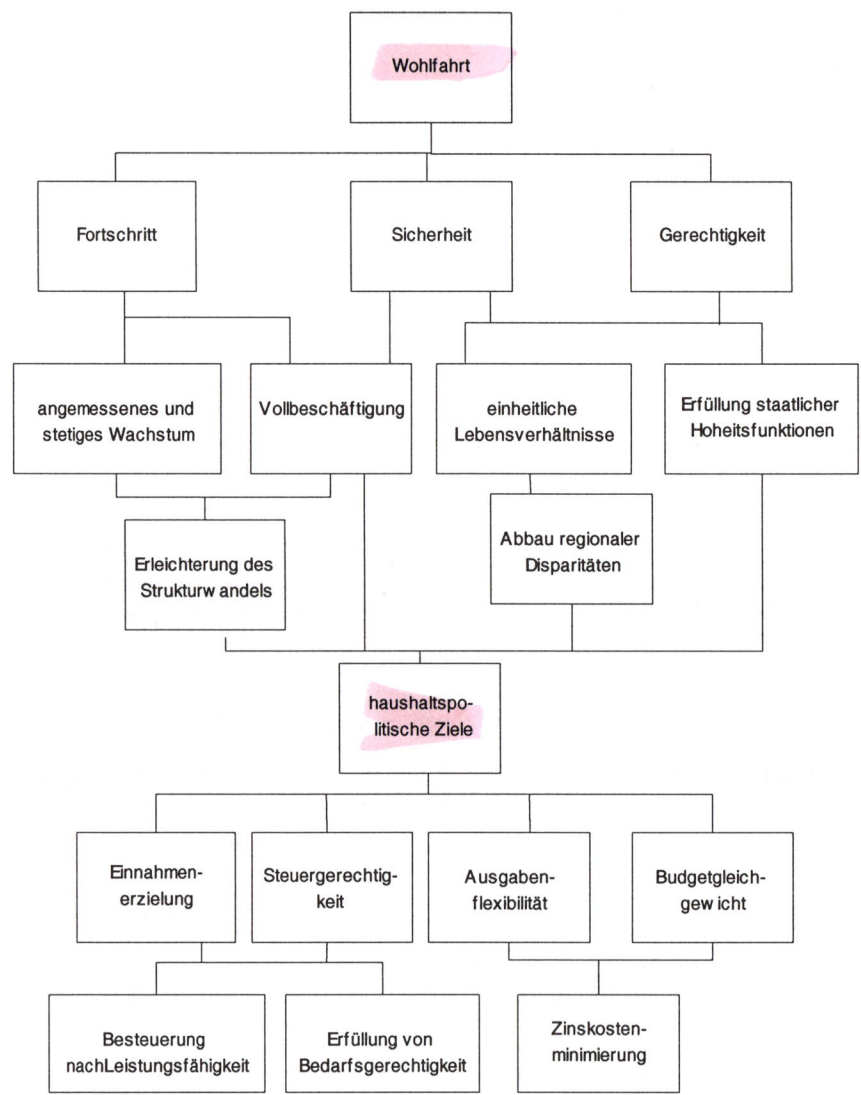

4.1: Zielhierarchie der Finanzpolitik (Ausschnitt)

4.2 Strategien

4.2.1 Die mittelfristige Finanzplanung

Erst in den 60er Jahren wurde in Deutschland die staatliche Finanzwirtschaft in eine länger-fristige Strategie eingebettet und von der ausschließlich an einjährigen Haushalten orien-tierten Finanzpolitik gelöst: Mit dem STABILITÄTSGESETZ von 1967 wurde eine **mehrjährige Finanzplanung** eingeführt. Es handelt sich um eine fünfjährige Planung, in der das 1. Jahr dem laufenden Budget, das 2. Jahr dem Budgetvoranschlag des nächsten Haushaltsjahres entsprechen. Sie wird jährlich fortgeschrieben und an neue Entwicklungen angepasst (gleitende Planung). Die mittelfristige Finanzplanung stellt das **Handlungsprogramm der Regierung** dar. Es ist allerdings nicht vollzugsverbindlich. BUNDESTAG und BUNDESRAT werden über die mittelfristige Finanzplanung informiert.

Damit wurden erstmals in die öffentliche Haushaltswirtschaft Elemente eines so genannten **outputorientierten Verfahrens** eingeführt. Bei der Planung richtet man sich vorrangig an den zu erfüllenden staatlichen Aufgaben aus und ermittelt dann die dafür grundsätzlich notwendigen finanziellen Ressourcen. Reichen die Einnahmen nicht aus, muss überlegt werden, ob eine Kreditfinanzierung in Frage kommt oder ob Ausgaben gekürzt werden müssen. Dies bedeutet, dass man klare Prioritäten für die staatlichen Ausgabenziele festlegen muss. Dagegen basiert die traditionelle Haushaltswirtschaft auf einem **inputorientierten Verfahren,** d.h. dass bisherige Budgetansätze mehr oder weniger schematisch in die Zukunft fortgeschrieben werden, ohne dabei jedoch systematisch ihre Bedeutung in Bezug auf die staatliche Zielerreichung zu überprüfen. Das Haushaltsvolumen wird durch die vom Staat in Anspruch genommenen Ressourcen, die Summe der Inputs, ermittelt.

Die **Vorteile** der mittelfristigen Finanzplanung liegen auf der Hand: Geplante Aufgabenschwerpunkte sind erkennbar, damit ergibt sich eine höhere **Transparenz** auch für private Wirtschaftssubjekte. Die **Verpflichtungsermächtigungen,** durch die die Regierung ermächtigt wird, Verbindlichkeiten auch zulasten zukünftiger Haushaltsjahre einzugehen, erleichtern die Vorbereitung zukünftiger Haushalte. Sofern die mittelfristige Steuerschätzung zu einer Unterdeckung der geplanten Ausgaben führt, muss auch der **Kreditbedarf** bestimmt werden. Damit wird die Inanspruchnahme des Kapitalmarktes durch die öffentlichen Hände verdeutlicht. Die Transparenz über geplante Vorhaben im öffentlichen Sektor wird noch dadurch erhöht, dass regelmäßig eine Abstimmung der mittelfristigen Finanzplanungen von Bund, Ländern und Gemeinden im FINANZPLANUNGSRAT (vgl. Abschnitt 5.4) durchgeführt wird.

4.2.2 Koordination der Finanz- und Haushaltspolitik im Rahmen der europäischen Integration

Die nationale Haushalts- und Finanzpolitik ist nicht mehr völlig autonom. Vielmehr ist zunehmend eine Koordination und eine Harmonisierung im europäischen Rahmen notwendig geworden. Inzwischen wird von der EU verlangt, dass die Haushaltswirtschaft der Mitgliedsländer in einen mittelfristigen **Programm- und Planungsrahmen** eingebettet wird. Dadurch soll vor allem erreicht werden, dass von den nationalen Haushalten keine Inflationsgefahren mehr ausgehen.

Zunächst erstreckt sich die wirtschaftspolitische Koordinierung auf die "Grundzüge der Wirtschaftspolitik" (Art. 98 und 99 EG-VERTRAG), wobei die nationalen Strukturpolitiken verstärkt in die wirtschaftspolitische Überwachung einzubeziehen sind, um effizienzmindernde Regelungen (z. B. leistungshemmende steuerliche Vorschriften und Verkrustungen auf den Arbeits-, Güter- und Dienstleistungsmärkten) abzubauen. Dafür zuständig ist der RAT DER WIRTSCHAFTS- UND FINANZMINISTER (ECOFIN-RAT), der auch die Überwachung des "Stabilitäts- und Wachstumspakts" (Art. 104 EG-VERTRAG) zu gewährleisten hat. Grundlage sind jährlich von den EU-Ländern vorzulegende Stabilitätsprogramme. Um sicherzustellen, dass in konjunkturell schwierigen Zeiten mit stagnierendem oder leicht rückläufigem realen Inlandsprodukt beim Haushaltsdefizit die Obergrenze von 3% des BIP nicht überschritten wird, haben sich die Mitgliedstaaten verpflichtet, mittelfristig das Ziel eines nahezu ausgeglichenen oder überschüssigen Haushalts einzuhalten. Für Länder mit einem "übermäßigen Defizit" sind Sanktionen vorgesehen. Wenn es drei Jahre hinweg besteht, ist "in der Regel" eine unverzinsliche Einlage an die EU zu leisten, die - in Abhängigkeit von der Höhe des Defizits - bis zu 0,5% des nominalen BIP des betreffenden Landes ausmachen kann (im Jahre 2003 wäre dies für die Bundesrepublik ein Betrag von etwa 10 Mrd. € gewesen). Sie wird bei Fortbestehen des übermäßigen Defizits nach zwei Jahren "in der Regel" in eine Geldbuße umgewandelt und unter den Staaten aufgeteilt, die die gebotene Haushaltsdisziplin gewahrt haben. Die Einlage bzw. Geldbuße fällt stets jährlich erneut an, sofern ein übermäßiges Defizit vom Rat festgestellt wird. Über das Inkrafttreten von Sanktionen wird letztlich "politisch" entschieden. In diesen Abstimmungsmechanismus sind einige Generalklauseln eingebaut, die es den Mitgliedstaaten erlauben dürften, von den vereinbarten Normen abzuweichen. Dies hat auch zu Kritik an diesen Regelungen geführt, die dennoch einen erkennbaren Konsolidierungsdruck bewirkt haben. Inzwischen wird gefordert, den Stabilitätspakt flexibler zu handhaben, vor allem um konjunkturpolitischen Erfordernissen besser genügen zu können. Nachdem das Defizitverfahren gegen Deutschland und Frankreich mit Mehrheitsbeschluss des ECOFIN-RATES im November 2003 ausgesetzt wurde, hat die EU-KOMMISSION im Januar 2004 gegen den RAT Klage vor dem EUROPÄISCHEN GERICHTSHOF zur Prüfung der Vertragskonformität dieses Beschlusses erhoben. Im übrigen ist dies das erste Mal in der Geschichte der EU, dass der RAT verklagt worden ist!

5. Träger der Finanzpolitik

5.1 Träger auf Bundesebene

Neben dem BUNDESTAG, dem BUNDESRAT und der BUNDESREGIERUNG muss die besondere Rolle des BUNDESMINISTERS DER FINANZEN als Träger der Finanzpolitik hervorgehoben werden. Sie ist im Grundgesetz normiert. Seine Kernaufgaben sind die Gestaltung der Steuerpolitik und die Grundausrichtung der Wirtschaftspolitik. Im Rahmen der vom BUNDESKANZLER vorgegebenen Richtlinien koordiniert der BUNDESMINISTER DER FINANZEN die Haushaltsvoranschläge der einzelnen Ministerien und entwirft den jährlichen Bundeshaushalt. Überplanmäßige und außerplanmäßige Ausgaben sind nach Art. 112 GG nur mit seiner Zustimmung möglich. Ihm steht gegen Beschlüsse der BUNDESREGIERUNG in Fragen von finanzieller Bedeutung ein Widerspruchsrecht zu. Sein Widerspruch kann nur mit den Stimmen des Bundeskanzlers und der Mehrheit sämtlicher Bundesminister abgewiesen werden.

Das BUNDESMINISTERIUM DER FINANZEN ist in 10 Abteilungen gegliedert, darunter vor allem: Grundsatzfragen der Finanz- und Wirtschaftspolitik; Bundeshaushalt; Zölle und Verbrauchsteuern; Besitz- und Verkehrsteuern; Bundesliegenschaften; Privatisierung und Beteiligungspolitik; Finanzbeziehungen zu Ländern und Gemeinden; Nationale und internationale Finanzmarkt- und Währungspolitik sowie Europapolitik. Im Leitungsstab sind neben dem Minister zwei Parlamentarische Staatssekretäre (sie sind zugleich Abgeordnete des DEUTSCHEN BUNDESTAGES) und drei beamtete Staatssekretäre vertreten. Ihnen obliegt die Koordination der Arbeit der Fachabteilungen sowie die Erarbeitung von Konzepten und Gesetzesvorhaben.

Der Aufsicht des BUNDESMINISTERIUMS DER FINANZEN ist eine Reihe von Bundesämtern (Oberbehörden) unterstellt (z.B. die BUNDESWERTPAPIERVERWALTUNG - BWV seit 2002, die BUNDESAGENTUR FÜR FINANZDIENSTLEISTUNGEN - BAFIN seit 2002 als Aufsichtsbehörde für Kreditinstitute, Versicherungen). Um das Schuldenmanagement des Bundes kostenoptimiert auszurichten, wurde im Jahre 2001 die „BUNDESREPUBLIK DEUTSCHLAND - FINANZAGENTUR GMBH" gegründet. Die Oberfinanzdirektionen weisen - aus Gründen der Praktikabilität - Bundesabteilungen (z.B. für Zölle und Verbrauchsteuern) und Landesabteilungen (z.B. Besitz- und Verkehrsteuern) auf, wobei letztere den Länderfinanzministern unterstellt sind.

Das BUNDESVERFASSUNGSGERICHT hat gerade im Bereich der Steuerpolitik eine Reihe von Grundsatzurteilen gefällt, die den Gesetzgeber zum Handeln verpflichtet haben, so dass auch dieses Oberste Gericht zu den Trägern der Finanzpolitik gerechnet werden kann (vgl. Abschnitt 4.1.2).

5.2 Träger auf Landes- und kommunaler Ebene

Auf der Ebene der Bundesländer sind - analog zum Bund - die Landesparlamente und die Landesregierungen die wesentlichen Träger der Finanzpolitik. Bei den Kommunen sind dies die kommunalen Vertretungen, deren gesetzliche Grundlage von Bundesland zu Bundesland variieren kann. Wir wollen deswegen darauf nicht weiter eingehen.

5.3 Internationale Träger der Finanzpolitik

Für die EUROPÄISCHE UNION ist der ECOFIN-RAT das maßgebliche Entscheidungsgremium, auch wenn die Finanzpolitik grundsätzlich in nationaler Verantwortung bleibt. Durch den ECOFIN-RAT wird die Koordinierung der allgemeinen Wirtschaftspolitik gewährleistet. Zwischen dem ECOFIN-RAT und der EUROPÄISCHEN ZENTRALBANK (EZB) ist unter Wahrung der Unabhängigkeit des ESZB ein "ständiger und fruchtbarer" Dialog vereinbart worden. Er wird vom WIRTSCHAFTS- UND FINANZAUSSCHUSS, dem hohe Beamte der nationalen Notenbanken, der EZB sowie der Finanzministerien angehören, vorbereitet.

Insbesondere für den Bund gewinnen die Entscheidungen auf der Ebene der EUROPÄISCHEN UNION zunehmend an Bedeutung. Beispiel: Subventionen dürfen nur mit Zustimmung der EU an Unternehmen gewährt werden (vgl. Kapitel 3, Abschnitt 6.2.4). Eine wichtige Rolle spielt die EU auch im Bereich der Steuerpolitik. Schon in den 60er Jahren verständigte man sich darauf, in allen Ländern der Gemeinschaft die Nettoallphasenumsatzsteuer (Mehrwertsteuer) einzuführen, um nur noch die Nettowertschöpfung der Besteuerung zu unterwerfen. Dies war aus Gründen der Schaffung von Wettbewerbsneutralität im grenzüberschreitenden Warenverkehr erforderlich. Weiterhin hat man sich darauf verständigt, in der EU nur noch insgesamt fünf Verbrauchsteuern (Mineralölsteuer, Biersteuer, Tabaksteuer, Alkoholsteuer, Weinsteuer) zu erheben. Vorstöße in Bezug auf die Harmonisierung der Kapitalertragsteuern (grenzüberschreitende Zinsbesteuerung) wurden mehrfach unternommen (vgl. dazu Abschnitt 6.3.2).

Die **Haushaltskompetenzen in der EU** sind auf den Rat, das EUROPÄISCHEN PARLAMENT (EP) und die EU-KOMMISSION verteilt. Rat und EP haben die Beschlussbefugnis (Haushaltsbehörde), die Kommission hat das Vorschlagsrecht und führt den Haushalt aus. Das Haushaltsverfahren beginnt damit, dass die EU-KOMMISSION einen Vorentwurf des Haushalts an den Rat und das EP leitet. Der Rat berät den Vorentwurf und erstellt den Entwurf des Haushaltsplans mit qualifizierter Mehrheit (62 von 87 Stimmen[18]). Dies wird als 1. Lesung bezeichnet. Der Rat übersendet den Entwurf an das EP, das - nach entsprechenden Beratungen - über den Haushaltsentwurf beschließt (1. Lesung EP). Dabei kann es Änderungen bei den so genannten nicht-obligatorischen[19] Ausgaben vorschlagen. Andernfalls gilt der Haushalt als beschlossen. Bei Änderungen muss eine zweite Lesung binnen 15 Tagen im Rat erfolgen, sonst ist der Haushalt endgültig festgestellt. Über die gegebenenfalls im Rat vorgenommenen Änderungen muss das EP - aber nur für die nicht-obligatorischen Ausgaben - endgültig entscheiden (2. Lesung EP). Das EP hat die Möglichkeit, mit der Mehrheit

---

[18] Ab 2005 werden die Stimmen der Mitglieder (Art. 118 EG-VERTRAG) neu gewichtet. Deutschland erhält wie das Vereinigte Königreich, Frankreich und Italien jeweils 29 Stimmen, Luxemburg 4. Beschlüsse auf Vorschlag der Kommission kommen mit einer Mindestzahl von 169 Stimmen zustande bei Zustimmung der Mehrheit der Mitglieder (Gesamtstimmenzahl: 237). Nach der Erweiterung der EU erhöht sich die Gesamtstimmenzahl auf 345, das für Abstimmungen erforderliche Quorum liegt dann bei einer Mindeststimmenzahl von 258. Vgl. VERTRAG VON NIZZA, Art. 2, Ziff. 40 sowie ERKLÄRUNG ZUR ERWEITERUNG DER EUROPÄISCHEN UNION (Nr. 20).

[19] **Obligatorische Ausgaben** sind diejenigen Ausgaben, die die Haushaltsbehörde in den Haushaltsplan einsetzen muss, um die Gemeinschaft in die Lage zu versetzen, ihren sich aus den Verträgen oder aufgrund der Verträge ergangenen Rechtsakte ergebenden Verpflichtungen innerhalb und außerhalb der EU nachzukommen. Dem entsprechend sind **nicht-obligatorische** Ausgaben solche, auf die die Kriterien der obligatorischen Ausgaben nicht zutreffen.

der Stimmen seiner Mitglieder und mit 2/3 der abgegebenen Stimmen aus wichtigen Gründen den Entwurf des Haushaltsplans abzulehnen und die Vorlage eines neuen Entwurfs zu verlangen.

5.4 Abstimmungsmechanismen in der Finanzpolitik

Es entspricht unserem föderalen Staatsaufbau, dass es der Abstimmung zwischen den verschiedenen staatlichen Trägern der Finanzpolitik bedarf. Zu den Organen, die für die Koordination und Abstimmung zuständig sind können gerechnet werden:

Der VERMITTLUNGSAUSSCHUSS, gemäß Art. 77 GG ein gemeinsamer, paritätisch besetzter Ausschuss von Bundestag und Bundesrat, kann dann einberufen werden, wenn der Bundesrat ein vom Bundestag beschlossenes Gesetz ablehnt. Ist die Zustimmung des Bundesrates erforderlich, können auch der Bundestag oder die Bundesregierung die Einberufung des Vermittlungsausschusses verlangen. Über vorgeschlagene Gesetzesänderungen muss erneut Beschluss gefasst werden.

Der KONJUNKTURRAT ist bereits im Jahre 1967 mit dem STABILITÄTSGESETZ geschaffen worden. Er dient der Abstimmung der stabilitätspolitischen Aktionen von Bund und Ländern. Sie ist notwendig, weil aufgrund des Föderativprinzips Bund und Länder in ihrer Haushaltswirtschaft selbständig und voneinander unabhängig sind (Art. 109 GG). Den Vorsitz führt der BUNDESMINISTER FÜR WIRTSCHAFT UND ARBEIT. Außerdem sind der Bundesfinanzminister, je ein Vertreter der Bundesländer und vier Vertreter der Gemeinden Mitglieder. Die DEUTSCHE BUNDESBANK hat das Recht auf Teilnahme an den Sitzungen und übt dies regelmäßig aus. Aus dem Konjunkturrat ist ein KONJUNKTURRAT FÜR KREDITFRAGEN hervorgegangen, der sich mit dem Kreditbedarf und der Planung der Kreditaufnahme der öffentlichen Hände unter Beachtung der Kapitalmarktentwicklung befasst. Allerdings ist die stabilitätspolitische Bedeutung des KONJUNKTURRATES stark eingeschränkt worden, weil die Mittelverwendung und die Kreditaufnahme in den letzten Jahren mehr unter Konsolidierungsgesichtspunkten entschieden wurden. Da sich das Verständnis von Wirtschaftspolitik seit der Verabschiedung des Stabilitätsgesetzes gewandelt hat, sind die Diskussionen der wirtschaftlichen Lage und der voraussichtlichen gesamtwirtschaftlichen Entwicklung (Jahresprojektionen) in Deutschland sowie die jeweiligen Themen im Entwurf des JAHRESWIRTSCHAFTSBERICHTS der Bundesregierung zu seinen Arbeitsschwerpunkten geworden.

Der FINANZPLANUNGSRAT ist ebenfalls mit dem StabG geschaffen worden. Er gibt Empfehlungen für die Koordinierung der Finanzplanungen des Bundes, der Länder und der Gemeinden (§ 51 HAUSHALTSGRUNDSÄTZEGESETZ [HGrG]). Ihm gehören unter Vorsitz des BUNDESMINISTERS DER FINANZEN der Bundeswirtschaftsminister, die für die Finanzen zuständigen Minister bzw. Senatoren aller 16 Bundesländer sowie Vertreter der Gemeinden und Gemeindeverbände an. Ein Vertreter der Bundesbank nimmt als Gast regelmäßig an den Beratungen des FINANZPLANUNGSRATES teil.

Die Koordinierungsfunktion des FINANZPLANUNGSRATES für die Aufstellung der Finanzplanung von Bund und Ländern sowie für einen den gesamtwirtschaftlichen Erfordernissen entsprechenden Vollzug der Haushalte ist durch die verfassungsrechtlich garantierte Selbständigkeit von Bund und Ländern in ihrer Haushaltswirtschaft begrenzt. Wesentlicher Gegenstand der Beratung sind die volks- und finanzwirtschaftlichen Annahmen für die Gestaltung der Haushalts- und Finanzplanungen der Gebietskörperschaften. Seit Mitte 2002 hat der FINANZPLANUNGSRAT eine zentrale Rolle bei der Umsetzung von Vorgaben der EU zur Einhaltung der Haushaltsdisziplin.

6. Instrumente der Finanzpolitik

Beim Instrumenteneinsatz (Abb. 4.2) ist zwischen steuerpolitischen, ausgabenpolitischen und schuldenpolitischen Instrumenten zu unterscheiden.

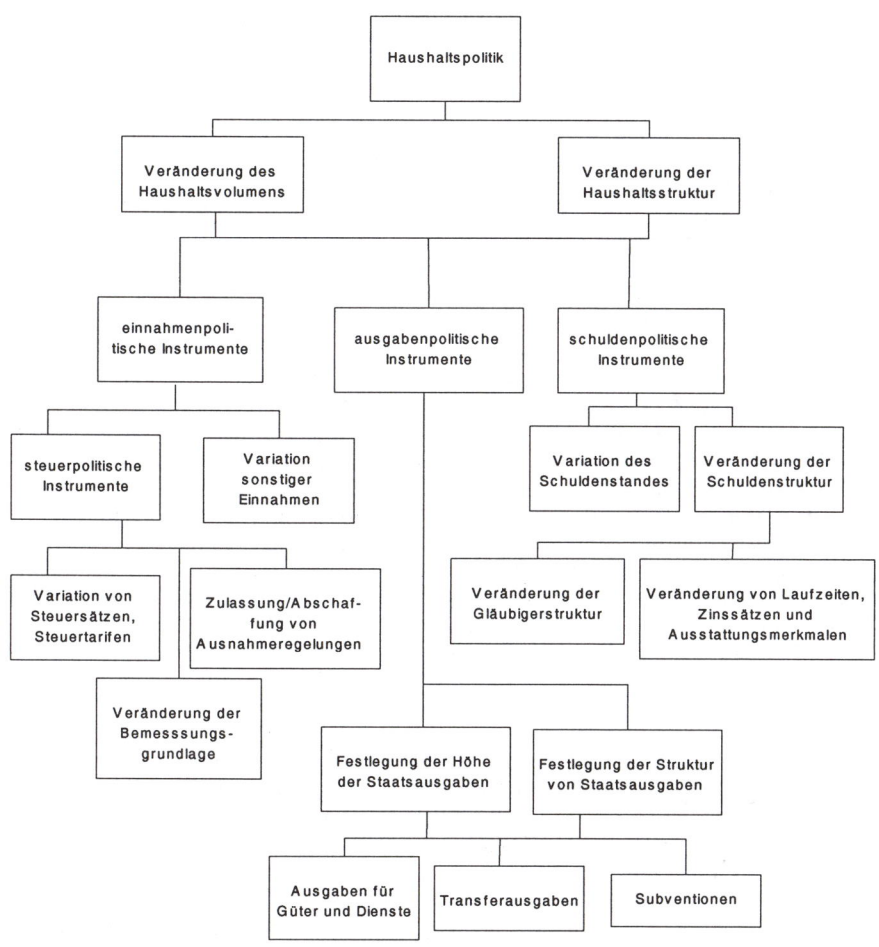

Abb. 4.2: Finanzpolitische Instrumente (Ausschnitt)

6.1 Haushaltspolitische Instrumente

Um demokratischen Erfordernissen zu genügen, müssen bei der Aufstellung und dem Vollzug der Haushaltspläne gewisse Prinzipien beachtet werden. Durch das **Prinzip der Öffentlichkeit** soll gewährleistet werden, dass sich alle Stadien des Haushaltskreislaufes im Lichte der Öffentlichkeit abspielen, so dass sich jeder interessierte Staatsbürger ein Bild davon verschaffen kann. Von Bedeutung ist auch das **Prinzip der Budgeteinheit**. Es verlangt, dass alle Einnahmen und Ausgaben in einem Haushalt enthalten sind.

Ein weiterer wichtiger Grundsatz im Haushaltsrecht ist der der **Sparsamkeit**. Zwar ist dieses Budgetprinzip grundsätzlich zu befürworten, indes kann immer wieder festgestellt werden, dass es auch kontraproduktiv wirken kann. Denn die in den Haushalten veranschlagten Ausgaben sind im Allgemeinen so genannte **Baransätze**, die auch im laufenden Haushaltsjahr ausgegeben werden müssen. Sollte dies nicht der Fall sein, entstehen **Kassenreste**, die verfallen und die in den nächsten Haushalt eingestellt werden. Wenn eine Dienststelle besonders sparsam gewirtschaftet hat, riskiert sie, dass die Voranschläge für die nächste Haushaltsperiode gekürzt werden, mit anderen Worten, man wird für seine Sparsamkeit bestraft. So kann es nicht verwundern, dass in öffentlichen Verwaltungen kurz vor Jahresende das so genannte "Novemberfieber" einsetzt: Verfügbare Mittel werden noch vor dem Ende des Haushaltsjahres ausgegeben.

Eine besondere Bedeutung hat der Grundsatz der **Spezialität** erlangt. Danach dürfen die bewilligten Ausgaben grundsätzlich nur in der bewilligten Höhe, für den vorgesehenen Zweck und in der vorgesehenen Periode ausgegeben werden. Um den Haushaltsvollzug nicht durch zuviel Formalismen zu starr werden zu lassen, gibt es von diesem Budgetgrundsatz viele Ausnahmen. Beispielsweise wird durch den Budgetvermerk "einseitige" oder "gegenseitige Deckungsfähigkeit" erreicht, dass so markierte Budgettitel auch für die genannten Zwecke verwendet werden können.

Im Vordergrund der haushaltspolitischen Entscheidung steht zunächst die **Festlegung des Haushaltsvolumens**. Von Bedeutung ist auch, in welchem Umfang der Staatskredit für die Ausgabenfinanzierung eingesetzt werden soll (Budgetsaldo). Setzt man alle geplanten Ausgaben ins Verhältnis zum Bruttoinlandsprodukt, erhält man die Staatsquote. Ihre Erhöhung kann Ausdruck für einen gewollten größeren Umfang der Staatstätigkeit sein, z.B. wenn - wie im Rahmen einer keynesianisch ausgerichteten Finanzpolitik - dem Haushalt auch die Eignung als konjunkturpolitisches Instrument zugesprochen wird. Indes wird heute in dieser Hinsicht keine systematische Politik mehr betrieben. Dennoch darf nicht übersehen werden, dass von der Haushaltspolitik konjunkturelle Impulse ausgehen. Die Sparpolitik des Bundes, der Länder und der Kommunen in den Jahren 1995 - 1997 mit dem Ziel, die MAASTRICHT-KRITERIEN zu erfüllen, dürfte makroökonomisch negative Effekte auf die Beschäftigung gehabt haben. Dabei spielt die Art der gesenkten Staatsausgaben nur eine nachgeordnete Rolle.

Weitere Parameter sind die Festlegung der einzelnen Ausgabekategorien (innere und äußere Sicherheit, Bildung, Wirtschaftsförderung usw.). Durch sie kann die **Haushaltsstruktur** beeinflusst werden. Wenn sich politische Prioritäten verändern (z.B. geringerer Bedarf an äußerer Sicherheit; erhöhte Notwendigkeit für Grundlagenforschung oder berufliche Bildung) kann dem durch Umschichtungen im Haushalt bei unverändertem Haushaltsvolumen Rechnung getragen werden. Für die Haushaltspolitik ist die Bestimmung der staatlichen Investitionen von Bedeutung, deren Umfang am ehesten kurzfristig verändert werden kann, während bei den staatlichen Konsumausgaben oft deren innerer Dynamik gefolgt wird (z.B. Personalausgaben).

Beim Vollzug des Haushaltsplanes hat die Bundesregierung grundsätzlich die Aufgabe, den Beschluss des Gesetzgebers zu erfüllen (Bindung der Exekutive an die Legislative). Allerdings muss die Bundesregierung die vorgesehenen Ausgaben nur dann tätigen, wenn besondere Gesetze (z.B. insbesondere die so genannten Leistungsgesetze) sie dazu verpflichten. **Haushaltsüberschreitungen** bedürfen einer besonderen Legitimation. Weiterhin ist das Instrument der **Haushaltssperre** zu nennen, mit dem der Finanzminister die Möglichkeit hat, das Tätigen von Ausgaben von seiner Einwilligung abhängig zu machen. Davon musste in den letzten Jahren mehrfach Gebrauch gemacht werden. Zu bedauern ist, dass die Rechnungsführung zwar auf allen staatlichen Ebenen der Kontrolle durch Rechnungshöfe (für den Bund der BUNDESRECHNUNGSHOF, für die Länder deren LANDESRECHNUNGS-

HÖFE) unterworfen ist, dass aber die Umsetzung der Kritik und Empfehlungen unzureichend bleibt. Sanktionsmöglichkeiten gibt es nicht, es sei denn dass strafrechtliche Vorschriften verletzt wurden.

6.2 Steuerpolitische Instrumente

6.2.1 Steuerpolitische Aktionsparameter

Zunächst kann der Einsatz eines steuerpolitischen Instruments darin bestehen, eine neue Steuer **einzuführen** oder eine bestehende **abzuschaffen.** Davon wurde im Laufe der Finanzgeschichte immer wieder Gebrauch gemacht. Die Einführung der Erbschaftsteuer (1873 in Preußen, 1906 wurde eine große Erbschaftsteuerreform durch das Deutsche Reich durchgeführt), die der Körperschaftsteuer (1920, seinerzeit mit einem Steuersatz von 10%), die Vermögensteuer (1893 in Preußen als "Ergänzungssteuer" - im Sinne einer Kontrollsteuer - zur Einkommensteuer) usw. können hier genannt werden. Letztes Beispiel ist der Solidaritätszuschlag zur Einkommensteuer, der Mitte 1991 für ein Jahr befristet zur Finanzierung des deutschen Beitrags zum Golfkrieg eingeführt wurde, und ab 1995 - mit gleichem Namen aber neuem Finanzierungszweck - zur Finanzierung von Wiedervereinigungskosten erhoben wird. Auf kommunaler Ebene hat es in den letzten Jahren verstärkt Bemühungen um neue steuerliche Einnahmequellen gegeben (Zweitwohnungssteuer, Verpackungssteuer). Im Zuge des europäischen Integrationsprozesses wurden in Deutschland mehrere Steuern abgeschafft. Zur Beseitigung von Wettbewerbsnachteilen deutscher Finanzmärkte wurden die Börsenumsatzsteuer und die Wechselsteuer 1991 aufgehoben, im Zuge der Harmonisierung der Verbrauchsteuern werden die Salzsteuer, die Teesteuer, die Zuckersteuer und die Leuchtmittelsteuer ab 1993 nicht mehr erhoben. Wichtige **steuerpolitische Aktionsparameter** sind:

- der Steuertarif, der das Ausmaß der steuerlichen Belastung angibt;
- die Festlegung oder Veränderung von Steuersätzen;
- Gewährung von Freibeträgen, Ausnahmeregelungen, Steuergestaltungsmöglichkeiten oder
- die Änderung oder Ergänzung der Bemessungsgrundlage.

Für die Berechnung der steuerlichen Belastung sind Steuertarif und Steuerbemessungsgrundlage von Bedeutung. Beim **Steuertarif** unterscheidet man drei Typen:

Ein (1) **progressiver Tarif** liegt vor, wenn mit steigender Bemessungsgrundlage (z.B. das zu versteuernde Einkommen) die steuerliche Belastung stärker steigt als die Bemessungsgrundlage. Der Durchschnittssteuersatz nimmt mit wachsender Bemessungsgrundlage zu. Bei einem (2) **proportionalen Steuertarif** ist die durchschnittliche steuerliche Belastung immer gleich hoch. Beispiel: bei der Mehrwertsteuer beträgt gegenwärtig die Belastung im Regelfall 16%. Ein proportionaler Tarif kann durch Gewährung eines Freibetrags in einen indirekt progressiven umgewandelt werden. Selten sind (3) **regressive Tarife,** bei denen mit wachsender Bemessungsgrundlage der Durchschnittssteuersatz abnimmt. Beispiel: Die Kopfsteuer, bei der jeder Staatsbürger unabhängig von seiner Einkommenshöhe den gleichen Steuerbetrag entrichten muss, so dass die durchschnittliche Belastung mit steigendem Einkommen sinkt.

Neben dem Durchschnittssteuersatz, an dessen Veränderung man den Tariftyp erkennen kann, spielt in der steuerpolitischen Diskussion der **Grenzsteuersatz** eine besondere Rolle. Er gibt an, wie viel Steuern man zusätzlich entrichten muss, wenn die Bemessungsgrundlage (z.B. das Einkommen) um eine Einheit steigt. Für höchste Einkommen wird der Grenzsteuersatz auch häufig **Spitzensteuersatz** genannt. Die Besteuerung beginnt mit dem **Eingangssteuersatz**. Beide sind bei Steuerreformen von Bedeutung.

Eine weitere grundsätzliche Frage ist, ob eine Steuerreform **aufkommensneutral**, d.h. mit gleichem Steuerertrag wie zuvor durchgeführt werden, oder ob sie zu einer Entlastung der Steuerzahler führen soll. Die Antwort hängt von den mit der Steuerpolitik verfolgten Prinzipien (z.B. Leistungsgerechtigkeit), Zielen (z.B. umverteilungspolitische, strukturpolitische oder beschäftigungspolitische Ziele) sowie der Möglichkeit von Interessengruppen ab, für sie günstige steuerrechtliche Regelungen durchzusetzen (Sonderabschreibungen, Ausnahmeregelungen, geringere Steuersätze usw.).

6.2.2 Wirkungen der Steuerpolitik

Setzt man Steuern als Mittel zur Erreichung wirtschafts- und finanzpolitischer Ziele ein, sind die damit voraussichtlich verbundenen Wirkungen zu berücksichtigen. Dabei ist zu fragen, ob und wenn ja, wie es den Besteuerten möglich ist, sich der Steuerbelastung zu entziehen (**Steuerabwehrwirkungen**), wobei die Wirkungen gewollt, aber auch ungewollt sein können. Sie sind den **mikroökonomischen Steuerwirkungen** zuzuordnen.

Die **Steuerhinterziehung** ist eine rechtswidrige, durch das Steuerstrafrecht zu ahndende Form der Steuerminderung (z.B. Abgabe einer falschen Steuererklärung). Demgegenüber ist die **Steuervermeidung** eine rechtlich zulässige, u.U. sogar erwünschte Form der Steuerminderung. Sie besteht in einer Einschränkung des steuerlichen Tatbestandes durch den Besteuerten (z.B. durch Einschränkung des Verbrauchs besteuerter Güter, durch Verlegung von Produktionsstätten in „Steueroasen", durch Änderung der Rechtsform von Unternehmen). Eine weitere Steuerabwehrwirkung ist die **Steuerüberwälzung**, die man als den gelungenen Versuch des Steuerschuldners bezeichnen kann, ihm auferlegte Steuern im Preisbildungsprozess auf andere Marktteilnehmer zu verlagern (seinen Nachfragern durch höhere Preise; seinen Lieferanten durch niedrigere Preise). Dies ist finanzpolitisch bei der Mehrwertsteuer und den Verbrauchsteuern durchaus gewollt.

Das Ausmaß der Überwälzung (**Preiswirkungen**) hängt von mehreren Einflussgrößen ab. Neben der allgemeinen Konjunkturlage (in rezessiven Phasen und solchen mit einer eingeschränkten Kaufkraft aufgrund hoher Arbeitslosigkeit wie bei der Erhöhung der Mehrwertsteuer im April 1998 ist die Überwälzungschance geringer einzuschätzen als in Boomperioden) spielen auch die Marktform bzw. die Wettbewerbsintensität eine Rolle. Je intensiver der Wettbewerb ist, je weniger starre oligopolistische Strukturen vorhanden sind, um so schwächer sind die Überwälzungsmöglichkeiten.

Beschäftigungspolitisch ist ein **makroökonomischer** Aspekt von Bedeutung: In dem Maße, in dem sich das Preisniveau infolge einer gelungenen Überwälzung erhöht, sinken - bei gegebenen nominellen Leistungs- und Transfereinkommen - die Realeinkommen. Sinkendes Realeinkommen führt zu einer Einschränkung des privaten Konsums (sofern die Konsumenten keiner Steuerillusion unterliegen). Daran dürften sich die Unternehmen in ihrer Produktions- und Absatzpolitik orientieren: Sie reagieren mit einer Produktionseinschränkung und verringern die gesamtwirtschaftliche Beschäftigung. Es hängt von der jeweiligen gesamtwirtschaftlichen Lage ab, ob dieser Effekt erwünscht oder unerwünscht ist. Eine weitere Reaktion kann von Seiten der Zentralbank erwartet werden. Wenn nämlich infolge der Erhöhung der indirekten Steuern (z.B. der Mehrwertsteuer) das Preisniveau über die von der Zentralbank noch für verträglich gehaltene Inflationsrate hinausgeht, kann mit einem restriktiveren geldpolitischen Kurs gerechnet werden. Auch davon können negative Beschäftigungswirkungen ausgehen. Der Leser wird unschwer erkennen, dass von steuerpolitischen Instrumenten auch **Wachstumswirkungen** ausgehen können. Wird beispielsweise die Investitionstätigkeit der Unternehmen über Sonderabschreibungen oder die Gewährung von Investitionszulagen gefördert, ist - sofern keine Mitnahmeeffekte eintreten - mit höherem Wirtschaftswachstum zu rechnen.

Außerdem müssen die **makroökonomischen Beschäftigungswirkungen** bei einer Variation der Einkommen- und Lohnsteuern berücksichtigt werden. Sie führt zu einer Änderung des verfügbaren Einkommens. Da das verfügbare Einkommen eine wichtige Determinante für den privaten Konsum ist, wird auch er berührt. Sofern die Zensiten erwarten, dass die steuerliche Belastung von Dauer ist, werden sie sich mit ihrem Konsumverhalten an diese Situation anpassen. Indes bleiben die tatsächlichen Reaktionen der Konsumenten unsicher: Werden sie bei einer Steuererhöhung (Steuersenkung) ihren Konsum einschränken (erhöhen) oder die Einbuße (Erhöhung) von verfügbarem Einkommen über Entsparen (zusätzliches Sparen) oder vielleicht sogar über Kreditaufnahme kompensieren? Eine Verringerung (Erhöhung) der privaten Konsumausgaben führt unmittelbar zu einer Senkung (Steigerung) des Inlandsproduktes (der Leser erinnere sich an die Definitionsgleichung des Inlandsproduktes nach der Verwendungsseite). Dies ist eine gesamtwirtschaftliche Beschäftigungswirkung. Sofern die Körperschaftsteuer variiert wird, können Wirkungen auf die Investitionsgüternachfrage erwartet werden. Sie dürfte tendenziell steigen, wenn die steuerliche Belastung dauerhaft gesenkt wird und umgekehrt. Auch hier wird die Höhe der Beschäftigung beeinflusst.

Eine weitere Kategorie der makroökonomischen Steuerwirkungen stellen die **Umverteilungswirkungen** dar. Allerdings ist es außerordentlich schwierig, Umverteilungswirkungen einzelner Steuern oder die des gesamten Steuersystems zu ermitteln. Die für ihre Erfassung und Beurteilung notwendige statistische Basis ist völlig unzureichend (vgl. Kapitel 6). Hinzu kommt, dass aus der tariflichen Belastung - wegen sehr unterschiedlicher steuerrechtlich zulässiger Gestaltungsmöglichkeiten - keine Rückschlüsse auf die effektive Steuerbelastung (effektive **Steuerinzidenz**) möglich sind. Für die progressive Einkommensteuer gilt, dass ihre Umverteilungswirkung umso größer ist, je höher ihr Progressionsgrad faktisch ist, d.h. ohne dass Zensiten über steuerrechtliche Gestaltungsmöglichkeiten verfügen und somit der progressiven Belastung ausweichen können. Bei indirekten Steuern wird oft von einer **Regressionswirkung** gesprochen, die darin gesehen werden kann, dass Bezieher niedriger Einkommen in Bezug auf ihr Einkommen relativ viel Geld für mit indirekten Steuern belastete Konsumgüter ausgeben, während die Einkommensreichen wegen ihrer niedrigeren Konsumquote prozentual weniger indirekte Steuern zu tragen haben. Der Regressionseffekt wird allerdings durch den niedrigeren Mehrwertsteuersatz von 7% für Grundnahrungsmittel abgemildert. Allein schon diese wenigen Hinweise machen deutlich, dass die Umverteilungswirkungen in der Praxis kaum ermittelbar sind: Was für einzelne Steuern schon problematisch ist, gilt erst recht für die steuerliche Gesamtbelastung.

Beim Einsatz steuerpolitischer Instrumente spielt zunehmend - wie bereits angedeutet - die europäische Integration eine Rolle. Einige Mitgliedstaaten haben sich durch besonders niedrige Steuersätze ("Steuersubventionen", "Steuerdumping") Vorteile gegenüber ihren Partnerländern verschafft. Dies ist Ausdruck eines **Steuerwettbewerbs,** der nicht unmaßgeblich die Standortwahl beeinflussen kann. Als Beispiel kann die Republik Irland angeführt werden, die zwar einen allgemeinen Körperschaftsteuersatz von 38% festgelegt hat, aber durch die Möglichkeit eines wesentlich niedrigeren Steuersatzes von 10% für Herstellerbetriebe (die Maßnahme ist bis zum Jahre 2005 begrenzt) einen erheblichen Investitionsanreiz geschaffen hat. Nach Luxemburg, wo Kapitalerträge (außer auf Dividenden) keiner Besteuerung unterliegen, wurden seit Jahren Kapitalströme verlagert, die sich jedoch nicht an der höchsten Produktivität, sondern an der durch unterschiedliche steuerrechtliche Regelungen verzerrten Rendite orientierten (**"Steueroasen"**). Dies ist kein illegaler Vorgang. Illegal ist nur, wenn die in Luxemburg erzielten Kapitalerträge im Rahmen der Steuerveranlagung in Deutschland verschwiegen werden. Um diesem „unfairen" Steuerwettbewerb und der ungewollten Verlagerung von Kapitalströmen entgegenzutreten, besteht grundsätzlicher Handlungsbedarf auch bei der Harmonisierung der direkten Steuern, insbesondere bei den Kapitalertragsteuern. Mitte 2003 hat der ECOFIN-RAT einer Richtlinie der Kommission zugestimmt, nach der ab 2005 zwölf EU-Staaten Informationen über Zinserträge von EU-Ausländern austauschen. Luxemburg, Belgien und Österreich beteiligen sich nicht, aber sie werden eine Quellensteuer auf Zinserträge erheben. Dazu hat sich auch die Schweiz bereit erklärt.

6.3 Ausgabenpolitische Instrumente

Zu den ausgabepolitischen Instrumenten gehören die verschiedenen Kategorien von staatlichen Ausgaben. Die Staatsausgaben können nach unterschiedlichen Kriterien gegliedert werden. Sie lassen sich in ihrer Struktur (Konsum- und Investitionsausgaben, Transformations- und Transferausgaben usw.) und in ihrem Niveau verändern.

Makroökonomisch sind wiederum die **Beschäftigungs- und Preiswirkungen** von Bedeutung. Variiert der Staat das Niveau seiner Ausgaben für Güter und Dienste, gehen davon unmittelbare Beschäftigungseffekte aus. Wir erinnern noch einmal daran, dass gemäß der Definitionsgleichung des Inlandsprodukts nach der Verwendungsseite diese Ausgaben des Staates **eine** Komponente der gesamtwirtschaftlichen Nachfrage sind und folglich die Höhe des Inlandsprodukts mitbestimmen. **Wachstumswirkungen** werden im Allgemeinen von staatlichen Investitionen erwartet. Verbessert der Staat die materielle Infrastruktur oder investiert er im Bildungsbereich, dann sind dies wichtige Voraussetzungen für wirtschaftliches Wachstum und technischen Fortschritt.

In diesem Zusammenhang wollen wir kurz auf den Unterschied zwischen **konsumtiven** und **investiven Ausgaben** des Staates eingehen. Aus der Volkswirtschaftlichen Gesamtrechnung ist bekannt, dass z.B. alle laufenden Ausgaben (Personal- und Sachkosten) zum staatlichen Konsum, dagegen der Bau von Hochschulen und Straßen usw. den staatlichen Investitionen zugerechnet werden. Der Sinn dieser Unterscheidung kann grundsätzlich infrage gestellt werden. Im Rahmen der neoklassischen Doktrin werden staatlichen Konsumausgaben produktive Wirkungen abgesprochen. Es wäre daher angezeigt, sie zugunsten investiver Ausgaben möglichst gering zu halten. Der Staat solle sich auf seine Kernaufgaben beschränken. Gegen solche Aussagen lassen sich wenigstens zwei Argumente vortragen: Zum einen können investive Ausgaben des Staates oft erst dann ihre volkswirtschaftliche Produktivität entfalten, wenn sie von konsumtiven Ausgaben begleitet werden. Ein Hochschulneubau führt erst dann zu Investitionen in Humankapital, wenn auch die laufenden Ausgaben (Mitarbeiter- und Professorengehälter, Sachkosten usw.) bereit gestellt werden (**Komplementarität** von Investitions- und Konsumausgaben). Zum anderen ergeben sich aus nahezu jeder staatlichen Investition mit Zwangsläufigkeit laufende Ausgaben, die auch als **Folgekosten** bezeichnet werden (eine neue Autobahn bedarf der Überwachung durch eine Straßenmeisterei, es fallen Reparaturkosten nach Unfällen an usw.).

Grundsätzlich können von Staatsausgaben auch **verteilungspolitische Wirkungen** ausgehen. Die entscheidende Frage lautet dann: Wer profitiert von den Staatsausgaben? Dies wird als **Ausgabeninzidenz** bezeichnet. Es ist unmittelbar einsichtig, dass eine einfache Antwort nicht gegeben werden kann. Nehmen wir das Gut 'innere Sicherheit'. Derjenige, der ein hohes Vermögen hat, könnte von diesem Gut einen größeren Nutzen haben als Bürger mit gar keinem Vermögen. Beim Gut 'Hochschulbildung' muss immer wieder festgestellt werden, dass unter den Studierenden Arbeiterkinder deutlich unterrepräsentiert sind. Zu diesem Sachverhalt mag beitragen, dass die hohen Opportunitätskosten eines Studiums für sie nicht tragbar sind. Daraus könnte die Schlussfolgerung gezogen werden, dass auch hier die Bezieher hoher Einkommen - wenn eine positive Korrelation zwischen sozialem Status und Einkommen besteht -, überproportional stark aus den kostenlos angebotenen staatlichen Bildungsausgaben Nutzen ziehen. Diese Wirkungen werden durch Leistungen nach dem BUNDESAUSBILDUNGSFÖRDERUNGSGESETZ (BAFöG) nur bedingt abgeschwächt.

Zu den strukturpolitisch besonders wichtigen Instrumenten gehören die **Subventionen**. Wir wollen hier bei den Ausgaben (gezahlte Finanzsubventionen) auf die Subventionsproblematik eingehen, auch wenn - nicht selten - steuerpolitische Instrumente (Steuervergünstigungen) den Charakter von Subventionen haben.

Alle Subventionen müssen immer wieder auf ihre **Notwendigkeit** überprüft werden. Dazu gehört auch die Kontrolle, ob die Maßnahmen tatsächlich den gewünschten Erfolg zeitigen. Allerdings sind Wirkungsanalysen staatlicher Eingriffe außerordentlich schwierig durchzuführen, da kaum ermittelbar ist, welche Entwicklung der Markt **ohne** den Eingriff des Staates genommen hätte. Es gibt keine allgemein gültigen Methoden, den Erfolg staatlicher Ausgabepolitik - speziell der Subventionspolitik - eindeutig festzustellen. Man kann zwar die finanziellen Hilfen und die mit den einzelnen Maßnahmen verbundenen Zielsetzungen darstellen, aber nicht Wirkungsanalysen im Gesamtzusammenhang durchführen und muss sich auf Erfolgskontrollen in einem engeren Rahmen beschränken.

Genauere Analysen zeigen, dass entsprechend dem unterschiedlichen Zweck und der Gestaltung der einzelnen Hilfen auch unterschiedliche Arten der Erfolgskontrolle angewendet werden können. Dies reicht von der Überprüfung des bestimmungsgemäßen Einsatzes der Mittel durch die zuständigen Ressorts über eine Ergebnisanalyse - mit Beschreibung z. B. der Verteilung der Mittel, des bewirkten Investitionsvolumens und der Zahl der durch die Maßnahme geschaffenen Arbeitsplätze - bis zu einer Zielerreichungskontrolle mit Soll-Ist-Vergleich. Die Voraussetzungen dafür sind jedoch **messbare Zielkriterien**. Eine darüber hinausgehende Wirkungskontrolle ist sehr schwierig, weil meist nicht ohne weiteres herausgefiltert werden kann, welche Einflussfaktoren für die Änderungen wesentlich waren, in welchem Maß also die staatliche Förderung hierfür bestimmend war.

Geht es um die **Variation des Ausgabenniveaus**, ist die eigentliche "Manövriermasse" bei den staatlichen Investitionen zu sehen. Sie können im Allgemeinen ohne große Probleme in die Zukunft verschoben werden (oder auch vorgezogen werden, sofern „Schubladenprogramme" vorliegen). Grundsätzlich darf nicht vergessen werden, dass staatliche Investitionen in verschiedene Infrastrukturvorhaben maßgebliche wachstumsfördernde Wirkungen haben. Hinzu kommt, dass die Investitionen bei den öffentlichen Gebietskörperschaften nicht gleichmäßig anfallen: "Hauptinvestor" sind die Gemeinden. Bestimmte Staatsausgaben sind indes der kurzfristigen Beeinflussbarkeit entzogen. Dies gilt immer dann, wenn sie aufgrund eines Gesetzes getätigt werden, das erst geändert werden müsste, z.B. die Personalausgaben für Beamte, auch Zinsausgaben lassen sich kurzfristig nicht variieren.

Die Erfahrung zeigt, dass **Ausgabekürzungen** insbesondere im sozialen Bereich durchgeführt werden. Dies liegt daran, dass die Empfänger von Sozialtransfers keine Lobby besitzen. Darin kommen aber auch ideologische Einflüsse zum Ausdruck: Wie stark wird in der Wirtschaftsgesellschaft die Verantwortlichkeit des einzelnen für sich selbst betont, oder inwieweit werden staatliche Verantwortlichkeiten gesehen?

6.4 Schuldenpolitische Instrumente

Im Rahmen der Schuldenpolitik (**Debt Management**) des Staates sind zwei Aspekte zu unterscheiden. Zum einen kann es um die Variation des Schuldenstandes (**Schuldenniveaupolitik**), zum anderen um die Veränderung der Schuldenstruktur bei gegebenem Schuldenstand gehen. Damit ist seit dem Jahr 2000 die BUNDESREPUBLIK DEUTSCHLAND - FINANZAGENTUR GMBH befasst, die auch das Recht zum Einsatz derivativer Finanzinstrumente sowie Geldmarktgeschäften hat.

Die **Staatsverschuldung** könnte als **konjunkturpolitisches Instrument** eingesetzt werden. Dabei geht es um (1) die Wirkungen der Kreditaufnahme und (2) die Wirkungen der Kreditmittelverwendung. Zu (1): Für die Kreditaufnahme gilt, dass durch sie die Zinssätze auf den Finanzmärkten, auf denen sich der Staat verschuldet, tendenziell steigen werden.

Aufgrund der im Geldbereich bekannten Übertragungsmechanismen und der gegenseitigen Abhängigkeit der Geld- und Kapitalmärkte werden sich die Zinssteigerungen auch auf anderen Finanzmärkten auswirken. Sofern die Investitionen in Bezug auf den Zinssatz elastisch sind, kann sich ein Rückgang der privaten Investitionen ergeben. Dies wird als **crowding-out-Effekt** bezeichnet. Ein solcher Effekt würde eine konjunktur- und beschäftigungspolitisch intendierte expansive Wirkung einschränken. Zu (2): Durch die Kreditaufnahme sollen im Allgemeinen finanzielle Mittel für **zusätzliche Staatsausgaben** verfügbar gemacht werden (vgl. Abschnitt 6.3). Problematisch ist, dass zwar die Bereitschaft zur Verschuldung groß ist (sie wird von den Politikern der Erhöhung von Steuern aus wahlpolitischem Opportunismus vorgezogen - ein Beispiel aus der jüngeren deutschen Wirtschaftsgeschichte ist die weitgehende Kreditfinanzierung des Wiedervereinigungsprozesses). Aber es fehlt der politische Wille, die Verschuldung später wieder zu verringern. Nicht zuletzt ist auf die Gefahr hinzuweisen, dass mit der Staatsverschuldung, jedenfalls immer dann, wenn auf die Zentralbank als Gläubigerin zurückgegriffen wird, eine Geldschöpfung verbunden ist, die ein **inflatorisches Potenzial** beinhaltet. Dies gilt im übrigen auch dann, wenn der direkte Zugang zur Zentralbank nicht möglich ist (wie in Deutschland seit 1994, und auch wie im EUROPÄISCHEN SYSTEM DER ZENTRALBANKEN), aber der Bankensektor über hinreichend viele freie Liquiditätsreserven verfügt, die er dem Staat zur Verfügung stellen kann. Die Geldmenge würde dann aufgrund der Giralgeldschöpfung der Geschäftsbanken steigen.

Andererseits kann es auch gesamtwirtschaftliche Situationen geben, in denen die **Zunahme** der öffentlichen Verschuldung sogar geboten ist. Wenn sich die Volkswirtschaft in einer starken Rezession befindet, die Investitionstätigkeit der privaten Unternehmen wegen ohnehin schon schwach ausgelasteter Kapazitäten gering ist - in einer solchen Situation ist eine mittelfristig angelegte angebotsorientierte Wirtschafts- und Finanzpolitik nicht hilfreich -, wird zusätzliche staatliche Nachfrage zu einer Erhöhung der Beschäftigung beitragen. Problematisch wird eine solche Politik indes dann, wenn der Schuldenstand - und damit die aus ihm erwachsenden Zinskosten - eine Höhe erreicht hat, die zu einer merklichen Einschränkung des **Handlungsspielraums** der Regierung führt.

Geht es um **Schuldenstrukturpolitik** bei konstantem Schuldenstand, kommen als Maßnahmen infrage:

- Die Veränderung der Laufzeitenstruktur: Kurz- und mittelfristige Laufzeiten können in Langläufer umgeschuldet werden (z.B. Umwandlung von Schatzwechseln oder Kassenobligationen in Anleihen). Dadurch steigt die durchschnittliche Restlaufzeit und der Staat ist nicht mehr so häufig gezwungen, Umschuldungsmaßnahmen durchzuführen. Ein positiver Nebeneffekt tritt dadurch ein, dass die Entwicklung am Kapitalmarkt stabilisiert wird.
- Auch eine Veränderung der Gläubigerstruktur kommt in Betracht. Die obige Analyse hat gezeigt, dass über 40% aller staatlichen Schulden im Bankensektor aufgenommen wurden. Damit ist nach wie vor eine beträchtliche Abhängigkeit des Staatskredits von den Kreditinstituten gegeben. Es kann durchaus wünschenswert sein, mehr Schuldtitel im Sektor der privaten Haushalte unterzubringen (dies würde kontraktiv wirken, wenn die privaten Haushalte aufgrund einer guten Verzinsung **zusätzlich** sparten). In den letzten Jahren ist zunehmend der Auslandskredit in Anspruch genommen worden. Dies bietet sich immer dann an (bei gleicher politischer Stabilität im Gläubigerland), wenn die Verzinsung dort niedriger ist (Beitrag zur **Zinskostenminimierung**) und wenn - möglicherweise - der inländische Kapitalmarkt zugunsten privater Kreditnachfrager geschont werden soll.
- Die Veränderung der Zinsstruktur (Umschuldung höher verzinslicher Schuldtitel in solche mit niedrigerer Verzinsung) kann zur Erreichung geringerer Zinskosten beitragen.
- Weitere Maßnahmen können die Änderung von Schuldarten sowie in die Variation von spezifischen Kreditmerkmalen (Tilgungsvereinbarungen, Marktfähigkeit und Fungibilität usw.) sein.

Es versteht sich von selbst, dass die jeweils intendierten Umschuldungsmaßnahmen von der **Ausgangslage**, d.h. dem Schuldenstand und seiner Zusammensetzung abhängen. Je größer der Schuldenstand, um so notwendiger wird ein zielgerichtetes Debt Management sein. Dabei sind die Kaufmotive (Rentabilität, Liquidität und Sicherheit) der einzelnen Gläubigergruppen und die jeweilige Konjunkturlage zu beachten. Die **Effizienz** des Debt Management wird letztlich auch durch außenwirtschaftliche Einflüsse mitbestimmt. In der Vergangenheit hat sich gezeigt, dass es nicht nur einen internationalen Konjunktur- und Preiszusammenhang, sondern auch einen **internationalen Zinsverbund** gibt. Er bedeutet angesichts nahezu vollständig liberalisierter internationaler Finanz- und Kapitalmärkte eine Einschränkung in der autonomen Zinspolitik. Durch die Einführung des Euro eröffnen sich für die Träger des Debt Management neue Möglichkeiten auf den europäischen Finanzmärkten (vgl. dazu Kapitel 5, Abschnitt 2.1.3).

Auf einen weiteren Aspekt sind wir bereits eingegangen: Belastet eine hohe Staatsverschuldung zukünftige Generationen (vgl. Abschnitt 3.5)? Hier geht es um **intertemporale Verteilungswirkungen** der Staatsverschuldung, wobei der Staat Wirkungen erzielt, die Staatsverschuldung aber nicht bewusst als Instrument der Umverteilung zwischen den Generationen eingesetzt wird.

Durch die staatliche Kreditaufnahme beansprucht der Staat Ressourcen, d.h. Teile des Inlandsprodukts. Von Bedeutung ist nun, für welche Zwecke diese Ressourcen eingesetzt werden und wie die **gesamtwirtschaftliche Lage** einzuschätzen ist. Befindet sich die Volkswirtschaft in einer Phase sehr guter Auslastung der Produktionskapazitäten, entsteht das Problem, dass der Staat seine - kreditfinanzierten - Ansprüche an das Inlandsprodukt zulasten privater Nachfrager durchsetzen kann (er dürfte im Allgemeinen weniger zinsempfindlich sein als private Kreditnachfrager). Für die weitere Beurteilung müsste festgestellt werden, wer von den kreditfinanzierten staatlichen Ausgaben Nutzen hat (**Ausgabeninzidenz**) (vgl. Abschnitt 6.3). Wenn dagegen die Produktionskapazitäten nicht voll ausgelastet sind, können die freien Ressourcen ohne Probleme vom Staat in Anspruch genommen werden.

6.5 Finanzausgleichspolitische Instrumente

Der **bundesstaatliche Finanzausgleich** ist durch einen ständigen Machtkampf zwischen Bund und Ländern gekennzeichnet. Die Anteile am Einkommen- und Körperschaftsteueraufkommen sind grundgesetzlich festgelegt. Ihre Änderung ist schwierig, weil dafür das GRUNDGESETZ geändert werden müsste. Um dennoch hinreichend viel Flexibilität für notwendige Anpassungen in der Finanzausstattung zu haben, können nach der in Art. 106, Abs. 4 GG enthaltenen **Revisionsklausel** der Bund oder die Länder eine andere Aufteilung des Mehrwertsteueraufkommens beantragen, wenn sich das Verhältnis zwischen Einnahmen und Ausgaben des Bundes und der Länder wesentlich anders entwickelt. Dafür ist nur die Verabschiedung eines einfachen Gesetzes notwendig. Charakteristisch für den Finanzausgleich ist, dass grundlegende Änderungen vergleichsweise selten vorgenommen werden. Mit der deutschen Wiedervereinigung und der ab 1995 vollzogenen Einbeziehung der Neuen Bundesländer ist das Finanzausgleichssystem noch komplexer und undurchschaubarer geworden.

Auch im Rahmen des **passiven** Finanzausgleichs kann es zu Verschiebungen kommen. Z.B. dann, wenn die Aufgabenkompetenz auf andere staatliche Ebenen verlagert wird. Die Ende 2003 durchgeführte Reform im so genannten HARTZ IV - GESETZ, brachte die Zusammenlegung von Arbeitslosenhilfe (Zuständigkeit des Bundes) und Sozialhilfe (Aufgabe der Kommunen) zum Arbeitslosengeld II für Langzeitarbeitslose und erwerbsfähige Sozialhilfeempfänger ab 2005. Den Kommunen wurde die Option eingeräumt zu entscheiden, ob sie die Betroffenen selbst betreuen und vermitteln wollen, ein Recht, das die BUNDESANSTALT FÜR ARBEIT (ab 2004: BUNDESAGENTUR FÜR ARBEIT) besaß. Üben die Kommunen die Option aus, erhalten sie von der BUNDESAGENTUR FÜR ARBEIT Fallpauschalen.

Im **Länderfinanzausgleich** und den ihn ergänzenden **Bundesergänzungszuweisungen** ist neben dem Beteiligungsverhältnis von Bund und Ländern an der Umsatzsteuer auch die horizontale Umsatzsteuerverteilung geregelt. Die gesetzliche Grundlage findet sich in dem mit Zustimmung des Bundesrates erlassenen GESETZ ÜBER DEN FINANZAUSGLEICH ZWISCHEN BUND UND LÄNDERN (FAG) sowie dem im Jahr 2001 verabschiedeten MAßSTÄBEGESETZ, in dem der ab 2005 gültige Finanzausgleich geregelt ist. Die Gemeindefinanzkraft geht dann mit einem Anteil von 64% statt bisher 50% ein und ein Anteil in Höhe von 12% der überproportionalen Mehreinnahmen gegenüber dem Vorjahr wird ausgleichsfrei gestellt. Damit werden die ausgleichspflichtigen Länder entlastet.

Das Verfahren der **horizontalen Umsatzsteuerverteilung** ist vereinfacht: Bis zu einem Viertel des Länderanteils an der Umsatzsteuer wird unter den Ländern nach Steuerkraftgesichtspunkten (Ergänzungsanteile) verteilt, der restliche Länderanteil nach Einwohnern. Dadurch wird eine zusätzliche horizontale Ausgleichswirkung erzielt. Bedingt durch die schwache Steuerkraft der Neuen Bundesländer spielen die Ergänzungsanteile eine erheblich stärkere Rolle als in der Vergangenheit unter den alten Ländern.

Tab. 4.12: Länderfinanzausgleich 2001 und 2002 (in Mio. €)

	2001	2002
I. Ausgleichspflichtige Länder (-)		
Nordrhein-Westfalen	269	1.627
Bayern	2.298	2.038
Baden-Württemberg	2.132	1.640
Hessen	2.622	1.904
Hamburg	266	190
II. Ausgleichsberechtigte Länder (+)		
Niedersachsen	954	486
Rheinland-Pfalz	231	417
Schleswig-Holstein	59	111
Saarland	146	138
Bremen	402	407
Berlin	2.654	2.670
Sachsen	1.036	1.036
Sachsen-Anhalt	595	600
Thüringen	575	565
Brandenburg	500	534
Mecklenburg-Vorpommern	436	435
III. Gesamt	7.589	7.399

Abweichungen in den Summen infolge von Rundungen.
Quelle: Finanzbericht 2004, S. 163.

Im anschließenden **horizontalen Länderfinanzausgleich** (LFA) wird dann die Finanzkraft der finanzschwachen Länder durch Ausgleichsleistungen der finanzstarken Länder grundsätzlich auf mindestens 95 v.H. der länderdurchschnittlichen Finanzkraft, die sog. **Ausgleichsmesszahl**, angehoben.

Das Volumen des gesamtdeutschen Länderfinanzausgleichs betrug 2002 rd. 7,4 Mrd. €. Empfängerländer sind dabei die Neuen Bundesländer und Berlin, aber auch Bremen, Niedersachsen, Rheinland-Pfalz und Saarland. Zahlerländer sind vor allem Nordrhein-Westfalen, Baden-Württemberg, Bayern, Hessen und Hamburg.

Bundesergänzungszuweisungen (BEZ) kommen als **nachgeordnetes** Finanzausgleichsinstrument in vielfältiger Form zum Tragen: So gewährt der Bund u.a. ab 1995 **Fehlbetrags-Bundesergänzungszuweisungen** an finanzschwache Länder in Höhe von 90 v.H. der nach dem Länderfinanzausgleich verbleibenden Fehlbeträge zur länderdurchschnittlichen Finanzkraft (2002 rd. 3,2 Mrd. €). Außerdem erhalten die Neuen Bundesländer **Sonderbedarfsergänzungszuweisungen** (2002 rd. 10,5 Mrd. €). Das Ergebnis des Länderfinanzausgleichs der Jahre 2001 und 2002 ist in Tabelle 4.12 aufgezeigt.

Die hier nur knapp dargestellten Regelungen des Finanzausgleichssystems sind in Wirklichkeit äußerst komplex. Das Kernproblem besteht darin, dass finanzstarke Länder Incentives verlieren, ihre Steuerkraft zu verbessern, wenn sie viel abgeben müssen, während ausgleichsberechtigte Länder keine hinreichenden Initiativen entwickeln, um die eigene Einnahmesituation zu verbessern. Auch hier bestehen - ähnlich wie bei den Steuern - erhebliche **Reformbedarfe**.

6.6 Instrumente der wirtschaftspolitischen Koordinierung in der EU

Wir haben schon verschiedentlich auf die zunehmende Einschränkung der Autonomie der nationalen Wirtschafts- und Finanzpolitik infolge der europäischen Integration hingewiesen. Diesen Aspekt wollen wir noch etwas vertiefen. Die **Grundzüge der Koordination** der Wirtschaftspolitik in der EU sind in Art. 99 Abs. 2 EG-VERTRAG festgelegt. Danach formulieren und verabschieden jährlich die EUROPÄISCHE KOMMISSION, der ECOFIN-RAT und der EUROPÄISCHE RAT mit qualifizierter Mehrheit **Empfehlungen** zu den Grundzügen der Wirtschaftspolitik. Sie sollen zur Förderung von Wachstum, Beschäftigung und Konvergenz beitragen. Als Kernelemente sind dabei die stabilitätsorientierte Geldpolitik, anhaltende Anstrengungen zur Konsolidierung der öffentlichen Haushalte sowie eine Stärkung der Wettbewerbsfähigkeit zu nennen. Die Grundzüge sollen konkret und länderspezifisch ausformuliert werden.[20] Besondere Beachtung sollen dabei die Funktionsfähigkeit der Arbeits- und Gütermärkte, die allgemeine und berufliche Bildung sowie eine beschäftigungsfördernde Gestaltung der Steuer- und Sozialversicherungssysteme finden.

Allerdings sind die Aktivitäten der EU nicht auf Empfehlungen beschränkt. Nach Art. 99 Abs. 3 EG-VERTRAG ist ein **Mechanismus zur multilateralen Überwachung** vorgesehen. Er umfasst:

- die Überwachung der Einhaltung der Grundzüge der Wirtschaftspolitik;
- die Überwachung der Konvergenzprogramme der Kandidaten für den Beitritt zum Währungssystem und der Stabilitätsprogramme der Mitgliedstaaten sowie
- ein Frühwarnsystem zur Vermeidung von übermäßigen Defiziten zur Sicherstellung von Stabilität und Wettbewerbsfähigkeit.

Sofern die vereinbarten Grundzüge der Wirtschaftspolitik nicht eingehalten werden, kann der Rat Empfehlungen an Mitgliedstaaten gem. Art. 99 Abs. 4 EG-VERTRAG richten, geeignete wirtschaftspolitische Maßnahmen zu ergreifen. Er kann auch mit qualifizierter Mehrheit beschließen, seine Empfehlungen zu veröffentlichen. Es leuchtet ein, dass auf diesem Wege ein erheblicher politischer Druck ausgeübt werden kann.

Die Aufnahme in die Währungsunion und damit in den Euro-Währungsclub war und ist nach dem VERTRAG VON MAASTRICHT an die Erfüllung strenger Stabilitätskriterien (Konvergenzkriterien) gebunden. Zur Sicherung der Stabilität der gemeinsamen Währung **auf Dauer** beschloss der EUROPÄISCHE RAT Ende 1996 in Dublin die Grundzüge eines **Stabilitäts-**

---

[20] Vgl. z.B. Empfehlung des Rates v. 21.6.2002 zu den Grundzügen der Wirtschaftspolitik der Mitgliedstaaten der Gemeinschaft, Luxemburg 2002, S. 45 ff., wo Deutschland recht konkrete Vorschläge gemacht werden.

und Wachstumspakts, zu dem im April 1997 auch die Einzelheiten festgelegt wurden (vgl. Abschnitt 4.2.2). Kernstück dieses Pakts ist die Verpflichtung der beteiligten Staaten auf eine **dauerhafte Haushaltsdisziplin.** Die Euro-Länder müssen Stabilitätsprogramme vorlegen, in denen sie ihre mittelfristigen Haushaltsziele ausweisen, die voraussichtliche Entwicklung der Staatsschulden angeben und schließlich darlegen, mit welchen Maßnahmen sie die angestrebten Ziele erreichen wollen. Die Stabilitätsprogramme werden jährlich anhand der neuesten Wirtschafts- und Finanzdaten aktualisiert. Diejenigen EU-Mitgliedstaaten, die nicht an der gemeinsamen Währung beteiligt sind, sollen Konvergenzprogramme mit jährlicher Zielrichtung ausarbeiten.

Im Rahmen eines **Frühwarnsystems** werden Kommission und Rat der EUROPÄISCHEN UNION die Haushaltsentwicklung der Mitgliedstaaten beobachten und Empfehlungen an die Adresse derjenigen Staaten richten, denen ein **übermäßiges Defizit** droht. Staaten, die dem vorgezeichneten Stabilitätskurs folgen, sollten normale Konjunkturschwankungen bewältigen können, ohne das Haushaltsdefizit um mehr als 3% des Bruttoinlandsprodukts anwachsen zu lassen. Sie sollten zumindest in der Lage sein, ein übermäßiges Defizit rasch wieder zu bereinigen. Damit dies auch mit dem nötigen Nachdruck geschieht, sind Sanktionen für jene Staaten vorgesehen, die mit ihrem Haushaltsdefizit zu lax umgehen. Allerdings werden die Sanktionen nicht automatisch ausgelöst. Es sollen Ausnahmen gelten, wenn das übermäßige Defizit auf außergewöhnliche Ereignisse oder eine ausgeprägte Rezession zurückzuführen ist. Höhere Defizite sind nur bei einem Rückgang des Wirtschaftswachstums um mehr als 2% erlaubt. Die Entscheidung, ob ein übermäßiges Defizit besteht, trifft der EU-MINISTERRAT. Von der Beurteilung der Finanzpolitik eines Mitgliedslandes durch die EU-KOMMISSION dürfte jedoch ein nicht unbeträchtlicher Handlungszwang ausgehen. Insofern können hier erste Elemente einer **supranationalen Haushalts- und Finanzpolitik** erkannt werden.

7. Probleme und Grenzen

7.1 Allgemeine Probleme und Grenzen

Ein erstes generelles Problem besteht darin, dass das finanzpolitische **Zielsystem** außerordentlich komplex ist. In der praktischen Finanzpolitik wird nicht durchweg klar, welche Ziele verfolgt werden und mit welcher Priorität. Die Durchsetzung rationaler Finanzpolitik wird außerdem durch **interessenpolitische Einflussnahme,** aber auch durch **politischen Opportunismus,** der sich mehr am Machterhalt (oder Strategien zur Erlangung der Macht) als am gesellschaftspolitisch Notwendigen orientiert, erschwert.

Dies gilt auch für den **Mitteleinsatz.** Mit finanzpolitischen Instrumenten werden Einzelziele verfolgt, die nicht immer miteinander kompatibel sind. Wirkungen bestimmter Maßnahmen können in Bezug auf andere Ziele kontraproduktiv sein. Die Wirkungsketten sind lang und nicht immer vollständig bekannt. Dies gilt z.B. für Verteilungswirkungen finanzpolitischer Maßnahmen. Selbst wenn die Eignung von finanzpolitischen Mitteln unstrittig ist, kann der politische Wille zu ihrem Einsatz fehlen.

Ein weiteres schwerwiegendes Problem besteht in der Notwendigkeit der **Koordination** der öffentlichen Finanzwirtschaften auf den verschiedenen staatlichen Ebenen. Die **Interessenlage** der Kommunen kann ganz anders sein als die der Länder oder die des Bundes. Die bestehenden Finanzausgleichsregelungen bedürfen der Korrektur, wobei es aber zu Konfliktsituationen zwischen Bund und Ländern kommen kann. Dafür mögen parteipolitische Motive maßgebend sein, es kann sich aber auch um länderspezifische Interessen handeln, die denen des Bundes widersprechen.

Für alle Bereiche der Finanzpolitik gilt, dass sie zunehmend dem **Zwang zur internationalen Koordination** und Harmonisierung unterworfen sind. Die Haushaltsdefizite sind für die Mitgliedstaaten der EUROPÄISCHEN WÄHRUNGSUNION zukünftig einer ständigen Kontrolle unterworfen. Übermäßige Defizite, die nicht konjunkturpolitisch zu rechtfertigen sind, können sanktioniert werden. Dadurch nehmen **nationale Handlungsspielräume** ab.

7.2 Probleme und Grenzen der Steuerpolitik

Eine wichtige erste Grenze liegt im **Verhalten der Wirtschaftssubjekte:** Es ist nicht sicher, wie und ob sie sich gemäß den angestrebten Zielen verhalten. Es kann sein, dass Unternehmen auf steuerliche Anreize nicht oder nicht im erwünschten Umfang reagieren. Dies kann auch für die privaten Haushalte gelten, wenn z.B. die steuerliche Belastung variiert wird mit dem Ziel, die Konsumausgaben der privaten Haushalte zu beeinflussen, die Haushalte indes entsparen oder Kredite aufnehmen. Es darf gerade in der Steuerpolitik nicht übersehen werden, dass die Steuereinnahmen einen Erwartungsparameter darstellen, während die staatlichen Aktionsparameter die Festlegung der Bemessungsgrundlage, der Steuertarife usw. sind.

Auf der Ebene der steuerpolitischen Instrumente ist mit **time-lags** zu rechnen: Wann wirken die steuerpolitischen Maßnahmen? Im Allgemeinen muss hier mit Übergangszeiten gerechnet werden, weil die Finanzverwaltung erst durch entsprechende Durchführungsverordnungen oder Erlasse auf eine neue Gesetzeslage vorbereitet werden muss. Hinzu kommen verzögerte Reaktionen der betroffenen Wirtschaftssubjekte.

In den vergangenen Jahren sind der Steuerpolitik zunehmend Grenzen durch die **Rechtsprechung** des BUNDESVERFASSUNGSGERICHTS gezogen worden. Zu erwähnen sind als jüngere Beispiele die Erhöhung des Grundfreibetrags bei der Einkommensteuer (ab 1996) und die Aussetzung der Vermögensteuer (ab 1997), die zudem noch zu Folgewirkungen im Bereich des Finanzausgleichs geführt hat. Für die Bundesländer, die verfassungsrechtlich die Ertragskompetenz für diese Steuer besitzen, musste eine Kompensation geschaffen werden.

Im Allgemeinen hat der Fiskus Interesse an hohen Einnahmen. Damit kann er aber an **Belastungsgrenzen** stoßen, die zu Abwehrreaktionen bei den Zensiten führen. Schattenwirtschaftliche Aktivitäten legen dafür ein deutliches Zeugnis ab (vgl. Kapitel 2, Abschnitt 2.5.1). Durch die internationale Integration und Liberalisierung kann es zu Standortverlagerungen kommen (Steuervermeidung), die auf die erwarteten Einnahmen kontraproduktiv wirken. Es geht also darum, eine optimale - auch international verträgliche - fiskalische Belastung zu finden.

7.3 Probleme und Grenzen der Ausgabenpolitik

Eine erste Grenze für die Ausgabenpolitik resultiert aus der **Einnahmenbegrenzung.** Immer wieder ist es in jüngerer Zeit zu Problemen bei der halbjährlichen Steuerschätzung gekommen, so dass die Planung der möglichen Ausgaben erschwert ist.

Das Erfordernis einer dauerhaften **Kontrolle** der Effizienz und der Notwendigkeit staatlicher Aktivitäten wird von den staatlichen Organen nicht gesehen oder nicht realisiert. Die Orientierung an operational formulierten Zielen - wenn sie überhaupt erfolgt -, bleibt vage. Elemente einer outputorientierten Budgetplanung sind nur in der mittelfristigen Finanzplanung erkennbar. Andere Verfahren, wie sie z.B. durch Sunset Legislation (dabei werden staatliche Ausgaben von vornherein zeitlich befristet. Sofern die über den Haushalt finanzierte Institution nicht vor Ablauf der Frist nachweist, dass die Ausgaben notwendig sind, entfallen sie) oder das Zero-Base-Budgeting (für Budgetansätze wird eine Null-Basis definiert, die z.B. 80% des bisherigen Betrages ausmacht. Wenn die betreffende Stelle oder Institution nachweisen kann, dass die Mittel entsprechend produktiv und zielgerichtet eingesetzt werden, kann sie höhere Ausgaben bekommen) in den USA entwickelt wurden, haben keinen Eingang in die deutsche Haushaltswirtschaft gefunden.

Die Problematik von Subventionen besteht in der Verzerrung der Faktorpreise, politischer Unfähigkeit zum Subventionsabbau, Schwierigkeiten der Erfolgskontrolle usw.. Dabei kann erneut das **Verhalten der Wirtschaftssubjekte** eine Rolle spielen. Es wird erwartet, dass die Subventionsempfänger Anpassungen vornehmen, um in Zukunft ohne Subventionen auskommen zu können. Wird keine zeitliche Befristung festgelegt (möglichst kombiniert mit einer degressiv verlaufenden Subventionsgewährung), scheint die Reduktion von Subventionen ausgeschlossen.

Ein allgemeines Problem der staatlichen Ausgabenpolitik ist, dass die **"Nützlichkeit"** der einzelnen Ausgaben nicht durchweg ermittelbar ist (Problem der öffentlichen Güter). Daher wissen öffentliche Körperschaften nur recht ungenau, wie groß die Nachfrage nach staatlichen Leistungen ist (optimaler Staatsumfang) und wie viel sie eigentlich an öffentlichen Gütern anbieten müssten (vgl. Kapitel 2). Hinzu kommt, dass die Staatsbürger die Verbindung zwischen steuerlichen Zwangsabgaben und daraus zu finanzierenden Staatsausgaben, die ihnen Nutzen stiften, nicht sehen. So kann es nicht verwundern, dass auf der einen Seite immer wieder die Intervention des Staates verlangt wird, auf der anderen Seite aber die dafür notwendigen Belastungen nicht hingenommen werden.

Staatliche Ausgaben sind an **Gesetze** gebunden. Dadurch wird ihre Variierbarkeit im Sinne eines eventuell kurzfristig notwendigen Mitteleinsatzes erschwert. Das **Haushaltsverfahren** selbst ist schwerfällig und oft stärker durch bürokratische Interessen als durch eine Orientierung an finanzpolitischen Zielen bestimmt. Außerdem muss gefragt werden, welche Ausgaben überhaupt variierbar sind. Hier handelt es sich vorrangig um investive Ausgaben, die aber vor allem von den Gemeinden getätigt werden und somit einer direkten Beeinflussbarkeit durch den Bund entzogen sind. Kürzungen investiver Ausgaben können zudem die Wachstumschancen der Volkswirtschaft verringern.

7.4 Probleme und Grenzen der Schuldenpolitik

Bei den Grenzen für die staatliche Schuldenpolitik stoßen wir zunächst auf eine nationale **rechtliche Grenze**, wie sie z.B. in Art. 115 GG für die Nettokreditaufnahme vorgegeben ist. Indes könnte diese Vorschrift - mit der notwendigen parlamentarischen Mehrheit - geändert werden. Eine Begrenzung des Schuldenstandes ist in Deutschland verfassungsrechtlich nicht normiert. Seit Schaffung der EUROPÄISCHEN WÄHRUNGSUNION muss ebenfalls eine rechtliche Grenze beachtet werden. Nach dem VERTRAG VON MAASTRICHT sind bestimmte Stabilitätskriterien einzuhalten. Im Vordergrund der politischen Diskussion steht dabei das Kriterium der jährlichen Nettokreditaufnahme, die nicht höher sein darf als 3% bezogen auf das Bruttoinlandsprodukt. Für den Schuldenstand ist eine Grenze von 60% in Bezug auf das Bruttoinlandsprodukt vorgegeben.

Die Frage nach den Grenzen der Staatsverschuldung ist insbesondere **ökonomisch** zu verstehen. Steigen die Schulden in gleichem Maße wie das Inlandsprodukt, bleibt die Belastung für die Volkswirtschaft als Ganzes relativ gleich. Das mit steigendem Inlandsprodukt ebenfalls wachsende Steueraufkommen befähigt den Staat, die Zins- und Tilgungsleistungen **(Schuldendienst)** für die steigende Staatsschuld zu erbringen. Problematisch wäre die Staatsverschuldung nur, wenn sie wesentlich schneller als Inlandsprodukt und Steueraufkommen wüchse. Erst, wenn infolge hoher Zinsen und Tilgungen die Freiheit der Budgetgestaltung merklich eingeengt würde, könnte die Grenze für weitere staatliche Kreditaufnahmen erreicht werden. Im öffentlichen Gesamthaushalt 2002 waren an Zinszahlungen 66,5 Mrd. € (gleich 11,3 % aller Ausgaben, bzw. 15,6 % aller

66,5 Mrd. € (gleich 11,3 % aller Ausgaben, bzw. 15,6 % aller Steuereinnahmen veranschlagt. Jeder Euro, der für Zinsen ausgegeben werden muss, steht für andere Zwecke (Neubau von Schulen oder Hochschulen, Umweltschutz, Verwaltungsleistungen usw.) nicht zur Verfügung. Die **Handlungsfähigkeit des Staates** wird zunehmend eingeschränkt.

Eine Grenze könnte auch dann gegeben sein, wenn durch die staatliche Kreditaufnahme private Investitionsgüternachfrage tendenziell verdrängt würde. Staatliche Kreditaufnahme führt ceteris paribus zu steigenden Zinsen auf dem Kapitalmarkt. Wenn die privaten Investitionen zinselastisch sind, bedeutet der Zinsanstieg tendenziell einen Rückgang der privaten Investitionen. Die **Crowding-out-Hypothese** setzt allerdings voraus, dass die kreditfinanzierten Staatsausgaben eine niedrigere gesamtwirtschaftliche Produktivität aufweisen als die privaten Investitionen. Damit hängt die Antwort auf die Frage nach der Grenze der staatlichen Kreditaufnahme stark von der jeweiligen Verwendung der Kreditmittel ab. Hier kann sich eine ideologische Argumentation verbergen: Die Nichtmessbarkeit der Produktivität staatlicher Leistungen bedeutet nicht automatisch, dass sie tatsächlich nicht produktiv sind!

Ein oft vorgebrachtes Argument besteht darin, dass es für den Staat deswegen keine Grenze der Staatsverschuldung gebe, weil er de facto - in vielen Ländern auch de jure - selbst in unbegrenzter Menge Geld schaffen könne. Das ist zwar grundsätzlich richtig, da aber eine staatlich bedingte Geldschöpfung einen **inflatorischen Prozess** in Gang setzten kann, besteht hier eine ökonomische Grenze. Allerdings haben die staatlichen Organe in vielen Ländern freiwillig - durch Schaffung einer autonomen Zentralbank - auf die eigene Geldschöpfung verzichtet. Dies gilt heute für die EUROPÄISCHE ZENTRALBANK uneingeschränkt: Die Kreditaufnahme bei ihr ist den Mitgliedstaaten verwehrt.

Während bei der inneren Verschuldung der Schuldendienst in inländischer Währung zu leisten ist, wird die **äußere Verschuldung** meistens in ausländischer Währung aufgenommen, so dass der Schuldendienst in einem Geld (Devisen) zu bezahlen ist, das die Zentralbank des betreffenden Landes nicht selbst schaffen kann. Vielmehr muss er erst durch Export- und/oder Kapitalimportüberschüsse verdient werden. Vor dieser Situation stehen viele Entwicklungsländer und Schwellenländer (internationale Schuldenkrisen), während für die Bundesrepublik ein Anteil von etwa 40% Auslandsschulden (z.T. auf Euro lautend) „ungefährlich" ist. Im übrigen kann darauf hingewiesen werden, dass es sich bei der Staatsverschuldung um Nominalzahlen handelt. Im Laufe des Geldentwertungsprozesses entledigt sich der Staat - bei sinkenden Realwerten - eines Teils seiner Verpflichtungen gewissermaßen von selbst.

Schließlich wollen wir noch auf die **politisch-psychologischen Grenzen** hinweisen: Zwangsanleihen oder ein Zinsmoratorium (der Staat setzt die Zinszahlungen aus) dürften dazu führen, dass die betroffenen Gläubiger dem Staat in Zukunft kein Geld mehr leihen werden. Deswegen werden fällige Zinsen und Tilgungen auch vor allen anderen staatlichen Verpflichtungen vorrangig erfüllt.

Arbeitsaufgaben

1) Diskutieren Sie die Problematik von Staatsquoten und von finanzpolitischen Indikatoren allgemein.

2) Was versteht man unter dem Äquivalenzprinzip und was unter dem Leistungsfähigkeitsprinzip? Wie könnte man das Leistungsfähigkeitsprinzip umsetzen und welche Probleme tauchen dabei auf?

3) Formulieren Sie Anforderungen an eine "rationale" Steuerpolitik.

4) Erörtern Sie den Stabilitätspakt von Dublin und schätzen Sie dessen Erfolgschancen ein.

5) Diskutieren Sie die Elemente und die Funktionsweise des bundesstaatlichen Finanzausgleichs.

6) Welche steuerpolitischen Instrumente gibt es? Mit welchen Wirkungen ist bei ihrem Einsatz jeweils zu rechnen?

7) Erörtern Sie die Bedeutung der EU für die deutsche Finanzpolitik. Geben Sie Beispiele.

8) Könnte auf die mittelfristige Finanzplanung verzichtet werden?

9) Erörtern Sie mögliche Grenzen für die Steuer-, Ausgaben- und Schuldenpolitik.

10) Führt eine hohe Staatsverschuldung zur Belastung zukünftiger Generationen?

5. Kapitel: Geldpolitik

1. Einleitung

Es mag den Leser überraschen, dass der Geldbegriff in der wirtschaftswissenschaftlichen Literatur nicht unumstritten ist. Geld ist begrifflich nicht eindeutig abgrenzbar. Der in der Geldtheorie verwendete Geldbegriff abstrahiert von den konkreten Erscheinungsformen des Geldes. Allgemein wird er heute von drei wesentlichen **Funktionen** des Geldes her bestimmt.:

(1) Geld als **Tausch- und Zahlungsmittel** ermöglicht es den Wirtschaftssubjekten, ihre Tauschvorgänge ökonomisch effizient und rational zu gestalten. Unsere hochentwickelte arbeitsteilige Wirtschaft, die auf dem dezentralen Koordinationsmechanismus Markt beruht, kann ohne indirekte Tauschbeziehungen (Ware - Geld - Ware) nicht funktionieren. Eine direkte (naturale) Tauschwirtschaft (Ware - Ware) ist nur auf einer niedrigen Entwicklungsstufe denkbar. Die Zahlungsmittelfunktion geht allerdings über die bloße Verwendung des Geldes als Tauschmittel hinaus und schließt die Schuldtilgungsfunktion mit ein. Einige Autoren ordnen unter der Zahlungsmittelfunktion im weiteren Sinne auch Geld als Kreditübertragungsmittel ein (vgl. O. ISSING, Einführung in die Geldtheorie, 11., überarb. Aufl., München 1998, S. 1).

(2) Geld in seiner **Wertaufbewahrungsfunktion** ermöglicht es, Vermögen in Form höchster Liquidität über einen langen Zeitraum aufzubewahren. Es kann diese Funktion allerdings nur erfüllen, wenn zwischen Geldeinnahme und Geldausgabe sein Wert (Kaufkraft) stabil bleibt.

(3) Daneben tritt noch eine abstrakte Eigenschaft des Geldes. Es dient in seiner Funktion als **Recheneinheit** dazu, ungleiche Güter über absolute Preise vergleichbar zu machen. In einer Naturalwirtschaft kennen wir nur relative Preise von Gütern. Wird aber ein Gut zum Maßstab des Wertes anderer Güter erhoben, so lässt sich der Wert jedes anderen Gutes als absoluter Preis in Einheiten dieses Gutes (Wertmaßstab) ausdrücken. Gleichzeitig bildet diese Geldfunktion die Voraussetzung für die einzel- und gesamtwirtschaftliche Wirtschaftsrechnung.

Geld kann als ein ökonomisches Finanzaktivum bezeichnen werden, das sowohl dem Güteraustausch als auch der Wertaufbewahrung dient und darüber hinaus als allgemeiner Wertmaßstab fungiert. Diesen Anforderungen entsprechen in vollem Umfang die gesetzlichen Zahlungsmittel (Bargeld in Form von Banknoten und Münzen) und die Sichteinlagen bei Banken (Buch- oder Giralgeld).

Probleme hinsichtlich der begrifflichen Abgrenzung ergeben sich insbesondere dann, wenn wir die Wertaufbewahrungsfunktion des Geldes näher betrachten. Ganz offensichtlich gibt es noch andere Aktiva, die eine starke Geldnähe besitzen, ohne selbst Geld zu sein (Termin- oder Spareinlagen). Es stellt sich die Frage, bis zu welcher Grenze wir einem ökonomischen Finanzaktivum noch die Geldeigenschaft zuerkennen wollen. In der Literatur werden geldnahe Aktiva verbreitet als **Quasi-Geld / near money** (so besitzt auch eine kurz vor ihrer Fälligkeit stehende Anleihe near money-Charakter) bzw. **Geldsubstitut** bezeichnet. Die Grenze zum Geld wird dabei keineswegs einheitlich gezogen. Bei einer Analyse monetärer Prozesse spielen die geldnahen Aktiva eine wesentliche Rolle. Zu klären bleibt auch die Bedeutung, die „elektronisches Geld" (vgl. Abschnitt 2.1.4.) künftig haben wird.

Geld kann seine Funktionen insbesondere als Zahlungs- und Wertaufbewahrungsmittel nur erfüllen, wenn ihm von Seiten der Wirtschaftssubjekte **Vertrauen** entgegengebracht wird. Nach LENIN reicht ein zerrüttetes Geldwesen aus, um die gesamte Volkswirtschaft zu erschüttern. Das gilt heute vor dem Hintergrund der Globalisierung mehr denn je. Denken wir nur an die geld- und währungspolitischen Turbulenzen, die nach Mexiko (1994) in den Jahren 1997/98 einige südostasiatische Volkswirtschaften in ihren Sog zogen. Diese Krise setzte sich in Russland fort (Schuldenmoratorium im August 1998) und erreichte auch einige Länder Südamerikas (Brasilien 1999 und Argentinien 2001). Eine Politik, die die Stabilität des Geldwertes gefährdet, verliert an Glaubwürdigkeit. Neben dieser **psychologischen Grenze** sprechen vorrangig **ordnungspolitische Gründe** für das gesamtwirtschaftliche Ziel der Geldwertstabilität (vgl. Kapitel 2, Abschnitt 2.2). Inflation gefährdet nicht nur die Funktionsfähigkeit des Preismechanismus, sondern verschlechtert die internationale Wettbewerbsfähigkeit und führt zu unsozialen Umverteilungseffekten.

Ein wertbeständiges Geld ist demnach eine wesentliche Voraussetzung für das Vertrauen der Wirtschaftssubjekte und vor allem für die Funktionsfähigkeit des Koordinierungsmechanismus Markt. Damit drängt sich uns zwangsläufig die Frage auf, wie das Geld wertbeständig gehalten werden kann. Dies ist heute eine der zentralen Aufgaben der Geldpolitik.

Geldpolitik umfasst zunächst die Gesamtheit von wirtschaftspolitischen Maßnahmen, die zum einen auf eine optimale Geldversorgung der Volkswirtschaft und zum anderen auf die Sicherung der Geldwertstabilität nach innen und außen zielen. Sie hat die Gestaltung monetärer Ziel-Mittel-Systeme in einer Volkswirtschaft bzw. in einem Währungsgebiet zum Gegenstand. Sofern das Ziel der Geldwertstabilität nicht gefährdet wird, unterstützt die Geldpolitik die Verwirklichung gesamtwirtschaftlicher Ziele.

In den neunziger Jahren verlagerte sich der Schwerpunkt der Geldpolitik im Zusammenhang mit der Vorbereitungen und Einführung der europäischen Einheitswährung **Euro** zunehmend auf Probleme innerhalb eines Währungsgebietes. Im Euro-Währungsraum ist die nationalstaatliche Verantwortung für die Geldpolitik einer **einheitlichen europäischen Geldpolitik** gewichen. Im Zentrum dieses Kapitels wird somit die Geldpolitik der EUROPÄISCHEN ZENTRALBANK (EZB) stehen. Da sie ihre Arbeit Anfang Juni 1998 aufgenommen hat, können wir heute auf erste Erfahrungswerte zurückgreifen.

2. Situationsanalyse

2.1 Allgemeine Entwicklung

2.1.1 Märkte des Geldbereichs

Das Zusammentreffen von Angebot an und Nachfrage nach Geld wird als Finanz- oder Kreditmarkt (auch monetärer Markt) bezeichnet. Ein wichtiges Gliederungskriterium ist die Fristigkeit.

Die Märkte für **kurz- und mittelfristige Kredite** unterteilen sich in die **Geldmärkte** und in die **Märkte für Bankkredite und Bankeinlagen** (Sicht-, Termin-, und Sparguthaben). Der Begriff des **Geldmarktes**[1] wird unterschiedlich weit gefasst. Im engeren Sinne umfasst der Geldmarkt Transaktionen mit Zentralbankgeld zwischen den Geschäftsbanken (**Interbankengeldmarkt**) zum Zwecke des Liquiditätsausgleichs. Dabei wird zwischen Tagesgeld (tägliche Kündigungsfrist), täglichem Geld (Verleihung für einen Tag) und Termingeldern (mit Befristung bis maximal zu einem Jahr) unterschieden. Die Zentralbank ist von diesen Operationen ausgeschlossen. Damit soll die Verteilung von Zentralbankgeldguthaben getrennt werden vom Zentralbankgeldvolumen, das durch die Zentralbank gesteuert wird. Mit der Veränderung dieses Volumens kontrolliert die Zentralbank mittelbar die Geld- und Kreditexpansion im Bankensystem insgesamt. Darüber hinaus werden die zwischen der Zentralbank und den Kreditinstituten abgeschlossenen Refinanzierungsgeschäfte dem Geldmarkt zugerechnet (**Regulierungsgeldmarkt im Eurosystem**). Zum Geldmarkt im weiteren

---

[1] Abgrenzungen und Definitionen beruhen weitgehend auf Materialien der DEUTSCHEN BUNDESBANK, insbes. DEUTSCHE BUNDESBANK, Die Geldpolitik der Bundesbank, Frankfurt 1995.

Sinne zählt auch der Handel mit **Geldmarktpapieren** mit und ohne Ankaufzusage. In den letzten Jahren vor der Einführung des Euro gab die DEUTSCHE BUNDESBANK nur noch Titel ohne Ankaufzusage ab, um den quasi-automatischen Zugang der Geschäftsbanken zu Zentralbankgeld zu unterbinden. Geldmarktpapiere umfassten zum einen die Finanzierungspapiere. Dazu gehörten die Schatzwechsel (Wechsel der öffentlichen Hand mit einer Laufzeit bis zu 6 Monaten, die als Diskontpapiere begeben wurden) und U-Schätze (unverzinsliche Schatzanweisungen, die auch als Diskontpapiere begeben wurden). Zum anderen gehörten auch die auf Initiative der Bundesbank gemäß § 42 BUNDESBANKGESETZ begebenen Liquiditätspapiere dazu. Hierbei handelte es sich um Schatzwechsel und U-Schätze, die die Bundesbank entsprechend geldpolitischen Erfordernissen (zur Steuerung der Bankenliquidität) für eigene Rechnung kaufte oder verkaufte. Im weiteren Sinne wurden auch unterjährige Schuldverschreibungen von Banken (Einlagenzertifikate) und Unternehmen (so genannte Commercial Papers) hinzu gezählt. Auf den Märkten für Geldmarktpapiere standen sich im Gegensatz zum Geldmarkt im engeren Sinne die Bundesbank und die Geschäftsbanken sowie seit einigen Jahren Nichtbanken (vor allem Träger der Sozialversicherungen) gegenüber. Zwischen den Märkten für Zentralbankguthaben und für Geldmarktpapiere bestand ein enger Zinszusammenhang. Keine Geschäftsbank verschuldete sich auf einem Teilmarkt, solange sie dies auf dem anderen billiger tun konnte.

Die Märkte für längerfristige Kredite bestehen aus dem **Kapitalmarkt** und den Märkten für **sonstige langfristige Kredite** (Hypothekenkredite u.ä.). Der Kapitalmarkt ist der Markt für langfristige Finanzierungsmittel (langfristige Kredite, Anleihen) und Beteiligungskapital (Aktien, Anteile). Ganz allgemein umfasst der Kapitalmarkt also einerseits die Bildung von langfristigem Geldvermögen und andererseits die Aufnahme dieses Geldvermögens für Finanzierungszwecke. Im engeren Sinne wird unter Kapitalmarkt nur der organisierte Handel mit Wertpapieren verstanden. Der **Wertpapiermarkt** wiederum gliedert sich in den **Aktienmarkt** und in den **Rentenmarkt** (Markt für Schuldverschreibungen). Schuldverschreibungen sind Wertpapiere, bei denen sich der Emittent verpflichtet, bei Fälligkeit einen bestimmten Geldbetrag zu zahlen und nach einem festgelegten Modus Zinszahlungen zu leisten. Sie können neben staatlichen Stellen auch von Geschäftsbanken (Bankschuldverschreibungen, Pfandbriefe) und Industrieunternehmen (Industrieobligationen) herausgebracht werden. Zum Wertpapiermarkt werden aber auch Zertifikate der Investmentfonds gezählt. Diese stellen, sofern die Investmentfonds ihrerseits Wertpapiere kaufen, eine indirekte Form des Erwerbs von Aktien oder Schuldverschreibungen dar. Kapitalmarkt und Märkte für kurz- und mittelfristige Kredite hängen über das Zinsgefüge eng zusammen. Der Kapitalmarkt wird unmittelbar von den internationalen Kapitalbewegungen beeinflusst.

2.1.2 Internationale Finanz-/ Kapitalmärkte (Fremdwährungsmärkte)

In offenen Volkswirtschaften werden die nationalen Währungen nicht nur innerhalb des betreffenden Landes gehandelt. Es haben sich vielmehr seit Ende der 50er Jahre **internationale Finanz-/ Kapitalmärkte** herausgebildet, auf denen Fremdwährungen gehandelt werden. Ihre heutige Bedeutung erlangten sie jedoch erst in den 70er Jahren. Besonders in den 90er Jahren entwickelten sich die internationalen Finanzmärkte infolge weiterer Liberalisierung des Kapitalverkehrs und Fortschritten in der Kommunikations- und Datenverarbeitungstechnik in bisher unbekannten Ausmaße. Besonders dynamisch verlief dabei der Handel mit Wertpapieren. So nahm weltweit der Bestand an Anleihen zwischen 1990 und 1999 um des Zweieinhalbfache zu. Im gleichen Zeitraum steigerte sich der Aktienhandel etwa um das Siebenfache.[2] Mit Recht können wir heute die internationalen Finanzmärkte als die am stärksten globalisierten Märkte bezeichnen.

---

[2] Zwischenbericht der ENQUETE-KOMMISSION DES DEUTSCHEN BUNDESTAGES, BT-Drs. 14/6910 vom 13.09.2001.

Der Begriff internationale Finanzmärkte umfasst die Gesamtheit finanzieller Transaktionen an einem ausländischen Finanzplatz und/oder in einer ausländischen Währung. Die Grundlage der finanziellen Transaktionen bildet also eine für den Geschäftsplatz und u.U. für Kreditnehmer und Kreditgeber fremde Währung. Auf diesen Märkten können Devisen, Aktien, Anleihen, Derivate, Bankkredite oder auch Hypotheken gehandelt werden. Diese Fremdwährungsmärkte (Außen- oder externer Markt einer Währung) werden unterschieden nach Euromarkt und Off-Shoremarkt und durch die gehandelte Währung weiter differenziert: z.B. Euro-Dollarmarkt oder Asien-Dollarmarkt.

Der Euromarkt gliedert sich in den Eurogeldmarkt (hier wird kurzfristiges Geld gehandelt) und in den Eurokapitalmarkt (langfristige Ausleihungen). Wegen seiner geldpolitischen Wirkungen gebührt dem **Eurogeldmarkt** großes Interesse. Im Unterschied zu den nationalen Geld- und Kreditmärkten unterliegt er nicht der gesetzlichen Reglementierung und entzieht sich somit auch der Kontrolle der jeweiligen Zentralbank. So ermöglicht beispielsweise die fehlende Belastung durch Mindestreserven niedrigere Zinsspannen. Das führt i.d.R. dazu, dass die Kreditzinsen unter den nationalen und Einlagenzinsen über den nationalen Sätzen liegen. Zu Beginn der 80er Jahre setzte ein rasantes Wachstum im Handel mit Eurogeldmarktpapieren (Euro-Certificates of Deposits, Euronotes, Euro-Commercial Papers) ein. Als Ursache dieser Entwicklung ist der Trend zur Verbriefung von Kreditbeziehungen (**Securisation**) zu sehen. Zusätzlich hat jedoch auch die Bedeutung langfristiger Ausleihen (Eurokapitalmarkt) zugenommen. Der **Eurokapitalmarkt** bietet für inländische Liquiditätsüberschüsse günstige Anlagemöglichkeiten und stellt Kredite bei auftretenden inländischen Liquiditätsengpässen zur Verfügung. Dadurch kann es zu einer Aufblähung der nationalen und internationalen Liquidität kommen. Mögliche inflatorische Wirkungen können ebenso wenig ausgeschlossen werden wie weitere destabilisierende Einflüsse auf die internationale Währungsordnung (z.B. durch Währungsspekulationen). Neben den Geschäftsbanken treten auf den Euromärkten Zentralbanken (z.B. bietet er Ländern mit Defiziten in der Zahlungsbilanz günstige Finanzierungsmöglichkeiten) und auch öffentliche Stellen (v.a. als Kreditnehmer) als Marktteilnehmer auf.

Die Einführung des Euro hat zu **Veränderungen** auf den Euromärkten geführt. So entstanden beispielsweise die Voraussetzungen zur Schaffung eines möglichst breiten, liquiden und transparenten Euro-Wertpapiermarktes. Es würde zu weit führen, an dieser Stelle auf alle Einzelheiten bei der Umstellung der Finanzmärkte einzugehen. Greifen wir nur einige Punkte heraus: Aus der Einführung des Euro am 1. Januar 1999 folgte beispielsweise bei Anleihen, dass jede neue handelbare Staatsschuld in der neuen Währung ausgewiesen werden muss. Das setzte eine Harmonisierung der diesbezüglichen Regeln voraus. Daraus folgt jedoch nicht, dass - zumindest während einer Zwischenphase - keine länderspezifische Charakteristika auftreten. Die Aktienmärkte, auf denen an den Börsen die Aktien nun in Euro notiert und gehandelt werden, haben durch die Währungsunion eine neue Qualität erhalten. So werden Anlagestrategien verstärkt nach Sektoren und Branchen statt nach nationalen Aspekten ausgewählt. Bereits in den ersten Monaten nach der Euro-Einführung zeigte sich eine zunehmende Nutzung des Eurokapitalmarktes als Finanzierungsquelle von Unternehmen. Für viele Unternehmen, die sich bisher vorrangig über Bankkredite finanziert haben, stellt dieser neue Markt auch als Emittenten eine vielversprechende Option dar (vgl. EURO-BULLETIN NR. 22).

2.1.3 Internationaler Zinszusammenhang

Mit der zunehmenden Liberalisierung der internationalen Finanzmärkte „explodierte" das Volumen der internationalen Kapitalbewegungen. Entscheidend dafür sind nicht zugrunde liegende Güterbewegungen, sondern vielmehr internationale Portfolioentscheidungen von Anlegern und Kreditsuchenden. Infolge dieser Entwicklung verstärkt sich der internationale Zinsverbund. Das bedeutet nichts anderes, als dass die Entwicklung der Zinsen in den einzelnen Staaten nicht mehr allein aus nationaler Perspektive betrachtet werden kann. Es besteht im Gegenteil ein immer enger werdender Zusammenhang mit den Entwicklungen auf den internationalen Finanzmärkten. Er ist um so enger, je stärker eine Volkswirtschaft in die Weltwirtschaft integriert ist.

Wir wollen diese Tendenz an einem Beispiel verdeutlichen. In den 90er Jahren ist innerhalb der EUROPÄISCHEN UNION (EU) - seit dem Inkrafttreten des VERTRAGES VON MAASTRICHT - eine bemerkenswerte **Zinskonvergenz** (bei langfristigen Zinssätzen) erreicht worden. Betrug die Differenz (ausgenommen Griechenland) zwischen höchstem und niedrigstem Zinssatz 1991 noch 6,1 % (Portugal mit 14,3% zu Luxemburg mit 8,2%), so sank sie bis 1997 auf 1,3% (GB mit 7,1% zu Belgien mit 5,8%). Hinzu kommt, dass sich die Zentralbanken kleinerer europäischer Länder mit ihrer Geldpolitik eng an die Geldpolitik der DEUTSCHEN BUNDESBANK angehängt hatten (z.B. Dänemark).

Auffällig an dieser Entwicklung ist, dass sich die Renditeunterschiede bei langfristigen Anleihen deutlich zurückgebildet haben. Insbesondere die Länder, die zu Beginn des Untersuchungszeitraums die höchsten Renditeunterschiede (vermutlich auch bedingt durch die höchsten Risikoprämien für Inflationsrisiken) aufwiesen, verzeichneten tendenziell die deutlichsten Fortschritte bei der Einengung der Renditeabstände. Diese Entwicklung wird der Wirkung verschiedener Faktoren zugeschrieben, wie Verringerung der erwarteten Inflationsunterschiede innerhalb der EU, Fortschritte bei der Haushaltskonsolidierung, Stabilität der Wechselkurse. Diese Faktoren wurden von den Märkten so gedeutet, dass sich die Aussichten für die Wirtschafts- und Währungsunion verbessert hatten (DEUTSCHEN BUNDESBANK, Monatsbericht April 1998).

Seit der Einführung des Euro vollzog sich eine **weitere Angleichung** der langfristigen Zinssätze (Umlaufrendite festverzinslicher Staatsschuldpapiere mit einer Restlaufzeit von mindestens drei Jahren) innerhalb der EU. Die Differenz betrug im 3. Quartal 2002 noch 0,54%, im Euro-Währungsraum lag sie gar nur bei 0,35 % (JAHRESGUTACHTEN DES SACHVERSTÄNDIGENRATES 2002/03, S. 404/ 405).

2.1.4 Neue Entwicklungen im Zahlungsverkehr

Zu einer Situationsanalyse im Bereich der Geldpolitik gehören zweifellos auch neuere Entwicklungen im Zahlungsverkehr. Wir denken dabei in erster Linie an die geldpolitischen Probleme, die mit einer massenhaften Verbreitung von elektronischem Geld (**E-Geld** oder **electronic money**) auftreten können. Gemäß einer Definition der EUROPÄISCHEN ZENTRALBANK handelt es sich bei elektronischem Geld um eine „auf einem Medium gespeicherte Werteinheit, die allgemein genutzt werden kann, um Zahlungen an Unternehmen zu leisten, die nicht die Emittenten sind". Die Transaktion läuft dabei nicht zwangsläufig über Bankkonten. Darin liegt auch der wesentliche Unterschied zu so genannten Zugangsprodukten (z.B. Debitkarten), bei denen Zahlungen stets mittels Kontoüberweisungen abgewickelt werden. Elektronisches Geld ist ein Zahlungsmittel, bei dem Geldeinheiten elektronisch auf einem Datenträger gespeichert sind. Dabei wird in Abhängigkeit von der Art des Speichermediums zwischen hardwaregestützten (i.d.R. ist der Datenträger ein in eine Plastikkarte eingebauter Computerchip) und softwaregestützten Produkten (elektronische Geldeinheiten werden über Telekommunikationsnetze wie das Internet übertragen) unterschieden. Man kann in diesem Zusammenhang auch von **Kartengeld** bzw. **Netzgeld** sprechen.

Die Nutzung von E-Geld ist gegenwärtig noch sehr gering. Beispielsweise betrug der Umlauf an elektronischem Geld (hardwaregestützt) in Juni 2000 erst 140 Mio. €. Softwaregestütztes E-Geld wurde kaum verwendet. Damit machte E-Geld nur 0,04% des Bargeldumlaufs bzw. 0,003% der Geldmenge M3 aus (EZB, Monatsbericht November 2000). Elektronisches Geld spielt zwar bei der Analyse makroökonomischer Zusammenhänge gegenwärtige keine relevante Rolle, besitzt aber nach Einschätzung vieler Experten ein hohes **Wachstumspotenzial**. Die künftige Entwicklung elektronischer Zahlungsmittel wird einerseits von weiteren technologischen Fortschritten bestimmt. Neben verschärften Sicherheitsstandards gehört der Übergang zu offenen E-Geld-Systemen dazu, innerhalb derer Transaktionen abgewickelt werden können, ohne dass der Emittent zwischengeschaltet werden muss. Bei den gegenwärtig vorherrschenden geschlossenen E-Geld-Systemen ist dies nicht möglich. Andererseits wird die Verbreitung von E-Geld nicht zuletzt von ordnungspolitischen Entscheidungen - zur Gewährleistung sicherer und effizienter E-Geld-Systeme - beeinflusst. Da die rechtlichen Rahmenbedingungen in den Mitgliedstaaten der EU sehr unterschiedlich ausgestaltet waren, musste ein umfassender und harmonisierter Gesetzesrahmen geschaffen werden. In diesem Sinne formulierte die EUROPÄISCHE ZENTRALBANK in ihrem „Bericht über elektronisches Geld" vom August 1998 Ziele und Mindestanforderungen für E-Geld-Systeme. Der aufsichtliche Rahmen für E-Geld-Institute ist in den Richtlinien 2000/46/EG und 2000/12/EG DES EUROPÄISCHEN PARLAMENTS und des RATES festgelegt. Dadurch soll vorrangig Integrität und sorgfältige Geschäftsführung der Emittenten sichergestellt werden.

Bleibt abschließend zu klären, welche **möglichen Auswirkungen** E-Geld auf die Geldpolitik ausüben kann. Die Diskussion offenbart zwei extreme Standpunkte: Während einige Experten künftig eine wirkungslose Geldpolitik prognostizieren, gehen andere von nur beschränkten Auswirkungen auf die Geldpolitik aus. Wir wollen an dieser Stelle nicht in diesen Streit eingreifen, sondern uns auf die Darstellung einiger monetärer Zusammenhänge beschränken. Durch die Emission (oder die Beteiligung an der zahlungstechnischen Abwicklung) von elektronischem Geld können die Geschäftsbanken die Kosten der Finanzierung des Bargeldbedarfs bei der Zentralbank vermindern. Soweit sie selbst dieses Geld emittieren, verfügen sie über liquide Mittel (Zeitspanne zwischen Verkauf der Werteinheiten - z.B. durch Aufladen der Chipkarte - und deren Einlösung), die nicht verzinst werden müssen und die auch für längerfristige Anlagen nutzbar sind. Bargeldumlauf und Buchgeld (Mindestreservepflicht für bestimmte Buchverbindlichkeiten) dagegen schaffen eine Refinanzierungsabhängigkeit des Geschäftsbankensystems, über die sich die Zentralbank einen Einfluss auf die Geldmarktzinsen und damit indirekt auf das Verhalten der Wirtschaftssubjekte sichert. Wenn also Bargeld und Buchgeld durch E-Geld zunehmend ersetzt werden, **verringert sich** folglich **der Refinanzierungsbedarf der Banken** bei der Zentralbank. Dadurch würde sich auch die Wirksamkeit der Geldpolitik verringern. Möglicherweise erhöht sich durch elektronische Zahlungsmittel zusätzlich die Umlaufgeschwindigkeit des Geldes, was zu einer **Destabilisierung** der gesamtwirtschaftlichen Geldnachfrage führen könnte. Aus gegenwärtiger Sicht erscheinen die geldpolitischen Konsequenzen des E-Geldes jedoch **beherrschbar**. Im Bedarfsfall wird allerdings zu prüfen sein, wie über eine Vervollkommnung der geldpolitischen Instrumente innerhalb des EUROPÄISCHEN SYSTEMS DER ZENTRALBANKEN (z.B. Einbeziehung des Gegenwertes der elektronischen Geldeinheiten in die Mindestreservepflicht, besondere Deckungspflicht für E-Geld oder Monopol der Zentralbanken für die Emission elektronischen Geldes) eine Kontrolle der E-Geld-Emission möglich wird.

Die Verbreitung des elektronischen Geldes berührt nicht nur die Geldpolitik. Negative Auswirkungen sind auch auf den fiskalischen Bereich denkbar. Eine zunehmende Verbreitung von E-Geld auf Kosten des Bargeldumlaufs (E-Geld als Substitut für Banknoten und Münzen) würde beispielsweise die **Gewinne** der nationalen Zentralbanken verringern. Wie bereits dargelegt, würde der Refinanzierungsbedarf der Geschäftsbanken sinken, woraus niedrigere Zinseinnahmen der Zentralbanken resultieren würden.

2.2 Geldpolitische Zwischenziele und Indikatoren

Wie zur Beschreibung und Beurteilung der gesamtwirtschaftlichen Lage (vgl. Kapitel 1) werden auch im Bereich der Geldpolitik Informationen benötigt, um die geldpolitische Situation charakterisieren und die Wirkung geldpolitischer Maßnahmen frühzeitig einschätzen zu können. Angesichts der Länge und Komplexität des **geldpolitischen Transmissionspro-**

zesses muss es sich dabei um solche Informationen handeln, die auch tatsächlich kontrollierbar sind und möglichst schnell Aussagen über die Wirkung der Geldpolitik ermöglichen. Deshalb richtet die EUROPÄISCHE ZENTRALBANK ihre Aktivitäten nicht unmittelbar auf das Endziel (Geldwertstabilität) ihrer Geldpolitik aus, sondern orientiert sich an Zwischenzielen. In vielen Fällen hat es sich als zweckmäßig erwiesen, diese Zwischenziele als (primäre) Indikatoren zu nutzen.

Bei der Wahl eines **Zwischenzieles** soll das Endziel keineswegs ersetzt werden. Es kommen deshalb nur solche monetären Variablen in Betracht, die in einem engen Zusammenhang zum Endziel stehen. Die Realisierung des Zwischenzieles muss also der Erreichung des geldpolitischen Endzieles dienen. Die Anforderungen an derartige Ziele reichen aber darüber hinaus. Sie sollten auch steuerbar sein. Dies gilt v.a. für die Geldmenge. Von einem **geldpolitischen Indikator** wird erwartet, dass er zuverlässige Rückschlüsse auf die Wirkung geldpolitischer Maßnahmen zulässt. Diesen Forderungen nahe kommen zum einen die Geldmarktbedingungen (z.B. Liquiditätslage der Banken) und zum anderen Indikatoren wie Marktzinssätze oder Kreditvolumen, die für die Ausgabeentscheidungen der Wirtschaftssubjekte bedeutsam sind.

2.2.1 Monetäre Indikatoren und Liquidität

Der theoretisch fundierte und empirisch nachgewiesene Zusammenhang, der langfristig zwischen der Entwicklung von Geldmenge und Preisniveau besteht[3], lässt Geldmengengrößen als Zwischenziel und (primäre) Indikatoren besonders geeignet erscheinen. Bezogen auf Geldmengengrößen wird zwischen Zentralbankgeldmenge, Geldbasis und Geldmenge (Geldvolumen) unterschieden (vgl. Übersicht 5.1):

(1) Zentralbankgeldmenge

Zentralbankgeld ist das von der Notenbank eines Landes geschaffene Geld (primäres oder originäres Geld). Es existiert in Form von Bargeld (Banknoten und Münzen) oder als Sichtguthaben bei der Zentralbank. Zentralbankgeld bildet die Grundlage für die „Geldproduktion" der Geschäftsbanken (Geschäftsbankenbuchgeld/-giralgeld bzw. sekundäres oder derivatives Geld). Das Zentralbankgeld wird entweder von Geschäftsbanken oder Nichtbanken als Guthaben bei der Zentralbank oder als Bargeld gehalten.

Daraus abgeleitet wird die so genannte **Zentralbankgeldmenge**, die von der DEUTSCHEN BUNDESBANK in den Jahren 1975 bis 1988 als geldpolitisches Zwischenziel (Indikator) verwendet wurde. Sie umfasst mit dem Bargeldbestand außerhalb des inländischen Bankensystems plus dem Mindestreserve-Soll der Geschäftsbanken auf ihre Verbindlichkeiten gegenüber Inländern nur einen Teil des gesamten Zentralbankgeldes und auch nicht alle Positionen, die zur Geldbasis gerechnet werden. Die Zentralbankgeldmenge stellt ein gewichtetes Geldaggregat dar, weil nur der Bargeldumlauf in vollem Umfang in die Berechnung eingeht. Damit sollte der unterschiedlichen Liquidität der verschiedenen Einlagen Rechnung getragen werden. Dies hat bei Sonderentwicklungen des Bargeldumlaufs jedoch häufig dazu geführt, dass die Zentralbankgeldmenge die Grundtendenz der geldpolitischen Entwicklung verzerrt wiedergegeben hat. Deshalb ist die Bundesbank im Jahre 1988 zur Geldmenge M 3 als zentralem geldpolitischen Indikator übergegangen, der auch innerhalb der geldpolitischen Strategie der EUROPÄISCHEN ZENTRALBANK eine zentrale Stellung einnimmt.

(2) Geldbasis

Werden zu der Zentralbankgeldmenge die Mindestreserven auf Auslandsverbindlichkeiten und die Überschussreserven (= positive Differenz zwischen den tatsächlichen Zentralbank-

---

[3] Vgl. hierzu: DEUTSCHE BUNDESBANK, Zum Zusammenhang zwischen Geldmengen- und Preisentwicklung in der Bundesrepublik Deutschland, Monatsbericht, Januar 1992, S. 20 -29.

guthaben und den vorgeschriebenen Mindestreserven) der Geschäftsbanken addiert, so sprechen wir auch von der **Geldbasis** (**monetary base** oder **highpowered money**). Sie bildet für die **Geldangebotstheorie** eine wichtige Bestimmungsgröße. Aus monetaristischer Sicht ist sie ausreichend kontrollierbar und eignet sich zur Steuerung der Geldmenge. Neben ihrer instrumentellen Verwendbarkeit erfüllt die Geldbasis auch die Funktion eines geldpolitischen Indikators.

(3) Geldmenge (Geldvolumen)

Die Bestimmung zweckmäßiger Geldmengenbegriffe war und ist umstritten. Die Bundesbank hatte die Abgrenzung des Geldvolumens mehrfach verändert. Je weiter der Geldbegriff gefasst wird, desto mehr Geldkomponenten muss die korrespondierende Geldmenge enthalten. Ab 1971 verwendete sie zunächst zwei Geldmengenaggregate (M 1, M 2), die später durch M 3 ergänzt wurden. Als Reaktion auf neuere Entwicklungen (starkes Wachstum der kurzfristigen Bankschuldverschreibungen, verstärkte Ausweitung der Geldhaltung inländischer Nichtbanken im Ausland, größere Bedeutung der Anlagen in in- und ausländischen Geldmarktfondsanteilen) veröffentlichte die Bundesbank seit 1990 eine Geldmenge M 3 erweitert. Die Bundesbank hielt aber weiterhin an M 3 fest, da diese am besten zu steuern ist.

Innerhalb der stabilitätsorientierten Strategie der EZB wurde der Geldmenge M 3 ebenfalls eine herausragende Rolle zugewiesen, wobei die „europäische Geldmenge M 3 breiter als M 3 der Bundesbank definiert ist:

Zur **Geldmenge M 1** (Geldmenge „im engeren Sinne", die sich an der **Zahlungsmittelfunktion** des Geldes orientiert) zählt der Bestand an Bargeld (Banknoten und Münzen) sowie täglich fällige Einlagen (Sichtguthaben bei Banken). Die Kassenbestände der monetären Finanzinstitute (MFI) werden nicht hinzugerechnet, da gemäß der Zielstellung der Geldtheorie die Wirkungen des Geldes auf die wichtigsten gesamtwirtschaftlichen Größen (Entwicklung von Preisniveau, Realeinkommen und Beschäftigung) aufgezeigt werden sollen. Dafür sind die Geldbestände des Bankenbereichs (zumindest unmittelbar) weniger bedeutsam, da sie selbst kaum Güternachfrage entfalten.

Der Begriff der **Geldmenge M 2** enthält neben Bargeldumlauf und täglich fälligen Einlagen auch Einlagen mit vereinbarter Laufzeit bis zu 2 Jahren sowie Einlagen mit vereinbarter Kündigungsfrist bis zu 3 Monaten (**Zahlungsmittelnähe**).

Die **Geldmenge M 3** ist noch weiter gefasst (Funktion des Geldes als **Wertaufbewahrungsmittel**) und enthält neben den bereits genannten Geldkomponenten auch Repogeschäfte, Geldmarktfondsanteile und Geldmarktpapiere sowie Schuldverschreibungen mit einer Ursprungslaufzeit bis zu 2 Jahren.

Da Repogeschäfte (sale and repurchase) in der Öffentlichkeit weniger bekannt sind, wollen wir sie kurz erläutern. Ein **Repogeschäft** ist ein Instrument des Geldmarktes. Dabei handelt es sich um eine Verkaufs- und Rückverkaufsvereinbarung. Der Verkauf von Wertpapieren geschieht bei gleichzeitiger Verpflichtung zum Rückkauf dieser Titel auf Termin zu einem vorgegebenen Preis. Die Laufzeit liegt zwischen einem Tag und einem Jahr. Als Sicherheiten werden überwiegend Schuldverschreibungen verwendet. Repogeschäfte stellen eine Mischform aus Kassen- und Wertpapiertransaktionen dar. Sie verbinden verschiedene Märkte (Wertpapiermarkt, Geldmarkt, Derivate- und Swapmarkt) und führen zur Steigerung der Marktliquidität. Repogeschäfte sind nach Einschätzung der EZB als Instrument der Finanzierung und Risikominderung im Eurosystem inzwischen allgemein akzeptiert. Das zeigt sich auch am überdurchschnittlichen Wachstum des Repomarktes. Er wuchs (Angaben jeweils für das zweite Quartal des Jahres) zwischen 1998 und 1999 um 20%, von 1999 bis 2000 um 24% und zwischen 2000 und 2001 um etwa 45% (vgl. EZB, Monatsbericht Oktober 2002, S. 67).

Zentralbankgeld	
Bargeld	Sichtguthaben bei der Zentralbank

Zentralbankgeldmenge		
Bargeld	Mindestreserve-Soll der Geschäftsbanken auf Verbindlichkeiten gegenüber Inländern	

Geldbasis		
Zentralbankgeldmenge	Mindestreserve-Soll der Geschäftsbanken auf Verbindlichkeiten gegenüber Ausländern	Überschussre-serven der Geschäftsbanken

Geldmenge M 1
Bargeld (ohne Kassen-bestände der MFI) und täglich fällige Einlagen

Geldmenge M 2	
M 1	+ Einlagen mit vereinbarter Laufzeit bis zu 2 Jahren
	+ Einlagen mit vereinbarter Kündigungsfrist bis zu drei Monaten

Geldmenge M 3	
M 2	+ Repogeschäfte
	+ Geldmarkfondsanteile und Geld-marktpapiere
	+ Schuldverschreibungen mit einer Ursprungslaufzeit bis zu 2 Jahren

Übersicht 5.1: Geldmengengrößen

Im April 2003 betrug die Geldmenge M3 in Euro-Währungsgebiet nach Angaben der EZB 5.946,1 Mrd. € (M1 = 2.424,9 Mrd. €, M2 = 5.027,0 Mrd. €). Den größten Einzelposten bilde-ten mit 35,1% die täglich fälligen Einlagen gefolgt von den Einlagen mit vereinbarter Kündi-gungsfrist bis zu drei Monaten (18,2%). Trotz ihrer Eignung für die Durchführung der Stabili-tätspolitik der Zentralbank reicht die Geldmenge M3 als monetäre Zwischenzielgröße allein nicht aus.

2.2.2 Zinspolitische Indikatoren

Neben Geldmengenaggregaten kommen **Zinssätze** und die **Zinsstruktur** als mögliche geldpolitische Indikatoren bzw. Zwischenziele in Betracht. Zu unterscheiden haben wir dabei nach kurzfristigen und längerfristigen Zinssätzen:

Kurzfristige Zinssätze

Die kurzfristigen, geldmarktnahen Zinssätze lassen sich zwar von der Zentralbank steuern und kontrollieren, besitzen aber nur eine indirekte Beziehung zum geldpolitischen Endziel der Preisstabilität. Wegen ihrer Entfernung von den Investitions- und Konsumentscheidungen lassen sie keine zuverlässigen Rückschlüsse auf das zukünftige Ausgabeverhalten der Wirtschaftssubjekte zu.

Längerfristige Zinssätze (Kredit- und Kapitalmarktzinsen)

Längerfristige Zinssätze üben zwar eine stärkere Wirkung auf das Ausgabeverhalten der Wirtschaftssubjekte aus, aber sie lassen sich von der Zentralbank nicht gut steuern und unterliegen nur begrenzt deren Einfluss. So kann der Anstieg der Kapitalmarktzinsen auf einer höheren Inflationserwartung beruhen. Solchen Zinssatzerhöhungen, die sich in einer im nominalen Kapitalmarktzins enthaltenen „Inflationsprämie" niederschlagen, kann die Zentralbank allerdings durch eine verlässliche Stabilitätspolitik entgegenwirken und somit zumindest indirekt auf die Höhe des Kapitalmarktzinses einwirken. Auch der Einfluss des Auslandes auf den Kapitalmarkt (Bedeutung von Wechselkurserwartungen und Zinsdifferenzen im internationalen Vergleich) hat aufgrund des beschleunigten Zusammenwachsens der Kapitalmärkte (internationaler Zinszusammenhang) stark zugenommen. Zyklische Schwankungen der Wirtschaftsaktivität oder staatliche Schuldenpolitik machen zusätzlich eine geldpolitische Kontrolle der langfristigen Zinssätze nahezu unmöglich. Erschwerend kommt hinzu, dass sich in der Veränderung von Zinssätzen auch güterwirtschaftliche Vorgänge niederschlagen können, die entgegen der geldpolitischen Zielrichtung auf den Zins einwirken.

Wir wollen letzteres mit Hilfe eines einfachen Beispiels verdeutlichen: Die EZB senkt im Rahmen der Offenmarktpolitik den Zinssatz (Mindestbietungssatz) für ihr Hauptrefinanzierungsgeschäft. Das hat zur Folge, dass sich die Refinanzierung der Geschäftsbanken verbilligt und sie ihr Kreditangebot ausweiten können (Liquiditätseffekt oder Keynes-Effekt einer Zinssenkung). Die Zinsen für kurz- oder langfristige Bankkredite (Sollzinsen) werden dadurch erst einmal sinken. Besonders die Entwicklung der langfristigen Sollzinsen ist für eine erhöhte Investitionsbereitschaft (bei zinselastischen Investitionen) der Unternehmen bedeutsam. Es werden also vermehrt Investitionskredite nachgefragt. Die verstärkte Kreditnachfrage bewirkt jedoch ihrerseits, dass der Zinssatz wieder ansteigt. Dieser Anstieg ist demnach nicht die Folge geldpolitischer Entscheidungen der Zentralbank, sondern vielmehr güterwirtschaftlich verursacht.

Die genannten Gründe erschweren es der Zentralbank, den Erfolg ihrer Geldpolitik an der Höhe der Zinssätze zu messen. Deshalb stellen sie kein geeignetes Zwischenziel der Geldpolitik dar. Zwar können Zinssätze (als Indikator) zur Beschreibung der Situation auf den Geld- und Kapitalmärkten herangezogen werden, aber es bleibt häufig offen, inwieweit ihre Höhe tatsächlich auf geldpolitische Entscheidungen zurückzuführen ist. Eine Ausrichtung der Geldpolitik an den Zinssätzen wird deshalb weitgehend abgelehnt.

Zinsstruktur

Auf den verschiedenen Märkten (Geld-, Kredit- oder Kapitalmarkt) unterscheiden sich die effektiven Zinssätze in Abhängigkeit von Fristigkeit, Bonität oder Denomination der Kapitalanlagen z.T. erheblich. Die Zinsstruktur spiegelt nun das Verhältnis dieser unterschiedlichen Zinssätze zu einem bestimmten Zeitpunkt wider. Aus Gründen der Überschaubarkeit beschränkt sich die Darstellung jedoch häufig auf die Differenz zwischen einem kurzfristigen und einem langfristigen Zins und vernachlässigt so die Vielzahl existierender Zinssätze. Im Regelfall wird der langfristige über dem kurzfristigen Zinssatz liegen. Diese Situation wird als **normale Zinsstruktur** bezeichnet (Kapitalmarktzinsen höher als Geldmarktzinsen).

Bedingt durch eine überproportionale Nachfrage nach Wertpapieren mit kurzer Laufzeit ist es jedoch auch möglich, dass deren Verzinsung über diejenige der langfristigen Wertpapiere ansteigt. Wir sprechen dann von einer **inversen Zinsstruktur**. Eine solche Situation trat in Deutschland beispielsweise nach der Wiedervereinigung auf, als Staat und Privatwirtschaft einen hohen kurzfristigen Kapitalbedarf zur Finanzierung von Investitionen in den Neuen Bundesländern hatten.

Kurz- und langfristige Zinsen entwickeln sich häufig **parallel**. Dies muss jedoch nicht zwangsläufig geschehen. Vielmehr kann die Entwicklung auch gegenläufig verlaufen. So kommt es beispielsweise dann nicht zu einem Anstieg des Kapitalmarktzinssatzes (wie Renditen am Rentenmarkt oder bei längerfristigen Bankpassivzinsen), wenn andere Einflüsse die Entwicklung der längerfristigen Zinsen überlagern. Solche hemmenden Einflüsse können vom Ausland, aber auch von binnenwirtschaftlichen Faktoren (Inflationserwartungen) ausgehen. So kann das Ansteigen von Zentralbank- und Geldmarktzinsen als entschlossener Schritt der Zentralbank zur Stabilisierung des Geldwertes angesehen werden. Die Inflationserwartung der Wirtschaftssubjekte würde sich verringern. Das würde aber zu einem Sinken der längerfristigen Zinsen führen, da nun die Bereitschaft steigt, Mittel längerfristig anzulegen. Auch Aufwertungserwartungen können internationale Anleger zu einem Engagement am Kapitalmarkt bewegen und so die Zinssätze drücken. Da die längerfristigen Bankkredite über die Refinanzierungskonditionen mit der Entwicklung des Rentenmarktes verbunden sind, schlägt das auch auf die Zinssätze für längerfristige Bankkredite durch.

Gegen eine Ausrichtung der Geldpolitik an der Zinsstruktur (Differenz zwischen den kurz- und langfristigen Zinsen) bestehen ebenfalls Bedenken. Ein möglicher Zusammenhang zwischen Zinsstruktur und Preisentwicklung ist theoretisch nicht ausreichend fundiert. Auch ist die sich am Markt herausbildende Zinsstruktur zumindest teilweise häufig eher eine Reaktion auf die erwartete Geldpolitik der Zentralbank als Ergebnis dieser Politik.

2.3 Kreditaggregate

Das Volumen der vom inländischen Geschäftsbankensystem an Wirtschaftssubjekte (private Haushalte und Unternehmen) gewährten Kredite ist eine wichtige Größe, über die geldpolitische Impulse weitergegeben werden. Gegen ihre Verwendung als Zwischenziel spricht allerdings, dass eine Kreditaufnahme auch im Ausland erfolgen kann. Außerdem muss beachtet werden, dass Geldzu- bzw. Geldabflüsse im Leistungsverkehr mit dem Ausland Einfluss auf die inländische Kreditaufnahme ausüben. So vermindern beispielsweise Zuflüsse aus Leistungsbilanzüberschüssen den Kreditbedarf im Inland. Von einer Parallelität zwischen dem inländischen Kreditvolumen und gesamtwirtschaftlicher Ausgabenentwicklung kann also nur sehr bedingt gesprochen werden. Die Ausweitung des inländischen Kreditvolumens führt auch nur zum Teil zu einer Zunahme der nachfragewirksamen Geldbestände. Vielfach ist sie mit einer Geldkapitalbildung der Nichtbanken im Geschäftsbankensystem verbunden, bei der die Wirtschaftssubjekte ihre ersparten Mittel den Banken längerfristig zur Verfügung stellen. Aus geldpolitischer Sicht ist eine Kreditausweitung, die von einer längerfristigen Ersparnisbildung begleitet wird, anders zu beurteilen, als eine expandierende Kreditaufnahme, die zu einer entsprechenden Erhöhung des umlaufenden Geldes (nachfragewirksame Geldbestände) führt. Neben den beschriebenen geldpolitischen Indikatoren lassen auch Wertpapierkurse, Wechselkurse (vgl. Kapitel 8) u.a. Rückschlüsse auf die geldpolitische Situation zu.

3. Theoretische Fundierung

Die Stabilität des Geldwertes (Preisniveaustabilität) gilt als ein entscheidender Maßstab erfolgreicher Wirtschafts- speziell Geldpolitik. Ein anhaltender Preisanstieg (Inflation) untergräbt das Vertrauen der Wirtschaftssubjekte in die staatliche Politik (psychologischer Aspekt). Daneben lässt sich das Ziel der Geldwertstabilität ordnungspolitisch begründen. Infolge von Inflation werden Geldfunktionen und Wettbewerbsmechanismus gestört und es treten negative Umverteilungswirkungen auf. Wir müssen uns also mit den Ursachen auseinandersetzen, die eine Verwirklichung des Ziels der Geldwertstabilität gefährden können (**Inflationstheorien**).

3.1 Inflationstheorien (Inflationsursachen)

Der Begriff „**Inflation**" leitet sich vom lateinischen „inflatio" (Anschwellen) ab und bezeichnet einen über einen längeren Zeitraum anhaltenden Anstieg des Preisniveaus. Wir können auch von einem dauerhaften Geldentwertungsprozess sprechen, in dem das Geld der Verbraucher kontinuierlich an Wert verliert (Verlust an Kaufkraft).

Steigen dagegen nur einzelne Preise in einer Volkswirtschaft und nicht das gesamte Preisniveau an, so handelt es sich um eine **Teuerung**. Wir dürfen Inflation also nicht mit Veränderungen in der Preisstruktur verwechseln, die für die Funktionsfähigkeit einer Marktwirtschaft unerlässlich sind.

Die Quantifizierung der Inflation, die durch Preisindizes erfolgt, ist schwierig und umstritten. So ist u.a. zu klären, welcher Preisindex (Preisindex für die Lebenshaltung, Preisindex für das Bruttoinlandsprodukt) am besten geeignet ist und nach welchem Wägungsschema er berechnet werden soll (PAASCHE oder LASPEYERS). In Deutschland wird zur **Inflationsmessung** üblicherweise der „Preisindex für die Lebenshaltungskosten aller privaten Haushalte" genutzt, der auf der durchschnittlichen Ausgabenstruktur aller privaten Haushalte beruht. Auf der Grundlage von Verbrauchsstichproben ermittelt das STATISTISCHE BUNDESAMT einen „Warenkorb". Die in ihm erfassten Preise für Waren und Dienstleistungen gehen - bis zur Berechnung einer neuen Preisbasis, was i.d.R. alle 5 Jahre geschieht - gewichtet nach ihren Anteilen an den Gesamtausgaben in den Preisindex ein. Die jüngste Umstellung erfolgte am 25. Februar 1999. Die Berechnung des Preisindex, für die Preise von ca. 750 Waren und Dienstleistungen erhoben werden, erfolgt nach LASPEYERS. Dabei wird der Warenkorb eines Basisjahres konstant gehalten und nur die Veränderung der Preise der entsprechenden Waren und Dienstleistungen berechnet. Den Preisindex eines beliebigen Berichtsjahres erhält man, indem die Ausgaben dieses Jahres ins Verhältnis zu den Ausgaben im Basisjahr für den gleichen Warenkorb gesetzt werden. Bereits das hier unterstellte unveränderte Nachfrageverhalten der Konsumenten (starre Verbrauchsstruktur) zwischen Basis- und Berichtsjahr erscheint äußerst fragwürdig. Bei der Interpretation der Ergebnisse ist darüber hinaus eine Reihe weiterer Probleme zu berücksichtigen[4].

Der Preisindex der Lebenshaltung fließt in die Berechnung des **Harmonisierten Verbraucherpreisindex** (HVPI) ein, deren Entwicklung als Maßstab für Preisstabilität - gemäß Definition der EZB - innerhalb des Euro-Währungsgebietes dient. Der EZB-RAT definiert einen Anstieg des HVPI von unter 2% gegenüber dem Vorjahr als Preisstabilität, die mittelfristig gewährleistet werden soll (EZB, Jahresbericht 2001).

Wie kann es überhaupt zu einer Inflation kommen?[5] Dabei wird insbesondere danach gefragt, von welcher Marktseite der Impuls für die Preissteigerungen ausgeht. Geht er von der Nachfrageseite aus, liegt eine Nachfrageinflation vor. Andernfalls sprechen wir von einer Angebotsinflation. Bei der Nachfrageinflation wird zusätzlich zwischen nichtmonetärem (keynesianischem) und monetärem (quantitätstheoretischem) und Ansatz differenziert.

3.1.1 Nichtmonetäre Theorien

Betrachten wir zunächst die nichtmonetäre Nachfrage- und Angebotsinflation. Aus analytischen Gründen wird meist auf nur eine Ursache abgestellt (**monokausal**). Tatsächlich aber

---

[4] Vgl. J. HOFFMANN, Probleme der Inflationsmessung in Deutschland, Volkswirtschaftliche Forschungsgruppe der Deutschen Bundesbank, Diskussionspapier 1/98, Frankfurt/Main 1998.
[5] Da wir an dieser Stelle auf die verschiedenen inflationstheoretischen Erklärungsansätze nur in sehr komprimierter Form eingehen können, empfehlen wir dem Leser zur Vertiefung: D. CASSEL, Inflation, in: Vahlens Kompendium der Wirtschaftstheorie und Wirtschaftspolitik, Bd. 1, 6. überarb. und erweiterte Aufl., München 1995, S. 265ff.

treten häufig verschiedene Ursachen gemeinsam auf, wobei ihr Einfluss auf den Inflations-verlauf nur schwer von einander abgegrenzt werden kann: So kann es in Folge eines nach-frageseitig induzierten Preisanstiegs dazu kommen, dass zusätzlich Angebotsfaktoren (Anpassung der Löhne an das Preisniveau und Überwälzung dieser Kostenerhöhung auf die Güterpreise) den Inflationsprozess verstärken. Trotzdem sprechen wir auch in diesem Fall von einer Nachfrageinflation. Unter Beachtung derartiger Abgrenzungsprobleme erfolgt die Unterscheidung also in Abhängigkeit vom ersten Impuls für den Preisanstieg, wobei dieser allerdings oft nicht eindeutig bestimmt werden kann.

Die Theorie der **keynesianischen Nachfrageinflation** basiert auf der Annahme (Hypothe-se), dass der allgemeine Anstieg des volkswirtschaftlichen Preisniveaus durch einen Über-schuss der (monetären) Gesamtnachfrage über das gesamtwirtschaftliche Angebot bei Vollbeschäftigung ausgelöst wird. Nachfrageimpulse können dabei durch den Anstieg von privatem Konsum und privaten Investitionen, eine Erhöhung der Staatsausgaben (**haus-gemachte** Nachfrageinflation) sowie durch steigende Exporte (Erscheinungsform der **im-portierten** Inflation) initiiert werden. Die Entstehung der Nachfrageinflation wird mit der Existenz einer **inflatorischen Lücke** begründet. Sie liegt vor, wenn das Güterangebot bei Vollbeschäftigung unter der (monetären) Gesamtnachfrage liegt. Oder umgekehrt. Da das Angebotsdefizit kurzfristig nicht beseitigt werden kann, steigen die Preise (**demand pull inflation**).

Es ist hier nicht der Platz, dass Fortbestehen dieser Inflation zu erklären. Wir müssen aller-dings fragen, unter welchen Voraussetzungen es zu einem dauerhaften nachfrageseitig bedingten Preisanstieg kommen kann. Der Inflationsprozess wird gebremst, wenn die Zent-ralbank die Geldmenge nicht erhöht. Das Geldschöpfungspotenzial der Geschäftsbanken allein reicht nicht aus, um einen langfristigen Inflationsprozess zu „finanzieren". Eine **geld-mengenmäßige Alimentierung** (Unterstützung) ist die notwendige Voraussetzung einer dauerhaften (nichtmonetären) Nachfrageinflation.

Zu einer Erhöhung des Preisniveaus können darüber hinaus die Überwälzung gestiegener Faktorkosten oder ein höherer Gewinnaufschlag durch marktbeherrschende Unternehmen führen (**Angebotsinflation**). Sie ist immer auch Ergebnis von Verteilungskämpfen, in denen gesellschaftliche Gruppen versuchen, ihren Anteil am Volkseinkommen zu erhöhen. Je nach Ursache wird zwischen Kostendruck- bzw. Gewinndruckinflation unterschieden: Bei einer **Kostendruckinflation** wird der Preisanstieg durch eine Erhöhung der Faktorkosten (wie Lohn- und Lohnnebenkosten, Rohstoffpreise, Verbrauchsteuern oder Zinskosten) ausgelöst. Die Unternehmen versuchen nun die gestiegen Kosten auf ihre Endprodukte und damit auf den Käufer zu überwälzen. Die Preise werden nach oben gedrückt (**cost push inflation**). Das wird jedoch nur gelingen, wenn die Wettbewerbsbedingungen und die Geld-politik der Zentralbank es zulassen.

Eine **Gewinndruckinflation** wird auf das Angebotsverhalten marktbeherrschender Unter-nehmen zurückgeführt. Sie versuchen, ihre dominierende Marktposition zu Gewinnsteige-rungen über Preiserhöhungen auszunutzen. Zum einen basiert der Gewinndruck auf einer Oligopolisierung bzw. Monopolisierung der Märkte (**Erhöhung des Monopolisierungsgra-des**). Infolge dieser Entwicklung treten an die Stelle von Wettbewerbspreisen „administ-rierte" Preise[6] (bei zusätzlich entstehenden oligopolistischen oder monopolistischen Preis-festsetzungsspielräumen). Zum anderen lässt sich der Gewinndruck aus der Preiskalkulati-on ableiten. In der Regel erfolgt sie nach dem Aufschlagprinzip. Das bedeutet, dass auf die Durchschnittskosten eine prozentuale Gewinnspanne aufgeschlagen wird (**mark-up pri-**

---

[6] „Administrierte" Preise sind eine Erscheinung im Oligopol, in dem z.B. - aufgrund von Lernprozessen - die Preise über einen längeren Zeitraum hinweg nicht verändert werden. Davon sind begrifflich die vom Staat (z.B. Kommunen) festgelegten „administrativen" Preise (Gebühren) scharf zu trennen.

cing), die eine als angemessen angesehene Verzinsung des eingesetzten Kapitals sichert. Beide Annahmen sind nicht unumstritten. Unabhängig davon kann ganz allgemein die Absicht der Unternehmen, ihre Gewinne und somit ihren Gewinnanteil am Volkseinkommen zu erhöhen, Preiserhöhungen auslösen. Der wachsende Gewinnanspruch treibt die Preise in die Höhe (**profit push inflation**).

Auch die Angebotsinflation setzt eine entsprechende Ausweitung der Geldmenge voraus. Der Inflationsprozess wird begrenzt, wenn die Geldmenge konstant gehalten oder nicht wenigstens annähernd entsprechend den Preissteigerungen ausgeweitet wird. Bereits an dieser Stelle müsste deutlich werden, dass keine Inflation ohne Ausweitung der Geldmenge als dauerhafter Prozess denkbar ist. Aus dieser Erkenntnis leitet sich die zentrale **Rolle der Zentralbank** bei der Verhinderung bzw. Bekämpfung von Inflation ab. Ihre Aufgabe muss es sein, eine am realen Produktionswachstum ausgerichtet Entwicklung der Geldmenge zu gewährleisten.

3.1.2 Monetäre Nachfrageinflation

Die monetaristische Inflationserklärung sieht als Ursache von Preissteigerungen eine Zuwachsrate des Geldangebots, die erheblich über der Wachstumsrate der realen Produktion liegt. Sie basiert auf **quantitätstheoretischen** Zusammenhängen (vgl. Abschnitt 3.2.1). Auf ein überproportionales Geldmengenwachstum reagieren die Wirtschaftssubjekte mit einer veränderten Zusammensetzung ihrer Vermögenswerte. Zunächst erhöht sich die Nachfrage nach Wertpapiere, wodurch deren Kurse steigen und die Verzinsung abnehmen wird. Realvermögen erscheint wieder lohnend, was zu einer Zunahme der gesamtwirtschaftlichen Nachfrage führt. Infolge dieser Entwicklung steigen dann die Preise.

Sowohl beim monetaristischen Ansatz als auch bei der keynesianischen Inflationshypothese wird als notwendige Bedingung für einen dauerhaften Inflationsprozess die **Zunahme der Geldmenge** angesehen. Im Ergebnis unterscheiden sich beide Prozesse kaum. Während jedoch bei der nichtmonetären Nachfrageinflation die Ursachen im güterwirtschaftlichen Bereich gesucht werden, geht der Impuls beim quantitätstheoretischen Ansatz vom Geldbereich aus.

3.1.3 Geldpolitische Konsequenzen der Inflationstheorien

Von welcher Ursache für Inflationen wir auch ausgehen mögen, sie führen alle zu einer Erkenntnis: **Inflationäre Prozesse bedürfen der geldmengenmäßigen Alimentierung.**

Monetaristen und Keynesianer erkennen grundsätzlich die wichtige Rolle der Geldmenge an. Da auch die Geschäftsbanken - also überwiegend privatwirtschaftliche Unternehmungen mit der Zielsetzung Gewinnmaximierung - Geld schaffen können, plädieren beide Gruppen für eine Kontrolle der Geldmenge durch die Zentralbank. Aus ihrer speziellen Position ergeben sich indes unterschiedliche Auffassungen über die Rolle der Zentralbank und damit deren Instrumentarium. Die Monetaristen fordern eine Geldmengensteuerung der Zentralbank in Form einer quasi automatischen und relativ konstanten Erhöhung der Geldbasis um den Prozentsatz des erwarteten realen Wirtschaftswachstums oder des Wachstums des realen Produktionspotenzials (so genannte **potenzialorientierte Geldmengenpolitik**) plus der für unvermeidlich gehaltenen Preissteigerungsrate. Instrumente der Zentralbank, die hierüber hinausgehend eine an konjunkturpolitischen Erfordernissen ausgerichtete ("**diskretionäre**") Geldpolitik erlauben, lehnen sie im Prinzip ab. Die Keynesianer setzen sich demgegenüber für eine Geldpolitik zum Zwecke der Konjunktursteuerung ein und fordern dementsprechende Instrumente der Zentralbank. Für sie ist Geldpolitik vor allem auf den Zinssatz als Steuerungsgröße ausgerichtet. Die DEUTSCHE BUNDESBANK hatte mit ihrer seit 1974 praktizierten Ankündigung des Geldmengenziels jeweils für das kommende Jahr eine deutliche Hinwendung zum Monetarismus vollzogen. Dies zeigte sich auch in der Anwendung des geldpolitischen Instrumentariums.

Vertreter der monetaristischen Schule wie der Nobelpreisträger MILTON FRIEDMAN treten für eine für die Wirtschaft im Voraus erkennbare Geldpolitik ein, die möglichst wenig Erschütterungen in den als krisenfest eingeschätzten privaten Sektor der Volkswirtschaft bringt. Konkret favorisieren sie eine Geldmengensteuerung über eine Regulierung der Zentralbankgeldmenge durch die Zentralbank. Eine solche Politik setzt voraus, dass sie die Zentralbankgeldmenge in der Volkswirtschaft fest in der Hand hat. Dem steht die Existenz „potenziellen" Zentralbankgeldes in den Händen der Geschäftsbanken, das diese jederzeit - auch gegen den Willen der Zentralbank - in Zentralbankgeld umwandeln können, entgegen. Folglich fordern die Monetaristen, dass dieses Polster der Geschäftsbanken an automatischen Verschuldungsmöglichkeiten bei der Zentralbank und an Geldmarktpapieren mit Ankaufzusage möglichst klein gehalten wird.

3.2 Die Geldangebots- und Geldnachfragetheorie

Im Rahmen der Umsetzung der geldpolitischen Ziele muss das Verhalten von Geldnachfragern (Geldnachfragetheorie) und Geldanbietern (Geldangebotstheorie) analysiert werden. Bevor wir das tun, wenden wir uns zunächst der klassischen Quantitätstheorie. zu.

3.2.1 Darstellung der Quantitätstheorie

Beginnen wir mit der **Quantitätsgleichung** (FISHER´sche Verkehrsgleichung), die erste Erkenntnisse liefert, obwohl sie eigentlich eine Tautologie ist. Sie lautet:

$$M * v = P * Y^r.$$

Auf dieser Grundlage stellt die klassische Quantitätstheorie einen funktionalen (kausalen) Zusammenhang zwischen Geldmenge und Preisniveau her. In allgemeiner Form lässt sich dieser Zusammenhang in der Formel $P = f(M)$ darstellen. Demnach ist also die Geldmenge entscheidend für die Bestimmung des Preisniveaus: Das Produkt aus Geldmenge (M) und Umlaufgeschwindigkeit des Geldes (v) ist gleich dem Produkt aus Preisniveau (P) und realem Inlandsprodukt (Y^r). Bei unterstellter konstanter Umlaufgeschwindigkeit des Geldes und gegebenem realem Wert der Produktion, ergibt sich eine Proportionalität zwischen Geldmenge und Preisniveau.

Nach Meinung der Klassiker beeinflusst eine Veränderung der Geldmenge das Preisniveau, während die realen Größen der Volkswirtschaft davon unberührt bleiben. Geld liegt wie ein „Schleier" über den realen Transaktionen, beeinflusst sie aber nicht (**Neutralität des Geldes**). Daraus folgt, dass zwischen monetärem und realem Bereich keine Wechselbeziehungen existieren (**klassische Dichotomie**).

Die Kritik an der klassischen Quantitätstheorie bezieht sich einerseits auf diese Trennung zwischen monetärem und güterwirtschaftlichem Bereich. Andererseits wird kritisiert, dass Geld hier lediglich aus dem Transaktionsmotiv nachgefragt und gehalten wird. Diese Schwächen versucht die unter FRIEDMAN weiterentwickelte sog. **Neoquantitätstheorie** zu beseitigen. Sie geht von einer differenzierten Geldnachfrage aus. Danach legen die Wirtschaftssubjekte die Höhe der gewünschten realen Kassenhaltung im Rahmen ihrer Entscheidung über die Zusammensetzung ihres gesamten Vermögens fest, das aus Geld (Kasse und Sparguthaben), festverzinslichen Wertpapieren, Aktien und Realkapital (langlebige Konsumgüter, Investitionsgüter) besteht. Eine optimale Vermögensstruktur ist erreicht, wenn sich unter Abwägung von Kosten (z.B. Opportunitätskosten der Kassenhaltung) und Erträgen alternativer Verwendungsmöglichkeiten ein Nutzenmaximum einstellt. Nach FRIEDMAN ist die Beziehung der Kassenhaltung zu den anderen Vermögensformen stabil.

Herrscht in einer Volkswirtschaft Gleichgewicht in diesem Sinne, so stört eine Erhöhung der nominellen Geldmenge das Gleichgewicht in der Vermögenshaltung. Es setzt daraufhin ein Anpassungsprozess ein, in dessen Ergebnis die alte Realstruktur wiederhergestellt ist. Für einen unveränderten Anteil der erworbenen Güter am Gesamtvermögen sorgt bei Vollbeschäftigung das Preisniveau oder bei Unterbeschäftigung die Erweiterung der Produktion, die über einen Anstieg der erwarteten Einkommen die reale Geldnachfrage im gleichen Maße ansteigen lassen. Bei Vollbeschäftigung führen demnach Veränderungen der Geldmenge zu proportionalen Veränderungen im Preisniveau. Daher fordern die Monetaristen eine am Wachstum des Produktionspotenzials orientierte Anpassung der Geldmenge, um das Preisniveau stabil zu halten.

3.2.2 Theorie des Geldangebots

Die Geldangebotstheorie beschäftigt sich mit der Frage, wie die Geldversorgung einer Volkswirtschaft funktioniert (**Geldschöpfung**). Sie versucht dabei zu erklären, welche Faktoren die Höhe des Geldangebotes bestimmen und wie dessen Veränderungen auf das Gleichgewicht am Geldmarkt wirken. Der geldschöpfende Sektor im Euro-Währungsgebiet besteht aus den Monetären Finanzinstituten (MFI), zu denen die EUROPÄISCHE ZENTRALBANK, die nationalen Zentralbanken der Euro-Staaten, die Kreditinstitute und sonstige Finanzinstitute (v.a. Geldmarktfonds) gezählt werden.

Nach älteren Ansätzen wird das Geldangebot (Geldmenge) ausschließlich durch die Zentralbank und den Staat **exogen** bestimmt. Danach können Geschäftsbanken höchstens indirekt auf das Geldangebot einwirken. Die neueren Theorien rücken dagegen das Verhalten der Geschäftsbanken am Geldmarkt in den Mittelpunkt, das **endogen** als **Portfolio-Entscheidung** direkt auf das Geldangebot einwirkt.

Zum Geldangebot kann es in einem zweistufigen Bankensystem - bestehend aus Zentralbank und Kreditinstituten (Geschäftsbankensystem) - demnach wie folgt kommen: Einmal gelangt Zentralbankgeld durch Aktivitäten der Zentralbank wie z.B. Ankauf von Wertpapieren gegen Banknoten und/oder Zentralbanksichtguthaben in Umlauf (**Zentralbankgeldschöpfung**). Zum anderen wird aber auch durch die Kreditvergabe der Geschäftsbanken das Geldangebot beeinflusst (**Schaffung von Geschäftsbankengiralgeld**). Betrachten wir diesen Aspekt nun etwas genauer. Die Geschäftsbanken können Einlagen (Zentralbankgeld) vom Nichtbankensektor zur Kreditvergabe verwenden. Wird dann beispielsweise der von Bank A gewährte Kredit vom Kreditnehmer wieder bei einer anderen Bank eingelegt, so kann diese erneut Kredite vergeben. Und so weiter. Das Geldschöpfungspotenzial der Geschäftsbanken wird allerdings institutionell durch den **Mindestkassenbestand**, der von den **Zahlungssitten** abhängt, sowie die **Mindestreservesätze** begrenzt. Neben den verbleibenden freien Liquiditätsreserven (Bestand an freiem Zentralbankgeld) bildet die Möglichkeit der kurzfristigen Beschaffung von Zentralbankgeld eine weitere Grenze. Dies kann z.B. durch Kredit bei der Zentralbank oder Bestand an „potenziellem" Zentralbankgeld (= zentralbankfähige Aktiva) erfolgen. In welchem Umfang die Geschäftsbanken ihren Bestand an freiem und potenziellem Zentralbankgeld tatsächlich zur Kreditvergabe (Erhöhung des Geldangebots) verwenden, hängt vom „Nutzen" der Kreditgewährung ab. Sie werden ihr Kreditangebot nämlich nur solange ausdehnen, wie es einer optimalen Zusammensetzung ihrer Aktiva dient. Da die Höhe der Bestände an Zentralbankgeld weitgehend durch die Erfordernisse des Zahlungsverkehrs (Bargeld) und die Mindestreservepolitik (Sichtguthaben bei der Zentralbank) vorgegeben ist, bleibt den Geschäftsbanken nur ein geringer Entscheidungsspielraum. Er beschränkt sich letztlich auf die Aufteilung zwischen Kreditgewährung und Kauf von Geldmarktpapieren bei der Zentralbank. Halten sie Überschussreserven oder kaufen sie Zentralbank-Geldmarktpapiere, so geht das auf Kosten ihrer Kreditgewährung und umgekehrt.

Bleibt zu klären, von welchen Überlegungen sich die Geschäftsbanken bei ihren Entscheidungen leiten lassen. Ihr Ziel besteht letztlich darin, eine **optimale Zusammensetzung ihrer Aktiva** zu erreichen. Dabei müssen sie drei Gesichtspunkte berücksichtigen: Ertrag, Liquidität und Risiko der verschiedenen Anlageformen. Nach den Erkenntnissen der **Portfolio-Theorie** werden die Geschäftsbanken eine solche Zusammensetzung ihrer Aktiva wählen, die bei jeder Anlageform die erwarteten Erträge, den unterschiedlichen Liquiditätsgrad und das Risiko der Anlage einbezieht. Eine optimale Zusammensetzung der Bankenaktiva ist erreicht, wenn unter Beachtung der erforderlichen Liquidität bei gegebenem Portfolioertrag das Risiko minimiert oder bei gegebenem Risiko der Portfolioertrag maximiert ist. Dabei kommt dem Zins, insbesondere der Zinsstruktur für alternative Anlagen große Bedeutung zu. Da die Kreditgewährung die ertragreichste Anlageform darstellt, werden die Geschäftsbanken versuchen, die Kreditgewährung auszudehnen. Allerdings kann das nur unter Beachtung von Liquiditätsüberlegungen geschehen. In welchem Umfang sie jedoch „Liquiditätspolster" an nicht oder niedriger verzinslichen Vermögensteilen halten, wird vor allem von der Höhe des Zinsunterschieds zwischen Krediten und sonstigen Vermögensanlagen sowie von den Möglichkeiten und Zinskosten einer kurzfristig erforderlichen Beschaffung von Zentralbankgeld abhängen. Darüber hinaus müssen die Geschäftsbanken das Risiko einer Nichtrückzahlung gewährter Kredite bei ihren Entscheidungen einkalkulieren.

Kredit- und Geldangebot der Geschäftsbanken werden sich mit wachsenden Möglichkeiten und niedrigen Kosten der Refinanzierung bei der Zentralbank, mit sinkendem Mindestreservesatz und verringerter Mindestkassenhaltung, mit steigenden Zinsen für vergebene Kredite sowie mit sinkenden Zinsen für liquide Anlageformen erhöhen. Entsprechende Überlegungen gelten für die Abnahme des Kredit- und Geldangebotes.

3.2.3 Theorie der Geldnachfrage

Die Theorie der Geldnachfrage beschäftigt sich mit den Faktoren, die Einfluss auf das Volumen der Geldnachfrage der Wirtschaftssubjekte (Nichtbanken) ausüben. Dabei wird unter Geldnachfrage die von Nichtbanken geplante Kassenhaltung (Bargeld und Einlagen bei Geschäftsbanken) verstanden. Den einzelnen Bestimmungsfaktoren kommt innerhalb der verschiedenen Konzepte der Geldnachfragetheorie, deren theoretische Ansätze nur gestreift werden können, unterschiedliche Bedeutung zu. Gemeinsam ist ihnen zunächst, dass Einkommen, Vermögen und Zins als wesentlich für die Geldnachfrage der Nichtbanken betrachtet werden. Die Geldnachfrage hängt dabei von den geplanten Transaktionen und den Kosten der Geldanlage (Opportunitätskosten) ab, die sich aus den bei alternativer Anlage erzielbaren Renditen ergeben.

Die ältere **klassische Geldnachfragetheorie** (Quantitätstheorie) hebt die Abhängigkeit der Geldnachfrage von den geplanten Transaktionen (Transaktionsmotiv), die unmittelbar durch die Höhe des Einkommens determiniert seien, hervor. Andere Einflüsse, z.B. Zinsänderungen wurden höchstens indirekt (Umlaufgeschwindigkeit des Geldes) berücksichtigt.

Neuere Theorien, die auf JOHN MAYNARD KEYNES (1883 - 1946) zurückgehen, rücken dagegen weitere Motive der Geldnachfrage (Vorsichts- und Spekulationsmotiv) stärker in den Mittelpunkt. Folgen wir zunächst der **Keynesschen Liquiditätstheorie** und fragen, warum Wirtschaftsubjekte Teile ihres Vermögens als Geld halten und nicht in ertragbringende Aktiva anlegen. Die Antwort basiert auf den möglichen Motiven für die Geldhaltung (Kassenhaltung), die im Zusammenhang mit den Geldfunktionen stehen: Nach dem **Transaktionsmotiv** (Zahlungsmittelfunktion) hängt die Kassenhaltung von der Höhe der geplanten Transaktionen ab. Sie verändert sich proportional zum Volkseinkommen. Das Transaktionsmotiv ergänzt KEYNES durch das so genannte **Vorsichtsmotiv** (Zahlungsmittelfunktion), das auf die Unsicherheit der Wirtschaftssubjekte über Höhe und zeitlichen Ablauf der Zahlungsvorgänge zurückzuführen ist. Diese Unsicherheit führt nun dazu, dass die Wirtschaftssubjekte einen gewissen Zuschlag auf die Transaktionskasse einkalkulieren. Darüber hinaus wird Geld - gemäß seiner Wertaufbewahrungsfunktion - auch aus spekulativen Gründen gehalten (**Spekulationsmotiv**). Wirtschaftssubjekte halten in Erwartung steigender Zinsen bzw. sinkender Wertpapierkurse (festverzinsliche Wertpapiere werden bei KEYNES als einzige Alternative zur spekulativen Kassenhaltung angesehen) Geld. Damit üben Zinsen und insbesondere Zinserwartungen auf den Wertpapiermärkten ebenfalls Einfluss auf die Geldnachfrage aus: Je niedriger der Zins, desto höher wird die spekulative Kassenhaltung (Spekulationskasse) - in Erwartung steigender Zinsen bzw. sinkendem Kurs - sein und umgekehrt.

Die **Portfolio-Theorie** entwickelt den Keynesschen Ansatz weiter. Sie betrachtet die Geldnachfrage verstärkt nur als eine unter verschiedenen Möglichkeiten der Vermögensanlage (Bankeinlagen, Wertpapiere, Aktien, Sachvermögen). Neben dem Einkommen und dem Bestand verschiedener Aktiva entscheiden danach die unterschiedlichen Renditeerwartungen und damit die Zinsstruktur über die Nachfrage nach Sach- und Finanzaktiva und damit letztlich auch über die Geldnachfrage.

Die Geldnachfrage wird einerseits vom Umfang der geplanten Güterkäufe bestimmt, der seinerseits vom Einkommen und Vermögen der einzelnen Wirtschaftssubjekte bzw. der Volkswirtschaft insgesamt (Volkseinkommen) abhängt. Aus Sicherheitsgründen werden die Wirtschaftssubjekte zusätzlich einen geringen Zuschlag einkalkulieren. Andererseits besteht eine Zinsabhängigkeit (Verzinsung alternativer Anlageformen) der Geldnachfrage. So werden die Wirtschaftssubjekte bei steigenden Zinsen ihre Kassenhaltung „ökonomisieren", d.h. verstärkt verzinsliche Aktiva halten. Herrschen dagegen ein niedriges Zinsniveau und Ungewissheit über die Ertrags- und Kursentwicklung anderer Anlageformen, werden sie ihre Kassenhaltung (Spekulationskasse) erhöhen. Folglich wird sich mit steigender Verzinsung der alternativen Anlageformen der Anteil der Kassenhaltung am Gesamtvermögen verringern, um so die Opportunitätskosten der Kassenhaltung - im Sinne entgangener Zinserträge - zu verringern. Nach dem Portfolio-Ansatz müssten - entsprechende Rendite vorausgesetzt - auch Investitionen in die Überlegungen einbezogen werden.

4. Ziele der Geldpolitik

4.1 Das Ziel der Preisniveaustabilität

Das vorrangige Ziel Geldpolitik der EUROPÄISCHEN ZENTRALBANK besteht gemäß Art. 105 EG-VERTRAG (EGV) in der Sicherung der Preisstabilität:

„Das vorrangige Ziel des ESZB ist es, die Preisstabilität zu gewährleisten. Soweit dies ohne Beeinträchtigung des Zieles der Preisstabilität möglich ist, unterstützt das ESZB die allgemeine Wirtschaftspolitik in der Gemeinschaft, um zur Verwirklichung der in Artikel 2 festgelegten Ziele der Gemeinschaft beizutragen. Das ESZB handelt im Einklang mit dem Grundsatz einer offenen Marktwirtschaft mit freiem Wettbewerb, wodurch ein effizienter Einsatz der Ressourcen gefördert wird, ..."

Während über die geldpolitischen Zielstellung weitgehend Einigkeit herrschte, blieb lange strittig (und dies war nicht nur eine Frage der adäquaten Instrumente), wie dieses Ziel erreicht werden soll: Direkt (die Wahl der Preisstabilität als direkte Zielgröße wird auch als „inflation targeting" bezeichnet) oder über ein geldpolitisches Zwischenziel (Geldmengengröße)?[7]

---

[7] In den einzelnen Mitgliedstaaten wurden unterschiedliche geldpolitische Strategien verfolgt. So bevorzugten beispielsweise Deutschland, Griechenland, Frankreich und Italien eine Geldmengensteuerung, während sich Österreich und die Niederlande an einem Wechselkursziel zur DM als Ankerwährung orientierten. Dagegen wurde in Spanien, Finnland, Schweden und Großbritannien seit einigen Jahren das direkte Inflationsziel verfolgt. Aber auch Länder wie Neuseeland, Kanada oder Australien wählten diese geldpolitische Strategie.

Im Dezember 1998 schließlich legte der EZB-RAT die **beiden Hauptelemente** seiner **geld-politischen Strategie** (vgl. Abschnitt 5.1) fest. Zum einen wird der **Geldmenge** eine zentrale Rolle zugewiesen. Am Jahresende wird für das kommende Jahr ein quantitativer Referenzwert für das Wachstum der Geldmenge M3 angekündigt und die tatsächliche Entwicklung ständig beobachtet. Zum anderen wird parallel dazu ein **breites Spektrum** weiterer monetärer und allgemeiner **Wirtschaftsdaten** ausgewertet. Auf diese Weise sollen Gefahren für die Preisstabilität frühzeitig erkannt werden.

Erstmals für das Jahr 1999 veröffentlichte die EZB den Referenzwert für M3 (4,5%) und orientierte sich damit stark an der bisherigen Strategie der DEUTSCHEN BUNDESBANK. Allerdings ist die „europäische" Geldmenge M3 etwas umfassender als das entsprechende deutsche Geldmengenaggregat definiert ist (vgl. Abschnitt 2.2.1). Geldmarktpapiere wurden dort erst in „M3 erweitert" aufgenommen. Ab 1974 verfolgte die Bundesbank, die bis dahin mit Hilfe einer **diskretionären Geldpolitik** (Einsatz der Instrumente ad hoc) ihre Aufgaben zu realisieren versuchte, eine **potenzialorientierte** Geldpolitik. Sie verkündete im Voraus ein jährliches Geldmengenziel. Damit war die Absicht verbunden, das Verhalten der Wirtschaftssubjekte entsprechend den geldpolitischen Stabilisierungsbemühungen wirksamer zu beeinflussen. Das war erforderlich geworden, nachdem der Versuch der DEUTSCHEN BUNDESBANK, über Appelle (moral suasion) auf das Lohn- und Preisverhalten (nach dem Ausbruch der ersten Ölkrise) einzuwirken, letztlich erfolglos verlief.

4.2 Andere gesamtwirtschaftliche Ziele

In der Wahrung eines stabilen Preisniveaus im Euro-Währungsgebiet besteht - wie eben dargelegt - die vorrangige Aufgabe der EUROPÄISCHEN ZENTRALBANK. Bei der Erfüllung dieser Aufgabe ist sie laut Art. 108 EGV **unabhängig** von Weisungen der Organen und Einrichtungen der EG, Regierungen der Mitgliedstaaten und anderen Institutionen (vgl. Abschnitt 5.2). Das gilt ebenso für die Nationalen Zentralbanken (NZBen). Über die Erfüllung des vorrangigen Zieles ihres Geldpolitik hinaus ist die EZB jedoch auch verpflichtet, die allgemeine Wirtschaftspolitik in der Gemeinschaft zu unterstützen. Soweit es ohne Beeinträchtigung der Preisstabilität möglich ist, trägt sie zur Verwirklichung der in Art. 2 EGV festgeschriebenen Ziele bei. Diese Ziele umfassen stabiles nichtinflationäres Wirtschaftswachstum, hohe Wettbewerbsfähigkeit und Konvergenz der Wirtschaftsleistung, hohes Beschäftigungsniveau, hohen sozialen Schutz sowie Solidarität zwischen den Mitgliedstaaten.

Dabei lässt sich die EUROPÄISCHE ZENTRALBANK von der Erkenntnis leiten, dass die Geldwertstabilität längerfristig eine wichtige Voraussetzung für die Funktionsfähigkeit des Koordinierungsmechanismus Markt und somit für ein stabiles Wirtschaftswachstum und eine hohe Beschäftigung ist. Wir wissen bereits, dass ohne eine entsprechende Ausweitung der Geldmenge eine **dauerhafte** Erhöhung des Preisniveaus nicht möglich ist. Eine „übermäßige Geldvermehrung" muss zwar nicht selbst die Ursache für den Preisanstieg sein, in jedem Fall aber bedürfen inflationäre Prozesse der geldmengenmäßigen Alimentierung. Die EZB benötigt also ein geeignetes Instrumentarium, mit dessen Hilfe das Wachstum der Geldmenge wirksam beschränkt, zielgerichtet dosiert und gesteuert werden kann.

Die genannten Stabilitätsziele lassen sich allein mit den Instrumenten der Geldpolitik nicht direkt verwirklichen. Deshalb formuliert die EUROPÄISCHE ZENTRALBANK Zwischenziele, deren Verwirklichung die Realisierung der allgemeinen wirtschaftspolitischen Ziele fördert.

4.3 Geldmengenpolitische und zinspolitische (Zwischen-)Ziele

Die DEUTSCHE BUNDESBANK quantifizierte ihr Ziel für die jährliche Erhöhung der **Geldmenge M3** auf der Grundlage des **Wachstums des Produktionspotenzials** und des in einer dynamischen Marktwirtschaft für unvermeidlich gehaltenen Preisanstiegs (vgl. Übersicht 5.2).

1. Wachstum des (realen) Produktionspotenzials
2. (Normativer) Preisanstieg
= Nominales Wachstum des Produktionspotenzials (1 + 2)
3. Zu-/Abschlag für die längerfristige Veränderung der Umlaufgeschwindigkeit des Geldes
= Potenzialgerechtes Wachstum der Geldmenge (1 + 2 + 3)
Quelle: DEUTSCHE BUNDESBANK

Übersicht 5.2: Grundschema für die Ableitung eines Geldmengenziels M3

Seit 1995 ging sie von einem normativen Preisanstieg von 2 Prozent aus. Die längerfristige Veränderung der Umlaufgeschwindigkeit des Geldes wird über Zu- bzw. Abschläge berücksichtigt.

Die EUROPÄISCHE ZENTRALBANK folgt bei der Bestimmung des **Referenzwertes für das Geldmengenwachstum** weitgehend diesem Ansatz, wobei sie jedoch vom trendmäßigen Anstieg des Bruttoinlandsprodukts ausgeht. Im Gegensatz zur Bundesbank definiert sie Preisstabilität in Bezug auf eine Obergrenze (Anstieg des Harmonisierten Verbraucherpreisindex von unter 2% gegenüber dem Vorjahr) und bezieht diesen Wert in ihre Berechnung für das Geldmengenwachstum ein. Basierend auf langjährigen Erfahrungen geht die EZB von einer Abnahme der Umlaufgeschwindigkeit von 0,5% - 1% pro Jahr aus. Darüber hinaus unterstreicht sie, dass der Referenzwert nicht als Zwischenziel ihrer Geldpolitik anzusehen ist. Er dient vielmehr „als Hilfsmittel bei der Analyse und Darstellung der Geldmengenentwicklung und stellt als solches eine wichtige Orientierungsgröße für die Beurteilung der Risiken für die Preisstabilität dar" (EZB, Monatsbericht November 2000, S.45).

Die EZB wählt für den Referenzwert von M3 nicht das Konzept von **Bandbreiten**, sondern veröffentlicht eine einzige Rate. Als Begründung gibt sie an, Fehlinterpretationen vorzubeugen. Sie möchte vermeiden, dass ein Verlassen des Zielkorridors quasi automatisch Zinsänderungen nach sich ziehen würde. Zwar lag der Zuwachs von M3 auch 2002 weiterhin über dem Referenzwert, jedoch betrachtet die EZB diese Überschreitung um ca. 1% als stabilitätspolitisch unbedenklich. Das bedeutet, dass sie in ihrer Geldmengenpolitik nicht streng an den Referenzwert gebunden ist. Gegen eine Zunahme von M3 braucht sie nicht einzuschreiten, wenn die Preisstabilität dadurch nicht gefährdet ist.

Die DEUTSCHE BUNDESBANK versuchte über die Steuerung der Geldmenge eine optimale Geldversorgung der Wirtschaft zu erreichen und damit die Geldwertstabilität zu sichern. Dieses Ziel lies sich jedoch nur verwirklichen, wenn sie möglichst zuverlässig auf die Aktivitäten der Geschäftsbanken einwirken konnte. Die Geschäftsbanken waren an die Bundesbank wegen ihres Bedarfs an Zentralbankgeld gebunden. Die Deckung dieses Bedarfs erfolgte seit Mitte der 70er Jahre zunehmend über **Refinanzierungsgeschäfte,** mit denen die Bundesbank am Geldmarkt Einfluss ausübte. Eine zentrale Stellung nahm dabei die Festlegung der Höhe der Refinanzierungssätze (z.B. Diskont- und Lombardsätze, Sätze für Wertpapierpensionsgeschäfte) ein. Über ergänzende liquiditätspolitische Maßnahmen (z.B. Mindestreservesätze, Rediskontkontingente, Offenmarktgeschäfte ohne Rückkaufsvereinbarung in langfristigen Titeln) wollte die Bundesbank die durch die Refinanzierungssätze vorgegebenen Zinsziele am Tagesgeldmarkt durchsetzen. Dabei strebte sie dort einen Zins an, den sie für die Erreichung ihres Geldmengenziels als angemessen ansah. Die Bundesbank steuerte also nicht in erster Linie die Menge des Zentralbankgeldes, sondern seinen Preis (**Tagesgeldsatz**) auf dem Geldmarkt. Allerdings konnte er nicht als eigenständiges (Zwischen)Ziel bezeichnet werden. Dieser Zins diente vielmehr der Erreichung des angestrebten Geldmengenwachstums (Zwischenziel Geldmenge M3), das dem Endziel Geldwertstabilität untergeordnet war.

Auch die EUROPÄISCHE ZENTRALBANK steuert nicht direkt die Menge des Zentralbankgeldes, sondern setzt bei zinspolitischen Instrumenten (Tagesgeldzinssatz) an. Innerhalb des Euro-Währungsraumes nimmt dabei der **EONIA** (Euro Overnight Index Average) eine zentrale Stellung ein. Er bildet die Messgröße für den effektiven umsatzgewichteten Tagesgeldsatz für den Euro. Er wird als gewichteter Durchschnitt der Sätze für unbesicherte Euro-Übernachtkontrakte, die von einer Gruppe bestimmter Institute im Euro-Währungsgebiet gemeldet werden, berechnet (EZB, Jahresbericht 2002). Am Tagesgeldmarkt versucht die EZB - wie vor ihr bereits die Bundesbank - einen Zinssatz durchzusetzen, der ihrem geld-mengenpolitischen Ziel dient. Auch hier bildet der Zinssatz kein selbständiges Zwischenziel, sondern ist „vielmehr der Hebel, mit dem der Referenzwert für M3 und letztlich Preisstabili-tät erreicht werden soll" (E. GÖRGENS, K. RUCKRIEGEL, F. SEITZ, Europäische Geldpolitik, 2. Aufl., Düsseldorf 2001, S. 212).

4.4 Zielhierarchie

Auch für die Geldpolitik lässt sich eine Zielhierarchie ableiten (Abb. 5.1). Die Gewährleis-tung der Preisstabilität bildet das End- bzw. Oberziel der Geldpolitik. Dieses Ziel steht nicht isoliert, sondern ist im gesellschaftlichen Kontext zu sehen. Dazu brauchen wir uns nur an die Darstellung der gesellschaftlichen Grundwerte und wirtschaftspolitischen Ziele im 1. Kapitel (Abb. 1.3) zu erinnern. Unter den Zielen, deren Verwirklichung als Voraussetzung für die „Maximierung der ökonomischen Wohlfahrt" angesehen werden muss, findet sich neben anderen das Stabilitätsziel. Dieses Ziel lässt sich seinerseits nur auf der Grundlage hoher Beschäftigung und Preisstabilität (Geldwertstabilität) realisieren. Die Sicherung der Preisniveaustabilität wiederum steht im Mittelpunkt der Geldpolitik der Zentralbank. Sie kann dieses Ziel jedoch mit ihren geldpolitischen Instrumenten nicht direkt verwirklichen. Deshalb versucht sie, über eine Geldmengensteuerung indirekt Einfluss auf die Preisent-wicklung auszuüben. Neben dem Geldmengenziel kann die Zentralbank zinspolitische Ziele (= operative Ziele) verfolgen, die über den monetären Transmissionsmechanismus die Erreichung des Geldmengenziels unterstützen sollen. Beide Ziele dienen der Sicherung der Preisniveaustabilität, wobei das Geldmengenziel im Konzept der DEUTSCHEN BUNDESBANK[8] den zinspolitischen Zielen übergeordnet war. Für die EZB zeichnet sich eine ähnliche Posi-tion ab. Zur Verwirklichung beider Ziele kann die Zentralbank verschiedene geld- und zins-politische Instrumente einsetzen. Die jeweils untergeordneten Ziele haben allgemein auf die übergeordneten Ziele bezogen Mittelcharakter: Die Preisniveaustabilität ist eine Vorausset-zung zur Erreichung des wirtschaftlichen Stabilitätsziels; die Geldmenge M3 das Mittel zur Verwirklichung des geldpolitischen Endziels Preisstabilität usw. Die geldpolitischen Zwi-schenziele lassen sich ohne Schwierigkeiten operationalisieren.

4.5 Zielkonflikte

Zwischen Geldpolitik und allgemeiner Wirtschaftspolitik besteht ein enger Zusammenhang, der nicht konfliktfrei ist. Zielkonflikte treten vor allem mit der Finanz- und Haushaltspolitik (insbesondere der Schuldenpolitik) auf. So tragen z.B. niedrige Zinsen zu Entlastung des Staatshaushalts bei, können aber im Widerspruch zu einer möglicherweise durch die kon-junkturelle Situation bedingten kontraktiven Geldpolitik stehen. In der Vergangenheit kam es immer wieder zu Mahnungen der DEUTSCHEN BUNDESBANK an die Adresse des Bundes, einen strikteren Konsolidierungskurs in der Finanzpolitik zu verfolgen.[9] Dieser Widerspruch

---

[8] Das Primat des Geldmengenziels muss jedoch keinesfalls zwangsläufig gegeben sein. Es gilt viel-mehr für eine Geldpolitik, bei der die Geldmenge als entscheidende monetäre Variable angesehen wird. Die Hierarchie ist anders, wenn der Zins als entscheidende monetäre Variable aufgefasst wird (nach KEYNES).

[9] Besonders markant war die Auseinandersetzung über die Neubewertung der Gold- und Devisenreser-ven im Jahre 1997. Das Interesse des Finanzministers bestand in einer raschen Anpassung an Markt-

hat sich mit der Übertragung der geldpolitischen Kompetenz auf die EUROPÄISCHE ZENTRAL-BANK keineswegs entschärft.

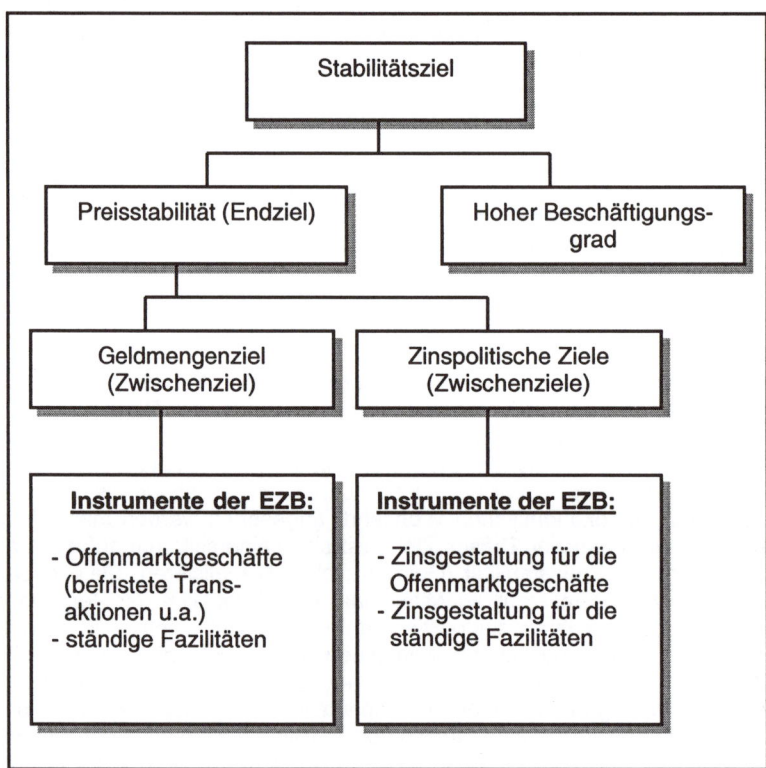

Abb. 5.1: Zielhierarchie der Geldpolitik

Die Einführung der einheitlichen Währung Euro in der Mehrzahl der Mitgliedstaaten der EU vollzog sich ebenfalls nicht ohne Konflikte. Das galt in der Vorbereitungsphase hinsichtlich der Erfüllung der Konvergenzkriterien und trifft auch für die Zeit nach der Einführung der Einheitswährung zu. Sie wird nur dann eine stabile Währung sein, wenn dauerhaft eine einheitliche, auf Preisniveaustabilität ausgerichtete Geldpolitik betrieben wird. Eine regionale Differenzierung ist in einem gemeinsamen Währungsraum nicht möglich. Konflikte werden beispielsweise dann verstärkt auftreten, wenn die Inflationsraten der Teilnehmerstaaten, z.B. infolge von finanzpolitischen oder tarifpolitischen Entscheidungen, wieder auseinanderdriften würden. Im Durchschnitt der Jahre 1988 - 1996 betrug die Differenz der Preissteigerungsraten in den elf Staaten, die als erste den Euro einführten, noch 6,1%. Im Januar 1998 lag sie nur noch bei 0,6%. Infolge einer stabilitätsorientierten Geldpolitik v.a. in den Ländern mit traditionell hohem Preisanstieg konnte der Abstand deutlich verringert werden. Aber die latente Gefahr, dass einige dieser Länder nach der Euro-Einführung in die alte Inflationsmentalität zurückfallen oder gegen die Haushaltsdisziplin verstoßen, muss durch geeignete Maßnahmen gebannt werden.

Zur Sicherung der Stabilität des Euro wurden auf deutschen Vorschlag hin ergänzend zum VERTRAG VOM MAASTRICHT beim Treffen der Staats- und Regierungschefs der Mitgliedstaa-

preise. Hintergrund war die Ausschüttung des Bundesbankgewinns an den Bund, der infolge der Auflösung von stillen Reserven bei der Bundesbank steigen würde. Die Bundesbank dagegen hat dies aus stabilitätspolitischen Gründen verhindert.

ten der EU im Dezember 1996 in Dublin Grundzüge eines **„Stabilitätspaktes"** verabschiedet. Er verpflichtet die Regierungen der am Eurosystem teilnehmenden Staaten, auch nach der Einführung des Euro eine disziplinierte Finanzpolitik durchzusetzen. Das gilt insbesondere für die Einhaltung der Obergrenze bei der Neuverschuldung. Langfristig werden sogar ausgeglichene oder „überschüssige" Gesamthaushalte angestrebt. Dahinter steht die Überzeugung, dass die **strenge Haushaltsdisziplin** eine wesentliche Voraussetzung für einen stabilen Euro darstellt. Durch einen Rückgang der staatlichen Kreditaufnahme wird die EUROPÄISCHE ZENTRALBANK nicht unter Druck gesetzt, eine höhere Geldmenge zur Verfügung zu stellen, als sie mit ihrem Inflationsziel vereinbar ist. Dauerhaft solide Staatsfinanzen (Nachhaltigkeitsprinzip) würden auch schrittweise die enormen Zinsbelastungen senken und somit den derzeit stark eingeschränkten politischen Handlungsspielraum wieder erweitern. Deshalb schreibt der Pakt u.a. vor, dass die Teilnehmerstaaten ein jährliches **Stabilitätsprogramm** bei der EUROPÄISCHEN KOMMISSION und dem RAT vorlegen müssen. Die Kommission ihrerseits erstellt einen Bericht, sobald das geplante oder tatsächliche Defizit den Referenzwert von 3% überschreitet (Defizitkriterium). Kommt ein betroffenes Land dieser Aufforderung zur Änderung seiner Haushaltspolitik nicht nach, können **Sanktionen** verhängt werden. Als Sockelbetrag ist eine unverzinsliche Strafeinlage bei der EZB von 0,2% des Bruttoinlandsprodukts vorgesehen. Die Strafe steigt um 0,1% des BIP je Prozent Defizitverfehlung bis zu einer Obergrenze von 0,5% des BIP. Dem Land bleiben zwei Jahre Zeit, das Defizit abzubauen. Danach erfolgt die Umwandlung der Strafeinlage in eine Geldbuße. Ein Überschreiten des Referenzwertes ist allerdings unter bestimmten Voraussetzungen zulässig und wird nicht bestraft. So wird bei vorübergehender Überschreitung oder einer hohen Neuverschuldung infolge außergewöhnlicher Ereignisse (z.B. Naturkatastrophen) nicht vom Vorliegen eines übermäßigen Defizits ausgegangen. Ein weiterer Ausnahmefall liegt bei einem Rückgang des BIP von über 2 Prozent vor. Ein Rückgang zwischen 0,75 und 2 % wird dagegen nur dann als Ausnahmefall eingestuft, wenn die Notwendigkeit der höheren Neuverschuldung überzeugend begründet werden kann.

Der Vorteil des Stabilitätspaktes besteht wohl zweifelsfrei darin, dass mit ihm erstmals eine supranationale und mit Sanktionen versehene Kontrolle der staatlichen Finanzpolitik etabliert wurde. Seine Wirksamkeit ist jedoch umstritten. Die Kritik setzt in erster Linie an den festgesetzten Obergrenzen an: Diese seien willkürlich und würden demzufolge auch nur bedingt zur Sicherung eines stabilen Euro beitragen. Auch wird angeführt, dass sich v.a. in „ärmeren" Euro-Ländern die Defizitsituation durch auferlegte Sanktionen noch weiter verschärfen würde (vgl. Kapitel 4, Abschnitt 4.2.2).

5. Träger der Geldpolitik

Träger der Geldpolitik in der Bundesrepublik Deutschland war bis Ende 1998 die DEUTSCHE BUNDESBANK. Ihre vorrangige Aufgabe bestand in der Gewährleistung der Preisstabilität. Darüber hinaus war sie verpflichtet, die allgemeine Wirtschaftspolitik der Bundesregierung **weisungsunabhängig** zu unterstützen. Nach dem VERTRAG VON MAASTRICHT wurde Anfang 1999 die Währungsunion (3. Stufe der Europäischen Wirtschafts- und Währungsunion) mit der Einführung des Euro in elf (seit 2002 zwölf) Ländern der EUROPÄISCHEN GEMEINSCHAFT, die bestimmte Konvergenzkriterien erfüllten, vollendet. Damit wurden auch die Kompetenzen der Bundesbank und der anderen Zentralbanken, deren Länder an der Währungsunion teilnehmen, eingeschränkt. Die Verantwortung für die gemeinsame Geldpolitik übernahm mit Beginn der Währungsunion das Eurosystem.[10]

---

[10] Für EU-Mitgliedstaaten, die zum 1.1.1999 noch nicht an der Währungsunion teilnehmen, ist die Möglichkeit vorgesehen, dem **Wechselkursmechanismus II** (WKM II). Die Teilnahme ist freiwillig. Gegenwärtig gehört die dänische Krone dem WKM II an. Für sie gilt eine Schwankungsbandbreite von +/- 2,25 % um ihren Leitkurs gegenüber dem Euro. Interventionen erfolgen grundsätzlich automatisch und in unbegrenzter Höhe. Sie können jedoch ausgesetzt werden, wenn sie der Gewährleistung der Preisstabilität zuwiderlaufen sollten.

5.1 Das Europäische System der Zentralbanken und das Eurosystem

Das **Europäische System der Zentralbanken** (ESZB) setzt sich aus der EUROPÄISCHEN ZENTRALBANK (EZB) und den nationalen Zentralbanken (NZBen) aller 15 EU-Mitgliedstaaten zusammen (Abb. 5.2). Im Gegensatz dazu bilden die NZBen jener Mitgliedstaaten, die den Euro eingeführt haben zusammen mit der EZB das **Eurosystem**. Diese Unterscheidung wird solange notwendig bleiben, wie die gemeinsame Währung nicht in allen Mitgliedstaaten eingeführt ist. Die **grundlegenden Aufgaben** des ESZB bestehen gemäß Art. 105 EGV darin,

- die Geldpolitik der Gemeinschaft festzulegen und auszuführen,
- Devisengeschäfte durchzuführen,
- die Währungsreserven der Mitgliedstaaten zu halten und zu verwalten,
- das reibungslose Funktionieren der Zahlungssysteme zu fördern.

Die **Europäische Zentralbank**, die Rechtspersönlichkeit im Sinne des Völkerrechts besitzt, bildet das „Herzstück" von Eurosystem und ESZB. Sie stellt sicher, „dass sämtliche Aufgaben der beiden Systeme entweder von ihr selbst oder durch die NZBen erfüllt werden. Während die Entscheidungsfindung innerhalb des Eurosystems und des ESZB zentralisiert ist, folgt die EZB bei der Entscheidung darüber, auf welchem Weg die oben genannten Aufgaben durchzuführen sind, entsprechend der ESZB-Satzung dem Grundsatz der Dezentralisierung" (EZB, Jahresbericht 2002, S. 197). Mit Beginn der 3. Stufe der Wirtschafts- und Währungsunion wurde neben der Emission der einheitlichen Zahlungsmittel auch eine **einheitliche Devisenpolitik** unerlässlich. Das schloss die Übertragung eines Teils der Devisenreserven der nationalen Zentralbanken auf die EZB, die Verwaltung der Devisenreserven sowie schließlich die Organisation der Devisenmarktinterventionen ein. Die EZB ist außerdem für die Zusammenarbeit zwischen dem Euro-Währungsgebiet und den übrigen EU-Mitgliedstaaten auf dem Gebiet der Wechselkurspolitik verantwortlich.

Beschlussorgane der EZB sind gemäß Art. 107 EGV der RAT DER EZB, das DIREKTORIUM und der ERWEITERTE RAT. Der **EZB-Rat** ist das zentrale **Entscheidungsorgan** des ESZB. Ihm gehören neben allen Mitgliedern des Direktoriums die Präsidenten der Zentralbanken der dem Eurosystem angehörenden Mitgliedstaaten an. Der Rat legt die geldpolitische Leitlinie des Eurosystems fest und erlässt die für deren Umsetzung erforderlichen Beschlüsse (**Hauptaufgaben**). Der EZB-RAT tritt vierzehntägig zusammen. Jedes Ratsmitglied verfügt über eine Stimme. Nur in Ausnahmefällen (z.B. Beschlüsse über die Kapital- und Reserveneinbringung oder über die Gewinnverteilung) ist eine gewichtete Stimmabgabe vorgesehen. Im Dezember 2002 wurde über die Anpassung der Abstimmungsmodalitäten in einem erweiterten Euro-Währungsgebiet entschieden. Nach dieser Empfehlung darf die Anzahl der stimmberechtigten Zentralbankpräsidenten 15 nicht übersteigen. Sollten in Zukunft einmal mehr als 15 Mitgliedstaaten dem Eurosystem angehören, kommt es zu einer Rotation unter den Zentralbankpräsidenten. Dauerhaftes Stimmrecht behalten dagegen die sechs Direktoriumsmitglieder.

Dem **Direktorium**, das gewöhnlich wöchentlich zusammentritt, gehören neben Präsidenten und Vizepräsidenten der EZB bis zu vier weitere Mitglieder an. Es trägt die Verantwortung für die **Durchsetzung** der einheitlichen Geldpolitik entsprechend den Leitlinien und Beschlüssen des EZB-RATES. Das Direktorium erteilt hierzu den nationalen Zentralbanken die erforderlichen Weisungen und nimmt diese zur Durchführung von Geschäften in Anspruch (z.B. dezentrale Abwicklung von Offenmarktgeschäften). Zusätzlich bereitet das Direktorium die EZB-Ratssitzungen vor, führt die laufenden Geschäfte der EZB und übt bestimmte vom EZB-RAT übertragene Befugnisse aus.

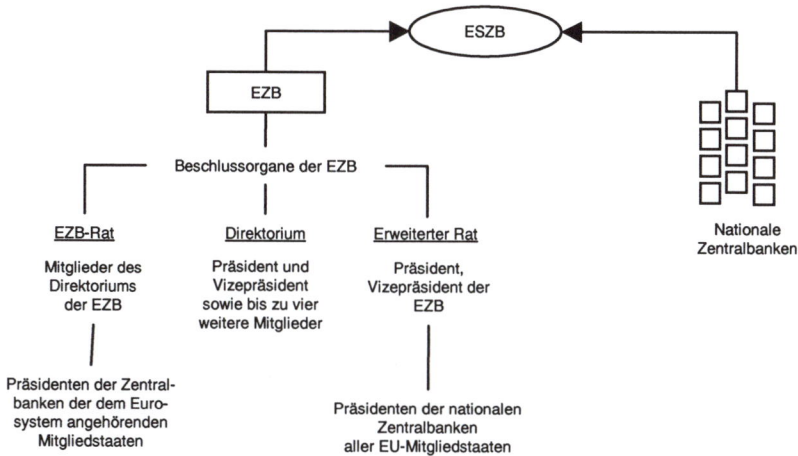

Quelle: EUROPÄISCHES WÄHRUNGSINSTITUT

Abb. 5.2: Aufbau des Europäischen Systems der Zentralbanken

Der **Erweiterte Rat** besteht, solange noch nicht alle EU-Mitgliedstaaten dem Eurosystem angehören. Er setzt sich aus Präsidenten und Vizepräsidenten der EZB und den Präsidenten **aller** Zentralbanken der EUROPÄISCHEN UNION zusammen. Seine Aufgaben betreffen vorrangig die Koordinierung der Geld- und Währungspolitik mit den EU-Mitgliedstaaten, die noch nicht am Eurosystem teilnehmen sowie das Funktionieren des WKM II. Auf eigenen Beschluss werden mit Unterzeichnung des Beitrittsvertrags durch die betreffenden EU-Beitrittsländer deren Zentralbankpräsidenten als Beobachter zu den Sitzungen des Erweiterten Rats eingeladen.

Die Preisstabilität im Eurosystem, das vorrangige Ziel der Geldpolitik der EUROPÄISCHEN ZENTRALBANK, ist durch die Geldpolitik nicht direkt steuerbar. Deshalb müssen wir fragen, mit welcher **geldpolitischen Strategie** (= „konzeptionelle Vorgehensweise einer Zentralbank bei Verfolgung ihres wirtschaftspolitischen Endziels"[11]) dem Ziel am besten Rechnung getragen wird. Sie soll den geldpolitischen Entscheidungsträgern die Informationsgewinnung/-analyse erleichtern und wichtige Hilfestellung im geldpolitischen Entscheidungsprozess leisten. Die geldpolitische Strategie der EZB setzt sich aus **drei Elementen** zusammen: Einer quantitativen Definition von Preisstabilität, einem veröffentlichten Referenzwert für die Entwicklung der Geldmenge M3 und einer auf breiter Datenbasis beruhenden Beurteilung von Risiken für die Preisstabilität (vgl. Abb. 5.3). Die beiden letztgenannten Elemente werden auch als die **zwei Säulen** der geldpolitischen Strategie der EZB bezeichnet. Die **erste** Säule weist der Geldmenge eine besondere Bedeutung zu. Neben dem Referenzwert für das Geldmengenwachstum M3 (2003 = 4,5%) beinhaltet sie eine Reihe von Modellen zur Bestimmung oder Projektion von Preisentwicklungen auf der Basis der Entwicklung von Geldmengen- und Kreditaggregaten. Die **zweite** Säule dagegen analysiert ein breites Spektrum weiterer wirtschaftlicher und finanzieller Variablen und beinhaltet verschiedene Modelle, bei denen Kostendruck sowie Angebots- und Nachfrageveränderungen auf den Güter- und Arbeitsmärkten die Preisentwicklung bestimmen (EZB, Jahresbericht 2002). Der Zwei-Säulen-Ansatz löste lebhafte Diskussionen aus, die bis heute andauern. Es ist uns nicht möglich, die Auseinandersetzungen bis ins Detail nachzuzeichnen. Deshalb be-

---

[11] H.-J. JARCHOW , Theorie und Politik des Geldes I, 10. Aufl., Göttingen 1998, S. 334.

schränken wir uns an dieser Stelle darauf, die - aus Sicht der EZB - wichtigsten Beweggründe für die Wahl des Zwei-Säulen-Ansatzes vorzustellen. Die zwei Säulen bilden einen Rahmen für die Aufbereitung, Analyse und Überprüfung umfangreicher volkswirtschaftlicher Daten, auf deren Grundlage der EZB-RAT seine Beschlüsse zur Gewährleistung der Preisstabilität fasst.

Mit der herausragenden Rolle der Geldmenge wird zum Ausdruck gebracht, dass Inflation auf längere Sicht ein monetäres Phänomen darstellt (vgl. Abschnitt 3.1). In diesem Sinne ist auch die Bekanntgabe eines Referenzwerts für M3 - allerdings nicht als monetäres Zwischenziel - zu verstehen. Er dient vielmehr als Hilfsmittel/Orientierungsgröße für die Analyse der Geldmengenentwicklung sowie für die Beurteilung der Risiken für die Preisstabilität. Die Analyse beschränkt aber sich keinesfalls auf die Entwicklung von M3. So werden weitere monetäre Aspekte (v.a. Kreditaggregate) untersucht, um mögliche Inflationsrisiken zu erkennen. Für diesen Ansatz der **ersten Säule** spricht, dass monetäre Daten zeitnäher und mit größerer Genauigkeit ermittelt werden können. Gegner führen u.a. ins Feld, dass bei Instabilität der gesamtwirtschaftlichen Geldnachfrage der Zusammenhang zwischen Geldmenge und Preisniveau „aufgeweicht" wird. Dadurch verliert die Geldmenge ihre Funktion als aussagefähiger Indikator hinsichtlich der Risiken für die Gewährleistung der Preisstabilität. Während die erste Säule auf Inflationsmodellen beruht, die der Geldmenge (monetären Indikatoren) bei der Preisentwicklung eine zentrale Rolle beimessen, bezieht sich die **zweite Säule** auf solche Modelle, die realwirtschaftliche Variable (nichtmonetäre Indikatoren) in den Mittelpunkt stellen. Bei der Analyse geht es um die regelmäßige Überprüfung der Entwicklung von Produktions-, Nachfrage- und Arbeitsmarktbedingungen insgesamt sowie um die Entwicklung einer Vielzahl von Preis- und Kostenindikatoren, aber auch von Wechselkurs und Zahlungsbilanz. Zusätzlich wird die Entwicklung von Finanzmarktindikatoren (z.B. Anlagerenditen) beobachtet, da sie über Einkommens- und Vermögenseffekte die Preisentwicklung beeinflussen können.

Vorrangiges Ziel : Preisstabilität	
EZB-Rat sammelt systematisch alle Informationen als Grundlage für seine geldpolitischen Beschlüsse	
Erste Säule	**Zweite Säule**
Analyse mit Schwerpunkt auf der Geldmenge (wie das in der Bekanntgabe eines Referenzwerts für das M3-Wachstum zum Ausdruck kommt)	Auf eine Reihe sonstiger Wirtschafts- und Finanzindikatoren ausgerichtete Analyse
Volkswirtschaftliche Daten	

Quelle: Nach EZB, Monatsbericht, November 2000, S.43.

Abb. 5.3: Schematische Darstellung der geldpolitischen Strategie der EZB

Bei der geldpolitischen Strategie des Eurosystems handelt es um eine Art **Mischform** aus Geldmengensteuerung und „inflation targeting" (direktes Inflationsziel). Vor dem Hintergrund einer erheblichen Unsicherheit über die Entwicklung der wirtschaftlichen Situation - verstärkt durch die mit der Einführung des Euro möglicherweise verbundenen Verhaltensänderungen und institutionellen Veränderungen - will die EUROPÄISCHE ZENTRALBANK ihre Entscheidungsfindung so auf eine möglichst breite Datenbasis stellen. Bei aller aktuellen Kritik am Zwei-Säulen-Ansatz sollte festgestellt werden, das bis heute keine allgemein anerkannte Erklärung des Inflationsprozesses existiert. Die EZB verbindet in ihrer Strategie die beiden konkurrierenden Inflationsmodelle, indem sie neben monetären auch die nicht-monetären Indikatoren analysiert. Da sie unbestritten unterschiedliche Signale über die Gefahren für die Preisstabilität aussenden, muss die EZB diese bewerten und gewichten. Die getroffenen Zinsentscheidungen werden dann letztlich auf den Geld- und Finanzmärkten beurteilt. Allen Kritikern zum Trotz wurde das Ergebnis i.d.R. korrekt antizipiert. Ob das auch in Zukunft gilt, wird nicht zuletzt von den Entwicklungen auf den Finanz- und Gütermärkten abhängen. Es sind Situationen denkbar, die einen Wechsel der geldpolitischen Strategie bedingen. So könnte nach GÖRGENS/RUCKRIEGEL/SEITZ (a.a.O., S.173) z.B. eine Amerikanisierung der Finanzmärkte die EZB zwingen, eine Strategie (Multi-Indikatoren-Ansatz) nach dem Vorbild des FEDERAL RESERVE SYSTEM (FED) anzuwenden.

Eine wirksame Geldpolitik im Eurosystem setzte die Umwandlung der nationalen Geldmärkte in einen **einheitlichen Geldmarkt** voraus. Nur so konnte sich eine einheitliche Zinsstruktur für den Euro entwickeln. Als eine institutionelle Voraussetzung für das Zusammenwachsen des europäischen Geldmarkts musste ein adäquates Zahlungsverkehrssystems aufgebaut werden: Das so genannte **TARGET-System** (Transeuropäisches Automatisiertes Echtzeit-Brutto-Express-Überweisungssystem). Dabei handelt es sich um ein dezentrales Zahlungssystem, das aus den nationalen RTGS-Systemen (= Abwicklungssystem, in dem jede Transaktion in Echtzeit - d.h. kontinuierlich - verarbeitet und ausgeglichen wird) der 15 EU-Mitgliedstaaten und dem Zahlungsverkehrsmechanismus der EZB besteht und mittels eines einheitlichen Verfahrens grenzüberschreitende Überweisungen zwischen verschiedenen Systemen in der gesamten EUROPÄISCHEN UNION ermöglicht. Es entstand auf der Grundlage bereits bestehender Elemente und verfolgte das Ziel, ein Mindestmaß an Harmonisierung herzustellen. Nur so konnte bereits zu Beginn des Zusammenwachsens die Funktionsfähigkeit sichergestellt werden. Das TARGET-System ermöglicht es den Kreditinstituten, grenzüberschreitende Zahlungen in Euro ebenso reibungslos abzuwickeln wie Inlandszahlungen. Es soll dazu beitragen, Zahlungen im gesamten Eurosystem kostengünstig mit hohem Sicherheitsstandard und innerhalb sehr kurzer Verarbeitungszeiten zu realisieren. Mit der zunehmenden Finanzintegration im Eurosystem wurde die Notwendigkeit einer Verbesserung des Systems deutlich. Im Oktober 2002 fasste der EZB-RAT einen strategischen Beschluss über ein Nachfolgesystem (TARGET 2). Die Weiterentwicklung zielt auf ein weitgehend harmonisiertes Leistungsspektrum, das besser auf die Nutzerbedürfnisse zugeschnitten ist und eine hohe Wirtschaftlichkeit gewährleistet, ab. Darüber hinaus muss es sich schnell an zukünftige Entwicklungen (einschließlich der Erweiterung von EU und Eurosystem) anpassen lassen. Die Zuständigkeit für die Kontoführung und die Geschäftsbeziehungen mit den Kreditinstituten liegt nach wie vor bei den nationalen Zentralbanken. Die Inbetriebnahme von TARGET 2 wird nach heutiger Einschätzung nicht vor der zweiten Hälfte dieses Jahrzehnts erfolgen.

Daneben musste ein grenzüberschreitendes System, das die Haltung und Übertragung von Wertpapieren und sonstigen finanziellen Vermögenswerten ermöglicht (**Wertpapierabwicklungssystem**), etabliert werden. Das **Securities Settlement System** (SSS) stellt sicher, dass erstens bei geldpolitischen Operationen Mindestbedingungen der operationalen Durchführung erfüllt sind und zweitens das Zusammenwachsen der Geldmärkte unterstützt wird.

Wesentliche Voraussetzung einer zielorientierten Geldpolitik bildet die **Unabhängigkeit der geldpolitischen Entscheidungsträger.**[12] Nur eine autonome Zentralbank kann unabhän-

---

[12] Die Unabhängigkeit ist in Art. 108 EG-VERTRAG normiert: "Bei der Wahrnehmung der ihnen durch diesen Vertrag und die Satzung des ESZB übertragenen Befugnisse, Aufgaben und Pflichten darf weder die EZB noch eine nationale Zentralbank noch ein Mitglied ihrer Beschlussorgane Weisungen von Organen oder Einrichtungen der Gemeinschaft, Regierungen der Mitgliedstaaten oder anderen Stellen einholen oder entgegennehmen. Die Organe und Einrichtungen der Gemeinschaft sowie die Regierungen der Mitgliedstaaten verpflichten sich, diesen Grundsatz zu beachten und nicht zu versu-

gig von politischer Einflussnahme (d.h. unabhängig von durch Wahltermine determinierten Interessen) eine konsequent am Ziel der Preisstabilität orientierte Geldpolitik betreiben. Das bedeutet aber auch, dass bis zum Beginn der Währungsunion die rechtlichen Voraussetzungen für die Unabhängigkeit der nationalen Zentralbanken in allen Teilnehmerstaaten geschaffen werden mussten. Ohne eine solche Unabhängigkeit, die bestimmten Anforderungen institutioneller, personeller, funktioneller und finanzieller Art erfüllen muss, war und ist ein Beitritt nicht möglich.

Institutionelle Unabhängigkeit bedeutet danach, dass weder Regierungen noch Parlamente das Recht haben, den Zentralbanken Weisungen zu erteilen; Entscheidungen zu genehmigen, auszusetzen, aufzuheben oder aufzuschieben; Entscheidungen aus rechtlichen Gründen zu zensieren; in Beschlussorganen einer nationalen Zentralbank mit Stimmrecht vertreten zu sein sowie bei Entscheidungen einer nationalen Zentralbank im Vorhinein konsultiert zu werden. Eine Amtszeit von mindestens fünf Jahren für die Präsidenten der nationalen Zentralbanken und der Mitglieder des Direktoriums der EZB soll die **personelle Unabhängigkeit** garantieren. Im Rahmen der **funktionellen Unabhängigkeit** wird das vorrangige Ziel der Wahrung der Preisstabilität unterstrichen. Die EZB wählt selbst die für geeignet gehaltenen geldpolitischen Instrumente aus. Die Zentralbanken erhalten ihre **finanzielle Unabhängigkeit** dadurch, dass sie in die Lage versetzt werden, sich selbst mit den erforderlichen Mitteln auszustatten, die sie für eine ordnungsgemäße Erfüllung ihrer Aufgaben benötigen.

Möglicherweise wird der Status der EUROPÄISCHEN ZENTRALBANK in Zukunft verändert. Der Artikel 14 des **EU-Verfassungsentwurfs** tangiert die Unabhängigkeit der EZB. Danach würde die EZB ein Organ wie andere auch (z.B. Rechnungshof, EUROPÄISCHER GERICHTSHOF), das mit den anderen EU-Institutionen loyal zusammenarbeitet. Gleichzeitig ist nach Artikel 16 geplant, dass der EU-RAT künftig die Ziele der Gemeinschaft und damit auch ihrer Organe festlegt. Der bisherige Sonderstatus der EZB ginge weitgehend verloren.

Eine **Gefahr für eine unabhängige Geldpolitik** geht potentiell von der Wechselkurspolitik aus. Die Kompetenzen dafür liegen weitgehend beim RAT DER WIRTSCHAFTS- UND FINANZMINISTER DER EUROPÄISCHEN UNION (ECOFIN). Um zu vermeiden, dass die Stabilisierung von Wechselkursen in Widerspruch zum Ziel der Preisstabilität gerät, wurde im VERTRAG VON MAASTRICHT festgelegt, dass der MINISTERRAT DER EUROPÄISCHEN UNION zwar allgemeine Orientierungen der Wechselkurspolitik gegenüber Drittwährungen aufstellen kann. Sie dürfen das Ziel der Preisstabilität aber nicht in Frage stellen.

Die EZB ist gegenwärtig mit einem gezeichneten Kapital von 5 Mrd. € ausgestattet (**Kapitalausstattung der EZB**). Der Kapitalschlüssel für die einzelnen Mitgliedstaaten wurde nach Wirtschaftskraft und Bevölkerungsgröße berechnet. Die zu 100% eingezahlten Anteile der NZBen des Eurosystems belaufen sich auf ca. 4,05 Mrd. €. Damit halten sie einen Anteil von ca. 81% des EZB-Kapitals. Die Tabelle 5.1 zeigt die einzelnen Anteile (**Kapitalschlüssel**). Die nicht dem Eurosystem angehörenden NZBen (Danmarks Nationalbank, Sveriges Riksbank, Bank of England) haben jeweils 5% des ursprünglich gezeichneten Kapitals eingezahlt. Ihre Anteile betragen insgesamt 47,514 Mio. €.

Die DEUTSCHE BUNDESBANK hat - wie andere NZBen auch - einen Teil ihrer Aktiva auf die EZB übertragen. Die Gewinne der EZB werden nach dem Schlüssel der Kapitalanteile verteilt. Daraus ergibt sich für den deutschen Fiskus - dem die Gewinne der Bundesbank zustehen - eine Einbuße in Höhe von mehreren Milliarden Euro/Jahr. Weitere Einnahmen

---

chen, die Mitglieder der Beschlussorgane der EZB oder der nationalen Zentralbanken bei der Wahrnehmung ihrer Aufgaben zu beeinflussen."

gehen dem Bund dadurch verloren, dass das Recht zur Emission von Banknoten von der DEUTSCHEN BUNDESBANK auf die EZB übergegangen ist (**Seigniorage**[13]).

Anteile der NZBen des Eurosystems am Kapital der EZB (in %)	
Nationale Bank van Belgie/Banque Nationale de Belgique	2,8658
Deutsche Bundesbank	24,4935
Bank von Griechenland	2,0564
Banco de Espana	8,8935
Banque de France	16,8337
Central Bank of Ireland	0,8496
Banca d´Italia	14,8950
Banque centrale du Luxembourg	0,1492
De Nederlandsche Bank	4,2780
Österreichische Nationalbank	2,3594
Banco de Portugal	1,9232
Suomen Pankki - Finlands Bank	1,3970
Quelle: EZB, JAHRESBERICHT 2002, S. 222.	

Tab. 5.1: Anteile der NZBen des Eurosystems am Kapital der EZB (in %)

5.2 Die Rolle der nationalen Zentralbanken

Im Eurosystems werden die Leitlinien der einheitlichen Geldpolitik zentral durch die EZB (genauer den EZB-RAT) getroffen. Die Durchführung (operatives Geschäft) obliegt jedoch den nationalen Zentralbanken. Sie bleiben weiterhin eigenständige Institutionen und können andere Aufgaben in eigener Verantwortung erfüllen, soweit sie damit nicht gegen die einheitliche Geldpolitik verstoßen. Folgende Aufgabengebiete lassen sich für die NZBen ableiten:

(1) Über ihre jeweiligen Präsidenten wirken die NZBen an allen Entscheidungen des EZB-RATS mit.

(2) Sie sind verantwortlich für die Umsetzung der Leitlinien der einheitlichen Geld-, Devisen- und Zahlungsverkehrspolitik. Ihre Bedeutung z.B. bei der **Sicherung von Zahlungsverkehr** und **Geldversorgung** verringert sich nicht. So werden z.B. viele Transaktionen im Rahmen der Offenmarktpolitik dezentral durch die jeweiligen NZBen abgewickelt. Gleiches gilt für die Realisierung der Mindestreservepolitik.

(3) Die NZBen tragen ein hohes Maß an Verantwortung hinsichtlich der Information der nationalen Öffentlichkeit.

Wichtige Voraussetzung dafür, dass die nationalen Zentralbanken ihren Beitrag zur Durchsetzung der einheitlichen Geldpolitik erfüllen können, ist ihre Unabhängigkeit gegenüber

---

[13] Als Seigniorage wurde ursprünglich der Münzgewinn bezeichnet, der dem Inhaber eines Münzrechts aus der Differenz zwischen Emissionswert der Münze und den Produktionskosten zufiel. Heute wird der Begriff umfassender genutzt. Neben dem Münzgewinn im engeren Sinne wird als Seigniorage auch der sehr viel größere Geldschöpfungsgewinn der Zentralbank aus dem Notenumlauf bezeichnet. Die Seigniorage war eine neben anderen Ursachen für die hohen Gewinnabführungen der Bundesbank an den Finanzminister. Die Satzung des ESZB sieht eine Umverteilung von Geldschöpfungsgewinnen zwischen den NZBen des Eurosystems vor.

anderen wirtschaftspolitischen Entscheidungsträgern ihrer Länder. Alle im EZB-RAT vertretenen nationalen Zentralbanken müssen gemäß Art. 109 EG-VERTRAG die Kriterien der institutionellen, personellen, funktionellen und finanziellen Unabhängigkeit erfüllen.

Die DEUTSCHE BUNDESBANK ist gemäß § 3 Bundesbankgesetz (6. Gesetz zur Änderung des BBANKG vom 22.12.1997 [BGBl. I, S. 3274]) **integraler Bestandteil** des Eurosystems. Damit haben sich auch ihre Stellung und Aufgaben verändert. Der Bundesbankpräsident ist als unabhängiges Mitglied des EZB-RATS an den Entscheidungen zur einheitlichen Geldpolitik beteiligt. Im Rahmen von Leitlinien und Weisungen der EZB führt die Bundesbank die Geldpolitik in Deutschland durch. Sie gibt u.a. die Banknoten aus und versorgt die Kreditinstitute mit Zentralbankgeld. Weitere Aufgaben bestehen in der Beteiligung an der Bankenaufsicht, der Abwicklung des bargeldlosen Zahlungsverkehrs und der Verwaltung der nationalen Währungsreserven. Die Aufgabe der Währungssicherung ging auf das Eurosystem über.

Die geänderte Position der Bundesbank ist nach Ergänzung von Art. 88 GG (Gesetz zur Änderung des GG vom 21.12. 1992 [BGBl. I, S. 2086f]) möglich geworden, die eine Übertragung ihrer Aufgaben an die EUROPÄISCHE ZENTRALBANK ermöglichte. Die Bundesbank machte in der Folgezeit einen Anpassungsprozess an die veränderte Situation durch. Mit dem 7. Gesetz zur Änderung des BBANKG vom 23. März 2002 (vgl. DEUTSCHE BUNDESBANK, Monatsbericht Mai 2002) wurde ihre Organisationsstruktur der veränderten Rolle angepasst. Auffallend ist dabei eine Straffung der Führungsstruktur. Zentralbankrat, Direktorium und Vorstände der Landeszentralbanken wurden abgeschafft. An ihre Stelle tritt ein achtköpfiger **Vorstand**. Die Hauptverwaltung der Bundesbank wird jetzt von einem vom Vorstand weisungsunabhängigen Präsidenten geleitet, der nicht dem Vorstand angehört. Die Bezeichnung Landeszentralbank für die Hauptverwaltungen, von denen es noch 9 (in Stuttgart, München, Berlin, Hannover, Hamburg, Frankfurt, Düsseldorf Mainz und Leipzig) gibt, ist entfallen. Das Ziel dieser strukturellen Veränderungen besteht in einer Stärkung der Zentrale, um über diesen Weg eine verbesserte „Europatauglichkeit" und eine größere Anpassungsfähigkeit an neue Entwicklungen zu erreichen.

5.3 Weitere Institutionen

5.3.1 Der Wirtschafts- und Finanzausschuss (WFA)

Der WIRTSCHAFTS- UND FINANZAUSSCHUSS (WFA) wurde als beratendes Gremium mit Beginn der 3. Stufe der Wirtschafts- und Währungsunion nach Art. 114 EGV eingesetzt. Gemäß Absatz 2 hat er u.a. die Aufgabe „die Wirtschafts- und Finanzlage der Mitgliedstaaten und der Gemeinschaft zu beobachten und dem Rat und der Kommission regelmäßig darüber Bericht zu erstatten, insbesondere über die finanziellen Beziehungen zu dritten Ländern und internationalen Einrichtungen" sowie „mindestens einmal jährlich die Lage hinsichtlich des Kapitalverkehrs und der Freiheit des Zahlungsverkehrs, wie sie sich aus der Anwendung dieses Vertrags und der Maßnahmen des Rates ergeben, zu prüfen..." In den WFA entsendet jeder Mitgliedstaat, die EU-KOMMISSION sowie die EZB jeweils höchstens zwei Mitglieder.

5.3.2 Bankenaufsicht

Die Bankenaufsicht, deren allgemeine Aufgabe in der Förderung der Stabilität der Kreditinstitute und des Finanzsystems besteht, wird weiterhin von **nationalen Behörden** wahrgenommen. Allerdings wird der Ruf nach einem einheitlichen europäischen Ansatz lauter. Die Einführung des Euro hat zwar zu einer „Europäisierung" der Geld- und Finanzmärkte geführt, aber die Aufsichtsstrukturen wurden dieser Entwicklung noch nicht angepasst.

In der Bundesrepublik Deutschland wird die Bankenaufsicht nach dem mehrfach novellierten GESETZ ÜBER DAS KREDITWESEN (Kreditwesengesetz) von 1961 seit 1962 vom BUNDESAUFSICHTSAMT FÜR DAS KREDITWESEN, das eine selbständige Bundesoberbehörde im Geschäftsbereich des Bundesfinanzministerium ist, wahrgenommen. Dabei werden im Wesentlichen drei Ziele verfolgt:

(1) Gewährleistung der Ordnung im Bankensektor,
(2) Sicherstellung einer funktionsfähigen Kreditwirtschaft sowie
(3) Schutz der Gläubiger der Banken vor Verlust.

§ 7 des KREDITWESENGESETZES regelt die institutionelle Zusammenarbeit mit der DEUTSCHEN BUNDESBANK, die aus guten Gründen (wie Marktnähe, Geschäftsbeziehungen zu den Kreditinstituten, fachkompetentes Personal) in die Bankenaufsicht eingebunden ist. Mit Inkrafttreten des GESETZES ÜBER DIE INTEGRIERTE FINANZDIENSTLEISTUNGSAUFSICHT am 1. Mai 2002 wurden die BUNDESÄMTER FÜR DAS KREDITWESEN, für das VERSICHERUNGSWESEN und für den WERTPAPIERHANDEL mit ihren entsprechenden Aufgabenbereichen in der **Bundesanstalt für Finanzdienstleistungsaufsicht** (BAFIN) zusammengeführt. BAFIN und Bundesbank haben in einer zusätzlichen Vereinbarung die Ausgestaltung der gesetzlich vorgeschriebenen Aufgabenteilung konkretisiert. Danach übernimmt die Bundesbank zum überwiegenden Teil die operative Bankenaufsicht. Ihr obliegen in der laufenden Überwachung v.a. die Auswertung der von den Kreditinstituten eingereichten Unterlagen, Meldungen, Jahresabschlüsse und Prüfungsberichte sowie regelmäßige bankgeschäftliche Prüfungen. Sie führt darüber hinaus Aufsichtsgespräche mit den Kreditinstituten. Die BAFin dagegen übernimmt die volle Verantwortung für alle hoheitlichen Maßnahmen (z.B. Zulassung oder Schließung von Kreditinstituten). Daneben kann die BAFin durch allgemeine Anordnungen Regeln für die Durchführung von Bankgeschäften und Finanzdienstleistungen sowie zur Begrenzung von Risiken festlegen.

Innerhalb des Eurosystems übernimmt die EZB auf dem Gebiet der Bankenaufsicht bisher grundsätzlich nur Beratungsfunktionen gegenüber dem EU-MINISTERRAT, der EU-KOMMISSION sowie den zuständigen Behörden der Mitgliedstaaten. Sie fördert und unterstützt die Zusammenarbeit zwischen den zuständigen nationalen Behörden. Diese Funktion ist im EG-VERTRAG (Art. 105, Absatz 5) etwas vage formuliert: "Das ESZB trägt zur reibungslosen Durchführung der von den zuständigen Behörden auf dem Gebiet der Aufsicht über die Kreditinstitute und der Stabilität des Finanzsystems ergriffenen Maßnahmen bei". In diesem Zusammenhang sollte auf den AUSSCHUSS FÜR BANKENAUFSICHT der EZB hingewiesen werden, der sich aus hochrangigen Vertretern der Bankenaufsichtsbehörden der Mitgliedstaaten sowie Vertretern der NZBen und der EZB zusammensetzt. Neben diesen Aufgaben können der EZB jedoch durch einstimmigen Beschluss des MINISTERRAT DER EU (nach EGV, Art. 105, Absatz 6) auch weiterreichende Aufgaben hinsichtlich der Aufsicht über das Bankensystem übertragen werden.

6. Instrumente der Geldpolitik

Das EUROSYSTEM hat gemäß Artikel 105 EVG vorrangig die Aufgabe, die Preisstabilität zu gewährleisten. Zur Erreichung seiner Aufgaben stehen ihm als **Instrumente** die Offenmarktpolitik, ständige Fazilitäten und die Mindestreservepolitik zur Verfügung (vgl. Abb. 5.4).[14] Bemerkenswert ist, dass sich die EZB diese Instrumente selbst schaffen und aussuchen konnte, während dafür üblicherweise - wie früher in Deutschland - eine gesetzliche Grundlage erforderlich war.

---

[14] Die folgenden Ausführrengen basieren auf der LEITLINIE DER EUROPÄISCHEN ZENTRALBANK vom 7. März 2002 (EZB/2002/2) zur Änderung der Leitlinie EZB/2000/7 über geldpolitische Instrumente und Verfahren des Eurosystems, AMTSBLATT DER EUROPÄISCHEN GEMEINSCHAFT vom 15. Juli 2002 (2002/553/EG).

Neben den für alle am Eurosystem teilnehmenden Staaten gültigen Regelungen können unter bestimmten Voraussetzungen zusätzlich auch nationale Instrumente zur Anwendung kommen. So ist es beispielsweise möglich, dass Kreditinstitute der DEUTSCHEN BUNDESBANK neben marktfähigen Wertpapieren weiterhin Wechsel (diskontpolitisches Element) als refinanzierungsfähige Sicherheiten einreichen, soweit diese den Qualitätsstandards des Eurosystems entsprechen.

6.1 Allgemeine Regelungen

Zunächst muss geklärt werden, welcher **Teilnehmerkreis** zu den geldpolitischen Geschäften des Eurosystems zugelassen ist (Zulassungskriterien) und welche **Sicherheiten** für die Teilnahme gestellt werden.

6.1.1 Zulassungskriterien

Die Teilnahme an den geldpolitischen Geschäften des Eurosystems wird einem möglichst großen Kreis von Geschäftspartnern ermöglicht. Sie müssen bestimmte Kriterien - insbesondere aufsichtsrechtlicher und operationaler Art - erfüllen. So muss es sich um finanziell solide Kreditinstitute handeln, die zumindest einer Form der auf europäischer Ebene harmonisierten Aufsicht durch nationale Behörden unterliegen. Es können ebenfalls solide Kreditinstitute zugelassen werden, die einer nicht harmonisierten nationalen Aufsicht mit vergleichbaren Standards unterliegen (z.B. im Euro-Währungsraum ansässige Zweigniederlassungen von Kreditinstituten mit Sitz außerhalb der EG). Gemäß Artikel 19.1 der ESZB-Satzung werden ebenfalls nur solche Institute zugelassen, die in das Mindestreservesystem einbezogen sind.

Neben diesen allgemeinen Zulassungskriterien gelten für einzelne geldpolitische Geschäfte unterschiedliche Regelungen. Alle Institute, die obige Kriterien erfüllen, dürfen die **ständigen Fazilitäten** in Anspruch nehmen und an **Offenmarktgeschäften über Standardtender** (Hauptrefinanzierungsgeschäfte und längerfristige Refinanzierungsgeschäfte) teilnehmen. Der Zugang zu diesen Geschäften erfolgt nur über die zuständige nationale Zentralbank. Er kann allerdings aus Risikogesichtspunkten oder bei schwerwiegender oder dauerhafter Pflichtverletzung verweigert werden. Verfügt ein Kreditinstitut über Niederlassungen in mehr als einem Mitgliedstaat, ist jede Niederlassung bei der zuständigen Zentralbank zugelassen. Bei **Feinsteuerungsoperationen** (in Form befristeter Transaktionen und der Hereinnahme von Termineinlagen) erfolgt eine Auswahl der Geschäftspartner durch die zuständige nationale Zentralbank. Wichtigstes Auswahlkriterium dabei ist, dass es sich um geldmarktaktive Institute handelt. Weiterhin werden die Leistungsfähigkeit ihrer Handelsabteilung und ihr Bietungspotenzial berücksichtigt. Für geldpolitisch begründete **Devisenswapgeschäfte** gilt ebenfalls, dass sie nur mit ausgewählten Kreditinstituten abgeschlossen werden. Die Institute, die im Euro-Währungsraum ansässig sein müssen, haben eine Reihe von besonderen Anforderungen zu erfüllen. Zur ersten Gruppe zählen u.a. Kreditwürdigkeit, Unterstellung unter eine anerkannte Aufsichtsbehörde, hohe berufsethische Ansprüche und ein guter Ruf. Die zweite Gruppe umfasst eine wettbewerbsorientierte Preisgestaltung, die Fähigkeit großvolumige Devisengeschäfte durchführen zu können sowie Qualität und Umfang der bereitgestellten Informationen (effizienzorientierte Kriterien).

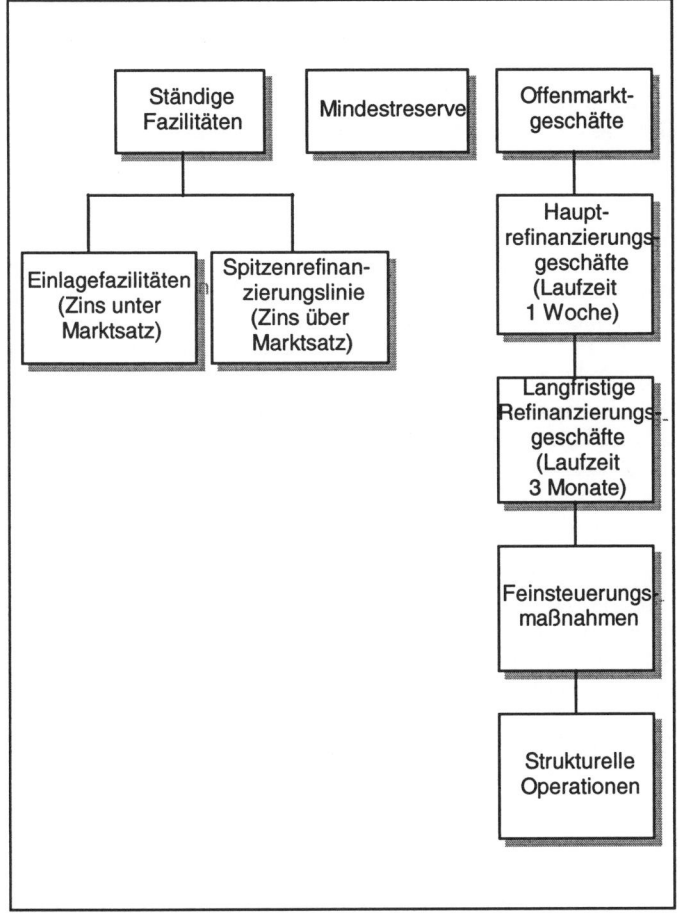

Abb. 5.4: Die geldpolitischen Instrumente des Eurosystems

6.1.2 Refinanzierungsfähige Sicherheiten

EUROPÄISCHE ZENTRALBANK und NZBen können auf den Finanzmärkten tätig werden, indem sie Finanzaktiva endgültig oder im Rahmen von Rückverkaufsvereinbarungen kaufen oder verkaufen. Für alle Kreditgeschäfte (Liquiditätszuführung) des Eurosystems sind gemäß Artikel 18.1 der ESZB-Satzung ausreichende Sicherheiten durch die Geschäftspartner zu stellen. Dabei übertragen diese entweder das Eigentum an diesen Vermögenswerten (bei **endgültigen Käufen** oder **Rückkaufsvereinbarungen**) an das Eurosystem oder sie hinterlegen sie als **Pfand** (bei gesicherten Krediten).[15] Um für die geldpolitischen Geschäfte des Eurosystems zugelassen zu werden, müssen die zur Deckung dienenden Sicherheiten bestimmte Voraussetzungen erfüllen. Dabei wird zwischen zwei Gruppen von zentralbankfähigen Sicherheiten (Kategorie 1 und Kategorie 2) unterschieden. Das ermöglicht es, einerseits im Zuge der Harmonisierung der Zulassungskriterien eine Gleichbehandlung und

---

[15] Liquiditätsabsorbierenden Offenmarktgeschäften in Form von endgültigen Verkäufen oder befristeten Transaktionen liegen die gleichen Sicherheitskriterien wie bei liquiditätszuführenden Offenmarktgeschäften zugrunde, wobei jedoch weder Sicherheitsmargen noch Bewertungsabschläge angewandt werden.

operationale Effizienz zu gewährleisten sowie andererseits gleichzeitig den bestehenden unterschiedlichen Strukturen auf den Finanzmärkten in den Teilnehmerstaaten gerecht zu werden.

(1) **Kategorie-1-Sicherheiten** sind marktfähige Schuldtitel, die von der EZB festgelegte einheitliche und im **gesamten Euro-Währungsraum** geltende Zulassungskriterien hinsichtlich Marktfähigkeit, Bonitätsanforderungen und Sitz des Emittenten (oder des Garanten) erfüllen müssen. Von der EZB emittierte Schuldverschreibungen werden in dieser Kategorie geführt. Das gilt ebenso für Schuldverschreibungen, die von den NZBen vor der Euro-Einführung emittiert wurden. Die Kategorie-1-Sicherheiten können grenzüberschreitend genutzt werden. Die zugelassenen Geschäftspartner des Eurosystems können sich demnach bei ihrer heimischen Zentralbank refinanzieren und dafür die bei Zentralbanken anderer Mitgliedstaaten hinterlegten Sicherheiten verwenden. Die Kategorie-1-Sicherheiten sind für Offenmarktgeschäfte in Form von befristeten und endgültigen Transaktionen sowie für die Inanspruchnahme der Spitzenrefinanzierungsfazilität zugelassen.

(2) **Kategorie-2-Sicherheiten** sind zusätzliche marktfähige und nichtmarktfähige Sicherheiten, die für die **nationalen Finanzmärkte** besondere Bedeutung haben. Die Einstufung dieser Aktiva als refinanzierungsfähig erfolgt durch die nationalen Zentralbanken. So hat die DEUTSCHE BUNDESBANK u.a. Handelswechsel mit einer Restlaufzeit von höchstens 180 Tagen und Kreditforderungen der Banken (Ausnahme Kontokorrentkredite) mit einer Restlaufzeit von bis zu zwei Jahren zugelassen. Die Zulassungskriterien bedürfen jedoch der Zustimmung der EZB, um einen Mindeststandard zu gewährleisten. Die NZBen erstellen und veröffentlichen nationale Verzeichnisse der refinanzierungsfähigen Kategorie-2-Sicherheiten. In der Regel können diese Sicherheiten ebenfalls grenzüberschreitend genutzt werden. Sie sind für Offenmarktgeschäfte in Form von befristeten Transaktionen und für die Spitzenrefinanzierungsfazilität zugelassen.

Zum Schutz des Eurosystems vor finanziellem Verlust bei der Kreditgewährung sind bestimmte **Maßnahmen zur Risikokontrolle** vorgesehen. Zu nennen sind erstens die **Sicherheitsmargen**, die bei liquiditätszuführenden befristeten Transaktionen berechnet werden. Sie entsprechen einem gewissen Prozentsatz der zur Verfügung stehenden Liquidität. Um diese Marge erhöht sich der Betrag der zu hinterlegenden Sicherheiten. Abhängig von der Laufzeit werden 1% (bei Innertags- und Übernachttransaktionen) bzw. 2% (bei ursprünglicher Laufzeit von mehr als einem Geschäftstag) veranschlagt. Zweitens nimmt das Eurosystem bei der Bewertung von Sicherheiten **Bewertungsabschläge** vor. D.h., dass die Sicherheit zum Marktwert vermindert um einen bestimmten Betrag bewertet wird. Dabei wird entsprechend der Art der hinterlegten Sicherheiten unterschiedlich - z.B. Variation der Abschlagshöhe - verfahren. Weitere Maßnahmen zur Risikokontrolle bestehen in der Berücksichtigung von Schwankungsmargen zum Ausgleich schwankender Werte von Sicherheiten, dem Festlegen von Obergrenzen gegenüber Emittenten/Schuldner oder Garanten, dem Verlangen zusätzlicher Garantien oder im Ausschluss bestimmter Sicherheiten.

6.2 Einzelne Instrumente

6.2.1 Die Offenmarktpolitik im Eurosystem

Unter **Offenmarktpolitik** versteht man zunächst einmal geldpolitische Operationen, die auf Initiative der Zentralbank mit dem Ziel durchgeführt werden, die Liquidität am Geldmarkt situationsbedingt (Zentralbankgeldschöpfung bzw. -vernichtung) zu beeinflussen. Während nach enger Definition unter Offenmarktgeschäften ursprünglich nur der Kauf und Verkauf von Wertpapieren am offenen Markt verstanden wurde, kommt heute eine umfassendere Interpretation zur Anwendung. Neben dem endgültigen (definitiven) Kauf und Verkauf von Wertpapieren gehören auch Operationen mit Rückkaufvereinbarung (= Wertpapierpensionsgeschäfte) genauso dazu, wie Kreditgewährung oder Kreditaufnahme gegen Sicherheiten. Unter letztere fallen mit den Hauptrefinanzierungsgeschäften und den längerfristigen

Refinanzierungsgeschäften die beiden wichtigsten Formen von Offenmarktoperationen der EZB. Einige Autoren gehen noch weiter. Sie verweisen auf den enumerativen Gebrauch des Begriffs im Eurosystem, „d.h. Offenmarktgeschäfte sind diejenigen Geschäfte, die die Zentralbank als solche bezeichnet" (E.GÖRGENS, K. RUCKRIEGEL, F. SEITZ, a.a.O., S. 184).

Welcher Auffassung wir auch folgen, das Ergebnis der liquiditätsbereitstellenden Offenmarktgeschäfte bleibt immer gleich: Bei jeder dieser Operationen fließt den Geschäftsbanken frei verfügbares Zentralbankgeld (Liquidität) zu, das sie für ihr Aktivgeschäft (Kreditvergabe, Kauf von Wertpapieren usw.) nutzen.

Offenmarktgeschäfte spielen in der Geldpolitik des Eurosystems eine wichtige Rolle. Sie dienen der Kontrolle der Liquiditätssituation am Geldmarkt, der Steuerung der Zinssätze und signalisieren den geldpolitischen Kurs der EUROPÄISCHEN ZENTRALBANK. Diese ergreift auch die Initiative bei den Offenmarktgeschäften und entscheidet über das einzusetzende Instrument und die Geschäftsbedingungen. Dabei stehen ihr **verschiedene Techniken** (vgl. Abschnitt 6.2.1.1) zur Verfügung, deren wichtigstes die befristeten Transaktionen in Form von Pensionsgeschäften oder Pfandkrediten darstellen. Entsprechend Zielstellung, Durchführungsrhythmus und Verfahren werden **vier Gruppen** von Offenmarktgeschäften - Hauptrefinanzierungsgeschäfte, längerfristige Refinanzierungsgeschäfte, Feinsteuerungsoperationen und strukturelle Operationen - unterschieden. Die Abwicklung kann über Standardtender, Schnelltender oder bilaterale Geschäfte erfolgen (**Verfahren**).

6.2.1.1 Techniken der Offenmarktpolitik des Eurosystems

Zur Durchführung der Offenmarktgeschäfte stehen dem Eurosystem verschiedene **Techniken** zur Verfügung:

(1) **Befristete Transaktionen**

Befristete Transaktionen sind die für die Offenmarktpolitik wichtigste Technik des Eurosystems: Refinanzierungsfähige Sicherheiten werden im Rahmen von Rückkaufsvereinbarungen ge- oder verkauft (**Pensionsgeschäfte**) oder Kreditgeschäfte gegen Verpfändung refinanzierungsfähiger Sicherheiten (**Pfandkrediten**[16]) durchführt. Sie können bei allen vier Gruppen von Offenmarktgeschäften eingesetzt werden, vorrangig jedoch bei Hauptrefinanzierungsgeschäften und längerfristigen Refinanzierungsgeschäften. Bei Pensionsgeschäften schließt der Rückkaufspreis die zu zahlenden Zinsen ein. Bei Pfandkrediten werden sie aus dem festgesetzten Zinssatz auf den ausstehenden Kreditbetrag und der Laufzeit des Geschäfts berechnet.

(2) **Endgültige Käufe bzw. Verkäufe**

Bei endgültigen Offenmarktgeschäften kauft oder verkauft das Eurosystem refinanzierungsfähige Sicherheiten **endgültig** am Markt. Sie werden ausschließlich zur Feinsteuerung und Beeinflussung der strukturellen Liquidität durchgeführt. Die Zielrichtung dieser Geschäfte kann sowohl **liquiditätszuführend** (endgültige Käufe) als auch **liquiditätsabsorbierend** (endgültige Verkäufe) sein. Sie finden unregelmäßig statt und werden als bilaterale Geschäfte realisiert. Der Teilnehmerkreis für diese Geschäfte ist nicht begrenzt. Normalerweise werden für endgültige Käufe bzw. Verkäufe nur Sicherheiten der Kategorie-1 verwendet.

(3) **Emission von Schuldverschreibungen**

Die EZB ist berechtigt, Schuldverschreibungen zu emittieren. Damit wird das Ziel verfolgt, Liquidität anzuschöpfen (**Abschöpfung von Liquidität**). Die Schuldverschreibungen stellen eine Verbindlichkeit der EZB gegenüber dem Inhaber dar und sind uneingeschränkt über-

---

[16] Während die DEUTSCHE BUNDESBANK ihre regelmäßigen befristeten Transaktionen bis Ende 1998 als Pensionsgeschäfte abwickelte, führt sie heute sowohl die Hauptrefinanzierungsgeschäfte als auch die längerfristigen Refinanzierungsgeschäfte auf der Grundlage von Pfandkrediten durch. Das gilt auch für die Inanspruchnahme der Spitzenrefinanzierungsfazilität.

tragbar. Sie werden in girosammelverwahrfähiger Form begeben und bei Zentralverwahrern im Euro-Währungsgebiet verwahrt. Die Schuldverschreibungen werden in abgezinster Form emittiert. Sie können regelmäßig oder unregelmäßig emittiert werden und haben eine Laufzeit von weniger als zwölf Monaten. Schuldverschreibungen werden über Standardtender dezentral über die nationalen Zentralbanken abgewickelt. Alle zugelassenen Geschäftspartner können Tendergebote abgeben.

(4) Devisenswapgeschäfte

Bei geldpolitisch begründeten Devisenswapgeschäften handelt es sich um gleichzeitig durchgeführte Kassa- und Termingeschäfte in Euro gegen Fremdwährung. Das Eurosystem kauft (oder verkauft) Euro per Kasse gegen eine Fremdwährung, die sie gleichzeitig per Termin zu einem festgelegten Datum verkauft (oder kauft). Dabei wird ein Zinssatz (**Swapsatz**) in Rechnung gestellt. Der Swapsatz entspricht der Differenz zwischen Termin- und Kassakurs. Diese Art von Devisenswapgeschäften dient der **Feinsteuerung**. Devisenswapgeschäfte, die unregelmäßig stattfinden, können liquiditätszuführend oder liquiditätsabsorbierend durchgeführt werden. Ihre Laufzeit ist nicht standardisiert. Geldpolitisch begründete Devisenswapgeschäfte werden über Schnelltender oder bilaterale Geschäfte dezentral über die nationalen Zentralbanken abgewickelt In Ausnahmefällen können sie von der EZB selbst durchgeführt werden.

Exkurs: Auch die DEUTSCHE BUNDESBANK hatte zur Ergänzung der traditionellen Instrumente der Geldpolitik seit 1979 Devisenswapgeschäfte ausschließlich zur Feinsteuerung des Geldmarktes eingesetzt. Da die Teilnahme an diesen Geschäften freiwillig war, müssen wir fragen, unter welchen Voraussetzungen die Geschäftsbanken auf ein entsprechendes Angebot der Zentralbank eingehen. Beim **Swapsatz** (Swapsatz = (WT - WK) / WK) handelt es sich um einen prozentualen Aufschlag/Abschlag auf den Termin-Wechselkurs (WT) einer Devise gegenüber deren Kassa-Wechselkurs (WK). Über die Variation des Swapsatzes können grenzüberschreitende Kapitalströme und somit auch die Entwicklung am heimischen Geldmarkt über die Zuteilung oder den Entzug von Zentralbankgeld beeinflusst werden.

Berechnen wir weiter den Erlös einer Geldanlage im Inland bzw. Ausland:

(1) $\qquad B_{Inland} = G_{Inland} \cdot (1 + i_{Inland})$

(2) $\qquad B_{Ausland} = (G_{Inland} / WK) \cdot (1 + i_{Ausland})$.

Wurde zur Ausschaltung eines Wechselkursrisikos bereits zum Zeitpunkt der Kassatransaktion ein Termingeschäft abgeschlossen, dann gilt:

(3) $\qquad B_{Ausland} = G \cdot (WT / WK) \cdot (1 + i_{Ausland})$; wobei

$$
\begin{aligned}
G &: &&\text{Geldanlage,} \\
i &: &&\text{Zinssatz,} \\
B &: &&\text{Betrag, erzielter Erlös,} \\
WK &: &&\text{Kassa-Wechselkurs,} \\
WT &: &&\text{Termin-Wechselkurs.}
\end{aligned}
$$

Nur wenn der im Inland erzielte Erlös B_{Inland} (1) dem im Ausland $B_{Ausland}$ (3) entspricht (Existenz eines Gleichgewichtsswapsatzes), werden sich die Geschäftsbanken beiden Geldanlagen gegenüber indifferent verhalten. Treten jedoch zwischen den im Inland bzw. Ausland erzielbaren Erlösen Differenzen auf, so entwickeln sich die grenzüberschreitenden Kapitalströme wie folgt:

$$
\begin{aligned}
B_{Inland} > B_{Ausland} &\quad \Rightarrow \quad &&\text{Kapitalimport} \\
B_{Inland} < B_{Ausland} &\quad \Rightarrow \quad &&\text{Kapitalexport.}
\end{aligned}
$$

Dadurch wird die Entwicklung auf dem heimischen Geldmarkt wesentlich beeinflusst. Liegt der Swapsatz beispielsweise unter dem Marktzinssatz, so werden die Inlandserlöse einer Geldanlage niedriger als die Erlöse für die gleiche Anlage im Ausland sein. Kapital fließt demzufolge ins Ausland (Kapitalexport). Dadurch vermindert sich tendenziell das Geldangebot der Banken am Inlandsmarkt. Und umgekehrt.

(5) Hereinnahme von Termineinlagen

Das Eurosystem kann den Geschäftspartnern die Hereinnahme verzinslicher Termineinlagen bei der entsprechenden nationalen Zentralbank mit dem Ziel der **Liquiditätsabschöpfung** anbieten. Diese Einlagen haben einen festen Zinssatz und eine feste Laufzeit. Die Zinsen werden bei Fälligkeit gezahlt. Die Hereinnahme von Termineinlagen erfolgt unregelmäßig, ihre Laufzeit ist nicht standardisiert. Das Geschäft wird i. d. R. über Schnelltender abgewickelt (bilaterale Geschäfte sind allerdings nicht ausgeschlossen). Der Teilnehmerkreis kann begrenzt werden.

6.2.1.2 Verfahren

Normalerweise werden die Offenmarktgeschäfte des Eurosystems im **Tenderverfahren** durchgeführt. Dabei werden zwei Arten unterschieden:

(1) **Standardtender** werden innerhalb von 24 Stunden von der Tenderankündigung bis zur Bestätigung des Zuteilungsergebnisses durchgeführt. Die Hauptrefinanzierungsoperationen, die längerfristigen Refinanzierungsgeschäfte und die strukturellen Operationen (außer endgültige Käufe bzw. Verkäufe) werden generell über Standardtender durchgeführt. Alle Geschäftspartner, die die allgemeinen Zulassungskriterien erfüllen, können teilnehmen.

(2) **Schnelltender** werden innerhalb einer Stunde durchgeführt. Allerdings kann die EZB den zeitlichen Rahmen anpassen, wenn es geboten erscheint. Schnelltender werden nur zur Durchführung von Feinsteuerungsoperationen verwendet. Das Eurosystem kann die Anzahl der Teilnehmer an diesem Verfahren begrenzen.

Bei der **Zuteilung** wird zwischen zwei Verfahren unterschieden. Das Eurosystem kann zwischen Mengentender (Festsatztender) oder Zinstender (Tendern mit variablem Zinssatz) wählen:

(1) Beim **Mengentender** gibt die EZB den Zinssatz vor. Die Teilnehmer (1 - 4) ihrerseits geben Gebote darüber ab, in welcher Höhe sie zu diesem Festsatz kaufen bzw. verkaufen wollen. Übersteigt das Bietungsaufkommen den angestrebten Zuteilungsbetrag (Mo), so werden die Gebote anteilig im Verhältnis des vorgesehenen Zuteilungsbetrags zum Gesamtbietungsaufkommen zugeteilt (repartiert). Die EZB kann abweichend davon beschließen, jedem Bieter einen Mindestbetrag zuzuteilen.

Wir wollen die Funktionsweise mit Hilfe einer Grafik (Abb. 5.5) erläutern: Die Geschäftspartner wünschen Zentralbankgeld, dessen Volumen über das von der EZB festgelegte Akzeptanzvolumen Mo hinausgeht. Es muss eine **Repartition** stattfinden, die sich am Verhältnis M_o zu M (gewünscht) orientiert. Der Vorteil dieses Verfahrens besteht darin, dass alle Anbieter gleich behandelt werden.

(2) Beim **Zinstender** nennen die Teilnehmer Beträge und Zinssätze, zu denen sie Geschäfte abschließen wollen. Bei **liquiditätszuführenden** Zinstendern in Euro wird in absteigender Reihenfolge der Zinsgebote - beginnend mit dem höchsten - zugeteilt. Wenn beim **marginalen Zinssatz** (d.h. dem niedrigsten akzeptierten Zinssatz) der Gesamtbetrag dieser Gebote über dem verbleibenden Zuteilungsvolumen liegt, wird dieses Restvolumen anteilig zugeteilt. Bei **liquiditätsabschöpfenden** Zinstendern (Emission von Schuldverschreibungen, Hereinnahme von Termineinlagen) wird in aufsteigender Reihenfolge der Zinsgebote (oder in absteigender Reihenfolge der gebotenen Preise) zugeteilt. Das bedeutet, dass Gebote mit dem niedrigsten Zinssatz (dem höchsten Preis) vorrangig zugeteilt werden. Wenn beim marginalen Zinssatz/Preis (also beim höchsten akzeptierten Zinssatz/niedrigstem Preis) der Gesamtbetrag dieser Gebote größer als das verbleibende Zuteilungsvolumen ist, wird es anteilig zugeteilt. Auch beim Zinstender kann die EZB beschließen, jedem Teilnehmer, dessen Gebot berücksichtigt wird, einen Mindestbetrag zuzuteilen. Die Zuteilung nach **Zinstendern bei Devisenswapgeschäften** erfolgt bei liquiditätszuführenden Devisenswaps in aufsteigender Reihenfolge (beginnend bei dem Gebot mit dem niedrigsten Swapsatz) und bei liquiditätsabschöpfenden Devisenswaps in absteigender Reihenfolge (beginnend bei dem Gebot mit dem höchsten Swapsatz). Unter Umständen muss auch hier ein verbleibender Restbetrag repartiert werden.

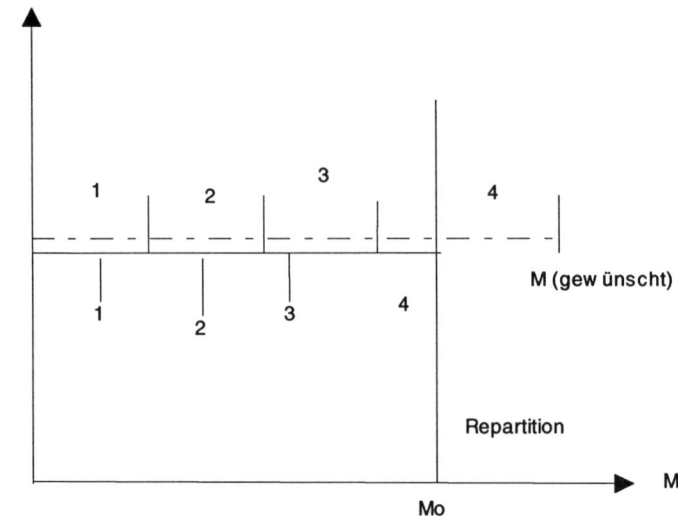

Abb. 5.5: Das Mengentenderverfahren (Festzinstender)

Auch hier soll eine Grafik (Abb. 5.6) das Verständnis erleichtern: Die Geschäftspartner A - E nehmen an der Ausschreibung teil und bieten jeweils die Zinssätze ia, ib usw. Wird das holländische Verfahren angewendet , liegt der **Gleichgewichtszins** gerade bei id, die Zuteilung erfolgt zu diesem Zinssatz, wobei jedoch repartiert, d.h. zugeteilt werden muss. Die gestrichelte Linie stellt die - fiktive - Nachfragekurve dar, die Senkrechte M_0 steht für das Akzeptanzvolumen (Geldangebot der EZB). Wird dagegen das amerikanische Verfahren angewendet, bekommt Partner A die volle Zuteilung des von ihm gewünschten Zentralbankgeldes, allerdings zum Zinssatz ia. Bei D muss wieder zugeteilt werden, während Teilnehmer E kein Zentralbankgeld erhält. Der von ihm gebotene niedrige Zinssatz lässt darauf schließen, dass er noch hinreichend viel frei verfügbares Zentralbankgeld hat.

Bei Zinstendern kann das Eurosystem sowohl das holländische Zuteilungsverfahren als auch das amerikanische Zuteilungsverfahren zur Anwendung bringen. Während beim **holländischen Verfahren** die Zuteilung zu einem einheitlichen Bietungssatz geschieht (Zins/Preis/Swapsatz), erfolgt sie nach dem **amerikanischen Verfahren** zu den individuell gebotenen Zinssätzen/ Preisen/Swapsätzen.

Neben dem Tenderverfahren stehen dem Eurosystem auch die **bilateralen Geschäfte** zur Verfügung. Es handelt sich um Verfahren, bei denen das Eurosystem ein Geschäft mit einem oder mehreren Partnern abschließt, ohne Tender einzusetzen. Die nationalen Zentralbanken können sie zur Feinsteuerung und für strukturelle Operationen mittels endgültiger Käufe bzw. Verkäufe einsetzen. Dabei wird zwischen zwei Arten unterschieden: Geschäfte, bei denen die Teilnehmer direkt angesprochen werden und solche, die über Börsen und Marktvermittler durchgeführt werden.

(1) Beim direkten Kontakt mit den Geschäftspartnern sprechen i. d. R. die NZBen einen oder mehrere inländische Geschäftspartner direkt an. Entscheidungen werden von ihnen auf der Grundlage der von der EZB erteilten Anweisungen getroffen. Bilaterale Geschäfte können aber in Ausnahmefällen auch von der EZB selbst durchgeführt werden. Derartige direkte Geschäfte können bei befristeten Transaktionen, endgültigen Käufen bzw. Verkäufen, Devisenswapgeschäften und der Hereinnahme von Termineinlagen zur Anwendung kommen.

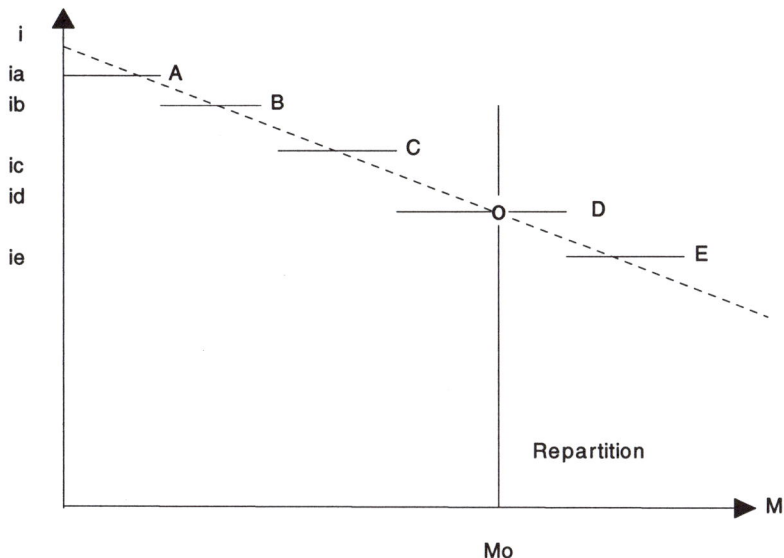

Abb. 5.6: Das Zinstenderverfahren

(2) Die NZBen können bilaterale Geschäfte (endgültige Käufe bzw. Verkäufe) zusätzlich über Börsen und Marktvermittler abwickeln. Zum Zwecke der Feinsteuerung kann die EZB in Ausnahmefällen selbst derartige Geschäfte durchführen.

Bilaterale Geschäfte werden i.d.R. nicht im Voraus öffentlich bekannt gegeben. Auch die Ergebnisse bilateraler Geschäfte müssen nicht veröffentlicht werden. Dafür ist allerdings eine Entscheidung der EZB erforderlich.

6.2.1.3 Gruppierung der Offenmarktgeschäfte

Die EZB führt folgende Offenmarktgeschäfte durch (vgl. Tab. 5.2):

(1) **Hauptrefinanzierungsgeschäfte** sind die wichtigsten Offenmarktgeschäfte des Eurosystems. Über sie wird dem Finanzsektor der größte Teil des Refinanzierungsvolumens zur Verfügung gestellt. Hauptrefinanzierungsgeschäfte sind **liquidätszuführende** Geschäfte (befristete Transaktionen), die regelmäßig jede Woche über Standardtender[17] (nach dem im Voraus bekannt gegebenen Tenderkalender) durchgeführt werden. Sie weisen eine Laufzeit von einer Wochen[18] auf und werden dezentral von den nationalen Zentralbanken durchgeführt. Es sind sowohl Kategorie-1-Sicherheiten als auch

---

[17] Zunächst wurden die Operationen über Mengentender abgewickelt. Zum 27.06.2000 erfolgte ein Wechsel zum Zinstender (amerikanisches Zuteilungsverfahren). Diese Umstellung wurde durch ein unausgewogenes Bietungsverhalten der Geschäftspartner der EZB notwendig. So überstieg das Bietungsvolumen das geplante Zuteilungsvermögen in außergewöhnlichem Maße. Die Zuteilungsrate lag im 1.Halbjahr 2000 nur noch bei 2,7%. Der erwünschte Erfolg stellte sich auch bald ein. Die Zuteilungsrate stieg deutlich an. Sie lag z.B. am 6. November 2002 bei 83%, am 7. Juni 2003 bei 88,5% oder am 30. Juli 2003 bei 63,7%.

[18] Am 23. Januar 2003 beschloss der EZB-RATS die Laufzeit von zwei auf eine Woche zu verkürzen, um so auf stabilere Bietungsbedingungen bei den Kreditinstituten hinzuwirken. Die Neuerung ist ab März 2004 in Kraft.

Kategorie-2-Sicherheiten zugelassen. Alle Kreditinstitute, die die allgemeinen Zulassungskriterien erfüllen, können Gebote abgeben.

(2) **Längerfristige Refinanzierungsgeschäfte** dienen dazu, dem Finanzsektor zusätzliche längerfristige Refinanzierungsmittel zur Verfügung zu stellen. Sie machen aber nur einen begrenzten Teil des gesamten Refinanzierungsvolumens aus. Mit diesen gleichfalls befristeten Geschäften verfolgt das Eurosystem nicht die Absicht, geldpolitische Signale zu setzen und tritt damit i.d.R. als Preisnehmer auf. Entsprechend werden längerfristige Refinanzierungsgeschäfte über Zinstender angeboten (in Ausnahmefällen sind Mengentender möglich). Diese ebenfalls **liquiditätszuführenden** Geschäfte werden monatlich durchgeführt (Laufzeit 3 Monate). Die Realisierung erfolgt dezentral durch die NZBen. Als Sicherheiten werden generell beide Kategorien akzeptiert. Alle zugelassenen Kreditinstitute können Gebote einreichen.

Gruppen von Offenmarktgeschäften	Transaktionsart **Liquiditätsbereitstellung**	Transaktionsart **Liquiditätsabschöpfung**	Verfahren	Laufzeit	Rhythmus
Hauptrefinanzierungsgeschäfte	Befristete Transaktionen	---	Standardtender	Eine Woche	Wöchtlich
Längerfristige Refinanzierungsgeschäfte	Befristete Transaktionen	---	Standardtender	Drei Monate	Monatlich
Feinsteuerungsoperationen	Befristete Transaktionen Devisenswaps	Devisenswaps Hereinnahme von Termineinlagen Befristete Transaktionen	Schnelltender Bilaterale Geschäfte	Nicht standardisiert	Unregelmäßig
	Endgültige Käufe	Endgültige Verkäufe	Bilaterale Geschäfte	---	Unregelmäßig
Strukturelle Operationen	Befristete Transaktionen	Emission von Schuldverschreibungen	Standardtender	Standardisiert/ nicht standardisiert	Regelmäßig Und unregelmäßig
	Endgültige Käufe	Endgültige Verkäufe	Bilaterale Geschäfte	---	Unregelmäßig
Zusammengestellt nach EZB, Leitlinie der EROPÄISCHEN ZENTRALBANK vom 07. März 2002 zur Änderung der Leitlinie EZB/2000/7 über geldpolitische Instrumente und Verfahren des Eurosystems (EZB/2002/2), S. 10.					

Tab. 5.2: Offenmarktgeschäfte des Eurosystems

(3) **Feinsteuerungsoperationen** werden vom Eurosystem fallweise zur Steuerung von Marktliquidität und Zinssätzen genutzt, insbesondere, um die Auswirkungen unerwarteter Liquiditätsschwankungen auf die Zinssätze auszugleichen. Das erfordert ein hohes Maß an Flexibilität. Die Feinsteuerung erfolgt überwiegend über befristete Transaktionen, jedoch auch in Form von endgültigen Käufen bzw. Verkäufen, Dewisenswapgeschäften und die Hereinnahme von Termineinlagen. Feinsteuerungsoperationen finden unregelmäßig statt, ihre Laufzeit ist nicht standardisiert. Im Gegensatz zu (1) und (2) können Feinsteuerungsoperationen auch **liquiditätsabsorbierend** ausgerichtet sein. In

diesem Fall werden sie als bilaterale Geschäfte durchgeführt. Liquiditätszuführende Transaktionen werden i.d.R. über Schnelltender realisiert. Üblicherweise werden Feinsteuerungsoperationen dezentral - in Ausnahmefällen durch die EZB selbst - durchgeführt. Der Teilnehmerkreis an diesen Geschäften kann begrenzt werden. Als Sicherheiten sind ebenfalls beide Kategorien zugelassen.

(4) **Strukturelle Operationen** werden über die Emission von Schuldverschreibungen, befristete Transaktionen und endgültige Käufe bzw. Verkäufe realisiert. Sie werden genutzt, wenn die EZB die strukturellen Liquiditätspositionen des Finanzsektors gegenüber dem Eurosystem anpassen will. Strukturelle Operationen in Form von befristeten Transaktionen oder über Emission von Schuldtiteln werden über Standardtender durchgeführt. Über bilaterale Geschäfte laufen Operationen mittels endgültiger Käufe bzw. Verkäufe. Strukturelle Operationen können regelmäßig oder unregelmäßig stattfinden und werden dezentral durchgeführt. Ihre Laufzeit ist nicht standardisiert. Alle zugelassenen Geschäftspartner können Gebote abgeben. Es sind sowohl Kategorie-1-Sicherheiten als auch Kategorie-2-Sicherheiten zugelassen.

Abschließend wollen wir die Frage beantworten, welche Rolle die verschiedenen Arten von Offenmarktgeschäfte im Jahre 2002 im Eurosystem gespielt haben. Es wurden 53 Hauptrefinanzierungsgeschäfte durchgeführt, deren durchschnittliche Zuteilungshöhe bei 67 Mrd. € lag. Damit wurden 71 % des gesamten Refinanzierungsvolumens bereitgestellt. Es finanzierten sich weniger Geschäftspartner direkt beim Eurosystem, der durchschnittliche Bieterkreis sank gegenüber 2001 um 25 % auf 307 Teilnehmer. Über längerfristige Refinanzierungsgeschäfte wurden 29 % des gesamten Refinanzierungsvolumens abgedeckt. Das Zuteilungsvolumen lag im ersten Halbjahr 2002 jeweils bei 20 Mrd. € und wurde für die zweite Jahreshälfte auf 15 Mrd. € herabgesetzt. Auch bei diesen Geschäften verringerte sich der Kreis der teilnehmenden Geschäftspartner. Er sank um 17% auf durchschnittlich 186 Teilnehmer. 2002 fanden drei Feinsteuerungsoperationen statt (am 4. und 10. Januar sowie am 18. Dezember). Während die beiden ersten Operationen durch einen erhöhten Liquiditätsbedarf nach der Euro-Bargeldumstellung begründet waren, lag die Ursache im Dezember bei Liquiditätsknappheit im Zusammenhang mit der Erfüllung des Mindestreserve-Solls. Strukturelle Operationen wurden erneut nicht durchgeführt (EZB, JAHRESBERICHT 2002, S. 79-80).

6.2.2 Das Instrument der ständigen Fazilitäten

Die ständigen Fazilitäten dienen dazu, **Übernachtliquidität** bereitzustellen (Spitzenrefinanzierungsfazilität) oder abzuziehen (Einlagefazilität). Sie setzen **Signale** hinsichtlich des allgemeinen Kurses der Geldpolitik und stecken die Grenzen der Geldmarktsätze für Tagesgelder ab. Die ständigen Fazilitäten werden dezentral von den nationalen Zentralbanken verwaltet.

Die **Spitzenrefinanzierungsfazilität** dient der Deckung eines vorübergehenden Liquiditätsbedarfs. Sie kann von allen Geschäftspartnern, die die allgemeinen Zulassungskriterien erfüllen, in Anspruch genommen werden, um sich von den NZBen Übernachtliquidität zu einem vorgegebenen Zinssatz gegen refinanzierungsfähige Sicherheiten zu beschaffen. Der Zinssatz[19] bildet die **Obergrenze des Tagesgeldsatzes**. Keine Geschäftsbank wird auf dem Geldmarkt Liquidität aufnehmen, wenn der Geldmarktzins über dem Satz der Spitzenrefinanzierungsfazilität liegt. Im Rahmen der Spitzenrefinanzierungsfazilität kann Liquidität entweder in Form von Übernacht-Pensionsgeschäften oder als Übernacht-Pfandkredite bereitgestellt werden. Die Laufzeit beträgt einen Geschäftstag. Der Zinssatz wird im Voraus

---

[19] Er lag am 6. Juni 2003 bei 3,00%, womit er einen historischen Tiefpunkt erreichte. Den höchsten Wert erreichte er am 6. Oktober 2000 mit 5,75%.

bekannt gegeben. Der Zugang zur Spitzenrefinanzierungsfazilität wird nur in Übereinstimmung mit den allgemeinen geldpolitischen Absichten der EZB gewährt.

Bei der **Einlagefazilität** können die zugelassenen Geschäftspartner Übernachtliquidität bei den NZBen anlegen. Die Einlagen werden zu einem festgesetzten Zinssatz[20], der die **Untergrenze des Tagesgeldsatzes** bildet, verzinst. Bevor eine Geschäftsbank zu einem niedrigeren Zins ihre überschüssigen Gelder am Geldmarkt anlegt, wird sie diese dem Eurosystem überweisen und dafür den entsprechenden Zinssatz der Einlagefazilität erhalten. Die Einlagen sind bis zum nächsten Geschäftstag befristet. Auch der Zugang zur Einlagefazilität wird nur gemäß den Zielen der EZB gewährt.

Über die Festsetzung der Zinssätze für die ständigen Fazilitäten kann die EZB den Geldmarktzinssatz relativ genau steuern. Sie bilden den so genannten **Zinskanal für Tagesgeld** (= Spanne zwischen den Zinssätzen für Spitzenrefinanzierungs- und Einlagefazilität), dessen Ober- und Untergrenze der Tagesgeldsatz nicht verlassen kann. Auch der Zinssatz für die Hauptrefinanzierungsgeschäfte liegt innerhalb dieses Zinskanals. Bisherige Erfahrungen zeigen, dass sich der Tagesgeldsatz sehr eng dem Zinssatz für die Hauptrefinanzierungsgeschäfte anpasst.

Im Jahr 2002 war ein Rückgang in der Nutzung der ständigen Fazilitäten zu verzeichnen. Dabei sank gegenüber 2001 die Inanspruchnahme der Spitzenrefinanzierungsfazilität um 32% und der Einlagefazilität um 64% (EZB, JAHRESBERICHT 2002, S. 81). Als Erklärung für diese seit 1999 rückläufige Entwicklung nennt die EUROPÄISCHE ZENTRALBANK ein effizienteres Liquiditätsmanagement ihrer Geschäftspartner.

6.2.3. Die Mindestreservepolitik

Generell verpflichtet die Mindestreserve die Geschäftsbanken zunächst einmal, für bestimmte Verbindlichkeiten in Höhe eines bestimmten Prozentsatzes (Mindestreservesatz) Guthaben bei der Zentralbank zu halten. Während sie ursprünglich dem Schutz der Kunden gegenüber den Geschäftsbanken (Liquiditätssicherung) diente, unterstützt die Mindestreserve heute v. a. die Geldmengensteuerung. Im Mittelpunkt steht dabei die Veränderung des Mindestreservesatzes. Durch seine Erhöhung vermindert sich das Geldschöpfungspotenzial der Geschäftsbanken und umgekehrt.

Insbesondere auf Drängen der DEUTSCHEN BUNDESBANK wurde dieses Instrument in den Handlungsrahmen des Eurosystems aufgenommen. Zu den geldpolitischen Geschäften des Eurosystems werden nur solche Kreditinstitute zugelassen, die in das Mindestreservesystem einbezogen sind.

Die EZB verlangt satzungsgemäß (Artikel 19.1) von den Kreditinstituten, dass sie im Rahmen der Mindestreservevorschriften des Eurosystems Mindestreserven auf Konten bei den nationalen Zentralbanken unterhalten. Kreditinstitute können bei der zuständigen NZB beantragen, ihre Mindestreserven indirekt durch einen **Mittler** zu unterhalten. I. d. R. ist diese Möglichkeit auf Institute beschränkt, die bereits einen Teil ihrer Geschäftsabwicklung (z.B. das Finanzmanagement) regelmäßig von einem Mittler durchführen lassen. So können beispielsweise Sparkassen und Genossenschaftsbanken ihre Reservehaltung zentralisieren. Der Mindestreservepflicht unterliegen die in den Teilnehmerländern des Eurosystems niedergelassenen Kreditinstitute. Das gilt auch für Zweigstellen von Banken im Euro-Währungsraum, die ihren eingetragenen Sitz außerhalb dieses Raumes haben. Die Reservepflicht gilt jedoch nicht für die Zweigstellen, die im Euro-Währungsraum niedergelassene Kreditinstitute außerhalb dieses Währungsraumes unterhalten. Die EZB führt Verzeichnisse

---

[20] Am 6. Juni 2003 lag er bei 1,00%. Auch er hatte seinen höchsten Wert am 6. Oktober 2000 (3,75%) .

der Geschäftsbanken, die den Mindestreservevorschriften des Eurosystems unterliegen bzw. davon ausgenommen sind.

Die **Höhe der Reservepflicht** der einzelnen Geschäftsbank richtet sich nach seiner Mindestreservebasis. Das Mindestreservesystem des Eurosystems gestattet den Banken ausdrücklich die **Durchschnittserfüllung** der Mindestreserve. D.h., dass sich die Erfüllung der Mindestreservepflicht unter Zugrundelegung der durchschnittlichen Tagesendguthaben auf den Reservekonten der Geschäftsbanken innerhalb einer einmonatigen Mindestreserveerfüllungsperiode bemisst.[21] Damit wird eine Stabilisierung der Geldmarktsätze bezweckt. Infolge der Durchschnittserfüllung werden die Banken stimuliert, die Auswirkungen von zeitweiligen Liquiditätsschwankungen abzufedern. So muss beispielsweise ein kurzfristiger Liquiditätsengpass nicht zwangsläufig durch Operationen am Geldmarkt beseitigt werden. Die Geldmarktzinsen bleiben auf diese Weise von durch Zahlungsverkehrsvorgänge verursachten Transaktionen unberührt (**Stabilisierung des Tagesgeldsatzes**).

Weiterhin bindet die Mindestreservepflicht die Kreditinstitute an die EZB (Refinanzierungsbedarf). Nur so werden die Voraussetzungen für einen erfolgversprechenden Einsatz der anderen geldpolitischen Instrumente des Eurosystems geschaffen. Über eine Stabilisierung der Nachfrage nach Zentralbankgeld erleichtert die Reservepflicht das **Liquiditätsmanagement** der EZB.

Die **Mindestreservebasis** eines Kreditinstituts besteht aus (a) Einlagen und Schuldverschreibungen mit einer Laufzeit von bis zu zwei Jahren sowie (b) Verbindlichkeiten mit einer Laufzeit über zwei Jahren. Sie wird auf der Grundlage der Meldungen der monetären Finanzinstitute an die nationalen Zentralbanken berechnet, die im Rahmen der Geld- und Bankenstatistiken der EZB anfallen. Nicht in die Mindestreservebasis einbezogen werden Verbindlichkeiten gegenüber Instituten, die selbst den Mindestreservevorschriften des Eurosystems unterliegen und gegenüber der EZB und den NZBen. Die EUROPÄISCHE ZENTRALBANK schreibt einen **einheitlichen Mindestreservesatz** vor, der für die meisten in die Mindestreservebasis einbezogenen Verbindlichkeiten größer als null ist (positiver Reservesatz). Das betrifft täglich fällige Einlagen, Einlagen mit einer Laufzeit von bis zu zwei Jahren, Einlagen mit vereinbarter Kündigungsfrist von bis zu zwei Jahren, Schuldverschrei-bungen mit vereinbarter Laufzeit von bis zu zwei Jahren sowie Geldmarktpapiere. Er beträgt gegenwärtig 2%. Andere Positionen (Einlagen und Schuldverschreibungen mit vereinbarter Laufzeit von über zwei Jahren, Einlagen mit vereinbarter Kündigungsfrist von über zwei Jahren sowie Repogeschäfte) werden mit einem Reservesatz von 0% belegt. Die EZB kann diese Reservesätze jedoch jederzeit ändern.

Die Mindestreserveguthaben der Kreditinstitute beim Eurosystem werden zum durchschnittlichen Zinssatz für die Hauptrefinanzierungsgeschäfte über die Mindestreserve-Erfüllungsperiode verzinst. Damit sollen sowohl die aus der Mindestreservepflicht erwachsenen Belastungen der Kreditinstitute vermindert als auch eine weitgehende Wettbewerbsgleichheit gegenüber Märkten außerhalb des Euro-Währungsraums erreicht werden. Die Zinsen werden am zweiten NZB-Geschäftstag nach Ablauf der Erfüllungsperiode gutgeschrieben. Guthaben, die die erforderliche Mindestreserve übersteigen, bleiben unverzinst.

Erfüllt eine Geschäftsbank die Mindestreservepflicht ganz oder teilweise nicht, kann die EZB **Sanktionen** verhängen. Sie können bestehen in (a) einer Zahlung von bis zu 5% über dem Spitzenrefinanzierungssatz auf den Betrag der Mindestreserveunterschreitung, (b) in

---

[21] Gemäß Beschluss des EZB-RATES von 23. Januar 2003 wurde ab März 2004 der Zeitplan der Mindestreserve-Erfüllungsperioden verändert. Sie beginnen immer am Abwicklungstag des Hauptrefinanzierungsgeschäfts das auf die Sitzung des EZB-RATES folgt, für die die monatliche Erörterung der Geldpolitik geplant ist. Gleichzeitig werden Zinsänderungen der ständigen Fazilitäten i.d.R. am ersten Tag der neuen Erfüllungsperiode wirksam (EZB, Monatsbericht August 2003, S.45).

einer Zahlung von bis zum Zweifachen des Spitzenrefinanzierungssatzes auf den Betrag der Mindestreserveunterschreitung oder (c) der Verpflichtung des säumigen Geschäftspartners, bei der EZB oder den NZBen unverzinsliche Einlagen von bis zum Dreifachen des Betrages der Mindestreserveunterschreitung zu halten. Darüber hinaus kann die EZB bei schweren Verstößen den Zugang zu den ständigen Fazilitäten und Offenmarktgeschäften des Eurosystems vorübergehend aussetzen.

Nach Einschätzung der EZB erfüllte das Mindestreservesystem im Jahr 2002 seine beiden Hauptaufgaben erfolgreich. Das Mindestreserve-Soll der Kreditinstitute des Eurosystems lag bei durchschnittlich 129,9 Mrd. € und stieg damit gegenüber 2001 um 5,9 Mrd. € an. Die durchschnittliche monatliche Mindestreservebasis, auf die der Mindestreservesatz angewendet wird, lag um 3,5% höher als 2001. Insgesamt waren am Jahresende 6.926 Kreditinstitute reservepflichtig. 64% von ihnen hielten ihre Mindestreserven direkt bei den zuständigen NZBen und die verbleibenden 2.494 Kreditinstitute indirekt bei einem Mittler. Pro Erfüllungsperiode wurden im Durchschnitt 28 Verstöße gegen die Mindestreservebestimmungen festgestellt. Dabei handelte es sich um kleinere Verstöße, in 13 Fällen wurden jedoch Strafzinsen von mehr als 10.000 € verhängt (EZB, JAHRESBERICHT 2002, S. 81).

7. Probleme und Grenzen

Wir wissen, dass für die Stabilität des Geldwerts die Akzeptanz der Wirtschaftssubjekte von entscheidender Bedeutung ist. Die Geldpolitik wird nur dann erfolgreich sein, wenn sie auf **Vertrauen** rechnen kann. Ohne diese Grundlage werden die beabsichtigten Wirkungen der Geldpolitik schwerlich eintreten. Wenden wir uns also der Frage zu, wie die Akzeptanz geldpolitischer Entscheidungen erreicht werden kann? Wesentliche Voraussetzung dürften dabei die Stellung des geldpolitischen Entscheidungsträgers sowie dessen Instrumentarium bilden.

Nach der **rechtlichen Konstruktion** im EG-VERTRAG ist die EUROPÄISCHE ZENTRALBANK **autonom**, d.h. von Weisungen der Regierungen einzelner Mitgliedstaaten des Eurosystems und der EU-KOMMISSION unabhängig. Es ist nicht unumstritten, dass für eine Zentralbank dieses extrem hohe Maß an Autonomie erforderlich ist, wenn das Ziel Preisstabilität gewährleistet werden soll. Zudem ist bedenklich, dass die EZB **keinerlei** politischer Kontrolle unterworfen ist. Dies war schon bei der DEUTSCHEN BUNDESBANK ein umstrittener Aspekt, wobei aber die Errichtung der Bundesbank 1957 durch ein Bundesgesetz erfolgte und dieses Gesetz mit einfacher Mehrheit geändert werden konnte. Änderungen im Rechtsstatus der EZB dürften, da sie auf internationalem Recht beruht, ungleich schwerer sein. Aus Gründen der für europäische Institutionen immer noch **schwachen demokratischen Legitimation** wäre es zu begrüßen gewesen, die EZB einer politischen Kontrolle zu unterwerfen. Vielfach wird heute deshalb eine Stärkung der Kompetenz des EUROPÄISCHEN PARLAMENTS verlangt. Unter **institutionellem Aspekt** kann die Unabhängigkeit der EZB eine notwendige, muss aber noch keine hinreichende Bedingung für die Stabilität des Geldwerts sein. Die Vorbereitung des Instrumentariums, das der EZB zur Durchsetzung einer einheitlichen Geldpolitik zur Verfügung steht, war zweifelsohne sehr gründlich. Trotz der insgesamt positiv einzuschätzenden Entwicklung kam es unter **instrumentalem Aspekt** zu (Übergangs-)Problemen, weil die nationalen Zentralbanken bei der dezentralen technischen Umsetzung erst Erfahrungen sammeln mussten. Einige Instrumente waren für manchen NZBen völlig neu (z.B. Mindestreserve), andere verloren an Bedeutung (z.B. Diskontpolitik). Auf kleine Probleme weisen auch einige Korrekturen bei der Anwendung einzelner Instrumente (z.B. Übergang zum Zinstender bei den Hauptrefinanzierungsgeschäften, Anpassung des Zeitplans der Mindestreserve-Erfüllungsperiode) hin.

Eine **institutionelle „Schwäche"** der EZB sehen einige Kritiker darin, dass alle Mitglieder des EZB-RATS über das gleiche Stimmrecht verfügen. Das könnte zu fehlerhaften Entscheidungen führen, wenn sich die Mitglieder dieses Gremiums bei ihren Entscheidungen nicht nur an den Durchschnittswerten des Euro-Währungsraumes orientieren. Es steht zu befürchten, dass die Mitglieder des Rats auch die Situation ihres Heimatlandes einbeziehen. Das ist aber nur dann unproblematisch, wenn die nationalen Daten sich unwesentlich von denen des gesamten Eurosystems unterscheiden. Dieses potenziell bestehende Problem könnte sich mit der Osterweiterung der EUROPÄISCHEN UNION verschärfen.

Die praktisch ausschließliche Orientierung der EZB am gesamtwirtschaftlichen Ziel der Preisstabilität beinhaltet eine **Trennung wirtschaftspolitischer Kompetenzen**, wobei nicht sichergestellt ist, dass die Abstimmung zwischen der EZB und nationalen Regierungen - bei unterschiedlicher Bewertung von Einzelzielen im gesamtwirtschaftlichen Zielbündel - reibungslos funktioniert. Die Entwicklungen der letzen Zeit deuten vielmehr auf das Gegenteil hin.

Durch die stufenweise Vorbereitung und Einführung des Euro wurde in den Teilnehmerstaaten des Eurosystems ein bemerkenswerter Fusions- und Konzentrationsprozess im Bankensektor ausgelöst. Damit werden **sekundäre Geldkreisläufe** geschaffen (bargeldloser Zahlungsverkehr wird im „gleichem Haus" abgewickelt), die eine Steuerung durch die EZB erschweren können. Diese Entwicklung könnte – wenn auch noch nicht in den nächsten Jahren - durch eine massenweise Verbreitung von electronic money verstärkt werden.

Ein weiteres Problem resultiert aus der **Wirksamkeit der geldpolitischen Maßnahmen**. Geldpolitik ist zwar ein wesentlicher Bestandteil der allgemeinen Wirtschaftspolitik, kann jedoch allein eine stabile makroökonomische Entwicklung nicht sicherstellen. Der **Übertragungsmechanismus** geldpolitischer Impulse auf den realwirtschaftlichen Bereich kann (zumindest nach Meinung der Keynesianer) **blockiert** sein. Das bedeutet aber, dass eine geldpolitische Maßnahme letztlich in Bezug auf die gesamtwirtschaftlichen Ziele unwirksam sein kann. So zeigen Zinserhöhungen im Rahmen einer **kontraktiven** Geldpolitik keine Wirkung auf Produktion und Beschäftigung, wenn die Nachfrage nach Gütern im Boom besonders wenig auf Zinsänderungen reagiert. Wirksamer ist hier eher eine Einschränkung des Kreditangebotes der Geschäftsbanken, zu der diese bei einer hinreichend stark „bremsenden" Politik der Zentralbank schließlich gezwungen werden können. Wer einfach keine Kredite bekommt, kann gegebenenfalls nicht investieren oder Konsumgüter nachfragen. Problematischer ist die Wirksamkeit einer **expansiven** Politik. Die eine solche Politik begleitenden Zinssenkungen und Erhöhungen des Kreditangebotes rücken vorher unrentabel erscheinende Investitionsvorhaben der Unternehmen nicht mit Sicherheit in den Bereich der Vorteilhaftigkeit. Eine Erhöhung des Kreditangebotes und eine Senkung der Kreditzinsen bewirken in einer Phase pessimistischer Zukunftserwartungen - wenn überhaupt - nur eine schwache Zunahme der Nachfrage nach Gütern. Produktion und Beschäftigung bleiben dann von den geldpolitischen Maßnahmen weitgehend unbeeinflusst. Ohne begleitende Maßnahmen der **Finanzpolitik** bleibt in dieser Situation die expansive Geldpolitik unwirksam. Allerdings existiert derzeit keine Institution, die über die Kompetenz zur Durchsetzung einer einheitlichen europäischen Finanzpolitik verfügt. Als Ersatz könnte der „Stabilitäts- und Wachstumspakt" angesehen werden. Es ist jedoch fraglich, ob dadurch tatsächlich optimale Entscheidungsstrukturen geschaffen wurden.

Der Zusammenhang zwischen Geld- und Finanzpolitik ist jedoch weitaus vielfältiger. So können einerseits in Zukunft auch Risiken von der Finanzpolitik, insbesondere der **staatlichen Schuldenpolitik** ausgehen. Eine defizitäre Haushaltspolitik einzelner Mitgliedstaaten des Eurosystems könnte den politischen Druck auf die EUROPÄISCHE ZENTRALBANK erhöhen und eine stabilitätsorientierte Geldpolitik der EZB erschweren. Andererseits wirken sich auch geldpolitische Entwicklungen auf die Finanzpolitik aus. So würden beispielsweise Zinserhöhungen die angespannte Haushaltslage in einigen Mitgliedstaaten zusätzlich verschärfen, während eine expansive Geldpolitik zur Entlastung der Haushalte beitrüge.

Risiken für eine stabilitätsorientierte Geldpolitik könnten ebenfalls von der **Lohnpolitik** ausgehen. Sollten sich beispielsweise Tendenzen zur Lohnangleichung - unabhängig von der Produktivitätsentwicklung in den Mitgliedstaaten - durchsetzen, würde der politische Druck auf die EZB zunehmen. Negative Auswirkungen steigender Lohnstückkosten auf die Beschäftigung würden den Ruf nach einer Lockerung lautern werden lassen.

Die einheitliche Geldpolitik im Euro-Währungsraum eignet sich nicht zur Lösung **regionaler Probleme**. Da nationale Zinsunterschiede und Wechselkursanpassungen nicht möglich sind, können sie nur über Maßnahmen der Fiskal- und Strukturpolitik gelöst werden.

Auf sich allein gestellt würde die Geldpolitik also ziemlich schnell überfordert, die Preisstabilität zu sichern. Eine auf Stabilität bedachte Geldpolitik bedarf in den Teilnehmerländern des Eurosystems auch nach der Einführung des Euro weiterhin einer **antidefizitären Finanzpolitik** (solide Staatsfinanzen, geringes Defizit der öffentlichen Haushalte entsprechend den Stabilitätskriterien). Die Stabilität des Euro wird also nicht zuletzt davon abhängen, wieweit die Vereinbarungen des STABILITÄTSPAKTS VON DUBLIN auf Dauer erfüllt werden. Darüber hinaus muss die Finanzpolitik der Mitgliedstaaten künftig deutlich einheitlichere Züge tragen als bisher.

Ein Konfliktpotenzial besteht darüber hinaus auch zwischen der Geld- und Währungspolitik (**Wechselkurspolitik**) im Eurosystem. Im Gegensatz zur Geldpolitik liegt die Kompetenz für die Wechselkurspolitik beim ECOFIN-RAT, der die grundlegenden Orientierungen für das Wechselkursregime gegenüber Drittländern festlegt. Beim Primat der Wechselkursstabilisierung könnte dies im ungünstigsten Falle dazu führen, dass die EZB beispielsweise ihre Zinspolitik diesem Ziel unterzuordnen hätte und so u. U. das Ziel der Preisstabilität verfehlen würde.

Abschließend - aber in der Rangfolge nicht an letzter Stelle - wollen wir auf den Aspekt der **Globalisierung** hinweisen. Die Krisen der internationalen Finanzmärkte in den letzten Jahren haben gezeigt, dass sie eine Tendenz zur Instabilität haben. Der Bedarf an einer politischen Gestaltung globalisierter Märkte zur Vermeidung von Fehlentwicklungen wird kaum noch in Frage gestellt. Dabei geht es sowohl um die Reform internationaler Institutionen wie INTERNATIONALER WÄHRUNGSFONDS und WELTBANK sowie unregulierter Finanzinstitute (Hedge Funds, Offshore-Zentren), als auch um andere Reformansätze (Bekämpfung von Finanzkriminalität und Geldwäsche, Forderung nach einem internationalen Insolvenzverfahren u.a.).

Arbeitsaufgaben

1) Auf welchen theoretischen Überlegungen basiert die potenzialorientierte Geldmengenpolitik?

2) Welche Ziele verfolgt die Europäische Zentralbank mit ihrer Geldpolitik und was verstehen Sie unter der Zwei-Säulen-Strategie?

3) Diskutieren Sie die Zielhierarchie der EZB. Welche Zwischenziele und geldpolitischen Indikatoren können dabei unterschieden werden?

4) Wie ist das Europäische System der Zentralbanken (ESZB) aufgebaut und welche Rolle spielen in diesem System die nationalen Zentralbanken?

5) Wie ist die Unabhängigkeit der EZB begründet und gestaltet? Nehmen Sie auch Stellung zur Frage der demokratischen Legitimation dieser Institution.

6) Welche Instrumente stehen der EZB zur Durchsetzung einer einheitlichen Geldpolitik zur Verfügung?

7) Welche Rolle spielen die ständigen Fazilitäten für die Bildung des Zinssatzes für Tagesgeld?

8) Haben sich die geldpolitischen Instrumente der EZB bewährt?

9) Wie könnten sich neuere Entwicklungen im Zahlungsverkehr (electronic money) auf die Geldpolitik auswirken? Wie ist die EZB darauf vorbereitet?

6. Kapitel: Einkommenspolitik - Sozialpolitik

1. Einleitung

In einer als Geldwirtschaft organisierten, arbeitsteiligen Wirtschaftsgesellschaft entsteht das Inlandsprodukt durch das komplexe Zusammenwirken aller ihrer Mitglieder. Über den Anteil des Einzelnen am gesamten Einkommen entscheidet ein komplizierter Verteilungsprozess. In der aktuellen Diskussion werden Fragen der Einkommensverteilung kontrovers und zunehmend heftiger erörtert. Dabei geht es wirtschaftspolitisch jedoch nicht nur um die Höhe von Löhnen und Gehältern.

Die Einkommensverteilung lässt sich unter verschieden Gesichtspunkten betrachten. Im Mittelpunkt steht dabei zweifelsohne die **funktionelle Einkommensverteilung**, die sich auf die an der Wertschöpfung beteiligten Produktionsfaktoren bezieht. Sie ist das Resultat von marktwirtschaftlichen Prozessen (Lohn-, Zins- und Güterpreisbildung) und liefert den entscheidenden Orientierungsrahmen für die Einkommenspolitik der Tarifpartner. Für die staatliche Einkommenspolitik, die auf dem Sozialstaatsprinzip basiert, steht dagegen die **personelle Einkommensverteilung** im Vordergrund. Sie fragt nach dem Einkommen der Haushalte unabhängig von seiner Herkunft (Faktoreinkommen, Vermögenseinkommen oder Transfereinkommen). Das persönliche Einkommen bildet die Grundlage für die Bestimmung des Lebensstandards der einzelnen Gesellschaftsmitglieder und wird in seiner Höhe nicht nur durch die Marktkräfte gesteuert, sondern hängt zusätzlich von einer Vielzahl von Einflussgrößen wie Steuergesetzgebung, System der sozialen Sicherung ab.

Weiterhin kann noch zwischen **sozioökonomischer** Einkommensverteilung nach sozialen Gruppen wie Arbeiter und Angestellte, Selbständige, Beamte, Studierende oder Rentner, **sektoraler** nach Wirtschaftsbereichen gemäß der Volkswirtschaftlichen Gesamtrechnung, **regionaler** (z.B. nach Bundesländern) und **internationaler** Verteilung (z.B zwischen Industriestaaten und Entwicklungsländern) unterschieden werden. Ein besonders aktuelles Problem stellt die **intertemporale** Einkommensverteilung zwischen den Generationen dar.

Bekanntlich existieren verschiedene Möglichkeiten der Einkommenserzielung. Sofern es sich um den Einsatz der Produktionsfaktoren handelt, sprechen wir von **Leistungseinkommen** (Faktor- oder Erwerbseinkommen). Sie lassen sich als Summe der Faktoreinkommen aus Arbeitsleistung (Löhne und Gehälter), aus unternehmerischer sowie selbständiger Tätigkeit und der Vermietung von Wohnungen und Gebäuden sowie Pachten ermitteln. Dagegen sind **Vermögenseinkommen** Faktoreinkommen, die für die Nutzung von Vermögen gezahlt werden (z.B. Aktiendividenden, Zinsen aus Sparguthaben, Wertpapierzinsen).

Bei der Einkommenspolitik stehen zunächst diese im marktwirtschaftlichen Leistungsprozess erzielten Einkommen im Vordergrund. Da es aber vielen Menschen aus unterschiedlichsten Gründen nicht möglich ist, ein Leistungseinkommen zu erzielen, bedarf es in einem Wirtschaftssystem, das sich sozial nennt, eines Ausgleichs. Demzufolge gehört auch die Umverteilungspolitik, zu der im Wesentlichen die Sozialpolitik zu rechnen ist, zur Einkommenspolitik. Die so verteilten Einkommen werden als **Transfereinkommen** bezeichnet. Folglich muss der Begriff der **Einkommenspolitik** weiter gefasst werden.

Im engeren Sinne bezeichnet staatliche Einkommenspolitik zunächst alle Maßnahmen des Staates, die auf eine bewusste Beeinflussung der Einkommenentstehung ausgerichtet sind. Davon zu unterscheiden ist die Einkommenspolitik der autonomen Tarifvertragsparteien.

Im weiteren Sinne gehören zur staatlichen Einkommenspolitik aber auch solche Maßnahmen, die auf eine nachträgliche Korrektur der marktbedingten Einkommen abzielen (**Einkommensumverteilungspolitik**). Staatliche Umverteilungsmaßnahmen sind häufig durch sozialpolitische Gerechtigkeitsvorstellungen begründet: So führt der Marktmechanismus tendenziell zu einer ungleichen Einkommens- und Vermögensverteilung, weil die Tatbestände wie Intelligenz, Geschicklichkeit oder Durchsetzungsvermögen, die letztlich zu Einkommen und Vermögensbildung nach dem Leistungsprinzip führen, zufällig und ungleich verteilt sind. Diese Tendenz verstärkt sich im Laufe der Zeit. Auch können die materiellen Lebensgrundlagen durch verschiedene Umstände (Alter, Arbeitslosigkeit, Kinderreichtum oder Krankheit) „erschüttert" werden.

Das System der Sozialen Marktwirtschaft sieht für beide Fälle Korrekturen als erforderlich an. Diese können beispielsweise über eine differenzierte Einkommensbesteuerung und/oder Sozialleistungen, die die Existenz aller Bevölkerungskreise gegen allgemeine Lebensrisiken absichern sollen, erfolgen (vgl. Abschnitt 6.3). Somit dürfte deutlich geworden sein, dass Einkommenspolitik und Sozialpolitik stark miteinander verbunden sind.

Sozialpolitik bezeichnet alle Handlungen und Maßnahmen des Staates, die auf die Sicherung der Lebensgrundlagen wirtschaftlich schwacher Bevölkerungsgruppen abzielen. Durch die Sozialpolitik sollen darüber hinaus, bestehende soziale Gegensätze innerhalb der Gesellschaft gemildert werden.

Art und Umfang dieser Maßnahmen werden dabei entscheidend von den gesellschaftlichen und sozialen Grundzielen bestimmt. Die Frage, welche Ziele in diesem Zusammenhang wünschenswert sind, lässt sich nicht frei von Werturteilen beantworten. Vielmehr werden die Antworten stark normativ geprägt sein und von solchen Faktoren wie dem bestehenden Gesellschaftssystem, der Zugehörigkeit zur einer bestimmen soziale Gruppe oder auch der wirtschaftlichen und historischen Situation abhängen.

Wir würden den Rahmen dieses Kapitels sprengen, wollten wir die Einkommensverteilungstheorie (vgl. Abschnitt 3), die die Bestimmungsgründe der Einkommensverteilung untersucht, in allen Einzelheiten darstellen. Auch blenden wir die Fragen der Vermögenspolitik weitgehend aus. Zum einen ist sie wirtschaftspolitisch schon seit Jahren nicht besonders aktuell. Hinzu kommt, dass auch die Theorienbildung sowie die Erhebung adäquater statistischer Daten - im Gegensatz zur Einkommenspolitik - vernachlässigt wurden. Zum anderen bedeutet Vermögen der privaten Haushalte in diesem Zusammenhang nichts anderes als akkumulierte Ersparnisse aus der Vergangenheit. Zum Teil ist dieses Vermögen dazu geeignet, neues Einkommen zu generieren (z.B. bei Geldvermögen, Aktienbesitz). In diesem Fall gehört Vermögen implizit wieder zu unserer Betrachtung.

Zunächst soll die tatsächliche Einkommensverteilung in der Bundesrepublik als Grundlage für einige Hypothesen dienen, um die Gründe für das Entstehen ungleicher Einkommen in einer marktwirtschaftlichen Ordnung zu erörtern. Anschließend werden wir auf die Ziele und Träger der Einkommens- und Umverteilungspolitik eingehen. Der Einsatz entsprechender Instrumente steht im Vordergrund des 6. Abschnitts. Eine Zusammenfassung wichtiger Probleme und Grenzen, die die Effizienz in diesem Politikbereich einschränken, schließt auch dieses Kapitel wieder ab.

2. Situationsanalyse

2.1 Allgemeine Entwicklung

Die absolute Höhe von Einkommen wird häufig als eine entscheidende Komponente bei der Ermittlung der gesellschaftlichen Wohlfahrt angesehen. Dabei wird in der Regel eine

Durchschnittsbildung vorgenommen. Tabelle 6.1 gibt einen Überblick über die Entwicklung derartiger Größen.

Tab. 6.1: Volkseinkommen je Einwohner, Nettolohn- und Gehaltssumme je beschäftigten Arbeitnehmer

Jahr	Volkseinkommen je Einwohner (in €)	Nettolöhne und -gehälter je Arbeitnehmer (in €)
1970	4.530	5.500
1980	9.600	10.840
1990	15.610	14.590
1991[1]	14.590	13.770
1995	16.640	15.830
1997	17.120	15.620
1999	17.900	16.100
2000	18.360	16.480
2001	18.600	17.030

[1] bis 1990 früheres Bundesgebiet, ab 1991 einschließlich neue Bundesländer.

Quelle: SACHVERSTÄNDIGENRAT ZUR BEGUTACHTUNG DER GESAMTWIRTSCHAFTLICHEN ENTWICKLUNG, Jahresgutachten 2002/2003, Stuttgart 2002, S. 417.

Der große Nachteil solcher Durchschnittswerte liegt darin, dass wichtige Informationen über die Verteilung der Einkommen verloren gehen. So wird bekanntlich die Lebensqualität des Einzelnen durch die Höhe seines individuellen Einkommens bestimmt. Einem Sozialhilfeempfänger oder einem Bezieher von Mindestrente hilft es da wenig, dass das durchschnittliche Nettoeinkommen von Arbeitnehmern in der Bundesrepublik 2001 bei 17.030 € lag. Der monatliche Regelsatz der Sozialhilfe (Lebensunterhalt) für Haushaltsvorstände oder Alleinstehende liegt derzeit zwischen 297 € in Baden-Württemberg sowie Hessen und 282 € in Mecklenburg-Vorpommern, Sachsen und Thüringen. Der rechnerische Durchschnitt liegt bei 295 € (früheres Bundesgebiet) bzw. 285 € (neue Länder und Ost-Berlin). Für ein Kind bis zur Vollendung des 7. Lebensjahres liegt der Regelsatz bei 148 € bzw. 143 €. Er steigt bis zur Vollendung des 18. Lebensjahres in Stufen auf 266 € bzw. 257 € (alle Werte nach dem BUNDESSOZIALHILFEGESETZ, Stand 01.07.2003). Um zu aussagefähigeren Urteilen über die Wohlfahrt aller Gesellschaftsmitglieder zu gelangen, muss also ein genauerer Blick auf die Einkommensverteilung geworfen werden.

Die statistische Erfassung der Einkommensverteilung ist außerordentlich schwierig. Vom STATISTISCHEN BUNDESAMT wurden erstmals 1962/63 so genannte **Einkommens- und Verbrauchsstichproben (EVSt)** erhoben, die seit 1973 im fünfjährigen Turnus durchgeführt werden. Die Stichprobe wird nach einem modifizierten Quotenverfahren gezogen, wobei nach dem „Gesetz über die Statistik der Wirtschaftsrechnung privater Haushalte" maximal 0,3 Prozent aller privaten Haushalte einbezogen werden. Dabei verpflichten sich die Haushalte ganzjährig freiwillig alle Einnahmen aufzuschreiben. Bei den Ausgaben erfolgt eine detaillierte Aufzeichnung nur für einen Kalendermonat, in den übrigen Monaten werden ausgewählte Aufwendungen mit wechselnden Schwerpunkten erfasst. Die EVSt - die verwendeten Größen und Begriffe sind weitgehend mit der Volkswirtschaftlichen Gesamtrechnung abgestimmt - liefert wichtige Ergebnisse über die personelle Einkommensverteilung. Ihr wichtigstes Ziel besteht in der Erfassung der Entstehung und Verteilung der Einkommen privater Haushalte. Die Ergebnisse liefern eine Vielzahl verteilungspolitischer Daten, die u.a. auch zur Festlegung des Warenkorbs für die Bestimmung des Preisindex für die Lebenshaltung verwendet werden. Trotzdem bleibt die Aussagefähigkeit begrenzt. So ist eine Darstellung der Einkommensverteilung aller privaten Haushalte auf Grundlage der EVSt allein nicht möglich. Das liegt u.a. daran, dass Ausländer sowie Haushalte mit sehr hohem Einkommen nicht erfasst werden. Auch sind aufgrund der Erhebungsverfahren Fehlerquellen, die nicht exakt quantifizierbar sind, unvermeidbar.

Zusätzlich werden durch **Befragungen** weitere wichtige Basisdaten (Ausstattung der Haushalte mit langlebigen Gebrauchsgütern, Haus- und Grundbesitz, Sparziele, Nutzung von Bildungseinrichtungen usw.) ermittelt. Außerdem werden von der Statistik noch **laufende Wirtschaftsrechnungen** durchgeführt, in die allerdings nur wenige ausgewählte Haushaltstypen einbezogen werden. Einige Wirtschaftsforschungsinstitute, z.B. das DEUTSCHE INSTITUT FÜR WIRTSCHAFTSFORSCHUNG (DIW) in Berlin, führen eigene Untersuchungen und Modellrechnungen durch. Neben Daten der Volkswirtschaftliche Gesamtrechnung (VGR), der Steuerstatistik u.a. werden auch die Ergebnisse des **Mikrozensus** genutzt. Dabei handelt es sich um eine 1957 eingeführte „Repräsentativerhebung der Bevölkerung und des Erwerbslebens". In einer Stichprobenerhebung werden jährlich 1% der Bevölkerung statistisch erfasst.

Im Rahmen der VGR werden für die gesamte Volkswirtschaft **Einkommenskonten** (Einkommensentstehungskonten, Einkommensverteilungskonten und Einkommensumverteilungskonten) aufgestellt. Sie dienen z.B. der Ermittlung des Nettoinlandsprodukts zu Faktorkosten, der Erfassung der Anteile der jeweiligen Sektoren am Volkseinkommen sowie zur Berechnung des verfügbaren Einkommens (unter Einbeziehung der geleisteten und empfangenen Übertragungen). Das in der Entstehungsrechnung der VGR berechnete Nettosozialprodukt zu Faktorkosten (Volkseinkommen) umfasst die Summe aller Erwerbs- und Vermögenseinkommen, die Inländern letztlich zugeflossen sind. Die in der Verteilung für die einzelnen Sektoren (Unternehmen, Staat, private Haushalte) unterschiedenen Einkommensarten (Einkommen aus unselbständiger Arbeit sowie Unternehmereinkommen) ermöglichen u.a. eine längerfristige Darstellung der Entwicklung der funktionellen Einkommensverteilung.

Für eine verteilungspolitisch orientierte Betrachtungsweise bildet der Aspekt der **Einkommensentstehung** die entscheidende Grundlage. Die Einkommensentstehungsrechnung zeigt auf, wie die einzelnen Produktionsfaktoren zur Wertschöpfung beitragen. Damit bilden sie gleichzeitig die Quelle der Einkommen, die in einer Volkswirtschaft entstehen. Daher kann das **Volkseinkommen** auch als die „Summe der monetären Ansprüche der Produktionsfaktoren auf Güter der laufenden Produktion" (J. WERNER, Verteilungspolitik, Stuttgart 1979) aufgefasst werden.

Im Ergebnis von Produktionsprozessen entstehen also durch die Abgabe von Faktorleistungen Einkommensansprüche der Eigentümer der Produktionsfaktoren: So erwirbt z.B. ein Arbeitnehmer einen Anspruch auf Lohnzahlung. Die Höhe des Einkommensanspruchs bzw. des auf seiner Grundlage gezahlten Einkommens ergibt sich als Produkt aus der Menge der abgegebenen Faktorleistungen (z.B. der Arbeitsstunden) und dem Faktorpreis (z.B. dem Stundenlohn). Dabei muss sich der Leser nun klarmachen, dass sowohl die verkauften (eingesetzten) Faktormengen als auch ihre Preise in einer Marktwirtschaft auf Märkten bestimmt werden. Auf dem Arbeitsmarkt kommt es allerdings infolge der besonderen Marktstruktur (zweiseitiges Monopol zwischen den Tarifpartnern) zeitweise zu Ergebnissen, die nicht oder nur teilweise den Angebots- und Nachfragebedingungen entsprechen. Wird dabei ein Lohn vereinbart, der über dem Gleichgewichtslohnsatz liegt, so kann dies eine Ursache für Arbeitslosigkeit sein. Langfristig ist indes zu beobachten, dass die Marktgegebenheiten trotz der Marktmacht der Tarifpartner ihren Niederschlag in den vereinbarten Konditionen finden.

Bleibt zu klären, wie das entstandene Volkseinkommen auf die Produktionsfaktoren aufgeteilt wird. Grundsätzlich lassen sich dabei zwei zentrale Fragen der **Einkommensverteilung** unterscheiden: (1) Welches Einkommen erzielen die an der Produktion des Inländerprodukts (Nettoinlandsprodukt zu Faktorkosten) beteiligten **Produktionsfaktoren** und (2) wie sind die Einkommen auf einzelne **Personen-** oder **Haushaltsgruppen** verteilt? Um zu ersten Antworten zu gelangen, müssen wir auf die unterschiedlichen Kriterien der Einkommensverteilung zurückgreifen. Dabei stehen die funktionellen und personellen Aspekte im Mittelpunkt.

Funktionelle und personelle Einkommensverteilung

Mit der **funktionellen Einkommensverteilung** wird die Verteilung des geschaffenen Volkseinkommens auf die Produktionsfaktoren dargestellt, die an der Entstehung des Nettosozialprodukts zu Faktorkosten beteiligt sind. Es geht also um die ökonomische Herkunft der unterschiedlichen Einkommensarten.

Tabelle 6.2 zeigt die Entwicklung des Volkseinkommens in der Bundesrepublik Deutschland und seine Verteilung auf verschiedene Einkommensarten. Während sich die Arbeitnehmerentgelte im Zeitraum zwischen 1980 und 2001 um rund 152 Prozent erhöhten, stiegen die Unternehmens- und Vermögenseinkommen um etwa 181 Prozent. Für den gleichen Zeitraum sank der Anteil, der Lohn- und Gehaltsempfängern aus dem Volkseinkommen zufloss, von 75,8 Prozent im Jahre 1980 auf 73,2 Prozent im Jahre 2001 (1997 = 69,7 Prozent).

Diese Verteilung des Volkseinkommens kann allerdings nur mit gewissen Vorbehalten als funktional bezeichnet werden, da die Einkommen aus unselbständiger Arbeit nur annähernd die Einkommen des Produktionsfaktors Arbeit und die Unternehmens- und Vermögenseinkommen nur annähernd das Einkommen des Faktors Kapital wiedergeben. Die Einschränkung bezieht sich insbesondere auf die Tatsache, dass letztere auch Einkommen des Produktionsfaktors Arbeit enthalten, nämlich den Wert der von Selbständigen (und unbezahlten, aber mithelfenden Familienangehörigen) geleisteten Arbeit. Bei einer rein funktionellen Betrachtungsweise der Einkommensverteilung bleibt außerdem unberücksichtigt, dass Wirtschaftssubjekte aus verschiedenen Produktionsfaktoren gleichzeitig Einkommen erzielen können.

Tab. 6.2: Entwicklung von Erwerbsbevölkerung und Bruttoeinkommen aus unselbständiger Arbeit bzw. aus Unternehmertätigkeit und Vermögen

	Erwerbstätige (in Tausend)	Volkseinkommen	Arbeitnehmerentgelte	Unternehmens- u. Vermögenseinkommen
		(in Mrd. €)		
1970	26.618	274,72	184.91	89.80
1980	27.377	591,03	444,74	146,29
1990	30.276	987,21	689,10	298,11
1991[1]	38.454	1.167,07	845, 98	321,09
1995	37.382	1.358,60	996,18	362,42
1997	37.208	1.404,63	1.009,22	395,41
1999	38.077	1.469,00	1.057,95	411,05
2000	38.752	1.509,22	1.098,96	410,26
2001	38.917	1.531,23	1.120,35	410,88

[1] bis 1990 früheres Bundesgebiet, ab 1991 einschließlich Neue Bundesländer.

Quelle: SACHVERSTÄNDIGENRAT ZUR BEGUTACHTUNG DER GESAMTWIRTSCHAFTLICHEN ENTWICKLUNG,, Jahresgutachten 2002/03, a.a.O., S. 415 und 418.

Für eine Beurteilung möglicher Auswirkungen in Hinblick auf die Kaufkraftentwicklung, die Analyse des Lebensstandards oder auf soziale Aspekte reicht die funktionelle Einkommensverteilung nicht aus. Die wirtschaftspolitischen Entscheidungsträger brauchen zusätzlich Informationen darüber, wie sich das Einkommen auf einzelne Personen oder Personengruppen verteilt. Das bedeutet, dass zunächst ein Zusammenhang zwischen den einkommensschaffenden Produktionsfaktoren und den einkommensbeziehenden Personen hergestellt werden muss. Häufig fließt ihnen nicht nur ein Einkommen zu, sondern ihr gesamtes Einkommen setzt sich aus verschiedenen Quellen zusammen. Diese Tatsache berücksichtigt die **personelle Einkommensverteilung**. Sie untersucht die Verteilung der Einkommen - unabhängig von ihrer funktionellen Herkunft - auf Personen, Haushalte oder soziale Gruppen. Die verschiedenen Einkommensarten wie Gehalts-, Zins oder Pachteinnahmen werden hier folglich zusammengerechnet. Im Vordergrund steht dabei die Erfassung von Personengruppen (Haushalten). Begründet wird das damit, dass die Entscheidungen über Faktorangebot und Verwendung der erwirtschafteten Einkommen in der Regel innerhalb der jeweiligen Haushalte getroffen werden. Haushalte werden also als Einheit genommen und können zusätzlich nach der Höhe ihrer Einkommen oder ihrer sozialer Zugehörigkeit gruppiert werden.

Unter verteilungspolitischem Blickwinkel ist die **Einkommensschichtung** von besonderer Bedeutung. Darunter wird die Zuordnung der Höhe des gesamten Einkommens auf die Personen/Personengruppen, die zusätzlich in **Einkommensklassen** gegliedert werden, verstanden. Das ist erforderlich, weil - wie bereits dargestellt - Einkommensbezieher mehrere funktionelle Einkommen haben können. Dieser Tatbestand wird allgemein mit dem Begriff der **Querverteilung**[1] bezeichnet. Liegt eine Querverteilung vor, so unterscheiden sich funktionelle und personelle Einkommensverteilung (einschließlich der Verteilung auf die verschiedenen sozioökonomischen Gruppen). Eine eindeutige Zuordnung zwischen Einkommensbezieher und Einkommensart besteht also nicht. Interessant ist in diesem Zusammenhang vor allem, in welchem Umfang Empfänger von Lohn- und Gehaltseinkommen aus unselbständiger Arbeit weitere Einkommen z.B. in Form von Zinsen, Dividenden, Mieten und Pachten oder aus speziellen Unternehmensbeteiligungen (Gewinnanteile) beziehen.

Bei der Betrachtung der Einkommensverteilung muss ein weiterer Aspekt beachtet werden. Einerseits kommt es zu einer Verteilung, die sich ausschließlich als Resultat von Produktions- und Marktprozessen ergibt (primäre Einkommensverteilung). Andererseits aber werden die auf diese Weise erzielten Einkommen zum Teil durch staatliche Maßnahmen umverteilt (sekundäre Einkommensverteilung).

Primäre und sekundäre Einkommensverteilung

Die **primäre Einkommensverteilung** des Volkseinkommens ergibt sich unmittelbar aus dem Produktionsprozess. Sie bringt die Entlohnung der Produktionsfaktoren zum Ausdruck, wie sie sich ohne Eingreifen des Staates durch den Preismechanismus auf den Märkten ergibt. Die Primärverteilung spiegelt die Knappheitsrelationen der Produktionsfaktoren wider und drückt zugleich die relative Faktoraussattung der Wirtschaftssubjekte in Menge und Qualität aus (vgl. D. KATH, Sozialpolitik, in: Vahlens Kompendium der Wirtschaftstheorie und Wirtschaftspolitik, 6. Aufl., München 1995, S. 447). Infolge staatlicher Umverteilung durch direkte Steuern und Sozialabgaben sowie Transferleistungen wird aus der primären die **sekundäre Einkommensverteilung**. Der Staat verwendet Teile seiner Einnahmen für Transfers nach sozialen Gesichtspunkten (z.B. Sozialhilfe, Arbeitslosenunterstützung, Wohngeld, Kindergeld). Im Ergebnis kommt es zu einer Einkommensverteilung, die eine

---

[1] „Eine Querverteilung des Einkommens liegt vor, wenn eine eindeutige Klassifizierung der Einkommensbezieher nach Einkommensarten nicht möglich ist, weil es Personen gibt, die im Produktionsprozess gleichzeitig mehr als eine Faktorart zur Verfügung stellen bzw. mehr als eine ökonomische Funktion ausüben und daher gleichzeitig mehr als ein Einkommen beziehen." (A. STOBBE, Untersuchungen zur makroökonomischen Theorie der Einkommensverteilung, Kieler Studien Nr. 59, Tübingen 1962, S. 35ff.)

Korrektur der marktgesteuerten Verteilung gemäß sozialpolitischen Zielstellungen darstellt. Der Unterschied zwischen primärer und sekundärer Einkommensverteilung ließe sich im einzelwirtschaftlichen Bereich vereinfacht auch als Unterschied zwischen dem Bruttoeinkommen und dem **verfügbaren Einkommen** ausdrücken.

2.2 Verteilungspolitische Indikatoren

Die Ergebnisse der funktionellen Einkommensverteilung stellen ohne Zweifel wichtige verteilungspolitische Indikatoren dar. Sie sollten jedoch nur als als Ausgangsbasis einer tiefergehenden verteilungspolitischen Diskussion angesehen werden. Im Mittelpunkt steht dabei die Lohnquote.

Lohnquote und ihre verteilungspolitische Bedeutung

Die **Lohnquote** wird definiert als prozentualer Anteil der Arbeitnehmerentgelte (früher: Bruttoeinkommen aus unselbständiger Arbeit) am gesamten Volkseinkommen. Ihr steht die **Gewinnquote** gegenüber, die den Anteil des Gewinneinkommens am Volkseinkommen angibt. Die Lohnquote wird häufig als Maßstab für die Einkommensverteilung angesehen. Dabei ist zu berücksichtigen, dass Schwankungen der Lohnquote im Konjunkturverlauf zu beobachten sind: Sie sinkt im Konjunkturaufschwung, da hier die Unternehmereinkommen der allgemeinen Einkommensentwicklung vorauseilen. Sie steigt dagegen im Abschwung, da die Arbeitnehmer in dieser Phase des Konjunkturzyklus den Rückstand (**Lohn-Lag**) wieder aufholen.

Es ist bemerkenswert, dass die **tatsächliche bzw. unbereinigte Lohnquote** in Westdeutschland nach Angaben des STATISTISCHEN BUNDESAMTES bis 1980 anstieg (von 65,3% im Jahre 1965 auf 75,8), um dann bis 1990 wieder abzufallen (69,6%). Generell (1) könnte ihr Anstieg auf eine Verbesserung der relativen Verteilungsposition der Arbeitnehmer hindeuten, ihr Absinken auf deren Verschlechterung. Bei dieser Aussage wird jedoch eine wichtige Tatsache vernachlässigt. Die Lohnquote stieg seit 1991 in Gesamtdeutschland wieder an (1995 = 73,3%) und hat sich - wenn wir von leichten „Ausschlägen" absehen - auf einem vergleichbaren Niveau stabilisiert (2000 = 72%). Es wäre aber fragwürdig, daraus zwangsläufig (2) auch auf veränderte Einkommensverhältnisse zu schließen. Beide Aussagen werden vor allem dadurch verzerrt, weil sie die stattgefundene Umschichtung der Beschäftigtenstruktur in der Bundesrepublik vernachlässigen. So ist die Zahl der Selbständigen zurückgegangen (z.B. durch die Abwanderung selbständiger Landwirte), während sich die Zahl der unselbständig Beschäftigten erhöhte. Um also zu vergleichbaren Aussagen zu gelangen, muss die Veränderung der Beschäftigtenstruktur berücksichtigt werden. Das geschieht über die Ermittlung der so genannten **bereinigten Lohnquote** (Lohnquote ohne Änderung der Beschäftigtenstruktur). Dazu wird ein Basisjahr gewählt, von dem an für die folgenden Jahre mit einem konstanten Anteil der unselbständig Beschäftigten gerechnet wird. Sie ist seit Mitte der 70er Jahre gesunken, was auf eine Verschlechterung der relativen Verteilungsposition der Arbeitnehmer hindeutet.

Wir haben bereits an anderer Stelle darauf hingewiesen, dass die Verteilung des Volkseinkommens auf Einkommen aus unselbständiger Arbeit und Einkommen aus Unternehmertätigkeit und Vermögen die **funktionelle Einkommensverteilung** nur sehr begrenzt widerspiegeln kann. Diese Aussage gilt zwangsläufig auch für die Lohnquote, weil sie ebenfalls bestimmte Arbeitseinkommen nicht enthält. Um einen Indikator zur erhalten, der die funktionale Verteilung annähernd richtig wiedergibt, müssen die Einkommenswerte aus unselbständiger Arbeit sowie aus Unternehmertätigkeit und Vermögen entsprechend korrigiert werden. Dazu wird von dem Einkommen aus Unternehmertätigkeit und Vermögen ein dem Lohneinkommen der Arbeitnehmer entsprechendes Arbeitseinkommen der Selbständigen abgezogen und dem Einkommen aus unselbständiger Tätigkeit zugeschlagen. Auf diese Weise ergibt sich die so genannte **Arbeitseinkommensquote** (auch „ergänzte Lohnquote"

- vgl. SACHVERSTÄNDIGENRAT ZUR BEGUTACHTUNG DER GESAMTWIRTSCHAFTLICHEN ENTWICKLUNG, Jahresgutachten 1990/91, Stuttgart 1990, S. 84ff. und 311ff). Sie lag 1998 bei 76,3 % und ist seit 1975 gesunken. Das bedeutet, dass die „Entlohnung" des Faktors Arbeit relativ zum Kapitaleinkommen deutlich abgenommen hat.

Trotz der kritischen Einwände spielt die tatsächliche Lohnquote in der politischen Diskussion nach wie vor eine bedeutende Rolle. Warum? Zunächst einmal ist sie statistisch schnell verfügbar. Außerdem ist es praktisch, grundlegende Verteilungstendenzen mit Hilfe eines einzigen und leicht verständlichen Indikators darzustellen. Allerdings ist es unmöglich, aus ihrer Entwicklung eine schlüssige Bewertung über die Verteilungsungleichheit (Einkommensschichtung) abzuleiten. Die Lohn- und Gehaltssumme der unselbständig Beschäftigten setzt sich aus sehr inhomogenen Einkommensklassen zusammen. In ihr sind die Spitzeneinkommen leitender Angestellter genauso erfasst wie die Niedrigeinkommen von Hilfsarbeitern. Um hier zu realistischen Ergebnissen zu gelangen, ist eine stärkere Disaggregation (Bildung von Einkommensgruppen, Haushaltsgruppen) unvermeidlich. Nur so kann letztlich die Frage beantwortet werden, wie sich das Volkseinkommen auf Personen, Haushalte oder soziale Gruppen aufteilt (personelle Einkommensverteilung). Diese Aufteilung aber ist für die wirtschaftspolitische Beurteilung der Einkommensverteilung entscheidend.

Messgrößen der personellen Einkommensverteilung

Im Gegensatz zu den Indikatoren der funktionellen Einkommensverteilung erfassen Messgrößen der personellen Einkommensverteilung bekanntlich das **Gesamteinkommen**. Dabei wird berücksichtigt, dass Personen oder Personengruppen (Haushalte oder Haushaltsgruppen) über mehrere Einkommensquellen verfügen. Folglich muss der Anteil einer Personengruppe am Volkseinkommen (z.B. Arbeitnehmer) nicht mit dem Anteil einer bestimmten Einkommensart (in diesem Fall Lohn oder Gehalt) übereinstimmen.

Empirische Untersuchungen zur **personellen Einkommensverteilung** basieren meist auf den Einkommens- und Verbrauchsstichproben sowie auf Modellrechnungen verschiedener Wirtschaftsforschungsinstitute (z.B. DEUTSCHES INSTITUT FÜR WIRTSCHAFTSFORSCHUNG). Ihre Erstellung stößt jedoch auf immense Schwierigkeiten: Das verfügbare statistische Material ist oft lückenhaft und für eine spezielle Darstellung der personellen Einkommensverteilung ungenügend aufbereitet. Gewisse Rückschlüsse über die personelle Einkommensverteilung (Einkommensstreuung) lassen sich auch aus Lohn- und Einkommenssteuerstatistiken gewinnen (vgl. Tab. 6.3). Nach der Lohn- und Einkommensstatistik 1995 (aktuellere Angaben lagen bei Redaktionsschluss noch nicht vor) beziehen beispielsweise die Steuerpflichtigen der untersten Einkommensgruppe, die immerhin über 4 % der gesamten Steuerpflichtigen ausmachen, weniger als 0,2 % der Gesamteinkünfte. Die Steuerpflichtigen der obersten Einkommensklasse, deren Anteil an den Steuerpflichtigen kaum noch messbar ist, erzielen aber fast 1% der Gesamteinkünfte. Deutlicher zeichnet sich die Tendenz zur Einkommenskonzentration ab, wenn wir die Einkommensgruppen vergrößern: Steuerpflichtige mit Einkünften bis unter 20.452 € mit einem Anteil von knapp 40 % an den Steuerpflichtigen insgesamt beziehen nur 13,9 % der Gesamteinkünfte. Aber die 12,3 % Steuerpflichtigen mit Einkünften über 51.129 € sind zu mehr als einem Drittel (35,1 %) an den Gesamteinkünften beteiligt. Aussagen über die Entwicklung nach sozialen Gruppierungen können allerdings auf der Grundlage dieser Analyse allerdings nicht getroffen werden.

In seinem JAHRESGUTACHTEN 1998/99 legte der SACHVERSTÄNDIGENRAT ZUR BEGUTACHTUNG DER GESAMTWIRTSCHAFTLICHEN ENTWICKLUNG Daten zur personellen Einkommensverteilung in Deutschland vor. Er stützt sich bei seiner Analyse auf die Einkommens- und Vermögensstichprobe des STATISTISCHEN BUNDESAMTES von 1993, in der 40.308 Haushalte im früheren Bundesgebiet erfasst wurden, sowie auf das Soziooekonomische Panel (SOEP) des DIW. Im Ergebnis muss festgestellt werden, dass erstens die Ungleichheit der Einkommensverteilung innerhalb des Untersuchungszeitraums von 10 Jahren geringfügig zugenommen hat und zweitens die staatlichen Umverteilungsmaßnahmen die ursprüngliche Ungleichheit etwas verringert haben. Im einzelnen zeigt sich eine zunehmende Konzentration innerhalb den obersten Einkommensgruppen.[2]

Tab. 6.3: Anzahl und Anteil der Steuerpflichtigen sowie Gesamtbetrag und Anteil der Einkünfte nach Einkommensgruppen auf der Basis der Ergebnisse der Lohn- und Einkommenssteuerstatistik 1995

Gesamtbetrag der Einkünfte von ... bis unter ... €	Anzahl der Steuerpflichtigen	Anteil (in %)	Gesamtbetrag der Einkünfte (in Mio. €)	Anteil (in %)
1 - 2.556	1.145.008	4,14	1.511	0,18
2.556 - 5.113	1.274.868	4,60	4.949	0,59
5.113 - 7.669	1.489.169	5,38	9.503	1,13
7.669 - 10.226	1.309.984	4,73	11.663	1,38
10.226 - 12.788	1.227.877	4,44	14.124	1,67
12.788 - 15.339	1.333.681	4,82	18.771	2,22
15.339 - 20.452	3.136.635	11,33	56.447	6,69
20.452 - 25.565	3.619.401	13,07	83.274	9,87
25.565 - 30.678	3.105.688	11,22	86.951	10,31
30.678 - 38.347	3.252.768	11,75	111.424	13,21
38.347 - 51.129	3.383.398	12,22	148.975	17,66
51.129 - 127.823	3.126.897	11,30	214.957	25,48
127.823 - 255.646	207.672	0,75	35.090	4,16
255.646 - 511.292	49.031	0,18	16.746	1,98
511.292 - 1.022.584	13.820	0,05	9.540	1,13
1.022.584 - 2.556.459	5.249	0,02	7.905	0,94
2.556.459 - 5.112.919	1.247	0,004	4.325	0,51
5.112.919 und mehr	686	0,002	7.568	0,90

Quelle: Zusammengestellt und berechnet nach Statistisches Jahrbuch 2003 für die Bundesrepublik Deutschland, Wiesbaden 2003, S. 551.

Die personelle Einkommensverteilung lässt sich auch grafisch sehr anschaulich abbilden. Die gebäuchlichste Darstellung ist die **Lorenzkurve** (M. C. LORENZ, 1905).

In einem Diagramm werden die Haushalte nach Höhe ihrer Einkommen geordnet auf der Abzisse in zunehmender Richtung kumuliert (0 bis 100 Prozent) abgetragen. Auf der Ordinate erscheint in gleicher Weise das gesamte zur Verteilung kommende Einkommen. Durch die Verbindung der einzelnen Punkte ergibt sich die Lorenzkurve (Abb. 6.1). Aus ihrem Verlauf kann abgelesen werden, wieviel Prozent des Gesamteinkommens auf eine bestimmte kumulierte Prozentzahl der Haushalte entfallen. Dabei wird von der niedrigsten Einkommensgruppe nach oben gerechnet. Eine Gleichverteilung wäre erreicht, wenn z.B. 10 (20, 30 usw.) Prozent der Haushalte auch 10 (20, 30 usw.) Prozent des Gesamteinkommens erhalten (45^0-Linie oder Kurve der Gleichverteilung). Je stärker dagegen die Krümmung der Lorenzkurve ist, desto ungleicher sind die Einkommen zwischen den Haushalten verteilt.

Eine Wertung zweier oder mehrerer Lorenzkurven ist relativ einfach, solange sich die Kurven nicht schneiden. In diesem Fall ist zweifellos die Einkommensverteilung als ungleicher anzusehen, deren Lorenzkurve unterhalb der anderen verläuft. Problematisch wird es aller-

---

[2] Es ist nicht möglich, hier ausführlich auf die äußerst komplizierten Berechnungsgrundlagen und Auswertungsmethoden einzugehen. Den statistisch bewanderten Leser verweisen wir auf die detaillierten Darstellungen in: SACHVERSTÄNDIGENRAT ZUR BEGUTACHTUNG DER GESAMTWIRTSCHAFTLICHEN ENTWICKLUNG, Jahresgutachten 1998/99, Stuttgart 1998, S. 141ff. und 163/164.

dings, wenn sich zwei Lorenzkurven schneiden. Um auch hier die Verteilungssituation vergleichen zu können, wird häufig als Konzentrationsmaß der so genannte **Gini-Koeffizient** (C. GINI, 1912) ermittelt. Er wird berechnet, indem die Fläche zwischen der Kurve der Gleichverteilung und der Lorenzkurve dividiert wird durch die Fläche des Dreiecks unterhalb der Kurve der Gleichverteilung. Dieser Ansatz ist jedoch umstritten. Es wird nämlich vorausgesetzt, dass gleiche Einkommensunterschiede in verschiedenen Einkommensgruppen gleich bewertet werden können. Dagegen lässt sich einwenden, dass Veränderungen in den niedrigen Einkommensgruppen anders bewertet werden müssen als Verschiebungen in den oberen Einkommensgruppen (z.B. unterschiedliche Grenzkonsumquote).

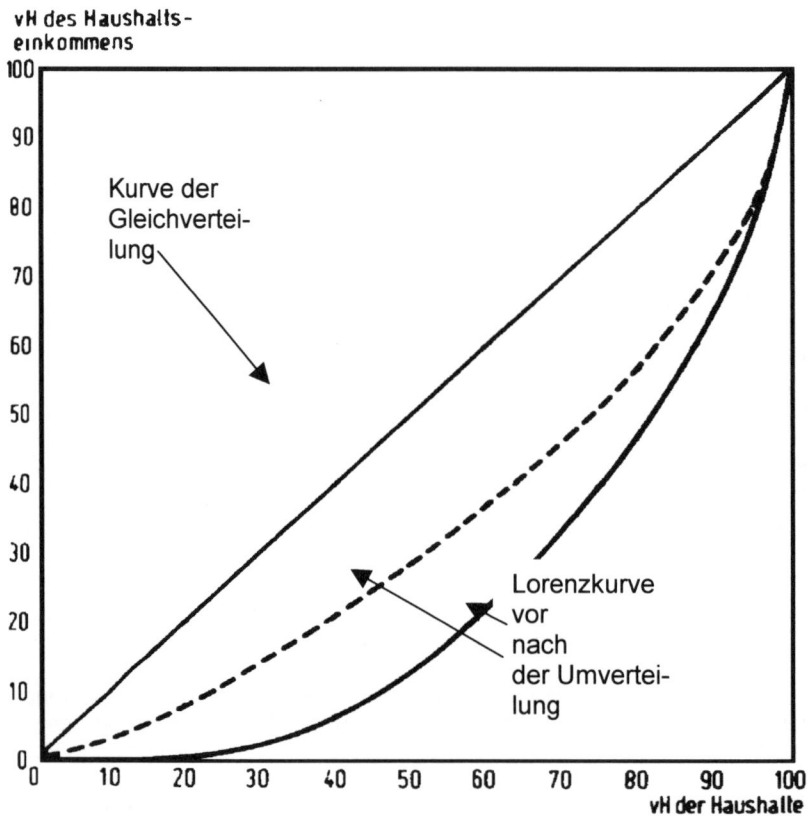

Abb. 6.1: Lorenzkurve der Einkommensverteilung

Tab. 6.3 zeigt deutlich eine Ungleichheit in der Verteilung der den Haushalten zufließenden Primäreinkommen. Große Teile konzentrieren sich auf relativ kleine Gruppen von Einkommensbeziehern (vgl. SACHVERSTÄNDIGENRAT ZUR BEGUTACHTUNG DER GESAMTWIRTSCHAFTLICHEN ENTWICKLUNG, Jahresgutachten 1990/91, Stuttgart 1990, S. 84ff. und 311ff.). Diese Differenzierung schwächt sich ab, wenn die Ergebnisse der Sekundärverteilung einbezogen werden. Aussagen zur Einkommensverteilung müssen also durch Informationen über **Umfang und Struktur der sozialen Leistungen** ergänzt werden. Diese Angaben sollen helfen, den Umfang der Umverteilung (sekundäre Einkommensverteilung) im statistischen Sinne zu verdeutlichen. Einen sehr guten Überblick gibt der SOZIALBERICHT 2001 der Bundesregierung (Tab. 6.4). Die Gliederung des Sozialbudgets erfolgte zunächst nach „**Institutionen**", worunter im Wesentlichen **Träger der Sozialversicherung** verstanden werden. Seit dem SOZIALBERICHT von 1997 wurde sie allerdings wiederholt überarbeitet. Gründe dafür liegen in der notwendigen Anpassung an Veränderungen des Europäischen Systems der Integrierten Sozialstatistik (ESSOSS) und des Europäischen Systems der Volkswirtschaftlichen Gesamtrechnung (ESVG) sowie in einer Modifikation des theoretischen Modellansatzes. Beispielsweise wurden im Sozialbudget 1999 die Arbeitgeberleistungen zur Vermögensbildung von „Förderung der Vermögensbildung" zu „Sonstige Arbeitgeberleistungen" umgebucht. Demnach enthält die „Förderung der Vermögensbildung" jetzt nur noch staatliche Leistungen. Auch entfielen 1999 die Institutionen „Öffentlicher Gesundheitsdienst" und der „betriebliche Gesundheitsdienst" (bei „sonstige Arbeitgeberleistungen"). Mit dem Sozialbudget 2000 wurden „Kinder- und Erziehungsgeld" aus den „Allgemeinen Systemen" in die neue Position „Förder- und Fürsorgesysteme" umgebucht. Die „Allgemeinen Systeme" orientieren sich somit stärker an den klassischen Sozialversicherungssystemen.

Tab. 6.4: Soziale Leistungen nach Institutionen in Deutschland insgesamt

	2000	2001
	in Millionen DM (vorläufige Werte)	in Millionen € (geschätzte Werte)
Sozialbudget (incl. Beiträge des Staates)	1.331.594	699.179
Allgem. Systeme incl. Beiträge des Staates darunter Rentenversicherung insgesamt Kranken- und Pflegeversicherung	863.975 425.257 290.853	454.838 225.130 153.921
Sondersysteme (Alterssicherung der Landwirte, Versorgungswerke)	10.195	5.378
Leistungssysteme des öffentlichen Dienstes (Pensionen, Familienzuschläge, Beihilfen)	96.550	50.869
Leistungssysteme der Arbeitgeber (Entgeltfortzahlung, betriebl. Altersvorsorge, Zusatzversorgung, sonstige Arbeitgeberleistungen)	106.010	55.576
Entschädigungssysteme (soziale Entschädigung, Lastenausgleich, Wiedergutmachung, sonstige Entschädigungen)	12.918	6.019
Förder- und Fürsorgesysteme (Sozialhilfe, Jugendhilfe, Kindergeld, Erziehungsgeld, Ausbildungsförderung, Wohngeld, Förderung der Vermögensbildung)	103.202	54.479
Direkte Leistungen insgesamt (incl. Beiträge des Staates)	1.192.850	627.159
Indirekte Leistungen (Steuerliche Maßnahmen, Familienlastenausgleich)	138.744	72.021
Quelle: Zusammengesellt nach BUNDESMINISTERIUM FÜR ARBEIT UND SOZIALORDNUNG, SOZIALBERICHT 2001, Tabelle I-4.		

Mit 65,1 Prozent nehmen „Allgemeine Systeme" der sozialen Sicherung den weitaus größten Teil des Sozialbudgets in Anspruch. Dabei betrug ihr Anteil 2001 in den alten Bundesländern 61,4 Prozent, während er in den neuen Bundesländern mit 80,7 Prozent (geschätzte Werte) deutlich über dem gesamtdeutschen Durchschnitt lag (SOZIALBERICHT 2001, Tabelle I-4). Durch die Wiedervereinigung haben demnach die „klassischen" Sicherungsinstitutionen an Bedeutung gewonnen.

Fassen wir die Leistungen des Sozialbudgets nach **Funktionen** zusammen, so ergibt sich für das Jahr 2001 folgendes Bild (Tab. 6.5): An erster Stelle stehen die Ausgaben für Alter und Hinterbliebene mit einem Anteil von 37,74%, gefolgt von Gesundheit (34,29%) sowie Ehe und Familie (je 14,87%). Ein Vergleich zu 1995 zeigt nur geringfügige Veränderungen, wobei jedoch der Anstieg der Leistungen für Ehe und Familie herausragt. Betrachten wir nur die Werte für die neuen Länder, so fällt der überdurchschnittlich hohe Anteil der beschäftigungspolitischen der Ausgaben auf (19,3 %).

Interessant ist darüber hinaus auch die Entwicklung der **Sozialleistungsquote**. Sie ist das in Prozent ausgedrückte Verhältnis des Sozialbudgets zum Bruttoinlandsprodukt des gleichen Jahres und kann inhaltlich als eine Kennziffer interpretiert werden, „die das Ausmaß der Einkommensumverteilung, das für die Finanzierung des sozialen Sicherungssystems erforderlich ist, und eben dadurch die Belastung der Faktoreinkommen mit Sozialabgaben und direkten Steuern sowie der Güterverwendung mit indirekten Steuern wiedergibt" (SOZIALBERICHT 1997, S. 191). Ihre Höhe wird allerdings von Abgrenzungs- und Erfassungsproblemen wesentlich beeinflusst. So enthält das Sozialbudget im Gegensatz zum Inlandsprodukt auch Leistungen, denen kein Zahlungsstrom entspricht. Als Beispiel seien steuerliche Maßnahmen genannt. Im Sozialbudget sind auch Einkommensströme als soziale Leistung der gesamtwirtschaftlichen Sekundärverteilung zugeordnet, die in der Volkswirtschaftlichen Gesamtrechnung als Lohnbestandteil (Primärverteilung) aufgefasst werden wie Entgeltzahlung im Krankheitsfall oder Familienzuschläge im öffentlichen Dienst. Aussagefähiger als die absolute Höhe der Sozialleistungsquote ist ihre Veränderung im Zeitablauf:

In den alten Bundesländern lag die Sozialleistungsquote 1960 bei 21,1% und stieg bis 1975 auf 31,6%. Dies ist v.a. mit der Ausweitung der Leistungen infolge der Sozialreformen in den frühen 70er Jahren zu erklären. In den folgenden Jahren lag sie in etwa im Bereich zwischen 30% und 31% und erreichte 1991 mit 26,7% ihren niedrigsten Wert. Seit dem verläuft sie parallel zur Sozialleistungsquote des vereinigten Deutschlands. Diese stieg seit 1991 von 28,4% auf 32,1% (2001). In den neuen Ländern liegen die Werte deutlich höher (2001 = 48,8%). Das ist vorrangig auf die starke Zunahme der Leistungen bei der Überführung der Sonder- und Zusatzversorgungssysteme und auf die Einführung der einigungsbedingten Leistungen zurückzuführen (SOZIALBERICHT 2001).

Tabelle 6.5: Soziale Leistungen nach Funktionen in Deutschland insgesamt

	1995	2000	2001
	- Anteil am Sozialbudget in Prozent -		
Ehe und Familie (Kinder u. Jugendliche, Ehegatten, Mutterschaft)	12,84	15,00	14,87
Gesundheit (Vorbeugen u. Rehabilitation, Krankheit, Arbeitsunfall u. Berufskrankheit, Invalidität)	35,70	34,10	34,29
Beschäftigung (Berufliche Bildung, Mobilität, Arbeitslosigkeit)	10,05	9,58	9,25
Alter und Hinterbliebene	37,25	37,42	37,74
Übrige Funktionen (Folgen politischer Ereignisse, Wohnen, Sparen/Vermögensbildung, allgemeine Lebenshilfen)	4,16	3,89	3,84

Quelle: Berechnet nach BUNDESMINISTERIUM FÜR ARBEIT UND SOZIALORDNUNG, SOZIALBERICHT 2001, Tabelle I-3.1.

Betrachten wir nun, wie sich die **Sozialleistungen pro Kopf** entwickelt haben. Dabei muss einschränkend berücksichtigt werden, dass sie primär (ähnlich wie die Sozialleistungsquote) Messziffercharakter haben. Die Berechnung von Durchschnittwerten (alle Angaben sind dem SOZIALBERICHT 2001 entnommen) bedeutet also nicht, dass tatsächlich jedem Bürger gleiche soziale Leistungen zufließen.

Tab. 6.6: Ausgewählte Pro-Kopf-Sozialleistungen 2001 (in €) nach Funktion und Altersgruppen in den alten und neuen Bundesländern

Funktion (Auswahl)	Altersgruppe	Alte Bundesländer	Neue Bundesländer
Sozialbudget	alle	8.085	7.998
Ehe und Familie	alle	1.252	973
Kinder u. Jugendliche	unter 20	3.814	3.887
Gesundheit	alle	2.863	2.341
darunter Krankheit	alle	1.951	1.526
Beschäftigung	20 bis unter 60	1.030	2.767
darunter Arbeitslosigkeit	20 bis unter 60	617	1.439
Alter und Hinterbliebene	60 und älter	13.009	11.789
Quelle: Zusammengestellt nach BUNDESMINISTERIUM FÜR ARBEIT UND SOZIALES, SOZIALBERICHT 2001, Übersichten 8 u. 9.			

In den alten Bundesländern lagen die zurechenbaren Sozialleistungen pro Kopf 2001 bei 8.085 € (15.813 DM) gegenüber 13.633 DM im Jahre 1995. In den neuen Bundesländern stiegen sie im gleichen Zeitraum von 12.768 DM auf 7.998 € (15.642 DM). Damit wurde fast das Niveau der alten Länder erreicht (ca. 99%). 1995 lag der Wert noch bei unter 94%. Daraus darf jedoch nicht der Schluss gezogen werden, dass eine Angleichung des Leistungsniveaus individueller sozialer Leistungen erreicht ist. Das wird deutlich, wenn wir die Verteilung nach Funktionsbereichen etwas genauer betrachten (vgl. Tab. 6.6). Es zeigt sich, dass die erreichte rechnerische Identität zu einem großen Teil auf Probleme des ostdeutschen Arbeitsmarktes zurückgeführt werden muss. So betrugen die Ausgaben im Funktionsbereich Beschäftigung das 2,7fache der alten Bundesländer, während sie in anderen Bereichen deutlich niedriger waren: Die Pro-Kopf-Leistungen für Ehe und Familie lagen in den neuen Bundesländern nur bei etwa 78% des westdeutschen Niveaus, für Gesundheit bei 82%. Bei Leistungen des Funktionsbereichs Alter und Hinterbliebene wurden inzwischen über 90 % erreicht.

Als **weitere Indikatoren** im sozialpolitischen Bereich sind u.a. zu nennen: Zahlen über Sozialhilfeempfänger einschließlich der Sozialhilfeausgaben sowie die Anzahl der Wohngeld beziehenden Haushalte einschließlich der Wohngeldausgaben, Entwicklung der Arbeitslosenzahlen und Volumen von Arbeitslosengeld bzw. Arbeitslosenhilfe oder Angaben über die Entwicklung der Rentnerzahl (absolut und relativ in Prozent der Gesamtbevölkerung bzw. der Erwerbsbevölkerung) sowie den Umfang der Rentenzahlungen. Dadurch lässt sich der Umfang der sozialpolitischen Interventionen aufzeigen. Gleichzeitig wird es möglich, auf sozialpolitische Ziele wie Sicherheit und Gerechtigkeit aufmerksam zu machen (vgl. Abschnitt 4.1).

Vermögensverteilung

Als grundsätzliche Voraussetzung jeder Vermögensrechnung ist der **Vermögensbegriff** zu klären und eine **Bewertung** der Vermögensteile vorzunehmen. Die dabei auftretenden Probleme können an dieser Stelle nicht näher erörtert werden. Hat man jedoch erst einmal die Höhe des Vermögens einer Volkswirtschaft ermittelt, so ist seine Verteilung (1) auf verschiedene Vermögensarten, (2) zwischen der verschiedenen Wirtschaftssubjekten sowie

(3) innerhalb des Sektors Private Haushalte von besonderem Interesse. Die Gründe dafür sind v.a. darin zu suchen, dass einerseits bestimmte Vermögenskomponenten (Produktivvermögen) den Eigentümer mit einer gewissen Verfügungsmacht über andere Produktionsfaktoren, insbesondere über den Faktor Arbeit, ausstatten und andererseits aus Vermögen in erheblichem Umfang Einkommen fließen.

Bei der Analyse der **Vermögensverteilung** treten erhebliche konzeptionellen und statistische Schwierigkeiten (z.B. lückenhaftes Material) auf. Trotzdem lassen sich gewisse grobe Einblicke in die Vermögensverteilung gewinnen. Auffällig ist dabei, dass die Vermögensverteilung wesentlich konzentrierter als die Einkommensverteilung ist. Daraus lässt sich die These ableiten, wonach Bezieher niedriger Einkommen bei der Vermögensbildung mehrfach benachteiligt sind. Sie können einmal aus ihrem laufenden Einkommen nur geringe Beiträge einer Vermögensbildung zuführen, zum anderen bringen diese dann auch kleinere Erträge im Vergleich zu den Anlagen der Besserverdienenden. Vermögen führt also tendenziell dazu, Einkommensunterschiede - die aus dem Einsatz des Faktors Arbeit resultieren - weiter zu vertiefen. Dies steht im Widerspruch zu den Zielen einer Gesellschaft, die innerhalb des marktwirtschaftlichen Rahmens den sozialen Aspekt betont.

Deshalb wollen wir diesen kurzen Exkurs mit einigen Aussagen zur **Förderung der Vermögensbildung** in Arbeitnehmerhand abschließen. Sie ist gegenwärtig folgendermaßen ausgestaltet: (1) Arbeitnehmer-Sparzulage, (2) Wohnungsbau-Prämien, (3) Leistungen der Arbeitgeber sowie (4) steuerliche Maßnahmen. Dabei setzt die staatliche Förderung in den letzten Jahren verstärkt auf die Beteiligung der Arbeitnehmer am Produktivkapital (VERMÖGENSBETEILIGUNGSGESETZ vom September 1998). Mit dem ALTERSVERMÖGENSGESETZ sind die Rahmenbedingungen für die Vermögensbildung der Arbeitnehmer zur Alterssicherung verbessert worden. Insgesamt beliefen sich die vermögenswirksamen Leistungen (Sparen und Vermögensbildung) in Deutschland im Jahre auf etwa 13,3 Mrd. € (vgl. Tab. 6.7).

Tab. 6.7: Sparen und Vermögen (1995 und 2001)

	1995	2001	2001 (in Mrd. €)
	(in Mrd. DM)		
Wohnungsbauprämien	0,39	1,0	0,5
Arbeitnehmer-Sparzulage	0,70	1,6	0,8
Leistungen der Arbeitgeber	9,33	9,0	4,6
Steuerliche Maßnahmen	8,44	14,4	7,4
Deutschland insgesamt darunter	18,86	26,0	13,3
Alte Bundesländer	17,43	22,0	11,3
Neue Bundesländer	1,43	4,0	2,0
Quelle: Zusammengestellt nach BUNDESMINISTERIUM FÜR ARBEIT UND SOZIALORDNUNG, SOZIALBERICHT 2001, Übersicht 15.			

Davon werden 55,6% in Form von steuerlichen Maßnahmen gewährt. So ist - um nur ein Beispiel zu nennen - der zugewendete Vorteil von betrieblichen und außerbetrieblichen Kapitalbeteiligungen, die ein Arbeitgeber seinen Beschäftigten kostenlos oder verbilligt überlässt, nach § 19a EINKOMMENSTEUERGESETZ in bestimmtem Umfang steuer- und sozialabgabefrei. 34,6% der vermögenswirksamen Leistungen sind den Arbeitgebern zuzurechen. Laut SOZIALBERICHT 2001 galten in den alten Bundesländern tarifvertragliche Vereinbarungen über vermögenswirksame Leistungen der Arbeitgeber Ende 2000 für 94% der durch Tarifverträge erfassten Arbeitnehmer. In Ostdeutschland kamen nur 64% der entsprechenden Arbeitnehmer in den Genuss solcher Leistungen. Und schließlich liegt der Anteil direkter staatlicher Transferleistungen (Wohnungsbau-Prämien und Arbeitnehmer-Sparzulagen) bei 9,8%.

Ob diese Maßnahmen allerdings tatsächlich zu einer Reduzierung der Vermögenskonzentration beitragen können, darf in Frage gestellt werden. Zwar haben sie die Vermögensbildung der Arbeitnehmer gefördert (Zunahme von Spareinlagen, Bausparverträgen und Versicherungsverträgen sowie des privaten Wohneigentums), das Ziel einer gleichmäßigeren Vermögensverteilung dürfte aber nicht annähernd erreicht worden sein. Empirisch lässt sich diese These allerdings nicht belegen, da nach Einschätzung des SACHVERSTÄNDIGENRATS ZUR BEGUTACHTUNG DER GESAMTWIRTSCHAFTLICHEN ENTWICKLUNG für eine Analyse der personellen Vermögensverteilung keine angemessene statistische Grundlage existiert (JAHRESGUTACHTEN 1998/199, S.141).

3. Theoretische Fundierung

Die Verteilungstheorie hat die Aufgabe, die Entstehung des Einkommens sowie seine Aufteilung auf Produktionsfaktoren, gesellschaftliche Klassen und Schichten, Wirtschaftssektoren usw. zu erklären. Dabei geht es v.a. darum, die Bestimmungsfaktoren (Bestimmungsgründe) der Einkommensverteilung (und der Vermögensverteilung) sowie die Beziehungen zwischen diesen Faktoren und der Einkommensverteilung darzustellen. Im Ergebnis werden Hypothesen formuliert, die sich nach (1) Theorien zur funktionellen Einkommensverteilung und (2) Theorien zur personellen Einkommensverteilung unterscheiden lassen. Es muss jedoch festgestellt werden, dass - auch heute noch - die funktionelle Einkommensverteilung im Mittelpunkt der Verteilungstheorie steht. Ohne den Anspruch auf Vollständigkeit zu erheben, wollen wir in diesem Abschnitt kurz einige theoretische Ansätze vorstellen.

3.1. Theorien zur funktionellen Einkommensverteilung

Die Theorien zur funktionellen Einkommensverteilung setzen bei der **Entstehung der Einkommen** an. Dabei geht es zunächst weniger um die Frage, welche Personen Einkommensbezieher sind. Vielmehr soll zunächst geklärt werden, welche Faktoren überhaupt imstande sind, neue Werte zu schaffen. Dabei gingen die **Physiokraten** davon aus, dass nur der Boden die Eigenschaft der Wertschöpfung besitzt. Vertreter der **Arbeitswertlehre** dagegen behaupteten, dass ausschließlich die menschliche Arbeit imstande sei, neue Werte zu schaffen. Heute ist allgemein anerkannt, dass Wertschöpfung durch das **Zusammenwirken aller Produktionsfaktoren** entsteht. Dann muss untersucht werden, wie die in der Produktion entstandenen Einkommen den verschiedenen Produktionsfaktoren zugerechnet werden können.

Den Ausgangspunkt bildet dabei die auf JEAN BAPTISTE SAY (1767 - 1832) zurückgehende Einteilung in Arbeit, Kapital und Boden, denen die entsprechenden Einkommensarten zugeordnet werden. Während bei ADAM SMITH (1723 - 1790) die Einkommensverteilung nur am Rande behandelt wird, rückt sie DAVID RICARDO (1772 - 1823) in den Vordergrund. Die von ihm unterschiedenen Einkommensarten Lohn, (Grund-)Rente und als Restgröße der Profit fließen letztlich bestimmten gesellschaftlichen Klassen zu. Im Ergebnis der Verteilung bleibt bei RICARDO der Anteil des Lohns am Volkseinkommen stabil niedrig und wird durch die Höhe eines gewohnheitsmäßigen Existenzminimums bestimmt. Demgegenüber wächst - infolge der relativen Bodenverknappung durch Bevölkerungswachstum - der Anteil der Grundrente. Diese Entwicklung führt tendenziell zu einem Sinken der Profitquote, was gleichbedeutend mit der Abnahme der Profitrate - die als das Verhältnis von Gewinn zum eingesetzten Gesamtkapital definiert wird - ist. Danach profitieren also nur die Grundbesitzer vom Wirtschaftswachstum, das Akkumulationsmotiv entfällt und die wirtschaftliche Entwicklung geht in einen stationären Zustand über. Dieser Auffassung widerspricht KARL MARX (1818 - 1883), indem er vom technischen Fortschritt als Triebkraft für die wirtschaftliche Entwicklung ausgeht. Dieser zwingt in Verbindung mit dem Konkurrenzkampf die Kapitalisten (Grund- und Kapitalbesitzer werden zu einer Klasse zusammengefasst) zu investieren, wodurch die Kapitalintensität („organische Zusammensetzung des Kapitals") steigt. Bei konstanter Mehrwertrate - definiert als Verhältnis von Mehrwert zum variablen Kapital - würde auch hier die Profitrate sinken (Gesetz des tendenziellen Falls der Profitrate). Jedoch könnte infolge höherer Produktivität ihr Sinken zumindest temporär ausgeglichen werden. Produktivitätssteigerungen und Bevölkerungswachstum würden aber eine so genannte „industrielle Reservearmee" (Arbeitslosigkeit) entstehen lassen, die auf die Löhne drückt. Zusätzlich bewirkt die zunehmende Konkurrenz auf den Märkten, dass nur die stärksten Unternehmen überleben werden. Das führt in der Endkonsequenz dazu, dass einer wachsenden Konzentration von Reichtum und Kapital auf der einen Seite, die zunehmende Verelendung immer größerer Teile der Bevölkerung gegenübersteht. Der daraus resultierende Verteilungskampf wird schließlich zum Untergang des kapitalistischen System führen. Dabei lässt MARX allerdings außer Acht, dass bei nach unten flexiblen Löhnen infolge von Arbeitslosigkeit, arbeitsintensive Produktion gegenüber kapitalintensiver Produktion wieder rentabler wird und eine Tendenz zur Vollbeschäftigung bestehen kann. Somit kommt es auch nicht notwendigerweise zu einer industriellen Reservearmee und die Verelendungstheorie bricht in sich zusammen.

Während also der Lohn und die Grundrente im Mittelpunkt der verteilungspolitischen Überlegungen der Klassiker standen, wurde der Profit von ihnen nur als Residualgröße beachtet. Die Vernachlässigung des Profits überwand MARX, indem er Grundeigentümer und industrielle Unternehmer zu einer Klasse vereinigte und seine Theorie des Mehrwerts in das klassische System einfügte. Die Weiterentwicklung der Theorie der funktionellen Einkommensverteilung hat in der Folgezeit eine Reihe unterschiedlicher Erklärungsansätze geliefert, von denen einige kurz vorgestellt werden sollen.

3.1.1 Grenzproduktivitätstheorie

Die Grenzproduktivitätstheorie dominierte trotz wesentlicher Mängel lange Zeit die verteilungspolitische Diskussion. Nicht wenige Volkswirte waren der Auffassung, dass mit ihr ein objektiv "gerechter" Verteilungsschlüssel der funktionellen Einkommen gefunden sei.

Im Mittelpunkt der Grenzproduktivitätstheorie steht eine **gesamtwirtschaftliche Produktionsfunktion** mit bestimmten Eigenschaften (abnehmende Ertragszuwächse gemäß Ertragsgesetz, konstante Skalenerträge, substitutive Produktionsfaktoren). Zunächst werden die verfügbaren Mengen an Arbeit, Kapital und Boden als gegeben unterstellt. Wächst nun aber das Faktorangebot, so kann ein erhöhter Faktoreinsatz aufgrund der sinkenden Grenzprodukte (zusätzlicher Ertrag pro mehr eingesetzter Faktoreinheit) nur bei sinkenden Faktorentgelten erfolgen. Daraus folgt, dass jeder Faktor nach seiner Grenzproduktivität entlohnt wird. Mit anderen Worten: Die **Verfügbarkeit eines Produktionsfaktors bestimmt bei vollständiger Konkurrenz auf den Märkten sein Faktoreinkommen**. Je weniger von ihm (relativ) vorhanden ist, desto höher wird er entlohnt. Greifen wir den Faktor Arbeit heraus: Seine relative Verknappung würde demnach zu einer Erhöhung der Lohnquote führen und umgekehrt würde eine Verringerung der Arbeitsnachfrage z.B. infolge des technischen Fortschritts negative Auswirkungen auf ihre Entwicklung haben.

Der Grenzproduktivitätsansatz wird heute weitgehend in Frage gestellt. Die **Kritik** richtet sich dabei vor allen auf folgende Probleme: Die Verteilung der funktionellen Einkommen erscheint ausschließlich technisch durch Produktionsfunktion und Faktormengen determiniert. Wesentliche wirtschaftliche und gesellschaftliche Aspekte (z.B. die Ausübung von Macht durch Monopolstellung oder das Verhältnis zwischen Gewerkschaften und Arbeitgeberverbänden) bleiben unberücksichtigt. Zudem wird eingewandt, dass die Annahme von vollständiger Konkurrenz heute unhaltbar sei und konstante Skalenerträge einen Spezialfall darstellen, der verhindert, dass Unternehmergewinne im Sinne dynamischer Pioniergewinne erklärt werden können (statischer Charakter der Grenzproduktivitätstheorie). Sind außerdem mehrere Produktionsfaktoren an der Produktion beteiligt, so lässt der Wert des Grenzprodukts eines Produktionsfaktors keine Rückschlüsse auf den Beitrag des einzelnen Produktionsfaktors zu. Resümierend muss festgestellt werden, dass sich der Wert des Grenzprodukts zwar ermitteln lässt. Aber ein objektiver Verteilungsmaßstab wird dadurch nicht gewonnen.

3.1.2 Weitere Theorien

Die unterschiedlichen Varianten der **Macht-** und **Monopolgradtheorie** der Verteilung basieren im Gegensatz zur Grenzproduktivitätstheorie auf oligopolistischen und monopolistischen Marktformen. Danach verfügen die Unternehmer über eine ausreichende Marktmacht, um bei der Preisfestsetzung Gewinnzuschläge auf die Durchschnittskosten aufzuschlagen. Der Zuschlagsatz spiegelt dabei den **Monopolgrad** wider, der innerhalb der verschiedenen Varianten differenziert interpretiert wird: z.B. als Verhältnis des Umsatzes zu den variablen Kosten (MICHAEL KALECKI, 1939) oder als Verhältnis von Gewinn- und Lohneinkommen. Je höher der Monopolgrad ist, desto mehr verschiebt sich die Einkommensverteilung zugunsten der Unternehmer bzw. der Lohnanteil am Volkseinkommen sinkt.

Sowohl die Grenzproduktivitätstheorie als auch der Monopolgradansatz vernachlässigen den Kreislaufzusammenhang und konzentrieren sich ausschließlich auf die Einkommensentstehung im Produktionsprozess (Angebotsorientierung). Infolge der „Keynesianischen Revolution" entwickelten sich zwangsläufig zahlreiche **kreislauftheoretische Ansätze**, die die Verwendung des Einkommens und ihren Einfluss auf die Einkommensverteilung in den Vordergrund stellten. Die Verteilung wird hier primär aus den **gesamtwirtschaftlichen Nachfragebedingungen** erklärt. So wählte beispielsweise NIKOLAS KALDOR (1955) mit Bezug auf JOHN MAYNARD KEYNES als Ausgangspunkt die gesamtwirtschaftlichen Nachfragegrößen Konsum (C) und Investition (I) sowie die Bedingung für ein Kreislaufgleichgewicht: Der Teil des Volkseinkommens, der nicht konsumiert wird (Ersparnis S), muss für Investitionen verwendet werden (I = S). Gespart wird sowohl von Gewinn- als auch von Lohnbeziehern, wobei die Sparneigung (Sparquote) der Gewinnbezieher größer ist. Darauf aufbauend entwickelte er eine Formel, in deren Ergebnis die Verteilung durch die Spargewohnheiten (bzw. Konsumgewohnheiten) und die Investitionshöhe (wegen I = S) bestimmt wird. Damit treten Ausgabenströme ins Zentrum verteilungspolitischer Betrachtungen, während technische Bestimmungsgründe und monopolistische Einflüsse der Verteilung „unsichtbar" werden. Dieser wegen grober Vereinfachungen stark kritisierte Ansatz wurde mehrfach weiterentwickelt (vgl. W. KRELLE, Verteilungstheorie, Wiesbaden 1962, S. 59-72).

Trotz starker Mängel - so werden beispielsweise einkommensunabhängige (autonome) Spar- bzw. Konsumkomponenten ebenso vernachlässigt, wie der Unterschied zwischen ausgeschütteten und einbehaltenen Gewinnen - war der KEYNES-KALDOR-Ansatz von Interesse, weil er die Bedeutung der Einkommensverteilung für ein gesamtwirtschaftliches Gleichgewicht hervorhob.

3.2. Theorien zur personellen Einkommensverteilung

Während die Theorien der funktionellen Einkommensverteilung zu klären versuchen, wie das Volkseinkommen auf die gesellschaftlichen Gruppen in Abhängigkeit von ihrer Funktion im Wirtschaftsprozess (Verfügungsgewalt über Produktionsfaktoren) verteilt wird, wählt die Theorie der personellen Einkommensverteilung einen anderen Ausgangspunkt. Sie stellt die Frage nach dem Gesamteinkommen von Personen oder Haushalten. Dabei wird berücksichtigt, dass diese über mehrere Produktionsfaktoren verfügen können. Somit ist ihr Anteil am Volkseinkommen nicht zwangsläufig mit einer bestimmten Einkommensart (z.B.

Lohn) identisch. Die Theorie der personellen Einkommensverteilung hat neben der **Höhe** der Einkommen also auch deren **Streuung** zum Gegenstand.

Stochastische Ansätze zur personellen Einkommensverteilung gehen auf VILFREDO PARETO (1848 - 1923) und ROBERT GIBRAT zurück. So ist nach PARETO zwar die Fähigkeit zur Einkommenserzielung in der Bevölkerung um einen Mittelwert normalverteilt. Eine Häufigkeitsverteilung der Einkommen stellt sich jedoch in der Regel asymmetrisch dar. Dafür macht er die Tatsache verantwortlich, dass die Streuung der Einkommen nach unten durch das notwenige Existenzminimum begrenzt wird. GIBRAT, der in dem nach ihm benannten Gesetz (1930) unterstellte, dass sich Zufallsprozesse im wirtschaftlichen Bereich oft auf relative Veränderungen beziehen und deshalb zu einer lognormalen Verteilung[3] führen, konnte mit seiner Verteilungsfunktion nachweisen, dass die personelle Einkommensverteilung approximativ durch eine lognormale Verteilung wiedergegeben werden kann.

Diesen wahrscheinlichkeitstheoretischen Ansätzen, die die personelle Einkommensverteilung mehr abbilden als erklären, stehen Ansätze gegenüber, die stärker die Faktoren hervorheben, die kausal auf die Einkommensverteilung einwirken. Nach ARTHUR C. PIGOU (1877 - 1959) hängt die Einkommensverteilung vorrangig von der **Verteilung der Fähigkeiten** ab. Dabei werden die Fähigkeiten in einem weiten Sinne definiert. Es geht also nicht nur um die Arbeitsfähigkeit, sondern vielmehr generell um die Fähigkeit, Einkommen zu erwerben.

Eine oft vertretene These sieht die Einkommensverteilung als eine Reaktion auf die Struktur des Bildungssystems an (**bildungstheoretischer Ansatz** oder **human capital-Ansatz**). Neben den natürlichen Fähigkeiten werden dabei auch der Ausbildung (Bildungsinvestitionen) Einflüsse auf die Einkommensverteilung zugesprochen. Ohne hier auf partielle Unterschiede in der Methodik eingehen zu können, lässt sich doch eine allgemeine Aussage treffen: Mit steigendem Bildungsniveau wird danach die Einkommensverteilung ungleicher.

Die so genannten **Hierarchie-Modelle** bauen auf der Überlegung auf, dass ein Großteil der Einkommen in hierarchisch gegliederten Unternehmen und bürokratischen Organisationen erarbeitet werden. Daraus wird der Schluss gezogen, dass die Einkommensverteilung deren Organisations- bzw. Besoldungsstruktur widerspiegelt.

Neuere Ansätze analysieren die Einkommensverteilung unter Einbeziehung von politischen Prozessen und Einflüssen (**Konflikt-Modelle**). Dabei wird die Auseinandersetzung zwischen Kapital und Arbeit durch den Verteilungskonflikt zwischen Institutionen und Generationen (z.B. Rentendiskussion) erweitert. Abschließend muss kritisch eingeschätzt werden, dass trotz vielfältiger Versuche keine vollständig überzeugende und in sich geschlossene Theorie der personellen Einkommensverteilung existiert.

4. Ziele der Verteilungspolitik

Das Problem der Verteilung ist wahrscheinlich eines der schwierigsten ökonomischen Probleme. Das ist sicher nicht zuletzt dadurch begründet, dass die Ziele der Verteilungspolitik eng mit dem Problem der **Verteilungsgerechtigkeit** verknüpft sind. Es kann hier nicht unsere Aufgabe sein, auf die sozialphilosophischen Hintergründe dieses Problems einzugehen. Festzuhalten bleibt aber, dass die Formulierung von Verteilungszielen nicht mit den Mitteln einer kausal orientierten Wirtschaftstheorie gelöst werden kann.

---

[3] Bei einer lognormalen Verteilung wird die Anzahl der Einkommensempfänger nicht in Beziehung zu den einzelnen Mittelwerten des Einkommens (y) gesetzt wie bei der Normalverteilung, sondern zu einem fiktiven Wert, der eine Funktion vom Logarithmus von y ist.

Die Verteilungstheorie beschränkt sich ausschließlich auf die Erklärung der Einkommens- und Vermögensverteilung (Gegenstand der positiven Ökonomik). Die Frage nach der Verteilungsgerechtigkeit aber ist stark von normativen Aussagen und Werturteilen - z.B. im Rahmen der Wohlfahrtstheorie - geprägt.

Die Verteilungspolitik kann eng und weit gefasst werden. Bezieht man nur die Leistungseinkommen mit ein, spricht man von Einkommensverteilungspolitik. Wenn dagegen auch Umverteilungsmaßnahmen berücksichtigt werden (Sozialpolitik), spricht man von Verteilungspolitik im weiteren Sinne.

4.1 Ziele der Einkommens- und Sozialpolitik

Folgende Ausgangspositionen lassen sich formulieren: Das Problem der Verteilungsgerechtigkeit kann nur anhand von konkretisierbaren Sachverhalten erfasst werden. Gerechtigkeitspostulate werden dabei immer entscheidend von der herrschenden gesellschaftlichen Organisationsform und dem Wertesystem einer Gesellschaft determiniert. Sie bilden die Grundlage, von der verteilungspolitische Normen des menschlichen Zusammenlebens abgeleitet werden. Der Ruf nach größerer Gerechtigkeit - was immer darunter verstanden werden mag - wird immer dann lauter, wenn die bestehende Einkommens- und Vermögensverteilung den gesellschaftlichen Frieden zwischen den verschiedenen Bevölkerungsgruppen gefährdet (vgl. z.B. J. WERNER, a.a.O., S. 48ff.). Bereits hier dürfte deutlich werden, dass die Frage nach einer „gerechten" Einkommens- und Vermögensverteilung nicht wissenschaftlich beantwortet werden kann. Jeder Antwort liegen gesellschaftliche Werturteile zugrunde, an denen sich praktische Wirtschaftspolitik orientiert. Bleibt zu klären, welche Bezugsgrößen dabei eine Rolle spielen: Zum einen geht es um den Beitrag zur Erstellung des Inlandsproduktes (Leistungsprinzip), zum anderen um die Inanspruchnahme des Inlandsproduktes (Bedarfsprinzip).

Das **Leistungsprinzip** geht von dem Grundsatz aus, dass die Einkommen der Wirtschaftssubjekte in Abhängigkeit von der erbrachten Leistung stehen sollten. Diejenigen, die eine hohe individuelle (Arbeits)Leistung erbringen, erhalten auch einen größeren Anteil am gesellschaftlichen Gesamtprodukt. Oder anders ausgedrückt: In einer nach Wettbewerbsregeln funktionierenden Marktwirtschaft entspricht das „Marktentgelt" (z.B. Lohn, Gewinn) der erbrachten Leistung. Auf der Grundlage von Marktsignalen werden Faktorleistungen nachgefragt. In Abhängigkeit vom jeweiligen Angebot bilden sich dann Faktorpreise, die dem volkswirtschaftlichen Bedarf entsprechen. Das Leistungsprinzip setzt voraus, dass die einzelne Leistung auch genau gemessen und bewertet werden kann. Diese Voraussetzung erscheint unter den Bedingungen einer stark arbeitsteiligen Volkswirtschaft kaum erfüllbar. Auch ist nicht jede Leistung messbar. Problematisch ist auch die Bewertung von Leistungen, die in unterschiedlichen Bereichen erbracht werden. Und dann bleibt die Frage zu klären, wie Leistungen „belohnt" werden, für die kein Markt besteht? Der oben formulierte Zusammenhang zwischen Einkommen und Leistung darf somit bezweifelt werden.

Neben der Leistungsmessung/-bewertung müssen weitere Probleme erwähnt werden, die eine Gleichsetzung von Einkommen (Marktentgelt) und Leistung fraglich erscheinen lassen. Wir konzentrieren uns dabei auf die im Sinne eines „Outputs" erbrachten Leistungen.[4] Danach wird eine leistungsgerechte Einkommensverteilung vorrangig durch die Unvollkommenheiten der Märkte (z.B. Wettbewerbsbeschränkung) selbst eingeschränkt. Zahlreiche

---

[4] In der Verteilungsdiskussion spielen auch „inputorientierte" Aspekte eine Rolle. Dabei geht es u.a. um die individuelle Beanspruchung (wie die physische oder psychische Belastung) der Leistungserbringer. Dass dies zu anderen Verteilungsergebnissen führen wird, liegt auf der Hand. So kann beispielsweise eine marktmäßig kaum honorierte Leistung für das die Leistung erbringende Individuum sehr wohl mit erheblichen Belastungen verbunden sein.

Leistungen (wie ehrenamtliche Tätigkeiten in diakonischen und karitativen Einrichtungen, private Kindererziehung) werden nicht „entgolten", da sie nicht marktgerichtet sind. Auch bewertet der Markt häufig nicht nach „gesellschaftsdienlichen" Kriterien. Als Beispiel seinen die Wirkungen externer Effekte angeführt, die dem Leser in erster Linie aus der Umweltdiskussion bekannt sein dürften. Und schließlich belohnt der Markt Leistungen, die nicht auf die individuelle Leistung zurückzuführen sind. So stellt beispielsweise die bei Immobilienverkäufen realisierte Wertsteigerung nicht das Ergebnis der Leistung des Eigentümers dar.

Das **Bedarfsprinzip** geht von der Stellung der Wirtschaftssubjekte als Konsumenten aus. Auch die Verwendung des Bedarfs als Norm für die Einkommensverteilung wirft Fragen auf: Wer bestimmt die gesellschaftlich verbindlichen Bedarfe und welches Wertesystem bildet die Grundlage für ihre Bestimmung? Für die Beantwortung dieser Frage sind verschiedene Ansätze denkbar. So kann beispielsweise vom Ziel der Befriedigung eines Mindestbedarfs oder aber vom Ziel der Gleichheit ausgegangen werden. Betrachten wir das **Gleichheitspostulat** etwas genauer. Es wäre erfüllt, wenn alle Gesellschaftsmitglieder die gleiche Wohlfahrtsposition (gleicher Grad der Befriedigung von materiellen und sozialen Bedürfnissen) erreichen. Diese Ansatz geht von der Gleichheit aller Menschen aus: Weil sie gleich sind, sollen auch ihr Bedürfnisse gleich befriedigt werden. Da sich Menschen aber z.B. nach Geschlecht, Alter, Familienstand, Gesundheit unterscheiden, sind auch ihre Bedürfnisse (Bedarfe) ungleich. Das bedeutet jedoch nichts anderes, als dass die unterschiedlichen Bedürfnisse der Menschen nach ihrer Dringlichkeit zu berücksichtigen sind. Wie aber lassen sich Bedürfnisse und Nutzen, die subjektiv empfunden werden, interpersonell vergleichen? Folglich erweist sich unter dem Gerechtigkeitsgesichtspunkt auch die Norm der Bedarfsgerechtigkeit als unzulänglich.

Deshalb wird auch heute die Forderung nach „uneingeschränkter" Verteilungsgleichheit (absolutes Egalitätsprinzip) kaum noch ernsthaft erhoben. Die Diskussion wird vielmehr von einer - mehr und minder starken - Differenzierung des Bedarfsprinzips bestimmt. In der praktischen Wirtschaftspolitik kommt es ohnehin nur in Kombination mit dem Leistungsprinzip zur Anwendung.

4.1.1 Einkommens- und vermögenspolitische Ziele

Die bisherigen Ausführungen dürften deutlich gemacht haben, wie unterschiedlich und kontrovers Verteilungsgerechtigkeit definiert werden kann. Folglich lässt sich über den Endzustand einer **gerechten Einkommensverteilung** letztlich wenig Konkretes - im Sinne eines operationalen Ziels - sagen. Jede Antwort ist mit Werturteilen verbunden.

Wir haben festgestellt, dass sowohl das Leistungs- als auch Bedarfsprinzip als alleinige Zuteilungsnorm der Einkommensverteilung ungeeignet sind. Einerseits „unterschlägt" das Leistungsprinzip die ungleichen individuellen Voraussetzungen der Menschen zur Einkommenserzielung, andererseits vernachlässigt das Bedarfsprinzip die erbrachte Leistung und den individuelle Leistungswillen (Leistungswillige und Leistungsunwillige werden gleich behandelt). In welchem Verhältnis diese beiden Prinzipien zur Anwendung kommen, hängt vom herrschenden gesellschaftlichen Wertesystem ab.

Weitgehende Einigkeit besteht darüber, dass allen Gesellschaftsmitgliedern ein **Mindesteinkommen** zu garantieren ist. Dieses Einkommen wird in der Regel güterwirtschaftlich mit dem Existenzminimum[5] gleichgesetzt, wobei nach dem BUNDESSOZIALHILFEGESETZ (BSHG)

---

[5] Darunter ist das Minimum an Mitteln zur Bedürfnisbefriedigung zu verstehen, das einem Menschen die Lebenserhaltung ermöglicht. Nach § 11 Abs. 1 BSHG wird jedem Hilfe zum Lebensunterhalt gewährt, „der seinen notwendigen Lebensunterhalt nicht oder nicht ausreichend aus eigenen Kräften und Mitteln, vor allem aus seinem Einkommen und Vermögen, beschaffen kann."

nicht nur die unmittelbaren Bedürfnisse (Ernährung, Unterkunft, Kleidung, Körperpflege, Hausrat oder Heizung), sondern nach § 12 Abs. 1 auch in vertretbarem Umfang die persönlichen Bedürfnisse des täglichen Lebens (soziale Kontakte, Kultur) gehören. Für Kinder und Jugendliche umfasst der notwendige Lebensunterhalt nach Abs. 2 auch den „durch ihre Entwicklung und ihr Heranwachsen bedingten Bedarf". Problematisch wird es aber - wie z.B. die Urteile des BUNDESVERFASSUNGSGERICHTS zum Grundfreibetrag oder zum Kindergeld zeigen - immer dann, wenn dieses allgemein anerkannte Ziel konkretisiert (operationalisiert) werden soll. Das gilt ebenso für ein weiteres Ziel der Einkommensverteilung, über das weitgehende Übereinstimmung besteht: **Verringerung bzw. Beschränkung von Einkommensdifferenzierung**. Substantiell lässt sich auch dieses Verteilungsziel dem Bedarfsprinzip zuordnen. Dabei bleibt allerdings in der Regel offen, welches Niveau der Differenzierung gesellschaftlich erwünscht ist.

Es ist wohl unbestritten, dass eine vollständige Nivellierung von Einkommen nicht ohne negative Folgen für die Gesamtwirtschaft realisierbar wäre. In einem marktwirtschaftlich orientierten Wirtschaftssystem sind Einkommensunterschiede als Leistungsanreiz und als Lenkungsinstrument unerlässlich. Marktwirtschaft basiert im Kern auf Wettbewerb, der sich letztlich als Leistungswettbewerb darstellt. Die Knappheit an Produktionsfaktoren zwingt darüber hinaus jedes Wirtschaftssystem, aus den vorhandenen Ressourcen ein größtmögliches Inlandsprodukt zu erwirtschaften (Leistungsmaximierung). Diese Forderung führt fast zwangsläufig zur entsprechenden Differenzierungen der Einkommen (**leistungsbezogene Einkommensverteilung**). Untersuchungen zur Lohnstruktur haben jedoch auch gezeigt, dass für die Leistungsmotivation nicht nur die absolute Lohnhöhe, sondern insbesondere auch die **relative Lohnposition** (wo befindet man sich in der Lohnhierarchie im Vergleich zu Kollegen, die ähnliche oder gleiche Tätigkeiten verrichten?) bedeutungsvoll ist.

Der Leser kennt bereits die Probleme, die bei der Bestimmung von verteilungspolitischen **Indikatoren** auftreten. Die Grenzen der Aussagefähigkeit von Lohnquote und anderen Größen wurde ausführlich diskutiert. Neben den genannten Gründen erweist sich eine Orientierung der verteilungspolitischen Diskussion z.B. an der Lohnquote auch deshalb als problematisch, weil sich bei einer Gegenüberstellung der beiden großen Aggregate „Einkommen aus Unternehmertätigkeit und Vermögen" und „Einkommen aus unselbständiger Arbeit" die erheblichen Einkommensunterschiede zwischen den einzelnen zu derselben Gruppe gehörigen Erwerbstätigen nicht erkennen lassen. So finden sich beispielsweise Arbeitnehmern mit niedrigem Einkommen in der selben Gruppe wieder wie die abhängig beschäftigten Führungskräfte. Aufgrund der Durchschnittsbildung gehen wichtige Informationen über die Verteilungssituation verloren. Aber gerade ihre Kenntnis kann von großer Bedeutung sein: Zum einen hinsichtlich der Entwicklung der gesamtwirtschaftlichen Nachfrage, da Bezieher niedriger Einkommen im Allgemeinen eine höhere marginale Konsumquote aufweisen. Zum anderen hinsichtlich der Erhaltung des sozialen Friedens in der Gesellschaft. In seinem Jahresgutachten 1998/1999 (S. 163) kommt der SACHVERSTÄNDIGEN-RAT zu der Einschätzung, dass dieses Ziel einer gleichmäßigeren Einkommensverteilung bisher nicht erreicht wurde.

Bisher haben wir uns auf die Ziele der Einkommensverteilung konzentriert. Bliebe abschließend kurz zu erörtern, welche wirtschaftspolitischen Ziele hinsichtlich der **Vermögensverteilung** (Vermögenspolitik) bestehen. Generell wird von der verteilungspolitischen Zielsetzung ausgegangen, eine **breitere Streuung der privaten Vermögen** zu verwirklichen. Dahinter steht im Wesentlichen zunächst das Ziel, (1) die persönliche materielle Freiheit zu erhöhen und damit die individuellen Entfaltungsspielräume und Lebenschancen sozial gerechter zu verteilen. Das soll z.B. durch Maßnahmen zur (staatlich geförderten) Vermögensbildung in Arbeitnehmerhand erreicht werden. Ein weiteres Ziel der Vermögenspolitik besteht darin, (2) die Konzentration wirtschaftlicher Machtpositionen (Produktivvermögen) zu bremsen bzw. abzubauen, um das Wettbewerbspotenzial auf den Märkten zu sichern.

Gegenwärtig ist es jedoch vielmehr so, dass sich Konzentrationstendenzen - wie sie bereits bei der Einkommensverteilung zu Tage treten - in Bezug auf die Vermögensverteilung noch verstärken. Dem könnte z.B. durch entsprechend wirkende Steuern, insbesondere der Vermögen- und Erbschaftsteuer (sofern sie nicht ausschließlich aus fiskalischen Gründen erhoben werden), entgegengewirkt werden. Ein solcher Ansatz bleibt allerdings problematisch, solange auch für die Vermögenspolitik - wie für die Einkommenspolitik - operationale Zielaussagen weitgehend fehlen.

4.1.2 Sozialpolitische Ziele

Verteilungspolitik muss auch immer als Korrektur marktwirtschaftlicher Verteilungsergebnisse verstanden werden, womit sie gleichzeitig Umverteilungspolitik ist. **Umverteilungspolitische Ziele** - die in ihrer Gesamtheit auf eine von der Gesellschaft gewünschte Verteilung von Einkommen, Vermögen und sozialen Chancen gerichtet sind - können nur aufgestellt und verstanden werden, wenn sie auf einer bekannten Einkommensverteilung basieren. Da bereits im vorhergehenden Abschnitt implizit Probleme der Einkommens- und Vermögensumverteilung behandelt wurden, können wir uns in den folgenden Ausführungen auf sozialpolitische Ziele konzentrieren.

Sozialpolitik folgt im Rahmen der Sozialen Marktwirtschaft dem übergeordnetem Ziel (**Leitbild**), benachteiligten Mitgliedern oder Gruppen der Gesellschaft ein menschenwürdiges Dasein zu ermöglichen. Die daraus abgeleiteten **sozialpolitische Ziele** lassen sich in **zwei Gruppen** einteilen: In der ersten Gruppe werden solche Ziele wie Gesundheit, Erwerbsfähigkeit und -möglichkeit, Arbeitsbedingungen (z.B. Arbeitschutz), Altersvorsorge aber auch Einkommens- und Vermögensverteilung zusammengefasst. Die zweite Gruppe umfasst Ziele, die auf die Sicherung des gesellschaftlich anerkannten Grundbedarfs (Nahrung, Kleidung, Wohnung, Teilhabe an kulturellen Gütern) für hilfsbedürftige Personen gerichtet sind. Welcher Umfang an Leistungen im Einzelnen als sozial gewünscht angesehen wird, hängt von einer Reihe von Voraussetzungen (wie Zugehörigkeit zu einer gesellschaftlichen Gruppe, wirtschaftliche Leistungskraft der Volkswirtschaft, historische Situation, Einfluss von Interessenverbänden) ab.[6] Je nach der Rangfolge bzw. Veränderung gesellschaftlicher Werte (Normen), werden sich die Vorstellungen über einen sozialpolitischen Handlungsbedarf unterscheiden. Vor dem Hintergrund veränderter Rahmenbedingungen und neuer Herausforderungen (Reform der Sozialen Sicherungssysteme) orientierte sie die rot-grüne Bundesregierung in der 14. Legislaturperiode an den Leitbildern (1) Eigenverantwortung und aktivierender Sozialstaat, (2) Generationengerechtigkeit und Nachhaltigkeit, (3) Gerechtigkeit zwischen den Geschlechtern, (4) Flexibilisierung und Wahlfreiheit, (5) Vermeidung sozialer Ausgrenzung und Förderung des sozialen Friedens sowie (6) Einbindung in die europäischen und internationalen Zusammenhänge (SOZIALBERICHT 2001).

Abgesehen von den konkreten Inhalten wird die **Gestaltung sozialer Sicherungssysteme** von einigen grundlegenden Prinzipien bestimmt. Sie sind darauf ausgerichtet, eine Bedarfsdeckung privater Haushalte auch in kritischen Lebenslagen sicherzustellen. Die kann grundsätzlich durch **Eigenvorsorge** nach dem Individualprinzip oder durch **kollektive Vorsorge** nach dem Sozialprinzip organisiert werden. Als Grundsätze des letzteren sind das Sozialversicherungsprinzip, das Versorgungsprinzip und das Fürsorgeprinzip zu nennen.

Das **Individualprinzip** entspricht dem sozialpolitischen Leitbild einer „reinen" Leistungsgesellschaft. Hier wird Gerechtigkeit nicht auf ein konkretes Verteilungsergebnis, sondern auf allgemeine Handlungsregeln bei gleicher Ausstattung mit immateriellen Grundgütern - Frei-

---

[6] KATH geht speziell auf die Auswirkungen politischer Machtwechsel ein und kommt zu dem Schluss, dass die konkreten Sozialordnungen parlamentarischer Demokratien meist auf diese Weise historisch gewachsen und folglich nicht widerspruchsfrei sind (vgl. D. KATH, a.a.O., S. 405).

heiten, Rechte, Chancen - bezogen. Danach verfügt jedes Gesellschaftsmitglied über die Freiheit, seine Lebensbedingungen selbst zu gestalten. Dies schließt die **eigenverantwortliche Vorsorge** für Notfälle (z.B. Krankheit, Arbeitslosigkeit, Invalidität) und Ereignisse des normalen Lebenszyklus (Familie, Kinder, Alter) mit ein. Sie kann durch Ersparnisbildung oder den Abschluss von Versicherungen erfolgen. Da Sparen besonders bei Beziehern niedriger Einkommen als Sicherung nicht ausreichen dürfte, bietet bei Unsicherheit über den Eintritt des Vorsorgefalls und dessen finanziellen Folgen allein eine Versicherung vollen Risikoschutz. Je nach individueller Wahrscheinlichkeit für den Eintritt des Versicherungsfalls wird der Beitrag des einzelnen Versicherten zum Gesamtrisiko (Äquivalenzprinzip) festgelegt. Allerdings muss eingeräumt werden, dass das **Versicherungsprinzip** z.B. bei konjunkturbedingter Massenarbeitslosigkeit und der Sicherung gegen Kriegsfolgen versagt. In solchen Fällen ist eine kollektive Sicherung unabdingbar.

Dem Individualprinzip steht das sozialpolitische Leitbild einer Gesellschaft gegenüber, die für sich den ordnungspolitischen Rahmen der Sozialen Marktwirtschaft gewählt hat. Die marktwirtschaftlichen Prinzipien - wie Leistungswettbewerb, Privateigentum oder Marktpreisbildung - werden beibehalten. Die Ergebnisse des Marktes bedürfen jedoch einer Korrektur. Mithin trägt die Gesellschaft also auch eine Mitverantwortung für die Gestaltung der individuellen Lebensbedingungen (**Sozialprinzip**). Die diesem Prinzip entsprechenden sozialen Sicherungssysteme - weitgehend durch das Merkmal einer **staatlichen Zwangsversicherung** geprägt - sind indes nicht allein durch die angesprochenen nichtversicherbaren Risiken begründet. Vielmehr ergeben sich auch aus der unzureichenden Bereitschaft und mangelnder Fähigkeit zu individueller Vorsorge distributive Aufgaben des Staates. So schätzen viele Menschen ihre künftigen Bedürfnisse und Einkommenserwartungen falsch ein. Auch werden die Risiken der Arbeitswelt nicht zwangsläufig von den Nutznießern der damit verbundenen Wohlfahrtssteigerungen getragen. Außerdem hat nicht nur der Einzelne, sondern die gesamte Gesellschaft ein Interesse an der Erhaltung des human capital (Wirkung positiver externer Effekte). Für die Gestaltung des staatlichen Sozialversicherungssystems folgt daraus, dass unterschiedliche Prinzipien wie (1) das Sozialversicherungs-, (2) das Versorgungs- und (3) das Fürsorgeprinzip in Betracht und in der praktischen Sozialpolitik auch - in Kombination - zur Anwendung kommen:

(1) Beim **Sozialversicherungsprinzip**, das teilweise über Steuern finanziert wird, wird das Äquivalenzprinzip modifiziert. Nach dem Solidarprinzip erfolgen hiernach auch Leistungen beitragsunabhängig (mitversicherte Familienangehörige) und Risiko- und Leistungsausschlüsse werden - unter Berücksichtigung der sozialen Lage der Versicherten - vermieden.

(2) Das **Versorgungsprinzip** garantiert allen Gesellschaftsmitgliedern entsprechend einer „generellen" Bedürftigkeit eine einheitliche Grundversorgung aus Steuermitteln und Abgaben. Die Kosten der Risikosicherung werden also nicht dem Verursacher angelastet. In der Bundesrepublik Deutschland wurde dieses Prinzip für Kriegsopfer (Kriegsopferversorgung) und Vertriebene (Lastenausgleich) eingeführt. In anderen Ländern ist das Versorgungsprinzip im Gegensatz dazu allgemeine Grundlage der sozialen Sicherungssysteme (Grundrente, „Staatsbürgerversorgung"). Unabhängig von der individuellen Bedürftigkeit wird dabei im Versorgungsfall (Krankheit, Invalidität, Alter) eine einheitliche Grundversorgung gewährt.

(3) Voraussetzung für die Gewährung von Leistungen nach dem **Fürsorgeprinzip** (Sozialhilfe) ist eine „spezielle Bedürftigkeit". Danach soll ein menschenwürdiges Leben auch für diejenigen möglich sein, die - auch selbst verschuldet - in eine Notlage geraten sind. Auf Sozialhilfe besteht ein Rechtsanspruch ohne Gegenleistung bzw. Rückzahlungsverpflichtung, wenn die Bedürftigkeit nachgewiesen wird und unterhaltspflichtige Verwandte nicht herangezogen werden können. Sozialhilfe wird aus Steuern finanziert (Transferzahlung). Sie ist Aufgabe der Gemeinden und Städte.

In der praktischen Sozialpolitik werden diese Prinzipien in Abhängigkeit vom sozialpolitischen Leitbild in unterschiedlicher Richtung angewendet. Für die Daseinsvorsorge in der

Bundesrepublik Deutschland ist darüber hinaus das **Selbstverwaltungsprinzip** maßgebend. Danach beschränkt sich der Staat auf die reine Rechtsaufsicht und überlässt die Durchführung der gesetzichen Aufgaben den Sozialversicherungsträgern. Diese Aufgabenteilung kann als Ausdruck für eine indirekte parlamentarische Demokratie und die Mitbestimmung der Bürger angesehen werden.

Ergänzend sei darauf hingewiesen, dass die sozialpolitische Zielorientierung nach dem Kausalprinzip oder dem Finalprinzip erfolgen kann. Nach dem **Kausalprinzip** wird jedes Risiko versichert. Der Versicherte kann so Ansprüche auf Leistungen aus verschiedenen Gründen erwerben und kumulieren. Unseres Erachtens ist aber das **Finalprinzip** vorzuziehen. Es orientiert sich an der Bedarfsgerechtigkeit. Hat ein Versicherter Ansprüche aus mehreren Gründen, muss er sich die Leistungen anrechnen lassen.

4.1.3 Zielhierarchie und Zielbeziehungen

Fassen wir die Überlegungen zu den verteilungspolitischen Zielen zusammen (Abb. 6.2): An oberster Stelle steht wieder die gesamtgesellschaftliche Wohlfahrt, zu der die Ziele Gerechtigkeit und Sicherheit beitragen (vgl. Kapitel 1, Abb. 1.2). Die Grundlage eines größtmöglichen Gemeinwohls bildet bekanntlich die „Maximierung der Wohlfahrt", die ihrerseits nur über eine Vielzahl ökonomischer Zwischenziele wie Stabilitäts-, Wachstums-, Struktur- oder Verteilungsziele erreicht werden kann. Die Verteilungsziele können grob in die (Unter)Ziele Durchsetzung einer gerechten Einkommens- und Vermögensverteilung sowie Herstellung sozial gerechter Arbeits- und Lebensbedingungen unterteilt werden. Zwischen beiden Zielen bestehen enge Wechselbeziehungen. Eine gerechte Einkommens- und Vermögensverteilung hängt wiederum von der Durchsetzung des Leistungsprinzips und des Bedarfsprinzips ab, deren Verhältnis sich keinesfalls widerspruchsfrei gestaltet.

Aber auch zwischen sozialen Zielen können Konflikte - insbesondere in Zeiten wirtschaftlicher Stagnation - auftreten. Finanzielle und materielle Mittel, die einer sozialen „Funktion" zufließen, fehlen naturgemäß bei der Realisierung anderer Ziele. Beispielsweise werden bei hoher Arbeitslosigkeit nicht nur besondere Anstrengungen zur Förderung von mehr Beschäftigung erforderlich, sondern infolge sinkender Zahlen von Beitragszahlern können große Probleme in anderen Zielbereichen - wie Alterssicherung oder Gesundheitswesen - auftreten.

4.2 Ziele und Probleme der Sozialpolitik innerhalb der Europäischen Union

Obgleich bereits bei der Gründung der EUROPÄISCHEN GEMEINSCHAFT Maßnahmen im Bereich der sozialen Sicherung - insbesondere im Zusammenhang mit der Herstellung der Freizügigkeit der Arbeitnehmer - gefordert wurden (Art. 51 EGV), ist die soziale Integration innerhalb der EU wohl das schwächste Glied. Zu unterschiedlich sind die sozialen Probleme und Standards innerhalb der Gemeinschaft. Beispielsweise entsprach allen Annäherungen der letzten Jahre zum Trotz das Einkommensniveau Ende der 90er Jahre in Griechenland erst 64,6% (in Portugal 69,4%, Spanien 76,9%) des Durchschnitts aller EU-Mitgliedstaaten. Luxemburg dagegen erreichte 163,5% und Deutschland lag mit 108,8% auf Platz 6 (EUROPÄISCHE KOMMISSION, Jahreswirtschaftsbericht 1997). Auch die Sozialleistungsquoten weisen starke Differenzierungen auf. Während 1999 einige Länder wie Schweden und Frankreich über 30% des erwirtschafteten Inlandsprodukts für soziale Leistungen ausgaben, lagen Irland (14,7%), Spanien (20%) und andere deutlich darunter (BUNDESMINISTERIUM FÜR ARBEIT UND SOZIALORDNUNG, SOZIALBERICHT 2001). Aber auch vergleichbar hohe Sozialleistungsquoten garantieren keinesfalls gleiche soziale Bedingungen, da die Ausgabenstruktur nach Funktion (Alter und Hinterbliebene, Gesundheit, Beschäftigung, Ehe und Familie, übrige Funktionen) anders gewichtet sein kann. Allein diese kurze Situationsbeschreibung zeigt den enormen Anpassungsdruck, der für die Erreichung annähernd einheitlicher Lebensverhältnisse in der Gemeinschaft besteht.

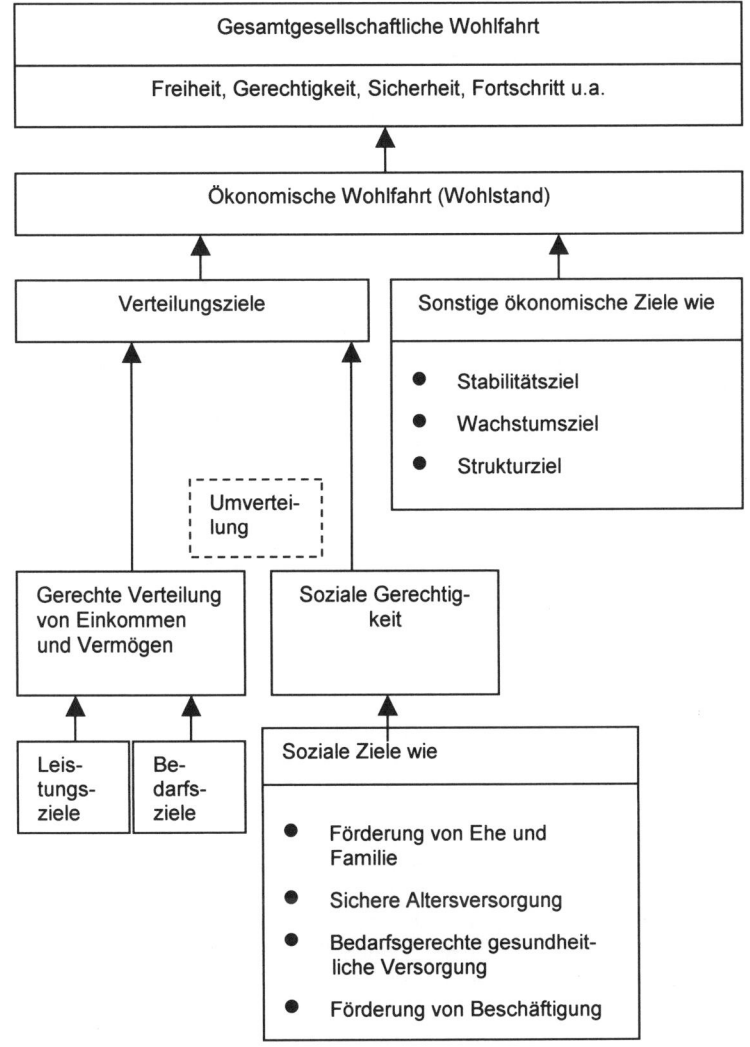

Abb. 6.2: Zielhierarchie der Einkommens- und Sozialpolitik

Neben der Absicherung der Freizügigkeit der Arbeitnehmer durch Anwendung des Prinzips der Inländerbehandlung bei der Arbeitslosen-, Kranken- und Rentenversicherung sowie Sozialhilfe (der ausländische Arbeitnehmer soll im Aufnahmeland wie ein Inländer behandelt werden), wurde innerhalb der EU zunächst die Harmonisierung der Arbeitsbedingungen vorangetrieben. Im Rahmen der EINHEITLICHEN EUROPÄISCHEN AKTE von 1985 wurde der Art. 118a in den EG-VERTRAG aufgenommen. Danach wird der EU-MINISTERRAT in die Lage versetzt, mit qualifizierter Mehrheit Mindeststandards für Sicherheit und Gesundheitsschutz der Arbeitnehmer zu verabschieden. 1989 wurden weitergehende sozialpolitische Ziele in der GEMEINSCHAFTSCHARTA DER SOZIALEN GRUNDRECHTE formuliert. Auf dieser Grundlage wurden in den folgenden Jahren eine Reihe von Richtlinien zum technischen Arbeitsschutz (z.B. Maschinenrichtlinie) und zu rechtlichen Arbeitsbedingungen erlassen.

Gemäß dem VERTAG VON MAASTRICHT wurde mit dem „Abkommen über die Sozialpolitik" (1992) eine wesentliche vertragliche Regelung für den sozialpolitischen Integrationsprozess geschaffen. Allerdings war dieses Abkommen von der damaligen konservativen Regierung Großbritanniens nicht akzeptiert worden. Erst der Regierungswechsel ebnete den Weg für die Integration des Sozialabkommens in den EG-VERTRAG (1997). Damit sind jedoch nur erste Voraussetzungen für eine einheitliche, alle EU-Mitgliedstaaten umfassende Sozialpolitik geschaffen worden. Wir wollen diese Aussage näher erläutern.

Von besonderer Bedeutung ist vor dem Hintergrund hoher Arbeitslosigkeit die Ergänzung des EG-VERTRAGS um den Titel VIII „Beschäftigung". Dieser neue Titel schafft den vertraglichen Aktionsrahmen für das bereits in Artikel 2 des VERTRAGS ÜBER DIE EUROPÄISCHE UNION sowie in Artikel 2 des EG-VERTRAGS festgeschriebene Ziel eines hohen Beschäftigungsniveaus. In diesem Sinne arbeiten die Mitgliedstaaten „auf die Entwicklung einer koordinierten Beschäftigungsstrategie und insbesondere auf die Förderung der Qualifizierung, Ausbildung und Anpassungsfähigkeit der Arbeitnehmer sowie der Fähigkeit der Arbeitsmärkte hin, auf die Erfordernisse des wirtschaftlichen Wandels zu reagieren".[7] Auch der Titel XI „Sozialpolitik, allgemeine und berufliche Bildung" des EG-VERTRAGS richtet sich sehr stark auf die **Förderung von Beschäftigung** als Voraussetzung für die Verbesserung und Angleichung der Lebens- und Arbeitsbedingungen. Die in den Art.136 - 145 erlassenen Sozialvorschriften beziehen sich fast ausschließlich auf diese Zielsetzung. Auch die Errichtung eines EUROPÄISCHEN SOZIALFONDS ist dem Beschäftigungsziel verpflichtet.

In Art. 146 heißt es dazu: „Um die Beschäftigungsmöglichkeiten der Arbeitskräfte im Binnenmarkt zu verbessern und damit zur Hebung der Lebenshaltung beizutragen, wird ... ein Europäischer Sozialfonds errichtet, dessen Ziel es ist, innerhalb der Gemeinschaft die berufliche Verwendbarkeit und die örtliche und berufliche Mobilität der Arbeitskräfte zu fördern sowie die Anpassung an die industriellen Wandlungsprozesse und an die Veränderungen der Produktionssysteme insbesondere durch berufliche Bildung und Umschulung zu erleichtern."[8]

Dem Leser wird aufgefallen sein, dass **„klassische" Bereiche bzw. Funktionen der Sozialpolitik** von diesen Regelungen nicht berührt werden. Im SOZIALBERICHT 1997 der Bundesregierung wird dazu indirekt Stellung genommen. So wird festgestellt, dass sich einige Bereiche der Sozialpolitik nicht für eine Harmonisierung eignen. Insbesondere werden in diesem Zusammenhang die nationalen Sozialversicherungssysteme genannt. In ihren Anspruchsvoraussetzungen, in den Leistungen und in vielen anderen Details unterscheiden sie sich - wird argumentiert - so sehr voneinander, „dass an eine Angleichung auch in ferner Zukunft nicht zu denken ist. Gemeinschaftliche Regelungen beschränken sich daher im Wesentlichen darauf, dass eine Erwerbstätigkeit in einem anderen Mitgliedstaat für die Wanderarbeitnehmer zu keinen Nachteilen in ihrer sozialen Sicherheit - weder in ihrem Heimatstaat, noch im Aufnahmestaat - führen darf" (S. 124).

Die Verankerung der **Prinzipien Subsidiarität und Verhältnismäßigkeit** trägt den unterschiedlichen sozialpolitischen Ausgangsbedingungen Rechnung und führt letztlich zu einer Kompetenzabgrenzung im sozialpolitischen Bereich.[9] Für die Sozialpolitik bedeutet die Anwendung dieser Prinzipien, dass es vorläufig nicht zu einer Harmonisierung der sozialen Sicherungssysteme auf einem möglichst hohen Niveau kommen wird. Vielmehr werden **gemeinsame Mindeststandards** festgelegt, die freiwillig - bei vollständiger Wahrung der nationalen Eigenständigkeit - um ausgewählte sozialpolitische Ziele ergänzt werden kön-

---

[7] Konsolidierte Fassung des VERTRAGS ZUR GRÜNDUNG DER EUROPÄISCHEN GEMEINSCHAFt, in: EU- und EG-VERTRAG, Konsolidierte Fassungen im Rahmen des VERTRAGES VON AMSTERDAM, 1. Aufl., Baden-Baden 1997, S. 262.

[8] Ebenda, S. 271.

[9] Vgl. Protokoll über die Anwendung der Grundsätze der Subsidiarität und der Verhältnismäßigkeit, in: EU- und EG-VERTRAG, a.a.O., S. 133-136. Dabei geht es letztlich um die Entscheidung, ob ein gemeinschaftliches Ziel besser auf nationaler Ebene oder EG-Ebene erfüllt werden kann.

nen. Die soziale Harmonisierung wird demnach nicht auf der Grundlage umfassender gesetzlicher EU-Regelungen angestrebt, sondern über wirtschaftlichen Wettbewerb und Faktormobilität (Arbeit, Kapital). Damit haben sich die EU-Mitgliedstaaten - vor dem Hintergrund der unterschiedlichen Ausgangsbedingengen war möglicherweise eine andere Entscheidung auch nicht zu erwarten - gegen eine umfassende sozialpolitische Harmonisierung entschieden, „die über die Festlegung von Mindeststandards hinausgeht."[10] Diese Entscheidung darf jedoch nicht zu einem Abbau bestehender nationaler Sozialstandards führen. Vor diesem Hintergrund wird verständlich, dass die europäische Sozialpolitik seit 1998 „von der Entwicklung auf den nationalen Arbeitsmärkten" (SOZIALBERICHT 2001) geprägt war. Im Mittelpunkt standen die Förderung von Beschäftigung, die Bekämpfung von Armut und sozialer Ausgrenzung sowie die Modernisierung der sozialen Sicherungssysteme.

Der VERTRAG VON NIZZA 2001 enthält kaum Aussagen zur Sozialpolitik. Neu ist allerdings, dass der EU-RAT einstimmig beschließen kann, in sozialpolitischen Fragen mit qualifizierter Mehrheit abzustimmen. Das bedeutet, dass künftig in der Sozialpolitik theoretisch eine Umstellung auf das Prinzip der Mehrheitsentscheidung ohne weitere Vertragsänderungen möglich ist. Ausgenommen davon ist allerdings wieder der Bereich der sozialen Sicherung. Erwähnenswert ist weiterhin, dass auf dem Treffen in Nizza eine CHARTA DER GRUNDRECHTE DER EU verkündet wurde, die auf Initiative der deutschen Bundesregierung ausgearbeitet wurde. Sie ist jedoch nicht rechtsverbindlich. Darüber soll erst im Jahre 2004 entschieden werden. Die Grundrechtecharta gliedert sich in eine Präambel und 54 Artikel. In 7 Kapiteln geht es dabei um die Würde des Menschen, Freiheiten, Gleichheit, Solidarität, Bürgerrechte, justizielle Rechte und allgemeine Bestimmungen. Bemerkenswert ist die Aufnahme zahlreicher sozialer Rechte wie das Recht auf gerechte und angemessene Arbeitsbedingungen oder der Schutz vor ungerechtfertigter Entlassung. Der gegenwärtige Stand der gemeinsamen Sozialpolitik innerhalb der EUROPÄISCHEN UNION lässt sich zusammenfassend folgendermaßen charakterisieren: Sie konzentriert sich auf das Machbare, das in den EU-Mitgliedstaaten konsensfähig ist.

Tab. 6.8: Entwicklung der Sozialleistungsquote (Sozialschutzausgaben in % des BIP)

	1990	1999
EU insgesamt	25,5	27,6
Belgien	26,4	28,2
Dänemark	28,7	29,4
Deutschland	25,4	29,6
Griechenland	22,9	25,5
Spanien	19,9	20,0
Frankreich	27,9	30,3
Irland	18,4	14,7
Italien	24,7	25,3
Luxemburg	22,1	21,9
Niederlande	32,5	28,1
Österreich	26,7	28,6
Portugal	15,2	22,9
Finnland	25,1	26,7
Schweden	33,1	32,9
Großbritannien	23,0	26,9
Quelle: nach Eurostat-ESSOSS		

---

[10] KRUPP, H.-J., Die Rahmenbedingungen für die Sozialpolitik auf dem Wege zur Europäischen Wirtschafts- und Währungsunion, in: SCHMÄHL, W., RISCHE, H. (Hrsg.), Internationalisierung von Wirtschaft und Politik - Handlungsspielräume der nationalen Sozialpolitik, Baden-Baden 1995, S. 184.

Seit 1996 erfasst das STATISTISCHE AMT DER EUROPÄISCHEN GEMEINSCHAFT (EUROSTAT) die Sozialleistungen der Mitgliedstaaten. Grundlage dafür bildet das Europäische System der Integrierten Sozialstatistik (ESSOSS). Im Interesse einer besseren Vergleichbarkeit werden nicht alle Sozialleistungen, die in nationalen Sozialbudgets enthalten sind, erfasst. Steuerliche Maßnahmen (mit Ausnahme des Familienlastenausgleichs), Leistungen zur Vermögensbildung, Bildungsausgaben (Ausbildungsförderung) und bestimmte Arbeitgeberleistungen bleiben unberücksichtigt. Das führt dazu, dass die für Deutschland nach ESSOSS ausgewiesene Sozialleistungsquote (vgl. Tab. 6.8) unter der national berechneten Quote liegt. Der Vergleich der Quoten lässt allerdings keine Rückschlüsse über die Belastung der volkswirtschaftlichen Sektoren (Staat, Unternehmen, private Haushalte) zu. Die Finanzierungsstruktur differiert innerhalb der EU-Staaten erheblich. In den meisten Mitgliedstaaten liegt die Hauptlast bei den Gebietskörperschaften. In Irland und Dänemark liegt ihr Anteil mit etwa 69 % am höchsten, während Belgien (35%) und Spanien (39%) die niedrigsten Werte ausweisen (Deutschland 41%), hier liegt die Hauptlast für die Finanzierung der sozialen Sicherheit mit 41% bzw. 42% bei den Unternehmen. Am geringsten ist der Finanzierungsanteil der Unternehmen in Dänemark mit knapp 6% und Irland mit gut 16%. In Deutschland liegt der Anteil der Unternehmen bei 29% (nach: SOZIALBERICHT 2001).

5. Träger der Verteilungspolitik

5.1 Die Tarifvertragsparteien als Träger der Einkommenspolitik

In Deutschland liegt die Festlegung von Löhnen und Gehältern sowie die Gestaltung sonstiger Arbeitsbedingungen in den Händen von Arbeitgeber- und Arbeitnehmerorganisationen. Sie sind jedoch dabei an die staatlichen Rechtssätze gebunden, die beispielsweise im BETRIEBSVERFASSUNGSGESETZ (BetrVG), den Arbeitsschutzbestimmungen oder im KÜNDIGUNGSSCHUTZGESETZ vorgegeben sind. Ansonsten hält sich der Staat aus allen Entscheidungen zur Bestimmung von Lohn- und anderen Arbeitsbedingungen heraus. Diese Situation wird allgemein als **Tarifautonomie** bezeichnet.

Tarifautonomie ist das verfassungsmäßig sanktionierte Recht von Gewerkschaften und Arbeitgeberverbänden (Tarifpartner), über Inhalt, Abschluss und Beendigung von Arbeitsverhältnissen Verträge abzuschließen. Der Staat hat dabei kein Mitwirkungs- oder Entscheidungsrecht. Für die Tarifparteien sind die ausgehandelten Tarifbestimmungen rechtsverbindlich. Sie wirken wie Gesetzesbestimmumgen (Rechtsnormen).

Eine genaue gesetzliche Definition über den Umfang dieser Befugnis ist damit allerdings nicht aufgestellt. Nach dem GRUNDGESETZ bleibt sie ganz allgemein auf das Recht „zur Wahrung und Förderung der Arbeits- und Wirtschaftsbedingungen Vereine zu bilden" (Art. 9, Abs. 3) beschränkt. Alle konkreten rechtlichen Grundlagen für Tarifverträge sind im TARIFVERTRAGSGESETZ festgeschrieben. In ihm ist auch die Tarifautonomie gesetzlich verankert. In der Vergangenheit hat es wiederholt Versuche gegeben, Tarifautonomie und staatliche Arbeitsmarkt- und Beschäftigungspolitik (z.B. Konzertierte Aktion, Bündnis für Arbeit) zu koordinieren. Sie blieben mehr oder weniger erfolglos.

5.1.1 Gewerkschaften

Der DEUTSCHE GEWERKSCHAFTSBUND (DGB) ist der Dachverband seiner 8 Mitgliedsgewerkschaften. Ihre Delegierten wählen auf den verschiedenen Ebenen (94 Regionen, 9 Bezirke) die Vorstände.

Gewerkschaften sind Vereinigungen der Arbeitnehmer, die sich zur Durchsetzung ihrer wirtschaftlichen, sozialen und politischen Interessen zusammengeschlossen haben. Sie handeln mit den Arbeitgeberverbänden Tarifverträge (Einkommen, Arbeitszeit, Urlaub, Arbeitsbedingungen) aus und organisieren im Falle eines Arbeitskampfes den Streik. Gewerkschaften unterstützen die Gründung von Betriebsräten und vertreten die Arbeitnehmer bei Konflikten mit ihrem Arbeitgeber. Auch wirken sie durch ihre Vertreter in den Arbeits-/ Sozialgerichten und den Selbstverwaltungsorganen der Sozialversicherung mit.

Wenngleich ihre Hauptaufgabe in der Lohn- und Tarifpolitik (gerechte Verteilung des Sozialprodukts) besteht, beschränken sie sich nicht darauf. Vielmehr versuchen sie über ihren Einfluss auf Regierung und Parlament gesellschaftliche Forderungen - wie gerechte Verteilung von Arbeit durch den Abbau von Überstunden, Arbeitszeitverkürzung, gerechtere Vermögensverteilung, gleiche Bildungschancen, Ausdehnung der betrieblichen und überbetrieblichen Mitbestimmung, größere soziale Sicherheit - durchzusetzen, die nicht ausschließlich über bilaterale Tarifverhandlungen geregelt werden können.

In der Bundesrepublik Deutschland bildete nach dem 2. Weltkrieg die Idee der **Einheitsgewerkschaft** die Grundlage des Neubeginns. Als einheitliche Dachorganisation von ehemals 16 Einzelgewerkschaften wurde am 14.10.1949 der DBG gegründet. Die Einzelgewerkschaften sind überwiegend nach dem so genannten **Industrieverbandsprinzip** organisiert. Das bedeutet in Gegensatz zum Berufsverbandsprinzip, dass die Arbeitnehmer eines Betriebes der Gewerkschaft angehören, zu deren Industriezweig der Betrieb gehört.

Nach Umstrukturierungen in den vergangenen Jahren umfasst der DGB gegenwärtig noch 8 Einzelgewerkschaften: IG Bauen-Agrar-Umwelt, IG Bergbau, Chemie, Energie, Gewerkschaft Erziehung und Wissenschaft, IG Metall, Gewerkschaft Nahrung-Genuss-Gaststätten, Gewerkschaft der Polizei, TRANSNET und Vereinigte Dienstleistungsgewerkschaft (ver.di). Als Dachverband nimmt der DGB übergreifende gewerkschaftspolitische Funktionen wahr, schließt jedoch selbst keine Tarifverträge ab. Die sozialen und wirtschaftlichen Veränderungen seit Beginn der 90er Jahre führten neben einer **inhaltlichen Umorientierung**[11] auch zu einer **Neuorientierung der Organisationsstrukturen** (z.B. Konzentrationsprozess durch Zusammenschlüsse, Arbeits- und Kommunikationsformen). Ein großes Problem stellt auch die **rückläufige Mitgliederzahl** des DGB dar. Hatte er nach der deutschen Wiedervereinigung Ende 1991 noch 11,8 Mio. Mitglieder, so gehörten ihm Ende 1997 nur noch 8,6 Mio. Mitglieder an. Bis Ende 2002 ist die Mitgliederzahl auf 7,7 Mio. gesunken. Davon waren 35,6% bei ver.di und 34,3% in der IG Metall organisiert. **Oberstes Organ** des DGB ist der alle vier Jahre zusammentretende Bundeskongress (400 Delegierte). Auf ihm werden die strategischen Richtlinien der Gewerkschaftspolitik für die nächsten Jahre festgelegt und das Grundsatzprogramm (zuletzt im Jahre 1996) beschlossen. Zwischen den Bundeskongressen ist der Bundesausschuss insbesondere für die Durchführung der verabschiedeten Beschlüsse zuständig. Ihm gehören je 2 bzw. 3 Vorstandsmitglieder der angeschlossenen Gewerkschaften (Gewerkschaften mit mehr als 300.000 Mitgliedern dürfen einen dritten Vertreter entsenden), die Mitglieder des Bundesvorstandes und die Landesvorsitzenden an. Der Bundesvorstand - das Leitungsorgan des DGB - setzt sich aus dem gewählten Geschäftsführenden Bundesvorstand sowie den Vorsitzenden der Mitgliedsgewerkschaften zusammen.

Neben dem DEUTSCHEN GEWERKSCHAFTSBUND sind auf Arbeitnehmerseite noch der DEUTSCHE BEAMTENBUND (DBB) sowie der CHRISTLICHE GEWERKSCHAFTSBUND DEUTSCHLANDS (CGB) von Bedeutung. Die ehemals unabhängige DEUTSCHE ANGESTELLTEN GEWERKSCHAFT (DAG) ging 2001 in ver.di auf. Sie war nach dem **Berufsverbandsprinzip** organisiert. Danach werden nur Mitglieder aufgenommen, die einem bestimmten Berufszweig angehören.

Auf **europäischer Ebene** - insbesondere gegenüber der EU - sollen die sozialen, wirtschaftlichen und kulturellen Interessen der Arbeitnehmer vom 1973 gründeten EUROPÄI-

---

[11] So gewinnt beispielsweise die Sicherung von Arbeitsplätzen zunehmend an Bedeutung, während die "aggressive" (aktiven, expansiven) Lohnpolitik der Gewerkschaften eher in den Hintergrund tritt.

SCHEN GEWERKSCHAFTSBUND (EGB) vertreten und gefördert werden. Er ist die Dachorganisation nationaler Gewerkschaftsbünde und verfolgt vorrangig das Ziel, die demokratische Entwicklung in Europa voranzutreiben. Dies geschieht zum einen über den „sozialen Dialog" mit dem MINISTERRAT der EU und den europäischen Arbeitgeberverbänden. Zum anderen sind Vertreter des EGB und seiner Mitgliedsverbände im WIRTSCHAFTS- UND SOZIALAUSSCHUSS der EU und im STÄNDIGEN AUSSCHUSS FÜR BESCHÄFTIGUNGSFRAGEN der EG repräsentiert. Bei der Definition der europäischen sozialen Rechte konnte der EGB regulierend eingreifen. Ebenso spielte er eine wichtige Rolle bei der Bestimmung der europäischen Arbeits- und Gesundheitsnormen und war federführend bei der Durchsetzung der RICHTLINIE ÜBER DIE SCHAFFUNG EUROPÄISCH KOORDINIERTER BETRIEBSRÄTE.

Die wichtigsten Organe des EUROPÄISCHEN GEWERKSCHAFTSBUNDES sind: (1) Der mindestens alle 4 Jahre tagende EGB-Kongress, der Aktionsprogramme und Resolutionen zu grundsätzlichen Fragen der europäischen Gewerkschaftspolitik beschließt und für die Wahl von Präsident und Generalsekretär sowie weiterer Gremien (Exekutivausschuss, Rechnungsprüfungskommission) verantwortlich ist sowie (2) das Präsidium. Die vorrangige Aufgabe des Exekutivausschusses besteht darin, die für die Durchsetzung der Programme und Resolutionen notwendigen Maßnahmen zu treffen. Der Ausschuss für Finanzen und allgemeine Verwaltung (3) unterstützt die Arbeit des Exekutivausschusses. Demgegenüber obliegen (4) dem Sekretariat in erster Linie Verwaltungsaufgaben. Zusätzlich kann es dem Exekutivausschuss Vorschläge unterbreiten.

1978 wurde das EUROPÄISCHE GEWERKSCHAFTSINSTITUT (EGI) gegründet. Schwerpunktmäßig beschäftigt es sich mit Aspekten der wirtschaftlichen, sozialen und politischen Entwicklung in Europa, die von besonderer Bedeutung für die Arbeitnehmer und ihre Gewerkschaften sind.

5.1.2 Arbeitgeberverbände

Zur Durchsetzung gemeinsamer wirtschaftlicher Interessen wurden in der Bundesrepublik Deutschland zahlreiche Zusammenschlüsse der Arbeitgeber (**Arbeitgeberverbände**) etabliert.

Darunter sind Zusammenschlüsse von Unternehmen zu verstehen, deren Ziel in der Durchsetzung kollektiver Arbeitgeberinteressen (insbesondere Tarifpolitik) besteht. Die Arbeitgeberverbände sind als privatrechtliche Vereine nach fachlichen und regionalen Gesichtspunkten überwiegend nach dem Industrieverbandsprinzip organisiert. Die Mitgliedschaft beruht auf dem Prinzip der Freiwilligkeit. Wie auch die Gewerkschaften wirken ihre Vertreter zusätzlich in den Arbeits- und Sozialgerichten sowie den Selbstverwaltungsorganen der Sozialversicherung mit.

Etwa 75% der Unternehmen mit ca. 80% der Belegschaft werden in Deutschland über Arbeitgeberverbände erfasst. Ihre Spitzenorganisation ist Die BUNDESVEREINIGUNG DER DEUTSCHEN ARBEITGEBERVERBÄNDE (BDA). Mitglieder sind 53 Branchenverbände aus Industrie, Dienstleistungen, Handwerk und Landwirtschaft sowie die 14 Landesvereinigungen. Damit werden über 1000 rechtlich und wirtschaftlich selbständige Arbeitgeberverbände erreicht. Es ist die Aufgabe der BDA, deren gemeinsame Interessen - die über den Wirkungsbereich eines Landes oder einer Branche hinausgehen - zu wahren. Die BDA ist der einzige Unternehmensverband, der sämtliche Wirtschaftszweige vertritt.[12] Ihre Organe sind die Mit-

---

[12] Einzig die öffentlichen Arbeitgeber sowie der Arbeitgeberverband der Eisen- und Stahlindustrie sind nicht vertreten. Bei den öffentlichen Arbeitgebern dürfte der Grund auf der Hand liegen. Der Arbeitgeberverband der Eisen- und Stahlindustrie ist nicht Mitglied, weil in seiner Tarifkommission Arbeitsdirektoren vertreten sind, die wegen der Montan-Mitbestimmung in ihrer Bestellung mittelbar von den Gewerkschaften abhängig sind.

gliederversammlung, der Vorstand sowie das Präsidium. Die zentrale Aufgabe des Vorstands besteht in der Erarbeitung von tarifpolitischen Empfehlungen, die der Einstimmigkeit bedürfen. Die laufenden Aufgaben nimmt eine Geschäftsführung wahr. Über 20 Ausschüsse unterstützen die Arbeit der Leitungsgremien der Bundesvereinigung. Sie tritt selbst allerdings nicht als Tarifpartei auf und hat gegenüber ihren Mitgliedern kein Weisungsrecht.

Neben der Bundesvereinigung setzen sich eine Vielzahl weiterer Wirtschaftsvereinigungen - unterschiedlicher Organisationsform - für die Interessen der Arbeitgeber ein. So nehmen **Wirtschaftsverbände** als Fachverbände die spezifischen Interessen der Unternehmen ihres Wirtschaftszweiges wahr. Es ist bemerkenswert, dass - ähnlich wie bei den Gewerkschaften - auch die Wirtschaftsverbände einen Mitgliederschwund verzeichnen. Zu den Gründen mag Unzufriedenheit mit der Verbandspolitik gehören. Außerdem ist ein Indikator die steigende Anzahl von Firmentarifverträgen.

Obwohl die Wirtschaftsverbände regional organisiert sind (Orts-, Bezirks- und Landesverbände), ist die fachliche Gliederung ihr entscheidendes Merkmal. In Dachorganisationen sind die fachlich nahen Verbände noch einmal zusammengefasst. Wir wollen uns auf den im Oktober 1949 gegründeten BUNDESVERBAND DER DEUTSCHEN INDUSTRIE (BDI) beschränken. Ihm gehören heute 35 Fachverbände mit etwa 80.000 Industrieunternehmen (11 Mio. Beschäftigte) an. Der BDI setzt sich u.a. für die Verbesserung der wirtschaftlichen Rahmenbedingungen oder Stärkung des Wirtschaftsstandortes ein und vertritt die wirtschaftspolitischen Interessen seiner Mitglieder auf nationaler - gegenüber Regierung, Parteien, Gewerkschaften und Öffentlichkeit - und internationaler Ebene. Zu erwähnen ist, dass die Vertretung sozialpolitischer Belange davon weitgehend ausgenommen ist und vorrangig bei der BDA liegt. Zusätzlich erfüllt der BDI umfangreiche Beratungs-, Informations- und Koordinationsaufgaben. Der inhaltliche Schwerpunkt liegt dabei in den Bereichen Wirtschafts- und Wettbewerbspolitik, Mittelstandspolitik, Finanzpolitik und Recht, Infrastruktur und Forschung sowie Außenwirtschafts- und Europapolitik. Seine wichtigsten Organe sind die Mitgliederversammlung (abgestuftes Stimmrecht nach Beschäftigtenzahl) sowie der Vorstand und das Präsidium. Dabei legt der Vorstand die Richtlinien der Arbeit fest, während das Präsidium die gesamte Verbandstätigkeit leitet. Es wird bei den laufenden Aufgaben von der Geschäftsführung unterstützt. Der BDI unterhält zahlreiche Landesvertretungen und an wichtigen Standorten (Brüssel, Tokio und Washington) Auslandsvertretungen.

Der BDI hat sich mit weiteren 16 Wirtschaftsverbänden zum GEMEINSCHAFTSAUSSCHUSS DER DEUTSCHEN GEWERBLICHEN WIRTSCHAFT zusammengeschlossen, dem auch der DEUTSCHE BAUERNVERBAND (DBV) als Gast angehört. Namentlich wollen wir davon nur den ZENTRALVERBAND DES DEUTSCHEN HANDWERKS (ZDH) herausheben, in dem 55 Handwerkskammern und 42 Zentralfachverbände des Handwerks zusammengeschlossen sind. Gremien sind das Präsidium, die Vollversammlung und der Handwerksrat. 2002 waren ca. 5,4 Mio. Arbeitnehmer in den ca. 843.660 Handwerksbetrieben beschäftigt.

5.1.3 Die Rolle des Staates

Der Staat kann keine direkte Einkommenspolitik (Primärverteilung) betreiben. Die zuständigen staatlichen Organe können zwar ordnungsrechtliche Rahmenbedingungen festlegen, die konkrete Umsetzung obliegt aber den autonomen Tarifparteien. Ein interessantes Beispiel gab es, als der Bundestag Ende 1996 beschloss, die Lohnfortzahlung im Krankheitsfalle auf 80% zu kürzen (GESETZ ZUR SOZIALRECHTLICHEN BEHANDLUNG VON EINMALIG GEZAHLTEM ARBEITSENTGELT vom 12. Dezember 1996). Dagegen liefen viele Gewerkschaften Sturm und setzten in der nächsten Tarifrunde durch, dass die Lohnfortzahlung bei 100% blieb. Allerdings mussten dafür kompensatorisch wirkenden Maßnahmen (z.B. Reduzierung von Weihnachts- und Urlaubsgeld) eingeräumt werden. Das generelle Ziel der Bundesregierung, einen Druck auf die Lohnnebenkosten auszuüben, wurde also insgesamt erreicht.

5.2 Der Staat als Träger der Umverteilungs- und Sozialpolitik

Anders als im Rahmen der Tarifvertragspolitik, wo die Rolle des Staates einerseits auf die Festlegung von Rahmenbedingungen beschränkt ist und er andererseits nur dort eingreifen kann, wo er selbst Tarifvertragspartei ist (Tarifverhandlungen im öffentlichen Dienst), kommt dem Staat bei der **Umverteilungspolitik** eine zentrale Bedeutung zu. Dabei gehört in der Bundesrepublik Deutschland die sozialpolitische Gesetzgebungskompetenz zur konkurrierenden Gesetzgebung (GG, Art. 74). Auf die Einkommensverteilung wirkt der Staat durch eine Reihe von Politiken ein. Dazu gehören die Wettbewerbspolitik ebenso wie die Arbeitsmarktpolitik, die Finanzpolitik und die Vermögenspolitik. Die Einwirkung auf die Einkommensverteilung durch den Staat beschränkt sich keineswegs auf die differenzierte Besteuerung der privaten Haushalte. Vielmehr tragen auch die Transferzahlungen (wie Renten, Arbeitslosengeld- und Arbeitslosenhilfe, Sozialhilfe, Kindergeld oder Wohngeld) in beträchtlichem Umfang zur Korrektur der Verteilung der (Netto)Einkommen bei.

5.2.1 Bundesministerium für Arbeit und Sozialordnung

Das BUNDESMINISTERIUM FÜR ARBEIT UND SOZIALORDNUNG war wesentlicher Träger der staatlichen Umverteilungs- und Sozialpolitik. Nach der Bundestagswahl im September 2002 erhielten einige Ministerien einen neuen Zuschnitt. Der Kompetenzbereich „Arbeit" wurde dem Wirtschaftministerium zugeordnet. Die Behördenstruktur des neuen BUNDESMINISTERIUMS FÜR WIRTSCHAFT UND ARBEIT entspricht der des bisherigen Wirtschaftsministerium, allerdings um die nachgeordneten Behörden für den Bereich „Arbeit" erweitert (BUNDESAGENTUR FÜR ARBEIT, BUNDESANSTALT FÜR ARBEITSSCHUTZ UND ARBEITSMEDIZIN, BUNDESARBEITSGERICHT). Die Behörden aus dem Bereich Sozialordnung wechselten in das neue BUNDESMINISTERIUM FÜR GESUNDHEIT UND SOZIALE SICHERUNG (vormals Gesundheitsministerium). Zu seinem Geschäftsbereich zählen neben dem BUNDESSOZIALGERICHT auch die BUNDESVERSICHERUNGS-ANSTALT FÜR ANGESTELLTE (BfA) und weitere Versorgungsanstalten (z.B. Bundesknappschaft, Seekasse), die Berufsgenossenschaften sowie der Beauftragte der Bundesregierung für die Belange behinderter Menschen.

5.2.2 Sozialversicherungsträger

Auch wenn die Träger der Sozialversicherung nur eine abgeleitete Kompetenz für die Umverteilungs- und Sozialpolitik besitzen, dürfen sie an dieser Stelle nicht übergangen werden. Die Einrichtungen des sozialen Sicherungssystems in Deutschland werden im Rahmen der bestehenden Sozialordnung durch öffentlich-rechtliche Körperschaften und Anstalten sowie zum Teil durch private Selbsthilfeorganisationen (z.B. Berufsgenossenschaften als Träger der Unfallversicherung, Kirchen und Wohlfahrtsverbände in der Altenbetreuung und im Gesundheitswesen) verwaltet. Dabei sind die - uns hier interessierenden - staatlichen Institutionen vorrangig Vollzugsorgane und nur bedingt Entscheidungsträger. Im Mittelpunkt ihrer Arbeit stehen Leistungen zur Erhöhung der individuellen Sicherheit sowie zur Erhaltung des „human capital".

Das System der Sozialen Sicherung stützt sich auf **drei große Säulen**: das Sozialversicherungssystem, das Versorgungssystem sowie das Fürsorgesystem. Daneben werden weitere Ausgleichs- und Vorsorgeleistungen (z.B. Bildungs- und Ausbildungsförderung, Kinder- und Jugendhilfe, Rehabilitation) gewährt, die verschiedenen Leistungsträgern zugeordnet sind. Wenden wir uns nun kurz den drei Säulen im einzelnen zu.

(1) Die **Sozialversicherung** gewährt den Versicherten und ihren Hinterbliebenen soziale Rechte nach dem SOZIALGESETZBUCH I (SGB I). Im § 4 werden diese Rechte näher definiert. Danach besteht ein Anspruch auf "1. Die notwendigen Maßnahmen zum Schutz, zur Erhaltung, zur Besserung und Wiederherstellung der Gesundheit und der Leistungs-

fähigkeit und 2. wirtschaftliche Sicherung bei Krankheit, Mutterschaft, Minderung der Erwerbsfähigkeit und Alter." Zum Sozialversicherungssystem gehören:

(a) Die **Gesetzliche Krankenversicherung**, zu derem Leistungsumfang u.a. die Förderung der Gesundheit, die Verhütung und Früherkennung von Krankheiten, Krankenbehandlung, Schwangerschafts- und Mutterschaftshilfe zu rechnen sind. Träger sind die Orts-, Betriebs- und Innungskrankenkassen, die See-Krankenkasse, die landwirtschaftlichen Krankenkassen, die Bundesknappschaft und die Ersatzkassen. Knapp 90% der Bevölkerung werden durch die die gesetzliche Krankenversicherung abgesichert. Im Jahresdurchschnitt lag die Mitgliederzahl 2001 bei gut 51 Mio., davon 29,2 Mio. Pflichtversicherte.

(b) Die **Gesetzliche Unfallversicherung** ist zuständig für Maßnahmen zur Unfallverhütung und Früherkennung von Berufskrankheiten, erste Hilfe, Heilbehandlung, Berufsförderung und ergänzende Leistungen, Haushaltshilfe sowie Renten und Betriebshilfe für Landwirte. Als Träger können u.a. die gewerblichen Berufsgenossenschaften der verschiedenen Wirtschaftszweige oder die Eigenunfallträger der öffentlichen Hand auftreten.

(c) Zu den Aufgaben der **Gesetzlichen Rentenversicherung** gehören neben der Zahlung der Renten wegen Alters oder verminderter Erwerbsfähigkeit (einschließlich Hinterbliebenen-Renten) ebenfalls Maßnahmen der medizinischen und beruflichen Rehabilitation wie Heilbehandlung, Berufsförderung und ergänzende Leistungen, Zuschüsse zur Krankenversicherung, aber auch Leistungen für Kindererziehung. Träger sind insbesondere die BUNDESANSTALT FÜR ANGESTELLTE (BfA) sowie für Arbeiter die Landesversicherungsanstalten, die sich im VERBAND DEUTSCHER RENTENVERSICHERUNGSTRÄGER (VDR) zusammengeschlossen haben. Die Rentenversicherungsträger sind (bundesunmittelbare) Körperschaften des öffentlichen Rechts, die von den Versicherten und den Arbeitgebern in Selbstverwaltung - bei paritätischer Zusammensetzung - geführt werden. Nach Angaben des VDR gab es Ende 1999 in der Rentenversicherung 50,7 Mio. Versicherte, von denen knapp 60% Pflichtversicherte waren. Dem standen knapp 23 Mio. laufende Renten (Stand 1. Juli 2000) gegenüber, die an etwa 19 Mio. Rentner ausgezahlt wurden. Etwa 18% von ihnen (überwiegend Frauen) erhalten mehr als eine Rente. Gegenüber 1995 ist damit die Gesamtzahl der gezahlten Renten um 2,2 Mio. (= 10%) gestiegen (SOZIALBERICHT 2001).

(d) In der **Gesetzlichen Pflegeversicherung**, die am 1.1.1995 als eigenständiger Zweig der Sozialversicherung eingeführt wurde, gehören zum Leistungskatalog u.a. Pflegesachleistungen, Pflegegeld für selbst beschaffte Personen, häusliche Pflege bei Verhinderung der Pflegeperson, Pflegehilfsmittel und technische Hilfen, Leistungen für Pflegepersonen oder teilstationäre bzw. vollstationäre Pflege. Ende 2000 erhielten in Deutschland nach Angaben des BUNDESMINISTERIUMS FÜR ARBEIT UND SOZIALORDNUNG 1,82 Mio. Pflegebedürftige - 68% waren Frauen - Leistungen aus der Pflegeversicherung. Das ist ein Anstieg der Leistungsempfänger gegenüber 1997 von mehr als 10%. Träger der Pflegeversicherung sind die Pflegekassen, die bei den gesetzlichen Krankenkassen eingerichtet wurden.

(e) Zu den Aufgaben der **Gesetzlichen Arbeitslosenversicherung**, deren Träger die BUNDESAGENTUR FÜR ARBEIT ist (vgl. Kapitel 7, Abschnitt 5.1.2), gehören neben der Sicherung des Lebensunterhalts der Betroffenen durch Zahlung von Arbeitslosengeld, Kurzarbeitergeld, Schlechtwettergeld oder Konkursausfallgeld auch die Förderung der Arbeitsaufnahme z.B. durch Eingliederungszuschüsse an Arbeitgeber oder Arbeitsbeschaffungsmaßnahmen (Lohnkostenzuschüsse für zusätzliche Arbeiten im öffentlichen Interesse), die Förderung der beruflichen Bildung und Rehabilitation sowie die Arbeits- und Berufsberatung einschließlich der Arbeits- und Ausbildungsplatzvermittlung.

(2) Die zweite Säule des sozialen Sicherungssystems, das **Versorgungssystem**, bezieht sich auf **Entschädigung bei Gesundheitsschäden** infolge eines Sonderopfers (insbesondere Kriegs-, Wehr- oder Zivildienstbeschädigung) oder aus anderen Gründen (z.B. Opfer einer Gewalttat). Die Betroffenen und ihre Hinterbliebenen haben nach § 5 SGB I ein Recht auf „1. die notwendigen Maßnahmen zur Erhaltung, zur Besserung und zur Wiederherstellung der Gesundheit und der Leistungsfähigkeit und 2. angemessene wirtschaftliche Ver-

sorgung." Dazu gehören im einzelnen Heil- und Krankenbehandlung sowie andere Maßnahmen zur Erhaltung, Verbesserung und Wiederherstellung der Leistungsfähigkeit einschließlich wirtschaftlicher Hilfen, zusätzliche Hilfen im Einzelfall einschließlich Berufsförderung, Renten wegen geminderter Erwerbsfähigkeit, Hinterbliebenen-Renten, Kapitalabfin-
dungen und anderes mehr. Träger sind die Versorgungsämter, Landesversorgungsämter,
die orthopädischen Versorgungsstellen, die Kreise und kreisfreien Städte sowie die Haupt-
fürsorgestellen. Die Träger der gesetzlichen Krankenversicherung werden gegebenenfalls
zur Mitwirkung herangezogen.

(3) Das **Fürsorgesystem** als dritte Säule beinhaltet die Leistungen der **Sozialhilfe** und der
Kriegsopferfürsorge. Es soll den Personen ein menschenwürdiges Dasein sichern, die
aus eigenen Kräften nicht in der Lage sind, ihren Lebensunterhalt selbst zu bestreiten oder
die sich in besonderen Lebenssituationen nicht selbst helfen können und von anderer Seite
keine ausreichende Hilfe erhalten. Dazu sind Leistungen wie Hilfe zum Lebensunterhalt und
Hilfe in besonderen Lebenslagen, Beratung Behinderter und ihrer Personensorgeberechtig-
ter sowie Hilfe bei der Beschaffung und Erhaltung von Wohnraum vorgesehen. Fürsorge-
träger sind in erster Linie die Kreise und kreisfreien Städte, aber auch überörtliche Träger
der Sozialhilfe und die Gesundheitsämter. Der Umfang der Leistungen des Sozialbudget
betrug im Jahre 2001 (geschätzte Werte) insgesamt ca. 26,3 Mrd. €. Davon entfielen 9,7
Mrd. € auf Leistungen zum Lebensunterhalt und 14,2 Mrd. € auf Leistungen in besonderen
Lebenslagen (SOZIALBERICHT 2001).

6. Instrumente der Verteilungspolitik (Einkommens- und Sozialpolitik)

6.1 Übersicht

Die Instrumente der Verteilungspolitik lassen sich nach unterschiedlichen Gesichtspunkten
systematisieren. Wir wählen hier den gleichen Ausgangspunkt, der auch den Ausführungen
im Abschnitt 2.1 zugrunde liegt (funktionelle und personelle Einkommensverteilung). Dabei
stützen wir uns auf die Einkommenspolitik im weiteren Sinne. Neben der primären Verteilung werden auch Umverteilungsprozesse und Maßnahmen der Sozialpolitik (Sekundärverteilung) erfasst. Zusätzlich zu den in Abb. 6.4 aufgeführten verteilungspolitischen Instrumenten ist die Vermögensbildung mit ihren Instrumenten Sparförderung, Investivlohn und
Ertragsbeteiligung zu nennen.

6.2 Instrumente der Primärverteilung

6.2.1 Direkte Instrumente der autonomen Tarifpartner (Tarifvertrag, Tarifvertragsver-
handlungen, Arbeitskampf)

In Deutschland liegt die Lohnfindung bekanntlich in den Händen von Arbeitgebern und
Arbeitnehmern (Tarifautonomie). **Aktionsparameter** sind dabei (a) der Lohnsatz, wobei in
Tarifverhandlungen meist nur der "Ecklohn" (= Orientierungsgröße für andere Lohngruppen)
festgelegt wird, (b) Lohnstruktur (Anzahl und Spreizung der Lohngruppen), (c) Bedingungen
der Arbeitsplatzgestaltung (Ausführung staatlicher Rahmenbedingungen wie Arbeitsschutz
usw.), (d) Festlegung sozialer Bedingungen (Kantinenessen, betrieblicher Kindergarten
usw.) sowie zunehmend auch (e) Arbeitszeitmodelle.

Wenden wir uns nun den **institutionellen Gegebenheiten** zur Bestimmung der Aktionsparameter zu: Tarifvertragsparteien (Tarifpartner), Tarifvertrag und Arbeitskampf. Die **Tarifvertragsparteien** in Deutschland und ihre Organisationen wurden bereits vorgestellt. Die Beschäftigung eines Arbeitnehmers erfolgt in Deutschland auf der Grundlage eines zwischen
Arbeitgeber und Arbeitnehmer abgeschlossenen individuellen Arbeitsvertrages. Die Vertragspartner sind dabei allerdings sowohl an die Bestimmungen des Arbeitsrechts, als auch

an die Regelungen des **Tarifvertrags**, der die Einhaltung bestimmter Mindestlöhne und anderer tariflicher Regelungen sichern soll, gebunden.

Ein Tarifvertrag ist ein privatrechtlicher Normenvertrag zwischen einer oder mehreren Arbeitnehmervertretungen (Gewerkschaften) und einem Arbeitgeber (beim Firmentarifvertrag) bzw. einer Vereinigung von Arbeitgebern (beim Flächen-/ Branchentarifvertrag). Seine rechtliche Grundlage ist das TARIFVERTRAGSGESETZ (TVG).

Im einzelnen enthält der Tarifvertrag erstens im **schuldrechtlichen Teil** Regelungen über die Rechte und Pflichten der Tarifvertragsparteien (wie Friedenspflicht für die Laufzeit des Vertrags), die im Zusammenhang mit Inhalt, Abschluss, Durchführung und Beendigung des Tarifvertrags stehen oder weitere betriebliche und betriebsverfassungsrechtliche Fragen regeln können. Zweitens werden im **normativen Teil** die Arbeitsbedingungen (z.B. Lohn- und Gehaltstarife, Arbeitszeit, Urlaub, Kündigungsverfahren) durch verbindliche Rechtsnormen geregelt. Diese Normen wirken zunächst nur auf Arbeitsverhältnisse ein, bei denen beide Partner einem der tarifbeteiligten Verbände angehören. Jedoch werden im Falle der **Allgemeinverbindlichkeitserklärung**, die auf Antrag eines Tarifvertragspartners vom zuständigen Bundesminister im Einvernehmen mit dem paritätisch von den Tarifparteien besetzten Tarifausschuss erlassen werden kann (TGV, § 5), die Festlegungen des Tarifvertrags auch für die Nichtorganisierten im Geltungsbereich unmittelbar zwingend.[13] Tarifverträge werden nach Branchen-/ Flächentarifvertrag und Firmentarifvertrag unterschieden.

Verteilungspolitische Instrumente						
Instrumente der Primärverteilung			Instrumente der Sekundärverteilung			
Direkte Instrumente		Indirekte staatliche Instrumente				
Gewerkschaften	Staat	Ordnungspolitische Rahmenbedingungen, z.B. Konzertierte Aktion nach StabG	Steuern	System der Sozialen Sicherung	Realtransfers (öffentliche Güter)	
Arbeitgeberverbände						
Tarifvertrag	Mindestlöhne	Marktkonforme Instrumente innerhalb der Wettbewerbspolitik, Arbeitsmarktpolitik, Bildungspolitik u.a.				
Tarifverhandlungen	Lohnkontrolle					
Arbeitskampf	Lohnstopp					

Abb. 6.4: Verteilungspolitische Instrumente (ohne Vermögensbildung)

---

[13] Die Allgemeinverbindlichkeitserklärung von Tarifverträgen in Deutschland kommt in seiner Wirkung einer gesetzlichen Mindestlohnregelung sehr nahe. Allerdings muss einschränkend bemerkt werden, dass gerade die weniger leistungsfähigen Arbeitnehmer mit den geringsten Einkommen in tariflich nicht abgesicherte Beschäftigungen abgedrängt sind.

Ein **Branchentarifvertrag** wird zwischen einem Arbeitgeberverband und einer Gewerkschaft für einen Wirtschaftszweig abgeschlossen. Demgegenüber ist ein **Flächentarifvertrag** für einen bestimmtem räumlichen Geltungsbereich eines Wirtschaftszweiges verbindlich. Bei **Firmentarifverträgen** (Haustarifverträgen) handelt es sich um Verträge, die mit einem einzelnen Unternehmen abgeschlossen werden. Nach Angaben des INSTITUTS DER DEUTSCHEN WIRTSCHAFT arbeiteten 2001 in Westdeutschland 63% der Beschäftigten in Unternehmen mit Branchen-/ Flächentarifvertrag und 8% in Unternehmen mit Firmentarifvertrag. 29% der Beschäftigten arbeiteten in Betrieben ohne Tarifvertrag (15% davon in Betrieben, die sich freiwillig am Tarifvertrag orientierten). In den ostdeutschen Bundesländern liegen die Werte bei 44% (Branchentarifvertrag), 12% (Firmentarifvertrag) und 44% (ohne Tarifvertrag). Betrachten wir die Tarifbindung von der Unternehmensseite so zeigt sich, dass 45% aller westdeutschen Betriebe an einen Branchen-/ Flächentarifvertrag gebunden waren. 3% hatten Firmentarifverträge abgeschlossen. In Ostdeutschland waren es dagegen nur 22% bzw. 6%. In der Vergangenheit haben die Arbeitgeberverbände zunehmend Kritik an den Branchen-/ Flächentarifverträgen geübt. Hauptsächlich, so wird argumentiert, seien sie in wirtschaftlich ungünstigen Zeiten zu starr und unflexibel. Die in den letzten Jahren abgeschlossenen Tarifverträge tragen dem Rechnung. Sie sind in Bezug auf die Arbeitszeit flexibler gestaltet und enthalten Öffnungsklauseln, die ertragsschwachen Unternehmen zeitweilig eine untertarifliche Lohngestaltung ermöglichen.

In der Regel werden die allgemeinen Arbeitsbedingungen (z.B. Krankengeldregelung, Urlaubsregelung, Arbeitszeit einschließlich Spät- und Sonntagsarbeit, Lohngruppeneinteilung) in langfristigen Rahmentarifverträgen (**Manteltarifvertrag**) festgeschrieben. Die Höhe der einzelnen Lohnsätze (Vergütungsregelung) wird dagegen in meist kurzfristigen (häufig auf 12 Monate befristeten) **Lohn- und Gehaltstarifverträgen** bestimmt. Weiterreichende Regelungen - wie stufenweise Arbeitszeitverkürzung, Vermögensbildung für Arbeitnehmer oder Schutz und Erhaltung von Arbeitsplätzen - werden häufig in gesonderten Tarifverträgen vereinbart. Dem Leser wird aufgefallen sein, dass die Tarifverträge zwar Arbeitsbedingungen, Tariflöhne und Sonderregelungen festschreiben, aber keine Vereinbarungen über die angebotene bzw. nachgefragte Arbeitsmenge enthalten. Diesbezügliche Regelungen werden erst im Arbeitsvertrag zwischen Arbeitnehmer und Arbeitgeber getroffen.

Im Rahmen gesetzlicher und informeller Spielregeln finden zwischen den Tarifparteien die **Tarifverhandlungen** zum Abschluss eines neuen Tarifvertrags statt. Sie werden in Deutschland nach Wirtschaftszweigen (Branchen) und bestimmten Regionen geführt. Die Tarifpartner verhandeln zunächst frei. Sollten die Verhandlungen jedoch erfolglos verlaufen, wird in der Regel versucht, durch ein auf die Erhaltung des Arbeitsfriedens gerichtetes **Schlichtungsverfahren** zu einer Einigung zu gelangen. Dafür benennen Gewerkschaften und Arbeitgeber üblicherweise eine gleich große Zahl (Parität) von Beratern, denen ein unparteiischer Schlichter, auf den sich die Tarifparteien einigen müssen, vorsitzt. Misslingt der Einigungsversuch, so kann die Schlichtungsstelle ihrerseits einen eigenen Einigungsvorschlag machen (**Schlichtungsspruch**). Stimmen diesem Spruch nicht beide Tarifpartner zu, so sind die Tarifverhandlungen endgültig gescheitert. Eine Zwangsschlichtung durch staatliche Stellen gibt es in Deutschland nicht. Mit dem Scheitern der Verhandlungen erlischt auch die im Tarifvertrag festgelegte **Friedenspflicht**.

Erst dann wird der **Arbeitskampf** möglich.[14] Dabei handelt es sich um kollektive Kampfmaßnahmen von Arbeitnehmern (Streik) oder Arbeitgebern (Aussperrung), um durch wirt-

---

[14] Das Recht zum Arbeitskampf wird allgemein aus dem bereits zitierten Grundgesetzartikel über die Koalitionsfreiheit abgeleitet. Da genauere gesetzliche Regelungen fehlen, ist das Arbeitskampfrecht überwiegend durch Entscheidungen des BUNDESARBEITSGERICHTS geschaffen worden. Diese Auslegung ist durch den im Rahmen der Notstandsgesetzgebung dem Art. 9 Absatz III hinzugefügten Satz 3

schaftlichen Druck auf den Tarifgegner Zugeständnisse bei der Durchsetzung tarifpoliti-
scher Ziele zu erzwingen. Zur Durchsetzung gewerkschaftlicher Forderungen kann ein
Streik nach einer Urabstimmung in den Betrieben mit mindestens 75% Stimmenmehrheit
der gewerkschaftlich organisierten Arbeitnehmer beschlossen werden. Aus der Gewerk-
schaftskasse werden für Lohnausfälle während eines Streiks Streikgelder gezahlt, die nach
der Höhe der Beitragssätze gestaffelt sind. Arbeitslosenunterstützung kann von Streikenden nicht in Anspruch genommen werden. Das gilt jedoch nicht für mittelbar vom Arbeitskampf betroffene Arbeitnehmer außerhalb des fachlichen Geltungsbereichs des umkämpf-
ten Tarifvertrags (§ 146 SOZIALGESETZBUCH III). Auch mittelbar betroffene Arbeitnehmer
außerhalb des räumlichen, aber innerhalb des fachlichen Geltungsbereichs erhalten im
Allgemeinen Arbeitslosen- bzw. Kurzarbeitergeld. Voraussetzung ist allerdings, dass es sich
nicht um einen „Stellvertreterarbeitskampf" handelt. Bei **Aussperrungen** handelt es sich um
von einem oder mehreren Arbeitgebern vorgenommene Ausschließungen von Arbeitnehmern von der Arbeit unter Verweigerung der Lohnzahlung. Verschiedentlich haben die Arbeitgeber auf Schwerpunktstreiks (die nur einzelne Betriebe oder Gebiete des Tarifver-
tragsgebietes betreffen) mit dieser Maßnahme reagiert (Abwehraussperrung). Angriffsaus-
sperrungen zur Durchsetzung von Arbeitgeberzielen wurden bislang nicht eingesetzt. Das
Recht der Arbeitgeber zur Aussperrung hat das BUNDESARBEITSGERICHT wiederholt bestätigt.
Dabei muss aber dem **Gebot der Verhältnismäßigkeit** und der **Koalitionsfreiheit** Rechnung getragen werden. Eine Abwehraussperrung ist nicht unverhältnismäßig, wenn sie bei
einem Streik, der auf weniger als 25% der Arbeitnehmer eines Tarifgebietes beschränkt ist,
ihrerseits nicht mehr als 25% dieser Arbeitnehmer erfasst. Eine Aussperrung, die gezielt
nur die Mitglieder einer streikenden Gewerkschaft erfasst und nicht organisierte Arbeitnehmer verschont, ist rechtswidrig. Abschließend sei betont, dass durch eine Aussperrung das
Arbeitsverhältnis lediglich suspendiert wird. Eine das Arbeitsverhältnis lösende Wirkung
geht von einer Aussperrung nur unter besonderen Bedingungen wie rechtswidrige Arbeits-
niederlegungen aus.

6.2.2 Indirekte staatliche Instrumente

Wegen der grundgesetzlich garantierten Tarifautonomie sind **marktkonforme** staatliche
Instrumente, die direkt auf die Veränderung der Primärverteilung (funktionelle Einkommensverteilung) zielen, in Deutschland nicht verfügbar. Wenn also durch staatliche Wirtschaftspolitik Einfluss auf die Einkommensverteilung ausgeübt werden soll, so kann dies
nur **indirekt** über **andere Politikfelder** erfolgen.

Als Beispiele seien hier nur die **Wettbewerbspolitik**, aber vor allem die **Arbeitsmarkt- und
Bildungspolitik** angeführt. Da auf die erstgenannten Politikbereiche an anderer Stelle (vgl.
Kapitel 3 und 7) ausführlich eingegangen wurde bzw. wird, können wir uns hier auf die
bildungspolitischen Aspekte beschränken. Es muss sicherlich nicht erst begründet werden,
dass Bildung und Ausbildung die Chancen von Arbeitnehmern auf die Erzielung eines höheren funktionellen Einkommens entscheidend erhöhen. Das setzt jedoch voraus, dass die
Bildungspolitik Chancengleichheit hinsichtlich der Zugangsmöglichkeiten für alle gesellschaftlichen Schichten ermöglicht. Bildungspolitische Maßnahmen können in Kombination
mit Maßnahmen der Arbeitsmarktpolitik ganz speziell auf die Förderung einzelner besonders benachteiligter Schichten (z.B. Langzeitarbeitslose, Behinderte) ausgerichtet sein, um
deren Chancen auf dem Arbeitsmarkt zu erhöhen. In diesem Sinne erfüllt die Bildungspolitik
eine wichtige verteilungspolitische Aufgabe.

Zusätzlich kann der Staat versuchen, über die konkrete Ausgestaltung des ordnungspolitischen Rahmens seinen Einfluss zu verstärken. In der Bundesrepublik konnte die **Konzer-**

---

des GRUNDGESETZES indirekt bestätigt worden, der besagt, dass Notstandsmaßnahmen sich nicht
gegen Arbeitskämpfe richten dürfen.

tierte Aktion nach dem Stabilitätsgesetz (StabG, § 3) als Versuch in diesem Sinne angesehen werden. Dabei handelte es sich um ein Forum, über das im Interesse der Verwirklichung gesamtwirtschaftlicher Ziele Gebietskörperschaften, Gewerkschaften und Arbeitgeberverbände zu einem gleichzeitigen aufeinander abgestimmten Verhalten bewogen werden sollten. Dabei stand der Bundesregierung letztlich nur das Mittel von Appellen (**moral suasion**) zur Verfügung. Auf der Basis vorgelegter Orientierungsdaten sollte eine gewisse „Vorformung" der Tarifpolitik der autonomen Tarifpartner erreicht werden. Der Erfolg blieb allerdings gering. Die Diskrepanz zwischen Orientierungsdaten und tatsächlicher Lohnerhöhungen infolge aggressiver Verhandlungspolitik der Gewerkschaften in den Tarifauseinandersetzungen wurde immer größer. Die Konzertierte Aktion entwickelte sich immer mehr zu einer Institution des reinen Meinungsaustauschs, die nach Auseinandersetzungen über die Mitbestimmung (Mitbestimmungsklage der Arbeitgeber vor dem BUNDESVERFASSUNGS-GERICHT) von den Gewerkschaften verlassen wurde. Mit dem **Bündnis für Arbeit** wurde ein neuer Versuch unternommen, die Grundgedanken der Konzertierten Aktion wieder zu beleben.

Neben der indirekten Beeinflussung hat es immer wieder Versuche durch Staaten gegeben, **direkt** auf die Primärverteilung durch **marktinkonforme** Maßnahmen einzuwirken. Solche Maßnahmen können dabei ganz unterschiedlich motiviert sein. So kann ein Ziel beispielsweise darin bestehen, über die gesetzliche Festlegung von **Mindestlöhnen** Lohnniveau und Lohnstruktur entsprechend verteilungspolitischer Vorstellungen zu beeinflussen. Oder im Interesse der Geldwertstabilität wird die Einkommenszunahme über die Festlegung von Höchstlöhnen (**Lohnkontrollen, Lohnstopp**) begrenzt.

6.3 Instrumente der Sekundärverteilung

Durch eine Reihe von Maßnahmen wird über die staatliche Umverteilungspolitik die primäre Einkommensverteilung in die sekundäre Einkommensverteilung transformiert. Dabei ist es aufgrund der engen Wechselwirkungen zwischen Wirtschafts- und Sozialpolitik häufig schwierig, eine klare Trennung zwischen Instrumenten der Sozialpolitik (Sekundärverteilung) und allgemeinen wirtschaftspolitischen Instrumenten vorzunehmen. Bestimmung und Auswahl geeigneter systemkonformer Instrumente hängen auch davon ab, welches gesellschaftspolitische Leitbild zugrunde gelegt wird.

In der Literatur finden sich verschiedene Ansätze zur Systematisierung sozialpolitischer Instrumente. So nennt beispielsweise STÜTZEL (W. STÜTZEL, Systemkonforme Sozialpolitik in der sozialen Marktwirtschaft, in: Orientierungen zur Wirtschafts- und Gesellschaftspolitik, 2/1980, S. 9-14) für eine sozial orientierte Markwirtschaft folgende vier Grundtypen: Transferzahlungen, Beschränkungen der Vertragsfreiheit (z.B. Ge- und Verbote im Bereich des Arbeitsschutzes), Vollstreckungshemmungen (z.B. Einsatz staatlicher Bürgschaften bei drohender Freisetzung von Arbeitskräften infolge Unternehmenskonkurs) und Subventionen (z.B. sozialer Wohnungsbau, Wohnungsbauförderung). Eine weit verbreitete Klassifizierung unterscheidet dagegen zwischen steuerpolitischen Instrumenten, Transferzahlungen und Systemen der Sozialen Sicherung sowie Realtransfers (öffentliche Güter). Sie bildet die Grundlage der weiteren Ausführungen.

6.3.1 Der verteilungspolitische Aspekt von Steuern und Transferzahlungen

Staatliche Umverteilung zielt darauf ab, die Verteilung der verfügbaren Einkommen (sekundäre Einkommensverteilung) gleichmäßiger zu gestalten als die Verteilung der Bruttoeinkommen (primäre Einkommensverteilung). Verteilungswirkungen sind dort am größten, wo sie einen möglichst großen Adressantenkreis erreichen. Diese Voraussetzung ist vor allem bei Maßnahmen, die die personelle Einkommensverteilung berühren, erfüllt.

Wenden wir uns zunächst den **Steuern** zu. Sie stellen Zwangsabgaben an den Staat dar, aus denen kein Anspruch auf eine direkt zurechenbare Gegenleistung abgeleitet werden kann. Prinzipiell werden alle Wirtschaftssubjekte erfasst (Gleichheitspostulat), die steuerlich relevante Tatbestände erfüllen. Von besonderer verteilungspolitischer Bedeutung sind dabei die **direkten Steuern**, da sie am Faktoreinkommen ansetzen und zu einer Verringerung des verfügbaren Einkommens führen. Über eine differenzierte Gestaltung der Steuertarife kann gezielt Einfluss auf die Höhe dieses Einkommens genommen werden. Sollen also die bestehenden Einkommensunterschiede verringert werden, müssen die funktionellen Einkommen **progressiv** besteuert werden. D.h., dass der Steuersatz mit steigendem Einkommen (Bemessungsgrundlage) zunimmt. Dabei sollte allerdings gewährleistet werden, dass von der progressiven Besteuerung keine leistungshemmenden Effekte ausgehen (Problem des Spitzensteuersatzes). Verteilungspolitische Erfolge einer progressiven Besteuerung werden sich aber nur dann einstellen, wenn keine Steuerüberwälzung stattfindet.

Im Gegensatz zu den direkten Steuern üben die **indirekten Steuern** zunächst keinen Einfluss auf die Einkommensverteilung aus. Infolge der weitgehenden Überwälzung auf den Preis belasten sie die Gewinne nicht. Damit bleibt die primäre Einkommensverteilung unberührt. Das gilt auch für die sekundäre Einkommensverteilung, wenn sie rein formal als die Verteilung der Nettoeinkommen angesehen wird. Ein realistischeres Urteil erhält man, wenn die Einkommensverwendung berücksichtigt wird. Durch den Kauf der besteuerten Güter tragen die Haushalte die indirekten Steuern aus ihrem Nettoeinkommen. Somit verringert sich bei gleich bleibendem Nominaleinkommen das Realeinkommen. Da die Empfänger niedrigerer Einkommen einen größeren Anteil ihres Einkommens als die Bezieher höherer Einkommen konsumieren, führt das zu einer stärkeren relativen Belastung der unteren Einkommensgruppen durch die indirekten Steuern (**Regressionswirkung** der indirekten Steuern in Bezug auf das Einkommen).

Ein wirksames Instrument der einkommenspolitischen Verteilung stellen **Transferzahlungen** (interpersonelle Einkommensübertragungen) dar. Transferzahlungen sind staatliche Geldzuwendungen an private Haushalte (nur sie interessieren uns in diesem Zusammenhang), die diese ohne Gegenleistung aufgrund rechtlicher Ansprüche (z.B. Sozialhilfe, staatliche Sparzulagen, Sozialrenten, Studienbeihilfen) erhalten. Obwohl sie auch unter den Instrumenten der Sozialpolitik behandelt werden könnten, wollen wir uns bereits an dieser Stelle kurz mit ihnen auseinandersetzen. Schließlich setzen sie am Einkommen an. Transferzahlungen des Staates führen zu einer **Erhöhung des verfügbaren Einkommens** bei den Empfängern.

Transferzahlungen können sowohl einkommensunabhängig als auch einkommensabhängig erfolgen. **Einkommensunabhängige Transferzahlungen** stellen die formale Gleichbehandlung der Empfänger unabhängig vom Einkommen sicher. Zu nennen sind hier beispielsweise die Kriegsopferversorgung (die Höhe der Grundrente orientiert sich ausschließlich am Grad der Kriegsbeschädigung) oder das einkommensunabhängige Kindergeld. **Einkommensabhängige Transferzahlungen** stehen dagegen in direkter Beziehung zur Einkommenshöhe. Ihre Inanspruchnahme wird von bestimmten Einkommenshöchstgrenzen abhängig gemacht. Die konkreten Sätze für bestimmte Transferzahlungen können dabei entweder einheitlich geregelt (z.B. Arbeitnehmersparzulage) oder abgestuft nach der Einkommenshöhe (u.a. Wohngeldzuschuss, Sozialhilfe bei verringerter Erwerbstätigkeit) festgelegt sein. Die vorgesehenen Leistungen werden nur in vollem Umfang gewährt, wenn bestimmte Einkommensgrenzen nicht überschritten werden. Ansonsten werden die Transferzahlungen entsprechend gekürzt. Direkte einkommensabhängige Transfers haben den Vorteil, dass sie weitgehend der individuellen Situation der Empfänger angepasst werden können. Das entspricht der verteilungspolitischen Zielvorstellung, nach der Hilfe gemäß dem Grundsatz der „speziellen Bedürftigkeit" gewährt werden sollte. Zuwendungen, die aufgrund einer unterstellten „generellen Bedürftigkeit" an bestimmte Bevölkerungsgruppen

(Rentner, Studenten, Kinderreiche, Behinderte) erfolgen, sind dagegen für die Begünstigung ausschließlich bedürftiger Personen nicht geeignet. Ein weiteres Problem der Transferzahlungen besteht darin, dass - wir sollten uns jedoch vor Pauschalierung hüten - leistungshemmende Effekte auftreten können, wenn die Empfänger der Transfers gleichzeitig ihre Bemühungen zur Selbsthilfe einschränken. Trotzdem können die Transferzahlungen insgesamt als ein effizientes Verteilungsinstrument angesehen werden.

6.3.2 Instrumente der Sozialpolitik - Systeme der sozialen Sicherung

Im sozialpolitischen Bereich kann ebenfalls eine Reihe von Instrumenten unterschieden werden. Es ist zweckmäßig, sie in allgemeine sowie bereichsspezifische Instrumente einzuteilen. In allen Zweigen der Sozialen Sicherung wird die **Finanzierung** im Wesentlichen über Beiträge gewährleistet. Dabei ist zu entscheiden, wer die Beiträge oder sonstigen finanziellen Lasten übernimmt (Unternehmen, Arbeitnehmer, die öffentliche Hand). Des Weiteren müssen nicht nur der **Beitragssatz** und die **Bemessungsgrundlage** (meist die Bruttoeinkommen) festgelegt werden, sondern auch, ob es eine **Beitragsbemessungsgrenze** geben soll, von der ab die absoluten Beiträge nicht mehr steigen würden. Dabei können Umverteilungseffekte auftreten (Regressionswirkung).

Die Beiträge und sonstigen Einnahmen dienen zur Finanzierung von **Leistungen**, die ebenfalls bestimmt werden müssen. Dabei fragt sich, an welchen Kriterien die Leistungspflicht in den einzelnen Bereichen anknüpft und ob - wie z.B. im Falle der Gesetzlichen Krankenversicherung (GKV) - **Zuzahlungspflichten** der Versicherten vorhanden sein sollen. Von Interesse ist auch, wer letztlich die einzelnen Aktionsparameter (Beitragssatz, Beitragsbemessungsgrenze, Leistungen) festlegt: Ist dies der Staat oder sind es die betreffenden Sozialversicherungsträger selber, an deren Entscheidungsfindung die Versicherten eine gewisse Mitwirkungsmöglichkeit haben (z.B. GKV). Hinzu kommt, dass veränderte Rahmenbedingungen berücksichtigt werden müssen. So waren bis 1995 beispielsweise die meisten Versicherten per Gesetz je nach Berufs- und Betriebszugehörigkeit bestimmten Krankenkassen zugeordnet. Das GESUNDHEITSSTRUKTURGESETZ räumte versicherungspflichtigen und freiwilligen Mitgliedern der GKV ab 1996/97 die Möglichkeit der freien Kassenwahl ein, wodurch die Kassen sich dem Wettbewerb stellen müssen. Um Wettbewerbsverzerrungen zu vermeiden, findet ein finanzieller **Risikostrukturausgleich** statt. Damit sollen die Unterschiede in der Zusammensetzung der Versicherten aufgefangen werden.

Der Einfluss, der von den beitragsfinanzierten Sicherungssystemen auf die verfügbaren Einkommen ausgeübt wird, ist groß. Die absolute Höhe der Beitragszahlungen hängt dabei von den Beitragssätzen, die jeweils zur Hälfte von Arbeitnehmern und Arbeitgebern übernommen werden (bei der Pflegeversicherung sind die Arbeitgeber durch Streichung eines bezahlten Feiertags - mit Ausnahme von Sachsen - entlastet worden), und für die pflichtversicherten Bezieher höherer Einkommen zusätzlich von der Beitragsbemessungsgrenze ab.

Die Beitragssätze geben an, wieviel Prozent des Bruttolohns/-gehalts an die einzelnen Bereiche der Sozialversicherung überwiesen werden müssen. Die Beitragsbemessungsgrenze stellt dagegen die Obergrenze dar, bis zu der das Bruttomonatsentgelt mit Sozialabgaben belastet wird.

Bundeseinheitliche Beitragssätze gelten in der Rentenversicherung, in der Arbeitslosenversicherung und in der Pflegeversicherung. In der gesetzlichen Krankenversicherung schwankt der Beitragssatz zwischen den Kassen. Die Beitragsbemessungsgrenze weist in den alten und neuen Bundesländern ein unterschiedliches Niveau auf. Die Höhe der Beiträge hat zwangsläufig erhebliche Auswirkungen auf das verfügbare Einkommen der Arbeitnehmer sowie die Lohnnebenkosten der Unternehmen.

Abschließend soll die Frage nach möglichen verteilungspolitischen Wirkungen des Sozialversicherungssysteme kurz beantwortet werden. Es kann festgestellt werden, dass die größten Verteilungseffekte in den Bereichen auftreten, in denen Leistungen einkommensunabhängig gewährt werden. Das trifft in erster Linie auf die GKV zu, bei der die Leistungen einkommensunabhängig und unabhängig von den persönlichen Umständen gewährt werden. Demgegenüber dürften von der Gesetzlichen Rentenversicherung (GRV) keine Verteilungseffekte ausgehen, da bei der Berechnung der Rente die persönlichen Umstände (insbesondere Arbeitsverdienst und Versicherungsdauer) berücksichtigt werden. Allgemein wird angenommen, dass in Deutschland die Einkommensübertragungen innerhalb der sozialen Sicherungssysteme verteilungspolitisch - im Vergleich zu anderen Instrumenten - eine eher geringe Bedeutung haben (vgl. J. WERNER, a.a.O., S. 108-110). Demgegenüber geht von den weitgehend beitragsfinanzierten Sicherungssystemen ein erheblicher Einfluss auf die verfügbaren Einkommen aus.

6.3.3 Realtransfers (Bereitstellung öffentlicher Güter)

Verteilungspolitische Wirkungen können auch dadurch erzielt werden, dass der Staat zur Befriedigung von Kollektivbedürfnissen **öffentliche Güter** zur Verfügung stellt. Diese Güter werden von den unterschiedlichen Gruppen der Bevölkerung in verschiedenem Ausmaß in Anspruch genommen (so genannte **Realtransfers**). Erst hieraus entspringen mögliche Umverteilungswirkungen, denn an sich hat die Versorgung mit öffentlichen Gütern noch keine allgemeine verteilungspolitische Relevanz.

Zur Bestimmung verteilungspolitischer Effekte müsste näher analysiert werden, welche Einkommensschichten bestimmte öffentliche Güter in welchem Umfang „konsumieren". Im Allgemeinen wird unterstellt, dass Bezieher hoher Einkommen solche Güter wie Bildung oder Kultur besonders intensiv nutzen, während Beziehern unterer Einkommen nur über Realtransfers der Zugang beispielsweise zu einer ausreichenden gesundheitlichen Versorgung ermöglicht wird. Stellt sich nun die Frage, ob öffentliche Güter die Unterschiede in der Sekundärverteilung vermindern oder erhöhen?

Auch hier kann eine endgültige Antwort nicht gegeben werden. Wissenschaftliche Untersuchungen zu dieser Frage haben bisher zu keinem abschließenden Ergebnis geführt. Dies liegt z.T. einerseits daran, dass öffentliche Güter nur sehr bedingt einzelnen Bevölkerungsgruppen zugeordnet werden können. Andererseits müssen die Konsumenten ihre Präferenzen beim Konsum öffentlicher Güter nicht offen legen (das Ausschlussprinzip des Marktes gilt hier nicht). Insofern fehlen Maßstäbe für ihren individuellen Konsum weitgehend. Allerdings lassen einige frühe Untersuchungen z.B. durch HENKE[15] die Vermutung zu, dass im Gegensatz zu den Beziehern hoher Einkommen bei den unteren Einkommensschichten ein beträchtlicher Realtransfer zu ihren Gunsten stattfindet.

6.4 Vermögensbildungspolitische Instrumente

Das Ziel der Vermögensverteilungspolitik besteht letztlich darin, eine breitere Streuung der privaten Vermögenswerte - einschließlich des Produktivvermögens - zu fördern. Verwirklicht werden könnte dies über unterschiedliche Maßnahmen. Die Umverteilung kann am bereits vorhandenen Vermögen ansetzen. Das würde aber bedeuten, dass ein **Eingriff in bestehende Eigentumsverhältnisse** erfolgen müsste. Eine direkte Enteignung als Mittel einer Vermögensumverteilung wird in den meisten westlichen Ländern wegen tief greifender ordnungspolitischer Bedenken abgelehnt. Also bleiben als Instrumente der Vermögensver-

---

[15] Vgl. K.-D. HENKE, Die Verteilung von Gütern und Diensten auf die verschiedenen Bevölkerungsschichten, in: Schriften der Kommission für wirtschaftlichen und sozialen Wandel, Bd. 82, Göttingen 1975.

teilung zunächst nur Steuern (Vermögen- und Erbschaftsteuer). Sie knüpfen am Vermögen an, wobei die Vermögensteuer sich auf die Existenz und die Erbschaftsteuer auf den Übergang von Vermögen durch Tod bezieht. Da die Umverteilung jedoch die Funktion des verfassungsrechtlich anerkannten Privatvermögens berücksichtigen muss, sind von vornherein Grenzen gesetzt. Weder eine Vermögen- noch eine Erbschaftsteuer darf die Anreizwirkung, die vom Privateigentum erwartet wird, beseitigen oder unverhältnismäßig einschränken. In diesem Sinne ist wohl auch die umstrittene Aussetzung der Vermögensteuer in der Bundesrepublik ab dem 1.1.1997 infolge eines Urteils des BUNDESVERFASSUNGSGERICHTS zu interpretieren.

Da weitgehende Eingriffe in die bestehenden Eigentumsverhältnisse ausscheiden, bleibt die Möglichkeit, an der Entstehung von Vermögen anzusetzen (**Beeinflussung der Vermögenszuwächse**). Dabei geht es darum, die weniger Vermögenden an den Vermögenszuwächsen zu beteiligen. In aller Regel werden diese Vermögenszuwächse aber nur durch das Sparen von Einkommensteilen erzielt. Folglich müsste eine erfolgverheißende Vermögenspolitik auch die Einkommen erfassen.

Bereits in den Anfangsjahren der Bundesrepublik Deutschland wurden verschiedene Maßnahmen der privaten Ersparnis- und Vermögensbildung vom Staat gefördert. Allerdings konnten die damit verbundenen steuerlichen Vorteile vom einkommensschwächeren Teil der Bevölkerung kaum genutzt werden. Deshalb wurden Anfang der 60er Jahre besondere Maßnahmen zur **Vermögensbildung in Arbeitnehmerhand** eingeführt. Heute ergänzen insbesondere eine Arbeitnehmer-Sparzulage auf vermögenswirksame Leistungen sowie die Steuerbegünstigung beim kostenlosen oder verbilligten Bezug von Belegschaftsaktien die allgemein verfügbaren Hilfen zur Eigentumsförderung wie die Wohnungsbauprämie, die Eigenheimzulage oder den Sonderausgabenabzug von Versicherungsbeiträgen. Anfang der 90er Jahre wurde die vermögenspolitische Diskussion erneut belebt. Ins Zentrum rückten dabei Fragen, die im Zusammenhang mit einer breiteren Streuung des Eigentums am Produktivvermögen, Investivlohn oder auch ertragsorientierten Lohn- und Gehaltssystemen stehen. Wenden wir uns nun diesen Instrumente im Einzelnen zu.

6.4.1 Staatliche Förderung von vermögenswirksamen Leistungen

Unter vermögenswirksamen Leistungen sind nach dem 5. VERMÖGENSBILDUNGSGESETZ Leistungen zu verstehen, die der Arbeitgeber für den Arbeitnehmer anlegt. Bei Verträgen nach dem WOHNUNGSBAU-PRÄMIENGESETZ und bei Anlagen zum Wohnungsbau sind vermögenswirksame Leistungen seit 2002 bis zu einem Höchstbetrag von 480 € pro Jahr zulagebegünstigt. Der Zulagensatz beläuft sich auf 10% der vermögenswirksamen Leistungen. Beim Sparvertrag über Wertpapiere oder andere Vermögensbeteiligungen, beim Wertpapier-Kaufvertrag und beim Beteiligungsvertrag sind vermögenswirksame Leistungen bis zu einem Höchstbetrag von 408 € zulagebegünstigt. Hier liegt der Zulagensatz bei 20%. Beide Leistungen können gemeinsam in Anspruch genommen werden, so dass bis zu 888 € mit einer Arbeitnehmer-Sparzulage von insgesamt 130 € staatlich begünstigt sind.

Die vermögenswirksamen Leistungen werden vom Arbeitgeber unmittelbar an die Stelle geleitet, bei der die Anlage erfolgt. Dagegen wird die Arbeitnehmer-Sparzulage jährlich nachträglich auf Antrag vom zuständigen Finanzamt festgesetzt. Sie wird allerdings nur gewährt, wenn das zu versteuernde Jahreseinkommen die Grenze von 17.900 € für Ledige bzw. 35.800 € für Verheiratete nicht übersteigt.

6.4.2 Investivlohn und Modelle der Ertrags- oder Gewinnbeteiligung

Mit dem Investivlohn wird das Ziel verfolgt, die Arbeitnehmer stärker am Produktivvermögen zu beteiligen und eine breitere Vermögensstreuung durchzusetzen. In Falle unternehmensinterner Anlage soll das Interesse und die Motivation der Arbeitnehmer für die Unternehmensentwicklung (Identifikation mit dem Unternehmen) erhöht werden.

Unter **Investivlohn** wird der Teil des Lohnes verstanden, der dem Arbeitnehmer nicht in bar ausgezahlt, sondern den Unternehmen gegen Zinsertrag für einen gewissen Zeitraum (Sperrfrist) zu Investitionszwecken zur Verfügung gestellt wird.

Dabei kann zwischen folgenden Formen unterschieden werden: Beim **subtraktiven Investivlohn** werden Teile des bestehenden Arbeitseinkommens (Barlohn) oder der tariflichen Lohnerhöhungen investiv gebunden. Dagegen basiert der **additive Investivlohn** auf zusätzlich zum Barlohn zu gewährenden Einkommensteilen. Dem liegt die Überlegung zugrunde, nach der die über die Zunahme der durchschnittlichen Arbeitsproduktivität hinausgehenden Lohnerhöhungen vermögenswirksam angelegt werden sollen. Aufgrund abnehmender Gewinne könnten die Unternehmen so zwar ihre Investitionen nicht mehr in gleichem Umfang selbstfinanzieren, dafür ständen ihnen aber die langfristig gebundenen Lohnteile der Arbeitnehmer zur Verfügung. Hinsichtlich der **Rechtsform** kann zwischen betrieblichen und überbetrieblichen Anlageformen gewählt werden. Bei den **betrieblichen Anlageformen** verbleiben die vermögenswirksamen Lohnteile direkt im Unternehmen. Der Arbeitnehmer erhält im Gegenzug entsprechende Forderungsrechte. Hierbei wird das Arbeitsplatzrisiko mit dem Unternehmensrisiko gekoppelt. Die **überbetrieblichen Anlageformen** schließen dieses Risiko weitgehend aus. Die verfügbaren Finanzierungsmittel aus den Investivlohn werden in überbetrieblichen Kapitalanlagegesellschaften (Tariffonds) zusammengefasst, an denen die Arbeitnehmer über Anteilsscheine (Zertifikate) beteiligt sind. In Deutschland, so muss festgestellt werden, ist die praktische Bedeutung von Investivlohnkonzepten noch bescheiden.

Im Gegensatz zum Investivlohn, setzen die verschiedenen **Modelle der Ertragsbeteiligung** an den Gewinnen bzw. den Zuwächsen der Unternehmenssubstanz an. Ertragsbeteiligungsmodelle sehen vor, dass Gewinnanteile des Unternehmens an die dort tätigen Arbeitnehmer übertragen werden. Ein zusätzlicher vermögenspolitischer Effekt tritt dadurch ein, dass die Arbeitnehmer in den Genuss weiterer, den umverteilten Vermögenszuwächsen entstammenden Erträgen kommen. Insgesamt ist den Beteiligungsmodellen gemeinsam, dass die Arbeitnehmer Miteigentümer den Unternehmens - z.B. über Belegschaftsaktien - werden und das Produktivvermögen breiter gestreut wird. Das Einkommen der Mitarbeiter - bestehend aus dem „normalen" Gehalt und der Beteiligung (Dividende) - schwankt mit dem Konjunkturverlauf. Die Mitarbeiterbeteiligung kann auch zu einer wichtigen Säule der Altersversorgung werden.

Beteiligungen können auf freiwilliger Grundlage oder durch gesetzliche Regelungen zustande kommen, wobei bezüglich der Anlageform betriebliche, überbetriebliche oder auch zwischenbetriebliche Modelle denkbar sind. In Deutschland beruhen die Beteiligungsmodelle bisher alle auf betrieblichen (firmenspezifischen) Vereinbarungen zwischen Unternehmensleitung und Belegschaft, die auf freiwilliger Basis entstanden sind. Wie beim Investivlohn gilt allerdings auch für die unterschiedlichen Beteiligungsformen (Mitarbeiterdarlehen, stille Beteiligung/Genussrecht, Mitarbeiterkapitalbeteiligung und indirekte Beteiligung), dass die vermögenspolitischen Verteilungswirkungen zugunsten der Arbeitnehmer nur dann erreichbar sind, wenn die zusätzlichen Mittel nicht als Kostenbestandteile auf die Preise überwälzt werden.

7. Probleme und Grenzen

Ein erstes Problem besteht in der **Bestimmung der gesellschaftlichen Zielvorstellung**. Aufgrund der eher diffusen Zielbestimmung ist eine Operationalisierung des Ziels „Verteilungsgerechtigkeit" nur sehr bedingt möglich. Wir haben auf den Konflikt zwischen

Leistungs- und Bedarfsgerechtigkeit hingewiesen. Dabei sollte klar geworden sein, dass es eine werturteilsfreie "gerechte" Einkommensverteilung nicht gibt. So beruht beispielsweise die Feststellung, dass die bestehende Verteilung ungerecht und damit für die Gesellschaft - weil sie den sozialen Frieden gefährdet - nachteilig ist, auf Werturteilen. Aber auch die Gegenthese von einer Verteilungsgerechtigkeit, die als Ergebnis der Faktorpreisbildung und -allokation auf den Märkten zustande kommt, ist nicht wertfrei. Ein zweites Grundproblem resultiert aus der **unzureichenden statistischen Basis**. Wenn der Staat nicht über ausreichend empirisch gesicherte Informationen zur Einkommens- und Vermögensverteilung verfügt, kann er auch schwerlich eine zielgerichtete Einkommenspolitik betreiben. Ein drittes Problem ergibt sich aus dem **Einsatz der verteilungspolitischen Instrumente**. Zum einen ist die Wirkungsweise einzelner Instrumente nicht immer exakt vorherzusagen, da häufig das konkrete **Verhalten der Adressaten** nicht kausal determiniert ist. So könnte ein engmaschiges Netz der Sozialen Sicherung auch dazu führen, dass die Eigeninitiative der Betroffenen „einschläft". Zum anderen kann ein oft nicht ausreichend koordinierter Einsatz der unterschiedlichen Instrumente (v.a. der Transferzahlungen) zu **unerwünschten Verteilungsergebnissen** führen. Unerwünscht in diesem Sinne wäre beispielsweise, wenn Haushalte mit geringem Erwerbseinkommen schlechter gestellt würden als Bezieher von Transfereinkommen oder wenn durch den Wegfall staatlicher Leistungen infolge des Überschreitens der Bemessungsgrundlage bei Erhöhung des funktionellen Einkommens eine Verringerung der verfügbaren personellen Netto-Einkommen eintritt. Solche Situationen könnten nur vermieden werden, wenn der Systemcharakter verteilungspolitischer Maßnahmen bei staatlichen Entscheidungen besser berücksichtigt wird. Das ist äußerst schwierig, da neben der Vielzahl von verteilungspolitischen Einzelregelungen auch eine Pluralität von Trägern der Verteilungspolitik (Bund, Länder, Kommunen, Tarifvertragsparteien, teilweise die Sozialversicherungsträger) existiert, deren Zielvorstellungen und Maßnahmen nicht zwangsläufig deckungsgleich seien müssen. Hinzu kommt, dass den einzelnen Instrumenten (z.B. Steuern) zu oft eine **ausreichende Flexibilität fehlt**.

Der staatliche Einfluss auf die **funktionelle Einkommensverteilung** ist wegen der bestehenden **Tarifautonomie** eng begrenzt. In diesem Bereich beschränken sich die Möglichkeiten des Staates demzufolge darauf, über die Veränderung von Rahmenbedingungen (z.B. Arbeitsmarktpolitik, Bildungspolitik, Gesundheitspolitik) bzw. Koordination und Information der Tarifpartner indirekt eine Entwicklung im Sinne von mehr Verteilungsgerechtigkeit zu fördern. Die Effizienz derartiger Maßnahmen hängt jedoch immer vom Verhalten der unabhängigen Tarifpartner ab. Die **Instrumente der Sekundärverteilung** (insbesondere Transferzahlungen, Steuern) sind generell auf die Korrektur der ungleichen funktionellen Einkommensverteilung gerichtet.

Zwischen Sozialpolitik und anderen Bereichen der Wirtschaftpolitik besteht ein enger Zusammenhang. Besonders enge Wechselbeziehungen gibt es zwischen Wachstums- und Konjunkturpolitik einerseits und Sozialpolitik andererseits. Zunächst führen Eingriffe des Staates im Rahmen der Wachstums- und Konjunkturpolitik direkt und indirekt auch immer zur Begünstigung oder Benachteiligung bestimmter gesellschaftlicher Gruppen. Darüber hinaus bildet die ökonomische Leistungsfähigkeit einer Volkswirtschaft die grundlegende Voraussetzung für die Gestaltung der sozialen Sicherungssysteme. Die Grenzen der Sozialpolitik werden also entscheidend vom wirtschaftlichen Wachstum beeinflusst. Oder mit anderen Worten: Die **Wirtschaftskraft setzt Grenzen der Sozialpolitik**. Die Entwicklungen seit Beginn der 90er Jahre haben nachdrücklich gezeigt, dass verringertes Wirtschaftswachstum und hohe Arbeitslosigkeit zu Problemen bei der Finanzierung einzelner Systeme (z.B. Gesundheitswesen, Rentenversicherung) und in der Folge zu Einschnitten im sozialen Sicherungsnetz führen. Häufig wird dabei jedoch vergessen, dass auf der anderen Seite bedeutende Wachstumsimpulse von der Sozial- und Verteilungspolitik ausgehen können. Soziale Sicherheit bei Krankheit einschließlich der „Regeneration" von human capital, soziale Sicherheit bei Arbeitslosigkeit oder im Alter können motivierend wirken. Staatliche

Umverteilungspolitik im Rahmen der Sozialpolitik führt letztlich immer zu einer veränderten Ressourcenallokation. Das wirft fast zwangsläufig die Frage auf, ob neben der Wirtschaftskraft noch andere Grenzen der Sozialpolitik bestehen. Eine psychologische Grenze ist zweifelsfrei dann erreicht, wenn aufgrund ständig steigender Sozialabgaben (gleichbedeutend mit einer Verringerung der verfügbaren Einkommen von Arbeitnehmerhaushalten) die **Bereitschaft zu solidarischem Verhalten** „untergraben" wird.

Im Vordergrund der Diskussion stehen mithin die **hohen Kosten der sozialen Sicherungssysteme**. Die Reform zur Kostensenkung im Gesundheitswesen ist eine „never ending story". Dauerhafte Kosteneinsparungen konnten bisher nicht oder nur zulasten des Leistungsumfangs (Leistungsbegrenzung, Zuzahlungspflicht) erreicht werden. Oder greifen wir die Probleme bei der **Alterssicherung** heraus. Für die steigenden Kosten sind hier insbesondere die Entwicklung der Altersstruktur sowie die Beschäftigungslage maßgebend. Zur Kennzeichnung der **Altersstruktur** ist festzustellen, dass die Lebenserwartung ständig gestiegen ist. Die Geburtenhäufigkeit dagegen ist seit Beginn der 70er Jahre stark gesunken. Diese Entwicklung kann durch den so genannten Altenlastquotienten bzw. den Jugendlastquotienten anschaulich dargestellt werden. Der **Altenlastquotient**, worunter das Verhältnis der Personen mit einem Alter von 60 Jahren und mehr bezogen auf je 100 Personen im Alter von 20 bis 59 Jahren verstanden wird, dürfte von rund 35 Prozent im Jahre 1990 nach prognostischen Einschätzungen auf mehr als das Doppelte (etwa 73 Prozent) im Jahre 2030 ansteigen. Im gleichen Zeitraum würde sich dann der Anteil junger Menschen (19 Jahre und jünger), bezogen auf je 100 Personen zwischen 20 und 59 Jahren, auf knapp 36 Prozent verringern (**Jugendlastquotient**).

Der zweite wichtige Faktor für die Entwicklung der Rentenfinanzen ist die **Beschäftigungslage und -entwicklung**. Es muss festgestellt, dass mehr Versicherte früher in Rente gehen. Die normale Altersgrenze war seit Einführung der flexiblen Altersgrenze 1972 praktisch zum Ausnahmefall geworden. Auch die veränderten rechtlichen Rahmenbedingungen haben bisher de facto kaum zu einer signifikanten Umkehrung dieser Entwicklung geführt. Gleichzeitig beginnt die Erwerbsphase durch längere Ausbildungszeiten immer später. Zusätzlich belastet die anhaltend hohe Arbeitslosigkeit von über 4 Mio. Arbeitslosen die Rentenversicherung, da entsprechende Beitragszahlungen fehlen. Die Tatsache, dass die Arbeitslosenversicherung einen Teil der ausfallenden Beiträge übernimmt, verändert das Problem nicht grundsätzlich. Arbeitslosigkeit bedeutet darüber hinaus, das ein Teil der erwerbsfähigen Bevölkerung von der funktionellen Einkommensverteilung ausgeschlossen bleibt. Die Zukunftschancen einer Demokratie beruhen aber nicht zuletzt auch auf einer von der Gesellschaft allgemein akzeptierten Einkommensverteilung. Sofern also aus dem Arbeitsmarkt gesellschaftliche Gruppen auf Dauer ausgegrenzt werden und es zu einer Gesellschaft kommt, die in „Klassen" der Arbeithabenden und der Arbeitslosen aufgeteilt ist, bedrohen soziale Konflikte ihre Stabilität und Sicherheit. Damit wird auch hier wieder der Zusammenhang zwischen den verschiedenen Politikbereichen deutlich:

Erfolgreiche Arbeitsmarktpolitik ist zugleich Sozialpolitik.

Angesichts der hohen Kosten der sozialen Sicherungssysteme wurden Reformvorhaben auf den Weg gebracht. Sie zeugen vom politischen Willen zur **Konsolidierung** und **Deregulierung** des Systems der Sozialen Sicherung. Der politische Entscheidungsprozeß ist noch nicht abgeschlossen. Erkennbar aber ist, dass das **Prinzip Eigenvorsorge** zulasten einer noch umfassenderen staatlichen Versorgungspolitik stärker betont wird. Ob dadurch indes die dem System innewohnende Dynamik gebrochen, den Rahmenbedingungen Rechnung getragen und somit eine Konsolidierung mit Tragfähigkeit erreicht wird, kann erst die Entwicklung der nächsten Jahre zeigen.

Arbeitsaufgaben

1) *Erläutern Sie den Unterschied zwischen funktioneller und personeller Einkommensverteilung.*

2) *Was verstehen Sie unter Einkommenspolitik im engeren und weiteren Sinne?*

3) *Nennen Sie verteilungspolitische Indikatoren und gehen Sie auf Probleme ihrer Messung ein.*

4) *Welche Ziele verfolgt die Verteilungspolitik? Kann es zu Konflikten zwischen verteilungspolitischen Zielen kommen? Nennen Sie Beispiele.*

5) *Welche Probleme können bei der Definition des Begriffs Verteilungsgerechtigkeit auftreten? Wie würden Sie sich selbst eine gerechte Einkommensverteilung vorstellen?*

6) *Welche Träger der Verteilungspolitik sind Ihnen bekannt? Unterscheiden Sie dabei zwischen Einkommens- und Sozialpolitik.*

7) *Nennen Sie wesentliche verteilungspolitische Instrumente.*

8) *Beurteilen Sie die Wirksamkeit von staatlichen Instrumenten der Umverteilung (Sekundärverteilung). Welche Probleme können bei ihrem Einsatz auftreten?*

9) *Unter welchen Gesichtspunkten ist es Ihrer Meinung nach gerechtfertigt, über Möglichkeiten der Deregulierung der sozialen Sicherungssysteme nachzudenken?*

10) *Diskutieren Sie Grenzen der Verteilungspolitik.*

7. Kapitel: Arbeitsmarkt- und Beschäftigungspolitik

1. Einleitung

Der Arbeitsmarkt ist sie vielen Jahren das Sorgenkind der deutschen Wirtschaftspolitik. Hohe Sockelarbeitslosigkeit, Lehrstellenmangel, unzureichende Flexibilisierung der Arbeitszeit usw. sind wichtige Themen in der aktuellen Diskussion.

Wir wollen zunächst einige begriffliche Abgrenzungen vornehmen. **Arbeitsmarktpolitik** richtet sich in erster Linie auf die Gestaltung von Arbeitsbedingungen (Entlohnung, Arbeitszeit, Arbeitsschutz usw.) auf konkreten Arbeitsmärkten. Im Vordergrund stehen hier meistens **mikroökonomische** Betrachtungsweisen.

Wird in der Volkswirtschaftslehre demgegenüber von **Beschäftigungspolitik** gesprochen, so ist im Allgemeinen die **makroökonomische** Betrachtungsweise gemeint, etwa im keynesianischen Sinne, dass die Höhe der Beschäftigung durch die gesamtwirtschaftliche Nachfrage bestimmt wird. Dies kann sich auf die Produktionsfaktoren Arbeit und Kapital beziehen. Den Faktor Arbeit betreffend, wird unter Beschäftigung in einer Volkswirtschaft die Gesamtzahl der eingesetzten Arbeitskräfte verstanden. Dem entspricht in der amtlichen Statistik der Begriff der Erwerbstätigen. Da beide Politiken letztlich die gleiche Zielsetzung verfolgen, wollen wir sie in diesem Kapitel zusammen behandeln.

Unter Arbeitsmarkt- und Beschäftigungspolitik versteht man alle Bestrebungen, Handlungen und Maßnahmen, die darauf gerichtet sind, zu einem hohen Beschäftigungsstand zu gelangen oder ihn zu erhalten.

Wann liegt ein hoher Beschäftigungsstand bzw. **Vollbeschäftigung** vor? Aus der Wirtschaftstheorie wissen wir, dass von Vollbeschäftigung dann gesprochen wird, wenn jeder, der zum herrschenden Lohnsatz arbeiten möchte, auch eine Stelle findet. Dies setzt voraus, dass Arbeitswilligkeit und Verfügbarkeit beim Arbeitsuchenden, aber auch ein entsprechendes Stellenangebot vorhanden sind. Sofern in einer marktwirtschaftlichen Ordnung Vollbeschäftigung nicht durch Marktprozesse quasi automatisch gewährleistet ist, sollte es zum Einsatz der arbeitsmarkt- und beschäftigungspolitischer Instrumente kommen.

Eine Gesamtbetrachtung des Arbeitsmarktes ist zwar in der Theorie, nicht jedoch in der Praxis möglich. Vielmehr ist eine Aufgliederung in eine Reihe von **Teilarbeitsmärkten** nach verschiedenen Gesichtspunkten erforderlich (aus der Sicht der Nachfrage und des Angebots an Arbeitsleistungen). Von Bedeutung sind u.a.: (1) die **Qualifikation** von Arbeitnehmern (z.B. ob es sich um ungelernte oder Arbeitnehmer mit einer Berufsausbildung bzw. einem Fach- oder Hochschulabschluss handelt), (2) ihre **arbeitsrechtliche Stellung** (z.B. die bekannte Unterscheidung in Arbeiter, Angestellte und Beamte; die Existenz von Kündigungsschutzklauseln [Schwerbehinderte, Schwangere usw.]), (3) **persönliche Charakteristika** (Geschlecht, Lebensalter, Staatsangehörigkeit), (4) **geografische Zuordnung** (lokale, regionale, nationale, internationale Arbeitsmärkte), (5) **organisationsbedingte Aspekte** (gewerkschaftlicher Organisationsgrad, Bindung durch Tarifverträge) usw.

In der Praxis spricht man heute sehr oft vom ersten (primären) und zweiten (sekundären) Arbeitsmarkt. Alle Erwerbspersonen, die einer "normalen" Beschäftigung nachgehen und arbeitsrechtlichen sowie oft auch tarifvertraglichen Regelungen unterworfen sind, werden dem **ersten Arbeitsmarkt** zugerechnet. Solche Arbeits- oder Dienstverhältnisse führen zu Ansprüchen auf Leistungen aus der Sozialversicherung oder der Beamtenversorgung. Daneben haben sich in den letzten Jahren Arbeitsmarktfelder entwickelt, die etwas unscharf zum so genannten **zweiten Arbeitsmarkt**[1] zusammengefasst werden. Vorrangig handelt es sich dabei um Beschäftigungen oder Arbeitsplätze, die nur durch die Förderung der BUNDESAGENTUR FÜR ARBEIT (bis Ende 2003: BUNDESANSTALT FÜR ARBEIT) entstanden sind. Dazu rechnen die "Allgemeinen Maßnahmen zur Arbeitsbeschaffung (ABM)" sowie die Fortbildung oder Umschulung von Erwerbslosen. Teilweise wird der Begriff auch für Neben- und Aushilfsbeschäftigungen verwendet.

In diesem Kapitel wollen wir zunächst die allgemeine Entwicklung auf dem Arbeitsmarkt beschreiben, wobei eine kritische Analyse der Messgröße "Arbeitslosenquote" eingeschlossen ist. Wenn man die Arbeitslosigkeit bekämpfen und näher an das Vollbeschäftigungsziel gelangen will, ist nach den Ursachen für die Unterbeschäftigung zu fragen. Bevor der Mitteleinsatz dargestellt wird, wollen wir einen Blick auf die Träger der Arbeitsmarkt- und Beschäftigungspolitik werfen. Die Probleme und Grenzen in diesem Politikfeld werden im letzten Abschnitt erörtert.

2. Situationsanalyse

2.1 Allgemeine Entwicklung

Volkswirtschaften unterliegen einem ständigen **Strukturwandel**. Neue technologische Entwicklungen führen zu veränderten Produktionsverfahren, Veränderungen des Wertesystems einer Gesellschaft (Wertewandel) tragen zu verändertem Konsumverhalten bei, weltwirtschaftliche Prozesse (Globalisierung) erhöhen die Wettbewerbsintensität auch auf den heimischen Märkten usw. Es gibt Branchen, die Strukturkrisen unterworfen waren (Textil- und Lederindustrie, Schiffbau), oder deren Anpassung an Weltmarktentwicklungen durch staatliche Subventionierung verzögert wurde (Kohle, Landwirtschaft). Aber auch ganz neue Zweige der Produktion von Gütern und Dienstleistungen entstehen (Biotechnologie, Gentechnologie, elektronische Medien usw.). Während das verarbeitende Gewerbe seit Jahren einen relativen Rückgang seines Beitrags zur Wertschöpfung zu verzeichnen hat, nimmt die Bedeutung des Dienstleistungssektors weiter zu (**Tertiarisierung**). Wir wollen diese Prozesse nicht bewerten, sondern sie nur als charakteristisch für unsere Entwicklung benennen. Es ist unmittelbar einsichtig, dass damit nicht nur Beschäftigungsschwankungen, sondern auch veränderte Anforderungen an die Beschäftigung und die Qualifikationsstruktur der Erwerbstätigen einhergehen.

Veränderungen in der Höhe der Beschäftigung können aber auch von **Veränderungen** der **makroökonomischen Aggregate** als Komponenten des Bruttoinlandsprodukts (privater Konsum, private Investitionen, Ausgaben des Staates, Exporte) ausgehen. Sinkt beispielsweise die private Investitionsgüternachfrage, werden weniger, bei steigenden Exporten mehr Arbeitskräfte benötigt.

In kapitalistischen Marktwirtschaften sind solche Prozesse deswegen von Bedeutung, weil die Nichtkapitaleigentümer als Arbeitnehmer auf die Erzielung von Leistungseinkommen

---

[1] Der Begriff "zweiter Arbeitsmarkt" ist ursprünglich im kirchlichen Raum entstanden. Man ging von der Einschätzung aus, dass vor allem steigende Qualifikationsanforderungen Menschen vom Erwerbsleben ausschließen würden. Betroffen wären davon insbesondere solche Personen, die nur eingeschränkt leistungsfähig sind und sich folglich schwer in den Arbeitsmarkt integrieren ließen. "Um ihnen zu helfen, sollte neben dem Arbeitsmarkt ein so genannter 'Zweiter Arbeitsmarkt' ergänzend hinzutreten, der denjenigen eine Erwerbstätigkeit ermöglicht, die sonst längerfristig arbeitslos, schwer vermittelbar und damit weitgehend unterstützungsbedürftig wären." (Solidargemeinschaft von Arbeitenden und Arbeitslosen - Sozialethische Probleme der Arbeitslosigkeit, Studie der Kammer der Evangelischen Kirche in Deutschland für soziale Ordnung, hrsg. v. d. Kirchenkanzlei im Auftrage des Rates der Evangelischen Kirche in Deutschland, 2. Aufl., Gütersloh 1983, S. 77.)

angewiesen sind, sie also ihre Arbeitsleistung auf dem Arbeitsmarkt gegen Lohn oder Gehalt anbieten ("verkaufen") müssen. Andere Möglichkeiten für Erwerbseinkommen bestehen für sie im Allgemeinen nicht. Damit ihnen dies gelingt, müssen sie über Qualifikationen verfügen, die von den Unternehmen oder der öffentlichen Verwaltung als Arbeitgebern nachgefragt werden. In den Vordergrund unserer Betrachtungen rückt somit das Geschehen auf dem Arbeitsmarkt, auf dem **Arbeitsleistungen** gehandelt werden. Arbeitnehmer bieten ihre Arbeitsleistungen an, Arbeitgeber fragen sie gegen Bezahlung nach. Sofern Arbeitnehmer keiner Geldillusion unterliegen, wird für sie bei Entscheidungen, ihre Arbeitsleistung anzubieten, das **Realeinkommen** maßgebend sein. Darunter versteht man die Menge an Gütern, die man für ein gegebenes Geldeinkommen (Nominaleinkommen) erwerben kann. Der **Reallohn** lässt sich ermitteln, indem man den Geldlohn durch den Preisindex für die Lebenshaltung teilt. Aus analytischen Gründen wird in wirtschaftstheoretischen Analysen oft nur die Existenz eines Arbeitsmarktes unterstellt. In der Realität müssen wir jedoch eine Fülle von verschiedenen Arbeitsmärkten unterscheiden.

Allgemein können wir in Bezug auf den **Arbeitsmarkt** feststellen: Sofern zum gegebenen Lohnsatz die Arbeitgeber gerade soviel an Arbeitsleistung nachfragen, wie die Arbeitnehmer anbieten, läge **Gleichgewicht** auf dem Arbeitsmarkt vor. Es ist unschwer zu erkennen, dass in einer komplexen Volkswirtschaft ein solches Gleichgewicht nicht gleichzeitig auf allen Teilarbeitsmärkten erreichbar ist. Wenn bei gegebenem Lohnsatz das Angebot an Arbeitsleistung die Nachfrage übersteigt, liegt ein Ungleichgewicht vor, es gibt Arbeitslosigkeit. Auf den entgegengesetzten Fall der Überbeschäftigung, eine Situation, die es in Deutschland Anfang der 60er Jahre gegeben hat, und die zu einer massiven Anwerbung von Gastarbeitern führte, wollen wir hier nicht eingehen.

Aus unternehmerischer, d.h. **mikroökonomischer** Sicht, muss sich die Nachfrage nach Arbeitsleistung bzw. die Neueinstellung von Beschäftigten lohnen. Theoretisch ist dies dann der Fall, wenn der Wert des Grenzprodukts, das durch den Neueingestellten pro Zeiteinheit erzeugt wird, größer oder wenigstens gleich dem Lohn ist, der für die Zeiteinheit bezahlt wird. Eine gute Auftragslage bei den Unternehmen, positive Gewinnaussichten und klare Rahmenbedingungen (vgl. Kapitel 2) erhöhen die Bereitschaft der Unternehmen, Arbeitskräfte einzustellen. Die Nachfrage nach Arbeitsleistungen ist - wie auch die nach anderen Faktorleistungen - eine **abgeleitete Nachfrage**: Mit den Produktionsfaktoren werden Zwischenprodukte und Fertiggüter - letztlich Konsumgüter - hergestellt.

Die **makroökonomische** Fragestellung bezieht sich dagegen auf die Analyse der gesamtwirtschaftlichen Kapazitätsauslastung sowie die Beschäftigung insgesamt. Die Höhe des Inlandsprodukts wies in der Vergangenheit bemerkenswert regelmäßige Schwankungen auf. Dies kommt durch die Wachstumsraten des realen Bruttoinlandsprodukts zum Ausdruck. Die Statistik zeigt, dass - mit Ausnahme der Jahre 1967, 1975, 1982 und 1993 - stets eine Zunahme des Inlandsprodukts zu verzeichnen ist, diese Zunahme indes sehr unregelmäßig war.

Die langfristige Zunahme des Bruttoinlandsprodukts und des gesamtwirtschaftlichen Produktionspotenzials wird als **Wirtschaftswachstum** bezeichnet. Es setzt voraus, dass die Produktionskapazitäten steigen, d.h. dass es positive Nettoinvestitionen gibt. Von wirtschaftlichem Wachstum wird im Allgemeinen eine Erhöhung der Beschäftigung erwartet.

Geht es dagegen um kurzfristige Veränderungen des Inlandsprodukts und **Schwankungen im Auslastungsgrad** des gesamtwirtschaftlichen Produktionspotenzials, spricht man von Konjunktur. Da sich in diesem Prozess bestimmte typische Situationen wiederholten, ist es richtig, sie als **Konjunkturzyklen** zu bezeichnen. Mit konjunkturellen Bewegungen gehen auch Beschäftigungsschwankungen einher.

In der Phase des **Aufschwungs** kommt es zu einer erst langsamen, dann sich verstärkenden Zunahme der Produktion und der Verkäufe. Die Gewinne werden relativ schnell steigen, weil höhere Preise am Markt durchgesetzt werden können und mit zunehmender Kapazitätsauslastung auch die Stückkosten sinken werden. Geringere freie Kapazitäten führen zu steigender Investitionstätigkeit, in der Regel wird die Arbeitslosigkeit abnehmen bzw. die Beschäftigung zunehmen.

Die **Hochkonjunktur (Boom)** lässt sich durch beginnende Engpässe in verschiedenen Wirtschaftszweigen, intensive (aber bereits nachlassende) Investitionstätigkeit und stärkere Preissteigerungen beschreiben. Die Beschäftigungssituation ist durch geringe Arbeitslosigkeit, relativ viele offene Stellen usw. gekennzeichnet.

Der Boom mündet im Allgemeinen in eine **Abschwungphase (Rezession)**. Der Rückgang der wirtschaftlichen Aktivitäten setzt ein und verstärkt sich allmählich. Wenn Nachfrage und Produktion - und in deren Folge auch die Gewinne - sinken, werden neue Investitionen eingeschränkt und die Beschäftigung geht zurück.

In der **Krise (Talsohle)** ist die Arbeitslosigkeit am höchsten und die Kapazitätsauslastung am geringsten. Das Vertrauen in die wirtschaftliche Entwicklung und die Bereitschaft, Investitionen zu tätigen, sind schwach.

Das von uns kurz skizzierte "klassische" **Grundmuster** des Konjunkturzyklus kann für die gesamte Volkswirtschaft beobachtet werden, wobei die Grenzen zwischen den einzelnen Konjunkturphasen fließend sind. Wenn einem kurzen Aufschwung ein neuerlicher Abschwung folgt, spricht man von einem „**Double-dip**". Im Verlauf der Konjunktur kann es relativ große sektorale (z.B. zwischen der Automobilindustrie, der Chemieindustrie, der Bauwirtschaft, dem Handwerk etc.) und regionale Unterschiede geben (in Süddeutschland liegen die Arbeitslosenquoten um mehrere Prozentpunkte unter den Quoten in Norddeutschland, die wiederum geringer sind als die Zahlen in Ostdeutschland). Hinzukommt, dass das Phänomen der Arbeitslosigkeit, die früher eine parallele, leicht nachhinkende Entwicklung zum gesamtwirtschaftlichen Konjunkturverlauf zeigte, von der Gesamtentwicklung abgekoppelt zu sein scheint. Wir stellen fest, dass zwar in rezessiven Phasen die Arbeitslosigkeit steigt, dass sie sich aber in Aufschwungphasen nicht wieder zurückbildet. Dafür werden Wachstumsraten des realen BIP von mehr als zwei Prozent für notwendig gehalten. Liegen sie darunter, werden die Unternehmen versuchen, ihren Mehrbedarf an Beschäftigung über Rationalisierung und Reorganisation ("Lean Management") oder Überstunden der Arbeitnehmer aufzufangen. Die Folge ist eine stufenförmig zunehmende **Sockelarbeitslosigkeit**.

Von besonderer Bedeutung für die Entwicklungen am Arbeitsmarkt sind **demografische** Veränderungen. Sie bestimmen letztlich das gesamtwirtschaftliche Arbeitsangebot. Die Bevölkerungsentwicklung wird durch eine Reihe von Faktoren beeinflusst, zu denen vor allem das generative Verhalten, die Entwicklung der Altersstruktur sowie die Migration (Zu- und Abwanderung) gerechnet werden können.

Im Vordergrund wirtschaftspolitischer Diskussionen steht sehr oft die **Arbeitsproduktivität** und ihre Veränderung. Sie wird als Output je geleisteter Arbeitseinheit (z.B. je Arbeitsstunde, je Arbeitskraft oder je Erwerbstätigem) definiert. Bei ihrer Interpretation ist zu beachten, dass die Produktionsleistung im Zusammenwirken aller Produktionsfaktoren erbracht wird. Eine kausale Zurechenbarkeit, wie sie durch die Berechnung der Arbeitsproduktivität suggeriert wird, ist nicht möglich. Sie wird nicht nur durch die Zahl und die Qualifikation der Arbeitnehmer bestimmt, sondern auch durch den Kapitaleinsatz. Wird mehr oder leistungsfähigeres Kapital eingesetzt, steigt damit automatisch auch die Arbeitsproduktivität. Dies gilt in gleicher Weise für die Reorganisation von Arbeitsprozessen usw. Die Arbeitsproduktivität wird allgemein als eine wichtige Richtgröße für Lohnsteigerungen angesehen. Wenn sich der durchschnittliche Lohnzuwachs an der Erhöhung der Arbeitsproduktivität orientiert, kann unter bestimmten Bedingungen (Konstanz des Bruttoaufschlags auf die Stücklohnkosten) ein Anstieg des Preisniveaus verhindert werden.

Zur weiteren Interpretation zitieren wir einige Überlegungen des SACHVERSTÄNDIGENRATES aus dem Jahresgutachten 1996/97, S. 202:

"Die produktivitätsorientierte Lohnpolitik stellt auf den Fall eines hohen Beschäftigungsstandes ab und besagt, dass sich die Lohnpolitik im Hinblick auf die Beschäftigungssituation annähernd neutral verhält, wenn der Lohn im Ausmaß der Fortschrittsrate der Arbeitsproduktivität steigt. ...
Zunächst ist zu klären, ob der Reallohn oder nur der Nominallohn im Ausmaß der Fortschrittsrate der Arbeitsproduktivität steigen kann. Bei einer ausschließlichen Nominallohnorientierung wird den Arbeitnehmern kein Ausgleich für Preissteigerungen gewährt, bei einer Reallohnorientierung erhalten sie eine volle Kompensation. ... Eine Reihe von Gründen spricht gegen eine volle Berücksichtigung der Preissteigerungsrate.
Erstens können Preissteigerungen auf eine Erhöhung der indirekten Steuern oder auf eine relative Verteuerung von Einfuhrgütern ... zurückgehen. Diese Preiserhöhungen dürfen nicht kompensiert werden, denn dieser Teil des Sozialprodukts steht für eine Verteilung nicht mehr zur Verfügung, er ist bereits verteilt.
Zweitens müssen die Tarifvertragsparteien die unterschiedlichen Preisüberwälzungsspielräume auf inländischen und ausländischen Märkten berücksichtigen. Wenn inländische exportierende Unternehmen angesichts des internationalen Wettbewerbs keine nennenswerten Möglichkeiten besitzen, Preiserhöhungen auf den Weltmärkten durchzusetzen, ... kann kein Ausgleich selbst für 'unvermeidliche' binnenwirtschaftliche Preissteigerungen gewährt werden.
Drittens liegt den Überlegungen zur produktivitätsorientierten Lohnpolitik die für die Laufzeit des Tarifvertrags erwartete Preissteigerungsrate zu Grunde, welche unbekannt ist und deshalb prognostiziert werden muss. Bei einer Überschätzung würde ein voller Ausgleich der erwarteten Preissteigerungsrate eine zu starke Erhöhung des Reallohns bewirken, gegebenenfalls zu zusätzlichen Preisauftriebstendenzen führen.
Wenn schließlich, viertens, die Rückführung der Preissteigerungsrate erforderlich ist, muss auch die Lohnpolitik dazu einen Beitrag leisten, denn die Alternative wäre, dass die Geldpolitik restriktiv würde, was die Beschäftigungsrisiken vergrößern würde."

Mit diesen Ausführungen wird deutlich, wie eng die Lohnpolitik in das Spannungsfeld von Beschäftigung und Preisniveaustabilität eingebunden ist.

2.2 Arbeitsmarktpolitische Indikatoren

Im Zentrum der Analyse der Arbeitsmarktentwicklung steht die **Arbeitslosenquote** und ihre strukturelle, zeitliche sowie regionale Entwicklung. Sie wird regelmäßig von der BUNDESAGENTUR FÜR ARBEIT ermittelt. In der Bundesrepublik wird die amtliche Arbeitslosenquote wie folgt definiert:

Bezogen auf die abhängigen zivilen Erwerbspersonen (1):

$AQabh = [Aa : (AETt + At)] \times 100$

Bezogen auf *alle* zivilen Erwerbspersonen (2):

$AQalle = [Aa : (ETt + At)] \times 100$

Dabei bedeuten:

AQabh	Arbeitslosenquote bezogen auf die abhängigen Erwerbspersonen
AQalle	Arbeitslosenquote bezogen auf alle zivilen Erwerbspersonen
Aa bzw. At	Arbeitslose zum aktuellen (a) oder terminierten (t) Zeitpunkt
AETt	abhängige Erwerbstätige
	= sozialversicherungspflichtig Beschäftigte einschließlich Auszubildende
	+ geringfügig Beschäftigte
	+ Beamte ohne Soldaten
	zum terminierten (t) Zeitpunkt
ETt	alle Erwerbstätigen
	= abhängige Erwerbstätige (AET)
	+ Selbständige
	+ mithelfende Familienangehörige zum terminierten (t) Zeitpunkt

---

Die Ermittlung der Zahl der Arbeitslosen erfolgt nach dem Kriterium ihrer Registrierung. Arbeitslos ist der Arbeitsuchende, der

- vorübergehend nicht in einem Beschäftigungsverhältnis steht oder nur eine kurzzeitige Beschäftigung ausübt (§ 118 Sozialgesetzbuch [SGB] III),
- der Arbeitsvermittlung zur Verfügung steht (§ 119 SGB III),
- sich persönlich beim zuständigen Arbeitsamt gemeldet hat (§ 122 SGB III),
- das 65. Lebensjahr noch nicht vollendet hat (§ 117 SGB III),
- nicht arbeitsunfähig erkrankt ist,
- keinen Tatbestand erfüllt, der die Zählung als nichtarbeitsloser Arbeitssuchender bedingt.

In die Quote gehen nur die Arbeitslosen ein, die sich auf dem Arbeitsamt als arbeitslos melden, nicht hingegen diejenigen, die zwar gern arbeiten würden, aber sich nicht registrieren lassen. Sie werden als so genannte **"stille Reserve"** bezeichnet. In ihrem Umfang kommt die **versteckte Arbeitslosigkeit** zum Ausdruck. Zu beachten ist auch, ob nach der 1. Quote die registrierten Arbeitslosen nur auf die Erwerbspersonen in abhängiger Beschäftigung (= Arbeiter, Angestellte, Beamte), oder ob sie - wie in der 2. Quote - auf **alle** zivilen Erwerbspersonen bezogen wird. Es ist klar, dass die 2. Quote wegen der breiteren Bezugsbasis zu einem niedrigeren Wert führt.

Die Aussagekraft der Arbeitslosenquote ist aus mehreren Gründen eingeschränkt: die Zahl der Arbeitslosen wird durch **gestützte Beschäftigung** (Arbeitsbeschaffungsmaßnahmen [ABM], Lohnkostenzuschüsse und Arbeitsausfall durch Kurzarbeit) ebenso verringert wie durch den so genannten **Potenzialentzug** (Teilnehmer an Kursen der beruflichen Fortbildung oder Umschulung sowie von Rehabilitationsmaßnahmen, Bezieher von Altersübergangsgeld, Arbeitslose ab 58 Jahren). Hier spricht man auch von der **stillen Reserve im weiteren Sinne**. Auf der anderen Seite wird die Arbeitslosigkeit zu hoch ausgewiesen, weil darin schattenwirtschaftliche Tätigkeiten (Schwarzarbeit) nicht berücksichtigt werden. Die Berechnung der Arbeitslosenquote über die Schlüsselgröße der registrierten Arbeitslosen ist insofern nicht unproblematisch. In anderen Ländern, die nicht über eine flächendeckende Arbeitsverwaltung verfügen, wird die Arbeitslosenquote durch Repräsentativbefragungen mit treffsicheren Ergebnissen ermittelt. Eine weitere Schwäche der amtlichen Arbeitslosenquote wollen wir kurz ansprechen. Aus ihr ist die Dauer der tatsächlich **gewünschten Arbeitszeit** nicht ersichtlich. Ist man, wenn man nur 2 oder 10 Stunden pro Woche arbeitet, vollbeschäftigt oder partiell arbeitslos? Letztlich hängt es von den individuellen Präferenzen der Arbeitnehmer ab, ob die tatsächlich geleisteten Arbeitsstunden persönlichen Vorstellungen entsprechen. Tab. 7.1 zeigt die Entwicklung Arbeitslosigkeit von 1991 - 2002.

Neben der Erwerbs- und Arbeitsmarktstatistik der BUNDESAGENTUR FÜR ARBEIT wollen wir die Methode der ORGANISATION FOR ECONOMIC COOPERATION AND DEVELOPMENT (OECD) erwähnen. Den Daten der OECD liegen **Repräsentativbefragungen** zu Grunde, die gemäß dem Labour-Force-Konzept ermittelt wurden. Dabei wird die gesamte Erwerbstätigkeit erfasst, unabhängig davon, ob es sich um haupt- oder nebenberufliche Tätigkeiten handelt und welche Bedeutung sie für die wirtschaftliche und soziale Stellung sowie den Lebensunterhalt hat. Die Definition der Arbeitslosen entspricht weitgehend der der Erwerbslosen, wie sie im Mikrozensus, einer seit 1957 vom STATISTISCHEN BUNDESAMT jährlich erhobenen Haushaltsstichprobe erfasst werden. Allerdings wird das Verfügbarkeitskriterium von der OECD - kann der Arbeitslose eine ihm angebotene Stelle unverzüglich annehmen oder nicht? - strenger ausgelegt. Die standardisierte Arbeitslosenquote der OECD ergibt sich aus dem Verhältnis der Erwerbslosen zur Gesamtzahl der Erwerbspersonen. Die unterschiedliche Auslegung der Verfügbarkeit führt dazu, dass die von der OECD geschätzte Arbeitslosenquote um etwa ein bis eineinhalb Prozentpunkte niedriger ausfällt als die vergleichbare Quote der BUNDESAGENTUR FÜR ARBEIT.[2]

Tab. 7.1: Entwicklung von Arbeitslosigkeit, Kurzarbeit und Zahl der offenen Stellen in Deutschland von 1991-2002

Jahr	registrierte Arbeitslose			offene und verdeckte Arbeitslosigkeit		Kurzarbeiter	Offene Stellen
	insgesamt (in 1.000)	davon: Frauen (in 1.000)	Quote 1) (%)	insgesamt (in 1.000)	Quote (%)	(in 1.000)	(in 1.000)
1991	2.602	1.322	7,3	4.975	12,3	1.753	363
1992	2.979	1.567	8,5	5.645	13,9	653	356
1993	3.419	1.728	9,8	5.998	14,8	648	279
1994	3.698	1.835	10,6	5.937	14,7	372	284
1995	3.612	1.761	10,4	5.791	14,4	199	321
1996	3.965	1.854	11,5	6.103	15,2	277	327
1997	4.384	2.042	12,7	6.311	14,7	183	337
1998	4.279	2.007	12,3	6.154	14,5	115	422
1999	4.099	1.939	11,7	6.030	14,1	119	456
2000	3.889	1.836	10,7	5.699	13,2	86	514
2001	3.852	1.788	10,3	5.612	12,9	123	506
2002	4.060	1.821	10,8	5.810	13,4	207	451

1) In Prozent der abhängigen Erwerbspersonen (ohne Soldaten und Soldatinnen)
Quelle: Statistisches Jahrbuch 1998, S. 125, und 2003, S. 126; Jahresgutachten des Sachverständigenrates 1997/98, S.318 und 2003/2004, S. 133 u. 137.

Für die Berechnung der Arbeitslosenquoten müssen von der BUNDESAGENTUR FÜR ARBEIT auch die Zahlen der wichtigsten Bezugsgrößen (abhängige zivile Erwerbspersonen, alle zivilen Erwerbspersonen) ermittelt und periodisch an neuere statistische Entwicklungen angepasst werden. So betrug bei einer Gesamtbevölkerung von 82,5 Mio. die Zahl der abhängigen zivilen Erwerbspersonen im April 2002 36,539 Mio. während für alle zivilen Erwerbspersonen die Zahl von 40,607 Mio. (einschließlich Selbständige und mithelfende Familienangehörige) zu Grunde gelegt wurde.

Die Zahl der **offenen Stellen** basiert auf Suchmeldungen, die die Unternehmen an die Arbeitsverwaltung geben. Sie dürfte niedriger sein als die tatsächlich vorhandenen nicht besetzten Stellen, weil die Unternehmen nicht jeden Arbeitsplatz, der neu besetzt werden soll, der Arbeitsverwaltung zur Kenntnis bringen, sondern auch andere Kanäle für Stellenausschreibungen nutzen (Inserate, interne Stellenbesetzung, seit 1994 auch durch private Vermittler). Bemerkenswert ist die gegenläufige Entwicklung der offenen Stellen und der Arbeitslosenquote, während die **Zahl der Kurzarbeiter** eine parallele Entwicklung aufweist.

Von besonderer Bedeutung für den Einsatz arbeitsmarktpolitischer Instrumente ist eine genauere Analyse der **Struktur** der Arbeitslosigkeit. Damit lassen sich besondere "Problemgruppen" identifizieren (Tab. 7.2).

---

[2] Ähnliches kann auch von der geänderten Definition der Arbeitslosigkeit in der EU erwartet werden. Gemäß VERORDNUNG (EG) Nr. 1897/2000 der Kommission v. 7. September zur Umsetzung einer früheren „Verordnung zur Durchführung einer Stichprobenerhebung über Arbeitskräfte in der Gemeinschaft bezüglich der Arbeitsdefinition der Arbeitslosigkeit" wird in Zukunft auch in der EU dieses Verfahren angewendet. Die neue Definition von Arbeitslosigkeit legt die Altersgrenze zwischen 15 und 74 Jahren fest. Die Obergrenze für die Arbeitszeit von als arbeitslos betrachteten Personen sieht einen Wert von weniger als 1 Stunde pro Woche (!) vor. Personen, die mehr als eine Stunde pro Woche arbeiten, werden als beschäftigt angesehen.

Tab. 7.2: Struktur der Arbeitslosigkeit in Deutschland (Ende Sept. 2002 in Mio. und %)

Gegenstand der Nachweisung	insgesamt		männlich		weiblich	
	Anzahl	%	Anzahl	%	Anzahl	%
insgesamt	3,942	100,0	2,133	100,0	1,809	100,0
nach Staatsangehörigkeit						
Deutsche	3,450	87,5	1,824	84,5	1,626	89,9
Ausländer / Ausländerinnen	0,492	12,5	0,309	14,5	0,183	10,1
nach Altersgruppen						
unter 25	0,512	13,0	0,308	14,4	0,204	11,3
25-35	0,839	21,3	0,475	22,3	0,364	20,1
35-45	1,064	27,0	0,556	26,1	0,508	28,1
45-55	0,961	24,4	0,497	23,3	0,464	25,7
55-65	0,565	14,3	0,297	13,9	0,268	14,8
nach gewünschter Arbeitszeit						
Vollzeitarbeit	3,571	90,6	2,116	99,2	1,454	80,4
Teilzeitarbeit (einschl. Heimarbeit)	0,372	9,4	0,017	0,8	0,355	19,6
nach der Berufsausbildung						
Mit abgeschlossener Berufsaus-bildung	2,546	64,6	1,340	62,8	1,206	66,7
Ohne abgeschlossene Berufsaus-bildung	1,396	35,4	0,793	37,2	0,603	33,3

Quelle: Statistisches Jahrbuch 2003, S. 125

Wie bereits erwähnt, ist die eingeschränkte Aussagekraft der Arbeitslosenquote auch auf Maßnahmen zurückzuführen, die zur Entlastung des Arbeitsmarktes beitragen. Einen Eindruck von der Größenordnung vermittelt Tab. 7.3.

Tab. 7.3: Beschäftigte in ABM, Eintritte in die Weiterbildung und Leistungsempfänger/-empfängerinnen von 1995-2002 (Angaben jeweils in 1.000)

Jahr (Durch-schnitt)	Beschäftigte in ABM[1]	Eintritte in berufliche Weiterbildung	Leistungsempfänger/-empfängerinnen (von)		
			insgesamt	Arbeitslosengeld[2]	Arbeitslosenhilfe
1995	384	659	3.153	2.172	982
1996	354	648	3.320	2.216	1.104
1997	302	441	3.603	2.249	1.354
1998	210	607	3.516	2.012	1.504
1999	234	491	3.344	1.850	1.495
2000	203	552	3.174	1.718	1.457
2001	167	450	3.223	1.746	1.477
2002	125	456	3.609	1.917	1.692

1) Einschl. Beschäftigte mit produktivem Lohnkostenzuschuss;
2) Einschl. Altersübergangsgeld und Eingliederungsgeld/-hilfe.
Quelle: Statistisches Jahrbuch 1998, S. 126 und 2003, S. 129.

Wie aus Tab. 7.4 ersichtlich ist, läuft die Entwicklung der Arbeitslosenquoten in den EU-Ländern - trotz Schaffung des Binnenmarktes und der Freizügigkeit der Arbeitnehmer - nicht parallel. In Finnland, den Niederlanden und Dänemark ist sie in den letzten Jahren beträchtlich gesunken, während sie in der Bundesrepublik auf einem relativ hohen Niveau verharrt.

Tab. 7.4: Arbeitslosenquoten im internationalen Vergleich (1995 - 2001)

	1995	1997	1999	2000	2001
Bundesrepublik Deutschland	9,4	11,4	10,5	9,6	7,8
USA	5,6	4,9	4,2	4,0	4,8
Japan	3,1	3,4	4,7	4,7	5,0
Frankreich	11,6	12,4	11,1	9,7	8,5
Großbritannien	8,5	6,5	6,0	5,5	5,0
Italien	11,7	11,8	11,5	10,8	9,4
Kanada	9,4	9,1	7,6	6,7	7,2
Spanien	22,7	20,8	15,9	14,1	10,6
Niederlande	7,1	5,5	3,2	2,8	2,4
Schweden	7,7	8,0	5,6	4,7	4,9
Schweiz	4,2	5,2	2,7	2,0	2,5
Belgien	9,9	9,4	9,0	8,2	6,7
Österreich	5,2	5,6	5,2	4,6	3,6
Dänemark	7,3	5,6	5,2	5,2	4,3
Finnland	15,5	12,7	10,2	9,6	9,1
Norwegen	4,9	4,0	3,2	3,3	3,6
OECD-Länder	7,4	7,0	6,7	6,2	6,0

1) Nationale Definition der Arbeitslosen; für Deutschland die Erwerbslosenquote: Arbeitslose, die vorübergehend geringfügige Beschäftigungen ausüben, zählen nach dem Erwerbskonzept zu den Erwerbstätigen.

Quelle: Jahreswirtschaftsberichte der Bundesregierung 1999, S. 16 und 2002, S. 78; Statistisches Jahrbuch für das Ausland 2003, S. 219.

Unter dem **Arbeitsvolumen** kann man die Gesamtheit aller in einer Volkswirtschaft in einer Periode geleisteten Arbeitsstunden verstehen. Dies wäre eine zutreffendere Messgröße für die Beschäftigung als die Zahl der Erwerbstätigen oder der abhängig Beschäftigten. Damit sie für die Analyse des Grades an Unterbeschäftigung verwendet werden kann, müsste man die von Seiten der tatsächlich und potenziell Erwerbstätigen gewünschte optimale Beschäftigungszeit ermitteln. Es kann sein, dass heute beschäftigte Arbeitnehmer von den tarifvertraglich vereinbarten Regelungen abweichende Vorstellungen von ihrer persönlich optimalen Arbeitszeit haben.

Auch die Menge an geleisteten **Überstunden** ist eine arbeitsmarktrelevante Größe. Damit sind die über die regelmäßige tarifliche oder betriebsübliche Arbeitszeit hinaus geleisteten Arbeitsstunden gemeint. Aus welchen Gründen es auch zu Überstunden kommen mag - Unternehmen können damit auf Entwicklungen der Nachfrage sowie betriebliche Engpässe flexibel reagieren -, für die Volkswirtschaft insgesamt stellen sie einen nicht unerheblichen Teil des **Arbeitsvolumens** dar. Dabei wird zwischen "transitorischen" (Überstunden mit Zeitausgleich) und "definitiven" Überstunden (ohne Zeitausgleich; mit oder ohne Bezahlung) unterschieden.[3] Arbeitsmarktpolitische Forderungen setzen vor allem bei den bezahlten definitiven Überstunden an. In der Bundesrepublik wurde für 2003 ein Überstundenvolumen von 1.529 Mio. Stunden (je Arbeitnehmer 44,6 bezahlte Überstunden) errechnet.

Durch die Verknüpfung von Bestands- und Bewegungsdaten des Arbeitsmarktes gelangt man zu **Arbeitskräftegesamtrechnungen/Arbeitsmarktgesamtrechnungen**. Damit wird versucht, zu einem umfassenden und differenzierten Bild des Geschehens auf dem Ar-

---

[3] Vgl.. MITTEILUNGEN AUS DER ARBEITSMARKT- UND BERUFSFORSCHUNG, Autorengemeinschaft, Der Arbeitsmarkt in der Bundesrepublik Deutschland in den Jahren 1997 und 1998, 31. Jg., 1998, S. 73.

beitsmarkt zu gelangen. Es geht um die zusätzliche Erfassung von Zu- und Abgängen auf dem Arbeitsmarkt. Die Transparenz des Arbeitsmarktes wird erhöht und Wirkungsanalysen werden erleichtert. Derartige Untersuchungen sind wichtig, wenn man die Arbeitsmarktdynamik erfassen will. In marktwirtschaftlich organisierten Volkswirtschaften werden aufgrund des Strukturwandels ständig Arbeitskräfte freigesetzt, die nach neuen oder vorteilhafteren Beschäftigungen suchen. Die dynamische Effizienz des Wirtschaftssystems ist umso höher, je größer die Mobilität zwischen Unternehmen, Branchen und Regionen ist. Dagegen sind ein wachsender Bestand an Arbeitslosen, die zunehmende Dauer der Arbeitslosigkeit und ein höherer Anteil von Langzeitarbeitslosen ein Ausdruck für sinkende Arbeitsmarktdynamik.

Unter dem **Jobturnover** als Bruttogröße wird die Summe aus Bruttostellengewinnen (z.B. wegen Unternehmenswachstum und neugegründeten Unternehmen) und Bruttostellenverlusten (z.B. Entlassungen oder Konkurse) verstanden. Die Nettobeschäftigungsänderung errechnet sich aus der Differenz zwischen Bruttostellengewinnen und -verlusten. Der Nettojobturnover ergibt sich, wenn vom Jobturnover die Nettobeschäftigungsänderung abgezogen wird. Addiert man zum Jobturnover noch den Personalwechsel auf bereits vorhandenen Stellen, gelangt man zum **Laborturnover**. "Die Auswertungen der Arbeitsmarktstatistiken durch die OECD zeigen, dass der Jobturnover in den USA anders als in Deutschland mit dem Konjunkturzyklus korreliert ist, dabei verhalten sich die Stellengewinne schwach pro- und die Stellenverluste stark antizyklisch, so dass der amerikanische Jobturnover eine antizyklische Entwicklung aufweist. Dieser Unterschied zwischen den nordamerikanischen und den europäischen Arbeitsmärkten wird insbesondere auf die Wirkung der Kündigungsschutzgesetze in Europa zurückgeführt, die den Beschäftigungszyklus glätten." (T. WAGNER, E. J. JAHN, Neue Arbeitsmarkttheorien, Düsseldorf 1997, S. 50.)

2.3 Beschäftigungspolitische Indikatoren

Die einzelnen Phasen des Konjunkturzyklus lassen sich durch die Veränderungen einer Vielzahl ökonomischer Größen (**Konjunkturindikatoren**) beschreiben, von denen wir im folgenden einige aufzeigen wollen. Sie lassen sich danach klassifizieren, ob sie der konjunkturellen Entwicklung vorauseilen (Frühindikatoren), ob sie eine parallele Entwicklung anzeigen (Präsenzindikatoren) oder ob sie der allgemeinen Entwicklung hinterherhinken (Spätindikatoren). Die Festlegung und Analyse solcher Indikatoren ist Bestandteil der wirtschaftspolitischen Diagnose. Sie haben zu den arbeitsmarktpolitischen Indikatoren oft einen komplementären Charakter. Wenn bereits frühzeitig erkennbar ist, dass es zu Beschäftigungsschwankungen kommt, können auch entsprechende Maßnahmen - sofern sie nach den ordnungspolitischen Vorstellungen überhaupt gewollt sind - eingeleitet werden. Als Beispiele seien genannt:

(a) Das Inlandsprodukt misst den Konjunkturverlauf direkt, d.h. ohne zeitliche Verzögerungen, es stellt einen **Präsensindikator** dar.

(b) Bei den Erwerbspersonen sind die zyklischen Bewegungen nicht sehr stark ausgeprägt. Außerdem reagiert der Arbeitsmarkt mit zeitlicher Verzögerung - es handelt sich um einen so genannten **Spätindikator**. In der Aufschwungphase werden die Unternehmen zunächst versuchen, die verbesserte Auslastung durch mehr Überstunden zu bewältigen. In der Abschwungphase wird es nicht sofort zu Entlassungen kommen, weil zunächst abgewartet wird, ob sie von Dauer ist. Jede entlassene Arbeitskraft kostet Geld, aber auch jede neu eingestellte Kraft verursacht über den Lohn hinaus zusätzliche Kosten der Einarbeitung.

(c) Die Auftragsbestände bzw. die Reichweite der Auftragsbestände (Zahl der Monate, für die Aufträge vorhanden sind) gelten als typische **Frühindikatoren**. Sie geben an, wie die Beschäftigungssituation in den nächsten Monaten/Jahren sein wird. Zu den Frühindikatoren rechnen auch Indizes, die das so genannte **Geschäftsklima** beschreiben (Beispiele: Geschäftsklima-Index des IFO-INSTITUTS FÜR WIRTSCHAFTSFORSCHUNG, Handelsblatt-Index). Dabei wird ermittelt, wie die Unternehmen die gegenwärtige Geschäftslage beurteilen, welche Investitionsentscheidungen geplant sind und welche Erwartungen sie für die nächsten Monate haben. Daraus lassen sich Schlussfolgerungen für die kurzfristige Entwicklung der Beschäftigung ableiten.

Die **Preisentwicklung** spiegelt den Konjunkturzyklus und die Beschäftigung weniger deutlich wider. Sie hängt von einer Reihe von Faktoren ab, von denen die in der Volkswirtschaft vorherrschende Marktform von besonderer Bedeutung ist. Bei oligopolistischen und monopolistischen Verhaltensweisen sind Preisreaktionen mit einer gewissen zeitlichen Verzögerung zu erwarten. Ist die Volkswirtschaft dagegen durch polypolistische Konkurrenz gekennzeichnet, dürften sich preisliche Anpassungen eher parallel zum Konjunkturverlauf einstellen. Die Entwicklung des Preisniveaus hängt zudem maßgeblich von der Geldpolitik, der Finanz- und Schuldenpolitik und der Tarifvertragspolitik ab.

In diesem Zusammenhang wollen wir auf ein früher beobachtetes Phänomen hinweisen: die so genannte **Stagflation**. Sie beschreibt eine gesamtwirtschaftliche Entwicklung, in der es gleichzeitig allgemeine Preissteigerungen (Inflation) und einen Rückgang des Bruttoinlandsproduktes (Stagnation) gibt. Dies lässt sich u.a. durch das **mark-up-pricing** der Unternehmen erklären, ein Kalkulationsverfahren, bei dem oligopolistische Anbieter einen konstanten prozentualen Aufschlag auf die Stückkosten (Durchschnittskosten) legen. Bei einer linearen Kostenfunktion sind die Stückkosten an der Kapazitätsgrenze am geringsten. Sinkt die Kapazitätsauslastung infolge allgemeinen Nachfragemangels (Stagnation), müssen wegen des Kalkulationsverfahrens die Preise steigen. Hinzu kommt, dass in der beginnenden Abschwungphase Lohnerhöhungen wirksam werden, die die Gewerkschaften in der Boomphase - nachhinkend zur Gewinnentwicklung - durchsetzen konnten (**Lohn-lag**).

Seit langem versucht man, Indikatoren zu finden, die der **Vorhersage** der zukünftigen Beschäftigungsentwicklung dienen, allerdings ohne signifikanten Erfolg. Prognostische Aussagen werden nicht nur durch binnenwirtschaftliche Entwicklungen (Struktur- und Wertewandel) und wirtschaftspolitische Unsicherheiten, sondern auch durch die weltweite Marktöffnung und das globale Zusammenwachsen der Märkte erschwert.

3. Theoretische Fundierung

3.1 Funktionsweise des Arbeitsmarktes im neoklassischen Modell

Wir wollen zunächst das Geschehen auf dem Arbeitsmarkt allgemein analysieren und setzen dabei einen vollkommenen Arbeitsmarkt voraus. Die Geldlöhne seien vollkommen flexibel. Unternehmen fragen Arbeitsleistung nach, wenn es sich für sie lohnt. Dazu werden die zusätzlichen Kosten (Grenzkosten) einer Neueinstellung mit dem daraus resultierenden zusätzlichen Umsatz (Grenzumsatz) verglichen. Sieht man zur Vereinfachung von Kapitalkosten ab, werden die Unternehmen den Arbeitseinsatz solange erhöhen, wie der Wert des Grenzprodukts (Grenzumsatz) des zusätzlichen Arbeitnehmers größer ist als der Nominallohn (die Grenzkosten einer zusätzlichen Arbeitseinheit). Das Gewinnmaximum ist erreicht, wenn der Wert des Grenzprodukts der Arbeit dem Nominallohn gleich ist. Die Arbeitsnachfrage hängt demnach von folgenden Größen ab:

- dem Grenzprodukt
- dem Preis des Produkts P
- und dem Nominallohn bzw. Geldlohn W.

Das Verhältnis von Nominallohn zum Güterpreis wird als **Reallohn** bezeichnet (vgl. Abschnitt 2.1). Er gibt als so genannter **relativer Preis** das Tauschverhältnis zwischen Arbeit und neuproduzierten Gütern an. Bei Einstellungen kommt es mithin auf den Vergleich zwischen Reallohn und Grenzprodukt an.

Üblicherweise wird die **Nachfrage nach Arbeitsleistungen** als vom Reallohn abhängig angesehen. Da nach dem Gesetz vom abnehmenden Ertragszuwachs (der wird Kapitaleinsatz als konstant angenommen) das Grenzprodukt der Arbeit mit steigendem Arbeitseinsatz abnimmt, wird nur ein fallender Reallohn die Einstellung weiterer Arbeiter lohnend machen. Umgekehrt kann man sehen, dass mit steigendem Reallohn die nachgefragte Menge an Arbeitsleistung sinkt: Es werden immer weniger Arbeiter ein Grenzprodukt erstellen, das dem Reallohn entspricht (Abb. 7.1).

Auch das **Arbeitsangebot** hängt von der relativen Vorteilhaftigkeit des Tausches zwischen Arbeit und neu produzierten Gütern ab. Die angebotene Arbeitsleistung wird in der Regel mit steigendem Reallohn zunehmen. Dies ist in Abb. 7.1 durch den "normalen" Verlauf der Angebotskurve (a) verdeutlicht.

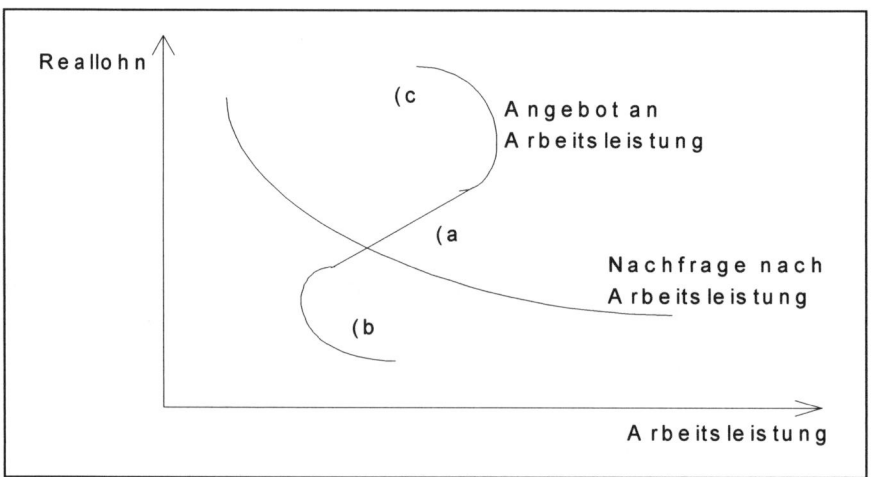

Abb. 7.1: Arbeitsnachfrage und Arbeitsangebotskurve

Man kann sich aber auch ein anderes Verhalten vorstellen. Mit sinkendem Reallohn kann die Notwendigkeit, mehr arbeiten zu müssen, zunehmen (Fall b). Eine Ausdehnung der individuellen Arbeitszeit stößt indes an Grenzen. Die Opportunitätskosten der Arbeitszeit bestehen in dem Verzicht auf Freizeit, die mit immer längerer Arbeitszeit "wertvoller" wird. Daher kann es sein, dass Erwerbstätige, die bereits ein hohes Realeinkommen erzielen, ihre Arbeitszeit (Arbeitsleistung) mit steigendem Reallohn nicht erhöhen, sondern verringern (Fall c).

Wenn nun bei einem gegebenen Reallohnsatz (wg) die geplante Nachfrage nach Arbeitsleistung (AL) und das bei diesem Reallohn geplante Arbeitsangebot gleich sind (ALg), liegt Gleichgewicht auf dem Arbeitsmarkt vor (Abb. 7.2). Es gibt keine unfreiwillige Arbeitslosigkeit. Eine solche Situation wird im theoretischen Sinne als **Vollbeschäftigung** bezeichnet.

Fassen wir noch einmal die Voraussetzungen für diese Modellbetrachtung zusammen:
- vollkommener Arbeitsmarkt mit flexiblem Geldlohnsatz
- abnehmendes Grenzprodukt
- Konstanz des Einsatzes der übrigen Produktionsfaktoren und
- Gleichgewichtsposition des Produktpreises.

In der Realität müssen einige dieser Voraussetzungen kritisch betrachtet werden. Dies wollen wir im nächsten Abschnitt tun.

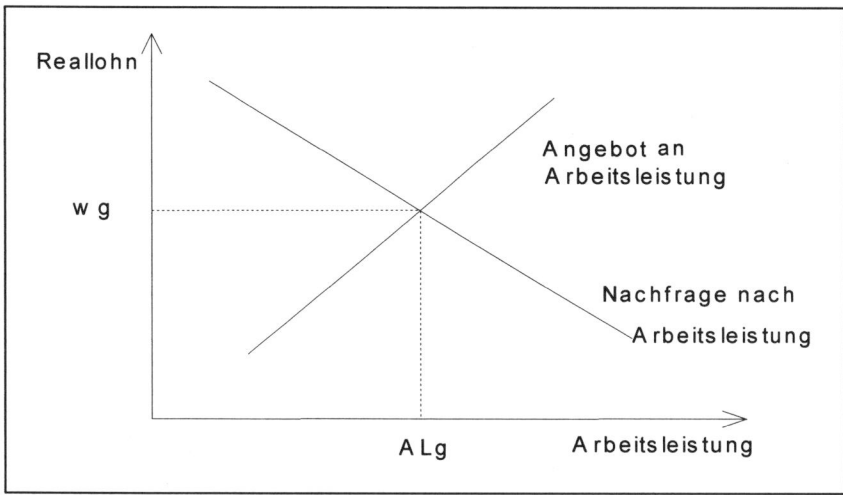

Abb. 7.2: Arbeitsmarktgleichgewicht

3.2 Ursachen für Arbeitslosigkeit

3.2.1 Marktunvollkommenheiten

Auf den einzelnen Arbeitsmärkten wird es nur in seltenen Fällen zu einem Ausgleich von Nachfrage und Angebot an Arbeitsleistung kommen. Worin liegen die Ursachen für Ungleichgewichte?

Ist die Markttransparenz für Arbeitnehmer und Unternehmen unvollkommen, entsteht die **friktionelle Arbeitslosigkeit**. Dazu rechnet die **Sucharbeitslosigkeit** (ein Arbeitnehmer ist aus seinem bisherigen Beschäftigungsverhältnis ausgeschieden, hat aber noch keine neue Stelle gefunden). Unternehmen haben freie Arbeitsplätze wegen des noch nicht beendeten Auswahlverfahrens oder mangels geeigneter Bewerber nicht wieder besetzt.

Von **struktureller Arbeitslosigkeit** spricht man dann, wenn wegen mangelnder Mobilität und Flexibilität Arbeitnehmer und Unternehmen - bei sich ändernder Produktionsstruktur - nicht bereit und/oder in der Lage sind, den Standort bzw. die Arbeitsstätte, den Beruf oder die Branche zu wechseln.

Beide Arten der Arbeitslosigkeit, die sich aus Marktunvollkommenheiten ergeben, werden zusammengefasst auch als **natürliche Arbeitslosigkeit** bezeichnet. Der Begriff „natürliche" Arbeitslosigkeit sollte nicht zu Fehlinterpretationen führen. Im Modell wird von einem Punktmarkt ausgegangen. Damit kann aber die Realität nicht zutreffend abgebildet werden. Besteht in einer Region der Volkswirtschaft Arbeitslosigkeit, während in einer anderen Region Arbeitskräfte gesucht werden, so hängt es von der **Zumutbarkeit** ab, ob ein Wechsel des Berufs oder des Arbeitsorts für die Arbeitslosen in Frage kommt. Die Existenz und die Tragweite solcher Regelungen wird einerseits davon bestimmt, ob es überhaupt eine gesetzliche Arbeitslosenversicherung gibt, andererseits aber auch von gesellschaftlichen Wertvorstellungen, was als zumutbar akzeptiert werden kann. Dies bezieht sich z.B. auf die Entfernung zwischen Wohnort und Arbeitsort (ist ein Umzug für den Arbeitnehmer zumutbar?), aber auch auf die Frage, ob "unterwertige" Tätigkeiten mit einer entsprechend geringeren Bezahlung akzeptiert werden müssen (vgl. § 121 SGB III und Abschnitt 6.4.2.).

Unvollkommenheiten liegen auch in der Marktstruktur, die sich historisch von einem "natürlichen" Nachfragemonopol der Arbeitgeber über das organisierte Angebotsmonopol der Gewerkschaften zu einem **bilateralen Monopol** auf dem Arbeitsmarkt entwickelt hat. Diese Marktform führt dazu, dass das Marktergebnis heute maßgeblich machtpolitisch bestimmt ist. Eine Rolle spielt dabei der **Flächentarifvertrag**, der eine tarifvertragliche Vereinbarung beinhaltet, die für einen gesamten Tarifbezirk gilt. Die Ergebnisse eines pilothaft abgeschlossenen Tarifvertrages werden - oft mit nur geringfügigen Modifikationen - auch für andere Tarifbezirke und Branchen übernommen. Die erforderliche Differenzierung nach Unternehmen, Wirtschaftszweigen und Regionen erfolgt nicht. Dadurch wird keine hinreichende Rücksicht auf unterschiedliche Qualifikationsprofile der Beschäftigten einerseits und die wirtschaftliche Situation von Unternehmen andererseits genommen. Der Mangel an Differenzierung und Flexibilität kann zu Arbeitslosigkeit führen.

Als Ergebnis können wir festhalten, dass der Arbeitsmarkt eine Reihe von Unvollkommenheiten aufweist, die sich z.B. in mangelnder Mobilität der Arbeitskräfte, Informationsdefiziten usw. manifestieren. Hinzu kommen oft noch organisatorische Defizite. Das Diffundieren von einem Teilarbeitsmarkt in einen anderen setzt im Allgemeinen voraus, dass Kenntnisse über freie Stellen vorliegen, dass die Bereitschaft zum Wechsel gegeben ist und dass auch den geforderten Arbeitsplatzprofilen entsprochen werden kann.

Von Seiten der **Segmentationstheorie** wird vorgebracht, dass Teilarbeitsmärkte gegeneinander abgeschottet sind. Wettbewerb findet zwischen ihnen nicht statt. Dies gilt insbesondere für "innerbetriebliche" Arbeitsmärkte, die wir sehr oft in großen Unternehmen finden. Die Belegschaft ist in Stamm- und Randbelegschaft mit ungleichen Arbeitsbedingungen in Bezug auf Beschäftigungssicherheit, Aufstiegschancen usw. segmentiert. Die Unternehmensleitungen möchten mit der "Bevorzugung" der Stammbelegschaft betriebliche Stabilität und Flexibilität erreichen. Die Stammbelegschaft setzt sich aus Mitarbeitern mit langjähriger Betriebszugehörigkeit zusammen. Sie sind intern - z.B. mit Hilfe des Instruments der innerbetrieblichen Stellenausschreibungen - flexibel einsetzbar. Ihre Rekrutierung auf dem externen Arbeitsmarkt wäre dagegen mit hohen Kosten verbunden. Dies gilt jedoch nicht für die Randbelegschaft, die sich auf den unteren Positionen der betrieblichen Arbeitsplatzhierarchie wiederfindet. In Abhängigkeit von der Lage auf dem Absatzmarkt kann beschäftigungspolitische Flexibilität durch Einstellungen, Entlassungen (oft nach der Regel 'last in - first out' [LIFO-Regel]) oder Mehrarbeit (Überstunden) erreicht werden. Solche Arbeitskräfte sind wegen ihrer geringeren Qualifikation relativ leicht auf dem externen Arbeitsmarkt zu finden.

Mit der Segmentationstheorie verwandt ist die **Insider-Outsider-Theorie**. Bei ihr wird davon ausgegangen, dass die seit längerer Zeit beschäftigten Arbeitnehmer (die Stammbelegschaft bzw. die Insider) über hinreichend viel Marktmacht verfügen, um die Lohnhöhe maßgeblich mitzubestimmen. Dabei kommt - gegebenenfalls mit Hilfe der Gewerkschaften - ein Lohn zustande, der über dem Gleichgewicht liegt, so dass es für das Unternehmen nicht lohnend ist, zusätzliche Arbeitskräfte (Outsider) einzustellen, selbst wenn diese bereit wären, zu einem geringeren Lohnsatz zu arbeiten. Vielmehr führen die Unternehmen wegen des Lohndrucks Rationalisierungsinvestitionen durch. Hier wäre unfreiwillige Arbeitslosigkeit der Outsider die Folge. Als Ursache für die "Marktmacht" der Insider können die Kosten für Entlassungen (z.B. im Zusammenhang mit dem Kündigungsschutz) und Einstellungen (Bewerbungsverfahren, Einarbeitungskosten) genannt werden. Es ist auch nicht auszuschließen, dass die Insider die Arbeitsproduktivität in der Unternehmung beeinflussen können: Neueinstellungen können zu einer Verschlechterung des Betriebsklimas wegen der Ablehnung neuer Mitarbeiter führen, während sich die eingespielte gute Kooperation und Teamgeist zwischen den Insidern positiv auf die Produktivität auswirken können.

Das Arbeitsangebot hängt insbesondere auch von **demografischen Entwicklungen** ab. Ist die Wachstumsrate der Bevölkerung relativ hoch, schlägt sich dies in einigen Jahren in einem wachsenden Arbeitsangebot nieder ("Babyboom", geburtenstarke Jahrgänge). Hinzu kommt ein wachsendes Arbeitsangebot für den Fall eines positiven Zuwanderungssaldos (Aussiedler, Asylbewerber usw.). Solche Entwicklungen werden von den Nachfragern nach Arbeitsleistung nicht antizipiert. Die Planung der Größe des Kapitalstocks orientiert sich an der für die Zukunft geplanten Absatzmenge. Sie dürfte mit einer Zunahme der Bevölkerung zwar auch steigen, aber vermutlich zeitversetzt. So kann es zu einem Überschussangebot an Arbeitskräften kommen. Die Geschwindigkeit mit der es abgebaut werden kann, hängt von einer Reihe von Faktoren ab. Dazu können wir u.a. den Grad an Flexibilität arbeitsrechtlicher und tarifvertraglicher Regelungen ebenso rechnen wie die Fähigkeit des Bildungssystems, die neu auf den Arbeitsmarkt kommenden Arbeitskräfte mit Fähigkeiten und Kompetenzen auszustatten, die einen problemlosen Einstieg ermöglichen.

Mit den Ursachen und Wirkungen des im Arbeitskräftepotenzials verkörperten Arbeitsvermögens beschäftigt sich die **Humankapitaltheorie**. Für grundlegende Investitionen in den Produktionsfaktor "Human Capital" zeichnet in Deutschland im Wesentlichen der Staat verantwortlich. Wenn das Bildungssystem starr ist und an neue Anforderungen des Arbeitsmarktes bzw. der Arbeitswelt nicht angepasst werden kann oder wird, lässt sich daraus mittelfristig eine wichtige Ursache für Arbeitslosigkeit ableiten. Es dürfte nicht überraschen, dass dem Produktionsfaktor Arbeit heute ein größerer Stellenwert eingeräumt wird als dem Faktor Kapital. Insbesondere sollte das Bildungssystem in der Lage sein, die von der Wirtschaft zunehmend geforderten **Schlüsselqualifikationen** (soziale Kompetenz, Teamfähigkeit usw.) zu vermitteln.

Die Analyse der längerfristigen Entwicklung der Arbeitslosenquote zeigt, dass es bis Mitte der 60er Jahre sehr niedrige Werte gegeben hat, während sie insbesondere nach den beiden Ölpreisschocks (1974 und 1979) in zwei Sprüngen erheblich anstieg. Mit dem durch die Wiedervereinigung ausgelösten konjunkturellen Impuls sank sie ab, um mit der Ende 1992 einsetzenden Rezession erneut zuzunehmen. Zu Recht spricht man heute von **Massenarbeitslosigkeit**. Einen bemerkenswerten Erklärungsansatz für die anhaltende (persistente) hohe Arbeitslosigkeit liefert die **Hysteresis-Hypothese**. Hysteretische Systeme sind pfadabhängig, d.h., auch Ereignisse, die historisch weiter zurückliegen, üben noch heute einen Einfluss aus (Trägheitsmoment). Die Arbeitslosenquote von heute ist danach auch von Angebots- und Nachfrageschocks der Vergangenheit abhängig. Davon sind insbesondere die schwer vermittelbaren Arbeitslosen betroffen. Sie weisen eine Reihe vermittlungshemmender Eigenschaften wie z.B. fehlende Schul- oder Berufsausbildung und gesundheitliche Einschränkungen (auch als Folge der Arbeitslosigkeit) auf. Je länger jemand arbeitslos ist, desto geringer wird die Wahrscheinlichkeit, dass ein Beschäftigungsverhältnis gefunden wird. Verstärkt werden solche Einflüsse durch die Tatsache, dass mit der Dauer der Arbeitslosigkeit fachliche und soziale Kompetenzen verloren gehen. Daraus folgt, dass die Bekämpfung dieser Art von Arbeitslosigkeit umso mehr Geld kostet, je länger man damit wartet.

Die Arbeitsmarkttheorie bietet zur Erklärung dieses Phänomens mehrere Hypothesen an.

Die **Bewerberrangordnung**: Erwerbslose bewerben sich auf die von den Unternehmen angebotenen offenen Stellen. Üblicherweise gehen mehrere oder viele Bewerbungen ein, so dass die Personalabteilung eine Rangordnung der Bewerber aufstellt. Sofern eines der Auswahlkriterien die Dauer der Arbeitslosigkeit ist - in der Praxis durchaus üblich -, wird einsichtig, dass Langzeitarbeitslose mit ihrer Bewerbung keine Chance haben, wenn die Unternehmen nach der LOFI-Regel verfahren, d.h. dass Arbeitslose bevorzugt eingestellt werden (first in), wenn sie gegenüber Mitbewerbern nur eine kurze Arbeitslosendauer (last out) aufweisen. Eine Überprüfung aller wichtigen Fähigkeiten und Kompetenzen der Bewerber erfolgt - auch wegen fehlender zuverlässiger Informationen - nicht.

Nach der **Insider-Outsider-Theorie** ist von Bedeutung, ob und wenn ja, wie stark die Gewerkschaften die Interessen ihrer arbeitslosen Mitglieder vertreten. Dies hängt davon ab, wie sich die arbeitslos gewordenen Gewerkschaftsmitglieder letztlich verhalten. Bleiben sie in der Gewerkschaft, hoffen sie, durch diese weiterhin vertreten zu werden. Dabei können aber auch Illusionen eine Rolle spielen. Denn Einflussmöglichkeiten in Arbeitskämpfen besitzen sie als Arbeitslose nicht. Daher liegt es nahe anzunehmen, dass mit der Dauer der Arbeitslosigkeit die Gewerkschaftsmitgliedschaft abnimmt, so dass die Gewerkschaften hauptsächlich die Insider vertreten.

Als drittes wird die **Kapitalmangelhypothese** vertreten (vgl. auch Abschnitt 3.2.5). Durch Angebotsschocks (vgl. z.B. die beiden Ölkrisen) werden die nicht mehr voll ausgelasteten Produktionskapazitäten - und damit auch die betriebliche Beschäftigung - abgebaut. Die Arbeitslosigkeit steigt. Nach der Anpassung ist der Kapitalstock wieder normal ausgelastet, die freigesetzten Arbeitskräfte werden nicht mehr benötigt. Die später wieder einsetzende Erweiterung der Produktionsanlagen braucht erstens Zeit (der Leser denke an staatliche Genehmigungsverfahren), und zweitens werden neue Technologien eingesetzt, die arbeitsplatzsparend sind und die höhere Anforderungen an die Beschäftigen stellen. Arbeitslose, insbesondere Langzeitarbeitslose erfüllen diese Anforderungen im Allgemeinen nicht.

Es leuchtet unmittelbar ein, dass sich diese Ursachen auch gegenseitig verstärken können und zur Zementierung der Langzeitarbeitslosigkeit beitragen.

3.2.2 Der Matching-Prozess

Arbeitsmärkte weisen ein bemerkenswertes Charakteristikum auf: Sie sind **Suchmärkte**. Unternehmen suchen nach qualifizierten Beschäftigten, Bewerber nach für sie geeigneten Arbeitsplätzen. Wichtig ist dabei die **Heterogenität** sowohl auf Seiten der Bewerber wie auch bei den Arbeitsplatzanbietern. Sie zeigt sich in einer Vielzahl von Merkmalen: fachliche Fähigkeiten und soziale Kompetenzen, Arbeitszeiten, Betriebsklima und Führungsstile, der geografischen Verteilung von Stellen und Arbeitsanbietern. Hier wird der maßgebliche Unterschied zwischen der neoklassischen und Suchtheorien deutlich: Erstere setzen vollständige Information über alle relevanten Daten voraus, während die anderen von Ungewissheit ausgehen. Nur mit eingeschränkter Wahrscheinlichkeit wird ein geeigneter Arbeitsplatz gefunden bzw. eine freie Stelle besetzt werden. "Die Matching-Technologie ist kein Koordinationsmechanismus im hergebrachten Sinn. Der Suchprozess wird so modelliert, wie ihn viele Jobsucher und Anbieter von Vakanzen erleben, als Zufallsprozess. Suchkosten wirken wie eine Barriere zwischen den Insidern eines erfolgreichen Match - dem glücklichen Bewerber und dem nicht minder glücklichen Stellenanbieter - und den Outsidern, die ebenso zufällig wie die anderen, aufeinander getroffen sind, aber keine Stelle gefunden oder keinen passenden Bewerber gewonnen haben. Die Insider eines erfolgreichen Match bilden ein bilaterales Monopol und verhandeln, von keiner Konkurrenz gestört, über die Aufteilung der Transaktionsrente. Der Lohn ist in dieser Theorie nicht mehr als ein Instrument zur Verteilung der Rente." (T. WAGNER, E.J. JAHN, Neue Arbeitsmarkttheorien, a.a.O., S. 64.) Der Matching-Prozess führt Jobsucher und Stellenanbieter zusammen. Dabei bezeichnet man die Gesamtheit aller involvierten Organisationen und den Prozess der Zusammenführung von Stellensuchern und -anbietern als **Matching-Technologie**. Das Aufeinandertreffen der beiden Parteien kann über sehr verschiedene Kanäle erfolgen (Zeitungsinserate, Arbeitsverwaltung, interne Stellenausschreibungen, Hinweise von Mitarbeitern usw.). Sofern ein Match erfolgreich war, ist es weder für den Stellenanbieter (er müsste den Suchprozess erneut beginnen, was mit weiteren Kosten verbunden ist) noch für den Bewerber (er hätte mit längerer Arbeitslosigkeit und Einkommensverzicht zu rechnen) vorteilhaft, das Match wieder zu verlassen.

3.2.3 Mindestlohnregelungen

Wir haben die Höhe des Reallohns als wichtiges Entscheidungskriterium für Nachfrager und Anbieter von Arbeitsleistungen beschrieben. In den Reallohn geht als wichtige Komponente der Geldlohnsatz ein, der in Deutschland wie auch in Belgien und Griechenland in Tarifvertragsverhandlungen festgelegt wird. Dabei ist es üblich, dass die Tarifvertragsparteien einen **Mindestlohn** vereinbaren. In Frankreich, den Niederlanden, Portugal und Spanien wird er von der Regierung festgelegt wird. Er soll verhindern, dass die Arbeitsentgelte unter ein gesellschaftlich akzeptables Niveau fallen. Kommt dadurch ein Reallohn zustande, der über dem Gleichgewichtsreallohn liegt, entsteht Arbeitslosigkeit. Von ihr werden vor allem wenig qualifizierte und wenig produktive Arbeitnehmer betroffen sein. Faktisch und rechtlich sind auch die **Lohnnebenkosten** Bestandteil der Arbeitnehmervergütungen, so dass auch durch ihre Höhe die "Mindestlöhne" mitbestimmt werden.

3.2.4 Abhängigkeit des Arbeitsmarktes vom Gütermarkt

Auf dem Arbeitsmarkt wird lediglich der Nominallohn bestimmt, wobei es für unsere weiteren Überlegungen gleichgültig ist, ob dies durch individuellen Arbeitsvertrag oder durch tarifvertragliche Regelungen erfolgt. Wie sich das Preisniveau entwickelt, hängt von den Angebots- und Nachfragekonstellationen auf den Gütermärkten ab. Daher ist es denkbar, dass der Lohnmechanismus nicht zum Arbeitsmarktgleichgewicht führt. Die Arbeitnehmer bzw. Gewerkschaften können auf eine Senkung des Reallohns nur indirekt Einfluss nehmen, indem sie - bei gegebenem Preisniveau - Nominallohnsenkungen akzeptieren oder Lohnsteigerungen zustimmen, die unterhalb der Steigerungsrate des Preisniveaus liegen. Der Leser möge selbst beurteilen, wie wahrscheinlich ein solches Verhalten ist, insbesondere unter Berücksichtigung der Erwartungen, die Gewerkschaftsmitglieder bei Lohntarifverhandlungen in ihre Funktionäre setzen. Kann die Güterproduktion z.B. nicht wie geplant verkauft werden, so werden auch weniger Arbeitskräfte eingestellt; und weil Produktion und Beschäftigung kleiner sind, wird auch weniger an Gütern nachgefragt als geplant. Es gibt dann einerseits Arbeitnehmer, die mehr arbeiten und mehr Güter kaufen würden, und andererseits Unternehmer, die mehr produzieren und mehr Arbeiter beschäftigen würden. Aber die eine Seite kann dies nicht tun, ohne dass die andere Seite gleichzeitig tätig wird.

In solchen Fällen existiert Arbeitslosigkeit, die etwas unpräzise **konjunkturelle Arbeitslosigkeit** genannt wird. Dies ist eine alle Sektoren und Regionen einer Volkswirtschaft grundsätzlich in gleicher Weise treffende Arbeitslosigkeit, die scheinbar durch einen allgemeinen Nachfragerückgang hervorgerufen wird, deren eigentliche Ursache jedoch das Versagen des Preismechanismus ist.

3.2.5 Technischer Fortschritt, Investitionen und Kapitalmangel

Ein wesentlicher Nachteil des neoklassischen Theorieansatzes ist, dass der Faktor Kapital als konstant angenommen wird. Typisches Erscheinungsbild heutiger Industriegesellschaften ist dagegen ein zunehmender Kapitaleinsatz und technischer Fortschritt. Die Arbeitsnachfragekurve verschiebt sich nach rechts. Dies bedeutet, dass die durchschnittliche Arbeitsproduktivität mit steigendem Kapitaleinsatz und technischem Wissen zunimmt und damit ein höherer Reallohn ermöglicht wird. Steigende Lohnkosten und Lohnnebenkosten können durch entsprechende Dispositionen beim Faktor Kapital aufgefangen werden. In solchen Fällen spricht man oft von **Rationalisierungsinvestitionen**. Ersatzinvestitionen haben im Allgemeinen weder arbeitsplatzschaffende noch -vernichtende Wirkungen. Die Schaffung neuer Arbeitsplätze wird dagegen von **Erweiterungsinvestitionen** erwartet. Die Menge der durch sie neugeschaffenen Arbeitsplätze hängt insbesondere von der Innovationsfähigkeit und -bereitschaft in der Volkswirtschaft ab. Wir können davon ausgehen, dass gute oder verbesserte Rahmenbedingungen sich in verstärkter Investitionstätigkeit und damit auch der Schaffung von Arbeitsplätzen niederschlagen werden (vgl. Kapitel 2). Dies bedeutet indes nicht, dass auch jede wenig oder nicht qualifizierte Arbeitskraft die Chance auf einen Arbeitsplatz erhält.

Anders liegt der Fall, wenn das Angebot an Arbeitsplätzen hinter der Nachfrage nach Arbeitsplätzen zurückbleibt, weil die Kapitalbildung durch Sparen und Investitionen nicht ausreicht, neue Arbeitsplätze entsprechend dem Wachstum des Erwerbspersonenpotenzials und/oder der Freisetzung durch technischen Fortschritt zu schaffen. Man spricht dann von **Kapitalmangelarbeitslosigkeit.**

3.3 Konjunkturtheorien

Wir wollen nicht alle **Konjunkturtheorien** darstellen, sondern erörtern, welche Typen von Erklärungen es gibt. Dabei steht die Frage nach der wirtschaftspolitischen Beeinflussbarkeit unter arbeitsmarkt- und beschäftigungspolitischem Blickwinkel im Vordergrund. Eine erste wichtige Unterscheidung ist die in exogene und endogene Ursachen.

3.3.1 Exogene Konjunkturtheorien

Bei **exogenen** Ursachen werden Störungen des gesamtwirtschaftlichen Ablaufs durch Faktoren beeinflusst, die weder vorhersehbar noch direkt beeinflussbar sind. In diesen Fällen ist die Wirtschaftspolitik bis zum Eintritt der Störung zu Passivität verurteilt, die Diagnose und Reaktionen auf exogen verursachte Beschäftigungsschwankungen können erst später beginnen.

Wir wollen exemplarisch nur einige solcher exogenen Ursachen nennen, die außerökonomisch sind. Ein erstes Beispiel ist die **Sonnenfleckentheorie**: Aufgrund kosmischer Konstellationen können Sonnenflecken oder sonstige Naturkatastrophen Missernten in der Landwirtschaft hervorrufen. Sofern der Anteil der landwirtschaftlichen Produktion an der gesamtwirtschaftlichen Wertschöpfung hinreichend groß ist, können davon Schwankungen der gesamtwirtschaftlichen Aggregate bewirkt werden. Auf erratischen, unkorrelierten Schocks bauen auch die modernen **stochastischen Konjunkturtheorien** auf. Zu dieser Gruppe gehören weiterhin Erklärungsmuster wie z.B. der politische Wahlzyklus.

Aber auch exogene **ökonomische Schocks** können Konjunkturschwankungen hervorrufen. Der Leser denke z.B. an die beiden Ölkrisen zu Anfang der 70er und 80er Jahre, als die im OPEC-Kartell zusammengeschlossenen erdölexportierenden Staaten durch massive Preisanhebungen Schocks ausgelöst haben. Als Folge konnte in vielen Volkswirtschaften das Wechselspiel zwischen Konjunkturbewegungen und der Anpassungsflexibilität des Marktsystems beobachtet werden. Volkswirtschaften mit hoher Anpassungsflexibilität vermochten innerhalb weniger Monate die externen Störungen zu absorbieren. Schließlich wollen wir noch die **Lokomotiventheorie** erwähnen, nach der sich bei weitgehendem Freihandel Konjunkturbewegungen großer Volkswirtschaften recht ungestört auf kleinere Wirtschaftsgesellschaften übertragen können (vgl. dazu Kapitel 8, Abschnitt 3.1.1).

3.3.2 Endogene Konjunkturtheorien

Endogene ökonomische Konjunkturtheorien gehen davon aus, dass Schwankungen der gesamtwirtschaftlichen Aktivität aus dem Marktprozess selbst heraus erklärt werden können. Dabei sind Theorien, die sich auf eine Ursache beschränken, den Konjunkturverlauf also **monokausal** erklären wollen, von jenen zu unterscheiden, die **multikausal**, also über einen Ursachenkomplex zu erklären versuchen.

Im Vordergrund ökonomischer Analysen steht das **Investitionsverhalten**. Bei **Überinvestitionstheorien** werden konjunkturelle Schwankungen aus der übermäßigen Expansion des Investitionsgütersektors im Konjunkturaufschwung erklärt. Die **monetären** Erklärungsversuche gehen davon aus, dass sich in der Volkswirtschaft längerfristig der so genannte natürliche Zinssatz einstellt, bei dem das bestehende Sachkapital vollständig durch die Gesamtnachfrage ausgelastet wird. Für den Fall, dass der Zinssatz - aus welchen Gründen auch immer - sinkt, nehmen die Unternehmen neue Kredite zwecks zusätzlicher Investitionsgüternachfrage auf. Der Aufschwung beginnt. Indes wird der Zinssatz infolge der erhöhten Kreditnachfrage tendenziell steigen, so dass die Investitionsgüternachfrage wieder zu sinken beginnt. Die **nicht-monetären** Überinvestitionstheorien versuchen, den Aufschwung über Innovationszyklen[4] oder neue institutionelle Rahmenbedingungen wie arbeitsrechtliche, außenhandelspolitische oder umweltrechtliche Vorschriften zu erklären. Bei neuen Investitionen ergeben sich gute Gewinnmöglichkeiten, wodurch sich der Investitionsgüterbereich überproportional ausweitet. Allerdings beginnen damit die Gewinne zu fallen, der Abschwung beginnt.

Die **Einkommensverteilung** wird im Rahmen der so genannten **Unterkonsumtionstheorien** als Erklärung herangezogen. Wenn die Löhne langsamer steigen als die Gewinne und die Sparquote der Gewinneinkommensbezieher über der der Lohneinkommensbezieher liegt, kann es zu einer disproportionalen Entwicklung der Konsumgüter- und Investitionsgüterindustrie kommen. Wählen wir als Ausgangspunkt Preissteigerungen bei bestimmten Produktionsfaktoren. In Abhängigkeit von der Wettbewerbsintensität wird die Weitergabe der Preissteigerungen besser (geringe Wettbewerbsintensität) oder weniger gut (hohe Wettbewerbsintensität) gelingen. Dort, wo die Güterpreise überproportional und/oder die Löhne unterproportional ansteigen, erhöhen sich die Gewinne überproportional. Da im Aufschwung die Löhne wegen des Lohn-Lags oft hinterherhinken, verschiebt sich die Einkommensverteilung zugunsten der Gewinne, was wiederum eine überproportional starke Erhöhung der Investitionen auslöst. Der Abschwung setzt ein, wenn - wegen des Kapazitätseffekts der Investitionen - der Auslastungsgrad in der Konsumgüterindustrie sinkt, da die Einkommen der Lohneinkommensbezieher zu gering sind. Der Prozess führt zu einer Korrektur der Gewinnerwartungen und folglich zu einer Verringerung der Investitionsgüternachfrage. Erkenntnisse der Unterkonsumtionstheorien werden immer wieder bei Tarifvertragsverhandlungen eingebracht: die Gewerkschaften führen das Argument der Kaufkraft infolge höherer Löhne, die Unternehmer dagegen den Kosteneffekt von Lohnsteigerungen ins Feld.

Im Gegensatz zu den Investitionen ändern sich die **Konsumausgaben** im Konjunkturzyklus nicht sehr stark. Man möchte ein einmal erreichtes Konsumniveau aufrechterhalten. Außerdem schwanken die Löhne im Konjunkturzyklus weniger stark als die Gewinne. Im Aufschwung hinken sie im Allgemeinen hinter der Gewinnentwicklung her **(Lohn-Lag)**. Dies liegt im Wesentlichen daran, dass Löhne in kollektiven Tarifverhandlungen für einen längeren Zeitraum (z.B. einem Jahr und mehr) festgelegt werden und dass Gewerkschaften das Ausmaß der im Aufschwung steigenden Gewinne nicht vorhersehen können. Wenn sich

---

[4] Beispielsweise wurde von J.A. SCHUMPETER zwischen der **Invention** (Erfindung, Entdeckung und Entwicklung neuer Güter oder neuer Produktionsprozesse) und der **Innovation** (kommerzielle Verwertung der Erfindungen in den Unternehmen) unterschieden. Während die Inventionen gleichmäßig erfolgen, werden sich Innovationen in zyklischen Schwankungen ausbreiten. Der Grund liegt darin, dass die Menschen von Natur aus konservativ sind und zögern, neue Methoden zu übernehmen, solange sie sich nicht bewährt haben. Einige mutige **Pionierunternehmer** sind hingegen bereit, neue Investitionen zu erproben und der Entwicklung den Weg zu weisen. Hat der Prozess erst einmal begonnen, folgen die anderen Unternehmer nach **(Imitation)**. Es beginnt eine zunehmende Investitionstätigkeit, die über den Multiplikatorprozess bis hin zum Boom führt, der sich dann aber auch infolge des wettbewerblichen Nachstoßens wieder abschwächt.

dann herausstellt, dass die Gewinne stärker gestiegen sind als die Löhne, versuchen die Gewerkschaften in der nächsten Tarifrunde, den Rückstand aufzuholen. Umgekehrt zielt ihre Verhandlungsstrategie im Abschwung darauf ab, ein einmal erreichtes Lohnniveau zu halten (**Sperrklinkeneffekt**). Ist das Niveau der Arbeitslosigkeit bereits hoch, fällt es den Gewerkschaften schwer, Lohnsteigerungen trotz sich erhöhender Gewinne durchzusetzen, weil - auch aufgrund politischer Pression - die Sicherung von Arbeitsplätzen in den Vordergrund der tarifpolitischen Auseinandersetzungen gelangt.

Die Entwicklung der **Gewinne** kann für die Investitionstätigkeit einen Umkehrmechanismus eigener Art begründen. Die Investitionen sind - wie wir wissen - nicht nur von der Höhe des Zinssatzes, sondern auch von den Gewinnen bzw. den Gewinnerwartungen abhängig. Für Schwankungen der Gewinne gibt es mehrere Hypothesen:

(1) Im Aufschwung können die Investitionsgüterpreise stärker steigen als die Konsumgüterpreise, weil viele Unternehmen neue Investitionen durchführen. Die teurer gewordenen Investitionen werden sich erst später - im Zuge der Abschreibungen, also pro rata temporis - in den Konsumgüterpreisen niederschlagen. Folglich werden die Gewinne in der Konsumgüterindustrie dann relativ sinken bzw. weniger stark steigen, so dass die Investitionen in diesem Sektor tendenziell zurückgehen.

(2) Die Zinsen werden - bei neutraler Geldpolitik der Zentralbank - wegen starker Kreditnachfrage im Aufschwung steigen, so dass sich die Finanzierungskosten erhöhen. Wenn sie nicht in höheren Preisen weitergegeben werden können, wirkt sich dies gewinnmindernd aus. Die Folge: ein Rückgang der Investitionsgüternachfrage.

(3) Wenn am Ende der Aufschwungphase Arbeitskräfte (z.B. Facharbeiter) knapp werden, könnte es den Gewerkschaften gelingen, Lohnerhöhungen durchzusetzen. Höhere Lohnkosten bedeuten ceteris paribus abnehmende Gewinne, die wiederum zu einer sinkenden Investitionsbereitschaft führen können.

Aus der Darstellung einiger endogener Konjunkturtheorien ist deutlich geworden, dass auch die dem Marktprozess inhärenten Schwankungen der gesamtwirtschaftlichen Aktivität von der Wirtschaftspolitik nicht ohne weiteres vorhergesehen und beherrscht werden können. Das Ausmaß der dabei entstehenden Arbeitslosigkeit dürfte insbesondere von der Fähigkeit der Märkte abhängen, solche Schwankungen zu absorbieren. Maßgeblich sind einerseits die Stärke der Wettbewerbsintensität, andererseits aber auch die Flexibilität des Marktsystems überhaupt. Von Bedeutung ist weiterhin, inwieweit es den Anbietern von Arbeitsleistungen gelingt, sich an mittelfristig erforderliche Qualifikationsanforderungen der Nachfrager nach Arbeitsleistungen anzupassen.

Keine der Arbeitsmarkt- und Konjunkturtheorien kann für sich allein das Phänomen der Arbeitslosigkeit erklären. Im mikroökonomischen Teil der Arbeitsmarkttheorien wird oft der Kostenaspekt des Faktors Arbeit in den Vordergrund gerückt. Lohnt es sich, Arbeitskräfte einzustellen oder nicht? Eine solche Frage mag für ein Kleinunternehmen leicht beantwortbar sein, weil die Arbeitskosten für den Betriebserfolg eine kalkulierbare und nachvollziehbare Größe darstellen. Dies ist in Großunternehmen anders. Das Grenzprodukt des einzelnen Arbeiters ist nicht ohne weiteres ermittelbar. Daher kann es auch nicht verwundern, dass die Nachfrage nach Arbeitsleistungen anders determiniert wird. Ein Beispiel: Ein Großunternehmen stellt fest, dass im laufenden Geschäftsjahr mit einem hohen Verlust gerechnet werden muss. Das vorrangige Ziel wird sein, so schnell wie möglich wieder in die Gewinnzone zu gelangen. Dafür wird kalkuliert, wie viele Stellen abgebaut werden müssen, um von der Kostenseite her die erforderliche Entlastung zu bringen. Die Folge ist die Entlassung von entsprechend vielen Arbeitnehmern bzw. deren kontinuierliche Freisetzung in den (Vor-)Ruhestand (meist zulasten der Solidargemeinschaft) oder durch die Gewährung von Prämien.

4. Ziele der Arbeitsmarkt- und Beschäftigungspolitik

Die Zielsetzungen der Arbeitsmarkt- und Beschäftigungspolitik ergeben sich aus folgenden Grundüberlegungen:

Arbeit ist - in ethischer Betrachtung - ein wichtiges Mittel zur **Selbstverwirklichung**, sie ist sinngebend. Mit dem durch Arbeit erzielten Einkommen wird die Befriedigung vieler Bedürfnisse - entsprechend der Bedürfnishierarchie - möglich. Arbeit leistet somit einen wichtigen Beitrag zur Erreichung der gesellschaftspolitischen Ziele Freiheit und Sicherheit.

Gesellschaftspolitisch hat ein hoher Beschäftigungsstand eine **systemstabilisierende Funktion**. Man denke nur an Entwicklungen in Regionen, in denen die Arbeitslosenquote besonders hoch ist: Es ist eine brauchbare Hypothese davon auszugehen, dass in solchen Regionen die Kriminalität und die Neigung zu extremem politischen Verhalten besonders groß sind. Durch die Beteiligung am Leistungsprozess kann die materielle Benachteiligung bestimmter Bevölkerungsgruppen vermieden werden. Dies ist verteilungspolitisch von Bedeutung (vgl. Kapitel 6).

Gesamtwirtschaftlich ist mit einer hohen Beschäftigung auch eine entsprechend **hohe Güterversorgung** möglich. Damit wird zum gesellschaftspolitischen Ziel der Wohlfahrt beigetragen. Man kann es auch negativ fassen: Welches sind die Kosten der Arbeitslosigkeit? Zum einen wird auf mögliches Bruttoinlandsprodukt verzichtet, zum anderen belasten die Unterstützungsleistungen die Kassen der Sozialversicherungsträger. Es kommt hinzu, dass durch langanhaltende Arbeitslosigkeit auch Fähigkeiten und Fertigkeiten der Arbeitslosen - oft progressiv - abnehmen. Damit erhöhen sich die volkswirtschaftlichen Kosten in doppelter Weise: Zum einen gehen frühere Investitionen in Humankapital verloren, zum anderen müssen hohe Aufwendungen geleistet werden, um Arbeitslose wieder in den Arbeitsmarkt zu integrieren.

In der Philadelphia Erklärung der INTERNATIONAL LABOUR ORGANIZATION (ILO) von 1944 heißt es, dass Armut, wo immer sie besteht, den Wohlstand aller gefährdet. In der heutigen Debatte über die sozialen Auswirkungen der Globalisierung lohnt es sich, diese Erklärung in die Erinnerung zu rufen. Das Recht aller Menschen auf materielles Wohl und geistige Entwicklung sollte das Hauptziel nationaler und internationaler Wirtschaftspolitik sein. Zentraler Ansatzpunkt dafür ist schlicht und einfach Arbeit.

Angesichts der international persistent hohen Arbeitslosigkeit sollte über einen **neuen Arbeitsbegriff** nachgedacht werden: Unter welchen Bedingungen kann es gelingen, die partielle Umlenkung des gesellschaftlichen Arbeitsvermögens außerhalb von betrieblicher Erwerbsarbeit sinnvoll, sinnstiftend und nützlich zu gestalten. Arbeit ist nicht nur die bezahlte, betrieblich organisierte Erwerbsarbeit. Das gesellschaftliche Arbeits- und Leistungsvermögen ist auch außerhalb der nicht in Betrieben praktizierten Arbeitsstrukturen nützlich, anerkennenswert sowie gesamtwirtschaftlich produktiv und wertschöpfend. Neue Wege zur Bekämpfung der Arbeitslosigkeit müssen sich immer mehr mit Modellen ohne Erwerbsarbeit beschäftigen und die Fragestellung bearbeiten, welche Tätigkeiten die Menschen in ihrer zusätzlich gewonnenen Freizeit ausüben. Auf diese Vision wollten wir hingewiesen haben, auch wenn hier keine praktikablen Konzepte ausgearbeitet werden sollen.

4.1 Zielhierarchie

Ein hoher Beschäftigungsstand trägt unmittelbar zu Sicherheit, Freiheit und Gerechtigkeit in der jeweiligen Wirtschaftsgesellschaft bei. Um zu einem hohen Beschäftigungsniveau zu gelangen, werden in den einzelnen Politikbereichen eigene Ziele verfolgt. Im Sinne der **Angebotspolitik** ist ein Zwischenziel die Verbesserung der Rahmenbedingungen, von der positive Beschäftigungseffekte über mehr Wachstum infolge höherer Investitionsgüternachfrage erwartet werden. Die **Nachfragepolitik** zielt dagegen auf die Steuerung der gesamt wirtschaftlichen Aggregate Konsum, Investitionen und Staatsausgaben ab. Durch die **Tarifvertragspolitik** werden wichtige Rahmenbedingungen für die Nachfrage der Unternehmen nach Arbeitsleistungen festgelegt. Sofern die Tarifvertragsvereinbarungen hinreichend viel Flexibilität aufweisen, können damit der Strukturwandel erleichtert sowie regionale Disparitäten verringert werden. Diesem Ziel dient auch die Verbesserung der wirtschaftspolitischen Koordination auf der Ebene der EUROPÄISCHEN UNION (Abb. 7.3).

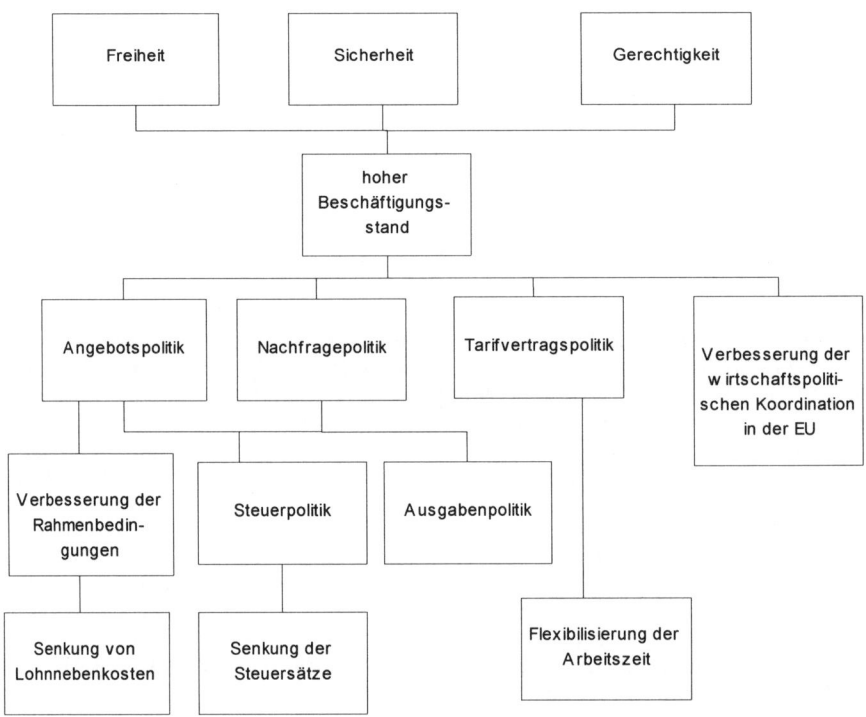

Abb. 7.3: Zielhierarchie der Arbeitsmarkt- und Beschäftigungspolitik (Ausschnitt)

Die Ziele der Arbeitsmarkt- und Beschäftigungspolitik lassen sich ohne Schwierigkeiten **operationalisieren**. Beispielsweise kann das Ziel verfolgt werden, die derzeitige Arbeitslosenquote von x% auf y% binnen eines Zeitraums von 2 Jahren zu senken. Oder man will z neue Arbeitsplätze in einem Jahr schaffen. Ein anderes Ziel liegt vor, wenn eine Stadt oder ein Kreis alle Arbeitslosen bis zu einem Alter von 25 Jahren binnen eines Zeitraums von 1 Jahr in ein Ausbildungsverhältnis oder in eine Fortbildungsmaßnahme bringen möchte.

4.2 Zielkonflikte

Auf der Makroebene ist auf den "klassischen" Zielkonflikt zwischen Vollbeschäftigung und Preisniveaustabilität hinzuweisen (vgl. dazu Kapitel 1, Abschnitt 2.2.1.2).Ein wichtiger Zielkonflikt ist auf der Ebene der wirtschaftstheoretischen Begründung für Arbeitsmarkt- und Beschäftigungspolitik auszumachen. Entsprechend neoliberaler Vorstellungen sollte der Staat hier möglichst nicht tätig werden, weil der Markt von selbst zu Lösungen findet. Wenn dem institutionell-rechtliche Regelungen wie die Tarifautonomie und daraus resultierende Mindestlohnvereinbarungen entgegenstehen, die durchaus ihren sozialpolitischen Sinn haben können, werden von Vertretern neoliberaler Positionen keine Alternativen aufgezeigt, sondern die Tarifautonomie selbst in Frage gestellt. Im Rahmen keynesianischer Konzeptionen bestünde dagegen die Möglichkeit, durch nachfrageorientierte Programme zu einer Verringerung von Beschäftigungslosigkeit beizutragen.

Im Rahmen der Tarifvertragspolitik sind weitere Zielkonflikte evident. In der Vergangenheit haben die Gewerkschaften die so genannten **Flächentarifverträge** bevorzugt. In einem Tarifbezirk mit guter Beschäftigungslage und hoher Produktivität wurden Lohnabschlüsse getätigt, die dann für andere Bezirke übernommen wurden. Damit kann der für eine hohe Beschäftigung wegen starker regionaler und branchenmäßiger Unterschiede erforderlichen Differenzierung jedoch nicht Rechnung getragen werden.[5] Es kommt hinzu, dass Gewerkschaften und Arbeitgeberverbände Tarifverträge für ihre Mitglieder abschließen. Wenn sie zu hoch (Unternehmen) bzw. zu niedrig (Arbeitnehmer) ausfallen, die Abschlüsse folglich nicht auf die Zustimmung der Mitglieder stoßen, kann es zu Mitgliederschwund kommen.

Die Senkung von **Lohnnebenkosten** kann die Beschäftigungssituation verbessern. Sie kann aber auch dazu führen, dass die Unternehmen nur ihre Gewinnsituation verbessern. Konflikte resultieren dann aus einer Schwächung der jeweiligen Säulen der sozialen Sicherung. Sofern der Staat zu aktiver Arbeitsmarktpolitik bereit ist und trotz Budgetrestriktion Mittel bereitstellt, ist zu entscheiden, für welche Gruppe von Arbeitslosen Maßnahmen ergriffen werden sollen. Ist die Bekämpfung der Jugendarbeitslosigkeit vorrangig vor der Reintegration älterer Arbeitnehmer in den ersten Arbeitsmarkt?

5. Träger der Arbeitsmarkt- und Beschäftigungspolitik

5.1 Die staatlichen Träger

5.1.1 Bund, Länder und Gemeinden

Der BUNDESMINISTER FÜR WIRTSCHAFT UND ARBEIT ist in der Gestaltung der Arbeitsmarktpolitik federführend. Dagegen hat im Rahmen der Beschäftigungspolitik auch der BUNDESMINISTER DER FINANZEN Kompetenzen als staatlicher Träger dieses Politikbereichs. Für die Länder und Stadtstaaten gelten nach deren Rechtsgrundlagen (Geschäftsverteilungspläne) ähnliche Kompetenzzuordnungen.

Auch auf kommunaler Ebene kann lokale Arbeitsmarktpolitik betrieben werden. Hier ist es möglich, mit den Unternehmen in einen direkten Dialog zu treten und - über moral suasion - zur Einstellung von Arbeitslosen zu gelangen. Die Bedeutung der Kommunen und Städte für die Arbeitsmarktpolitik sollte nicht unterschätzt werden. Auf der einen Seite haben sie mittel- bis langfristig die negativen Folgen von Arbeitslosigkeit aufzufangen.[6] Auf der anderen Seite sind sie auf gewinnstarke Unternehmen - wegen der zu erwartenden Steuereinnahmen - angewiesen.

---

[5] C. WEY, Flexibilisierung gegen Innovation, WBZ-Mitteilungen, H. 102, Dezember 2003, weist darauf hin, dass das Flächentarifsystem (FTS) durchaus innovationsfördernd sein kann. „Die Bindung auf einen einheitlichen Tariflohn schützt die Investitionsanreize der Unternehmen. Erfolgreiche Unternehmen, die ihre Wettbewerbsfähigkeit steigern, werden im FTS gegen übermäßige Lohnforderungen geschützt, weil der Flächentarifvertrag eine Art Durchschnittslohn sowohl für erfolgreiche als auch weniger erfolgreiche Unternehmen setzt. ... Je stärker.. die Arbeitnehmer.. durch Lohnanpassungen an Produktivitätsfortschritten beteiligt werden, desto weniger schlagen sich Produktivitätsfortschritte in einer erhöhten Wettbewerbsfähigkeit nieder. Dementsprechend sinken ... die Anreize .., solche Produktivitätsfortschritte durch Investitionen zu erzielen " (S. 41).

[6] Die Gewährung von Sozialhilfe ist Sache der Gemeinden und Städte. Ab 2005 werden Sozialhilfe für Erwerbsfähige und Arbeitslosenhilfe zum Arbeitslosengeld II zusammengefasst, wobei für die Gemeinden weiterhin die Kosten für Miete, Heizung und Sozialversicherungsbeiträge anfallen.

5.1.2 Die Bundesagentur für Arbeit

Die **Arbeitslosenversicherung** (ALV) wurde erst 1927 als selbständiger Zweig der GESETZLICHEN SOZIALVERSICHERUNG geschaffen. Sie war darauf ausgerichtet, das Risiko der Arbeitslosigkeit - den Verlust des Arbeitsplatzes - abzudecken. Heute obliegt der Arbeitsverwaltung der gesamte Bereich der Arbeitsförderung, in den die ALV eingebettet ist. Träger ist die BUNDESAGENTUR FÜR ARBEIT als rechtsfähige bundesunmittelbare Körperschaft des öffentlichen Rechts mit Selbstverwaltung. Ihre Selbstverwaltungsorgane sind drittelparitätisch aus berufenen Vertretern der Arbeitnehmer, der Arbeitgeber und der öffentlichen Körperschaften zusammengesetzt. Sie ist der Aufsicht des BUNDESMINISTERS FÜR WIRTSCHAFT UND ARBEIT unterstellt. An der Spitze der BUNDESAGENTUR FÜR ARBEIT steht der hauptamtliche Vorstand und als Organ der Selbstverwaltung der Verwaltungsrat. Er überwacht den Vorstand und die Verwaltung. Zugleich beschließt er als „Legislativorgan" die Satzung und erlässt Anordnungen nach Teil III des SOZIALGESETZBUCHES (SGB) als wichtigster **Rechtsgrundlage** für die Arbeitsmarktpolitik..

Zu den zwischenzeitlich stark ausgeweiteten **Aufgabenbereichen** der BUNDESAGENTUR FÜR ARBEIT gehören u.a.:

–   Sicherstellung des Lebensunterhalts durch Zahlung von Lohnersatzleistungen bei Arbeitslosigkeit (Arbeitslosengeld, Arbeitslosenhilfe, Wintergeld), bei Zahlungsunfähigkeit des Arbeitgebers (Insolvenzgeld) und Kurzarbeit (Kurzarbeitergeld).
–   Förderung der Arbeitsaufnahme durch Lohnkostenzuschüsse an Arbeitgeber und Mobilitätshilfen an Arbeitnehmer (z.B. Bewerbungskosten, Reisekosten, Umzugskosten, Arbeitsausrüstung) sowie Förderung von Arbeitsbeschaffungsmaßnahmen (Lohnkostenzuschüsse für zusätzliche Arbeiten im öffentlichen Interesse) und Förderung der ganzjährigen Beschäftigung in der Bauwirtschaft.
–   Förderung der beruflichen Bildung sowie Arbeits- und Berufsförderung Behinderter (berufliche Rehabilitation).
–   Arbeitgeberberatung
–   Arbeits- und Berufsberatung sowie Arbeits- und Ausbildungsstellenvermittlung.
–   Erstellung von Statistiken, Arbeitsmarkt- und Berufsforschung, Bekämpfung von Leistungsmissbrauch und illegaler Beschäftigung
–   Förderung der Chancengleichheit von Frauen und Männern
–   Zahlung des Kindergeldes usw.

Die ALV ist ausschließlich eine Pflichtversicherung für alle Arbeiter und Angestellten. Selbständige, Beamte und Arbeitnehmer, die das 65. Lebensjahr vollendet haben, gehören nicht zum Versichertenkreis. Beitragsfreiheit besteht auch für Arbeitnehmer, die einer geringfügigen Beschäftigung nachgehen, denen eine Erwerbsunfähigkeitsrente zuerkannt ist oder die während der Schul- oder Hochschulausbildung beschäftigt sind.

5.2 Die privaten Träger: Gewerkschaften und Arbeitgeberverbände

In der Bundesrepublik sind es vor allem die **Tarifvertragsparteien**, die als Träger wichtiger Teile der Arbeitsmarktpolitik bezeichnet werden können. Sie sind nach Art. 9 GG autonom. Nähere Bestimmungen sind im TARIFVERTRAGSGESETZ festgelegt.

Art. 9 Abs. 3 GG: "Das Recht, zur Wahrung und Förderung der Arbeits- und Wirtschaftsbedingungen Vereinigungen zu bilden, ist für jedermann und für alle Berufe gewährleistet. Abreden, die dieses Recht einschränken oder zu behindern suchen, sind nichtig, hierauf gerichtete Maßnahmen sind rechtswidrig.

Letztlich besteht auf dem Arbeitsmarkt ein bilaterales Monopol. Die Unternehmensverbände verhandeln im Namen der Mitgliedsunternehmen, die Gewerkschaften für ihre Mitglieder. Die Tarifverhandlungen schließen zwei Bereiche ein: Die Rahmentarifverträge und die Vergütungs- bzw. Lohn- und Gehaltstarifverträge (vgl. Kapitel 6, Abschnitt 6.2.1).

In den **Rahmen- bzw. Manteltarifverträgen** werden folgende Aspekte festgelegt: allgemeine Arbeitsbedingungen wie Einstellung und Kündigung, Arbeitszeit, Überstunden, Urlaub, Akkordbedingungen, Lohn- und Gehaltsgruppen, Arbeits- und Leistungsbewertung, Entgeltfortzahlung im Krankheitsfall, vermögenswirksame Leistungen usw. Sie haben eine mehrjährige Laufzeit.

Bei den **Lohntarifverträgen** geht es im Wesentlichen um die Festlegung der Entlohnung. Dabei werden in den Tarifvertragsverhandlungen die so genannten Ecklöhne (eine Lohngruppe dient als Referenzgröße) ausgehandelt, die dann als Richtschnur für die Lohnerhöhungen in allen anderen Tarifgruppen dienen. Außerdem werden die Ausbildungsvergütungen vereinbart. Die Laufzeit beträgt meistens ein Jahr, sie kann aber auch davon abweichen.

Daneben kann es **Sondertarifverträge** geben, in denen Fragen der Beschäftigungssicherung, Vorruhestandsregelungen, des Rationalisierungs- und Kündigungsschutzes, der betrieblichen Altersversorgung und der Arbeitszeitflexibilisierung geklärt werden. Tarifvertragsbestimmungen sind geltendes Recht und stellen Mindestnormen dar, die in Einzelarbeitsverträgen nur zugunsten der Arbeitnehmer verändert werden dürfen. Sofern der effektive Lohn höher als die tarifliche Vereinbarung ist, stellt die Differenz die so genannte **Lohndrift** dar. Zum Teil enthalten Tarifverträge **Öffnungsklauseln**, die es gestatten, bestimmte Rahmenbestimmungen durch Betriebsvereinbarungen anders zu regeln.

5.3 Koordination zwischen staatlichen und privaten Trägern

Der wichtige Bereich der Arbeitsmarkt- und Beschäftigungspolitik verlangt nach einer Abstimmung zwischen den nach dem GRUNDGESETZ für wichtige Teile der Einkommenspolitik zuständigen Tarifvertragsparteien und dem Staat. Es hat immer wieder Versuche von Seiten des Staates gegeben, durch Empfehlungen, Dialog oder politischen Druck auf die Lohnfindung Einfluss zu nehmen.

Eine erste gesetzliche Verpflichtung zur Koordination zwischen den staatlichen und den privaten Trägern der Arbeitsmarkt- und Beschäftigungspolitik findet sich im STABILITÄTSGESETZ: In § 3 ist die **Konzertierte Aktion** verankert, in der die Arbeitnehmervertretungen und die Arbeitgeber unter Mitwirkung des Staates die Möglichkeit haben, so genannte **Lohnleitlinien** für Tarifvertragsverhandlungen festzusetzen. Bereits bei den Beratungen über diese Vorschrift wurde kritisiert, dass zwar Lohnleitlinien festgelegt werden können, gleiches aber für die Gewinne der Unternehmen ("Gewinnleitlinien") nicht möglich sei.

Von den Gewerkschaften wurde 1996 ein "**Bündnis für Arbeit**" vorgeschlagen, das dem Modell der Konzertierten Aktion sehr ähnlich war. Es scheiterte, weil die Gewerkschaften Zusagen der Arbeitgeber als nicht erfüllt ansahen und sich die Politik als unzulänglicher Moderator erwies. Das Bündnis für Arbeit wurde Ende 1998 nach dem Regierungswechsel erneut aufgelegt, auch dieses Mal ohne durchgreifenden Erfolg. Man darf dabei aber eine grundsätzliche Schwierigkeit nicht übersehen: Die vertretenen Repräsentanten der Arbeitgeber können für die Mitgliedsfirmen keine Verpflichtungen eingehen. Die Entscheidung, ob es sich lohnt, neue Arbeitskräfte einzustellen, kann nur auf der Ebene der Unternehmen getroffen werden. Trotz dieser Schwierigkeit kann von solchen Gesprächen der positive Effekt erwartet werden, dass dadurch die Mitverantwortung der Unternehmen für die Lösung des Beschäftigungsproblems verdeutlicht wird. Es ist allemal besser ist, gemeinsam über Lösungen nachzudenken, als sie durch Konfrontation zu verhindern. Erfolgversprechend können die in den letzten Jahren zunehmend geforderten und teilweise gebildeten Bündnisse für Arbeit auf betrieblicher Ebene sein: Sie agieren problem- und umsetzungsnah.

5.4 Internationale Träger

5.4.1 Die Europäische Kommission

In der Präambel des EG-VERTRAGES wird auch auf die Beschäftigung eingegangen: Die EG soll zur stetigen Besserung der Lebens- und Beschäftigungsbedingungen ihrer Völker als wesentlichem Ziel beitragen. Indes ist der EU-KOMMISSION keine originäre Kompetenz im Bereich der Arbeitsmarkt- und Beschäftigungspolitik übertragen worden. Nach Art. 39 ist die Freizügigkeit der Arbeitnehmer in der Gemeinschaft gewährleistet. Dies kann als wichtige Voraussetzung für Mobilität angesehen werden. In Titel VIII des EG-VERTRAGES sind Vorschriften über die Beschäftigung enthalten. Nach Art. 125 arbeiten die Mitgliedstaaten und die Gemeinschaft auf die Entwicklung einer **koordinierten Beschäftigungsstrategie** und insbesondere auf die Förderung der Qualifizierung, Ausbildung und Anpassungsfähigkeit der Arbeitnehmer sowie die Fähigkeit der Arbeitsmärkte hin, auf die Erfordernisse des wirtschaftlichen Wandels zu reagieren und damit zur Erreichung der Ziele des Vertrages beizutragen. Die Mitgliedstaaten betrachten nach Art. 126 Abs. 2 die Förderung der Beschäftigung als Angelegenheit von gemeinsamen Interesse und stimmen ihre diesbezüglichen Tätigkeiten im Rat aufeinander ab. Dabei werden die einzelstaatlichen Gepflogenheiten in Bezug auf die Verantwortung der Sozialpartner berücksichtigt. Konkret kann die EU nur über bestimmte Förderprogramme und Fonds auf die Beschäftigungssituation in den Regionen der Mitgliedstaaten einwirken.

5.4.2 Die Internationale Arbeitsorganisation (ILO)

Die INTERNATIONALE ARBEITSORGANISATION (ILO) - eine Sonderorganisation der VEREINTEN NATIONEN mit Sitz in Genf - besitzt keine eigenen arbeitsmarktpolitischen Kompetenzen. Wir erwähnen sie hier dennoch, weil sie die einzige UN-Organisation ist, in der neben den Regierungsdelegationen Vertreter der Arbeitnehmer und Arbeitgeber gleichberechtigt mitwirken. Die ILO bemüht sich um Lösungen für die weltweiten Probleme des Arbeitsmarktes, der Arbeitssicherheit und der Berufsbildung, um den Schutz bestimmter Arbeitnehmergruppen sowie um die Verwirklichung sozialpolitischer Mindestnormen. Durch die Verabschiedung von Konventionen (mit völkerrechtlich bindender Wirkung) und Empfehlungen trägt die ILO dazu bei, ein internationales Regelwerk zu grundlegenden Fragen des Arbeitsrechts, der Arbeits- und Sozialpolitik, aber auch der Menschenrechte zu schaffen.

6. Instrumente

6.1 Übersicht

Wichtige Instrumente der Arbeitsmarkt- und Beschäftigungspolitik sind in Abb. 7.5 zusammengefasst. Die Arbeitsmarktpolitik wird allgemein in die Bereiche aktive und passive Arbeitsmarktpolitik unterteilt. Die beschäftigungspolitischen Instrumente lassen sich entweder nachfrage- oder angebotspolitisch zuordnen.

Daneben gibt es Instrumente, die wir unter der Rubrik "sonstige" zusammenfassen wollen. Dazu gehören die bereits erwähnten Versuche der Regierung (aber auch der Zentralbank), Druck auf die Gewerkschaften auszuüben, um zu maßvollen - die Preisniveaustabilität nicht gefährdenden - Lohnabschlüssen zu gelangen. Eine solche **"moral suasion"** liegt im Vorfeld von Tarifvertragsverhandlungen. Wir können hier aber auch politische Absichten einordnen, z.B. eine **Ausbildungsplatzabgabe** für solche Unternehmen einzuführen, die keine Ausbildungsplätze zur Verfügung stellen (wollen). 1996 ist das ARBEITNEHMER-ENTSENDEGESETZ in Kraft getreten. In ihm ist festgelegt, dass sich tarifvertragliche Regelungen des Baugewerbes über Entgelt und Urlaub, die für allgemeinverbindlich erklärt wurden und somit von den deutschen Arbeitgebern einzuhalten sind, auch auf im Inland beschäftigte Arbeitnehmer ausländischer Arbeitgeber erstrecken. Die international zwingende Wirkung gilt für das Lohnniveau der jeweils untersten Lohngruppe des betreffenden Tarifvertrags.

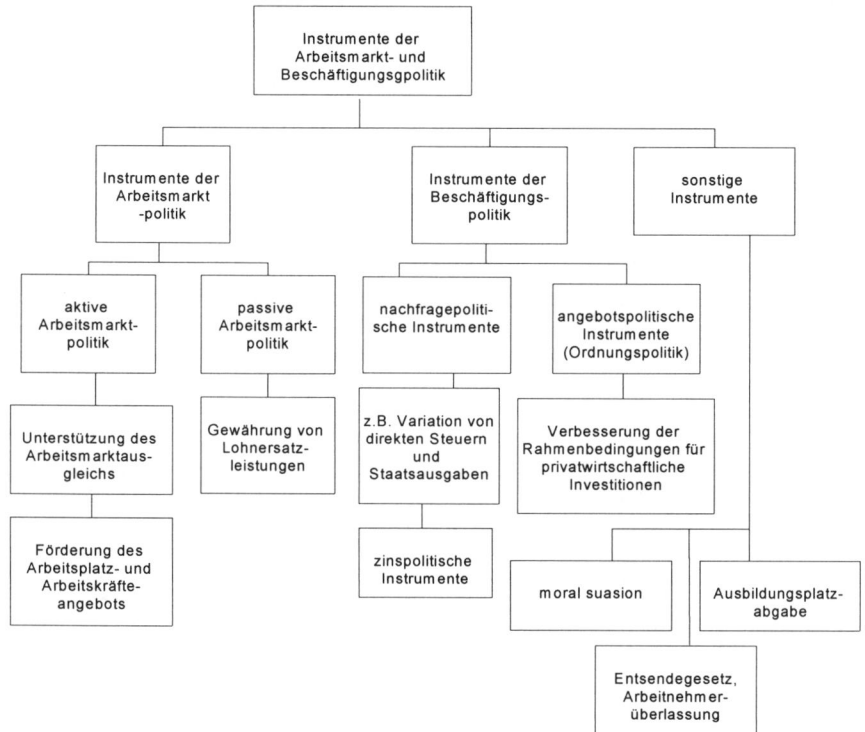

Abb. 7.5: Arbeitsmarkt- und beschäftigungspolitische Instrumente

Zu den sonstigen Maßnahmen können auch solche gerechnet werden, die **indirekt** arbeitsmarktpolitische Wirkungen erzeugen können. Beispielsweise hätte die Einführung eines Wertschöpfungsbeitrags zur Gesetzlichen Rentenversicherung eine maßgebliche Verbilligung des Faktors Arbeit zur Folge.[7] In die gleiche Richtung zielt die ökologische Steuerreform: Durch eine stärkere steuerliche Belastung von Energie wird der Produktionsfaktor Arbeit relativ verbilligt. Wenn dann noch die daraus resultierenden Mehreinnahmen zur Verringerung der die Unternehmen belastenden Lohnnebenkosten verwendet werden, wird der arbeitsmarkt- und beschäftigungspolitische Effekt deutlich.

Im Rahmen der **aktiven Arbeitsmarktpolitik** können zwei Komponenten unterschieden werden:

- Maßnahmen, die auf den **Arbeitsmarktausgleich** gerichtet sind wie Arbeitsvermittlung, Berufsberatung, Einarbeitungszuschüsse, Zumutbarkeitsregelungen.

---

[7] Vgl. z.B. L. BUßMANN, P. WARNEKE, W. A.S. KOCH, Die Durchführbarkeit eines Wertschöpfungsbeitrages zur Finanzierung der Gesetzlichen Rentenversicherung, Frankfurt/M. 1991. Dabei geht es um Vorschläge, die an der Lohn- und Gehaltssumme ansetzenden Beiträge zur Rentenversicherung durch eine weitere Bemessungsgrundlage - die Wertschöpfung - zu ergänzen. Dadurch könnten arbeitsintensive Branchen entlastet und die Beitragssätze gesenkt werden.

- Maßnahmen, die sich auf das **Arbeitsplatz- und Arbeitskräfteangebot** beziehen wie Arbeitsbeschaffungsmaßnahmen, Kurzarbeitergeld, Förderung der Frauenerwerbstätigkeit, berufliche Bildungsmaßnahmen.

Bei der **passiven Arbeitsmarktpolitik** geht es um die Gewährung von Lohnersatzleistungen. Dazu rechnen insbesondere die Zahlung von Arbeitslosengeld und Arbeitslosenhilfe (ab 2005: Arbeitslosengeld II).

Für die Arbeitsmarktpolitik ist grundsätzlich die BUNDESAGENTUR FÜR ARBEIT zuständig. Dagegen liegt die Kompetenz für die Festlegung der arbeitsrechtlichen Rahmenbedingungen und die Gestaltung der **Arbeitsbedingungen** (Kündigungsrecht, Arbeitsschutz, Mutterschutz, Jugendschutz, Mitbestimmungsrecht, Arbeitszeitregelungen usw.) beim Gesetzgeber.

Die **Instrumente der Beschäftigungspolitik** sind grundsätzlich makroökonomisch ausgerichtet. Träger ist hier der Staat (Regierung und Parlament). Im Rahmen der **Nachfragepolitik** kann der Staat durch die Variation von Staatsausgaben und von Steuersätzen auf die einzelne Komponenten der gesamtwirtschaftlichen Nachfrage direkt (Staatsausgaben) oder indirekt (Konsumgüternachfrage, private Investitionsgüternachfrage) einwirken. Indes ist die Wirksamkeit eines solchen Politikansatzes nicht unumstritten. Dagegen zielt die **Angebotspolitik** über die Verbesserung von Rahmenbedingungen auf Beschäftigungseffekte ab, die durch verstärkte Investitionstätigkeit der Unternehmen erwartet werden. Sowohl die Angebots- als auch die Nachfragepolitik werden in einer globalisierenden Welt zunehmend stumpf. Die Angebotspolitik, weil viele Volkswirtschaften die Herausforderungen des internationalen Wettbewerbs angenommen und sich durch Anpassung ihrer Steuer- und Sozialversicherungssysteme darauf eingestellt haben. Die Nachfragepolitik, weil die intendierten Beschäftigungseffekte wegen offener Märkte in erheblichem Maße ins Ausland "versickern".

Die **grundsätzliche Verfügbarkeit** eines Instruments sagt indes noch nichts über dessen Einsatz aus. Er hängt auch von einer Reihe wirtschaftlicher (konjunkturelle Lage, spezifische Situation in einzelnen Branchen) und politischer Einflussfaktoren (ideologische Positionen, wahltaktische Überlegungen usw.) ab.

6.2 Ansatzpunkte und Strategien

Aus Abb. 7.6 lassen sich grundsätzlich die drei Strategierichtungen (1), (2) und (3) ableiten, um die Arbeitslosigkeit zu verringern oder zu beseitigen. Punkt (1) richtet sich in erster Linie an die Tarifvertragsparteien. Sofern **Mindestlöhne** (wmin) vereinbart sind, die über dem Gleichgewichtslohn (wg) liegen, kann durch maßvolle Lohnabschlüsse der Angebotsüberschuss an Arbeitsleistung abgebaut werden. Die Linie des Mindestlohns würde sich nach unten verschieben. In diese Kategorie gehören auch Maßnahmen wie **Öffnungsklauseln**[8] („Einsteigertarife"). Danach wird es Arbeitgebern gestattet, Arbeitnehmer zu Löhnen zu beschäftigen, die unter den tariflich vereinbarten liegen. Die gleiche arbeitsmarktpolitische Stoßrichtung wird verfolgt, wenn von staatlicher Seite Sozialleistungen (z.B. das Arbeitslosengeld) gesenkt werden. Damit werden Anreize erhöht, eine Stelle zu suchen, die

---

[8] Der SACHVERSTÄNDIGENRAT ZUR BEGUTACHTUNG DER GESAMTWIRTSCHAFTLICHEN ENTWICKLUNG stellt in seinen Jahresgutachten tabellarisch die Ergebnisse wichtiger Tarifabschlüsse dar. Im Jahresgutachten 1998/99 ist auch eine Übersicht über tarifliche Öffnungsklauseln und Differenzierungsbestimmungen enthalten. Dabei zeigt sich insgesamt eine bemerkenswerte Verbreitung solcher Klauseln, nicht nur in den Neuen Bundesländern, sondern auch im früheren Bundesgebiet. Dieses Faktum wird in der öffentlichen Diskussion oft übersehen. (Vgl. Jahresgutachten 1998/99, Vor weitreichenden Entscheidungen, Stuttgart 1998, S. 125f.)

ein höheres verfügbares Einkommen erbringt als die von den gesetzlichen Sozialversicherungsträgern gewährten Leistungen. Außerdem erleichtert eine solche Politik es den Unternehmen, Einstellungen auch im Niedriglohnbereich vorzunehmen.

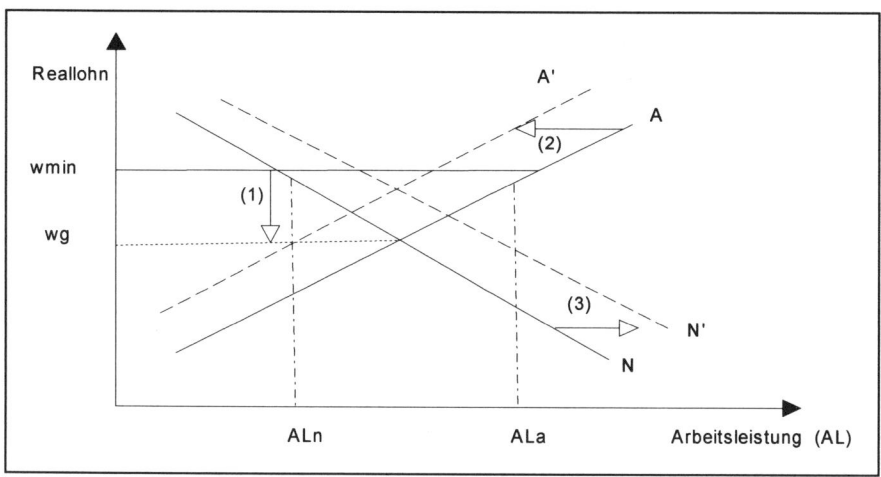

Abb. 7.6: Ansatzpunkte für Maßnahmen zur Verringerung von Arbeitslosigkeit

Von gewerkschaftlicher Seite wird vor allem die Strategie (2) verfolgt, die auf eine **Verkürzung der Arbeitszeit** hinausläuft. Die vor einigen Jahren von den Gewerkschaften erhobene und teilweise durchgesetzte Forderung nach der 35-Stunden-Woche und weitere Wo-
chenarbeitszeitverkürzungen können hier beispielhaft genannt werden. Temporär führt auch
eine Verkürzung der Lebensarbeitszeit (Beginn des Renteneintrittsalters mit 60 Jahren) zu
einer Verringerung des Arbeitsangebots. Damit können sich Chancen für jüngere Arbeitnehmer eröffnen, frei werdende Arbeitsplätze zu besetzen. Die Menge des Arbeitsvolumens
wird dadurch indes nicht erhöht, sondern nur anders verteilt. Die Probleme der Unterfinan-
zierung des Systems der Sozialen Sicherung werden bleiben bestehen. Im Gegenteil: Hier
wird - im Wesentlichen auf Grund demografischer Entwicklungen und der sich verschlech-
ternden Altersstruktur der Bevölkerung - eine Verlängerung der wöchentlichen und der
Lebensarbeitszeit für erforderlich gehalten.

Ein Teil der Bemühungen deutscher Unternehmen durch Kosteneinsparungen (Arbeits-
platzabbau) die internationale Wettbewerbsfähigkeit zu stärken, ging zulasten der Sozialen
Sicherung. Auch eine stärkere Flexibilisierung der Arbeitszeit, Teilzeitmodelle, Job sharing
usw. würden zu einer anderen Verteilung des Arbeitsangebots führen. Im Ergebnis dieser
Strategie würde sich die Angebotskurve an Arbeitsleistungen nach links verschieben. Auf
eine andere Verteilung des Arbeitsvolumens zielt auch die gewerkschaftliche Forderung
nach einem Abbau der **Überstunden** in den Unternehmen (weniger Überstunden durch die
bisherigen Mitarbeiter, dafür Neueinstellungen) ab. Ob sich dadurch die Arbeitslosigkeit
verringern lässt, ist jedoch außerordentlich fraglich. Überstunden funktionieren als Puffer
bei betrieblichen Beschäftigungsschwankungen. Hinzu kommt, dass die Qualifikation von
Arbeitslosen nicht notwendigerweise den von den Unternehmen benötigten Anforderungs-
profilen entspricht. Schematische Berechnungen, dass für x Überstunden y Neueinstellungen möglich wären, gehen am Kernproblem vorbei. **Jahresarbeitszeitkonten** gestatten es
den Unternehmen, den eigenen Kapitalstock effizienter zu nutzen und auf Marktentwicklungen flexibler reagieren zu können.

Keynesianisch begründete makroökonomische **Beschäftigungsprogramme** durch kreditfinanzierte zusätzliche Staatsausgaben und/oder Senkungen von Einkommen- und Körperschaftsteuern gehören dagegen zur Kategorie (3). Durch die Steigerung der staatlichen und/oder der privaten Nachfrage werden mehr Arbeitskräfte benötigt, die Nachfragekurve nach Arbeitsleistungen verschiebt sich nach rechts. Dies gilt auch dann, wenn die Nachfrage nach Arbeitsleistungen durch den Staat subventioniert wird (ABM, Kombilohn). Schließlich dürfte auch die Verbesserung der **Rahmenbedingungen** für privatwirtschaftliche Investitionen im Sinne der Angebotspolitik zu einer Verlagerung der Nachfragekurve nach Arbeitsleistungen nach rechts beitragen. Allerdings sind die Zeitpfade hier wesentlich ungewisser als bei der Nachfragepolitik. Letztlich dürfte nur eine Kombination aus beiden Konzeptionen erfolgreich sein.

6.3 Beschäftigungspolitische Instrumente

Im keynesianischen Sinne hat es in der Vergangenheit immer wieder den Versuch gegeben, die Beschäftigung durch staatliche Beschäftigungsprogramme zu fördern. Der dahinter stehende Gedanke ist ebenso einfach wie überzeugend: Da die staatliche Nachfrage selbst Komponente des Inlandsproduktes ist, kann auf die Höhe der Beschäftigung direkt eingewirkt werden, wenn der Staat seine Nachfrage nach Gütern und Diensten erhöht. Weitere Beeinflussungsmöglichkeiten besitzt der Staat mit der Variation der direkten Steuern (Lohn- und Einkommensteuer, Körperschaftschaftsteuer). Dadurch können das verfügbare Einkommen bzw. der Gewinn nach Steuern verändert und entsprechende Nachfrageimpulse ausgelöst werden. Eine solche Politik sollte immer dann in Erwägung gezogen werden, wenn eine allgemeine Konsumschwäche kausal für Arbeitslosigkeit ist. Sofern rezessive Tendenzen in mehreren Industrienationen beobachtet werden, sind nachfragepolitische Rezepte zu ihrer Bekämpfung denkbar, sofern die der **Lokomotiventheorie** zu Grunde liegenden Prämissen erfüllt sind (vgl. Kapitel 8, Abschnitt 3.1.1). Gegen strukturell verursachte Arbeitslosigkeit (Rigiditäten des Arbeitsmarktes, unzureichendes Angebot an qualifizierten Arbeitskräften usw.) sind sie dagegen nicht einsetzbar. Allerdings stößt in der EU die Durchführung der Nachfragepolitik aufgrund der Vorschriften des **Stabilitäts- und Wachstumspaktes** an sehr enge Grenzen. Wenn zusätzliche Staatsausgaben durch Kreditaufnahme finanziert werden, muss in der Zukunft der Schuldendienst aufgebracht werden. Ist der Schuldenstand in einer bestimmten Ausgangslage bereits hoch und sind auch hohe Zinsen zu zahlen, kann sich bei der Anwendung dieses Konzepts eine finanzielle Schranke zeigen. Schließlich besteht bei solchen Programmen die Gefahr eines **Strohfeuereffekts**, d.h., dass die angestrebten Wirkungen sehr schnell verpuffen.

Im Gegensatz zur Nachfragepolitik ist Angebotspolitik eine Einbahnstraße. Eine Senkung von Lohnkosten und Lohnnebenkosten kann die Beschäftigung fördern, sofern die von den Unternehmen gewünschten Arbeitskräfte mit den benötigten Qualifikationen vorhanden sind. Problematisch ist Angebotspolitik dagegen immer in Boomphasen. Sie wird sich dann auf die stabilisierende Wirkung der Geldpolitik verlassen müssen, aber auch riskieren, dass deren kontraktive Wirkungen zu einer Anpassungsrezession führen können. Dies ist eine grundsätzliche Erkenntnis, die aus der früheren Geld- und Kreditpolitik der DEUTSCHEN BUNDESBANK gezogen werden kann.

6.4 Arbeitsmarktpolitische Instrumente

6.4.1 Aktive Arbeitsmarktpolitik

Die Instrumente der aktiven Arbeitsmarktpolitik lassen sich danach unterscheiden, ob sie auf den **Arbeitsmarktausgleich** (1) gerichtet sind, oder ob sie die **Schaffung neuer Arbeitsplätze** bzw. die Nachfrage nach Arbeitsleistungen (2) fördern sollen.

Zu (1) rechnen u.a.: Arbeitsvermittlung durch die AGENTUREN FÜR ARBEIT (bis 2003: Arbeitsämter). Wenn indes die Unternehmen offene Stellen nicht melden, können auch die Vermittlungsbemühungen nicht erfolgreich sein. Oft präferieren die Unternehmen eine interne Stellenbesetzungspolitik. Weiterhin sind hier die Berufsberatung, die Durchführung von Umschulungsmaßnahmen, aber auch die Zumutbarkeitsregelungen (vgl. Abschnitt 6.4.2) zu erwähnen. Gelegentlich werden auch Eingliederungszuschüsse der Kategorie (1) zugerechnet.

Ein erstes wichtiges Instrument ist die **Arbeitsvermittlung**. Hier wurde durch das ab 2002 geltende **Job-AQTIV-Gesetz** (**A**kivieren, **Q**ualifizieren, **T**rainieren, **I**nvestieren, **V**ermitteln) eine Neuausrichtung der Arbeitsmarktpolitik begonnen. Das bis dahin vorwiegend reaktive Arbeitsförderungsrecht wurde durch deutlich präventivere Ansätze ersetzt. Die zentralen Elemente des neuen Gesetzes zielen ab auf eine Verbesserung der Qualität der Arbeitsvermittlung (Abschluss einer Eingliederungsvereinbarung zwischen Arbeitsagentur und Arbeitslosem), die Erstellung von Bewerberprofilen („Profiling"), eine aktive Einbindung des Arbeitslosen in den Vermittlungsprozess sowie eine Stärkung der beruflichen Weiterbildung für Ältere und Ungelernte. In Zukunft soll der Grundsatz des „Förderns und Forderns" für die aktive Arbeitsmarktpolitik gelten. Falls die Vermittlungsbemühungen der Arbeitsagentur nicht erfolgreich sind, können Dritte mit der Arbeitsvermittlung beauftragt werden („Vermittlungsgutscheine"). Hinzu kommt, dass die Vermittlung präventiv eingesetzt wird, sie soll bereits vor Eintritt der Arbeitslosigkeit beginnen. Dies ist ab 2004 bereits drei Monate vor ihrem Beginn möglich. Davon zu unterscheiden ist die persönliche Arbeitsuchendmeldung, die unverzüglich nach Kenntnis vom Ende des Arbeitsverhältnisses erfolgen muss. Wer sich nicht umgehend nach Erhalt einer Kündigung oder Abschluss eines Aufhebungsvertrages arbeitsuchend meldet, dem drohen Einbußen beim Arbeitslosengeld bis zu 1.500 €.

Als weiteres Instrument ist die Einrichtung von **Job-Centern** zu nennen. Es soll den Bürgern Zugang zu allen erforderlichen arbeitsmarktbezogenen Beratungs-, Vermittlungs- und Integrationsleistungen sowie zu Geldleistungen zur Sicherstellung des Lebensunterhalts erschließen. Die Mitarbeiter werden zu „Vermittlungsagenten". Dazu ist auch eine enge Zusammenarbeit mit den Sozialämtern erforderlich.

Das **Kombi-Lohn-Modell** beinhaltet eine Aufstockung des Arbeitseinkommens und will gleichzeitig einen Anreiz zur Aufnahme einer Tätigkeit geben, indem Arbeitseinkommen bei der Berechnung der öffentlichen Transferleistungen vermindert angerechnet werden. Diese Kombination von staatlicher Aufstockung und geringerer Anrechnung wird als ein Gesamtmodell betrachtet. Der Kombinationsansatz wird gelegentlich auch als Modell der **Negativsteuer** bezeichnet, da Steuern in diesen Fällen nicht auf der Basis des Arbeitseinkommens als Lohnsteuern erhoben, sondern zusätzlich als Transfer zum Arbeitseinkommen gewährt werden.

Ein Beispiel ist das so genannte **Mainzer Modell**. Kleinverdiener werden bei den Sozialbeiträgen entlastet und erhalten Zuschüsse zum Kindergeld. Hierdurch sollen Arbeitsplätze im unteren Einkommensbereich sowie Teilzeitjobs für Arbeitssuchende attraktiver werden.

Die Gewährung eines Lohnkostenzuschusses (LKZ) - seit 2002 **Eingliederungszuschuss** genannt - an Arbeitgeber soll als Einstellungsanreiz wirken. Die Fördersumme kann bis zu 50% des berücksichtigungsfähigen Arbeitsentgelts für bis zu 12 Monate betragen. Zuschüsse zu den Personalkosten bei der Einstellung von Problemgruppen des Arbeitsmarktes gibt es schon seit Jahren. Sie wurden von der BUNDESAGENTUR FÜR ARBEIT zunächst für behinderte Menschen gewährt. Mittlerweile sind Zuschüsse zum Arbeitgeberbruttoentgelt ein übliches Instrument zur Arbeitsvermittlung. Mit der Zahlung von Zuschüssen für einen begrenzten Zeitraum kann das Zustandekommen eines Arbeitsvertrages mit Arbeitslosen unterstützt werden. Es hat sich in der Praxis gezeigt, dass selbst ein niedriger Betrag für Unternehmen durchaus attraktiv sein kann und es nicht um die Erzielung von Mitnahmeeffekten geht. Wesentlich ist, dass die Personalverantwortlichen in den Unternehmen eine Entscheidung für einen neuen Mitarbeiter treffen.

Zu (2) seien erwähnt: Arbeitsbeschaffungsmaßnahmen (ABM), Kurzarbeitergeld, die Förderung der Erwerbstätigkeit von Frauen und berufliche Bildungsmaßnahmen.

ABM und **Strukturanpassungsmaßnahmen (SAM)**, die insbesondere zur Verbesserung der Infrastruktur dienten, wurden ab 2004 zusammengefasst. Mit diesem Instrument soll arbeitslosen Arbeitnehmern in regional oder beruflich ungünstigen Teilarbeitsmärkten zumindest eine befristete Beschäftigung ermöglicht werden. Die Beschäftigungsfähigkeit soll dadurch verbessert oder wenigstens erhalten werden. Als Förderung wird ein Betrag von 300 € je Arbeitnehmer und Monat gewährt. Die Dauer ist grundsätzlich auf 12 Monate beschränkt. Die Beitragspflicht zur Arbeitslosenversicherung entfällt, damit werden allerdings keine neuen Ansprüche auf Arbeitslosengeld erworben.

Beschäftigungs- und Qualifizierungsprojekte formulieren ihre Zielsetzung mit der Hinführung ihrer Zielgruppe zum regulären Arbeitsmarkt. Mit der Zurüstung von beruflich verwertbaren Qualifikationen sollen die betreffenden Menschen größere Chancen zum Erhalt einer Arbeitsstelle bekommen. Dabei wird angenommen, dass es arbeitslosen Erwachsenen oder Jugendlichen ohne berufliche Ausbildung an bestimmten fachlichen, sozialen oder kulturellen Fähigkeiten fehlt, die es zu erwerben gilt. Als flankierende Maßnahmen bieten die Projektträger sozialpädagogische Begleitung an, die u.a. Fragen der Entschuldung, der Wohnungssuche oder der Organisation von Kinderbetreuung mit den betreffenden Ratsuchenden klärt. Vor dem Ende der ein bis zwei Jahre dauernden Qualifizierungsmaßnahmen werden Bewerbungstrainings und Hilfestellung bei der Suche einer regulären Arbeitsstelle angeboten. Die erfolgreiche Qualifizierung wird mit einem Zertifikat oder einem anerkannten Ausbildungsabschluss dokumentiert.

Arbeitnehmer, die die Voraussetzungen für eine Förderung der beruflichen Weiterbildung erfüllen, erhalten von der AGENTUR FÜR ARBEIT einen **Bildungsgutschein**. Er kann bei einem zugelassenen und zertifizierten Bildungsträger eigener Wahl eingelöst werden. Damit sind die notwendigen Weiterbildungskosten abgedeckt.

Kritisch anzumerken ist erneut, dass die Zielsetzung von Qualifizierungs- und Beschäftigungsprojekten nur dann erfolgreich umgesetzt werden kann, wenn genügend Arbeitskräfte mit dem neu erworbenen Qualifikationsniveau nachgefragt werden. Die Integrationsleistung der Projekte - also wie viele Personen Anschlussperspektiven haben - ist immer verbunden mit der **Aufnahmefähigkeit des Arbeitsmarktes**. Die Qualität und Leistungsfähigkeit einer Qualifizierungsmaßnahme allein an den Vermittlungserfolgen in den regulären Arbeitsmarkt zu messen, würde die Projektträger zu einer besonderen Auswahl von Teilnehmern zwingen. Damit wären wieder diejenigen Personen mit den geringsten Chancen auf dem Arbeitsmarkt ausgeschlossen. Es ist der technische Fortschritt, der mittlere und niedrige Qualifikationen entwertet.

Vorübergehende Auslastungsengpässe in Betrieben können mit **Kurzarbeitergeld** überbrückt werden. Es kann bis zu 18 Monaten gezahlt werden, wenn in Betrieben ein erheblicher Arbeitsausfall eintritt. Er muss auf wirtschaftlichen Ursachen oder einem unabwendbaren Ereignis beruhen, vorübergehend und unvermeidbar sein.

Wir können auch die **Förderung von Existenzgründungen** zur aktiven Arbeitsmarktpolitik rechnen. Über einige staatliche Institutionen wie z.B. die KREDITANSTALT FÜR WIEDERAUFBAU, die im Jahre 2003 mit der früheren DEUTSCHEN AUSGLEICHSBANK verschmolzen wurde und deren Förderprogramme nun unter dem Namen KFW MITTELSTANDSBANK angeboten werden, ist eine solche Förderung möglich. Hinzu kommen Maßnahmen der einzelnen Bundesländer.

Bis zum Ende des Jahres 2005 befristet ist die Gewährung eines Existenzgründungszuschusses zur Unterstützung der so genannten Ich-AG. Die degressiv gestaltete Förderung für drei Jahre (monatlicher Zuschuss von 600 € im ersten Jahr, dann 360 € und im dritten Jahr 240 €) richtet sich an vormalige

Bezieher von Arbeitslosengeld oder Arbeitslosenhilfe sowie Beschäftigte in Arbeitsbeschaffungsmaßnahmen, die eine selbständige Tätigkeit aufnehmen. Der Zuschuss ist steuerfrei. Die Empfänger sind als Selbständige in der Rentenversicherung versicherungspflichtig. Bis Ende September 2003 haben etwa 74.000 Erwerbslose von dieser Möglichkeit Gebrauch gemacht.

6.4.2 Passive Arbeitsmarktpolitik

Zu den Instrumenten der passiven Arbeitsmarktpolitik werden insbesondere die **Lohnersatzleistungen** gerechnet. Arbeitnehmer, die arbeitslos geworden sind und die Anspruchsgrundlagen erfüllen, können persönlich beim Arbeitsamt **Arbeitslosengeld** beantragen. Sollte der Anspruch auf Arbeitslosengeld erloschen sein, kann **Arbeitslosenhilfe** gewährt werden. Ab 2005 wird die Arbeitslosenhilfe mit der Sozialhilfe für Erwerbsfähige zum **Arbeitslosengeld II** zusammengefasst. In bestimmten Fällen wird für die Förderung der ganzjährigen Beschäftigung in der Bauwirtschaft Wintergeld und Winterausfallgeld gezahlt.

Die Mittel für die Finanzierung der Leistungen der ALV werden durch Beiträge der Arbeitnehmer und Arbeitgeber - der Beitragssatz von 6,5% (Beitragsbemessungsgrenze: 5.100 € bzw. 4.250 € in den Neuen Bundesländern im Jahr 2003) wird ihnen hälftig zugerechnet - aufgebracht. Für spezielle Leistungen gibt es eine Umlagefinanzierung (z.B. für die Finanzierung der produktiven Winterbauförderung durch die Arbeitgeber des Baugewerbes; das Konkursausfallgeld wird von den Berufsgenossenschaften gezahlt). Bei Deckungslücken gewährt der Bund Darlehen oder Zuschüsse.

Auf **Arbeitslosengeld** hat jeder Versicherte nach § 117 SGB III Anspruch, der sich beim Arbeitsamt persönlich als arbeitslos gemeldet hat, die Anwartschaft erfüllt hat (man muss innerhalb der Rahmenfrist von 3 Jahren mindestens 12 Monate beitragspflichtig beschäftigt gewesen sein) und der Arbeitsvermittlung zur Verfügung steht. Dabei ist von Bedeutung, dass der Arbeitslose bereit ist, zumutbare Beschäftigungen zu akzeptieren, wozu auch minderqualifizierte und minderbezahlte Tätigkeiten (dies ist im Einzelfall zu bestimmen) rechnen. Die Anspruchsdauer wurde Ende 2003 auf 12 Monate bzw. 18 Monate für ältere Arbeitnehmer ab 55 Jahren verkürzt. Diese Neuregelung gilt wegen langer Übergangsfristen umfassend erst ab Februar 2006.

Die Höhe des Arbeitslosengeldes beträgt nach § 129 SGB III als erhöhter Leistungssatz 67% (bei Arbeitslosen mit Kindern) und als allgemeiner Leistungssatz 60% (bei Arbeitslosen ohne Kinder) des letzten pauschalierten Nettoentgelts (Leistungsentgelts), das sich aus dem Bruttoentgelt ergibt, das der Arbeitslose im Bemessungszeitraum erzielt hat (Bemessungsentgelt). Es ist - wie auch die Arbeitslosenhilfe - einkommensteuerfrei.

Die Zahlung von Lohnersatzleistungen ist nicht problemlos. Wenn die Unterstützung relativ hoch ist, können **Anreize** für den Arbeitnehmer verloren gehen, sich intensiv um eine neue Beschäftigung zu bemühen. Oder Arbeitslose nehmen die Unterstützungsleistungen in Anspruch, verbessern ihre Einkommenssituation aber durch schattenwirtschaftliche Aktivitäten wie Schwarzarbeit. Um dem entgegenzuwirken ist die Gewährung von Unterstützungsleistungen von der Erfüllung bestimmter Voraussetzungen abhängig. Ab Juli 2003 wurde die Verpflichtung eingeführt, sich frühzeitig bei der Agentur für Arbeit als arbeitssuchend zu melden. Bei verspäteter Meldung wird das Arbeitslosengeld gemindert. Von Bedeutung sind weiterhin insbesondere die Zumutbarkeitsregeln. Sie sind in § 121 SGB III normiert.

§ 121 SGB III: "(1) Einem Arbeitslosen sind alle seiner Arbeitsfähigkeit entsprechenden Beschäftigungen zumutbar, soweit allgemeine oder personenbezogene Gründe der Zumutbarkeit einer Beschäftigung nicht entgegenstehen. ...
(3) Aus personenbezogenen Gründen ist eine Beschäftigung einem Arbeitslosen insbesondere nicht zumutbar, wenn das daraus erzielbare Arbeitsentgelt erheblich niedriger ist als das der Bemessung des Arbeitslosengeldes zu Grunde liegende Arbeitsentgelt. In den ersten drei Monaten der Arbeitslosigkeit

ist eine Minderung um mehr als 20 Prozent und in den folgenden drei Monaten um mehr als 30 Prozent dieses Arbeitsentgelts nicht zumutbar. Vom siebten Monat der Arbeitslosigkeit des Arbeitslosen an ist dem Arbeitslosen eine Beschäftigung nur dann nicht zumutbar, wenn das daraus erzielbare Nettoeinkommen unter Berücksichtigung der mit der Beschäftigung zusammenhängenden Aufwendungen niedriger ist als das Arbeitslosengeld.

(4) Aus personenbezogenen Gründen ist einem Arbeitslosen eine Beschäftigung auch nicht zumutbar, wenn die täglichen Pendelzeiten zwischen seiner Wohnung und der Arbeitsstätte im Vergleich zur Arbeitszeit unverhältnismäßig lang sind. Als unverhältnismäßig lang sind im Regelfall Pendelzeiten von insgesamt drei Stunden bei einer Arbeitszeit von mehr als sechs Stunden und Pendelzeiten von zweieinhalb Stunden bei einer Arbeitszeit von sechs Stunden und weniger anzusehen. Sind in einer Region unter vergleichbaren Arbeitnehmern längere Pendelzeiten üblich, bilden diese den Maßstab."

Für **Langzeitarbeitslose** gilt ab 2005 eine Neuregelung: Ihnen ist jede legale Tätigkeit zuzumuten. Dies gilt auch dann, wenn unter Tarif bezahlt wird oder es sich um einen Teilzeitjob handelt.

Bei allen Schwierigkeiten darf nicht übersehen werden, dass Unterstützungsleistungen den Zweck haben, wenigstens das Existenzminimum zu sichern. Sie sind insofern ein wichtiger Beitrag zur Erfüllung des gesellschaftspolitischen Zielsystems und tragen - wenn von Missbrauchsfällen abgesehen wird - zu sozialem Frieden und sozialer Integration bei.

6.5 Ordnungspolitische Instrumente

Oft wird behauptet, dass der Arbeitsmarkt in der Bundesrepublik eine zu hohe **Regulierungsdichte** aufweist. Daher fehle ihn die Flexibilität, um sich relativ schnell und nachhaltig an neue Entwicklungen anpassen zu können. Damit greifen wir die **ordnungspolitische Dimension** der Arbeitsmarkt- und Beschäftigungspolitik auf.

Ordnungspolitisch von besonderer Bedeutung sind die Maßnahmen zur **Gestaltung der Arbeitsbedingungen**. Indes wird in diesem Zusammenhang ein Zielkonflikt deutlich: Auf der einen Seite geht es um den Schutz von Arbeitnehmern, der in vielen Jahrzehnten von ihnen (Gewerkschaften) erkämpft und durchgesetzt worden ist, auf der anderen Seite behindert ein umfassender Schutz kurz- und mittelfristig erforderliche Anpassungen an neue Entwicklungen auf dem Arbeitsmarkt.

Ein erster Ansatzpunkt besteht im Rahmen der Tarifpolitik. Mit einer Öffnung der Lohntarife nach unten - also mit einer **Lohnspreizung**, die Ausdruck für Flexibilisierung ist - könnten nach Untersuchungen des INSTITUTS DER DEUTSCHEN WIRTSCHAFT (IW) mehrere Millionen neue Arbeitsplätze entstehen. Vor allem im Bereich der Dienstleistungen herrscht ein zusätzlicher Bedarf an geringqualifizierten Arbeitskräften. Hergeleitet wird diese Aussage aus internationalen Statistiken. Sie zeigen, dass in Ländern mit geringeren Mindestlöhnen eine höhere Zunahme von Dienstleistungsarbeitskräften festzustellen ist. In die gleiche Richtung wirkt die vom SACHVERSTÄNDIGENRAT vorgeschlagene stärkere Differenzierung der Löhne (qualifikatorisch, regional und betrieblich) über Tarifverhandlungen. Sie ließe sich indes nur durchführen, wenn von den **Flächentarifverträgen** Abschied genommen würde.

Konträre Positionen warnen davor, dass diese Strategie in der EUROPÄISCHEN UNION (vgl. Abschnitt 6.7) nicht funktioniert und allenfalls zeitweilige Vorteile für einzelne Länder bringt. Das DEUTSCHE INSTITUT FÜR WIRTSCHAFTSFORSCHUNG (DIW) befürchtet bei einer Absenkung des Lohnniveaus die dämpfende Wirkung von Kaufkraftverlusten und Investitionsrückgang. Es sei vorzuziehen, dass sich das Lohnniveau an der Produktivität der jeweiligen Branche orientiert.

Unabhängig von dieser grundsätzlichen Diskussion haben die Tarifpartner bereits in vielen Vertragsabschlüssen **abgesenkte Einstiegstarife** eingeführt. Der im öffentlichen Dienst angewandte BUNDESANGESTELLTENTARIF (BAT) sieht eine Absenkung von 10 % für diejenigen Personen vor, die über öffentliche Finanzierungsprogramme zum Zwecke ihrer beruflichen Integration beschäftigt werden. Die BUNDESAGENTUR FÜR ARBEIT fördert mit Arbeitsbeschaffungsmaßnahmen und Lohnkostenzuschüssen nur noch auf der Grundlage eines um 20 % abgesenkten Tarifs. Der bei einigen Wohlfahrtsverbänden in angelehnter Form angewandte BAT nimmt sogar die zweckbestimmt Beschäftigten aus dem tariflichen Wirkungsbereich heraus, so dass eine beliebige Entlohnung möglich geworden ist. Die Erfahrungen zeigen, dass tariflich nicht gebundene Betriebe ihre Entlohnungsgrundsätze für neue Mitarbeiter offensichtlich nach unten verändert haben. Bruttostundenlöhne zwischen 5,- und 8,- € sind keine Seltenheit. Das Motiv: Mit abgesenkten Löhnen soll die Kostensituation des Unternehmens verbessert werden.

Die Tatsache, dass es die immer wieder geforderten Tariföffnungen und Lohnabsenkungen bereits gibt, macht deutlich, dass diese Maßnahmen insbesondere in den unteren Lohngruppen keine durchgreifende beschäftigungsfördernde Wirkung bei Vollarbeitsplätzen haben. Mit der Einführung eines Niedriglohnsektors werden mehr Arbeitsplätze für Geringqualifizierte erwartet. Gleichzeitig könnte damit aber auch ein Phänomen auftreten, das in den Vereinigten Staaten als **Working Poor** bezeichnet wird. Die niedrigen Löhne sind trotz einer Vollzeitbeschäftigung nicht mehr existenzsichernd; Menschen verbleiben auch mit Erwerbstätigkeit an der Armutsgrenze. Mit einer staatlich aufgestockten Alimentierung können auch nicht existenzsichernde Beschäftigungsfelder z.B. im Dienstleistungsbereich erschlossen werden. Dieser Ansatz geht davon aus, dass das Existenzminimum gesichert wird, indem Niedrigstlöhne mit niedrigen Sozialabgaben und Steuersätzen kombiniert werden. Die Erwerbstätigen sollen finanzielle Vorteile gegenüber den nicht erwerbstätigen Hilfebeziehern haben.

Anders dagegen bei „Teilarbeitsplätzen": Ein starkes Indiz für Beschäftigung im Niedriglohnbereich ist die in den letzten Jahren stark angestiegene Zahl von **geringfügigen Beschäftigungsverhältnissen** auf 400 €-Basis. Im September 2003 gab es davon etwa 5,9 Mio.. Durch sie lassen sich in erheblichem Umfang die hohen Lohnnebenkosten von Normalarbeitsverhältnissen vermeiden. Auf den Verdienst zahlt der Arbeitgeber Beiträge an die Gesetzliche Rentenversicherung (12%), die Gesetzliche Krankenversicherung (11%) und 2% Steuern. Damit werden von den Versicherten zwar Ansprüche erworben, sie reichen aber als Alterssicherung nicht aus. Eine **Gleitzone** zwischen 400,01 € und 800 € soll bei einem Anstieg von 4% bei 400 € auf den hälftigen gesamten Arbeitnehmerbeitrag von rund 21% bei 800 € die Arbeitsanreize erhalten. Die frühere zeitliche Begrenzung von wöchentlich 15 Stunden ist seit April 2003 entfallen.

Der **Arbeitszeitschutz** ist ein wichtiger Teil des Arbeitsschutzes. Der Gesetzgeber hat Vorschriften über die Arbeitszeit (ARBEITSZEITORDNUNG) erlassen, durch die der Arbeitnehmer vor Überforderung und Gesundheitsschädigungen geschützt werden soll. Mit dem Arbeitszeitschutz vereinbar sind **Arbeitszeitkonten**, die in der Privatwirtschaft zunehmend angewendet werden. Um die Arbeitszeit in Betrieben flexibel gestalten zu können, werden darauf für die Mitarbeiter Abweichungen zwischen der tatsächlich geleisteten und der tariflich vereinbarten Arbeitszeit erfasst. Die Differenz müssen die Arbeitnehmer innerhalb eines bestimmten Zeitraums ausgleichen. Im übrigen wird durch dieses Verfahren die Problematik der Überstunden "entschärft".

In der öffentlichen Diskussion spielt seit Jahren der **Kündigungsschutz** eine große Rolle. Es wird angenommen, dass Arbeitgeber neue Arbeitskräfte nicht einstellen, weil es arbeitsrechtlich schwierig ist, sie im Bedarfsfall wieder entlassen zu können. Um dem Rechnung zu tragen, wurde Ende 2003 der Kündigungsschutz gelockert: Er gilt nur noch für Betriebe mit mindestens zehn statt fünf Beschäftigten. Für bereits Beschäftigte gibt es einen Bestandsschutz. Wenn ein Unternehmen mit sieben Mitarbeitern einen achten einstellt, gilt der Kündigungsschutz nur für den achten nicht.

Der ist Gesetzgeber in den letzten Jahren nicht untätig geblieben. Insbesondere auf der Grundlage der von der so genannten **Hartz-Kommission** (KOMMISSION „MODERNE DIENSTLEISTUNGEN AM ARBEITSMARKT, Bericht der Kommission, Berlin 2002) unterbreiteten Vorschläge sind 2002 und Ende 2003 mehrere Gesetze zur Reform des Arbeitsmarktes beschlossen worden. Dennoch lässt sich der Eindruck nicht vermeiden, dass recht punktuell vorgegangen wurde. Deutlich wird auch, dass dem Missbrauch bei der Inanspruchnahme von Leistungen aus der Sozialen Sicherung entgegengewirkt werden soll. Indes bleibt offen, ob verschärfende Regelungen wirksam werden können. Voraussetzung für das Finden eines Arbeitsplatzes ist, dass die gesuchten Stellen auch angeboten werden. Und dies ist gerade im Bereich der Geringqualifizierten nur selten der Fall.

Ordnungspolitisch wird auch das in Abschnitt 5.2 dargestellte bilaterale Monopol auf dem Arbeitsmarkt in Frage gestellt. Indes dürfte es schwierig sein, an der grundgesetzlich verankerten **Tarifautonomie** etwas zu ändern. Außerdem ist fraglich, ob eine Einschränkung der Tarifautonomie überhaupt wünschenswert ist. Es darf nicht übersehen werden, dass in der Vergangenheit die Wahrnehmung der tarifvertragspolitischen Regelungskompetenz durch die Sozialpartner mit großer Verantwortung erfolgt ist. Die **soziale Stabilität** in der Bundesrepublik Deutschland ist nicht zuletzt auch auf diese Tatsache zurückzuführen. Wegen der faktisch nicht veränderbaren Tarifautonomie kann es nicht verwundern, dass es von Seiten der Politiker, aber auch von der EUROPÄISCHEN ZENTRALBANK und internationalen Organisationen nur Appelle (moral suasion) geben kann, die die Gewerkschaften zu maßvollen Lohnabschlüssen auffordern.

6.6 Sonstige Instrumente

Mit dem Modell der **Arbeitnehmerüberlassung** steht ein weiteres arbeitsmarktpolitisches Instrument zur Vermittlung von Problemgruppen des Arbeitsmarktes zur Verfügung. Damit sollen die Betriebe die betreffenden Personen kennenlernen und prüfen, ob sie als zukünftige Mitarbeiter eingestellt werden können. Die „Leiharbeit" wird aber insgesamt als ein nicht sehr taugliches beschäftigungsförderndes Instrument angesehen. Sie ist zwar als gesamtgesellschaftlich gefördertes Instrument geeignet, den Arbeitsmarkt zu flexibilisieren und deregulieren. Dieses bedeutet aber auch, dass die Arbeitsverhältnisse für Arbeitnehmer unsicherer, die Laufzeiten von Arbeitsverträgen kürzer und die Entlohnung geringer werden

Mit dem GESETZ „MODERNE DIENSTLEISTUNGEN AM ARBEITSMARKT" (2002) wurden flächendeckend **Personal-Service-Agenturen** (PSA) eingeführt. Zur Mobilisierung von Beschäftigungsreserven soll damit vermittlungsorientierte Zeitarbeit wesentlich stärker als bisher genutzt werden. Jede AGENTUR FÜR ARBEIT wurde verpflichtet, wenigstens eine PSA einzurichten. Dies sollte durch Vertrag zwischen ihr und bereits tätigen Verleihunternehmen erfolgen. Welche Arbeitslose in der PSA beschäftigt werden, wird im Einzelfall vereinbart. Die schnellstmögliche Vermittlung in den ersten Arbeitsmarkt hat Vorrang. Bei Anstellung in der PSA erhalten Arbeitslose einen Arbeitsvertrag, die Garantie einer fairen Entlohnung und den Schutz der gesetzlichen Sozialversicherung. Diese Förderung eines vormals Arbeitslosen in einer PSA soll nicht mehr als neun Monate betragen. Ende Oktober 2003 waren rund 25.000 zuvor Arbeitslose in PSA beschäftigt. Das Ziel von 50.000 wurde also deutlich verfehlt.

Im August 2000 wurde die so genannte **Green Card** als neue Maßnahme zur Anwerbung von IT-Spezialisten in Deutschland eingeführt. Sie berechtigt, für einen Zeitraum von fünf Jahren eine entsprechende Tätigkeit in Deutschland, wenn kein Inländer für die Stelle gefunden werden kann. Bis Mitte 2003 wurden rund 15.000 Arbeitserlaubnisse erteilt. Da eine grundsätzliche Regelung im Zuwanderungsrecht verankert werden soll, wurde die zeitliche Befristung zunächst bis Ende Juli 2004 verlängert.

Maßnahmen lassen sich in vielen Bereichen vorbereiten, wobei die **Rahmenbedingungen** von Seiten des Staates zu verbessern sind: (1) Eine Steuerreform wäre durchzuführen, die das Steuerrecht maßgeblich vereinfacht und zu einer Senkung der steuerlichen Belastung führt. Inwieweit die Anfang 2004 diskutierten Vorschläge eines „radikalen" Umbaus der Einkommensbesteuerung politisch umgesetzt werden (können), bleibt abzuwarten. (2) Das System der Sozialen Sicherung sollte dauerhaft saniert werden. Dabei wäre zu berücksichtigen ist, dass ein Teil der Probleme der Versicherungsträger durch die Arbeitslosigkeit mit verursacht worden ist. Ziel der Reformen sollte es sein, den Faktor Arbeit im Produktionsprozess zu verbilligen. (3) Weiterhin sollten Subventionen deutlich gesenkt werden. Sie haben in einer marktwirtschaftlichen Ordnung im Allgemeinen nur eine zeitlich begrenzte Berechtigung. (4) Seit vielen Jahren wird der Abbau staatlicher Reglementierungen gefordert, was bisher aber nur halbherzig vom Staat in Angriff genommen. Sie stellen oft Investitionshemmnisse dar. (5) Schließlich ist auch die seit langem anstehende Reform des Bildungs- und Ausbildungssystems anzumahnen. Die Qualifikationsprofile der Arbeitskräfte in der Zukunft werden sich weiter schnell ändern. Dem muss durch flexibel anpassbare Ausbildungs- und Studiengänge Rechnung getragen werden. Weitere Ansatzpunkte bestehen (6) in einer weiteren **Flexibilisierung** von Arbeitszeiten, der Schaffung neuer Arbeitsplätze im Dienstleistungssektor (beispielsweise im Bereich der Pflege- und Heilberufe) und Umweltsektor, einer Umverteilung von Arbeit (z.B. durch Abbau von Überstunden), der Schaffung von mehr **Teilzeitarbeit**, das Erreichen eines Ausbildungskonsenses (Garantie für Ausbildungsplätze) sowie mehr Ausbildungsförderung, eine Existenz- und Innovationsoffensive, die Schaffung von Tariffonds, durch die finanzielle Einbußen bei einem vorzeitigen Eintritt in die Rente aufgefangen werden könnten usw.

Die Diskussion von "**Lohnleitlinien**" wird von gewerkschaftlicher Seite weiterhin strikt abgelehnt. Daran war bereits die "Konzertierte Aktion" nach § 3 STABG gescheitert. Ein entscheidender Punkt dürfte darin bestehen, dass längerfristig auch grundsätzlich über Vollbeschäftigung, Normalarbeitszeiten und deren Verteilung nachgedacht werden muss. So kann ein dringend notwendiger Umdenkprozess eingeleitet werden: Gesellschaftlich sinnvolle Arbeit im Non-Profit-Sektor und **New Work** im Sinne von Beschäftigungsfeldern außerhalb der betrieblich organisierten Arbeit bedürfen einer gesellschaftspolitischen Aufwertung.

6.7 Europäische Arbeitsmarktpolitik

Über die **Regional- und Strukturpolitik** kann die EU auf die Arbeitsmarktsituation in benachteiligten Regionen einwirken. Dies erfolgt über die Gewährung von Hilfen (Subventionen). Ziel der Strukturpolitik der EU ist es, den wirtschaftlichen und sozialen Zusammenhalt der Union zu stärken. Der Abstand zwischen den verschiedenen Regionen soll verringert werden (vgl. Kap. 4, Abschnitt 2.5).

Der **Europäische Sozialfonds** (ESF) (Art. 146 EG-VERTRAG) hat die Aufgabe, die Beschäftigungsmöglichkeiten der Arbeitskräfte innerhalb der Union, die berufliche Verwendbarkeit sowie die örtliche und berufliche Freizügigkeit der Arbeitskräfte zu fördern. Außerdem soll durch den Fonds die Anpassung an die industriellen Wandlungsprozesse und an Veränderungen der Produktionssysteme insbesondere durch berufliche Bildung und Umschulung erleichtert werden. Schwerpunkt ist die Bekämpfung der Langzeitarbeitslosigkeit sowie die Erleichterung der Eingliederung von Jugendlichen in das Erwerbsleben.

Im EG-VERTRAG Art. 125ff. sind Vorschriften über die **Koordinierung der Beschäftigungspolitik** enthalten (vgl. Abschnitt 5.4.1). Dazu kann der EUROPÄISCHE RAT auf Vorschlag der EU-KOMMISSION und nach Anhörung des EUROPÄISCHEN PARLAMENTS sowie des WIRTSCHAFTS- UND SOZIALAUSSCHUSSES jährlich mit qualifizierter Mehrheit **beschäftigungspolitische Leitlinien** festlegen. Über deren Umsetzung wird in einem Jahresbericht Rechenschaft abgelegt. Die ersten Leitlinien aus dem Jahre 1997 zielten auf die Verbesserung der Beschäftigungsfähigkeit, die Entwicklung des Unternehmergeistes, die Förderung der Anpassungsfähigkeit der Unternehmen und ihrer Arbeitnehmer sowie die Stärkung der Chancengleichheit zwecks Verbesserung der Lage auf dem Arbeitsmarkt ab. Bemerkenswert sind die von der EU formulierten operationalen Ziele:

- Die Erwerbstätigenquote in der EU soll langfristig auf 70% ansteigen. Innerhalb der nächsten 5 Jahre soll sie von 60,4% (1997) auf 65% erhöht, 12 Millionen neue Arbeitsplätze geschaffen und die Arbeitslosenquote von 11% (1997) auf 7% gesenkt werden.
- Die steuerliche Belastung der Arbeit soll verringert werden (ein Zielwert wurde nicht vorgegeben).
- Die Quoten der Langzeitarbeitslosigkeit und der Jugendarbeitslosigkeit sollen innerhalb der nächsten 5 Jahre halbiert werden und zwar durch Angebote einer Ausbildung, Umschulung, eines Berufspraktikums oder einer anderen Beschäftigungsmaßnahme an erwachsene Arbeitslose binnen 12 Monaten nach Eintritt in die Arbeitslosigkeit, bei jugendlichen innerhalb der ersten 6 Monate.
- Der Anteil der vorzeitigen Schulabgänger soll innerhalb von 5 Jahren halbiert werden.
- Der Anteil der Arbeitslosen, die Ausbildungsangebote erhalten, soll von 10% im EU-Durchschnitt (1997) auf über 25% erhöht werden.

Derartige Zielvorgaben hat es auch in den Folgejahren gegeben.

Es versteht sich von selbst, dass die Absicht einer koordinierten Politik in den Mitgliedstaaten nicht zu einheitlichen Programmen führt. Vielmehr zeigt sich, dass die Schwerpunkte sehr unterschiedlich gesetzt werden. Dazu einige Beispiele[9]: In **Großbritannien** wird versucht, die Umsetzung der beschäftigungspolitischen Leitlinien durch Unterstützung bei der Arbeitssuche und anreizkompatible Beschäftigungs- und Qualifizierungsmaßnahmen zu erreichen. Während auf öffentliche Arbeitsbeschaffungsprogramme verzichtet wird, stehen Anreize zur Arbeitsaufnahme im Vordergrund. Alle Arbeitslosen müssen an einem Beratungsgespräch teilnehmen. **Frankreich** setzt dagegen auf staatliche Programme, in deren Vordergrund beschäftigungspolitische Aktionspläne stehen. Neben der Schaffung von Arbeitsplätzen im öffentlichen Sektor wurde auf eine Erhöhung des Mindestlohns und eine Verkürzung der Arbeitszeit gesetzt. Die Arbeitsmarktpolitik in **Dänemark** richtet sich vor allem auf eine Erhöhung der Beschäftigungsfähigkeit durch umfassende Möglichkeiten und Pflichten zur Qualifizierung. Zu diesem Zweck wurde die aktive Arbeitsmarktpolitik dezentralisiert. Außerdem setzt Dänemark in starkem Maße auf die Flexibilisierung des Arbeitsmarktes. Es gibt einen geringen Kündigungsschutz, nur Massenentlassungen sind staatlich geregelt. Vorübergehende Entlassungen ermöglichen es den Unternehmen, sich flexibel an Schwankungen im betrieblichen Auslastungsgrad anzupassen.

7. Probleme und Grenzen

Probleme bereitet zunächst die **theoretische Fundierung** der Arbeitsmarkt- und Beschäftigungspolitik. Die Antworten auf die Frage, ob eine Marktwirtschaft endogen verursachten Beschäftigungsschwankungen unterliegt, oder ob - wie von der Neuen Klassischen Makroökonomik angenommen - von der Stabilität des privaten Sektors ausgegangen werden kann und konjunkturelle Bewegungen insbesondere durch staatliche Eingriffe in den Wirtschaftsprozess ausgelöst werden, bleiben kontrovers.

---

[9] Vgl. SACHVERSTÄNDIGENRAT ZUR BEGUTACHTUNG DER GESAMTWIRTSCHAFTLICHEN ENTWICKLUNG, Jahresgutachten 1998/99, a.a.O., S. 38ff.

Die **fehlende Flexibilität** auf dem Arbeitsmarkt hat in der Vergangenheit schnellere Anpassungen an neue Erfordernisse verhindert. Dies ist ein ordnungspolitisches Problem. Hinzu kommen die bekannten Unvollkommenheiten des Arbeitsmarktes, die sich in der mangelnden Mobilität von Arbeitnehmern und fehlenden Informationen zeigen. Allerdings muss auch hier gefragt werden, welche Aufgaben dem Staat bei der Lösung des Beschäftigungsproblems zukommen. In der Vergangenheit hat sich gezeigt, dass die Verschärfung der Zumutbarkeitsvorschriften nicht zu einer maßgeblichen Verbesserung auf dem Arbeitsmarkt geführt hat. Zu einem nicht unbeträchtlichen Teil sind die Probleme des Arbeitsmarktes auf das **Verhalten der Wirtschaftssubjekte** zurückzuführen. Dies gilt insbesondere für die Unternehmen, die die Neueinstellung von Arbeitnehmern scheuen und lieber mit der vorhandenen Belegschaft - auch durch Überstunden - betriebsinterne Beschäftigungsschwankungen auszugleichen versuchen. Hinzu kommt, dass sich die soziale Dimension in der unternehmerischen Ethik zurückzubilden scheint.

Grenzen zeigen sich weiterhin beim **Instrumenteneinsatz**. Obwohl der Instrumentenkasten gut gefüllt ist, wird eine Reihe von Instrumenten nicht eingesetzt. Dies kann u.a. an der Festlegung der für arbeitsmarktpolitische Regelungen zuständigen Träger liegen. Während dem Staat das Setzen von Rahmenbedingungen zukommt, müssen die konkreten tarifvertraglichen Regelungen zwischen den Sozialpartnern vereinbart werden. Probleme erwachsen - jedenfalls in Deutschland - aus der grundgesetzlich verankerten **Tarifautonomie**. Sie schränkt die Möglichkeiten des Staates, direkt arbeitsmarktpolitische Ziele zu verwirklichen, maßgeblich ein. Wir stellen dies fest, ohne damit den Wert der Tarifautonomie in Frage stellen zu wollen. Das Beispiel der Lohnfortzahlung im Krankheitsfalle hat gezeigt, wie schwierig Lösungen sind: Gegen den Willen der Gewerkschaften hatte der Gesetzgeber die Möglichkeit zur Begrenzung der Lohnfortzahlung von 100% auf 80% eingeräumt. Nach schwierigen Verhandlungen haben sich die für die jeweiligen Tarifbezirke zuständigen Gewerkschaften und Arbeitgeberverbände bzw. Unternehmensleitungen (bei Haustarifverträgen) in vielen Fällen darauf verständigt, die Lohnfortzahlung bei 100% zu belassen Dafür vereinbarten sie Kompensationen an anderer Stelle (z.B. Kürzungen beim Weihnachtsgeld). Es ist auch nicht auszuschließen, dass die Gewährung von Arbeitslosengeld zu einer Verringerung von Anreizen führt, sich intensiv um eine neue Stelle zu bemühen. Wir wollen aber auch vor Pauschalurteilen warnen, die in jedem Arbeitslosen einen Arbeitsverweigerer sehen.

Die skizzierten Probleme beim Instrumenteneinsatz werden durch unklare Vorstellungen über die verfolgte **wirtschaftspolitische Konzeption** verstärkt. Stabilitätspolitisch primär an den Komponenten der volkswirtschaftlichen Gesamtnachfrage anzusetzen, wird fragwürdig, wenn strukturelle Probleme, nicht aber Anzeichen einer allgemeinen Nachfrageschwäche vorhanden sind. Dies ist auch eine Frage der **Diagnose**. Unzureichender Strukturwandel und nachlassende Wachstumsdynamik können eine Problemlösung über eine mittelfristig ausgerichtete Angebotspolitik erforderlich machen. Dabei sollte man sich jedoch vor der Fehleinschätzung hüten, dass es bei Einsatz der Angebotspolitik nicht mehr zu konjunkturellen Bewegungen der makroökonomischen Aggregate kommen wird. Eine nachfrageorientierte Politik schließt eine gleichzeitige Verbesserung der Angebotsbedingungen in der Volkswirtschaft keineswegs aus. Vielmehr enthält sie wegen der verbesserten Absatzchancen der Unternehmen sogar Elemente einer solchen Politik. Hinzu kommt, dass die Verbesserung der Rahmenbedingungen zwar beschäftigungsfördernd wirken kann, aber nicht zwangsweise zu mehr Beschäftigung führt.

Aus dem latenten **Zielkonflikt** zwischen Beschäftigung und Preisstabilität scheint letztere als Siegerin hervorgegangen zu sein. Dies bedeutet, dass sich die Wertigkeit in der wirtschaftspolitischen Zielhierarchie verändert hat. Verlautbarungen der EZB lassen darauf schließen, dass sie - trotz der im EG-VERTRAG enthaltenen Verpflichtung[10] - nicht gewillt ist, die Geldpolitik zur Beschäftigungsförderung einzusetzen.

Auf dem Arbeitsmarkt existiert ein **Paradoxon**: Einerseits besteht ein Mangel an Arbeitsplätzen, andererseits können viele Arbeitsplätze nicht besetzt werden. Die Erklärung ist einfach. Benötigt werden qualifizierte Mitarbeiter, deren Kenntnisse und Erfahrungen Arbeitsplätzen mit hohen Anforderungen entsprechen. Gleichzeitig bringen viele Menschen nicht mehr die erforderliche Ausbildung und Arbeitseinstellung mit. Sie können Leistungseinkommen nur mit geringfügigen Beschäftigungsverhältnissen oder Gelegenheitsarbeiten erzielen. Die Alternative ist Arbeitslosigkeit. Damit ist ein generelles Problem in unserem **Bildungssystem** angesprochen. Es scheint immer weniger in der Lage zu sein, den Erfordernissen eines Arbeitsmarktes der Zukunft zu genügen. Von Seiten der Unternehmen wird bemängelt, dass wichtige Schlüsselqualifikationen nicht vermittelt werden. Die Finanznot des Staates und sicherlich auch eine gewisse Reformunwilligkeit und -unfähigkeit (z.B. der Hochschulen) sind keine guten Voraussetzungen für Verbesserungen. Hinzu kommt, dass sich Bildungsreformen erst mittelfristig auf dem Arbeitsmarkt auswirken.

Schließlich stellt auch das **politische System** selbst ein Hindernis für die Lösung der Arbeitsmarkt- und Beschäftigungsprobleme dar. Die jeweils an der Macht befindliche Regierung will nicht nur gute Politik machen, sondern sie muss in einem demokratischen - bei uns zudem föderalistischen System - Kompromisse eingehen. Sie orientieren sich aber nicht immer an besten Sachlösungen, sondern insbesondere auch an der Strategie zur Machterhaltung. Die Bereitschaft, von anderen Ländern und deren erfolgreicher Arbeitsmarktpolitik zu lernen, scheint in Deutschland nicht besonders ausgeprägt zu sein. Es kann daher nicht verwundern, wenn die Bundesrepublik von der EUROPÄISCHEN KOMMISSION schlechte Noten für ihre Beschäftigungspolitik erhält.

Durch die **Prozesse der europäischen Integration** und der **Globalisierung** sind weitere Probleme hinzugekommen. Wir haben bereits mehrfach die abnehmende Autonomie in der staatlichen Wirtschaftspolitik infolge dieser Prozesse erwähnt. Durch die Liberalisierung werden Standortverlagerungen ermöglicht, die sich u.a. an Kostengesichtspunkten orientieren. Daneben spielen indes auch andere Einflussfaktoren wie Markterschließung, Nähe zum Absatzmarkt, geringere Regelungsdichte im kostenträchtigen Umweltschutz, steuerrechtliche Vorteile usw. eine Rolle. Dies entspricht zwar dem Prinzip des Freihandels und des freien Kapitalverkehrs, kann jedoch zulasten der internen Beschäftigungssituation gehen. Es zeigt sich, dass die bestmögliche Allokation mit dem Ziel einer akzeptierbaren Verteilung (auch der der Arbeit) in Konflikt gerät. Hinzu kommt, dass durch die Einführung des Euro die Kostensituation und -entwicklung in den Mitgliedstaaten transparent und vergleichbar geworden ist. Dies dürfte mittelfristig zu strukturellen Veränderungen auf den europäischen Märkten (Einkauf, Verkauf, Transportsysteme usw.) führen, wobei die arbeitsmarktpolitischen Systeme, die hinreichend viel Flexibilität besitzen, zu den Gewinnern dieses Prozesses zählen werden.

Die Lösung von Arbeitsmarktproblemen braucht **Zeit**. Von politischer Seite wird oft übersehen, dass diese Probleme selbst über einen längeren Zeitraum hinweg entstanden sind (vgl. z.B. die Hysteresis-Hypothese - Abschnitt 3.2.1). Wenn spät oder zu spät reagiert wird, haben sich die Probleme bereits potenziert. Dies zeigt sich z.B. darin, dass mit der Arbeitslosigkeit auch Probleme in anderen Bereichen der Wirtschafts- und Gesellschaftspolitik

---

[10] Vgl. Art. 105 EG-VERTRAG, Abs. 1: "Das vorrangige Ziel des ESZB ist es, die Preisstabilität zu gewährleisten. *Soweit dies ohne Beeinträchtigung des Zieles der Preisstabilität möglich ist, unterstützt das ESZB die allgemeine Wirtschaftspolitik in der Gemeinschaft, um zur Verwirklichung der in Art. 2 festgelegten Ziele der Gemeinschaft beizutragen.*" (Hervorhebung v. d. Verf.)

induziert werden. Wenn man sich allein die finanziellen Kosten der Arbeitslosigkeit vor Augen hält, wird politische Passivität unverständlich. Unterbeschäftigung führt nicht nur zu fehlenden Beitragseinnahmen der BUNDESAGENTUR FÜR ARBEIT, sondern auch bei den anderen Trägern der Sozialversicherung. Es kann nicht verwundern, dass dann dort finanzielle Schwierigkeiten auftreten, denen man mit Leistungskürzungen und Beitragssatzerhöhungen zu begegnen versucht. Dies ist arbeitsmarktpolitisch ein ungewollter Effekt, weil dadurch die Lohnnebenkosten weiter ansteigen, die Unternehmen entsprechend reagieren und mit einer weiteren Abwanderung in die Schattenwirtschaft zu rechnen ist. Damit zeigt sich ein **Teufelskreis**, dessen Lösung nur im politischen Raum möglich ist. Ein möglicher Ansatz besteht in der Individualisierung von Risiken (Krankheit, Alter, Arbeitslosigkeit), was aber gleichbedeutend mit einer Einschränkung von Verpflichtungen der Solidargemeinschaft ist.

Es wird immer mehr Menschen geben, die keinen Zugang zum regulären Arbeitsmarkt haben werden. Daher ist es notwendig, Strukturen und Beschäftigungsfelder außerhalb der betrieblich organisierten Arbeit zu schaffen, in denen der Einsatz und die Weiterentwicklung der Fähigkeiten und Eigenschaften der Menschen während der Zeit der Erwerbslosigkeit gefordert und gefördert wird. Gleichzeitig kann damit die Produktivität und Wertschöpfung der vorhandenen Potenziale erschlossen werden. Der Erfolg solcher Ansätze ist abhängig einem breiten Konsens sowie der Kooperation und Vernetzung aller arbeitsmarktpolitischen Akteure.

Arbeitsaufgaben

1) *Wie wird Arbeitslosigkeit gemessen? Diskutieren Sie in diesem Zusammenhang die in Deutschland ermittelten Arbeitslosenquoten.*

2) *Welche Arten von Arbeitslosigkeit kann man unterscheiden?*

3) *Erörtern Sie, welche einzel- und gesamtwirtschaftlichen Folgen sich aus einer hohen Arbeitslosigkeit ergeben können.*

4) *Welche Arbeitsmarkttheorien gibt es?*

5) *Was können die Tarifvertragsparteien zur Verringerung von Arbeitslosigkeit beitragen?*

6) *Welche grundsätzlichen Strategierichtungen zur Bekämpfung von Arbeitslosigkeit lassen sich unterscheiden?*

7) *Was versteht man unter aktiver und passiver Arbeitsmarktpolitik?*

8) *Lässt sich die Arbeitslosigkeit durch Arbeitszeitflexibilisierung verringern?*

9) *Welche Einflüsse gehen von dem Prozess der Globalisierung auf die Arbeitsmarktentwicklung aus?*

10) *Weshalb ist es heute für den Staat schwierig, Arbeitsmarktpolitik zu betreiben und wo sehen Sie Probleme für eine wirkungsvolle Bekämpfung der Langzeitarbeitslosigkeit?*

8. Kapitel: Außenwirtschaftspolitik

1. Einleitung

Die Außenwirtschaftspolitik gewinnt infolge der immer intensiveren internationalen Verflechtung zunehmend an Bedeutung. Internationaler Austausch kann - innerhalb einer gerechten Weltwirtschaftsordnung - das Leistungsvermögen der nationalen Volkswirtschaften fördern. Außenwirtschaftspolitik ist eng mit der allgemeinen Wirtschaftspolitik verbunden.

Außenwirtschaftspolitik ist die Gesamtheit staatlicher Aktivitäten und Maßnahmen, die darauf gerichtet sind, die Rahmenbedingungen internationaler Wirtschaftsbeziehungen (Waren-, Leistungs- und Faktorverkehr) zu gestalten oder zu verändern sowie internationale Transaktionen zur Erreichung binnen- und außenwirtschaftlicher Ziele zu beeinflussen.

Dies bezieht sich zunächst auf die Herstellung und Aufrechterhaltung des **ordnungspolitischen Rahmens** (Außenwirtschaftsordnung). Die Außenwirtschaftsordnung umfasst alle institutionellen und rechtlichen Regelungen, innerhalb derer die Wirtschaftssubjekte außenwirtschaftliche Transaktionen durchführen können. Die konkrete Form der Außenwirtschaftsordnung wird durch die bestehende binnenwirtschaftliche Ordnung sowie die Organisation der internationalen Wirtschaftsbeziehungen (Weltwirtschaftsordnung) bestimmt: Während marktwirtschaftlich orientierte Volkswirtschaften auf eine im Grundsatz uneingeschränkte Entscheidungsfreiheit der Wirtschaftssubjekte im Außenwirtschaftsverkehr setzen, ist - oder besser war - das Außenhandelsmonopol des Staates kennzeichnend für sozialistische Zentralverwaltungswirtschaften. Auch für die Außenwirtschaftspolitik gilt, dass der Ordnungsrahmen vom **ablaufpolitischen Bereich** unterschieden werden muss. Dies wird v.a. beim Instrumenteneinsatz deutlich. Kein Land kann erfolgreiche Außenwirtschaftspolitik im nationalen Alleingang betreiben. Beispielsweise ruft die Anwendung protektionistischer Maßnahmen Abwehrreaktionen anderer Staaten hervor. Auch haben einseitig vorgenommene Abwertungen von Währungen immer wieder zu "Abwertungswettläufen" geführt.

Diese Beispiele lassen erkennen, dass in der Außenwirtschaftspolitik nach **güterwirtschaftlichen** und **monetären** Aspekten unterschieden werden sollte. Allerdings bestehen zwischen beiden Bereichen enge Wechselbeziehungen. Daher wird sie auch häufig in die **Außenhandelspolitik** und die **Währungspolitik** unterteilt:

Während die Außenhandelspolitik die Gesamtheit der staatlichen Maßnahmen zur Gestaltung des internationalen Austauschs von Waren und Dienstleistungen umfasst, sind die Maßnahmen der Währungspolitik im engeren Sinne auf die Sicherung des Außenwerts der Währung gerichtet.

Währungspolitik im weiteren Sinne umfasst zusätzlich alle Maßnahmen zur Regelung von Geldumlauf und Kreditversorgung der Volkswirtschaft. Dazu gehören in erster Linie alle binnenwirtschaftlichen Maßnahmen, die im Rahmen z.B. der Liquiditäts- und Zinspolitik ergriffen werden. Es können aber auch Maßnahmen eingeordnet werden, die den Außenwirtschaftsverkehr und den Devisenmarkt betreffen (z.B. Eingriffe in den Handels-, Dienstleistungs- oder Übertragungsverkehr).[1]

Wichtige Informationen über die **außenwirtschaftliche Situation** liefert die **Zahlungsbilanz ex post** (Zahlungsbilanz im statistischen Sinne). Dabei handelt es sich um eine systemati-

---

[1] Nicht selten werden unter Währungspolitik aber auch nur die ordnungs- und ablaufpolitischen Maßnahmen verstanden, die unmittelbare Bedeutung für den Devisenmarkt haben. Ordnungspolitische Maßnahmen in diesem Sinne umfassen die Ausgestaltung des Währungssystems innerhalb der internationalen Währungsordnung. Ablaufpolitische Maßnahmen beinhalten beispielsweise Wechselkursregulierungen, Handhabung der Konvertibilität oder Devisenbewirtschaftung.

sche Gegenüberstellung sämtlicher innerhalb eines bestimmten Zeitraums erfolgter - in Geld ausgedrückter - ökonomischer Transaktionen einer Volkswirtschaft mit dem Ausland. Die folgende Übersicht ist aus der von der DEUTSCHEN BUNDESBANK (Geschäftsbericht 1997, S. 53) verwendeten Gliederung abgeleitet. Aus der Darstellung wird bereits deutlich, wie vielfältig die außenwirtschaftlichen Beziehungen sein können.

	Soll		Haben
(1) Handelsbilanz	Export		Import
(2) Dienstleistungsbilanz	Einnahmen		Ausgaben
(3) Erwerbs- u. Vermögenseinkommen	empfangen		geleistet
(4) Laufende Übertragungen	empfangen		geleistet
(1) bis (4) Leistungsbilanz			
(5) Bilanz der Vermögensübertragungen (erfasst unregelmäßig vorfallende Transfers)			
(6) Direktinvestitionen	im Ausland		im Inland
(7) Wertpapiere u. Finanzderivate	Abnahme		Zunahme
(8) Kreditverkehr	d. Forderungen		d. Forderungen
- langfristig - kurzfristig		bzw.	
- öffentlich - privat	Zunahme der		Abnahme der
(9) Sonstige Kapitalanlagen	Verbindlich-		Verbindlich-
	keiten		keiten
(6) bis (9) Bilanz des Kapitalverkehrs			
(10) Devisenbilanz (Veränderung der Auslandsaktiva)			
(11) Bilanz der ungeklärten Posten (statistisch nicht aufgliederbare Restposten)			

Übersicht 8.1: Grundaufbau der Zahlungsbilanz

Der **Gesamtsaldo** der Zahlungsbilanz muss immer Null sein: Die Verbuchung der außenwirtschaftlichen Aktivitäten geschieht nach den Regeln der doppelten Buchführung, so dass jeder Vorgang einmal im Soll und gleichzeitig im Haben erfasst wird. Dies bedeutet jedoch noch nicht, dass ein außenwirtschaftliches Gleichgewicht vorliegt. Davon kann erst gesprochen werden, wenn die Zahlungsbilanz auch materiell ausgeglichen ist. Das ist der Fall, wenn die Devisenbilanz oder die autonomen Aktivitäten ausgeglichen sind.

Für die Betrachtung von außenwirtschaftlichen Vorgängen spielt die **Zahlungsbilanz ex ante** (Zahlungsbilanz im Marktsinne oder Devisenmarkt) ebenfalls eine wichtige Rolle. Durch eine aktive oder passive Zahlungsbilanz kann es hier zu Ungleichgewichten kommen. Eine dauerhaft aktive Zahlungsbilanz gefährdet die Stabilität des Preisniveaus (Vergrößerung der inländischen Geldmenge durch Devisenzuflüsse), während eine langfristig passive Zahlungsbilanz (Devisenabflüsse) die Gefahr der internationalen Verschuldung in sich birgt. In diesem Zusammenhang müssen wir auf die Bedeutung des Wechselkurses eingehen. Zunächst einmal bezeichnet der **nominelle Wechselkurs** oder kurz Wechselkurs (w) das Austauschverhältnis zweier Währungen. Für eine Reihe von Analysen reicht das jedoch nicht aus. Es kommt vielmehr darauf an, das unterschiedliche Preisniveau zwischen In- und Ausland zu berücksichtigen. Dies geschieht über den **realen Wechselkurs**. Er ergibt sich, wenn man das ausländische Preisniveau mit dem nominellen Wechselkurs multipliziert und durch das inländische Preisniveau dividiert. Das ausländische Preisniveau ist dann gewissermaßen in Inlandswährung ausgedrückt:

$$w_r = (w * P_a) : P_i$$

Veränderungen des realen Wechselkurses haben Auswirkungen auf die internationale Wettbewerbsfähigkeit, da sie Inlandsgüter billiger oder teurer im Verhältnis zu ausländischen Gütern machen und umgekehrt (Nachfragewirkungen).

Doch zurück zum nominellen Wechselkurs: Er drückt den Preis einer Währung in einer anderen Währung aus. So werden die jeweils in Inlandswährung ausgedrückten Preise verschiedener Länder vergleichbar. Der Wechselkurs kann in Preis- bzw. Mengennotierung angegeben werden. Zum 01.01.1999 wurde in allen Ländern des Euroraums auf die Mengennotierung umgestellt. Die bis dahin in Deutschland übliche **Preisnotierung** gibt an, wie viel 1 Einheit Fremdwährung in inländischen Währungseinheiten kostet (also: 1 US-$ kostet w €). Im Gegensatz dazu gibt die **Mengennotierung** an, wie viel Fremdwährung man für 1 Einheit inländischer Währung bekommt (also: 1 € = w US-$). Die Umstellung hat zur Folge, dass jetzt die Inlandswährung als feste Bezugsgröße dient.

Stellt sich nun die Frage, wie der Wechselkurs „festgelegt" wird: Sofern ein System frei flexibler Wechselkurse vorliegt, bildet sich der Preis auf dem **Devisenmarkt**. Wir wollen bei unserer Analyse vom Devisenmarkt in Frankfurt ausgehen, wo Euro gegen US-Dollar getauscht werden. Hier treffen Nachfrager nach und Anbieter von Euro zusammen. Zur **Euro-Nachfrage** kommt es, weil einerseits die Exporteure des Euroraums im Ausland verdiente Devisen z.B. US-$ anbieten. Andererseits wird auch eine Nachfrage von ausländischen Kapitalanlegern entfaltet, die in Euro-Anlagen wechseln wollen (Kapitalimport). Unter **Kapitalimport** wird allgemein die längerfristige Anlage von Vermögen oder Ersparnissen im Inland (der Erwerb inländischer Aktiva durch Ausländer) verstanden. Dazu gehören u.a. Kauf inländischer Wertpapiere und Aktien (Portfolioinvestitionen), Immobilienerwerb und Direktinvestitionen von Ausländern im Inland oder die Aufnahme von Krediten im Ausland. Die Definition ist bewusst breit gehalten, um alle möglichen Transaktionen in die Überlegungen einbeziehen zu können. Sie gilt dann z.B. auch für Devisenspekulationen. Das **Euro-Angebot** wiederum entsteht durch die Importeure des Euroraums, die US-$ zur Bezahlung ihrer Rechnungen benötigen. Zusätzliches Angebot geht von inländischen Kapitalanlegern aus, die Anlagen in US-$ erwerben möchten (**Kapitalexport**). Übertragen wir diese Überlegungen grafisch auf den Devisenmarkt (Abb. 8.1):

Darauf aufbauend lassen sich wesentliche Beziehungen, die mit einer Auf- bzw. Abwertung des Euro zusammenhängen, herausarbeiten. Dabei werden auch die unterschiedlichen währungspolitischen Alternativen berücksichtigt.

Unter einer **Aufwertung** (Revalvation) wird die Erhöhung des Außenwertes einer Währung verstanden. Bei der Mengennotierung der inländischen Währung bedeutet das, dass der Wechselkurs steigt. Im allgemeinen geht das zu Lasten der Exportwirtschaft, da Exporte aus dem aufwertenden Land im Ausland bei sonst gleichen Bedingungen teurer werden. Dagegen werden Importe aus dem Ausland billiger. Unter einer **Abwertung** (Devalvation) wird die Verminderung des Außenwertes einer Währung verstanden. Das bedeutet bei der Mengennotierung der inländischen Währung, dass der Wechselkurs sinkt. Davon profitiert die Exportindustrie, weil die Exporte des abwertenden Landes im Ausland billiger werden. Allerdings werden gleichzeitig ausländische Güter (Importe) teurer. Verdeutlichen wir diese Aussagen an Hand eines einfachen Beispiels. Was bedeutet eine Auf- bzw. Abwertung des Euro gegenüber dem US-$ (Mengennotierung, also 1 Euro = w US-$):

			Abwertung	Aufwertung
1 €	=	1,1775 US-$	↓ des	↑ des
1 €	=	1,1275 US-$	€	€

Ein Aufwertung des Euro gegenüber dem US-$ hat zur Folge, dass der Wechselkurs steigt. 1 € kostet statt ehemals 1,1275 US-$ nun 1,1775 US-$. Bei einer Abwertung sinkt dagegen der Wechselkurs. Das bedeutet, dass 1 € kostet nun nicht mehr 1,1775 US-$, sondern nur noch 1,1275 US-$.

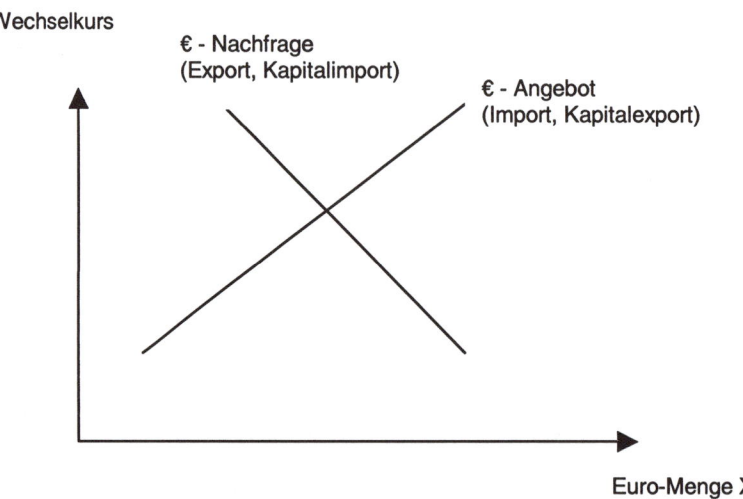

Abb. 8.1: Der Devisenmarkt bei Mengennotierung

In der Währungspolitik müssen grundlegende Entscheidungen hinsichtlich der **währungspolitischen Ausgangspositionen** getroffen werden. Dabei geht es zunächst einmal um die Wahl zwischen Konvertibilität (Konvertierbarkeit) und Devisenbewirtschaftung. Freie **Konvertibilität** ist gegeben, wenn ein Land Zahlungen aus grenzüberschreitendem Geschäftsverkehr unbeschränkt zulässt und einen Umtausch der in anderen Ländern angesammelten Währung garantiert. Sie kann allerdings nach bestimmten Aspekten eingeschränkt werden (z.B. Inländer-Konvertibilität, Ausländer-Konvertibilität). Demgegenüber wird eine **Devisenbewirtschaftung** generell durch staatliche Maßnahmen zur Überwachung und Beschränkung des internationalen Zahlungsverkehrs charakterisiert (Reglementierung des Außenwirtschaftsverkehrs). Das zeigt sich im Einzelnen darin, dass z.B. die Währung der betroffenen Länder nicht konvertibel ist. Auch besteht häufig die Auflage, im Ausland verdiente Devisen zentral abzuliefern. Für den Import benötigte Devisen müssen beantragt werden. Das System der Devisenbewirtschaftung macht Kontrollen erforderlich und führt unweigerlich zu einem Schwarzmarkt, auf dem die Währung des betreffenden Landes die Bewertung erfährt, die ihr der Markt gibt.

Eine zweite Entscheidung bezieht sich auf die Wahl des **Währungssystems** (Wechselkurssystem). Unter Vernachlässigung verschiedener Zwischenformen (z.B. Währungssystem mit stufenflexiblen Wechselkursen), bestehen bei freier Konvertibilität der Währungen zwei Alternativen: (1) **Währungssystem mit freien (flexiblen) Wechselkursen** und (2) **Währungssystem mit festen Wechselkursen** (ggf. mit Bandbreiten). Ein **freier Wechselkurs** liegt vor, wenn er sich allein aufgrund von Angebot und Nachfrage auf dem Devisenmarkt bildet (**floating**). Die Folge von Angebots-/ oder Nachfrageschwankungen sind Auf-

bzw. Abwertungen. Ausschließlich die Dispositionen der Marktteilnehmer bestimmen also hier die Höhe des Wechselkurses - unbeeinflusst durch staatliche Interventionen. Die Zentralbanken greifen nur bei außerordentlich hohen, kurzfristigen Kursschwankungen ein (**managed floating**), um das Funktionieren des Währungssystems aufrecht zu erhalten. Ein Wechselkurs wird als **fest** bezeichnet, wenn er durch die Regierung festgesetzt wird (Paritätskurs). Häufig wird jedoch eine geringe Schwankung innerhalb vorgegebener Bandbreite aus technischen Gründen zugelassen. Bei Überschreiten dieser Grenzen (Interventionspunkte), greifen die Zentralbanken zur Stützung des Kurses durch Käufe oder Verkäufe der entsprechenden Währung ein.

Im Währungssystem mit festen Wechselkursen können **Zahlungsbilanzungleichgewichte** auftreten. Es dürfte sehr unwahrscheinlich sein, dass die Akteure auf dem Devisenmarkt gerade genau so viele Devisen anbieten und nachfragen, dass ein dem Paritätskurs entsprechender Gleichgewichtswechselkurs entsteht. Folglich wird es im allgemeinen entweder zu einem Zahlungsbilanzdefizit oder zu einem Zahlungsbilanzüberschuss kommen. Von einem **Zahlungsbilanzdefizit** sprechen wir, wenn die Nachfrage nach Devisen das Devisenangebot übersteigt. Umgekehrt existiert ein **Zahlungsbilanzüberschuss**, wenn die Devisennachfrage kleiner als das Angebot an Devisen ist. In einem Währungssystem mit freien Wechselkursen würde entsprechend der Ungleichgewichtssituation der Wechselkurs steigen oder sinken. Ein derartiger Anpassungsprozess ist in einem System fester Wechselkurse nicht möglich, d.h. die Zentralbank ist zum Intervenieren gezwungen. Im Falle eines Defizits muss sie zusätzliche Devisen zur Verfügung stellen. Die Stützung des Paritätskurses muss darüber hinaus durch andere wirtschaftspolitische Maßnahmen abgesichert werden. Bei Vorliegen eines Überschusses erhöht die Zentralbank dagegen die Devisennachfrage. Auch hier sind begleitende geld- und finanzpolitische Maßnahmen unerlässlich.

2. Situationsanalyse

2.1 Allgemeine Entwicklung

Nach dem Zweiten Weltkrieg hat die Weltwirtschaft eine bemerkenswerte Dynamik entfaltet. Diese Entwicklung war durch das Bestreben gekennzeichnet, den Desintegrationstendenzen der Weltwirtschaft entgegenzuwirken, die eine Folge der großen Weltwirtschaftskrise in den 30er Jahren war. Dabei ging es zunächst vorrangig darum, die restriktiven Praktiken im internationalen Handels- und Zahlungsverkehr zu überwinden und die internationalen Wirtschaftsbeziehungen neu zu regeln. Dieser Prozess wurde durch eine Reihe von internationalen Vereinbarungen, Konferenzen, der Gründung von weltwirtschaftlich agierenden Institutionen usw. vorangetrieben. Im Ergebnis ist die heutige **Weltwirtschaftsordnung** entstanden.

Die Weltwirtschaftsordnung umfasst die Gesamtheit der gesetzlichen und vertraglichen Regelungen, Verhaltensnormen sowie Institutionen, die die Rahmenbedingungen für Transaktionen im internationalen Wirtschaftsverkehr (Waren-, Dienstleistungs- und Kapitalverkehr) bestimmen.

2.1.1 Organisationen der Weltwirtschaftsordnung

Bereits während des Zweiten Weltkrieges initiierten vor allem die USA und Großbritannien internationale Verhandlungen über die Grundsätze einer neuen Weltwirtschaftsordnung. Erste zählbare Ergebnisse brachte 1944 die Währungs- und Finanzkonferenz der VER-

EINTEN NATIONEN (UNO) von **Bretton Woods** hervor, auf der mit der Errichtung des INTER-
NATIONALEN WÄHRUNGSFONDS (IWF) - der 1947 den Status einer Sonderorganisation der UN
erhielt - die Neuordnung der internationalen Währungsbeziehungen beschlossen wurde.
Neben der der Förderung der währungspolitischen Zusammenarbeit, der Sicherung der
äußeren und inneren Währungsstabilität, der Kreditgewährung bei kurzfristigen Zahlungsbilanzproblemen soll der IWF die Ausweitung des Welthandels fördern (vgl. Abschnitt 5.2.3).

Gleichzeitig mit dem IWF wurde die Gründung der INTERNATIONALEN BANK FÜR WIEDERAUF-
BAU UND ENTWICKLUNG (kurz WELTBANK) beschlossen, die im Juni 1946 ihre Geschäftstätig-
keit aufnahm. Ihr Status ist ebenfalls der einer UN-Sonderorganisation. Als offizielle multilaterale Institution ist die Weltbank in der Lage, Geld auf den Kapitalmärkten zu günstigen
Bedingungen aufzunehmen und sie an ihre Kreditnehmer weiterzugeben. Während sie sich
unmittelbar nach dem Zweiten Weltkrieg vorrangig dem Wiederaufbau in Westeuropa wid-
mete, ist sie heute einer der wichtigsten Akteure der Entwicklungspolitik und -finanzierung.
Zur Unterstützung wurden der WELTBANK weitere Institutionen mit speziellen Aufgaben
ergänzend zur Seite gestellt: die INTERNATIONALE FINANZ-KOOPERATION (Förderung privatwirtschaftlicher Entwicklungen in Entwicklungsländern), die INTERNATIONALE ENTWICKLUNGSOR-
GANISATION (Bereitstellung günstiger Kredite) sowie die MULTILATERALE INVESTITIONS-GA-
RANTIE-AGENTUR (Absicherung privater Investitionen vor politischen Risiken). Gemeinsam
bilden sie die so genannte WELTBANKGRUPPE. Vor dem Hintergrund der Krise auf den asiatischen und anderen Finanzmärkten sowie der anhaltenden Probleme der Entwicklungsländer ist in den letzten Jahren der Ruf nach einer Reform von IWF und Weltbank (z.B. stärkere Kontrolle der internationalen Finanzströme, bedarfsorientierte Entwicklungshilfe) immer
lauter geworden.

Neben IWF und Weltbankgruppe kommt der WELTHANDELSORGANISATION (WTO) besondere
Bedeutung zu (vgl. Abschnitt 5.2.2). Sie nahm Anfang 1995 auf der Grundlage der Beschlüsse von Marrakesch 1994 ihre Arbeit auf. Die WTO wurde im Ergebnis langjähriger
Verhandlungen der so genannten URUGUAY-RUNDE geschaffen. Sie bildet den institutionellen Rahmen für die Wahrnehmung der Handelsbeziehungen zwischen den 146 Mitgliedstaaten (Stand 2003).

Die ORGANISATION FÜR WIRTSCHAFTLICHE ZUSAMMENARBEIT UND ENTWICKLUNG (OECD) wurde
bereits 1961 als Nachfolgerin der ORGANISATION FÜR EUROPÄISCHE ZUSAMMEN-ARBEIT (OEEC)
gegründet. Mitglieder der OECD sind die reichsten Industrieländer, in denen etwa zwei
Drittel der Weltproduktion erzeugt werden. Inzwischen gehören ihr aber auch osteuropäi-
sche Staaten (Polen, Tschechien, Ungarn) an. Vor dem Hintergrund der politischen und
wirtschaftlichen Veränderungen hat die OECD weitreichende Reformen vorgeschlagen. Sie
bietet den Regierungen einen Rahmen, um Probleme der Wirtschaftspolitik zu diskutieren
und Lösungen zu entwickeln. Im Mittelpunkt sollen dabei wieder verstärkt die im Art. 1 der
OECD-Konvention verankerten Ziele (Kernaktivitäten) stehen: (1) optimale Wirtschaftsent-
wicklung und Beachtung der finanziellen Stabilität, (2) gesundes (mittlerweile nachhaltiges)
Wirtschaftswachstum sowie Ausweitung des Welthandels. In diesem Sinne werden zukünftig Fragen an Bedeutung gewinnen, die sich mit den Auswirkungen der Globalisierung,
Strukturen und Funktionsfähigkeit internationaler Finanzmärkte und den Beziehungen zwischen Industrie-, Schwellen und Entwicklungsländern beschäftigen.

Eine wichtige Stellung als begleitende Diskussionsplattform innerhalb der Weltwirtschaftsordnung nimmt die WELTHANDELS- UND ENTWICKLUNGSKONFERENZ (UNCTAD) ein, die 1964
als Sonderorganisation Organ der VEREINTEN NATIONEN errichtet wurde. Ihr vorrangiges Ziel
besteht in der Förderung des internationalen Handels in Verbindung mit der Beschleuni-

gung wirtschaftlichen Wachstums. Weiterhin galt es Grundsätze und Richtlinien für den internationalen Handel aufzustellen sowie Handels- und Entwicklungspolitik besser zu harmonisieren. Bis Mitte der 90er Jahre stellte die UNCTAD das zentrale Forum im „Nord-Süd-Dialog" zwischen Entwicklungsländern und westlichen Industriestaaten dar. Mit der Gründung der WTO nahm ihre Bedeutung ab. Die Forderung v.a. der Industriestaaten nach einer Neuorientierung der UNCTAD wurde zunehmend dringlicher gestellt. Auf der IX. UNCTAD-Konferenz in Midrand (Südafrika) 1996 erfolgte eine Hinwendung zur „Förderung von Wachstum und nachhaltiger Entwicklung in einer sich globalisierenden und liberalisierenden Weltwirtschaft". Das bedeutet, dass die UNCTAD die Integration der Entwicklungsländer und der Staaten des ehemaligen Ostblocks (Transformationsstaaten) in den freien Welthandel fördern soll. Dieser Prozess wurde auf der X. Konferenz in Bangkok 2000 bestätigt. Außerdem wurde eine umfassende Reform ihrer Organisation und Arbeitsweise (z.B. „Verschlankung" des organisatorischen Apparats, Konzentration auf wesentliche Aufgaben, bessere Vernetzung im System der UNO, Abgrenzung der Kompetenzen gegenüber der neu geschaffenen WTO) beschlossen. Die UNCTAD ist der Vollversammlung der UNO unterstellt. Ihr wichtigstes Organ sind die seit 1972 im vierjährigen Rhythmus tagen Konferenzen der zurzeit 192 Mitgliedsstaaten (2003).

2.1.2 Internationale Liquidität

Außenwirtschaftliche Vorgänge müssen zahlungstechnisch in einer Währung abgewickelt werden, die international als Zahlungsmittel akzeptiert wird (internationale Liquidität). Die **internationale Liquidität** wird nach offizieller und privater Liquidität (Devisenreserven von Geschäftsbanken und international tätiger Unternehmen) unterschieden. Letztere wird üblicherweise nicht den offiziellen Währungsreserven einen Landes zugerechnet, da die Zentralbanken nicht auf sie zurückgreifen können. Konzentrieren wir uns deshalb auf die offizielle internationale Liquidität und klären zunächst den Begriff:

Unter internationaler Liquidität wird das Finanzierungspotenzial verstanden, über das die Zentralbank eines Landes verfügt. Sie wird gehalten, um am Devisenmarkt zu intervenieren, den Wechselkurs zu stützen sowie Defizite in der Zahlungsbilanz auszugleichen.

Allerdings ist der Begriff der internationalen Liquidität nicht eindeutig definiert und abgegrenzt. In der Regel wird sie mit den **offiziellen Währungsreserven** eines Landes gleichgesetzt. Dazu zählen solche Aktiva der Zentralbank, die entweder direkt oder nach kurzfristiger Umwandlung als interventionsfähige Aktiva eingesetzt werden können. Nach dem IWF sind das nur die offiziellen Reserven an Gold, Devisen und IWF-bezogenen Aktiva wie Sonderziehungsrechte. Machte Gold 1950 noch knapp 70% des Gesamtbestandes internationaler Liquidität aus, spielt es heute nur noch eine untergeordnete Rolle. Demgegenüber wuchs der Anteil der Devisen auf über 90% (vgl. M. WILLMS, Internationale Währungspolitik, München 1995). Damit ist allerdings eine währungspolitische Destabilisierung gegeben, falls dieser Zuwachs auf Leistungsbilanzdefiziten der Reserveländer - insbesondere der USA - beruht.

Weltweit wächst der **Bedarf an internationaler Liquidität** - im Sinne von Transaktionskasse - stetig. Worin aber liegen die Ursachen dieser Entwicklung? Zu nennen sind vor allem: (1) Eine Zunahme des **internationalen Handels** erhöht die Nachfrage nach entsprechenden Zahlungsmitteln (Devisen). Das gilt ebenso für (2) die Zunahme des **internationalen Kapitalverkehrs**. Schließlich darf nicht übersehen werden, dass (3) auch die **Zahlungsbilanzdisziplin** von Bedeutung ist. Länder, die ständig Defizite in ihren Zahlungsbilanzen (im Marktsinne) aufweisen, generieren einen höheren Bedarf an internationaler Liquidität. Dabei muss beachtet werden, dass solche Defizite auch Ausdruck für eine bestimmte interne

Wirtschaftspolitik oder eine andere Bewertung gesamtwirtschaftlicher Ziele (z.B. Vorrang der Beschäftigungspolitik vor der Preisniveaustabilität) sein können. Wir wollen dies nicht bewerten, sondern nur als Ursache für den Bedarf an internationaler Liquidität darstellen.

Wenden wir uns nun der Frage zu, wie internationale Liquidität geschaffen wird. Im Rahmen des unmittelbar nach dem Zweiten Weltkrieg gegründeten INTERNATIONALEN WÄHRUNGSFONDS wurde zunächst ein **Gold-Dollar-Standard** bei festen Wechselkursen vereinbart: Der US-$ war an das Gold gebunden, wobei eine Gold-Dollar-Parität von 1 Feinunze Gold = 35 US-$ festgelegt wurde. Zentralbanken hatten grundsätzlich das Recht, ihre Dollarbestände in Gold umzutauschen (Ausländerkonvertibilität). Andere Länder bestimmten die Parität ihrer Währung im Verhältnis zum Dollar oder definierten ebenfalls ihren Feingoldgehalt. Der **US-Dollar** fungierte somit **als Leitwährung** im IWF-System und wurde zur wichtigsten internationalen Liquidität. Über zwei Jahrzehnte funktionierte dieses System und trug zur Expansion des Welthandels bei. Zunehmende Leistungsbilanzdefizite der USA (vor allem infolge des Vietnam-Krieges) führten jedoch zu wachsenden Beständen an US-$ bei Zentralbanken außerhalb der USA, die deren Goldvorrat überstiegen. In den 60er Jahren wurde auf diese Weise zusätzliche internationale Liquidität fast ausschließlich über die Zahlungsbilanzdefizite der Vereinigten Staaten von Amerika geschaffen. Wie wir aus den geldpolitischen Überlegungen wissen, wird Geld dadurch geschaffen, dass die Zentralbank des betreffenden Landes Aktiva ankauft und mit Zentralbankgeld bezahlt. Die USA bezahlten also ihre Defizite mit US-$, die von den Gläubigerländern akzeptiert und als internationales Zahlungsmittel eingesetzt wurden. Insofern waren diese Defizite sogar notwendig zur Schaffung internationaler Liquidität. Es ist in diesem Zusammenhang bemerkenswert, dass für die USA aufgrund ihrer Sonderstellung im IWF keine Anpassungsmaßnahmen erforderlich waren. So konnten sie angesichts der Leit- und Reservewährungsfunktion des US-$ die Partner durch die „Produktion" immer größerer Zahlungsbilanzdefizite zur Finanzierung des eigenen Staatshaushalts heranziehen. Ergänzen wir noch, dass die Devisen, die von anderen Ländern verdient worden waren, "idle money" darstellen. Das sind Überschussreserven, die nicht zum Kauf von Waren und Dienstleistungen oder investitionsfördernden Anlageformen genutzt werden und zunächst keine Zinsen erbrachten. So wurde nach zinstragenden Anlagemöglichkeiten gesucht, die sich wiederum auf dem amerikanischen Markt eröffneten, der - u.a. wegen permanent hoher Defizite im Staatshaushalt - auf den Zufluss von Auslandskapital angewiesen war.

Im August 1971 hoben die USA die Konvertibilität der Dollarbestände der Zentralbanken in Gold auf, ohne den Wechselkurs des US-$ durch Interventionen am Devisenmarkt zu stabilisieren. Dieser Schritt bedeutete den Übergang zu flexiblen Wechselkursen. Bis zu diesem Zeitpunkt wurde der Paritätswert der Währung jedes IWF-Mitgliedes in Gold oder in US-Dollars ausgedrückt, wodurch letztlich alle Währungen der Welt über ihre Goldparität miteinander verknüpft waren. Mittlerweile ist indes das Gold auch als Recheneinheit abgeschafft, es gibt weder eine offizielle Gold-Dollar-Parität noch eine offizielle Gold-SZR-Parität. Gold ist für die Währungsbehörden nur noch Wertaufbewahrungsmittel. Die defizitäre Entwicklung der amerikanischen Leistungsbilanz blieb nicht auf die 60er Jahre beschränkt und setzt sich auch in der Gegenwart fort. So erreichte das Defizit im Jahre 2002 5% des BIP der USA und die Nettoauslandsverbindlichkeiten überschritten erstmals 20% des BIP (BANK FÜR INTERNATIONALEN ZAHLUNGSAUSGLEICH, 73. Jahresbericht, Basel 2003, S.95). Ein in solches Verhalten kann sich bis heute kein anderes Land auf dieser Welt leisten. Wählt man eine ressourcenbezogene Betrachtung, muss festgestellt werden, dass die USA aus der Weltwirtschaft Ressourcen in Anspruch nahmen, sie mit US-$ bezahlten und sich somit gegenüber anderen Ländern verschuldeten und das ohne jegliche Konsequenzen.

Die Entwicklungen in den 60er Jahren verstärkten die Befürchtungen, dass die Versorgung der Weltwirtschaft mit internationaler Liquidität langfristig gefährdet sei. Um möglichen Liquiditätsproblemen entgegenzuwirken, wurde deshalb 1969 eine neue Form internationaler Liquidität - die **Sonderziehungsrechte** (SZR) - geschaffen. Dabei handelt es sich um internationales Buchgeld, das vom IWF zum 01.01.1970 bereitgestellt wurde. Anfangs entsprach ein SZR einem festen Goldgegenwert von 0,888671 Gramm bzw. einem US-$ (oder 35 SZR je Unze Gold). Mit der Aufhebung der Goldkonvertibilität des US-$, der faktischen Aufhebung des offiziellen Goldpreises und dem Übergang zu flexiblen Wechselkursen war dieser Maßstab allerdings nicht mehr anwendbar. An seine Stelle 1974 trat ein **internationaler Währungskorb**. Zunächst wurde er aus den Währungen von 16 Ländern und ab 1981 nur noch aus den fünf wichtigsten Handelswährungen zusammengestellt. Mit der Einführung des Euro fielen die DM und der Franc aus dem Korb heraus. Anfang 2002 lagen die Anteile der nunmehr vier Korbwährungen bei 45% (US-Dollar), 29% (Euro), 15% (Japanischer Yen) und 11% (Pfund Sterling). Die Einführung dieser zusätzlichen internationalen Liquidität konnte jedoch den allmählichen Zusammenbruch des Währungssystems von Bretton Woods zwischen 1971 und 1973 nicht verhindern. Anhaltende Währungsturbulenzen sorgten dafür, dass im März 1973 das System fester Wechselkurse im IWF durch flexible Wechselkurse abgelöst wurde. Zwar wird die Wechselkurspolitik eines Landes auch weiterhin durch den IWF überwacht, aber die Wahl seines Wechselkurssystems ist jedem Land freigestellt. Dementsprechend unterschiedlich sind die heute geltenden Wechselkursregelungen. So galt beispielsweise im Bereich des Europäischen Währungssystems (EWS) bis zur Einführung des Euro eine begrenzte Kursflexibilität bei gleichzeitigem freien Wechselkurs (floating) gegenüber anderen Währungen. Zahlreiche Entwicklungsländer hatten sich dagegen für eine feste Bindung ihrer Währung vor allen an den US-$ und den Französischen Franc entschieden. Bedeutende Währungen wie US-$ oder Yen floaten frei, andere Länder betreiben ein „kontrolliertes floating". Die wichtigsten Länder verfolgen eine Politik der freien Wechselkurse, woraus ihnen die Verpflichtung erwächst, die nationalen Voraussetzungen (interne Wirtschafts- und Finanzpolitik) für möglichst stabile Wechselkurse zu schaffen.

Von den in Devisen gehaltenen offiziellen Währungsreserven entfielen 2002 weltweit ca. 73% auf den US-Dollar und ca. 27% auf andere Währungen (berechnet nach: Bank für Internationalen Zahlungsausgleich, 73. Jahresbericht, a.a.O., S. 96). Neben dem US-Dollar hatten in den 70er und 80er weitere Währungen - insbesondere der zahlungsbilanzstarken Länder Deutschland und Japan - als **internationale Reservewährungen** an Bedeutung gewonnen. Diese Rolle kommt nur Währungen zu, die wegen ihrer internationalen Bedeutung und ihrer erwarteten Wertstabilität von den Zentralbanken als internationale Liquidität gehalten werden und die in der Regel von anderen Zentralbanken akzeptiert werden. Als Reservewährung Nr. 2 hatte sich bis Ende 1998 die DM etabliert. Die Gründe für diese bedeutende internationale Position der DM dürften in erster Linie in ihrer langjährigen Wertstabilität, der großen Bedeutung der Bundesrepublik im Welthandel und in stabilen politischen Rahmenbedingungen zu suchen sein. Diese Position dürfte inzwischen der Euro eingenommen haben. Inwieweit er dem US-$ Konkurrenz machen wird, bleibt abzuwarten.

2.1.3 Währungsreserven im Euroraum und Währungsreserven der Bundesbank

Mit der Schaffung der Europäischen Zentralbank mussten die Nationalen Zentralbanken (NZB) des Eurosystems Anfang 1999 einen Teil ihrer Währungsreserven an die EZB übertragen. Von den vorgesehenen 50 Mrd. € wurden wegen der noch nicht beigetretenen NZBen zunächst nur 39,46 Mrd. € (davon 85% in US-$ und Yen und 15% in Gold) transferiert. Bei den NZBen verblieben Währungsreserven in Höhe von knapp 290 Mrd. €. Im September 2003 beliefen sich die Währungsreserven im Eurosystem auf 332,9 Mrd. € (EZB, Monatsbericht November 2003, S. 5*).

Betrachten wir nun die Komponenten der internationalen Liquidität am Beispiel der Deut-schen Bundesbank etwas genauer. Tab. 8.1 veranschaulicht die Struktur der Währungsreserven der Bundesbank. Nicht ganz die Hälfte (46,8%) bestehen aus Devisenreserven. Der überwiegende Teil davon setzt sich aus Wertpapieranlagen vorrangig in US-Dollar zusammen. Reservepositionen (Ziehungsrechte in der Reservetranche und Kredite aufgrund von besonderen Kreditvereinbarungen) und Sonderziehungsrechte machen insgesamt nur gut ein Zehntel der Währungsreserven aus. Das bestätigt die relativ geringe Bedeutung der durch internationale Institutionen geschaffenen internationalen Liquidität. Demgegenüber stellen Gold und Goldforderungen mit einem Anteil von 42,7% einen wichtigen Aktivposten der deutschen Währungsreserven dar.

Tab. 8.1: Währungsreserven und sonstige Fremdwährungsaktiva der Deutschen Bundesbank (Stand Ende Juni 2003)

Position	in Mrd. Euro
A. Währungsreserven	+ 78,4
1. Devisenreserven	+ 36.7
(a) Wertpapiere	+ 25.7
(b) Einlagen bei	+ 11,0
- anderen Währungsbehörden, BIZ und IWF	+ 0,6
- Geschäftsbanken mit Hauptsitz im Euroraum	+ 3,4
- Geschäftsbanken mit Hauptsitz außerhalb des Euroraums	+ 7,0
2. Reserveposition im Internationalen Währungsfonds	+ 6,7
3. Sonderziehungsrechte	+ 1,6
4. Gold und Goldforderungen (Bewertung zu 302,05 €/Unze)	+ 33,4
5. Sonstige Währungsreserven	-
B. Sonstige Fremdwährungsaktiva	-
Quelle: Zusammengestellt nach Daten der Deutschen Bundesbank	

2.1.4 Außenwirtschaftliche Verflechtungen

Während früher der internationale Handel mit Waren - auch Außenhandel genannt - im Mittelpunkt der außenwirtschaftlichen Beziehungen stand, ist seit einigen Jahren der Anteil von Dienstleistungen (Bank- und Versicherungsleistungen, internationaler Tourismus, Lizenzhandel u.a.) ansteigend. Auch internationale Kapitaltransaktionen (Direktinvestitionen im Ausland, Aktivitäten an den internationalen Geld- und Kapitalmärkten) gewinnen zunehmend an Bedeutung. Diese Tendenzen werden heute unter dem Begriff der **Globalisierung** zusammengefasst. Darunter wird eben nicht nur das internationale Zusammenwachsen von Gütermärkten verstanden. Vielmehr stehen bei der Globalisierung immer stärkere direkte Produktionsverflechtungen über Ländergrenzen hinweg in Form von Direktinvestitionen, „Global Sourcing" (Internationalisierung des Beschaffungswesens) oder strategischen Unternehmensallianzen im Mittelpunkt. Die Ursachen für die zunehmende Globalisierung sind im Zusammentreffen technologischer, ökonomischer und politischer Entwicklungen zu sehen, die zum einen erst die praktischen Möglichkeiten einer wachsenden Internationalisie-

rung der Wirtschaftsbeziehungen schufen und zum anderen dadurch den Wettbewerbsdruck für die einzelnen Volkswirtschaften erhöhten.

Zwischen 1950 und 2000 stieg das **Welthandelsvolumen** um jährlich durchschnittlich 6,2%
und lag damit deutlich über dem **Wachstum der Weltproduktion**. Wesentliche Ursachen
für diese Entwicklung liegen in einer Liberalisierung des Handels und sinkenden Kommuni-
kations- und Transportkosten (infolge technischen Fortschritts). So sind beispielsweise die
durchschnittlichen Zölle in den 90er Jahren im Ergebnis multinationaler Handelsrunde von
etwa 40% auf 6% gesunken.[2]

Bemerkenswert ist weiterhin, dass im Zuge der Globalisierung die **Direktinvestitionen** der
Industrieländer seit den 80er Jahren gewaltig - wenngleich nicht stabil - zugenommen haben. Die Zuwachsraten lagen über denen des Außenhandels. Die WTO bezeichnete das
Anwachsen der ausländischen Direktinvestitionen als „das herausragendste Merkmal der
Globalisierung". Vor diesem Hintergrund wurden seit 1995 Verhandlungen über ein **Multilaterales Investitionsschutzabkommen** (MAI) geführt, die jedoch ohne Einigung im Dezember 1998 abgebrochen wurden. Ein solches Abkommen traf insbesondere das Interesse
von den westlichen Industriestaaten. Das verwundert nicht weiter, wenn wir gleich auf die
Struktur der weltweiten Direktinvestitionen eingehen werden. Das Ziel des Abkommens
bestand vordergründig darin, die Rechte ausländischer Investoren erheblich zu stärken
(z.B. Prinzip der nationalen Gleichbehandlung, Meistbegünstigungsklausel, Schutz von
Investoren und Investitionen). Das birgt - wie Kritiker immer wieder mahnen - die Gefahr in
sich, dass die Rechte und Befugnisse von Regierungen zur Regulierung des Zugangs, der
Niederlassung und der Tätigkeiten ausländischer Investoren beschnitten werden. Besondere Probleme könnten sich daraus in erster Linie für die Entwicklungsländer ergeben. Bisher
sind alle Versuche zur Wiederbelebung dieses Abkommens (zuletzt im September 2003 auf
der 5. Ministerkonferenz der WTO in Cancún/Mexiko) gescheitert. Abgesehen von konjunkturellen und anderen kurzfristigen Einflüssen beteiligte sich in den letzten 15 Jahren eine
wachsende Zahl von Ländern, Wirtschaftszweigen und Unternehmen an derartigen Kapitaltransaktionen. Trotzdem nehmen die Industrieländer noch immer eine dominierende Stellung ein, wenngleich andere (aufstrebende) Länder - insbesondere China - an Bedeutung
gewonnen haben. So wurden im Jahre 2000 71% der Direktinvestitionen aus dem Ausland
(Zuflüsse) allein in den USA, Japan und der EU getätigt. Bei den Direktinvestitionen im
Ausland (Abflüsse) lag ihr Anteil mit 82% noch höher (UNIC-Mitteilung Nr. 386 vom
18.09.2001). Weltweit sind nach dem World Investment Report der UNCTAD allerdings im
Jahre 2002 - wie bereits im Vorjahr - die Direktinvestitionen zurückgegangen. Als Ursachen
dieser Entwicklung werden das schwache Wirtschaftswachstum, weniger Unternehmenszusammenschlüsse und Privatisierungen sowie fallende Aktienkurse genannt.

Im Zusammenhang mit den zunehmenden außenwirtschaftlichen Verflechtungen muss die
Verschuldung von Entwicklungsländern angesprochen werden. Länder mit einem niedrigen Entwicklungsstand sind häufig auf umfangreiche Importe aus anderen Ländern angewiesen. Bei geringer eigener Exportfähigkeit (passive Zahlungsbilanz) und oft auch politischer Instabilität (Kapitalflucht), darf die hohe Verschuldung dieser Länder nicht verwundern. Häufig müssen die Entwicklungsländer über 20 Prozent ihrer Exporterlöse für den
Schuldendienst aufwenden, bei besonders betroffenen Ländern steigt dieser Anteil auf über
30 Prozent.

---

[2] Aussagen auf der Internationalen Konferenz zur Entwicklungsfinanzierung im mexikanischen Monter-
rey im März 2002, UNIC/FfD/2.

Werfen wir abschließend einen kurzen Blick auf die **außenwirtschaftlichen Verflechtungen der Bundesrepublik Deutschland**. Der internationale Handel ist für die Bundesrepublik von zentraler Bedeutung. Sie gehört seit Jahren mit den USA und Japan zu den drei führenden Ländern im Welthandel. Einerseits wird gut ein Drittel des Bruttoinlandsprodukts über den Export erwirtschaftet. Andererseits ist die deutsche Wirtschaft in hohem Maße von Importen abhängig. Der Offenheitsgrad der deutschen Volkswirtschaft (Exporte und Importe in Prozent des realen BIP) hat sich im Zeitraum von 1991 bis 2002 von 47,3% auf 66,9 % deutlich erhöht (BUNDESMINISTERIUM FÜR WIRTSCHAFT UND ARBEIT, Jahreswirtschaftsbericht 2003, S.66). Der prozentuale Anteil des Außenbeitrags am Bruttoinlandsprodukt erreichte im Jahre 2002 mit 4,0% ein Rekordhoch und lag erheblich über den Erwartungen (1,5%).

Bis 1989 waren für die Bundesrepublik traditionell hohe Überschüsse in der Handels- bzw. Leistungsbilanz kennzeichnend. Seit 1991 reichten die Überschüsse der Handelsbilanz nicht mehr zur Deckung der Defizite in anderen Positionen der Leistungsbilanz aus. Dieser „Umschlag" wurde nur zum Teil durch die Belastungen infolge der deutschen Wiedervereinigung verursacht. Zum Negativsaldo trugen daneben auch die wachsenden Defizite in der Dienstleistungsbilanz (erheblicher Beitrag des Reiseverkehrs), eine Verringerung des Saldos aus Erwerbs- und Vermögenseinkommen aus dem Ausland, enorm gestiegene Zinszahlungen des Bundes auf öffentliche Anleihen an das Ausland sowie der Anstieg der geleisteten laufenden Übertragungen (vor allem Zahlungen an die EU) bei. Im Jahre 2001 wurde erstmals seit 1991 wieder ein Überschuss in der deutschen Leistungsbilanz erwirtschaftet. Diese Tendenz setzte sich auch 2002 fort (Tab. 8.2).

Tab. 8.2: Saldo der deutschen Handels- und Leistungsbilanz (in Mio. €)

	1999	2000	2001	2002
Leistungsbilanz insges.	- 22.246	- 28.513	+ 981	+ 48.881
Warenverkehr (fob)	+ 66.551	+ 62.821	+ 100.658	+ 130.525
Quelle: STATISTISCHES BUNDESAMT, Statistisches Jahrbuch für die Bundesrepublik Deutschland 2003, Wiesbaden 2003, S. 30 und 682.				

Das Volumen der deutschen Ausfuhren (Export) stiegt zwischen 1999 und 2002 von 509,7 Mrd. € auf 650,9 Mrd. € (= 27,7%). Die Einfuhren (Import) nach Deutschland erhöhten im selben Zeitraum von 443,1 Mrd. € auf 520,4 Mrd. €. Damit lag das Wachstum der Exporte mit 27,7% deutlich über dem der Importe (17,4%).

Wie Tab. 8.3 zeigt, sind die EU-Staaten die wichtigsten Handelspartner Deutschlands gefolgt von den übrigen westlichen Industrienationen (insbesondere den USA). Im Jahre 2001 (vorläufige Ergebnisse) wickelte die Bundesrepublik 76,2% ihrer Exporte und 73,1% ihrer Importe mit diesen Ländergruppen ab. Bei der Analyse fällt besonders die wachsende Bedeutung der mittel- und osteuropäischen Reformstaaten für den deutschen Außenhandel auf.

Betrachten wir den deutschen Außenhandel 2001 nach Warengruppen so ergibt sich folgendes Bild: Bei den Ausfuhren dominieren mit einem Anteil von 85,5% die Fertigwaren eindeutig. Mit weitem Abstand folgen Güter der Ernährungswirtschaft (4,4%). Die Fertigwaren bilden auch bei den Einfuhren die wichtigste Warengruppe (69,3%). Dahinter rangieren Rohstoffe (7,6%) und Güter der Ernährungswirtschaft (7,3%).

Tab. 8.3: Handelspartner der Bundesrepublik Deutschland

	1990	1995	2000	2001
	Warenausfuhr nach Ländergruppen (in %)			
EU-Länder	54,5	58,2	56,5	55,2
Mittel-/osteuropäische Länder	3,6	8,1	10,2	11,2
Übrige europäische Länder	18,8	7,5	6,6	6,2
Außereuropäische Länder	23,1	26,2	26,7	27,4
darunter				
Industriestaaten	12,2	11,9	14,5	14,8
darunter USA	7,3	7,3	10,3	10,6
Entwicklungsländer	10,1	12,5	10,3	10,4
	Wareneinfuhr nach Ländergruppen (in %)			
EU-Länder	52,0	56,4	50,9	52,1
Mittel-/Osteuropäische Länder	4,0	8,8	11,9	12,7
Übrige europäische Länder	16,0	7,3	6,8	7,1
Außereuropäische Länder	28,0	27,5	30,4	28,1
darunter				
Industriestaaten	14,5	13,8	15,3	13,9
darunter USA	6,7	6,8	8,8	8,3
Entwicklungsländer	12,0	11,1	11,2	10,2

Quelle: Eigene Berechnungen nach SACHVERSTÄNDIGENRAT ZUR BEGUTACHTUNG DER GESAMTWIRTSCHAFTLICHEN ENTWICKLUNG, Jahresgutachten 2002/2003, S.472 u. 473.

Neben der Entwicklung des Außenhandels spiegeln sich die wachsenden außenwirtschaftlichen Verflechtungen der Bundesrepublik auch in den Direktinvestitionen wider. Im Jahre 2002 beliefen sich die deutschen Direktinvestitionen im Ausland nach Angaben des BUNDESMINISTERIUMS FÜR WIRTSCHAFT UND ARBEIT auf 127,1 Mrd. € (2001 = 137,8 Mrd. €). Die ausländischen Direktinvestitionen in Deutschland lagen in gleichen Jahr mit 87,8 Mrd. € (2001 = 116,8 Mrd. €) deutlich niedriger. Der Grund für die große Differenz bei den ausländischen Direktinvestitionen dürfte in der Übernahme von Mannesmann durch VodafoneAir-Touch im Jahre 2001 liegen. Sie stellte die bis dahin größte grenzüberschreitende Unternehmensfusion der Wirtschaftsgeschichte dar.

2.2 Außenwirtschaftliche Indikatoren

Einige wichtige außenwirtschaftliche Indikatoren hat der Leser bereits im Vorhergehenden kennen gelernt: Handelsvolumen differenziert nach Export und Import, Leistungs- und Handelsbilanzsaldo, Außenwert der Währung, Direktinvestitionen. Bevor wir sie durch weitere Indikatoren ergänzen, zunächst noch einige Ergänzungen zum Welthandelsvolumen.

Die Analyse der Entwicklung des **Welthandelsvolumens** erfolgt differenziert nach Umfang und Struktur von Exporten und Importen. Die Verflechtung der auf dem Weltmarkt als Anbieter und/oder Nachfrager agierenden Volkswirtschaften (Außenhandelsverflechtung) lässt sich dabei über so genannte **Handelsmatrizen** abbilden. Diese Matrizen enthalten zeilenweise die Exportwerte in einer Referenzwährung (meist US-$) der am Welthandel beteiligten Länder gegliedert nach Importländern. Die Summe je Zeile liefert den Wert der Gesamtexporte des betreffenden Landes. Da der Exportwert des Ausfuhrlandes dem in gleicher Währung bewerteten Import des Einfuhrlandes entspricht, erscheinen in den Spalten der Handelsmatrix die jeweiligen Importwerte. Die Spaltensumme liefert dann den Gesamtimport des betrachteten Landes. Die Kenntnis solcher Verflechtungen - insbesondere wenn sie zusätzlich nach unterschiedlichen Gütergruppen erfolgt - ermöglicht Rückschlüsse über die Struktur der internationalen Arbeitsteilung. Ein Vergleich von Handelsmatrizen verschiedener Jahre erlaubt zudem Aussagen über den Strukturwandel der internationalen Arbeitsteilung und veränderte Welthandelsströme. Auf dieser Grundlage kann die Wettbewerbsposition einzelner Länder bzw. Ländergruppen beurteilt werden.

Als zentraler außenwirtschaftlicher Indikator sind auch die **Terms of Trade** (commodity terms of trade) zu nennen. Sie können vereinfacht als der in Einheiten anderer Güter ausgedrückte Preis eines international gehandelten Gutes auf dem Weltmarkt bezeichnet werden. In einem einfachen Zwei-Güter-Fall kann dieser Preis als naturale Austauschbeziehung leicht bestimmt werden. In der Realität werden aber nicht nur zwei, sondern sehr viele Güter international ausgetauscht. Deshalb werden in der Praxis zur Berechnung des realen Austauschverhältnisses Indizes genutzt.

Die Terms of Trade werden demnach als das reale Austauschverhältnis zwischen einer Volkswirtschaft und dem Ausland (übrige Welt) definiert, das in der Relation des Exportgüter-Preisniveaus zum Importgüter-Preisniveau ausgedrückt und jeweils in einer bestimmten Währung (also inländische oder ausländische) nominiert wird.

Die Terms of Trade - genauer die Terms of Trade auf Güterbasis - werden also durch das prozentuale Verhältnis des Preisniveaus von Export- und Importgütern bestimmt:

$$\text{Terms of Trade} = \frac{\text{Preisindex der Exporte}}{\text{Preisindex der Importe}}$$

Sie werden durch Änderungen von Mengen und Preisen exportierter und importierter Güter sowie des Wechselkurses beeinflusst. Der Wert der Terms of Trade ist aber für sich genommen weniger aussagefähig als seine Entwicklung bzw. Veränderung. Allgemein gilt: Steigen die Exportpreise bei konstanten (oder sinkenden) Importpreisen bzw. sinken die Importpreise bei konstanten Exportpreisen, verbessern sich die Terms of Trade. Das bedeutet, dass für die gleiche Menge an Exportgütern mehr Importgüter bzw. die gleiche Menge an Importgütern für eine geringere Menge an Exportgütern eingeführt werden kann. Sinken die Terms of Trade jedoch, so können für die gleiche Exportmenge weniger Güter importiert werden. Das bedeutet aber nicht, dass sich auch zwangsläufig ein Wohlfahrtsverlust in dem betreffenden Land einstellen muss[3]. Auch lassen die Terms of Trade keine Aussagen über eine Veränderung der Güterqualitäten und -strukturen zu. Dagegen können aus ihrer Entwicklung Rückschlüsse über die Situation der Leistungsbilanz gezogen werden: Die Verschlechterung der Terms of Trade zwingt das betreffende Land zu intensiveren Exportanstrengungen und/oder zur Einschränkung seiner Importtätigkeit, um einen gegebenen Saldo der Leistungsbilanz aufrechtzuerhalten. Ihre Verbesserung dagegen ermög-

---

[3] Beispielsweise wird eine Senkung der Preise von Exportgütern infolge des technischen Fortschritts (Steigerung der Faktorproduktivität) zur Verschlechterung der Terms of Trade führen, ohne dass dadurch ein Wohlfahrtsverlust eintritt. Genauso wenig kann bei einer Verschlechterung der Terms of Trade durch erhöhte Importgüterpreise (infolge von Qualitätsverbesserungen) von Wohlfahrtsverlusten gesprochen werden.

licht höhere Importe ohne Saldoveränderung. Deshalb dienen sie auch als Indikator für die internationale Wettbewerbssituation einer Volkswirtschaft.

Als Indikator für die Wohlfahrtsentwicklung eines Landes sind die Terms of Trade auf Güterbasis - wie dargestellt - nur begrenzt geeignet. Das führte zur Entwicklung weiterer Konzepte, von denen wir zwei kurz erwähnen wollen:

(1) Die **Income terms of trade** (Index der Importkapazität oder Index der Kaufkraft der Exporterlöse) drücken die Umrechnung der commodity terms of trade entsprechend der Veränderung der Exportmenge bzw. -erlöse aus. Hinsichtlich der Bewertung der Vorteilhaftigkeit des Außenhandels für ein Land sind sie aussagefähiger, da sie angeben, welches Importvolumen mit den erzielten Exporterlösen finanziert werden kann.

(2) Die **gross barter terms of trade** werden als die Relation zwischen Importmengen- und Exportmengenindex definiert. Die Berechnung erfolgt durch die Division der Indizes des Import- bzw. Exportwerts durch den Import- bzw. Exportpreisindex. Eine Erhöhung der gross barter terms of trade bedeutet, dass sich die Güterversorgung im betreffenden Land erhöht hat (Importüberschuss). Dabei bleibt jedoch unberücksichtigt wie die Finanzierung des Überschusses erfolgt, was hinsichtlich möglicher Wohlfahrtssteigerungen wichtig wäre.

Als weiterer außenwirtschaftlicher Indikator bietet sich die **Wechselkursentwicklung** an. Wie bereits im Abschnitt 1 festgestellt wurde, ist die Aussagekraft des nominellen Wechselkurses oft nicht ausreichend. Bei Berücksichtigung des Preisverhältnisses zwischen Inland und Ausland ergibt sich der **reale Wechselkurs**. Seine Entwicklung dient häufig ebenfalls als Indikator für die internationale Wettbewerbsfähigkeit einer Volkswirtschaft, da er bedeutsam für die Richtung internationaler Güterströme ist. Steigt beispielsweise der inländische reale Wechselkurs (Aufwertung der inländischen Währung), so werden inländische Güter im Ausland in der jeweiligen Landeswährung bewertet teurer, wodurch die Exporte erschwert werden.

Aussagefähigere Ergebnisse als Wechselkursentwicklungen (z.B. beim Vergleich des Sozialprodukts zweier Volkswirtschaften) liefern oft die **Kaufkraftparitäten**. Sie bezeichnen das Verhältnis zwischen der Kaufkraft zweier Währungen. Die Kaufkraftparität gibt an, wie viel inländische Geldeinheiten im Inland die gleiche Kaufkraft besitzen wie eine ausländische Geldeinheit im Ausland. So gibt beispielsweise die Kaufkraftparität Deutschlands gegenüber den USA (KP^D_{USA}) an, wie viel Euro in Deutschland die gleiche Kaufkraft besitzen wie ein US-\$ in den USA. Kaufkraftparitäten ermöglichen also den Vergleich von in unterschiedlichen Währungseinheiten ausgedrückten Größen. Sie lassen sich jedoch nur für einzelne Güter oder bestimmte Warenkörbe (durchschnittliche Kaufkraftparität) ermitteln. Die Zusammensetzung der Warenkörbe hängt von der jeweiligen Zielstellung ab.[4] Bei der Berechnung werden die in den Warenkorb aufgenommenen und in Inlandspreisen (P_I) bewerteten Mengen an Gütern und Dienstleistungen (M) dividiert durch denselben Warenkorb bewertet zu Auslandspreisen (P_A):

$$KP^I_A = \frac{\sum P_I \cdot M}{\sum P_A \cdot M}$$

Das Hauptproblem dabei besteht v.a. darin, die repräsentativen Gütermengen des Warenkorbes auszuwählen. Zusätzlich könnte bei festen Wechselkursen ein Problem auftreten,

---

[4] Soll beispielsweise das Realeinkommen bestimmter sozialer Gruppen international verglichen werden, so gehen die von dieser Gruppe verbrauchten Güter in den Warenkorb ein und bilden die Grundlage zur Berechnung der durchschnittlichen Kaufkraftparität.

wenn der Kurs nicht entsprechend den ökonomischen Verhältnissen auf dem Devisenmarkt festgesetzt wurde. Mögliche Über- oder Unterbewertungen einer Währung würde dann die Aussagefähigkeit der Kaufkraftparitäten verfälschen.

Ein wesentliches Kennzeichen der außenwirtschaftlichen Beziehungen ist die starke Zunahme des **internationalen Kapitalverkehrs**[5], der uns weitere Indikatoren liefert. Informationen dazu finden wir in der Zahlungsbilanz ex post. Üblicherweise wird dabei in der Kapitalverkehrsbilanz der Kapitalverkehr von Unternehmen, Geschäftsbanken, privaten und öffentlichen Haushalten (ohne Zentralbank) ausgewiesen, während der Kapitalverkehr der Zentralbank in der Devisenbilanz erfasst wird. Kapitaltransaktionen der Zentralbank werden vor allem durch Interventionen am Devisenmarkt ausgelöst (Stützung des Paritätskurses im System fester Wechselkurse, „Kursglättung" im System flexibler Wechselkurse). Daneben treten Kapitalbewegungen im Zusammenhang mit dem Mechanismus von IWF (z.B. Veränderung der Quoten, Beteiligung an den Kreditfazilitäten) und WELTBANK sowie bei Kreditgewährung an andere Zentralbanken auf. Doch konzentrieren wir uns auf die Aktivitäten, die in der Kapitalverkehrsbilanz widergespiegelt werden. Hier finden wir solche Indikatoren wie Direktinvestitionen, Wertpapieranlagen (Portfolioinvestitionen) sowie Kreditvergabe unterschieden. Unter **Portfolioinvestitionen**, bei denen im Gegensatz zu den Direktinvestitionen das Ertragsmotiv im Vordergrund steht, werden allgemein Anlagen in Wertpapieren (Aktien, festverzinsliche Wertpapiere, Geldmarktpapiere, Finanzderivate und Investmentzertifikate) verstanden. Umfang und vor allem Struktur des Portfolios werden durch solche Faktoren wie internationale Zinsdifferenzen, erwartete Preis- bzw. Kursänderungen, Anlagerisiko und erwartete Änderungen von Währungsparitäten beeinflusst.[6] Bei der **Kreditvergabe** wird zwischen Finanzkrediten und Handelskrediten unterschieden. Finanzkredite der Banken sind reine Finanztransaktionen, bei denen wie bei den Wertpapieranlagen das Ertragsmotiv dominiert. Demzufolge spielen auch hier internationale Zinsdifferenzen und erwartete Veränderungen des Wechselkurses eine entscheidende Rolle. Allerdings können auch Zusammenhänge zu Leistungstransaktionen hergestellt werden. Beispielsweise kann das Ausland die Finanzkredite (Devisenzufluss) nutzen, um vermehrt Güter zu importieren. Da davon höchstwahrscheinlich auch das kreditgewährende Land betroffen wäre, würde sich dessen Leistungsbilanz verbessern. Direkter treten diese Zusammenhänge jedoch bei den Handelskrediten der Unternehmen in Verbindung mit Güterexporten bzw. Güterimporten (z.B. Gewährung von Zahlungszielen, Vorauszahlungen für Warenlieferungen) auf.

Als weitere außenwirtschaftliche Indikatoren seien abschließend der **Grad der tarifären Protektion** (v.a. Zölle) sowie der **Umfang der nichttarifären Handelshindernisse** (Einfuhrbeschränkungen in Form von Kontingenten, Importquoten, Normen und Sicherheitsbestimmungen, Verfahren staatlicher Auftragsvergabe, staatliche Maßnahmen der Exportförderung wie Subventionen und steuerliche Entlastung usw.) erwähnt. Tarifäre Maßnahmen verringern die Möglichkeiten, inländische Produktionskostenvorteile auf den Auslandsmärkten in Preisvorteile umzusetzen. Allerdings wird der internationale Handel gegenwärtig wahrscheinlich stärker durch nichttarifäre Maßnahmen behindert. Sie sind in Umfang und Wirkung im Gegensatz z.B. zu Zöllen oft schwer zu durchschauen und ihre Intensität kann

---

[5] Bemerkenswert ist, dass sich der internationale Kapitalverkehr - lange Zeit weitgehend als das „finanzielle Spiegelbild" der Leistungsbilanzsalden verstanden - heute nach dem weitgehenden Abbau von Kapitalverkehrsbeschränkungen und begünstigt durch Innovationen im weltweiten Informationsaustausch zunehmend „verselbständigt", woraus große Risiken erwachsen können.

[6] So erfolgt eine Umstrukturierung des Portfolios zugunsten inländischer Wertpapieranlagen, wenn beispielsweise der ausländische Zins sinkt oder das Anlagerisiko im Ausland steigt (Kapitalimport). Zu einem Kapitalexport kommt es dagegen, wenn sich die Zusammensetzung des Portfolios zugunsten ausländischer Wertpapieranlagen verändert.

kurzfristig und stark variiert werden. Im Ergebnis kann - trotz Abbaus von Zollschranken - eine Einschränkung des freien internationalen Leistungswettbewerbs eintreten. Die exakte empirische Erfassung protektionistischer Maßnahmen stößt auf eine Reihe von Schwierigkeiten, die schwer lösbar sind: Wie können beispielsweise Zölle mit anderen protektionistischen Maßnahmen vergleichbar gemacht werden? Auch lässt sich der Grad von Protektionismus nicht allein aufgrund der Belastung (Steuern, Zölle) des Endprodukts ermitteln.

3. Außenwirtschaftstheorie

In diesem Abschnitt folgen wir der allgemein üblichen Unterteilung in eine **reale** (güterwirtschaftliche) und eine **monetäre** Außenwirtschaftstheorie. Es sei jedoch darauf hingewiesen, dass aufgrund der starken gegenseitigen Abhängigkeit zwischen realen und monetären Größen eine solche Trennung nicht vollständig befriedigen kann. Es fehlt bisher jedoch ein in sich geschlossener integrativer Ansatz.

3.1 Reale Außenwirtschaftstheorie

3.1.1 Bestimmungsgründe des internationalen Handels

Die **Vorteile einer weltweiten Arbeitsteilung** begründete ADAM SMITH (1723-1790) bereits vor mehr als 200 Jahren:

„Bei jedem klugen Hausvater ist es eine Regel, niemals etwas im Hause machen zu lassen, was ihn weniger kosten würde, wenn er es kaufte. Dem Schneider fällt es nicht ein, seine Schuhe zu machen, sondern er kauft sie vom Schuhmacher; dem Schuhmacher fällt es nicht ein, sich seine Kleider zu machen, sondern er beschäftigt den Schneider, und dem Landmann fällt es nicht ein, sich eines oder das andere zu machen, sondern er setzt jene beiden Handwerker in Nahrung. Alle diese Leute finden es in ihrem Interesse, ihren Gewerbefleiß ganz auf diejenige Art anzuwenden, in der sie etwas vor ihrem Nachbarn voraus haben, und dann ihren übrigen Bedarf mit einem Teile ihres eigenen Erzeugnisses oder, was dasselbe ist, mit dem Preis eines seines Teiles zu kaufen.
Was aber in der Handlungsweise einer Familie Klugheit ist, das kann in der eines großen Reiches wohl schwerlich Torheit sein. Wenn uns ein fremdes Land mit einer Ware wohlfeiler versehen kann, als wir sie selbst zu machen imstande sind, so ist es besser, dass wir sie ihm mit einem Teile vom Erzeugnis unseres eigenen Gewerbefleißes, in welchem wir vor dem Auslande etwas voraushaben, abkaufen" (A. SMITH, Der Reichtum der Nationen, 2. Band, Leipzig 1924, S. 30f.).
SMITH begründet die Vorteilhaftigkeit des internationalen Handels mit **unterschiedlichen Produktionskosten**, die sich letztlich in Preisunterschieden niederschlagen. Daneben lassen sich weitere objektive Tatbestände und subjektive Entscheidungen finden: wie Nichtverfügbarkeit von Gütern im Inland und Käuferpräferenzen infolge von z.B. Produktdifferenzierungen oder Qualitätsvorteilen:

(1) Bei der **Nichtverfügbarkeit von Gütern** spielen Preisunterschiede keine oder nur eine untergeordnete Rolle für den internationalen Handel. Im Vordergrund steht hier vielmehr die Befriedigung produktions- und/oder konsumseitiger Nachfrage. Ein Land importiert Güter, wenn ihre Erzeugung nicht oder nur in unzureichendem Maße im Inland möglich ist. Dafür können verschiedene Ursachen verantwortlich sein. So können zunächst einmal die natürlichen Voraussetzungen (geologisch, klimatisch) fehlen. Es kann aber auch an den entsprechenden Produktionstechnologien (technologische Lücke) oder an der entsprechenden Qualifikation des Humankapitals mangeln. Zusätzlich können Produktionsengpässe die inländische Produktion begrenzen. Viele Produktionsrestriktionen können im Laufe der Entwicklung überwunden werden, aber längst nicht alle. Deshalb macht es Sinn, zwischen **dauerhaftem** und **temporärem** Mangel an Verfügbarkeit zu unterscheiden. Klimatische und

andere natürliche Bedingungen begrenzen dauerhaft die Produktionsmöglichkeiten einer Volkswirtschaft, fehlende Rohstoffe können nur langfristig und auch nur teilweise substituiert werden. Andere Restriktionen dagegen lassen sich z.B. durch Innovation bzw. Entwicklungshilfe, Ausbildung oder Investitionen (Kapazitätsengpässe) beseitigen.

(2) Wäre die unterschiedliche Güterverfügbarkeit alleinige Ursache für Handelsströme, so ergäbe sich aus der Sicht des jeweiligen Landes eine eindeutige Richtung (gleiches gilt auch bei Preisdifferenzierungen): Einige Güter wären ausschließlich Importgüter, andere Exportgüter. Es zeigt sich, dass **Produktdifferenzierungen** innerhalb der gleichen Güterart im internationalen Handel (intrasektoraler Außenhandel)[7] - insbesondere zwischen den Industrienationen - an Bedeutung gewinnen und zu einer Diversifikation der Nachfrage führen. Der Käufer entscheidet auf der Grundlage individueller Präferenzen (**Existenz individueller Käuferpräferenzen**), die ihrerseits Ausdruck subjektiver Bewertungen sind: Güter werden aus Gründen echter oder eingebildeter Qualitätsvorteile (sachliche Präferenz) oder aus besonderer persönlicher zum Lieferland (persönliche Präferenz) gekauft. Der Vorteil gegenüber vergleichbaren einheimischen Produkten resultiert dabei aus dem höheren subjektiven Nutzen. Dieser - von Preisüberlegungen oft unbeeinflusste - internationale Austausch nimmt mit steigendem Wohlstand (Pro-Kopf-Einkommen) zu.

In der güterwirtschaftlichen Außenwirtschaftstheorie spielen das Verfügbarkeitsargument und die Produktdifferenzierungen (Käuferpräferenzen) eine wichtige Rolle. Allerdings fehlt es aufgrund der starken zeitlichen Komponente (Güterverfügbarkeit) bzw. und der rein subjektiver Bewertungskriterien (Käuferpräferenzen) an geschlossenen theoretischen Modellansätzen. Nicht nur deshalb steht der Aspekt der **internationalen Preisdifferenzierungen** im Mittelpunkt der Außenhandelstheorie. Nach dem Freihandelsargument ist es sinnvoll, Güter in dem Land zu kaufen, wo sie am billigsten hergestellt werden können. Jedes Land verfügt über eine begrenzte Menge unterschiedlicher Produktionsfaktoren. Das führt letztlich dazu, dass einzelne Wirtschaftszweige mit einer „natürlichen Überlegenheit" gegenüber anderen Ländern ausgestattet sind und entsprechende Güter billiger produzieren und verkaufen können. Daraus folgt, dass ein Land im Rahmen der internationalen Arbeitsteilung solche Güter produzieren und exportieren sollte, die es mit geringeren Kosten selber produzieren kann, und Güter importiert, bei denen im Inland gegenüber dem Ausland höhere Produktionskosten entstehen würden. Wo liegen die Ursachen von Kosten- und Preisvorteilen? Sie lassen sich letztlich v.a. auf Unterschiede in den Produktionsbedingungen (Produktionsverfahren und die Ausstattung mit Produktionsfaktoren) zurückführen. Bezogen auf die **Unterschiede in den Produktionsverfahren** wären (1) die natürlichen Produktionsbedingungen (z.B. unterschiedliche Abbautiefen, Bodenqualität), (2) die unterschiedliche technologische Verfügbarkeit (technologische Lücke) und (3) die Größe der Binnenmärkte (Vorteile der Massenproduktion - economies of scale) zu nennen.

Bisher wurden internationale Preisdifferenzen nur auf (relative) Produktivitätsunterschiede (infolge unterschiedlicher Produktionsverfahren) zurückgeführt. Die quantitative Faktorausstattung wird dabei weitgehend vernachlässigt. Der internationale Handel kann sich jedoch ebenfalls lohnen, wenn die Länder sich auf gleichem Produktivitätsniveau befinden. Voraussetzung ist dann, dass sie sich durch die Ausstattung mit Produktionsfaktoren unterscheiden (**unterschiedliche Faktorausstattung**). 1919 entwickelte HECKSCHER einen diesbezüglichen Erklärungsansatz über Richtung und Struktur internationaler Güterströme, der später von OHLIN (1933) weiterentwickelt wurde. Das so genannte **Heckscher-Ohlin-Theorem** (Faktorproportionen-Theorem) macht deutlich, dass die relative Ausstattung mit Pro-

---

[7] Beim intrasektoralen Handel findet die internationale Spezialisierung zwischen Teilsektoren eines Wirtschaftszweiges statt oder deutlicher: es werden ähnliche oder sogar gleiche Güter ausgetauscht.

duktionsfaktoren zu einer wichtigen Bestimmungsgröße für die Richtung internationaler Güterströme und das Volumen des Außenhandels werden kann. Wieder soll ein einfaches Beispiel dem Leser das Verständnis erleichtern:

Land A sei reich an Kapital und arm an Arbeitskräften, während es im Land B genau umgekehrt ist. Entsprechend dem Wirkungsmechanismus von Angebot und Nachfrage führen diese unterschiedlichen Faktorproportionen zu differenzierten **Faktorpreisproportionen**. Im Land A wird Kapital relativ zum Faktor Arbeit billig sein. Umgekehrt im Land B, das reich an Arbeitskräften ist. Es unterscheiden sich folglich die Faktorpreise (Zins und Lohn) in ihren Proportionen. Das führt schließlich dazu, dass (relativ) kapitalreiche Länder kapitalintensive Güter exportieren und arbeitsreiche Güter importieren werden, während (relativ) arbeitsreiche Länder arbeitsintensive Güter exportieren und kapitalintensive Produkte importieren.

Nach dem Theorem von Heckscher-Ohlin gilt allgemein, dass ein Land die Güter exportieren (importieren) wird, bei dessen Produktion der relativ reichlich (knapp) vorhandene Produktionsfaktor besonders intensiv genutzt wird.

Allerdings lässt sich diese Hypothese heute nicht mehr für die Handelsbeziehungen zwischen allen Ländergruppen empirisch belegen. Zwar lässt sich zwischen Industrie- und Entwicklungsländern eine deutliche Richtung der jeweiligen Güterströme nachweisen: Industrieländer exportieren in Entwicklungsländer fast ausschließlich kapitalintensive Güter und importieren aus diesen Ländern Güter, die mit hoher Arbeitsintensität hergestellt wurden. Und umgekehrt. Aber für die Handelsbeziehungen zwischen entwickelten Industrieländern lassen sich so eindeutige Aussagen nicht treffen (**Leontief-Paradoxon**).[8]

Wenngleich wir die verschiedenen Bestimmungsgründe des internationalen Handels isoliert betrachtet haben, so wirken sie meist in Kombination und begründen die Vorteilhaftigkeit des Außenhandels. Das gilt auch für jene Länder, die bei allen Gütern absolute Kosten- bzw. Preisvorteile aufweisen. Die Erklärung hierfür liegt in der Bedeutung komparativer (relativer) Kostenvorteile. Offensichtlich ist die Vorteilhaftigkeit des internationalen Handels bei Existenz **absoluter Kostenvorteile** (ADAM SMITH). Danach ist ein Güteraustausch sinnvoll, wenn bestimmte Güter in einem Land absolut kostengünstiger produziert und preisgünstiger angeboten werden können als in einem anderen Land. Wären aber diese absoluten Kostenvorteile der alleinige Grund, so erwüchsen einem Land, das alle Güter billiger produzieren kann, keine Vorteile aus dem internationalen Handel. Eine genaue Betrachtung zeigt jedoch, dass nicht nur absolute Kostenvorteile, sondern auch **komparative (relative) Kostenvorteile** einen internationalen Güteraustausch vorteilhaft machen.

Unter komparativen Kosten ist das Verhältnis der Produktionskosten eines Gutes zu einem anderen - ausgedrückt in realen Größen - zu verstehen. Es gehört zu den herausragenden Leistungen von DAVID RICARDO (1772 - 1823), die Bedeutung der komparativen Kostenvorteile für den internationalen Handel herausgearbeitet zu haben. Die Aussage seines **Theorems der komparativen Kosten** (1817) lässt sich wie folgt zusammenfassen:

Internationaler Handel und internationale Arbeitsteilung lohnt sich selbst für solche Länder, die alle Güter zu geringeren (absoluten) Kosten als das Ausland produzieren können. Wichtig ist nur, dass bestimmte Güter in den Ländern mit komparativen (relativen) Kosten-

---

[8] Empirische Untersuchungen, die WASSILY LEONTIEF für die USA erstmals 1947 und auch in späteren Jahren durchführte, widersprachen dem Heckscher-Ohlin-Theorem: Die USA exportierten überwiegend arbeitsintensive Güter und importierten überwiegend kapitalintensive Güter. Als mögliche Gründe dafür seien hier nur umschlagende Faktorintensitäten, Faktordifferenzierungen oder Protektionismus genannt.

vorteilen produziert werden oder mit anderen Worten: Die Kostenüberlegenheit muss bei den einzelnen Gütern unterschiedlich groß sein.

Ein einfaches Beispiel - angelehnt an RICARDO - soll diese Aussage verdeutlichen. In seinem stark vereinfachten Modell produzieren zwei Länder (Portugal und England) jeweils zwei Güter (Wein und Tuch), wobei beide jeweils nur ein Gut handeln. Obwohl Portugal sowohl Wein als auch Tuch zu niedrigeren Kosten (gemessen in Arbeitszeit) herstellen kann, kommt es zu folgenden Handelsströmen: Portugal exportiert Wein nach England und importiert englisches Tuch. In England ist es genau umgekehrt. Warum? In Portugal ist der Kostenvorteil bei der Weinproduktion deutlich größer als bei der Tuchherstellung (Produktivitätsunterschiede). Daraus folgt, dass der komparative Kostenvorteil Portugals bei der Weinproduktion liegt. Es lohnt sich also eine Spezialisierung auf Wein, während Tuch im Handel mit England gegen Wein eingetauscht wird. Das ist so, weil in Portugal weniger Arbeit für die Erzeugung von Wein benötigt wird, als für die Eigenproduktion des Tuchs erforderlich wäre (geringere Opportunitätskosten bei Wein). Im Gegensatz dazu liegt der komparative Kostenvorteil in England bei der Tuchherstellung. Die Arbeitszeit, die hier zur Erzeugung des Tuchäquivalents für den Weinimport aus Portugal anfällt, ist wiederum geringer als bei der eigenen Weinherstellung. Im Ergebnis spezialisieren sich Portugal (Wein) und England (Tuch) auf jeweils das Gut, das sie relativ (komparativ) an günstigsten herstellen können. Spezialisierung und gegenseitiger Austausch ermöglichen also beiden Ländern, ihre Produktionsfaktoren optimal auszunutzen. Dadurch schaffen sie ein Güterangebot (Verschiebung der Transformationskurve), das sie bei alleiniger Selbstproduktion beider Güter nicht erreichen könnten.

Fassen wir zusammen: Der internationale Handel[9] ermöglicht den beteiligten Ländern eine Ausweitung der Produktionskapazitäten (effektiver Ressourceneinsatz) und vergrößert damit letztlich die Konsummöglichkeiten (Steigerung des Wohlstandes). Neben absoluten und komparativen Kostenvorteilen ist dafür ein weiterer Grund zu nennen. Freier Handel führt zur Öffnung der nationalen Märkte für ausländische Konkurrenz. Infolge eines sich verstärkenden **Wettbewerbs** erhöhen und beschleunigen sich Wachstumsdynamik, innovatorische Aktivitäten und Anpassungsflexibilität. Mit steigendem Produktangebot (Produktdifferenzierung) erweitern sich gleichzeitig die Auswahlmöglichkeiten der Konsumenten. Dies alles sind überzeugende Argumente für einen freien internationalen Handel. Bleibt die Frage, ob seine Vorteile auch tatsächlich von allen Ländern gleichmäßig realisiert werden können. Diesem Problem wollen wir kurz zuwenden.

Freihandel oder Protektionismus?

Aufbauend auf den Vorteilen der internationalen Arbeitsteilung entwickelten ADAM SMITH, DAVID RICARDO, JOHN STEWART MILL (1806 - 1873) u.a. das **außenwirtschaftliche Leitbild** des Freihandels (**Freihandelsprinzip**). Sein Ziel besteht letztlich in der Schaffung „binnenmarktähnlicher Verhältnisse" für den internationalen Güter- und Dienstleistungsverkehr.

Freihandel bedeutet, dass im Rahmen der staatlichen Außenwirtschaftspolitik auf alle Maßnahmen verzichtet wird, die den Waren- und Leistungsaustausch zwischen den Volkswirtschaften einschränken. Ein solcher Verzicht umfasst sowohl güterwirtschaftliche Maßnahmen (Zölle, Kontingente, nicht-tarifäre Maßnahmen, Steuern oder Subventionen) als auch währungspolitische Maßnahmen wie beispielsweise Devisenbewirtschaftung.

---

[9] An dieser Stelle sein kurz auf eine spezielle Erscheinungsform des internationalen Handels - **barter trade** oder Kompensationshandel - hingewiesen. Dabei handelt es sich um einen Naturaltausch Waren gegen Waren ohne Transfer von Zahlungsmitteln (Devisen). Schätzungen gehen davon aus, dass der Anteil derartiger Geschäfte am Welthandelsvolumen zwischen 10 -15 % liegt.

Auf dieser Grundlage würden die Vorteile der internationalen Arbeitsteilung umfassend realisiert: Freier Wettbewerb unabhängiger Produzenten und Konsumenten bewirkt dann ohne Eingriffe des Staates eine Erhöhung des Wohlstandes (Wachstumsimpuls) in allen Ländern, die durch wirtschaftliche Beziehungen miteinander verbunden sind. Vor diesem Hintergrund kann im Freihandel eine notwendige Bedingung für ein höheres Einkommens- und Beschäftigungsniveau gesehen werden.

Den entsprechenden Wachstumsimpuls wollen wir mit Hilfe eines einfachen Modells (**Lokomotiventheorie**) verdeutlichen:

Die Höhe des Inlandsprodukts im Inland (1) wird bestimmt durch Konsum (C_i), Investitionen (I_i), Staatsausgaben (Ast_i) und den Saldo aus Export (Ex_i) minus Import (Im_i). Werden nun im Inland z.B. die Staatsausgaben erhöht, steigt hier das Inlandsprodukt. Da die Importe neben der autonomen Komponente ($Im_{aut\ i}$) von der Höhe des Inlandsprodukts bestimmt werden (2), steigen ceteris paribus die Importe gemäß der marginalen Importquote (m). Die Importe des Inlands sind gleichzeitig die Exporte des Auslands (Ex_a), wo nun ebenfalls das Inlandsprodukt steigt (3). Da auch im Ausland die Importe inlandsproduktabhängig sind (4), werden nun die Importe des Auslands steigen, die ihrerseits die Exporte des Inlands sind, usw.

$$(1) \quad Y_i \qquad\qquad = C_i + I_i + Ast_i + Ex_i - Im_i$$

$$(2) \qquad\qquad Im_i \quad = Im_{aut\ i} + mY_i$$

$$(3) \quad Y_a \qquad\qquad = C_a + I_a + Ast_a + Ex_a - Im_a$$

$$(4) \qquad\qquad Im_a \quad = Im_{aut\ a} + mY_a$$

Über diesen Mechanismus können Wachstumsimpulse (aber auch Abwärtsbewegungen) von einer Volkswirtschaft auf andere übertragen werden. Das setzt jedoch die Existenz von Freihandel voraus. Weitere Voraussetzungen sind, dass die Partnerländer politische und wirtschaftliche Stabilität aufweisen und die „Lokomotive" eine große Volkswirtschaft ist.

Die wachstumssteigernden Impulse des freien Handels sind unbestritten. Offen bleibt allerdings, ob alle Länder daraus den gleichen Vorteil ziehen können. Die bisherige Entwicklung führte zu einem anderen Ergebnis: Länder, die auf den Export von agrarischen Erzeugnissen und Rohstoffen angewiesen sind, sind schlechter gestellt als Länder, die industrielle Fertigprodukte exportieren. Die Preisschere zwischen Agrarprodukten und Rohstoffen einerseits und industriellen Erzeugnissen anderseits ist weiter auseinander gegangen. Gleiches gilt für die Entwicklung der Nachfrage. Das erschwert den Industrialisierungsprozess in den weniger entwickelten Ländern. Wenn jedoch die Entwicklung der Produktivkräfte dieser Länder vom Freihandel nicht zwangsläufig gefördert wird, erscheinen protektionistische Maßnahmen (**Protektionismus**) dieser Länder - und nur dieser Länder - unter einem anderen Licht.

Protektionismus umfasst - im Gegensatz zum Freihandel - die Gesamtheit von staatlichen Maßnahmen (Zölle, Kontingente, nicht-tarifäre Handelshemmnisse, Steuern, Subventionen oder Devisenbewirtschaftung), die zum Schutz der einheimischen Industrie oder bestimmter Wirtschaftszweige vor ausländischer Konkurrenz ergriffen werden.

Bereits die Begründer des Freihandelsprinzips erkannten, dass unter bestimmten Bedingungen Eingriffe des Staates und damit Einschränkungen des freien Handels gerechtfertigt erscheinen. Sie sollen - wie z.B. Importquoten auch - die Entwicklung der heimischen Industrie für einen begrenzten Zeitraum vor der übermächtigen Konkurrenz der entwickelten schützen. Dies ist das so genannte **Schutzzoll- bzw. Erziehungszollargument** von FRIEDRICH LIST (1789 - 1846). Schutzzölle förderten beispielsweise in Deutschland im 19. Jahrhundert den Industrialisierungsprozess, der sich vor dem Hintergrund einer bereits mächtigen englischen Konkurrenz vollziehen musste.

Weitere Gründe für protektionistische Maßnahmen können sein: (1) Schutz „strategischer" Wirtschaftszweige (Autarkiebestrebungen), (2) Schutz von Strukturanpassungsprozessen (z.B. Überwindung von Monokulturen) oder (3) Importzölle für Luxusgüter in unterentwickelten Länder (Quelle von Staatseinnahmen, Beschränkung des Devisenabflusses - **Finanzzollargument**)

Unterentwickelten Ländern wird im allgemeinen ein zeitlich befristeter Schutz vor der übermächtigen Konkurrenz der Industrienationen zugestanden. Solche Ausnahmen dürfen jedoch nicht als Rechtfertigung für Schutzzölle bzw. Importkontingente dienen, die entwickelte Industriestaaten zugunsten einheimischer Wirtschaftszweige ergriffen haben. Trotz des prinzipiellen Bekenntnisses zum außenwirtschaftlichen Leitbild des Freihandels finden wir auch hier Beispiele protektionistischer Maßnahmen zum Schutz einheimischer Wirtschaftszweige vor ausländischer Konkurrenz: Erst im Dezember 2003 mussten z.B. die USA nach zähen Verhandlungen und Androhung von Sanktionen die Zwangszölle auf Stahl aufheben. Die Regelungen des EU-Agrarmarktes behindern den Import von agrarischen Erzeugnissen aus anderen Ländern - insbesondere aus Entwicklungsländern. Derartige oft beschäftigungspolitisch begründete Maßnahmen greifen - wenn überhaupt - sehr kurz. Einerseits bleibt fraglich, ob diese Politik langfristig tatsächlich mehr Wachstum und Beschäftigung schafft. Sie lässt andererseits wichtige Zusammenhänge außer Acht: (1) Die betroffenen Länder werden mit Gegenmaßnahmen (z.B. Retorsionszöllen reagieren. (2) Die entgangenen Exporteinnahmen fehlen diesen Ländern für Importe (vgl. Lokomotiventheorie). (3) Die Subventionierung wettbewerbsschwacher Branchen wird durch einen Potenzialentzug aus den Wachstumsbereichen „erkauft" (Verschlechterung der Investitions- und Innovationsbedingungen). Und nicht zuletzt können protektionistische Maßnahmen zu (4) negativen Nachfragewirkungen führen, die in Folge höherer Verbraucherpreise für einheimische Produkte auftreten.

Diese wenigen Pro-und-Contra-Argumente lassen bereits erkennen, dass letztlich zwischen Effizienz und sozialer Gerechtigkeit abzuwägen ist: Freihandel ist zwar effizient, bietet aber den unterentwickelten Ländern keine Gewähr für eine langfristig optimale Entwicklung ihrer Wirtschaftsstruktur.

3.1.2 Zolltheorie und Theorie der Zollunion

Betrachten wir nun Zölle, ein klassisches Instrument der protektionistischen Außenhandelspolitik, etwas genauer.

Zölle sind staatlich erhobene Abgaben auf den grenzüberschreitenden Warenverkehr eines Landes bzw. eines Zollgebietes (Zollunion), die die Inlandspreise von den Weltmarktpreisen entkoppeln.

Sie lassen sich nach verschiedenen **Arten** unterschieden. Als wichtigste Unterscheidungsmerkmale sind die Richtung der Handelsströme (Import- bzw. Exportzölle) und die Bemessungsgrundlage (Wertzoll bzw. Stückzoll[10]) zu nennen. Heute werden meist nur noch wert-mäßige Importzölle erhoben, während Exportzölle relativ unbedeutend geworden sind. Bei Importzöllen kann die Behandlung für alle Länder gleich (Meistbegünstigungszölle) oder ungleich sein (z.B. Präferenzzölle gegenüber Entwicklungsländern, Strafzölle oder Retorsi-onszölle als Reaktion auf Importbeschränkungen anderer Staaten).

Daneben müssen so genannte **Abschöpfungen** und **Finanzzölle** (als indirekte Verbrauch-steuern für im Inland nicht produzierte Waren) erwähnt werden. Abschöpfungen sind ihrem Wesen nach variable Zölle, deren Höhe sich nach der Preisdifferenz zwischen Inland und Ausland richtet. Ein charakteristisches Beispiel stellen die Abschöpfungen der EU dar, die nach der Differenz zwischen den höheren EU-Richtpreisen für agrarische Produkte und den Weltmarktpreisen festgelegt werden (vgl. Kapitel 4, Abschnitt 2.5.1).

In der **Zolltheorie** wird die Erhebung von Zöllen (**Zollargumente**) unter verschiedenen Gesichtspunkten (z.B. Wachstum, Beschäftigung, Verteilung, Zahlungsbilanz) untersucht. Auf den Wachstumsaspekt sind wir im Zusammenhang mit dem Erziehungszoll- bzw. Schutzzollargument eingegangen. Weiterhin wird häufig der Beschäftigungsaspekt ge-nannt. Hierbei werden Zölle ebenfalls als hilfreich angesehen, weil sie einheimische Pro-dukte relativ (bezogen auf die Importgüter) verbilligen und somit deren Inlandsnachfrage steigern. Das führe dann über Multiplikatoreffekte zu einem höheren Volkseinkommen und mehr Beschäftigung. Den Zweifel an einer Langzeitwirkung solcher Maßnahmen haben wir bereits angemeldet. Eine Analyse weiterer Zollargumente würde zeigen, dass die Wirkun-gen von Zöllen ökonomisch nicht immer schlüssig sind und oft kurzfristige Interessen im Vordergrund stehen. So stören Zölle beispielsweise die Spezialisierung entsprechend den komparativen Kosten- und Preisvorteilen, verringern den Wettbewerbsdruck und schwä-chen dadurch die Innovationsbereitschaft. Allgemein werden Zölle nur zur Vermeidung von Wachstumsverlusten (Erziehungszoll) und zur Abwehr einer protektionistischen Handelspo-litik des Auslands (Retorsionszoll) als partiell sinnvoll akzeptiert. Ansonsten sollte zunächst geprüft werden, inwieweit die vermeintlichen Effekte einer Zollerhebung nicht durch Maß-nahmen z.B. der Geld- und Finanzpolitik erreicht und Wachstumsimpulse nicht nachhaltiger durch den Abbau von Handelsbarrieren gesichert werden können.

In diesem Sinne sind die Versuche zu verstehen, über eine **internationale ökonomische Integration** Beschränkungen abzubauen. Entsprechend der Integrationstiefe wird zwischen verschiedenen Integrationsformen unterschieden: Von der Freihandelszone und der Zoll-union über den Gemeinsamen Markt bis hin zur Wirtschafts- und Währungsunion. An die-ser Stelle wollen wir uns auf die **Zollunion** beschränken.

Eine Zollunion ist der vertraglich geregelte Zusammenschluss einer Gruppe von politisch selbständigen Staaten zu einem einheitlichen (nach außen geschlossenen) Zollgebiet.

Ihr **Ziel** besteht in der Liberalisierung des gegenseitigen Handels durch Abbau der beste-henden Handelshemmnisse. Das betrifft nicht nur den Wegfall von Binnenzöllen (freie Ein- und Ausfuhr im Handel zwischen den Mitgliedsländern), sondern auch andere Beschrän-kungen (Kontingente). Gegenüber Drittländern setzen die Mitgliedsländer gemeinsame einheitliche Außenzölle fest (Gleichförmigkeit von Zollgesetzen und Zolltarifen) und stim-men auch andere protektionistische Maßnahmen ab. Die Einnahmen werden nach einem

---

[10] Während der Wertzoll als Prozentsatz auf das gehandelte Gutes erhoben wird, erfolgt beim Stückzoll eine Abgabe in Form eines festen Geldbetrags pro Mengeneinheit. Daneben werden bestimmte Misch-formen v.a. bei agrarischen Produkten angewendet.

vereinbarten Schlüssel verteilt oder fließen wie im Falle der EUROPÄISCHEN UNION dem gemeinsamen Haushalt (Ertragskompetenz) zu. Die möglichen **Wirkungen** einer Zollunion[11] lassen sich wie folgt zusammenfassen:

- Infolge des Wegfalls der Binnenzölle und der Erhebung eines einheitlichen Außenzolls verschieben sich die Preisrelationen auf den Importgütermärkten. Waren aus Drittländern werden relativ teurer. Es darf erwartet werden, dass sich dadurch die Nachfrage zugunsten von Gütern aus den Mitgliedsstaaten verlagert (**handelsumlenkender Effekt**).
- Die Inlandspreise von Importgütern aus den Mitgliedstaaten können absolut sinken (Wegfall der Zollbelastung), was zu einer erhöhten Nachfrage führen würde (**handelsschaffender Effekt**).
- Der handelsschaffende Effekt verbessert in der Regel die Allokation der Produktionsfaktoren innerhalb einer Zollunion im Sinne von Kostenminimierung und Produktivitätssteigerung (**Produktionseffekt**). Der größere einheitliche Markt ermöglicht zusätzlich ein Sinken der Stückkosten (economies of scale).
- Erhöhte Nachfrage nach Gütern aus Ländern der Zollunion, verschärfter Wettbewerb, Beseitigung von handelspolitischen Unsicherheiten, die Ausnutzung von Skalenvorteilen u.a. versprechen ein höheres wirtschaftliches Wachstum in den Mitgliedsländern (**Wachstumseffekt**).
- Die Veränderung der relativen Preise bewirkt über eine Verschiebung der Nachfrage eine Veränderung des Konsums (**Konsumeffekt**).
- Die Erhebung eines Außenzolls verbessert normalerweise die Terms of Trade gegenüber Drittländern (**Terms-of-Trade-Effekt**).
- Vermutlich wird mit Gründung einer Zollunion erst einmal die Zahl der Konkurrenten steigen (**Wettbewerbseffekt**). Bleibt zu fragen, ob die Ausnutzung der Skalenvorteile nicht letztlich den Konzentrationsprozess fördert. Dabei besteht die Gefahr, dass eine notwendige internationale Kartellbehörde dagegen weniger wirksam arbeiten kann, als dies im Rahmen einer nationalen Gesetzgebung möglich ist (vgl. Kapitel 3, Abschnitt 6.2).
- Eine Umlenkung der Handelsströme zugunsten der Mitgliedstaaten kann zu einer Erhöhung der Wohlfahrt innerhalb der gesamten Zollunion führen (**Wohlfahrtseffekt**). Diese können allerdings geringer ausfallen, wenn das Preisniveau für Importgüter aus den Mitgliedsländern der Zollunion nach dem Wegfall der Binnenzölle über dem Preis ohne Zoll (internationaler Preis) der Drittländer liegt. Mögliche Wohlfahrtsverluste können auch durch eine Verringerung von Zolleinnahmen infolge handelsumlenkender Effekte eintreten (z.B. Ausgleich der fehlenden Einnahmen durch Steuererhöhungen oder Ausgabenkürzungen im Staatshaushalt). Dem stehen jedoch Wohlfahrtssteigerungen infolge der Wirkung handelsschaffender Effekte entgegen. Eine Erhöhung der Wohlfahrt wird dann zu verzeichnen sein, wenn der handelsschaffende Effekt besonders stark wirkt und die Ablösung von Importen aus Drittländern durch relativ teurere Güter aus dem Zollgebiet (handelsumlenkender Effekt) möglichst gering ausfällt.

Eine solche Zusammenfassung wäre unvollständig, wenn nicht gleichzeitig der **Verteilungsaspekt** berücksichtigt würde. Die Bildung einer Zollunion führt nicht zwangsläufig zu einer Verringerung regionaler Entwicklungsunterschiede. Es kann im Gegenteil sogar - bei unterschiedlicher Wettbewerbsfähigkeit der Mitgliedsländer - zu einer weiteren Verschär-

---

[11] Eine umfassende Darstellung findet der Leser in: G. DIECKHEUER, Internationale Wirtschaftsbeziehungen, München 1990, Abschnitt H-3.2.

fung **regionaler Ungleichgewichte** kommen. Um den Integrationsprozess nicht zu gefährden, müssen **zusätzliche Maßnahmen** wie Schaffung regionaler Entwicklungsfonds und regionale Investitionsprogramme ergriffen werden.

3.2 Monetäre Außenwirtschaftstheorie

Die monetäre Außenwirtschaftstheorie befasst sich vorrangig mit der **Zahlungsbilanz ex ante** und ihren Einflussgrößen (Zahlungsbilanzmechanismen). Als bestimmende Größen werden (1) der Wechselkurs, (2) das Preisniveau (Einfluss unterschiedlicher Inflationsraten auf die Richtung von Handelsströmen) und (3) die Höhe des Volkseinkommens (einkommensabhängiger Teil des Importvolumens gemäß Importfunktion) angesehen. Wir wollen uns auf die **Wechselkurstheorie** konzentrieren, die im Mittelpunkt der monetären Außenwirtschaftstheorie steht. Sie erklärt den Stand und die Entwicklung von Wechselkursen, was insbesondere in einem System flexibler Wechselkurse bedeutsam ist.

Der Wechselkurs wird durch Devisenangebot und Devisennachfrage bestimmt. Wichtige Einflussgrößen (Preisverhältnisse, Zinsunterschiede oder Wechselkurserwartungen) müssen aber einbezogen werden, wenn es um die grundlegenden Bestimmungsgründe des Wechselkurses geht. Sie entscheiden - neben den Interventionen der Zentralbank - über seine Höhe. Allerdings sind die auftretenden Zusammenhänge derart komplex, dass wir uns - der vorherrschenden Wechseltheorie folgend - auf einige zentrale Einflussgrößen konzentrieren werden.[12]

Zweifelsfrei spielen **Arbitrage- und Spekulationsgeschäfte** eine Rolle bei der Bestimmung des Wechselkurses. Bei Arbitragegeschäften handelt es sich um Transaktionen, die nach Prüfung der konkreten Bedingungen auf verschiedenen Teilmärkten realisiert werden. Dadurch kommt es zu einer weitgehenden Preisangleichung, Teilmärkte werden koordiniert. Bei **Wechselkursarbitrage** werden die bestehenden Kursdifferenzen zwischen Währungen auf verschiedenen Devisenmärkten (z.B. London und New York) ausgenutzt. Währungen werden am „billigen" Markt gekauft und am „teureren" Markt mit Gewinn verkauft (Devisenhändler). Wenn zwischen inländischem und ausländischem Zinsniveau Unterschiede auftreten, nutzen die Marktteilnehmer diese Differenz (**Zinsarbitrage**), um die Renditen von Geld- und Kapitalmarktforderungen zu erhöhen oder Kreditkosten zu verringern. Bei derartigen Überlegungen sollte zusätzlich das **Wechselkursrisiko** berücksichtigt werden: Eine Anlage von Kapital in amerikanischen Wertpapieren würde sich auf den ersten Blick lohnen, wenn das Zinsniveau in den USA höher ist als im Euroraum. Auf den zweiten Blick könnte der Zinsgewinn allerdings durch einen auftretenden Kursverlust beim Rücktausch von US-Dollar in Euro kompensiert werden.

Von den Arbitragegeschäften unterscheiden sich die **Spekulationsgeschäfte** grundsätzlich. Ihr Motiv besteht darin, durch Preis- oder Kursdifferenzen auf demselben Markt im Zeitablauf Gewinne zu erzielen. Bei **Devisenspekulationen** beispielsweise kaufen bzw. verkaufen Marktteilnehmer Devisen, um aus den erwarteten Wechselkursänderungen Gewinne zu realisieren. Grundlage sind hier also im Gegensatz zu Arbitragen subjektive Kurserwartungen. Entsprechend der „Richtung" dieser Erwartungen können Spekulationen stabilisierend bzw. destabilisierend wirken:

---

[12] Eine ausführliche Darstellung, die auch zwischen kurz-, mittel- und langfristiger Beeinflussung des Wechselkurses unterscheidet, findet der Leser in: G. DIECKHEUER, a.a.O., Abschnitt F-3.

(1) Wird eine gegenläufige Kursentwicklung erwartet, wird bei steigenden Kursen verkauft oder im umgekehrten Fall gekauft. Kursschwankungen werden folglich gedämpft (marktregulierende Funktion).

(2) (2) Wird dagegen von einem Anstieg bzw. Fallen der Wechselkurse ausgegangen, wird weiter gekauft bzw. verkauft. Dadurch werden Ausmaß und Geschwindigkeit der Kursschwankungen verschärft (Destabilisierung).

Arbitrage und Spekulation treten selten in „reiner" Form auf. Vielmehr sind Spekulationsgeschäfte beispielsweise oft mit Arbitragegeschäften (insbesondere mit der Zinsarbitrage) gekoppelt und werden auch häufig gleichzeitig auf dem Kassamarkt und dem Terminmarkt getätigt. Auf dem **Kassamarkt** sind die Käufe/Verkäufe von Devisen unverzüglich (in der Praxis innerhalb von zwei Werktagen nach Abschluss des Geschäfts) abzuwickeln (Kassakurs). Demgegenüber sind Geschäfte auf dem **Terminmarkt** auf einen Kauf/Verkauf von Devisen in der Zukunft gerichtet (Terminkurs). Die Laufzeiten von Termingeschäften liegen üblicherweise bei 30, 60 oder 90 Tagen sowie bei sechs und zwölf Monaten (längere Fristen sind die Ausnahme). Auf dem Terminmarkt werden also Geschäfte abgeschlossen, bei denen die Konditionen „heute" festgelegt werden, der Umtausch indes erst später per Termin erfolgt. So kann beispielsweise der Zinsarbitrageur aus unserem obigen Beispiel, der sein Geld heute in amerikanischen Wertpapieren angelegt, die am Fälligkeitstag erwarteten US-Dollar gleichzeitig zum heute gültigen Terminkurs[13] verkaufen. Dadurch vermeidet er das Wechselkursrisiko.

Arbitrage- und Spekulationsgeschäfte werden von tiefergehenden Ursachen (**Fundamentalfaktoren**) überlagert, die sich auf Güterströme (Kaufkraftparitäten) bzw. Kapitalströme (Zinsparitäten) beziehen können.

Der **Kaufkraftparitätentheorie** kommt bei der Bestimmung des Wechselkurses eine zentrale Bedeutung zu. Sie erklärt den Wechselkurs im System freier Wechselkurse mit der inneren Kaufkraft bzw. dem Geldwert der Währungen (vgl. Abschnitt 2.2). In der **absoluten Version** des Kaufkraftparitätentheorems (klassischen Ansatz) wird davon ausgegangen, dass der Wechselkurs (ausschließlich) durch das Verhältnis zwischen inländischem und ausländischem Preisniveau bestimmt wird. Danach entspricht der Gleichgewichtskurs auf dem Devisenmarkt diesem Preisverhältnis. Bei Abweichungen des Wechselkurses von der Kaufkraftparität entstehen folglich Salden in der Leistungsbilanz und der Wechselkurs passt sich in einem System freier Wechselkurse automatisch der Parität an. Dieser stringente Ansatz wurde später „aufgeweicht". In der heute bevorzugten **komparativen (relativen) Version** wird davon ausgegangen, dass der Gleichgewichtswechselkurs eben nicht nur allein vom Preisverhältnis zwischen Inland und Ausland abhängt. Vielmehr wird er zusätzlich von einer „Strukturkomponente" beeinflusst. Größe und Variabilität dieser Komponente - die nach DIECKHEUER den inländischen Terms of Trade entspricht - werden ihrerseits von den Rahmenbedingungen und Veränderungen auf den nationalen und internationalen Gütermärkten bestimmt. Damit kann sich auch die Strukturkomponente selbst im Zeitablauf verändern. In der Folge sind Veränderungen des Gleichgewichtswechselkurses denkbar, die dann nicht auf einem veränderten Preisverhältnis beruhen. Häufig wird jedoch die Strukturkomponente auch als eine Größe aufgefasst, die konstant ist oder sich nur geringfügig verändert.

---

[13] Der Terminkurs steht über Aufschläge (Report) bzw. Abschläge (Deport) zum Kassakurs mit diesem in Beziehung. Dabei wird die prozentuale Abweichung des Terminkurses vom Kassakurs auch als Swapsatz bezeichnet (vgl. Kapitel 5, Abschnitt 6.2.1.1).

Der Haupteinwand gegen die Kaufkraftparitätentheorie - und zwar in beiden Versionen - richtet sich darauf, dass der Wechselkurs hier nur aus güterwirtschaftlichen Strömen abgeleitet wird. Bei der Bestimmung des Wechselkurses sind indes reale und monetäre Aspekte eng miteinander verknüpft. Devisenangebot und Devisennachfrage resultieren schließlich zunehmend aus internationalen Kapitalströmen, die von Güterbewegungen abgekoppelt sind und für die Unterschiede im internationalen Preisniveau keine bedeutende Rolle spielen. Das bedeutet, dass der Einfluss von Kapitalbewegungen auf den Wechselkurs berücksichtigt werden muss. Neben der (langfristig) wirkenden Kaufkraftparität ist also auf die Zinssätze einzugehen, die ebenso die Entwicklung des Wechselkurses (kurzfristig) beeinflussen.

Nach der **Zinsparitätentheorie** ist der Wechselkurs von der Differenz zwischen in- und ausländischem Zinsniveau abhängig. Die (kurzfristige) Bestimmung des Wechselkurses erfolgt demnach durch die Zinssätze. Dabei passt sich der Wechselkurs so an, dass der Zinsunterschied zwischen inländischen und ausländischen Finanzaktiva der Differenz zwischen dem effektiven (tatsächlichen) und dem erwarteten Wechselkurs entspricht. Es wird hierbei unterstellt, dass inländische und ausländische Finanzaktiva perfekte Substitute sind und eine vollständige internationale Kapitalmobilität herrscht. Steigt unter diesen Voraussetzungen der Zinssatz der ausländischen Finanzaktiva relativ zu der Rendite von Finanzaktiva im Inland, so wird Kapital ins Ausland fließen. Die Nachfrage nach ausländischer Währung wird ansteigen, was zur Abwertung der Inlandswährung führt. Auch hier soll ein Beispiel beim Verständnis helfen: Den Ausgangspunkt bilde ein **Portfolio-Gleichgewicht** (gleichgewichtige Geldanlage von Zinsen und erwarteten Kursänderungen). Steigen nun in diesem Land - z.B. Großbritannien - die Zinsen, lohnt sich Umschichtung der Finanzaktiva zugunsten einer Anlage in Pfund Sterling. Voraussetzung ist allerdings, dass keine Abwertung der britischen Währung - die den britischen Zinsvorteil kompensieren würde - erwartet wird. In der Folge Umschichtung der Finanzaktiva stiege dann die Nachfrage nach Pfund Sterling, was zu einer Aufwertung führen würde.

Kaufkraftparitätentheorie und Zinsparitätentheorie bestimmen gemeinsam den Wechselkurs. Zusätzlich wird der (effektive) Wechselkurs nachhaltig von den **Erwartungen** hinsichtlich der künftigen Kursentwicklung beeinflusst. Diese bilden sich auf der Grundlage einer Vielzahl objektiver Informationen und subjektiver Einschätzungen der Marktteilnehmer. Schließen wir auch diese Feststellung mit einem einfachen Beispiel ab: Wenn in GB die Zinsen steigen, wird die Mehrheit der Marktteilnehmer erwarten, dass die britische Währung aufgewertet wird. Folglich wird die Nachfrage nach Pfund Sterling steigen, weil „jeder" von der erwarteten Wertsteigerung profitieren möchte. Im Ergebnis wertet das Pfund Sterling dann tatsächlich auf.

3.3. Formen der währungspolitischen Zusammenarbeit

Durch entsprechende geld- und finanzpolitische Maßnahmen können einzelne Länder Wettbewerbsvorteile erlangen, die zu spürbaren güterwirtschaftlichen und monetären Verzerrungen führen. Derartige Entwicklungen behindern die Ausweitung des internationalen Handels. Es ist deshalb nicht verwunderlich, dass in den letzten Jahrzehnten verstärkt über verschiedene Formen einer währungspolitischen Zusammenarbeit diskutiert wurde. Im Ergebnis führte das insbesondere innerhalb der EUROPÄISCHEN UNION zu einer gemeinsamen Währungspolitik, die über verschiedene Phasen der Zusammenarbeit letztlich in der Einführung der europäischen Einheitswährung Euro im Januar 1999 gipfelte.

Die internationale Zusammenarbeit auf dem Gebiet der Währungspolitik lässt sich in zwei grundlegende Formen untergliedern: Währungskooperation und Währungsintegration. Bei der **Währungskooperation** (z.B. gemeinsames Währungssystem) bleiben die nationalen Währungen der teilnehmenden Staaten erhalten. Es erfolgt zwar eine mehr oder minder enge Abstimmung der Geldpolitik, die aber - obschon eingeschränkt - weiterhin der nationalen Verantwortlichkeit unterliegt. Auch bei Einsatz anderer wirtschaftspolitischer Instrumente sind die Teilnehmerstaaten weitgehend autonom. Demgegenüber verzichten die Länder im Rahmen einer **Währungsintegration** auf ihre nationale Autonomie und übertragen die Entscheidungskompetenz auf eine gemeinsame Zentralbank. Zusätzlich müssen sie zu einer eingeschränkten Autonomie in anderen Bereichen der Wirtschaftspolitik (z.B. Finanzpolitik) bereit sein. Währungsintegration bedeutet letztlich die Schaffung einer **Währungsunion** der Mitgliedstaaten, die durch

- uneingeschränkte Konvertibilität der Währungen,
- unwiderruflich feste Wechselkurse und
- vollständige Freiheit des Kapital- und Zahlungsverkehrs

gekennzeichnet ist. Dies ist letztlich ökonomisch gleichbedeutend mit der Einführung einer Einheitswährung.

Die Theorie der Währungsunion beschäftigt sich mit der Frage, wie über verschiedene Phasen der geldpolitischen Zusammenarbeit die Vorteile der internationalen Arbeitsteilung durch eine optimale Marktintegration besser genutzt werden können und welche Voraussetzungen (optimales Währungsgebiet, gemeinsame Wirtschaftspolitik, gemeinsame geldpolitische Entscheidungsträger) dabei zu erfüllen sind.

Währungssystem und Währungsunion

Die weitgehende Aufgabe einer nationalen autonomen Wirtschaftspolitik innerhalb einer Währungsunion ist nicht konfliktfrei. So können zwischen dem Ziel der umfassenden Marktintegration und gesamtwirtschaftlichen Zielen der Mitgliedstaaten Konflikte auftreten (vgl. Abschnitt 4.1). Die Währungsunion ist also nicht zwangsläufig die vorteilhafte Form einer währungspolitischen Zusammenarbeit. Demnach ist zu klären, für welche Länder und unter welchen Voraussetzungen eine Währungsunion ökonomisch überhaupt sinnvoll ist (optimaler Währungsraum). Ein **optimaler Währungsraum** liegt dann vor, wenn bei festen Wechselkursen (bzw. Einheitswährung) innerhalb eines Wirtschaftsraums und flexiblen Wechselkursen gegenüber Drittländern die größtmögliche Verwirklichung der gesamtwirtschaftlichen Ziele gewährleistet wird. In der Literatur werden verschiedene Kriterien genannt, die für die Bestimmung eines optimalen Währungsraumes relevant sind. Wir wollen uns jedoch auf die zentralen Kriterien Wettbewerbsfähigkeit und Faktormobilität beschränken:

(1) Die betreffenden Länder müssen eine vergleichbare **Wettbewerbsfähigkeit** aufweisen, die im starkem Maße durch die Höhe der Inflationsraten bestimmt wird. Wesentliche Gründe für Unterschiede sind real im Verhältnis der Entwicklung von Nominallöhnen und Arbeitsproduktivität sowie monetär in geldpolitischen Maßnahmen zu suchen. Folglich eignen sich für eine Währungsunion Länder die insbesondere eine gleichartige Lohn- und Geldpolitik betreiben.

(2) Bei unterschiedlicher Wettbewerbsfähigkeit müssen Korrekturmechanismen existieren, da ein Ausgleich über Wechselkursänderungen innerhalb einer Währungsunion nicht möglich ist. Dafür käme vorrangig die Mobilität der Produktionsfaktoren (**Faktormobilität**) in Betracht. Das bedeutet, die Produktionsfaktoren Arbeit und Kapital müssen flexibel auf regionale Nachfrageverschiebungen reagieren können. Während für den Faktor Kapital diese Bedingung erfüllt wurde, gilt das noch nicht im gleichen Maße für den Faktor Arbeit.

Die **allgemeinen Ziele** einer währungspolitischen Zusammenarbeit bestehen in erster Linie in der Vermeidung bzw. Verringerung von Risiken und Kosten. Im Einzelnen nennt WILLMS[14]:

- Wechselkursrisiko (Risiko der Wechselkursschwankungen);
- Konvertibilitätsrisiko (Risiko der Einführung von Devisenkontrollen);
- Kosten der Absicherung des Wechselkursrisikos;
- Kosten der Informationsbeschaffung über Wechselkurse und Devisenkontrollen sowie
- Kosten der Währungstransaktion und der Umgehung von Devisenkontrollen.

Eine umfassende Realisierung dieser Ziele ist nur im Rahmen einer Währungsunion mit Einheitswährung möglich, während die Formen der währungspolitischen Kooperation nur teilweise die erhofften Ergebnisse erbrachten.

Diese Aussagen wollen wir komprimiert am Beispiel des EUROPÄISCHEN WÄHRUNGSSYSTEMS (EWS) und der EUROPÄISCHEN WIRTSCHAFTS- UND WÄHRUNGSUNION (EWWU) verdeutlichen. Das EUROPÄISCHE WÄHRUNGSSYSTEM[15] wurde am 13. März 1979 in Kraft gesetzt und löste den EUROPÄISCHEN WECHSELKURSVERBUND („Währungsschlange") ab. Der Wechselkursverbund hatte sich als nicht sehr stabil erwiesen. Vor dem Hintergrund tief greifender Verschiebungen in der Zahlungsbilanzstruktur zwischen allen westlichen Industrieländern v.a. infolge der Ölpreiskrise, die von unterschiedlichen Entwicklungen des Inflationsniveaus sowie unterschiedlichen wirtschaftspolitischen Orientierungen begleitet waren, verließen einige Länder (Großbritannien, Irland, später Italien und Frankreich) den Währungsverbund. Somit war die EUROPÄISCHE GEMEINSCHAFT Ende 1978 letztlich währungspolitisch gespalten. Um einer weiteren Destabilisierung entgegenzuwirken, wurde nach einem für alle Mitgliedstaaten tragfähigen Konzept gesucht. Als Ergebnis der Bemühungen entstand das EUROPÄISCHE WÄHRUNGSSYSTEM (EWS). Es hatte zum Ziel, über einen gemeinsamen Währungsraum (Schaffung einer „stabilen Währungszone" in Europa) die allgemeine wirtschaftliche und auch politische Integration der Mitgliedstaaten zu intensivieren und einen Beitrag zur Festigung der internationalen Währungsbeziehungen zu schaffen. Dem EWS gehörten zwar die Zentralbanken aller Mitgliedstaaten der EU an. Daraus folgte aber nicht, dass sie auch automatisch am Wechselkursmechanismus teilnahmen.

Trotz vieler Probleme innerhalb des EWS hat es zur engeren währungspolitischen Zusammenarbeit zwischen den EU-Mitgliedstaaten beigetragen. Die meisten Länder sahen sich veranlasst, ihre nationalen Wirtschaftspolitiken zu harmonisieren und sie an der Entwicklung der wirtschaftlich und währungspolitisch stabilsten Länder zu orientieren. Insbesondere aber wurde der Gedanke einer Wirtschafts- und Währungsunion wieder belebt. Mit der EINHEITLICHEN EUROPÄISCHEN AKTE, die am 1. Juli 1987 in Kraft trat, haben die EU-Staaten folgerichtig dieses Ziel vertraglich verankert. Nach Vorlage des DELORS-Berichts beschloss der EUROPÄISCHE RAT im Juni 1989, die erste Stufe der EUROPÄISCHEN WIRTSCHAFTS- UND WÄHRUNGSUNION (EWWU) am 1. Juli 1990 zu beginnen. Im VERTRAG VON MAASTRICHT (vgl. Abschnitt 4.2) wurde abschließend vereinbart, bis spätestens zum 1. Januar 1999 eine Wirtschafts- und Währungsunion zu errichten. Zusätzlich wurden auch die funktionellen und institutionellen Rahmenbedingungen weitgehend in konkreten Vertragsbestimmungen festgelegt. Die Mitgliedstaaten verpflichteten sich, künftig eine einheitliche Geld- und Wechsel-

---

[14] M. WILLMS, Währung, in: Vahlens Kompendium der Wirtschaftstheorie und Wirtschaftspolitik, Bd. 1, 6., überarb. und erweiterte Aufl., München 1995, S. 260 - 261.

[15] Umfassende Ausführungen zum EWS findet der interessierte Leser u.a. in: DEUTSCHE BUNDESBANK, Europäische Organisationen und Gremien im Bereich von Währung und Wirtschaft, Frankfurt/Main 1997, S. 110 - 131.

kurspolitik - ausgerichtet an Ziel der Preisstabilität - zu betreiben und auch ihre Wirtschafts- und Finanzpolitik enger zu koordinieren.

Mit der Schaffung der EWWU zum 1. Januar 1999 wurden die Wechselkurse zwischen den Teilnehmerstaaten durch unwiderruflich festgelegte Umrechnungskurse ersetzt und der **Euro als eigenständige Währung** eingeführt. Die Verantwortung für die Geldpolitik ist auf das EUROPÄISCHE SYSTEM DER ZENTRALBANKEN - bestehend aus der EUROPÄISCHEN ZENTRALBANK sowie den nationalen Zentralbanken - übergegangen (vgl. Kapitel 5, Abschnitt 5.1). Die Teilnahme an der EWWU setzte jedoch die Erfüllung bestimmter stabilitätspolitischer Kriterien (**Konvergenzkriterien**) voraus, die im VERTRAG VON MAASTRICHT eindeutig vorgegeben wurden:

– Der Anstieg der Verbraucherpreise durfte im letzten Jahr vor Beitritt in die Währungsunion um nicht mehr als 1,5 Prozent über dem Durchschnitt der drei preisstabilsten Länder liegen (**Preisstabilität**).
– Die Bandbreite der Wechselkurse im EWS musste in den letzten beiden Jahren vor dem Beitritt eingehalten werden (**Wechselkursstabilität**).
– Die Rendite langfristiger Staatsanleihen durften den Durchschnitt der drei stabilsten Länder um nicht mehr als 2 Prozent übersteigen (**Zinsniveau**).
– Das jährliche Defizit der öffentlichen Haushalte sollte nicht mehr als 3 Prozent des Bruttoinlandsprodukts (BIP) betragen und die gesamte Staatsverschul-dung 60 Prozent des BIP nicht überschreiten (**gesunde Staatsfinanzen**).

Dahinter stand die Überlegung, dass der Übergang zu einer einheitlichen Währung nur auf der Grundlage vergleichbarer wirtschaftlicher und währungspolitischer Ausgangspositionen erfolgreich funktionieren kann (optimaler Währungsraum).

In der **ersten Stufe der Währungsunion** (1. Januar 1990 - 31. Dezember 1993) ging es deshalb vorrangig darum, die nationalen Wirtschafts- und Währungspolitiken stärker an den Erfordernissen der Geldwertstabilität und der Konsolidierung der Staatshaushalte zu orientieren. Der Geld- und Kapitalverkehr wurde weiter liberalisiert und der Gemeinsame Binnenmarkt weitgehend vollendet. Auf die Verstärkung der wirtschaftlichen Konvergenz sowie auf die technische und institutionelle Vorbereitung der Währungsunion zielte die **zweite Stufe** der Währungsunion (1. Januar 1994 - 31. Dezember 1998) ab.[16] Am 25. März 1998 gab die EUROPÄISCHE KOMMISSION anhand der Wirtschaftsdaten ihre Empfehlung ab, welche EU-Mitgliedstaaten an der EUROPÄISCHEN WÄHRUNGSUNION teilnehmen sollten. Bei elf Staaten sah sie die Voraussetzungen erfüllt: Belgien, Deutschland, Finnland, Frankreich, Irland, Luxemburg, Niederlande, Österreich, Portugal und Spanien.[17] Griechenland (Teilnahme erfolgte 2001) und Schweden hatten die Konvergenzkriterien nicht erfüllt, Dänemark und Großbritannien lehnen eine Teilnahme bis heute ab. Auch Schweden sprach sich in einer Volksabstimmung 2003 knapp gegen einen Beitritt aus.

---

[16] Im Mittelpunkt standen dabei: (1) verstärkte Koordinierung der Geldpolitiken, (2) Verbot der Gewährung von Krediten der Zentralbank an die öffentliche Hand, (3) Gründung des EUROPÄISCHEN WÄHRUNGSINSTITUTS (Aufgabe: technischen Vorbereitung der EWWU), (4) Gewährleistung der Unabhängigkeit der nationalen Zentralbanken bis (spätestens) zum Tag des Errichtung des ESZB und (5) Vorbereitung des Übergangs zur dritten Stufe der Währungsunion wie Auswahl der qualifizierten Länder und Errichtung von EZB und ESZB.

[17] Zwar lag nur in drei der Teilnehmerstaaten der öffentliche Schuldenstand unterhalb der geforderten 60 Prozent (bezogen auf das BIP), aber der MAASTRICHTER VERTRAG erlaubt Ausnahmen. Voraussetzung war, dass die Schuldenquote „erheblich und laufend zurückgegangen ist" und sich dem Referenzwert annähert.

Mit Beginn der **dritten Stufe** der Währungsunion (Endstufe) am 1. Januar 1999 wurde der Euro als Einheitswährung eingeführt. Die geldpolitischen Zuständigkeiten der Zentralbanken der teilnehmenden Länder gingen vollständig auf das ESZB und die EZB über (vgl. Kapitel 5, Abschnitt 5.1). Die Geldpolitik wird nun einheitlich für das Euro-Währungsgebiet festgelegt und in allen Teilnehmerstaaten mit den gleichen geldpolitischen Instrumenten und Verfahren durchgeführt. Zum 30. Juni 2002 verloren die nationalen Banknoten ihre Gültigkeit und der Euro wurde alleiniges Zahlungsmittel. Auch in der Wechselkurspolitik gingen die Zuständigkeiten auf die EZB über. Allerdings kann sie dabei - im Gegensatz zur Geldpolitik - an Vorgaben des EU-MINISTERRATS gebunden werden. Mit der Währungsunion trat ein neuer EU-interner Wechselkursmechanismus (WKM II) in Kraft, durch den die währungspolitischen Beziehungen zu den nicht dem Euro-Währungsraum angehörigen EU-Staaten geregelt werden.

Die Bewertung und Beurteilung der EUROPÄISCHEN WÄHRUNGSUNION muss vor allem politisch erfolgen. Sie zwingt zum weitgehenden Verzicht auf eine autonome nationale Wirtschaftspolitik. Dies wird per se dann positiv zu bewerten sein, wenn auch eine politische Union gewollt ist und wenn das Stabilitätsziel erreicht wird.

4. Ziele der Außenwirtschaftspolitik

4.1 Allgemeine Ziele

Die **Ziele der Außenwirtschaftspolitik** als Teilbereich der allgemeinen Wirtschaftspolitik leiten sich aus deren Zielen ab. Wir könnten auch sagen, sie sind Unterziele für die übergeordneten gesamtwirtschaftlichen Ziele (vgl. Abschnitt 4.3). Das im § 1 STABILITÄTSGESETZ formulierte Ziel des „außenwirtschaftlichen Gleichgewichts" ist demnach nicht Selbstzweck, sondern eine notwendige Voraussetzung für die Verwirklichung der wirtschaftspolitischen Ziele Wachstum, Beschäftigung und Preisstabilität.

Aus den bereits herausgearbeiteten Bestimmungsgründen des internationalen Handels lässt sich das außenwirtschaftliche Grundziel ableiten: Erhöhung der Wohlfahrt (**Wohlfahrtsziel**) durch die Nutzung der Vorteile der internationalen Arbeitsteilung. Diesem Ziel dient zum einen das außenwirtschaftliche Leitbild des Freihandels. Indes ist festzustellen, dass eine liberale Außenwirtschaftsordnung keinen Wert an sich darstellt. Ihrer Durchsetzung kommt vielmehr ein instrumentaler Charakter in Bezug auf das Ziel der Wohlfahrtsmaximierung zu. Neben dem Freihandel können zum anderen auch außenwirtschaftliche Leitbilder wie Protektionismus und - im Extremfall - Autarkie (wirtschaftliche Unabhängigkeit vom Ausland durch Selbstversorgung) die Grundlage bilden.

Da Außenwirtschaftspolitik sowohl im nationalen Rahmen durchgeführt führt als auch in der Verantwortlichkeit regionaler Zusammenschlüsse (z.B. Zollunion, Wirtschafts- und Währungsunion) bzw. internationaler Organisationen und Institutionen liegen kann, wollen wir außenwirtschaftliche Ziele unter diesem Aspekt differenzieren.

Das Wohlfahrtsziel als oberstes Ziel jeder **nationalen Außenwirtschaftspolitik** lässt sich bekanntlich nicht operationalisieren. Deshalb müssen solche Ziele gefunden werden, die in direkter oder indirekter Beziehung zur Wohlfahrtssteigerung stehen. Die Ziele der internen Wirtschaftspolitik eines Landes bestimmen auch die Ziele der nationalen Außenwirtschaftspolitik. Daneben müssen als typische außenwirtschaftliche Ziele (1) Zahlungsbilanzausgleich, (2) Wechselkursstabilität, (3) ein bestimmter Leistungsbilanzsaldo oder (4) die Höhe des Außenbeitrags genannt werden. Allerdings weisen diese Ziele einen überwiegend instrumentalen Charakter auf, da sie auf die Erreichung der allgemeinen binnenwirtschaftlichen Ziele ausgerichtet sind.

In der Bundesrepublik Deutschland wird das Ziel „außenwirtschaftliches Gleichgewicht" vor allem mit Hilfe des **Außenbeitrags** (Saldo aus Export und Import von Gütern und Dienstleistungen) bestimmt. Erstmals 1969 (JAHRESWIRTSCHAFTSBERICHT DER BUNDESREGIERUNG) erfolgte eine Quantifizierung dieses außenwirtschaftlichen Ziels. Danach wird ein positiver Außenbeitrag in Höhe von 1,5 Prozent des BSP/BIP angestrebt, um einen **Zahlungsbilanzausgleich** zu gewährleisten. Tabelle 1.1 aus dem ersten Kapitel vermittelt einen Überblick über die tatsächliche Entwicklung bis einschließlich 2002 und vergleicht diese mit den Prognosewerten. Mit Ausnahme des v.a. durch die Belastungen der deutschen Wiedervereinigung bedingten Rückgangs Mitte der neunziger Jahre (negativer Außenbeitrag) wurde das Ziel von 1,5 Prozent zum Teil deutlich überschritten. Das war auch notwendig, denn ohne diesen positiven Außenbeitrag wäre die Bundesrepublik nicht in der Lage gewesen, ihre "Verpflichtungen für Übertragungen an die übrige Welt und Kapitalexporte" zu erfüllen. Konkret bedeutet das, dass ein hoher Überschuss in der Handelsbilanz (Tab. 8.2) Ziel deutscher Außenwirtschaftspolitik sein muss. Nur so sind die chronisch negativen Salden der Dienstleistungs- und Übertragungsbilanz auszugleichen und der Kapitalexport zu finanzieren.

Das Ziel der **Wechselkursstabilität** ist im Gegensatz zum Zahlungsbilanzausgleich umstritten. Mit Recht wird darauf verwiesen, dass in einem System fester Wechselkurse die Möglichkeit entfällt, internationale Unterschiede in der Preis- und Kostenentwicklung ohne eine Gefährdung binnenwirtschaftlicher Ziele (Diktat der Zahlungsbilanz) durch eine Änderung des Paritätskurses auszugleichen. Wir wollen mögliche **Zielkonflikte** anhand eines Beispiels erläutern: Die Ausgangssituation sei durch ein Defizit in der Zahlungsbilanz ex ante (Devisenmarkt) gekennzeichnet. Das bedeutet, dass die Nachfrage nach Devisen das Angebot - aus welchen konkreten Gründen auch immer - übersteigt. Da die Zentralbank die Differenz nur im Rahmen begrenzter Devisenreserven verringern kann, wird letztlich nur über kontraktive Maßnahmen der Geld- und Fiskalpolitik eine Verringerung der Importe (Devisennachfrage) und eine Erhöhung der Exporte (Devisenangebot) die Beibehaltung des Paritätskurses erreicht. Das wiederum gefährdet die (kurzfristige) Verwirklichung von hoher Beschäftigung und angemessenem Wirtschaftswachstum. Das Ziel der Wechselkursstabilität macht also nur einen Sinn, wenn in der Ausgangslage bereits ein binnenwirtschaftliches Gleichgewicht herrscht oder wenn Defizitländer z. B. im Rahmen eines internationalen Zusammenschlusses bereit sind, ihre binnenwirtschaftlichen Ziele den Interessen einer gemeinsamen Wirtschaftspolitik gegenüber Dritten unterzuordnen.

Die Außenwirtschaftspolitik trägt jedoch nicht nur zur Verwirklichung des ökonomischen Ziels der Wohlfahrtssteigerung bei. Vielmehr kann sie auch zur Erreichung **außerökonomischer Ziele** (wie Freiheit, Sicherheit, Gerechtigkeit) beitragen. Exemplarisch seien in diesem Zusammenhang folgende Ziele genannt:

(1) In einigen Ländern wurde (v.a. in Kriegs- und Krisenzeiten) zur Erhaltung der politischen und wirtschaftlichen Unabhängigkeit eine weitgehende Selbstversorgung bei strategischen Gütern (**Autarkie**) angestrebt. Auch militärpolitische Argumente spielen dabei häufig eine Rolle.

(2) Durch eine außenwirtschaftliche Boykottpolitik wird der Versuch unternommen, **Einfluss auf das politische System** in anderen Ländern zu nehmen (z.B. Handelsboykott gegen die Politik der Rassentrennung in Südafrika oder Verbot des Exports „strategischer" Güter in die früheren Ostblockstaaten).

(3) Außenwirtschaftspolitik kann auch als **Instrument der Machtpolitik** zur Stärkung des eigenen weltpolitischen Einflusses, zur Kontrolle internationaler Verkehrswege oder zur Sicherung von Rohstoffmärkten eingesetzt werden.

Ziel der **internationalen Außenwirtschaftspolitik** muss es sein, die Weltwirtschaft so zu ordnen, dass die Wohlfahrt aller Länder bzw. der Mitgliedsländer der verschiedenen supranationalen (regionalen) Zusammenschlüsse steigt.

4.2 Ziele von regionalen Integrationen

Die EUROPÄISCHE UNION[18] ist - trotz aller Probleme - der erfolgreichste regionale Zusammenschluss mit der größten Integrationstiefe. Ihre derzeit noch 15 Mitgliedstaaten (ab Mai 2004 25 Mitgliedstaaten) bilden zusammen den **größten Binnenmarkt der Welt** und erwirtschaften etwa ein Drittel des „Weltsozialprodukts". Die Mitgliedstaaten der EUROPÄISCHEN UNION verbindet mehr als nur eine gemeinsame ökonomische Zielstellung.

Ihre **Aufgabe** besteht gemäß der Präambel des EU-VERTRAGS darin, „die Beziehungen zwischen den Mitgliedstaaten sowie zwischen ihren Völkern kohärent und solidarisch zu gestalten" (Art. 1). In Art. 2 werden die Ziele der EU im Einzelnen genannt:

- die Förderung des wirtschaftlichen und sozialen Fortschritts und eines hohen Beschäftigungsniveaus sowie die Herbeiführung einer ausgewogenen und nachhaltigen Entwicklung, insbesondere durch die Schaffung eines Raumes ohne Binnengrenzen, durch Stärkung des wirtschaftlichen und sozialen Zusammenhalts und die Errichtung einer Wirtschafts- und Währungsunion, die auf längere Sicht auch eine einheitliche Währung ... Vertrages umfasst;
- die Behauptung der Identität auf internationaler Ebene, insbesondere durch eine Gemeinsame Außen- und Sicherheitspolitik, wozu nach Maßgabe des Art.s 17 auch die schrittweise Festlegung einer gemeinsamen Verteidigungspolitik gehört, die zu einer gemeinsamen Verteidigung führen könnte;
- die Stärkung des Schutzes der Rechte und Interessen der Angehörigen ihrer Mitgliedstaaten durch Einführung einer Unionsbürgerschaft;
- die Erhaltung und Weiterentwicklung der Union als Raum der Freiheit, der Sicherheit und des Rechts, in dem in Verbindung mit geeigneten Maßnahmen in Bezug auf die Kontrollen an den Außengrenzen, das Asyl, die Einwanderung sowie die Verhütung und Bekämpfung der Kriminalität der freie Personenverkehr gewährleistet ist;
- die volle Wahrung des gemeinschaftlichen Besitzstands und seine Weiterentwicklung, wobei geprüft wird, inwieweit die durch diesen Vertrag eingeführten Politiken und Formen der Zusammenarbeit mit dem Ziel zu revidieren sind, die Wirksamkeit der Mechanismen und Organe der Gemeinschaft sicherzustellen."[19]

Die **wirtschaftlichen Ziele** und Motive der EUROPÄISCHEN UNION sind im EG-VERTRAG verankert. Gemäß der Präambel bestehen sie darin, „durch die Errichtung eines Gemeinsamen Marktes und einer Wirtschafts- und Währungsunion ... in der ganzen Gemeinschaft eine harmonische, ausgewogene und nachhaltige Entwicklung des Wirtschaftslebens, ein hohes Beschäftigungsniveau und ein hohes Maß an sozialem Schutz, die Gleichstellung

---

[18] Nach dem VERTRAG VON MAASTRICHT ist der Begriff EUROPÄISCHE UNION weiter gefasst als der Begriff EUROPÄISCHE GEMEINSCHAFT (EG). Die EU beinhaltet mehr als nur die wirtschaftliche Integration Europas. Sie schließt auch politische Integrationsansätze in der Innen- und Rechtspolitik sowie in der Außen- und Sicherheitspolitik ein. Dagegen erfasst die EG ausschließlich Aspekte einer wirtschaftlichen Integration. Vgl. dazu ausführlich: DEUTSCHE BUNDESBANK (Hrsg.), Europäische Organisationen und Gremien im Bereich von Währung und Wirtschaft, Frankfurt/Main 1997.

[19] Konsolidierte Fassung des Vertrags über die Europäische Union, in: EU- und EG-Vertrag, Konsolidierte Fassungen im Rahmen des Vertrages von Amsterdam, 1. Aufl., Baden-Baden 1997, S. 173.

von Männern und Frauen, ein beständiges, nichtinflationäres Wachstum, einen hohen Grad von Wettbewerbsfähigkeit und Konvergenz der Wirtschaftsleistungen, ein hohes Maß an Umweltschutz und Verbesserung der Umweltqualität, die Hebung der Lebenshaltung und der Lebensqualität, den wirtschaftlichen und sozialen Zusammenhalt und die Solidarität zwischen den Mitgliedstaaten zu fördern."[20]

Diese allgemeinen Ziele wollen wir für die **gemeinsame Handelspolitik** etwas präzisieren. In Art. 131 des EG-Vertrags sind die handelspolitischen Ziele der Union festgeschrieben:

„Durch die Schaffung einer Zollunion beabsichtigen die Mitgliedstaaten, im gemeinsamen Interesse zur harmonischen Entwicklung des Welthandels, zur schrittweisen Beseitigung der Beschränkungen im internationalen Handelsverkehr und zum Abbau der Zollschranken beizutragen."

Darüber hinaus sind die für die Ausfuhr nach Drittländern bestehenden Beihilfesysteme zu harmonisieren, um eine Verfälschung des Wettbewerbs zwischen den Unternehmen innerhalb der Gemeinschaft zu vermeiden (Art. 132). Zu den Grundsätzen der Handelspolitik heißt es in Art. 133 (Abs.1) weiter:

„Die gemeinsame Handelspolitik wird nach einheitlichen Grundsätzen gestaltet; dies gilt insbesondere für die Änderung von Zollsätzen, den Abschluss von Zoll- und Handelsabkommen, die Vereinheitlichung von Liberalisierungsmaßnahmen, die Ausfuhrpolitik und die handelspolitischen Schutzmaßnahmen, zum Beispiel im Fall von Dumping und Subventionen."[21]

In komprimierter Form sollen nachfolgend einige **weitere regionale Zusammenschlüsse** vorgestellt werden. Eine wesentlich geringere Integrationstiefe als die EU weisen Zusammenschlüsse in Gestalt einer **Freihandelszone** auf. In einer Freihandelszone sind zwischen den Mitgliedstaaten Zölle und Abgaben für Waren mit Ursprung in dieser Zone (Warenursprungsregelung) aufgehoben. Allerdings existieren (im Gegensatz zur Zollunion) weder ein einheitlicher Zolltarif noch eine einheitliche Zollpolitik gegenüber Drittländern. Sie werden von jedem Staat autonom festgesetzt.

Ursprünglich bestand das Ziel der nicht an der EWG teilnehmenden Länder in der Schaffung einer großen **europäischen Freihandelszone**, um eine mögliche Schwächung ihrer ökonomischen Position abzumildern. Nachdem dieser Plan scheiterte, gründeten 1960 sieben Länder die Europäische Freihandelszone (EFTA). Ihre Aufgabe bestand darin, den Außenhandel zwischen den teilnehmenden Ländern über den Abbau von Zöllen und Kontingenten zu liberalisieren. Das galt jedoch fast ausschließlich für Industrieerzeugnisse. Landwirtschaftliche Produkte und Fischereierzeugnisse waren von der Liberalisierung des Handels weitgehend ausgenommen. Außerdem sollten verschiedene Wettbewerbsregeln verhindern, dass die infolge von Zollabbau und Aufhebung der mengenmäßigen Einfuhrbeschränkungen erwarteten Vorteile durch wettbewerbsverzerrende Maßnahmen (Subventionen, Kartelle, Dumping) vereitelt wurden. Die Organisationsstruktur der EFTA muss als eher lose bezeichnet werden. Nach dem EU-Beitritt einiger ehemaliger Mitgliedstaaten (Schweden, Finnland, Österreich) 1995 gehören noch Island, Norwegen, die Schweiz und Liechtenstein der EFTA an.

Um die Gefahr einer wirtschaftlichen Spaltung Westeuropas zu dämmen, wurde der der Europäische Wirtschaftsraum (EWR) gebildet. Der EWR-Vertrag trat am 1. Januar 1994 in Kraft. Damit wurden die Voraussetzungen für die Verwirklichung eines Europäischen Binnenmarktes zwischen den Mitgliedstaaten von EU und EFTA geschaffen. Ihm gehören

---

[20] Konsolidierte Fassung des Vertrags zur Gründung der Europäischen Gemeinschaft, in: EU- und EG-Vertrag, a.a.O., S. 203 (Art. 2).
[21] Ebenda, S. 264-265.

18 Staaten (alle EU-Mitgliedsländer sowie Island, Liechtenstein und Norwegen) an. Die Schweiz hat sich in einer Volksabstimmung gegen eine Teilnahme ausgesprochen. Innerhalb des EWR herrscht Freizügigkeit im Waren-, Personen-, Dienstleistungs- und Kapitalverkehr. Gegenüber Drittländern werden keine einheitlichen Außenzölle erhoben. Der EWR-RAT (Exekutivorgan), dem je ein Regierungsvertreter der Mitgliedstaaten angehört, bestimmt über die politischen Leitlinien der Zusammenarbeit (u.a. in den Bereichen, Handel, Wettbewerbssicherung, Forschung und Entwicklung, Umwelt, Bildungswesen, Sozialpolitik) und trifft die entsprechenden Entscheidungen. Im Gegensatz zum EG-VERTRAG, der eine unkündbare Mitgliedschaft vorsieht, kann die EWR-Mitgliedschaft innerhalb Jahresfrist gekündigt werden.

Vielfältige **Integrationsbestrebungen** sind auch außerhalb Europas zu finden. So wurde die LATEINAMERIKANISCHE FREIHANDELSZONE (LAFTA bzw. ALALC) 1960 mit dem Ziel gegründet, die wirtschaftliche Entwicklung und die Erhöhung des Lebensstandards der Mitgliedstaaten (Argentinien, Bolivien, Brasilien, Chile, Ecuador, Kolumbien, Mexiko, Paraguay, Peru, Uruguay und Venezuela) voranzubringen. 1981 wurde die ALALC 1981 (Vertrag von August 1980) durch eine Nachfolgeorganisation abgelöst: die flexiblere LATEINAMERIKANISCHE INTEGRATIONSASSOZIATION (ALADI). Ein gemeinsamer Markt soll nun ohne festen Zeitrahmen erreicht werden, vorrangig durch die Lenkung und Förderung des Handels und regionale Zollpräferenzen. Allerdings gilt auch innerhalb des neuen Zusammenschlusses, dass die Entwicklung stagniert und der multilaterale Charakter der Zusammenarbeit gering ist.

Nicht nur aus diesem Grunde schlossen sich Anfang 1995 die südamerikanischen Staaten Argentinien, Brasilien, Paraguay und Uruguay zum „Gemeinsamen Markt des Südens" (MERCOSUR) zusammen. Chile und Bolivien traten später als assoziierte Mitglieder bei. Deutlich sichtbares Vorbild dieser regionalen Integration, die dem Charakter nach eher einer Zollunion entspricht, war der europäische Einigungsprozess. Im Handel zwischen den MERCOSUR-Staaten sind infolge der Integrationsmaßnahmen Wachstumsraten von bis zu 40 Prozent zu verzeichnen. Jedoch kam es auch immer wieder zu Handelskonflikten. Eine mögliche weitere ökonomische und politische Integration in dieser Region versuchen die USA, die eine Verringerung ihres Einflusses befürchten, mit neuen Initiativen zu hintertreiben. So schlugen sie die Schaffung einer Freihandelszone (FREE TRADE ASSOCIATION OF THE AMERICANS - FTAA) vor, die den gesamten amerikanischen Kontinent umfassen soll. Auf dem FTAA-Gipfel 1998 in Chile gelang es den MERCOSUR-Staaten allerdings durchzusetzen, dass ein gesamtamerikanisches Wirtschaftsabkommen keinesfalls vor 2005 in Kraft treten wird. Auf dem Gipfeltreffen von 34 amerikanischen Staatschefs in Quebec im April 2003 wurden dann jedoch die Voraussetzungen für den Start der FTAA im Jahre 2005 geschaffen. Ihr sollen alle amerikanischen Staaten mit Ausnahme Kubas angehören.

Der 1994 erfolgte Zusammenschluss der USA, Kanadas und Mexikos zur NORDAMERIKANISCHEN FREIHANDELSZONE (NAFTA) wurde als erster konkreter Schritt in Richtung FTAA interpretiert. Mit der NAFTA entstand ein - gemessen an der Höhe des Inlandsprodukts - mit der EU vergleichbarer einheitlicher Markt, der jedoch eine wesentlich niedrigere Integrationstiefe aufweist. Offensichtlich ist auch die dominierende Position der Vereinigten Staaten. Sowohl die NAFTA als auch MERCOSUR sollen in der FTAA aufgehen.

Im Südostasiatischen Raum schlossen sich im August 1967 Indonesien, Malaysia, die Philippinen, Singapur und Thailand zur SÜDOSTASIATISCHEN STAATENGEMEINSCHAFT (ASEAN) zusammen. Später traten Brunei (1984), Vietnam (1995), Laos und Myanmar (1997) sowie Kambodscha (1999) bei. Durch verstärkte Zusammenarbeit auf politischem, wirtschafts-

und handelspolitischem, sozialem und kulturellem Gebiet soll wirtschaftlicher Fortschritt erreicht werden. Die ASEAN-Staaten setzten dabei v.a. auf eine starke Exportorientierung, richteten ihre Rohstoffgewinnung und Industrie auf den Weltmarkt aus und lockten mit Niedriglöhnen exportorientierte ausländische Investoren in die Region. Darunter litt allerdings der Ausbau der Wirtschaftsbeziehungen der ASEAN-Staaten untereinander, die erst Anfang der 90er Jahre - als Antwort auf neue Herausforderungen z.B durch den EG-Binnenmarkt oder die nordamerikanische Freihandelszone - wieder intensiviert wurde. Folgerichtig wurde im Januar 1992 der Beschluss gefasst, die ASEAN-Region schrittweise zu einer Freihandelszone (AFTA) auszubauen.

Im asiatisch-pazifischen Raum wurden Ende 1989 in Canberra die Grundlagen der ASIATIC PACIFIC ECONOMIC COOPERATION (APEC) geschaffen, der gegenwärtig 21 Anrainerstaaten mit einer Bevölkerung von mehr als 2,5 Mrd. Menschen angehören. Die Wirtschaftskraft dieser „lockeren" Gemeinschaft umfasst etwa die Hälfte der Weltproduktion und knapp 50% des weltweiten Handels. Außer den EU-Staaten gehören der APEC alle Industrieländer und die wichtigsten Schwellenländer an. Die Schaffung eines gemeinsamen Binnenmarktes oder gar einer politischen Union ist beabsichtigt. Grundlage der Zusammenarbeit der APEC-Staaten ist das Konsensprinzip. Das bedeutet, dass die Verwirklichung von Maßnahmen zur Liberalisierung der Wirtschaftsbeziehungen auf freiwilliger Basis in den Mitgliedstaaten umgesetzt werden müssen.

Die dargestellten regionalen Zusammenschlüsse vereint - bei aller Unterschiedlichkeit der Merkmale, der Organisationsstrukturen und/oder der erreichten bzw. angestrebten Integrationstiefe - ein **gemeinsames Ziel**: Die verschiedenen regionalen Integrationsformen sind Ausdruck des Versuchs, über den Abbau von Handelshemmnissen das Handelsvolumen auszuweiten und dadurch das Wirtschaftswachstum in den verschiedenen Regionen zu beschleunigen.

4.3 Zielhierarchie und mögliche Zielkonflikte

Bekanntlich leiten sich die außenwirtschaftlichen Ziele aus der allgemeinen Wirtschaftspolitik (Wohlfahrtsziel) ab. Das Ziel des außenwirtschaftlichen Gleichgewichts hat zwar Eingang in den Katalog wirtschaftlicher Ziele gefunden, jedoch nicht als Selbstzweck. Grundlage dafür war vielmehr die Erkenntnis, dass die Verwirklichung anderer ökonomischer Ziele (Wachstum, Beschäftigung, Preisstabilität) langfristig stabile und ausgeglichene außenwirtschaftliche Beziehungen voraussetzt. Außenwirtschaftspolitik steht indes nicht nur im „Dienste" ökonomischer Ziele, sondern kann auch zur Realisierung außerökonomischer Ziele beitragen.

Wichtige Unterziele des außenwirtschaftlichen Gleichgewichts können Zahlungsbilanzausgleich, positiver Saldo in der Leistungsbilanz, Wechselkursstabilität sein. Das „übergeordnete" Ziel des außenwirtschaftlichen Gleichgewichts kann sich in einem konfliktreichen Verhältnis zu anderen ökonomischen Zielen befinden. So stehen z.B. bei einem Nachfrageüberschuss nach Devisen (Zahlungsbilanzdefizit in einem System fester Wechselkurse) die Ziele außenwirtschaftliches Gleichgewicht und Beschäftigungsgrad im Widerspruch zueinander. Bei hoher interner Arbeitslosigkeit würden die erforderlichen kontraktiven wirtschaftspolitischen Maßnahmen zum Ausgleich der Zahlungsbilanz die Beschäftigung weiter verringern. Ein Zahlungsbilanzüberschuss wiederum kann über die Erhöhung der inländischen Geldmenge zu einem Konflikt mit dem Ziel der Preisstabilität führen.

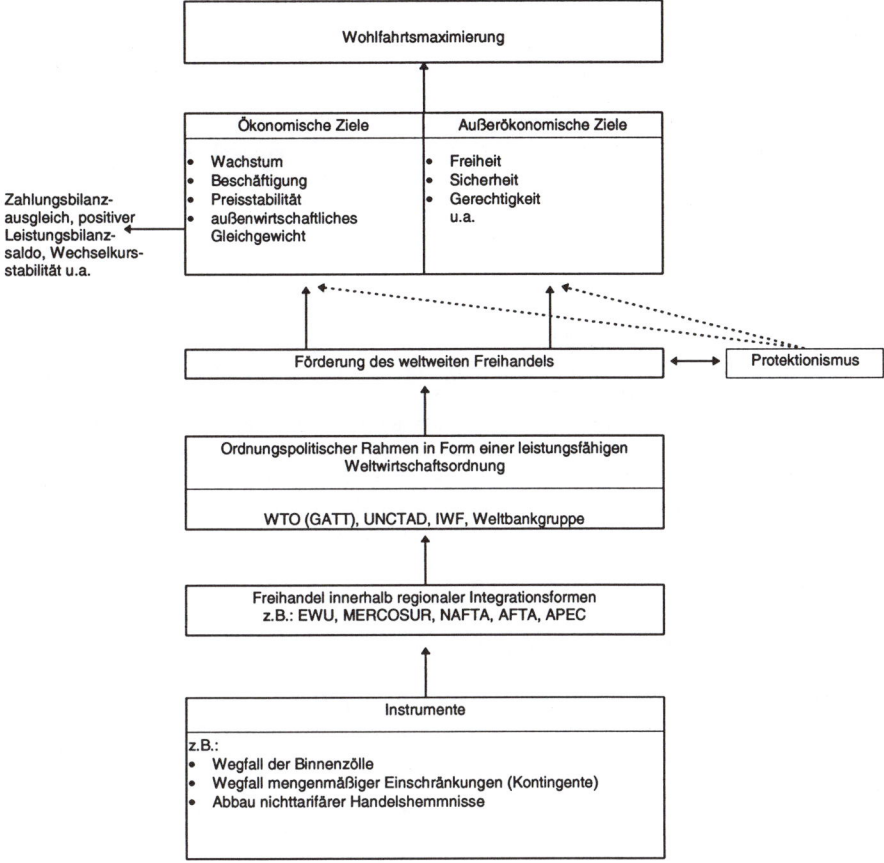

Abb. 8.2: Ziele der Außenwirtschaftspolitik

Langfristig sichert nur die Durchsetzung des außenwirtschaftlichen Leitbilds vom weltweiten Freihandel eine optimale Wohlfahrtssteigerung. Unter bestimmten Voraussetzungen können jedoch auch zeitlich begrenzte protektionistische Maßnahmen und Instrumente diesem Ziel dienlich sein (Konflikt zwischen nationalen und internationalen Zielen und Interessen, Zielkonflikt zwischen reichen Industrieländern und unterentwickelten Ländern). Die Förderung des internationalen Freihandels bedarf eines entsprechenden ordnungspolitischen Rahmens. Das schließt die Gestaltung einer funktionsfähigen Weltwirtschaftsordnung mit ein.

5. Träger der Außenwirtschaftspolitik

5.1 Nationale Träger

Als **nationaler Entscheidungsträger** der Außenwirtschaftspolitik muss in erster Linie die BUNDESREGIERUNG (und für gesetzliche Grundlagen der BUNDESTAG) genannt werden. Sie bereitet gesetzliche Grundlagen für den Außenwirtschaftsverkehr vor (AUSSENWIRTSCHAFTS-GESETZ und AUSSENWIRTSCHAFTSVERORDNUNG)[22] oder trifft Beschlüsse hinsichtlich der Mitgliedschaft Deutschlands in internationalen Organisationen. Darüber hinaus wird der ordnungspolitische Rahmen der deutschen Außenwirtschaftspolitik mit anderen Ländern abgestimmt. Für die Durchführung der Außenhandelspolitik zeichnet vorrangig das BUNDESMINISTERIUM FÜR WIRTSCHAFT UND ARBEIT verantwortlich, das für die Gestaltung des Außenhandels federführend ist. Es trifft seine Entscheidungen in enger Zusammenarbeit mit dem AUSWÄRTIGEN AMT (v.a. beim Abschluss von Handelsverträgen) und mit BUNDESMINISTERIUM FÜR WIRTSCHAFTLICHE ZUSAMMENARBEIT UND ENTWICKLUNG (v.a. zu Problemen der Entwicklungsländer). Indes lässt sich heute feststellen, dass die außenwirtschaftlichen Kompetenzen zu einem großen Teil bereits auf die EU übertragen worden sind.

Als wichtige **nationale Einflussträger** versuchen die großen Interessen- und Wirtschaftsverbände (z.B. Industrie- und Bauernverbände), die staatliche Außenwirtschaftspolitik zu beeinflussen. Darüber hinaus unterhalten sie eigene Einrichtungen im Ausland. Zu nennen sind dabei in erster Linie die im DEUTSCHEN INDUSTRIE- UND HANDELSTAG organisierten AUSLANDSHANDELSKAMMERN (AHK). Zu deren Arbeitsschwerpunkten gehören: die Pflege und Förderung der bilateralen Wirtschaftsbeziehungen, die Mitwirkung an handelspolitischen Aufgaben sowie die Bereitstellung eines breiten Dienstleistungsangebots (Informations-, Beratungs- und Vermittlungsdienste) für deutsche und ausländische Unternehmen.

5.2 Internationale Träger

5.2.1 Träger der EU-Außenwirtschaftsspolitik

Wie in den anderen Politikbereichen setzt auch in diesem Politikbereich der EUROPÄISCHE RAT die erforderlichen Impulse für die Weiterentwicklung der Gemeinschaft und legt die allgemeinen Zielvorstellungen dafür fest.

Der RAT DER EUROPÄISCHEN UNION ist das zentrale Rechtsgebungs- und Entscheidungsorgan (**Legislative**). Ihm sind die Grundsatzentscheidungen vorbehalten. Der Rat besteht aus Vertretern der Regierungen der Mitgliedstaaten auf Ebene der jeweils fachlich zuständigen Minister (oft auch als Ministerrat bezeichnet). Der in der Zusammensetzung der Wirtschafts- und Finanzminister tagende Rat wird häufig als ECOFIN-RAT bezeichnet. Grundlegende Entscheidungen im Sinne der oben genannten handelspolitischen Ziele werden vom Rat der EU getroffen. Das gilt gleichfalls für die äußere Währungspolitik. Im Gegensatz zur Geldpolitik (Kompetenz der EZB) liegen die wechselkurspolitischen Kompetenzen beim ECOFIN-RAT. Er kann (in der Zusammensetzung der Teilnehmerländer an der europäischen Einheitswährung) einstimmig Vereinbarungen über eine Beteiligung des Euro an Wechselkurssystemen gegenüber Drittländern treffen und mit qualifizierter Mehrheit die

---

[22] Darin sind die allgemeinen Bestimmungen des Waren-, Dienstleistungs-, Kapital-, Zahlungs- und sonstigen Wirtschaftsverkehrs mit fremden Wirtschaftsgebieten sowie der Verkehr mit Auslandsaktiva und Gold zwischen Gebietsansässigen geregelt. Neben den mehrfach novellierten AWG und AWV sind weitere Verordnungen und Erlasse (z.B. „Verordnung zur Regelung von Zuständigkeiten im Außenwirtschaftsverkehr" oder die „Runderlasse Außenwirtschaft") zu beachten. Grundsätzlich ist der Außenwirtschaftsverkehr frei. Beschränkungen sind ausdrücklich vorgesehen. Diese sind jedoch so zu begrenzen, dass dabei in die die Freiheit der außenwirtschaftlichen Tätigkeit so wenig wie möglich eingegriffen wird. Das betriff u.a. die Abwehr schädigender Einwirkungen aus fremden Wirtschaftsgebieten und schädigender Geld- und Kapitalzuflüsse sowie den Schutz der Sicherheit und auswärtiger Interessen. Außerdem werden die Modalitäten bei genehmigungspflichtigen Geschäften im Außenwirtschaftsrecht geregelt.

entsprechenden Leitkurse festlegen. Darüber hinaus kann er allgemeine Orientierungen für die Wechselkurspolitik gegenüber Drittlandswährungen, für die kein besonderes Wechselkurssystem besteht, geben. Seine Entscheidungen werden auf Empfehlung der EU-KOMMISSION (nach Anhörung der EZB) getroffen. Förmliche Wechselkursvereinbarungen bedürfen der Anhörung durch das EUROPÄISCHE PARLAMENT.

Die EUROPÄISCHE KOMMISSION ist das **Exekutivorgan** der EU und hat für die Anwendung und Einhaltung des Gemeinschaftsrechts zu sorgen. Gleichzeitig ist sie aber auch am Entscheidungs- und Rechtsgebungsverfahren beteiligt. Das geschieht sowohl durch ihr Vorschlagsrecht als auch durch die Ausübung der ihr übertragenen Befugnisse. Die Kompetenzen der EU-KOMMISSION im Rahmen der gemeinsamen Handelspolitik sind im EG-VERTRAG geregelt. Danach unterbreitet sie dem Rat Vorschläge zur Durchführung der gemeinsamen Handelspolitik. Außerdem legt sie Empfehlungen für die Aushandlung von Abkommen mit anderen Staaten oder internationalen Organisationen vor. Der Rat, der diesbezügliche Entscheidungen mit qualifizierter Mehrheit trifft, ermächtigt die Kommission zur Einleitung der erforderlichen Verhandlungen (EGV, Art. 133, Abs. 2-4). Um die Wirkung der getroffenen handelspolitischen Maßnahmen zu sichern, „empfiehlt die Kommission die Methoden für die erforderliche Zusammenarbeit der Mitgliedstaaten" (EGV, Art. 134). In dringenden Fällen kann die Kommission Mitgliedstaaten ermächtigen, selbst die erforderlichen Schutzmaßnahmen zu treffen.

Das EUROPÄISCHES PARLAMENT (EP) übt eine Reihe von Kontrollrechten (Frage- und Anhörungsrecht, Vetorecht bei der Ernennung der EU-Kommissare, Misstrauensvotum gegenüber der Kommission) aus und hat bestimmte Haushaltsbefugnisse (Verabschiedung und Kontrolle des EU-Haushalts). Seine Mitwirkung bei der Gesetzgebung ist jedoch begrenzt, wenngleich die Kompetenzen des EP und damit die demokratische Legitimation der Gemeinschaft durch den VERTRAG ÜBER DIE GRÜNDUNG DER EU und den VERTRAG VON NIZZA (2001) gegenüber den Gründungsverträgen, die lediglich ein Beratungsrecht vorsahen, gestärkt wurde. Im Rahmen der gemeinsamen Handelspolitik wird es über alle gefassten Beschlüsse über die vorläufige Anwendung oder die Aussetzung von Abkommen der Gemeinschaft mit einem oder mehreren Staaten oder internationalen Organisationen informiert. In der Regel schließt der Rat die Abkommen nach Anhörung des EP. Abkommen mit erheblichen finanziellen Folgen für die Gemeinschaft oder Abkommen, die eine Änderung des üblichen Rechtsakts nach Art. 251 EGV bedingen, bedürfen sogar der Zustimmung des Parlaments.

Eine wichtige beratende Aufgabe kommt dem WIRTSCHAFTS- UND SOZIALAUSSCHUSS (Einflussträger) zu. Zurzeit besteht er noch aus 222 Vertretern des wirtschaftlichen und sozialen Lebens (nach der Erweiterung 344 Vertreter), die von den nationalen Interessenverbänden der Mitgliedstaaten delegiert werden. Er soll eine Brücke zwischen der EU und ihren Bürgern schlagen. Der Ausschuss muss vor grundlegenden Entscheidungen gehört werden (EGV, Art. 261 und 262).

Der EUROPÄISCHE GERICHTSHOF (EuGH) sichert als Rechtsorgan der Gemeinschaft die „Wahrung des Rechts bei der Auslegung und Anwendung" der Verträge (EGV, Art. 220).

5.2.2 Welthandelsorganisation (WTO)

Mit der Errichtung der WELTHANDELSORGANISATION (WORLD TRADE ORGANIZATION) wurde ein Ziel verwirklicht, das bereits 1948 in der so genannten „Havanna-Charta" formuliert wurde: Eine internationale Handelsorganisation sollte die Integration der Weltwirtschaft vorantreiben. Wichtige Grundlage der WTO bilden die Regelungen des ALLGEMEINEN ZOLL- UND HANDELSABKOMMENS (GATT) für den Warenverkehr, die aber um wesentliche Liberalisierungsaufgaben ergänzt wurden.

Das Ziel der WTO besteht darin, „ein integriertes, funktionsfähigeres und dauerhafteres multinationales Handelssystem zu entwickeln" (Präambel des ÜBEREINKOMMENS ZUR ERRICHTUNG DER WELTHANDELSORGANISATION). Durch die Ausweitung des internationalen Handels sollen in den Mitgliedstaaten Lebensstandard und Realeinkommen steigen sowie Vollbeschäftigung erreicht werden. Besondere Bedeutung kommt dabei der Förderung des Fortschritts der Entwicklungsländer zu. Weiterhin wird die Bedeutung des Umweltschutzes für die Politik der WTO betont. Sie arbeitet mit anderen internationalen Organisationen zusammen. Das gilt insbesondere dort, wo deren Aufgaben die Zuständigkeit der WTO berühren (z.B. IWF und WELTBANK).

Das oberste Beschlussorgan ist die MINISTERKONFERENZ, die sich aus Vertretern (Ministerebene) aller Mitgliedstaaten zusammensetzt. Zwischen diesen Tagungen, die mindestens alle zwei Jahre stattfinden, werden deren Aufgaben vom ALLGEMEINEN RAT wahrgenommen. Beide Organe werden vom Generaldirektor und vom Sekretariat unterstützt. Ferner sind Organe zur Konfliktbewältigung (Vereinbarung über die Regeln und Verfahren zur Streitbeilegung) sowie Kontrollmechanismen (Mechanismus zur Überprüfung der Handelspolitiken) sowie eine Reihe von Ausschüssen mit Spezialaufgaben (z.B. Handel und Entwicklung, Handel und Umwelt, Zahlungsbilanzbeschränkungen) institutionalisiert worden. Die Beschlussfassung innerhalb der WTO erfolgt gleichberechtigt. Im Gegensatz zum IWF oder zur WELTBANK erfolgt keine Gewichtung der Stimmen. Bei Entscheidungen zählt die einfache Mehrheit. In Ausnahmefällen ist eine bestimmte Quote erforderlich (z.B. Dreiviertelmehrheit bei Fragen der Vertragsauslegung).

Bestandteile (vgl. Abb. 8.3), sind zum einen die für alle Mitglieder verbindlichen multilateralen Übereinkommen: das aktualisierte ALLGEMEINE ZOLL- UND HANDELSABKOMMEN (GATT 1994), das ALLGEMEINE ABKOMMEN ÜBER DEN HANDEL MIT DIENSTLEISTUNGEN (GATS) sowie das ÜBEREINKOMMEN ÜBER HANDELSBEZOGENE ASPEKTE DER RECHTE DES GEISTIGEN EIGENTUMS (TRIPS). Greifen wir einige der grundlegenden **Prinzipien** dieser multilateralen Abkommen heraus:

(1) Kernstück der GATT-Regelungen ist das Grundprinzip der allgemeinen **Meistbegünstigung**. Danach müssen die Mitgliedstaaten alle „Vorteile, Vergünstigungen, Vorrechte oder Befreiungen", die sie hinsichtlich der Zölle, des Zahlungsverkehrs und der Ein- und Ausfuhrformalitäten einem Land gewähren, bedingungslos auch den anderen Vertragspartnern gewähren (Art. I des Vertrags). Allerdings sind verschiedene Ausnahmen vorgesehen (Zollunion, Freihandelszone). So können beispielsweise nicht der EU angehörende Vertragsstaaten auch nicht die von diesen gewährten Zollvergünstigungen innerhalb des Binnenmarktes verlangen. Weitere Sonderregelungen sollen der spezifischen Interessenlage von Entwicklungsländern Rechnung tragen. Neben der Meistbegünstigung sind der möglichst vollständige Abbau der tarifären und nicht-tarifären **Handelsschranken** (Integration der Märkte) sowie die Gleichstellung ausländischer Wettbewerber mit inländischen Anbietern (**Inländerbehandlung**) vorgesehen. Im Rahmen der URUGUAY-RUNDE wurde dem GATT das ÜBEREINKOMMEN ÜBER HANDELSVERBINDLICHE INVESTITIONSMAßNAHMEN (TRIMS) beigefügt. Darin werden erstmals verbindliche Regeln für Genehmigungen ausländischer Direktinvestitionen aufgestellt (z.B. Vermeidung von Investitionsauflagen, die im Widerspruch zur Inländerbehandlung oder dem Verbot mengenmäßiger Beschränkungen stehen). Weiterhin

wurden auch eine Reihe plurilateraler Abkommen, die nur die ratifizierenden Staaten binden, integriert.

(2) Dem GATS unterliegen alle handelbaren Dienstleistungen. Es baut auf den gleichen Prinzipien wie GATT (Abbau der Handelsbeschränkungen, Meistbegünstigung und Inländerbehandlung) auf. Das GATS setzt sich aus drei grundlegenden Bausteinen zusammen: dem Rahmenabkommen, den sektorspezifischen Regelungen (z.B. für Finanzdienstleistungen) und länderspezifischen Listen, die die von jedem Land übernommenen Liberalisierungsverpflichtungen enthalten. Hinsichtlich des Meistbegünstigungsprinzips sieht das Abkommen sowohl generelle Ausnahmen (für Zollunionen, Freihandelszonen) als auch länderspezifische, zeitweilige Ausnahmen vor. Verpflichtungen zum Abbau der Handelsbeschränkungen sowie die Durchsetzung des Prinzips der Inländerbehandlung entstehen nicht unmittelbar durch das Abkommen, sondern auf der Grundlage länderspezifisch ausgehandelter Listen.

(3) Das Ziel des TRIPS besteht darin, bestehende internationale Konventionen wirkungsvoller durchzusetzen. Durch das Übereinkommen wurden sie für alle WTO-Mitgliedstaaten verbindlich. Allerdings wurden Entwicklungsländern Übergangsfristen zur Anpassung des nationalen Rechts eingeräumt. Vom Sanktionsmechanismus innerhalb der WTO wird ein positiver Einfluss auf die Einhaltung der Verpflichtungen erwartet.

Trotz der unbestrittenen Fortschritte bei der Liberalisierung des Welthandels befindet sich die WTO gegenwärtig in einer Krise. Die MINISTERKONFERENZ im September 2003 in Cancún ist gescheitert. Die Entwicklungsländer lehnen weitere Verhandlungen über ein Investitionsschutzabkommen ab, solange insbesondere die USA und die EU ihre Subventionspraxis im Agrarbereich nicht beenden. Damit ist auch der Abschluss eines Abkommens zur weiteren Liberalisierung des Welthandels bis Ende 2004 unrealistisch geworden. Nach dem Scheitern der WTO-Konferenz muss die Organisation der Weltwirtschaftsordnung neu überdacht werden. Insbesondere sollten die Interessen der Entwicklungsländer durch flexiblere Regelungen und großzügigere Ausnahmebestimmungen stärker berücksichtigt werden.

5.2.3 Internationaler Währungsfonds

Dem INTERNATIONALEN WÄHRUNGSFONDS (IWF) gehören heute über 180 Staaten an. Sie verpflichten sich, in Fragen der internationalen Währungspolitik (z.B. Wahl des Wechselkursregimes) und des Zahlungsverkehrs zusammenzuarbeiten und sich finanzielle Hilfe zur Überwindung von Zahlungsbilanzdefiziten zu leisten.[23]

---

[23] Bei vorübergehenden Zahlungsbilanzproblemen gewährt der IWF kurz- und mittelfristige Finanzhilfen. Die Höhe der Kreditgewährung richtet sich nach der Quote der betroffenen Länder. Neben den normalen Kreditfazilitäten des IWF (Kredite in vier Tranchen von jeweils 25% der Länderquote), die allen Mitgliedstaaten mit Zahlungsbilanzschwierigkeiten offen stehen, wurden bestimmte Sonderfazilitäten (z.B. Fazilität zur Finanzierung von Rohstoff-Ausgleichslagern, Fazilität zur kompensierenden Finanzierung oder Strukturanpassungsfazilität) geschaffen. Diese kommen vorrangig den Entwicklungsländern zugute und führen dazu, dass die Kreditgewährung die Länderquote um ein Vielfaches überschreiten kann. In jedem Fall ist die Kreditgewährung des IWF mit wirtschaftspolitischen Anpassungsprogrammen in den Empfängerländern verbunden. Im Dezember 1997 sind die **„Fazilitäten zur Stärkung der Währungsreserven"** (Supplemental Reserve Facility - SRF) geschaffen worden. Mit einer Laufzeit von bis zu einem Jahr, dienen sie der Abwendung von Zahlungsbilanzkrisen durch kurzfristige Kredite. Die **„Vorsorgefazilität"** (Contingency Credit Lines - CCL) - im Frühjahr 1999 eingerichtet - hat präventiven Charakter. Sie soll das Überschwappen einer Krise auf andere Staaten verhindern.

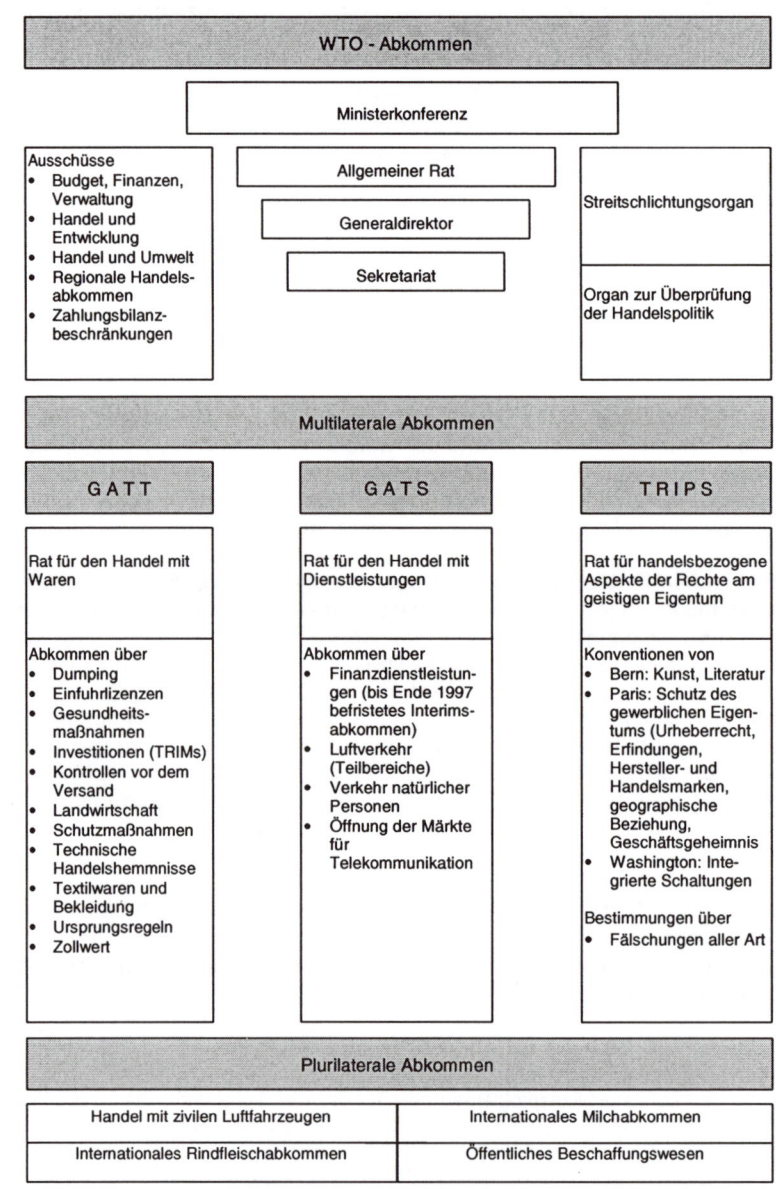

Quelle: DEUTSCHE BUNDESBANK, Weltweite Organisationen und Gremien im Bereich von Währung und Wirtschaft, Frankfurt/Main 1997, S. 141.

Abb. 8.3: Institutionelle Struktur der Welthandelsorganisation

Oberstes **Beschlussorgan** ist der GOUVERNEURSRAT, in den jedes Mitgliedsland einen Vertreter entsendet. Er tagt einmal jährlich. Die laufenden Geschäfte führt das EXEKUTIVDIREKTORIUM. Ihm gehören 24 Direktoren an, von denen 5 durch die Länder mit der höchsten Quote bestellt werden. An der Spitze des Direktoriums steht ein Geschäftsführender Direktor. Wichtige währungspolitische Grundsatzentscheidungen werden vom INTERIMSAUSSCHUSS vorbereitet. Aufgrund seines politischen Gewichts nimmt dieser Ausschuss praktisch die Rolle eines Leitungsgremiums ein.

Die Mittel des IWF (**Mittelausstattung**) resultieren aus den Beiträgen der Mitgliedsländer (**Subskriptionszahlungen**). Die der Betragshöhe zugrunde liegende **Quote**, wird unter Berücksichtigung relevanter volkswirtschaftlicher Daten (Bruttoinlandsprodukt, Währungsreserven, Außenwirtschaftskraft) berechnet. Zur Ergänzung der Währungsbestände (**Replenishment**) stehen dem IWF zwei Möglichkeiten offen: (1) Jedes Mitglied ist verpflichtet, dem IWF seine nationale Währung innerhalb bestimmter Grenzen gegen Sonderziehungsrechte zur Verfügung zu stellen. (2) Der IWF kann Kredite bei den Mitgliedsländern oder an den internationalen Finanzmärkten aufnehmen.

Um möglichen Engpässen an internationaler Liquidität in einer Phase raschen Wachstums des Welthandelsvolumens entgegenzuwirken, wurden zum 1.1.1970 die so genannten **Sonderziehungsrechte** (SZR) geschaffen. Sie stellen ein internationales Buchgeld dar, das als Zahlungsmittel zwischen den Zentralbanken dient. Ihre Zuteilung erfolgt entsprechend der Quote Mitgliedstaaten. SZR berechtigen sie zum Kauf fremder Währungen und werden in erster Linie zur Finanzierung von Zahlungsbilanzdefiziten eingesetzt. Die Umrechnung von Sonderziehungsrechten in nationale Währungen erfolgt auf der Grundlage eines Währungskorbes (vgl. Abschnitt 2.1.2).

Bis zum Frühjahr 1973 bildete ein **System fester Wechselkurse** die Grundlage der internationalen Währungsordnung. Jeder Mitgliedstaat vereinbarte mit dem IWF für seine Währung direkt oder indirekt (über den US-$) eine Parität in Gold und verpflichtete sich, den Marktkurs seiner Währung höchstens innerhalb festgelegter Schwankungsbreiten von der festgelegten Parität abweichen zu lassen. Die Paritäten konnten nur bei grundlegenden Zahlungsbilanzungleichgewichten verändert werden. Nach dem Zusammenbruch des Systems von BRETTON WOODS können die IWF-Mitglieder ihre Wechselkursregelung selbst wählen. Sie unterliegen allerdings der **Überwachung der Wechselkurspolitik** durch den IWF. Zu den wichtigsten Grundsätzen gehören der Verzicht auf Wechselkursmanipulationen sowie geeignete Interventionen an den Devisenmärkten zur Gewährleistung geordneter Marktverhältnisse. Eine wesentliche Rolle spielen auch die jährlichen Konsultationen mit den Mitgliedstaaten, die eine Überprüfung der jeweiligen Wirtschafts- und Finanzpolitik aus nationaler und internationaler Sicht ermöglichen. Neben der Überwachung der Wechselkurspolitik gehört die **Sicherung eines von staatlichen Devisenkontrollen freien internationalen Zahlungsverkehrs** zu den Hauptaufgaben des IWF. Beschränkungen (wie fehlende Konvertibilität der Währungen, Kapitalverkehrskontrollen) unterliegen der Genehmigung und Kontrolle durch den IWF.

Spätestens seit den Währungs- und Finanzmarktkrisen in Asien, Russland oder Lateinamerika verstärken sich die Forderungen nach Reformen des INTERNATIONALEN WÄHRUNGSFONDS. Insbesondere folgende Problem stehen dabei im Mittelpunkt: (1) Klarere Bedingungen für die Kreditgewährung, (2) mehr Transparenz und Information über die wirtschaftliche Lage in den Entwicklungs- und Schwellenländern, (3) angemessenere Risikoverteilung sowie (4) Konzentration des IWF auf seine Kernkompetenz (Schaffung stabiler globaler Finanzmärkte). Das schließt eine klare Aufgabenabgrenzung zur WELTBANK mit ein.

5.3 Internationale Einflussträger

Es gibt eine Vielzahl von internationalen Organisationen, Institutionen oder Gruppierungen, die Einfluss auf die Außenwirtschaftspolitik nehmen (vgl. Abschnitt 2.1).

Die G7-GRUPPE umfasst die USA, Japan, Deutschland, Frankreich, Italien, Großbritannien und Kanada. An den weltpolitischen Beratungen nimmt seit 1998 Russland offiziell teil (G8), während seine Teilnahme bei finanz- und wirtschaftspolitischen Beratungen eingeschränkt ist. Nach dem Zusammenbruch des Systems von BRETTON WOODS wurde die Zusammenarbeit zwischen führenden westlichen Industrienationen weiter intensiviert. Sie entwickelte sich zu einer ständigen Einrichtung in der heutigen Zusammensetzung. An den Treffen der Staats- und Regierungschefs (Gipfeltreffen), die jährlich stattfinden, nehmen inzwischen auch die EU und Russland teil. Im Ergebnis der Treffen werden Absichtserklärungen über die Entwicklung der Wirtschafts- und Währungspolitik der teilnehmenden Länder gegeben. Darüber hinaus enthalten sie Aufforderungen an internationale Organisationen, bestimmte Probleme aufzugreifen und Lösungsansätze zu erarbeiten.

Das ursprüngliche Ziel der Zusammenarbeit bestand darin, leistungsstarke Volkswirtschaften zur Übernahme einer **Lokomotivenfunktion** (vgl. Abschnitt 3.1.3) zu „veranlassen". Seit Beginn der 80er Jahre erfolgte eine deutliche wirtschaftspolitische Umorientierung. Zunehmend wurde eine Verbesserung der Angebotsbedingungen in den Vordergrund gestellt. Inflationsbekämpfung und Deregulierung der Wirtschaft wurden zu zentralen Aufgaben erhoben. Seitdem bestärken und überwachen sich die Partnerländer gegenseitig in dem Bemühen, das jeweils „eigene Haus" in Ordnung zu bringen.

Die so genannte ZEHNERGRUPPE (G7-Mitglieder plus die Niederlande, Belgien, Schweden und seit 1984 Schweiz) hat ihren Ursprung in den Allgemeinen Kreditvereinbarungen (AKV), die zwischen den Mitgliedstaaten und dem IWF 1962 abgeschlossen wurden. Die G10-Finanzminister treffen sich jährlich am Rande der Jahrestagung von IWF und WELTBANK. Die G-10-STAATEN beschränken ihre Zusammenarbeit jedoch nicht auf die Erörterung von aktuellen Finanzmarktproblemen. Vielmehr werden allgemeine Fragen des internationalen Währungssystems diskutiert. So leistete sie beispielsweise einen wichtigen Beitrag zur Einführung der Sonderziehungsrechte. Die ZEHNERGRUPPE war auch das Forum zur Neuorientierung des Wechselkurssystems nach dem Scheitern des Systems von BRETTON WOODS. Wichtige Analysen zur Funktionsweise des internationalen Währungssystems und Impulse für die Entwicklung der Schuldenstrategie gehen von den G-10-STAATEN aus. Arbeitsschwerpunkt in den 90er Jahren waren die zunehmenden internationalen Kapitalbewegungen.

6. Instrumente der Außenwirtschaftspolitik

6.1 Übersicht

Zur Verwirklichung der angestrebten außenwirtschaftlichen Leitbilder und Ziele steht den Trägern der Außenwirtschaftspolitik eine Vielzahl von Instrumenten zur Verfügung. Dabei kann ganz grob zwischen ökonomischen und außerökonomischen Mitteln (Einsatz politischer und militärischer Macht, Verhängung politischer Sanktionen, Boykotte, Embargos, Blockaden) unterschieden werden. Der Leser wird verstehen, dass wir uns hier auf die ökonomischen Instrumente konzentrieren.

Zunächst muss zwischen **ordnungspolitischen** und **ablaufpolitischen Instrumenten** unterschieden werden. Über ordnungspolitische Instrumente (z.B. das WTO-Abkommen, die multinationalen Abkommen GATT, GATS, TRIPS) wird der Rahmen festgelegt, in dem die Wirtschaftssubjekte ihre außenwirtschaftlichen Aktivitäten entfalten. Die ablaufpolitischen Instrumente leiten sich unmittelbar aus diesem Ordnungsrahmen ab. Sie umfassen alle Maßnahmen, die geeignet sind, zu seiner Verwirklichung beizutragen. Welche Instrumente dabei konkret eingesetzt werden, wird durch das außenwirtschaftspolitische Leitbild und der daraus abgeleiteten **Außenwirtschaftsordnung** (liberales oder dirigistisches Konzept) bestimmt.

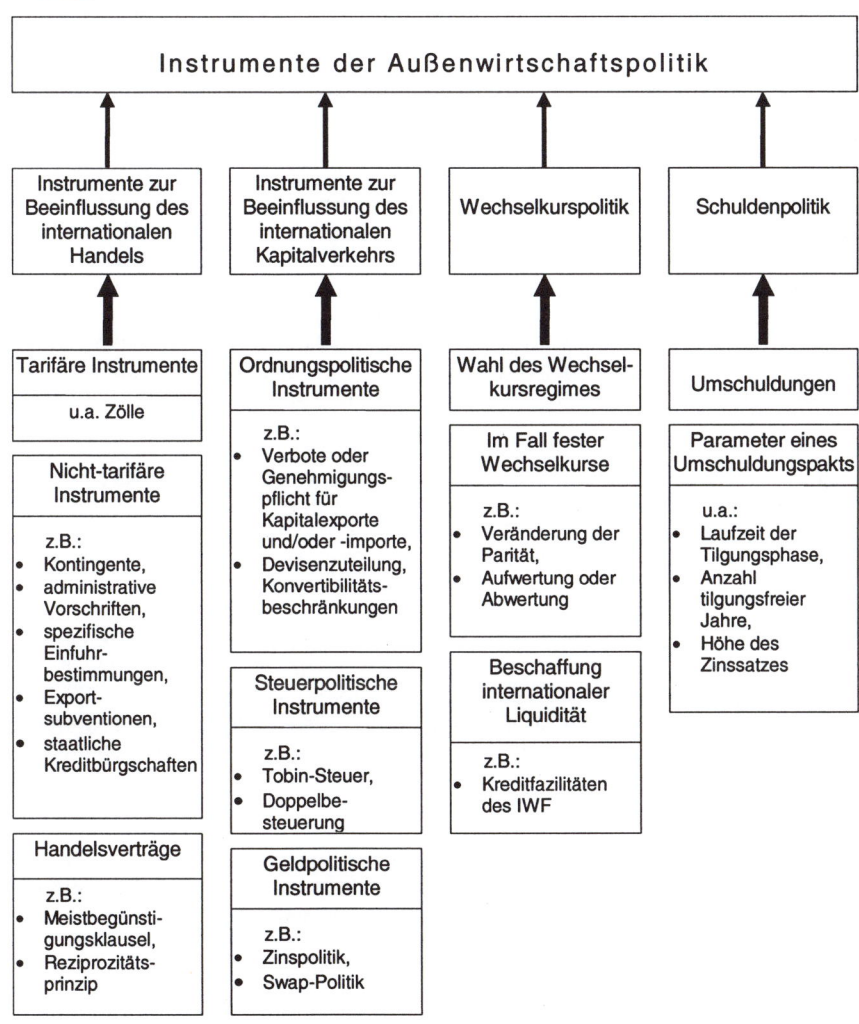

Abbildung 8.4: Instrumente der Außenwirtschaftspolitik

Instrumente der Außenwirtschaftspolitik können nicht isoliert von ordnungspolitischen Grundsatzentscheidungen dargestellt werden. Vielmehr muss unterschieden werden zwischen (1) dem Instrument als eigentlichem **Aktionsparameter** und (2) den **Wirkungen**, die sich aus dem zugrunde liegenden ordnungspolitischen Konzept ergeben.

Generell können die Instrumente der Außenwirtschaftspolitik untergliedert werden in Instrumente, die den internationalen Handel (**güterwirtschaftliche Maßnahmen**) oder den internationalen Kapitalverkehr (**monetäre Maßnahmen**) beeinflussen. Die **Wechselkurspolitik** - als dritte Gruppe - betrifft dagegen sowohl den monetären als auch den realen (güterwirtschaftlichen) Bereich. Hinzukommen Maßnahmen im Rahmen der internationalen **Schuldenpolitik** (vgl. Abb. 8.4).

6.2 Instrumente zur Beeinflussung des internationalen Handels

6.2.1 Tarifäre Instrumente (Zölle)

Das wichtigste tarifäre Instrument der Außenhandelspolitik sind die **Zölle**. Dabei handelt es sich um Abgaben, die beim grenzüberschreitenden Warenverkehr vom Staat erhoben werden. Sie haben entweder das Ziel, dem Staat Einnahmen zu verschaffen (**Finanzzoll**) oder einheimische Wirtschaftszweige vor ausländischer Konkurrenz zu schützen (**Schutzzoll**). Meist lassen sich beide Motive kaum trennen. Im Fall der Schutzzölle wirken sie wie Kosten: Je höher sie sind, desto geringer wird die Möglichkeit, nationale Produktionskostenvorteile auf den Auslandsmärkten als Preisvorteile geltend zu machen. Somit reduzieren sie den Umfang der internationalen Arbeitsteilung, der bei Einhaltung des Freihandelsprinzips möglich wäre.

Im Zuge zahlreicher Zollsenkungsrunden im Rahmen des ALLGEMEINEN ZOLL- UND HANDELSABKOMMENS (GATT) kam es zu einer schrittweisen Senkung der Zollsätze. Zwischen 1947 und 1994 wurde eine Herabsetzung der Industriezölle zwischen den Industrienationen von durchschnittlich 40 Prozent auf 4,6 Prozent des Einfuhrzollwerts erreicht. In der URUGUAY-RUNDE übernahmen die Industrieländer die Verpflichtung, die Importzölle auf gewerbliche Waren bis 2004 nochmals zu halbieren bzw. für ausgewählte Erzeugnisse (u.a. medizinische Geräte, Spielzeug, Pharmazeutika) ganz abzuschaffen. Am 1. Januar 1981 trat der so genannte GATT-Zollwert-Kodex in Kraft, durch den die bestehenden unterschiedlichen Zollwert-Bewertungssysteme in ein einheitliches System überführt werden sollten. Der Kodex ist nicht unmittelbar geltendes Recht, er muss in nationales Recht umgesetzt werden. So hat beispielsweise der RAT DER EUROPÄISCHEN GEMEINSCHAFT das Übereinkommen zu unmittelbar geltendem Gemeinschaftszollrecht (VO [EWG] Nr. 1224/80 vom 28. Mai 1980) gemacht.

In der EUROPÄISCHEN UNION mit der Schaffung der Zollunion ein **gemeinsamer Außenzolltarif** geschaffen worden. Er gewährleistet, dass für alle Drittstaaten, die in die EU exportieren - unabhängig vom Einfuhrort - der gleiche Zollsatz zur Anwendung kommt.

Schließlich soll das so genannte **Dumping** angesprochen werden. Dumping liegt vor, wenn ein Produkt im Ausland zu Preisen verkauft wird, die nicht die Produktionskosten decken. Dumping ist innerhalb der EU und durch das GATT verboten. Zur Abwehr von Dumping ist die Erhebung eines „Anti-Dumping-Zolls gerechtfertigt.

6.2.2 Nicht-tarifäre Instrumente

Zu den nicht-tarifären Instrumenten rechnen zunächst die **Kontingente**. Durch Mengenbe-schränkungen bei der Einfuhr von Gütern (Importkontingente) wird versucht, die heimische Wirtschaft vor ausländischer Konkurrenz zu schützen. Relativ selten sind Ausfuhrkontingen-te. Sie werden z.B. im Rahmen von internationalen Rohstoffabkommen oder bei strategisch wichtigen Erzeugnissen angewendet. Kontingente sind nicht marktkonforme Mittel, da sie den Preismechanismus teilweise außer Kraft setzen. Nach den GATT-Bestimmungen (Art. XI - XIV) sind sie grundsätzlich verboten. Allerdings sind einige Ausnahmen bei nicht dis-kriminierender Anwendung vorgesehen. Mengenmäßige Einfuhrbeschränkungen sowie alle Maßnahmen gleicher Wirkung verbietet auch der EG-VERTRAG (Art. 28 und 29) zwischen den Mitgliedstaaten. Gleiches gilt für Ausfuhrbeschränkungen (Konsolidierte Fassung des Vertrags zur Gründung der Europäischen Gemeinschaft, a.a.O., S. 212-213).

Da der Einsatz von Zöllen und Kontingenten im allgemeinen transparent ist, sind viele Län-der zu anderen **Formen der nicht-tarifären Protektion** übergegangen. Vermutlich verzer-ren heute die nicht-tarifären Handelshemmnisse den Preismechanismus stärker als Zölle. Weil sie teilweise in sehr versteckter Form auftreten, üben sie erheblichen Einfluss auf den Außenwirtschaftsverkehr aus. Als Beispiele seien genannt: (1) administrative Vorschriften (wie langwierige Genehmigungsverfahren, Gebühren), (2) spezifische Einfuhrbestimmun-gen, z.B. technische Vorschriften oder lebensmittelrechtliche Normen und (3) erzwungene Selbstbeschränkungen ausländischer Exporteure.

Diese Maßnahmen werden ergänzt durch die **staatliche Förderung des eigenen Exports**: Gewährung von Ausfuhrprämien, Subventionen als Mittel der Exportförderung, sonstige Maßnahmen wie Übernahme von Exportrisiken und Kreditbürgschaften durch den Staat oder Verzögerung einer fälligen Aufwertung der eigenen Währung.

6.2.3 Handelsverträge

Ein weiteres Instrument der Außenwirtschaftspolitik stellen **Handelsverträge** dar. Darunter werden allgemein bilaterale oder multilaterale zwischenstaatliche Vereinbarungen auf dem Gebiet des Außenhandels verstanden. Handelsverträge haben grundlegende Bedeutung für die Gestaltung der wirtschaftlichen Beziehungen und sind deshalb längerfristig angelegt. Ihr Inhalt kann sich auf Regelungen zum gesamten Waren-, Dienstleistungs-, Kapital- und Personenverkehr beziehen: z.B. Festlegungen zu gegenseitig gewährten handelspoliti-schen Vergünstigungen wie Gewährung der Meistbegünstigung, Vereinbarungen über den gegenseitigen Schutz von Kapitalanlagen (Direktinvestitionen) oder Vereinbarungen über das Niederlassungsrecht. Im Unterschied dazu hat ein **Handelsabkommen** in der Regel eine kürzere Laufzeit und enthält z.B. Vereinbarungen über einen mengenmäßig und zeit-lich begrenzten Austausch bestimmter Erzeugnisse. Üblicherweise wird gleichzeitig mit dem Handelsabkommen ein Zahlungsabkommen abgeschlossen.

Von besonderer Bedeutung ist die Vereinbarung der **Meistbegünstigung** (vgl. Abschnitt 5.2.2). Wesentliche Vorteile der Meistbegünstigungsklausel liegen in (1) der Vereinheitli-chung der Wettbewerbsbedingungen der ausländischen Konkurrenten, (2) der Verringerung der handelshemmenden Wirkungen von Zöllen und nicht-tarifären Maßnahmen oder (3) der Verbesserung der Markttransparenz.

Ein weiterer wichtiger Grundsatz ist das so genannte **Reziprozitätsprinzip** (Gegenseitig-keitsprinzip). Danach dürfen Unternehmen aus Land A nur dann im Land B tätig werden, wenn dessen Unternehmen ebenfalls freier Marktzugang und freie Entfaltung im Land A gewährt wird. So soll erreicht werden, dass Länder, die ihre einheimischen Märkte vor ausländischer Konkurrenz „abschotten", nicht gleichzeitig von der Liberalität anderer Märkte profitieren.

6.3 Instrumente zur Beeinflussung des internationalen Kapitalverkehrs

Der internationale Kapitalverkehr kann ebenfalls durch eine Vielzahl von Instrumenten beeinflusst werden (vgl. G. DIECKHEUER, a.a.O., S. 446). An erster Stelle sollen Instrumente genannt werden, die einen **direkten Einfluss** auf den Umfang der Transaktionen haben. Zu ihnen gehören v.a. **Verbote** oder **Genehmigungen** für Kapitalexporte/-importe sowie Devisenbewirtschaftung. Daneben beeinflussen die **Zinspolitik** und andere **geldpolitische Instrumente** wie differenzierte Mindestreservesätze auf Auslandseinlagen oder Bardepotpflicht für ausländische Einlagen bei inländischen Banken die Richtung internationaler Kapitalströme. Ebenso können auch **finanzpolitische Instrumente** (z.B. Besteuerung ausländischer Kapitalanlagen oder -erträge) wirken. Zu nennen sind weiterhin Maßnahmen, die die **Rahmenbedingungen** für den internationalen Kapitalverkehr festlegen (Konvertibilitätsbeschränkungen, Übernahme staatlicher Bürgschaften für Direktinvestitionen oder die Gewährung von Rechtssicherheit für Kapitalanlagen).

Zunächst zu Maßnahmen, die in ihrer protektionistischen Ausrichtung **Kapitalverkehrsbeschränkungen** bewirken. Sie werden mit unterschiedlichster Zielrichtung (Abbau von Ungleichgewichten in der Zahlungsbilanz, Stabilisierung der Wechselkurse, Vermeidung von negativen Beschäftigungseffekten durch Kapitalexporte) eingesetzt. Greifen wir zur Verdeutlichung einige Beispiele heraus:

(1) So wirken in einem System fester Wechselkurse Zu- und Abflüsse an Devisen direkt auf die inländische Geldmenge, wodurch das Geldmengenziel gefährdet wird. Bei Liquiditätsüberschüssen ergeben sich Inflationsimpulse, die im Widerspruch zum Ziel der Preisstabilität stehen können. Die Versuchung für das betroffene Land ist groß, über eine Beschränkung der Kapitalimporte (z.B. durch Verbote, Höchstgrenzen für ausländische Beteiligungen an inländischen Unternehmen, gesonderte Kapitalertragsteuer auf ausländisches Kapital, Zusatzmindestreserve auf ausländische Einlagen) diese unerwünschten Wirkungen zu unterbinden.

(2) Beschränkungen des Kapitalimports verfolgen häufig das Ziel, ausländische Direktinvestitionen zu erschweren. Dahinter steht die Befürchtung des Verlustes der wirtschaftlichen und politischen Unabhängigkeit.

(3) Ein hoher Kapitalexport wird häufig für den Rückgang des inländischen Beschäftigungsniveaus verantwortlich gemacht. Dahinter steht die Überlegung, dass Kapitalexport Kapitalmangel verursachen kann. Über den Zinsmechanismus und die Verringerung des Kreditvolumens sinkt die inländische Investitionsnachfrage. Eine Beschränkung des Kapitalexports (z.B. durch Verbote, Zinsausgleichsteuer auf ausländische Wertpapiere) würde sich danach belebend auf Investitionstätigkeit und Arbeitsmarkt auswirken. Dabei werden jedoch grundlegende Ursachen für Kapitalexporte (Produktionskosten, administrative Hemmnisse) vernachlässigt, die sich nicht durch eine staatliche Reglementierung des Kapitalverkehrs beseitigen lassen.

Instrumente der Kapitalverkehrsbeschränkung führen zu einer Behinderung von Kapitalexport und -import. Dabei sind Verbote und ähnliche Instrumente in ihrer Wirkung mit den Kontingenten bei Handelsbeschränkungen vergleichbar. Instrumente wie gesonderte Kapitalertragsteuer, Zusatzmindestreserve oder Zinsausgleichsteuer wirken dagegen wie Zölle. Sie beeinflussen Renditen oder Kosten internationaler Kapitalanlagen (bzw. von Krediten).

Zur Eindämmung spekulativer Kapitalbewegungen wird - basierend auf Überlegungen von JAMES TOBIN - die **Besteuerung von Devisenumsätzen (Tobin tax)** diskutiert. Sie würde kurzfristige Umschichtungen im Währungsportfolio der Anleger verteuern, wodurch Währungsspekulationen an Attraktivität verlören. Angebot und Nachfrage auf den Devisenmärkten würden sich wieder stärker an den Fundamentalfaktoren orientieren. Zusätzlich könnte der internationale Zinszusammenhang gelockert werden und die Regierungen wären bei der Gestaltung ihrer nationalen Geld- und Finanzpolitiken freier. Problematisch ist jedoch, dass die Einführung einer Devisenumsatzsteuer ebenfalls den langfristigen Kapitalverkehr und den Güterhandel beeinflussen würde (Erhöhung der Transaktionskosten). Auch sind nicht alle kurzfristigen Kapitalbewegungen spekulativ motiviert. Zudem besteht die Gefahr, dass die Höhe des Steuersatzes von fiskalischer Begehrlichkeit mitbestimmt würde. Die beabsichtigte Wirkung der Tobin tax würde sich nur bei weltweiter Anwendung entfalten. Sonst bestünde die Gefahr, dass die Devisenbörsen sich in Steueroasen verlagerten.

Bei **off-shore-Märkten** handelt es sich um exterritoriale Gebiete, die als Steueroasen mit günstigen Rahmenbedingungen internationales Kapital anlocken und den nationalen Geldpolitiken erhebliche Probleme bereiten. Zentren entstanden z.B. auf den Cayman Inseln, den Bahamas, den Bermudas, in Panama, Bahrain, Liberia. Off-shore-Märkte sind frei von nationalen Reglementierungen (z.B. Devisenkontrollen, Zinshöchstgrenzen) und unterliegen keiner oder einer wesentlich geringeren Besteuerung als allgemein üblich. Die fehlende Belastung durch die Mindestreservepflicht erlaubt niedrigere Zinsspannen. Kreditzinsen liegen unter und Einlagenzinsen über den nationalen Sätzen. Für Länder mit Restriktionen im Kapitalverkehr bieten off-shore-Märkte günstige Anlage- und Kreditmöglichkeiten. Aber auch bei freiem Kapitalverkehr locken sie mit hohen Gewinnmöglichkeiten infolge von Arbitragegeschäften und unkontrollierten Wechselkursspekulationen ausländisches Kapital an.

Ein weiteres Instrument, das für die Entwicklung der Weltwirtschaft (insbesondere für die Förderung von privaten Direktinvestitionen im Ausland) von großer Bedeutung ist, stellen **Doppelbesteuerungsabkommen** dar. Dabei handelt es sich um bi- oder multilaterale Vereinbarungen zur Vermeidung der Doppelbesteuerung von Einkommen und Vermögen, indem sie diesem oder jenem Vertragsstaat die Steuerkompetenz zuweisen. Die mehrfache Besteuerung eines Steuerpflichtigen für denselben Steuergegenstand und Zeitraum wird so vermieden (oder reduziert).

Von den geldpolitischen Instrumenten sei beispielhaft die **Swappolitik** (vgl. Kapitel 5, Abschnitt 6.2.1.1) herausgegriffen. Mit ihr versucht die Zentralbank eines Landes durch währungspolitische Aktivitäten auf den Kapitalverkehr zwischen In- und Ausland einzuwirken. Sie verfolgt damit das Ziel, die außenwirtschaftlich verursachte Geldschöpfung bzw. Geldvernichtung zu beeinflussen (Geldmengensteuerung).[24]

---

[24] Die DEUTSCHE BUNDESBANK verfuhr dabei folgendermaßen: Über die Höhe des Swapsatzes konnte sie die Unterschiede zwischen inländischem und ausländischem Zinsniveau so beeinflussen, dass kurzfristige Kapitalexporte oder Kapitalimporte ausgelöst wurden. Verdeutlichen wir diese Aussage beispielhaft für den Kapitalexport. Bei einem höheren Zinsniveau im Ausland werden Inländer ihr Kapital dort anlegen. Zur Vermeidung von Verlusten beim Rücktausch (Wechselkursrisiko) schließen sie bereits zum Zeitpunkt des Devisenkaufs (Kassageschäft) einen Vertrag über deren zukünftigen Verkauf (Termingeschäft) ab. Bestimmend für die Rendite der Kapitalanlage im Ausland war dabei der Marktswapsatz. Wollte die Bundesbank nun den Kapitalexport fördern, so schloss sie mit den deutschen

6.4 Wechselkurspolitik

Die Wechselkurspolitik besteht zunächst in der Wahl des Wechselkursregimes (ordnungspolitisch) und - für den Fall fester Wechselkurse - in der Veränderung der Parität (Auf- bzw.
Abwertung). In einem System fester Wechselkurse sind die Zentralbanken zu Interventionen zur Wechselkursstützung verpflichtet. Ein spezielles Instrument stellt der **crawling peg**
(= gleitende Wechselkursanpassung). Es wird eingesetzt, um die Wechselkurse in von der
Zentralbank kontrollierten kleinen Stufen zu ändern. Interventionen erfolgen vorrangig,
wenn der Wechselkurs gegenüber einer oder mehreren anderen Währungen eine politisch
ungewollte Entwicklung verzeichnet. Aber auch bei flexiblen Wechselkursen kommt es
immer wieder zu Interventionen der Zentralbank („managed" Floating).

Aufwertung bzw. Abwertung nehmen unter den Instrumenten der Wechselkurspolitik eine
zentrale Position ein. Unter Verwendung des Beispiels aus der Einführung untersuchen wir
zunächst die **Wirkungen einer Aufwertung** auf die Güterströme. Unterstellen wir eine
Aufwertung des Euro gegenüber dem US-Dollar (Mengennotierung = steigender Wechselkurs). Wie entwickeln sich in der Folge Ex- und Importe der Bundesrepublik Deutschland?
Unter der Voraussetzung konstanter Inlandspreise (in Inlandswährung) werden bei einer
Aufwertung des Euro die Preise der US-Güter in € sinken und die Preise deutscher Güter
(in US-$) steigen. Demzufolge werden die Importe Deutschlands aus den USA steigen und
das deutsche Exportvolumen in die USA wird abnehmen, weil der Dollar-Preis deutscher
Güter gestiegen ist. Welche Auswirkungen ergeben sich daraus auf den Wert von Ex- und
Import? Bei der Antwort wollen wir uns auf den Dollar-Wert beschränken. Er wird durch das
Produkt aus Menge und Preis bestimmt. Infolge steigender Importmenge erhöht sich auch
der Dollar-Wert des deutschen Imports. Differenzierter stellt sich die Entwicklung des Dollar-Wertes des deutschen Exports dar. Bekanntlich sinkt die Exportmenge bei steigendem
Preis der deutschen Exportgüter (in US-$). Entscheidend für den Dollar-Wert ist hier die
direkte Preiselastizität der US-Nachfrage nach deutschen Gütern. Ist diese Elastizität absolut größer als 1 ($E > 1$), so sinkt das Produkt aus Menge x Dollar-Preis. Also verringert sich
der Dollar-Wert des deutschen Exports (Normalfall). Bei $E < 1$ dagegen steigt der Export-
wert. Genau umgekehrt sind die **Wirkungen einer Abwertung** des Euro. Unter den gleichen Voraussetzungen werden die deutschen Importe aus den USA zurückgehen. Da der
Importpreis in US-$ unverändert bleibt, verringert sich auch der Dollar-Wert der Importe.
Gleichzeitig erhöht sich das Volumen der deutschen Exporte bei sinkendem Dollar-Preis
des Exports. Die Entwicklung des Dollar-Wertes wird auch hier von der direkten Preiselastizität der US-Nachfrage nach deutschen Gütern abhängen.

Wechselkursänderungen führen also zu veränderten Preisrelationen in den beteiligten Ländern und bewirken eine Änderung der Güterströme (Menge und Wert).

Der Leser wird ohne Mühe die großen Möglichkeiten erkennen, die sich aus einer unterlas-
senen bzw. hinausgezögerten Anpassung von Wechselkursen für die Stärkung der Wettbewerbsposition einer Volkswirtschaft ergeben können. Sie wurden insbesondere vor dem
2. Weltkrieg - aber auch danach - häufig ohne Rücksicht auf die Partnerländer genutzt.
Nicht zuletzt deshalb wird von den Mitgliedstaaten des IWF gefordert, dass sie ihre Wechselkurspolitik einer Überwachung unterwerfen.

Geschäftsbanken Devisenswapgeschäfte zu einem Satz ab, der über dem Marktswapsatz lag. Darüber
hinaus konnte sie den Marktswapsatz selbst durch An- oder Verkäufe am offiziellen Terminmarkt verändern. Devisenswapgeschäfte werden auch innerhalb des EUROPÄISCHEN SYSTEMS DER ZENTRAL-
BANKEN durchgeführt.

Der Wechselkurs wird von Preisniveau, Zinsniveau und Volkseinkommen beeinflusst. Zuerst soll der **Preismechanismus** untersucht werden. Die Ausgangssituation sei folgendermaßen: Die Inflationsrate im Deutschland sei niedriger als in den USA. Das bedeutet, dass deutsche Güter auf dem amerikanischen Markt relativ billiger werden. Die Exporte werden steigen. Infolge erhöht sich die Nachfrage deutscher Exporteure nach Euro auf dem Frankfurter Devisenmarkt. Gleichzeitig aber - da der Einkauf für deutsche Unternehmen bei einer hohen Inflationsrate in den USA teurer wird - werden die Importe zurückgehen. Das führt dazu, dass deutsche Importeure weniger Dollar benötigen und ihr Angebot an Euro verringern werden. Der Wechselkurs des Euro wird steigen, was eine Aufwertung des Euro (Abwertung des US-$) bedeutet. In der Folge werden die deutschen Exporte in die USA tendenziell - bei gleichzeitiger Zunahme der Importe aus den USA - zurückgehen. Der Wechselkurs passt sich dieser Entwicklung an.

Bei unterschiedlichem Preisniveau zwischen zwei Ländern, werden die Exporte des preisstabilen Landes zunehmen, seine Importe abnehmen. Dagegen werden die Exporte des inflationären Landes abnehmen, während seine Importe gleichzeitig zunehmen.

Unterschiedliche Preisrelationen führen - wie gesehen - zur Änderung der internationalen Güterströme tragen also einerseits zur Bestimmung der Höhe des Wechselkurses bei, andererseits sind sie jedoch auch eine wesentliche Wirkung von Wechselkursänderungen.

Für den **Zinsmechanismus** wählen wir folgende Ausgangssituation: Das deutsche Zinsniveau sei niedriger als das Zinsniveau im Ausland ($i_{Inland} < i_{Ausland}$). Das führt - wir bleiben beim Beispiel USA - dazu, dass Deutsche verstärkt ihr Geld dort anlegen werden, d.h., der Kapitalexport steigt. Die deutschen Anleger werden verstärkt Euro anbieten, um die notwendigen Dollar zu erhalten. Gleichzeitig wird es für Amerikaner weniger lohnend, ihr Geld in Deutschland anzulegen. Der deutsche Kapitalimport und damit die Nachfrage nach Euro gehen folglich zurück. Im Ergebnis stinkt der Wechselkurs (Abwertung des Euro). Dadurch verringert sich der Zinsvorteil, was nun tendenziell eine Abnahme der Kapitalexporte und eine Zunahme der Kapitalimporte bewirkt usw.

Unter der Voraussetzung konstanter Preise und konstanter Wechselkurse soll nun die Wirkung des **Einkommensmechanismus** dargestellt werden. Exporte sind eine Komponente der gesamtwirtschaftlichen Nachfrage. Sie wirken genau wie die übrigen Komponenten auf die Höhe des Volkseinkommens. Mit steigendem Exportvolumen erhöht sich demnach das Volkseinkommen. Der Multiplikatorprozess sorgt dafür, dass von den Einkommenssteigerungen in der Exportgüterindustrie alle Bereiche der Volkswirtschaft profitieren. Die Höhe der Exporte eines Landes wird allerdings nicht unmittelbar durch Veränderungen des inländischen Volkseinkommens berührt. Sie hängt vielmehr vom Volkseinkommen des Auslands ab. Bei den Importen stellt sich der Zusammenhang dagegen anders dar. Das Importvolumen wird vom so genannten autonomen (einkommensunabhängigen) Import und dem einkommensabhängigen Import bestimmt (**Importfunktion**: $Im = Im_{aut} + mY$, wobei m = marginale Importquote). Mit steigendem Volkseinkommen erhöht sich also die Nachfrage nach Importgütern und umgekehrt. Auch hier passt sich der Wechselkurs den veränderten Güterströmen an.

Fassen wir noch einmal zusammen: Eine Aufwertung des Euro führt tendenziell zu einer Senkung von Exporten und Kapitalimporten. Importe und Kapitalexporte werden steigen. Umgekehrt führt eine Abwertung des Euro tendenziell zu steigenden Exporten und Kapitalimporte, während gleichzeitig Importe und Kapitalexporte zurückgehen.

Im Ergebnis erhalten wir auch innerhalb eines **Systems flexibler Wechselkurse** relativ stabile Wechselkurse; die Preis- und/oder Zinsunterschiede werden über den Wechselkurs kompensiert bzw. korrigiert. Diese Korrekturmöglichkeit, die beispielsweise durch unterschiedliche strukturelle oder konjunkturelle Entwicklungen der Länder verursacht werden kann, ist durch die Einführung des Euro zwischen den Mitgliedstaaten des gemeinsamen Währungsraums nicht mehr möglich. Das zwingt zu einer wesentlich engeren Koordination und Harmonisierung der nationalen Wirtschafts- und Finanzpolitiken. Damit möglichst keine Spannungen und divergierenden Entwicklungen auftreten können, ist, eine **ex-ante-Harmonisierung** unabdingbar (Konvergenzkriterien).

Während sich in einem System flexibler Wechselkurse der Gleichgewichtskurs automatisch einstellt, können bei **festen Wechselkursen** Ungleichgewichte in der Zahlungsbilanz auftreten.

Ein **Zahlungsbilanzdefizit** tritt auf, wenn beim Paritätskurs die Nachfrage nach Devisen das Devisenangebot übersteigt. Zum Ausgleich muss die Zentralbank das Devisenangebot erhöhen, wobei in der Regel ihre eigenen Bestände an Devisen bzw. an internationaler Liquidität begrenzt sind. Es tritt ein **Liquiditätsproblem** auf. In diesem Fall muss die betroffene Zentralbank internationale Liquidität beschaffen. Dafür stehen ihr folgende Möglichkeiten zur Verfügung:

- Stand-by-credits (kurzfristige Kredite) durch andere Zentralbanken;
- IWF-Beistand (Ziehungsrechte auf Kreditfazilitäten, Sonderziehungsrechte);
- Devisenmarktinterventionen des EUROPÄISCHEN SYSTEMS DER ZENTRALBANKEN.[25]

Handelt es sich nicht um ein vorübergehendes, sondern ein dauerhaftes Defizit, liegt ein **Korrekturproblem** vor. Das bedeutet, dass andere Maßnahmen ergriffen werden müssen. Da außenwirtschaftliche Probleme oft binnenwirtschaftliche Ursachen haben, müssen die Maßnahmen auch hier ansetzen. Diesem Ansatze folgen z.B. die Strukturanpassungsprogramme von IWF und WELTBANK. Sie sind darauf ausgerichtet, die makroökonomischen Aggregate wieder ins Gleichgewicht zu bringen (vgl. Kapitel 10, Abschnitt 6.7). Das dauerhafte Defizit kann mit folgenden Möglichkeiten bekämpft werden:

(1) Wird eine **kontraktive Geld- und Fiskalpolitik** eingesetzt (z.B. durch Senkung von Staatsausgaben, Erhöhung von Steuern, Erhöhung des Zinsniveaus und Verringerung der Geldmenge) sind zunächst zwei Wirkungsketten zu erwarten. Zum einen wird ein Einfluss auf das Preisniveau, zum anderen ein Einfluss auf das Volkseinkommen (Inlandsprodukt) ausgeübt. Die Zusammenhänge seien kurz skizziert: Sinkende Inlandspreise führen zu erhöhten Exporten und abnehmenden Importen, die auch infolge eines verringerten Volkseinkommens zurückgehen (Importfunktion). Ein höheres inländische Zinsniveau födert dagegen Kapitalimporte. Wenn die **Ausgangslage** des betroffenen Landes zusätzlich zum Zahlungsbilanzdefizit durch Arbeitslosigkeit gekennzeichnet ist, liegt ein Zielkonflikt vor (vgl. Kapitel 1, Abb. 1.4). Das außenwirtschaftliche Ziel der Beseitigung des Defizits hätte Vorrang gegenüber dem binnenwirtschaftlichen Ziel des Abbaus der Arbeitslosigkeit (**Diktat der Zahlungsbilanz**).

---

[25] Das ESZB greift dabei auf die von den nationalen Zentralbanken auf die EUROPÄISCHE ZENTRALBANK übertragenen Währungsreserven zurück. Die Entscheidung über Interventionen wird von der EZB getroffen. Ihre Umsetzung erfolgt entweder zentral (ausschließlich von der EZB) oder dezentral (durch die nationalen Zentralbanken auf Weisung der EZB). Der EZB-RAT trifft die endgültige Entscheidung über den erforderlichen Grad der Zentralisierung/Dezentralisierung.

(2) **Abwertung** der inländischen Währung. Davon wurde z.B. im Rahmen des früheren EUROPÄISCHEN WÄHRUNGSSYSTEMS bis zur Einführung des Euro durch die so genannten **Realignments** (Anpassung der Leitkurse) wiederholt Gebrauch gemacht.

(3) **Freigabe der Wechselkurse.** In einer Währungsunion oder für Staaten, die sich zur strikten Einhaltung des Regimes fester Wechselkurse verpflichtet haben, kommt diese Möglichkeit indes nicht in Betracht.

(4) Als ultima ratio: **Devisenbewirtschaftung.**

Von einem **Zahlungsbilanzüberschuss** sprechen wir, wenn beim Paritätskurs das Devisenangebot über der Nachfrage nach Devisen liegt. In diesem Fall muss die Zentralbank die Devisennachfrage erhöhen. Hier tritt das Liquiditätsproblem nicht in gleicher Weise wie beim Zahlungsbilanzdefizit auf. Die Zentralbank bezahlt nämlich den Ankauf von Devisen mit eigener Währung (**Asymmetrie des Liquiditätsproblems**). Allerdings erhöht sich durch Devisenankauf die inländische Geldmenge M, wodurch Preissteigerungen ausgelöst werden können.

Die Lösung des **Korrekturproblems** erfordert langfristig eigentlich eine **expansive Geld- und Fiskalpolitik.** Aber auch hier kann es in Abhängigkeit von der Ausgangslage wieder zu Zielkonflikten (außenwirtschaftliches Gleichgewicht contra Preisniveaustabilität) kommen. Würde man in diesem Fall - gewissermaßen zur Neutralisierung des Devisenzuflusses eine kontraktive Geldpolitik einsetzen käme es zu Zinssteigerungen. Diese könnten aber zusätzliche Kapitalimporte induzieren (kontraktive Geldpolitik $\Rightarrow$ Zinsniveau$_{Inland}$ ↑ $\Rightarrow$ erhöhte Kapitalimporte $\Rightarrow$ M ↑ $\Rightarrow$ P ↑). Die Zentralbank gerät in eine Falle: Je kontraktiver sie den geldpolitischen Mitteleinsatz fährt, desto mehr Kapital fließt c.p. aus dem Ausland zu. Außerdem ergeben sich möglicherweise negative Wirkungen auf die Investitionstätigkeit der Unternehmen und somit auf das Wachstum in dieser Volkswirtschaft. Die Alternativen bestehen in einer **Aufwertung** der Inlandswährung oder in der **Freigabe der Wechselkurse.**

Ein spezielles Instrument im Rahmen der Wechselkurspolitik sind die so genannten **Currency Boards.** Dabei ist die Währung eines Landes durch einen festen Wechselkurs an eine Reservewährung (meist US-Dollar) gebunden. Eine (nationale) Zentralbankgeldschöpfung bzw. -vernichtung kann nur im Tausch gegen diese „**Ankerwährung**" erfolgen. Beispiele sind Hongkong, Argentinien und einige Transformationsstaaten. Die 1998 geplante Einrichtung eines Currency Boards in Indonesien „platzte" wegen fehlender Erfolgsvoraussetzungen (IWF-Kritik). Zum einen sind ein stabiles Finanzsystem und eine strenge Bankenaufsicht erforderlich, da die kurzfristigen Zinssätze unter den Bedingungen eines Currency Boards stark schwanken. Ihre Höhe wird allein über den Markt bestimmt, die Zentralbank kann nicht steuernd eingreifen. Zum anderen müssen ausreichend Währungsreserven vorhanden sein und eine disziplinierte Finanzpolitik (keine Zentralbankkredite) betrieben werden. Die Anpassung an exogene Einflüsse kann nur über flexible Preise auf den Güter- und Arbeitsmärkten erfolgen. Das wird häufig mit „schmerzhaften" Anpassungsprozessen verbunden sein.

6.5 Internationale Schuldenpolitik

Die Auslandsverschuldung vieler Entwicklungsländer und Schwellenländer hat aufgrund hoher Leistungsbilanzdefizite längst ein kritisches Niveau erreicht. Die Bekämpfung dieser Defizite mit Hilfe von Anpassungsmaßnahmen (wie Strukturanpassungsprogramme, Währungsabwertung, kontraktiver Einsatz der Instrumente der Geld- und Finanzpolitik) war wenig erfolgreich bzw. politisch unerwünscht. So ist die langfristige Auslandverschuldung häufig schneller gewachsen als das Bruttoinlandsprodukt.

Die Belastungen aus dem Schuldendienst (Zinsen und Rückzahlungen) beeinträchtigen nicht nur die ökonomische Entwicklung der betroffenen Länder, sondern gefährden darüber hinaus die Stabilität der weltwirtschaftlichen Beziehungen. Vor diesem Hintergrund wurde eine Reihe von Maßnahmen mit dem Ziel entwickelt, die gravierendsten Belastungen zu vermindern:

(1) **Umschuldungen**, die auf eine Umstrukturierung der bestehenden Verbindlichkeiten abzielen. Gegenstand von Umschuldungsabkommen (Rescheduling and Restructuring Arrangements) sind vorrangig (a) die Dauer der Tilgungsphase, (b) die Anzahl tilgungsfreier Jahre und (c) die Höhe des Zinssatzes. Durch derartige Vereinbarungen kann jedoch nur eine temporäre Erleichterung erreicht werden. Die Schuldenlast wird in die Zukunft verlagert.

(2) **Schuldenerlasse**, die für die ärmsten Entwicklungsländer in den vergangenen Jahren mehrfach ergriffen wurde. Ein genereller Schuldenerlass erscheint jedoch aus verschiedenen Gründen (z.B. Anpassungsprozesses in den Schuldnerländern würden erschwert, private Gläubiger dürften unter diesen Bedingungen künftig nicht mehr zu einer Kreditvergabe bereit sein) kaum ein gangbarer Ausweg zu sein.

3) **Umwandlung von Schulden**: Bei **Schulden-Schulden-Swaps** (Debt-Debt-Swaps) handelt es sich um die Umwandlung von privaten Kreditforderungen in Anleihen, die mit festen oder variablen Zins ausgestattet sein können. Bei **Schulden-Beteiligungs-Swaps** (Debt-Equity-Swaps) werden Kreditforderungen in Beteiligungen bzw. Direktinvestitionen in den Schuldnerländern umgewandelt (vgl. G. DIECKHEUER, a.a.O., S. 565 – 566).

7. Probleme und Grenzen der Außenwirtschaftspolitik

Wir haben wiederholt auf die Notwendigkeit der Harmonisierung im Bereich der Außenwirtschaftspolitik hingewiesen. Es hat nicht an Versuchen in dieser Richtung gefehlt. Allerdings kamen tiefergreifende ökonomische Integrationen bislang nur in regional begrenzten Räumen - als second-best-Lösung - zustande. Eine globale Harmonisierung wird durch vielfältige nationale Interessen erschwert. Die **Interessenvielfalt** resultiert nicht zuletzt aus einer Vielzahl von Einflussträgern und spiegelt sich in der Tendenz zur Schaffung regional ausgerichteter Wirtschaftszonen (z.B. Wirtschafts- und Währungsunion, Zollunion, Freihandelszonen) wider.

Die Außenwirtschaftspolitik stößt immer dort an Grenzen des Machbaren, wo die Interessen anderer Staaten berührt werden. Bei einigen Instrumenten zeigt sich auch die **Vermischung von Außenpolitik und Außenwirtschaftspolitik**: Außenwirtschaftspolitische Instrumente (Boykott, Embargo) werden zu politischen Zwecken eingesetzt, auch um ein Wohlverhalten zu erreichen (Irak, Kuba usw.). Bemerkenswert ist, dass es dabei keine stringente Befolgung von allgemein anerkannten Normen gibt. Wenn ein Land sich ökonomische Vorteile verspricht, werden auch Menschenrechtsverletzungen, Mangel an demokratischen Institutionen und Mechanismen usw. ignoriert und mit diplomatischen Floskeln gerechtfertigt.

An welchen Zielen und Normen soll sich die Außenwirtschaftspolitik nun ausrichten? Allein um die Durchsetzung des internationalen Freihandels kann es nicht gehen. Vielmehr muss langfristig die **Verteilung** der durch internationalen Wirtschaftsaustausch möglichen Wohlfahrtsgewinne gerechter werden. Einer globalen Lösung stehen noch zu viele nationale Egoismen - auch der reichen Industriestaaten - im Wege.

Das national verfügbare außenwirtschaftspolitische **Instrumentarium** ist infolge einer Reihe von außenwirtschaftspolitischen Verträgen und Vereinbarungen stark begrenzt. So sind z.B. innerhalb der EU Zölle und Kontingente als nationale Maßnahmen nicht mehr einsetzbar. Auch die Wirksamkeit der im Rahmen der internationalen Weltwirtschaftsordnung zur Verfügung stehenden Instrumente von IWF (wie Kreditfazilitäten, Sonderziehungsrechte) oder WTO (multilaterale Abkommen GATT, GATS, TRIPS) muss kritisch hinterfragt werden. Angesichts von Wirtschafts- und Finanzkrisen darf bezweifelt werden, ob z.B. mit den vorhandenen Instrumenten von IWF und WELTBANK unter den Bedingungen der zunehmenden Globalisierung derartige Situationen noch zu bewältigen sind. Die Forderungen nach Reformen werden immer lauter. Das betrifft auch Arbeitsweise und Organisationsstruktur der UNCTAD. Die 1996 beschlossene Reform sieht u.a. eine Neuordnung der Beziehungen zu anderen internationalen Entscheidungs- bzw. Einflussträgern vor. Insbesondere sind ihre **Kompetenzen** zu erhöhen und zu anderen Organisationen (z.B. WTO) neu abzugrenzen.

Der Welthandel kann sich nur auf der Grundlage einer funktionsfähigen internationalen **Währungsordnung** weiterentwickeln. Dabei geht es bekanntlich (1) um die Wahl des Wechselkurssystems sowie (2) um - bei Vereinbarungen über feste Wechselkurse - Möglichkeiten und Modalitäten der Finanzierung und Korrektur von Ungleichgewichten in der Zahlungsbilanz. Die Hoffnung auf eine weltweit größere Wechselkursstabilität hat sich nicht erfüllt. Feste Wechselkurse - wie sie ursprünglich im IWF vorgesehen waren - erwiesen sich im globalen Maßstab als nicht realisierbar. Wechselkursschwankungen aber beinhalten Risiken für den internationalen Waren- und Kapitalverkehr. Die Risiken kurzfristiger Schwankungen sind zwar durch die Möglichkeiten der Kurssicherung noch kalkulierbar. Das gilt aber nicht für eine langfristige Änderung der realen Wechselkurse. Die Erwartung, dass die Wechselkurse in einem System freier Wechselkurse langfristig in etwa der Kaufkraftparität entsprechen, bestätigte sich nicht. Wie die Erfahrungen zeigen, lösen Änderungen - seien sie nun tatsächlich oder nur erwartet - der internationalen Wettbewerbsposition umfangreiche Kapitalbewegungen aus. Die Folge können **dauerhaft instabile Wechselkurse** sein. Verstärkte Interventionen am Devisenmarkt oder der Einsatz protektionistischer Instrumente von Zentralbanken, die ihre nationale Währung durch den Markt als falsch bewertet betrachten, führen dann möglicherweise zu Verzerrungen der Handelsströme und Produktionsstrukturen.

Abschließend sei noch auf ein Problem im Zusammenhang mit der EUROPÄISCHEN WÄHRUNGSUNION hingewiesen. Mit der Einführung des Euro entfällt die Möglichkeit, unterschiedliche wirtschaftliche Entwicklungen und/oder strukturelle Unterschiede zwischen den Ländern des Euro-Währungsraums durch Wechselkursanpassung auszugleichen. Stabilität und damit Erfolg der europäischen Einheitswährung - auch nach außen - hängen somit von weiteren Fortschritten bei der Harmonisierung der nationalen Wirtschaftspolitiken der Teilnehmerländer ab.

Arbeitsaufgaben

1) Was verstehen Sie unter dem Wechselkurs und welche Bedeutung hat er? Gehen Sie bei der Begriffsbestimmung von der üblichen Mengennotierung aus.

2) Durch welche Indikatoren lassen sich reale und monetäre außenwirtschaftliche Entwicklungen beschreiben?

3) Erörtern Sie die Wechselbeziehungen zwischen realen und monetären außenwirtschaftlichen Phänomenen.

4) Begründen Sie die Vorteilhaftigkeit des Freihandels und erörtern Sie Aspekte, die in der Realität immer wieder zu protektionistischen Maßnahmen führen.

5) Worin besteht die Aussage der Lokomotiventheorie? Erläutern sie diese anhand eines Beispiels.

6) Nennen Sie Ziele der Außenwirtschaftspolitik. Welche Zielkonflikte können zwischen diesen auftreten?

7) Welche Organisationen bzw. Institutionen können als Träger der Außenwirtschaftspolitik eingestuft werden und welche Kompetenzen besitzen sie?

8) Erläutern Sie Aufgaben und institutionelle Struktur der WTO.

9) Klassifizieren Sie die verschiedenen außenwirtschaftlichen Instrumente.

10) Wo sehen Sie Grenzen für die Außenwirtschaftspolitik?

9. Kapitel: Umweltpolitik

1. Einleitung

Das Umweltproblem ist langfristig für die staatliche Wirtschaftspolitik wohl eines der drängensten (allokativen) Probleme. Es wird sogar behauptet, dass die Lösung des Umweltproblems von existenzieller Bedeutung für das Überleben der Menschheit ist. Der Leser kennt selbst zahlreiche Problemfelder, von denen hier nur exemplarisch und schlagwortartig Klimaveränderung, Ozonloch, Abholzung tropischer Regenwälder, Waldsterben, Atommüll, Müllberge, Lärmbelästigung und Altlasten genannt sein sollen. Die zunehmende Beeinträchtigung unserer natürlichen Umwelt und die wachsende öffentliche Wahrnehmung von Umweltproblemen haben den Ruf nach einer neuen „Umweltethik" und einer darauf basierenden Umweltpolitik verstärkt. Bevor wir uns den Aufgaben, Zielen und Instrumenten einer derartigen staatlichen Umweltpolitik zuwenden können, müssen zunächst einige grundlegende Begriffe und Zusammenhänge geklärt werden.

Umweltgüter (z.B. reines Wasser, saubere Luft, gesunder Wald) waren einmal **„freie Güter"**, die ausreichend und kostenfrei vorhanden waren. Das hat sich grundlegend geändert. Viele dieser Güter gehören heute de facto zu den **„knappen Gütern"**, die nur mit einem z.T. beträchtlichen Kostenaufwand in entsprechender Qualität bereitgestellt werden können. Dennoch ist es bisher nicht gelungen, für ihre Inanspruchnahme ein angemessenes, umfassendes Bewertungssystem (z.B. Preissystem) zu entwickeln. Dadurch fehlen vielfach die ökonomischen Anreize, sparsam und verantwortungsbewusst mit den Umweltressourcen umzugehen. Das enorme Ausmaß an Umweltschäden ist aus volkswirtschaftlicher Sicht nicht zuletzt auf Fehlallokationen zurückzuführen, die infolge **negativer externer Effekte** auftreten: Ein Teil der Kosten, die bei Produktion bzw. Konsumtion auftreten, werden nicht durch den Verursacher getragen, sondern der Allgemeinheit auferlegt. Der Marktmechanismus kann nicht zu einer effizienten Allokation führen. Umweltpolitik muss demzufolge als eine genuine Staatsaufgabe betrachtet werden. Dabei geht es einerseits um die Vermeidung von Fehlallokationen der knappen Umweltgüter durch die Schaffung politischer Rahmenbedingungen (ökonomische Aufgabe) und andererseits um den Schutz der natürlichen Grundlagen menschlichen Lebens schlechthin (verfassungsrechtliche Aufgabe).

Der **Begriff Umwelt** wird in der öffentlichen Diskussion keineswegs einheitlich verwendet. Wir schließen uns der Definition an, die den räumlichen und biologischen Aspekt betont:

„Unter Umwelt (wird) der Komplex der Beziehungen einer Lebenseinheit zu ihrer spezifischen Umgebung verstanden. Umwelt ist stets auf Lebewesen oder - allgemeiner gesagt - biologische Systeme bezogen und kann nicht unabhängig von diesen existieren oder verwendet werden. Geht man vom Lebewesen (meistens dem Menschen) aus, so steht eine räumlich-strukturelle Betrachtung im Vordergrund. Dazu wird in der Regel das Gesamtsystem Umwelt in Teilsysteme, die Ökosysteme, untergliedert. Der Ort eines bestimmten, räumlich fixierten Ökosystems heißt Ökotop (UMWELTGUTACHTEN 1987)."

Die natürliche Umwelt, deren Trägersubstanzen die Umweltmedien (Luft, Wasser, Boden) sind erfüllt wichtige Funktionen:
(1) Sie liefert die natürliche Grundlage von Produktion und Konsumtion (**Produktionsfunktion**). Natürliche Ressourcen werden verfügbar gemacht, wodurch Elementarbedürfnisse der Menschen befriedigt werden.
(2) Sie muss die Schadstoffe aufnehmen, die infolge menschlicher Produktions- und Konsumtionsprozesse entstehen (**Trägerfunktion**).
(3) In natürlichen Ökosystemen sorgen autonome Regelungssysteme für ein ökologisches Gleichgewicht (**Regelungsfunktion**). Eingriffe des Menschen in den Naturhaushalt (Stoffkreislauf) können zu beträchtlichen Störungen führen.

(4) Und letztlich liefert der Zustand der natürlichen Umwelt Informationen über das Verhältnis des Menschen zu seinen Lebensgrundlagen (**Informationsfunktion**).

Diese Funktionen kann die natürliche Umwelt heute aber nur noch erfüllen, wenn sie durch eine entsprechende Umweltpolitik geschützt wird. In allgemeinster Form wird Umweltpolitik definiert als Bestimmung von Umweltzielen und Durchführung von Maßnahmen zur Erreichung dieser Ziele. Aus der umweltpolitischen Zielbestimmung (vgl. Abschnitt 4) wie Nachhaltigkeit, Sicherung der maximalen Wohlfahrt, kosteneffizienter Einsatz des umweltpolitischen Instrumentariums ergeben sich die wesentlichen Elemente einer rationalen Umweltpolitik. Eine konkretere Bestimmung von Umweltpolitik basiert auf dem jeweils zugrunde liegenden Umweltbegriff. Je weiter dieser Begriff gefasst ist, desto komplexer muss auch der Katalog von Zielen, Maßnahmen und Instrumenten der Umweltpolitik sein. Die Umweltpolitik der Bundesregierung beruht auf einem Umweltbegriff, der den Zustand der Umweltmedien sowie von Pflanzen- und Tierwelt (als den Grundbereichen des Umweltschutzes) umfasst.

Danach wird staatliche **Umweltpolitik** definiert als **Gesamtheit von Maßnahmen**, die „den Zustand der Umwelt so erhalten und verbessern, dass
- bestehende Umweltschäden vermindert und beseitigt werden,
- Schäden für Mensch und Umwelt abgewehrt werden,
- Risiken für Menschen, Tiere und Pflanzen, Natur und Landschaft, Umweltmedien und Sachgüter minimiert werden und
- Freiräume für die Entwicklung der künftigen Generationen sowie Freiräume für die Entwicklung der Vielfalt von wildlebenden Arten sowie Landschaftsräumen erhalten bleiben und erweitert werden" (UMWELTBERICHT 1990 DES BUNDESMINISTERS FÜR UMWELT, NATURSCHUTZ UND REAKTORSICHERHEIT).

Die staatliche Umweltpolitik steht dabei drei zentralen Problemen gegenüber: dem **Problem der Internalisierung** externer Kosten (oder auch Transaktionskostenproblem), dem **Informationsproblem** und dem **Kontrollproblem**[1]. Wirksame Umweltpolitik muss das Problem der Transaktionskosten überwinden. Das kann nur geschehen, indem mittels umweltpolitischer Maßnahmen (Instrumenteneinsatz) Situationen geschaffen werden, die auf freiwilliger Basis nicht zustande kommen. Eine Voraussetzung dafür ist allerdings, dass die Träger der Umweltpolitik über ausreichende qualitative und quantitative Informationen über die Zusammenhänge zwischen natürlichen Ressourcen, Produktion, Technologie und Umwelteinwirkungen verfügen. Wie sollte wohl sonst beispielsweise entschieden werden, welcher Verschmutzer welche Schadstoffe in welchem Umfang emittieren darf (z.B. Festlegung von Emissionsgrenzwerten)? Tatsächlich aber besteht heute noch vielfach ein Informationsdefizit staatlicher Umweltbehörden. Nicht umfassend ist auch die Frage geklärt, wie der Staat überprüfen kann, ob die erlassenen Vorschriften auch eingehalten werden (Kontrollproblem)? Die Diskussion im Zusammenhang mit der langjährigen Überschreitung von Strahlungsgrenzwerten bei den Castor-Transporten im Mai 1998 hat dieses Problem erneut in drastischer Weise in die Öffentlichkeit gerückt. Ein effizientes Kontrollsystem muss wirksame Sanktionen beinhalten, d.h. die Kosten von Verstößen gegen die Umweltvorschriften müssen höher sein, als der erwartete Nutzen. Staatliche Umweltpolitik muss Ansätze für die Lösung der angesprochenen Probleme finden, um langfristig die vor ihr stehenden Aufgaben erfüllen zu können.

Aus der oben angeführten Definition lassen sich grundlegende **Aufgaben der Umweltpolitik** ableiten:

---

[1] Vgl. B. FREY, G. KIRCHGÄSSNER, Demokratische Wirtschaftspolitik, 3. Aufl., München 2002, Kapitel 9.

(1) Beschränkung des Verbrauchs natürlicher Ressourcen (Luft, Boden, Bodenschätze, Gewässer, Tier- und Pflanzenwelt u.a.);

(2) Begrenzung des unerwünschten Outputs von Produktion und Konsumtion (Schadstoffe, Abfälle, Abwärme, Abwässer, Müll, Strahlung usw.);

(3) Verbesserung der Regenerationsfähigkeit der Ökosysteme durch geeignete Maßnahmen (z.B. Aufforstung, künstlicher Sauerstoffeintrag in gefährdete Gewässer);

(4) Erhöhung des Recyclings durch verstärkten Einsatzes von Alt- und Abfallmaterialien wie Glas, Papier oder Abwärme, wodurch sowohl (a) der Verbrauch natürlicher Ressourcen als auch (b) die Abgabe von Schadstoffen reduziert werden kann.

Diesen Aufgaben kann die Umweltpolitik jedoch nur gerecht werden, wenn sich ihre Entscheidungsträger auf weitgehend gesicherte Erkenntnisse über grundlegende Zusammenhänge zwischen Umwelt und Ökonomie stützen können. Diese Erkenntnisse „liefert" die Umweltökonomie.

Umweltökonomie ist die Wirtschaftswissenschaft, die die Beziehungen zwischen Umwelt und Ökonomie untersucht und systematisiert, wobei sie „in ihren Theorien, Analysen und Kostenrechnungen ökologische Parameter miteinbezieht" (UMWELTPROGRAMM DER BUNDESREGIERUNG 1971).

Gegenstand der Umweltökonomie sind sowohl betriebswirtschaftliche als auch volkswirtschaftliche Fragestellungen. Ohne die Bedeutung der betrieblichen Umweltökonomie zu unterschätzen, wollen wir uns auf den **volkswirtschaftlichen Zweig** der Umweltökonomie beschränken. Nach WICKE[2] lassen sich die Aufgaben der volkswirtschaftlichen Umweltökonomie in drei Bereiche gruppieren. Danach ist (1) zu prüfen, inwieweit die Umweltökonomie einen eigenen Beitrag zur „Maximierung der gesellschaftlichen Wohlfahrt" in der Volkswirtschaft leisten kann. Neben dieser theoretischen Aufgabe steht sie vor der mehr praxisorientierten Aufgabe, (2) zur Minimierung gesellschaftlicher Kosten bei der Durchsetzung umweltpolitischer Ziele beizutragen. Im Vordergrund aber steht wohl (3) die politikberatende Funktion der Umweltökonomie. In diesem Sinne geht es um

– die Entwicklung und Bewertung ursachenadäquater Instrumente;
– die Entwicklung und Durchführung geeigneter Kosten-Nutzen-Analysen zur Bewertung von Umweltschäden und Umweltschutzmaßnahmen;
– die Ermittlung der Auswirkungen des Umweltschutzes auf andere sozioökonomische Ziele („magisches Polygon") sowie
– die Untersuchung der Beziehungen, die zwischen Umweltpolitik und „angrenzenden" Bereichen der Wirtschaftspolitik (z.B. Agrarpolitik, Verkehrspolitik, Energiepolitik, aber auch Struktur- und Regionalpolitik) bestehen.

Im Folgenden sollen die bisher nur kurz skizzierten Probleme ausführlicher untersucht werden, wobei wir zunächst auf Ursachen und Kosten von Umweltbelastungen, dann auf umweltpolitische Ziele und Prinzipien sowie auf umweltpolitische Instrumente eingehen werden. Abschließend sollen Träger und Grenzen der Umweltpolitik analysiert werden.

2. Situationsanalyse

2.1 Allgemeine Entwicklung

Der Leser wird fast täglich mit immer neuen alarmierenden Meldungen über Naturkatastrophen, Umweltschäden und -unfälle konfrontiert. Die Umwelt ist vielfach nicht mehr in der Lage, Umweltbelastungen und -gefährdungen, die aus menschlichen Aktivitäten entstehen,

---

[2] L. WICKE, Umweltökonomie, 4., überarb. u. aktualisierte Aufl., München 1993.

zu absorbieren. Das führt dazu, dass die Umweltmedien häufig regional und/oder global überlastet sind:

- Mit zunehmender Emissionsdichte wird das Verdünnungsvermögen der Luft derart beansprucht, dass eine regionale und teilweise auch globale (z.B. bei Fluorchlorkohlenwasserstoffen) Überlastung mit schädlichen Wirkungen für Mensch, Tier und Pflanzen sowie Materialen die Folge ist. Bei Immissionen ist die Belastung durch Schwefeldioxid und Staub rückläufig. Das gilt jedoch nicht für Stickstoffoxide. Hier kommt es zu lokalen Überschreitungen der Immissionsgrenzwerte. Problematisch sind auch temporär erhöhte Ozonkonzentrationen.
- Das Selbstreinigungs- und Verdünnungsvermögen von Fließgewässern und Seen wird häufig überlastet. Versalzung, Erwärmung, erhöhte pH-Werte u.v.m. gefährden das natürliche Gleichgewicht. Besonders die Belastungen durch Chlorid, Phosphor, Ammonium und gelösten Kohlenwasserstoffen sind sehr hoch, die Nitratbelastung steigend. Grundwasser wird vor allem durch Schadstoffeinträge aus diffusen Quellen belastet.
- Der Boden ist durch Überdüngung, Einsatz von Pflanzenschutzmitteln, Erosionen, Altlasten und Deponien gefährdet (v.a. Belastungen durch Nährstoffe, Schwermetalle und organische Umweltchemikalien). Die Nutzung des Bodens als Siedlungs-, Wirtschafts- und Verkehrsfläche wird durch Beschleunigungsgesetze bei gleichzeitiger Zurücknahme planerischer Instrumente wie Umweltverträglichkeitsprüfung weiter intensiviert.
- Die Aufnahmefähigkeit der Umwelt - insbesondere des Menschen - hinsichtlich Umweltchemikalien ist begrenzt. Schädliche Wirkungen können direkt oder indirekt über die Nahrungskette verursacht werden. Die Lärmbelästigung besonders in Ballungszentren wächst und überschreitet teilweise die Toleranzwerte.

Diese Aufzählung gibt nur einen kleinen Einblick in die Vielfalt der Probleme und Aufgaben, die durch die Umweltpolitik zu lösen sind. Der Erfolg dieser Politik hängt entscheidend von den gesellschaftlichen Rahmenbedingungen ab, die sich in den letzten Jahren z.T. dramatisch verändert haben.

Bis Ende der 80er Jahre waren die Voraussetzungen für den „Aufbruch in eine ... neue Phase der Umweltpolitik" (UMWELTGUTACHTEN 1994, S. 177) günstig. Die gesamtwirtschaftliche Entwicklung war durch Wachstum und vergleichsweise geringe soziale Konflikte gekennzeichnet. Unternehmen und Gewerkschaften relativierten ihre überwiegend defensive Position hinsichtlich des Umweltschutzes, die Umweltverantwortung des Managements („Umweltschutz ist Chefsache") wurde propagiert. Umweltschutz und Ökonomie schienen unter den Bedingungen wirtschaftlichen Wachstums und eines erhöhten gesamtwirtschaftlichen Verteilungspotenzials keine antagonistischen Widersprüche - gemäß der Kontroverse „Umweltschutz oder Arbeitsplätze" - zu sein. Eine Neuorientierung in der Umweltpolitik durfte auch vor dem Hintergrund eines wachsenden Umweltbewusstseins der Bevölkerung, der Etablierung von Umweltparteien, der Professionalisierung von Umweltverbänden und der Intensivierung der umweltpolitischen Diskussionen erwartet werden.

In den folgenden Jahren - insbesondere seit der zweiten Hälfte der 90er Jahre - kam es infolge der allgemeinen politischen Entwicklung (wie Globalisierung, Massenarbeitslosigkeit, Unterschätzung der finanziellen Belastungen infolge der deutschen Einheit, steigende Kosten der sozialen Sicherungssysteme, Europäische Währungsunion) zu deutlichen Verschiebungen bei den politischen Prioritäten. Davon wurde auch die Umweltpolitik beeinflusst. Die zunehmenden ökonomischen und sozialen Probleme haben darüber hinaus „die öffentliche Unterstützung des Umweltschutzes deutlich vermindert" (UMWELTGUTACHTEN 1998, S. 125). Diese Entwicklung hat in der Umweltpolitik - wie in anderen Politikbereichen auch - zu einem spürbaren **Reformstau** geführt. Die langwierige Diskussion über die Einführung von Zwangspfand auf Dosen und andere Einwegverpackungen versperrt den Blick auf die fundamentalen Probleme der Umweltpolitik. Insbesondere das Schlagwort von der Globalisierung der Wirtschaft wird benutzt, um umweltpolitische Entscheidungen zu beeinflussen. Vor dem Hintergrund zunehmender internationaler Konkurrenz, so wird vielfach ohne stichhaltige Begründung argumentiert, könne sich Deutschland sein hohes Niveau im Umweltschutz nicht mehr leisten (Standortnachteil). Der Versuch der Zurücknahme der Sozialpflichtigkeit des Eigentums in der Landwirtschaft und die Einschränkung der Beteiligungsrechte von Umweltverbänden bei Anlagenzulassungen stehen als Beispiele für das Bestreben, eine Senkung des erreichten Niveaus durchzusetzen. Angesichts solcher Tendenzen ergeben sich neue Herausforderungen für die (deutsche) Umweltpolitik. Sie steht mehr denn je vor der Aufgabe, effizienter zu werden. Damit ist jedoch keinesfalls gemeint, dass ökologische Ziele den ökonomischen untergeordnet werden dürfen. Vielmehr sind grundlegende Reformen im Rahmen eines ökonomischen und gesellschaftlichen Strukturwandels voranzutreiben, die ökonomische, ökologische und soziale Aspekte berücksichtigen. Das schließt die Vervollkommnung umweltpolitischer Instrumente (vgl. Abschnitt 6) und ihre konsequentere Anwendung zur Verwirklichung der umweltpolitischen Ziele ein.

2.2 Umweltpolitische Indikatoren

Grundlage für Entscheidungen von Trägern der Umweltpolitik sind - wie in den anderen wirtschaftspolitischen Bereichen auch - Informationen, die eine Diagnose des Ist-Zustandes (z.B. Intensität der Umweltbelastungen, Ressourcenverbrauch) und eine Prognose der voraussichtlichen Entwicklungsrichtung ermöglichen. **Umweltindikatoren** dienen der Abbildung und Kennzeichnung von komplexen Umweltsachverhalten. Sie setzen eine adäquate Datenbasis voraus, die sich vor allem auf Umweltbeobachtungen, Umweltinformationssysteme und Umweltberichterstattung stützt:

(1) **Umweltbeobachtungen** haben die systematische, periodische Erfassung der Umweltsituation und der bisherigen Entwicklung zum Inhalt und umfassen solche Bereiche wie Umweltüberwachung oder Umweltkontrolle.

(2) Ihre Ergebnisse dienen der Erstellung von Datenbanken (**Umweltinformationssystemen**), in denen die unterschiedlichen Informationen gesammelt und zu Informationssystemen (z.B. UMPLIS[3]) verarbeitet werden. Sie stellen in erster Linie ein wichtiges fachliches Arbeitsinstrument dar.

(3) Demgegenüber ist die **Umweltberichterstattung** vorrangig auf die Unterrichtung der Öffentlichkeit (z.B. Umweltberichte der Bundesregierung, Daten zur Umwelt und andere periodische Veröffentlichungen des UMWELTBUNDESAMTES) ausgerichtet.

Im Umweltbereich ist es unmöglich, die gegebene Situation durch einen einzigen Umweltindikator zu beschreiben. Vielmehr wird die Darstellung des Zustandes der Umweltmedien oder eine Beurteilung von komplexen Ökosystemen erst durch eine Vielzahl von Indikatoren (**Indikatorensystem**) möglich. Die wissenschaftliche Diskussion um ein solches System, das alle an Umweltindikatoren zu stellenden Aufgaben erfüllt, ist keinesfalls abgeschlossen. Bei der Erarbeitung eines aussagefähigen Indikatorensystems für die Umweltberichterstattung sind unterschiedliche Ansätze denkbar (UMWELTGUTACHTEN 1994, S. 87 ff.). So unterteilt das **Stress-Modell** von FRIEND und RAPPORT in Stressindikatoren (für Umweltbelastungen durch Stoffe, Ressourcenverbrauch, Bevölkerungsentwicklung u.a.) und Reaktionsindikatoren (für Reaktionen von Umwelt und Gesellschaft). Das **Pressure-State-Response-Modell** der OECD schlägt eine Dreiteilung in Belastungsindikatoren (Beschreibung von Belastung der Umwelt durch menschliche Aktivität), Umweltzustandsindikatoren (Beschreibung der Umweltqualität sowie der Qualität und Quantität natürlicher Ressourcen) und Reaktionsindikatoren (Beschreibung gesellschaftlicher Reaktionen) vor. Das **Akteur-Akzeptor-Modell** von ZIESCHANK u.a. wiederum basiert auf einer Unterteilung von Belastungs- und Wirkungsindikatoren in verschiedene Gruppen: Knappheitsindikatoren für den Ressourcenverbrauch, Denaturierungsindikatoren für physisch-strukturelle Belastungen, stoffli-

---

[3] So wird das Informations- und Dokumentationssystem Umwelt bezeichnet, in dessen Rahmen u.a. Bibliographien im Auftrag des UMWELTBUNDESAMTES erscheinen.

che und mediale Belastungsindikatoren, Akkumulations-, Wirkungs- und Risikoindikatoren und soziokulturelle Indikatoren (z.B. Zerstörung von Natur- und Kulturdenkmälern).

Als Hilfsmittel der Umweltpolitik haben Umweltindikatoren - so verschiedenartig die Ansätze der Indikatorenbildung auch sein mögen - folgende wesentliche **Aufgaben** zu erfüllen (UM-WELTGUTACHTEN 1994 und 1998):

- Beschreibung des aktuellen Zustandes der Umwelt;
- Diagnose bestehender Umweltbelastungen;
- Prognose künftiger Umweltbelastungen (Trends);
- Bewertung der Umweltbelastungen und des Zustandes der Umwelt (auch im internationalen Vergleich);
- Hilfestellung bei der Formulierung und Präzisierung von Umweltqualitäts- und Umwelthandlungszielen;
- Bestimmung der Tragekapazität;
- Darstellung des Ressourcenverbrauchs;
- Beitrag zur öffentlichen Aufklärung und Kommunikation über die Umweltsituation (Umweltberichterstattung);
- Erleichterung der politischen Willensbildung und Entscheidungsfindung (Prioritätensetzung);
- Testen von Umweltschutzstrategien und -einzelplanungen sowie
- Erfolgskontrolle für Umweltschutzmaßnahmen.

Diese Aufgaben können in ihrer Gesamtheit jedoch nur erfüllt werden, wenn Klarheit über gesellschaftliche und umweltpolitische Ziele (vgl. Abschnitt 4.1) besteht, auf die sich die Umweltindikatoren beziehen sollen. Diese Indikatoren müssen sich also an formulierten Umweltzielen orientieren und diese gegebenenfalls konkretisieren (Bezug der Indikatoren zur Zielgröße). Nur auf diese Weise werden Aussagen über den Grad umweltpolitischer Zielverwirklichung und den daraus abgeleiteten Handlungsbedarf möglich. Diesen Anforderungen werden bestehende Indikatorensysteme (z.B. OECD-Indikatoransatz) nur zum Teil gerecht. Die Kritik konzentriert sich v.a. auf eine mangelnde Ausrichtung an umweltpolitischen Zielen (Leitbildern). Zu sehr werden noch pragmatische und politische Anforderungen in den Mittelpunkt gestellt und dabei wesentliche **ökologische Grundanforderungen** vernachlässigt.

Nach Auffassung des RATES VON SACHVERSTÄNDIGEN FÜR UMWELTFRAGEN sollte ein (nationales) Indikatorensystem vorrangig drei Anforderungen erfüllen: Es muss (1) ein **räumlicher Bezug** bei der Erfassung, Bewertung und Darstellung von Umweltbelastungen (unter besonderer Berücksichtigung von Mehrfachbelastungen) hergestellt werden. Weiterhin sind (2) ein adäquater **zeitlicher Bezug** (Erfassung von Spitzenbelastungen, angemessene Untersuchungszeiträume, Frühwarnfunktion von Indikatoren) sowie (3) ein **sachlicher Bezug** (Auswirkungen von Eingriffen auf Umweltmedien, Umweltfunktionen und strukturelle Veränderungen von Ökosystemen unter Betonung des Risikos der Irreversibilität) zu sichern. Darüber hinaus sollte ein solches System - unter dem Gesichtspunkt des globalen Charakters von Umweltproblemen - in einen internationalen Zusammenhang eingebunden werden können.

Aus der schier unüberschaubaren Vielzahl umweltpolitischer Indikatoren wollen wir abschließend exemplarisch zwei Umweltbereiche auswählen (UMWELTGUTACHTEN 1994, S. 106 - 130):

(1) Ausgewählte Indikatoren im **Bereich der stofflichen Beeinflussung** am Beispiel des Stickstoffhaushalts

- im Emissionsbereich: NO_x, NH_3, SO_2 als Einzelkomponenten, Gesamtsäureeintragspotenzial, Gesamtstickstoffeintragspotenzial;

– im Verteilungsbereich: Überschreitungshäufigkeiten von Ozon-Kurzzeitbelastungswerten und Überschreitung von Tageswerten, Stickstoff- und Säuredeposition;
– im Bereich Boden: Anteil der durch Säure und Stickstoffeinträge gefährdeten Flächen, flächenhafte Darstellung von Überschreitungen der kritischen Eintragsraten;
– im Breich Wasser: Anteil der gefährdeten Grund- und Oberflächengewässer und mariner Ökosysteme durch Stickstoffeutrophierung und Versauerung;
– im Bereich Pflanzen, Tiere, Lebensräume: Anteil der Ozongefährdungsfläche, Anteil der Eutrophierungsgefährdungsfläche;
– im Bereich Mensch: Auslastung von kritischen Immissionskonzentrationen für Stickstoffmonoxid und -dioxid sowie Ozon.

(2) Ausgewählte Indikatoren im **Bereich struktureller Veränderungen** der Landschaft (Bodennutzung und -bedeckung) zur Darstellung von

– Flächeneffekten (z.B. Lebensraumverluste und -verkleinerung, Beeinträchtigung von Böden): Anteil und Verteilung naturnaher Flächen, Anteil und Verteilung versiegelter Flächen sowie Anteil erosionsgefährdeter Flächen;
– Barriereeffekten (z.B. Lebensraumisolierung, Beeinträchtigung der Erholungsfunktion): Anteil und Verteilung unzerschnittener Räume nach Größenordnungen.

2.2.1 Grenzwerte

Die bisherigen Ausführungen dürften deutlich gemacht haben, wie kompliziert die Erarbeitung aussagefähiger komplexer Umweltindikatorensysteme in der Praxis ist. Deshalb werden als Entscheidungshilfe der Umweltpolitik heute weitgehend noch Einzelindikatoren, z.B. **Grenzwerte** genutzt. Damit soll erreicht werden, die von Schadstoffen (Lärm, Abgase, Strahlung usw.) ausgehenden Umweltbelastungen gering zu halten. Auch hier stehen sich unterschiedliche Ansätze gegenüber:

– Der **Emissionsstandard-Ansatz** geht davon aus, dass die tatsächliche Umweltbelastung durch den Ausstoß von Schadstoffen zu minimieren ist. Das soll erreicht werden, indem alle emittierenden Anlagen mit Kontrolltechnologien, die dem jeweils neuesten Stand der Technik entsprechen, ausgerüstet werden.
– Der **Immissionsstandard-Ansatz** dagegen basiert auf der These, dass zur Beurteilung von Umweltwirkungen die Immissionen und nicht die Emissionen entscheidend sind. Emissionen können prinzipiell nur Anhaltspunkte zu Schadstoffpotenzialen liefern. Der Grund liegt darin, dass abgegebene Schadstoffe in aller Regel erst nach Umwandlungsprozessen (beispielsweise verbindet sich das von Kohlekraftwerken abgesonderte Schwefeldioxid in der Luft mit Regenwasser, wodurch schweflige Säure - der berüchtigte „saure Regen" - entsteht) und Ausbreitungsprozesse („Transport") auf die natürliche Umwelt sowie Mensch und Tier einwirken.

Umweltpolitisch ist der **Immissionsstandard-Ansatz** ohne Zweifel effizienter, da Normen allein unter dem Gesichtspunkt der Vermeidung von Umweltschäden ohne Rücksicht auf den Stand der Technik gesetzt werden. Dabei wird auch in Kauf genommen, dass nicht bei allen emittierenden Anlagen der technische Standard erfüllt werden muss, sofern insgesamt die Normen der Immissionsbelastung eingehalten werden. Ein solcher Ansatz stärkt die Grundlagen eines marktwirtschaftlichen Umweltschutzes (vgl. Abschnitt 6.3). Problematisch erscheint allerdings die Tatsache, dass über die Wirkungen von Immissionen bisher nur begrenzte Kenntnisse existieren, die zudem zum Teil kontrovers diskutiert werden. So ist z.B. das Ausmaß der Waldschäden, die auf den Ausstoß von Autoabgasen zurückzuführen ist, umstritten.

Der **Emissionsstandard-Ansatz** wiederum birgt die Gefahr, dass die Belastungen durch Schadstoffe „festgeschrieben" und weitere Fortschritte im Umweltbereich gebremst werden. Neue umweltfreundlichere Technologien würden eine Verringerung der Emissionsnormen zur Folge haben, was häufig mit steigenden Kosten verbunden wäre. Neue Verfahren werden deshalb möglicherweise verschwiegen („Schweigekartell"), um einer drohenden Verschärfung der Umweltnormen zu entgehen.

Mit der Festlegung von Grenzwerten soll erreicht werden, dass zum einen tolerierbare Werte der Immissionsbelastung nicht überschritten werden (**Immissionsgrenzwerte**) und zum anderen der Einsatz aller nach dem Stand der Technik möglichen Mittel zur Emissionsvermeidung sichergestellt wird (**Emissionsgrenzwerte**). Diese Werte ermöglichen Aussagen über den **Belastungsgrad** der natürlichen Umwelt. Darüber hinaus lassen sich aus ihnen auch Rückschlüsse über umweltpolitische Zielvorstellungen ableiten. Rechtliche Grundlage ist das BUNDESIMMISSIONSSCHUTZGESETZ von 1974 (BImSchG) und die zu seiner Konkretisierung verabschiedeten Verordnungen. So schreibt beispielsweise die Technische Anleitung zur Reinhaltung der Luft (TA-LUFT) Werte für maximale Schadstoffkonzentrationen vor.

2.2.2 Umweltgesamtrechnung

Umweltindikatoren spielen auch für den Aufbau einer **umweltökonomischen Gesamtrechnung** (UGR) eine grundlegende Rolle.

Das Ziel der umweltökonomischen Gesamtrechnung besteht darin, „die Abnutzung oder den Verbrauch der Natur als Vermögensänderung in die Wirtschaftsbilanz einzubeziehen und damit letztlich anthropogen verursachte Umweltschäden auf bestimmte ökonomische Tätigkeiten zurückführen zu können" (UMWELTGUTACHTEN 1998, S.99).

Auf diese Weise könnte das System der Volkswirtschaftlichen Gesamtrechnung (VGR) entscheidend verbessert werden. Zurzeit ist es zu einseitig auf quantitatives Wachstum ausgerichtet. Seit der Umweltkonferenz der VEREINTEN NATIONEN von 1992 in Rio de Janeiro werden verstärkt Anstrengungen unternommen, Umweltaspekte in die VGR zu integrieren. Wesentliche Bereiche, die dabei berücksichtigt werden müssen, sind neben der Erfassung des Umweltzustands, Umweltschutzmaßnahmen, Material- und Energieflussrechnungen, Rohstoffverbrauch, Emittentenstruktur sowie die Nutzung von Fläche und Raum. Dadurch könnte die Aussagefähigkeit zentraler makroökonomischer Größen wesentlich erhöht werden. Beispielsweise wäre ein derart ermitteltes **„Öko-Sozialprodukt"** besser als Wohlstandsmaßstab geeignet als die bisher zur Verfügung stehende Größe. Eine solche Größe ist allerdings nach offizieller Meinung des STATISTISCHEN BUNDESAMTES per se nicht berechenbar (Pressekonferenz vom März 1998). Das größte Problem besteht darin, den Verbrauch von Natur in Preisen auszudrücken, wenn es für dieses Gut keinen Markt gibt. Eine Zahl, die alle ökologischen Kosten der Volkswirtschaft in der Bundesrepublik Deutschland erfasst, wird es nicht geben. Deshalb konzentriert sich das STATISTISCHE BUNDESAMT in seiner Umweltbilanz auf Teilbereiche. Für die 3000 wichtigsten Stoffe werden die Mengen aufgelistet, die jeweils in den Wirtschaftskreislauf eingebracht werden. Daneben veröffentlicht es seit einigen Jahren eine UGR mit dem Ziel, ein anderes Nettoinlandsprodukt zu errechnen, als es mit der VGR möglich ist (z.B. durch Berücksichtigung von Ressourcenabbau und Qualitätsverschlechterung der Umwelt). Die UGR ist gegenwärtig wie folgt aufgebaut: Durch Konten, Tabellen und (überwiegend nicht-monetäre) Indikatoren werden detaillierte Informationen über den Zustand von Ökosystemen zusätzlich zur traditionellen VGR bereitgestellt. So lassen sich unmittelbar Informationen darüber gewinnen, in welchen Umweltbereichen Standards nicht eingehalten werden, um dann zielgerichtete Maßnahmen ergreifen zu können. Problematisch bleiben dabei u.a. die unvollständige Bestandserfassung der Natur, ihre monetäre Bewertung sowie die Auswahl signifikanter Indikatoren.

Auch die EUROPÄISCHE KOMMISSION hat sich mit dieser Thematik beschäftigt. So hat sie beispielsweise festgestellt, dass die zur Unterrichtung der Öffentlichkeit (**Umweltberichterstattung**) bisher zur Verfügung stehenden Informationen nur bedingt zur Darstellung der komplexen ökonomisch-ökologischen Zusammenhänge geeignet sind. Die breite Kenntnis dieser Zusammenhänge wird jedoch als eine unverzichtbare Voraussetzung zur Erreichung eines umweltverträglichen Wachstums gemäß Artikel 2 des EG-VERTRAGS angesehen. Umweltindikatoren und eine UGR sollen diese Informationslücke schließen helfen. Auf nationaler und supranationaler Ebene wurden deshalb die Bemühungen intensiviert, um die Vielzahl der noch offenen inhaltlichen und methodischen Probleme (z.B. Bewertungsprobleme, Aggregationsprobleme) zu lösen. So wird im Auftrag der EUROPÄISCHEN UNION an einem Konzept für eine UGR gearbeitet. Wichtige Arbeitsschritte hierzu sind die Erarbeitung eines Handbuches für eine UGR als Bezugsrahmen für eine einheitliche Buchführung, die Zusammenführung von Indizes wirtschaftlicher Leistung und Umweltbelastung (ESI), Erzielung von Fortschritten bei der Methodologie und Erweiterung des Anwendungsbereichs der Umweltschadensbewertung einschließlich der monetären Bewertung sowie die Schaffung des **Europäischen Systems von Umweltbelastungsindikatoren ESEPI** (European System of Environmental Pressure Indices).

2.3 Kosten der Umweltbelastungen

Die zum Teil erhebliche Überschreitung der Selbstreinigungskräfte bzw. des Verdünnungsvermögens der Umweltmedien hat zu spürbarer Umweltbelastung und -zerstörung geführt. Dies hat die Frage nach der Höhe der **Kosten von Umweltschäden** in aller Schärfe aufgeworfen.

Die Kenntnis des Umfangs der Umweltbelastungen - wenn möglich **in Geld bewertet** - ist für die Umweltpolitik von entscheidender Bedeutung, da so Entscheidungen (Wahl zwischen verschiedenen Alternativen) auf der Grundlage von Knappheitsüberlegungen objektiviert werden könnten. Ein monetärer Vergleich von Umweltschadens- und Vermeidungskosten erleichtert z.B. die Auswahl geeigneter Maßnahmen. Auch der Nutzen von Umweltschutzmaßnahmen und ihr Beitrag zur Steigerung der gesellschaftlichen Wohlfahrt ließen sich besser nachweisen.

Allerdings ist es außerordentlich schwierig, Schadensgrößen vollständig zu erfassen und monetär zu bewerten. Die Kosten von Umweltbelastungen lassen sich nur unvollständig erfassen. Relativ zuverlässig messbar sind Kosten, die in Form von Schutz-, Vermeidungs- oder Beseitigungskosten (z.B. Abfallbeseitigung, Lärmschutz, Wärmeisolierung, Wasserversorgung) entstehen. Problematischer ist schon die Erfassung von Gesundheitsschäden. Wie aber können Produktions-, Einkommens- oder Vermögensverluste erfasst werden, die mit der Verschlechterung der Umweltqualität einhergehen? Ganz zu schweigen von den allgemeinen Wohlfahrts- und Nutzeneinbußen („Lebensqualität"), wie Verringerung der Artenvielfalt oder Zerstörung von Biotopen.

Von WICKE wurde im Jahre 1986 erstmals der Versuch unternommen, eine umfassende **ökologische Schadensbilanz** der Bundesrepublik Deutschland vorzulegen. Sie basiert auf dem erreichten Wissensstand über die Mindesthöhe der „rechenbaren" Umweltschäden („Stand der Monetarisierungstechnik"). Dabei werden - soweit wie möglich - die Schadenspositionen Luftverschmutzung, Gewässerverschmutzung, Bodenbelastung und Lärm berücksichtigt. Nicht erfasst werden konnten z.B. die psychosozialen Kosten von Umweltbelastungen (z.B. psychologische Gesundheitsschäden in Folge von „Umweltärger"), volkswirtschaftliche Verluste durch Arten- und Biotopschwund oder Verringerung des Erlebniswerts der natürlichen Umwelt. Die von ihm errechnete Summe von 103,5 Mrd. DM (1984) ist nach seiner Einschätzung eine vorsichtig ermittelte Größe im Sinne einer Untergrenze. Trotzdem wären dies etwa 6% des Bruttoinlandsprodukts gewesen, während eine OECD-Schätzung aus dem Jahre 1979 noch von 3 bis 5% ausgegangen war. Die Schadensbilanz für 1992 weist eine Steigerung auf ca. 203,5 Mrd. DM (alte Bundesländer 133,3 Mrd. DM) aus.[4] Dies entsprach bereits 6,8% des Bruttoinlandsprodukts von Gesamtdeutschland. Die Tendenz ist also steigend.

Im Gegensatz zu den Kosten von Umweltbelastungen lassen sich die **Kosten des Umweltschutzes** (Ausgaben zur Verringerung bzw. Beseitigung entstandener Umweltschäden) genauer errechnen. Nach Angaben des STATISTISCHEN BUNDESAMTES beliefen sich die Ausgaben des Produzierenden Gewerbes und des Staates für Umweltschutz (laufende Ausgaben und Investitionen in jeweiligen Preisen) in der Bundesrepublik zwischen 1991 und 1998 auf 178,5 Mrd. €. Von den 16,5 Mrd. € im Jahre 1998 entfielen 49 % auf den Gewässerschutz, 35 Prozent auf die Abfallbeseitigung, 14 Prozent auf Maßnahmen zur Luftreinhaltung und 2 Prozent auf die Lärmbekämpfung[5]. Indes haben diese Zahlen nur eine eingeschränkte Aussagefähigkeit, da sie keine Rückschlüsse auf die damit erreichte Umweltqualität zulassen. Der Zustand einer unbelasteten Umwelt kann als Referenzlinie praktisch nicht mehr beschrieben werden. Von den Ausgaben für Umweltschutz tätigte das Produzierende Gewerbe im Jahre 1998 44 Prozent und der Anteil der staatlichen Ausgaben betrug 56 Prozent.

3. Theoretische Fundierung

3.1 Ursachen für Umweltbelastungen

Eine grundlegende Voraussetzung für wirksame Umweltpolitik ist die Kenntnis der Ursachen von Umweltproblemen. Nur auf dieser Grundlage können Erfolg versprechende Ansätze zur Lösung der wachsenden Probleme entwickelt werden. Umweltbelastungen können durch **vielfältige Ursachen** hervorgerufen werden. Die wenigsten davon (z.B. Vulkanausbrüche) lassen sich nicht auf menschliches Handeln zurückführen. Wir wollen uns den Ursachen zuwenden, für die der Mensch selbst die Verantwortung trägt. Die folgenden Ausführungen basieren also auf der Arbeitshypothese, nach der der Mensch für die überwiegende Mehrzahl der heutigen Umweltprobleme verantwortlich ist. Er belastet durch seine wirtschaftlichen und anderen Aktivitäten die natürliche Umwelt in einem Maße, durch das das **ökologische Gleichgewicht** (Regelungsfunktion) gestört wird. Ausgangspunkt unserer Überlegungen müssen dabei die gegebenen Restriktionen von natürlichen Ökosystemen bilden. Die Natur verfügt nur über ein begrenztes Selbstreinigungs- und Stabilisierungsvermögen und viele Umweltgüter haben eine begrenzte räumliche Dimension. Greift der Mensch in den natürlichen Stoffkreislauf (Naturhaushalt) ein, wird die Absorptionsfähigkeit der Umwelt häufig überlastet. Bei den ökonomischen Ursachen dieser Überlastung kann zwischen zwei Gruppen unterschieden werden: (1) entwicklungsbedingte und (2) sozioökonomische Ursachen.

3.1.1 Zu den entwicklungsbedingten Ursachen

An erster Stelle sei (1) das **Bevölkerungswachstum** genannt. Betrug die Weltbevölkerung im Jahre 1950 noch 2 Milliarden Menschen, so hatte sie sich bis 1980 auf 4 Milliarden verdoppelt. Gegenwärtig leben ca. 7 Milliarden Menschen auf der Erde. Die Tendenz ist steigend. Aus dieser Entwicklung erwachsen (insbesondere in den Ländern der Dritten Welt) gravierende Umweltprobleme. So muss einerseits die Nahrungsmittelproduktion (primärer Sektor) gesteigert werden. Infolge der damit verbundenen Ausdehnung der Anbaufläche und der Intensivierung der Bodennutzung steigt der Einsatz von Dünge- und Schädlingsbekämpfungsmitteln und Erosion, Verkarstung oder Versalzung nehmen zu. Zusätzlich erhöht

---

[4] L. WICKE, Umweltökonomie, 3., überarb., erw. u. aktualisierte Aufl., München 1991 sowie 4., überarb. u. aktualisierte Aufl., München 1993, S. 113 f.
[5] STATISTISCHES BUNDESAMT, Statistisches Jahrbuch für die Bundesrepublik Deutschland 2002, Wiesbaden 2002, S. 699.

sich der Energieverbrauch. Monokulturen stellen einen massiven Eingriff in natürliche Ökosysteme dar. Die Beispiele ließen sich beliebig fortsetzen.

Ebenso trug (2) das **Wirtschaftswachstum** im sekundären Sektor in erheblichem Maße zu den Umweltbelastungen bei. Als Ursachen seinen exemplarisch genannt: hoher Energieverbrauch; Abbau nicht regenerierbarer Rohstoffe; Folgeerscheinungen durch Industrieanlagen und Infrastruktur wie Lärm- und Schadstoffbelastung; Industrieabfälle, Abgase und Abwässer. Ähnliche Tendenzen gelten auch für den tertiären Sektor: Greifen wir die so genannte „weißen Industrie" heraus. Der internationale Massentourismus löste eine Reihe negativer Umwelteffekte - wie z.B. die Zersiedlung und Zerstörung von Naturlandschaften - aus. Der Leser denke in diesem Zusammenhang nur an die Veränderungen im Ökosystem der Alpen (Skilifts, Hotelburgen, Straßen, Parkplätze) oder an den Ufern des Mittelmeeres. Zusätzlich steigen aber auch die „produktionsbedingten" Umweltbelastungen der Tourismusindustrie wie Grund- und Abwasserprobleme, Müllberge sowie Lärm- und Schadstoffemissionen durch erhöhtes Transportaufkommen.

Das Bevölkerungswachstum führt zu (3) einer **Zunahme von städtischen Ballungszentren.** Die Landflucht vor allen in den Entwicklungsländern konnte bisher nicht erfolgreich gestoppt werden. Durch diese räumliche Konzentration werden die Aufnahme- und Regenerationskapazitäten der Umweltmedien schneller als bei gleichmäßiger Besiedelung überschritten. Die Umweltprobleme spitzen sich weiter zu. Auch wirtschaftliches Wachstum ist mit einer räumlichen Konzentration wirtschaftlicher Aktivitäten verbunden (**industrielle Ballungsgebiete**, Agglomerationszentren).

Zuletzt sei auf (4) den **Wandel von Produktionstechnologien und Konsumgewohnheiten** hingewiesen, der mit der industriellen Entwicklung einherging. Beispielhaft seien hier nur genannt: die Verwendung von Phosphaten in Waschmitteln, von Stickstoffdünger in der landwirtschaftlichen Produktion, von Einwegflaschen und Verpackungsmaterialien beim Konsum. Es ist positiv, dass ein gestiegenes Umweltbewusstsein Tendenzen zu einer Umkehr dieser umweltbeeinträchtigenden Entwicklung erkennen lässt.

Die zuerst genannten drei Problemfelder wollen wir als **quantitative Ursachen** von Umweltbelastungen bezeichnen. Eine weitere Verschärfung der Umweltprobleme kann nur vermieden werden, wenn der Mengeneffekt des (quantitativen) Bevölkerungs- und Wirtschaftswachstums durch eine Verminderung der Schadstoffemission von Produktion und Konsumtion neutralisiert wird. Ohne die Entwicklung eines entsprechenden **ökonomischen Anreizsystems** (umweltpolitische Instrumente) wird es jedoch nicht gelingen, diesen Prozess über die Anwendung umweltfreundlicherer Produktionstechnologien und weitere Herausbildung umweltschonender Konsumgewohnheiten (z.B. Nutzung „umweltreundlicher" Konsumgüter) durchzusetzen.

3.1.2 Zu den sozioökonomischen Ursachen

Der Analyse der sozioökonomischen Ursachen von Umweltproblemen sei eine grundlegende Überlegung zum widersprüchlichen Charakter von Umweltgütern als freien Gütern vorangestellt. Eine Vielzahl der vom Menschen verursachten Umweltprobleme resultiert aus der Tatsache, dass Umweltgüter noch weitgehend als **freie Güter** genutzt werden, obwohl sie eigentlich längst zu **knappen Gütern** geworden sind. Viele Umweltgüter (reine Luft, klare Gewässer, gesunder Boden usw.) kommen heute in natürlicher Reinheit nicht mehr unbegrenzt vor. Vielfach können sie erst nach einem kostenintensiven Ressourceneinsatz zur erneuten produktiven und konsumtiven Nutzung bereitgestellt werden. Die Erhaltung einer sauberen Umwelt als Konsumgut und Produktionsfaktor verursacht also Kosten. Trotzdem haben Umweltgüter keinen Preis, sie werden auch nicht auf Märkten gehandelt. Es existieren in der Regel keine privaten Verfügungsrechte (Eigentumsrechte) für Umweltgüter. Daraus folgt, dass sie auch keinem Zuteilungsmechanismus über den Markt unterworfen sind. Bei einem solchen scheinbar freien Gut fehlt der **ökonomische Anreiz** zum sparsamen und schonenden Umgang. Im Mittelpunkt der **sozioökonomischen Ursachen** von Umweltbelastungen stehen die folgenden drei Problembereiche:

(1) An erster Stelle muss auf den Charakter der Umweltgüter als **öffentliche Güter** bzw. Kollektivgüter eingegangen werden. Daraus lässt sich ein großer Teil der Umweltprobleme ableiten. Ein öffentliches Gut wird durch zwei entscheidende Merkmale gekennzeichnet: Im Gegensatz zu privaten Gütern bestehen weder das **Marktausschlussprinzip** (es kann wegen z.B. der Unmöglichkeit einer individuellen Nutzenzurechnung, fehlender Teilbarkeit des Gutes und mangelnder privater Verfügungsrechte oder soll wegen der Durchsetzung sozialpolitischer Ziele nicht angewendet werden) noch eine **Konsumrivalität**. Das bedeutet, dass ein öffentliches Gut gleichzeitig von mehreren Wirtschaftssubjekten in der Regel ohne Interessenkollision genutzt und niemand durch Marktpreise von der Nutzung ausgeschlossen werden kann (z.B. innere und äußere Sicherheit).

In diesem Sinne sind auch die Umweltgüter den öffentlichen Gütern zuzuordnen, wobei wir jedoch auf einen punktuellen Unterschied hinweisen müssen. Umweltgüter können unterschiedlichen Formen der Nutzung zugeführt werden (z.B. saubere Umwelt als Konsumgut oder produktive Ressource), die miteinander konkurrieren (Allmendegüter). Diese Konkurrenz u.a. macht die Umwelt zu einem knappen Gut. Für jede dieser unterschiedlichen Nutzungsformen bleiben die Merkmale eines öffentlichen Gutes allerdings erfüllt. Da es einerseits keinen Marktpreis für Umweltgüter gibt, sind ihre Nutzer auch nicht zur Offenlegung ihrer Präferenzen gezwungen. Dies müssen sie erst tun, wenn ein Preis zu bezahlen ist. Das öffentliche Gut Umwelt wird aber kostenfrei konsumiert bzw. im Produktionsprozess eingesetzt. Die Wirtschaftssubjekte brauchen folglich keine Mengenanpassung betreiben, zu der sie bei der Nutzung privater Güter infolge ihres beschränkten Einkommens gezwungen sind. Durch den fehlenden Marktmechanismus für Umweltgüter wird ein sparsamer Umgang mit ihnen nicht gefördert. Andererseits beeinträchtigt der Konsum des Gutes Umwelt durch ein Wirtschaftssubjekt grundsätzlich nicht den gleichzeitigen Konsum durch ein anderes Wirtschaftssubjekt. Aber: Selbst wenn die Inanspruchnahme der Umwelt durch die Produktion oder den Konsum einzelwirtschaftlich gesehen möglicherweise nur eine geringe Belastung darstellen mag, so können doch in der Summe erhebliche Umweltschäden entstehen. Letztlich sind es die **kumulativen Effekte**, die bedrohlich werden.

(2) Aus dem Charakter der Umwelt als öffentliches Gut kann ein weiterer Zusammenhang abgeleitet werden. Durch Produktion und Konsumtion kommt es Nebenwirkungen Sie werden häufig als **externe Effekte** bezeichnet. Externe Effekte liegen vor, wenn der Nutzen, den Wirtschaftssubjekte aus ihrem Handeln ziehen, nicht ausschließlich von ihrer eigenen Entscheidung abhängt, sondern vielmehr von Aktivitäten anderer Wirtschaftssubjekte ohne Zwischenschaltung des Marktes beeinflusst wird. Es können sowohl **positive** als auch **negative** externe Effekte auftreten: Der von Wirtschaftssubjekten verursachte Effekt ist positiv bzw. negativ, wenn der Empfänger dieses Effekts Vorteile (Nutzen) erfährt bzw. Nachteile (Kosten) erleidet, ohne dass er dafür einen bestimmten Betrag zahlen muss bzw. als Entschädigung erhält. Hier wird der angedeutete Zusammenhang zur Theorie der öffentlichen Güter offensichtlich. Es gibt auch für die externen Effekte keine Marktpreise, die entstandenen Nutzen belohnen bzw. auftretende Schäden kompensieren, weil das Marktausschlussprinzip nicht angewendet werden kann.

Externe Kosten entstehen der Gesellschaft insgesamt, ohne dass sie im internen betrieblichen Rechnungswesen oder der internen Wirtschaftsrechnung der Verbraucher als Kosten auftauchen (Luftverschmutzung durch Industrie- und Autoabgase, Verschlechterung der Trinkwasserqualität, Verringerung des Wohnwerts und der Wohnqualität durch Straßenverkehrs- oder Fluglärm usw.). Da diese Kosten zusätzlich zu den privaten Kosten anfallen, bezeichnet man sie auch als **soziale Zusatzkosten**. Ein Gut, bei dessen Produktion bzw. Konsumtion negative externe Effekte entstehen, geht in die private Kalkulation mit zu geringen Kosten ein und wird demzufolge zu billig verkauft oder genutzt. Der umgekehrte Fall tritt bei positiven Effekten ein.

Die Wirtschaftssubjekte können Umweltgüter aufgrund ihres Kollektivgutcharakters kostenlos nutzen, wollen aber so wenig wie möglich (Preis, Nutzungsverzicht) zur Bereitstellung des Gutes „Umweltqualität" beitragen. Welche Konsequenzen ergeben aus diesem Verhalten? Da die Preise von Gütern, die umweltbebelastend produziert oder konsumiert werden, zu niedrig sind, fehlt der ökonomische Druck zur sorgsamen Verwendung von Umweltgütern. Die Qualität verschlechtert sich und ihre produktive und konsumtive Nutzung wird letztlich teurer, da Wasser aufbereitet, Luft gefiltert und die Bodenqualität durch Maßnahmen des Umweltschutzes verbessert werden müssen. Die Betroffenen haben die Belastungen durch externe Kosten zwangsweise zu tragen, auch wenn sie selbst nicht die Verursacher sind.

(3) Das Verhalten der Wirtschaftssubjekte lässt sich mit der Position eines **Trittbrettfahrers** („free riders"), die auch bei den anderen öffentlichen Gütern anzutreffen ist, vergleichen. Das Interesse ist dabei ausschließlich auf den eigenen Vorteil gerichtet. Obwohl letztlich jedes einzelne Wirtschaftssubjekt durch umweltgerechtes Verhalten und andere Maßnahmen des Umweltschutzes besser gestellt wäre, tut es nichts und erwartet, dass andere die Finanzierung übernehmen. Auf diese Weise profitieren die Wirtschaftssubjekte von einer gesunden Umwelt und haben selbst keine Kosten (Maximierung des individuellen Nutzens).

Vor allem in entwickelten Volkswirtschaften („Überflussgesellschaft") ist eine Anspruchsmentalität weit verbreitet, die lange Zeit Aspekte des Umweltschutzes zugunsten einer ständig wachsenden Versorgung mit materiellen Gütern vernachlässigte. Allerdings ist in den letzten Jahren das Umweltbewusstsein breiter Bevölkerungsschichten, v.a. innerhalb der jüngeren Generation, spürbar gewachsen. Es bleibt jedoch die Frage offen, wie groß die Bereitschaft zu Konsumverzicht im „Ernstfall" tatsächlich ist. Etwas anders sind die Umweltprobleme in Entwicklungsländern zu betrachten. Hier geht es häufig noch um die Befriedigung der elementarsten Grundbedürfnisse. Dies wird nicht selten durch einen schonungslosen Raubbau an der Natur erkauft (z.B. Brandrodungen auf den indonesischen Inseln oder im Amazonasgebiet). So unterschiedlich die Motive für den rücksichtslosen Umgang mit der Natur auch sein mögen, die Folgen bleiben die gleichen. Die natürliche Umwelt wird langfristig gefährdet bzw. sogar zerstört:

Die sozioökonomischen Ursachen für die Existenz von Umweltproblemen liegen darin begründet, dass die Wirtschaftssubjekte ihre eigene Situation dadurch verbessern können, indem sie der Gesellschaft die infolge **externer Effekte** entstehenden Kosten aufbürden und gleichzeitig hoffen, als **Trittbrettfahrer** kostenlos in den Genuss der Erträge - Nutzung des **öffentlichen Gutes gesunde Umwelt** - zu kommen. Dieses Verhalten gilt für Unternehmen genauso wie für Konsumenten und auch Staaten.

3.2. Umweltprobleme: Marktversagen (Fehlallokation), Politikversagen oder Moraldefizit?

Sind die existierenden Umweltprobleme die Folge von Marktversagen (Fehlallokation der knappen Umweltgüter durch den Markt), haben die Träger von Wirtschaftspolitik versagt oder besteht in unserer Gesellschaft ein Moraldefizit?

Mit dem Hinweis auf die Existenz externer Effekte wird ein **Versagen des Marktmechanismus** häufig als Ursache von Umweltproblemen hervorgehoben. Das ist unseres Erachtens eine stark vereinfachte Darstellungsweise[6]. Eine wertadäquate Allokation von Gütern kann nämlich nur dann über den Marktmechanismus realisiert werden, wenn die Güter über einen Preis die richtigen Informationen (z.B. Knappheiten) an die Wirtschaftssubjekte wei-

---

[6] Eine ähnliche Position bezieht neben anderen Autoren auch D. CANSIER, in: Umweltökonomie, 2. Aufl., Stuttgart 1996, S. 45.

terleiten und sie zwingen, ihre Präferenzen offen zu legen. Das setzt private Nutzungs-/ Verfügungsrechte an diesen Gütern voraus. Für Umweltgüter aber gilt, dass es für sie a priori keine privaten **Nutzungsrechte** gibt. Damit ist nicht gesagt, dass es dem Staat nicht gelingen könnte, private Nutzungsrechte als Instrument der Umweltpolitik einzuführen, wenn sich dafür Märkte „organisieren" lassen (vgl. Abschnitt 6.3). Solange jedoch diese funktionalen Voraussetzungen fehlen, ist der Marktmechanismus als Allokationsmechanismus für Umweltgüter ungeeignet. Von einem Versagen des Marktes kann demnach genau genommen nicht gesprochen werden.

Wenn diese Überlegungen richtig sind, so muss das „Versagen des Marktes" im Umweltbereich durch andere geeignete Maßnahmen kompensiert bzw. beseitigt werden. Es ist die Aufgabe der Träger von Wirtschaftspolitik, ordnungspolitische Rahmenbedingungen zu schaffen, die ein umweltbewusstes Verhalten der Wirtschaftssubjekte bewirken. Umweltschutz ist - wie bereits erwähnt - eine originäre Staatsaufgabe. Das Ausmaß der gegenwärtigen Umweltprobleme ist demnach nicht zuletzt auch auf ein **Politik- bzw. Staatsversagen** zurückzuführen. Wie anders lässt es sich sonst erklären, dass trotz der wachsenden Probleme relativ spät und oft zögerlich umweltpolitische Gegenmaßnahmen getroffen wurden. Dabei reicht es nicht aus, den Umweltschutz als Staatsziel im GRUNDGESETZ zu verankern (1994 durch Einfügung zu Art. 20a GG). Eine effiziente Umweltpolitik muss vielmehr auch mit der Schaffung funktionsfähiger staatlicher und internationaler Institutionen verbunden sein. Diese müssen mit Kompetenz und Macht ausgestattet sein. Nur auf dieser Grundlage werden sie in die Lage versetzt, die ursachentherapeutischen Rahmenbedingungen zu schaffen und Umweltschutz mit Hilfe von geeigneten Instrumenten der Umweltpolitik durchzusetzen. Aber gerade auf internationaler Ebene muss ein „institutionelles Staatsversagen" festgestellt werden (vgl. Abschnitte 5.2 und 5.3).

Es wäre jedoch zu einfach, den staatlichen Trägern von Wirtschaftspolitik allein die Verantwortung für die gegenwärtigen Umweltprobleme zu übertragen. Aufgrund des **Informationsproblems** staatlicher Umweltpolitik (vgl. Abschnitt 1) ist die Unvollständigkeit des ordnungspolitischen Rahmens in einer sich schnell entwickelnden und wandelnden Volkswirtschaft wohl kaum zu vermeiden. Daraus folgt eine zusätzliche Verpflichtung der Wirtschaftssubjekte „zu einem über das Gesetz hinausgehenden umweltmoralischen Verhalten" (UMWELTGUTACHTEN 1994, S. 78). Außerdem muss bedacht werden, dass Politik häufig nur auf Veränderungen im Wählerwillen reagiert. Erst in den letzten zwei Jahrzehnten hat sich das Umweltbewusstsein der Bevölkerung (**„Umweltmoral"**) in dem Maße entwickelt, dass ein spürbarer Druck für die Politiker entstanden ist.

4. Umweltpolitische Ziele und Prinzipien

4.1 Ziele der Umweltpolitik

Die Formulierung konkreter umweltpolitischer Ziele wird erschwert durch (1) die Notwendigkeit der Beachtung von ökologischen, ökonomischen und soziokulturellen Zusammenhängen und Abhängigkeiten sowie (2) die teilweise noch unzureichende Kenntnis dieser Interdependenzen. Gleichzeitig wird (3) mit den Zielen in der Regel auch eine Entscheidung über anzuwendende Instrumente getroffen. Außerdem muss berücksichtigt werden, dass (4) Entscheidungen hinsichtlich umweltpolitischer Oberziele auch immer Konsequenzen für die Formulierung unterer Ziele hat (Ziel-Mittel-Hierarchie) haben.

Im Mittelpunkt der nationalen und internationalen Diskussion über umweltpolitische Ziele steht die Forderung nach einer stärker qualitätsorientierten Ausrichtung der bisher vorrangig emissions- und technikbezogenen Umweltpolitik. Im Ergebnis wurde das **Leitbild der nachhaltigen Entwicklung** formuliert. Die VEREINTEN NATIONEN haben ihre Mitgliedstaaten aufgefordert, Aktionsprogramme aufzustellen und sich dabei von Zielen leiten zu lassen, die dem Leitbild der ökonomischen, ökologischen und sozialen Nachhaltigkeit gerecht werden (AGENDA 21).

4.1.1 Ziele einer globalen Umweltpolitik

Die gravierenden Umweltprobleme wie Ozonloch, Klimaveränderungen, Artenschwund usw. sind nicht nationalstaatlich begrenzt. Vielmehr stellen sie eine existenzielle Bedrohung der gesamten Menschheit dar. Lösungen müssen auf internationaler Ebene gesucht und gefunden werden. Seit Beginn der 70er Jahre lassen sich erste Ansätze in dieser Richtung erkennen.

Ein wichtiger Meilenstein war die KONVENTION ÜBER DEN SCHUTZ DES KULTUR- UND NATURERBES DER WELT von 1972, in der die Umwelt als eigenständiger Wert anerkannt wurde, den es zu schützen gilt: „...Teile des Kultur- und Naturerbes sind von außergewöhnlicher Bedeutung und müssen daher als Bestandteil des Welterbes des gesamten Menschheit erhalten werden". Aber erst in den 80er Jahren trat der Gesichtspunkt der Vorsorge und Zukunftsorientierung deutlicher in den Vordergrund. Dabei muss die Sicherung der Lebensgrundlagen und Entwicklungsfreiräume für die späteren Generationen besonders hervorgehoben werden. Das Prinzip der **Nachhaltigkeit** (sustainable development) als grundlegendes Leitbild wurde erstmalig 1987 von der WELTKOMMISSION FÜR UMWELT und Entwicklung im BRUNDTLAND-BERICHT formuliert. Darunter wird eine Entwicklung verstanden, „die die Bedürfnisse der Gegenwart befriedigt, ohne zu riskieren, dass zukünftige Generationen ihre eigenen Bedürfnisse nicht befriedigen können". Dieses Ziel soll über den Schutz des „natürlichen Kapitalstock" verwirklicht werden. Das bedeutet im Einzelnen u.a.:

- Für nicht regenerierbare Ressourcen müssen Alternativen entwickelt werden. Das bedeutet, dass gleichzeitig zum Ressourcenverbrauch neue Technologien z.B. für die nachhaltige Nutzung regenerativer Quellen erschlossen werden müssen.
- Die Absorptionsfähigkeit der Umweltmedien darf nicht überschritten werden (Emissionen in Luft und Wasser sowie die Deponierung von Abfällen).
- Der Abbau erneuerbarer Ressourcen darf deren Regenerationsrate nicht überschreiten.

In der Folgezeit wurden diese sehr allgemein gehaltenen Forderungen in unterschiedlicher Weise konkretisiert. So enthält das ABKOMMEN ZUM SCHUTZ DER OZONSCHICHT VON MONTREAL 1987 längerfristige Absichtserklärungen zur Reduzierung bestimmter Emissionen. Auf der UMWELTKONFERENZ VON RIO DE JANEIRO 1992 wurde neben dem globalen Aktionsprogramm AGENDA 21 eine KLIMARAHMENKONVENTION verabschiedet, die am 21. März 1994 in Kraft trat. Im Interesse eines verbesserten Klimaschutzes einigten sich Teilnehmerstaaten trotz großen Widerstandes v.a. der USA, den Ausstoß von Kohlendioxid und anderen so genannten Treibhausgasen in den Industrieländern bis zum Jahr 2000 auf das Niveau von 1990 zurückzuführen.

Auf der KLIMASCHUTZKONFERENZ VON KYOTO 1997 wurde ein so genanntes **Klimaschutzprotokoll** verabschiedet.

Es sieht eine rechtsverbindliche Verpflichtung zur Reduzierung der Treibhausgasemissionen (CO_2, N_2O und CH_4) um insgesamt 5,2% im Zeitraum 2008 bis 2012 vor. Dabei ist eine Differenzierung vorgesehen, die von Reduzierungen in unterschiedlicher Höhe (z.B. von 8% für die EU und die meisten osteuropäischen Länder, 7% für die USA, 6% für Japan) über eine Stabilisierung (z.B. Russland) bis hin zu einem erlaubten Emissionsanstieg um 8% für Australien reicht. Das Protokoll von Kyoto tritt erst in Kraft, wenn es von mindestens 55 Staaten ratifiziert wurde. Erst dann soll auch über Sanktionen im Falle der Nichteinhaltung der Festlegungen entschieden werden. Mit Inkrafttreten des Protokolls wird auch die - insbesondere von den USA bevorzugte - Möglichkeit des Handels mit Emissionslizenzen geschaffen (vgl. Abschnitt 6.3). Während die Mehrzahl zu den eingegangenen Verpflichtungen steht, stiegen die USA aus dem Klimaschutzprotokoll von Kyoto aus und präsentierten im Februar 2002 ein nationales Klimaschutzprogramm („Clean Skins and Global Climate Change"-Programm). Danach sollen die spezifischen Emissionen pro Einheit Bruttoinlandsprodukt zwischen 2002 und 2012 um 18%

gesenkt werden. In absoluten Zahlen bedeutet das, dass die USA bei einem jährlichen Wirtschafts-wachstum von 3% im Jahre 2012 beispielsweise ca. 745 Mio. Tonnen CO_2 (= 24,5%) mehr emittieren als 1990. Ohne Zweifel hat die Haltung der USA dem internationalen Klimaschutz sehr geschadet.

Trotz aller bestehenden Probleme und Ernüchterungen darf die Bedeutung des bisher Er-reichten nicht unterschätzt werden. Das gemeinsame Bemühen um tragfähige Kompromis-se hat tendenziell zu einer größeren Akzeptanz des Prinzips der Nachhaltigkeit geführt. Zahlreiche Initiativen auf lokaler und regionaler Ebene haben begonnen, die Ideen der AGENDA 21 in konkrete Projekte umzusetzen. Im Hinblick auf den globalen Charakter von Umweltproblemen sind internationale Abkommen unverzichtbar, obgleich sie eine Reihe von schwerwiegenden Mängeln (vgl. auch Abschnitt 7) aufweisen.

2002 fand in Johannesburg der WELTGIPFEL FÜR NACHHALTIGE ENTWICKLUNG statt. Neben der Bestandsaufnahme darüber, was seit Rio 1992 in dieser Richtung erreicht wurde, ging es um die zentrale Frage, wie das Leitbild einer nachhaltigen Entwicklung in Zeiten zuneh-mender Globalisierung durchgesetzt werden kann. Entgegen vielen Befürchtungen wurden ein Aktionsplan und die „Johannesburg-Erklärung" über nachhaltige Entwicklung verab-schiedet. Darin wird die globale Bedeutung der nachhaltigen Entwicklung sowie von Ar-mutsbekämpfung und Klima- und Ressourcenschutz bekräftigt.

Der Aktionsplan nennt in einigen Bereichen wichtige Zeitziele. So soll z.B. bis zum Jahre 2015 weltweit der Anteil der Menschen, die keinen Zugang zu sauberem Wasser und sanitärer Grundversorgung haben, halbiert werden. Dafür stellt die EU 1,4 Mrd. € jährlich bereit. Bis zum Jahre 2010 soll auch das Artensterben deutlich verlangsamt werden. Andere Bereiche bleiben in ihrer Formulierung unverbindli-cher. Der Anteil erneuerbarer Energien am Primärenergieverbrauch soll zwar kräftig ansteigen, verbind-liche Vorgaben konnten jedoch wegen des Widerstands v.a. durch die USA und die OPEC-Staaten nicht getroffen. Auch für den Abbau umweltschädlicher Subventionen wurde zunächst keine Zeitziele genannt. Letztlich spiegeln diese Beispiele wider, was als Kompromiss zurzeit realpolitisch erreichbar ist. Wichtige Ergebnisse von Johannesburg bestehen darin, dass das Leitbild der Nachhaltigkeit bekräf-tigt und die Notwendigkeit der Gestaltung der Globalisierung durch die Teilnehmerstaaten anerkannt wurden.

4.1.2 Nationale Ziele der Umweltpolitik

In der Bundesrepublik Deutschland ist die Umweltpolitik 1971 zu einer **eigenständigen öffentlichen Aufgabe** erklärt worden (UMWELTPROGRAMM DER BUNDESREGIERUNG). Dem Schutz der natürlichen Lebensgrundlagen wurde damit der gleiche politische Rang gege-ben wie anderen öffentlichen Aufgaben. Umweltschutz als Staatsziel wurde 1994 verfas-sungsrechtlich verankert: „Der Staat schützt auch in Verantwortung für die künftigen Gene-rationen die natürlichen Lebensgrundlagen im Rahmen der verfassungsmäßigen Ordnung und nach Maßgabe von Gesetz und Recht durch die vollziehende Gewalt und Rechtspre-chung" (Art. 20a GG). Trotz dieser Gleichstellung sind die Probleme bei der Umsetzung der umweltpolitischen Ziele geringer geworden.

Die im UMWELTBERICHT DES BUNDESMINISTERS FÜR UMWELT, NATUR UND REAKTORSICHERHEIT (1990) recht allgemein gehaltenen Zielformulierungen werden durch sowohl institutionelle Rahmenziele als auch grobe Zielvorstellungen für einzelne Umweltbereiche ergänzt. Zu den Rahmenzielen gehören neben anderen: Die Realisierung eines integrierten Umweltschut-zes, die Durchsetzung des Verursacher-, Vorsorge- und Kooperationsprinzips (vgl. Ab-schnitt 4.4), eine zunehmend ökologische Ausrichtung der Sozialen Marktwirtschaft sowie die Intensivierung der internationalen Zusammenarbeit. Für die einzelnen Umweltbereiche werden die folgenden Zielvorstellungen genannt (Auswahl):

(1) Natur und Landschaft
- stärkere Berücksichtigung ökologischer Zusammenhänge und Belastungsgrenzen durch verbesser-te Umweltbeobachtung,
- Erhaltung der Natur in ihrer landschaftlichen und ökologischen Vielfalt sowie Schutz besonders empfindlicher Regionen (Alpen),

– Schutz des Wattenmeers u.a.

(2) Abfallbeseitigung
– Ausbau einer umweltverträglichen und mengenmäßig ausreichenden Infrastruktur für die Entsorgung,
– Steigerung des Verwertungsanteils bei Hausmüll und Industrieabfällen,
– Verringerung von Abfallexporten und Entwicklung einheitlich strenger Anforderungen und einer großräumig regionalisierten Abfallwirtschaft in Europa.

(3) Wasser
– Reduzierung der Schadstoff- und Nährstoffkonzentrationen in kommunalen und industriellen Abwässern,
– Schutz des Grundwassers und Stärkung der Selbstreinigungskraft der Gewässer,
– Ergänzung der Emissionsnormen durch Qualitätsziele u.a.

(4) Luft
– nachhaltige Verbesserung der Luft in besonders stark belasteten Gebieten sowie
– weitere Reduzierung von Schadstoffemissionen des Straßenverkehrs.

(5) Lärm
– Vermeidung von Gefährdung und Benachteiligung durch Lärm jeglicher Art,
– Minderung des Verkehrslärms.

(6) Umweltchemikalien
– Vorrang der menschlichen Gesundheit gegenüber dem ökonomischen Nutzen von Umweltchemikalien und Bioziden u.a.

Was bedeutet aber „stärkere Berücksichtigung", „Stärkung der Selbstreinigungskraft", „nachhaltige Verbesserung" usw. konkret? Derartige Formulierungen lassen den politischen Entscheidungsträgern einen großen Handlungsspielraum. Deshalb müssen die Ziele operationalisiert werden. D.h., sie sind nicht nur nach ihrem **Inhalt** zu beschreiben, sondern auch nach **Umfang** (Quantifizierung der Ziele z.B. der Menge der Reduzierung von Schadstoffen) und **Zeitraum**, in dem umweltpolitische Ziele erreicht werden sollen, zu bestimmen. Nur so wird der Grad der Zielerreichung überprüfbar. Eine weitere Voraussetzung für erfolgreiche Umweltpolitik ist die Kenntnis der tatsächlichen Belastungen in den wichtigsten Schadstoff- und Umweltproblembereichen. Dazu können z.B. **regionale Umweltbilanzen** (Eintragung ermittelter Emissionswerte) oder kartografisch aufbereitete Übersichten in Form von **Emissions- und Immissionskatastern** aufgestellt werden. Solche Kataster existieren für das Umweltmedium Luft für besonders belastete Gebiete.

Politische Handlungsfähigkeit auf der Grundlage operationalisierter Ziele ist eine wesentliche Voraussetzung rationaler Umweltpolitik. Die Debatte über diese Ziele ist keineswegs abgeschlossen. Vielmehr hat sie auch in Deutschland an Schärfe gewonnen. Auf der einen Seite stehen dabei die Forderungen nach einer zunehmend qualitativen Orientierung von umweltpolitischen Zielen (**Umweltqualitätsziele**) und nach einem umfassenderen, vorausschenden Vorgehen in der Umweltpolitik (z.B. UMWELTGUTACHTEN 1998). Auf der anderen Seite wird mit solchen Argumenten wie Standortnachteil, Wettbewerbsverzerrung oder Vernichtung von Arbeitsplätzen der Versuch unternommen, das - trotz aller noch bestehenden Mängel - hohe Niveau im deutschen Umweltschutz zu „untergraben".

Die Bestimmung umweltpolitischer Ziele hat als Orientierung für wirtschaftliche Entscheidungen, insbesondere für Innovationsprozesse, große praktische Bedeutung. Dabei geht es nicht um einen maximalen Umweltschutz, sondern um die Sicherung einer **optimalen Umweltqualität**. Sie ist dann erreicht, wenn die Summe der externen Kosten von Umweltschäden und der Kosten der Schadensbeseitigung minimiert wird. Wenn die Kosten der Schadensbeseitigung größer sind als die Kosten der Umweltschäden selbst, würde sich aus ökonomischer Sicht eine Schadensbeseitigung nicht lohnen. Indes: Was gut klingt, muss noch nicht gut sein. Der Leser wird schnell erkennen, dass auch hier Probleme der Quantifizierung und Operationalisierung vorliegen.

4.1.3 Umweltpolitische Ziele der Europäischen Union

Mit der Gipfelkonferenz von Paris 1972 bekam der Umweltschutz innerhalb der EUROPÄI-SCHEN UNION (EU) einen erhöhten Stellenwert. Trotz einer noch nicht durch den EG-VERTRAG gesicherten Kompetenzgrundlage entwickelte sich eine eigene europäische Umweltpolitik. Schwerpunkte dieser Politik waren zunächst **gemeinsame Produktionsstandards** (z.B. für Kraftfahrzeuge, Brenn- und Treibstoffe, gefährliche Stoffe). Vereinzelt wurden auch bereits Anforderungen an Industrieanlagen geregelt (z.B. Industrieanlagenrichtlinie, Störfallrichtlinie). Gleiches galt für den Schutz von Umweltmedien sowie für die Kontrolle von Verursachern von Umweltbelastungen. Durch die EINHEITLICHE EUROPÄISCHE AKTE (1987) veränderte sich der rechtliche Grundlage. Sie schreibt erstmalig die Kompetenz der EU in der Umweltpolitik fest und setzt vertraglich die **Prinzipien** Vorbeugung, Verursachung und des Ursprungs vertraglich fest. Der EG-VERTRAG wurde um den neuen Titel XIX „Umwelt" erweitert. Dadurch wurde neben anderem die Rolle von EUROPÄISCHER KOMMISSION und EUROPÄISCHEM PARLAMENT gegenüber den Mitgliedstaaten gestärkt. Mit dem MAASTRICHTER VERTRAG von 1992 wurden die Kompetenzen der Gemeinschaft erneut aufgewertet. Der Vertrag ermöglicht weitgehend **Mehrheitsbeschlüsse** in der Umweltpolitik. Das Prinzip der Einstimmigkeit ist nur noch für ausgewählte Bereiche (z.B. Raumordnung, Bodennutzung, steuerliche Maßnahmen) gültig. Zusätzlich gewinnt das EUROPÄISCHE PARLAMENT weiter an Mitbestimmungsrecht. Als Handlungsgrundsatz der europäischen Umweltpolitik wird das Vorsorgeprinzip aufgenommen.

Der VERTRAG VON AMSTERDAM von 1997 bringt für die europäische Umweltpolitik weitere Fortschritte: Der Grundsatz der „nachhaltigen Entwicklung" ist in der Präambel des EU-VERTRAGS verankert worden. Die Integration des Umweltschutzes mit den anderen Politikbereichen wird festgelegt (Querschnittsprinzip gemäß Art. 6 EGV[7]). Zusätzlich wurde auch das Mitbestimmungsrecht des EUROPÄISCHEN PARLAMENTS bei umweltpolitischen Entscheidungen ausgeweitet. Nicht zuletzt soll die Unterrichtung der Öffentlichkeit verbessert und transparenter gestaltet werden. Die Artikel 174 - 176 des EG-VERTRAGS beschreiben konkrete Ziele, Handlungsgrundsätze und Kompetenzen. Im Art. 174 (1) werden die umweltpolitischen Ziele der EU genannt:

- „Erhaltung und Schutz der Umwelt sowie Verbesserung ihrer Qualität;
- Schutz der menschlichen Gesundheit;
- umsichtige und rationelle Verwendung der natürlichen Ressourcen;
- Förderung von Maßnahmen auf internationaler Ebene zur Bewältigung regionaler oder globaler Umweltprobleme."

Im Mittelpunkt der europäischen Umweltpolitik steht die Schaffung eines hohen Maßes an Umweltschutz und die Verbesserung der Umweltqualität (EGV, Art. 2), wobei die unterschiedlichen Gegebenheiten in den einzelnen Regionen Berücksichtigung finden sollen. Wesentliche Säulen sind dabei nach Absatz 2 des Art. 174 EGV die Grundsätze (1) der Vorbeugung (präventive Maßnahmen) und (2) Vorsorge (vorausschauendes Handeln), das (3) Ursprungsprinzip (Umweltbeeinträchtigungen sind vorrangig an ihrem Ursprung zu bekämpfen) sowie (4) das Verursacherprinzip (Verursacher muss die Kosten zur Beseitigung der Umweltschäden tragen). Art. 175 (1) schafft eine umfassende, inhaltlich aber begrenzte Kompetenzgrundlage. In GÖTEBORG 2001 wurde eine Strategie zur nachhaltigen Entwicklung verabschiedet.

---

[7] Konsolidierte Fassung des VERTRAGS ZUR GRÜNDUNG DER EUROPÄISCHEN GEMEINSCHAFT, in: EU- und EG-VERTRAG, Konsolidierte Fassungen im Rahmen des VERTRAGES VON AMSTERDAM, 1. Aufl., Baden-Baden 1997.

Die Umweltpolitik der EUROPÄISCHEN UNION unterliegt einer **konkurrierenden Zuständigkeit**. Sie fällt demnach nicht unter die ausschließliche Zuständigkeit der Gemeinschaft. Den einzelnen Mitgliedstaaten bleibt ein weitreichender Handlungsspielraum. So können sie im Umweltbereich auch nach Inkrafttreten eines gemeinsamen Rechtsakts nationale Bestimmungen anwenden oder ergreifen. Da eine konkurrierende Zuständigkeit besteht, findet das **Subsidiaritätsprinzip** gemäß Art. 5 EGV Anwendung. Danach darf die EU erst dann eingreifen, wenn ein Mitgliedstaat das angestrebte Ziel einer Maßnahme allein nicht ausreichend erfüllen kann. Zur Umsetzung ihrer umweltpolitischen Ziele hat die EU in den letzten Jahren eine Vielzahl von Richtlinien, Verordnungen und Umweltaktionsprogrammen verabschiedet.

Richtlinien sind zunächst für jeden Mitgliedstaat hinsichtlich des angestrebten Ziels verbindlich (Art. 249 EGV), ihre Umsetzung bleibt den Staaten überlassen. Das kann dazu führen, dass trotz einer einheitlichen Richtlinie unterschiedliche nationale Gesetze verabschiedet werden. Im Folgenden wollen wir verdeutlichen, welche Probleme bei der **Umsetzung von EU-Recht** in nationales Umweltrecht auftreten können. Kennzeichnend für die Umweltpolitik der EU ist, dass sie zunehmend auf eine **Rahmensteuerung** durch Qualitätsziele setzt und Maßnahmen bevorzugt, die auf eine Stärkung der Selbststeuerungskräfte der Wirtschaft für den Umweltschutz abzielen. Die wachsende Verbindlichkeit des europäischen Umweltrechts, das sich an diesen Zielstellungen orientiert, führt in einer Reihe von Mitgliedstaaten zu einem erheblichen Anpassungsdruck. Die entsprechenden rechtsverbindlichen Gestaltungsprinzipien müssen in die nationale Umweltschutzpraxis integriert werden. So ist beispielsweise die Betonung ordnungsrechtlicher Intervention und die Orientierung am Stand der Technik, die bestimmende Merkmale der deutschen Umweltpolitik sind, mit vielen der europäischen Umweltschutzstrategien schwer vereinbar. Einige EU-Richtlinien wurden verspätet und teilweise nur restriktiv umgesetzt. Das gilt u.a. für die Richtlinie zur Umweltverträglichkeitsprüfung von 1985 und für die Richtlinie über den freien Zugang zu Umweltinformationen von 1990, um nur zwei Beispiele zu nennen. Derartige Vollzugsdefizite bestehen auch in anderen EU-Staaten. Für alle gilt: Bei der Novellierung ihres nationalen Umweltrechts müssen in zunehmendem Maße die umweltbezogenen Produktrichtlinien und/oder die Umweltrichtlinien der EUROPÄISCHEN UNION berücksichtigt werden. Dass dies nicht immer problemlos geschehen wird, liegt auf der Hand.

Umweltaktionsprogramme, die auf Forderung des EU-GIPFELS VON PARIS 1972 initiiert wurden, sind politische Willenserklärungen ohne Rechtsverbindlichkeit. Sie entwickelten sich von anfangs unverbindlichen Absichtserklärungen zur Behebung von Umweltschäden zu konkreteren Aktionsprogrammen, in denen die umweltpolitischen Zielvorstellungen der EU-KOMMISSION ihren Niederschlag finden. Sie dienen der Festlegung von umweltpolitischen Leitlinien und langfristigen Aufgabenschwerpunkten in den einzelnen Umweltmedien, stellen jedoch keine bindenden Arbeitsaufträge dar.

Das ERSTE EUROPÄISCHE UMWELTAKTIONSPROGRAMM wurde 1973 verabschiedet und lief bis 1976. In den 80er Jahren standen die Themen Vorbeugung und Vermeidung im Mittelpunkt. Das VIERTE AKTIONSPROGRAMM FÜR DIE UMWELT (1987 - 1992) orientierte sich an den Vorgaben zur Vollendung des europäischen Binnenmarktes. Schwerpunkte bildeten vor allem (1) die Integration des Umweltschutzes in andere Politikbereiche sowie (2) Umsetzung und Vollzug des EU-Umweltrechts in den Mitgliedstaaten. Das FÜNFTE AKTIONSPROGRAMM (1993 - 1998) zielte auf die Förderung eines dauerhaften und umweltgerechten Wachstums (**sustainable development**). Neu ist dabei, dass nicht mehr einzelne Umweltmedien, sondern Programmthemen, **Schwerpunktbereiche** (z.B. ökologischer Strukturwandel in der Industrie, Stärkung des schienengebundenen Verkehrs, Landwirtschaft, Verminderung des Energieverbrauchs durch Energieeinsparung und Tourismus) sowie **Akteure** im Mittelpunkt stehen. Neben der Beseitigung von Vollzugsdefiziten bei der Umsetzung des EU-Umweltrechts, der Erhöhung von Entscheidungstransparenz und Öffentlichkeitsbeteiligung (einschließlich von Umweltgruppen) werden eine Erweiterung und Vervollkommnung der umweltpolitischen Instrumente (z.B. Einführung von Ökosteuern) als Ziele genannt. Das Programm ist langzeitorientiert und enthält eine Problemanalyse, konkrete Vorgaben für eine Senkung von Schadstoffemissionen sowie umweltpolitische Durchführungsvorschläge. Schwerpunkte des SECHSTEN UMWELTAKTIONSPROGRAMMS „Umwelt 2010 - Unsere Zukunft liegt in unserer Hand" (2001 - 2010) bilden neben dem Klimaschutz auch der Gesundheitsschutz, der Naturschutz, die Sicherung der Artenvielfalt und das Management natürlicher Ressourcen. Zusätzlich werden auch die **Probleme der Beitrittsländer** genannt, die die Umweltpolitik der Gemeinschaft vor neue Herausforderungen stellt.

Neben Richtlinien Und Aktionsprogrammen spielen verschiedene **Finanzierungsinstrumente** eine wichtige Rolle bei der Durchsetzung einer einheitlichen Umweltpolitik der EU. Beispielhaft sei das LIFE-Programm genannt. Es dient in drei Bereichen (Natur, Umwelt, Drittländer) zur Entwicklung und Umsetzung der Politik und des Gemeinschaftsrechts im Umweltbereich. Auch die aus Sozial- und Kohäsionsfonds fließenden Finanzmittel leisten einen wichtigen Beitrag zur Verwirklichung einer nachhaltigen Entwicklung. Zusätzlich engagiert sich die EU bei der Vorbereitung und Umsetzung vieler **internationaler Umweltschutzabkommen**. Wir erinnern hier nur kurz an die Rolle der EU im Zusammenhang mit dem PROTOKOLL VON KYOTO (Abschnitt 4.1.1), das die EUROPÄISCHE UNION 2002 ratifizierte.

4.2. Zielhierarchie

Die Formulierung umweltpolitischer Ziele stößt auf eine Vielzahl von Schwierigkeiten. Wir haben es dabei eben nicht mit einem einzigen Ziel zu tun, sondern müssen uns vielmehr mit einem Zielsystem aus unterschiedlichen Zielebenen (**Zielhierarchie**) auseinandersetzen. Ein solches **Zielsystem**, wie es in Abbildung 9.1 dargestellt wird, ordnet die einzelnen umweltpolitischen Ziele nach ihrem Konkretheitsgrad auf verschiedenen Zielebenen an.

Zuerst muss ein umweltpolitisches **Leitbild** (Oberziel der Umweltpolitik) formuliert werden. Ein solches Leitbild ist noch sehr allgemein gehalten (nachhaltig umweltgerechte Entwicklung), bildet aber die Grundlage für Zielformulierung auf den nachgeordneten Ebenen. Aus ihm leiten sich ziel- und handlungsorientierte Grundprinzipien (**Leitlinien**) ab. Die Leitlinien (Verursacherprinzip, Vorsorgeprinzip usw.) legen den groben Handlungsrahmen der Umweltpolitik fest und sind auf die Verwirklichung des Leitbildes ausgerichtet.

Eine weitere Konkretisierung erfolgt anschließend durch die Bestimmung von Zielen für die einzelnen Umweltbereiche (**Umweltqualitätsziele**). Sie dienen der Beschreibung des angestrebten Soll-Zustands der Umwelt (sachlich, räumlich, zeitlich) und der damit vereinbaren Belastungen (z.B. Immissionen, Schadstoffeinträge in Boden sowie Grund- und Fließgewässer). Aus dem Vergleich mit dem Ist-Zustand können dann die notwendigen umweltpolitischen „Taten" (**Umwelthandlungsziele**) abgeleitet werden, die quantifizierbar und damit auch überprüfbar sein sollten. Auf den Umweltqualitäts- und Umwelthandlungszielen (Zwischenziele) bauen die **Umweltstandards** (Unterziele) auf. Bei diesen Standards handelt es sich um quantitative Festlegungen zur Begrenzung von Schadstoffbelastungen auf den Menschen und die natürliche Umwelt (z.B. Grenzwerte). Die Ziele werden mit zunehmender Entfernung vom umweltpolitischen Leitbild immer konkreter werden (Operationalisierung). Damit wächst auch die Bedeutung von Umweltindikatoren (vgl. Abschnitt 2.2), die an differenzierten umweltpolitischen Zielen ausgerichtet sind. Sie stellen eine wichtige Informationsbasis dar und zeigen an, inwieweit eine dauerhaft umweltgerechte Entwicklung durch umweltpolitische Entscheidungen bereits umgesetzt werden konnte.

4.3. Zielkonflikte

Umweltpolitische Entscheidungen beeinflussen die Entwicklung in anderen Bereichen der Wirtschaftspolitik (Wachstumspolitik, Verkehrspolitik, Energiepolitik, Agrarpolitik u.a.), wie diese umgekehrt auch Einfluss auf die Umweltpolitik ausüben. Die Verwirklichung umweltpolitischer Ziele muss also im Zusammenhang mit anderen wirtschaftspolitischen Zielen gesehen werden. Dieser Zusammenhang ist indes nicht konfliktfrei. Wir wollen kurz auf den Zielkonflikt eingehen, der im Mittelpunkt heftiger Diskussion steht: Ökonomie versus Wirtschaftswachstum? Seit Beginn der 90er Jahre wird der scheinbare Gegensatz zwischen **Umweltzielen** sowie **Wachstums- und Beschäftigungszielen** („magisches Polygon") mit erneuter Heftigkeit diskutiert. So wird beispielsweise vor den negativen Wachstumsfolgen der Kostenbelastung durch Umweltschutzauflagen (Wettbewerbsverzerrung, Standortnachteile) gewarnt oder der Umweltschutz als „Jobkiller" bezeichnet.

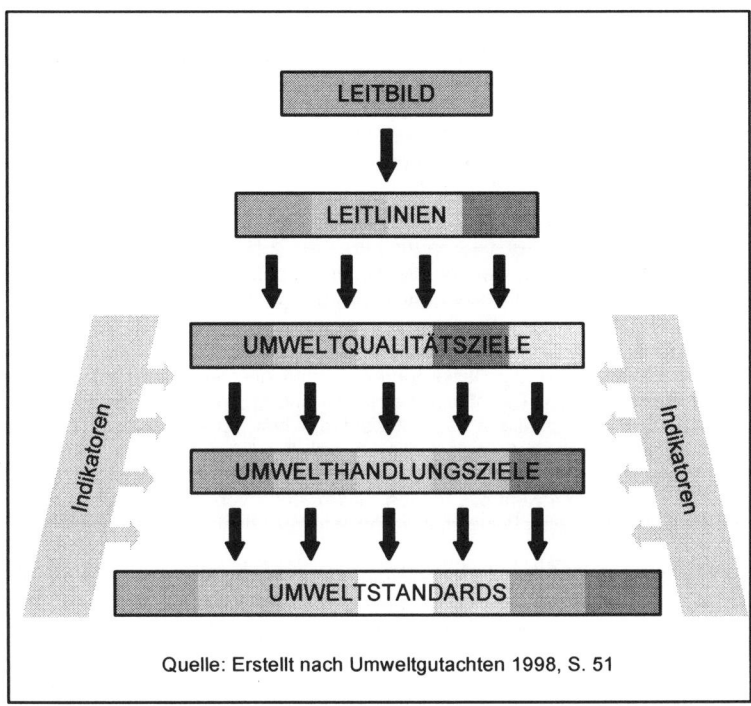

Quelle: Erstellt nach Umweltgutachten 1998, S. 51

Abb. 9.1: Zielebenen der Umweltpolitik

Kurzfristig können ohne Zweifel negative Effekte auftreten. Jedoch beweisen empirische Untersuchungen (WICKE), dass sich Umweltschutz und Wirtschaftswachstum **langfristig** sogar bedingen (Zielkomplementarität). Umweltschutz stellt eben nicht nur einen Kostenfaktor, sondern vielmehr auch ein enormes **Innovationspotenzial** dar. Die Realisierung hoher Umweltstandards führt mittel- und langfristig bei den Marktführern zu Wettbewerbsvorteilen im Sinne SCHUMPETER´scher „Pioniergewinne". Der Weltmarkt für Umwelttechnik (Anteil der Bundesrepublik ca. 20%) weist hohe Wachstumsraten auf. Umweltverträglichkeit wird zunehmend zu einem wichtigen Marketinginstrument. Der Markt für umweltverträgliche Güter verdoppelte sich zwischen 1990 und 2000. Für den deutschen Arbeitsmarkt gehen von der Realisierung des Umweltschutzes nach Schätzungen des UMWELTBUNDESAMTS und des DEUTSCHEN INSTITUTS FÜR WIRTSCHAFTSFORSCHUNG positive Netto-Beschäftigungseffekte aus. Solche optimistischen Einschätzungen dürfen allerdings nicht darüber hinwegtäuschen, dass es für das einzelne Unternehmen sehr wohl zu Konflikten zwischen Umwelt-, Wachstums- und Beschäftigungszielen kommen kann. Aber auch positive Beschäftigungseffekten sind möglich. Eine Studie zu Arbeitsplatzwirkungen von Umweltschutzinnovationen („The Impact of Cleaner Produktion on Employment") brachte folgende Ergebnisse: Immerhin 9 Prozent der befragten 1.500 Unternehmen aus Deutschland, Italien England, den Niederlanden und der Schweiz gaben an, dass Umweltinnovationen einen positiven Einfluss auf die betriebliche Beschäftigungssituation hatten (88% kein Einfluss, 3% negative

Beschäftigungseffekte). Überdurchschnittliche Beschäftigungseffekte wurden für umweltgerechte Produkt- und Dienstleistungsinnovationen nachgewiesen (18% bzw. 20%). Aufgabe der Wirtschaftspolitik muss es deshalb sein, durch Auswahl und Anwendung effizienter umweltpolitischer Instrumente diese Entwicklung zu fördern und das (mikroökonomische) Konfliktpotenzial zu vermindern.

4.4. Prinzipien der Umweltpolitik

Die Grundprinzipien der Umweltpolitik (Leitlinien) lassen sich weitgehend von den Ursachen der Umweltbelastungen ableiten. Im Mittelpunkt steht dabei die Frage nach der Verteilung der anfallenden Kosten. Wer hat sie zu tragen: der Verursacher, die Allgemeinheit oder der Nutznießer von Umweltschutz? Die vier wesentlichen **Grundprinzipien** sind (1) Verursacherprinzip, (2) Gemeinlastprinzip, (3) Kooperationsprinzip und (4) Vorsorgeprinzip.

Die Umweltpolitik der Bundesrepublik Deutschland beruht hauptsächlich auf Maßnahmen des Verursacherprinzips (polluter-pays-principle), das z.B. auch in den „Umweltperspektiven" der UNO von 1972 und in den umweltpolitischen Leitlinien der OECD eine zentrale Rolle spielt. Im UMWELTBERICHT der Bundesregierung von 1976 wird ausgeführt:

"Eine volkswirtschaftlich sinnvolle und schonende Nutzung der Naturgüter wird am ehesten erreicht, wenn die Kosten zur Vermeidung, zur Beseitigung oder zum Ausgleich von Umweltbelastungen dem Verursacher zugerechnet werden...Die öffentliche Hand sollte grundsätzlich nur dann mit den Kosten für die Beseitigung von Umweltschäden belastet werden, wenn der Verursacher nicht festgestellt ist oder wenn akute Notstände beseitigt werden müssen und dies mit den... (Instrumenten des Verursacherprinzips) nicht rasch genug erreicht werden kann. Mögliche Erleichterungen (für den Verursacher) bedürfen einer äußerst strengen Kontrolle, da die Finanzierung von umweltfreundlichen Investitionen keine öffentliche Aufgabe darstellt, die mit öffentlichen Mitteln zu bestreiten ist."

Nach dem **Verursacherprinzip** sind die Kosten von Umweltbelastungen von den Wirtschaftssubjekten zu tragen sind, die sie verursachen. Wer beispielsweise durch Emissionen bei anderen Menschen oder den Umweltmedien Schäden hervorruft, soll für diese aufkommen.

Alle auf diesem Prinzip basierenden Maßnahmen zielen darauf ab, die bisher als **externe Kosten** (soziale Zusatzkosten) entstandenen Umweltschäden von Produktions- und Konsumtionsprozessen möglichst vollständig den Verursachern anzulasten. Dadurch werden aus externen Kosten dann **interne Kosten** bzw. die Kosten werden internalisiert. In der deutschen Umweltpolitik leiten sich aus dem Verursacherprinzip keine Haftungspflichten für den Verursacher ab (dafür gelten die gesetzlichen Regelungen des Zivilrechts), es wird ausschließlich als Kostenzurechnungsprinzip verstanden. Die verursacherbezogene Kostenzurechnung kann zu einer hohen umweltpolitischen **Effizienz** führen: Umweltbelastungen lassen sich am zweckmäßigsten durch den Verursacher - insbesondere bei Emissionen - selbst vermeiden. Über den Preismechanismus werden darüber hinaus Signale für umweltverträgliche Produktinnovationen und umweltfreundliche Technologien gesetzt. Instrumente zur Durchsetzung des Verursacherprinzips sind z.B. Umweltabgaben, Umweltauflagen in Form von Geboten oder Verboten bzw. Verfahrens- und Produktnormen.

Die praktische Umsetzung des Verursacherprinzips stößt auf eine Reihe von **Problemen**: (1) Der Verursacher bzw. sein Anteil an der Umweltbelastung sind **unbekannt**. Weiterhin können die Belastungen ihren Ursprung in der fernen Vergangenheit oder bei ausländischen Wirtschaftssubjekten haben. (2) Die genaue **Identifikation** des Verursachers ist oft erschwert. Es gibt kumulative Wirkungen von Umweltschäden oder es können Wirkungsketten entstehen, die eine Kostenzurechnung in der Verursacherkette verhindern. So tritt beispielsweise bei Kraftfahrzeugen eine emissionsbezogene Verursacherkette auf, an der sowohl der Fahrzeugnutzer, als auch die Automobilhersteller sowie die Produzenten von umweltbelastendem Treibstoff beteiligt sind. Und schließlich können (3) **administrative**

umweltbelastendem Treibstoff beteiligt sind. Und schließlich können (3) **administrative** Grenzen auftreten, wenn die staatliche Kontrolle nicht effizient ausgeübt werden kann (z.B. die Überwachung von individuell verursachten Belastungen im Verkehrsbereich). Deshalb muss immer dann, wenn das Verursacherprinzip nicht durchsetzbar ist, auf andere Prinzipien zurückgegriffen werden.

Als Ergänzung des Verursacherprinzips soll das Gemeinlastprinzip dann zur Anwendung kommen, wenn eine Zurechnung der Kosten bei den Verursachern aus den genannten Gründen nicht erfolgen kann.

Für das **Gemeinlastprinzip** gilt, dass die Kosten von Umweltschäden von der Allgemeinheit zu tragen sind. Die Finanzierung erfolgt durch allgemeine Steuern nach dem Grundsatz der generellen Entgeltlichkeit. Dabei führt der Staat die Umweltschutzmaßnahmen entweder selbst durch (direkter öffentlicher Umweltschutz) oder übernimmt die Kosten der privaten Vermeider (Finanzhilfen u.a.).

Der Staat versucht hier also anstelle der Verursacher Umweltbelastungen durch den direkten oder indirekten Einsatz öffentlicher Mittel zu verringern. Die Anwendung des Gemeinlastprinzips schafft bei den Verursachern keinen bzw. nur geringen Anreiz für ein umweltverträgliches Verhalten. In unserer Wirtschaftsordnung sollte ihm deshalb bestenfalls ein **komplementärer** Charakter zukommen. Als ausschließliche Strategie ist das Gemeinlastprinzip abzulehnen. Zum einen sind die Finanzmittel des Staates begrenzt. Zum anderen unterliegen die nach diesem Prinzip durchgeführten Maßnahmen (wie Finanzierungsanreize für umweltfreundliche Investitionen, Finanzhilfen zu Stärkung der Wettbewerbsfähigkeit oder zur Erleichterung der Anpassung an verschärfte Umweltstandards) keiner marktmäßigen Bewertung. Daraus erwächst die Gefahr eines ineffizienten Ressourceneinsatzes.

Häufig wird im Zusammenhang mit dem Gemeinlastprinzip das so genannte **Nutznießerprinzip** (victim-pays-principle) genannt. Dabei wird das Verursacherprinzip umgekehrt: Die Begünstigten von Umweltschutzmaßnahmen entschädigen diejenigen, die durch ihr umweltgerechtes Verhalten Einbußen erleiden (Vermeider): z.B. Zahlungen der Industrienationen an Entwicklungsländer zum Schutz der tropischen Regenwälder. Die Kosten für den Umweltschutz sind beim Nutznießerprinzip in aller Regel nicht mehr von der Allgemeinheit, sondern von einer speziellen Gruppe von Begünstigten zu tragen. Der Staat müsste stellvertretend für die Vermeider von den Nutznießern Abgaben erheben, die diesen für Umweltschutzmaßnahmen zufließen. Als allgemeines umweltpolitisches Grundprinzip wird das Nutznießerprinzip weitgehend abgelehnt, weil es einerseits den verteilungspolitischen Vorstellungen widerspricht und andererseits ineffizient und in der Praxis nicht durchführbar ist (z.B. Kollektivgutcharakter der Umwelt).

Von den bisher genannten Prinzipien grenzt sich das **Vorsorgeprinzip** insbesondere dadurch ab, dass Umweltschäden erst gar nicht entstehen sollen. Eine **präventive Umweltpolitik** muss dabei auch umweltmedienübergreifende Gesichtspunkte und Langzeitfolgen von Entscheidungen stärker berücksichtigen.

Nach dem Vorsorgeprinzip sind umweltpolitische Entscheidungen und Maßnahmen so zu treffen, dass möglichst von vornherein die Entstehung von Umweltschäden vermieden wird.

Durch das Vorsorgeprinzip soll ein schonender Umgang mit den natürlichen Lebensgrundlagen der Menschen gesichert werden, um auch zukünftigen Generationen eine möglichst intakte Umwelt zu hinterlassen. Dies ist deswegen von besonderer Bedeutung, weil Menschen tendenziell Gegenwartsgüter höher bewerten als Zukunftsgüter. Die Anwendung des Vorsorgeprinzips soll die Korrektur dieses „Fehlverhaltens" unterstützen. Deshalb umfasst es auch alle Maßnahmen, die der umweltpolitischen Aufklärung und Bewusstseinsbildung dienen.

Das Vorsorgeprinzip ist inhaltlich und instrumentell unscharf. Im Gegensatz zum Verursacher- und Gemeinlastprinzip enthält es keine Aussagen über konkrete umweltpolitische Instrumente. Eine präventive Umweltpolitik kann auch mit Instrumenten des Verursacher- und/oder Gemeinlastprinzips durchgesetzt werden: Z.B. wird im BUNDESIMMISSIONSSCHUTZ-GESETZ, im WASSERHAUSHALTSGESETZ oder in den gesetzlichen Bestimmungen über **Umweltverträglichkeitsprüfungen** dem Vorsorgeaspekt Rechnung getragen.

Mit dem **Kooperationsprinzip** soll eine frühzeitige und umfassende Beteiligung von gesellschaftlichen Kräften (Unternehmensverbände, Gewerkschaften, Umweltverbände, Bürgerinitiativen) am umweltpolitischen Entscheidungsprozess verwirklicht werden, wobei jedoch das Primat staatlicher Entscheidungen nicht in Frage gestellt wird.
Unter dem Kooperationsprinzip wird Mitverantwortlichkeit und Mitwirkung der Betroffenen von umweltbelastenden Aktivitäten (z.B. Bau von Müllverbrennungsanlagen, Straßenbau oder Tagebauerschließungen) und die Beteiligung bei vorgesehenen Umweltschutzmaßnahmen verstanden.

Dadurch kann - zumindest theoretisch - ein ausgewogenes Verhältnis zwischen individuellen Freiheiten und gesellschaftlichen Bedürfnissen erreicht werden. Einerseits sollen die Träger von Umweltpolitik durch das Mitwirken breiter gesellschaftlicher Kreise bei der Operationalisierung umweltpolitischer Ziele unterstützt werden und andererseits wächst durch die aktive Beteiligung an umweltpolitischen Entscheidungsprozessen das ökologische Problemverständnis bei den Betroffenen (Aufklärung). So wurden beispielsweise aus der Zusammenarbeit zwischen Unternehmen und staatlichen Umweltbehörden **Branchenabkommen** entwickelt. In ihnen werden Umweltschutzziele definiert, die in einem bestimmten Zeitraum erreicht werden sollen (u.a. das Abkommen mit der Glasindustrie über verstärktes Altglasrecycling). Ein **Selbstbindungsabkommen** liegt vor, wenn sich die Branchenmitglieder freiwillig zum Unterlassen von umweltbelastenden Aktivitäten bereit erklären (wie Verzicht der Verwendung von FCKW). Verpflichten sie sich darüber hinaus zur Durchführung umweltfreundlicher Aktivitäten, handelt es sich um ein **Selbstverpflichtungsabkommen**. Mit der „Arbeitsgemeinschaft für Umweltfragen", in der neben Vertretern aus Bund und Ländern alle gesellschaftlichen Gruppen vertreten sind, wurde das Kooperationsprinzip in der Bundesrepublik (teilweise) institutionalisiert.

5. Träger der Umweltpolitik

Wenn wir uns hier auf die Träger von Umweltpolitik im Sinne der im Kapitel 1 gegebenen Definition beschränken, unterschätzen wir damit keinesfalls die große Bedeutung, die wirtschaftliche und gesellschaftliche Interessengruppen (Einflussträger) auf die Umweltpolitik haben. Unternehmensverbände, landwirtschaftliche Verbände, Gewerkschaften, Bürgerinitiativen, Umweltschutz- und Naturschutzorganisationen wie „BUND" oder „Greenpeace" und andere Interessengruppen (z.B. Fremdenverkehrsverbände) versuchen mehr oder weniger erfolgreich, Einfluss auf die Umweltpolitik der Bundesregierung auszuüben. Ende der 90er Jahre hatten die unterschiedlichen Umweltverbände ca. 4 Millionen Mitglieder.

5.1 Nationale Träger der Umweltpolitik

5.1.1 Aufgabenteilung und Zuständigkeiten

Entsprechend dem föderativen Staatsaufbau teilen sich in Deutschland Bund, Länder und Gemeinden die Verantwortung für den Umweltschutz. Die Verteilung der Kompetenzen auf die verschiedenen Ebenen bedingt einen erheblichen Koordinierungsbedarf. Er besteht nicht nur in vertikaler Richtung (von der europäischen zur lokalen Ebene), sondern auch horizontal zwischen einer Vielzahl von Ministerien und Fachverwaltungen.

Dem Bund kommt dabei die Hauptaufgabe zu, wirksame Rechts- und Verwaltungsvorschriften zum Schutz der Umwelt zu erlassen. Dabei müssen die auf europäischer Ebene verabschiedeten umweltpolitischen Gesetze (EU-Richtlinien, EU-Verordnungen) berücksichtigt werden. Die Bundesländer wirken über den BUNDESRAT an der Umweltgesetzgebung des Bundes mit und sind für die Umsetzung der gesetzlichen Vorschriften verantwortlich. Wesentliche Aufgaben sind in diesem Zusammenhang u.a. die Erteilung von Genehmigungen (z.B. für den Bau und Betrieb von Industrieanlagen und Kraftwerken oder für die Durchführung von Sondermülltransporten), die Erstellung von Emissions- und Immissionskatastern, die Einrichtung von Messstellen oder die Überwachung und Kontrolle von Umweltschutzmaßnahmen. Die **ausschließliche Gesetzgebungsbefugnis des Bundes** besteht allerdings nur im internationalen Bereich (z.B. Innenausbau der EU, bilaterale und multinationale Abkommen). Bei Naturschutz, Landschaftspflege und Wasserhaushalt kann der Bund lediglich Rahmenvorschriften erlassen, die durch Landesgesetze ausgefüllt werden müssen (Art. 75 in Verbindung mit Art. 72 GG) Die Bereiche Abfallwirtschaft, Luftreinhaltung, Lärmbekämpfung, Strahlenschutz und Chemikaliensicherheit dagegen unterliegen der **konkurrierenden Gesetzgebung** (Art. 74 GG). Hierbei steht dem Bund das Gesetzgebungsrecht zu, soweit ein Bedürfnis nach bundesgesetzlicher Regelung besteht. Sofern der Bund nicht tätig geworden ist, erfüllen die Länder die staatlichen Umweltaufgaben. Sie verfügen neben dem faktischen „Vollzugsmonopol" im Umweltrecht (Art. 84 GG) über Einflussmöglichkeiten auf den Prozess der Gesetzgebung. Den Städten und Gemeinden fallen Umweltschutzaufgaben zu, wie Bau- und Landschaftsplanung, Wasserversorgung und Abwasserbeseitigung, Sanierung von Altlasten, Bürgerberatung und Umwelttelefon (Art. 28 GG).

Betrachten wir dies Ineinandergreifen der unterschiedlichen Ebenen anhand eines einfachen **Beispiels**:

Rasenmäher dürfen gemäß einer EU-Richtlinie innerhalb der EU nur noch verkauft werden, wenn sie die vorgeschriebenen Lärmgrenzwerte einhalten und einheitlich gekennzeichnet sind. Diese Richtlinie wurde von der Bundesregierung in nationales Recht (Rasenmäherlärm-Verordnung) umgesetzt. Alle in Deutschland verkauften Rasenmäher müssen demnach den EU-Vorschriften entsprechen. Zusätzlich regelt die deutsche Verordnung in nationaler Eigenständigkeit auch die Benutzungszeiten von Rasenmähern, in der Regel werktags von 7.00 bis 19.00 Uhr. In Ausnahmefällen (z.B. bei besonders leisen Geräten) ist ihr Gebrauch bis 22.00 Uhr erlaubt. Eine weitere Verschärfung der Bestimmungen können die Bundesländer durchsetzen. Aber auch die Kommunen können durch ihre Ortssatzung die Mähzeiten (beispielsweise Beachtung der Mittagsruhe) weiter einengen (nach: BUNDESMINISTERIUM FÜR UMWELTSCHUTZ, NATURSCHUTZ UND REAKTORSICHERHEIT, Das Bundesumweltministerium, Bonn 1996, S.10).

5.1.2 Das Bundesministerium für Umwelt, Naturschutz und Reaktorsicherheit

Der Hauptträger der staatlichen Umweltpolitik in Deutschland ist die BUNDESREGIERUNG. Viele Bundesministerien sind mit umweltpolitischen Aufgaben konfrontiert sind. Beispielsweise liegt die Zuständigkeit für die Durchsetzung der umweltpolitischen Ziele im Verkehrsbereich beim BUNDESMINISTERIUM FÜR VERKEHR, BAU- UND WOHNUNGSWESEN. In den meisten Fachministerien entstanden spezielle Umweltreferate. Außerdem erfolgt eine Abstimmung der umweltpolitischen Standpunkte der einzelnen Bundesministerien, die anschließend mit den Umweltministern der Bundesländer diskutiert werden (seit 1972 UMWELTMINISTERKONFERENZ).

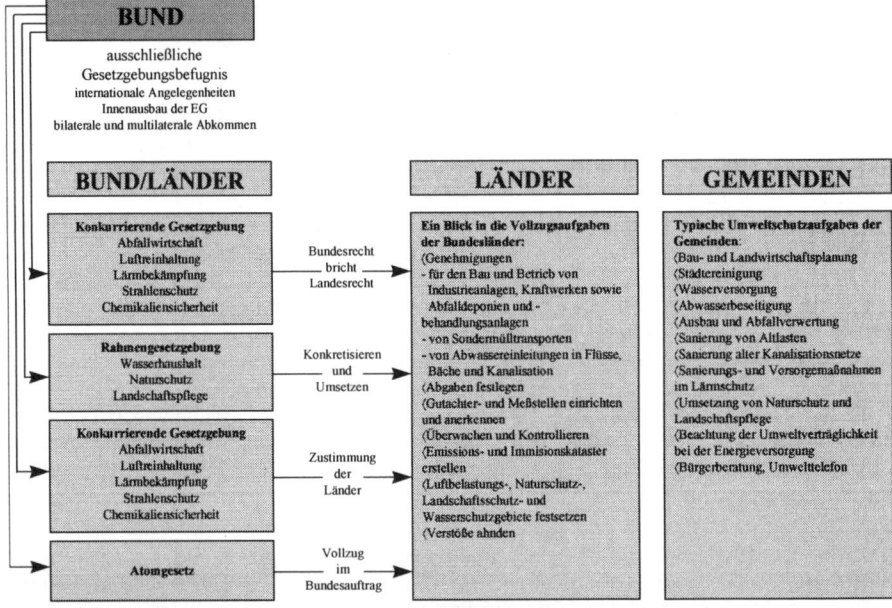

BUND

ausschließliche
Gesetzgebungsbefugnis
internationale Angelegenheiten
Innenausbau der EG
bilaterale und multilaterale Abkommen

BUND/LÄNDER		LÄNDER	GEMEINDEN
Konkurrierende Gesetzgebung Abfallwirtschaft Luftreinhaltung Lärmbekämpfung Strahlenschutz Chemikaliensicherheit	Bundesrecht bricht Landesrecht	**Ein Blick in die Vollzugsaufgaben der Bundesländer:** (Genehmigungen - für den Bau und Betrieb von Industrieanlagen, Kraftwerken sowie Abfalldeponien und -behandlungsanlagen - von Sondermülltransporten - von Abwassereinleitungen in Flüsse, Bäche und Kanalisation (Abgaben festlegen (Gutachter- und Meßstellen einrichten und anerkennen (Überwachen und Kontrollieren (Emissions- und Immisionskataster erstellen (Luftbelastungs-, Naturschutz-, Landschaftsschutz- und Wasserschutzgebiete festsetzen (Verstöße ahnden	**Typische Umweltschutzaufgaben der Gemeinden:** (Bau- und Landwirtschaftsplanung (Städtereinigung (Wasserversorgung (Abwasserbeseitigung (Ausbau und Abfallverwertung (Sanierung von Altlasten (Sanierung alter Kanalisationsnetze (Sanierungs- und Vorsorgemaßnahmen im Lärmschutz (Umsetzung von Naturschutz und Landschaftspflege (Beachtung der Umweltverträglichkeit bei der Energieversorgung (Bürgerberatung, Umwelttelefon
Rahmengesetzgebung Wasserhaushalt Naturschutz Landschaftspflege	Konkretisieren und Umsetzen		
Konkurrierende Gesetzgebung Abfallwirtschaft Luftreinhaltung Lärmbekämpfung Strahlenschutz Chemikaliensicherheit	Zustimmung der Länder		
Atomgesetz	Vollzug im Bundesauftrag		

Quelle: Informationen des Bundesumweltministeriums, Bundesministerium für Umwelt, Naturschutz und Reaktorsicherheit (Hrsg.), Bonn 1996, S. 11-13.

Übersicht 9.1: Aufgabenteilung und Zuständigkeiten im Umweltschutz

Die meisten Aufgaben sowie die zentrale Planungs- und Koordinierungskompetenz liegen allerdings beim 1986 gegründeten BUNDESMINISTERIUM FÜR UMWELT, NATURSCHUTZ UND REAK-TORSICHERHEIT (kurz: Bundesumweltministerium). Es ist für die Erarbeitung und Weiterentwicklung von Gesetzes- und Verordnungsentwürfen im Umwelt- und Naturschutz verantwortlich; federführend bei der Durchführung des Umweltprogramms der Bundesregierung und vertritt diese bei der internationalen Zusammenarbeit in umweltpolitischen Fragen. Die **Aufgabengebiete** des Umweltministeriums im Einzelnen sind:

– Leitlinien und Strategien der Umweltpolitik;
– Ökologische Sanierung und Entwicklung in den neuen Bundesländern;
– Internationale Zusammenarbeit;
– Schutz der Erdatmosphäre;
– Luftreinhaltung;
– Schutz der Binnengewässer und Meere;
– Grundwasserschutz;
– Abwasserbehandlung;
– Bodenschutz und Altlastensanierung;
– Vermeidung, Verwertung und Entsorgung von Abfällen;
– Lärmbekämpfung;
– Schutz der menschlichen Geschundheit vor Gefahrstoffen;
– Vorsorge gegen Störfälle in Industrieanlagen;
– Aufklärung der Bevölkerung in Umweltfragen;
– Umwelttechnologie;
– Naturschutz, Landschaftspflege und -planung;
– Sicherheit kerntechnischer Einrichtungen;
– Strahlenschutz, Entsorgung radioaktiver Abfälle.

5.1.3 Nachgeordnete Bundesbehörden

Das institutionelle Fundament der deutschen Umweltpolitik wird durch eine Reihe nachgeordneter Bundesbehörden vervollständigt. Die Aufgaben dieser Behörden bestehen vorrangig in der Umweltforschung und der Koordinierung von Forschungsprojekten, in der Technologieentwicklung, sowie in der Datenerfassung und anderen Dienstleistungsfunktionen.

Eine zentrale Stellung nimmt das UMWELTBUNDESAMT (UBA) ein, das 1974 in Berlin gegründet wurde. Es unterstützt das Umweltministerium vor allem in den Bereichen Luftreinhaltung, Lärmbekämpfung, Abfall- und Wasserwirtschaft, Bodenschutz und Umweltchemikalien. Zum UMWELTBUNDESAMT gehören eine Reihe von Geschäfts- und Kontaktstellen zu speziellen Umweltbereichen (z.B. die Beratungsstelle Umweltchemikalien für „Neue Stoffe", die Geschäftsstelle „Waldschädenforschung" oder die Kontaktstelle für „Altstoffmeldungen") sowie die Umweltprobenbank. Außerdem fungiert es als Verbindungsstelle zur UNESCO in Fragen Umwelterziehung.

Neben einer Zentralabteilung (Verwaltung/Dokumentation) besteht das UBA aus vier Fachbereichen (vgl. Übersicht. 9.2).

Fachbereich I Umweltplanung / Strategien	Fachbereich II Umwelt und Gesundheit Wasser-, Boden- und Lufthygiene
Fachbereich III Umweltverträgliche Technik Verfahren und Produkte	Fachbereich IV Chemikaliensicherheit Gentechnik

Übersicht 9.2: Die Fachbereiche des Umweltbundesamtes

Das BUNDESAMT FÜR STRAHLENSCHUTZ (BfS) wurde 1989 als eine organisatorisch selbständige wissenschaftlich-technische Bundesbehörde im Geschäftsbereich des Umweltministeriums gegründet. Seine Dienststellen sind an verschiedenen Standorten im Bundesgebiet angesiedelt. Mit seinen vier Fachbereichen (Sicherheit in der Kerntechnik, Sicherheit nuklearer Entsorgung, Strahlenschutz und Gesundheit sowie Strahlenschutz und Umwelt) ist es zuständig für die Vollzugsaufgaben des Bundes nach dem ATOMGESETZ und dem STRAHLEN-SCHUTZVORSORGEGESESETZ. Das Ziel der Gründung besteht in der Bündelung der Kompetenzen auf den Gebieten Strahlenschutz, kerntechnische Sicherheit, Transport und Verwahrung von Kernbrennstoffen sowie Endlagerung radioaktiver Abfälle.

Das BUNDESAMT FÜR NATURSCHUTZ (BfN) mit Sitz in Bonn wurde 1993 eingerichtet. Damit wurden Aufgaben des Bundes, die bis dahin von nachgeordneten Behörden verschiedener Bundesministerien erfüllt wurden, in einer eigenständigen Bundesbehörde konzentriert. Es berät das Umweltministerium und die Bundesregierung auf dem Gebiet des nationalen und internationalen Naturschutzes sowie der Landschaftspflege. Darüber hinaus betreut das BfN Naturschutzgroßprojekte in den Bundesländern und genehmigt die Ein- und Ausfuhr geschützter Tier- und Pflanzenarten.

Zu nennen ist weiterhin der RAT VON SACHVERSTÄNDIGEN FÜR UMWELTFRAGEN (SRU), der als zentrales Beratungsgremium der Bundesregierung 1971 als unabhängiges Experten-Gremium geschaffen wurde. Er besteht aus unabhängigen Wissenschaftlern verschiedener Sachgebiete und hat die Aufgabe, die Umweltsituation sowie ihre Entwicklungstendenzen zu analysieren und auf mögliche Fehlentwicklungen und Möglichkeiten zu deren Vermeidung oder Beseitigung hinzuweisen. Der Rat legt in gewissen Abständen komplexe Gutachten zur Umweltsituation in der Bundesrepublik Deutschland sowie Sondergutachten zu speziellen Umweltproblemen wie beispielsweise „Auto und Umwelt" oder „Umweltprobleme des Rheins" vor.

5.2 Träger der EU-Umweltpolitik

5.2.1 Die Europäische Kommission, der EU-Ministerrat und das Europäische Parlament

Eine zentrale Rolle bei der Durchsetzung der einheitlichen europäischen Umweltpolitik kommt der EU-KOMMISSION zu. Gemäß Art. 211 EGV bestehen ihre Aufgaben darin, die Politik der Gemeinschaft „anzustoßen" und Empfehlungen (Entwürfe für Richtlinien und Verordnungen) und Stellungnahmen zu formulieren sowie darüber hinaus „in eigener Zuständigkeit Entscheidungen zu treffen und am Zustandekommen der Handlungen des Rates und des EUROPÄISCHEN PARLAMENTS mitzuwirken".

Die GENERALDIREKTION UMWELT hat die Hauptaufgabe, neue Rechtsvorschriften im Umweltbereich zu initiieren und auszuarbeiten. Darüber hinaus kontrolliert sie deren Umsetzung durch die Mitgliedstaaten. Im Mittelpunkt stehen dabei die (1) Förderung einer nachhaltigen Entwicklung, (2) Erzielung eines hohen Standards im Umwelt- und Gesundheitsschutz und Verbesserung der Lebensqualität, (3) Förderung der Ökoeffizienz und (4) Förderung sozialverträglicher Nutzung sowie solider und effizienter Bewirtschaftung der gemeinsamen Ressourcen.

Das politische Entscheidungszentrum aber ist der RAT DER EUROPÄISCHEN UNION (EU-MINISTERRAT), der aus je einem Vertreter der Mitgliedstaaten auf Ministerebene besteht. Will der Ministerrat jedoch einen Rechtsakt zur Umweltpolitik erlassen, muss dem ein Vorschlag der Kommission zugrunde liegen. Gemäß Art. 251 EGV wird in der Umweltpolitik der Gemeinschaft das **Mitentscheidungsverfahren** angewandt. D.h., Rat und Parlament erlassen die Rechtsakte gemeinsam. Der Vorschlag der Kommission wird zunächst gemeinsam mit der Stellungnahme des Parlaments vom Ministerrat geprüft. Gibt es keine Einwände des Ministerrats so ist der Rechtsakt erlassen, sofern eine qualifizierte Mehrheit des Rates vorliegt. Das gilt für Entscheidungen in Umweltbereichen wie produktbezogener Umweltschutz, Verkehrspolitik, Umweltaktionsprogramme. In anderen Bereichen z.B. „Ökosteuern" oder Landnutzung können dagegen Entscheidungen nur einstimmig getroffen werden (Vetorecht). Damit ist ein Vorschlag gescheitert, wenn ein Land aus nationalen Interessen gegen ihn stimmt.

Das EUROPÄISCHE PARLAMENT hat in der Umweltpolitik durch das Mitentscheidungsverfahren Einfluss auf die umweltpolitische Gesetzgebung. 1973 wurde ein eigener Umweltausschuss (heute: Ausschuss für Umweltfragen, Volksgesundheit und Verbraucherschutz) geschaffen. Ihm obliegt es, die Vorschläge der Kommission zu prüfen und im Bedarfsfall Änderungen im Dialog mit dem Ministerrat zu erarbeiten. Darüber wird dann im Parlament abgestimmt.

5.2.2 Weitere europäische Institutionen

Als wesentlicher Beitrag zu einer gemeinsamen Umweltpolitik wurde im Dezember 1993 die EUROPÄISCHE UMWELTAGENTUR (EUA) gemäß Verordnung Nr. 1210/90/EWG gegründet. Die EUA kooperiert eng mit den Mitgliedstaaten der EU, die ihrerseits nationale Kontaktstellen (Focal Points) eingerichtet haben. Über diese Stellen wird die Zusammenarbeit zwischen der EUA und den nationalen Informationszentren koordiniert.

Das Ziel der EUA besteht vorrangig in der Bereitstellung zuverlässiger und vergleichbarer Informationen über die Umwelt an die Entscheidungsträger der Gemeinschaft und an die Mitgliedstaaten. Das schließt auch die Unterrichtung der Öffentlichkeit ein. Daneben ist die EUA verantwortlich für die Verbesserung der inhaltlichen und methodologischen Voraussetzungen der Umweltberichterstattung. Weitere Funktionen der EUA bestehen in ihrem Beitrag zur Überwachung der Umweltmaßnahmen und zur Vergleichbarmachung der Umweltdaten und in der Förderung von Umweltvorhersageverfahren.

Eine gewisse Bedeutung innerhalb der Umweltpolitik der Gemeinschaft kommt auch dem WIRTSCHAFTS- UND SOZIALAUSSCHUSS und seit 1999 dem AUSSCHUSS DER REGIONEN zu. Beide Ausschüsse müssen angehört werden, bevor eine umweltpolitische Regelung erlassen werden kann. Sie verfügen jedoch nicht über die Macht, eine Regelung zu verhindern.

Die gewachsene Kompetenz der Gemeinschaft in der Umweltpolitik findet auch in einer Intensivierung und Verbreiterung des Umweltrechts innerhalb der EU ihren Niederschlag, z.B. durch die Umsetzung von einheitlichen europäischen Umweltrichtlinien bzw. umweltbezogenen Produktrichtlinien in nationales Recht. Infolge dieser Entwicklung wächst die Bedeutung des EUROPÄISCHEN GERICHTSHOFS. Zunehmend folgt er dem Grundsatz, die Bürger der EU durch Anerkennung von Klagerechten zu „Wächtern" der Verwirklichung der einheitlichen EG-Richtlinien zu machen. In diesem Sinne kann der EUROPÄISCHE GERICHTSHOF als ein wichtiger institutioneller Baustein der europäischen Umweltpolitik bezeichnet werden.

5.3 Sonstige internationale Organisationen

Als wichtige internationale Organisationen, die Umweltaufgaben wahrnehmen, seien folgende erwähnt: Die ORGANIZATION FOR ECONOMIC COOPERATION AND DEVELOPMENT (OECD) besitzt seit 1970 einen Ausschuss für Umweltfragen. Im Rahmen der VEREINTEN NATIONEN gibt es eine Reihe von Organisationen, die sich auch mit Umweltfragen beschäftigen: z.B. FOOD AND AGRICULTURE ORGANIZATION (FAO), WORLD HEALTH ORGANIZATION (WHO), UNITED NATIONS ECONOMIC AND SOCIAL COUNCIL (ECOSOC), UN-COMMISSION ON SUSTAINABLE DEVELOPMENT (CSD) oder das UNITED NATIONS ENVIRONMENT PROGRAMME (UNEP). Das UNEP wurde auf der Stockholmer Umweltkonferenz der Vereinten Nationen 1972 ins Leben gerufen. Es hat seinen Sitz in Nairobi. Aufgabenschwerpunkt sind neben globalen und regionalen Problemen vorrangig die Umweltprobleme von Entwicklungsländern. Eine weitere Aufgabe des UNEP besteht in der Koordination von Umweltaktivitäten anderer UN-Organisationen. Die Aufzählung zeigt, dass eine grundlegende Reform der zersplitterten Organisationsstruktur im internationalen Umweltschutz erforderlich ist, um kohärente umweltpolitische Entscheidungen zu erreichen.

Die Wirksamkeit dieser und ähnlicher Organisationen ist begrenzt. Sie besitzen zwar die fachliche Kompetenz, aber es fehlt ihnen in der Regel die Macht, konkrete Maßnahmen auch politisch durchzusetzen. So bleibt es häufig bei Empfehlungen, deren Umsetzung im Ermessensspielraum der jeweiligen Regierungen liegt.

6. Umweltpolitische Instrumente

6.1 Überblick

Nachhaltige Entwicklung - das erklärte Ziel staatlicher Umweltpolitik - setzt eine Verminderung der Umweltnutzung voraus. Über die umweltpolitischen Instrumente wird versucht, die vorhandenen Entlastungsmöglichkeiten in diesem Sinne auszunutzen bzw. neue Möglichkeiten zur Verminderung der Umweltnutzung durch den Menschen aufzudecken.

Danach umfassen die **umweltpolitischen Instrumente** die Gesamtheit von Maßnahmen, die der Staat einsetzt, um seine umweltpolitischen Ziele unter dem Gesichtspunkt einer nachhaltigen Entwicklung zu erreichen.

Diese Instrumente müssen mit dem bestehenden ordnungspolitischen Rahmen der Sozialen Marktwirtschaft übereinstimmen. Der soziale Rahmen muss durch einen ökologischen

Rahmen vervollkommnet werden, der neben ökonomischen Knappheiten auch ökologische Restriktionen setzt. Neben traditionellen **ordnungsrechtlichen Instrumenten** müssen künftig verstärkt **ökonomische** oder **marktwirtschaftliche Instrumente** angewendet werden. Allerdings geht es dabei nicht um eine Frage des Entweder-Oder. Die effiziente Verwirklichung der umweltpolitischen Ziele ist nur durch eine kombinierte Anwendung ordnungsrechtlicher und marktwirtschaftlicher (marktbezogener) Instrumente (**Instrumentenmix**) zu erreichen. Aufgrund des Kollektivgutcharakters von Umweltressourcen verspricht ein dezentraler Ansatz (Markt) allein keinen Erfolg. Ein regelnder Eingriff des Staates scheint unerlässlich, wenn er seine umweltpolitischen Ziele durchzusetzen will.

Die Instrumente der Umweltpolitik lassen sich nach verschiedensten Gesichtspunkten systematisieren. Neben der Unterscheidung zwischen ordnungsrechtlichen und marktwirtschaftlichen Instrumenten spielen dabei folgende Überlegungen eine Rolle:

(1) Welche Strategie wird aus ökonomischer Sicht verfolgt: eine Mengen- oder eine Preisfixierung? Die **Mengenlösung** (z.B. Umweltauflagen und -lizenzen) setzt bei der Begrenzung von Schadstoffemissionen an, während bei der **Preislösung** vom Staat ein Preis für die Nutzung von Umweltressourcen (z.B. Abgaben) festgelegt wird.

(2) An welchen der **umweltpolitischen Prinzipien** sollen sich die Instrumente ausrichten? So folgen z.B. Umweltauflagen und -lizenzen, Umweltabgaben dem Verursacherprinzip; direkte öffentliche Umweltschutzmaßnahen, umweltbezogene Forschungs- und Entwicklungsförderung dem Gemeinlastprinzip; Branchenabkommen dem Kooperationsprinzip. Das Vorsorgeprinzip ist bei all jenen Instrumenten, die einen präventiven Charakter aufweisen, implizit enthalten.

(3) Inwieweit sind die Instrumente mit öffentlichen Einnahmen oder Ausgaben verbunden sind (fiskalische Instrumente) oder nicht (nicht-fiskalische Instrumente)? Zu den **fiskalischen Instrumenten** gehören neben anderen Umweltlizenzen, Umweltabgaben (mit öffentlichen Einnahmen), direkter öffentlicher Umweltschutz wie umweltgerechter Verkehrswegebau, Gewässersanierung, kommunale Entsorgungsmaßnahmen oder Finanzierung des institutionellen Umweltschutzes wie des UMWELTBUNDESAMTES und vergleichbarer Einrichtungen (mit öffentlichen Ausgaben). Von den **nicht-fiskalischen Instrumenten** seien hier nur Verbote (völlige Unterbindung eines umweltschädigenden Verhaltens), Gebote (beispielsweise Festlegung von Grenzwerten im Sinne höchstzulässiger Schadstoffmengen), die Änderung von rechtlichen Rahmenbedingungen (z.B. Verschärfung privatrechtlicher Umwelthaftung oder obligatorische Einführung von Umwelthaftungsversicherungen) genannt.

(4) An welcher Stelle des **ökologisch-ökonomischen Kreislaufsystems**[8] setzen die Instrumente an: (a) am **Verbrauch** von natürlichen Ressourcen, (b) an der **Schadstoffabgabe** (soll beispielsweise die Emissionssteuerung direkt über Emissionsgrenzwerte und Umweltlizenzen oder indirekt über Produktnormen bzw. Produktabgaben erfolgen), (c) an der **natürlichen Regenerationsfähigkeit** von Ökosystemen oder (d) an der **Rückführung** von Abfallprodukten in den Wirtschaftskreislauf (Recycling)?

Der Leser wird erkennen, dass die Instrumente - unabhängig in welchem Systematisierungskontext sie genannt werden - immer wieder erscheinen. Bleibt also die Frage zu kären, welcher Ansatz den Vorzug erhält. Wir haben uns dafür entschieden, bei der Darstellung ausgewählter Instrumente der Umweltpolitik der Unterscheidung zwischen ordnungsrechtlichen und marktwirtschaftlichen (marktbezogenen) Instrumenten zu folgen (vgl.

---

[8] Eine detaillierte Darstellung der Beziehungen zwischen den ökologischen und ökonomischen Systemen und Ansatzpunkte für Instrumente (Maßnahmen) der Umweltpolitik findet der interessierte Leser bei R. L. FREY, Umweltschutz als wirtschaftspolitische Aufgabe, in: Schweizerische Zeitschrift für Volkswirtschaft und Statistik, Bd. 108, 1972, S. 455.

Übersicht 9.3). Dabei können, wie bei den anderen Gliederungsvarianten auch, Abgrenzungsprobleme auftreten.

6.2 Ordnungsrechtliche Instrumente

Ordnungsrechtliche Instrumente sind das **traditionelle Mittel** der Umweltpolitik, das auch heute noch überwiegt. Ein wesentlicher Vorteil dieser Instrumente besteht darin, dass sie „die Verantwortlichkeit und damit auch die Erfolge der Umweltpolitik des Staates sichtbar" machen (UMWELTGUTACHTEN 1994, S. 139). Als Nachteile ordnungsrechtlicher Instrumente müssen vor allem ungenügende Dynamik und Flexibilität, ein geringer Innovationsanreiz sowie der Kostenaspekt - ordnungsrechtliche Maßnahmen führen häufig nicht zu der kostengünstigsten Verwirklichung von umweltpolitischen Zielen - genannt werden. Die Praxis hat eine Vielzahl dieser Instrumenten hervorgebracht, die sich nach bestimmten Kriterien (wie Intensität, Ansatz, Zeitpunkt) unterscheiden lassen:

Umweltauflagen - Gebote, Verbote, Produktionsstandards, Produktnormen, Mengenlimitierungen, Ansiedlungsverbote u.a. - sind das dominierende umweltpolitische Instrument, bei dem die staatliche Einflussnahme vergleichsweise sehr groß ist. Es gibt gegenwärtig ca. 7000 derartige gesetzliche Regelungen im Umweltbereich. Sie basieren auf dem Verursacherprinzip, d.h. externe Kosten sollen verringert bzw. vollständig vermieden werden und in die Kosten-Nutzen-Überlegungen des Verursachers integriert werden.

Umweltauflagen sind Verhaltensvorschriften, die den (potenziellen) Verursacher von Umweltschäden zwingen sollen, seine umweltschädigenden Aktivitäten zu reduzieren (Gebote) oder ganz einzustellen (Verbote).

Bei **Verboten** soll ein umweltschädigendes Verhalten der Wirtschaftssubjekte völlig unterbunden werden. Sie werden bei besonders gefährlichen Umweltbeeinträchtigungen ausgesprochen (z.B. Anwendungsverbot für DDT). Bei **Geboten** - deren wichtigste Form die Emissionsgrenzwerte sind - dagegen wird den Wirtschaftssubjekten vorgeschrieben, in welchem Umfang bestimmte Umweltbelastungen noch zulässig sind. Zur Bestimmung der zulässigen Emissionsmenge werden Immissionswerte festgelegt und auf deren Grundlage der zielgerechte Emissionsausstoß ermittelt. Die Emissionsgrenzwerte - im Sinne höchstzulässiger Schadstoffmengen - müssen genau so hoch angesetzt werden, dass die Verursacher im erforderlichen Ausmaß zu Vermeidungsmaßnahmen angeregt werden.

Neben den Emissionen bieten sich als **Ansatzpunkte** von Umweltauflagen der Produktionsprozess, die Produktion, die Behandlung verbleibender Produktions- und Konsumtionsrückstände (Abfallgesetz) sowie die konsumtive Nutzung von Gütern (wie Fahrverbote bei Smog-Situationen) an. **Emissionsauflagen** für luftverunreinigende Stoffe sind in der Bundesrepublik Deutschland beispielsweise in der GROSSFEUERUNGSANLAGEN-VERORDNUNG und in der TECHNISCHEN ANLEITUNG LUFT (TA-Luft) festgelegt, wobei von dem jeweiligen Stand der Technik ausgegangen wird. Emissionsauflagen finden sich ebenfalls im WASSERHAUSHALTSGESETZ (WHG). Als Auflagen bezüglich des **Produktionsprozesses** sollen exemplarisch Verbote der Verwendung bestimmter, die Umwelt stark belastender Roh- oder Betriebsstoffe, Vorschriften zur Anwendung von umweltfreundlichen (bzw. weniger umweltbelastender) Einsatzstoffe sowie Festlegungen zur Einhaltung der anzuwendenden Technologie im Sinne einer Prozessnorm (so müssen Heizungsanlagen müssen einen bestimmten Wirkungsgrad aufweisen) genannt sein. Umweltauflagen können darüber hinaus die **Produktion** selbst durch Produktionsmengenlimitierung für schadstoffintensive Güter (bis hin zu Produktionsverboten) sowie durch Ansiedlungsverbote beeinflussen.

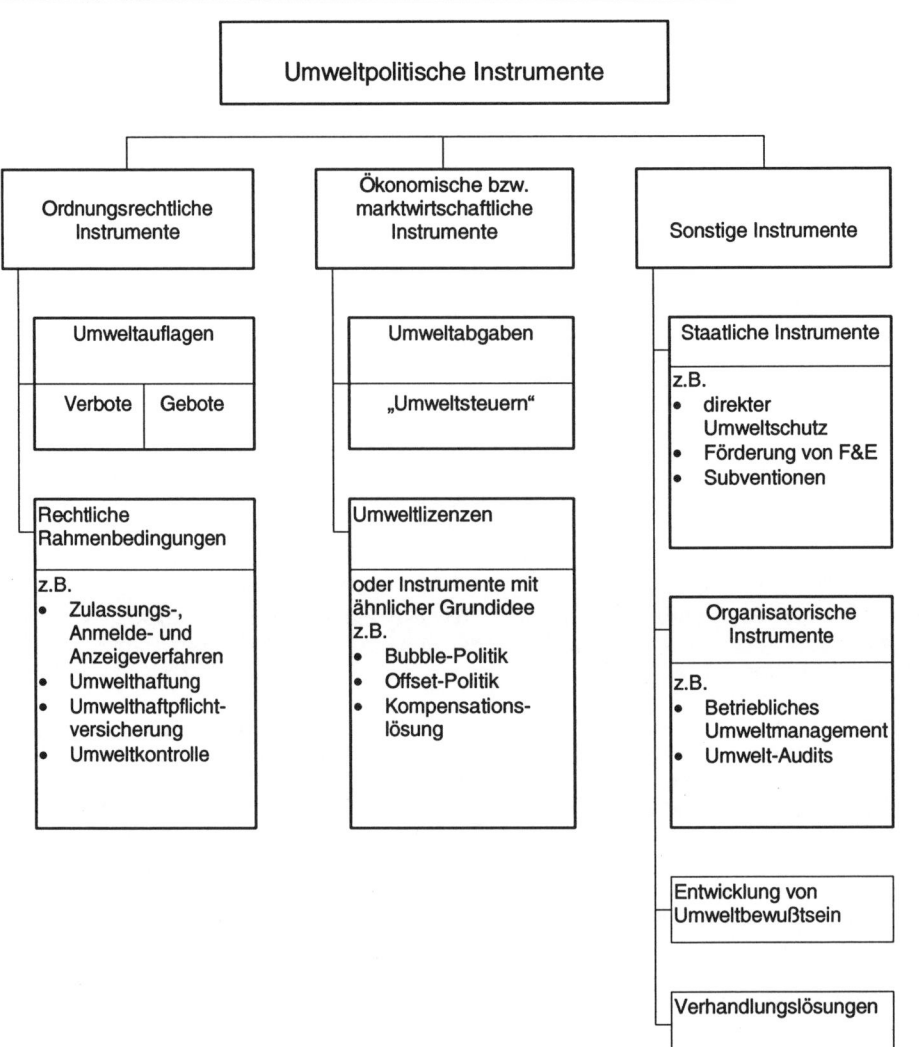

Übersicht 9.3: Überblick über umweltpolitische Instrumente

Beschäftigen wir uns nun mit der Frage, welche Gründe für die Anwendung von Auflagen in der Umweltpolitik sprechen. Ganz allgemein bestehen ihre **Vorteile** in einer schnellen Wirksamkeit, einer größeren Reaktionssicherheit hinsichtlich des angestrebten Erfolges (in Vergleich zu Abgaben) sowie einer prinzipiell größeren Praktikabilität. Auflagen wirken sofort, was besonders bei akuten Gefährdungen bedeutsam ist. Weiterhin ermöglichen sie eine relativ sichere Realisierung der angestrebten Emissionsziele. So müssen beispielsweise die Emissionsgrenzwerte vom Verursacher eingehalten werden, was zu einer direkten Verringerung von Schadstoffemissionen führt. Voraussetzung ist allerdings, dass bei Verstößen ein fühlbarer Sanktionsmechanismus in Gang gesetzt wird. Die **Nachteile** von Umweltauflagen liegen vor allem darin, dass die verfolgten Umweltschutzziele nicht zwangsläufig mit den niedrigsten Kosten erreicht werden. Zwar haben die Verursacher die freie Wahl der anzuwendenden Vermeidungstechnik, aber die individuellen Grenzkosten ihrer Maßnahmen bleiben unberücksichtigt. Das hat zur Folge, dass Umweltschutzziele nicht mit den niedrigsten gesamtwirtschaftlichen Kosten durchgesetzt werden. Auch sind Wettbewerbsverzerrungen nicht auszuschließen. Zusätzlich besteht bei den rechtlich vorgegebenen Normen, die sich auf den jeweiligen Stand der Technik beziehen, kein Anreiz, über die gesetzlichen Erfordernisse hinauszugehen. Neue wissenschaftlich-technische Erkenntnisse, die administrativ noch nicht durchgesetzt sind, werden so möglicherweise erst mit erheblicher zeitlicher Verzögerung oder gar nicht genutzt. Das kann zur Hemmung des „umweltfreundlichen" technischen Fortschritts führen.

Rechtliche Rahmenbedingungen

Neben Umweltauflagen kann auch die Änderung von **rechtlichen Rahmenbedingungen** positive umweltpolitische Effekte bewirken. Der Leser denke in diesem Zusammenhang z.B. nur an die Eröffungskontrollen vor der Aufnahme umweltbelastender Aktivitäten (**Zulassungs-, Anmelde-** und **Anzeigeverfahren**), die obligatorische Einführung von **Umwelthaftpflichtversicherungen**, an die Verschärfung privatrechtlicher **Umwelthaftung** sowie die wirkungsvollere **Umweltkontrolle** und **-berichterstattung**. Insbesondere von den haftungsrechtlichen Regelungen können spürbare umweltpolitische Wirkungen ausgehen. So führt z.B. bei der Gefährdungshaftung allein die Tatsache der Schädigung - egal ob schuldhaft oder nicht verursacht - i.d.R. zur Schadensersatzpflicht. Auch wird der Geschädigte von der Beweislast befreit. Zweifelsfrei können potenzielle Schadenersatzforderungen oder die Höhe von Versicherungsprämien zur Abdeckung von Umweltrisiken zu einer Verringerung umweltschädigenden Verhaltens beitragen.

Ordnungsrechtliche Instrumente werden auch weiterhin eine maßgebliche Rolle im Umweltschutz spielen. Sie sind dort unerlässlich, wo es um die Abwehr ernster, irreversibler Schäden geht. In diesen Fällen muss die schnelle Wirksamkeit dieser Instrumente Vorrang vor „dynamischen Wirkungen für die Zukunft und der ökonomischen Effizienz haben" (UMWELT-GUTACHTEN 1994, S. 140). Trotzdem wird der Ruf nach einem verstärkten Einsatz ökonomischer bzw. marktwirtschaftlicher Instrumente lauter. Dabei kann es allerdings nicht darum gehen, ordnungsrechtliche durch ökonomische Instrumente zu ersetzen. Vielmehr wird das Ziel darin bestehen, das vorhandene ordnungspolitische Instrumentarium - in dem Effizienzüberlegungen stärker berücksichtigt werden müssen - zu ergänzen.

6.3. Ökonomische bzw. marktwirtschaftliche (marktbezogene) Instrumente

Wir haben gesehen, dass ordnungspolitische Instrumente (v.a. Umweltauflagen) zwar meist unmittelbar zu einer Reduzierung von Schadstoffemissionen führen, aber nicht mit den niedrigsten gesamtwirtschaftlichen Kosten. Hier setzen ökonomische bzw. marktwirtschaftliche Instrumente an. Vor allem über Wirksamkeit von Umweltabgaben und Umweltlizenzen (Umweltzertifikate) wird in diesem Zusammenhang diskutiert.

Das Ziel ökonomischer Instrumente besteht darin, eine vorgegebene Umweltqualität mit minimalen Kosten zu erreichen oder begrenzte finanzielle Mittel für solche Maßnahmen einzusetzen, die den größtmöglichen ökologischen Nutzen erbringen.

Bei den **Umweltabgaben** handelt es sich um ein Instrument, bei dem mittels der Erhebung von Abgaben Anreize und/oder Finanzierungsmöglichkeiten geschaffen werden sollen, um gesetzte umweltpolitische Normen und Ziele zu erreichen. Auch die immer wieder debattierten Umweltsteuern sind in diesem Zusammenhang zu nennen. Dabei müssen wir zwischen dem Begriff im Sinne der **Pigou-Steuer**[9] (ARTHUR C. PIGOU) und der finanzwirtschaftlichen

---

[9] Mit diesem Steuerkonzept sollen die Fehlallokationen, die durch den Unterschied zwischen privaten und sozialen Kosten entstehen, korrigiert werden. Bekanntlich entstehen bei der Umweltnutzung Kosten, die nicht vom Verursacher der Umweltverschmutzung getragen. Sie werden vielmehr der Allgemeinheit angelastet. PIGOU schlägt deshalb vor, den Verursachern die externen Kosten über eine Steuer anzulasten (Internalisierung von externen Kosten). Der richtige Steuersatz leitet sich aus dem exter-

Betrachtungsweise unterscheiden. Hierbei werden die Begriffe Öko-Steuer, Umweltabgabe und Umweltsonderabgabe benutzt. Die Unterscheidung erfolgt vorrangig durch die Zweckbestimmung der einzelnen Maßnahme.[10] Erstens geht es darum, ob eine Zweckbestimmung vorliegt oder nicht. Zweitens wird nach der Art (für das allgemeine Budget, für allgemeine Umweltaufgaben und für spezielle Umweltaufgaben) dieser Zweckbestimmung gefragt. Mit Umweltabgaben sind keine direkten staatlichen Eingriffe wie bei den ordnungsrechtlichen Auflagen verbunden. Der Verursacher soll vielmehr indirekt zu einem umweltgerechten Verhalten gelenkt werden (**Lenkungsfunktion**). Als Grundlage bieten sich dabei der Produktionsinput, der Produktionsprozess (Verfahren, Technologien), der Produktionsausstoß und die Emissionen selbst an. Das Ziel der Abgaben besteht vor allem in einer Verringerung der Emissionen im Sinne einer Anreizfunktion: Durch die Umweltabgabe wird der potenzielle Verursacher von Umweltbelastungen gezwungen, für die Nutzung von Umweltgütern einen höheren Preis zu bezahlen oder seine umweltbelastenden Aktivitäten einzuschränken. So werden Umweltgüter zu einem Kostenfaktor, der in die individuelle Produktions- oder Konsumentscheidung einfließt. Der Verursacher wird die Zahlung der Abgaben durch Emissionsverminderung vermeiden, solange dies billiger ist als die Abgabenzahlung. Der Bestimmung der Abgabenhöhe liegt dabei folgendes umweltpolitisches Konzept zugrunde: Für ein bestimmtes Gebiet wird ein Immissionsgrenzwert festgelegt. Anschließend wird die Emissionsmenge ermittelt, die mit diesem Wert noch vereinbar ist. Die Umweltabgabe - in welcher konkreten Art sie auch immer erhoben werden mag - wird dann so hoch angesetzt, dass die erforderlichen Umweltschutzmaßnahmen angeregt werden. Wird das angestrebte Ziel in der nachfolgenden Planungsperiode über- oder unterschritten, können die Abgaben entsprechend angepasst werden.

Die **Vorteile** eines solchen Ansatzes bestehen darin, dass Umweltabgaben unter dem Kostenaspekt volkswirtschaftlich effizient sind. Die Vermeidung bzw. Reduzierung von Umweltbelastungen wird honoriert, was einerseits den Gewinn steigert und andererseits den umwelttechnischen Fortschritt fördert. Der Wettbewerbsaspekt wird also gestärkt (marktkonform). Allerdings müssen auch **Nachteile** der Abgabenlösung genannt werden: Die Höhe der Abgaben ist letztlich das Ergebnis eines politischen Entscheidungsprozesses. Es ist zu erwarten, dass hier Kräfte wirksam werden, die zu einer zu niedrigen Abgabenhöhe führen. Außerdem ist mit einem Widerstand gegen Abgaben seitens der Belasteten zu rechnen. Hinzu kommt, dass bei einer „Preisfixierung" der Nutzung von Umweltgütern der Umfang der Umweltnutzung selbst marktabhängig ist. Die Höhe der Emissionen hängt demzufolge nicht nur vom Abgabensatz, sondern auch von der volkswirtschaftlichen Entwicklung ab. Es bleibt also dem Markt überlassen, welches Emissionsvolumen sich letztlich einstellt. Das bedeutet aber nichts anderes, als dass die Erreichung der umweltpolitischen Ziele wie Immissionsgrenzwert oder Umweltstandards nicht genau gesteuert werden kann (trial and error-Verfahren).

Fassen wir die bisherigen Erkenntnisse zusammen: Für die Anwendung von Umweltauflagen spricht ihre hohe ökologische Effizienz, Umweltabgaben dagegen sind unter Berücksichtigung der ökonomischen Effizienz vorteilhaft. Die Vor- und Nachteile von Umweltauflagen bzw. Umweltabgaben haben dazu geführt, dass in der Diskussion die Einführung von **Umweltlizenzen** (**Umweltzertifikate**) zunehmende Bedeutung erlangt hat. Umweltlizenzen, d.h. handelbare Umweltnutzungsrechte, gehören ebenfalls zu den marktwirtschaftlichen Instrumenten. Hierbei betrachtet sich der Staat als Eigentümer der Umweltmedien und legt fest, bis zu welchem Grad die Absorptionsfähigkeit der Umwelt durch Emittenten genutzt werden darf (Emissionshöchstgrenzen, Einhaltung von Umweltqualitätsstandards). Die politische Entscheidung liegt also in der Kontingentierung der zulässigen Umweltnutzung

---

nen Grenzsteuersatz ab. Dem Leser, der mehr über diesen Ansatz erfahren möchte, empfehlen wir: J. WEIMANN, Umweltökonomie, 3., überarb. Aufl., Berlin 1995, S. 110ff.

[10] Vgl. D. DICKERTMANN, Erscheinungsformen und Wirkungen von Umweltabgaben aus ökonomischer Sicht, in: P. KIRCHHOF (Hrsg.), Umweltschutz im Abgaben- und Steuerrecht, Köln 1993.

(Mengenfixierung). In ihrer Höhe werden Umweltzertifikate durch den Staat abgegeben, die zwischen den Emittenten übertragbar sind. Sie könnten z.B. an einer Börse gehandelt werden. Auf diese Weise entsteht ein Markt, auf dem der Preis über Angebot und Nachfrage geregelt wird. Angebot und Nachfrage wiederum orientieren sich an den unterschiedlichen Kosten der Emittenten zur Vermeidung von Umweltbelastungen (Vermeidungskosten). Liegen diese über dem Preis für Umweltlizenzen werden Emittenten nachfragen, im umgekehrten Fall bieten sie ihre Zertifikate auf dem Markt (Börse) an. Dadurch wird eine Minimierung der gesamtwirtschaftlichen Kosten bei gleichzeitiger Durchsetzung der politisch gewünschten Umweltqualität erreicht.

Die **Vorteile** dieses Ansatzes sind also sowohl in ökologischer als auch in ökonomischer Effizienz und großer Marktkonformität zu sehen. Auch sollte die Möglichkeit einer „Offenmarktpolitik" in diesem Zusammenhang genannt werden. D.h., dass der Staat im Bedarfsfall das Volumen der Umweltlizenzen verringern bzw. erhöhen könnte. Die **Nachteile** bestehen in erster Linie in vielfältigen praktischen Anwendungsproblemen (Befristung der Zertifikate, Versteigerung oder freie Zertifikatsvergabe, Abgrenzung ökologischer Regionen usw.). Außerdem können durch Lizenzen Marktzutrittsschranken errichtet werden, die Konzentrations- und Monopolisierungstendenzen fördern würden (Wettbewerbsprobleme). Wir wollen auch ein emotionales Argument gegen den Handel mit Umweltlizenzen nicht verschweigen. So wird argumentiert, dass eines unserer wertvollsten Güter nicht verkauft werden dürfe. Dabei wird allerdings übersehen, dass mit jeder staatlich erteilten Genehmigung einer großen Industrieanlage (z.B. Kohlekraftwerk) die Umwelt weiter belastet wird, ohne dass der Emittent dafür bezahlt und für ihn keine ökonomischen Anreize zur Verringerung von Umweltbelastungen bestehen.

Allen Problemen zum Trotz wurde der Handel mit Emissionsrechten erstmals seit Januar 1995 zur Begrenzung von Schwefeldioxyd-Emissionen in den USA eingeführt. Am 9.12.2002 wurde die **EU-Richtlinie zum Emissionshandel** verabschiedet, die ab dem Jahre 2005 in Kraft tritt. Damit hofft die EUROPÄISCHE UNION, ein neues Instrument zur Senkung des CO_2-Ausstoßes geschaffen zu haben. Gemäß den Vorgaben des KYOTO-PROTOKOLLS soll das Ziel Klimaschutz mit marktwirtschaftlichen Instrumenten erreicht werden. Im Wesentlichen geht es darum, Anreize für die Unternehmen zu einer energiesparenden Produktion und damit zur Senkung des CO_2-Ausstoßes zu schaffen. Unternehmen, die weniger CO_2 als von der EU genehmigt emittieren, können ihre nicht beanspruchten Lizenzen wie an einer Börse verkaufen. Dagegen müssen Unternehmen bei einer Überschreitung des CO_2-Ausstoßes entweder in schadstoffmindernde Technologien investieren oder Emissionslizenzen kaufen. Betroffen sind von dieser Regelung zunächst ca. 5.000 Unternehmen aus den Industriezweigen Energie, Stahl, Papier, Keramik und Chemie. Allerdings plädieren mehrere Regierungen für die Ausdehnung auf weitere Wirtschaftsbereiche, insbesondere auf den CO_2-intensiven Verkehrssektor. Die EUROPÄISCHE KOMMISSION erhält bei der Kontrolle der Umsetzung der Richtlinie weitreichende Kompetenzen. Beispielsweise sind die Mitgliedstaaten gegenüber der Kommission berichtspflichtig. Bei Überschreitung der zugewiesenen Nutzungsrechte müssen sie mit Sanktionen rechnen. Ab dem Jahre 2005 muss für jede Tonne CO_2-Ausstoß, die nicht durch entsprechende Lizenzen abgedeckt, eine Geldbuße von 40 € gezahlt werden. Die Strafe wird auf 100 € pro ausgestoßener Tonne CO_2 steigen (2008). Ausnahmen von diesen Regelungen sind bis zum Jahre 2007 in begründeten Fällen möglich. Ab 2008 wird es dann allerdings keine Übergangsregelungen mehr geben und das börsenähnliche System des Emissionshandels wird für alle Mitgliedstaaten verpflichtend sein. Der Vorschlag des EUROPÄISCHEN PARLAMENTS diese Regelung auf alle Treibhausgase auszudehnen wurde bisher nicht umgesetzt.

Neben dem Lizenzhandel wurden weitere Instrumente entwickelt, die einen ähnlichen Ansatz verfolgen. Greifen wir zwei Beispiele heraus:

(1) So wurde in den USA mit der so genannten „Glocken- oder Blasenpolitik" (**Bubble-Politik**) ein Instrument entwickelt, dass eine Minimierung der Kosten für Umweltschutzmaßnahmen zum Ziel hat. Innerhalb einer definierten Region - über das eine fiktive „Käseglocke" gestülpt wird - darf ein vorgegebenes Schadstoffvolumen (Emissionsmenge) nicht überschritten werden. Es ist nicht vorgeschrieben, welche Maßnahmen die Unternehmen ergreifen und wie sie sich untereinander abstimmen. Diese Politik eröffnet den Unternehmen erhebliche Spielräume, da nicht jedes einzelne von ihnen - im Gegensatz zur schematischen Anwendung von Emissionsgrenzwerten - Reduzierungen vornehmen muss. Entscheidend ist, dass unter der Glocke die Gesamtemission die Summe aller Einzelemissionen, die sich bei der Anwendung von Auflagen für jeden einzelnen Emittenten ergäbe, nicht überschritten wird. Dadurch wird es möglich, die Einhaltung der vorgeschriebenen Grenzwerte kostengünstig durchzuführen. Die auftretenden Probleme (z.B. ökonomische Anreize für den Ausgleich zwischen den Unternehmen) sollten lösbar sein.

(2) Ein ökologisch sehr wirksames Instrument ist die so genannte Ausgleichspolitik (**Offset-Politik**). Danach kann eine Neuansiedlung oder Erweiterung von Industrieanlagen nur erfolgen, wenn die dadurch verursachten Emissionen durch Verminderungen an anderer Stelle überkompensiert werden. Der ökologische Effekt ist offensichtlich: Mit jeder neuen Anlage verringert sich die Schadstoffemission.

In der Bundesrepublik Deutschland sind ähnliche Überlegungen - wenngleich in sehr geringem Umfang - im BUNDESIMMISSIONSSCHUTZGESETZ (BImSchG) verankert. Die **Kompensationslösung** des § 7 sieht vor, dass die zuständige Behörde von nachträglichen Anordnungen absehen soll, wenn durch andere technische Maßnahmen an den Anlagen des Betreibers oder Dritter eine größere Emissionsreduzierung erzielt wird, als dies durch den Erlass nachträglicher Anordnungen möglich wäre.

Bei aller Unterschiedlichkeit der einzelnen marktwirtschaftlichen Instrumente der Umweltpolitik verbindet sie doch ein **gemeinsames Ziel**: Für die Wirtschaftssubjekte, die sich umweltgerecht im Sinne einer nachhaltigen Entwicklung verhalten, wird ein Anreiz - monetärer oder sonstiger Art - gegeben. Dabei wird ihnen im Rahmen der umweltpolitisch notwendigen Grenzen - gesetzt durch ordnungspolitische Instrumente - die Möglichkeit geschaffen, flexibel auf die wachsenden Anforderungen des Umweltschutzes - auch unter Kostengesichtspunkten - reagieren zu können. Entsprechend den marktwirtschaftlichen „Spielregeln" soll das Eigeninteresse am Umweltschutz mobilisiert werden.

6.4. Sonstige Instrumente

Neben den ordnungsrechtlichen und marktwirtschaftlichen Instrumenten gibt es weitere **vielfältige Instrumente** der Umweltpolitik, bei denen eine Zuordnung zu einer dieser beiden Gruppen schwer fällt.

Die größte Bedeutung kommt sicherlich den **fiskalischen Instrumenten**, die mit öffentlichen Ausgaben verbunden sind, zu. Dazu zählen neben dem **direkten Umweltschutz** (Verwirklichung des Gemeinlastprinzips) öffentlich-rechtlicher Institutionen (z.B. durch Finanzierung solcher Maßnahmen wie Ausbau von Fernwärmesystemen oder umweltschonender Verkehrswegebau, Lärmschutz, Gewässersanierung und die kommunale Abfallentsorgung), auch die Förderung umweltrelevanter **Forschungs- und Entwicklungsvorhaben** sowie die Finanzierung des **institutionellen Umweltschutzes** (UMWELTBUNDESAMT, Umweltverbände). Gleichfalls sind **Subventionen** im Umweltschutzbereich zu nennen. Hierbei finanziert der Staat ganz oder teilweise Umweltschutzkosten beim Verursacher aus staatlichen Einnahmen. In Ausnahmefällen können umweltpolitische Subventionen ökonomisch gerechtfertigt sein (wenn sie beispielsweise umweltverbessernde private Aktivitäten induzieren). In der Regel aber sind sie in marktwirtschaftlichem Sinne ineffizient.

Zunehmende Bedeutung erlangen auch **organisatorische Maßnahmen,** die eine unternehmensbezogene Durchsetzung umweltspezifischer Ziele bezwecken (**betriebliches Umweltmanagement**). Zum einen handelt es dabei um die Schaffung von organisatorischen Voraussetzungen im Unternehmen, die die Einhaltung gesetzlicher Regelungen wie Vorschriften über die Eigenüberwachung, Sicherheitsanalyse, Aufzeichnung umwelterheblicher Vorgänge garantieren: z.B. (1) Ernennung eines betrieblichen Umweltschutzbeauftragten gemäß BImSchG, ABFALLGESETZ (AbfG), STRAHLENSCHUTZVERORDNUNG (StrlSchV) u.a. gesetzlicher Vorschriften oder (2) Institutionalisierung einer umweltsichernden Betriebsorganisation (Mitteilungspflicht der Betreiber genehmigungspflichtiger Anlagen an die zuständigen Behörden gemäß BImSchG, § 52a). Zum anderen sollten derartige organisatorische Interventionen nicht allein auf die Einhaltung gesetzlicher Schutz- und Vorsorgepflichten beschränkt bleiben. Vielmehr geht es darüber hinaus um eine Einflussnahme auf die Unternehmensorganisation im Sinne einer Förderung umweltgerechter Produkt- und Verfahrensinnovationen. Als Instrumente, die einer Integration von vorsorgendem Umweltschutz in den betrieblichen Entscheidungsprozeß dienen, kommen u.a. die Pflicht zur Ernennung eines umweltschutzverantwortlichen Mitglieds der Geschäftsleitung, Dokumentationspflichten (z.B. Produktlinienanalysen, durch die Gesamtbelastung vom Rohstoffeinsatz bis zu Entsorgung bilanziert wird), komplexe Umweltbilanzen, die den gesamten Energie- und Rohstoffverbrauch des Unternehmens bilanzieren oder Teilbilanzen (wie Abfallbilanz) sowie Umwelt-Audits in Betracht. Die EU führte **Umwelt-Audits** (EG-VERORDNUNG Nr. 1836/93) als ein neuartiges Informations- und Kontrollinstrument ein. Allerdings werden sie auf freiwilliger Grundlage angewendet und dienen zunächst vorrangig der Selbstkontrolle sowie der Unternehmenswerbung. Die Unternehmen sollen durch Umwelt-Audits verpflichtet werden, konkrete betriebliche Umweltschutzziele zu entwickeln, ein komplexes Umweltschutzprogramm aufzustellen sowie die Koordination aller Umweltschutzmaßnahmen durchzuführen. Dieses Instrument lässt sich vor allem zur Bewertung des betrieblichen Umweltmanagements anwenden. Weniger geeignet ist es dagegen für die Bilanzierung der eigentlichen Umweltbelastungen (insbesondere des Energie- und Rohstoffverbrauchs). Um die stagnierende Zahl der Unternehmen, die sich einer Umweltbetriebsprüfung unterziehen, zu überwinden, trat Ende April 2001 eine neue EU-VERORDNUNG (Nr. 761/01) in Kraft. Einige Neuerungen seinen exemplarisch vorgestellt: So werden nicht mehr die Standorte eines Unternehmens überprüft, sondern die Unternehmensorganisation. Das soll Unternehmen mit vielen Niederlassungen die Teilnahme erleichtern. Neu ist weiterhin, dass sich Unternehmen auch mit den indirekten Umweltauswirkungen ihrer Geschäftspolitik auseinandersetzen müssen. Danach haben beispielsweise Handelsunternehmen in Zukunft auch die Umweltverträglichkeit ihres Sortiments zu berücksichtigen. Die ausdrückliche Forderung nach der Einbeziehung der Arbeitnehmer in das betriebliche Umweltmanagement ist ebenfalls neu. Unternehmen, die ein Umwelt-Audit absolviert haben, dürfen künftig mit einem einheitlichen Logo werben.

Von geringer praktischer Bedeutung - theoretisch aber sehr interessant - sind Ansätze, die auf eine Verbesserung der Umweltqualität durch **Verhandlungslösungen** setzen (**Coase-Theorem**). Nach RONALD H. COASE sollte „Marktversagen" nicht über staatliche Eingriffe (Steuern oder Subventionen) korrigiert werden, sondern durch eine freiwillige Internalisierung externer Effekte. Wenn der Staat beispielsweise **private Eigentumsrechte** (property rights) an Umweltgütern (etwa in Form von Zertifikaten) definieren und sie Geschädigten und/oder Verursachern zuweisen würde, könnten diese über die gewünschte Umweltqualität und entsprechende Kompensationszahlungen verhandeln. So könnte ein Ergebnis erreicht werden, das eine optimale private Lösung im Sinne eines Pareto-Optimums darstellt (vgl. Kapitel 2, Abschnitt 1.2). Die Hauptprobleme dieses Ansatzes liegen in den hohen Verhandlungskosten (Transaktionskosten) und in der „free-rider"-Position, die Wirtschaftssubjekte bei positiven externen Effekten der Umweltqualität einnehmen.

Als weitere Maßnahmen sind die Förderung eines **freiwilligen umweltfreundlichen Verhaltens** und die Entwicklung eines hohen **Umweltbewusstseins** (Umweltethik) zu nennen. Das ist u.a. durch verbesserte umweltbezogene Informationen, Appelle und Anreize (soziale Anerkennung durch Verleihung des Umweltzeichens, „Grüner Punkt", umweltgerechte Unternehmensführung, Schaffung von Benutzervorteilen für umweltfreundliche Produkte und Verfahrensweisen, soziale Sanktion in Form von Missbilligung bei umweltschädlichem Verhalten, Umweltbildungspolitik usw.) zu erreichen. Diese Instrumente zielen auf die Bereitschaft der Menschen zur Umsetzung und Mitgestaltung der Umweltpolitik ab.

In gleicher Richtung wirken freiwillige **Umweltschutzvereinbarungen**, z.B. im Sinne von Branchenabkommen, in denen sich Wirtschaftszweige zu einem bestimmten umweltfreundlichen Verhalten verpflichten (vgl. auch Abschnitt 4.4).

7. Probleme und Grenzen

Die bisherigen Ausführungen zusammenfassend erkennen wir, dass eine rationale Umweltpolitik neben der Verwirklichung grundlegender Prinzipien in folgenden Schritten vorgehen muss:

- „ökologisch-ökonomische Bestandsaufnahme.
- Vorgaben klar definierter und operationaler - möglichst nach Prioritäten geordneter - umweltpolitischer Ziele.
- Zur Erreichung dieser Ziele Einsatz ökologisch-ökonomisch effizienter, rechtlich-administrativ und politisch durchsetzbarer Instrumente, mit denen möglichst gleichzeitig ein Beitrag zur Lösung wirtschaftspolitischer Probleme (Beschäftigung, Wachstum) geleistet wird.
- Messung des Erfolgs der durchgeführten Maßnahmen an dem Ausmaß der Verwirklichung der umweltpolitischen Ziele und an ihrem Beitrag zur Föderung anderer (wirtschafts-)politischer Ziele." [11]

Dabei besteht eine besondere Schwierigkeit darin, dass zahlreiche Umweltprobleme internationale bzw. **globale Dimensionen** angenommen haben. Luftverschmutzung, Gewässerverschmutzung usw. machen an den nationalen Grenzen nicht halt. Die Schädigung globaler Stoffkreisläufe und Ressourcen erfordern gemeinsame internationale Anstrengungen zur Lösung der wachsenden Umweltprobleme. Notwendig wären weltweit gültige Normen und Standards, die auch durchsetzbar sind. Aber gerade hier liegt ein besonderer Schwachpunkt der internationalen Umweltpolitik. Es existiert auf internationaler Ebene kein politischer Träger, der neben der Kompetenz auch die Macht hat, globale Umweltpolitik durchzusetzen. Zwar gibt es über 180 internationale Umweltschutzabkommen, deren Wirksamkeit allerdings nicht überschätzt werden darf. Zu ihren Schwächen zählen v.a., dass sie überwiegend nachsorgend sowie auf ausgewählte umweltpolitische Aspekte ausgerichtet sind. Häufig lassen sie einen integrativen Ansatz vermissen lassen. Außerdem ist - wie sich z.B. auf der UMWELTSCHUTZKONFERENZ VON KYOTO zeigte - eine Tendenz zur „Entschärfung" der Umweltstandards vorhanden (niedrige Standards, Sonderbestimmungen und Ausnahmeregelungen). Verstöße sind in aller Regel gar nicht oder nur mit geringen mit Sanktionen verknüpft. Die Wirksamkeit der Abkommen hängt somit vom Wohlwollen einzelner Regierungen ab.

Ein besonderes Problem ist der sich verschärfende **Konflikt zwischen internationalem Handel und Umweltschutz**. In neueren internationalen umweltpolitischen Konventionen sind vielfach Handelsbeschränkungen (Exportverbote für gefährliche Stoffe, Abfälle und Technologien, Importverbote für gefährdete Arten usw.) zur Vorsorge gegen Umweltschädigungen vorgesehen. Ein solches Vorgehen steht aber soweit Dritte (d.h. Nichtunterzeich-

---

[11] Vahlens Großes Wirtschaftslexikon, Bd. 2., München 1987, S. 753.

nerstaaten) betroffen sind, teilweise im Widerspruch zu den Bestimmungen der WORLD TRADE ORGANIZATION (WTO). Danach ist nämlich Umweltschutz als Rechtfertigung für Handelsbeschränkungen nur begrenzt möglich. Das WTO-Abkommen ist nicht unter umweltpolitischen Gesichtspunkten konzipiert worden, wodurch erhebliche Defizite entstanden. So sind zwar Importverbote, die an umweltspezifischen Produktnormen ansetzen, nach WTO-Recht problemlos möglich. Voraussetzung ist nur, dass die Gefährdung menschlichen, tierischen oder pflanzlichen Lebens und der Gesundheit wissenschaftlich begründet werden kann. Das gilt aber nicht im gleichen Maße für Prozessstandards (Art der Herstellung). Korrekturen im Sinne einer stärkeren Verknüpfung von Ökologie und Ökonomie erscheinen im internationalen Handel unvermeidlich.

Die Durchsetzung einer nachhaltigen Umweltpolitik steht in einem engen Zusammenhang mit der **ökonomischen Lage** einer Volkswirtschaft (Konflikt zwischen ökologischen und ökonomischen Interessen). Vor dem Hintergrund von Massenarbeitslosigkeit, Finanzierungsproblemen bei den sozialen Sicherungssystemen oder geringen Wachstumsraten des BIP verringert sich die Akzeptanz finanzieller Aufwendungen für den Umweltschutz. Das bleibt nicht ohne Auswirkungen auf die politischen Entscheidungsträger. Obwohl der Umweltpolitik der gleiche Rang wie anderen öffentlichen Aufgaben eingeräumt wurde, hat sie Schwierigkeiten, diese Position in der aktuellen Politik auch durchzusetzen. Wenn diese Einschätzung aber bereits für eine reiche hochentwickelte Industrienation gilt, um wie viel lockerer ist dann erst der Zusammenhang zwischen ökonomischer Situation und Bereitschaft zum Umweltschutz in Entwicklungsländern. Deshalb ist es unerlässlich die einzelnen Politikbereiche (wie Wachstums- und Beschäftigungspolitik, Entwicklungs-, Handels- und Umweltpolitik) stärker als bisher integrativ und komplementär zu betreiben.

Ein großes Problem stellt der **politische Entscheidungsprozeß** selbst dar, und zwar sowohl auf nationaler als auch auf internationaler Ebene. Es geht dabei um die Frage, über welchen Weg oder besser häufig „Umweg" Umweltprobleme zu politischen Entscheidungen führen. Nicht selten lösen erst Umweltkatastrophen oder der politische Druck, der durch die öffentliche Diskussion z.B. in den Massenmedien entsteht, Reaktionen bei den Entscheidungsträgern aus. Dies wird einer immer wieder geforderten stärker vorsorgeorientierten und systematischen Umweltpolitik nicht gerecht. Eine von Ereignissen oder Zufällen diktierte selektive Umweltpolitik erscheint wenig geeignet, die existenziellen Probleme zu lösen. Hinzu kommt, dass der institutionelle Rahmen insbesondere auf internationaler Ebene eine rationale Umweltpolitik nicht genügend fördert. Im Gegenteil. So gilt beispielsweise der Entscheidungsprozess innerhalb der EU als wenig transparent, eine öffentliche Kontrolle der Entscheidungen ist behindert. Auch die rechtlichen Grundlagen der europäischen Umweltpolitik sind teilweise eher undurchsichtig und kompliziert. Aus dieser Einschätzung lassen sich geradezu zwangsläufig Forderungen nach größerer institutioneller Offenheit, besseren Beteiligungschancen für Umweltverbände und stärkerer demokratischer Legitimation ableiten. Als denkbare Maßnahmen kommen in diesem Zusammenhang in Betracht: Aufwertung des EUROPÄISCHEN PARLAMENTS (aktive Mitentscheidung, Rechenschaftspflicht der EU-KOMMISSION vor dem Parlament), Verfahrensänderung bei Ministerratsentscheidungen (Einschränkung des Vetorechts), Stärkung der Generaldirektion Umwelt und der Umweltabteilungen in den anderen Generaldirektionen sowie Öffnung der EU-Ausschüsse für Umweltschutzverbände[12]. Mit dem VERTRAG VON AMSTERDAM wurde ein Schritt in dieser Richtung unternommen.

Auf einen umfassenden Problembereich sind wir bereits im Zusammenhang mit der **Erarbeitung umweltpolitischer Indikatoren** und der Formulierung von Zielen der Umweltpolitik ausführlich eingegangen. Eine Voraussetzung für die Umsetzung des Leitbildes einer nachhaltigen Entwicklung in rationale Umweltpolitik bildet die ökologisch-ökonomische

---

[12] Vgl. C. HEY, Umweltpolitik in Europa, München 1994, S. 53ff.

Bestandsaufnahme von Umweltproblemen mittels Indikatoren. Aufgrund oft noch unzureichender, wissenschaftlich exakter Erkenntnisse über komplexe Wirkungszusammenhänge zwischen Schadstoffemissionen und tatsächlichem Ausmaß von Umweltzerstörungen - einschließlich der Gefährdung von Mensch und Tier - können Indikatoren bisher nicht alle Informationen liefern, die die Umweltpolitik benötigt. Außerdem müssen sich umweltpolitische Indikatoren an den Zielen der Umweltpolitik orientieren. Da diese Ziele Ergebnis eines mitunter kompromissreichen Entscheidungsprozesses sind, besteht zumindest die Gefahr, dass wesentliche Belastungsbereiche vernachlässigt werden. Weitere Probleme können im Zusammenhang mit der Messung und Kontrolle der Emissionen auftreten. Zwar scheinen diese technisch weitgehend lösbar zu sein. Trotzdem stellt sich die Frage, inwieweit die Politiker und nicht zuletzt die Gesellschaft selbst angesichts anderer gravierender Probleme bereit ist, die personellen und finanziellen Voraussetzungen dafür zu schaffen.

Abschließend sei kurz auf die **ethische Dimension** des Umweltproblems hingewiesen. Der heutige Zustand der Umwelt zeigt, dass „die moderne Gesellschaft ... mit ihrer bisherigen Praxis im Umgang mit der Natur gewaltig in Verzug geraten ist" (UMWELTGUTACHTEN 1994, S. 50). Die Verantwortung dafür darf jedoch nicht allein dem Versagen staatlicher Umweltpolitik angelastet werden. Erfolge im Umweltschutz stehen letztlich in enger Wechselbeziehung zur Ausprägung des gesellschaftlichen **Umweltbewusstseins**. Die Bereitschaft zur Überprüfung und Veränderung des eigenen Verhaltens darf eben nicht nur von gesetzlichen Bestimmungen und ökonomischen Anreizen abhängig sein. Der Leser mag selbst überprüfen, inwieweit sich seine generelle Zustimmung zu den Zielen des Umweltschutzes auch tatsächlich auf sein individuelles Verhalten im konkreten Fall auswirkt. Jeder Einzelne trägt Verantwortung für den Schutz der Umwelt. Dabei geht es keineswegs um die Verwirklichung eines realitätsfremden Ideals. Verantwortung im Sinne MAX WEBERS[13] meint vielmehr, die Einheit von Klugheit und Pflicht (Optimierung des Verhaltens im Rahmen des Möglichen) zur Grundlage des eigenen Handelns zu machen.

Arbeitsaufgaben

1) *Welches sind die wichtigsten Aufgaben der Umweltpolitik?*

2) *Worin sehen Sie die Hauptursachen des Umweltproblems?*

3) *Welche umweltpolitischen Indikatoren kennen Sie und welche Grundanforderungen müssen sie erfüllen?*

4) *Erörtern Sie wichtige Ziele nationaler, europäischer und internationaler Umweltpolitik.*

5) *Nennen Sie die Prinzipien der Umweltpolitik und begründen Sie, warum das Verursacherprinzip als allgemeine umweltpolitische Leitlinie bezeichnet werden kann?*

6) *Welche Träger der Umweltpolitik sind Ihnen bekannt?*

7) *Nach welchen Kriterien lassen sich umweltpolitische Instrumente systematisieren?*

8) *Erörtern Sie die Vor- und Nachteile von marktwirtschaftlichen Instrumenten.*

9) *Worin liegt die Bedeutung ökonomischer bzw. marktwirtschaftlicher Instrumente?*

10) *Worin bestehen Grenzen und Probleme der Umweltpolitik?*

---

[13] Vgl. M. WEBER, Politik als Beruf, (Erstveröffentlichung 1919), Stuttgart 1992.

10. Kapitel: Entwicklungspolitik

1. Einleitung

Entwicklungspolitik ist ein komplexes wirtschaftspolitisches Problemfeld. Wir finden hier wichtige Elemente der Ordnungs- und Ablaufpolitik, der Beschäftigungspolitik, der Verteilungspolitik, der Finanz- und Geldpolitik usw. Für die Beschreibung des Zustands der Unterentwicklung ist ein **Referenzsystem** erforderlich: Meistens wird aus Sicht der heutigen Industrie- bzw. Dienstleistungsgesellschaft beurteilt. Viele Prozesse, die in den meisten Volkswirtschaften der westlichen Welt in mehreren Jahrhunderten vollzogen wurden, sollen in Entwicklungsländern in relativ kurzer Zeit nachgeholt werden.

Der Ost-West-Konflikt nach dem Zweiten Weltkrieg hatte auch in der **Dritten Welt** zu einer Spaltung geführt. Viele Wirtschaftsgesellschaften hatten sich eng an das sowjetische Modell angelehnt, während sich andere Länder am marktwirtschaftlichen Modell des Westens orientierten. In der seit dem Ende der 80er Jahre - nach dem Zusammenbruch des Sowjetimperiums - eingeleiteten Übergangsphase (**Transformation**) spielten neben der Übernahme des marktwirtschaftlichen Koordinationsmechanismus auch die Beachtung der Menschenrechte sowie eine demokratische Gestaltung der politischen Institutionen und Verhaltensweisen eine immer wichtigere Rolle. Diese Imperative konnten sich aber erst durchsetzen, nachdem die systempolitische Konkurrenz zugunsten einer grundsätzlich demokratischen Wirtschaftsverfassung entschieden war.

Viele Ursachen haben zur Entwicklungsländerproblematik beigetragen. Ihre Analyse macht sowohl historische wie auch sozioökonomische und religiös-kulturelle Exkurse notwendig. Es kann daher nicht verwundern, dass es viele Entwicklungstheorien gibt, die an sehr verschiedenen Ursachen ansetzen und die eine Reihe von Denkrichtungen widerspiegeln. Daraus wird deutlich, dass der **Begriff Entwicklung nicht wertneutral** ist. Die Zielrichtung entwicklungspolitischer Anstrengungen ist jedoch immer gleich: Es soll ein höherer Entwicklungsstand erreicht werden.

Entwicklungspolitik umfaßt alle Handlungen und Maßnahmen, durch die in Wirtschaftsgesellschaften mit niedrigem Entwicklungsstand eine nachhaltige Verbesserung der Lebensbedingungen erreicht werden soll.

Wenn dies aus eigener Kraft nicht möglich ist, kann die **Entwicklungszusammenarbeit** (EZ) mit entwickelten Volkswirtschaften hilfreiche Anstöße für die Einleitung des Entwicklungsprozesses geben. Allerdings spielt sich die EZ in einem nach wie vor kritischen Licht der Öffentlichkeit ab. Wie kann man "Entwicklungshilfe" rechtfertigen, wenn im eigenen Land die Arbeitslosenquote bei 10% liegt? Und schafft man sich durch die Förderung anderer Volkswirtschaften nicht nur unliebsame Konkurrenten für die Zukunft? Man kann auch fragen, ob Entwicklungsländer im Prozess der Globalisierung überhaupt eine Chance haben. Diesen und anderen Problemen wollen wir in diesem Kapitel nachgehen.

2. Situationsanalyse

2.1 Beschreibung des Ausgangslage

Das "typische" Entwicklungsland gibt es nicht. Vielmehr unterscheiden sich die einzelnen Entwicklungsländer erheblich, z.B. in Bezug auf:
- die Faktorausstattung (natürliche Ressourcen)
- die geographische Lage (z.B. Binnenstaaten)
- den Bildungsstand der Bevölkerung und deren Wachstumsrate

- das gesellschaftspolitische Wertesystem
- die Rolle des Staates und seiner Institutionen usw.

Der folgende **Katalog von Merkmalen**, die für ein Entwicklungsland im Allgemeinen charakteristisch sind, gibt einen ersten Einblick in die Vielfalt der Probleme:

- Die Wachstumsrate der Bevölkerung liegt bei 2 bis über 3%; 40 - 50% der Bevölkerung sind jünger als 16 Jahre;
- die Gesundheitsverhältnisse sind schlecht; geringe Lebenserwartung;
- niedriges Pro-Kopf-Einkommen;
- die Konsumquote ist hoch; Ersparnis und die Investitionen sind gering;
- geringe Kapitalausstattung und Arbeitsproduktivität;
- die Infrastruktur ist unzureichend (materielle Infrastruktur: Verkehrswege, Energieversorgung; institutionelle Infrastruktur: Rechtsordnung, Verwaltung, Kommunikationseinrichtungen; personelle Infrastruktur: Bildungsstand; soziale Infrastruktur: Erziehungs- und Gesundheitswesen);
- ein niedriger Industrialisierungs- und Verarbeitungsgrad von Rohstoffen;
- ein hoher Anteil der Bevölkerung ist in der Landwirtschaft tätig (50-80%);
- ungleichmäßige Verteilung der Einkommen und Vermögen;
- unzureichende Markt- und Kreditorganisation.

Allerdings lässt sich aus dieser Fülle von beschreibenden Kriterien kein Maßstab ableiten, der eine internationale Vergleichbarkeit des Entwicklungsstandes erlauben würde. Deutlicher werden die weltweiten Ungleichheiten, wenn man anhand einiger ausgewählter **Sozialindikatoren** eine Qualifizierung vornimmt. Tab. 10.1 zeigt einen solchen Versuch, wobei eine regionale Zuordnung vorgenommen worden ist.

Tab. 10.1: Ausgewählte Sozialindikatoren 2001[1]

	Bevölkerung insgesamt (in Mio.)	Lebenserwartung bei der Geburt (in Jahren)	Säuglings-sterbeziffer (je 1.000 Lebendge-burten)	Zugang zu Trinkwasser (in % der Bevölkerung)	Alphabeten-quote der Bevölkerung ab 15 Jahren (in %)
Länder mit niedrigem Einkommen (bis 745 US $)	2.506	59	80	76	63
Länder mit mittlerem Einkommen	2.667	70	31	82	87
- niedrigeres mittleres Einkommen (bis 2.975 US $)	2.163	69	33	80	86
- höheres mittleres Einkommen (bis 9.205 US $)	504	72	23	88	91
Länder mit niedrigem / mittlerem Einkommen davon:	5.173	64	61	79	76
- Afrika südl. der Sahara	674	46	105	58	62
- Ostasien	1.822	69	34	76	87
- Südasien	1.378	63	71	84	55
- Europa und Zentralasien	474	69	31	91	97
- Mittlerer Osten u. Nordafrika	301	68	44	88	65
- Lateinamerika u. Karibik	524	71	28	86	89
Länder mit hohem Einkommen (über 9.205 US $)	957	78	5	·	> 97
gesamte Welt	6.130	67	56	81	·1)

1) Zahlenwert unbekannt
Quelle: Weltbank, World Bank Atlas 2003.

2.2 Indikatoren zur Messung von Unterentwicklung

2.2.1 Das Bruttoinlandsprodukt pro Kopf als allgemeiner Indikator

Als wichtiger Maßstab für die Einteilung in entwickelte und unterentwickelte Länder gilt immer noch das Bruttoinlandsprodukt pro Kopf der Bevölkerung. Tabelle 10.2 zeigt die großen Einkommensunterschiede der Länder der Erde. Sofern man die Pro-Kopf-Zahlen in Kaufkraftparitäten umrechnet, kommen die Einkommensunterschiede weniger deutlich zum Ausdruck.

Tab. 10.2: Einkommensunterschiede der Länder der Welt - 2001 -

Einkommens-gruppe in US$	Anzahl der Länder	Bevölkerung		Bruttoinlandsprodukt		
		in Mio.	in v.H. der Weltbevöl-kerung	in Mrd. US$	Anteil am Welt-inlandsprodukt in v.H.	pro Kopf der Bevölkerung in US$
745 u. weniger	66	2.506	40,9	1.082	3,5	432
746 - 2.975	35	2.163	35,3	2.739	8,8	1.266
2.976 - 9.205	52	504	8,2	2.423	7,7	4.808
9.206 u. mehr	55	957	15,6	24.887	80,0	29.140
Gesamt	208	6.130	100,0	31.121	100,0	5.077

Quelle: Weltbankatlas 2003, S. 55, 65 und eigene Berechnungen.

Ein solcher **eindimensionaler** Maßstab besitzt dann keine hohe Aussagekraft, wenn der Anteil der nicht marktgerichteten Produktion an der Gesamtproduktion beträchtlich ist. Gerade in Entwicklungsländern wird ein nicht erheblicher Teil der Produktion nicht über den Markt verkauft und erscheint daher auch nicht im Bruttoinlandsprodukt. Die statistisch nicht erfasste Wertschöpfung im sich nach wie vor dynamisch entwickelnden **informellen Sektor** würde die Zahlen relativieren. Ein weiteres Problem ist, dass infolge der Durchschnittsbildung keine Aussagen über die Einkommensverteilung möglich sind, über die im übrigen selten detaillierte Informationen vorhanden sind.

2.2.2 International verwendete Indizes

Im Jahre 1990 wurde vom Entwicklungsprogramm der VEREINTEN NATIONEN (UNITED NATIONS DEVELOPMENT PROGRAM - UNDP) erstmals der "Human Development Report" veröffentlicht, in dem ein **Index der menschlichen Entwicklung** berechnet wurde. Für jedes Land werden drei Größen - die Kaufkraft des Pro-Kopf-Einkommens, die durchschnittliche Lebenserwartung bei der Geburt und die Alphabetisierungsrate - zu einem Indexwert gebündelt. Bei jedem der einzelnen Indexwerte wird die relative Entfernung von einem gewünschten Ziel gemessen (Lebenserwartung bei der Geburt von 25 bis 85 Jahren, Alphabetisierungs-rate von Erwachsenen von 0% bis 100%, Gesamteinschulungsquote von 0% bis 100% und das reales BIP pro Kopf [in Kaufkraftparitäten] von 100 bis 40.000 $). Unter 175 Ländern, für die der Index für 2001 berechnet wurde, nahm Norwegen den ersten (beim alleinigen Maßstab des BIP pro Kopf liegt Norwegen erst an 4. Stelle), Sierra Leone den letzten Platz ein. Unter den Ländern der Dritten Welt gibt es durchaus solche, die einen höheren Grad an Lebensqualität aufweisen, als nach wirtschaftlichen Maßstäben allein zu erwarten wäre. Beispielsweise rangierte Nigeria nach dem Pro-Kopf-Einkommen auf dem 165., nach dem Index der menschlichen Entwicklung auf dem 152. Rang (BERICHT ÜBER DIE MENSCHLICHE ENTWICKLUNG 2003, S. 283ff.). Es ist bemerkenswert, dass die regelmäßige Veröffentlichung solcher Indizes in einer Reihe von Entwicklungsländern Anstrengungen hervorruft, die eigene relative Position zu verbessern. Dies ist gerade im regionalen Kontext (z.B. bestimmte Regionen in Afrika) von Bedeutung.

2.3 Klassifikationen von Entwicklungsländern

In der internationalen Entwicklungszusammenarbeit sind mehrere Klassifikationen von Entwicklungsländern gebräuchlich. Eine weltweit verbindliche Liste der Entwicklungsländer[1] gibt es bisher indes nicht.

Als **Least Developed Countries** (LDC) - eine Klassifikation, die die UNO 1971 eingeführt hat - werden seit 1991 jene Niedrigeinkommensländer definiert, die an langfristiger Armut durch Wachstumshemmnisse und besonders an einem niedrigen Niveau von "human resource development" und/oder gravierenden Strukturschwächen leiden. Die Beurteilung wird mittels der folgenden Kriterien vorgenommen:

- Pro-Kopf-BIP (Durchschnitt der drei letzten Jahre: unter 900 US $) statt.[2] - Für die Messung von "human resource development" wird der "**Augmented Physical Quality of Life Index**" (APQLI) herangezogen. Er besteht aus Lebenserwartung, Kalorienversorgung, Einschulungsrate sowie Alphabetisierungsrate der Erwachsenen.
- Wirtschaftliche Diversifizierung kann durch einen "**Economic Vulnarability Index**" (EVI) gemessen werden, der den Anteil der Industrie und der Dienstleistungen am BIP, der Instabilität der landwirtschaftlichen Produktion sowie die Exportorientierung zugrunde legt.
- Nur Länder mit maximal 75 Mio. Einwohnern kommen als LDC infrage (Ausnahme: Bangladesch). Sofern ein Land eine größere Bevölkerung aufweist, wird es der Gruppe der anderen "**Low-Income Countries** (LIC)" zugerechnet.

Ein Land wird als LDC eingestuft, wenn sein Pro-Kopf-Einkommen nicht mehr als 25% des Einkommens der hochentwickelten Länder beträgt (diese Grenze lag 2002 bei ‹ 745 US$) und bei den anderen beiden Kriterien bestimmte Obergrenzen nicht überschritten werden. Ein Land wird aus der Liste der LDC gestrichen, wenn es den Grenzwert für das BIP pro Kopf überschreitet und beim APQLI und dem EVI bereits seit drei Jahren über dem Grenzwert liegt.

Die Bundesrepublik orientiert sich an der vom Entwicklungshilfeausschuss (DEVELOPMENT ASSISTANCE COMMITTEE - DAC) bei der ORGANISATION FÜR WIRTSCHAFTLICHE ZUSAMMENARBEIT UND ENTWICKLUNG (ORGANIZATION FOR ECONOMIC COOPERATION AND DEVELOPMENT - OECD) jeweils aufgestellten Liste. Seit 1997 ist die DAC-Liste in zwei Teile gegliedert: **Teil I** enthält Empfänger von Official Development Aid (**ODA**). In **Teil II** sind Länder aufgenommen worden, die als fortgeschrittenere Länder (**More Advanced Developing Countries and Territories** - MADCT) bezeichnet werden wie z.B. die Bahamas, Bermudas, Brunei, Israel usw. und Übergangsländer (Länder Mittel- und Osteuropas [MOE wie Bulgarien, Tschechien, Polen, Ungarn, Rumänien usw.] und unabhängig gewordene Länder der früheren Sowjetunion [Russland, Weißrussland, die Ukraine usw.]). 2001 nahmen 169 Länder und 19 Territorien Entwicklungshilfeleistungen in Anspruch.

Entwicklungsländer mit einem relativ fortgeschrittenen Entwicklungsstand werden als **Schwellenländer** (oder: **Newly Industrializing Countries** - NIC) bezeichnet. Ihre wirt-

---

[1] Im Jahre 1964 entstand die **Gruppe der 77** (G-77), dem größten und bedeutendsten Zusammenschluss von Entwicklungsländern (ohne China). In einer gemeinsamen Erklärung meldeten sie gegenüber den entwickelten Ländern erstmals ihren Anspruch auf eine neue Weltwirtschaftsordnung an. 1967 wurde DIE CHARTA VON ALGIER verabschiedet, ein umfangreicher Katalog von Forderungen und Absichtserklärungen vor allem zur internationalen Rohstoff- und Handelspolitik. Ihr gehören inzwischen 133 Länder an.

[2] Dies ist die erste Gruppe in Tab. 10.1, während die zweite als "**Lower Middle-Income Countries** (LMIC)", die dritte als "**Upper Middle-Income Countries** (UMIC)" und die letzte Gruppe als "**High-Income Countries** (HIC)" bezeichnet werden.

schaftliche Eigendynamik dürfte es ihnen erlauben, die Strukturmerkmale der typischen Entwicklungsländer mehr und mehr zu überwinden, was sich vor allem im Pro-Kopf-Einkommen, aber auch anderen Kriterien ausdrückt.

Die Klassifikation von Entwicklungsländern hat eine große Bedeutung für die **Gewährung von Entwicklungshilfe**. Grundsätzlich gilt, dass die Vergabekonditionen um so günstiger sind, je niedriger der Entwicklungsstand des Hilfe in Anspruch nehmenden Landes ist. Dies mag im übrigen auch ein Grund für manche Länder sein, die statistischen Berechnungs- und Erfassungsmethoden nicht sehr zu verbessern, da sonst die "günstigere" Klassifikation und bessere Konditionen verloren gingen.

2.4 Die Terms of Trade

Seit langem haben sich die **realen Austauschverhältnisse** (Terms of Trade - vgl. Kapitel 8, Abschnitt 2.2) für viele Entwicklungsländer verschlechtert, d.h. die Entwicklungsländer bekommen immer weniger Importgüter für die exportierte Tonne Kaffee, Kakao, Kupfer, Zinn etc. Nach Berechnungen der WELTBANK haben sich die realen Austauschverhältnisse in den letzten Jahren sehr unterschiedlich entwickelt, wobei in erster Linie die afrikanischen Länder mit niedrigem Einkommen negativ betroffen waren. Der weltweite Liberalisierungs- und Globalisierungsprozess lässt es als unwahrscheinlich erscheinen, dass sich mit dem weiteren Abbau von tarifärer und nichttarifärer Protektion (vgl. Kapitel 8, Abschnitt 3.1.3 und 6.2.2) auf absehbare Zeit eine Verbesserung zugunsten der Entwicklungsländer ergeben könnte.

2.5 Das Schuldenproblem

Die Bemühungen um Entwicklung haben in den letzten Jahrzehnten zu einer hohen **Außenverschuldung** der Entwicklungsländer geführt. Sie sind heute gezwungen, beträchtliche Teile ihrer Exporterlöse für den Schuldendienst aufzubringen, Ressourcen, die für die eigene Entwicklung fehlen.

Tab. 10.3: Auslandsschulden der Länder mit niedrigem und mittlerem Einkommen

Schulden	gesamte Auslandsschulden (Mrd. US-$)			Auslandsschulden als Prozentsatz des BIP			Schuldendienst in % der Ausfuhr von Gütern und Dienstleistungen		
	1980	1995	2001	1980	1995	2001	1980	1995	2001
Afrika südlich der Sahara	84,1	226,5	203,0	30,6	81,3	64,3	9,8	14,5	9,0
Ostasien und Pazifik	64,6	404,5	504,1	17,3	32,9	30,3	11,5	12,8	6,1
Südasien	38,0	156,8	161,7	17,4	30,5	26,3	11,7	24,6	12,9
Europa und Zentralasien	87,9	425,3	497,8	9,9	39,9	50,1	7,4	13,8	11,4
Naher Osten und Nordafrika	83,8	216,0	200,6	18,3	37,3	28,7	5,7	14,9	11,3
Lateinamerika und Karibik	257,3	636,6	765,9	36,0	41,0	38,9	36,3	26,1	19,4
zusammen	615,7	2.065,7	2.332,1	21,0	39,6	37,4	13,0	17,0	11,4

Quelle: Weltbank, World Bank Atlas 1983, 1998, 2003.

Die Auslandsverschuldung ist für viele Länder zu einem Entwicklungshemmnis geworden:

- Kredite sind für konsumtive und nicht für investive Zwecke verwendet worden;

- Die Exporterlöse der EL sind in den letzten 30 Jahren um rund 50 % gesunken, so dass für die Bedienung der Schulden erforderlichen Devisen fehlten;
- Vor allem in den 80er Jahren waren die zu zahlenden Zinsen sehr hoch.

Aus Tab. 10.3 wird deutlich, dass der Schuldenstand in Bezug auf die wirtschaftliche Leistungsfähigkeit vor allem in afrikanischen Ländern südlich der Sahara immer noch sehr hoch ist, allerdings mit sinkender Tendenz. Die Ursachen sind vielfältig. Ein Grund mag in der sinkenden Bereitschaft der Industriestaaten liegen, neue Kredite zu gewähren. Eine Nettokapitalzufuhr hat in den letzten Jahren nicht mehr stattgefunden. Vielmehr überwogen die Kapitalabflüsse. Teilweise überstiegen die Kredittilgungen die Nettozuflüsse - eine angesichts des anhaltend hohen Kapitalbedarfs kontraproduktive Situation. Die Gesamtschulden aller Länder mit geringem und mittlerem Einkommen beliefen sich Ende 2001 auf 2,332 Billionen US $. Seit Beginn der 80er Jahre hat sich der Schuldenstand nahezu vervierfacht. Einen beträchtlichen Schuldendienst in Bezug auf die Exporterlöse haben vor allem die Länder in Südasien und in Lateinamerika zu leisten. Allerdings sind auch diese Werte in den letzten Jahren zurückgegangen. Weiterhin macht die Tabelle deutlich, dass sich die Verschuldung in einigen Ländergruppen von 1980 bis 2001 stark erhöht, in anderen dagegen verringert hat. Eine Betrachtung nach Ländern bzw. Regionen zeigt, dass auch sehr arme Entwicklungsländer eine relativ hohe Schuldenlast zu tragen haben.

Sofern ein Land zahlungsunfähig geworden ist - der Leser erinnere sich daran, dass es sich hier um **Auslandsschulden** handelt, die in ausländischen Währungen aufgenommen wurden, d.h. in Geld, das das betreffende Land nicht selbst schaffen kann -, spricht man von einem **Zins- oder Schuldenmoratorium**: die Zins- bzw. Tilgungszahlungen werden wenigstens vorübergehend eingestellt. Dies bedeutet im Allgemeinen einen starken Vertrauensverlust in das betreffende Land, die heutigen und potenzielle Gläubiger werden mit der Gewährung neuer Kredite zurückhaltend sein. Da die Verfügbarkeit über Devisen für den Import wichtiger Güter aber unabdingbar für die zukünftige Entwicklung sein kann, wird das verschuldete Land alles daran setzen, seine Zahlungsfähigkeit wieder herzustellen und auch versuchen, die früher aufgelaufenen Schulden ordnungsgemäß zurückzuzahlen.

3. Theoretische Fundierung

Es gibt eine Fülle von Erklärungen, warum viele Länder in Armut und Unterentwicklung leben. Wir wollen einige wichtige **Entwicklungstheorien** vorstellen. Dabei zeigt sich, dass Erklärungen von Unterentwicklung sehr häufig bereits Handlungsanweisungen für die Entwicklungspolitik beinhalten. Indes wird nicht selten übersehen, dass ein niedriger Entwicklungsstand durch das Zusammenwirken einer Fülle von Faktoren bedingt ist, die nicht ohne weiteres gleichzeitig beeinflusst werden können. Zum Teil entziehen sich die die Unterentwicklung determinierenden Größen auch einer schnellen und direkten Veränderbarkeit. Dies wollen wir am Beispiel der Bevölkerungsentwicklung verdeutlichen: Wenn die **Wachstumsrate der Bevölkerung** sehr hoch ist, muss ein noch höheres Wachstum des Bruttoinlandsprodukts durchgesetzt werden, damit das Pro-Kopf-Einkommen steigen kann. Nun hängt die Bevölkerungsentwicklung ihrerseits von einer Fülle von Einflussfaktoren ab, die im wesentlichen auf der Metaebene - d.h. dem Wertesystem der Gesellschaft, religiösen und kulturellen Einstellungen und Überzeugungen usw. - zu verorten sind. Ökonomische Notwendigkeiten mögen noch hinzukommen: Kinder tragen zur sozialen Sicherung im Alter bei. Maßgeblich ist auch der Bildungsstand. Erst wenn ein höherer Bildungsstand erreicht ist, nimmt die Wachstumsrate der Bevölkerung ab. In ländlichen Gebieten dagegen bleibt das generative Verhalten wegen tradierter Wertesysteme unverändert. Nur durch Bevölkerungspolitik (Familienplanung usw.) Abhilfe schaffen zu wollen, würde zu kurz greifen.

3.1 Teufelskreise der Armut: Das Grundproblem

Die **Ausgangshypothese** kann lauten: Entwicklungsländer bleiben arm, weil sie arm waren und sind. Bei niedrigem Einkommen kann nicht gespart werden. Das gesamte Einkommen wird für Konsumzwecke verwendet. Kann nicht gespart werden, stehen auch keine Ressourcen für Investitionen zur Verfügung. Erst Investitionen ermöglichen eine nachhaltige Steigerung der Produktivität und eine höhere Produktion in der Zukunft. Bei niedrigen Einkommen ist die kaufkräftige Nachfrage gering, so dass sich Investitionen kaum lohnen. Erst wenn es genügend Arbeitsplätze gibt, wird ein hinreichend großes Einkommen erzielt. Außerdem ist die Monetarisierung (Verfügbarkeit über liquide Mittel) in ländlichen Regionen schwach - eine weitere Ursache für enge Märkte. Diese **Teufelskreise** (Abb. 10.1) werden durch weitere Einflussfaktoren verstärkt:

Niedrige Einkommen zwingen dazu, dass auch Kinder bereits frühzeitig in den Erwerbsprozess eingebunden werden müssen, um das Familieneinkommen zu steigern. Dieses Phänomen hat es auch in Europa während der Industrialisierung im 19. Jahrhundert gegeben. Ohne schulische Bildung oder qualifizierte berufliche Ausbildung ist die Verwendbarkeit von Arbeitskräften im Produktionsprozess eingeschränkt, so dass - wenn überhaupt - nur niedrige Einkommen erzielt werden können. Für Schulgeld in privaten Bildungseinrichtungen reicht das Geld nicht aus. Geringe Einkommen gestatten es auch nicht, sich gesund zu ernähren und die staatlichen oder privaten Gesundheitsdienste in Anspruch zu nehmen. Auch geringe Gebühren für den Arzt- oder Krankenhausbesuch können oft nicht aufgebracht werden. Ein schlechter Gesundheitszustand, Anfälligkeiten für Krankheiten tragen aber ihrerseits wieder zu niedriger Produktivität bei.

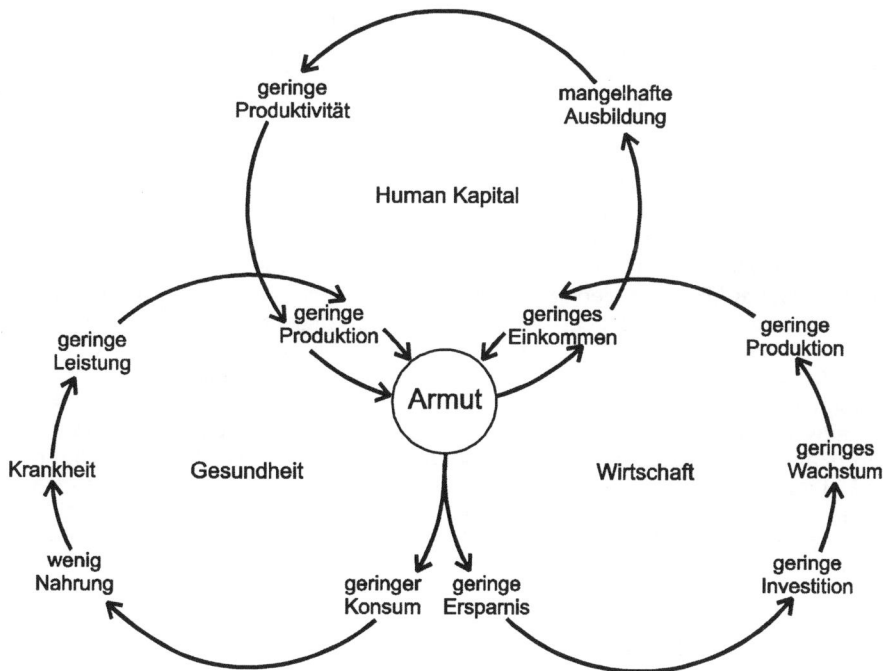

Abb. 10.1: Teufelskreise der Armut

Eine Schlüsselrolle nehmen in diesem Prozess **öffentliche Güter** (Bildung, Gesundheits-wesen, materielle Infrastruktur usw.) ein. Sie sind vom Staat bereitzustellen. Wegen des niedrigen Einkommensniveaus, das zu geringem Steueraufkommen führt, stehen dafür jedoch kaum Haushaltsmittel zur Verfügung.

3.2 Externe Ursachen

Häufig wird die Meinung vertreten, dass das gegenwärtige Weltwirtschaftssystem wegen seiner neokolonialistischen Züge die **Abhängigkeit** der Entwicklungsländer von den Indust-rienationen verstärke und eine eigenständige Entwicklung nicht zulasse. Entstanden sind diese Theorien Mitte der 60er Jahre, wobei sie maßgeblich durch die Entwicklung in Latein-amerika inspiriert wurden. Ein ökonomischer Grund wurde in der säkularen **Verschlechte-rung der Terms of Trade** (vgl. Abschnitt 2.4) gesehen. Unterentwicklung wurde nicht mehr nur als Zurückbleiben bestimmter Länder hinter dem Entwicklungsprozess moderner In-dustriegesellschaften und als Folge einer mangelhaften Integration in die Weltwirtschaft verstanden, sondern gerade als Konsequenz einer Integration von Entwicklungsländern in die weltwirtschaftlichen Prozesse, aber eben nicht in deren Zentren, sondern an der **Peri-pherie**. Indes bleibt der kausale Zusammenhang zwischen der postulierten Abhängigkeit und dem Zustand der Unterentwicklung umstritten. In dieses Erklärungsmuster passen beispielsweise die südostasiatischen Schwellenländer nicht hinein. Sie haben mit welt-marktorientierten Industrialisierungsstrategien bemerkenswerte Erfolge erzielt und eine **autozentrierte Entwicklung** in Gang gesetzt.

Abhängigkeiten sind auch heute noch deutlich. Die Betriebsbereitschaft einer in ein Ent-wicklungsland gelieferten Anlage oder Maschine ist für viele Jahre von Ersatzteillieferungen aus dem Ursprungsland abhängig. Versuche von Entwicklungsländern, als Rohstofflieferan-ten über eine Erhöhung der Rohstoffpreise ihre relative Position zu verbessern, schlagen fehl, weil die Preise der später importierten Fertigprodukte und Ausrüstungsgüter entspre-chend erhöht werden, so dass im Endeffekt sogar eine Verschlechterung herauskommen kann.

Die **Vorteile des internationalen Handels** (vgl. Kapitel 8, Abschnitte 3.1.1 - 3.1.3) kommen überwiegend den entwickelten Ländern zugute. Sie exportieren Industrieprodukte, dagegen bleiben die Einnahmen aus dem Export von Rohstoffen und landwirtschaftlichen Produkten der Entwicklungsländer relativ zurück. Dies liegt u.a. daran, dass die **Einkommenselastizi-tät für Agrarprodukte** recht niedrig ist. Hinzu kommt, dass gegen das Postulat des Frei-handels, als prinzipiellem Element der heutigen Weltwirtschaftsordnung, verstoßen wird, wenn die Exporte der Entwicklungsländer an verarbeiteten Gütern immer noch Zöllen und Importquoten der Industrieländer unterworfen sind. Die protektionistisch wirkenden Agrar-marktordnungen der EUROPÄISCHEN UNION mit beträchtlichen Subventionen für die europäi-sche Landwirtschaft - ähnliches gilt für die USA - behindern Agrarimporte aus Entwicklungs-ländern. Gerade hier haben viele Entwicklungsländer komparative Kostenvorteile, die je-doch nicht zur Geltung kommen. Widersprüchlich ist, dass die Entwicklungszusammenar-beit einen Schwerpunkt auf die Förderung der Landwirtschaft legt - auch um zu einer ver-besserten Exportfähigkeit beizutragen -, die Mehrproduktion aber wegen protektionistischer Praktiken der Industrieländer nicht exportiert werden kann.

Auch den außenwirtschaftlichen Theorien zuzuordnen ist die These von der Unterentwick-lung als Folge von **Kapitalbeziehungen**. Die höhere Kapitalrentabilität in den Industrielän-dern führt zu einem Zufluss von Kapital aus Entwicklungsländern, das dort nicht mehr für investive Zwecke zur Verfügung steht und somit deren Entwicklungspotenzial reduziert. Einen ähnlichen Effekt stellt der **Braindrain** dar: Sehr gut ausgebildete Fachkräfte verlas-sen wegen unzureichender Entwicklungsmöglichkeiten oder wegen politischer Pressionen ihre Heimatländer und suchen in Industrieländern eine Beschäftigungsmöglichkeit.

Andere Theorien gehen davon aus, dass bestimmte Merkmale wie Klima, Lebenseinstellung etc. die Unterentwicklung begründen. Es spricht vieles für die Vermutung, dass eine Reihe von Faktoren, die sich zum Teil gegenseitig verstärken, zur gegenwärtigen Ungleichheit beigetragen hat.

Von großer Bedeutung ist die Ausstattung mit **natürlichen Ressourcen**. Eine unzureichende Rohstoffausstattung erschwert den Aufbau einer auf der Rohstoffgewinnung basierten Industrie. Auch der Boden (infolge der Eigentums- oder Nutzungsrechte) kann einen Engpass darstellen. Hinzu kommt das Problem einer ineffizienten Bewirtschaftung, die Nichtbeachtung ökologischer Zusammenhänge, einer nicht aufeinander abgestimmten Fruchtfolge usw. Bezogen auf das **Klima** lässt sich feststellen, dass die Leistungsfähigkeit der Arbeitskräfte - bei Tagestemperaturen zwischen 30° und 45° C - merklich abnimmt. Es überrascht nicht, dass die entwickelten Industrienationen ganz überwiegend in gemäßigten Klimazonen liegen, während die meisten Entwicklungsländer in tropischen oder subtropischen Regionen zu verorten sind.

Während der Kolonialzeit bis Anfang der 60er Jahre, wurde die Wirtschaftsstruktur vieler Entwicklungsländer auf die Interessen der Industriestaaten zugeschnitten. Dabei spielten der Bergbau und die Plantagenwirtschaft (Monokulturen) eine besondere Rolle. Die Ausrichtung vieler Länder auf nur wenige Exportprodukte bringt eine große **Anfälligkeit für externe Störungen** mit sich, z.B. bei starken Schwankungen der Weltmarktpreise. Solche Überlegungen gelten grundsätzlich auch für den Tourismus. Viele Entwicklungsländer besitzen ein hohes touristisches Potenzial. Dessen Erschließung ist aber mit hohen Kosten für den Aufbau einer adäquaten Infrastruktur verbunden. Wenn sich die Hotels und Ferienanlagen im Eigentum von Ausländern befinden, ist damit zu rechnen, dass erzielte Gewinne auch ins Ausland transferiert werden. Zudem werden Devisenzuflüsse dann wieder verringert, wenn Vorleistungen (z.B. Frühstücksbutter, Joghurt usw.) aus europäischen Ländern importiert werden.

3.3 Interne Ursachen

Als erstes können **soziokulturelle Gründe** genannt werden. Wirtschaftliche Entwicklung braucht Menschen, die bereit sind, unternehmerisches Risiko zu übernehmen (etwa im Sinne des **dynamischen Pionierunternehmers**), um Gewinne zu erzielen, die wieder produktiv investiert werden können. Aus mehreren Gründen gibt es sie jedoch selten: Aus religiösen Gründen oder aufgrund tradierter Werte besitzt physische Arbeit keine Wertschätzung. Fortschrittsfeindliche Einstellungen mögen hinzukommen. Handel wird gegenüber der Produktion bevorzugt. Das Bodenrecht (Gemeineigentum) kann sich ebenso als hinderlich erweisen wie die eigene Position in der sozialen Struktur: Sie verschütten Anreize, individuelle Anstrengungen zu lohnen sich nicht, da Gewinne durch die Familie oder die kommunale Gemeinschaft wegen sozialer Verpflichtungen "sozialisiert" werden.

Ein wichtiger Faktor kam in der Vergangenheit hinzu. Der oft **totalitäre Machtanspruch des Staates** hat die Entfaltung privatwirtschaftlicher Initiativen nicht zugelassen. Welches Selbstverständnis hat die staatliche Administration? Versteht sie sich als Lenker der sozioökonomischen Entwicklung, dem sich der privatwirtschaftliche Sektor unterzuordnen und zu fügen hat, oder begreift sie sich als Partner für die private Wirtschaft? Der nach wie vor boomende informelle Sektor ist ein guter Indikator dafür, dass es durchaus zur Entfaltung privater Aktivitäten, zu Organisationstalent und Kreativität kommen kann.

Damit stoßen wir auch hier wieder auf die zentrale Frage nach der **Rolle des Staates**. Soll er Ersparnis und Investitionen fördern und durchsetzen, möglicherweise selbst investieren oder soll er sich auf die Schaffung eines geeigneten Ordnungsrahmens beschränken? Man kann beispielsweise das Fehlen von Pionierunternehmern nicht beklagen, wenn die staatliche Administration keinen Raum für deren Entfaltung zulässt, sondern sich durch eine hohe Regulierungsdichte Einflussmöglichkeiten zu sichern versucht. Sollen **staatliche Unternehmen** privatisiert werden oder soll der Staat Güter selbst produzieren? Hier hat sich in der Vergangenheit gezeigt, dass Staatsunternehmen hohe, den Staatshaushalt belastende Defizite erwirtschaften (die zu zahlenden Subventionen machten nicht selten 20 - 30% der gesamten Staatsausgaben aus). Die Beschäftigungsfunktion solcher Unternehmen steht aus verteilungspolitischen Gründen in Frage - bei einem Konkurs wären die ohnehin unterbeschäftigten Arbeitnehmer arbeitslos.

In der Vergangenheit hat sich gezeigt, dass in Entwicklungsländern die **Rahmenbedingungen** für privatwirtschaftliche Tätigkeiten ungünstig waren. Wenn die Währung bewirtschaftet war, lohnten sich Exportanstrengungen nicht, weil die im Ausland verdienten Devisen an eine staatliche Stelle abzuführen waren und Unsicherheit herrschte, ob im Rahmen von Devisenzuteilungen etwas für den eigenen Bedarf abfiel. Die staatliche Preisfestsetzung und -kontrolle bedeutete immer wieder erhebliche Eingriffe der staatlichen Administration in den Wirtschaftsprozess. Mit diesen Hinweisen wird die **Bedeutung der Ordnungspolitik** für Entwicklungsländer deutlich. All diese Fragen führen zu der in den letzten Jahren immer wieder erhobenen Forderung nach „**good governance**". Sie ist dann nicht gegeben, wenn eine **korrupte Funktionärsklasse** ("Kleptokratie") den Entwicklungsprozess dadurch hemmt, dass erzielte Überschüsse nicht im eigenen Land in Unternehmen (z.B. Klein- und Mittelunternehmen) investiert werden, sondern wenn Luxuskonsum entfaltet oder Gold und Auslandsguthaben erworben werden.

3.4 Sonstige Entwicklungstheorien

Eine große Rolle spielen die sogenannten **Modernisierungstheorien**. Hier wird davon ausgegangen, dass Entwicklung durch einen Prozess der Nachahmung und der Angleichung unterentwickelter Gesellschaften ("Tradition") an entwickelte ("Moderne") erfolgt. Wenn Entwicklungsländer bereit sind, einen Anpassungsprozess zu durchlaufen, durch den traditionelle Werte, Verhaltensweisen und Einstellungen, gesellschaftliche Strukturen usw. "modernisiert" werden, ist ein höherer Entwicklungsstand möglich. Die Ursachen für Unterentwicklung liegen nach diesen Theorieansätzen in den betreffenden Ländern selbst. Sie sind z.B. in der mangelnden Leistungsmotivation, in unzureichenden Anpassungen der starken Hierarchisierung der politischen Systeme an moderne Erfordernisse, aber auch in der Feststellung, dass es zur Ausbildung eines nationalen Bewusstseins ("**nation-building**") oft nicht gekommen ist, zu suchen. Dies ist für Afrika besonders augenscheinlich: Dem Leser wird sicherlich einmal aufgefallen sein, wie viele Staatsgrenzen auf dem Kontinent von den früheren Kolonialmächten mit dem Lineal festgelegt wurden. Die in Afrika dominante Zugehörigkeit zu einer ethnischen Gruppe ist dabei ignoriert worden.

An den Modernisierungstheorien ist erhebliche **Kritik** geäußert worden. Fragwürdig ist erstens die praktisch ausschließliche Orientierung des Entwicklungsziels am "Vorbild" westlicher Industriegesellschaften, was nicht nur für die ökonomische Seite, sondern auch die politische Vorgabe demokratischer Staatsmuster gilt. Zweitens ist zu kritisieren, dass die Probleme der Entwicklungsländer ausschließlich als endogen verursacht betrachtet werden, externe Faktoren, die die Entwicklung hemmen können, werden ausgeblendet. Drittens findet nicht selten eine Fokussierung auf einzelne Faktoren statt, monokausal lässt sich aber der Zustand von Unterentwicklung nicht erklären.

Die **traditionellen Entwicklungstheorien** gehen von der Erkenntnis aus, dass die **Kapitalbildung** die entscheidende Voraussetzung für wirtschaftliche Entwicklung darstellt. Ist die Kapitalbildung unzureichend, kann Unterentwicklung nicht überwunden werden. Es ist nicht überraschend, dass angesichts niedriger Einkommen die gesamtwirtschaftliche **Sparfähigkeit** gering ist, dass daraus eine unzureichende Investitionstätigkeit resultiert und damit das Wachstum ausbleibt. Verstärkt werden diese Negativfaktoren durch eine unzureichende **Sparwilligkeit** bei denen, die über hinreichend hohes Einkommen verfügen, für die aber möglicherweise die politischen Rahmenbedingungen nicht zufriedenstellend sind (mangelnde politische Stabilität, unzuverlässige Gerichtsbarkeit), oder die aufgrund einer ungenügenden finanziellen Infrastruktur keine komplementären Finanzierungsmittel finden.

Auch die sogenannten **Wirtschaftsstufentheorie**n haben eine gewisse Rolle gespielt. Sie gehen davon aus, dass historisch verschiedene typische Phasen der ökonomischen Entwicklung durchlaufen werden. Ein bekanntes Beispiel stellen die **Wachstumsstadien** von WALT W. ROSTOW dar. Die traditionelle Gesellschaft (erste Stufe) wird durch eine Übergangsphase (zweite Stufe) abgelöst, in der die Voraussetzungen für die weitere wirtschaftliche Entwicklung geschaffen werden. Dazu gehören z.B. eine steigende Nettoinvestitionsquote in Bezug auf das BIP, das Entstehen von "führenden Sektoren" und die Festigung politischer und wirtschaftlicher Institutionen. Ist dieses Stadium erreicht, kann es zu einem **"take-off"** kommen: Es setzt ein kumulativer, sich selbst verstärkender Wachstumsprozess ein, der in eine breite Industrialisierung mündet.

Auf verschiedenen Entwicklungsstadien baut auch die **Theorie des intraindustriellen Strukturwandels** von WALTHER G. HOFFMANN auf. Man bildet quantitative Relationen der Nettoproduktionswerte von Konsumgüterindustrien zu Kapitalgüterindustrien. Industriezweige, die mindestens 75% ihrer Produktion an private Haushalte verkaufen, werden als Konsumgüterindustrien, während Industriezweige, die mindestens 75% der Produktion in Form von Zwischen- oder Endprodukten an Unternehmen liefern, als Kapitalgüterindustrien klassifiziert. Berechnungen zeigen, dass der Quotient der Nettoproduktionswerte mit zunehmender Industrialisierung sinkt. Die theoretische Begründung für den Übergang von der Konsumgüter- zur Kapitalgütergesellschaft liegt in den sich ändernden Bedingungen auf der Nachfrage- und der Angebotsseite. Bei steigendem Haushaltseinkommen sinkt die Nachfrage nach lebensnotwendigen Gütern zugunsten von Gütern des gehobenen Bedarfs. Die relativ arbeitsintensive Produktion von Nahrungsmitteln und Textilien verliert gegenüber der Produktion langlebiger Güter an Bedeutung. Dieser Übergang führt auf der Angebotsseite zu einem Lernprozess. Dadurch wird die Produktion technisch hochwertiger Kapitalgüter begünstigt. Auf diesem Entwicklungspfad tragen Einkommenssteigerungen zu Substitutionsprozessen bei. Problematisch bei diesem Ansatz ist, dass weder Aussagen über die Phasenlänge noch über die Geschwindigkeit des Strukturwandels gemacht werden können.

4. Ziele und Strategien der Entwicklungspolitik

4.1 Ziele

4.1.1 Allgemeine Ziele

Allgemeines Ziel der Entwicklungspolitik ist es, die Lebensbedingungen der Menschen zu verbessern. Die deutsche Entwicklungspolitik folgt dabei dem Leitbild einer **global nachhaltigen Entwicklung,** die die Entfaltungsmöglichkeiten der heutigen Generation gewährleistet, ohne die Chancen künftiger Generationen einzuschränken. Eine global nachhaltige Entwicklung setzt voraus, dass drei Zwischenziele erreicht werden: (1) angemessenes Wirtschaftswachstum, (2) soziale Gerechtigkeit und (3) ökologische Nachhaltigkeit.

Die Erfahrungen während der letzten **Entwicklungsdekaden** (vgl. Abschnitt 4.2) haben gezeigt, dass für Fortschritte oder Misserfolge in der Entwicklung vor allem die internen politischen und wirtschaftlichen Rahmenbedingungen in den Entwicklungsländern maßgebend waren. Nach dem Zusammenbruch der Sowjetunion eröffneten sich neue Möglichkeiten, sie stärker in der EZ zu berücksichtigen. Von der Bundesregierung wurden die fünf wichtigsten entwicklungsfördernden internen Rahmenbedingungen zu **entwicklungspoliti-**

schen Kriterien für den Einsatz ihrer entwicklungspolitischen Instrumente erklärt: Die Kriterien lauten:

- Beachtung der Menschenrechte,
- Beteiligung der Bevölkerung an politischen Entscheidungen,
- Rechtsstaatlichkeit und Gewährleistung von Rechtssicherheit,
- Einführung einer sozialen Marktwirtschaft und
- Entwicklungsorientierung staatlichen Handelns.

Seit Beginn der 90er Jahre werden in Entwicklungsländern - zum Teil auch auf Druck der Geberländer - zunehmend die Fragen von Menschenrechten, einer demokratischen Staatsordnung, des Mehrparteiensystems, marktwirtschaftlicher Lenkungsprinzipien usw. diskutiert und stärker beachtet. Ausnahmen stellen Länder dar, die in der Erbfolge sozialistischer Ideologien stehen (China, Nordkorea, Myanmar) oder die islamisch-fundamentalistische Regime aufweisen (Iran, Sudan).

4.1.2 Ziele der Entwicklungsländer

Auch für die Entwicklungsländer steht das **ökonomische Ziel** des Wachstums des realen Pro-Kopf-Einkommens als Ausdruck für steigenden Wohlstand im materiellen Sinne im Vordergrund. Es wird im Allgemeinen mit der Vorgabe bestimmter **Wachstumsziele** für das BIP, durch sektorpolitische oder außenhandelspolitische Ziele konkretisiert. Demgegenüber finden sich Hinweise auf die gesellschaftspolitischen Ziele Sicherheit, Freiheit und Gerechtigkeit bestenfalls in politischen Verlautbarungen. Ihrer klar formulierten Vorgabe - und Umsetzung - steht oft der Machtanspruch der herrschenden Elite im Wege. Weiterhin ist darauf hinzuweisen, dass traditionell in vielen Entwicklungsländern (z.B. in Afrika) das Ziel der **sozialen Gerechtigkeit** einen hohen Stellenwert besitzt. Es gerät nicht selten in Konflikt mit dem allokativ ausgerichteten Effizienzziel, wie es beispielsweise seit vielen Jahren von den Institutionen von Bretton Woods gefordert wird. Die von ihnen - unter maßgeblicher Beeinflussung durch die US-Regierung - vertretenen neoliberalen Dogmen sind bis heute Richtschnur für die Gestaltung der Weltordnung. Dies ist unter dem Begriff „Konsens von Washington"[3] bekannt geworden (vgl. dazu NOAM CHOMSKY, Profit over People - Neoliberalismus und globale Weltordnung, Hamburg, Wien 2000, S. 22f.).

Um die eigenen Ziele erreichen zu können, bedarf es auch einer den Entwicklungsprozess förderlichen Gestaltung weltwirtschaftlicher Rahmenbedingungen und Prozesse. Es kann daher nicht überraschen, dass die Entwicklungsländer seit vielen Jahren Kritik an der bestehenden **Ordnung der Weltwirtschaft** üben. Sie sehen in den vergangenen und gegenwärtigen Formen der internationalen Arbeitsteilung, insbesondere in den Austauschbedingungen, die Hauptursache für ihre geringe wirtschaftliche Entwicklung. Sie folgen damit der in Abschnitt 3.2 dargestellten Abhängigkeitstheorie. Seit Jahren wurden auch konkrete ökonomische Forderungen – z.B. die Stabilisierung der Rohstoffpreise -, in verschiedenen Gremien der VEREINTEN NATIONEN erhoben (z.B. der - UNITED NATIONS CONFERENCE ON TRADE AND DEVELOPMENT - UNCTAD und den früheren Verhandlungsrunden auf der Grundlage des GENERAL AGREEMENT ON TARIFFS AND TRADE - GATT, die seit 1995 durch die WORLD TRADE ORGANISATION [WTO] abgelöst worden sind - vgl. Kapitel 8, Abschnitt 5.2.2).

---

[3] Der Begriff wurde 1989 von JOHN WILLIAMSON geprägt. Er schlug 10 Reformpunkte im Sinne eines neoliberalen wirtschaftspolitischen Rahmenprogramms vor. Dazu gehörten die Aspekte, wie sie teilweise in Abschnitt 6.6 für die Strukturanpassungspolitik dargestellt werden: Fiskalische Disziplin; Reorientierung der Staatsausgaben für mehr Wachstum; Steuerreform; Liberalisierung der Zinssätze; wettbewerbsfähige Wechselkurse; Handelsliberalisierung; Liberalisierung von Direktinvestitionen; Privatisierung; Deregulierung; Eigentumsrechte für den informellen Sektor.

Letztlich wird eine **Umverteilung** der bisher im wesentlichen vom Marktmechanismus ge-steuerten Verteilung der weltwirtschaftlichen Produktion angestrebt. Es ist also im Prinzip ein Verteilungsproblem, das uns auch im Rahmen unserer Volkswirtschaft begegnet ist. Auf jeden Fall soll das Verteilungsergebnis geändert werden, fraglich ist nur, ob dabei der Marktmechanismus selbst außer Kraft gesetzt werden soll. Es geht um die Entscheidung, entweder Preise zu fixieren (nichtmarktkonforme Maßnahme) oder Subventionen und Aus-gleichszahlungen zu leisten. Werden Preise fixiert, die nicht Gleichgewichtspreise sind, so führt dies zu einer falschen Verteilung knapper Produktionsmittel, Preise verlieren ihre Steuerungsfunktion.

Anzustreben wäre eine **verstärkte Arbeitsteilung,** die nicht nur den Entwicklungsländern, sondern auch den Industrienationen Vorteile brächte. Die daraus resultierenden Probleme, die in den Industrienationen vermutet werden (Erhöhung der Arbeitslosigkeit), bewirken, dass den Entwicklungsländern der Prozess der Eingliederung in die weltwirtschaftliche Arbeitsteilung nicht erleichtert wird. Auch die Schaffung der WTO hat bisher keine erkenn-baren Änderungen bewirkt. Die Dynamik des weltweiten Globalisierungsprozesses lässt vielmehr befürchten, dass es insbesondere den LDC nicht gelingen wird, von den damit eröffneten Wachstumschancen zu profitieren. Bestätigt wird diese Befürchtung durch die Beobachtung, dass weltweit eine Abnahme der Bedeutung von Rohstoffen stattfindet. Mit **sinkender Rohstoffintensität** der Produktion, mit der immer dominanter werdenden **Terti-arisierung** der Volkswirtschaften, sinken die Chancen von Entwicklungsländern, in einer für sie förderlichen Weise in den Globalisierungsprozess eingebunden zu werden.

4.1.3 Ziele der Industrieländer

Im Zuge der Entwicklungszusammenarbeit ist auf Seiten der Industrieländer eine wiederhol-te Anpassung der verfolgten Ziele festzustellen. Standen zu Beginn der Entwicklungshilfe **humanitäre Ziele** im Vordergrund, und solche, die auch im Zusammenhang mit dem Ost-West-Konflikt zu sehen waren, sind es heute ganz überwiegend **ökonomische Ziele.** Dabei wird kein Hehl daraus gemacht, dass die EZ für die eigene Volkswirtschaft nützlich sein muss, z.B. im Bereich der Beschäftigung.

Tatsächlich ist früher von Verantwortlichen in EL nicht verstanden worden, dass sie die im Rahmen der EZ mit der Bundesrepublik Deutschland von der KREDITANSTALT FÜR WIEDERAUFBAU (KfW) gewährten Kredite oder Subventionen für Güterkäufe oder für den Erwerb von Ausrüstungsgütern auch in anderen Ländern verwenden konnten. Es gab grundsätzlich keine **Lieferbindung.** Für die EUROPÄISCHE UNION gilt wiederum, dass zwar internationale Ausschreibungen bei von ihr finanzierten Programmen oder Projekten durchgeführt werden müssen, der Zuschlag muss aber an Unternehmen aus einem EU-Mitgliedsland erfolgen.

Letztlich orientieren sich die Ziele der Industrieländer an ihrem **eigenen Wertesystem.** Damit werden Erkenntnisse der Modernisierungstheorien (vgl. Abschnitt 3.4) befolgt. Erst relativ spät ist akzeptiert worden, auch die spezifische soziokulturelle und religiöse Dimen-sion einzelner Länder in der EZ zu berücksichtigen.

Es wird erkennbar, dass das **Zielsystem** deutliche politische Implikationen aufweist (Abb. 10.2). Marktwirtschaftliche Ordnung und demokratisches System bedingen sich gegensei-tig. Damit kann die Teilhabe breiterer Bevölkerungskreise an der sozioökonomischen Ent-wicklung erreicht werden. Letztlich ist Ziel - oder müsste es jedenfalls sein - die Verbesse-rung der Wohlfahrt der Bevölkerung. In der Zieldiskussion darf indes nicht übersehen wer-den, dass die verfolgten ökonomischen Ziele ein Mittel darstellen, um zur Demokratisie-rung, der Einhaltung der Menschenrechte usw. beizutragen. Politisches Wohlverhalten in diesen Politikfeldern wird mit Unterstützung belohnt, Verstöße werden mit Kürzungen der Zusagen im Rahmen der EZ oder mit deren Einstellung "bestraft".

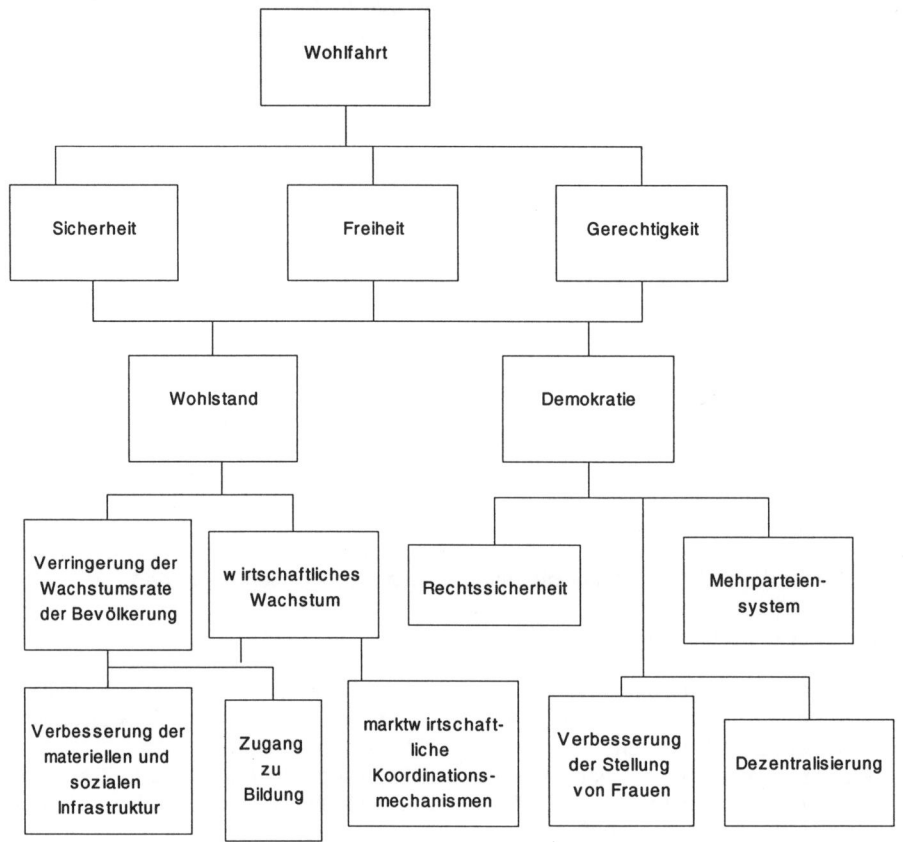

Abb. 10.2: Zielhierarchie der Entwicklungspolitik (Ausschnitt)

Aus der Fülle möglicher **Zielkonflikte** können wir nur einige Beispiele anführen. Sie lassen sich intern in den Entwicklungsländern, aber auch zwischen den Zielen der Geber- und der Empfängerländer feststellen.

Zielkonflikte in den Entwicklungsländern zeigen sich in der Festlegung und Durchsetzung von **Zielprioritäten**. Sie werden immer dann sichtbar, wenn die beschränkten finanziellen staatlichen Ressourcen beachtet werden. Sollen vorzugsweise das Bildungswesen (und wenn ja, die Primar-, die Sekundar- oder die universitäre Bildung) oder der Gesundheitsbereich, die materielle Infrastruktur ausgebaut oder Wirtschaftsförderung betrieben werden? Erschwert werden die Entscheidungen dadurch, dass in vielen Entwicklungsländern bis heute die Ausgaben für das Militär vorrangig festgelegt werden. Angesichts leerer Staatskassen sind viele Länder - auch auf Empfehlungen der Gebergemeinschaft - dazu übergegangen, für früher kostenlos gewährte Leistungen (z.B. im Gesundheitsbereich, im Schulwesen, aber auch für Straßennutzung) Gebühren einzuführen. Damit wird die Benachteiligung ohnehin schon armer Bevölkerungsgruppen evident - ein verteilungspolitischer Konfliktfall.

Bei der Bestimmung von Zielrichtung und Umfang der Entwicklungszusammenarbeit können Konflikte dann auftreten, wenn es divergente Zielvorstellungen zwischen den Gebern und den Nehmern gibt. Die zunehmende **Konditionalität** (die Gewährung von Hilfe wird an die Erfüllung von Bedingungen geknüpft) zwingt Entwicklungsländer - wenn sie die Hilfe in Anspruch nehmen wollen oder sogar darauf angewiesen sind -, zur "Unterwerfung", die Konflikte werden evident. Hier sind Abstimmungsprozesse erforderlich, die sich nur bedingt formalisieren lassen.

Die **Operationalisierung** entwicklungspolitischer Ziele ist auf den unteren Zielebenen ohne weiteres möglich. Im Bereich der sozialen Infrastruktur (Einschulungsquoten, Alphabetisierungsraten, Krankheitsfälle, ärztliche Versorgung usw.) ist sie vergleichsweise einfach. Auch die ökonomisch-quantitative Komponente lässt sich durch das BIP pro Kopf hinreichend gut ermitteln. Probleme kann es dagegen mit der Erfassung der im informellen Sektor erwirtschafteten Wertschöpfung geben. Schwierig ist es auch, **qualitative Ziele** im politischen Bereich zu quantifizieren. Wie soll Rechtssicherheit gemessen werden? Wann liegt ein hinreichend stabiles demokratisches System vor? Viele Entwicklungsländer in Afrika südlich der Sahara haben die Erfordernisse der Demokratisierung durch Einführung von Mehrparteiensystemen und allgemeinen Wahlen formal - ganz im Sinne von Erwartungen der internationalen Gebergemeinschaft - erfüllt. Dabei wurde indes zu wenig hinterfragt, ob die "Westminsterdemokratie" wirklich das der afrikanischen soziokulturellen Realität adäquate Modell ist.[4]

Die Ziele der entwicklungspolitischen Bemühungen der Geberländer und -organisationen schlagen sich einerseits im von den begünstigten Ländern erreichten Entwicklungsfortschritt nieder. Ihr Engagement kann andererseits durch den **Umfang an Entwicklungshilfe** quantifiziert werden. Als Mindestumfang der öffentlichen Entwicklungshilfe (Official Development Aid - ODA) ist bereits im Jahre 1970 durch eine UNO-Resolution von den Industrieländern ein Anteil von 0,7 des BIP gefordert worden. Unter Einschluss der multilateralen Zusammenarbeit sollen die Mittel für EZ 1,0% des BIP betragen. Dies erfüllen allerdings nur wenige Länder, zu denen vor allem die skandinavischen Länder gehören. Für die Bundesrepublik wurden für 2001 dagegen nur 0,27% (gegenüber 0,4% für 1991) errechnet (vgl. OECD, Entwicklungszusammenarbeit, Bericht 2002, Paris 2003, S. 213 und Abschnitt 6.4 und Tab. 10.4). Es ist zu beachten, dass es sich um nominelle Werte handelt, d.h., real ist die Entwicklungshilfe noch stärker gesunken.

4.2 Strategien

4.2.1 Allgemeine Strategien

Die Akzente in der Entwicklungspolitik haben sich wiederholt verschoben. Es war seit Beginn der 60er Jahre üblich, sie in **Dekaden** - jeweils charakteristisch für eine bestimmte **Entwicklungsstrategie** mit vorgegebenen, operational definierten Globalzielen - einzuteilen. Für die erste Dekade von 1961 - 1970 lauteten sie: jährliches Wachstum des BIP von 5%, des Pro-Kopf-Einkommens von 3%, der Industrieproduktion um 8,5% und die Terms of Trade sollten sich um 10% verbessern. Für die folgenden Dekaden wurden die Ziele zum Teil nach oben korrigiert. Die vierte Dekade wurde als "Internationale Entwicklungsstrategie der Vereinten Nationen" im Dezember 1990 verabschiedet. Sie trat Anfang Januar 1991 in Kraft. Die Zielgrößen in den Dekaden wurden im Allgemeinen verfehlt, dennoch haben sie die positive Wirkung gehabt, dass sich die Entwicklungspolitik an klaren operationalen Größen orientieren und ihr „Erfolg" gemessen werden konnte.

Mitte der 70er Jahre wurde als Strategie die **Durchsetzung der Grundbedürfnisse** (Basic Needs) propagiert - es war erkannt worden, dass auch während einer Dekade Anpassun-

---

[4] Vgl. z.B. H. WEILAND, Der schwierige Weg zur Demokratie in Afrika: Voraussetzungen, Chancen, und Rückschläge, in: Ökonomische Aspekte der Demokratisierung in Afrika, hrsg. v. W. A.S. KOCH, afrika studien Bd. 123, München, Köln, London 1994, S. 15ff.

gen möglich sein mussten. In der dritten Dekade (1981 - 1990) wurden die genannten ökonomischen erstmals um **soziale Zielgrößen** ergänzt: Verringerung der Kindersterblichkeit, Verbesserung der Wohnsituation, Zugang zu Trinkwasser, Bekämpfung von Unterernährung und Hunger. Dies ist - in geänderter Form - auch heute noch die maßgebliche Orientierung: Die Politik der **Armutsbekämpfung** ist Voraussetzung für eine "sozial gerechte" und damit stabile und friedliche Entwicklung.

Im Jahre 2000 sind von den Vereinten Nationen die **Millenniums-Entwicklungsziele** beschlossen worden. Bis zum Jahr 2015 werden - zum Teil in operationaler Form - angestrebt:

1. Beseitigung der extremen Armut und des Hungers (Halbierung des Anteils der Menschen, deren Einkommen weniger als ein Dollar pro Tag beträgt)
2. Verwirklichung der allgemeinen Primarschulbildung
3. Förderung der Gleichstellung der Geschlechter
4. Senkung der Kindersterblichkeit, Verbesserung der Gesundheit von Müttern, Bekämpfung von Krankheiten (AIDS, Malaria und andere)
5. Sicherung der ökologischen Nachhaltigkeit
6. Aufbau einer weltweiten Partnerschaft.

Die Bundesregierung leistet ihren Beitrag zur Verwirklichung dieser Ziele im Rahmen des **Aktionsprogramms 2015**. Dafür sind 2001 zehn Ansatzpunkte beschlossen worden:

1. Wirtschaftliche Dynamik und Teilhabe der Armen erhöhen. Beratung der Partnerländer bei Wirtschaftsreformen.
2. Das Recht auf Nahrung verwirklichen und Agrarreformen durchführen. Agrarreformen in Ländern, in denen Grund und Boden ungerecht verteilt sind. Abbau des europäischen Agrarprotektionismus.
3. Faire Handelschancen für Entwicklungsländer schaffen. Vereinbarungen der Welthandelsorganisation sollen die Interessen der Entwicklungsländer berücksichtigen.
4. Verschuldung abbauen - Entwicklung finanzieren. Entschuldungsinitiative fortsetzen. Schuldenerlass, gekoppelt an armutsmindernde Maßnahmen der Partnerländer. Internationale Finanzmärkte stabilisieren.
5. Soziale Grunddienste gewährleisten - Soziale Sicherung stärken. Aufbau sozialer Grundsicherungssysteme. Dazu gehören: Bildungswesen, Gesundheitsversorgung, Möglichkeit der Familienplanung, vor allem Kampf gegen Aids.
6. Zugang zu lebensnotwendigen Ressourcen sichern - eine intakte Umwelt fördern. Armut zwingt oft zur Übernutzung natürlicher Ressourcen. Arme Menschen gefährden so ihre Lebensgrundlagen. Armutsbekämpfung schützt Ressourcen.
7. Menschenrechte verwirklichen - Kernarbeitsnormen respektieren (keine Kinderarbeit, gleiche Entlohnung für Mann und Frau usw.). Partnerländer bei den Bemühungen unterstützen, Menschenrechte und Kernarbeitsnomen zu verwirklichen.
8. Gleichberechtigung der Geschlechter fördern. Maßnahmen zur Frauenförderung unterstützen, Kampf gegen Frauenhandel und Kindermissbrauch.
9. Beteiligung der Armen sichern - Verantwortungsvolle Regierungsführung stärken. Partnerländer bei einer verantwortungsvollen Regierungsführung z.B. bei Demokratisierungs- und Dezentralisierungsprozessen unterstützen.
10. Konflikte friedlich austragen - Menschliche Sicherheit und Abrüstung fördern. Krieg schafft neue Armut. Daher verstärkte Krisenprävention und friedliche Konfliktbeilegung.[5]

Es handelt sich um einen sehr umfassenden und ehrgeizigen Katalog von Zielen und Vorgaben für die deutsche Entwicklungszusammenarbeit.

Einige Aspekte des Aktionsprogramms beziehen sich auf wirtschaftliche Ansatzpunkte. Allgemein wird heute im Sinne der Betonung marktwirtschaftlicher Systeme die **Rolle des privatwirtschaftlichen Sektors** in den Vordergrund gestellt. Dabei geht es nicht nur um

---

[5] Entnommen aus dem Jahresbericht Entwicklungspolitik 2001, hrsg. v. BUNDESMINISTERIUM FÜR WIRTSCHAFTLICHE ZUSAMMENARBEIT UND ENTWICKLUNG, Berlin 2002, S. 13.

den Rückzug des Staates aus der Produktion von Gütern und Dienstleistungen (Privatisierung von Staatsbetrieben), sondern insbesondere auch um die Verbesserung der Rahmenbedingungen für privatwirtschaftliche Aktivitäten (vgl. Abschnitt 6.6).

Die **Europäische Union** fördert im Rahmen ihrer EZ gemäß Art. 2 des ABKOMMENS VON COTONOU aus dem Jahr 2000 insgesamt 77 AKP-Staaten (Staaten Afrikas, der Karibik und des Pazifik). Seine Laufzeit beträgt 20 Jahre. Das Abkommen basiert auf vier Grundsätzen:

(1) Gleichheit der Partner und Eigenverantwortung für die Entwicklungsstrategien,
(2) Partizipation,
(3) zentrale Rolle des Dialogs und der Erfüllung der beiderseitigen Verpflichtungen sowie
(4) Differenzierung und Regionalisierung

Eine wichtige Grundlage des Vertrages bilden - wie bisher - die drei wesentlichen Elemente: (1) Achtung der Menschenrechte und Grundfreiheiten, (2) Demokratie und (3) Rechtsstaatlichkeit. Hinzu kommt die verantwortungsvolle Regierungsführung. Sie ist definiert als transparente und verantwortungsbewusste Verwaltung der menschlichen, natürlichen wirtschaftlichen und finanziellen Ressourcen und deren Einsatz für eine ausgewogene und nachhaltige Entwicklung.

Die Zusammenarbeit zwischen den AKP-Staaten und der EU wird sich stärker als bisher an der **Armutsbekämpfung** als zentralem Ziel der Partnerschaft ausrichten. Dieses übergeordnete Ziel wird auf die politische Dimension (Verankerung der „verantwortungsvollen Regierungsführung"), den Handel und die entwicklungspolitische Dimension ausstrahlen. Der partnerschaftliche Ansatz zielt auf die verstärkte Beteiligung der Zivilgesellschaft, die Förderung der Privatwirtschaft, eine Unterstützung regionaler Integrationsprozesse sowie die effizientere und flexiblere Handhabung des Finanzierungsinstrumentariums („gleitende Planung") ab (vgl. BMZ, Materialien Nr. 118, Das Abkommen von Cotonou - Neue Wege in die AKP-EG-Partnerschaft, Berlin 2002 S. 102ff.).

In der Entwicklungspolitik ist der "richtige" strategische Ansatz nicht unumstritten. Neben der Forderung nach einer Kooperation zwischen den Staaten im Rahmen der EZ, die sich im wesentlichen in der Durchführung von Projekten und Programmen konkretisiert, wird die Auffassung vertreten, dass Entwicklungshilfe die erforderliche Eigeninitiative nur hemme. Der bessere Weg sei, durch konsequente marktwirtschaftliche Orientierung und stärkere Einbindung weniger entwickelter Länder in das Welthandelssystem zu einem take-off zu gelangen. Diese Positionen lassen sich auf die Aussage "Trade is better than Aid" reduzieren. Das Bemerkenswerte an dem ABKOMMEN VON COTONOU ist, dass es beide Komponenten in einem Kooperationsansatz mit partnerschaftlicher Ausrichtung einzubinden versucht.

4.2.2 Strategien zur Entwicklung der Landwirtschaft

Die Förderung der **Landwirtschaft** - als dem nach wie vor dominierenden Sektor - ist in vielen Entwicklungsländern ein erster Schritt in der wirtschaftlichen Entwicklung. Sie würde nicht nur der anhaltenden Landflucht, sondern auch dem zunehmenden Migrationsdruck nach Europa entgegenwirken.

Die Möglichkeiten einer besseren Bodennutzung durch Bewässerung und Düngung mit Pflanzennährstoffen werden bisher nicht ausgeschöpft. Oft wären andere Produktionsmethoden erforderlich. In Gebieten mit geringer Bevölkerungsdichte ist die ungeplante Weidewirtschaft zweckmäßig, nicht aber z.B. in Asien. Trotz möglicher Verbesserungen bleibt das Problem der Klimaabhängigkeit der Landwirtschaft bestehen. Dürrekatastrophen im Sahel, Überschwemmungen in Asien (z.B. in Bangladesch und China) sind dafür bekannte Beispiele. In Ländern mit agrarisch ausgerichteter Produktionsstruktur kann außerdem beobachtet werden, dass der **Landwirtschaftszyklus** die Konjunkturentwicklung in der gesamten Volkswirtschaft bestimmt. Beispiele sind kleine Volkswirtschaften wie Burundi oder Ruanda, die von der Produktion von Kaffee und Tee abhängen. Wenn die Ernten verkauft werden, verfügen die Landwirte über Liquidität, die zum Kauf von Konsumgütern eingesetzt wird. Die gesamtwirtschaftliche Konsumgüternachfrage sinkt danach erheblich ab und erreicht kurz vor der nächsten Ernte ihren Tiefstpunkt.

Verbesserungen sind von einer Reihe **struktureller Reformen** abhängig:

- Landreformen (Landnutzung, Eigentumsfragen);
- Gewährung von Krediten für den Kauf von Saatgut, Produktionsmitteln usw. ;
- Beratung über die Kombinationsmöglichkeiten von Düngung, Bewässerung und Schädlingsbekämpfung;
- Aufbau von Bezugs-, Produktions- und Absatzorganisationen;
- Verbesserung der Lagerhaltung;
- Unterstützung bei der Vermarktung der Produkte.

Die ländliche Bevölkerung sollte stärker in den Entwicklungsprozess einbezogen werden. Die Erhöhung der Effizienz der Verwaltung und deren **Dezentralisierung** kann dabei förderlich wirken. Allerdings setzt dies den ernsthaften Willen der politischen Entscheidungsträger voraus, Dezentralisierung[6] politischer Macht (vor allem die Verfügbarkeit über eigene Einnahmen auf nachgeordneten staatlichen Ebenen) zuzulassen bzw. zu betreiben.

5. Träger der Entwicklungspolitik

Bei den Trägern der Entwicklungspolitik müssen wir grundsätzlich zwischen Trägern in den Entwicklungsländern und solchen Trägern unterscheiden, die für die Vergabe von Mitteln im Rahmen der EZ der Geberländer und internationaler Organisationen verantwortlich sind.

5.1 Interne Träger der Entwicklungspolitik

In den Entwicklungsländern zeichnen sehr oft die **Planungsministerien** oder -behörden für die entwicklungspolitischen Anstrengungen verantwortlich. Sie sind neben der Vorgabe von allgemeinen Entwicklungszielen und der Diagnose des Entwicklungsprozesses maßgeblich in die Aufstellung und den Vollzug der staatlichen Investitionsbudgets involviert. Bemerkenswert ist die unterschiedliche Beurteilung der Planungsministerien. Für Entwicklungspolitiker, die sich streng an marktwirtschaftlichen Grundsätzen orientieren, besitzen sie den Hautgout von Dirigismus und staatlicher Einflussnahme. Dabei wird aber übersehen, dass es durchaus Sinn macht, den Entwicklungsprozess durch politische Verantwortlichkeit zu begleiten. Die Förderung privatwirtschaftlicher Aktivitäten wird dadurch nicht ausgeschlossen. Dies musste auch die WELTBANK einsehen, die mehreren Ländern zu Beginn der 90er Jahre die Empfehlung gegeben hatte, die zentrale Planungskompetenz aufzuheben und die einige Jahre später dazu riet, sie wieder einzuführen (Beispiel: 1998 in Marokko).

Daneben sind aber auch staatliche Entwicklungsagenturen, Entwicklungsgesellschaften, Entwicklungsbanken (gelegentlich mit sektoral ausgerichteten Geschäftsfeldern) zu erwähnen, die in den praktischen Vollzug der Entwicklungspolitik eingeschaltet werden, im Allgemeinen aber der Aufsicht eines Ministeriums unterstellt sind.

---

[6] Dagegen wird unter **Dekonzentration** der Aufbau von nachgeordneten zentralstaatlichen Instanzen auf der Ebene der Kommunen oder Distrikte verstanden. Es ist ersichtlich, dass sich die Zentralgewalt Einflüsse auch in den Regionen, Kreisen usw. zu sichern versucht. Es ist keine "echte" Dezentralisierung im Sinne der Übertragung staatlicher Kompetenz auf nachgeordnete Gebietskörperschaften.

5.2 Externe Träger der Entwicklungspolitik

Für die **externen Träger** der Entwicklungspolitik muss die Unterscheidung zwischen Trägern der bilateralen und der multilateralen Zusammenarbeit gemacht werden. **Bilaterale Zusammenarbeit** findet zwischen zwei Staaten statt, während als **multilaterale Zusammenarbeit** die Unterstützung von Entwicklungsländern durch internationale Organisationen bezeichnet wird, in denen die einzelnen Staaten jeweils Mitglied sind.

Für die Bundesrepublik Deutschland muss - neben dem AUSWÄRTIGEN AMT - in erster Linie das BUNDESMINISTERIUM FÜR WIRTSCHAFTLICHE ZUSAMMENARBEIT UND ENTWICKLUNG (BMZ) als Träger bezeichnet werden. Es weist in seinem Organisationsplan drei Abteilungen mit insgesamt acht Unterabteilungen auf:
Abt. 1: Zentrale Angelegenheiten; Zusammenarbeit mit den gesellschaftlichen Kräften zu denen beispielsweise die Kirchen, Politische Stiftungen und andere Nichtregierungsorganisationen (NRO) gehören;
Abt. 2: Entwicklungspolitik mit Ländern und Regionen: Asien, Lateinamerika, Europa; Friedenssicherung; Vereinte Nationen;
Abt. 3: Globale und sektorale Aufgaben; Europäische und multilaterale Entwicklungspolitik; Afrika und Naher Osten.
Die früher stärker regional ausgerichtete Organisationsstruktur wurde mit der Reorganisation Mitte 2003 weitgehend aufgegeben.

Dagegen sind die im Auftrag des BMZ tätig werdenden Unternehmen DEUTSCHE GESELLSCHAFT FÜR TECHNISCHE ZUSAMMENARBEIT MBH (GTZ) und die KREDITANSTALT FÜR WIEDERAUFBAU als **Durchführungsorganisationen** zu bezeichnen (vgl. Abschnitt 6.2). Dies gilt auch für eine Fülle von Nichtregierungsorganisationen wie kirchlichen und privaten Organisationen, die z.T. mit privater, aber auch mit staatlicher Finanzierung Entwicklungsprojekte durchführen.

Die WELTBANK (INTERNATIONAL BANK FOR RECONSTRUCTION AND DEVELOPMENT - BIRD), der INTERNATIONALE WÄHRUNGSFONDS (INTERNATIONAL MONETARY FUND - IMF, vgl. Kapitel 8, Abschnitt 5.2.3.) und eine Reihe von regionalen Entwicklungsbanken und regionalen Entwicklungsfonds sind als **multilaterale** Träger einzustufen. Daneben gehört das Entwicklungsprogramm der VEREINTEN NATIONEN (UNDP) ebenso zum Kreis der multilateralen Geber wie die EUROPÄISCHE UNION (EU) und ihre Entwicklungsfonds. Gemäß den Vorschriften des im Jahre 2000 in Cotonou (Benin) unterzeichneten Partnerschaftsabkommens wird die Zusammenarbeit zwischen der EU und den 77 AKP-Staaten geregelt.

6. Instrumente der Entwicklungspolitik

Wenn ein nachhaltiger Entwicklungsprozess eingeleitet werden soll, muss die Produktion pro Kopf erhöht werden. Bei wachsender Bevölkerung und Boden als limitierendem Faktor ist dies jedoch nur über den Einsatz von Kapital und technischem Wissen möglich. Dabei handelt es sich indes nur um eine notwendige Bedingung, hinreichend für den Entwicklungsprozess ist die Kapitalbildung nicht. Sie hängt maßgeblich von der Ersparnis - als Verzicht auf die Inanspruchnahme von Ressourcen zu sehen - ab. Von Bedeutung ist immer, dass die Bevölkerung nicht schneller wächst als die Kapitalgüterproduktion. Beobachtungen aus einer Reihe von Entwicklungsländern zeigen, dass sich die Wachstumsrate der Bevölkerung in städtischen Ballungsgebieten abzuflachen beginnt, während sie in ländlichen Räumen - bei traditionellem Wertesystem und herkömmlicher Sozialstruktur - auf hohem Niveau verharrt.

Ein Vergleich mit der Geschichte der heutigen Industriestaaten macht deutlich, dass der Entwicklungsprozess - neben Kapitalakkumulation und Erhöhung des Ressourcenverbrauchs (insbesondere Energie) - auch mit **Neuerungen auf geistigen und politischen Ebenen** einhergeht. Mit der wirtschaftlichen Entwicklung waren in Europa neue philosophische und naturwissenschaftliche Erkenntnisse gereift, und es wurden die Grundlagen für eine institutionelle, materielle und personelle Infrastruktur geschaffen. Dazu gehören eine verlässliche Rechtsordnung, eine funktionierende Verwaltung, ein Steuersystem, ein Kapitalmarkt, die Verkehrsinfrastruktur, leistungsfähige Einrichtungen im Bildungswesen usw.

6.1 Einführung und Übersicht

Um die entwicklungspolitischen Ziele zu erreichen (Sollsituation), müssen entsprechend der wirtschaftspolitischen Methodologie Mittel eingesetzt werden (Abb. 10.3). Sie sind grundsätzlich an den Ursachen für Unterentwicklung auszurichten. Als wichtige Voraussetzungen für die sozioökonomische Entwicklung haben wir folgende Aspekte herausgearbeitet:

- Klärung der Rolle zwischen staatlichem und privatem Sektor
- Festlegung bzw. Verbesserung der Rahmenbedingungen für den privatwirtschaftlichen Sektor
- Förderung des privatwirtschaftlichen Sektors
- Bildung und berufliche Ausbildung
- Ausbau der materiellen, sozialen und institutionellen Infrastruktur
- Kapitalzufuhr und
- Zuführung von Know-how (beispielsweise im Rahmen technischer und personeller Zusammenarbeit).

Sofern der Staat die Investitionstätigkeit fördern möchte, gibt es dafür mehrere Ansatzpunkte. Er kann selbst investieren oder er fördert die privatwirtschaftlichen Investitionen. Eine notwendige Voraussetzung für Investitionen ist eine hinreichend große gesamtwirtschaftliche **Ersparnis**.

Für staatliche Investitionen werden **Einnahmen** (Steuern, Zölle, Gewinne öffentlicher Unternehmen) benötigt. In vielen Entwicklungsländern muss erst ein effizientes und gerechtes Steuersystem aufgebaut werden. Einkommensteuern sind wegen fehlender leistungsfähiger Finanzverwaltungen und hoher Analphabetenquoten kaum zu erheben. Außerdem fehlt es an der Buchhaltung, die nur im modernen Sektor zu finden ist. Sie ist für eine umfassende Unternehmensbesteuerung unverzichtbar. Daher bilden die Einnahmen aus indirekten Steuern (Verbrauchsteuern) und Zöllen die Haupteinnahmequelle des Staates in Entwicklungsländern, weil sie relativ einfach zu erheben sind. Von Nachteil ist allerdings, dass Verbrauchsteuern und Zölle regressiv wirken, d.h. die Bezieher kleiner Einkommen relativ stärker belasten. Die gesamtwirtschaftlichen **Steuerquoten** erreichen nur in Ausnahmefällen 20% des Volkseinkommens. Dies zeigt die dominante finanzielle Schranke für den Staat.

Private Investitionen setzen ebenfalls Finanzierungsmöglichkeiten voraus. Sie stellen - auch wegen der begrenzten Sparfähigkeit und wenig entwickelter Geld- und Kapitalmärkte - ein weiteres Problem dar. Wie die Ersparnis auch immer zustande kommt, letztlich ist wichtig, dass von der gesamten Wertschöpfung ein Teil nicht für Konsumzwecke verwendet, sondern gespart und investiert wird. Sofern die interne Ersparnis nicht ausreicht, besteht die Möglichkeit, auf ausländische Ressourcen zurückzugreifen. Dies ist der "klassische" ökonomische Ansatz für die EZ.

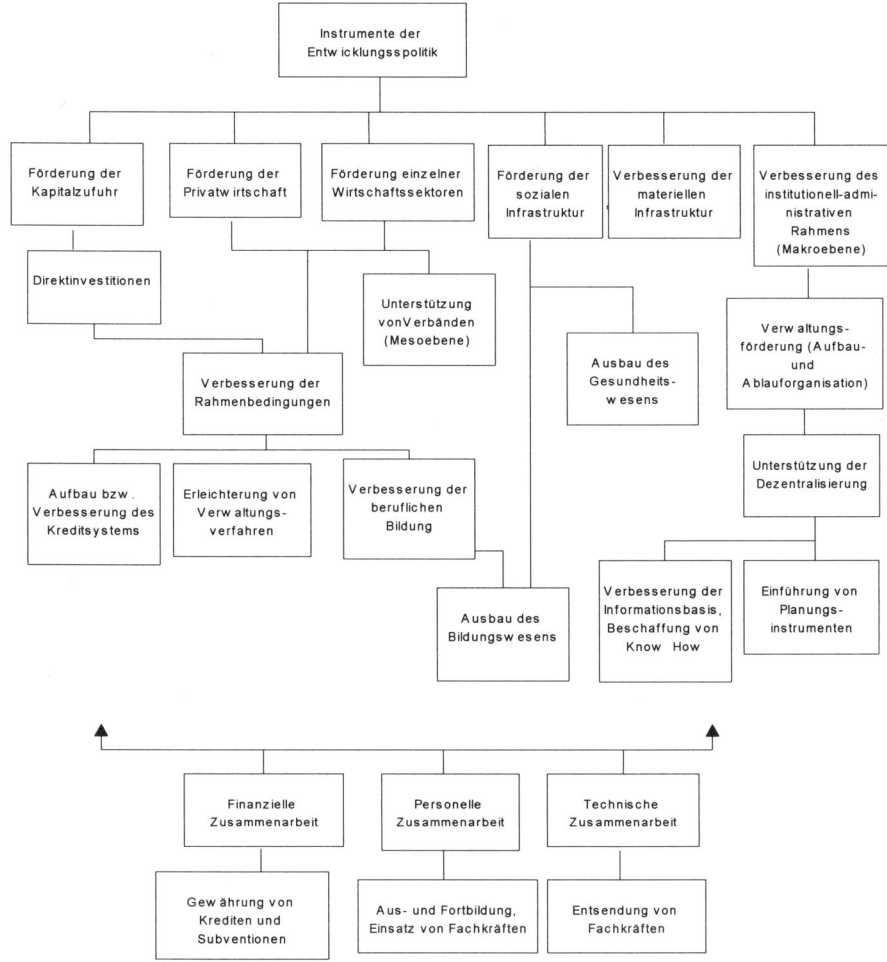

Abb. 10.3: Instrumente der Entwicklungspolitik

6.2 Entwicklungszusammenarbeit (Überblick)

Unter Entwicklungszusammenarbeit (EZ) versteht man alle Bemühungen von staatlichen und nichtstaatlichen Organisationen aus entwickelten Ländern, den Prozess der Entwicklung in Ländern der Dritten Welt zu unterstützen.

Dabei werden drei Arten der EZ[7] unterschieden, wobei wir uns im wesentlichen auf die deutsche EZ beziehen:

1. Die **Finanzielle Zusammenarbeit** (FZ), die in Deutschland von der KfW im Auftrag der Bundesregierung durchgeführt wird. Hier geht es um die Gewährung von zinsgünstigen

---

[7] Der Begriff "Entwicklungshilfe" ist eigentlich verpönt. Man spricht statt dessen von **Entwicklungszusammenarbeit**. In frankophonen Ländern werden ausländische Geber "partenaires au développement" genannt. Bei Projekten handelt es sich auch nicht um "deutsche Projekte", sondern um Vorhaben der Entwicklungsländer, die von deutscher Seite unterstützt werden.

Krediten oder Subventionen, die den am wenigsten entwickelten Ländern gewährt werden.

2. Die **Technische Zusammenarbeit** (TZ) wird für die Bundesregierung durch die GTZ abgewickelt, wobei im Vordergrund die Vermittlung von Wissen und Know-how - z.B. durch die Entsendung von Fachkräften und Beratern - steht.

3. Die **Personelle Zusammenarbeit** (PZ) richtet sich im wesentlichen auf die Qualifikation von Personal aus Entwicklungsländern. Hiermit ist die 2002 durch Zusammenschluss aus der DEUTSCHEN STIFTUNG FÜR INTERNATIONALE ENTWICKLUNG (DSE) sowie der CARL-DUISBERG-GESELLSCHAFT (CDG) hervorgegangene Organisation INTERNATIONALE WEITERBILDUNG UND ENTWICKLUNG (InWEnt) befasst.

Zum **Procedere** der Entwicklungszusammenarbeit: Im Allgemeinen wird von einem Entwicklungsland ein Antrag auf ein Projekt bzw. ein Programm gestellt. Er wird einer Prüfung vor Ort unterzogen, wobei im Falle eines positiven Votums ein konkretes Projekt bzw. Programm empfohlen wird. Sofern sich beide Seiten auf die Durchführung verständigen, wird ein **Durchführungs-** bzw. **Finanzierungsvertrag** mit dem Partner geschlossen, der die Rechtsgrundlage für alle weiteren Aktivitäten darstellt. Diese Verträge basieren auf einem **Rahmenabkommen**, das mit jedem Partnerland vereinbart wird. Von Seiten der externen Geber werden die vereinbarten Mittel zur Verfügung gestellt, Fachkräfte entsandt, Material geliefert usw. In vielen Fällen wird erwartet, dass sich die Empfängerländer mit einem eigenen Beitrag an der Durchführung des Projektes beteiligen. Der Projektfortschritt wird durch regelmäßige **Evaluierungen** begleitet. Bemerkenswert ist, dass beide Partner für den Projekterfolg gemeinsam verantwortlich sind.

Länderkonzepte sind die Grundlage für die landesbezogene Umsetzung der entwicklungspolitischen Ziele in der Zusammenarbeit mit den **Schwerpunktländern**. Sie legen fest, in welchen - möglichst nur drei - Schwerpunkten das entwicklungspolitische Instrumentarium mittelfristig eingesetzt werden soll. Die Arbeit in **Partnerländern** konzentriert sich meist auf einen Schwerpunkt. Dafür werden keine Länderkonzepte, sondern **Schwerpunktstrategiepapiere** erstellt. Damit verfügt das BMZ über ein wichtiges Managementinstrument bei der Planung und Steuerung des Einsatzes seiner Mittel. Durch Konzentration und sektorale Begrenzung auf einige Kernbereiche wird zur Steigerung der Wirksamkeit der EZ und zu ihrer Qualitätsverbesserung beigetragen. Die eigentliche Festlegung der EZ erfolgt anlässlich der in der Regel jährlich im Wechsel stattfindenden Regierungsverhandlungen und Arbeitsgespräche (Konsultationen).

Die **sektoralen Schwerpunkte** der deutschen bilateralen Zusammenarbeit liegen insbesondere in folgenden Feldern (vgl. dazu die meist jährlich vorgelegten BERICHTE ZUR ENTWICKLUNGSPOLITIK DER BUNDESREGIERUNG, hrsg. v. BMZ):

- Armutsbekämpfung (als Querschnittsaufgabe und als Hilfe zur Selbsthilfe),
- nachhaltige Nutzung und Schutz natürlicher Ressourcen mit einer Orientierung am Leitbild der nachhaltigen Entwicklung,
- Bildung und Ausbildung (mit Schwerpunkten auf der Grundbildung als Voraussetzung für menschliche und wirtschaftliche Entwicklung sowie beruflicher Bildung),
- Flüchtlings- und Nothilfe,
- Verbesserung der Rahmenbedingungen mit einem Schwerpunkt bei der Stärkung marktwirtschaftlicher Strukturen,
- Beiträge zu privatwirtschaftlichen Entwicklungen,
- Gesundheit, Kampf gegen Aids und Bevölkerungspolitik,
- Frauenförderung,
- Ernährungssicherung und ländliche Entwicklung.

Neben den Länderkonzepten folgt das BMZ bei seiner EZ auch einer regionalen Konzentration und Schwerpunktbildung. In den **Regionalkonzepten** werden die übergreifenden Ziele und Prinzipien für die jeweiligen Ländergruppen oder Subregionen festgelegt. Es gibt sie für Asien, Mittel-, Ost- und Südeuropa / Nachfolgestaaten der UdSSR, Afrika südlich der Sahara, Naher Osten und Mittelmeerraum sowie Lateinamerika.

6.3 Projekte und Programme

Zu den wichtigsten Instrumenten der EZ gehören **Projekte** und **Programme** mit mehreren aufeinander abgestimmten Maßnahmen, die sich auf eine mehr oder weniger umfassende Unterstützung eines bestimmten Bereichs konzentrieren.

Unter einem Projekt versteht man im entwicklungspolitischen Kontext die kleinsten Einheiten, die getrennt geplant, durchgeführt und verwaltet werden. Es bildet den technologischen, ökonomischen, sozialen und institutionellen Rahmen für Entwicklungsmaßnahmen. In der Praxis werden Projekte oft nach pragmatischen Gesichtspunkten abgegrenzt.

Um uns einen Einblick zu verschaffen, werfen wir einen genaueren Blick auf den **Projektzyklus**, der ein Projekt oder Programm von der ersten Idee, über die Planung, die Durchführung bis zur Kontrolle (Evaluierung) begleitet.

6.3.1 Projektplanung

Die Unterstützung, die ein Entwicklungsland durch ein Projekt oder Programm erhält, bedarf der sorgfältigen Vorbereitung. Dabei ist einigen wichtigen Anforderungen zu genügen. Projekte sollen eine nachhaltige Wirkung (**sustainability**) haben, d.h. nach Beendigung der externen Förderung sollte der einheimische Träger in der Lage sein, das Projekt ohne weitere Unterstützung fortzuführen und die angestrebten Erträge bzw. Nutzen zu erreichen. Die Projektplanung - wie auch die Projektdurchführung - sollten grundsätzlich dazu beitragen, eine **Hilfe zur Selbsthilfe** zu sein.

Wurden früher Projekte von den in den betroffenen Ministerien zuständigen Fachkräften vorbereitet, ist heute ein klarer **Zielgruppenbezug** und auch die Beteiligung (Partizipation) der Zielgruppen an der Vorbereitung, Planung und Durchführung der entwicklungspolitischen Aktivitäten vorgesehen. Im Zuge der **Strategie der Armutsbekämpfung** sind die arme Bevölkerung oder benachteiligte soziale Gruppen die eigentlichen **Zielgruppen**. Ministerialbeamte oder -abteilungen werden dagegen als **Mittler** gesehen. Schließlich sind bereits bei der Projektplanung einige **Grundprinzipien** (Menschenrechte, Demokratie, Umwelt, Frauenförderung - vgl. Abschnitt 4.1.1) zu beachten. Die Armutsorientierung von Vorhaben der EZ ist nach folgenden Kriterien zu beurteilen:

- Sind Arme Teil der Zielgruppe?
- Verbessert das Vorhaben die Lebensbedingungen der Armen und fördert es ihre produktiven Potenziale?
- Beteiligen sich die Armen?
- Ist das Vorhaben in ein armutsorientiertes Umfeld eingebettet?

In einem **partizipativen Planungsprozess** - meistens in einem Workshop, an dem auch Vertreter der Zielgruppen teilnehmen - wird das Projekt oder Programm schrittweise vorbereitet.

Das BMZ hat für die deutsche TZ seit Mitte 2002 einen neuen formalen Rahmen vorgeschrieben: **AURA** - entwicklungspolitischer Auftragsrahmen. Darin werden für die Projekt- und Programmplanung sowie ihre Durchführung wichtige Elemente verbindlich festgelegt.

Für Projekte und Programme ist ein **Ziel** zu formulieren, das für die gesamte Laufzeit gilt. Es soll den **direkten Nutzen** beschreiben, d.h. eine intendierte, positive, entwicklungspolitische Wirkung, die dem Vorhaben noch eindeutig zugeordnet werden kann. Unter **Wirkungen** versteht man dabei Veränderungen eines Zustands infolge einer Intervention. Sie können beabsichtigt oder unbeabsichtigt, erwartet oder unerwartet, positiv oder negativ sein. Wirkungen treten während der gesamten Laufzeit auf. An der Erreichung des Gesamtziels wird der Erfolg des Vorhabens gemessen. Es kann unterschiedliche Bereiche wie Verhaltensänderungen, Verbesserung der Lebenssituation oder die Entwicklung von Kapazitäten betreffen. Für die Erreichung des Gesamtziels sind die GTZ und die Partnerorganisation gemeinsam verantwortlich. Das Gesamtziel (ähnlich wie auch ggfs. Phasenziele für einzelne Projektabschnitte) wird mit **Indikatoren** präzisiert. Durch sie lässt sich feststellen, woran eine Veränderung beobachtet oder gemessen werden kann. Dazu ist die Festlegung eines quantitativen Werts oder eines objektiv nachprüfbaren Qualitätsmerkmals erforderlich. Für Projekte oder Programme, die einen Bezug zu Entwicklungspartnerschaften mit der privaten Wirtschaft (Public Private Partnership - PPP) aufweisen, sind ebenso Kennungen in der Projektplanung vorzusehen wie für die Armutsorientierung und für partizipative Entwicklung sowie gute Regierungsführung. Schließlich ist noch auf die verbindliche Einstufung der Vorhaben nach der Umweltrelevanz sowie die Ausrichtung auf Gleichberechtigung hinzuweisen.

Jedes Projekt bzw. Programm bedarf der Planung über die Zeit. An dieser Stelle gewinnt der **Operationsplan** Bedeutung, der für jedes Projekt erstellt werden kann, und in dem die geplanten Aktivitäten in zeitlicher Abfolge enthalten sind. Dabei werden auch die **Verantwortlichkeiten** für die Durchführung der Aktivitäten festgelegt. Ein wichtiges Element ist wiederum die Ermittlung von **Indikatoren**, mit deren Hilfe der Projekterfolg gemessen werden soll. Sie dienen der Operationalisierung des Projektvollzugs und gewinnen ihre Bedeutung insbesondere bei den regelmäßig durchzuführenden **Projektevaluierungen** (Projektfortschritts- oder Projektverlaufskontrollen). Ergebnisse von Zwischenevaluierungen dienen zu Anpassungen im Projektvollzug. Das "Nachsteuern" bzw. Anpassen an neue Entwicklungen, Erkenntnisse usw. wird auch **Monitoring** genannt. Schließlich versucht man, die für den Projekterfolg wichtigen **Annahmen** zu identifizieren (z.B.: Die Regierung des Entwicklungslandes setzt ihre Privatisierungspolitik fort).

Schon in der Planungsphase sind bestimmte Probleme, die aus dem langjährigen Vollzug der EZ bekannt sind, zu berücksichtigen. Ein solches Problem stellen die **Folgekosten** von Entwicklungsprojekten[8] dar. Von externer Seite wurden in der Vergangenheit sehr oft nur die Investitionskosten finanziert, während die laufenden Kosten, die aus der Realisierung des Projektes erwuchsen, über die nationalen Haushalte zu finanzieren waren. Bei ohnehin schon defizitären Staatsbudgets entsteht die Gefahr einer Verschärfung der finanziellen Restriktion beim Staat, oder es bleibt - wenn keine Mittel bereitgestellt werden - eine Investitionsruine.

6.3.1.1 Nutzen-Kosten-Analyse (NKA)

Zu den Planungsverfahren gehört die **Nutzen-Kosten-Analyse** (NKA), die wir beispielhaft darstellen wollen. Sie ist eine Art "Investitionsrechnungstechnologie" für staatliche Projekte. Mit der Anwendung privatwirtschaftlicher Investitionskriterien und Investitionsrechnungsmethoden auf die Staatswirtschaft geht es um den Versuch, die Rationalität der Mittelverwendung im öffentlichen Bereich zu erhöhen, durch vergleichbare Bewertung der Folgen alternativer Handlungen und Aufgaben des Staates, die - wir erinnern uns an die Nichtexistenz von Marktpreisen im staatlichen Bereich (Kapitel 2) - sonst nicht befriedigend gelöst wer-

---

[8] Vgl. W. A.S. KOCH (Hrsg.), Folgekosten von Entwicklungsprojekten, Schriftenreihe des Vereins für Socialpolitik, N. F. Bd. 143, Berlin 1984.

den. Ziel ist die Maximierung des volkswirtschaftlichen Nettoertrages des geplanten Projektes oder Programms.

Die NKA soll bei einem vorgegebenen und operational definierten Ziel aus mehreren Programmalternativen die effizienteste Alternative selektieren: eine **normative Entscheidungstechnologie** zur Ermittlung einer optimalen Handlungsstrategie. Problematisch ist dabei zunächst die Erfassung und Zurechenbarkeit der Wirkungen der Projektrealisierung (Kosten und Nutzen).

Im öffentlichen Bereich besteht das Problem der Einbeziehung **sozialer Kosten** und **Nutzen**, die nicht unmittelbar gemessen werden können. Ein wichtiges Beispiel stellen Umweltwirkungen dar. **Kosten** sind das Ergebnis jeder Handlung, die irgend jemanden zwingt, auf die sonst mögliche Realisierung eines oder mehrerer seiner Ziele - für ihn fühlbar - ganz oder teilweise zu verzichten. Dagegen sind **Nutzen** das Ergebnis jeder Handlung, die irgend jemanden - für ihn fühlbar - näher an eines oder mehrere seiner Ziele bringt. Im einzelnen werden unterschieden:

Direkte (primäre) **Kosten**, zu denen
*   Nominalaufwendungen in Höhe der Investitionskosten,
*   Ausgaben für erforderliche Ersatzinvestitionen,
*   laufende Aufwendungen zur Aufrechterhaltung des Projektes usw. gehören.
Sofern man sie in Geldeinheiten messen kann, werden sie auch als **tangible** Kosten bezeichnet. Sie können im Allgemeinen ohne Probleme ermittelt werden.

Zu den **indirekten Kosten** gehören
*   technologische Spillover-Effekte (Beeinflussung der Produktionsfunktion Dritter bzw. des Bedürfnisbefriedigungsniveaus der Konsumenten). Sie werden in der NKA berücksichtigt.
*   monetäre Spillovers (Verursachung von Kosten bei Dritten durch das Projekt). Sofern es sich um Umverteilungseffekte handelt, finden sie in der NKA keine Berücksichtigung, weil sich dadurch die volkswirtschaftliche Wertschöpfung nicht erhöht.
Dagegen sind **intangible** Kosten nicht quantifizierbare Einflüsse oder Einflussgrößen. Sie verändern die Vorteilhaftigkeit des Projektes eigentlich negativ: Auswirkungen, die die subjektive Wertschätzung der Maßnahme beeinträchtigen, ohne in Geld bewertbar zu sein (Beispiel: Zerstörung des Landschaftsbildes durch Straßen- oder Brückenbau).

Zu den **direkten Nutzen** des Projektes gehören alle Auswirkungen eines Projektes, die den unmittelbaren Nutznießern zugute kommen (z.B. bei einem Bewässerungsprojekt der Nutzen des zusätzlichen Anbauertrages).

Indirekte Nutzen sind in Geld messbare Vorteile, die nicht direkt begünstigte Personen oder Gruppen aus dem Projekt ziehen, ohne dafür zahlen zu müssen (Bewässerungsprojekt: es profitieren nicht nur die Bauern, sondern auch die folgenden Produktions- und Handelsstufen von der erhöhten Produktion). Es werden externe Nutzen z.B. in Form von Zusatzeinkommen durch die Produktion erzielt. Sie bedeuten eine reale volkswirtschaftliche Verbesserung, und werden deswegen in die NKA einbezogen. Die Berücksichtigung **monetärer** externer Nutzen in NKA wird kontrovers diskutiert. Beispiel: Zusätzliche Verkäufe in das Projektgebiet.

Die **intangiblen Nutzen** sind entsprechend den intangiblen Kosten zu definieren und zu behandeln (Beispiel: Vergrößerung des Pflanzenreichtums durch Staudammbau).

Nach der Erfassung aller zur berücksichtigenden Kosten und Nutzen ist ihre **Bewertung** vorzunehmen. Auch dabei ist eine Fülle von Problemen zu lösen. Grundsätzlich sollten in die Berechnung **Marktpreise** eingehen, weil sie die Knappheitsrelationen am besten widerspiegeln. Ihre Berechnung ist indes schwierig, weil nicht alle Marktpreise die "echten" Preise darstellen (Monopole, staatlich fixierte Preise, Ausfuhr - und Einfuhrbeschränkungen, die Faktormobilität ist unzureichend, die Preisflexibilität ist nicht vorhanden usw.). Hinzu kommt, dass das sich aus den staatlichen Projekten ergebende Güterangebot auf öffentliche Güter abzielt: hier gibt es keine Marktpreise. In solchen Fällen sollten **Schattenpreise** verwendet werden. Dabei handelt es sich um simulierte Marktpreise.

Wie in jeder privatwirtschaftlichen Investitionsrechnung, müssen die zukünftigen Kosten und Nutzen (Erträge) auf die **Gegenwart** (Kalkulations- bzw. Entscheidungszeitpunkt) **abgezinst** werden. Im Rahmen der Investitionsrechnung - wie auch bei NKA - sind dabei die (a) Kapitalwertmethode - die Investition ist vorteilhaft, wenn der Kapitalwert positiv ist - oder (b) die Methode des internen Zinssatzes - die Investition ist vorteilhaft, wenn der interne Zinssatz mindestens so groß ist wie der Kalkulationszins - gebräuchlich. Der interne Zins ist definiert als der Zinssatz, bei dem der auf irgendeinen Zeitpunkt bezogene Gegenwartswert aller Ein- und Auszahlungen gleich Null ist.

Der **Kalkulationszins** in der privatwirtschaftlichen Investitionsrechnung wird im Allgemeinen durch den Marktzins zuzüglich einer Risikoprämie, die vom Investitionstypus abhängt, ermittelt. Die Bestimmung der **sozialen Diskontrate** (social time preference) als Grenzrate der Substitution von Gegenwarts- und Zukunftskonsum ist ungleich schwieriger. Wir sind mit folgenden Problemen konfrontiert:

- Die Bestimmung des **"richtigen"** Diskontfaktors ist immer mit einem Werturteil verbunden.
- **Ein** Zinssatz ist untauglich, um alternative Projekte mit unterschiedlichen Zeitprofilen von Kosten und Nutzen zu vergleichen.
- Im Vergleich zur **individuellen Zeitpräferenz** (ein hoher Diskontsatz ist Ausdruck einer hohen Präferenz für Gegenwartsgüter gegenüber Zukunftsgütern), die auch Ausdruck für den unsicheren begrenzten privaten Zeithorizont ist, hat die Gesellschaft grundsätzlich einen unbegrenzten Zeithorizont. Folglich ist ein relativ niedriger sozialer Diskontsatz zu wählen.
- **Vorgabe** des Diskontsatzes durch den Entscheidungsträger.

Zur Erläuterung der Bedeutung der sozialen Diskontrate dient das folgende **Beispiel**: Es stehen zwei Projekte (A und B) zur Auswahl. Beide sind mit Investitionskosten in Höhe von 100 verbunden. Die Endwerte der Nettoerträge werden mit 134 bei A und mit 122 bei B nach 5 Jahren geschätzt. Wenn man die Endwerte beispielsweise mit Werten von 3% oder 5% abzinst, gelangt man zu folgendem Ergebnis:

Projekt	Kosten	Endwert 5 Jahre	Barwerte der Endwerte bei 3%	5%
A	100	134	116	100
B	100	122	105	91

Ergebnis: B ist zwar bei 3% noch vorteilhaft (effizient), A ist jedoch besser, weil dessen Ertrag den von B übersteigt. Bei einem Abzinsungsfaktor von 5% ist B nicht mehr vorteilhaft. Der Leser wird unschwer erkennen, dass mit der Festlegung einer niedrigeren Diskontrate ein politisch gewolltes Projekt als vorteilhaft berechnet werden kann.

Abschließend lässt sich eine kurze **Beurteilung** der NKA geben:

- Die Anwendung der NKA schließt die **Anerkennung des Marktmechanismus** bei der Kosten- und Nutzenbewertung ein. Dies ist, weil sie eindimensional auf das Ziel einer Maximierung des Inlandsprodukts gerichtet ist - eine Schwäche der NKA.
- Der Bezug auf die **"Rationalität des Preissystems"** ist gerade bei öffentlichen Gütern ist ein Widerspruch.

- Gute Ergebnisse kann die NKA bei **partiellen Projekten** (z.B. kommunale Investitionen) bringen. Voraussetzung ist, dass es nur geringe intangible und wenig externe Effekte zu berücksichtigen gibt. Bei umfassenden Regierungsprogrammen ist die NKA überfordert.
- Ein wichtiger Vorteil der NKA besteht darin, dass sie **Eigenschaften der wirtschaftlichen Systemanalyse** besitzt und dass Alternativen geprüft werden.
- Die NKA dient als **Entscheidungshilfe**, sie ist kein Entscheidungsmechanismus. Die politische Allokationsentscheidung bleibt unentbehrlich. Die NKA schafft mehr Transparenz über das Gewollte.

6.3.1.2 Auswahl der Investitionsprojekte

Im Rahmen der Investitionsplanung muss entschieden werden, in welchen **Sektoren** (Bergbau oder Landwirtschaft, Industrie oder Infrastruktur), welche **Technik** (moderne kapitalintensive oder einfache arbeitsintensive Verfahren) angewendet und in welchen **Regionen** des Landes investiert werden soll. Der Staat hat indes heute in vielen Entwicklungsländern nur noch eine ordnungspolitische Bedeutung: Er soll eine funktionsfähige Verwaltung und stabil-verlässliche Rahmenbedingungen für den privaten Sektor schaffen sowie Anreize für privatwirtschaftliche Investitionen geben. Für eigene staatliche Investitionen stehen ohnehin nur sehr begrenzte finanzielle Ressourcen zur Verfügung.

Da in Entwicklungsländern Kapital knapp, Arbeit hingegen reichlich vorhanden ist, sollten möglichst **arbeitsintensive Verfahren** gewählt werden (z.B. Anfertigen von Bekleidung durch Lohnveredelung). Wegen der Kapitalknappheit hat die EZ reagiert und Konzepte von "angepassten Technologien" entwickelt. Weitere Kriterien können Ziele wie Importsubstitution (Devisenersparnis), Bekämpfung der Landflucht usw. sein.

6.3.2 Projektdurchführung und Monitoring

Mit der Durchführung der Projekte bzw. Programme[9] werden von den Trägern bestimmte Organisationen (Durchführungsorganisationen - vgl. Abschnitt 6.2) beauftragt. Sie ist durch ein Wirkungsmonitoring zu begleiten. Es soll Aussagen darüber ermöglichen, ob sich das Vorhaben noch im „Zielkorridor" befindet. Dabei wird gefragt: (1) Welche Bereiche können durch Leistungen des Projektes berührt werden? (2) Welche Wirkungen treten tatsächlich auf? (3) Welche der festgestellten Wirkungen haben Einfluss auf die Erreichung des Projektziels? (4) Wurde das Projektziel erreicht? (5) Welche anderen Wirkungen (erwünscht oder nicht erwünscht) können festgestellt werden? (6) Trägt das Projektziel zu Entwicklungsfortschritten bei?

Projektfortschritte werden durch Indikatoren (Kenngrößen) ermittelt, die zur Abbildung bestimmter, oft nicht direkt messbarer komplexer Sachverhalte ausgewählt wurden. Sie können quantitativer, aber auch qualitativer Art sein.

---

[9] Für die Projektplanung und -durchführung sind neue Verfahren entwickelt worden. Beispielhaft wollen wir die Methoden der **Aktionsforschung** nennen, nach denen den Zielgruppen (Armen, Frauen, Kleinstgewerbetreibende), die gefördert werden sollen, keine Vorschläge unterbreitet werden, sondern die gewissermaßen von selbst ihre Entwicklungsmöglichkeiten aufspüren sollen. Dadurch verändert sich der Charakter der sonst üblichen Beratung, die Bedarfsorientierung wird stärker betont, so dass eher Nachhaltigkeit infolge der Stärkung von Selbsthilfefähigkeit und eigenbestimmten einheimischen Strukturen erreicht werden kann. Der interessierte Leser sei auf den Band von D. GAGEL (Hrsg.), Aktionsforschung und Kleingewerbeförderung. Methoden partizipativer Projektplanung und -durchführung in der Entwicklungszusammenarbeit, ifo studien zur entwicklungsforschung, Bd. 26, München, Köln, London 1994, hingewiesen

6.3.3 Evaluierung

Es gehört zu den Normalitäten der EZ, dass der Projektfortschritt im Rahmen **einer Erfolgskontrolle** (Evaluierung) regelmäßig überprüft wird. Inzwischen sind verfeinerte **Evaluierungsmethoden** entwickelt worden, die international zur Anwendung kommen. Gemäß einem von der betreffenden Durchführungsorganisation oder dem Träger vorgegebenen Schema sind die Fortschritte im Vollzug des Projektes zu erfassen und mit den im Zuge der Planung festgelegten Indikatoren zu vergleichen. Dabei sollen die durch die Projekte und Programme erzielten **Wirkungen** und **Nutzen** gewürdigt werden. Die Durchführungsorganisationen ebenso wie das BMZ legen Auswertungen der Evaluierungen vor, damit sich die interessierte Öffentlichkeit ein zuverlässiges Bild verschaffen kann.

6.4 Übersicht über die internationale EZ

Tabelle 10.4 zeigt die bi- und multilaterale öffentliche Entwicklungszusammenarbeit der DAC-Länder. 2001 beliefen sich die gesamten Nettoauszahlungen an Entwicklungsländer und multilaterale Organisationen auf 48,5 Mrd. US-Dollar, über 10 Mrd. US $ weniger als 1991.

Die Bereitschaft zur Mittelbereitstellung im Rahmen der EZ ist kleiner geworden. Für viele Länder ist das Mittelvolumen gesunken, ebenso wie der Anteil am Bruttoinlandsprodukt. Wenn Projekte und Programme, die für das Empfängerland Priorität haben, von außen finanziert werden, können die dafür eigentlich vorgesehenen Mittel für andere Zwecke verwendet werden (**Freisetzungseffekt**). Wollte das Geberland eine „ungewollte" Verwendung (z.B. für militärische Zwecke) verhindern, müsste es massiven Einfluss nehmen. Dies verbietet jedoch die Beachtung des Souveränitätsprinzips.

Eine Gesamtbewertung der international gewährten Entwicklungshilfe ist nicht möglich. Der geleistete Ressourcentransfer ist immer noch beträchtlich. Von der EZ profitieren aber auch die Geberländer: Gewährte Kredite werden z.B. zum Kauf von Maschinen des Geberlandes verwendet. Schätzungen der **Rückflussquote** belaufen sich für die Bundesrepublik auf 60%. Außerdem darf nicht übersehen werden, dass manche Hilfeleistungen auch kontraproduktiv sind. Das gilt vor allem, wenn sie die Eigeninitiative lähmen oder - wie z.B. bei Nahrungsmittellieferungen - die Preise für landwirtschaftliche Produkte so weit nach unten drücken, dass die Eigenproduktion nicht mehr lohnt.

Außer den AKP-Staaten hat eine Reihe anderer Länder mit der EU **Assoziierungsabkommen** abgeschlossen, die ihnen bestimmte Vorteile im Güteraustausch einräumen. Im Rahmen der Verträge GATT, TRIPS usw., deren Einhaltung von der WTO (vgl. Kapitel 8, Abschnitt 5.2.2) überwacht werden soll, ist ebenfalls der Abbau von Handelsschranken und protektionistischen Maßnahmen vorgesehen, die zwar einerseits Ausdruck für den internationalen Liberalisierungsprozess sind, die aber andererseits auch einen erheblichen Anpassungsdruck bei den weniger entwickelten Ländern erzeugen. Gelingt es ihnen nicht, sich an die neuen weltwirtschaftlichen Entwicklungen anzupassen, dürfte die Disparität zwischen ihnen und den Industrieländern noch größer werden.

6.5 Stabilisierung der Exporterlöse

Viele Entwicklungsländer verfügen über hinreichende **Devisen**. Die Haupteinnahmen an Devisen stammen aus dem Export von Rohstoffen, häufig eines einzigen Rohstoffes (z.B. Ghana [Kakao], Uganda [Kaffee], Sambia [Kupfer], Ruanda [Kaffee] usw.). Bei großen Preisschwankungen dieser Produkte wird deutlich, wie wichtig die Stabilisierung und Steigerung der Exporterlöse aus Rohstoffen für viele Länder ist. Die eigene Entwicklung hängt stark von den Zufälligkeiten der Preisentwicklung ihres Exportgutes auf dem Weltmarkt ab.

Tab. 10.4: Bi- und multilaterale öffentliche Entwicklungszusammenarbeit der DAC-Länder (Nettoauszahlungen, absolut und in % vom BSP)

Länder	1980		1991		1996		2001	
	Mio. US $	% des BSP	Mio. US $	% des BSP	Mio. US $	% des BSP	Mio. US $	% des BSP
Australien	667	0,48	1.050	0,38	1.074	0,28	873	0,25
Österreich	178	0,23	547	0,34	557	0,24	533	0,29
Belgien	595	0,5	831	0,41	913	0,34	867	0,37
Dänemark	481	0,74	1.200	0,96	1.772	1.04	1.634	1,03
Finnland	110	0,22	930	0,78	408	0,34	389	0,32
Frankreich	4.162	0,63	7.386	0,62	7.451	0,48	4.198	0,32
Deutschland	3.567	0,44	6.890	0,40	7.601	0,33	4.990	0,27
Irland	30	0,16	72	0,19	179	0,31	287	0,33
Italien	683	0,15	3.347	0,30	2.416	0,20	1.627	0,15
Japan	3.353	0,32	10.952	0,32	9.439	0,20	9.847	0,23
Niederlande	1.630	0,97	2.517	0,88	3.246	0,81	3.172	0,82
Neuseeland	72	0,33	100	0,25	122	0,21	112	0,25
Norwegen	486	0,87	1.178	1,13	1.311	0.85	1.346	0.83
Schweden	962	0,78	2.116	0,90	1.999	0.84	1.666	0,81
Schweiz	253	0,24	863	0,36	1.026	0,34	908	0,34
Großbritannien	1.854	0,35	3.201	0,32	3.199	0,27	4.579	0,32
USA	7.138	0,27	11.262	0,20	9.377	0,12	11.429	0,11
DAC insgesamt	27.296	0,37	58.560	0,34	53.887	0,25	48.457	0,21

Quelle: OECD, Development Cooperation. Efforts and Policies ofthe Members of the Development Assistance Committee, 1998 Report, Paris 1999, Tabelle 4, Anhang A8 und Report 2002, Paris 2003, Tabelle 4, S. 213.

Rohstoffabkommen können nur bedingt Abhilfe schaffen. Möglich ist, Exportquoten zu vereinbaren und damit das Angebot zu beschränken. Der Preis ließe sich auf dem gewünschten Niveau stabilisieren (Prinzip der ORGANIZATION OF PETROL EXPORTING COUNTRIES - OPEC). Oder es wird auf einen "fairen Handel" abgestellt, der die Erzeuger in den Entwicklungsländern stärker an den Gewinnen partizipieren lässt.

Bestehende Handelshemmnisse sollten abgebaut werden. Die Märkte der Industrieländer müssen für die Produkte der Entwicklungsländer geöffnet werden. Die **Zollpräferenzen** - etwa im EU- Bereich - wären konsequent auszuweiten. Der Zollschutz im Halb- und Fertigwarenbereich (tarifäre Handelshemmnisse) muss beseitigt werden und Importbelastungen und Kontingentierungen für landwirtschaftliche Produkte wären zu reduzieren. Das Augenmerk sollte indes verstärkt auf die Abschaffung **nichttarifärer Handelshemmnisse** (wie z.B. administrative Vorschriften, Einfuhrgenehmigungen, Einhaltung technischer Standards usw.) gerichtet werden, deren protektionistische Wirkung die von Zöllen teilweise sogar übersteigt.

Als Verfechter von Marktwirtschaft und Freihandel müssten die Industrienationen der Beseitigung bestehender Handelshemmnisse zustimmen, doch die Realität zeigt, dass die Bereitschaft dazu angesichts eigener Arbeitslosigkeit gering ist. Daran hat auch die Schaffung der WTO 1995 wenig geändert .

Im Rahmen der **Entwicklungspolitik der EU** wurde mit den früheren VERTRÄGEN VON LOMÉ versucht, zu einer Stabilisierung der Exporterlöse für landwirtschaftliche (STABEX-Fonds) und für mineralische Produkte (SYSMIN) in den AKP-Staaten beizutragen. Diese Finanzinstrumente haben sich auf Grund mehrerer Faktoren, zu denen auch Verzögerungen bei der Umsetzung gehörten, nicht bewährt. Sie wurden auf Drängen der EU in das im Juni 2000 abgeschlossene ABKOMMEN VON COTONOU nicht mehr aufgenommen. Stattdessen gibt es die Möglichkeit angemessener Unterstützung aus der Zuschussfazilität für die AKP-Staaten, die kurzfristige Erlöseinbrüche und dadurch erhöhte Budgetdefizite hinnehmen

6.6 Strukturanpassungspolitik

Seit Anfang der 80er Jahre hat die WELTBANK - oft in Zusammenarbeit mit dem IWF - in einer Reihe von Entwicklungsländern **Strukturanpassungsprogramme (SAP)** finanziert und durchgeführt. Sie sind primär ordnungspolitisch motiviert und darauf ausgerichtet, die makroökonomischen Ungleichgewichte (Zahlungsbilanzdefizite, Staatshaushaltsdefizite) der betreffenden Länder zu beseitigen. Die Einführung liberal-marktwirtschaftlicher Elemente in den Wirtschaftsprozess gemäß dem Konsens von Washington (vgl. Abschnitt 4.1.2) gehört zum Standardkatalog der Maßnahmen. Die starke Betonung der Allokationseffizienz gerät allerdings häufig in Konflikt mit den sozialpolitisch determinierten Zielsystemen der Entwicklungsländer. Die Erfahrungen mit der **ersten Generation** von SAP haben dazu geführt, dass begleitende Programme zur sozialen Abfederung (die "Soziale Dimension der Anpassung - SDA") notwendig wurden und heute eine starke Betonung auf sektorale Strukturanpassung gelegt wird.

Wichtige **Reformbereiche** sind:

- Die **öffentlichen Finanzen** sollen konsolidiert werden mit dem Ziel der Wiederherstellung des Budgetgleichgewichts (Steuerreformen wie z.B. die Einführung der Mehrwertsteuer, Reform der Steuerverwaltung, Reform des öffentlichen Dienstes und Personalabbau, Kürzung von Staatsausgaben etc.).
- Die **staatlichen Unternehmen**, werden saniert, privatisiert oder durch Liquidation aufgelöst. Ihre hohen Defizite mussten aus dem Staatshaushalt gedeckt werden. Sie hatten oft lediglich eine Beschäftigungsfunktion. Diese Maßnahmen führen zu einem Anstieg der offenen Arbeitslosigkeit. Auch die Banken sind Gegenstand von Restrukturierungsmaßnahmen.
- In der **Landwirtschaft** werden marktwirtschaftliche Preissysteme eingeführt und Subventionen auf landwirtschaftliche Produktionsmittel, Saatgut, Düngemittel usw. reduziert bzw. abgeschafft.[10]
- **Preiskontrollen** werden beseitigt und Investitions- sowie Exportanreize für private Unternehmen geschaffen.
- Im **außenwirtschaftlichen Bereich** wird im Allgemeinen eine Abwertung der heimischen Währung durchgeführt, die von der Beseitigung von Handelsbeschränkungen begleitet wird. Mengenzölle werden durch Wertzölle ersetzt. Zollformalitäten werden erleichtert.

In einer Reihe von Ländern wurde mit SAP bemerkenswerte Erfolge erzielt. Nachteilig ist ihre relativ kurze Dauer von etwa 3 Jahren, so dass meistens Anschlussprogramme aufgelegt werden müssen. In so kurzer Zeit lassen sich früher oft zentralverwaltungswirtschaftlich orientierte Länder und Staatsbürokratien nicht in marktwirtschaftliche Systeme mit demokratischer Prägung transformieren. Die Entwicklungshemmnisse (vgl. Abschnitte 2 und 3) bleiben oft bestehen. Hinzu kommt, dass die Programme an Auflagen (**Konditionalität**)

---

[10] Widersprüchlich ist, dass EL Politikinhalte und Verhaltensweisen untersagt werden die in vielen Industrieländern gängige Praxis sind. Zu denken ist etwa an die hohen Subventionen zugunsten der Landwirtschaft in der EU und den USA!

geknüpft sind, die von den betreffenden Regierungen nicht leicht zu erfüllen sind. Ein weiterer Nachteil besteht in der **Rückzahlungspflicht** der für die SAP aufgenommenen Kredite. Die bisherige Orientierung der SAP schließt große Teile der Bevölkerung von positiven Effekten der Neuorientierung aus - sie haben mit stark gesunkenen Realeinkommen fertig zu werden. Ob mit dieser Politik eine **nachhaltige Entwicklung** in den betreffenden Ländern eingeleitet werden konnte, wird sich erst in Zukunft zeigen. Wichtig für ihren Erfolg wäre nicht nur eine durchgreifende institutionelle Reform der gesamten staatlichen Verwaltung, sondern auch, dass der ökonomische Liberalisierungsprozess von einer Demokratisierung im gesellschaftlich-politischen Bereich begleitet wird. Es wird erneut klar, dass einer funktionierenden staatlichen Verwaltung (**good governance**), einem verlässlichen Rechtssystem und einer von politischer Einflussnahme unabhängigen Justiz große Bedeutung zukommt.

6.7 Zur Lösung des Schuldenproblems

Für die Lösung des Schuldenproblems (Überschuldung, Unfähigkeit zur Bedienung der Auslandskredite) bieten sich mehrere Möglichkeiten an:

- Umschuldungen,
- Umwandlung von Schulden,
- Schuldenerlasse,
- Erhöhung der Exportfähigkeit,
- Steigerung der Direktinvestitionen.

Im sogenannten **Pariser Club**, einem mehr oder weniger informellen Treffen westlicher Gläubigerländer mit dem betreffenden Schuldnerland in Paris, wird seit 1956 in Ad-hoc-Sitzungen versucht, Schuldendienstprobleme gemeinsam zu lösen. Hier werden öffentliche und öffentlich garantierte Schulden verhandelt mit dem Ziel, die **Schuldendienstfähigkeit** wieder herzustellen. Als Mittel werden Stundungen von fälligen Zahlungen, aber auch Schuldenerlasse eingesetzt. Die Pariser Club-Staaten erklärten sich im Jahre 1988 bereit, unter bestimmten Bedingungen auf bis zu 30% ihrer Forderungen (durch effektive Schuldenstreichung oder die Verringerung des Schuldendienstes) gegenüber Entwicklungsländern mit niedrigem Einkommen und hoher Schuldendienstbelastung (**Heavily Indebted Poor Countries - HIPC**) zu verzichten. Seitdem ist eine Reihe von Vereinbarungen zwischen den Gläubiger- und den Schuldnerländern getroffen worden. Auf bilateraler Ebene wurden ebenfalls Schulden erlassen bzw. in Subventionen umgewandelt oder die Konditionen der Kreditvergabe nachgebessert. Grundsätzlich dem gleichen Ziel dienen die Umschuldungsverhandlungen im **Londoner Club**, mit dem Unterschied, dass es hier um private Kredite geht.

Bereits in den 80er Jahren hat es eine Reihe von Vorschlägen gegeben, um die **internationale Schuldenkrise**, die insbesondere durch lateinamerikanische Länder (z.B. Mexiko und Brasilien 1982/83) ausgelöst worden war, zu bekämpfen. Von Bedeutung war die **Brady-Initiative** (benannt nach dem damaligen US-Finanzminister). Für die am meisten verschuldeten Entwicklungsländer mit mittlerem Einkommen sollte durch freiwillige Vereinbarungen zwischen Geschäftsbanken und Schuldnerländern zu einem substantiellen Schuldenabbau beigetragen werden. Als Möglichkeiten waren vorgesehen:

- Der Rückkauf von Schuldtiteln (**Debt-Buy-Back**): bei dieser Transaktion kauft ein Land seine Schuldtitel gegen Kasse aus dem Sekundärmarkt, auf dem die Schuldtitel bereits mit einem Abschlag gehandelt werden, zurück, wodurch der Schuldendienst verringert wird. Eine oft nicht erfüllte Voraussetzung sind frei verfügbare Devisen des Schuldnerlandes.
- Der Tausch von Schuldtiteln gegen Beteiligungskapital (**Debt-Equity-Swap**): Auslandsschulden werden in Inlandsbeteiligungen, z.B. im Rahmen eines Privatisierungspro-

gramms des Staates, umgewandelt. Für die Gläubiger besteht der Vorteil darin, dass sie ihre Darlehen in Höhe des Nennwertes einsetzen können, für das Schuldnerland wird eine Verringerung der Auslandsschuld erreicht.[11]

- Tausch gegen andere Schuldtitel mit längeren Laufzeiten und niedrigeren Zinssätzen (**Debt-Bond-Swap**): Auslandsschulden gehen für den Gläubiger nicht verloren, sie werden nur niedriger verzinst und mit einer längeren Laufzeit ausgestattet, woraus auch der Vorteil für das Schuldnerland ersichtlich ist.

Von der WELTBANK wurde im Jahre 1996 eine Initiative zur Verringerung der Schuldenlast von über 40 hochverschuldeten Entwicklungsländern mit niedrigem Einkommen ergriffen, in der auch soziale Aspekte Berücksichtigung finden sollen. Solche Länder erhalten die Möglichkeit, ihre Schuldenlast auf ein "erträgliches" Niveau zu senken. Es gilt als erreicht, wenn die Gesamtverschuldung nicht mehr als das Doppelte, die Schuldendienstzahlungen nicht mehr als 25% der jährlichen Exporterlöse betragen. Als Voraussetzung wird gefordert, dass die betreffenden Länder nicht nur Wirtschaftsreformen durchführen, sondern auch soziale Reformen nachweisen, die auf eine Verbesserung im Gesundheitssektor und im Bildungsbereich abzielen.

Anlässlich des **Kölner Gipfels** der „G8-Staaten" wurde von der BUNDESREGIERUNG eine Ausweitung und Beschleunigung der **Entschuldung** hoch verschuldeter armer Länder vorgeschlagen und im Herbst 1999 auf der Jahrestagung von IWF und WELTBANK beschlossen. Für die Entschuldung können sich Länder qualifizieren, die bei der Weltbank Kredite ausschließlich zu den günstigsten Bedingungen erhalten und einen Schuldenstand aufweisen, der mehr als 150 % der Exporterlöse oder mehr als 250 % der Staatseinnahmen ausmacht. Diesen Ländern werden alle Schulden erlassen, die über den beiden Marken liegen. Im Durchschnitt wird damit gerechnet, dass nach der Entschuldung die begünstigten Länder nur noch weniger als 10 % ihrer Exporterlöse für den Schuldendienst ausgeben müssen. Das gesamte **Entschuldungsvolumen** wird auf etwa 70 Mrd. US $ geschätzt. Da das eigentliche Ziel dieses Ansatzes die Bekämpfung der Armut ist, sollen die frei werdenden Mittel für die Armutsbekämpfung eingesetzt werden. Daher ist Voraussetzung für die „Qualifizierung" der knapp 40 betroffenen Länder, dass sie eine länderspezifische Strategie zur Armutsbekämpfung vorlegen. Der deutsche Anteil an den Schuldenerlassen beträgt über 5 Mrd. €. Die EU stellt gleichermaßen Mittel im Rahmen der HIPC-Initiative zur Verfügung. Dieser Prozess ist noch nicht abgeschlossen.

Durch **Umschuldungen** und **Schuldenerlasse** ist es wenigstens teilweise gelungen, die Schuldendienstquoten zu senken (vgl. Tab. 10.3). Es liegt durchaus auch im Interesse der Gläubigerländer, an Umschuldungsoperationen teilzunehmen, weil dadurch ein Teil der Bedienung der Schulden sichergestellt und Risiken für das internationale Finanzsystem verringert werden. Die Lösung von Schuldenkrisen hängt auch von der Verschuldungspolitik der betroffenen Länder ab und ob es ihnen gelingt, eine Verbesserung der Struktur der Kredite (mehr öffentliche und weniger höher verzinsliche private Kredite) und andere Maßnahmen (Verbesserung der Exportfähigkeit, erhöhte Direktinvestitionen) durchzusetzen. Angesichts der Probleme infolge der erwähnten sinkenden Rohstoffintensität der Produktion einerseits und der anhaltenden politischen Instabilität in vielen Entwicklungsländern, die keine gute Voraussetzung für erhöhte Direktinvestitionen darstellt, andererseits, sind Devisenzuflüsse in größerem Umfang kaum zu erwarten. Von dieser Seite werden nachhaltige Impulse für die Lösung des Verschuldungsproblems auf absehbare Zeit nicht ausgehen. Schließlich müssen wir auch auf eine Reform der internationalen Finanzarchitektur hinweisen, die infolge des Globalisierungsprozesses immer dringlicher wird.

---

[11] In eine ähnliche Richtung zielt z.B. das **Build-Operate-Transfer-Modell**, bei dem an ausländische Investoren - gegen Schuldenerlass - öffentliche Aufträge aus dem Schuldnerland vergeben werden, wobei der Investor aus den Erträgen der Investition bedient wird.

7. Probleme und Grenzen

Ein erstes Problem stellt für viele Entwicklungsländer die **Ausgangslage** dar. Sie sind nicht nur durch geografische Faktoren benachteiligt, sondern auch durch eine unzureichende Einbindung in die Entwicklung der Weltwirtschaft. Die akkumulierten Schulden und der darauf zu leistende Schuldendienst sind - trotz gewisser Schuldenerleichterungen durch die Geberseite - nach wie vor ein wichtiges Entwicklungshindernis. Devisen, die für den Import von Ausrüstungsgütern eingesetzt werden könnten, müssen für die Bedienung der Auslandsschulden verwendet werden.

So unsicher und wenig steuerbar der Entwicklungsprozess ist, so sicher ist, dass sein Erfolg in Frage gestellt ist, wenn es nicht gelingt, den Wettlauf mit der **Vermehrung der Bevölkerung** zu gewinnen. Bei Bevölkerungswachstumsraten von 2 - 3% in Entwicklungsländern verdoppelt sich die Bevölkerung alle 23-35 Jahre. Der Produktionsapparat müsste sich also ebenfalls ca. alle 30 Jahre verdoppeln, um nur das gegenwärtige äußerst niedrige Konsumniveau aufrechtzuerhalten. Hieraus wird deutlich, wie wichtig eine wirksame Geburtenkontrolle und Familienplanung sind. Angesichts der hohen sozialen und ökonomischen (Kinder sichern oft die Altersversorgung der Eltern) Wertschätzung, die Kinder gerade in Entwicklungsländern genießen, wird aber auch erkennbar, wie schwierig die Durchsetzung einer solchen Politik ist.

Insbesondere in afrikanischen Ländern kommt noch ein die im Entwicklungsprozess erzielten Erfolge nivellierender Effekt hinzu. Er wird durch lebhafte **Migration** aus benachbarten Staaten bewirkt. Längerfristig wird auch der Migrationsdruck in Industrieländer zunehmen. Daraus könnte die Einsicht erwachsen, wieder mehr für einen positiven und nachhaltigen Entwicklungsprozess zu tun und es nicht bei Sonntagsreden zu belassen.

Das Hauptproblem dürfte das **unzureichende Bildungsniveau** sein. Eine Reihe von Entwicklungsländern ist - ähnlich wie auch Deutschland - als ressourcenarm einzustufen. Daher kommt der Bildung und Ausbildung ein hoher Stellenwert zu. Bildung ist ein wichtiges, aber auch ein teures Gut. Früher sind in vielen Ländern Hochschulabsolventen von der staatlichen Administration eingestellt worden. Dies ist nach den Prämissen der Strukturanpassung nicht mehr möglich, denn die Staatsausgaben müssen verringert werden, es ist oft zu einer Entlassung von Staatsbediensteten gekommen. Damit wird nicht nur der Arbeitsmarkt belastet, sondern letztlich werden auch Ressourcen verschwendet. Diese Wirkung wird dann noch verstärkt, wenn die Verbesserung der Rahmenbedingungen für den privatwirtschaftlichen Sektor nur verzögert und - wegen schwindender Einflußnahmemöglichkeiten - unwillig vom Staat durchgeführt wird. Es kommt hinzu, dass das Bildungssystem oft zu stark "geisteswissenschaftlich" und zu wenig "naturwissenschaftlich-technisch" ausgerichtet ist und dass - wie im Bereich der Berufsausbildung entweder nur praxis- oder nur theoriebezogen gearbeitet wird. Elemente einer dualen Ausbildung finden sich nur in wenigen Ländern (beispielsweise hat sich Marokko bei der seit 1997 betriebenen landesweiten Einführung des dualen Systems eng am deutschen Modell orientiert).

Der **Staat** müsste im Entwicklungsprozess eine „neue" Rolle spielen. Gefordert wird eine **"good governance"**: Er muss stabile Rahmenbedingungen für privatwirtschaftliche Aktivitäten (Geldordnung, Rechtsordnung etc.) schaffen und die Infrastruktur bereitstellen. Indes sind die dafür zur Verfügung stehenden Ressourcen äußerst begrenzt. Es ist deshalb nicht verwunderlich, dass im Zuge der Entwicklungspolitik des letzten Jahrzehnts viele Staaten nicht nur aus "innerer Überzeugung", sondern auch aus Gründen finanzieller Restriktionen eine Reihe von bisher staatlichen Aufgaben privatisiert haben. Allerdings wurde die neue Botschaft noch nicht von allen staatlichen Funktionsträgern verstanden oder sie wollen ihr aus spezifisch-persönlichen Interessen heraus nicht folgen.

Ein weiteres Problem ergibt sich aus **Konflikten bei der Verfolgung wirtschaftspolitischer Ziele.** Strukturanpassungsprogramme, die weltweite Liberalisierungspolitik sind - nicht zuletzt wegen des dominierenden Einflusses der USA - stark auf eine effizientere Allokation der Ressourcen ausgerichtet. Damit stehen die Ziele der **Verteilungsgerechtigkeit** und sozialer Verpflichtungen, die in vielen Entwicklungsländern einen relativ hohen Stellenwert hat, in einem permanenten Konflikt.

Die Marktwirtschaft ist kein Ziel an sich, sondern als Mittel zu verstehen, um zu einer besseren Realisierung gesellschaftspolitischer Ziele zu gelangen. Der Staat besitzt die Schlüsselrolle, um die gesellschaftlichen und institutionellen **Wachstumshindernisse** zu überwinden, die in der Motivationsstruktur der Bevölkerung, der mangelnden privaten Rentabilität vieler notwendiger Infrastrukturinvestitionen und der subjektiven Ungewissheit über Komplementärinvestitionen begründet sind. Notwendig erscheint indes in der Anfangsphase der wirtschaftlichen Entwicklung ihre Lenkung durch den Staat und die Förderung von privatwirtschaftlichen Aktivitäten.

Probleme kann es auch mit der **Planung des Entwicklungsprozesses** geben. Dies liegt einerseits an der mangelhaften Datenbasis, an den Planungsmethoden, aber auch am Grundverständnis, mit dem die Planung betrieben wurde. Planung suggerierte früher die staatliche Steuerbarkeit des Entwicklungsprozesses, für viele Länder ein verhängnisvoller Irrtum, der viel Zeit gekostet hat. Durch zu hoch gesteckte Entwicklungsziele wurden Illusionen mit den Plandokumenten geweckt. Geringe Realisierungsquoten in Bezug auf die gesetzten Ziele haben dies in vielen Ländern im nachhinein bewiesen.

Der **Instrumenteneinsatz** scheitert in Entwicklungsländern oft an mangelnden Ressourcen sowie einer ineffizienten staatlichen Administration. Aber auch das bereits erwähnte Staatsverständnis kann zu einem unangemessenen Mitteleinsatz führen. In der Entwicklungszusammenarbeit ist die **mangelhafte Geberkoordination** zu beklagen, hinter der sich nicht selten eigene Interessen der Geber verbergen.

Arbeitsaufgaben

1) *Warum ist die Einstufung von Ländern als Entwicklungsländer immer mit Werturteilen verbunden?*

2) *Welche Faktoren können zur Erklärung des Phänomens der Unterentwicklung herangezogen werden?*

3) *Geben Sie eine Übersicht über mögliche entwicklungspolitische Instrumente.*

4) *Skizzieren Sie die Probleme, die mit der Durchführung von Kosten-Nutzen-Analysen verbunden sind.*

5) *Welche Institutionen und Organisationen engagieren sich in der Entwicklungszusammenarbeit?*

6) *Welche Aufgaben sollte Ihrer Meinung nach der Staat im Entwicklungsprozess übernehmen?*

7) *Stellen Sie das Schuldenproblem von Entwicklungsländern dar und erörtern Sie Möglichkeiten und Grenzen des schuldenpolitischen Mitteleinsatzes.*

8) *Welche Ziele werden mit der deutschen Entwicklungszusammenarbeit verfolgt und welche Prinzipien sollen dabei beachtet werden?*

9) *Welche Inhalte weisen die von der Weltbank und dem Internationalen Währungsfonds durchgeführten Strukturanpassungsprogramme auf?*

10) *Wie beurteilen Sie die Chancen, Entwicklungsländer erfolgreich in den Prozess der Globalisierung einzubinden?*

Literatur und Quellen

Kapitel 1

ALTMANN, Jörn, Wirtschaftspolitik, 7., erweit. u. völlig überarb. Aufl., Stuttgart 2000.

BERG, Hartmut (Hrsg.), Theorie der Wirtschaftspolitik: Erfahrungen - Probleme - Perspektiven, Berlin 2001.

BERG, Hartmut, CASSEL, Dieter, HARTWIG, Karl-Hans, Theorie der Wirtschaftspolitik, in: Vahlens Kompendium der Wirtschaftstheorie und Wirtschaftspolitik, Bd. 2, 8., überarb. Aufl., München 2003, S. 171 - 295.

DONGES, Jürgen B., FREYTAG, Andreas, Allgemeine Wirtschaftspolitik, Stuttgart 2001.

EUCKEN, Walter, Grundsätze der Wirtschaftspolitik, hrsg. v. E. EUCKEN-ERDSIEK u. Karl P. HENSEL, 6., durchgesehene Aufl., Tübingen 1990.

EUROPÄISCHE KOMMISSION, Eurostat Jahrbuch 2003, Luxemburg 2003 (jährlich).

FREY, Bruno S., KIRCHGÄSSNER, Gebhard, Demokratische Wirtschaftspolitik, 3. Aufl., München 2002.

GIERSCH, Herbert, Allgemeine Wirtschaftspolitik - Grundlagen, Wiesbaden 1991 (unveränderter Nachdruck der Ausgabe von 1961).

GRÜNER, Hans-Peter, Wirtschaftspolitik, Berlin 2001.

LUCKENBACH, Helga, Theoretische Grundlagen der Wirtschaftspolitik, 2. Aufl., München 2000.

MOLITOR, Bruno, Wirtschaftspolitik, 6. Aufl., München 2001.

WOLL, Artur, Wirtschaftspolitik, 2. überarb. u. erg. Aufl. München 1992.

MUSSEL, Gerhard, PÄTZOLD, Jürgen, Grundfragen der Wirtschaftspolitik, 4., erw. u. aktualisierte Aufl., München 2003.

OHR, Renate, THEURL, Theresia (Hrsg.), Kompendium Europäische Wirtschaftspolitik, München 2001.

SACHVERSTÄNDIGENRAT ZUR BEGUTACHTUNG DER GESAMTWIRTSCHAFTLICHEN Entwicklung, Jahresgutachten (jährlich).

SELL, Friedrich L., Aktuelle Probleme der europäischen Wirtschaftspolitik, Stuttgart 2002.

WAGNER, Helmut, Europäische Wirtschaftspolitik, 2., überarb. u. erw. Aufl., Springer 1998.

WEIMANN, Joachim, Wirtschaftspolitik, 3. überarb. Aufl., Berlin 2004.

Kapitel 2

BEHRENDS, Sylke, (Hrsg.), Ordnungskonforme Wirtschaftspolitik in der Marktwirtschaft, Festschrift für Hans-Rudolf PETERS zum 65. Geburtstag, Volkswirtschaftliche Schriften H. 474, Berlin 1997.

BERG, Hartmut (Hrsg.), Deregulierung und Privatisierung: Gewolltes - Erreichtes - Versäumtes, Schriften des Vereins für Socialpolitik, Bd. 287, Berlin 2002.

BLÜMLE, Gerold, GOLDSCHMIDT, Nils, Walter Eucken und das ordoliberale Programm, in: WISU, H. 12, 2003, S. 1539-1543.

BREDE, Helmut, GOTTSCHALK, Wolf, LIEKMEIER, Norbert (Hrsg.), Staat und Privat. Grenzziehung - Grenzverschiebung?, Frankfurt u.a.O. 1997.

EUCKEN, Walter, Grundsätze der Wirtschaftspolitik, hrsg. v. E. EUCKEN-ERDSIEK u. Karl P. HENSEL, 6., durchgesehene Aufl., Tübingen 1990.

EUROPEAN COMMUNICATION COUNCIL REPORT, Die Internet-Ökonomie, Strategien für die digitale Wirtschaft, 3., erw. u. überarb. Aufl., Berlin, Heidelberg, New York 2001.

EVERS, Marc, Die institutionelle Ausgestaltung von Wirtschaftsordnungen. Eine dogmengeschichtliche Untersuchung im Lichte des Ordoliberalismus und der Neuen Institutionenökonomik, Berlin 2003.

FREY, Bruno S., KIRCHGÄSSNER, Gebhard, Demokratische Wirtschaftspolitik. Theorie und Anwendung, 2., völlig neuberarb. Aufl., München 1994.

FRITSCH, Michael, WEIN, Thomas, EWERS, Hans-Jürgen, Marktversagen und Wirtschaftspolitik - Mikroökonomische Grundlagen staatlichen Handelns, 4., verb. Aufl., München 2001.

GERKEN, Lüder, LAMBSDORFF, Otto Graf (Hrsg.), Ordnungspolitik in der Weltwirtschaft, Baden-Baden 2001.

JOCHIMSEN, Reimut (Hrsg.), Globaler Wettbewerb und weltwirtschaftliche Ordnungspolitik, mit einem Vorwort v. Johannes RAU, EINE Welt - Texte der Stiftung Entwicklung und Frieden, Bd. 10, Bonn 2000.

KIRSCH, Guy, Neue Politische Ökonomie, 4., überarb. u. erw. Aufl., Düsseldorf 1997.

MATZNER, Egon, Monopolare Weltordnung - Zur Sozioökonomie der US-Dominanz, 2., überarb. Aufl., Marburg 2000.

MONOPOLKOMMISSION, Reform der Handwerksordnung, Sondergutachten Bd. 31, Baden-Baden 2002.

MÜLLER, Stefan, KORNMEIER, Martin, Internationale Wettbewerbsfähigkeit. Irrungen und Wirrungen der Standortdiskussion, München 2000.

LAMPERT, Heinz, Die Wirtschafts- und Sozialordnung der Bundesrepublik, 14., überarb. Aufl., München 2001.

RAUHUT, Siegfried, Soziale Marktwirtschaft und parlamentarische Demokratie. Eine institutionenökonomische Analyse der politischen Realisierungsbedingungen der Konzeption der Sozialen Marktwirtschaft, Berlin 2000.

SCHNEIDER, Friedrich, ENSTE, Dominik, Schattenwirtschaft und Schwarzarbeit. Umfang, Ursachen, Wirkungen und wirtschaftspolitische Empfehlungen, München, Wien 2000.

SACHVERSTÄNDIGENRAT ZUR BEGUTACHTUNG DER GESAMTWIRTSCHAFTLICHEN ENTWICKLUNG, Jahresgutachten (jährlich).

WENIG, Alois, Globalisierung und die Zukunft der sozialen Marktwirtschaft, Volkswirtschaftliche Schriften, Bd. 506, Berlin 2000.

Kapitel 3

BARTLING, Hartwig, Leitbilder der Wettbewerbspolitik, München 1980.

BERG, Hartmut, Wettbewerbspolitik, in: Vahlens Kompendium der Wirtschaftstheorie und Wirtschaftspolitik, Band 2, 6., überarb. Aufl., München 1995, S. 239-300.

BUNDESKARTELLAMT, Bericht des Bundeskartellamtes über seine Tätigkeit in den Jahren . . . (alle ungeraden Jahre)

CLAPHAM, Ronald, Das wettbewerbspolitische Konzept der Wettbewerbsfreiheit, in: Handbuch des Wettbewerbs, hrsg. v. Helmut COX u.a., München 1981, S. 129ff.

DIE GRUPPE VON LISSABON, Grenzen des Wettbewerbs. Die Globalisierung der Wirtschaft und die Zukunft der Menschheit, mit einem Vorwort v. Ernst Ulrich von WEIZSÄCKER, München 1997.

EUROPÄISCHE KOMMISSION, Bericht über die Wettbewerbspolitik, Brüssel (jährlich).

HAHN, Andreas, Oligopolistische Marktbeherrschung in der Europäischen Fusionskontrolle, Schriften zum Wirtschaftsrecht, Bd. 156, Berlin 2003.

HERDZINA, Klaus, Wettbewerbspolitik, 5., vollst. überarb. Aufl., Stuttgart 1999,

HOPPMANN, Erich, Zum Problem einer wirtschaftspolitisch praktikablen Definition des Wettbewerbs, in: Grundlagen der Wettbewerbspolitik, hrsg. v. Hans K. SCHNEIDER, Schriften des Vereins für Socialpolitik, N.F. Bd. 48, Berlin, S. 9ff.

KANTZENBACH, Erhard, Die Funktionsfähigkeit des Wettbewerbs, 2. Aufl., Göttingen 1967.

DERSELBE, KALLFAß, H., Das Konzept des funktionsfähigen Wettbewerbs - workable competition, in: Handbuch des Wettbewerbs, hrsg. v. Helmut COX u.a., München 1981, S. 103ff.

KERBER, Wolfgang, Wettbewerbspolitik, in: Vahlens Kompendium der Wirtschaftstheorie und Wirtschaftspolitik, Bd. 2, 8., überarb. Aufl., München 2003, S. 297 - 361.

MONOPOLKOMMISSION, Hauptgutachten . . . (alle geraden Jahre)

OBERENDER, Peter (Hrsg.), Die Europäische Fusionskontrolle, Berlin 2000.

DERSELBE (Hrsg.), Megafusionen. Motive, Erfahrungen und wettbewerbspolitische Probleme, Schriften des Vereins für Socialpolitik, N.F. Bd. 288, Berlin 2002.

SCHANZE, Berthold, Die europaorientierte Auslegung des Kartellverbots. Methodologische Überlegungen zur Neufassung der §§ 1, 7 I GWB, Frankfurt / M. u.a.O. 2003.

SCHMIDT, Ingo, RITTALER, Jan B., Die Chicago School of Antitrust Analysis: Ökonomische Analyse des Wettbewerbsrechts, in: Das Wirtschaftswissenschaftliche Studium - WSt, Jg. 15, 1986, S. 283ff.

SCHMIDT, Ingo, Wettbewerbspolitik und Kartellrecht. Eine interdisziplinäre Einführung, 7., neubearb. Aufl., Stuttgart 2001.

DERSELBE, SCHMIDT, André, Europäische Wettbewerbspolitik, München 1997.

Kapitel 4

BACH, Stefan, SCHEREMET, Wolfgang, SEIDEL, Bernhard, TEICHMANN, Dietrich, Internationale Entwicklungstendenzen nationaler Steuersysteme - von der direkten zur indirekten Besteuerung?, Deutsches Institut für Wirtschaftsforschung, Sonderheft 172, Berlin 2001.

BACH, Stefan, WIEGARD, Wolfgang, Finanzwissenschaft, in: Neue Entwicklungen in der Wirtschaftswissenschaft, hrsg. v. Klaus F. ZIMMERMANN, Heidelberg 2002, S. 43 - 112.

BEHRENDS, Sylke, Neue Politische Ökonomie: Systematische Darstellung und kritische Beurteilung ihrer Entwicklungslinien, München 2001.

BRÜMMERHOFF, Dieter, Finanzwissenschaft, 8., völlig überarb. Aufl., München, Wien 2000.

DICKERTMANN, Dietrich, GELBHAAR, Siegfried unter Mitwirkung v. Viktor Wilpert PIEL, Finanzwissenschaft. Eine Einführung in die Institutionen, Instrumente und ökonomischen Ziele der öffentlichen Finanzwirtschaft, Herne, Berlin 2000.

EDLING, Herbert, Der Staat in der Wirtschaft. Grundlagen der öffentlichen Finanzen im internationalen Kontext, München 2001.

EUROPÄISCHE UNION, Finanzbericht (jährlich)

FINANZBERICHT (jährlich), hrsg. v. BUNDESMINISTER DER FINANZEN.

GROSSEKETTLER, Heinz, Öffentliche Finanzen, in: Vahlens Kompendium der Wirtschaftstheorie und Wirtschaftspolitik, Bd. 1, 8. überarb. Aufl., München 2003, S. 483ff.

HÄNSCH, Hans-Martin, Gesamtwirtschaftliche Stabilität als Verfassungsprinzip. Die gesamtwirtschaftliche Stabilität der deutschen Wirtschaftsverfassung und die Europäische Währungsunion, Beiträge zum Wirtschaftsrecht, Bd. 20, Berlin 2002.

HANSJÜRGENS, Bernd, Äquivalenzprinzip und Staatsfinanzierung, Berlin 2001.

KIRCHHOF, Paul, Besteuerung im Verfassungsstaat, Beiträge zur Ordnungstheorie und Ordnungspolitik 163, Walter Eucken Institut, Tübingen 2000.

KRAFF, Manfred, Perspektiven zur Schaffung eines Finanzausgleichs in der Europäischen Union, Arbeitspapier Nr. 55, Universität Trier, Fachbereich IV, Trier 2001.

LANG, Eva, KOCH, Walter A.S., Staatsverschuldung - Staatsbankrott?, Reihe hintergründe, Würzburg, Wien 1980.

OECD, Tax Burdens: Alternative Measures, OECD Tax Policy Studies No. 2, Paris 2000.

OECD, Tax Ratios: A Critical Review, OECD Tax Policy Studies No. 5, Paris 2001.

ROLOFF, Otto, Der eigennützige Staat in der Konfliktgesellschaft. Studien zur Politischen Ökonomie des staatlichen Budgets, Marburg 2001.

SCHEDLER, Kuno, PROELLER, Isabella, New Public Management, UTB Bd. 2132, Bern, Stuttgart, Wien 2000.

SCHMIDT, Torsten, Finanzreformen in der Bundesrepublik Deutschland. Analyse der Veränderungen der Finanzverfassung von 1949 - 1989, Berlin 2001.

STEUERN von A-Z, hrsg. vom BUNDESMINISTER DER FINANZEN, Bonn 2003.

SUBVENTIONSBERICHTE der Bundesregierung (alle ungerade Jahre).

THÖNE, Michael, JACOBS, Christian, Länderfinanzausgleich in Deutschland. Analyse und umsetzungsorientierte Reformmodelle, Berlin 2001.

ZIMMERMANN, Horst, HENKE, Klaus-Dirk, Finanzwissenschaft. Eine Einführung in die Lehre von der öffentlichen Finanzwirtschaft, 8., völlig überarb. Aufl., München 2001.

Kapitel 5

BALTENSPERGER, E. (Hrsg.), Transmissionsmechanismen der Geldpolitik, Berlin 1999.

BASSE, Tobias, Internetgeld und wettbewerbliche Geld- und Währungsordnung, Frankfurt/M., Berlin, Bern, Bruxelles, New York, Oxford, Wien, 2003.

BOFINGER, Peter, REISCHLE, Julian, SCHÄCHTER, Andrea, Geldpolitik - Ziele, Institutionen und Instrumente, München 1996.

BORCHERT, Manfred, Geld und Kredit. Einführung in die Geldtheorie und Geldpolitik, 8., überarb. u. erw. Aufl., München, Wien 2003.

DEUTSCHE BUNDESBANK, Die Geldpolitik der Bundesbank, Frankfurt/Main 1995

DIESELBE, Europäische Organisationen und Gremien im Bereich von Währung und Wirtschaft, Frankfurt/Main 1997

DIESELBE (Hrsg.), Fünfzig Jahre Deutsche Mark. Notenbank und Währung in Deutschland seit 1948, Frankfurt/Main 1998.

DIESELBE, Monatsberichte (laufend).

DIESELBE, Die Europäische Wirtschafts- und Währungsunion, Frankfurt/Main 2002.

DICKERTMANN, Dietrich, SIEDENBERG, Axel, Instrumentarium der Geldpolitik, 6. Aufl., Düsseldorf 1996.

DUWENDAG, Dieter, KETTERER, Karl-Heinz, KÖSTERS, Wim, POHL, Rüdiger, SIMMERT, Diethard B., Geldtheorie und Geldpolitik in Europa, 5., neubearb. Aufl., Heidelberg 1999.

ENDLER, Jan, Europäische Zentralbank und Preisstabilität, Stuttgart 1998.

EUROPÄISCHES WÄHRUNGSINSTITUT, Die einheitliche Geldpolitik in Stufe 3, Allgemeine Regelungen für die geldpolitischen Instrumente und Verfahren des ESZB, Frankfurt/Main 1997.

EUROPÄISCHE ZENTRALBANK, Monatsberichte und Jahresberichte (laufend).

DIESELBE, Geldpolitische Transmission im Euro-Währungsgebiet, Monatsbericht, Juli 2000.

DIESELBE, Die zwei Säulen der geldpolitischen Strategie der EZB, Monatsbericht, November 2000.

DIESELBE, Fragen rund um den Einsatz von elektronischem Geld, Monatsbericht, November 2000.

DIESELBE, Änderung des geldpolitischen Handlungsrahmens des Euro-Währungsgebietes, Monatsbericht, August 2003.

DIESELBE, LEITLINIEN DER EUROPÄISCHE ZENTRALBANK vom 7. März 2002 (EZB/2002/2) zur Änderung der Leitlinie EZB/2000/7 über geldpolitische Instrumente und Verfahren des Eurosystems, AMTSBLATT DER EUROPÄISCHEN GEMEINSCHAFT vom 15. Juli 2002 (2002/553/EG)

FRANCKE, Hans-Hermann, KETZEL, Eberhard, KOTZ, Hans-Helmut (Hrsg.), Finanzmärkte im Umbruch, Berlin 2000.

GÖRGENS, Egon, RUCKRIEGEL, Karlheinz, SEITZ, Franz, Europäische Geldpolitik. Theorie · Empirie · Praxis, 3. Aufl., Stuttgart 2003.

HALLENSLEBEN, Philip Moritz Valentin, Interpretationsprobleme der Zwei-Säulen-Strategie der Europäischen Zentralbank, Frankfurt/M., Berlin, Bern, Bruxelles, New York, Oxford, Wien, 2002.

HOFFMANN, Johannes, Probleme der Inflationsmessung in Deutschland, Diskussionspapier 1/98, Volkswirtschaftliche Forschungsgruppe der Deutschen Bundesbank, Frankfurt/Main 1998.

ISSING, Otmar, Einführung in die Geldtheorie, 13., überarb. Aufl., München 2003.

JARCHOW, Hans-Joachim, Theorie und Politik des Geldes, 11., neubearb. u. erw. Aufl., Göttingen 2003.

JUNIUS, Karsten, KATER, Ulrich, MEIER, Carsten-Patrick, MÜLLER, Hendrik, Handbuch Europäische Zentralbank, Bad Soden 2002.

KATH, Dietmar, Geld und Kredit, in: Vahlens Kompendium der Wirtschaftstheorie und Wirtschaftspolitik, Band 1, 7., überarb. und erw. Aufl., München 1999, S. 175ff.

PARASKEWOPOULOS, Spiridon (Hrsg.), Erste Erfahrungen und Perspektiven der Europäischen Währungsunion, Berlin 2001.

SCHAAL, Peter, Geldtheorie und Geldpolitik, 4. Aufl., München 1998.

Kapitel 6

BÄCKER, Gerhard, BISPINCK, Reinhard, HOFEMANN, Klaus, NAEGELE, Gerhard, Sozialpolitik und soziale Lage in Deutschland, Band 1/2, 3., überarb. und erw. Aufl., Wiesbaden 2000.

BARTMANN, Hermann, Verteilungstheorie, München 1996.

BLÜMLE, Gerold, Theorie der Einkommensverteilung - Eine Einführung, Berlin 1998.

BUNDESMINISTERIUM FÜR ARBEIT UND SOZIALORDNUNG (Hrsg.), Sozialberichte, verschiedene Jahrgänge.

EUROPÄISCHE KOMMISSION (Hrsg.), Sozialporträt Europas, 3. Aufl., Brüssel 1998.

KATH, Dietmar, Sozialpolitik, in: Vahlens Kompendium der Wirtschaftstheorie und Wirtschaftspolitik, Band 2, 6., überarb. u. erw. Aufl., München 1995.

KLANBERG, Frank, KRUPP, Hans-Jürgen (Hrsg.), Einkommensverteilung, Bodenheim 1997.

KRELLE, Wilhelm, Verteilungstheorie, Wiesbaden 1962.

KÜLP, Bernhard, Verteilung, Theorie und Politik, Stuttgart 1994.

LAMPERT, Heinz, ALTHAMMER, Jörg, Lehrbuch der Sozialpolitik, 6., überarb. und erw. Aufl., Berlin, Heidelberg, New York, London, Paris, Tokyo 2001.

MIERHEIM, Horst, WICKE, Lutz, Die personelle Vermögensverteilung, Tübingen 1978.

NUTZINGER, HANS G. (Hrsg.), Verteilungsprobleme im Transformationsprozess, Berlin 2002.

RESS, Georg, Europäischer Sozialraum, Baden-Baden 1995.

OTT, Notburga, Sozialpolitik, in: Vahlens Kompendium der Wirtschaftstheorie und Wirtschaftspolitik, Bd. 2, 8., überarb. Aufl., München 2003, S. 487 - 543.

SACHVERSTÄNDIGENRAT ZUR BEGUTACHTUNG DER GESAMTWIRTSCHAFTLICHEN ENTWICKLUNG, Vor weitreichenden Entscheidungen, Jahresgutachten 1998/99, Stuttgart 1998.

DERSELBE, Jahresgutachten (jährlich).

SCHLICHT, Eckehart (Hrsg.), Einführung in die Verteilungstheorie, Reinbek 1976.

SCHMÄHL, Winfried (Hrsg.), Soziale Sicherung zwischen Markt und Staat, Berlin 2000

DERSELBE (Hrsg.), Wechselwirkungen zwischen Arbeitsmarkt und sozialer Sicherung, Berlin 2001.

DERSELBE (Hrsg.), Möglichkeiten und Grenzen einer nationalen Sozialpolitik in der Europäischen Union, Berlin 2001.

SIEBKE, Jürgen, Verteilung, in: Vahlens Kompendium der Wirtschaftstheorie und Wirtschaftspolitik, Band 1, 6., überarb. u. erw. Auflage, München 1995.

THIELE, Silke, Das Vermögen privater Haushalte und dessen Einfluss auf die soziale Lage, Frankfurt/M. 1998.

WERNER, Josua, Verteilungspolitik, Stuttgart 1987.

Kapitel 7

ALTHAMMER, Jörg, Erwerbsarbeit in der Krise? Zur Entwicklung und Struktur der Beschäftigung im Kontext von Arbeitsmarkt, gesellschaftlicher Partizipation und technischem Fortschritt, Berlin 2002.

BECK, Ulrich (Hrsg.), Die Zukunft von Arbeit und Demokratie, Frankfurt am Main 2000.

BERG, Hartmut (Hrsg.), Arbeitsmarkt und Beschäftigung: Deutschland im internationalen Vergleich, Schriften des Vereins für Socialpolitik, N.F. Bd. 272, Berlin 2000.

BERTHOLD, Norbert, HANK, Rainer, Bündnis für Arbeit: Korporatismus statt Wettbewerb, Tübingen 1999.

BLEY, ANDREAS, Bestimmungsgründe von Arbeitsfluktuation und Arbeitslosigkeit, Volkswirtschaftliche Schriften, Bd. 489, Berlin 1999.

BRINKMANN, Gerhard, Einführung in die Arbeitsökonomik, München Wien 1999.

BUNDESREPUBLIK DEUTSCHLAND, Nationaler Beschäftigungspolitischer Aktionsplan 2001, Berlin 2001.

BUßMANN, Ludwig (Hrsg.), Vollbeschäftigung und Tertiarisierung (Drei-Sektoren-Hypothese), Berlin 1999.

DEUTSCHES INSTITUT FÜR WIRTSCHAFTSFORSCHUNG, Beschäftigung im Niedriglohnbereich. Probleme, Lösungsansätze und wirtschaftspolitische Implikationen, Vierteljahreshefte zur Wirtschaftsforschung, 72. Jg. H. 1, Berlin 2003.

EHRLICH, Volker, Arbeitslosigkeit und zweiter Arbeitsmarkt. Theoretische Grundlagen, Probleme und Erfahrungen, Frankfurt / M. u.a.O., 1997.

EICHHORST, Werner, PROFIT, Stefan, THODE, Eric, Benchmarking Deutschland: Arbeitsmarkt und Beschäftigung. Bericht der Arbeitsgruppe Benchmarking und der Bertelsmann Stiftung, Berlin, Heidelberg 2001.

EUROPÄISCHE KOMMISSION, Wachstum, Wettbewerbsfähigkeit, Beschäftigung. Herausforderungen der Gegenwart und Wege ins 21. Jahrhundert, Weißbuch, Brüssel, Luxemburg 1994.

FRANZ, Wolfgang, Arbeitsmarktökonomik, 5., überarb. Aufl. Heidelberg 2003.

FUEST, Clemens, Steuerpolitik und Arbeitslosigkeit, Tübingen 2000.

HENSCH, Christian, WISMER, Uli, Zukunft der Arbeit, Stuttgart 1997.

KOMMISSION „MODERNE DIENSTLEISTUNGEN AM ARBEITSMARKT" (HARTZ-KOMMISSION), Bericht der Kommission, Berlin 2002.

LANGMAACK, Sabine, Teilzeitarbeit und Arbeitszeitflexibilisierung. Ein arbeitsrechtlicher Leitfaden für die betriebliche Praxis, 2., völlig überarb. u. erw. Aufl., Berlin, Bielefeld, München 2001.

LITZ, Hans Peter, Nationale und supranationale Konzepte der Messung der Arbeitslosigkeit und Probleme des internationalen Vergleichs, in: Globalisierung und Wirtschaftspolitik, hrsg. v. Wolfram von BÜLOW u.a., Marburg 1999, S. 159 - 182.

NEGT, Oskar, Arbeit und menschliche Würde, Göttingen 2001.

OPPENLÄNDER, Karl Heinrich (Hrsg.), Konjunkturindikatoren. Fakten, Analysen, Verwendung, 2., durchges. Aufl., München, Wien 1996.

ORGANIZATION FOR ECONOMIC COOPERATION AND DEVELOPMENT (OECD), Beschäftigungsstudie. Fakten, Analysen, Strategien. Arbeitslosigkeit im OECD-Raum 19950 - 1995, Paris 1994.

Für eine Zukunft in Solidarität und Gerechtigkeit. Wort des RATES DER EVANGELISCHEN KIRCHE in Deutschland und der DEUTSCHEN BISCHOFSKONFERENZ zur wirtschaftlichen und sozialen Lage in Deutschland, Gemeinsame Texte 9, Bonn, Hannover 1997.

Jahresgutachten des SACHVERSTÄNDIGENRATES ZUR BEGUTACHTUNG DER GESAMTWIRTSCHAFTLICHEN ENTWICKLUNG, Stuttgart (jährlich).

SCHMID, Günther, Wege in eine neue Vollbeschäftigung - Übergangsarbeitsmärkte und aktivierende Arbeitsmarktpolitik, Frankfurt/Main, New York 2002.

SCHMITZ, Frieder, Beschäftigungseffekte von Unternehmensgründungen. Ein Beitrag zur Erklärung des Zusammenhangs zwischen der Unternehmens- und Beschäftigungsfluktuation, Berlin 2001.

SIEGERS, Josef (Hrsg.), Vollbeschäftigung - Chance oder Illusion? Programme, Pläne, Perspektiven, Köln 1994.

WAGNER, Thomas, JAHN, Elke J., Neue Arbeitsmarkttheorien, Düsseldorf 1997 (Neuauflage 2004).

ZIMMERMANN, Klaus F., WAGNER, Gert. G, Arbeitsökonomie, in: Neue Entwicklungen in der Wirtschaftswissenschaft, hrsg. v. Klaus F. ZIMMERMANN, Heidelberg 2002, S. 113 - 148.

WEIZSÄCKER, Robert K. von (Hrsg.), Bildung und Beschäftigung, Schriften des Vereins für Socialpolitik, N.F. Bd. 284, Berlin 2001.

Kapitel 8

BANK FÜR INTERNATIONALEN ZAHLUNGSAUSGLEICH, Jahresberichte, Basel, verschiedene Jahrgänge.

DIESELBE, Entwicklung des internationalen Bankgeschäfts, Basel, verschiedene Jahrgänge.

BEISE, Marc, Die Welthandelsorganisation (WTO), Baden-Baden 2001.

BENDER, Dieter, Internationaler Handel, in: Vahlens Kompendium der Wirtschaftstheorie und Wirtschaftspolitik, Bd. 1, 8. überarb. Aufl., München 2003.

BERG, Hartmut (Hrsg.), Globalisierung der Wirtschaft: Ursachen - Formen - Konsequenzen, Berlin 1999.

BERG, Hartmut, Außenwirtschaftspolitik, in: Vahlens Kompendium der Wirtschaftstheorie und Wirtschaftspolitik Band 2, 6. überarb. und erw. Aufl., München 1995.

BORCHERT, Manfred, Außenwirtschaftslehre, 7., überarb. Aufl., Wiesbaden 2001.

CASPERS, Rolf, Zahlungsbilanz und Wechselkurse, München, Wien, 2002.

DECKER, Claudia, Handelskonflikte der USA mit der EU seit 1985, Berlin 2002.

DEUTSCHE BUNDESBANK, Europäische Organisationen und Gremien im Bereich von Währung und Wirtschaft, Frankfurt 1997.

DIESELBE, Die Europäische Wirtschafts- und Währungsunion, Frankfurt 2002.

DIESELBE, Weltweite Organisationen und Gremien im Bereich von Währung und Wirtschaft, Frankfurt 1997.

DIESELBE, Weltweite Organisationen und Gremien im Bereich von Währung und Wirtschaft, Frankfurt/Main 2003.

DIECKHEUER, Gustav, Internationale Wirtschaftsbeziehungen, 5., überarb. Aufl., München, Wien 2001.

FISCHER, Christoph, Determinanten des realen Wechselkurses, Berlin 2002.

FLÖRKEMEIER, Holger, Globalisierung ohne Grenzen?, Berlin 2001.

HAUSER, Heinz, SCHANZ, Kai-Uwe, Das neue GATT, Neuaufl., München, Wien 2004.

JARCHOW, Hans Joachim, RÜHMANN, Peter, Monetäre Außenwirtschaft, II. Internationale Währungspolitik, 5. neu überarb. u. erw. Aufl., Göttingen 2002.

KOEHLER, Matthias, Das Allgemeine Übereinkommen über den Handel mit Dienstleistungen (GATS), Berlin 1999.

RANDZIO-PLATH, Christa (Hrsg.), Zur Globalisierung der Finanzmärkte und Finanzmarktstabilität, Baden-Baden 2001.

ROSE, Klaus, Theorie der Außenwirtschaft, 13. überarb. Aufl., München 1999.

SCHUBERT, Renate (Hrsg.), Neue Wachstums- und Außenhandelstheorie, Berlin 1999.

SIEBERT, Horst, Außenwirtschaft, 7., überarb. Aufl., Stuttgart 2000.

SIEBOLD, Dagmar I., Die Welthandelsorganisation und die Europäische Gemeinschaft, Berlin 2003.

SPAHN, Paul Bernd, Zur Durchführbarkeit einer Devisentransaktionssteuer, Gutachten im Auftrag des Bundesministeriums für Wirtschaftliche Zusammenarbeit und Entwicklung, Frankfurt/Main 2002.

STRÖBELE, Wolfgang, WACKER, Holger, Außenwirtschaft, 2., Aufl., München, Wien 2000.

WAGNER, Helmut, Europäische Wirtschaftspolitik. Perspektiven einer Europäischen Wirtschafts- und Währungsunion (EWWU), 2., überarb. und erw. Aufl., Berlin, Heidelberg, New York, Tokyo 1998.

DERSELBE, Einführung in die Weltwirtschaftspolitik, 5. überarb. u. erw. Aufl., München, Wien, 2003.

WEEBER, Joachim, Internationale Wirtschaft, München, Wien 2002.

WILLMS, Manfred, Internationale Währungspolitik, 2., überarb. und erw. Aufl., München 1995.

WINS, Henning, Eine internationale Wettbewerbsordnung als Ergänzung zum GATT, Baden-Baden 2000.

Kapitel 9

ALTMANN, Jörn, Umweltpolitik, 1. Aufl., Stuttgart 1998.

BADER, Pascal, Europäische Treibhauspolitik mit handelbaren Emissionsrechten, Berlin 2000.

BOHNE, Eberhard (Hrsg.), Das Umweltgesetzbuch als Motor oder Bremse der Innovationsfähigkeit in Wirtschaft und Verwaltung, Berlin 1998.

BUNDESMINISTERIUM FÜR UMWELT, NATURSCHUTZ UND REAKTORSICHERHEIT und UMWELTBUNDESAMT (Hrsg.), Handbuch Umweltkostenrechnung, München 1996.

CANSIER, Dieter, Umweltökonomie, 2. neubearb. Aufl., Stuttgart 1996.

COSTANZA, Robert, CUMBERLAND, John, DALY, Herman, GOODLAND, Robert, NORGAARD, Richard, Einführung in die Ökologische Ökonomik, Stuttgart 2001.

ENDRES, Alfred, Umweltökonomie, 2. Aufl., Stuttgart 2000.

EUROPÄISCHE KOMMISSION, Gesamtberichte über die Tätigkeit der Europäischen Union (jährlich).

FREY, Bruno, Umweltökonomie, 3. Aufl., Göttingen 1992.

HARTWIG, Karl-Hans, Umweltökonomie, in: Vahlens Kompendium der Wirtschaftstheorie und Wirtschaftspolitik, Bd. 2, 8., überarb. Aufl., München 2003, S. 127 - 169.

HEY, Christian, Umweltpolitik in Europa, München 1994.

KRAMER, Rolf, Umwelt, Wirtschaft und Technik, Berlin 1998.

LINSCHEIDT, Bodo (Hrsg.), Umweltinnovation durch Abgaben, Berlin 2000.

MÜLLER-CHRIST, Georg, Umweltmanagement, München 2001

NISSEN, Ulrich, Die EG-Öko-Audio-Verordnung, Berlin 1999.

PÄTZOLD, Jürgen, MUSSEL, Gerhard, Umweltpolitik, Ludwigsburg 1996.

RAT DER SACHVERSTÄNDIGEN FÜR UMWELTFRAGEN, Umweltgutachten, verschiedene Jahrgänge.

ROGALL, Holger, Bausteine einer zukunftsfähigen Umwelt- und Wirtschaftspolitik, Berlin 2000.

SIMONIS, Udo Ernst, Globale Umweltpolitik, Mannheim 1996.

DERSELBE, Öko-Lexikon, München 2003.

UMWELTBUNDESAMT, Daten zur Umwelt, Berlin, verschiedene Jahrgänge.

DASSELBE, Jahresberichte, verschiedene Jahrgänge.

WEIMANN, Joachim, Umweltökonomik, 3., überarb. Und erw. Aufl., Berlin, 1995.

WEPLER, Claus, Europäische Umweltpolitik, Marburg 1999.

WICKE, Lutz, Umweltökonomie, 4., überarb. u. aktualisierte Aufl., München 1993.

Kapitel 10

BUNDESMINISTERIUM FÜR WIRTSCHAFTLICHE ZUSAMMENARBEIT UND ENTWICKLUNG, Jahresbericht zur Entwicklungspolitik der Bundesregierung, Bonn (jährlich),

DASSELBE, Das Abkommen von Cotonou - Neue Wege in der AKP-EG-Partnerschaft, Materialien Nr. 118, Bonn 2002.

DABROWSKI, Martin, ESCHENBURG, Rolf, GABRIEL, Karl, Lösungsstrategien zur Überwindung der Internationalen Schuldenkrise, Volkswirtschaftliche Schriften, H. 509, Berlin 2000.

DEUTSCHE BUNDESBANK, Weltweite Organisationen und Gremien im Bereich von Währung und Wirtschaft, Frankfurt 2003.

DEUTSCHE GESELLSCHAFT FÜR DIE VEREINTEN NATIONEN (Hrsg.), Bericht über die menschliche Entwicklung 2002, Bonn 2003 (erscheint jährlich zu verschiedenen Themenschwerpunkten).

DURTH, Rainer, KÖRNER, Heiko, MICHAELOVA, Katharina, Neue Entwicklungsökonomik, Stuttgart 2002.

HEMMER, Hans-Rimbert, Wirtschaftsprobleme der Entwicklungsländer, 3., neubearb. u. erw. Aufl., München 2002.

KOCH, Walter A.S. (Hrsg.), Ökonomische Aspekte der Demokratisierung in Afrika, Reihe Afrika-Studien, Bd. 123, Köln, München 1994.

LACHMANN, Werner, Entwicklungspolitik, Bd. 1: Grundlagen, 2. völlig überarb. Aufl., München, Wien 2003.

DERSELBE, Werner unter Mitarbeit von Andrea M. SCHNEIDER, Entwicklungspolitik, Bd. 4: Entwicklungshilfe, München, Wien 1999.

MÜHLENKAMP, Holger, Kosten-Nutzen-Analyse, München, Wien 1994.

NOHLEN, Dieter (Hrsg.), Lexikon Dritte Welt, Neuausgabe, Reinbek/Hamburg 2002.

OECD, Entwicklungszusammenarbeit. Bericht 2002, Paris 2003 (erscheint jährlich).

SCHUBERT, Renate (Hrsg.), Entwicklungsperspektiven von Niedrigeinkommensländern - Zur Bedeutung von Wissen und Institutionen, Schriften des Vereins für Socialpolitik, N.F. Bd. 282, Berlin 2001.

DE SOTO, Hernando, Freiheit für das Kapital! Warum der Kapitalismus nicht weltweit funktioniert, Berlin 2002.

THOMI, Walter, STEINICH, Markus, POLTE, Winfried (Hrsg.), Dezentralisierung in Entwicklungsländern. Jüngere Ursachen, Ergebnisse und Perspektiven staatlicher Reformpolitik, Baden-Baden 2001.

WAGNER, Helmut, Wachstum und Entwicklung. Theorie der Entwicklungspolitik, 2., erw. Aufl., München, Wien 1997.

WAGNER, Norbert, KAISER, Martin, Ökonomie der Entwicklungsländer, 3., neubearb. u. erw. Aufl., UTB Bd. 1230, Stuttgart, Jena 1995.

WEED, Schulden-Report 1999, Auswege aus der Schuldenkrise der Entwicklungsländer, Bonn 1999.

WEED, Schulden-Report 2003, Die Umverteilungsmaschine - Finanzmärkte und Verschuldung. Fakten, Analysen Alternativen, Bonn, Berlin 2003.

WELTBANK, Weltentwicklungsbericht 2000/2001, Bekämpfung der Armut, Bonn 2001.

DIESELBE, Weltentwicklungsbericht 2003, Nachhaltige Entwicklung in einer dynamischen Welt - Institutionen, Wachstum und Lebensqualität verbessern, Washington D.C. 2003.

Internetadressen

Auswärtiges Amt	http://www.auswaertiges-amt.de
Bundesagentur für Arbeit	http://www.arbeitsagentur.de
Bundesamt für Naturschutz	http://www.bfn.de
Bundesanstalt für Finanzdienstleistungsaufsicht	http://www.bafin.de
BUND	http://www.bund.net
Bundesgerichtshof	http://www.bundesgerichtshof.de
Bundeskartellamt	http://www.bundeskartellamt.de
Bundesministerium der Finanzen	http://www.bundesfinanzministerium.de
Bundesministerium für Familie, Senioren, Frauen und Jugend	http://www.bmfsfj.de
Bundesministerium für Gesundheit und Soziale Sicherung	http://www.bmgs.bund.de
Bundesministerium für Umwelt, Naturschutz und Reaktorsicherheit	http://www.bmu.de
Bundesministerium für Wirtschaft und Arbeit	http://www.bmwa.bund.de
Bundesministerium für wirtschaftliche Zusammenarbeit und Entwicklung	http://www.bmz.de

Bundesrat	http://www.bundesrat.de
Bundesregierung	http://www.bundesregierung.de
Bundesrepublik Deutschland - Finanz-Agentur	http://www.deutsche-finanzagentur.de
Bundestag	http://www.bundestag.de
Bundesverband der deutschen Industrie	http://www.bdi-online.de
Bundesvereinigung der deutschen Arbeitgeberverbände	http://www.bda-online.de
Bundesverfassungsgericht	http://www.bundesverfassungsgericht.de
Bundeswertpapierverwaltung	http://www.bwpv.de
Europäische Zentralbank	http://www.ecb.int
Deutsche Bundesbank	http://www.bundesbank.de
Deutsche Gesellschaft für technische Zusammenarbeit	http://www.gtz.de
Deutscher Bauernverband	http://www.bauernverband.de
Deutscher Beamtenbund	http://www.dbb.de
Deutscher Gewerkschaftsbund	http://www.dgb.de
Deutscher Industrie- und Handelskammertag	http://www.diht.de/
Europäische Kommission	http://europa.eu.int/comm
Europäische Union	http://europa.eu.int
Europäische Zentralbank	http://www.ecb.int
Europäischer Gerichtshof	http://curia.eu.int
Europäisches Parlament	http://www.europarl.eu.int
Food and Agriculture Organization	http://www.fao.org
Greenpeace	http://www.greenpeace.de
Kreditanstalt für Wiederaufbau	http://www.kfw.de
OECD	http://www.oecd.org
Sachverständigenrat zur Begutachtung der gesamtwirtschaftlichen Entwicklung	http://www.sachverstaendigenrat-wirtschaft.de
Statistisches Bundesamt	http://www.destatis.de
Umweltbundesamt	http://www.umweltbundesamt.de
UN-Commission on Sustainable Development	http://www.un.org/esa/sustdev/
United Nations Economic and Social Council	http://www.un.org/esa/coordination/ecosoc/
United Nations Environment Programme	http://www.unep.org
UNESCO	http://www.unesco.de
UNO	http://www.un.org
Verband deutscher Renten-Versicherungsträger	http://www.vdr.de
Vereinte Dienstleistungs-Gewerkschaft	http://www.verdi.de
IWF	http://www.iwf.org
Weltbank	http://www.worldbank.org
WTO	http://www.wto.org
Zentralverband des deutschen Handwerks	http://www.zdh.de

Sachregister

Ablaufpolitik siehe Prozesspolitik
Abgabenordnung 103
Abgabenquote 106f.
Abkommen
-plurilaterale 332
- multinationale 330
Abschlussbindung 86
Abwertung
- Wirkung einer 340
Agrarabschöpfung 117, 313
AKP-Staaten 121, 403
Akteur-Akzeptor-Modell 351
Aktionsforschung 413
Aktionsparameter
- steuerpolitische 141
Aktionsprogramm 2015 der
   Bundesregierung 402
Aktivkredit 113
Allgemeines Abkommen über den Handel
   mit Dienstleistungen siehe GATS
Allgemeines Zoll- und Handelsabkommen
   siehe GATT
Allokationsabteilung 121
Als-Ob-Konkurrenz 65
Altlastquotient 247
Angebotsinflation 167
- Kostendruckinflation 167
- Gewinndruckinflation 167
Angebotspolitik 269, 276
Ankerwährung 343
Anleihen 113
Anpassungshilfen 111
Anreizproblematik 131
APEC 326
Äquivalentprinzip 123f.
Arbeitgeberverbände 232
Arbeitnehmer-Entsendegesetz 274
Arbeitnehmerüberlassung 284
Arbeitsbedingungen
- Gestaltung der 276, 282
Arbeitsbegriff
- neuer 269
Arbeitsbeschaffungsmaßnahmen 256,
280
Arbeitseinkommensquote 209
Arbeitskampf siehe Streik
Arbeitskreis „Steuerschätzung" 108
Arbeitsleistung
- Angebot an 260
- Nachfrage nach 259f.

Arbeitslosengeld 281
Arbeitslosenhilfe 281
Arbeitslosenquote
- Definition der 253
- Entwicklung der 255
Arbeitslosigkeit
- friktionelle 261
- konjunkturelle 265
- natürliche 261
- Struktur der 256
- strukturelle 261
- Ursachen für 261ff.
- versteckte 254
Arbeitsmarkt- und Beschäftigungs-
   Politik
- Definition der 249
Arbeitsmarkt
- erster 249
- Unvollkommenheiten des 261ff.
- zweiter 250
Arbeitsmarktdynamik 258
Arbeitsmarktgesamtrechnung 257
Arbeitsmarktgleichgewicht 260
Arbeitsmarkt-Paradoxon 288
Arbeitsmarktpolitik
- aktive 275, 278ff.
- Definition der 249
- passive 276
- Träger der 271
Arbeitsproduktivität 252
Arbeitsteilung
- internationale 307
Arbeitsvermittlung 275, 279
Arbeitsvolumen 257
Arbeitszeit
- Flexibilisierung der 285
- Verkürzung der 277
Arbeitszeitkonten 277, 283
Arbeitszeitschutz 283
Arbitrage 315
Armutsbekämpfung
- Strategie der 402f.
ASEAN-Staaten 325f.
Assoziierungsabkommen 414
aufeinander abgestimmtes Verhalten
- Verbot 79
Aufwertung
- Wirkung einer 293, 340
Augmented Physical Quality of Life
   Index (APQLI) 390
AURA 409f.
Ausbeutungsmissbrauch 84

Ausbildungsplatzabgabe 274
Ausgaben für Güter und Dienste 109
Ausgaben
- investive 109, 144
- konsumtive 109, 144
- nicht-obligatorische 137
- obligatorische 119, 137
Ausgabeninzidenz 144, 147
Ausgabenpolitik
- Begriff der 101
Ausgabensteuer 125
Ausgangslage 20
- Bedeutung der wirtschaftlichen
  Ausgangslage 20
Außenhandelskammer (AHK) 328
Auslandsschulden 116, 391
Ausnahmebereich (GWB)
- totaler 87
- partieller 87
Ausschließlichkeitsbindung 86
Außenbeitrag 322
Außenwirtschaftsordnung 335
Außenwirtschaftspolitik
- Definition der 291
- Ziele der 321f.
Außenwirtschaftstheorie
- monetäre 307
- reale 307
Außenzolltarif
- der EU 336
Aussperrungen 239
Autarkie 322

Bagatellklausel 81, 90
Bandbreite 294f.
Bank für Internationalen Zahlungs-
  Ausgleich 298
Bankenaufsicht 184
Bedarfsprinzip 222
Behinderungsmissbrauch 84
Beitragsbemessungsgrenze 242
Belastungsgrenze 131, 151
Berufsverbandsprinzip 231
Beschäftigungspolitik
- Instrumente der 276
- Koordinierung der 274, 286
- Träger der 271
Beschäftigungsprogramme 278
Beschäftigungsverhältnis
- geringfügiges 283
Besteuerung
- Devisenumsatz siehe Tobin tax
- optimale 126
- verteilungspolitische Wirkung 143
Bestimmungslandprinzip 54, 107

Bestreitbarkeit von Märkten 60
Bevölkerungswachstum 388, 392
Bewerberrangordnung 263
Bonusregelung 79
Boykott 86f.
Brady-Initiative 417
Brain-drain 394
Branchenabkommen 370
Branchentarifvertrag 236
Bruttonationaleinkommen-Eigenmittel
  118
Bubble-Politik 382
Budget
- multiples 121
- optimales 122
- Saldo 130
- stimmenmaximales 123
Budgetgrundsätze siehe
  Haushaltsprinzipien
Bundesagentur für Arbeit 272
Bundesbankgesetz 184
Bundesergänzungszuweisung 148
Bundeskartellamt 76
Bundesministerium der Finanzen 136f.
Bundesministerium für Arbeit und
  Sozialordnung 234
Bundesministerium für Umwelt, Natur-
  schutz und Reaktorsicherheit 371f.
Bundesministerium für Wirtschaft und
  Arbeit 76, 271
Bundesministerium für wirtschaftliche
  Zusammenarbeit und Entwicklung 405
Bundesverband der Deutschen Industrie
  233
Bundesvereinigung der deutschen Arbeit-
  geberverbände 232
Bundesverfassungsgericht 131, 136
Bündnis für Arbeit 240, 273

Chicago School
- Konzept der 71
Coase-Theorem 383
Crawling peg 340
Creme de Cassis-Urteil 54
crowding-out-Effekt 146
Currency Boards 343

De minimis-Regel 90f.
Debt Management 101, 145ff.
- im engeren Sinne 101
Deficit spending 130
Defizit
- übermäßiges 150
Defizitkriterium 102
Deflation 20

Dekonzentration 404
Deregulierung 53
Deutsche Bundesbank 184
- Währungsreserven 300
Devisenangebot 293f.
Devisenbewirtschaftung 294
Devisenmarkt 293f.
Devisennachfrage 293f.
Devisenspekulation 315
Devisenswapgeschäfte 190
Devisenumsatzsteuer siehe Tobin tax
Deutscher Gewerkschaftsbund (DGB)
  230
Dezentralisierung 404
Diagnose 9
- Informationsbasis (Probleme) 9
Dichotomie
- klassische 169
Diktat der Zahlungsbilanz 342
Direktinvestition 43, 301
Diskontrate
- soziale 412
Diskriminierungsverbot 86f.
displacement effect 45
Distributionsabteilung 121f.
Doppelbesteuerungsabkommen 339
Double dip 252
Dumping 336
Durchführungsorganisation 405

Economic Diversification Index (EDI) 390
economies of scale 63, 70
economies of scope 63
ECOFIN-Rat 137, 182
Effekt
- externer siehe externe Effekte
Effizienz
- allokative 71
- produktive 71
E-Geld siehe Geld
Eigenmittel 117ff.
Eingangssteuersatz 141
Eigenvorsorge 224, 225
Eingliederungszuschuss 279
Einkommensmechanismus
- außenwirtschaftlicher 341
Einkommenspolitik 203, 230
- Probleme und Grenzen 245
- Ziele der 223
Einkommensschichtung 208
Einkommens- und
  Verbrauchsstichproben 205
Einkommensverteilung 207, 208
- funktionelle 207, 209
- Theorien der 217, 219, 220

- personelle 208
- Messgrößen der 210
- primäre 208
- sekundäre 208
Einlagefazilität 196
Einstiegstarif
- abgesenkter 283, 397
Emissionsgrenzwert 354
Emissionshandel 381
Emissionsstandard-Ansatz 353f.
Entschuldung 418
Entwicklungsdekade 397
Entwicklungsland 387
- Klassifikation von 390
- Verschuldung von 301, 391
Entwicklungspolitik
- Begriff der 387
- Instrumente der 405ff.
- Träger der 404f.
- Ziele der 400f.
Entwicklungspolitische Kriterien
- der deutschen EZ 398
Entwicklungsstrategie 401ff.
Entwicklungstheorien 392ff.
Entwicklungszusammenarbeit (EZ) 407ff.
EONIA 175
Erblastentilgungsfonds 114
Erfolgskontrolle 414
Erhaltungshilfe 111
Ertragshoheit 104
Erwerbstätigkeit 254f.
EU-Haushalt 117ff.
- Ausgaben des 119ff.
- Einnahmen des 117ff.
EU-Richtpreis 119
Eurogeldmarkt 158
Eurokapitalmarkt 158
Europäische Freihandelszone (EFTA)
  324
Europäische Kommission 77, 137, 329
Europäische Umweltagentur 374
Europäische Wirtschafts- und
  Währungsunion (EWWU) 319
Europäische Zentralbank (EZB) 156,178
- Direktorium 178
- Erweiterter Rat 178
- EZB-Rat 178
- Mittelausstattung 183
- Unabhängigkeit der 173,181
Europäischer Ausrichtungs- und
  Garantiefonds für die Landwirtschaft
  (EAGFL) 120
Europäischer Binnenmarkt 323
Europäischer Entwicklungsfonds (EEF)
  120f.

Europäischer Fonds für regionale
  Entwicklung (EFRE) 120
Europäischer Gerichtshof (EuGH) 77
Europäischer Gewerkschaftsbund (EGB)
  232
Europäischer Sozialfonds (ESF) 120, 285
Europäischer Wechselkursverbund 319
Europäischer Wirtschaftsraum (EWR)
  324f.
Europäisches Parlament 137, 329
Europäisches System der Zentralbanken
  (ESZB) 178
- Aufgaben 178
Europäisches Währungssystem (EWS)
  319f.
European Recovery Program 99
Eurosystem 178
ex ante-Harmonisierung 342
Existenzgründung
- Förderung von 280
Exportsubvention 337
Externe Effekte 48, 347, 358
Externe Kosten 358

Faktorausstattung
- unterschiedliche 308
Faktoreinkommen 203
Faktormobilität 318
Faktorpreisproportionen 309
Finalprinzip 226
Finanzausgleich
- aktiver 100
- horizontaler 100
- passiver 99, 147f.
- vertikaler 100
Finanzierungsinstrument zur Ausrichtung
  der Fischerei (FIAF) 120
Finanzierungssaldo 102
Finanzmarkt 156, 157
- internationaler 157
Finanzplanung
- mittelfristige 134f.
Finanzplanungsrat 135, 138
Finanzpolitik
- Begriff der 100
- Instrumente der 139ff.
- internationale Träger der 137
- Träger der 136f.
Finanztheorie 121ff.
Finanzverfassung 99f.
Finanzzoll 312f., 336
Firmentarifvertrag 238
Flächentarifvertrag 238
Floating 294
- managed 295, 340

Folgekosten 109, 410
Freihandel 310ff.
Freihandelszone 324
- lateinamerikanische (LAFTA) 325
- nordamerikanische (NAFTA) 325
Freisetzungseffekt 414
Fremdwährungsmarkt 157
Frühwarnsystem 150
Fürsorgeprinzip 225, 236
Fusion 62
- Anmeldeverfahren 81f.
- im engeren Sinn 62
Fusionskontrolle 81ff.
- der EU 92f.

G7-Gruppe 334
GATS 331
GATT 330
Geld 155
- elektronisches (E-)Geld 159
- Funktionen 155
- Neutralität des Geldes 169
Geldangebot 170
- Bestimmungsfaktoren des 170
Geldangebotstheorie 170f
Geldbasis 161
Geldbereich siehe Geldmärkte
Geldmärkte 156
Geldmenge 162
- Geldmenge M 1 162
- Geldmenge M 2 162
- Geldmenge M 3 162
Geldnachfrage 171
Geldnachfragetheorie 171
- klassische Geldnachfragetheorie 171
- Liquiditätstheorie, Keynessche 171
- Portfolio-Theorie 171,172
Geldpolitik 155
- diskretionäre 169, 173
- Indikatoren der 160ff.
- Instrumente der 185, 187
- Probleme und Grenzen der 198
- Träger der 177
- Ziele der 172
- Zielhierarchie der 175, 176
- Zielkonflikte der 175
geldpolitische Geschäfte des ESZB 186
- Zulassungskriterien 186
Geldpolitische Strategie der EZB 179
- Zwei-Säulen-Ansatz 180
Geldsubstitut 155
- Quasi-Geld (near money) 155
Geldwertstabilität 11, 20, 175f.
Gemeinlastprinzip 369
Gemeinschaftsaufgaben 100

Gemeinschaftsteuern 104
Genehmigung
- Kapitalexport 338
- Kapitalimport 338
Gerechtigkeit
- horizontale 124
- vertikale 124
Gesamthaushalt
- öffentlicher 102
Gesetz gegen unlauteren Wettbewerb
   (UWG) 88f.
Gesetz gegen Wettbewerbs-
   beschränkungen (GWB) 78ff.
Gesetz zur Bekämpfung der Korruption
   80
Gesetzliche Arbeitslosenversicherung
   235
Gesetzliche Krankenversicherung 235
Gesetzliche Pflegeversicherung 235
Gesetzliche Rentenversicherung 235
Gesetzliche Unfallversicherung 235
Gewerkschaften 230
- Einheitsgewerkschaft 231
Gewinnquote 209
Gini-Koeffizient 68, 212
Gläubiger des Staatskredits 114f.
Gleichgewicht
- auf dem Arbeitsmarkt 260
- außenwirtschaftliches 19
Globalisierung 52, 55, 93, 300
Globalsteuerung 4
Gold
- Rolle des 298f.
Gold-Dollar-Parität 298
Gold-Dollar-Standard 298
Goldwährung 35
Good governance 396, 417
Green Card 285
Grenzproduktivitätstheorie 218
Grenzsteuersatz 131, 141
Grenzwert 353ff.
Grundbedürfnisstrategie 401f.
Grundfrage
- ordnungspolitische 44
Grundfreibetrag 131
Grundgesetz der Wirtschaftsordnung 78
Grundrente 217
Grundwerte 16
- gesellschaftliche 16
Gruppenfreistellung 90
Güter
- Club 39
- demeritorische 39
- freie 347, 357
- knappe 347, 357

- meritorische 39
- Nichtverfügbarkeit von 307
Güteraustauschverhältnis
- individuelles 44f.

Haavelmo-Theorem 128
Handel
- Bestimmungsgründe des inter-
   nationalen 307
Handelsabkommen 337
Handelsschranken
- Abbau der 330f.
Handelsbilanz
- der Bundesrepublik 302f.
Handelshindernis
- nicht-tarifäres 306
Handelsmatrizen 303
Handelsoptimum 44
Handelspolitik 324
handelsschaffender Effekt 314
handelsumlenkender Effekt 314
Handelsvertrag 337
Handlungsspielraum
- der Regierung 146
Handwerksordnung 53
Harmonisierter Verbraucherpreisindex
   166
Harmonisierung
- soziale 229
Hartz-Kommission 284
Hauptrefinanzierungsgeschäfte 186, 194
Haushalt der EU 117ff.
Haushaltsgruppen 207
Haushaltskompetenz
- in der EU 121
Haushaltskredite 115
Haushaltsprinzip
- des Ausgleichs 130
- der Budgeteinheit 139
- der Öffentlichkeit 139
- der Sparsamkeit 140
- der Spezialität 140
Haushaltsrechnung 101f.
Haushaltsstruktur 140
Haushaltsüberschreitung 140
Heavily Indebted Poor Countries
   (HIPC) 417
Heckscher-Ohlin-Theorem
- Faktorproportionen-Theorem 308f.
Herfindahl-Index 68
High-Income Countries (HIC) 390
Humankapitaltheorie 263
Hypothese 10
Hysteresis-Hypothese 263

Ich-AG 280f.
Immissionsgrenzwert 354
Immissionsstandard-Ansatz 353
Index der menschlichen Entwicklung 389
Indikator
- arbeitsmarktpolitischer 253ff.
- außenwirtschaftlicher 303ff.
- Bedeutung von 10
- entwicklungspolitischer 389ff.
- geldpolitischer (siehe Geldpolitik)
- konjunkturpolitischer 11
- sozialpolitischer 212
- umweltpolitischer 351
- verteilungspolitischer 209
- wettbewerbspolitischer 65ff.
- zinspolitischer 163
Indikatorensystem
- umweltpolitisches 352ff.
indirekte Steuern
- Regressionswirkung in Bezug auf
  das Einkommen 241
Individualprinzip 225
Industrieverbandsprinzip 231
inflation targeting 172
Inflation
- Begriff der 166
- Messung 166
- Ursachen 166
- Theorien 166
Inflatorische Lücke 167
Infrastruktur 37, 39
Inländerbehandlung 330
Innovation 267, 367
inputorientiertes Verfahren 135
Insider-Outsider-Theorie 262, 264
Instrument
- ablaufpolitisches 4
- arbeitsmarktpolitisches 278ff.
- ausgabenpolitisches 144f.
- außenwirtschaftspolitisches 335
- beschäftigungspolitisches 278
- der Primärverteilung 237
- der Sekundärverteilung 241
- der wirtschaftspolitischen Koordination
  in der EU 149
- entwicklungspolitisches 405ff.
- finanzpolitisches 139ff.
- geldpolitisches 186
- haushaltspolitisches 139ff.
- ordnungspolitisches 52ff.
- schuldenpolitisches 145ff.
- steuerpolitisches 141ff.
- umweltpolitisches 375ff.
- verteilungspolitisches 237
- vermögenspolitisches 243

- wettbewerbspolitisches 77ff.
- wirtschaftspolitisches 25
Instrumente der Wechselkurspolitik 340ff.
Instrumente der Wirtschaftspolitik 25
Integrationsformen
- regionale 323ff.
Interinstitutionelle Vereinbarung 121
Internalisierung externer Kosten 348
Internationale Arbeitorganisation 274
Internationale Bank für Wiederaufbau
  und Entwicklung - Weltbank 296
internationale Liquidität 290
Internationaler Währungsfonds (IWF)
  331ff.
- Funktionsweise 333
- Kreditfazilität 331
- Mittelausstattung 333
Investitionsbegriff 109
Investitionsbudget 102
Investitionsschutzabkommen
- multilaterales 301
Investivlohn 245

Job-AQTIV-Gesetz 279
Job-Center 279
Jobturnover 258
Junglastquotient 247

Kapitalexport 293
Kapitalimport 293
Kapitalmangelarbeitslosigkeit 264, 266
Kapitalmangelhypothese 264
Kapitalmarkt 157
Kapitalverkehr
- internationaler 306
Kapitalverkehrsbilanz 292
Kapitalverkehrsbeschränkungen 338
Kartell 61
- Arten von 80
- Konditionen- 80
- Normen- 80
- Mittelstands- 80
- Submissions- 80
- Sonstige 80
Kartellverbot
- allgemeines 79
- in der EU 90
Kassageschäft 190
Kassamarkt 316
Kassen(verstärkungs)kredit 115
Kategorie-1-Sicherheit 188
Kategorie-2-Sicherheit 188
Kaufkraftparität 305
Kaufkraftparitätentheorie 316
Kausalprinzip 226

Klimaschutzprotokoll 361
Koalitionsfreiheit 239
Kohäsionsfonds 120
Kollektivgüter 39
Kombi-Lohn-Modell 279
Kompensationslösung 382
Konditionalität 400f., 416
Konditionenempfehlung 61
Konjunkturindikatoren 258
Konjunkturrat 138
Konjunkturtheorie
- endogene 266ff.
- exogene 266
- stochastische 266
Konjunkturzyklus
- Grundmuster des 251f.
Konkurrenz
- latente 60
- vollständige 35, 259
Konstanz der Wirtschaftspolitik 36
konstituierende Prinzipien 34
Konsumeffekt 314
Kontingente 337
Konvergenzkriterien 320
Konvertibilität 294
Konzentration 62
- absolute 67
- diagonale 63
- horizontale 63
- konglomerate 63
- vertikale 63
Konzentrationsrate 67
Konzept der Gegenmacht 63
Konzeption
- wirtschaftspolitische 15, 31
Konzern 62
Konzertierte Aktion 239, 273
Kooperationen 62
Kooperationsprinzip 370
Koordination
- wirtschaftspolitische in der EU 149
Kopplungsverträge 86
Korrekturproblem 342
Kosten
- direkte 411
- externe 358
- indirekte 411
- intangible 411
- komparative 309
- soziale 358, 411
Kostenvorteil
- absoluter 309
- komparativer 309
Kreditfinanzierungsquote 102
Kreditmarkt 157

Kreislaufsystem
- ökologisch-ökonomisches 376
Kreuzpreiselastizität 64
Kriegsopferfürsorge 236
Kündigungsschutz 283f.
Kunstlehre 22
Kurzarbeiter
- Zahl der 255

Labourturnover 258
Lageanalyse 9
Länderfinanzausgleich
- horizontaler 100, 148
Länderkonzept 408
Landwirtschaftszyklus 403
Last
- Begriff der 129
Lastenverschiebungshypothese 128ff.
Least Developed Countries (LDC) 390
Lebensarbeitszeitkonten 277
Leistungsbilanz
- der Bundesrepublik 302
Leistungsbilanzdefizit 302
Leistungseinkommen 203
Leistungsfähigkeitsprinzip 124
Leistungsmotiv
- nicht-finanzielles 131
Leistungsprinzip 221
Leitbild
- außenwirtschaftliches 310
- umweltpolitisches 360f., 366
Leitlinien
- beschäftigungspolitische 286
- umweltpolitische 366
Leitwährung 298
Leniency 79
Leontief-Paradoxon 309
Liberalisierung
- des Welthandels 321
Lieferbindung 399
LIFO-Regel 262
Liquidität
- Bedarf an internationaler 297
- internationale 297
Liquiditätsproblem
- Asymmetrie des 343
Lohnflexibilität 276
Lohnkostenzuschuss 279f.
Lohn-lag 259, 267
Lohnleitlinie 273, 285
Lohnpolitik
- produktivitätsorientierte 218, 252f.
Lohnquote 209
- tatsächliche 209
- bereinigte 209

- „ergänzte" 209
Lohnsatz 259f.
Lohnspreizung 282
Lohntarifverträge 273
Lokomotiventheorie 266, 278, 311
Londoner Club 417
Lorenzkurve 67f., 211
Lower Middle-Income Countries
    (LMIC) 390

Magisches Polygon 18, 19
Manteltarifvertrag 239, 273
Markt
- offener 35
- relevanter 64, 83
marktbeherrschende Unternehmen
- Missbrauchsaufsicht 83ff.
Marktbeherrschung
- Definition 83
- oligopolistische 83
- Tatbestand der 83
Marktergebnis 60
Marktergebnistests 66
Marktkonzeption
- liberale 48
Marktmacht 83
- Missbrauch der 84f.
Marktstrukturtests 67
Marktverhaltenstests 66
Marktversagen 48
marktwirtschaftliche Instrumente
- der Umweltpolitik 379
Marktzugang
- freier 60
Mark-up pricing 168, 259
Massenarbeitslosigkeit 263
Matching-Prozess 264
Mehrwertsteuer-Eigenmittel 117
Meistbegünstigung
- Vorteile der 330, 337
Mengennotierung 293
Mengentender 191
Mengenzoll 5
Mikrozensus 206
Mindesteinkommen 222
Mindestlohn 265, 276
Mindestreservepolitik 196
- Mindestreservebasis 197
- Mindestreservesatz 197
Ministererlaubnis 75, 82, 96
Mischsystem im Finanzausgleich 100
Missbrauchsaufsicht 60, 73, 83ff., 86, 91f.
Missbrauchaufsicht über marktbeherr-
    schende Unternehmen der EU 91ff.
Mittler 409

Modelle der Ertrags-/Gewinnbeteiligung
    245
Modelle
- ökonometrische 126f.
- ordnungspolitische 33
Modernisierungstheorie 396
Monatsbrief 82
Monetäre Finanzinstitute (MFI) 170
Monitoring 413
Monopolgradtheorie 219
Monopolkommission 62, 95
moral suasion 26, 240, 274
More Advanced Developing Countries
    And Territories (MADCT) 390
Multilaterale Investitions-Garantie-
    Agentur (MIGA) 54, 296
Multiplikatoranalyse der Staatsausgaben
    126

Nachfrage
- abgeleitete 251
- Einkommenselastizität 46
Nachfrageinflation 167
- keynesianische 167
- monetäre 168
Nachfragepolitik 270, 276
Nachhaltigkeit
- in der Umweltpolitik 361
- in der Entwicklungspolitik 397
nationale Zentralbanken (NZBen)
- Rolle der 184
nation-building 396
Negativattest 91
Negativsteuer 279
Netto-Einkommen 205
- durchschnittliches 205
Nettokreditaufnahme 112
Netto-Lastenverteilung 119
New Work 285
Newly Industrializing Countries
    (NIC) 390
nicht-tarifäre Instrumente 337
Normative Ökonomik 15
Nutzen
- direkter 411
- indirekter 411
- intangibler 411
Nutzen-Kosten-Analyse (NKA) 410ff.
Nutznießerprinzip 369

OECD 296
offene Stellen 255
Offenmarktgeschäfte 193
- Feinsteuerungsoperationen 194
- Hauptrefinanzierungsgeschäfte 193

- Längerfristige Refinanzierungsgeschäfte 194
- Strukturelle Operationen 195
Offenmarktpolitik 188,189
- im ESZB 188
- Techniken 189
- Verfahren 191
- Wirkungswiese 188
öffentliche Güter 39, 243
Official Development Aid (ODA)
Öffnungsklausel 273, 276
Offset-Politik 382
off-shore-Märkte 339
Öko-Sozialprodukt 354
Oligopol
- enges 70
- weites 70f.
one stop shop 92
Operationalisierung 24
Operationsplan 410
Opfertheorien 125
Opportunitätskosten 40
Ordnungspolitik 4
- Träger der 51ff.
ordnungsrechtliche Instrumente
- der Umweltpolitik 376
Ordnungswidrigkeit 79, 88
Ordo-Liberale 34
Organisation für wirtschaftliche Zusam-
menarbeit und Entwicklung siehe
OECD
outputorientiertes Verfahren 135

Parallelverhalten 79
Pareto-Optimum 44
Pariser Club 417
Paritätskurs 295
Passivkredit 113
Pay-as-you-use-Prinzip 129
Personal-Service-Agentur 284
Pflegeversicherung
- Gesetzliche 235
Philadelphia-Erklärung 269
Phillips-Kurve 19
Physiokraten 217
Pigou-Steuer 379
Pionierunternehmer 267, 395
Politik
- allgemeine 1
- gemeinsame 51
Polygon siehe „magisches" Polygon
Portfolioinvestition 306
Portfolio-Theorie 171
Positive Ökonomik 8
Potenzialentzug 254

Preisbindung 85
Preisdifferenzierung
- internationale 308
Preisempfehlung 85
Preisindex für die Lebenshaltung aller
privaten Haushalte 166
Preismechanismus
- vollständiger Konkurrenz 35, 69
- außenwirtschaftlicher 341
Preisnotierung 293
Preisstabilität 11, 20, 172, 175f., 180
Preiswirkungen 128, 142
Pressure-State-Response-Modell 351
Primat der Währungspolitik 35
Prinzip der Nachhaltigkeit
- „sustainable Development" 361
Privatisierung 38, 53
Produktdifferenzierung 308
Produktionsoptimum 45
Produktionspotenzial
- gesamtwirtschaftliches 251
Produktionsverfahren
- Unterschiede in den 308
Produktivität
- staatlicher Leistungserstellung 47
Produktivitätshilfen 111
Prognose 12
- Arten 12
- Prognoseprobleme 13
- Status-quo-Prognose 12, 25
- Wirkungsprognose 13, 25
Programm
- wirtschaftspolitisches 22
Progression
- kalte 106
Progressionsgrad
- Steuersystem 108
Projekt
- Definition 409
- Durchführung 413
Projektplanung 409
Projektzyklus 409
Pro-Kopf-Verschuldung 116
property rights 383
Protektion
- tarifäre 306
- nicht-tarifäre 306
Protektionismus 310ff.
Prozesspolitik 4

Qualifizierungsprojekte
Quantitätsgleichung 169
Quantitätstheorie 169
- Kritik an der 169
- Neo- 169

Querverteilung 208
Quote der Auslandsverschuldung 116

Rahmenbedingung 31, 278, 285, 396
- schichtenspezifische 33
Reaktionsverbundenheit 65f., 70f.
Realignments 343
Reallohn 251, 259
Realtransfer 243
Regressionswirkung 143
Regionalkonzepte 409
relevanter Markt 64, 83
Replenishment 333
Repogeschäft 162
Reservewährung
- internationale 299
Restlaufzeit 115
Revisionsklausel 147
Rezession 252
Reziprozitätsprinzip 337
Richtlinien der EU 51
Risikostrukturausgleich 242
Rohstoffabkommen 414f.
Rohstoffintensität
- sinkende 399
Rückflussquote 414

Sachinvestitionsquote 102
Sanktionsmöglichkeit
- des GWB 87f.
Schadensbilanz
- ökologische 355
Schattenpreise 412
Schattenwirtschaft 40ff.
- Messung der Größe 41
Schlichtungsverfahren 238
Schnelltender 191
Schuldenabkommen 344, 417f.
Schuldendienst 112
Schuldendienstfähigkeit 417
Schuldenerlass 344, 418
Schuldenkrise
- internationale 417
Schuldenmoratorium 392
Schuldenpolitik
- Begriff der 101
- internationale 417ff.
Schuldenstand 112
Schuldenstandsquote 102, 115f.
Schuldscheindarlehen 113
Schutzzoll 312, 336
Schwellenland 390
Schwerpunktländer 408
Segmentationstheorie 262
Seigniorage 183

Selbstbeschränkungsabkommen 80
Selbstbindungsabkommen 370
Selbstverpflichtungsabkommen 370
Selbstverwaltungsprinzip 226
Sockelarbeitslosigkeit 252
Sondertarifverträge 273
Sonderziehungsrechte (SRZ) 299, 333
Sozialbudget 212
- nach Institutionen 212, 213
- nach Funktionen 213
Soziale Sicherungssysteme 225, 242
- Prinzipien 225
- Säulen 234
Sozialhilfe 205, 236
- monatlicher Regelsatz 205
Sozialindikatoren 388
Sozialleistungen 212, 215
- pro Kopf 215
- Umfang und Struktur 212
Sozialleistungsquote 214
- Entwicklung 229
Sozialpolitik 204
- innerhalb der EU 226
- Instrumente 236, 242
- Probleme und Grenzen 245
- Träger 234
- Zielbeziehungen 226, 227
- Ziele 224
- Zielkonflikte 226
Sozialprinzip 225
Sozialversicherung 234
Sozialversicherungsprinzip 225
Sozialversicherungsträger 234
Spekulationsmotiv 172
Sperrklinkeneffekt 268
Spitzenrefinanzierungsfazilität 195
Spitzensteuersatz 106, 141
Staatsausgaben
- Kriterien für die Gliederung 108f.
- pro Kopf der Bevölkerung 110
- Theorie der 126ff.
Staatshaushaltsplan 101
Staatshaushaltsquoten 102
Staatskonzeption
- interventionistische 48
Staatsquote 109f.
- im internationalen Vergleich 110
Staatsverbrauch 109
Staatsversagen 48
Staatsverschuldung
- Entwicklung der 113f.
- Indikatoren zur 115f.
- Neutralität 130
- Strukturmerkmale 113, 146
- Theorie der 128ff.

Stabilisierungsabteilung 122
Stabilitäts- und Wachstumspakt 135,
    149f., 176f.
Stabilitätsgesetz 20
Stagflation 259
Standardtender 191
Ständige Fazilitäten 195
Standortbedingungen 43
Steueraufkommen 105
Steueraufkommenselastizität 108
Steuerbelastung
- effektive 107
- tarifliche 106
Steuergegenstand 103
Steuergerechtigkeit 131
Steuerhinterziehung 142
Steuerinzidenz 126, 143
Steuern
- Begriff der 103
- Kriterien für die Gliederung 103ff.
Steuerpolitik
- Begriff der 101
- rationale 126
- Wirkungen der 142ff.
Steuerquote 106f.
Steuerschätzung 108
Steuersystem
- rationales 123
Steuertarif 141
Steuertheorie 123ff.
Steuerüberwälzung 103, 142
Steuerverbund 100
Steuervermeidung142
Steuerwettbewerb
- internationaler 143
Steuerwirkung
- makro-makroökonomische 142
Streik 238
Stress-Modell 351
Strukturanpassungspolitik 416
Strukturpolitik 3,5
- der EU 120
Stückzoll 313
Subsidiaritätsprinzip 228
Subventionsbegriff
- Abgrenzung des 111
Subventionsgrad 111
Subventionspolitik
- Begriff der 94f.
Subventionsverbot in der EU 94
Suchmärkte 264
Swappolitik 190, 339
System flexibler Wechselkurse 294f.
System fester Wechselkurse 294f.

Tagesgeldsatz 195
- Zinskanal für Tagesgeld 196
take-off 397
TARGET-System 181
tarifäre Instrumente 336
Tarifautonomie 27, 230
Tarifverhandlungen 238
Tarifvertrag 237
Tarifvertragsparteien 230, 272
Tauschoptimum 44f.
Teilzeitarbeit 285
Tenderverfahren 191
Termingeschäft 190
Terminmarkt 316
Terms of Trade 304ff., 391
Terms of Trade-Effekt
Teufelskreise der Armut 393
Theorem der komparativen Kosten 309
Theorie des multiplen Budgets 121ff.
Theorie des Public Choice 48
Theorie der Wirtschaftspolitik 2, 3, 24
- Aufgaben der 7
time-lag 29
Tobin tax 339
Träger von Wirtschaftspolitik 26
- Einflussträger 26
- Entscheidungsträger 26
Transaktionskasse 297
Transaktionsmotiv 171
Transferausgaben 109
Transfereinkommen 203
Transferzahlungen 240
Transferleistungen 241
Trennsystem 100

Übereinkommen über handelsbezogene
    Aspekte der Rechte des geistigen
    Eigentums (TRIPS) 331
Überinvestitionstheorie 267
Überwälzbarkeit 103
Umsatzsteuerverteilung 104
Umschuldung 418
Umverteilungspolitik 224, 234
Umwelt
- Begriff 347
- Funktionen der 347
Umweltabgabe 379
Umweltaktionsprogramm 365
Umwelt-Audit 383
Umweltauflagen 377
Umweltbelastung
- Kosten 355
- Ursachen für 356f.
Umweltberichterstattung 351, 354
Umweltbewusstsein 384

Umweltbundesamt 373
Umweltgesamtrechnung 354f.
Umweltindikator 352
Umweltinformationssystem 351
Umweltlizenzen, Umweltzertifikate 380
Umweltmanagement
- betriebliches 383
Umweltmedien 347
Umweltpolitik
- Aufgaben der 348f.
- Definition der 348
- europäische 364
- internationale Abkommen 366
- nationale Ziele der 362f.
- Prinzipien der 368
- Zielebenen der 367
umweltpolitische Ziele 360ff.
Umweltqualitätsziele 363, 366
Umweltqualitätsstandard 366
Umweltschutz 382
- Kosten des 356
Umweltverträglichkeitsprüfungen 370
UNCTAD 296
United Nations Environment
    Programme 375
Unterentwicklung 389
Unterkonsumtionstheorie 267
Unternehmenskonzentration 62ff. 67f.
Ursachenanalyse 10
- Probleme bei der 12
Ursprungslandprinzip 54, 107f.

Verbundsystem 100
Vergleichsmarktkonzept 65, 84f.
Vermögensbildung 216
- in Arbeitnehmerhand 244
Vermögenseinkommen 203
Vermögenspolitik 204
Vermögenspolitische Instrumente 243
Vermögensverteilung 215, 216
Vermögenswirksame Leistungen 244
Verordnungen der EU 51
Verpflichtungsermächtigungen 135
Verschuldung
- objektbezogene 113
- situationsbezogene 113, 132
Versicherungsprinzip 225
Versorgungsprinzip 225
Versorgungssystem 235
Verteilungsgerechtigkeit 220
Verteilungspolitik 220
- Instrumente 236
    der Primärverteilung 23
    der Sekundärverteilung 240
- Probleme und Grenzen 245

- Träger 230
- Ziele 16, 220
- einkommens- und vermögenspolitische
    222
- sozialpolitische 224
Verteilungswirkung
- intertemporale 128f., 147
- unsoziale 129
Vertrag von Maastricht 28, 323f.
Vertriebsbindung 85f.
Verursacherprinzip 368
Vollbeschäftigung 260
Vorfeldfälle 83
Vorsorge 225
- kollektive 225
Vorsorgefazilität 331
Vorsorgeprinzip 369

Wachstumseffekt 314
Wachstumsstadium 397
Wagnersches Gesetz 46
Währungsintegration 318
Währungskorb 299
Währungsordnung
- internationale 221ff.
Währungspolitik
- Definition der 291
- Primat der 35
Währungsraum
- optimaler 318
Währungsreserve 297, 300
Währungssystem 294
Währungsunion 318ff.
Wechselkurs
- Mengennotierung 293
- nomineller 292
- Preisnotierung 293
- realer 292, 305
Wechselkurssystem 294
Weltbank 296
Welthandelsorganisation (WTO) 296,
    329ff.
Weltwirtschaftsordnung 295
Werturteile 8
Wertzoll 313, 416
Wettbewerb
- Definition 59
- freier 71
- funktionsfähiger 70
- wirksamer 69
Wettbewerbseffekt 314
Wettbewerbsförderung 60, 73
Wettbewerbsfunktionen 59ff., 70
Wettbewerbsintensität 65f.
Wettbewerbsordnung 50

Wettbewerbspolitik
- Definition der 60
- europäische 65, 74, 89ff.
- Instrumente der 77ff.
wettbewerbspolitisches Konzept 69ff.
Wettbewerbsschutz 60, 73
Wettbewerbstests 66
Wirtschaftsordnungspolitik 4, 34
Wirtschaftspolitik
- allgemeine 3
- Aufgaben der 7,8
- Abgrenzung (begriffliche) 2
- Gegenstand der 1, 2, 6
- Probleme und Grenzen 28
- praktische 3
- rationale 6
- spezielle 3
wirtschaftspolitische Konzeption 15, 31
Wirtschaftsstufentheorie 397
Wirtschaftsverfassung 34
Wohlfahrt 15f., 321
Wohlfahrtseffekt 314
workable competition 70
Working Poor 283

Zahlungsbilanz
- Disziplin 297f.
- ex ante 292f., 315
- ex post 291f.
- Defizit 295
- Grundaufbau 292
- Überschuss 295
Zentralbanken, nationale (NZBen)
- Rolle im Eurosystem 183
Zentralbankgeld 161
Zentralbankgeldmenge 161
Zielbeziehungen 17
- horizontale (Ziel-Ziel-Beziehungen) 18
- Zielharmonie (-komplementarität) 18
- Zielkonflikt (-konkurrenz) 18
- Zielneutralität 18
- vertikale (Ziel-Mittel-Beziehungen) 16,
  21
Ziele
- Operationalisierung von 24, 74
Zielgruppe 409
Zielhierarchie der
- Arbeitsmarkt- und Beschäftigungspolitik
  270
- Entwicklungspolitik 400
- Finanzpolitik 133f.
- Ordnungspolitik 50
- Wettbewerbspolitik 74
Zielsystem 15
Zins-Ausgabenquote 115

Zinskostenminimierung 146
Zinsmechanismus 341
Zinsmoratorium 392
Zinsparitätentheorie 317
Zins-Steuerquote 115
Zinsstruktur 164
- inverse 164
Zinstender 191
Zinsverbund 158
- internationaler 147, 158
Zölle 104, 336
Zolltheorie 312ff.
Zollunion 117, 312f.
Zumutbarkeitsregelung 261, 281f.
Zusammenarbeit
- bilaterale 405
- finanzielle 407
- multilaterale 405
- personelle 408
- technische 408
- währungspolitische 317
Zusammenschluss 81f.

wisu-texte

Die Lehrbuchreihe für den Wirtschaftsstudenten

Diederichsen
**Grundkurs im BGB in
Fällen und Fragen**
4. Aufl.
1997. 112 S., kt.
12,00 €/21,90 sFr
(ISBN 3-8282 4650-8)

Görgens/Ruckriegel/Seitz
Europäische Geldpolitik
3. Aufl.
2003. 488 S., kt.
29,90 €/52,20 sFr
(ISBN 3-8282 0250-0)

Grob
**Fallstudien zur
Betriebswirtschafts-
lehre**
1993. 384 S., kt.
28,00 €/49,- sFr
(ISBN 3-8282 4651-6)

Hoyer/Rettig/Rothe
**Grundlagen der mikro-
ökonomischen Theorie**
3. Aufl.
1993. 348 S., kt.
21,00 €/36,90 sFr
(ISBN 3-8282 4655-9)

Kirsch
**Neue Politische
Ökonomie**
4. Aufl.
1997. 412 S., kt.
30,00 €/52,40 sFr
(ISBN 3-8282- 4666-4)

Kloock
**Bilanz- und Erfolgs-
rechnung**
4. Aufl.
in Vorbereitung

Kloock/Sieben/
Schildbach
**Kosten- und
Leistungsrechnung**
8. Aufl.
1999. 352 S., kt.
34,00 €/58,90 sFr
(ISBN 3-8282- 4664-8)

Koppelmann
Marketing
Einführung in die Ent-
scheidungsprobleme
des Absatzes und der Be-
schaffung
7. Aufl.
2002. X/215 S., kt.
19,90 €/34,90 sFr
(ISBN 3-8282-4669-9)

Rettig/Böckmann/
Voggenreiter
**Makroökonomische
Theorie**
7. Aufl.
1999. 344 S., kt.
29,90 €/52,20 sFr
(ISBN 3-8282- 4663-X)

Sieben/Schildbach
**Betriebswirtschaftliche
Entscheidungstheorie**
4. Aufl.
1994. 248 S., kt.
19,90 €/34,90 sFr
(ISBN 3-8282- 4656-7)

Streit
**Theorie der
Wirtschaftspolitik**
5. Aufl.
2000. 464 S., kt.
34,90 €/60,40 sFr
(ISBN 3-8282- 4657-5)

Wagner/Jahn
**Neue Arbeitsmarkt-
theorien**
2. Aufl.
in Vorbereitung
2004. ca. 320 S., kt.
ca. 21,00 €/36,90 sFr
(ISBN 3-8282- 4662-1)

Weimar/Schimikowski
**Bürgerliches Recht
(I-III)**
4. Aufl.
1991. 344 S., kt.
19,90 €/34,90 sFr
(ISBN 3-8282- 4660-5)

von Wysocki/
Wohlgemuth
**Konzernrechnungs-
legung**
4. Aufl.
1996. 416 S., kt.
34,90 €/60,40 sFr
(ISBN 3-8282- 4659-1)

Zerche/Gründger
Sozialpolitik
Einführung in die öko-
nomische Theorie der
Sozialpolitik
2. Aufl.
1996. 172 S., kt.
21,00 €/36,90 sFr
(ISBN 3-8282- 4661-3)

& LUCIUS
LUCIUS *Stuttgart*